The New York Times BOOK OF THE DEAD

THE NEW YORK TIMES BOOK OF THE DEAD

First published in New York in 2016 by
Black Dog & Leventhal Publishers
Hachette Book Group
First Edition: October 2016

The New York Times

뉴욕 타임스 부고 모음집

BOOK
of the
DEAD

윌리엄 맥도널드 편저
윤서연 외 6명 옮김

인간희극

일러두기

- 이 책에 등장하는 수많은 고유명사들, 즉 인명, 지명, 작품명 등은 기본적으로 외래어 표기용례를 따르되 경우에 따라서는 한국 내에서 가장 널리 알려진, 즉 독자들이 바로 알아챌 수 있는 표기를 택했다. 예를 들어 마이클 잭슨의 곡명이자 앨범명인 'Dangerous'는 '데인저러스'라고 표기한 반면, 폴 뉴먼과 로버트 레드포드가 출연한 영화 'Butch Cassidy And The Sundance Kid'는 한국 내에서 널리 통용되는 '내일을 향해 쏴라'로 표기했다.
- 이 책은 독자들의 이해를 돕기 위해 불가피한 경우에만 원어 표현, 혹은 역주나 추가 설명 등을 괄호 안에 담았다. 그 외의 경우는 이 책을 온전히 한국어로 읽어나갈 수 있도록 최대한 본래의 뜻을 살리며 번역 및 편집에 임했다.
- 이 책은 각 인물이 사망한 직후에 발표된 부고를 모은 책이므로 현재의 정보나 평가와는 달라진 경우가 있을 수 있다. 이 책의 가장 큰 미덕은 널리 알려진 인물들이 사망했을 당시의 분위기를 고스란히 느낄 수 있다는 것이며, 그로부터 현재의 상황은 얼마나 달라졌는지, 혹은 그대로인 것은 무엇인지 생각해 보는 기회도 될 것이다.
- 이 책에는 세계 근현대사의 핵심 인물들이 수록되어 있지만 여성, 동양인, 흑인 등의 비중은 현저히 적은 것이 사실이다. 여기에 실린 인물들의 목록 자체가 어떤 가치관 및 관점을 보여준다고 할 수 있으므로, 이 책을 통해 세계에서 가장 영향력 높은 매체 중 하나인 '뉴욕 타임스'라는 언론사를 좀 더 깊게 이해할 수 있는 계기가 될 것이다. 더불어 이 인물은 왜 수록되지 않았을까 하는 아쉬움은 혹시 그가 아직 생존 인물이 아닐까 하는 기대감이 될 수도 있다. 왜냐하면 오직 사자(死者)만이 이 책에 실릴 자격이 있기 때문이다.

목차

obituary

訃告

부고

사람의 죽음을 알림, 또는 그런 글

이 페이지를 열면

당신은 사자(死者)의 세계로

들어가게 됩니다.

문장들로 응축된

어떤 이의 삶 속으로...

side world that he had been suspi-
ıs of Marshal Lin as early as 1966
had used him only to help get
of Mr. Liu.
For several years after Marshal Lin's
th, the redoubtable Mr. Chou, a
ster administrator and conciliator,
ped the visibly aging Mao lead the
ntry and embark on what seemed
ıstained period of economic growth.
Mr. Chou's death from cancer in
uary 1976 left the daily leadership
the hands of Mr. Teng, the former
ty Secretary General, whom Mr.
ou resurrected in 1973, evidently
h Mao's approval, and installed as
ior Deputy Prime Minister and like-
uccessor.

An Even Quicker Fall

Mr. Teng then fell victim to Mao's
spicions even more quickly than had
Liu and Marshal Lin. Only three
nths after Mr. Chou's demise, Mr.
ng was stripped of his posts, casti-
ed once again as a "capitalist-roader
thin the party" and accused by Mao
misinterpreting his personal direc-
es by overstressing economic devel-
ment.
In these later years there were some
o thought that Mao appeared as an
ng autocrat, given more and more
whim. His invitation last winter to
Nixon to revisit Peking, the scene

base in northwest China aft

period when Mao and others in th
newly organized Chinese party wer
groping for a way to power, and Stali
from the distance of Moscow gav
them orders that repeatedly led ther
into disaster.
Stalin and his representatives fror
the Communist International wh
served as advisers in China—Ma
dubbed them "imperial envoys"—firs
directed the Communists to ally wit
Chiang Kai-shek's Nationalists. Ther
after Generalissimo Chiang turned o
the Communists in 1927, massacrin
thousands, Stalin ordered the party t
anticipate a "revolutionary upsurge" i
the cities by the (largely nonexistent
proletariat.
Mao was shorn of his posts an
power in the early 1930's as a resul
of direct Soviet interference. It wa
only after the Communists were force
to begin the Long March in 1934, afte
more errors in strategy, that Mao wo
command because of his genius for o
ganizing and leading peasant guerrilla
in a revolution in the countryside.

His First Journey Abroad

When Mao traveled triumphantly t
Moscow—it was his first journe

Some Quotations From Chairman Mao

A man's head is not like a scallion, which will grow again if you cut it off; if you cut it off wrongly, then even if you want to correct your error, there is no way of doing it. (1956)

•

Our nation will never again be an insulted nation. We have stood up. (1949)

•

The Red Army is like a furnace in which all captured soldiers are melted down and transformed the moment they come over. In China not only the masses of workers and peasants need democracy, but the army needs it even more urgently. (1928)

•

The popular masses are like water, and the army is like a fish. How then can it be said that when there is water, a fish will have difficulty in preserving its existence? An army which fails to maintain good discipline gets into opposition with the popular masses, and thus

THE

WORLD STAGE

국제 정치·외교 무대

벤저민 디즈레일리

1804년 12월 21일~1881년 4월 19일

런던—제1대 비컨즈필드 백작 벤저민 디즈레일리 경(卿)이 병상에 누운 지 한 달이 채 지나지 않은 오늘 아침 세상을 떠났다.

3월 마지막 주부터 통풍과 심각한 천식에 시달리던 그는 숙련된 주치의들의 도움으로 증상이 잠시나마 완화되기도 했다. 건강이 악화된 후로 백작의 상태는 매일 수차례씩 고시되었다. 오늘 오전 그의 주치의들은 병상을 지키며 최선을 다해 치료에 임했지만 효과가 없었고, 결국 디즈레일리 경은 평화롭게 숨을 거두었다. 그는 마지막 순간까지 의식을 잃지 않았다.

15세기 말 가장 부지런하고 열심히 살던 이들이 종교 재판과 박해로 추방당했던 무렵, 스페인에서 추방당한 유대인들 중에는 디즈레일리 경의 조상들도 있었다. 스페인에 살 당시에는 기독교식 성으로 개명하도록 강요받았지만 이탈리아 베니스에서 다시 삶의 터전을 마련한 이들은, 베니스에 당자마자 가문의 이름을 디즈레일리(D'Israeli)로 바꾸었다. 디즈레일리는 명백히 유대인을 지칭하는 이름이었다.

디즈레일리 일족은 베니스에서 200여 년을 살았는데, 이후 한 가족이 막내아들을 영국으로 보내 운명을 개척하도록 했다. 영국으로 건너간 이 남성은 결혼해 런던에서 북쪽으로 수 킬로미터 떨어진 엔필드에 정착했다. 그의 외동아들인 아이작이 바로 디즈레일리 경의 아버지였다. 아이작은 1802년 서섹스의 치안판사였던 조지 바세비의 딸과 결혼해 4명의 자식을 두었는데, 1804년 12월 21일 출생한 디즈레일리 경은 이 중 둘째였다.

디즈레일리 경의 부친은 아들의 교육에 그다지 열성적이지 않았던 것으로 보인다. 디즈레일리 경은 학창 시절 조숙하고 아주 똑똑하다는 평가를 받았음에도, 부친은 그를 해로우, 럭비, 옥스퍼드나 케임브리지와 같은 유명 사립학교가 아닌, 윈체스터에 있는 기숙학교와 유니테리언교도 목사의 집, 변호사 사무실로 보냈다. 그러나 그는 뛰어난 기량을 통해 옥스퍼드나 캠브리지 출신이 아님에도 영국의 유명 정치인이 된 특이한 사례를 만들어냈다.

디즈레일리 경처럼 문학 분야에서 젊은 나이에 갑자기 성공하는 경우는 드물었다. 런던에서 익명으로 출간된 '비비언 그레이'를 저술할 당시 그의 나이는 불과 22세였다. 1인칭 소설 '비비언 그레이'는 야심차고 천재적인 한 젊은이가 정치적 명예를 얻고자 외롭게 고군분투하는 모습을 묘사한 작품으로 주인공 비비언 그레이는 디즈레일리 경 자신의 모습이 반영된 인물이었다. 책 표지에는 다음과 같은 인용문이 있었다. "세상은 내 석화(石花)이니, 내가 칼로 열기만 하면 된다." 마치 이후 디즈레일리 경의 삶을 예언하는 듯한 문구였다.

'비비언 그레이'가 성공을 거둔 이후 잠시 해외로 나가 있다가 영국으로 돌아온 디즈레일리 경은 이미 런던에서 유명한 문인이 되어 있었다.

당시 프랑스의 알프레드 오르세 백작은 디즈레일리 경의 초상화를 그렸는데, 그를 아주 잘생긴 외모로 묘사한 이 그림은 런던의 어떤 응접실에 장식해도 어울릴 만한 것이었다. 초상화 속 디즈레일리 경은 윤기 있고 검은 곱슬머리가 목과 이마에 드리웠고, 하얀 새틴 안감을 댄 검은 벨벳 연미복을 입었으며, 금과 검은 비단 술로 장식된 상아 손잡이 지팡이를 들고 있었다.

당시 남성들은 디즈레일리 경의 이런 복장을 비웃고 깔보았지만 여성들은 그의 특이함을 오히려 높이 샀고, 그중에서 보다 안목이 있는 이들은 시간이 지나면 그가 위대한 인물이 되어 있을 것이라고 말하기도 했다.

한편 1831년 영국은 의회 개혁을 달성하기 위한 투쟁의 마지막 단계에 있었다. 이후 50여 년 동안 이어진 디즈레일리 경의 탁월한 정계 활동은 바로 이 시기부터 시작되었다. 당시 총리였던 찰스 그레이의 아들이 하이위컴 자치구에서 의원 후보로 출마했고, 이에 대항해 젊은 디즈레일리가 나섰던 것이다. 급진당 후보로 지명된 디즈레일리는 토리당의 재청으로 선거에 출마할 수 있었으나, 결국 당선으로 이어지지는 못했다.

이후 디즈레일리는 두 번째, 세 번째 출마에서도 낙선을 맛봐야 했다.

세 번째 낙선은 아일랜드계 의원 다니엘 오코넬과의 불화와도 관련이 있었다. 앞서 오코넬은 휘그당이 과거에 자신을 무시하고 모욕했음에도 불구하고 순전히 디즈레일리에 대적하기 위해 휘그당과 동맹을 맺은 후, 디즈레일리에 사사건건 반대했다. 디즈레일리는 오코넬이 "선동적"인 "반역자"이며 "말과 행동이 다른 거짓말쟁이"라고 비난하고 나섰다.

이에 대해 오코넬이 어떻게 응수했는지는 잘 알려져 있다. 오코넬은 디즈레일리가 유대인 출신임을 들먹이며 이렇게 말했다. "(디즈레일리는) 십자가에 못 박혀 죽은 파렴치한 도둑의 성미를 빼닮았고, 그 도둑의 이름은 디즈레일리였음이 분명하다. 그러나 이 도둑의 자손이며, 십자가에 못 박혀 죽은 그 불경한 도둑의 자손이 나에게 준 모욕에 대해, 나는 지금 용서하려 한다."

이에 대한 반응으로 디즈레일리는 오코넬의 아들인 모건을 걸고넘어졌다. 디즈레일리는 '런던 타임스'에 오코넬과 모건을 비판하는 글을 보냈는데, 이런 식의 대응은 지나치게 요란하고 감정적이라는 평가를 받았다. 이 사건으로 디즈레일리는 빨리 성공하고 싶은 나머지 수단과 방법을 가리지 않는 거만하고 허황된 젊은이라는 오명을 얻게 되었다.

한편, 빅토리아 여왕의 통치가 시작되면서 디즈레일리의 정계 생활에 갑작스러운 변화가 생겼다. 헌법에 따라 새로운 국왕이 취임한 이후 총선이 열렸으며, 휘그당이 어리석은 짓을 저지른 덕분이라는 주장도 있지만 어쨌든 디즈레일리는 이 총선을 통해 메이드스톤의 하원 의원으로 당선되었다.

1837년 11월 의회가 재소집됨에 따라, 하원에 입성한 지 3주가 채 지나지 않은 시점에서 디즈레일리가 하게 된 첫 의회 연설은 아일랜드 선거 소청(訴請)에서 관한 것이었다. 이 연설에서 디즈레일리는 마침내 마주하게 된 오코넬을 향해 직접적인 언급을 했다. 그의 연설은 계속 저지되었고 그는 결국 비웃음과 조롱 속에서 자리에 앉아야만 했다. 디즈레일리는 마지막으로 이렇게 말했다. "저는 여러 번의 시도를 통해 결국 이루고자 한 것들을 달성하곤 했습니다. 지금은 자리에 앉겠지만 언젠가 여러분이 제 말을 듣게 될 날이 올 것입니다."

1839년부터 디즈레일리는 선거 개혁에 대한 자신의 의견을 적극적으로 표출하기 시작했다. 같은 해 7월 그는 보수당인 토리당 소속임에도 불구하고 정부의 중앙집권화와 중산층의 권력 독점을 비난하면서 일부 계층들의 주목을 끌었다. 그는 하층 계급민들을 향해 "이 국가를 일궈낸 것은 귀족과 노동 계층"이었다며 정부의 역할을 상류 계층에 맡겨달라고 호소했다.

디즈레일리가 토리당의 지도자로 활동한 것은 1847년부터이다. 보호무역주의자들을 이끌던 조지 벤팅크 경이 1848년 갑자기 사망하게 되면서 디즈레일리가 그 뒤를 잇게 된 것이다. 자유무역을 주장한 휘그당의 실패로 입지가 우세해지게 되면서 1852년, 디즈레일리는 재무부장관이자 하원 의장이 되었다. 그러나 11월 의회가 소집되었을 때 자유 무역에 대한 찬반이 갈렸고, 그날은 디즈레일리의 라이벌이자 자유당 지도자인 윌리엄 글래드스턴이 승리했다.

재무부 장관 자리에서 실각한 디즈레일리는 하원 의원으로 남았고, 당시 내무부 장관이었던 파머스톤 경의 열렬한 지지 세력으로 활동했다.

그러던 1858년, 나폴레옹 3세의 목숨을 노렸던 오르시니라는 이탈리아인의 음모로 인해 국제 정세가 변하기 시작했고 디즈레일리의 정계 생활도 이와 밀접하게 진행되었다. 프랑스 국민들은 영국이 음모를 방관해 자신들을 위험에 빠뜨렸다며 영국에 큰 불만을 터뜨렸고 프랑스 정부가 발표한 성명서에서도 비슷한 불만의 감정이 암시되어 있었다.

상황이 이렇게 되자 1855년부터 총리직을 맡고 있던 파머스톤 경은 살인공모 관련 법안을 도입하고자 했다. 그러나 파머스톤 경이 발의한 법안은 전혀 지지를 얻지 못했고, 디즈레일리도 이 법안에 대해 너무도 격렬히 반대하는 분위기에 편승해 반대 의사를 밝혔다.

1859년 봄, 디즈레일리는 다시 재무부장관 겸 하원 의장으로 취임했다. 그러나 디즈레일리와 그의 동료들은 의회 개혁 관련 논쟁으로 인해 다시 권력을 잃었다.

총선이 제대로 마무리되지 않은 상태에서, 1865년 10월 파머스톤 경의 갑작스러운 사망으로 총리 자리에 공백이 생기게 되었고 파머스톤 경의 뒤를 이은 존 러셀 경은 채 1년이 지나지 않아 사임했다. 이후 총리로 취임한 더비 경은 디즈레일리를 하원 의장으로 삼아 다시 행정부를 꾸렸다. 한편 영국 의회에는 1866~67년 회기의 휴회 기간 동안 정부 부처에서 개혁 법안을 도입하기로 결정했다는 소문이 퍼지기 시작했다.

1852년 이래 도입되어 온 개혁 법안 6건은 모두 실패로 끝났던 반면, 이번 법안의 경우 1867년 8월 마침내 여왕의 승인을 받을 수 있었다. 여기에는 디즈레일리의 공이 아주 컸는데, 그는 직접 법안을 작성했을 뿐만 아니라 무려 310회에 걸쳐 연설을 하는 등, 엄청난 노력을 기울였다. 이 법안에 따라 모든 도시의 주택 보유자들과 모든 군(郡)의 부동산 자유보유권 소유자들에게 선거권이 확대 적용되었다. 거의 1백만 명의 사람들에게 새롭게 선거권이 부여된 것이었다.

이 법안이 통과된 이후 디즈레일리는 총리가 되었다. 그런 그에게 닥친 첫 번째 문제는 아일랜드 국교 제도 폐지에 관한 것이었다. 오랜 토론이 이어졌지만 결국 디즈레일리의 패배로 끝났다. 디즈레일리가 총리직을 내려놓길 거부한 상태에서 의회가 해산된 것이다. 이로 인해 다음 선거에서는 야당이었던 자유당에 대한 전폭적인 지지가 나타났고, 1868년 12월 디즈레일리와 그의 동료들이 퇴진하면서 글래드스턴이 정권을 잡게 되었다.

그러나 글래드스턴 정부는 점점 권력을 남용하기 시작했다. 1874년 2월까지도 이 문제는 계속되었고, 결국 과반수의 찬성으로 불신임안이 통과되며 글래드스턴 행정부는 막을 내리게 된다. 다시 총리가 되어 새 내각을 구성할 것을 요청받은 디즈레일리는 처음으로 강력한 다수의 지지자들을 확보하게 되었으며, 빅토리아 여왕으로부터 개인적인 신뢰도 얻게 되었다.

이때부터 디즈레일리의 탁월한 정계 활동이 본격적으로 시작되었다. 이에 대해서는 많은 사람들이 생생하게 기억하고 있을 것이므로 여기서는 개략적으로만 언급하겠다. 당시 영국은 다른 국가들 사이에서 평판이 좋지 않았다. 영국은 유럽의 정책결정 과정에 참여하기를 원했지만, 조롱과 고립의 대상일 뿐이었다. 그러나 디즈레일리 정권 아래 영국은 섬나라라는 고립된 성격을 극복하고 막강한 군사력을 기반으로 유럽 내 입지를 넓혔다. 결국 영국군은 키프로스를 차지하고 터키에서의 지휘권을 확립했다.

빅토리아 여왕은 영국 행정부의 위치를 델리로 옮기자는 디즈레일리의 제안을 받아들이지는 않았지만 대신 스스로 인도 황후의 자리에 올랐다. 디즈레일리는 인도군을 유럽으로 소집해 영국 본토 방위 병력으로 삼았으며, 영국이 터키에도 영향력을 행사할 수 있는 기반을 마련했다. 또한, 수에즈 운하 주식을 구입함으로써 인도로 가는 지름길을 확보했다. 이후 디즈레일리는 다시 총리 자리에서 밀려났고, 그의 오랜 라이벌인 글래드스턴이 다시 정권을 잡게 되었다. 은퇴한 뒤 '엔디미온'을 저술한 디즈레일리는 이 책에 1만 파운드를 투자할 출판사를 찾아다니기도 했다.

디즈레일리는 1840년 무렵 자신의 오랜 친구이자 메이드스톤 지역구 선임이었던 윈덤 루이스의 미망인과 결혼했다. 그의 부인은 디즈레일리보다 10살 이상 연상으로, 그에게 큰 재산을 안겨주었다. 이 결혼은 둘 모두에게 아주 행복한 결합이었다. 디즈레일리는 그녀에게 여러 번 감사의 뜻을 표현했고, 부인은 남편의 모든 사업에 열렬한 관심을 가지고 헌신적으로 도와주었다. 1868

년, 디즈레일리는 귀족 작위를 하사받았지만 자신을 위한 작위는 사양하며 대신 자신의 부인을 비컨즈필드 백작부인으로 만들어 줄 것을 여왕에게 간청했다. 결국 그의 부인은 1873년 사망할 때까지 비컨즈필드 백작부인의 지위를 누렸다.

오토 폰 비스마르크

1815년 4월 1일~1898년 7월 30일

베를린—비스마르크 공(公)이 오늘 밤 11시가 되기 직전 타계했다. 사망 시간이 깊은 밤이고, 고립된 성에서 맞이한 죽음인데다가 가족들이 사적인 정보라는 이유로 취재를 꺼려했기 때문에 세부사항 확인에 어려움이 있었다.

83세를 일기로 별세한 전직 수상의 사망 소식은 유럽 전역에 충격을 주고 있다. 그의 건강이 악화되고 있다는 사실이 처음 알려졌을 때 불안감이 조성되긴 했지만, 이후 신문에서는 매일같이 그가 다시 파이프 담배를 피울 만큼 건강을 회복했다는 소식을 보도했고, 사람들은 비스마르크가 90세까지 거뜬히 살 수 있을 것이라는 의사의 말을 믿고 있었다.

유럽 내 토요일자 신문에서는 비스마르크의 상태에 대한 소식을 한 단락만으로 일축했고, 영국에서는 황태자의 무릎 상태에 대한 소식에 묻혀 비스마르크를 다룬 기사를 신문에서 찾기 힘들 정도였다.

비스마르크 가문의 시초는 프리드리히스루에 토지를 소유하고 있던 13세기로 거슬러 올라간다. '퓌르스트(대공) 폰 비스마르크'라는 현재의 이름은 독일제국 제1대 수상이 된 1871년부터 사용했으며, 이제 이 작위는 비스마르크의 장남인 헤르베르트 백작이 이어 받게 되었다.

비스마르크 공의 사망 소식은 이른 저녁 뉴욕시 전역에 보도되었다. 독일인들이 모이는 클럽, 모임, 이스트사이드에 있는 수많은 카페들에서는 저녁 내내 모두 비스마르크에 대한 이야기뿐이었다.

"비스마르크가 세상을 떠났다." 독일계 미국인들의 사교 모임인 리더크란츠 클럽의 가장 오래된 회원 중 한 명인 게르퇴 마프가 말했다. "그러나 육체의 죽음일 뿐, 그의 명성은 별처럼 영원할 것이다."

장차 독일을 통일할 운명이었던 오토 폰 비스마르크는 1815년 4월 1일, 전통적인 프로이센 풍의 시골 저택에서 태어났고, 이곳은 이제 전 세계 관광객들이 찾는 순례지가 되었다. 비스마르크가 태어난 해에 독일은 유럽 전역을 정복하려는 나폴레옹의 야심에 비로소 저항하기 시작했으며, 이에 일부 독일인들은 비스마르크의 탄생을 가리켜 평생에 걸쳐 프랑스에 대적하겠다고 맹세한 한니발 장군의 재림이라는 의미를 부여하기도 했다.

활달한 성격과 맑은 눈동자의 어린 비스마르크는 자신의 미래가 얼마나 위대할지 전혀 알지 못했을 것이다. 다만 어린 비스마르크를 둘러싸고 있던 환경이 그의 성장 과정에 강렬하고 지속적인 영향을 미쳤다는 점은 분명하다. 어린 시절 비스마르크는 1806년 나폴레옹에 의해 정복당해 파괴되었던 프로이센의 모습과, 그로부터 7년 후 나폴레옹에게 앙갚음을 한 프로이센의 역사는 물론, 독일 민족이 유럽 정치계에서 거의 무의미한 존재가 되어버린 절망적인 상황을 통탄하는 베를린, 프랑크푸르트, 쾰른 출신의 사람들이 떠드는 이야기를 들으며 자랐던 것이다.

후에 비스마르크는 독일이 분열되어 있기 때문에 발생하는 국가적 약점들을 파악하는 동시에 독일이 하나로 통일될 경우 발휘하게 될 잠재력을 예리한 통찰력으로 발견해냈다.

미래의 독일 지도자가 될 어린 비스마르크가 나무를 기어오르거나 도랑을 뛰어넘으면서 어린 시절을 보내는 동안, 독일은 현대사에서 가장 중요한 시기를 지나고 있었다. 1813년 독일은 프랑스에 빼앗겼던 영토를 수복하고 나폴레옹을 폐위시켰으며, 수개월 후에는 튜턴 기사단의 승리가 이어졌다. 이렇게 되자 지도자들은 이제 독일을 하나로 통합시키는 것이 낫지 않을까 하는 고민을 하기 시작했다.

이처럼 프로이센 전역에 걸쳐 통일에 대한 고조된 분위기가 형성되어 있던 시기에 비스마르크의 정치 경력이 시작되었다.

재상이 되어 무소불위의 권력을 휘두른 비스마르크였지만, 스스로는 권위에 짓눌리는 것은 참지 못하는 성미였다. 비스마르크의 보즈웰(충실한 전기 작가의 대명사)이라고 할 수 있는 전기 작가 모리츠 부슈는 훗날 오스트리아와 프랑스의 자존심을 짓밟을, 거만하면서 고집스러운 비스마르크의 성격을 보여주는 초기 일화들을 기록한 바 있다. 그중에는 괴팅겐 대학에서 한 학생이 교칙 위반으로 훈계를 듣는 와중에 비스마르크가 모자를 비스듬히 쓰고 얼룩덜룩한 벨벳 재킷을 입은 채, 커다란 불독을 데리고 총장 앞을 거침없이 지나갔다는 일화도 있다. 총장이 오히려 겁에 질렸음은 두 말할 필요도 없다.

이런 행동들과 더불어, 날씨를 상관하지 않는 태도와 목숨의 위협이 있는 상황에서 전국을 거침없이 돌아다니는 행태로 인해 그는 '미친 비스마르크'라는 별명을 얻게 되었고, 나이 많고 고지식한 신사들은 비스마르크를 무모하고 쓸모없는 청년이라고 생각했다.

그러나 1833년 말 비스마르크는 괴팅겐 대학을 그만두고 베를린 대학으로 진학하여 1835년 6월 변호사 자격을 얻었고 1847년에는 지역 귀족 대표로서 베를린 의회에 처음으로 참석했다. 근엄한 정치인들의 무리 속에 반항아 비스마르크가 번개같이 등장한 것이었다. 그는 자신이 "이 싱거운 집단에 후추가 되기 위해 왔다"며 엄숙한 분위기 가운데 유머를 던졌다.

이는 전혀 과장 없이 실제로 있었던 일을 그대로 전하는 것이다. 건장한 체격에 머리를 뒤로 살짝 젖히고 팔짱을 낀 그의 오만한 자세와 상대방을 꿰뚫어보는 듯한 매서운 눈빛, 저음의 목소리와 도전적이면서도 빈정대는 말투로 인해 비스마르크는 베를린에서 금세 유명인사가 되었다. 그를 싫어하는 이들은 그를 좋아하는 사람들만큼이나 빠르게 늘어갔고, 비스마르크는 자칭 "프로이센 전역에서 가장 미움 받는 사람"이 되었다.

그가 수많은 사람들의 반감을 산 것은 사실 당연했다. 1848년에 연이은 민중 운동들을 정점으로 대중심리는 한껏 격앙되어 있는 상태였다. 반혁명파인 비스마르크와 민중 중심 혁명세력 사이에 공감대란 존재할 수 없었다. 부르주아 계급 출신의 모친을 둔 하원의원 비스마르크는 그야말로 전형적인 귀족 계층이었다. 이에 따라 그는 커리어 전반에 걸쳐 대중들의 배척 대상이 되었다.

비스마르크는 통치자가 백성들의 의견을 전혀 듣지 않고 자신이 원하는 대로 하면 된다는 주의였다. 1848년 초에 그는 "민주주의와 헌법주의의 온상인 모든 대도시들이 지구상에서 사라지기 전까지는 세계 평화가 유지되기를 결코 바랄 수 없다"고 주장하기도 했다.

1848년 혁명 이후 유럽 전역에는 많은 변화가 일어났다. 프랑스는 다시 공화국임을 선포했고, 오스트리아는 구체제의 붕괴로 인한 혼란 속에서 불만이 가득했으며, 러시아는 유럽 전역에 강력한 영향력을 드리우고 있었다. 한편 독일은 각 지역 연방의 작은 영토와 소규모 군대로 조직된 일관성 없는 집단에 불과했다.

주변 국가들이 빠르게 변화하고 있는 상황에서 비스마르크는 그의 파란만장한 일생 중 드물게 잠잠하고 행복한 시기를 즐기고 있었다. 어느덧 프로이센 자체를 상징하는 거물이 된 비스마르크는 1847년 7월 28일 귀족가문 출신 요한나 폰 푸트카머와 결혼했다.

비스마르크가 아내에게 보낸 편지가 많이 남아 있어 그의 실제 성향이 알려지게 것은 다행이었다. 세상에 알려진 비스마르크의 이미지만 알고 있는 이들은 '철혈' 재상으로 유명한 그가 온화하고 소년같이 유쾌하며, 어린아이처럼 순진하면서 다정다감한 면이 있었다는 사실에 놀라워했을 것이다.

한편 향후 독일 제국의 총리가 될 비스마르크가 부인과 함께 스위스 산자락을 지나고 이탈리아의 호수를 건너고 있을 때에도 유럽 전역에는 20년 후 발생하게 될 거대한 사건의 전조가 이미 드리워지고 있었다. 보통 선거권을 요구하는 일반 시민들의 목소리가 높아졌으며, 프로이센과 오스트리아 간 전쟁이 발생했던 것이다.

이러한 갈등 상황 속에서 비스마르크는 꿋꿋이 앞을 주시하고 있었다. 그는 이런 전쟁들을 통해 오스트리아를 제외한 독일 지역들을 프로이센의 영향력 아래 하나의 강력한 독일 제국으로 통일할 수 있다고 생각했다.

당시 비스마르크가 '독일 통합'에 반대한 것은, 여기서 말하는 통합이 자신이 속한 프로이센과 다른 북부 독일 연방이 소위 오스트리아 제국으로 불리던 체코, 헝가리, 크로아티아, 폴란드, 루스 공국에 종속되는 것을 의미했기 때문이었다.

1840년 프리드리히 빌헬름 4세가 즉위했으나 정신병 발작으로 1857년부터는 그의 동생이 섭정을 시작했고 1861년 프리드리히 빌헬름 4세가 사망하자 섭정을 이어오던 동생이 빌헬름 1세로서 프로이센 왕위에 올랐다. 빌헬름 1세는 비스마르크의 절친한 친구였으며, 비스마르크의 뛰어난 기량을 인정해 총리로 임명했다.

이는 오스트리아 쇠퇴의 전조가 되었다. 프로이센의 변화를 너무 늦게 감지한 오스트리아는 위협적인 태도로 돌아섰으며, 권력의 중심을 동쪽으로 옮기고 프로이센의 영향력에서 벗어나고자 했다.

평범한 사람이었다면 프로이센 전역에서 비난의 대상이었다가 갑자기 경배의 대상이 된 기쁨에 휘둘렸을 것이다. 그러나 비스마르크는 프로이센 왕국이 독일 제국으로 통일되기 전에 프랑스가 오스트리아를 따라 프로이센을 견제할 것이라고 예상하면서 냉철하게 상황을 주시했다.

그러는 동안 비스마르크의 거대한 프로젝트는 비밀리에 꾸준히 진행되었다. 1867년 파리 만국 박람회에서 비스마르크를 본 한 여행객은 다음과 같은 기록을 남겼다. "파리의 거리에서 뾰족한 모자 아래로 보이는 황갈색의 머리카락, 길고 넓게 퍼진 적갈색의 콧수염, 근엄한 눈빛, 불그레한 얼굴, 특이하고 엄숙한 표정으로 돌아다니던 비스마르크는 곧 익숙한 인물이 되었다. 그는 파리의 요란한 축제 속에서도 조용하고 고고한 태도를 유지했다."

사실 그가 3년 뒤인 1870년에 '세계의 수도'였던 파리에 전쟁을 통해 다시 입성한 것은 그리 유쾌한 사건은 아니었다. 프랑스는 오스트리아보다 더 오래 투쟁했지만 프로이센을 물리치지는 못했다. 결국 프랑스는 항복했고, 같은 달 베르사유에서는 '윌리엄 1세, 독일 황제'의 대관식이 치러졌다.

프랑스와의 전쟁 기간 동안 비스마르크는 특유의 굴하지 않는 에너지를 유감없이 발휘했다.

"비스마르크는 잠에서 깨자마자 바로 일을 시작할 때가 많았다. 문서를 읽고, 주석을 달고, 신문을 탐독했으며, 의원들과 다른 동료들에게 지시를 내리고, 국가 차원의 다양한 문제들에 질문을 제기했으며, 이에 더해 글을 쓰거나 구술을 받아적게 하기도 했다."

"그런 다음에는 지도를 연구하고, 미리 준비를 지시한 서류를 교정했으며, 그의 트레이드마크로 잘 알려진 커다란 연필로 아이디어를 적어놓거나 서한을 작성하고, 전신으로 소식을 보내거나 게재될 글을 보냈으며, 이 모든 일을 하는 와중에도 중요한 방문객들을 맞이했다."

"오후 2시나 3시가 돼서야 비스마르크 수상은 잠시나마 일을 중단하고 휴식을 취했는데, 보통 말을 타고 산책을 나갔다. 그리고 돌아와서는 저녁식사 시간인 5시나 6시 전까지 일을 했고, 식사 후에는 늦어도 1시간 반 내로 책상으로 돌아와 자정이 될 때까지 책을 읽거나 메모를 하며 보내곤 했다." 비스마르크의 전기를 쓴 모리츠 부슈는 이렇게 말한 바 있다.

황제의 대관식은 비스마르크의 대관식이나 마찬가지였다. 그러나 비스마르크는 나폴레옹과 러시아 황제 니콜라이와 마찬가지로 너무 오래 살았다고 할 수 있다. 말년에 그는 빌헬름 2세가 넘지 못한 정치·경제 문제들과 씨름하고, 러시아의 독재자들조차 막지 못한 혁명 세력과 끊임없이 분투를 했음에도 성과를 거두지는 못했다.

비스마르크가 시행한 독단적인 정치 경제 체제로 인해 독일 경제를 지탱하던 건장한 노동자들이 해마다 독일을 떠나게 되자, 비스마르크는 독일을 떠나는 이민자들에게도 독일 시민권을 유지한 채 식민지에서 일을 할 수 있도록 했다.

뉴기니와 사모아 제도에서 수립한 일련의 합병을 시작으로, 독일은 서부 및 남서부 아프리카의 해안을 따라 약 1,207km에 걸쳐 영토를 확장했다. 비스마르크는 해외에 또 하나의 독일 제국을 설립하려는 계획에 매달렸다.

"한 번 독일인은 영원한 독일인이다." 비스마르크는 말했다. "자신의 국적을 낡은 외투처럼 버릴 수 있는 사람에게는 더 이상 해줄 말이 없다."

빌헬름 1세가 사망하고 자유주의자인 프리드리히 3세가 즉위하자 사람들은 비스마르크의 영향력이 전보다 약해질 것이라고 예상했다. 그러나 비스마르크는 여전히 수상으로 남았고 유럽 외교에서 가장 중요한 위치를 유지했다.

이후 프리드리히 3세가 사망하고 아들 윌리엄이 빌헬름 2세로서 왕좌에 오르자 비스마르크와 사사건건 충돌하기 시작했고 이 둘의 갈등관계는 1890년 3월 18일 비스마르크가 사임을 할 때까지 계속 악화되었다.

비스마르크의 개인적인 성격에 대해서는 늘 의견이 분분했는데, 지인들의 경우 무한한 찬사를 보냈던 반면, 독일 내 비스마르크의 정적들은 비난할 사안을 찾을 수 없을 때도 그가 독단적이고 피에 굶주린 사람이라며 그의 공적을 깎아내리곤 했다.

독단적이긴 했지만 기르던 개가 죽었을 때 곁에서 눈물을 흘렸고, 물에 빠진 시종을 구하기 위해 목숨을 걸었던 비스마르크를 매정한 인간이라고 할 수는 없을 것이다. 게다가 피에 굶주린 사람이라면 전쟁의 비극을 즐겼겠지만, 비스마르크는 최선을 다해 이런 비극을 경감시키려고 노력했던 인물이었다.

빅토리아 여왕

1819년 5월 24일~1901년 1월 22일

카우즈, 와이트 섬—빅토리아 여왕이 타계했다. 이 시대의 가장 큰 사건이자 영국에 엄청난 변화를 초래할 그녀의 죽음은 거의 다정스럽다고 말할 수 있을 정도로 조용하게 일어났다.

빅토리아 여왕의 화려한 통치가 어제 저녁 6시 30분 정각, 여왕의 여름 별장인 오스본 하우스의 단촐한 방에서 마무리된 것이다. 역사상 가장 존경받았던 여성인 그녀는 커다란 침대에 누운 채 숨을 거두었다. 시선은 부군의 초상화 쪽을 향한 상태였다.

여왕의 사망이라는 역사적 사건 수 분 후에는, 시녀들이 저마다 상복을 주문하기 위해 런던에 연락을 취하는 분주한 광경이 펼쳐졌다.

사망 전 수 주 동안 여왕의 건강상태는 점점 나빠졌다. 특히 지난 수요일 심각한 마비발작이 있은 후 여왕은 극도로 쇠약해졌는데, 그녀가 병상에 누운 것은 81년 인생 중 처음 있는 일이었고, 그녀는 자신이 아프다는 사실을 인정하지 않으려고 했다.

여왕의 사망으로 59년이 넘는 세월 동안 웨일즈 공이었던 알버트 에드워드가 이제 대영제국의 국왕 에드워드 7세이자 인도의 황제가 되었다.

1837년 왕위에 오른 빅토리아 여왕은 영국은 물론 유럽 역사상으로도 가장 오랜 기간 동안 재임한 국왕들 중 하나로 반세기가 넘는 그녀의 통치 기간은 그녀가 법적으로 성인이 된 직후부터 시작되었다.

그러나 빅토리아 여왕의 통치는 영국 역사에 더 큰 의미에서 뚜렷한 흔적을 남겼다. 그 어떤 인물의 통치하에서도 빅토리아 시대만큼 훌륭한 문학 작품과 지식의 발견으로 역사에 지대한 공헌을 한 적은 없었다. 이 시대에 이루어진 과학적 성취로만 보더라도 인류 전체의 경이로운 축복이라고 할 수 있다.

또한 빅토리아 여왕처럼 대영제국의 영토를 방대하게 확장한 통치자도 존재하지 않았다. 빅토리아 시대의 영국 영토는 아프리카와 인도, 태평양 지역까지 확장되었다. 이때야말로 영국은 진정 '해가 지지 않는 나라'였던 것이다.

빅토리아 여왕은 하노버 왕조의 일족이었지만, 스튜어트 왕조의 피 또한 이어받았다.

1819년 5월 24일, 켄싱턴 궁에서 미래 영국의 여왕이 될 아이가 태어났다.

빅토리아가 생후 6개월이 되었을 때 부모는 그녀를 데본셔 해안에 있는 시드무스 지역으로 데려갔다. 그로부터 얼마 지나지 않아 부친인 켄트 공작은 폐렴으로 사망했다. 켄트 공작은 발이 다 젖은 채로 집으로 돌아온 적이 있었는데, 신발을 갈아 신지 않은 상태로 어린 빅토리아와 놀아주었고 그 후 폐렴에 걸렸었다.

빅토리아가 왕위 계승자가 될 수 있을지는 오랫동안 불확실한 상태였다. 1830년까지만 해도 조지 4세의 사망으로 즉위한 윌리엄 4세가 빅토리아와 왕좌 사이를 가로막고 있었기 때문이다.

당시 빅토리아는 자신이 왕위 계승자가 될 수도 있다는 사실을 모른 채 성장했고, 그녀에게 이 주제에 대해 언급하는 것도 엄격하게 금지되었다.

그러나 윌리엄 4세가 65세의 나이로 즉위했을 때 정치인들은 당시 12세였던 어린 빅토리아가 결국 미래의 여왕이 될 것이라고 예상할 수밖에 없었다.

이윽고 시간이 흘러 빅토리아는 자신의 위치를 알게 되었다. 그의 가정교사가 이 사실을 족보의 한 페이지에 표시함으로써 알려주었고, 이를 본 빅토리아는 가정교사에게 "생각했던 것보다 내가 왕좌에 가까이 있네요"라고 말했다고 전해진다.

영국에서 18세라는 나이는 왕실의 공주가 법적으로 성인이 되는 나이로 빅토리아는 1837년 5월 24일에 18세가 되었다. 이로부터 한 달이 채 지나지 않은 6월 20일 오전 2시 20분, 윌리엄 4세가 사망했고 그 직후 영국 국교회의 수장인 캔터베리 대주교와 궁내 장관이 탄 마차가 빅토리아가 있는 켄싱턴 궁으로 출발했다. 이후의 이야기는 윌리엄스 윈의 일지에 잘 묘사되어 있다.

"캔터베리 대주교와 궁내 장관은 문을 두드리고 벨을 울려댔다. 이들은 정문에 있던 수위가 나올 때까지 꽤 오랜 시간 동안 소란을 피웠고, 수행원을 통해 빅토리아 공주에게 중요한 사안을 알리기 위한 접견을 요청하고자 했다."

"수행원은 빅토리아 공주가 깊이 잠이 들었기 때문에 깨울 수 없다고 말했다. 그러자 대주교와 장관은 "우리는 여왕에 대한 국가적 사안 때문에 왔고, 이는 공주의 잠보다 더 중요한 문제일세." 라고 말했다. 잠시 후 빅토리아 공주는 흰 잠옷과 숄을 걸친 채로 대주교와 장관이 있던 방에 나타났다. 취침용 모자가 벗겨져 머리카락이 어깨 위로 드리워져 있었고 슬리퍼를 신고 있었다. 눈가에는 눈물이 맺혀 있었지만 아주 침착한 모습이었다."

그날 켄싱턴 궁에서는 회의 소집이 예정되어 있었다. 당시 활동하던 궁내 작가 그레빌의 일지에는 이 회의에 대한 내용이 다음과 같이 묘사되어 있는데 본래 쉽게 감정에 휩싸이는 인물이 아니었던 그레빌이었음에도 그날의 흥분이 고스란히 전해진다.

"이 소식을 들은 빅토리아의 첫 반응, 그 태도와 행동은 그야말로 경이로웠고 분명 정당한 것이기도 했다. 빅토리아는 세간의 예상을 훨씬 넘어선 비범한 태도를 보여주었다. 지나치게 어린데다가 미숙하고 세상사를 아직 모를 나이이기에 그녀가 이런 어려운 상황에서 어떻게 반응할지에 대해 모두의 관심이 집중되어 있었다."

"빅토리아는 수수한 차림으로 애도를 하고 있었다. 그가 연설문을 읽고 스코틀랜드 국교인 장로교의 안전을 보장한다는 선서를 한 후, 추밀 고문관들의 맹세가 이어졌는데, 이들이 빅토리아 앞에 무릎을 꿇고 충성을 맹세하며 손에 키스를 할 때 나는 빅토리아의 눈시울이 붉어지는 것을 보았다. 이것이 그녀가 보여준 유일한 감정의 표현이었다."

다음 날 즉위식이 열렸고, 빅토리아 여왕은 세인트 제임스 왕궁의 열린 창문으로 대중들에게 처음 모습을 드러냈다. 켄싱턴에는 여왕이 사용할 일련의 주거 공간이 마련되어 버킹엄 궁전으로 옮기기 전까지 여왕이 기거할 수 있는 만반의 준비를 했다.

그녀는 11월 첫 의회를 소집했고, 그 다음해 6월에는 웨스트민스터 성당에서 공식적인 대관식이 거행되었다. 영국의 소설가 해리엇 마티노는 자신이 직접 본 대관식 장면을 아주 절묘하게 묘사했다.

“왕좌는 그 발판과 마찬가지로 금실로 짠 천으로 덮여 있었고, 성당 중앙에 배치된 네 개의 단 위에 우뚝 솟아 있었다.”

“9시 정도에 첫 아침 햇빛이 성당 안으로 들어왔고, 이어 귀족 여인들의 머리 위를 비추었다. 모든 여인들이 마치 무지개처럼 반짝였다. 이런 밝고 광대하며 꿈과 같이 웅장한 분위기로 인해 이상하게도 지친 기운과 졸음이 느껴졌다.”

빅토리아 여왕의 부군 앨버트 공(公)은 작센-코부르크-고타의 공작이었던 어네스트의 둘째 아들로, 빅토리아 여왕보다 3개월 늦게 태어난 인물이었다.

앨버트 공이 처음으로 빅토리아 공주를 본 것은 1836년 봄 영국을 방문했을 때였다. 당시 두 사람은 어쩔 수 없이 헤어지게 되었다고 알려져 있다. 빅토리아는 이후 삼촌에게 보낸 편지에서 “이제 내게 너무 소중한 사람인 그이의 건강을 잘 돌봐주세요”라고 간곡히 부탁했다.

앨버트 공은 엄격한 예법에 따라 여왕이 먼저 초청 의사를 밝혀야 한다는 것을 잘 알고 있었다. 그렇기에 1839년 10월, 분명한 목적을 가지고 두 번째로 영국을 방문한 그는 여왕의 신호를 애타게 기다렸다. 앨버트 공은 영국 방문 이틀째 저녁에 무도회에서 여왕의 부케를 받았고, 다음 날 여왕이 그와 대화하기를 바란다는 전갈을 받았다.

둘은 다음 해에 결혼했다.

왕족들의 삶 중 가장 매력적인 가정의 모습을 보여주었던 사례는 아마도 앨버트 공과 빅토리아 여왕의 결혼 생활이었을 것이다. 앨버트 공은 정직함과 헌신적인 애정을 겸비한 사람이었다. 그는 지식이 풍부했고 고귀한 야망을 품고 있었으며, 두 사람 모두 미술과 조각, 음악을 좋아했다. 앨버트 공은 또한 조경에 관한 섬세한 취향과 뛰어난 기술을 지닌 사람으로 시골 생활과 이른 아침 시간을 좋아했고, 여왕도 그런 생활에 차차 익숙해졌다.

그럼에도 둘의 결혼 생활이 시작되면서부터 어쩔 수 없이 생겨난 어려움은 여왕과 부군의 특이한 관계 때문이었다. 앨버트 공은 가장이었음에도 공식 석상에서는 여왕에 순종할 수밖에 없었다. 많은 사람들은 앨버트 공이 진중하면서도 인내하는 성격이라서 그러한 생활을 감당할 수 있는 것이라고 생각했다. 물론 여왕 또한 국가적 문제가 아닌 그 밖의 모든 일에 관해서는 앨버트 공이 최고 권위를 행사할 수 있도록 배려하는 모습을 보여주었다.

빅토리아 여왕은 아홉 명의 자녀를 둔 어머니기도 했다. 1887년 6월에는 여왕의 즉위 40주년 기념일 행사가 성대하게 열렸고, 당시 여왕에게는 31명의 손자와 6명의 증손자가 있었다.

빅토리아 여왕은 남편인 앨버트 공과 20여 년간 아주 행복한 결혼 생활을 했으며, 여성으로서 받을 수 있는 모든 축복이 여왕에게 내려지는 듯했다.

하지만 1860년대에 들어서자 앨버트 공은 병을 앓기 시작했고 1861년 12월에 결국 사망했다.

남편의 사망 이후로 빅토리아 여왕은 조용한 은둔 생활을 했다. 측근들조차 거의 만나지 않았던 여왕은 앨버트 공을 기리는 행사에만 특별한 관심을 쏟았다. 런던에는 거대한 앨버트 기념비가 세워졌고, 1867년에는 '앨버트 예술과학홀'의 초석이 마련됐다.

1863년 빅토리아 여왕과 앨버트 공의 장남인 에드워드는 22세의 나이로 덴마크의 알렉산드라 왕비와 결혼했고, 1877년 빅토리아 여왕은 인도의 황후가 되는 또 다른 영예를 얻게 된다. 빅토리아 여왕이 인도의 황후가 되던 시기에 영국 내 정치가들은 수 년 동안 선거 개혁 조치를 마련하기 위해 노력하고 있었다. 1832년 통과된 개혁 법안에 따라 인구가 2천 명 미만인 도시 56개, 이른바 '부패선거구'에서는 의원을 선출하지 않게 되었고, 다른 30개 도시들은 하나로 통합되어 의원을 한 명만 선출하도록 했으며 나머지 지역들은 인구 분포에 맞게 재편되어 42개의 도시가 새로 생겨났다. 개혁법을 통한 의회정부의 새로운 시대가 열리고 있었던 것이다.

이후 빅토리아 여왕의 통치 기간 동안 개혁 법안은 친숙한 주제가 될 정도로 자주 등장했다. 특히 1884년과 1885년의 개혁 법안은 '영국에서 시도된 가장 광범위한 개혁'이라고 알려져 있다. 이 법안은 잉글랜드뿐만 아니라 스코틀랜드 및 아일랜드로까지 확대되어 적용되었고, 이때부터 영국 전역의 사람들이 실질적으로 동등한 선거권을 가지게 되었다.

개혁 법안 이외에도 빅토리아 여왕의 통치 기간 중 가장 이슈가 되었던 것은 수입 곡물에 관세를 부과하는 이른 바 '곡물법'이었다. 그러나 이로 인해 식량 가격이 인상되자 시민들의 반대가 이어지기도 했다.

1839년 중국과의 아편전쟁을 제외하면 1853년 보스포루스 해협에 크림 전쟁의 암운이 드리우기 전까지 빅토리아 여왕 통치하의 영국은 직접 전쟁의 당사자가 된 적이 없었다.

무역 분쟁 속에서 아편을 포기하라는 중국의 요구와 동시에 선포된 아편전쟁은 1843년 7월에서야 평화 조약 체결로 마무리되었고 난징조약이라고 알려진 이 조약에 따라 영국은 중국으로부터 2천 1백만 달러를 지급받고 홍콩을 영구적으로 양도받았다.

크림 전쟁은 흑해에서 세력 확대를 하고자 했던 러시아가 오스만 제국에 사사건건 개입하며 쌓인 갈등이 터진 결과였다. 그 이전에 팔레스타인 내 성지들에 대한 소유권을 두고 러시아와 프랑스 사이에서 분쟁이 일어났고 이에 대해 오스만 제국이 소집한 중재 위원회는 러시아의 손을 들어주었으나 러시아는 여기에 그치지 않고 점점 더 오스만 제국 영토에서 영향력을 행사하고자 했다.

오스만 제국의 술탄은 동맹국들에게 도움을 요청했고, 이에 영국과 프랑스는 함대를 이끌고 나아갔다. 1853년 9월, 영국과 프랑스의 함대는 흑해와 지중해를 잇는 요지인 다르다넬스 해협에 이르렀고, 10월에는 오스만 제국이 러시아에 전쟁을 선포했다.

크림 반도에서의 작전은 1854년 9월 동맹군의 상륙과 함께 시작되었다. 이들은 힘을 합쳐 러시아군을 크림 반도의 전략 요충지인 세바스토폴 요새까지 몰아냈고, 10월에는 본격적인 요새 공략이 시작되었다.

이 유명한 공성전에 대해서는 몇몇 이름들을 언급하는 것이 좋겠다. 발라클라바 전투에서 있었던 경기병대(輕騎兵隊)의 돌격 작전은 이는 영국 시인 테니슨의 작품 소재가 되었으며 야전병원에서 활약한 나이팅게일의 업적도 빼놓을 수 없다. 이 밖에도 추운 날씨에 고통받은 일화들, 니콜라이 1세의 죽음, 1856년 3월에 체결된 파리 평화 조약까지 수많은 사건이 발생했다.

영국은 이 전쟁에서 거의 24,000여 명의 인명을 잃었다. 부상으로 전장에서 사망한 이들은 3,500명에 달했고 콜레라로 인한 죽음이 4,244명, 그리고 다른 질병에 의한 사망자는 16,000명에 다다랐다.

그로부터 1년 후 인도에서는 영국의 차별대우에 대한 불만이 극에 달해 세포이 항쟁이 발생했다. 이에 영국은 2년이 넘는 기간 동안 격렬한 진압 작전을 펼쳐야만 했다.

이 사건의 여파로 동인도 회사를 통한 영국의 간접 통치가 직접 통치로 바뀌게 된다. 1858년 11월 빅토리아 여왕은 결국 인도의 공식 통치자가 되었고, 1876년 5월에는 인도의 황후 자리에 올랐다.

값싼 우편 요금과 증기 기관차로 가능해진 신속한 장거리 여행만 놓고 보더라도 빅토리아 여왕의 통치 기간은 영국 문명의 위대한 시대로 평가할 가치가 있을 것이다. 1페니 우표 시스템에 이어, 멀리 떨어진 두 대륙 간의 통신을 가능케 한 전보의 발명과 전화기의 등장까지 모두 빅토리아 시대의 진보였다.

이런 일련의 발명품들이 만들어질 수 있었던 근본적인 원인은 영국 철강 산업의 확장이었다. 1837년 영국의 연간 조강생산량은 100만 톤에 불과했으나, 이제는 800백만 톤이 넘는 양이 생산되고 있다. 1857년에는 전 세계 철강 산업 분야에 혁신을 일으킨 강철 제조법이 발명되었다. 이는 '위대한 강철왕'으로 불리는 헨리 베세머 경이 고안한 것으로, 용융된 선철에 공기를 불어넣어 강철을 만드는 방법이었다. 이 제조법으로 인해 철강 가격이 크게 낮아져 다양한 용도로 철강을 사용할 수 있는 길이 열렸다.

이 시대의 문학작품을 생각해보면, 다윈 같은 과학자가 저술한 책을 포함해, 고귀하고 뛰어난 작품들을 수도 없이 꼽을 수 있을 것이다. 다윈은 인간이 생각해낸 이론 중 가장 획기적인 이론을 담은 책들을 썼으며, 테니슨의 시구(詩句)와 토마스 B. 매콜리, 토마스 칼라일, 윌리엄 M. 새커리의 산문들은 불후의 명작으로 몇 세대 뒤의 후손에게까지 오랫동안 전해질 작품들이다.

가장 뛰어난 여성 시인이라 할 수 있는 엘리자베스 B. 브라우닝 또한 이 시대에 왕성히 작품 활동을 펼쳤고, 그 남편인 로버트 브라우닝도 마찬가지였다. 시인이자 비평가인 매튜 아널드의 첫 번째 성공작인 '크롬웰'이 발표된 것은 1843년의 일이었다. 1836년에는 찰스 디킨즈의 첫 번째 책인 '보즈의 스케치'가 출간되었다. 조지 엘리엇은 그로부터 20년 후인 1850년대에 본격적으로 두각을 나타내기 시작했다. 칼라일은 수필을 여러 편 썼지만, 문학 분야에서 그가 바랐던 만큼의 명성을 얻을 때까지는 더 많은 시간이 필요했다.

니콜라이 2세

1868년 5월 18일~1918년 7월 17일

런던—러시아의 전 황제 니콜라이 로마노프가 7월 16일 총살당했다고 오늘자 러시아 무선 통신이 전했다.

볼셰비키 정부의 중앙 집행기관은 니콜라이 황제에 관한 중요한 문서를 갖고 있다고 발표했는데, 이 중에는 황제의 일기와 더불어 혁명 직전 살해된 수도승 라스푸틴의 편지들도 포함되어 있었다. 이 문서들은 가까운 시일 내에 정식으로 공개될 예정이라고 한다.

다음은 러시아 무선 통신의 일부를 그대로 옮긴 것이다.

"제5회 의회로부터 선출된 중앙 집행위원회의 첫 회기에서, 우랄 지역 위원회가 직접 전해온 니콜라이 로마노프 전 황제의 사살 사건에 대한 메시지가 공개되었다."

"붉은 군대의 수도인 예카테린부르크는 최근 체코슬로바키아의 접근으로 심각한 위협을 받았으며, 체코슬로바키아 세력과 함께 혁명 체제를 전복시키고 니콜라이를 중앙 의회에서 빼내려고 하는 음모가 밝혀졌다. 이러한 사실을 고려해 우랄 지역 위원회 의장은 전 황제를 사살하기로 결정했고, 이는 7월 16일 시행되었다."

"니콜라이 로마노프의 아내와 아들은 안전한 장소로 보내졌다."

"발각된 음모에 관한 문서는 특별 전령에 의해 모스크바로 전달되었다. 최근 전 황제를 법정에 출두시켜 인민에 대한 범죄로 재판에 회부하기로 결정을 내린 바 있으나, 이후 음모가 밝혀짐에 따라 이에 대한 집행이 연기되었다."

6월 24일부터 러시아의 전 황제인 니콜라이가 암살당했다는 소문이 돌았다. 초반에는 예카테린부르크에서 붉은 군대가 그를 살해했다는 말이 나왔다. 이 소문은 이후 거짓임이 드러났지만, 그 직후 제네바로부터 니콜라이가 예카테린부르크에서 재판을 받고 볼셰비키 군에 의해 처형되었다는 급보가 전해졌다. 이 급보는 이후 스톡홀름 발 보도에 의해 확인된 듯했다.

이 외에도 니콜라이의 사망을 알리는 볼셰비키 외무장관 치체린의 무선 메시지를 엿들었다고 주장하는 사람도 있었다. 또 다른 보고에 의하면 니콜라이가 예카테린부르크에서 페름으로 이송되던 중 경비원이 총검으로 그를 살해했다고 한다. 물론 이 모든 보고들 중에 직접적으로 확인된 것은 아무 것도 없었다.

어제 자 러시아 무선 통신 속보는 볼셰비키 통제 하에 보도되었으므로 전 황제의 사망에 대한 공식적인 발표인 것으로 보인다.

블라디미르 레닌

1870년 4월 22일~1924년 1월 21일

모스크바—어제 저녁 6시 50분, 블라디미르 레닌이 54세의 나이로 사망했다. 직접적인 사인은 뇌출혈로 인한 호흡기 마비였다.

레닌은 외가의 영향을 받아 동방 정교회를 믿으며 자랐고 원래는 교수가 되고자 했었다. 교육 공무원이었던 부친은 나름대로의 공적을 인정받아 레닌의 집안은 하급 귀족의 칭호를 받을 수 있었다. 레닌의 성은 울리야노프였고, '레닌'은 필명이었다. 레닌의 부인 나데즈다 콘스탄티노브나 크룹스카야는 마지막까지 레닌의 곁을 지켰다.

월터 듀란티 기자

러시아의 경제가 파탄나면서, 한때 유럽 최대 밀 생산지였던 비교적 부유한 지역들에서조차 수백만 명이 굶어죽는 상황이 발생했다. 문명은 자취를 감췄고, 식인 풍습이 생겨난 지역들까지 있었다. 이렇게 되자 세계 최대의 농업 자원을 가졌던 러시아는 해외에서 들여오는 식량에 의존할 수밖에 없는 처지에 이르렀다. 수세기 동안 나타나지 않았던 예방 가능한 질병들이 창궐했으며, 이러한 혼란스러운 상황 속에서 레닌은 러시아 내에서 쉽게 권력을 잡았고, 자국 내에서도 러시아와 같은 혁명이 일어나기를 갈구하는 국제적 추종자들까지 생겨났다.

러시아의 대중들은 레닌을 이전에 '리틀 파더'라 불리던 제정 러시아 황제처럼 생각하는 듯했다. 그들은 황제의 측근들은 욕하면서도 정작 황제에 대해서는 경외심을 가질 구실을 찾아내곤 했던 것처럼 레닌은 전혀 잘못이 없다고 옹호하면서, 러시아의 파멸은 그가 통제할 수 없던 상황과 측근들의 탓이라고 생각했다.

이렇듯 농민과 노동자들은 레닌에 대한 맹목적인 경외심을 갖고 있었고, 레닌의 측근들 또한 레닌의 절대적인 청렴함과 강력한 신념을 보며 그에게 충성을 다했다. 이들은 레닌의 근면함과 금욕적인 삶, 그리고 인간의 본능에 물들지 않은 듯한 그의 순수한 열정에 감명을 받았다.

그러나 레닌의 정책들은 효과가 없었다. 그로 인해 그에게 치명적인 질병이 발병되었다는 점은 이미 수차례 보도된 바 있다. 레닌이 아무리 맹목적이었다고 해도 자신의 정책이 소용이 없다는 사실을 무시할 수는 없었던 것이다. 레닌은 공산주의적 유토피아의 도래가 납득할 수 없는 이유들로 지연되는 동안 경제를 되살리고 국민들을 부양할 수 있기를 희망하며 정책을 거듭 수정했고 일부 정책들은 일시적으로 중단하기도 했다.

프랑스 혁명에서 희생된 혁명 세력을 위한다는 명목 아래 레닌은 수백 명에게 부당한 사형 선고를 내렸는데, 이는 사실 모두 자국 러시아의 이득을 위한 것이었다. 레닌은 이런 처형의 부당함을 솔직히 인정하면서도 공산주의 새천년의 시작을 위해 반드시 필요한 조치라고 스스로를 변호했다. 황금의 시대로 가기 위해서는 피의 시대를 지나야 한다는 논리였다.

레닌을 가장 낙담하게 만든 것은 다른 공산주의 국가들이 정부를 전복시키지 못하고 있던 상황과 공산주의 혁명의 초기 단계에서 소련이 생각만큼 국제적인 지배력을 획득하지 못하는 등, 공산주의 운동의 국제적인 실패였다.

한편 레닌은 집권 초기에는 '자본주의적' 정부 형태로 본격적인 혁명까지 시간을 벌 수 있었다. 1917년, 레닌은 의도적으로 러시아에 독일 작전 참모를 배치해 러시아가 전쟁의 영향력에서 벗어나 있도록 했다. 황제의 정부가 무너졌을 때 레닌은 제네바에 있었는데 독일 최고 사령부는 레닌의 전략적 기동성을 위해 독일 전역에 걸쳐 수송망도 마련해주기도 했다.

레닌은 자본주의 정부의 이런 지원을 기꺼이 받아들였다. 그는 자신이 예견한 러시아 혁명 이후 전 세계에 프롤레타리아 혁명이 뒤따를 것이라고 믿었고, 그중 독일에서 가장 먼저 혁명이 일어날 것이라고 생각했다. 그러나 결국 독일인들의 정확한 계산으로 인해 이는 실현되지 못했다. 레닌은 러시아가 전쟁에 휘말리지 않도록 하는 데에는 성공했으나, 독일 내 프롤레타리아 계급의 승리를 목격하지는 못했다. 독일의 혁명은 소련의 영향력 때문이 아니라 독일 내 군사 및 경제 문제들로 인해 이후 발생하게 된다.

레닌이 러시아에서 가장 중요한 인물이 되었던 시기가 두 번 있었다. 첫 번째는 1905년 시도된 혁명 당시였다. 레닌이 주도했던 이 1905년 혁명이 러시아의 정치 체제를 의회 기반 헌법 체제로 바꾸는 데 큰 공헌을 한 것이었다. 레닌은 1905년과 마찬가지로 1917년 10월 혁명에서도 독단적 공산주의자의 전형적인 모범이 되었다. 공산주의에 대한 레닌의 헌신은 절대적인 것으로, 그는 결코 임시변통이나 타협안에 찬성하지 않았다. 이후 레닌은 실용적인 조치

는 수용하고 거래를 할 용의는 가지게 되었지만, 정치적 교리와 관련된 사안에서만큼은 절대 타협하지 않았다.

이미 1905년부터 레닌과 그가 창당한 러시아사회민주노동당은 혁명을 원하는 소수파가 다수를 이끄는 형태의 정부에 대한 이론으로 무장된 상태였다.

10월 총파업 등으로 혁명의 기운은 그칠 줄을 몰랐고, 10~12월 사이에 전국 50여 개 도시에서 각자 나름의 헌법에 기초한 유사한 성격의 소비에트가 생겨났다. 그중 첫 번째 소비에트는 1905년 헌법이 승인된 후 페트로그라드에 설립되었다. 이 소비에트의 활동과 레닌의 영향력 덕택에 1905년 황제에 의해 승인된 헌법의 위상은 점진적으로 줄어들었으나 레닌의 지지자들이 일으킨 폭동은 오래 지속되지 못하고 빠르게 진압되었고, 보수적 반 혁명파 세력

은 민중들에게 혜택과 권리를 주게 되면 반란으로 이어질 수 있고, 정부의 안전은 옛 황제처럼 절대군주에 의한 독재로만 지킬 수 있다는 인식을 갖게 되었다.

레닌이 17세가 되었을 때, 레닌의 형 알렉산드르는 알렉산드르 3세 황제를 암살하려는 음모에 가담했다가 처형되었다. 같은 해에 레닌은 심비르스크 김나지움을 마치고 카잔 대학에 입학했으나 몇 달 지나지 않아 학생 운동에 참여했다는 이유로 퇴학을 당했다.

그러나 퇴학 전력은 생각보다 문제가 되지 않아서 1891년 레닌은 상트페테르부르크 대학에서 법학과 경제학을 공부하기 시작했고 이후 독일로 유학을 떠나게 된다.

1895년 상트페테르부르크에서 위험한 사회주의자로 지목되어 체포된 레닌은 3년간 시베리아로 유배되었다. 그는 1900년 독일로 망명했고, 이후 스위스에서 오랫동안 머물면서 러시아와 다른 국가들로부터 비난을 받으며 망명한 혁명가들의 수장이 되었다. 20세기 초 러시아 기자였던 올긴은 스위스에서 살던 당시 레닌의 모습을 아래와 같이 묘사했다.

"제네바의 작은 카페 안 연기가 자욱한 뒷방에 망명한 러시아 혁명가 수십 명이 맥주잔과 찻잔이 놓인 탁자 주위로 앉아있었다. 테이블 끝에 앉은 40대 남성이 느리지만 확신에 찬 어조로 말을 하고 있었다. 간혹 청중들 사이에서 반대를 외치는 목소리와 분개의 표현이 튀어나오면 연설자는 예리한 답변으로 즉각 대응했다—이것이 지금 내가 볼셰비키의 지도자이자 러시아 사회 민주주의의 방향을 제시한 인물인 레닌을 생각할 때 떠오르는 모습이다."

"겉으로 보이는 레닌의 모습은 그리 특별하지 않았다. 전형적인 러시아인의 모습에 다소 특이한 모습들이 조금 섞여 있을 뿐이었다. 근엄하면서도 친절해 보이는 표정을 한 그는 투박한 행동과 옷차림 때문에 지식인이나 사상가라기보다는 장인(artisan)이 연상되었다. 거리에서 보면 레닌임을 알아보지 못하고 쉽게 지나칠 법한 인상이었다. 그러나 레닌의 눈을 들여다보거나 그의 연설을 듣고 나면 그 누구든 그를 결코 잊을 수 없을 것이다."

"레닌의 두 눈은 작지만 열정으로 가득했고, 현명하고 예민하며 경계를 늦추지 않았다. 반쯤 덮인 눈꺼풀 속 그의 눈빛은 상대를 꿰뚫어 보는 듯 강렬했다."

황제 체제가 전복되면서 각지에 망명해 있던 러시아 혁명가들은 고국으로 돌아왔다. 1917년 10월 혁명 이후 11월에 알렉산드르 케렌스키가 러시아 임시정부의 수장이 된 상황에서, 레닌과 레온 트로츠키는 '프롤레타리아 독재 정권'을 수립하고 수많은 반혁명주의 세력을 학살하면서 권력을 유지했다.

막심 고리키는 레닌의 행위가 실험실에서 살아있는 생명체에 실시된 실험과도 같았으며, 이런 실험의 결과가 기대와 다를 경우 그 생명체는 죽음을 맞게 될 것이라고 묘사했다.

볼셰비키 정권의 초기부터 소련 전역의 생산활동은 거의 완전히 정지되었고 교통시스템은 혼란에 빠졌으며, 대도시에 이어 시골 지역의 사람들까지 기근에 시달리게 되었다. 이런 현상에 대해 외부 전문가들은 사람들이 이제 굳이 일을 할 필요 없이 부유한 자들의 재산에 의지해 더 나은 삶을 살 수 있을 거라는 믿음을 가지게 된 것이 주요 원인이었다고 분석한다.

산업의 국유화와 함께 계엄령을 선포해서라도 생산을 다시 활성화하려는 필사적인 노력이 이어졌고 민중들은 다시 위험을 무릅쓰고 힘들게 일할 것을 강요당했지만, 이마저도 오래 지속되지 않거나 충분히 확대 적용되지 못했다.

레닌이 저술한 책들은 러시아의 체제를 설명하고 이를 다른 국가들에 권하는 내용이었다. 러시아의 붕괴에도 불구하고 레닌의 저서는 세계 곳곳으로 끊임없이 전파되었다. 정작 소련 내 기근과 혼란에 대해서는 언급되지 않은 채, 이런 실상을 밝힌 보도는 자본주의 언론의 악의적인 보도로 치부되었다.

레닌이 철저한 독재 정권을 수립한 지 3년째가 되던 해에 소설가이자 문명 비평가 허버트 조지 웰스는 레닌을 묘사한 글을 본지(뉴욕타임스)에 기고했다.

"독단적인 마르크스주의자와의 논쟁을 예상하고 왔지만 그런 모습은 찾아볼 수 없었다. 사람들에게 연설로 교리를 전파한다던 레닌이었지만 이번에는 그렇지 않았다. 대신 그의 웃음을 통해 많은 것이 느껴졌다. 처음에는 유쾌하지만 갈수록 냉소적인 웃음이었다."

"레닌의 호의적인 다갈색 얼굴은 다양한 표정들을 보여주었다. 환한 미소를 띤 그는 말을 잠시 멈출 때 한쪽 눈을 찡그리는 습관(아마도 시력이 좋지 않았기 때문인 것 같다)이 있었다. 사진으로 보는 것과 실제로 만난 레닌은 상당히 다른 느낌을 주는데, 이는 레닌의 외모적 특징보다는 표정의 변화가 더 두드러졌기 때문이다."

1912년 러시아 정치·교육 총회에서 레닌은 처음으로 자신의 실패와 오류를 일부 인정하는 모습을 보였다. 그는 이렇게 말했다. "산재한 군사적 문제들을 포함해 러시아가 절망적 상태에 처한 것으로 보이는 상황에서 성급하게 공산주의적 생산 및 배분을 실현하려 밀어붙이는 실수를 한 부분이 있었다."

"우리는 잉여분 징발 제도에 따라 농민들로부터 일정한 양의 식량을 받은 다음 이를 공장과 작업장에 배분해 공산주의적 생산과 유통을 시도하기로 결정했었다. 분명하고 명확한 계획이었다고는 할 수 없지만 명확한 의도를 가지고 실시한 정책이었다."

"안타깝지만 이것이 현실이다. 우리는 경험을 통해 자본주의에서 사회주의로의 전환을 시도하는 과정에서 앞서 계획한 사항들에 모순되는 절차상 오류를 발견했고, 결국 사회주의적 감독과 통제라는 수단 없이는 공산주의의 기초 단계조차 달성할 수 없다는 사실을 알게 되었다. 이에 대해 아주 유감스럽게 생각한다."

소련 정부는 미국 자본가 및 제조업자들의 지지를 끌어내보려 시도했지만, 미국 정부의 지원 부족과 더불어 모험적인 미국 제조업체들조차 러시아로부터 별로 얻어낼 것이 없다고 결론내림으로써 실패로 돌아갔다. 미국과의 무역 재개에 대한 희망이 좌절되자 소련 정부는 식량 지원을 요청했고, 이에 미국은 미 구제 관리국을 러시아에 파견하는 방법으로 수백만 명의 사람들에게 식량을 공급했다.

지난 수개월 동안은 레닌에 대한 별다른 소식이 없다가 최근에야 공산주의자들 사이에서 그의 계승자에 대한 논의가 나오고 있던 상태였다.

쑨원

1866년 11월 12일~1925년 3월 12일

베이징—남중국의 지도자 쑨원 박사가 오늘 아침 58세의 나이로 별세했다. 간암에 시달리고 있던 쑨원이 서서히 숨을 거두는 동안, 광저우(廣東)지방의 국민당 본부는 그들의 부대가 동부의 산터우(汕頭)를 점령했다고 선포했다. 이 지역에 있던 반란군 지도자들은 싸우지도 않고 도망쳤다고 전해졌다.

쑨원은 1880년대 후반 반청(反淸) 운동에 가담하면서부터 중국 정계에 이름을 알리기 시작했다. 이후 '중화민국의 아버지'로 불리게 될 때까지, 중국 근현대사에서 쑨원만큼이나 성공과 실패의 우여곡절을 많이 겪은 인물은 찾기 힘들 것이다.

1911년 10월, 양쯔(楊子)강 부근에서 혁명이 처음 시작되었을 때 쑨원은 경제적·정치적 지원을 얻기 위해 영국에 머무르고 있었다. 자국 내 혁명 소식을 들은 쑨원은 급거 귀국하여 그간 만주군을 몰아내고 봉기를 조직하는 등의 공로를 인정받아 난징(南京)에서 '임시정부의 대총통'으로 선출되었다. 그리고 1912년 1월 1일, 난징을 수도로 중화민국의 성립을 공포했다.

사실 쑨원은 당시에 공식적으로나 실질적으로 중국 대총통의 권한을 제대로 행사하지는 못했다. 같은 시기에 청나라 왕조가 혁명군을 진압하고 자 위안스카이(袁世凱)를 북양군 총사령관으로 임명했기 때문이었다. 결국 1912년 2월, 중화민국이 공식 출범했을 때 위안스카이가 대총통이 되었고 쑨원의 국민당은 합의하에 해산되었다.

위안스카이는 1916년 6월에 사망하기 전까지 대총통 자리를 유지했는데 그는 황제가 되려는 야심에 스스로 황제의 칭호를 부여했다가 100일 만에 유명무실한 황제제도를 취소하고 이후 얼마 지나지 않아 사망했으며 그의 자리는 부총통이었던 리위안훙(黎元洪)이 대신하게 된다.

그 후 1921년, 위안스카이로 인해 당(黨)을 해산한 데다 쫓겨나다시피 했던 이전 중화민국 의회 세력들은 광저우에서 쑨원을 만나 그를 '중화민족 대총통'으로 '추대'했다. 당시 중국의 실제 대총통은 쉬스창(徐世昌)이었다.

쑨원과 그 측근들은 광저우에 정치적 근거를 마련했으며, 4천만여 명의 민중을 거느리며 중국 남부를 다스렸다. 중국 전체의 인구는 4억 명 정도로 추정된다.

이런 과정을 통해 쑨원은 소위 '중화민국'을 성장시켰지만 중화민국은 하나의 정부이자 국가로 인정받지는 못했다.

1922년부터는 한때 중화민국군의 총사령관이었던 천중민(陣炯明)이 반란을 일으켜 중국 남부 통치권을 두고 쑨원의 세력과 군사적·정치적 전쟁을 벌였고, 그 결과 중국 남부지방은 약탈과 범죄로 끊임없는 혼란에 시달려야 했다.

쑨원은 1866년 광저우 성에 있는 한 기독교 집안에서 평범한 농부의 아들로 태어났다. 미국 선교 학교에서 커 박사의 가르침을 받으며 자란 그는 영어와 의학을 배웠다.

그러나 쑨원은 의학보다는 정치에 더 관심을 두게 되었고, 결국 중국 최초의 근대 혁명단체인 흥중회(興中會)를 결성하여 본격적으로 정치적 활동을 시작했다. 그의 경력 중 가장 위험천만했던 순간 중 하나는 1896년 10월, 런던에 머무르던 때에 일어났다. 반청 혁명 및 봉기로 청나라의 수배자 된 그가 런던에서 청나라 관리에게 붙잡혀 중국 본토로 이송될 뻔한 것이다.

청나라 공사관 지하에 갇혀 있는 동안, 쑨원은 자신의 옛 스승이자 선교사인 제임스 캔틀리에게 몰래 서한을 보내 도움을 요청했다. 제임스 캔틀리는 서한을 영국 외무부로 가져갔고, 이 소식을 들은 당시 영국 수상 솔즈베리 경이 경찰을 파견시켜 쑨원을 구출했다.

쑨원이 처음으로 중국 정계에 모습을 드러낸 것은 앞서 언급한 대로 1911년이었다. 그때까지 쑨원에게 닥쳤던 수많은 위기들 중에서 하나만 꼽자면 단연 1905년 광저우에서 탈출한 사건일 것이다. 당시 광저우에서는 청나라 관리를 암살하고 도시를 장악하려던 계획이 사전에 발각되어 주동자들을 체포하라는 명령이 떨어졌다. 한 무리의 청나라 군대가 쑨원을 뒤쫓고 있던 중 어떤 집의 문이 열렸고 누군가 쑨원을 안쪽으로 잡아당겼다. 정체불명의 인물은 곧바로 문을 닫았고, 쑨원을 쫓던 무리는 이를 보지 못한 채 그곳을 그대로 지나쳤다. 쑨원을 구출한 인물은 어떤 중국 고위 관료의 하인이었다. 며칠 뒤 쑨원은 구출된 집의 창문을 통해 그를 따르던 15명의 동료가 죽는 것을 지켜봐야 했다.

—연합통신사

레온 트로츠키

1879년 11월 7일~1940년 8월 21일

아르날도 코르테시 기자

멕시코시티—26시간 동안 생사의 갈림길에서 끈질기게 사투를 벌인 레온 트로츠키가 결국 오늘 저녁 7시 25분, 60세의 나이로 사망했다. 어제 그의 자택에 침입한 자객이 곡괭이로 그의 머리를 가격하면서 생긴 부상 때문이었다.

트로츠키가 그의 비서에게 마지막으로 남긴 말은 아래와 같다.

"동지들에게 가서 제4 인터내셔널의 승리를 확신한다고 전해주게. 전진하라고!"

망명자 신세였던 트로츠키는 치명상

을 입고도 어젯밤부터 오늘까지 하루 종일 삶의 끈을 놓지 않았지만 끝내 위독한 상황에서 회복되지 못했다.

암살자인 자크 모나르 반 덴 드레슈드는 암살 전 수개월 동안 트로츠키 가족과 친밀한 관계를 유지했고, 어제 체포되었을 때는 이미 프랑스어로 작성해 둔 서한을 지인에게 전한 뒤였다. 이 서한에는 트로츠키가 그를 러시아로 보내 파괴 공작을 펼치도록 설득하는 과정에서 다툼이 있었다는 이야기가 적혀있었다고 경찰은 밝혔다.

또한 서한에는 트로츠키가 그의 지위를 남용해 드레슈드와 아젤로프의 결혼을 방해했기 때문에 트로츠키를 죽이기로 결심했다는 내용도 있었다.

경찰 심문에서 아젤로프는 자신이 '프랭크 잭슨'이라는 이름으로 알고 있었던 드레슈드를 트로츠키에게 소개시켜주었지만 그가 트로츠키의 목숨을 노리고 있었다는 사실에 대해서는 전혀 아는 바가 없다고 진술했다.

프랭크 잭슨이라는 캐나다인으로 위장해 멕시코에 입국한 이 암살자는 이란의 테헤란에서 태어났고, 벨기에 외교관의 아들이라는 정보가 속속 알려지고 있다.

습격을 당해 치명상을 입은 상황에서도 트로츠키는 엄청난 의지로 암살자와 맞서 싸우며 방에서 뛰쳐나가 도움을 청했다. 아내와 경호원이 그를 도우려 달려갔을 때까지도 트로츠키는 쓰러지지 않았다.

트로츠키의 아내가 남편에게 쏟은 헌신은 모든 이들을 숙연해지게 할 정도였다. 작은 체구에 머리가 하얗게 센 트로츠키의 아내는 남편을 돕기 위해 가장 먼저 달려갔고, 경호원들과 함께 암살자에 맞서 싸워 그를 붙잡았다. 트로츠키가 생사를 헤맬 때도 그의 곁을 한시도 떠나지 않았다.

트로츠키의 비서인 미국 출신의 조셉 한센은 이 사건에 대한 서면 보고서를 발표했다. 아래는 그중 일부를 발췌한 것이다.

"트로츠키와 암살자 프랭크 잭슨은 6개월이 넘는 시간 동안 개인적으로 알고 지낸 사이였다. 잭슨은 프랑스와 미국에서 실시된 트로츠키주의 운동과 연계가 있었고, 트로츠키의 자신감 넘치는 모습을 좋아했다. 잭슨은 트로츠키의 집을 자주 드나들었는데, 그가 소련의 정보기관이자 정치경찰인 GPU 소속의 요원일 거라고는 누구도 예상하지 못했다."

"잭슨은 8월 20일, 5시 30분에 트로츠키의 집을 방문했다. 양계장 근처 안뜰에서 트로츠키를 만난 그는 자신이 쓴 기사에 대한 조언을 부탁했다. 트로츠키는 기꺼이 그러겠노라고 대답했고 식당으로 잭슨을 데리고 가다가 아내와도 마주쳤다."

"이후 트로츠키는 잭슨과 함께 서재로 향했으나 비서들은 이런 사실을 모르고 있었다. 무언가 잘못되었다는 첫 번째 징후는 트로츠키의 서재에서 들려온 끔찍한 비명과 격렬한 싸움 소리였다."

"잭슨은 곡괭이, 혹은 등산지팡이로 트로츠키의 머리를 뒤에서 공격해 치명상을 입혔다. 그러나 잭슨의 예상과 달리 트로츠키는 의식을 잃지 않았고, 잭슨에게 맹렬히 저항했다. 나중에야 피를 흘리며 바닥에 쓰러진 트로츠키는 아내와 비서 한센에게 상황을 설명했다. 당시 그는 한센에게 "잭슨이 나를 리볼버로 쐈어. 치명상이야. 이젠 정말 끝인 것 같아"라고 말했다."

"이에 한센은 트로츠키에게 심각한 부상이 아니라고 애써 설명하며 총소리가 들리지 않았기 때문에 리볼버가 아니었다고 말했지만, 트로츠키는 "아니, 이번에는 그들이 성공했다는 게 여기(심장을 가리키며)로부터 느껴져"라고 대답했다."

레온 트로츠키의 본명은 레바 브론시테인으로, 1879년 흑해 근처 러시아 헤르손의 작은 마을에서 유대인 부모 밑에서 태어났다. 부친은 약사였으며 트로츠키는 지역 학교에서 교육을 받았지만 대학에는 진학하지 않았다. 트로츠키가 15살에 러시아 동방 정교회의 성화(聖畫)를 모독했다는 이유로 학교에서 퇴학당한 사실은 그가 어릴 때부터 극단적인 성향을 가지고 있었음을 시사한다. 이를 시작으로 그는 생애 전반에 걸쳐 종교를 비롯해 기존의 제도들을 비판했다.

트로츠키는 십대 때부터 혁명 관련 기사를 쓰거나 연설을 했고, 혁명 운동 조직에 가담하며 혁명가의 길을 걷기 시작했다. 또한 마르크스주의에 물든 그는 점점 공산주의적 사상을 구축해 갔고, 이후 러시아에서 레닌과 함께 이를 실행에 옮기게 된다.

1905년 혁명이 진압되었을 때 체포되어 시베리아로 유배되었던 그는 당시 교도관의 이름으로 가짜 여권을 만들어 6개월 만에 탈출했는데, 트로츠키라는 이름은 바로 그 교도관의 이름이었다고 전해지며, 이 이름은 이후 전 세계적으로 유명한 이름이 되었다.

제1차 세계대전이 발발했을 때 베를린에서 신문을 편집하고 있었던 트로츠키는 다수의 급진주의자 동료들을 만나 러시아 혁명의 첫 역사를 쓰는 데 도움을 받았으며 곧 "위험한 무정부주의자"로 지목되어 독일에서 추방된 뒤 비엔나에 피난처를 마련했다.

이후 스위스 취리히를 거쳐 파리로 간 트로츠키는 '우리의 세계'라는 급진파 신문을 발간했으나 얼마 지나지 않아 발간을 금지당한 채 프랑스에서도 추방되었으며 스페인 국경에서 신분이 드러나 체포된 뒤 곧 풀려나 아내와 두 아들인 레오, 세르게이와 함께 뉴욕으로 건너오게 된다.

트로츠키 가족은 1917년 1월 14일, 스페인 바르셀로나에서 출발한 몬세라트 증기선을 타고 뉴욕에 도착하여 브롱크스의 비세 거리에 있는 방 3개짜리 아파트에 정착했다. 그는 뉴욕에 있는 동안 러시아어 급진 일간지 '노비 미르'의 자유기고가로 일하면서 곧 전쟁을 통해 노동 계급 사이에서 혁명의 바람이 일어날 것이라고 예측했다.

러시아 황제가 퇴위하고 임시 정부가 수립된 후 트로츠키와 그의 가족은 러시아로 돌아왔으며 트로츠키는 페트로그라드에서 레닌이 이끌던 러시아 사회당의 좌익 조직, 즉 볼셰비키에 가담했다. 이들은 초반에 케렌스키의 임시 정부를 지지했지만, 평화를 원하던 러시아인들의 바람과는 달리 케렌스키 정부가 독일과 전쟁을 계속해야 한다는 입장을 굽히지 않자 점점 분열되기 시작했다. 결국 11월 혁명을 통해 케렌스키 정부가 전복되면서 레닌과 트로츠키가 권력을 잡게 된다.

레닌의 오른팔이 된 트로츠키는 외무부 장관과 국방장관을 겸임했다. 그는 특히 국방장관으로서 적색 군대를 재구성하고 조직력을 갖추게 하는 데 탁월한 능력을 발휘했다.

트로츠키가 조직한 군대는 150만 여 명에 달했다. 4년간 여러 전선에서 계속되는 반볼셰비키 전쟁에서 그는 반혁명파 장군인 유데니치, 콜차크, 데니킨의 부대를, 크림 반도에서는 랭겔의 '백군'을, 그리고 폴란드의 정규군까지 물리치는 성과를 거두었다.

일단 군대를 갖추어 놓자 트로츠키는 다른 분야에도 노력을 쏟을 수 있었다. 1919년에는 러시아 철도 시스템을 재편하기 시작했지만 무리한 전략으로 인해 부하들의 반발심을 사게 되었고, 결국 레닌은 트로츠키를 그 일에서 제외시켰다. 이는 둘 사이에 있었던 것으로 전해지는 갈등 사례들 중 첫 번째 사건이었다. 1923년 레닌이 지병으로 수장의 역할을 전혀 할 수 없게 되자 사람들은 트로츠키가 레닌의 뒤를 이을 것이라고 생각했다. 그러나 이에 실패한 트로츠키는 결국 정치적 파탄을 맞이하게 되었다.

레닌이 지도자 역할을 하지 못하는 동안 당 지도층은 카메네프, 지노비예프, 스탈린으로 구성된 삼두체제와 트로츠키파, 이렇게 두 세력으로 나뉘어졌다. 삼두체제 세력은 이후 권력 다툼에서 트로츠키를 제압하게 된다.

1924년 1월, 레닌이 사망하자마자 공산당 통제를 위한 본격적인 대립 구도가 자연스럽게 형성되었다. 그러나 트로츠키가 삼두체제에 대항하기에는 역부족이었다. 결국 1년 후 트로츠키는 군사혁명위원회가 해산됨에 따라 전쟁인민위원 직책을 박탈당했고, 이를 시작으로 그의 정치 경력은 내리막길을 걷게 되었다.

트로츠키는 언제나 우익이냐 좌익이냐의 문제를 중요시하면서 다른 사상과 타협하지 않는 엄격한 의미에서의 공산주의를 지지했다. 러시아는 자본주의와는 아무런 관련이 없는 정치경제 체계를 고수해야 한다고 생각한 그는 '세계 공산주의 혁명'이 확산되어야 하며 가난한 사람들을 희생시켜 부유한 농민들이 혜택을 입어서는 안 된다고 주장했다.

1925년 1월, 트로츠키는 러시아 남부의 코카서스로 향했는데, 표면적으로는 건강상의 이유였지만 실제로는 망명의 성격이었다. 4개월 후 그는 예전의 권력을 대부분을 되찾았고 스탈린과의 갈등도 해소된 것처럼 보였지만 이는 일시적인 휴전일 뿐이었다. 스탈린의 권력은 더욱 더 막강해졌고 트로츠키가 모든 공직과 영예를 박탈당할 때까지 그 기세는 멈추지 않았다. 1927년 11월에는 소비에트 설립 10주년을 기념하기 위해 모스크바에서 적색 군대의 대대적인 행진이 벌어졌다. 애초에 이 군대를 조직했으며 한때 러시아인들의 우상이었던 트로츠키는 이 행진이 지나가는 것을 거리에서 지켜보아야 했고, 그를 알아보는 사람도 거의 없었다.

1929년 1월, 앞서 시베리아로 추방당했던 시절에 트로츠키가 실제로는 혁명을 일으켜 권력을 되찾으려는 준비를 하고 있었다는 러시아 언론들의 보도가 이어졌고 1월 23일에는 트로츠키를 따르던 150명이 체포되었는데, 이들은 국가 내란을 꾸미고 있었다는 죄목 하에 '프롤레타리아 독재의 반대세력'으로 지목되어 즉결 심판을 받은 후 '엄중한 격리조치'를 위해 일련의 수감 시설들로 보내졌다.

이 집단 체포를 계기로 트로츠키가 이번에는 터키로 가는 중이라는 진술이 쏟아져 나왔다. 터키는 예전에도 트로츠키가 추방된 경험이 있는 곳이었다. 소련 정부는 이와 관련해 침묵을 지켰지만, 2월 1일자 뉴욕타임스에는 트로츠키를 소련 밖으로 추방하는 결정이 내려졌다는 소식이 보도되었다.

1917년까지만 해도 '혁명계의 나폴레옹'으로 칭송받던 트로츠키는 프랑스 혁명에서 결정적인 역할을 했음에도 불구하고 결국 자신이 만들어낸 공포정치의 희생양이 된 로베스피에르처럼 스스로 만든 바로 그 권력에 의해 희생된 것이었다.

1929년 2월 6일, 트로츠키는 가족과 함께 콘스탄티노플에 도착했고 회고록과 더불어 백 편에 가까운 논문들을 쓰느라 바쁜 나날을 보냈다. 이 기간 동안 그는 방대한 분량의 '러시아 혁명사'를 집필했으며, 이 책을 통해 스탈린을 맹렬히 비판하면서 새로운 러시아에는 레닌과 트로츠키라는 두 주요 인물이 있었음을 분명히 밝히고자 했다.

한편 트로츠키의 첫째 딸 지나이다 볼코바가 1933년, 베를린 하숙집에서 자살하자 트로츠키는 그녀에게 소련 시민권을 인정해주지 않은 스탈린의 독재 때문이라고 비난했다.

1933년 7월, 트로츠키는 마르세유로 건너가 프랑스 정부의 보호를 받았다. 그러나 1년이 채 지나지 않아 '정치적 중립성을 지키지 않는다'는 이유로 쫓겨났다.

트로츠키는 가족과 함께 1935년 6월 오슬로로 망명지를 옮겼다. 1936년

8월까지 꽤 조용한 삶을 살던 그는 모스크바에서 볼셰비키 16명에 대한 재판, 이른바 지노비예프-카메네프 재판이라고 불린 사건으로 인해 또다시 소란의 중심에 휘말리게 된다. 이들은 트로츠키와 공모해 스탈린 및 다른 소련 지도자들을 암살하고 소련 내 자본주의를 회복하려는 음모를 꾸몄다는 혐의를 받았다. 당시 소련에서 쫓겨나 해외를 전전하던 상황이었음에도 트로츠키는 이러한 음모를 주도한 악당으로 묘사되었다.

유죄 판결은 피고인의 자백에 전적으로 의존했고, 트로츠키는 해당 재판이 조작된 것이라며 비난했다. 그는 혐의에 대한 공정한 조사를 요구하는 한편, 자신의 혐의가 증명되었다고 반복해서 게재한 노르웨이의 공산주의 회보를 명예 훼손죄로 고소하겠다고 천명했으나 노르웨이 정부는 트로츠키가 소송을 제기할 수 없도록 만들었다.

재판 후 소련 정부는 트로츠키가 노르웨이에서 추방되어야 한다고 요구했고, 노르웨이 정부는 그 요청에 따르지는 않았지만 결국 트로츠키의 체류 허가증을 갱신해 주지 않았다. 그리고 마침내 멕시코 정부에서 멕시코 국내 문제에 간섭하지 않는다는 조건으로 트로츠키의 입국을 허가했다.

멕시코시티 외곽에 별장을 지은 지 얼마 되지 않아 트로츠키의 평화는 다시 한 번 깨지게 된다. 모스크바에서 볼셰비키 17명을 반혁명 활동 혐의로 또다시 기소했기 때문이었다. 재판에서 이들 역시 재판 중에 트로츠키를 자신들의 지도자라고 자백할 수밖에 없었다.

수 주 동안 그는 미국과 세계 언론에 자신의 혐의를 부정하는 성명 및 기사들을 보내 공산당과 혁명을 청산하고 러시아에서 붉은 파시즘을 수립하려는 스탈린을 비난했다.

그는 삶의 마지막 순간까지 자신의 극단적인 공산주의 이론, 특히 영구 혁명 이론을 고수한 고집스러운 인물로 남았다. 트로츠키만큼 세상으로부터 그토록 많은 증오와 존경을 동시에 받은 인물은 드물 것이다. 향후 그에 대한 역사적 평가가 어떻게 내려지든지 간에 트로츠키는 세계사의 페이지를 가장 다채롭게 장식한 인물로 기록될 것이다.

베니토 무솔리니

1883년 7월 29일~1945년 4월 28일

밀라노—베니토 무솔리니는 어젯밤 자신의 파시즘이 탄생한 도시로 돌아왔다. 화물차 바닥에 실려 온 무솔리니의 시신은 어제 이탈리아 파르티잔에 의해 처형된 그의 정부(情婦)와 측근 12명의 시체더미 위에 던져졌다. 무솔리니의 마지막 몰락, 도주, 체포, 그리고 처형에 관한 일련의 이야기는 피로 물들어 있으며, 오늘 아침 이곳 로레토 광장에서의 마지막 순간들은 이 이야기의 가장 추악한 부분이었다. 이 순간은 역사상 가장 끔찍한 방법으로 종말을 맞은 한 독재자의 최후로 기록될 것이다.

군중들로부터 두어 명의 청년이 뛰쳐나와 마치 무솔리니가 아직 죽지 않았거나 모욕을 충분히 받지 않았다는 듯이 그의 머리를 향해 발길질을 해댔다. 한 번은 빗나갔지만 다른 발길질이 무솔리니의 오른쪽 턱을 정통으로 가격했고, 끔찍한 소리가 나면서 한때 거만했던 그의 얼굴이 완전히 뭉그러졌다

독일군으로 위장했던 무솔리니는 회갈색 재킷과 양쪽에 빨간색과 검은색 줄무늬가 있는 회색 바지, 그리고 아주 더러운 검은색 장화를 신고 있었는데, 한쪽 발이 부러진 듯 왼쪽 장화는 반쯤 벗겨져 있었다. 싸늘한 주검이 된 무솔리니의 작은 눈은 감기지 않은 채였다. 수많은 공식 석상에서 고개를 뻣뻣이 치켜들고 사진을 찍었던 무솔리니였지만, 아이러니하게도 이제는 단 두 명의 기자만이 광장에 남아 핏기 없는 그의 얼굴을 카메라에 담으려고 소총 개머리판 위에 턱을 받치고 있었다.

—밀턴 브래커 기자

파시즘의 창시자인 베니토 무솔리니는 지난 20여 년 동안 이탈리아의 통치자였고, 실질적으로 권력을 잡은 최초의 현대 전체주의 독재자이자 처음으로 권력을 잃은 독재자이기도 했다.

그의 생애는 처음부터 끝까지 항상 다채롭고 극적이었다. 특히 무솔리니의 몰락은 그 자신이 원인을 제공했던 제2차 세계대전의 가장 큰 전환점 중 하나가 되었다.

북아프리카에서 추축국의 패배로 파시스트 정권은 크게 흔들렸고 이탈리아는 북아프리카 내 영토를 잃었으며, 드와이트 D. 아이젠하워 장군이 이끄는 영미연합군이 시칠리아를 침공하면서 시작된 일련의 사건들은 일 두체(수령)

체제의 전복으로 막을 내렸다.

무솔리니는 1883년 7월 29일, 이탈리아 포르리 지방의 도비아에 있는 작은 마을에서 태어났다. 그의 부모는 비참하리만큼 가난했고 무솔리니는 소년 시절부터 거세고 공격적인 성향을 보였다. 기본 교육을 마치고 나서는 교사가 되었지만, 곧 그런 인생에 지겨움을 느꼈던 무솔리니는 스위스, 독일, 프랑스, 오스트리아 등을 떠돌아다니며 벽돌공, 기차역 짐꾼, 직공, 정육점 보조 등으로 일하며 살아갔다. 그러면서도 저녁에는 여러 대학들에서 청강을 하거나 혼자 공부를 하기도 했다.

이후 이탈리아로 돌아온 무솔리니는 뛰어난 연설과 카리스마로 포르리에서 유명한 사회주의 선동가가 되었고, 그가 발간했던 신문 '계급투쟁'은 지역 사회당의 기관지가 된다.

한편 무솔리니는 터키와의 전쟁을 반대하는 활동으로 재판에 섰지만 무죄판결을 받았는데 이때 스스로를 변호하기 위해 했던 연설은 그가 사회주의당의 좌익노선 지도자로서 전국적인 명성을 얻는 계기가 됐고, 이 인지도는 제1차 세계대전이 발발했을 때 정치적 기반을 만들어주는 역할을 했다.

그러나 무솔리니는 불과 몇 개월 만에 기존의 급진적 입장에서 이탈리아의 연합국 측 참전을 적극적으로 지원하는 입장으로 급격히 선회했다. 이로 인해 그의 사회주의 동지들은 무솔리니를 배신자라고 비난하며 그가 프랑스에 매수되어 입장을 번복한 것이라고 주장했다.

5월 23일, 이탈리아가 참전을 선언한 후 저격대에 배치받은 무솔리니는 모범적인 병사가 되었다. 그는 여러 번 부상을 입기도 했고 수훈 보고서에 수차례 이름을 올렸으며 종전 후에는 가장 반동적인 세력들을 은밀히 모아 1919년 3월 밀라노에서 '전투자 동맹(Fasci di Combattimento)'를 창설했다. 이탈리아 국내의 혼란 진압이 목적이었던 이 단체의 활동은 이탈리아 정부가 가브리엘레 단눈치오와 피우메에 있던 그의 추종자들을 공격했을 때 상당한 추진력을 받게 된다.

이 항의 운동으로 수천 명의 지원자들이 파시즘의 중심인 무솔리니의 곁으로 몰려들었다. 그리고 노동조합주의자들이 공산주의 세력의 도움을 받아 이탈리아 공장들을 점거하자, 파시스트 세력은 이를 혹독하게 진압했고 이런 급속한 파업 진압 후 자신들이 붉은 혁명으로부터 이탈리아를 구해냈다는 선전을 벌이고 다녔다. 한편 일부 역사학자들은 사실 이런 파업들이 한 선동가에 의해 의도적으로 조장된 것이었다고 주장하고 있다.

1922년 가을, 파시스트당은 100만여 명의 사람들이 당에 가입했다고 발표했고 그해 10월 24일, 무솔리니는 나라의 혼란을 다스리지 못하고 있는 정부에 책임을 물으며 최후의 통첩을 보냈다.

"정부를 조용히 넘기지 않는다면 우

리는 무력으로 정부를 차지할 것이다. 즉 로마로 행진해 현재 권력을 가진 정치인들에 맞서 필사적으로 싸울 각오가 되어 있다."

그로부터 4일 후 파시스트당의 친위대라고 할 수 있는 검은셔츠단이 밀라노 본부에서 로마로 행진을 시작했고, 무솔리니는 침대차를 타고 그 뒤를 따랐다. 이에 이탈리아 내각은 계엄령을 선포하고 비토리오 에마누엘레 3세 국왕에게 재가(裁可)를 요청했으나, 국왕은 이를 거부했으며 이에 반발한 내각이 전원사퇴하자 국왕의 권한으로 무솔리니를 총리로 지명했다.

물론 이미 파시스트 세력이 지배적이긴 했지만 무솔리니는 우선 연립 내각을 구성한 뒤 스스로 국방장관과 내무장관을 겸임하면서 예산의 적절한 분배, 노동 문제 해결, 이탈리아 외교 정책 수정을 위한 특별 권한을 하원에게 요구했다.

그리고 총리가 된 지 한 달이 채 지나지 않아 무솔리니는 이런 권력을 스스로 독재자가 되는 데 사용했다. 그는 기존의 공무원들을 자신의 검은셔츠단들로 대체시키며 정부 조직을 대대적으로 개편하기 시작했고 이탈리아를 강력하고 풍요로우며 효율적인 국가로 탈바꿈시켜 마치니와 가리발디의 꿈이었던 옛 로마 제국의 영광을 되찾겠다고 호언장담했다.

더불어 무솔리니는 검은셔츠단을 이용해 자신의 반대파들을 무자비하게 짓밟았다. 정치적 모임과 신문사를 급습하고 건물을 불태웠으며, 맹렬한 반대파들에게는 폭력을 휘두르며 피마자유를 강제로 먹이는 등의 고문도 일삼았다.

무솔리니 정권이 처음으로 큰 위기에 처한 것은 1924년 6월, 사회주의당 지도자이자 무솔리니의 독재를 공개적으로 비난한 유일한 인물이었던 자코모 마테오티가 종적을 감추었을 때였다. 이에 유명한 파시스트 지도자들이 마테오티 납치사건의 주범으로 체포됐다. 이후 여름에 마테오티의 시체가 발견되자 이를 두고 전 세계에서 무솔리니를 비난하는 목소리가 터져 나왔다.

한동안은 무솔리니가 몰락의 위기에 처한 것으로 보였으나, 그는 이런 위기를 오히려 기회로 이용하면서 권력을 더욱 확장시켜 나갔다. 즉 연립 정부라는 허울 좋은 호칭을 버리고 노골적인 파시즘 지도자가 되었던 것이다. 파시즘 하에서 그의 정부는 이탈리아인들의 삶과 산업의 모든 부분들을 자신들의 통제 하에 두려고 했다.

무솔리니는 자신을 '독실한' 가톨릭 신자로 생각하지는 않았으나, 로마 가톨릭 교회가 자신에게 우호적인 세력이 될 수 있도록 최대한 편의를 봐주었다.

무솔리니의 대외 정책은 극도로 국수주의적이고 초군사적이었다. 1923년 초에는 4명의 이탈리아 관리들이 그리스령 영토에서 살해당한 것이 발단이 되어 이탈리아 함대가 그리스 코르푸

섬에 폭격을 가했다. 그리스는 국제연맹에 중재를 요청했지만 무솔리니는 국제연맹의 간섭권을 인정하지 않았다.

그로부터 10여 년이 지난 후에도 무솔리니는 여전히 국제연맹의 권위를 인정하지 않았다. 또한 10년간 유럽의 평화를 보장하기 위해 영국, 프랑스, 독일, 이탈리아, 이렇게 4개국이 체결한 1933년 협정을 위반하고 에티오피아 정복을 주도면밀하게 계획하기 시작하면서 이탈리아와 영국의 사이가 완전히 틀어졌다.

무솔리니는 자신의 군대와 에티오피아인들 간의 국경 충돌 사례들을 구실로 1935년 10월 2일, 에티오피아를 침공했으며 에티오피아는 무참히 패배해 결국 이탈리아령 식민지로 전락했다.

1936년 5월, 국제연맹 의회는 이탈리아에 부과된 제재조치를 철회해 달라는 무솔리니의 요구를 거절했고, 이에 이탈리아 대표단은 그대로 자리를 박차고 회의실을 떠났다. 이에 영국과 이탈리아 정부 간 마찰은 계속되었고, 영국 함대가 지중해에 주둔하기도 했으나 수주 동안의 긴장상태 끝에 영국은 지중해에서 함대를 철수시켰고, 이후 국제연맹도 이탈리아에 대한 제재조치를 철회하며 갈등은 소강상태가 된다.

하지만 스페인 내전이 발발했을 때 분쟁의 불씨는 다시 살아났다. 이탈리아는 다른 서유럽 국가들과 마찬가지로 내전에 개입하지 않겠다는 협정을 맺었지만, 무솔리니는 처음에는 비밀리에, 나중에는 대놓고 군대, 무기, 그리고 자금을 보내 반군 세력을 지원했다.

제재조치로 인해 무솔리니가 영국에 대해 느꼈던 증오는 네빌 체임벌린 영국 총리의 유화 정책으로도 그리 나아지지 못했다. 영국, 프랑스, 스페인 사이에서 설자리를 잃었다고 느낀 무솔리니의 이탈리아는 결국 독일의 편에 서는 결정을 내렸다. 이런 연맹은 처음에는 비공개로 진행되다가 이후 공개적으로 선언되었다.

이탈리아-독일 연맹의 첫 행보로, 독일은 1938년 3월 오스트리아를 점령했다. 이때부터 무솔리니는 히틀러와 지속적인 우호관계를 약속하며 정보를 주고받게 된다.

이후 발생한 체코슬로바키아 사태를 둘러싸고 유럽 국가들 간에 갈등이 불거지기 시작하자 무솔리니와 히틀러는 또다시 힘을 뭉쳤다. 심각한 갈등의 시기 동안 무솔리니는 프랑스와 영국에게 체코슬로바키아를 포기하라는 요구를 하기도 했다.

무솔리니의 공격적인 발언에도 불구하고 체임벌린 영국 총리는 무솔리니에게 손을 내밀어 히틀러가 주데텐란트 지역으로 진군하지 않도록 설득해 달라고 부탁했다. 이에 무솔리니는 히틀러를 설득해 체임벌린 총리와 프랑스의 달라디에 수상이 참석하는 뮌헨 회담에 불러들였고 이 회담의 결과로 체코슬로바키아는 분할되었다.

이후 무솔리니는 점점 더 친(親)나치

적인 입장을 표명하기 시작했다. 그의 심복들은 당시 이탈리아인들이 많이 살았던 프랑스령 코르시카 섬과 튀니지에 대한 소유권을 주장했다. 무솔리니는 히틀러처럼 일련의 반(反)유대주의 조치를 도입했고, 이제는 불가피해진 듯한 전쟁에 대한 준비를 가속화했다.

1939년 9월 1일, 독일이 폴란드를 침공하면서 제2차 세계대전이 발발했을 때 무솔리니는 잠잠히 있었고, 9월 23일이 되어서야 이탈리아는 중립을 지키겠노라고 선포했다. 친독일 기조가 명백히 드러나긴 했지만 어쨌든 이탈리아는 독일군이 프랑스와 전쟁을 시작할 때까지 중립을 유지했다. 그러다 프랑스의 패배가 확실해지자, 무솔리니는 독일이 파리를 점령하기 이틀 전인 1940년 6월 10일에 중립을 포기하고 전쟁에 뛰어들었다. 당시 영국 총리였던 처칠은 이를 두고 하이에나 같다고 비난했다.

하지만 전쟁의 과정에서 무솔리니가 중대한 오산을 저질렀다는 것이 곧 드러났다. 뒤늦게 전쟁에 참여해 프랑스를 상대로 손쉽게 승리를 거두긴 했지만, 그 결과로 떨어진 콩고물은 기대와 달리 형편없었던 것이다. 더구나 가을에 시작된 그리스 침공이 엄청난 실패로 그치며 독일군의 도움을 받아야 하는 신세가 된다.

그러는 동안 북아프리카에서도 이탈리아군은 수적 우위에도 불구하고 영국군에 잇달아 패배했다. 부실한 이탈리아의 공군력과 해군력으로는 주어진 임무를 수행할 수 없었던 것이다.

1941년 6월, 무솔리니는 히틀러의 소련 침공에 협력했고, 12월 11일에는 미국에 선전포고를 했다.

그러나 이후 1년 반 동안 이어진 연전연패로 무솔리니가 즐겨했던 발코니 위에서의 연설도 점차 줄어들었다. 이탈리아군은 이집트 북부 해안에 위치한 엘 알라메인에서도 영국군에 참패했으며, 이탈리아 산업 도시들은 영국 공군으로부터 엄청난 폭격을 받았고 급기야 1942년 11월, 북아프리카에 미군이 상륙하기에 이른다. 이런 패배들이 이어지면서 무솔리니 추종자들의 기세 또한 꺾일 수밖에 없었다.

이어 연합군은 시칠리아로 들이닥쳤고 이탈리아 및 독일군의 붕괴와 함께 무솔리니는 파멸을 맞이하며 로레토 광장에서 벌어진 끔찍한 장면의 주인공이 되었던 것이다.

아돌프 히틀러

1889년 4월 20일~1945년 4월 30일

런던—오늘 오후 아돌프 히틀러가 사망했다. 함부르크 라디오 통신은 오늘 밤 그의 사망 소식을 전했고, 카를 되니츠 대령은 자신이 히틀러에게 지명받은 새로운 지도자임을 선포했으며 전쟁은 계속될 것이라고 말했다.

히틀러의 건강 상태와 행방에 관한 소문이 난무하던 가운데, 함부르크 라디오는 히틀러가 수상관저 전투사령부에서 지휘했던 베를린 전투가 독일의 패배로 끝났다는 소식 또한 보도했다.

이른 저녁부터 독일인들 사이에서는 오늘 밤 중대한 발표가 방송될 것이라는 소문이 무성했다. 어떤 발표인지에 대한 암시는 전혀 없었다. 히틀러의 사망을 알리는 보도는 밤 9시 40분 라디오를 타고 계속 반복되었다.

아나운서는 다음과 같이 말했다.

"주목하십시오! 주목하십시오! 잠시 후 독일 국민 여러분에게 중요한 긴급 소식을 전할 것입니다." 뒤이어 바그너의 죽음을 기린 브루크너의 교향곡 제7번이 흘러나온 후 히틀러의 사망 소식이 독일과 전 세계로 보도되었다

되니츠는 독일인들의 협조, 질서, 그리고 규율을 호소했으며 히틀러를 국가에 일생을 헌신한 영웅으로 칭송했다. 그리고 다음과 같이 덧붙였다. "나의 첫 임무는 전진해오고 있는 볼셰비키로부터 독일을 구해내는 것이다. 오직 이 목적만을 위해서라도 군사적 투쟁은 계속될 것이다."

—시드니 그루손 기자

한때 오스트리아의 방랑자였다가 독일의 독재자가 된 아돌프 히틀러는 제1차 세계대전의 산물인 레닌과 무솔리니처럼 '제국의 팽창주의자'이자 유럽의 재앙으로 떠올랐다.

이론 기반의 혁명주의자였던 레닌이 차르의 제국에서 최고 권력자가 되고, 무솔리니가 로마의 전제군주를 향한 길로 나아갈 수 있게 해준 대대적인 이념갈등 속에서 히틀러도 호엔촐레른가(家)가 지배하던 독일에서 권력을 잡았었다. 이렇듯 히틀러는 레닌과 무솔리니처럼 1914~18년 동안의 전쟁과 혼란 속에서 등장했지만, 이 세 인물 중에서도 히틀러는 가장 독특한 경우였다고 할 수 있다. 레닌은 일반 대중에게는 잘

알려지지 않았지만 러시아 혁명이 있기 전까지 수년간 볼셰비키 정당의 지도자이자 이론가로서 고위급 지위를 차지하고 있었으며 무솔리니는 권력을 장악하기부터 이미 유명한 사회주의 편집자이자 연사, 정치가였다. 그러나 히틀러는 아무 지위도 인지도도 없는 상태에서 독일의 모든 것을 상징하는 인물이 되었다. 레닌은 세계 혁명을 꿈꾸었고, 무솔리니는 파시즘이 전 세계를 장악하는 날이 올 것이라고 소리 높여 외쳤다. 그러나 제2차 세계대전을 일으킴으로써 실제로 전 세계를 전쟁으로 몰아넣은 장본인은 바로 히틀러였다.

역사상 유례없는 권력을 손에 넣기 전까지 히틀러는 9개국을 제압하고 유럽 최고의 강대국들을 무시하고 조롱했으며, 자신이 만든 체제 속에서 수천만 명의 사회·정치·경제·문화적 기반을 자신의 의지대로 굴복시켰다.

히틀러는 체구도 왜소하고 키도 별로 크지 않았지만 그의 연설과 카리스마에 6천 5백만 명의 독일인들이 사로잡히고 휘둘렸다. 히틀러의 광기와 선동은 그의 앞을 가로막는 모든 것들을 휩쓸어버렸고, 그를 조국의 구세주이자 개혁가로 환영받게 만들었다.

인구 700만 명의 오스트리아는 히틀러의 침공에 허무하게 굴복했고 1천만여 명의 체코슬로바키아인들 또한 침략의 위협 속에 200만여 명의 독일인들이 거주하고 있던 주데텐란트를 넘겨주는 동시에 방어력도 정부도 무력화된 상태로 히틀러에게 굴복해야 했다. 독일 나치 부대의 거침없는 횡포에 중부 유럽 전역이 몸을 떨었다.

히틀러는 1933년 1월 권력을 잡은 이후 6년이 넘는 기간 동안 승리만을 이어갔으며, 영국-프랑스 동맹 세력의 지원을 받은 폴란드가 저항하기 전까지는 그 누구도 그의 전진을 막을 수 없는 듯했다. 이렇듯 히틀러는 체코슬로바키아를 분할시키고 나서 "나에게 남은 시간은 길지 않다"는 말을 했다고 전해진다. 따라서 그가 폴란드를 침공하고 그로부터 1년이 채 지나지 않아 프랑스와 영국까지 쳐들어간 것은 시간이 자신의 편이 아니라고 생각한 데 따른 결정으로 해석된다. 혹은 자신이 전 세계에 걸쳐 불러일으킨 증오와 반목이 결국 그 자신까지 멸망시킬지도 모른다는 우려였을 수도 있다.

국내외에서 권력 확장에 성공한 히틀러가 조금은 자제하게 되지 않을까라는 희망을 가진 이들도 있었지만, 히틀러는 체코슬로바키아의 통합을 존중하겠다는 약속을 위반하고 프라하로 진격해 결국 체코슬로바키아를 독일령으로 만들어버렸다.

독일 및 그가 정복한 국가에서 자행된 테러, 여기에 더해 교도소 및 강제 수용소에 수만 명을 투옥시키고 그에게 반대하거나 반대하는 것으로 의심되는 사람들을 암살하고 유대인 학살과 가톨릭 및 개신교를 박해하는 등 수많은 비인도적 행위들로 인해 히틀러에 대한

전 세계적인 비난의 목소리는 점점 더 커져만 갔다.

전후 독일 내 사회·정치·경제적 상황이 모두 악화되어가고 있던 상황에서 히틀러의 권력을 향한 도약은 1933년부터 탄력을 받았었는데, 한편에서는 히틀러의 유년기 및 가족사 연구를 통해 히틀러의 행동에 대해 이해하고자 했던 이들도 있었다.

히틀러가 처음 정계에 모습을 드러냈을 때부터 많은 이들은 그가 과대망상, 도박꾼처럼 기꺼이 위험을 감수하려는 무모함, 과장해서 말하는 습관, 자신이 한 말과 행동의 영향을 제대로 파악하지 못하는 성향이 있다는 것을 파악했다. 사실 자신의 언행이 미치는 영향을 가늠하지 못했기 때문에 거친 사상과 성질을 드러낸 후에도 정작 중요한 순간에는 냉정함을 유지할 수 있었던 것이다. 다만 히틀러는 가끔 눈물을 흘리거나 히스테리를 부릴 때도 있었다고 전해진다. 그러나 이와 동시에 히틀러는 대중과 개인의 심리를 파악하는 데 무서울 만큼 빈틈없고 정확한 판단력을 가지고 있었고, 이를 바탕으로 사람들의 마음을 움직였으며 사람들이 자신에게 선동되면 될수록 그들을 '무지한 양떼와 돌대가리들', '어리석고 겁 많은 멍청이들'이라고 부르며 경멸했다.

히틀러의 생애를 면밀히 연구한 심리

학자들은 대중들에 대한 환멸과 더불어 유대인 박해와 반대파에 대한 무자비한 탄압을 통해 나타난 그의 끝없는 증오심은 어린 시절 그가 겪은 좌절감으로부터 비롯된 것이라고 보았다.

히틀러는 1889년 4월 20일, 독일과 국경을 접하고 있는 오스트리아 브라우나우의 한 여인숙에서 태어났다. 부친 알로이스 시클그루버는 소작농에서 세관 공무원이 된 인물로 그의 세 번째 부인 클라라 푈츨은 알로이스의 조카이자 피후견인이었고, 알로이스보다 스무 살이 어렸다. 이 세 번째 아내가 바로 미래의 독재자 히틀러의 모친이었다.

히틀러는 부친에 대한 사랑을 전혀 느끼지 못한 채 공무원이 되라는 부친의 강요에 시달렸다. 아버지가 사망한 후 14살의 히틀러는 모친과 함께 오스트리아 북부의 중심지 린츠에서 살기 시작했다. 모친은 히틀러가 19살이 될 때까지 애지중지 키웠으며 히틀러의 게으른 습관마저도 용인했다.

모친이 사망하자 히틀러는 혼자 남겨졌다는 사실과 자신이 아직 인생이라는 전쟁에 나설 준비가 되어 있지 않다는 것을 깨닫게 된다. 또한 화가를 꿈꾸었던 그는 비엔나로 가서 국립미술아카데미에 지원했지만 낙방하고 만다.

그렇게 1909년부터 제1차 세계대전이 발발할 때까지 히틀러는 비참한 생활을 이어나갔다. 한동안 값싼 여인숙에서 지내거나 공원 벤치에서 밤을 지새우기도 했으며, 그림엽서를 그리거나 목수 보조 같은 여러 가지 일들을 전전하며 겨우 연명했다. 그럼에도 히틀러는 스스로를 재능 있는 예술가라고 생각했으며 언젠가 사람들에게 강렬한 인상을 남기고, 지식에 통달하고, 세상을 지배할 수 있게 되기를 갈망했다.

히틀러가 가장 열정을 보인 분야는 정치였다. 수줍음이 많고 자신감 없었던 어린 히틀러는 정치에 관한 이야기만 시작되면 완전히 다른 사람으로 변했다. 굳어 있던 혀가 풀린 듯 그의 입에서는 쉴 새 없이 말이 쏟아져 나왔다. 그러나 때때로 지인들의 조소에 눈물을 흘리기도 했다.

히틀러에게 희망을 준 한 가지는 오스트리아-헝가리 제국의 붕괴였다. 스스로를 독일인이라고 생각했던 그는 항상 자신이 주변 사람들보다 낫다는 우월감 속에서 슬라브인을 경멸했고, 유대인을 증오했으며, 노동자도 별반 다를 것이 없다고 생각했다.

권력을 손에 넣기를 꿈꾸기 훨씬 전부터 히틀러는 국가들이란 서로 반목하고 결국에는 서로를 파괴시킬 존재라는 전제하에 역사적으로 사람들은 언제나 생존을 위해 투쟁해왔으며, 독일인들은 다른 민족을 지배할 운명을 타고 났고, 평범한 사람들은 높은 사회적 계급에 의해 지배될 운명이라는 논리를 만들어 냈다.

1913년 뮌헨으로 떠나 그곳에서 근근이 살아가던 히틀러에게 마침내 그토록 꿈꾸었던 지위를 얻을 기회가 찾아왔다. 바로 제1차 세계대전의 발발이었다.

독일군에 입대한 히틀러는 무언가 거대한 사건이 발생할 것 같은 느낌을 받았다. 전선에서 연락병으로 복무하던 그에게 가까이 지내던 전우는 없었지만 상관에게만큼은 능력을 인정받아 철십자 훈장을 수여받기도 했다.

이후 전투 중 들이마신 독가스로 전쟁이 끝날 무렵 발트 해 연안 포메라니아의 한 병원에서 깨어난 히틀러는 독일 제국의 붕괴를 고통스럽게 지켜볼 수밖에 없었다. 그는 혁명주의자들에 대한 혐오와 이런 혁명을 진압하지 못한 황제와 힌덴부르크 육군 원수에 대해 분개했다. 하지만 한편으로는 머지않아 자신의 시대가 올 것임을 직감했다.

히틀러는 공식적으로는 제대한 상태였지만 독일 제국군에서 정보 관련 임무를 계속 수행했다. 당시 독일군의 전·현직 장교들은 복수를 꿈꾸며 정치적 목적과 테러 확산을 위해 조직된 다양한 자생 비밀단체에 가담하기 시작했으며 히틀러는 이런 단체들을 위한 첩보 활동을 펼치는 한편, 독일 제국군 내외에서 영향력 있는 군사 세력들과 관계를 맺었다.

그러던 1919년 히틀러는 자칭 독일 노동자당이라는 소수 정당을 주시하라는 임무를 받았는데 훗날 이 당은 히틀러의 권력 달성을 위한 도구로써 만들어진 국가사회주의 독일 노동자당, 즉 나치로 발전했다.

뛰어난 웅변술과 무자비한 방법론, 대담한 아이디어에 힘입어 히틀러는 이 작은 정당이 주최하는 모임들의 선두에 서서 청중들에게 새로운 권력과 위대한 미래를 약속했으며 때로는 서커스 광대 같은 취급을 받기도 했지만 멈추지 않고 당 활동을 펼쳤다.

히틀러의 전략은 단순한 원칙에 기반을 두었다. 군대, 산업계, 금융 분야의 권력층으로부터 지지를 얻은 다음, 이를 바탕으로 일반 대중의 지지까지 얻어내는 것이었다. 그는 중산층에게 먼저 손을 내밀었고, 혁명에 실망한 노동자들의 지원도 다소 받아냈다.

더불어 그는 극단적 민족주의와 인종차별주의라는 슬로건을 제시했다. 국가 및 사회의 재건이라는 사명은 열정적인 소수 엘리트집단에 의해 실현되어야 한다고 믿었던 히틀러는 당시 독일에서 미래의 전망을 찾지 못하고 있던 지식인들과 전·현직 장교, 가난한 학생, 야심찬 젊은이들을 자신의 주위로 끌어모았다.

전·현직 장교들은 히틀러가 별 볼일 없는 가문의 출신인데다 중산층을 선동하는 것에 대해 의구심을 가졌으나 히틀러의 방식을 결코 얕볼 수 없음을 점점 깨닫게 되면서 공개적으로 그에게 합류했다.

1923년 11월 8일, 뮌헨에서 발생한 소위 '맥주 창고 폭동 사건'에서 히틀러는 바이에른 고위 장성들과 각료, 공무원, 그리고 뮌헨 시청의 정치인들이 모인 자리에 난입한 후 공중에 총을 한 발 쏘면서 자신의 혁명이 시작되었다고 천명했다. 그는 베를린으로의 행진을 주장해 그 자리에 있던 이들을 놀라게 했다. 앞서 극좌세력을 몰아내고자 히틀러에게 협력하는 과정에서 폭력 사용으로 자신들의 입장을 위태롭게 만들지 않겠다는 약속을 받아냈었던 뮌헨 시장과 방위군 인사들은 히틀러가 이를 위반하자 즉각 히틀러를 국가에 대한 반역자로 지목했다.

다음 날 히틀러를 추종하던 수천 명의 나치들과 군경 간의 무력 충돌이 이어졌다. 경찰이 발포하자 정식 훈련을 받지 않았던 수천 명의 나치들은 뿔뿔이 흩어져 도망가기 바빴다.

이후 히틀러는 체포되어 반역죄로 재판을 받았고, 금고 5년형을 선고받았으나 극우세력 지도자들의 눈에 든 그는 수개월 만에 가석방되어 정계로 복귀했다.

가석방 후 히틀러의 명분은 회복될 수 없을 정도로 좌절된 듯했고, 그는 정계에서 은퇴할 것처럼 보였다. 하지만 히틀러는 교도소에서부터 시작한 '나의 투쟁'의 저술과 더불어 무너진 나치당을 재건하기 위한 작업을 비밀리에 꾸준히 이어갔다.

이후 7년 만에 히틀러는 다시 수많은 추종자들을 거느리게 된다. 그 수는 300만 명에 달했으며 그의 군대는 갈색 셔츠를 입은 나치 돌격대와 검은 셔츠를 입은 나치 친위대로 정예화되어서 유대인을 공격하고 반대파들의 회동을 와해시켰으며, 공산주의자 및 공화당원들과 싸움을 벌였다. 또한 다른 정당의 지도자들에게 폭력을 가하는 등 일련의 테러 행위들도 서슴지 않았지만 당국은 이에 대처할 능력을 점점 잃어갔다.

당시 혼란한 상황 속에서 대중들은 이를 바로잡아줄 '강한 힘'이 나타나기를 바라게 되었는데, 이런 분위기는 요제프 괴벨스 박사 지휘 하에 있던 탁월한 선전 조직의 치밀한 계산에 따라 조성된 것이었다.

히틀러는 천부적인 정치전략으로 당시 가장 큰 영향력을 지니고 있던 군부 및 산업계로부터 먼저 지지를 이끌어냈고, 여기에 그에 대한 대중들의 맹목적인 믿음과 열정이 합쳐지면서 강력한 지지 기반을 구축해냈다.

히틀러가 독일에서 막강한 정치 세력으로 본격 등장한 것은 1930년부터였다. 히틀러는 그해 가을 총선에서 600만 표를 얻어 107석의 의석을 확보함으로써 제2당으로 부상했다.

이때는 독일 공화국의 역동적인 역사에서 가장 혼란한 시기 중 하나였다. 1929년 전 세계에 불어닥친 경제 대공황의 위기 속에서 독일이 받았던 타격은 특히나 치명적이었고 이 때문에 히틀러가 그토록 큰 추진력을 얻을 수 있었던 것이다.

이 전례 없는 경제 공황 상태가 이어지면서 극우 및 극좌 세력들을 더욱 더 극단으로 내몰렸다. 게다가 나치 군대와 공산주의의 부상으로 인해 민주주의 체제의 독일 공화국은 점점 제 기능을 상실해가고 있었다.

거침없이 공격적인 발언으로 지지 세력과 반대 세력을 모두 압도했던 히틀러는 1933년 1월 30일, 드디어 총리의 자리에 올랐다. 단, 조기총선을 통해 유권자들에게 재신임을 묻겠다는 단서가 붙었다.

당시 독일 대통령이었던 힌덴부르크는 의회 해산권을 행사했고, 나치 당원들은 일련의 선동 활동으로 유권자들을 위협하는가 하면 다른 정당의 선거운동을 무력화시켰다.

나치 정권 역사상 가장 충격적인 사건 중 하나는 총선을 일주일 앞둔 1933년 2월 27일 저녁, 독일 제국의사당 건물이 갑자기 화염에 휩싸였을 때였다. 이 화재는 방화에 의한 것으로 밝혀졌는데, 히틀러는 방화범이 공산주의자였다고 발표했고 대중들은 이를 믿었다.

이 제국의사당 방화 사건은 유권자들에게 강한 인상을 남기며 히틀러에게 유리한 분위기를 조성했다. 실제로 이후 실시된 총선에서 히틀러는 단독 과반수 확보엔 실패했으나 43%의 득표율로 지지를 확인받았다.

총선 이후부터 히틀러는 독재 정권 확립을 향해 본격적으로 나아갔다. 그는 비상 시 행정부가 국회를 배제하고 법률을 제정할 수 있도록 하는 수권법을 통과시켰고 이에 따라 사실상 일당 독재체제가 형성되어 히틀러는 야당의 마지막 남은 흔적까지 없애버리기 시작했다.

이후 사회주의자, 공산주의자, 자유주의자, 가톨릭교도 등 수많은 사람들이 체포되었으며 이들 중 다수는 강제수용소로 끌려가 온갖 잔혹한 방식으로 학대를 받았다.

동시에 반유대주의 광기가 맹렬하게 퍼지며 유대인들의 시민권, 부동산 소유권, 직업 선택의 자유 등을 박탈하는 법령들이 발표되었고 이런 법령들은 이후 뉘른베르크 법을 통해 그 정도가 더욱 심화되었다.

히틀러 체제 초기에 가장 충격적인 장면 중 하나는 독일 및 외국 유명 작가들의 책들을 주요 도시의 거리와 광장에 쌓아놓고 불을 지른 것이었다. 이는 나치 독일과 서구 문명의 단절을 강조하기 위해 실시된 조치였다.

1933년 12월 1일, 히틀러는 법령을 통해 '나치당과 국가의 합치'를 선언했다. 이는 곧 모든 노동단체, 청년단체, 대학, 학교, 정당 및 개인이 각자의 신분을 잃고 국가에 종속되는 것을 의미했다.

그러나 히틀러는 아직 모든 것을 장악할 수 있는 위치에 오른 것이 아니었다. 당내에서조차 돌격대 지휘관 에른스트 룀을 주축으로 한, 소위 좌파 세력이 나치당의 승리를 이끈 주역은 바로 자신들이라고 주장하고 있었기 때문이다.

결국 히틀러의 지시에 따라 1934년 6월 30일과 그 다음 날, 에른스트 룀과 그의 추종자들은 무참히 살해당했다.

1934년 8월 2일, 독일에서는 또 다른 놀라운 사건이 발생했다. 힌덴부르크 대통령이 프로이센의 자택에서 사망했던 것이다. 그로부터 불과 몇 시간 후에 히틀러는 총리 권한에 대통령의 권한까지 합쳐 자신이 총통이 되었음을 선언했고, 이후 실시된 국민 투표에서도 압도적인 지지를 얻었다.

총통이 된 히틀러는 독일 국내 및 외교 부문에서 대담한 정책들을 실시해 나갔다. 그의 지휘 아래 독일은 다시 막강한 군사력을 갖추기 시작했으며, 이를 바탕으로 라인 지방을 재점령하고 군사화하여 오스트리아, 체코슬로바키아, 덴마크, 노르웨이, 네덜란드, 벨기에, 룩셈부르크, 프랑스, 그리고 발칸 제국을 정복해 나갔다. 또한 러시아 침공, 메멜 지역 및 단치히 회랑(回廊) 장악, 폴란드 파괴 등 나치 독일은 쉴 새 없는 기세로 오랜 기간 동안 유럽 대륙을 농락했다.

그러나 "차지한 것을 다 소화시킬 수 없는 제국은 몰락한다"는 나폴레옹의 명언을 증명하듯 이 모든 것은 결국 막을 내리게 되었다.

연합군의 공격으로 히틀러의 나치 제국은 몰락했고, 독일의 위상은 현시대의 그 어느 나라보다도 낮은 위치로 추락했다. 바로 이것이 스스로 "지배자 민족"이라고 칭했던 독일의 역사에 히틀러가 남긴 결과물이다.

에바 페론

1919년 5월 7일~1952년 7월 26일

부에노스아이레스—후안 D. 페론 대통령의 부인이자 아르헨티나와 아메리카 대륙 역사상 가장 영향력 있는 여성 중 한 명으로 자리매김했던 마리아 에바 두아르테 데 페론이 오랜 투병 끝에 오늘 밤 8시 25분, 세상을 떠났다.

아르헨티나의 명사 인명록에 따르면 에바 페론은 올해 30세였다. (한편 아직 출간되지 않은 그녀의 전기물에는 그녀가 33세이며 1919년 5월 17일 출생했다고 기록되어 있다.)

'아르헨티나의 영적 지도자'라고 불리는 영부인 에바 페론의 건강 회복을 위해 미사를 드려오던 아르헨티나 국민들은 그녀의 죽음을 어느 정도 예상한 상태였다. 오늘 에바 페론의 상태가 급격히 나빠지자 아르헨티나 정보국은 그녀의 임종이 멀지 않았음을 알리는 3개의 기사를 연이어 발표했다.

페론 대통령은 부인의 머리맡을 지키며 관저에서 거의 일주일 내내 머물렀다.

페론 부인은 지난 11월 암 수술을 받았으며 그녀가 마지막으로 대중 앞에 모습을 드러낸 것은 6월 4일, 극도로 창백하고 마른 모습으로 페론 장군의 대통령 취임식에 참석했을 때였다. 그가 연임할 수 있게 된 데는 페론 부인의 역할이 컸다.

페론 부인이 사망했을 때 그녀의 곁에는 페론 대통령 외에도 12여 명의 친척과 정계의 지인들이 자리를 지켰다. 이중에는 모친인 후안나 이바르구엔 데 두아르테 부인, 페론 부인의 세 자매와 오빠인 라몬 두아르테도 있었다.

아르헨티나 전역의 페론 당 당원들은 앞 다투어 영부인에게 경의를 표했다. 대표적인 예로 한 상원 의원은 페론 부인을 기리는 연설에서 그녀가 러시아의 예카테리나 여제, 영국의 엘리자베스 1세 여왕, 스페인의 잔 다르크와 이사벨라 여왕의 뛰어난 덕목들을 모두 가지고 있었을 뿐 아니라, 스스로 이런 덕목들을 최고의 경지로 끌어올렸다고 격찬했다.

페론 부인의 사망에 앞서, 부에노스아이레스의 중심에 페론 부인을 본떠 만든 거대한 대리석 동상을 세우고 아르헨티나의 모든 주의 수도에 복제본을 설치하는 법안이 통과되었다. 노동조합 총연맹은 8월 22일, 이 프로젝트의 자금 조달을 돕기 위해 조합원들 6백만 명의 임금을 기부하기로 결정했다. 이 결정에 따라 최소 125만 달러가 넘는 자금이 모인 것으로 추산되며, 여기에 더해 재계와 농업계의 이익금도 기부금으로 쓰였다.

8월 22일은 1951년 선거 당시 페론 부인이 부통령 후보 지명을 포기한 바 있어 '포기 선언의 날'로 알려져 있다.

사실 이 사건과 관련해 아르헨티나 군대의 영향력은 거의 언급되지 않았었지만 일반적으로 육군 참모들은 여성이 부통령이 되어 군 최고 사령관이 되는 것을 달가워하지 않았을 것이다. 따라서 육군 참모들은 유례없는 만장일치로 페론 대통령의 부통령 지명에 반대했으며, 결국 페론 부인은 부통령 후보 자리에서 물러났었다.

그럼에도 불구하고 페론 부인이 아르헨티나 국정에 끼치는 엄청난 영향력은 유지되었을 뿐 아니라 더욱 강화되었다. 건강이 악화되었을 때에도 그녀는 병상에서 자신의 업무 내용을 구술하곤 했다.

야심 차고 거침없으면서도 현명하고 지칠 줄 모르는 에너지를 지닌 아름다운 외모의 에바 페론은, 예측할 수 없는 아르헨티나 정치 상황 속에서 무명으로 시작해 십수 년 만에 스스로 명성, 부, 권력을 모두 손에 넣을 정도로 뛰어난 자질의 소유자였다. 즉 그녀는 가난한 마을의 지주였던 부친의 사생아로 태어나 라디오 방송 및 영화계에서의 단기 경력을 거쳐 일약 아르헨티나의 영부인이자 서반구에서 가장 영향력 있는 여성으로 급부상했던 것이다.

이와 더불어 페론 부인이 정부 업무와 선전(宣傳)에서 중요한 역할을 수행한 것은 라틴 아메리카의 보수적인 사회적 통념과 상반된다는 점에서 더욱 의미가 있는 사건이었다. 이전에는 라틴 아메리카 지역 국가들의 공직에서 여성은 찾아보기 힘든 존재였을 뿐만 아니라 여성들의 의견은 반영되지도 않았다.

페론 부인은 남편만큼이나 논란의 대상이 되기도 했다. 그녀의 지지자들 중 다수는 그녀가 설립한 자선 단체의 수혜자였는데, 이들에게 페론 부인은 '희망의 여인'으로 불릴 만큼 눈부신 여신이었던 반면, 그녀의 정치적·사회적 반대자들은 어디선가 갑자기 나타나 사실상 아르헨티나를 점령하다시피 한 이 금발 여성에 대한 엄청난 혐오와 시기를 드러냈다.

에바 페론의 역할에 관한 논쟁은 결코 아르헨티나 내부에만 국한되지 않았다. 그녀가 국제사회에서도 점점 알려지게 되면서 외교가에서는 그녀를 주목하기 시작했고, 그녀를 주제로 한 대화 또한 끊임없이 이어졌다.

실제로 있던 일뿐 아니라 출처가 불분명할 때도 있는, 그녀를 둘러싼 무수한 일화들이 이를 잘 보여준다. 그중 특히 페론 부인이 작은 수술을 받던 날에 대한 이야기는 그녀 자신으로 인해 '페론주의'가 진지하게 선전된 사례로 꼽을 수 있을 것이다.

정부에서 발간하는 부에노스아이레스의 한 신문의 첫 페이지에는 그날 페론 부인이 수술실로 들어가던 순간에 대한 기록이라고 알려진 기사가 실렸는데, 이 기사에서는 그녀가 마취가 되기 전에 다음과 같은 말을 남겼다고 전했다. "만약 내가 깨어나지 못하더라도—페론이여 영원하길!"

에바 페론은 1919년 5월 7일, 부에노스아이레스 주의 작은 마을 로스 톨도스에서 농장주였던 후안 두아트레와 그의 정부인 후아나 이바르구엔 사이에서 태어났다. 이들 사이에서 태어난 5명의 자녀 중 에바 페론은 막내였다. 부친은 그녀가 어릴 때 사망했고, 모친은 곧 자식들을 데리고 후닌 근교의 한 마을로 이사해 하숙집을 차렸다.

이후 고등학교 2학년까지 마친 십대 중반의 날씬한 금발 소녀 에바 페론은 영화배우가 되려는 꿈을 이루기 위해 혼자 부에노스아이레스로 떠났다. 초기에 출연했던 라디오 방송과 영화에서는 이렇다 할 성과를 내지 못했지만, 포기하지 않고 도전한 끝에 결국 그녀는 아르헨티나 전역에 방송되는 벨그라노 라디오에서 활약하게 된다.

그녀가 후안 D. 페론을 만난 것은 1943년 산후안에서 발생한 지진 피해자 구호기금을 마련하는 자리에서였다. 당시 49세였던 후안 페론은 첫 번째 부인과 이별한 상태였고, 국방부 차관과 노동부 장관직을 역임한 정계의 떠오르는 스타였다. 서로에게 깊은 인상을 받은 둘은 밀애를 나눈 끝에 1945년 10월, 비밀리에 결혼식을 올렸다.

결혼 전부터 에바 페론은 후안 페론의 수준에 맞춰 자신의 관심사를 넓혀가기 시작했다. 그녀 스스로 선호하던 애칭 '에비타'는 남편의 선거 유세에 동행하면서 알려지기 시작했으며, 후안 페론이 근로 빈곤층인 '데스카미사도'의 영웅으로 자리잡는 동안 그녀는 라디오 방송국 직원들과 노동조합을 조직하고 소외 계층을 위한 구호 활동에 나서는 등 본격적인 정치 행보에 나서게 된다.

이후 반페론주의자들이 정권을 잡게 되자 후안 페론은 1945년 10월, 맡고 있던 직책에서 해임되었고, 이에 에바 페론도 라디오 방송국에서 자리를 잃게 된다. 그러나 정국의 급격한 변동 속에서 후안 페론은 며칠 지나지 않아 권력을 되찾았으며, 4개월 후에 대통령으로 당선되어 당시 26세이던 에바 페론과 함께 대통령 관저에 입성했다.

당시 에바 페론은 노동사회복지부에 사무실을 마련하여 매일 음식, 약품, 보조금 등을 분배하며 대중들을 보살피는 일에 나섰다.

그녀는 자신의 관심사가 오로지 복지사업 분야뿐이라고 여러 번 말한 바 있으나, 정계 인사들은 그녀가 다른 공적 업무에서도 남편에 버금갈 정도의 영향력을 가지게 된 것을 인정하는 분위기였다.

1947년, 정치적 선전 활동의 일환으로 유럽 순방에 나선 그녀는 특히 스페인 마드리드에서 프란시스코 프랑코 총통의 열렬한 환영을 받았다. 로마에서는 교황 비오 12세를 만났으나 이탈리아 사회주의자들은 그녀를 비꼬는 시위를 벌이기도 했으며, 프랑스 뱅상 오리올 대통령을 만난 뒤에 이어질 예정이었던 영국 방문은 취소되는 우여곡절도 있었다.

한편 에바 페론은 1947년 9월, 아르헨티나의 여성들에게 투표권을 부여하는 법안을 통과시키며 아르헨티나 입법사상 중요한 업적을 남기기도 했다.

이후 1951년 초부터 후안 페론과 에바 페론은 부부라는 한 팀으로서 아르헨티나를 이끌어가기 위한 고강도의 선거 운동을 시작했으며, 같은 해 8월 말경에는 페론 당이 자신들을 대통령과 부통령 후보로 지명하는 것에 동의했다.

당시 에바 페론은 4일간의 고민 끝에 모레노 광장 내 25만 명의 군중 앞에서 자신과 남편은 "국민들이 원하는 것을 할 것"이라며 부통령 지명을 받아들였으나 그 달 말일에 군부 세력들의 반대에 부딪치며 지명을 거절하기로 마음을 바꾸었다.

지명 포기 결심을 발표하는 방송에서 에바 페론은 목이 메인 소리로 역사가 자신을 다음과 같이 기억해주길 바란다는 소망을 피력했다.

"페론 장군 곁에 한 여성이 존재했다. 이 여성은 페론 장군으로 하여금 국민들이 바라는 것과 필요로 하는 것을 채워주도록 했다. 그녀의 이름은 에비타였다."

이오시프 스탈린

1878년 12월 18일~1953년 3월 5일

해리슨 E. 솔즈베리 기자

모스크바—오늘 아침 발표된 내용에 따르면, 29년이라는 세월 동안 소련을 통치해 온 이오시프 스탈린 서기장이 73세의 나이로 어제 크렘린에서 사망했다.

[수십 년 후에 발견된 침례교회 및 학교 기록을 통해 스탈린의 공식 전기에 나오는 생년월일이 잘못되었음이 밝혀졌고, 이에 따르면 사망 당시 그의 실제 나이는 74세였다.]

이는 소련 공산당 중앙위원회, 각료회의 및 소련 최고위원회 의장에 의한 공식 성명이었다.

성명에서는 소련 인민들에게 당과 정

부의 뜻을 굳게 따라 줄 것을 촉구함과 동시에, “소련 내외의 적들과 투쟁함에 있어서” 단합과 가장 높은 수준의 정치적 경계 태세를 취할 것을 요구했다.

스탈린이 사망함으로써, 소련이라는 거대한 국가를 설계하고, 조직하고, 최고의 지위에 오른 근대사의 거물 중 한 사람의 커리어가 마침표를 찍게 되었다.

스탈린은 빈곤에 시달리던 그루지야 동부의 고리 시에 위치한 산악 마을에서 태어나 러시아 대륙 역사상 가장 큰 장악력을 행사하고 있는 소련이라는 국가의 지도자까지 올라선 인물이었다.

스탈린의 사망 원인은 앞서 크레믈린 관저에서 뇌출혈을 겪은 후 나흘도 채 되지 않아 발생한 전신 순환기 및 호흡 장애 때문이었다.

공개된 진단서에 따르면, 사망 전 수 시간 동안 스탈린의 상태는 급격히 악화되어 순환기와 심장 기능에 극심한 장애가 이어지면서 호흡이 얕아지고 불규칙해졌다. 밤 9시 50분에는 맥박수가 분당 140~150까지 올라갔으며 결국 “순환기 및 호흡 부전 악화로 인해 J. V. 스탈린이 사망했다”는 기록이 마지막으로 남았다.

오늘 아침 발행된 소련 공산당 기관지 ‘프라우다’의 1면은 스탈린의 사망과 관계된 내용으로 채워졌고, 조의를 표하는 검은색 테두리가 그려져 있었다. 더불어 큼지막한 스탈린의 사진, 정부의 공식 발표문, 그간 스탈린의 건강에 대한 고시들, 당 중앙위원회 비서관 니키타 S. 흐루시초프가 이끄는 장례식 위원회 구성에 관한 발표도 있었다. (스탈린의 후계자에 대한 내용은 없었다.)

스탈린의 사망 소식은 오늘 아침 라디오를 통해 소련 전역에 전파됐는데, 모든 사람들이 출근길에 나서기 전에 이 방송을 들었을 정도로 이른 시간부터 소식이 전해진 이유는 이미 사망 당일 저녁부터 다음날 새벽까지 크렘린 내에서 심상치 않은 분위기가 감돌았기 때문이었다. 그러나 위대한 소련을 상징하는 붉은 깃발은 레닌의 무덤 뒤에 위치한 소련 최고 간부회관 위에서 평소처럼 나부꼈으며 온 도시가 고요한 가운데 수많은 모스크바 시민들이 붉은 광장으로 나와 스탈린을 기리는 묵념을 하며 서 있었다.

스탈린이 안치될 영묘(The Hall of Columns)는 수백만 명의 소련 시민들이 모여 조의를 표할 수 있도록 조성된 모스크바에서 가장 아름다운 건물이자 유럽 건축의 보석과도 같은 존재로 알려져 있다. 오늘 이 건물 앞에 세워진 회색 장군복 차림의 스탈린 초상화는 약 12미터 높이에, 금박을 입힌 테두리로 장식되어 있었다.

이오시프 스탈린은 전 세계 인구 중 3분의 1에 해당하는 사람들의 정치적 성향에 결정적인 영향을 미친 인물이었다. 또한 그는 최초로 거대 마르크스주의 국가를 세운 강경 혁명가 중 한 명이

었으며, 무자비하리만큼 강력하게 소련의 사회화와 산업화를 추진했던 독재자이기도 했다.

그는 소련의 막대한 군대력을 바탕으로 제2차 세계대전을 승리로 이끌었으며 특히 독일이 패배시킴으로써 자국의 국경을 최대한으로 확장시켰다. 그리고 한반도를 시작으로 유라시아 대륙을 거쳐 발트 해까지 마르크스주의 지향적인 위성국가들로 이념의 완충지역을 만들었는데, 역사상 이토록 넓은 지역에 걸쳐 스탈린만큼 강력한 영향력을 행사한 사람은 존재하지 않았다.

1940년대 후반, 세계는 소련과 그 위성 국가들의 급속한 세력 확장을 바라보며 긴장감에 휩싸였으며 미국을 필두로 마르크스주의자들의 확장에 대항하는 대규모의 방어선이 급격히 구축되었다.

스탈린은 잔인하면서도 치밀한 성격과 교활한 계략, 그리고 행운에 힘입어 권력을 장악하고 유지했다. 그는 이론가들과 이상주의자들을 비롯한 지식인들을 탄압하거나 총살함으로써 공포를 조성했고 스스로 원할 때면 특유의 매력을 뽐내기도 했다. 해리 트루먼 대통령은 한때 사석에서 다음과 같이 말한 적이 있다.

"나는 늙은 조(스탈린의 성인 이오시프를 영어식으로 발음한 조셉의 애칭-역주)를 좋아해. 조는 괜찮은 사람이야. 공산당 정치국에 사로잡혀 있지만."

반면 스탈린에 무릎을 꿇었던 탁월한 전략가 레온 트로츠키는 스탈린을 소련 관료주의에 만연했던 "중간만 가자는 안일함"을 전형적으로 보여준 별 볼일 없는 인물이라고 평가했고, 레닌은 스탈린을 정당의 충실한 일꾼으로는 높이 샀으나 "조잡하고 세심하지 못하며 후추만 잔뜩 친 형편없는 음식밖에 기대할 것이 없는 요리사"라고 묘사했다.

그러나 대숙청에서 살아남은 사람들은 스탈린을 이 시대 최고의 천재라고 입을 모아 칭송했으며, 프랭클린 D. 루스벨트 대통령과 윈스턴 처칠 영국 총리를 비롯한 연합군 지도자들조차 스탈린의 전략에 대해서는 존경과 찬사를 보낼 정도였다.

일례로 1941년 12월, 대부분의 정부 부처와 외교단은 모스크바의 함락을 예상하며 쿠이비셰프로 옮겨갔지만 당시 스탈린만은 크렘린에 머물면서 작전을 지휘했고, 마침내 수도의 코앞에서 진을 치고 있던 나치 무리를 몰아낼 수 있었다.

이처럼 기세등등하던 독일에게 치명타를 입힌 스탈린은 스스로를 원수(元帥), 이후에는 총사령관으로 칭했으며 소련뿐만 아니라 해외 언론에서도 스탈린을 묘사할 때면 전황을 책임지고 있는 최고사령관이라고 지칭했다. 이것이 어디까지 사실인지에 대해 판단하는 것은 후대 역사가들의 몫이지만, 제2차 세계대전에서 그가 중요한 역할을 했다는 사실은 부인할 수 없을 것이다.

러시아의 최고 독재자가 되기를 꿈

꾸기 오래 전부터 스탈린은 차르, 즉 절대군주체제 하의 정치범으로서 두각을 나타냈다. 당시 동료 수감자였던 한 사람의 다음과 같은 회상은 스탈린의 강한 면모를 고스란히 보여준다. 1909년 바쿠의 교도소에서 있었던 일이었다. 수감자들이 일으킨 폭동에 대한 처벌로써 당국은 두 줄로 늘어선 병사들 사이를 지나가는 수감자들을 소총 개머리판으로 구타하기 시작했다. 이때 스탈린은 한쪽 팔 아래 책을 끼고 고개를 꼿꼿이 세운 채, 머리에서 피를 흘리면서도 신음소리 한번 없이 반항적인 눈빛으로 걸어갔다.

이오시프 비사리오노비치 주가슈빌리, 이후 이오시프 스탈린이라는 혁명가의 이름으로 유명해지기 시작한 그는 1879년 12월 21일, 조지아의 고리라는 마을에서 태어났다.

스탈린의 부친은 가난하고 늘 술에 취해있는 구두장이였는데, 항상 그를 때리고 이유 없이 화를 내곤 했다. 반면 스탈린에게 지대한 영향을 준 모친 예카테리나는 농부의 딸이었으며 다정하고도 인내심이 강한 여성이었다. 스탈린을 '소소(Soso: '어린 조'라는 애칭-역주)'라고 불렀던 그녀는 결국 자신의 아들이 세계에서 가장 큰 제국의 독재자가 되는 것을 지켜보았다.

6~7세경에 천연두에 걸린 탓에 스탈린의 얼굴에는 평생 마맛자국이 남았지만 모친의 노력으로 아홉 살이 되었을 때 교회 학교에 입학할 수 있었다. 당시 주변사람들은 그를 밝고 자기주장이 강하며, 논쟁을 좋아하고 자기 의견에 동의하지 않는 사람들에게 화를 내던 소년으로 기억했다.

스탈린은 티플리스 운송 노조를 조직하면서 처음으로 혁명 활동을 시작했다. 그는 거리 시위를 지원하거나 혁명을 촉구하는 전단지를 배포하기도 했다.

1899년 4월에는 처음으로 도시 중심부에서 벌어진 시위에 참여했는데 이 시위는 러시아 경찰 기동대원에 의해 피로 물들었고, 스탈린은 경찰을 피해 1년간 숨어 지내야 했다.

이후 그는 1902년 4월에 체포되어 흑해 남동쪽에 위치한 바툼의 교도소에 수감되었다가 쿠타이시로 이송되었다. 교도소에 있는 동안 1903년 런던에서 열린 제2차 러시아 사회민주노동당 대회에 대해 알게 된 스탈린은 당 대회에서 사회민주노동당이 볼셰비키와 멘셰비키로 분열되는 것을 주시하였으며 이 사건은 러시아 혁명의 방향을 결정하게 된다.

스탈린은 볼셰비키 지도자 니콜라이 레닌과 동맹을 맺었고 트로츠키는 레닌과 맞서기도 했지만, 혁명 이후 1917년에 레닌 세력에 합류하여 10월 혁명과 소비에트 정권 수립에서 핵심적인 역할을 수행했다.

1903년 7월 9일, 3년간의 유배형을 받았었던 스탈린은 유배지 시베리아에서 볼셰비키 정책 및 전술에 관한 레닌의 첫 번째 편지를 받은 뒤 탈출을 결심하고 그해 말 이르쿠츠크로 무사히 빠져나왔다. 이후 카프카스 산맥에 있는 바쿠로 향한 스탈린은 그곳에서 1905년 혁명의 시초가 된 석유 노동자들의 파업을 진두지휘했는데 이것이 그의 본격적인 두 번째 혁명 활동이었다.

혁명의 핵심 요소였던 총파업 발발 직후, 스탈린은 핀란드의 탐메르포르스에서 열린 당 대회에서 처음으로 레닌을 만났다.

스탈린은 이후에도 계속 투옥되고 추방되었으나, 그때마다 굴하지 않고 탈출을 감행하며 레닌과 접촉했다. 그러나 20년간의 혁명 활동 끝에 또다시 시베리아로 추방되었을 때는 마침내 막다른 골목에 이른 듯 보였다.

그러던 1914년, 제1차 세계대전이 일어났다는 소식이 들려왔다. 레닌은 이 전쟁이 러시아 전제정치의 몰락과 세계 혁명으로 이어지게 될 것이라고 예측했다.

스탈린은 시베리아 횡단철도에 실려 아친스크로 이송되었고, 1917년 3월 12일이 되어서야 처음으로 혁명에 관한 소식을 접할 수 있었다. 임시 혁명 정부가 취한 첫 번째 조치는 모든 정치범을 석방하라는 것이었고 당시 임시 정부의 수장인 알렉산드르 케렌스키가 공포한 법령으로 풀려난 수천 명의 사람들 중의 한 명이 바로 스탈린이었다.

1917년 4월 16일, 마침내 스탈린은 독일 참모로부터 제공받은 차량을 타고 독일에서 출발해 스톡홀름, 핀란드를 거쳐 페트로그라드에 도착할 수 있었다. 그로부터 한 달 후에는 트로츠키가 미국에서 돌아왔다.

트로츠키는 임시정부 해체, 즉각적인 평화 체결, 광범위한 사회주의 프로그램 실행, 세계 혁명에 대한 지지를 촉구하는 레닌에게 즉각적으로 협력한 반면, 10월 혁명에서 스탈린의 역할은 상대적으로 미미했다. 쿠데타 이틀 전인 10월 23일, 당 중앙위원회 회의록에는 폭동을 조직하는 데 앞장선 사람은 레닌과 트로츠키였다는 기록이 분명하게 남아있다.

볼셰비키 혁명 이후의 내전 동안 스탈린과 트로츠키의 사이는 점점 벌어졌다. 트로츠키는 매번 스탈린에게 자신의 명령에 따르라고 윽박질렀고, 그때마다 레닌은 둘의 관계가 평화롭게 유지될 수 있도록 개입해야 했다.

병마에 시달리던 레닌이 사망하기 약 2년 전부터 스탈린은 이미 당과 정부의 지도자 자리를 차지하기 위한 준비 작업을 하고 있었다. 그는 당의 총서기라는 새로운 직위를 이용해 자신에게 충성을 다하는 당 조직을 구성했고, 이를 통해 결국 그토록 바라던 최고 지도자의 자리에 올랐다.

레닌이 사망하자 소련은 스탈린, 지노비예프, 카메네프로 이루어진 이른바 삼두 체제의 지배를 받게 되었으며 이에 따라 형성된 격렬한 파벌 논쟁에서 스탈린은 중립을 표방하면서 좌익과 우익 사이를 이간질시켰고, 결국 지노비예프와 카메네프, 그리고 트로츠키까지 물리쳤다.

1936년의 대숙청 와중에도 스탈린은 보통 비밀 선거권과 언론·연설·집회의 자유를 보장하는 새로운 러시아 헌법을 선포했다. 이는 독재를 유지하고 혁명을 안정화시키기 위한 시도로 해석되었다.

러시아를 강압적으로라도 서구화하고자 했던 표트르 1세가 지배했던 시대 이래로 러시아가 이 정도의 격렬한 변화를 겪은 것은 처음이었다.

스탈린은 1929년부터 제2차 세계대전을 예언하기 시작했고, 자신의 목적은 러시아가 분쟁을 피하게 하는 것이라고 공언했다. 이러한 정책에도 불구하고 히틀러가 독일의 권력을 잡게 되자 러시아 또한 집단 안전 보장 체제에 합류할 수밖에 없었다. 그러나 1939년, 스탈린은 정책을 180도 전환해 집단 안전 보장 체제 지지를 돌연 철회하고 나치 독일과 독소 불가침조약을 맺었다.

이는 결국 제2차 세계대전으로 이어졌다. 영국과 대립하던 히틀러는 이후 불가침조약을 깨며 러시아를 향해 진격했고 이런 히틀러의 맹습에 저항하기 위해 서방 세력과 동맹을 맺은 스탈린은 결국에는 소비에트 연방의 영역을 다시 넓히는 데 성공했다.

스탈린 탄생 69주년 기념하며 언론사들이 발행한 특집 기사는 소련 국민들로 하여금 "세계 프롤레타리아트의 지도자이자 그 존재 자체로 영감을 주었던 위대한 스승" 스탈린조차 시간을 거스를 수는 없다는 냉혹한 현실을 보여주는 계기가 되었다. 지면에 실린 사진 속 스탈린의 머리카락은 이미 하얗게 새어 있었던 것이다.

이듬해 스탈린의 70세 생일 기념행사는 공개적으로 매우 성대하게 치러졌다. 스탈린의 사생활에 대해서는 거의 알려진 바가 없었는데, 이때는 이례적으로 자신의 사적 영역에 대중들의 참여를 허락한 첫 사례였다.

스탈린은 2번 결혼했다. 첫 번째 부인 예카테리나 스바니제는 오랫동안 병을 앓다가 1907년에 사망했다. 이 둘 사이에는 아들 야코프가 있었으나, 제2차 세계대전 동안 독일 포로가 된 이후로 그 행방을 알 수 없다.

1919년에는 그의 오랜 혁명 동지였던 세르게이 알릴루예프의 17살짜리 딸 나제즈다 알릴루예바와 결혼했다. 알릴루예바는 1932년 사망했으나 그 원인은 정확하지 않다. 스탈린과 알릴루예바는 슬하에 두 명의 자녀를 두었다. 아들 바실리는 현재 소련 공군 중장(中將)이며, 딸 스베틀라나에 대해 알려진 것은 그녀의 이름과 학문적 관심사에 대한 사소한 정보뿐이다.

요한 23세

1881년 11월 25일~1963년 6월 3일

로마—세계 평화의 대변자이자 모든 기독교도들의 통합을 위해 끊임없이 노력했던 교황 요한 23세가 오늘 밤, 그가 누워 있는 바티칸의 병상을 둘러싼 추기경 및 고위 성직자들과 친척들이 기도하는 가운데 선종했다. 향년 81세.

사도 베드로가 처음으로 앉았다던 왕좌에 오른 261번째 교황이었던 요한 23세는 4년 7개월 6일의 재임 기간 동안 전 세계 사람들의 마음을 훔쳤으며 전임 교황들 중에서 이토록 많은 사람들로부터 존경을 받은 이는 드물었다.

교황의 사망 시간은 오후 7시 49분이었다(동부 하절기 시간으로는 오후 2시 49분). 그리고 오랜 투병 생활을 해왔던 그의 최종 사인은 위암에 의한 복막염이었다.

병상 주변에 모인 추기경들과 고위 성직자들에게 교황은 마지막으로 "하나 되게 하소서"라고 말했다. 이는 최후의 만찬 후 예수가 한 말이었다.

그의 병상 옆에는 교황의 세 형제—주세페, 알프레도, 자베리오 론칼리—와 그의 홀로된 누이 아순타도 자리를 지켰다.

교황의 침실에서 남성 간호사들이 종부 성사와 면죄 성사를 준비하는 동안, 옆방에 있는 제단에서는 교황을 위한 미사가 열리고 있었다. 로마 교황은 육신의 죄를 사면받지 않는다는 점을 제외하고는, 모든 의식은 평신도와 거의 같은 방식으로 이루어진다고 알려져 있다.

교황의 누이와 그의 개인 비서 로리스 카포빌라는 소리 내어 울었고, 모두가 기도문을 낭송했다. 교황청 내사원장 페르난도 첸토 추기경은 교황 위로 몸을 굽혔다. 그러고는 다시 몸을 일으켜 방안에 모인 사람들에게 이렇게 말했다. "이제 정말로 교황께서 돌아가셨습니다."

—아르날도 코르테시 기자

요한 23세는 처음부터 끝까지 자신을 단순한 성직자로 여겼다. 1953년 베니스의 총대주교가 된 후 첫 연설에서 그는 다음과 같이 말했다.

"내 출신 성분은 보잘 것 없습니다. … 나는 섭리에 따라 모국의 마을을 떠나 세계 각지를 여행했고, 다른 종교와 다른 이념을 믿는 사람들을 만나며 사회적 갈등을 직접 목격했습니다. 그때마다 신의 섭리는 내 안에 남아 나를 평온하게 했고, 이론과 실제 경험 사이에서 균형을 잡을 수 있도록 해주었습니다."

요한 23세는 교황으로서 과격한 인종 차별주의와 옹졸한 국수주의, 그리고 그의 재임 초기에 일어난 아프리카 부족 간 갈등을 통해 확대된 무신론적 공산주의로 위협받는 세계에서 로마 가톨릭 교회의 기본 미덕을 지키고자 애썼다.

교황 요한 23세의 위대한 통치는 1962년 10월 11일, 그가 바티칸에서 대대적인 제21차 공의회를 소집하면서 본격적으로 시작되었다. 교황이 중요한 종교적 문제에 대해서 강론하기 위해 소집되는 이런 공의회의 개회식에서 그는 "그리스도를 따르는 모든 사람들의 진실하고도 실질적인 통합"을 촉구했다. 역사상 최초의 공의회는 325년에 있었으며, 1962년 이전에 열린 가장 최근 공의회는 1869~70년이었다.

교황 요한은 1963년 4월 10일 '지상의 평화'라는 회칙을 발표했으며, 그의 발언은 역대 어떤 교황보다도 전 세계에 큰 영향을 미쳤다.

당시 교황은 공산주의를 분명히 암시하면서 위대한 역사적 흐름은 거짓일지도 모르는 철학적 가르침만으로 간단히 확인할 수 있는 것이 아니라고 선언했다. 다만 공산주의적 가르침에서 비롯된 움직임은 "마땅히 칭송받아야 할 긍정적인 요소를 포함할 수도 있다"고도 덧붙였다. 교황은 보편적인 평화를 호소해 사람들의 마음을 움직였고, 그가 선언한 '지상의 평화'는 수많은 종교인들로부터 찬사를 받았다.

1958년, 안젤로 주세페 론칼리는 76세의 나이로 로마 가톨릭 교회의 261번째 교황이 되었다. 작고 단단한 체구의 그는 흰 머리카락에 조금 구부정한 자세를 하고 있었다. 그리고 큰 매부리코에 밝은 미소를 지니고 있었으며 눈동자는 언제나 탐구와 명상으로 빛났고 마음을 편안하게 해주는 교황의 자연스럽고 친근한 태도는 모든 사람들의 마음을 끌어당겼다. 그는 푸짐한 저녁식사를 즐겼으며, 담배를 피우는 첫 교황이었던 것으로 전해진다.

론칼리는 1881년 11월 25일, 베르가모에서 약 8km 떨어진 소토 일 몬테의 롬바르디아 마을에서 태어났으며 그의 생가는 200년 전 지어진 춥고 불편한 회색 돌집이었다.

소작농이었던 부친 지오반니 론칼리는 자신이 소작하던 땅을 결국 자신의 소유로 만들 만큼 근면하게 일했던 인물로, 후에 론칼리는 어린 시절에 대해 다음과 같이 썼다.

"우리는 가난했지만 행복했다. 우리는 부족함을 느끼지 못했고, 실제로도 부족한 것이 없었다. 우리의 생활은 품위 있고 행복한 가난이었다."

론칼리의 조상들은 15세기 이래 소토 일 몬테 교구의 마을 성당을 다녔다. 론칼리는 태어난 날 늦은 밤에 세례를 받았는데 그날 밤은 마을에 폭풍이 휘몰아쳤고 신부는 집에서 쉬지 못하는 것에 대해 약간 불평 섞인 말을 늘어놓았다. 하지만 론칼리 가족은 만약을 대비해 그날 바로 세례를 받기를 원했다. 론칼리는 13명의 자녀들 중에서 셋째였다.

론칼리는 11살이 되었을 때 베르가모에 있는 신학교에 입학했다. 몇 년 후 그는 성직자가 되는 것 이외에는 바라는 것이 없다고 공언하며 아폴리네르라고도 불리는 로마 신학교에 장학생으로 진학했다.

이후 1904년 8월 10일 로마 산타 마리아 교회에서 사제서품을 받은 론칼리는 그 다음날 성 베드로 대성당에서 처음으로 미사를 주관하게 된다.

자코모 라디니 테데스치 신임 주교의 보좌 신부를 거친 론칼리는 수년간 지냈던 베르가모에서 첫 번째 성직을 수행하며 근방에 있는 밀라노에 자주 들렀는데 그곳에 있는 유명한 암브로시오 도서관에 가는 것을 즐겼기 때문이다. 당시 그 도서관의 관장은 후에 교황 비오 11세가 된 아킬레 라티 몬시뇰이었고 그는 어린 론칼리 신부에 대해 좋은 평가를 내렸다.

이후 1925년, 교황 비오 11세는 론칼리를 대주교로 지명해 불가리아에 있는 소수의 로마 가톨릭교도를 보호하라는 임무를 내렸고, 1935년에는 터키와 그리스의 교황 사절로 임명하여 이스탄불에서 거주하게 했다. 또한 제2차 세계대전이 끝날 무렵에는 파리의 로마 교황 사절로 지명되어 바티칸 외교사절단장의 자격으로 전쟁에서 승리한 드골 장군을 방문하라는 임무를 부여받았다.

이는 민감한 사안이었으나 론칼리 대주교는 패전한 비시 정부의 파르티잔에 대한 드골과 공산당 세력의 분노를 가라앉힐 수 있도록 최선을 다하는 한편, 프랑스의 전쟁 포로가 된 수백 명의 독일 로마 가톨릭 신학생들도 도왔다.

비슷한 시기에 터키 주재 독일 대사였던 프란츠 폰 파펜이 론칼리에게 접근했다. 대사는 이후에 론칼리에게 보낸 편지에서 "독일 패배에 대한 대안을 찾을 수 없다"며, "동맹국들이 히틀러 정권과 독일 국민은 다르다는 것을 알아주길 바라며, 이를 바티칸이 널리 알려주기를 간청한다"고 썼다.

1953년 1월 12일, 교황 비오 12세는 당시 71세의 론칼리를 베니스의 총대주교로 임명하면서 추기경으로 승격시켰다. 론칼리는 경찰함의 진수식이 열린 베니스 운하에 모습을 드러내면서 대중에게 알려지게 되었는데 특이하게도 그는 베니스에 살면서 곤돌라를 한 번도 타지 않았다. 자신은 현대의 성직자이며 곤돌라는 구식이라는 이유에서였다.

교황 비오 12세는 1958년 10월 9일 사망했고, 그로부터 19일 후인 12번째 (혹은 11번째) 콘클라베 투표에서 추기경단은 론칼리를 교황 비오 12세의 후계자로 선출했다. 이후 1958년 11월 4일, 성 베드로 성당의 대관 미사를 통해 론칼리는 드디어 교황 요한 23세가 된다.

비오 12세는 한때 머리맡에서 예수님의 모습을 보았다고 말했던, 호리호리한 체구의 매우 금욕적인 사람이었던 반면 그의 후계자인 요한 23세는 씩씩하게 교황의 방으로 들어가 직접 가구를 옮기고 직속 행정 직원들과 함께 식사를 하는 등 파격적인 모습을 선보였다. 이로써 바티칸에는 비오 12세 때보다 다소 편안한 분위기가 조성되었음은 물론이었다.

재임 후 첫 크리스마스 다음 날에 로마 레지나 코엘리 교도소를 방문한 요한 23세는 수감자들에게 "여러분들이 나에게 올 수 없기 때문에 내가 여기로 왔습니다"라고 말하며 예전에 자신의 가족 중 한 명이 밀렵으로 체포된 적이 있었다는 일화를 얘기해 주기도 했다.

성 베드로의 왕좌에 올랐을 때 요한 23세는 자신의 목표 중 하나가 1504년부터 시작된 동방 가톨릭교회와 로마 가톨릭 교회의 갈등을 치유하고자 하는 것임을 밝혔다.

로마 가톨릭 신자인 존 F. 케네디가 1960년, 미국 대통령 선거 후보가 된 것에 대해 바티칸은 조심스럽게 반응했다. 케네디는 미국에서 로마 가톨릭 신자임을 천명하며 주요 정당의 대선 후보가 된 첫 사례였던 뉴욕 주지사 알프레드 E. 스미스의 뒤를 이은 두 번째 정치인이었는데, 바티칸은 당시 상원 의원이었던 케네디의 종교에 대한 언급을 자제했으며, 바티칸 대변인은 어떤 상황에서도 바티칸이 가톨릭 신자들에게 케네디에게 투표하라는 압력을 넣어서는 안 되며, 케네디가 당선될 경우에도 그에게 어떤 압박도 가해서는 안 된다는 점을 분명히 했다.

교황 요한 23세는 계속되는 핵전쟁의 위협에 괴로워하며 핵 보유국들에게 끔찍한 전쟁 수단을 내려놓으라고 호소했지만 교황은 우주선 발사와 같은 과학 기술에는 큰 관심을 보이기도 했다.

그의 재임 기간 동안 바티칸과 몇몇 공산주의 국가들 사이에는 관계 개선의 조짐이 보였다. 1963년 4월, 교황은 폴란드와 헝가리에 대표단을 파견해 화해 협정을 맺을 방법을 강구했다. 그러나 바티칸 당국은 교황이 반공산주의 입장을 굽히지 않을 것이라고 강조했다. 교황은 단지 철의 장막 뒤에서 로마 가톨릭이 받는 억압을 줄이도록 노력하는 것뿐이라는 설명이었다.

1960년 8월 7일, 교황은 여름 별장 카스텔 간돌포에서 발표한 라디오 훈시를 통해 육체적·정신적 몰락으로부터 세상을 구하기 위해 그리스도에게 중재를 호소하는 기도를 드렸다.

"세상의 모든 생명을 위해 피와 육신을 희생하신 영원하신 주 예수 그리스도께 비나오니, 죽음의 위험으로부터 인류를 구해 주옵소서!"

대관식 이후 2개월 반 동안 교황은 23명의 사제를 추기경으로 승격시켰고, 1960년 3월에는 8명을 추가로 승격시켰다. 이 8명에는 최초로 흑인, 필리핀, 일본 출신 사제가 포함되어 있었다.

교황 요한 23세는 바티칸 직원들과의 공생에도 힘썼는데, 교황으로서 첫 번째 착수한 일이 바로 바티칸 근로자들의 임금을 대폭 인상하는 것이었다.

그는 성 베드로 광장이 내려다보이는 도서관 집무실에서 대부분의 업무를 봤다. 교황의 책상에는 십자고상과 성모 마리아 그림이 놓여 있었고 다른 책상에는 구내번호 101번인 외부전화 수신전용 하얀색 전화기가 놓여 있었다. 물론 아무도 교황에게 직접 전화하지는 않았다.

점심 식사 후 잠깐 쉬는 시간에 교황은 바티칸 정원을 산책하곤 했다. 저녁에는 몇 분간 TV를 시청하기도 했고, 잠자리에 들기 전에 다시 책상으로 돌아와 일을 처리했다.

이런 교황의 일상은 그가 전임자의 단순한 삶의 방식을 간직한 한편, 마냥 금욕을 강조하지는 않았다는 인간적인 측면을 함께 보여준다.

윈스턴 처칠

1874년 11월 30일~1965년 1월 24일

앤서니 루이스 기자

런던—윈스턴 처칠 경이 타계했다.

폭정에 저항하려는 인간의 의지를 몸소 보여준 위대한 인물이었던 그는 오늘 오전 자택에서 역사 속으로 사라졌다. 향년 90세.

처칠의 오랜 친구이자 주치의 모란 경은 엘리자베스 2세 여왕과 해롤드 윌슨 총리에게 이 사실을 알린 후, 전 세계에 그의 사망을 공식적으로 전했다.

이 공식 발표문은 오전 8시 35분, 비가 쏟아지는 하이드 파크 게이트 입구에 서 있던 기자들 앞에서 낭독되었는데, 그곳은 켄싱턴 가든 남쪽의 작은 거리로, 윈스턴 경이 오랫동안 살았던 동네이기도 했다.

모란 경은 7시 18분 처칠의 집에 도착했었고 그 몇 분 전에는 처칠의 아들 랜돌프가 당도해 처칠 부인과 딸 새라, 그리고 랜돌프의 아들 윈스턴과 함께 처칠의 마지막을 지키고 있었다 .

유족 중에는 처칠의 또 다른 딸 매리(크리스토퍼 솜즈 부인)도 있으며, 손주 10명과 증손주 3명 중 가장 어린 증손주는 불과 이틀 전에 태어났다.

처칠이 뇌졸중을 앓고 있다는 1월 15일 발표 이후로 세계 각국은 그의 상태를 주시해 왔다. 의료 전문가들은 심각

한 병세에도 불구하고 경이로울 정도로 강한 삶에 대한 의지 덕분에 처칠이 90세를 넘길 수 있었다고 말했다.

처칠이 위대한 역사적 인물이 될 수 있었던 건 그런 의지가 있었기에 가능했다. 제2차 세계대전에서 영국을 승리로 이끈 그의 결단력은 영국뿐만 아니라 전 세계 자유국가들의 존속에 중요한 역할을 했다.

처칠의 장례식은 평민 출신으로는 1898년 사망한 윌리엄 에워트 글래드스턴 이후 처음으로 국장으로 치러진다. 시신은 며칠 동안 웨스트민스터 홀에 안치될 예정이며, 장례식은 세인트폴 대성당에서 열릴 것이다.

공교롭게도 오늘은 다소 괴짜 같은 토리 당원이었던 처칠의 부친 랜돌프 처칠 경의 기일이기도 하다. 그는 1894년 사망했다.

영국의 거의 모든 사람들에게 처칠의 죽음은 고통스러운 개인적 상실이자, 이미 희미해진 과거의 영광이 종식되는 상징적인 사건으로 여겨질 것이다. 세계사적으로도 처칠의 죽음은 한 시대의 끝을 의미한다.

처칠은 언제까지고 히틀러를 물리친 위대한 전쟁 지도자로 기억될 것이다. 그러나 그는 전쟁과 정치에서뿐만 아니라 언어와 인격에서도 실로 비범함을 보여준 인물이기도 했다.

처칠은 거의 6년간의 전쟁 끝에 1945년 추축국을 완패시킨 26개국 대(大)동맹 체제의 핵심 인물이었다. 그와 영국 국민들에게 최고의 순간은 영국 본토가 바다와 상공에서 모두 포위되었음에도 홀로 버텨냈던 1940년이었을 것이다.

그는 연설가로서 모든 능력을 발휘해 영국인들의 자존심과 용기를 북돋았고, 정치가로서 각국의 무기와 물자를 끌어모았으며 유럽 전역이 나치의 수중으로 떨어지기 직전 분연히 맞서 싸웠다.

"우리는 물러서거나 실패하지 않을 것입니다. 우리는 끝까지 전진해서 프랑스에서, 바다와 대양에서 싸울 것입니다. 우리는 자신감과 힘을 더욱 키워 상공에서 싸울 것이며, 우리의 섬을 지켜낼 것입니다. 어떤 희생이 있더라도 우리는 해변에서, 착륙장에서, 들판과 거리에서, 언덕에서도 싸울 것입니다. 우리는 결코 항복하지 않을 것입니다. 그럴 일은 없겠지만 만약 영국이 정복당하고 굶주리게 된다 한들, 영국 함대로 무장하고 방어되고 있는 바다 너머 우리의 제국은 언젠가 새로운 세계의 힘이 구세계를 구해내고 해방시킬 때 까지 투쟁을 계속할 것입니다."

존 F. 케네디 대통령은 1963년, 처칠에게 미국 명예 시민권을 부여하면서 다음과 같은 찬사를 보냈다. "처칠은 영어라는 언어를 전술로써 동원해 전투에 내보내는 경지에 이르렀다."

세계적인 정치가이자 전략가라는 처칠의 명성과는 별개로 그는 예술가이자 역사가, 특히 영국을 대표하는 작가로서도 명성을 얻었다. 1953년에는 노벨 문학상을 수상했으며, 그의 탁월한 웅변에 경의를 표하는 특별상이 추가되기도 했다.

1953년, 처칠이 섬겼던 여섯 명의 군주 중 마지막 군주였던 엘리자베스 2세 여왕은 그에게 평민이 받을 수 있는 최고의 기사 작위인 가터 훈장을 수여했다. 역사상 처칠이 수행한 가장 중요한 역할은 영국, 소련, 미국의 결속을 도모하고 동맹을 이끈 것이었다. 그는 프랭클린 D. 루스벨트의 친구이자, 이오시프 스탈린의 전략적이고도 진솔한 협력자로서 워싱턴, 모스크바 등의 여러 전선과 테헤란, 얄타, 포츠담에 이르기까지 3개국 회담과 관련된 모든 곳에 참여했다.

1945년 전후 회의에 참가하고 있을 당시 처칠은 영국 국민들이 선거에서 그의 정부에 대한 지지를 철회했다는 사실을 알게 되었으나 이후 6년 동안 야당의 대표로서 국내외 사회주의 세력에 맞섰고 결국 1951년에는 또 한 번 총리가 되었다.

처칠은 평화체제를 악용해 세력을 넓히려는 소련의 위험성을 최초로 지적했으며, 히틀러주의의 잠재적 위험성을 최초로 경고하기도 했다.

1946년 3월 5일, 그는 미국 미주리주에 있는 풀톤에서 유명한 연설을 남겼다. 당시 처칠은 더 이상 정부의 수장이 아니었음에도 전 세계가 그의 입에 주목했다.

당시 해리 S. 트루먼 대통령의 소개를 받아 연단에 선 처칠은 이렇게 말했다. "발트 해(海)의 슈테틴부터 아드리아 해의 트리에스테까지, 철의 장막은 대륙을 넘어 계속 이어지고 있습니다. 그 장막 뒤에는 바르샤바, 베를린, 프라하, 비엔나, 부다페스트, 베오그라드, 부카레스트, 소피아와 같은 중부 및 동부 유럽 국가의 모든 수도들이 있습니다. 이런 유명한 도시들과 그곳의 시민들은 모두 소련의 영역이라고 불러야만 할 위치에 놓여 있으며, 모스크바는 이제 단순한 영향력이 아닌 아주 강력한 통제권을 키워가고 있습니다."

윈스턴 레너드 스펜서 처칠은 1874년 11월 30일, 블레넘 궁에서 태어났다. 그곳은 처칠가의 걸출한 선조였던 초대 말보로 공작을 위해 지어진 궁전이었다. 화려한 정치 경력을 지녔던 처칠의 부친은 7대 말보로 공작의 셋째 아들이었고, 뉴욕 출신인 모친의 결혼 전 이름은 제니 제롬이었다.

어릴 적 처칠은 체구가 작고 감성적인 아이였다. 그는 부친을 아주 좋아했는데, 정작 부친은 처칠이 학교에 잘 적응하지 못했던 것을 근거로 그의 지능에 문제가 있다고 확신했다. 모친의 돌봄을 거의 받지 못했던 어린 처칠은 유모 에베레스트 부인에게 많이 의지했다. 이후 처칠이 당대 가장 위대한 인물 중 한 명이 되었을 때에도 여전히 그의 책상 위에는 에베레스트 부인의 사진이 놓여 있었다.

처칠은 처음 입학했던 작은 사립학교에서 가혹한 체벌을 받기도 했고, 이후 해로우를 거쳐 샌드허스트 육군 사관학교 입학시험을 봤지만 2번이나 낙방했다. 그는 결국 '기사 계급'으로 입학하게 되었는데, 이는 말하자면 개인 말을 소유할 정도로 부유한 집안의 자식들을 위한 은밀한 입학 방법이었다.

1894년 졸업 후 여왕 친위 경기병 4연대의 중위가 된 처칠은 당시 특별한 임무가 없었기 때문에 직위를 유지한 채 쿠바에서 종군 기자로 활동했으며, 1897년에서 1898년까지는 경기병대 중위직을 유지하면서 특파원 자격으로 인도와 수단에 참전했다. 이후 영국으로 복귀한 그는 자신이 옥스퍼드 대학교 입학에 필요한 라틴어와 그리스어를 배우지 않았음을 깨닫고는 바로 정계에 진출하기로 결심한다. 그러나 하원 의원이 선거에 출마한 그는 참패를 맛보아야 했다.

1899년, 아직 25살이 채 되지 않았던 처칠은 자신의 5번째 군사작전을 위해 남아공으로 파병되었는데 그곳에서 보어인(네덜란드계 남아프리카공화국 사람)들에게 붙잡혀 억류되었으나 특유의 여러 가지 술수와 행운으로 탈출할 수 있었다. 보어인들은 그를 다시 잡기 위해 현상금을 걸면서 "체구가 작고, 콧수염이 거의 없으며 말할 때 비음이 많이 나고 's' 발음을 잘 하지 못한다"고 처칠을 묘사했다.

다시 잉글랜드로 돌아온 처칠은 또 한 번 선거에 출마하여 1901년 1월 23일, 드디어 당선의 기쁨을 맛보게 된다. 이때부터 보수당과 자유당을 두 번이나 오가는 그의 다난한 재임기간이 시작되었으며 내각에서 영향력을 키운 처칠은 1910년대의 노동 쟁의부터 제1차 세계대전, 그리고 전후 동원, 아일랜드 내전으로 계속되는 위기 상황들 속에서 핵심적인 역할을 수행했다.

제1차 세계대전 당시 처칠은 해군 장관으로서 지중해 전투를 강력히 지지했고, 이 때문에 많은 논란을 사기도 했다. 결국 1915년에서 1916년까지 다르다넬스 해협으로 진출한 영국-프랑스 연합군은 갈리폴리 전투에서 처참히 패배했으나 처칠은 이미 장관직에서 사임한 뒤 프랑스에서 보병 장교로 복무하고 있는 상태였다.

1920년대에 의회로 돌아온 처칠은 늘 파이프 담배를 피우던 보수당의 스탠리 볼드윈 총리와 심각한 견해 차이를 보였다. 스탠리 볼드윈은 영국인들이 어떤 대가를 치르더라도 평화의 유지를 원한다고 믿은 반면, 처칠은 영국이 제2차 세계대전의 위험성을 깨닫고 그에 대비해야 한다고 보았다.

1930년대의 처칠은 살집이 좀 붙고 때로 공격적인 면모를 드러냈지만 젊은이와 같은 쾌활함과 위엄을 동시에 지닌 중년이 되었고, 바로 이 모습이 제2차 세계대전에서의 활약으로 전 세계에 알려지게 되면서 처칠의 이미지로 굳어졌다. 한편 처칠은 정치에서뿐만 아니라 패션에 관해서도 국제무대의 스타였다. 고급 시가를 피우고 가장 좋은 브랜디를 마셨던 그는 세계에서 가장 주목받는 사람들과도 두루 친분을 쌓았다.

1937년 네빌 체임벌린의 첫 연립 정부가 들어섰지만, 반전주의의 정서가 강했기 때문에 처칠은 내각에 합류하지 못했다. 그리고 몇 년 뒤, 영국이 독일에 선전포고를 하고 7시간 45분이 흐른 1939년 9월 3일 오후 6시, 라디오를 통한 특별 긴급 통신은 세계 각지에 있는 영국 부대에 다음과 같이 알렸다.

"처칠이 돌아왔다."

처칠은 1914년 제1차 세계대전 때와 마찬가지로 또다시 해군 장관의 임무를 부여받았던 것이다.

1940년 5월 10일, 독일은 네덜란드와 벨기에를 침공했고, 혼란에 빠진 네빌 체임벌린은 총리직에서 물러났다. 이에 조지 6세 국왕은 처칠에게 새로운 정부를 구성하라고 요청했다.

처칠은 회고록에 이렇게 썼다.

"당시 나는 깊은 안도감을 느꼈다. 마침내 전체적인 그림을 지휘할 수 있는 권한을 가지게 되었던 것이다."

당시 65세였던 처칠은 그 누구도 대적할 수 없는 능력을 발휘하며 현안들을 처리해나갔다. 그는 늘 재촉하는 듯한 어감의 메모로 참모들을 밀어붙였는데, 그 내용은 주로 이러했다.

"오늘 오후 4시까지 꼭 다음의 사항에 대한 보고를 한 장으로 요약해 보내주시오…"

5월 11일 처칠은 거국 내각 구성을 발표했고, 5월 13일에는 의회에서 다음과 같이 엄숙한 선서를 했다. "나는 피, 노력, 눈물, 그리고 땀 말고는 의회에 바칠 수 있는 것이 없습니다."

영국은 스페인의 무적함대가 쳐들어왔던 이후로는 이러한 긴급 상황에 처한 적이 없었다. 프랑스군의 한 지휘관은 영국이 "닭처럼 그 목이 매달려 휘둘릴 것"이라고 예측했다. 이후 처칠은 이에 대해 "어떤 닭, 어떤 목은 그리 될 테죠(Some neck. Some chicken!—닭은 프랑스를 상징하는 동물이므로 처칠의 이런 표현에는 비꼬는 의미가 담겨 있다고 볼 수 있다-역주)!"라고 응수했다.

6월 18일, 독일의 침입에 프랑스가 항복할 것이 분명해지자 처칠은 용기와 저항의 메시지를 담은 성명서를 발표했다. 다음과 같은 그의 마지막 문장은 오랫동안 기억될 것이다.

"그러므로 우리가 우리의 임무에 충실하고 이 시간을 견뎌내서 대영제국과 영연방이 천년 동안 지속된다면, 후대 사람들은 두고두고 '그때가 최고의 시기였다'라고 말할 것입니다."

그 후로 얼마 지나지 않아 독일은 영국에 장거리 공습을 가하기 시작했다. 영국 공군이 이를 막아낼 수 있을지 여부는 아무도 장담하지 못했지만, 10월 말경 영국은 결국 패배를 모면했다.

한편 처칠은 영국과 함께 전쟁에 참여하는 것이 국익에도 도움이 될 것이라며 미국을 설득하고자 했다. 이런 과정에서 처칠은 교양 있고, 유럽인들을 잘 이해하며, 친영국 성향이 강했던 루스벨트 대통령의 지대한 원조를 받았다.

1941년 12월 7일, 일본이 진주만을 공격했을 때 처칠은 미국의 참전 약속을 받아냈고, 이에 깊이 안도했다. 훗날 처칠은 당시를 다음과 같이 기록했다. "만족감과 안도감으로 가득 찬 채로, 구원을 받은 듯한 감사한 마음으로 잠에 들었다."

전황이 수차례 엎치락뒤치락했던 1941년 내내 처칠은 의회의 반대에 부딪혔으나 1942년 1월 27일부터 시작된 3일간의 하원 비밀회의에서 461대 1로 내각 재신임안이 가결됨으로써 한숨을 돌릴 수 있었다. 당시 루스벨트 대통령은 처칠에게 "같은 10년의 시기를 보내게 되어 아주 즐겁습니다"라며 전보로 축하 메시지를 보냈다.

전투의 흐름이 연합군에게 유리하게 흘러가자 3대국의 수장, 즉 처칠, 루스벨트, 스탈린은 테헤란과 얄타에서 만나 전쟁의 목적과 전후 세계 질서를 명확히 했다.

1945년 5월 7일, 처칠 총리는 방송을 통해 영국인들에게 유럽 내 교전이 종식되었음을 선언했다. 그러나 불과 몇 주 후 그의 연립 정부는 와해되었고, 토리당은 총선에서 패배했다. 6년 후 노동당이 과반수에 가까운 의석을 차지한 상태에서 처칠은 선거를 강행해 다시 총리 자리에 올랐으나, 득표 차이는 겨우 16표에 불과했다.

오랜 시간 동안 전쟁과 그 공포에 시달려온 처칠은 세계평화가 오랫동안 지속될 수 있는 구조를 세우는 것으로 자신의 업적을 완성시키고 싶었을 것이다.

그러나 강대국들의 회의가 이어지면서 그의 희망은 꺾여버렸다. 1955년 4월 2일, 처칠은 버킹엄 궁전에서 엘리자베스 2세 여왕을 알현하며 총리직 사임안에 대한 재가를 받았다.

지난 10월 총선 직전까지 하원 의원의 자리를 지켰던 그는 거의 90세가 되어서야 더 이상 공직에 출마하지 않을 것임을 천명했다. 그렇게 1924년부터 모든 선거에서 승리했던 처칠은 '하원의 아버지'로 남게 된다.

정치적·문학적 재능과 더불어 처칠은 열정적인 아마추어 화가로도 잘 알려져 있었다. 그와 마찬가지로 히틀러도 그림에서 마음의 안정을 추구하곤 했는데, 처칠의 붓 터치는 히틀러보다 한결 부드러웠다. 한때 건축가가 되고자 했던 히틀러는 견고한 선을 추구했던 반면, 처칠은 프랑스 인상파 화가들과 같은 부드러운 느낌을 좋아했다. 처칠의 이런 그림들은 수년간 크리스마스 엽서로 만들어지기도 했다.

호찌민

1890년 5월 19일~1969년 9월 2일

홍콩—북베트남의 호찌민 대통령이 어제 오전 하노이에서 79세의 나이로 사망했다.

하노이의 한 라디오 방송은 호찌민이 심장 마비로 사망했다고 밝혔다.

[이후 베트남의 지도자들은 자신들이 호찌민의 사망 날짜를 일부러 바꾸어 발표했다고 주장했다. 한 성명서에 따르면, '9월 2일은 경사스러운 베트남 독립 기념일이므로 호찌민의 사망과 같은 슬픈 사건이 겹쳐서는 안 된다'는 판단 때문이었다고 한다.]

—연합통신사

올던 휘트먼 기자

20세기의 주요 정치가 중 한 명인 호찌민은 엄청난 끈기와 인내로 베트남의 독립이라는 목표를 추구했으며 공산주의와 민족주의를 성공적으로 결합한 독보적인 인물이었다.

어린 시절부터 프랑스 식민지였던 베트남의 자유를 염원했던 그는 베트남의 독립이 비현실적인 목표로 보일 만큼 어려웠던 몇 년간의 시기에도 굴하지 않았다. 그리고 1954년, 호찌민은 베트남 민주 공화국의 대통령이 된 지 9년 만에 발발한 디엔비엔푸 전투에서 결국

프랑스를 패배시키고야 말았다.

1954년 제네바 협약에 의한 위도 17도선을 기준으로 일시적인 분단 상황을 맞은 베트남에서 미국은 남베트남의 응오딘지엠을 지원하여 분단을 고착화시켰고 이에 반발한 호찌민은 북부의 군대를 지휘하며 미국의 습격에 대비했다.

또한 호찌민은 국민 해방 전선, 즉 베트콩 조직에 영감을 주었는데, 이후 베트콩은 남베트남에서 사이공 정권과 그 동맹인 미국에 맞서 길고 피비린내 나는 전투를 치렀다.

이 밖에도 호찌민은 대부분의 전쟁물자를 지원해 주었던 소련과 중화인민공화국과의 관계에서 절묘한 균형을 유지했다.

길쭉하고 수도승 같은 얼굴에 제멋대로 자란 염소수염, 그리고 빛나는 눈동자와 작고 마른 체구의 호찌민은 1천 9백만 명의 북베트남인과 수백만의 남베트남인들에게 마치 조지 워싱턴과 같은 존재였다.

호찌민은 '호 아저씨'라는 애칭으로 널리 불렸으며, 제네바에서 베트남의 전국적인 선거 실시가 받아들여질 경우, 호찌민의 지도력하에 베트남이 통일되는 것이 당연하다고 생각될 정도로 그의 인기는 엄청났다. 그렇기 때문에 미군 수십만 명의 주둔하고 있음에도 불구하고 남베트남의 주요 지역들은 민족 해방 전선에 의해 효과적으로 통제될 수 있었다.

지적이고, 수완이 좋으며, 헌신적이었던 호찌민은 상대방에게 좋은 인상을 남기는 사람이었다. '아칸소 가제트'의 전 편집장이자 미국 민주제도 연구센터 소속의 해리 애쉬모어는 1967년 호찌민을 방문했던 날을 다음과 같이 떠올렸다.

"호찌민은 온화하고 품위가 있었으며, 개인적인 원한을 품지 않는 예절 바른 사람이었다." 당시 특유의 목깃이 달린 긴 흰색 파자마 같은 옷에 고무 샌들을 신고 있었던 호찌민은 애쉬모어에게 자신이 미국을 방문한 적이 있음을 밝히며 이렇게 말했다고 한다. "나는 미국 사람들에 대해 알고 있다고 생각합니다. 그렇지만 이런 전쟁에 도대체 왜 미국이 참여하려는지 이해할 수가 없습니다. 자유의 여신상을 세워둔 나라이지 않습니까?"

호찌민은 이론가가 아닌 행동가로서 지극히 실용적인 공산주의를 추구했다. 그리고 동료 공산주의 지도자인 마오쩌둥과 마찬가지로 시를 쓰곤 했는데, 꽤 인상적인 몇 편의 시들 중에서 그가 중국 민족주의자들의 포로로 잡혀있었을 때 쓴 '가을 밤'의 한 구절을 소개해 보려고 한다.

결백하건만 나는 한 해를
감옥에 갇혀 보냈구나.
눈물을 잉크로,
생각을 시로 노래하노니.

호찌민이 권력을 잡고 세계에 등장하는 과정에 대한 자세한 기록은 남아있지 않다. 이는 그가 '호찌민('빛을 내리는 사람' 정도로 번역이 된다)'을 포함해 수많은 가명을 사용한데다, 자신의 생애에 관련된 정보를 밝히기를 꺼려했기 때문이기도 하다.

가장 신빙성 있는 자료에 따르면, 호찌민은 1890년 5월 19일, 베트남 중부에 있는 낌 리엔이라는 마을에서 태어났다. 그의 출생 이름은 응웬 닷 탕이라는 것이 일반적인 정설이다.

열렬한 민족주의자였던 호찌민의 부친은 그 지역의 소작농보다 조금 더 나은 형편이었으나, 프랑스의 지배가 시작될 때 제국의 행정 직원 채용시험에 합격하여 반(反)프랑스 비밀 조직에 가담했었고 어린 호찌민은 때때로 부친의 전령 역할을 하기도 했는데 그것이 그의 첫 지하조직 활동이었다. 이후 얼마 지나지 않아 부친은 정부에서 일자리를 잃었으며, 전통 의술 치료사가 되었다. 호찌민의 어머니는 소작농 출신이라고 알려져 있다.

마을 학교에 다니던 호찌민은 옛 제국의 수도 후에에 있는 리세 꿕-혹 지역에서 고등학교를 다니며 유럽으로 가야겠다고 결심했으며 이 목표를 위한 첫걸음으로 사이공에 있는 무역 학교에 진학했고, 주방 및 디저트 요리 보조로 일하면서 당시 유럽인들이 필요로 하던 기술들을 배웠다.

결국 주방 보조로 유람선에 승선한 호찌민은 프랑스 마르세이유, 그리고 아프리카와 북미의 여러 항구들을 가볼 수 있었다. 미국의 베트남 권위자 버나드 폴은 저서 '두 명의 베트남인'에서 이 시기의 여행이 혁명 지도자 호찌민의 성장에 있어 얼마나 큰 영향을 미쳤는지 다음과 같이 설명했다.

"베트남이 아닌 자신들의 조국에 있는 백인 식민지 개척자들과의 만남은 호찌민이 가지고 있던 그들의 '우월성'에 대한 환상을 완전히 깨뜨렸다. 베트남에서 가장 뒤처진 농민만큼이나 문맹인 데다 미신적이기까지 했던 브르타뉴, 콘월, 프리지아 제도 출신의 선원들과의 교류 또한 마찬가지였다."

제1차 세계대전 발발과 함께 호찌민은 런던으로 건너가 칼튼 호텔의 총주방장 에스코피에의 조수로 일했으며 전쟁 기간 동안 잠시 미국에 머무르기도 했다. 이후 1918년부터 프랑스 파리의 몽마르트 지구에 살았던 호찌민은 1919년 베르사유 평화 회의에서 자칭 조국의 대변인으로서 베트남 독립의 가능성을 확인하고자 했다. 당시 검은 양복과 중절모를 빌려 입고 베르사유 궁으로 간 그는 기본적인 자유와 프랑스 정복민과 베트남 국민들 사이의 평등을 포함한 베트남 관련 정책들을 제안했으나, 이는 수락되지 않았다.

베르사유 회의를 통해 식민지 문제를 해결할 수 없음을 알게 된 호찌민은 사회주의적 행동으로 옮겨갔다. 또한 공산주의를 통해 민족 해방을 촉진시킬 수 있을 것이라는 믿음으로 프랑스 공산당의 창립 멤버가 되기도 했다.

이런 결정으로 인해 호찌민의 인생 행보는 이전과는 다른 방향을 향하게 된다. 먼저 그는 프랑스 현지에서 식민지 문제에 관한 전문가가 되었다. 또한 세계 공산주의의 중심지 모스크바를 찾아 1922년 제4차 코민테른 회의에 참석했으며 레닌을 만나 코민테른 동남아시아 지부의 회원이 되었다.

모스크바는 수년간 호찌민의 근거지 역할을 했다. 그곳의 동방 노력자 공산대학에서 마르크스주의와 선동 및 선전 기술을 배운 호찌민은 1925년, 당시만 해도 공산주의자들과 협력하고 있던 쑨원의 후계자 장제스를 돕기 위해 중국 광저우 지방으로 파견되어 극동 지방의 혁명적 기운을 널리 알리는 일에 착수했고, 베트남 난민 조직인 베트남 청년혁명동지회를 조직했으며, 1930년에는 '억압받은 아시아인 연합'을 조직했다. 이 연합은 인도차이나 공산당을 포함한 각국의 공산당 활동에 영감을 준 남해 공산당의 시초가 된다.

그러던 1927년 7월, 장제스가 국공합작을 깨고 공산주의 동맹에 기습을 가하자 모스크바로 피신한 호찌민은 베트남 망명자들과 함께 베트남으로 밀반입되는 신문을 발행하기 시작했으며, 1930년에는 인도차이나 공산당 조직을 지원했는데, 이 당은 이후 베트남 공산당을 거쳐 베트남 노동당이 된다. 그해 베트남에서는 공산주의자들의 지원을 받은 소작농들의 폭동이 일어나기도 했다.

1938년 마오쩌둥의 팔로군(八路军)에서 통신병으로 활동하던 호찌민은 이후 남쪽으로 이동해 1940년, 그가 베트남을 떠난 지 30년 만에 다시 베트남 땅을 밟을 수 있었다. 이때는 아주 이상적인 시기였다. 프랑스 관료들이 인도차이나 반도를 정복한 일본에 협력하기로 한 상태에서 호찌민은 대담함과 뛰어난 기지로 제2차 세계대전 동안 베트남 민족주의자들과 공산주의자들을 한데 모아 소위 베트민(vietminh)이라고 하는 독립 전선을 구성해냈다.

베트민은 1만 명의 게릴라 부대를 조직해 정글 속에서 일본인들에 맞서 싸웠다. 이런 활동을 통해 호찌민은 베트남 민족주의자와 반(反)일본 미국 동맹을 이끄는 지도자로 세계에 비쳐졌다.

그러나 1942년 쿤밍(昆明)으로 파견 도중 장제스의 부하들에게 체포된 호찌민은 1943년 9월까지 구금되고 만다.

버나드 폴의 기록에 따르면 석방 이후 호찌민은 대대적인 베트남 해방단체 구성에 참여했으며 그 결과로 1944년 베트남 공화국 임시 정부의 장관직에 오르게 된다. 호찌민의 베트민은 1945년에 하노이를 점령했고, 바로 이 시기부터 그는 '호찌민'이라는 이름으로 알려지기 시작했다.

제2차 세계대전이 끝난 후 호찌민은 베트남의 독립을 선언했지만 이 선언이 공식적으로 인정되기까지는 9년이라는 세월이 걸렸다. 포츠담에서 열린 3대국 회의에 힘입어 중국 민족주의자들은 하노이와 북베트남을 점령했고 프랑스인들은 사이공과 남베트남을 되찾기 위해 베트남으로 돌아왔다. 호찌민의 민족주의자 연합은 이러한 사건들로 인한 압력에 시달려야 했다.

베트민을 중심으로 새로운 게릴라군을 조직하면서 호찌민과 그 동료들은 독립을 위해 투쟁하기를 거부하는 반체제 인사들을 즉결 처리했다. 이후 중국이 북베트남에서 철수하고 프랑스가 남쪽으로부터 진군함에 따라, 호찌민은 자신의 민족주의 정권을 구해내기 위해 프랑스와 협상하기 시작했다.

1946년, 베트남 민주 공화국이 인도차이나 연방 내 자유국가로서 프랑스 연합의 일부가 되는 것에 합의함에 따라 프랑스는 호찌민을 국가 지도자로 인정했으며, 호찌민의 주도로 베트남의 통일 여부를 묻는 국민투표를 남베트남에서 실시하기로 약속했다.

그러나 이러한 협정은 1947년 초에 깨졌고, 호찌민의 군대는 다시 프랑스군과 대립하게 된다. 베트민 게릴라 부대가 정글, 마을, 프랑스인들의 도시를 정복했고, 호찌민의 위세가 점점 더 강력해지면서 격렬한 전쟁이 7년간 이어졌다.

1954년 5월 8일, 프랑스군은 디엔비엔푸에서 결정적인 패배를 당했다. 인도차이나 전쟁은 공식적으로 그해 7월에 끝났는데, 프랑스군의 사상자가 17만 2천 명에 달했던 반면 베트민은 그 3분의 1 정도에 그쳤다.

결국 1954년 7월 21일, 제네바에서 휴전 협정이 체결되었으며 당시 아시아에서 공산주의 세력이 커지는 것을 경계했던 미국은 프랑스 편에 서서 베트남에 간섭하기 시작했다.

제네바 협의에 따라 베트남은 북위 17도선을 기준으로 북베트남과 남베트남으로 나눠졌다. 이에 따라 프랑스 행정부는 사라졌고 1956년에는 베트남 총선거를 실시하기로 했으나 미국은 제네바 협의에 서명하기를 거부했고, 남베트남에서도 총선거 실시를 거부했다. 더불어 미국은 사이공에 병력을 동원하여 민족 해방 전선의 계속되는 게릴라 활동을 막고자 했다.

1964년부터 수천 명의 미군이 남베트남에 투입되었다. 북베트남을 점령하기 위한 미국과 베트공의 전투는 1968년에서야 멈췄고 파리에서 평화협상이 이뤄지기는 했으나, 남베트남에서는 전쟁이 계속되었다.

호찌민은 전쟁 내내 승리를 확신했다. 1967년 초에도 그는 애쉬모어에게 이렇게 말했다. "우리는 독립을 위해 25년이 넘게 싸워왔습니다. 물론 우리는 평화를 소중히 여기지만 미국이나 다른 나라에게 독립을 팔아 평화를 얻지는 않을 것입니다."

샤를 드골

1890년 11월 22일~1970년 11월 9일

파리—프랑스 정부는 오늘, 샤를 드골 장군이 어젯밤 심장 마비로 사망했다고 발표했다. 드골 장군은 11월 22일, 80세 생일을 앞두고 있었다.

공식 발표에 따르면 드골 장군은 콜롱베레되제글리즈 마을에 있는 자택에서 숨을 거두었다.

제2차 세계대전에서 활약한 프랑스의 영웅 드골 장군은 1958년, 프랑스 내전이 일어나기 직전이자 알제리에서 군대가 반란을 일으키던 혼란기에 정권을 잡았다. 11년 동안 그는 독재에 가까운 집권을 했고, 국민투표를 통해 스스로 민심을 얻고 있는지 늘 확인했다. 드골은 선거에서 매번 승리했지만 1969년 봄에는 자신이 중요시하던 행정 개혁에 관한 국민투표에서 패배했다.

2명의 자녀를 유족으로 남긴 드골은 사망 당시 프랑스 정계에서 완전히 은퇴한 상태였다. 드골의 죽음은 단순히 한 정치세력의 통치가 끝났다는 것을 넘어 한 시대의 끝을 의미한다.

—유피아이(UPI)

올던 휘트먼 기자

1940년 6월 8일, 전쟁에서 패배한 뒤 혼란에 빠진 프랑스가 나치 독일에 항복하려고 할 때 프랑스에서 런던으로 피신한 한 명의 무명 임시 준장이 있었다. 암울한 상황에서도 계속 프랑스 사람들을 독려하며 나치에 저항하고 있었던 그는 이 전쟁이 세계적인 규모로 확산될 것임을 감지했다.

"우리는 모든 희망을 버려야만 하는가?" 이 49세의 장교는 영국 방송 협회 스튜디오 연설에서 이렇게 물었다. "우리의 패배가 마지막이며 돌이킬 수 없는 것인가? 이 질문에 나는 이렇게 대답하겠다—아니오!"

그는 덧붙였다. "어떤 일이 일어나더라도 프랑스 저항의 불꽃은 사라져서도 안 되며, 사라지지도 않을 것이다."

10만 프랑과 소수의 자원자만으로 자유 프랑스 인민 운동을 조직하겠다고 선언한 드골을 비웃는 이들도 있었지만, 드골 스스로는 이에 대한 완전한 확신을 가지고 있었다.

그는 말했다. "지금의 지도자들이 실패했을 때 샤를마뉴부터 잔 다르크, 나폴레옹, 푸앵카레, 클레망소로 이어진 프랑스의 영원한 정신을 투영하는 새로운 지도자가 탄생할 것이다. 다른 지도자들의 실패로 인해, 아마도 이번에는 내가 그 새로운 지도자가 될지도 모르는 것이다."

자신이 곧 프랑스를 대표한다는 드골의 확신, 즉 1940년 드골이 선언한 "내가 곧 프랑스다"라는 말은 1944년 프랑스가 해방될 때까지 여러 역경을 헤쳐 나갈 수 있도록 그를 지탱해 주었다. 이러한 정신력은 또한 제5공화국을 구성할 때, 제국을 무너뜨릴 때, 알제리를 해방시킬 때와 같은 중요한 갈림길에서 그가 과감한 결단을 내릴 수 있도록 해 주었다. 다른 한편으로 드골은 지나친 확신으로 인해 프랑스의 국내 경제에 대한 불만에 대처하지 않아 프랑스인들의 신임을 잃기도 했다.

1944년 8월 개선문에서 노트르담 대성당까지 파리 해방 행진을 이끌던 그는 특유의 오만함으로 영웅들의 신전에 뛰어들었다. 이에 전국적으로 200만 명의 국민들이 환호했고 드골은 이때 최고의 시간을 경험했다. 물론 그 오만함으로 인해 전쟁 중 연합군 지도자들의 반감을 사기도 했지만 말이다. 윈스턴 처칠은 "(드골을 상징하는) 로렌 십자가는 내가 짊어진 가장 무거운 십자가였다"고 말하기도 했다.

샤를 앙드레 조제프 마리 드골은 1890년 11월 22일, 프랑스 북동부의 릴에서 태어났다. 그의 부친 앙리는 드골이 태어났을 당시 파리 예수회 학교의 교장이었다. 모친인 잔 마일롯 데라누아는 애국심이 아주 강한 사람이었다.

1910년, 생 시르 육군사관학교에 입학한 드골은 2년 후에 앙리 필리프 페탱 대령이 지휘하는 제33 보병연대에 합류하게 된다.

이 두 사람의 삶은 아이러니하게 얽히게 되는데, 제2차 세계대전 초기에 드골이 레지스탕스를 조직했을 때, 당시 나치에 협력하는 비시 체제의 수장이 되어 있었던 페탱 대령은 드골에게 사형을 선고했었다. 그러나 전쟁이 끝나고 판이 바뀌게 되자 이번에는 페탱이 반역죄로 사형 선고를 받았는데 당시 프랑스 임시 총리였던 드골은 구명운동을 벌여 페탱의 형량을 종신형으로 낮춰주었다.

또한 1925년 페탱은 제1차 세계대전 당시 베르됭에서 부상을 입고 독일군에게 붙잡혔던 전적이 있던 드골을 최고 참모 회의에 추천해 배속되도록 했고, 그로부터 2년 후 드골은 소령이 되어 라인란트와 중동 지역에서 복무하게 된다. 그리고 1932년에 프랑스로 돌아온 뒤에는 중령으로 진급되어 군사최고회의 사무장으로 임명되었는데 이 시점까지 드골의 커리어는 그리 특별할 것이 없었다. 그의 뻣뻣하고 고집스러운 성격 탓도 있었고, 또 하나의 이유는 1934년에 출판된 그의 저서 '현대적 군대의 창설' 때문이었다. 이 책에서 드골은 프랑스-독일 국경을 따라 세워진, 난공불락으로 여겨지던 마지노선을 폄하했다. 이와 더불어 드골이 정예 기동 탱크 부대를 앞세운 군의 현대화를 제안한 것 또한 당시 군 수뇌부를 화나게 했다.

제2차 세계대전이 발발했을 때, 드골은 메츠 탱크 연대의 대령이었다. 폴란드를 정복한 히틀러가 프랑스로 향했을 때, 드골이 예측했던 재앙이 일어났다. 마지노선이 붕괴되고 프랑스 북부에는 나치의 탱크 부대가 몰려든 것이었다.

1940년 6월 5일, 폴 레노 총리는 드골을 국방부 차관으로 내각에 합류시켰다. 당시 드골은 아주 중요한 결정을 내리는데 프랑스 식민지에서 레지스탕스를 조직하기로 한 것이었다. 영국이 계속 전쟁을 할 것이며 분쟁이 전 세계적인 규모로 확전될 것이라는 판단 끝에 내린 결정이었다.

혼란에 빠진 프랑스 정부가 보르도로 피신해 휴전 협정을 준비하고 있을 때, 드골은 런던으로 향하는 비행기에 올랐다. 영국 내에서 저항군을 조직하라는 엄청난 임무를 맡은 채였다. 영국 정부는 그를 "각지에 있는 모든 자유 프랑스 인민들의 지도자이자, 연합군의 명분을 지키기 위해 지지해야 할 인물"이라고 인정했다.

이미 신비로운 이미지를 가지게 된 드골은 자신이 프랑스를 상징한다고 주장하며 프랑스령 적도아프리카, 차드, 그리고 프랑스령 카메룬의 총독들을 그의 편으로 끌어들였다. 한 달 후인 1941년 6월에는 소련이 전쟁에 참가하면서 2가지 중요한 상황 전개가 이루어졌다. 하나는 자유 프랑스와 러시아의 직접적인 접촉이었고, 다른 하나는 프랑스 공산당에 의해 조직된 프랑스 내 레지스탕스 활동이 활발해지기 시작한 것이다.

그러던 중 1941년 9월, 드골은 망명정부 내에 프랑스 국가 위원회를 창설했지만 루스벨트는 드골보다 온건한 대안을 찾고자 했다. 당시 주 영국 미국 대사였던 W. 애버렐 해리먼은 상황을 이렇게 요약했다. "안타깝게도 드골은 프랑스를 해방시키는 방법보다는 본인이 프랑스를 지배하는 방법을 모색하는 데 더 관심을 두고 있다. 이게 그의 큰 결점이다. 게다가 드골은 자신이 잔 다르크쯤 된다는 헛된 상상을 하고 있다."

드골은 워싱턴에서 루스벨트를 만났다. 한 가지 성과는 드골의 위원회가 워싱턴에서 "프랑스 행정부를 지휘할 자격이 있다"고 인정받은 것이었다. 그리고 1944년 8월 26일, 개선문에서 노트르담 대성당까지 행진을 이끌었던 드골은 당시 파리를 뒤흔들 만큼 폭발적으로 자신의 감정을 표출하며 개인적인 권위를 확립하고자 했다. 이는 그 전날 해방의 기쁨을 만끽하는 무장한 파리 시민들과 자크 르끌레르 장군의 제2기갑사단, 그리고 미군들 속에서 별로 주목받지 못했던 것에 대한 위기의식의 발로였다.

이후 며칠에 걸쳐 드골은 중도 성향의 국민통합 정부를 창설했으며, 이는 14개월간 유지된다.

1945년 10월, 제3공화국을 부인하는 프랑스 국민들은 선거를 통해 제헌 국민의회 의원을 선출했고 제4공화국의 전조가 된 이 의회에서 드골은 내각의 수반이 된다. 이후 1946년 1월 자리에서 내려왔던 드골은 1947년 4월, '은퇴'를 번복하고 다시 복귀해 여러 당이 서로를 견제하는 형태의 프랑스 인민 연합을 구성해야 한다고 촉구했다.

초반에 드골은 공산당과 노동조합을 비난하면서 수천 명의 지지자들을 이끌어냈으나 스스로를 과신하며 최후통첩으로 제시했던 즉각적인 총선을 요구가 도리어 일을 망치게 된 계기가 된다.

프랑스 인민 연합은 1954년까지 혼란에 빠졌고, 1955년 7월 결국 드골은 공직에서 물러난다는 발표를 한다. 이때부터 1958년 중반까지 그는 콜롱베레에 머물며 '샤를 드골의 전쟁 회고록'을 완성했다.

드골을 정계와 권력으로 되돌려 놓은 '폭풍'은 1954년부터 전개 중이던 알제리 전쟁이었다. 제4공화국은 이미 인도차이나를 빼앗긴 것에 대한 비난을 받고 있었으며, 알제리 민족주의자들과 갈등을 빚으며 1958년까지 약 3만 5천 명의 프랑스 군인들이 1만 5천 명의 저항 세력을 통제하기 위해 알제리로 파병되었다.

5월에는 알제리의 관공서들이 점령되면서 위기가 극에 달했고, 6월 1일자로 프랑스 총리가 된 드골은 6개월 동안 단독으로 법령을 발표할 수 있는 권리와 새로운 헌법안을 제출할 수 있는 권한을 부여받았다.

그는 프랑스령 알제리 공안 위원회를 해체하기 위해 움직였다. 의회보다 대통령에 더 권력을 두는 제5공화국의 헌법에 유권자의 80%가 찬성했으며, 12월에 드골은 프랑스 대통령으로 선출되어 1959년 1월 8일부터 7년간의 임기를 시작했다.

그는 프랑스령 알제리에 있는 보수적인 육군 장교 1천 5백 명을 프랑스로 불러들였다. 그럼에도 불구하고 1960년 1월 알제리에서는 군부대가 주도한 폭동이 일어났다. 이 폭동은 주모자들이 체포되고 일부 우익 장군들을 징계면직함으로써 제압되었으나 근본적인 해결책이 필요했다.

그해 11월 드골은 알제리 독립안을 제안한다. 이 제안은 1961년 1월 프랑스와 알제리에서 치러진 국민투표로 승인되었다. 하지만 평화로운 독립을 향한 발걸음은 비밀 군대 조직과 알제리 국적의 수많은 프랑스인들의 반대로 좌절되었다. 프랑스 내에 테러가 확산되었음은 물론, 1961년 4월 알제리에서 계속 이어지던 폭력 사태는 결국 반란으로 이어졌다.

그러나 드골은 확고한 태도와 특유의 에너지로 대응했다. 결국 반란은 진압되어 4명의 반란 지도자 중 3명은 도망쳐 은신했으며 나머지 한 명은 투옥되었다. 그렇게 1962년 9월, 드디어 알제리 독립 체제가 수립되었고 그해에만 약 75만 명의 알제리 국적 프랑스인들이 프랑스의 대도시들로 이주했다.

알제리 문제가 해결되고 나자 드골은 유럽 및 전 세계에 본격적으로 프랑스의 영향력을 선보이게 된다. 특히 1960년 개발한 원자 폭탄은 '새로운' 프랑스의 강력함을 상징했다.

제5공화국 대통령의 첫 번째 임기는 1966년 1월에 끝이 났다. 드골은 결선투표를 거쳐 간신히 재임에 성공했는데 프랑수아 미테랑의 주도하에 일시적으로 연합한 좌파 세력의 거센 도전 때문이었다.

그러나 국내 문제로 비롯된 불만들은 결국 드골의 실각으로 이어졌다. 핵보유국 '클럽'에 가입하는 것과 같은 드골의 정책은 수백만 프랑에 달하는 비용을 필요로 했고, 이는 곧 국내 긴축정책으로 프랑스인들의 생활이 더욱 어려워진다는 것을 의미했다. 당시 프랑스는 작은 상점 주인과 농부들이 주류였던 국가에서 보다 현대적인 국가로 변모하려 분투하던 시점이기도 했다.

이러한 전환 과정으로 인해 사회 모

든 영역에서 긴장감이 조성되었다. 시골에서는 기업 형태의 농장이 늘어나면서 농민들이 삶의 터전에서 밀려났고, 도시에서는 슈퍼마켓들이 등장하면서 작은 동네 상점들이 시장에서 밀려났다.

교육 분야에서는 점점 더 많은 학생들이 대학에 진학하기는 했지만 시대와 동떨어진 커리큘럼은 여전히 개선되지 않았다.

증가하는 학생들을 모두 수용하기 위한 노력으로 낭테르와 같은 파리 외각 지역에 오래된 대학들의 분교가 만들어졌는데 1968년 봄, 바로 이 낭테르에서 드골에 대항하는 공개적인 저항이 일어났다. 저항의 주된 목적은 교육개혁 관련 문제였다. 3월 22일, 교실을 점거한 학생 무리들이 이내 경찰에 의해 연행되었으나 이는 낭테르 세력과 소르본의 저항 세력이 힘을 합쳐 더욱 큰 반란으로 이어지는 기폭제가 된다.

이를 시작으로 한 달 동안 사회적, 경제적, 정치적 세력들이 서로 충돌하며 거의 혁명에 가까운 분위기가 형성된 이른바 '5월 위기'가 찾아왔다. 소르본 대학교 학생들의 파업은 경찰의 무력으로 진압되었으나 혼란은 지방으로까지 확산되어 중산층 가정의 자녀들까지 억압적인 교육제도에 대한 항의를 넘어 반정부 시위에 나서기 시작했다.

학생들의 이런 대담한 기세는 불만을 가진 노동자들에게도 퍼져 공장 파업으로 확산되었으며 마치 프랑스인 모두가 시위와 파업에 동참한 것만 같았다.

드골은 처음에는 임금 임상을 통해 파업에 참여한 1천만 명의 노동자들을 달래는 한편, 시위하는 학생들을 더욱 엄하게 단속함으로써 이 위기를 타개하고자 했다. 급기야 5월 30일, 그는 국회를 해산시키고 모든 수단을 동원해 법과 질서를 회복할 것이라고 경고했다.

이러한 발표 직후, 드골을 지지하는 수십만 명의 사람들이 파리 콩코드 광장에 모여 지지를 표명했다. 공산주의자들을 포함한 좌파 세력은 이후 실시될 국회의원 선거에서 기회를 도모하기로 하며 일단 바리케이드에서 물러났다. '5월 위기'는 이렇게 끝이 났다.

그러나 드골은 야당의 예상을 깨고 선거에서 큰 승리를 거두었다. 1968년 가을경에는 그 어느 때보다도 강력한 권력을 쥔 듯했다. 다만 당시 총리였던 조르주 퐁피두는 학생-노동자 저항운동 직후 "상황이 결코 예전과 같지 않을 것"이라고 예견하듯 발언한 바 있었다.

드골이 국민들의 지지를 잃었다는 증거는 사소한 곳에서 드러났다. 드골은 지방 행정개혁과 상원개편을 내용으로 하는 개헌안에 대한 국민투표를 1969년 4월에 실시하고자 했다. 그러나 반응은 미적지근했다.

그러자 드골은 국민투표에서 자신의 신임까지 내걸었다. 그가 제안한 개헌안이 국민투표에서 부결되면 사임하겠다고 공언한 것이다. 국민투표 결과 드골의 개헌안은 부결되었고, 드골은 대통령직에서 사임했다. 그렇게 또다시 콜롱베로 물러난 드골은 회고록을 집필 중이었다.

니키타 흐루시초프

1894년 4월 15일~1971년 9월 11일

모스크바—니키타 S. 흐루시초프가 오늘 심장마비로 사망했다. 향년 77세. 그는 현재의 보수적인 크렘린 지도자들에 의해 7년 전 축출되기 전까지 10년이 넘은 기간 동안 드라마틱한 재능으로 소련을 통치했다.

흐루시초프가 크렘린 병원에서 사망했다는 소식은 정오경에 그의 가족과 동료들을 통해 서구 언론으로 전달되었으며, 외무부는 관련 질문들에 대한 답변에서 이를 비공식적으로 확인했다.

1953년 스탈린의 사망 이후 소련 공산당 지도자가 되어 이후 11년 동안 스탈린 신화 이면의 추악함을 드러내고 그의 범죄들을 낱낱이 밝히고자 했던 흐루시초프의 사망 소식은 모스크바 시간으로 밤 9시까지, 그러니까 사망으로부터 약 9시간이 지난 뒤에도 공식적으로 발표되지 않았다.

이런 공식 발표 부재로 인해 러시아 국민들은 '평화적 공존'이라는 말을 만들어낸 흐루시초프의 죽음에 대해 알지 못하고 있다가 해외에서 보도된 소식을 단파 라디오로 듣게 된 사람들이 가족 및 지인들에게 전하면서 흐루시초프의 사망 소식은 지난 24시간 동안 모스크바 전역에 퍼진 상태다.

당내 원로 인사들의 강요에 의한 흐루시초프의 사임이 1964년 10월 크렘린 쿠데타로 이어진 이후로 흐루시초프는 사실상 고립된 상태였고 소련의 출판물에서 그의 이름이 언급되는 일은 거의 전무하다시피 했다.

—버나드 그워츠먼 기자

올던 휘트먼 기자

1956년 2월 24일 금요일 오후, 제20대 소련 공산당 의회의 마지막 회기에 작고 퉁퉁한 체구, 그리고 반짝이는 둥근 대머리에 헐렁한 양복을 입은 남자가 연단에 올라섰다. 외국 대표단과 기자들의 출입이 일절 금지된 채였다.

회의가 끝났을 때는 자정을 훌쩍 지난 시간이었다. 2만여 단어로 이루어진 니키타 세르게예비치 흐루시초프의 연설에 대해 외국 대표단이 전해 들은 것은, 당시 기준으로 3년 전 사망한 이오시프 스탈린의 실정을 자세하게 문서화한 고발장이나 다름이 없었다. 25여 년 동안 소련 및 전 세계의 공산주의자들과 비공산주의자들까지도 천재적인 지

도자로 추켜세우던, 소련을 명백한 사회주의 국가로 이끈 이오시프 스탈린의 폐단을 조목조목 따진 것이었다.

일각에서는 전부터 의심하기는 했으나 믿으려 하지 않았던, 바로 그 사실들을 흐루시초프는 하나하나, 잔인하리만큼 있는 그대로 폭로했다. 스탈린이 수천 명의 무고한 사람들을 죽음으로 내몬 것, 공포와 고문을 통해 당과 나라를 지배했다는 것, 제2차 세계대전에서 겁쟁이처럼 굴었다는 것, 자기 자신을 우상화하는 글을 직접 쓸 정도로 점점 오만해 졌다는 것, '소련 사회 발전의 길에 놓인 심각한 장애물'은 바로 스탈린으로부터 초래된 것임을 밝히는 연설을 통해 흐루시초프는 스탈린의 악행과 개인적인 폐단을 비난하는 한편, 의회 연단에 있는 많은 이들을—연설자인 자신도—포함하는 스탈린의 측근들이 그러한 끔찍한 사건들을 막기에는 무력한 존재들이었음도 확실히 하고자 했다.

이 놀라운 연설은 향후 10년간 소련의 탈(脫)스탈린화를 알리는 신호탄이었다.

흐루시초프는 특유의 무뚝뚝하면서 강경한 태도로 연설을 이어나갔고, 그것은 자신이 집권했던 (1954~1964년) 10년 동안 세계에서 가장 강력한 권력을 지닌 사람 중 하나로서 자신감과 대담함을 그대로 드러내는 상징적인 순간이었다. 그러나 난관도 분명 있었다. 스탈린을 지도자 자리에 오를 수 있게 해주었던 체제의 구조를 파괴하지 않으면서 그의 명성을 격하시키는 것이 가능할 것인가?

탈스탈린화로부터 흘러나온 거대한 변화들에 대처하는 것 이외에도 흐루시초프는 공산주의의 빵과 버터(bread-and- butter; 생계를 상징하는 용어: 역주) 목표에 새롭게 방점을 두었다. (이후 그는 "그렇다면 소시지가 없는 공산주의 사회는 어떤 종류인가?"라고 묻곤 했다.)

이와 더불어 사회주의와 자본주의 국가들 사이의 평화적인 공존 정책을 지지했던 흐루시초프는 폴란드와 유고슬라비아의 혼합된 경제 체제와 같은 사회주의 국가들 사이에 존재하는 차이까지도 인정했다. 그러나 1956년 헝가리 혁명에 대해서는 '소련의 간섭권으로부터 이탈'한 것으로 판단해 군부대를 동원해 진압하기도 했다.

흐루시초프는 소련 정치에 새로운 스

타일을 도입했다. 스탈린이 은둔형 지도자였던 반면, 그 후임자인 흐루시초프는 소련의 도시, 마을, 시골을 가리지 않고 끊임없이 연설 투어를 다니며 세세한 국내 사정들을 살폈으며 그 여정은 전 세계 이곳저곳까지 활발하게 이어졌다.

그러나 흐루시초프의 극도로 외향적인 성격은 그의 인간적인 측면을 보여준 동시에 몰락의 원인이 되기도 했다. 태생적으로 참을성이 없고 충동적인 성향을 지녔던 그는 실제로 가능한 것보다 더 많은 공약들을 남발했으며 결국 그가 축출된 주된 이유는 경제적·행정적 혼란 때문이었다. 그에게 등을 돌린 사람들은 대부분 흐루시초프로부터 자신들의 전통적인 방식과 권력을 위협받았던 관료들이었다.

흐루시초프가 축출된 또 다른 이유는 1962년 쿠바 미사일 위기 당시의 실패 때문이었다. 크렘린의 많은 사람들은 그 사건이 엄청난 계산 착오였다고 생각했다.

그는 1960년 미국 U-2 정찰기 사고와 아이젠하워 대통령과의 파리 정상회담 결렬로도 타격을 입었다. 흐루시초프는 동료들에게 아이젠하워 대통령이 합리적인 사람이며, 정치인들은 개인적인 이해를 통해 국제적 우호를 증진시킬 수 있다고 주장했다. 이 소박하고도 순진한 주장은 U-2가 소련 상공에서 격추되고 아이젠하워가 이에 대해 책임을 지게 되면서 무척 민망한 언급이 되고 말았다.

그리고 가능한 최소한의 예산으로 방어를 달성하려는 흐루시초프의 계획에 크게 실망한 육군 장교들도 흐루시초프에게 등을 돌리기 시작했으며 마오쩌둥과의 갈등 고조로 불안감을 야기한 흐루시초프의 대중 정책은 많은 소련인들과 여타 공산주의자들에게 세계 공산주의의 형제 정신을 위협하는 것처럼 비쳤다.

어떤 사안에서든 주목받고자 하는 그의 성향과 고집도 문제였다. 반대파들은 흐루시초프에게 선견지명이 부족하고 개인숭배를 추구하고 있다며 비난을 던졌고, 동료들의 눈에도 흐루시초프의 결점이 그의 장점보다 더 두드러지게 되자 결국 흐루시초프는 1964년 10월, 연금을 쥐어 받고 강제로 퇴직되는 신세가 되고 만다. 그러나 이처럼 전직 지도자가 총살되지 않고 낙선이라는 형태로 물러났다는 것 또한 흐루시초프의 업적이었으며, 평화적 공존과 군비 제한, 내수증진을 강조하는 그의 핵심 정책들은 후계자들에 의해 채택되었다.

한편 그는 지식인들과 마주하는 것을 불편하게 여겼고 추상적인 이론을 견디기 힘들어 했다. 흐루시초프가 보잘것없는 출신에서 공산당의 최고 계급까지 올라갈 수 있었던 이유는 그의 실용주의적인 면모 때문이었다.

흐루시초프는 1894년 4월 17일, 우크라이나와 인접한 쿠르스크 지방의 가난한 마을 칼리노프카에서 태어났다. 그는 자신의 부친이 겨울에는 탄광에서 일하는 농부였다고 밝힌 적이 있다.

1917년 혁명이 시작되었을 때 흐루시초프는 혁명세력 방위군으로서 활발히 활동했고, 루첸코보 소비에트의 멤버이기도 했다.

내전에서는 붉은 군대의 편에 서서 싸웠으며, 내전이 끝났을 때는 당 조직책으로서 루첸코보로 돌아왔다.

흐루시초프의 당내 계급이 본격적으로 상향되기 시작된 것은 1922년, 그가 유조프카에 있는 도네츠크 기술 대학에서 부족한 정식 교육을 메우고 마르크스주의에 대해 배우기 시작했을 때부터였다.

대학을 다니던 중 '서기'라는 굉장히 중요한 직위에 오른 흐루시초프는 졸업과 함께 우크라이나의 광산 지역 페트로보-마린스크의 당 서기로서 근면성과 몸소 경험한 광산 작업에 대한 풍부한 지식으로 주목을 받았다.

이후 지위가 점점 상향되며 하르키프, 키예프를 거쳐 결국에는 모스크바로 진출한 흐루시초프는 1933년에는 모스크바 시 정당의 차장, 1934년에는 당대표로 취임했다. 또한 같은 해 당의 중앙위원회 회원 자격을 얻어 소련 권력서열 100위권 안에 오른 그는 1935년, 모스크바 전체 지역의 당대표가 된다.

흐루시초프의 주요 임무는 모스크바의 현대화, 특히 지하철 건설이었는데 이는 그가 레닌으로부터 받은 첫 번째 임무이기도 했다.

흐루시초프가 모스크바에 있던 시기는 중공업과 산업건설이 강조되던 소련의 이른바 '철기 시대'와 일치했다. 또한 이 시기는 수십만 명의 소작농들을 죽음으로 내몬 강제적인 농업 공영화의 시대였고, 스탈린의 반대자들은 처형되기 전에 자신이 끔찍한 범죄를 저질렀다고 자백해야만 했던 '공개 재판'의 시대이기도 했다. 흐루시초프를 포함하여 1934년 중앙 위원회 위원으로 선출된 139명 중 약 100명이 이때 체포되어 1938년 총살되었다.

대숙청 기간에서 살아남은 흐루시초프는 1938년 소련 정치국에 발탁되어 당 제1서기로서 가차 없는 강인함으로 우크라이나의 경제를 성공적으로 관리했다는 평가를 받았다.

1941년 6월 나치의 침공 이후부터 흐루시초프는 최전선에서 당을 대표했을 뿐만 아니라 독일 전선 뒤에서 벌어진 파르티잔 전투도 지휘했으며 우크라이나 내 소련군 최초의 대규모 후퇴 작전과 1942년 스탈린그라드에서의 승리에도 참여했다. 그리고 스탈린그라드에서의 공훈을 인정받은 흐루시초프는 중장이 되어 1943년 붉은 군대를 이끌고 우크라이나를 다시 점령했다.

전쟁이 끝난 후 유럽에서 가장 피해가 심했던 우크라이나의 재건을 맡은 것도 흐루시초프였다. 이후 1949년 모스크바로 돌아온 그는 당 조직의 수장이자 중앙위원회 사무국의 상근위원으로 지위가 격상된다.

1956년 연설에서 말했듯이, 1953년 스탈린이 사망할 때까지 흐루시초프는 다소 위태로운 상황에 직면한다. 스탈린이 자신에게 민속춤을 추게 하고 맥주 웅덩이에 빠트려 웃음거리가 되게 했다는 흐루시초프의 증언과는 별개로 더욱 심각했던 사안은 농업에 대한 스탈린과 흐루시초프의 완전히 다른 견해였다. 스탈린은 농민들이 땀 흘려 일하고 있으면 그걸로 족하다고 생각했던 반편, 흐루시초프는 농장에 대한 당의 통제를 강화하고 보다 효율적인 생산 단위를 창출해 궁극적으로 전반적인 생활수준을 높이고자 했다. 결국 흐루시초프는 농업 감독 임무에서 배제되었다.

이후 게오르기 M. 말렌코프가 스탈린의 뒤를 이어 서기장이 되었으나, 당내 권력 투쟁 과정에서 실패한 뒤 서기장직에서 물러나 소련 총리직만 유지하게 된다. 이는 흐루시초프에게 절호의 기회가 되었는데, 바로 그가 가장 잘 알고 있던 당 조직에 대한 전반적인 통제권을 사실상 인수했기 때문이다.

가장 이견이 컸던 농업 관련 권한에 대해 말렌코프와 티격태격하던 흐루시초프는 1955년에 이르러서 군부의 지지를 얻으며 말렌코프를 누르기에 충분한 힘을 쌓게 된다. 그렇게 시작된 새로운 권력재편에서 니콜라이 A. 불가닌 육군 원수가 총리로, 그리고 드디어 흐루시초프가 서기장의 자리에 오르게 되는데 바로 'B & K'로 알려진 권력체제의 시작이었다.

1955년 'B & K'가 함께 했던 3차례의 해외순방을 통해 흐루시초프는 세상을 놀라게 할 만한 에너지와 외향적인 성격을 마음껏 선보였으며, 당시 주요 방문지 중 하나였던 베오그라드에서 유고슬라비아 공산주의 지도자 티토 원수에게 1948년 스탈린이 공산주의 세계에서 그를 추방한 것에 대해 사과했다. 양국은 결국 완전한 화해에 이르지는 못했지만 흐루시초프의 사과로 전반적인 합의에는 도달할 수 있었다.

이후 제네바로 향한 'B & K'는 아이젠하워 대통령과 더불어 프랑스와 영국의 지도자들을 만나 평화로운 공존에 대한 소련의 약속을 반복했다.

흐루시초프의 가장 큰 외교적 성과 중 하나는 중동 정책이었다. 1955년 그는 이집트와의 무기 거래를 통해 아랍인들 사이에서 소련의 영향력을 크게 확장시켰으며 인도와 인도네시아에서도 소련의 인지도를 높이는 데 성공했다.

1954년부터 소련의 최고 지도자가 흐루시초프였다는 것은 의심의 여지가 없었지만 1956년의 의회 연설로 그의 지위는 훨씬 더 향상되었다. 1953년 이래로 당의 실정을 바로잡기 위한 조치를 강조했던 흐루시초프의 정책들은 이 연설 덕분에 유리한 방향으로 나아갈 수 있었고, 특히 강경파들의 노선을 변경시킬 수 있었다.

그러나 흐루시초프의 차분하지 못한

성향은 1956년 10월 폴란드에서부터 두드러지기 시작했다. 폴란드가 스탈린에게 구속당했던 '민족주의' 공산주의자 브와디스와프 고무우카를 당 지도자로 제안했을 때, 흐루시초프는 폴란드의 이탈을 막기 위해 무력 사용을 경고하며 위협했다. 이후 고무우카는 주장을 굽히지 않고 소련에 저항했으나, 결국 폴란드를 모스크바 연합 내에 존속시키겠다고 맹세한 뒤에야 지도자가 될 수 있었다.

그 직후 헝가리에서도 문제가 발생했다. 탈스탈린화된 너지 임레 정부가 바르샤바 조약 기구에서 탈퇴할 것을 선언했던 것이다. 이 조약은 북대서양 조약 기구에 대응하는 소련 및 동유럽 공산국가들의 군사조직이었다.

흐루시초프에게 있어 이는 반혁명과도 같았고, 너지 정권은 소련 탱크 부대에 의해 제압되었다. 폴란드와 헝가리 사이에 차이점이 있었다면 폴란드는 소련의 영향권 안에 머물고자 했다는 것이었다.

흐루시초프는 1957년 총리이자 당 지도자의 자리에 오르게 되면서 크렘린 내 반대 세력들에 대한 최종적인 승리를 거두었다. 이는 스탈린이 수행했던 두 가지 지위를 흐루시초프도 겸직하게 되었다는 것을 의미했다.

이후 6년 여의 시간 동안 이렇다 할 대항 세력 없이 소련을 통치했던 흐루시초프는 점점 거만해졌고 동료였던 측근들을 탄압했으며 자신 역시 축출될 수도 있음을 전혀 믿지 않는 상태가 되었다.

이 6년 동안 흐루시초프의 소련과 미국 간 외교 관계에는 수차례 기복이 있었다. 그의 1959년 미국 방문은 긍정적이었고, 이후 흐루시초프는 당시 부통령이었던 리처드 M. 닉슨과 모스크바에서 자본주의와 공산주의의 상대적 장점들에 대해 '토론'을 했다. 예정에 없던 이런 의견 교환은 모스크바에서 열린 무역 박람회장 내 미국 주방 전시관에서 이뤄졌다.

흐루시초프가 미국에 도착했을 때 아주 엇갈린 대우를 받기는 했지만 평화를 상징하는 올리브 가지를 품은 그의 다음과 같은 메시지는 강한 인상을 남겼다. "세상에서 가장 큰 두 나라가 우호적인 관계를 발전시킬 수 있다면 지구상의 평화는 훨씬 더 안정되고 오래 지속될 것입니다."

한편 미국 U-2기 격추사건과 쿠바 미사일 위기에 대한 미심쩍은 대처로 인해 소련 지도자들 사이에서 흐루시초프의 지지도는 약화되었으며 이는 1960년 유엔 총회 때도 마찬가지였다. 당시 영국 총리 해럴드 맥밀런이 총회에서 연설하는 동안 흐루시초프는 야유를 퍼붓고 책상을 내리치는 소리로 연설을 방해했다.

예의나 격식을 무시하는 태도는 이뿐만이 아니었다. 흐루시초프는 오른쪽 신발을 벗어 다른 연사를 향해 휘두르다가 책상에 내리치기도 했고, 필리핀

대표단을 앞잡이이자 얼간이라고 언급하기도 했다. 그렇게 파란만장했던 25일이 지난 후에야 흐루시초프는 모스크바로 돌아갔다.

쿠바에서의 모험이 끝나고 마오쩌둥이 흐루시초프는 미국의 '제국주의'에 대처할 능력이 없다고 판단 내리게 되면서 둘 사이의 관계는 점점 악화되었다. 그럼에도 흐루시초프와 그의 소련 동료들은 미국에 공격적인 자세를 취하는 것을 내키지 않아 했다.

중국과의 관계 악화가 고조되는 상황에서 흐루시초프는 소련 국내의 불만에도 직면해야 했다. 흉작으로 미국에서 곡물을 수입해야 하는 상황에 더해 1962년에는 고기와 버터 가격이 폭등했던 것이다.

이런 모든 일들 끝에 1964년 10월, 정치국의 회원들은 레오니트 I. 브레즈네프 주도로 회의를 소집했다. 이때 흐루시초프는 흑해에서 휴가를 보내고 있었다. 투표 결과, 정치국과 중앙 위원회 모두 흐루시초프의 집권에 반대하는 것으로 나타났다. 이 모든 절차는 아주 신속하고 조용하게 마무리되었다.

다비드 벤구리온

1886년 10월 16일~1973년 12월 1일

텔아비브—현대 이스라엘 건국의 아버지이자 초대 총리였던 다비드 벤구리온이 오늘 87세의 나이로 별세했다. 그는 2주 전 뇌출혈로 쓰러진 뒤 오늘 오전 11시 6분(뉴욕 시간으로 오전 4시 6분)에 결국 숨을 거두었다.

안식일 때문에 이스라엘 정부는 오늘 밤 해가 질 때까지 공식 발표를 보류했었으며, 골다 메이어 총리는 오늘 밤 예루살렘에서 추모를 위한 내각 회의를 소집했다. 월요일에 장례식이 시작되면 이스라엘 전역에서 사이렌 소리로 이를 알릴 것이며, 2분 동안 묵념의 시간이 있을 예정이다. 또한 장례식이 치러지는 1시간 동안 예루살렘 내 모든 업무는 중지된다고 전해졌다.

벤구리온의 시신은 1953년 그가 총리직에서 일시적으로 은퇴했을 때 거처로 삼았던 네게브에 있는 집단 정착촌 스데 보케르에 매장될 예정이다. 그러나 오늘 밤 공식 발표에 따르면 10월 전쟁 이후의 긴급 사태로 인해 대중들의 장례식 참여는 제한될 것이라고 한다.

최근 벤구리온은 저술 작업에 집중하고 있었다. 뇌출혈이 찾아왔을 때 그는 1937년에 있었던 일들을 회고하는 중이었다.

호머 비가트 기자

다비드 벤구리온은 작지만 억센 이스라엘을 상징하는 인물이었다. 작은 키와 둥그스름한 체형, 그리고 그의 커다란 머리에는 흰 머리카락이 비구름처럼 마구 휘날렸다. 'B-G'라는 약칭으로 널리 알려진 벤구리온은 자신의 꿈을 실현하는 데 묵묵히 집중한 결과 세계적인 지도자의 자리에 올랐다.

그의 꿈은 적대적인 아랍인들의 무리 속에서 유대인의 고향을 만들고 유지하는 것이었으며, 이런 목표로 인해 평생을 역경 속에서 살았다.

벤구리온은 세계 시온주의자 기구의 모체인 유대 기구의 의장이었으며 아랍의 민족주의, 나치즘, 제2차 세계대전, 그리고 팔레스타인 거주 유대인들과 영국 정부 간의 전후 외교 투쟁이라는 어려운 시간을 거쳤다.

영국이 마침내 팔레스타인에 대한 위임 통치권을 포기했을 때 벤구리온은 유대인의 국가를 선포했다.

이는 그에게 가장 어려운 시험의 순간이었다. 1948년 5월 14일, 벤구리온이 유대인의 국가를 선포한 바로 그날 아랍의 군대가 그의 신생 국가를 향한 공격을 개시했기 때문이다.

이 도전에 자극을 받은 62세의 벤구리온은 전투복을 입고 군사 작전을 직접 지휘했다. 그는 사실상 총리이자 국방부 장관이었다.

벤구리온은 2천 년 전 유다스 마카베우스 이래 처음으로 유대인 독립 운동을 이끈 공로로 수많은 시온주의자들에게 신성한 인물로 추앙되었다. 이들에게 벤구리온은 전통적인 미덕을 모두 갖추었으며 궁극적으로는 아랍인들을 물리치고 이스라엘을 승리로 이끌 지혜로운 지도자로 비쳤다.

동시에 벤구리온은 유대인이 아닌 수많은 사람들을 고통에 빠뜨린 인물이기도 했다. 그는 아랍인들의 이스라엘 공습에 대한 신속하고 무자비한 보복 정책을 도입하여 아랍 국가들에 대한 지속적인 혐오를 공공연히 드러냄으로써 유엔을 불안하게 만들었다. 유엔에 의해 휴전 협정이 체결되긴 했지만, 실질적으로 요르단, 레바논, 시리아, 이집트는 이스라엘과 전쟁 상태를 유지했고 1948~49년의 전쟁 이후에도 국경 분쟁이 빈번하게 발생했다.

벤구리온은 또한 진정한 시온주의자라면 모두 이스라엘에 살아야 한다고 주장하면서 당시 미국에 있던 유대인들을 소외시켰다. 중동이나 북아프리카 태생의 동방 유대인들이 유입됨으로써 이스라엘이 '단지 또 하나의 레반트 국가'로 바뀌게 될까 우려했던 그는 소련과 미국 태생의 유대인들이 대규모로 이주하기를 꿈꿨던 것이다.

실제로 1967년과 1973년의 전쟁과 미국의 원조 증가로 벤구리온의 시온주의가 수용되기 시작했다. 1970년까지 미국에서 이스라엘로 이주한 유대인의 수는 연간 1만 명에 달했다. 이스라엘 내에서 벤구리온은 때로는 독재적인 방법까지 동원해 여러 부류의 집단들, 특히 본인이 속했던 마파이 당원들까지 휘저어 놓았다. 그는 절대로 권력을 나누려 하지 않았고, 정부에 종교 정당을 포함시키는 이스라엘의 비례 대표 제도를 못마땅해 했다.

마파이당은 다수당이긴 했으나 이스라엘 의회 크네셋 내에서 절대 다수를 차지한 적이 한 번도 없었다. 이로 인해 1948년 4월 설립된 임시 정부를 포함해 이스라엘에는 11번의 연립 정부가 이어지다가 벤구리온은 1949년 3월이 되어서야 처음으로 안정적으로 구성된 이스라엘 정부의 총리가 되었다.

그러나 연립 정부를 구성하려는 이런 정치적 결합은 순탄치도, 오래가지도 못했다. 사회주의 성향의 마파이당은 입법권이나 각료직 한 두 자리를 내어 주는 조건으로 연립 정부에 소규모 좌익 노동당이나 종교 정당을 합류시키기는 했으나 그들과 공유하는 바는 거의 없었다.

벤구리온은 여러 차례 사임을 반복했다. 스데 보케르로 물러난 후에 얼마 되지 않아 다시 정계로 돌아오곤 했는데 다만 1953년 12월에 "피곤하고, 피곤하고 또 피곤하다"며 그의 집무실을 떠나 가장 오랜 기간 야인으로 머문다.

그러나 1955년 2월, 벤구리온은 예루살렘으로 돌아와 이전에 총리직과 함께 겸임했던 국방부 장관직을 다시 맡아달라는 요청을 받았다. 이와 더불어 마파이당의 대표직도 맡게 된 그는 1955년 11월, 이내 다시 총리가 되었다.

벤구리온 치하의 이스라엘은 전쟁으로 이어지는 정책들로 점철되어 끊임없는 국경 분쟁을 야기시켰다. 이스라엘은 유엔의 휴전감시기구가 아랍 특공대의 습격을 전혀 파악하지 못하는 쓸모없는 조직이라고 불평했으며, 벤구리온은 스스로 게릴라 기지들이라고 칭한 국경 너머의 세력을 파괴하기 위한 대규모 보복 작전에 착수했다.

1955년 12월, 시리아인들이 갈릴리해에 있는 이스라엘 어선에 사격을 가하자 벤구리온은 군대를 동원해 시리아 영토로 진군했다. 당시 시리아 해안의 기지들이 폭파되고 시리아 군인 50여 명이 사망했다.

긴장은 계속 고조되었고 벤구리온은 1956년 여름 의회연설에서 이스라엘이 처한 가장 큰 위협은 "이집트 파시스트 독재자" 가말 압델 나세르 대통령에 의해 목전에 닥친 공격이라 말하면서 그럼에도 "우리는 절대 먼저 전쟁을 시작하지는 않을 것"이라고 선언했다.

그러나 2주 후, 프랑스 및 영국과 공모한 벤구리온은 나세르의 군대를 무너뜨리기 위한 이른바 '예방 전쟁'을 시작했다.

벤구리온의 목표는 나세르 대통령을 몰락시키고 이집트와 평화 조약을 체결하는 것이었으며 3개국의 침공은 거의 성공하는 듯했다.

그때 예상치 못한 복병이 등장했다. 드와이트 D. 아이젠하워 대통령이 다른 서방 국가들은 헝가리 혁명을 지원하는 와중에 영국과 프랑스는 공개적인 전쟁을 벌였다고 비난하면서 미국은 침략군이 이집트에서 무조건 즉시 철수해야 한다는 유엔의 요구를 지지한다고 천명했던 것이다.

여기에 소련까지 개입해 압박을 가하자 결국 영국과 프랑스는 27일 만에 병력을 철수했다.

벤구리온은 이집트에서 철수하라는 유엔 총회의 요구를 여섯 번 연속 무시하면서 몇 주 동안 반항했으나 아이젠하워 대통령이 본인의 휴가까지 중단하면서 협력하지 않을 경우 "압력"을 행사하겠다고 경고하고 나서자, 작고 끈질긴 벤구리온도 게임이 끝났다는 것을 깨달았다. 이런 시나이 반도 모험의 좌절은 벤구리온의 커리어 중 가장 암울한 순간이었다.

다비드 벤구리온은 1886년 10월 16일, 폴란드의 프원스크에서 태어났다. 그의 본명은 다비드 그루엔이었다. 부친 이비그도르 그루엔은 그 지역 사회 남성들이 주로 쓰는 모피 모자나 카프탄이 아닌, 실크 모자와 프록코트를 입고 활동하던 무면허 변호사였다. 다비드는 예루살렘에서 기자로 활동하며 '벤구리온'이라는 필명을 사용하기 시작했는데 그 이름은 로마 군단에 대항해 예루살렘을 끝까지 방어한 인물의 이름에서 따온 것으로, 그는 스스로 이 이름이 구약성서의 깊은 울림을 담고 있다고 생각했다. 히브리어로 '벤'은 '~의 아들'을 의미하고, '구리온'은 '새끼 사자'를 의미한다.

벤구리온은 프원스크 유대인 학교 이상의 정규 교육을 받지 못했지만 폭넓은 독서를 통해, 특히 역사에 대한 엄청난 지식을 쌓았다. 또한 영어, 러시아어, 그리스어, 이디시어, 터키어, 프랑스어, 독일어에 능통하여 언어학자로서도 탁월한 명성을 얻었던 그는 아랍어는 회화보다는 글을 읽는 데 집중했고 스페인어도 공부하고 있었다.

유대인 공동체를 위한 테오도어 헤르츨의 목표에 자극받았던 벤구리온은 1906년, 팔레스타인으로 향했던 젊은 프원스크 유대인들 중 한 명이 된다. 팔레스타인에 도착한 첫날 밤 그는 부친에게 보낸 편지에서 이렇게 썼다. "잠을 자지 않았어요. 여기는 옥수수 냄새가 가득해요. 당나귀가 시끄럽게 울기도 하고 과수원의 나뭇잎은 바스락거려요. 짙은 파란색의 하늘에는 별들은 무리지어 빛나고 있어요. 제 가슴에 행복이 샘솟는 것 같아요."

1917년 밸푸어 선언으로 팔레스타인 내에 유대인들의 조국을 수립한다는 원칙을 확립됐으며, 영국이 국제연맹으로부터 팔레스타인의 통치권을 위임받은 건 1922년의 일이었다.

벤구리온은 수년간 팔레스타인 노동당의 통합을 위해 활동했고, 1930년에는 마파이당을 창설했다. 또한 1935년에는 시온주의를 실행하는 유대 기구의 의장이 된다.

영국의 정책은 눈에 띄게 친아랍적으로 변했고, 1939년 영국 정부는 유대인들의 팔레스타인 이민과 땅 구입을 제한하는 백서를 발행하면서 팔레스타인 내 유대인들을 계속 소수로 유지하고자 했다. 영국이 독일에 전쟁을 선포했을 때, 팔레스타인의 유대인들은 공동의 적에 대항하는 지지를 약속한 한편, 영국의 정책에 대한 저대한 저항 또한 계속했다.

1945년 독일의 난민 캠프를 방문했던 벤구리온은 이듬해 열린 생존자 회의에서 이렇게 말했다. "우리는 당신들 중 마지막 사람이 이스라엘의 땅에서 우리와 함께 유대인의 국가를 건설할 때까지 쉬지 않을 것입니다."

1947년 11월 29일, 유엔이 팔레스타인을 유대인의 국가와 아랍인들의 국가로 분할하기로 결정한 후, 유대인 집행위원회의 안보 정책을 수립했던 벤구리온은 이후 15년간 이스라엘 관련 문제에 대한 대부분의 결정을 내렸다. 그중 가장 운명적인 순간은 1955년 그가 예루살렘으로 돌아와 이스라엘을 더 모험적인 방향으로 이끌기 시작했을 때였다.

벤구리온은 성경을 심오한 수준으로 공부했다. 그의 연설문에는 구약성서의 영웅들과 선지자들에 대한 인용이 넘쳐났으며, 정규 교육은 거의 받지 못했지만 왕성한 지적 호기심으로 56세부터 그리스어를 배워 구약성서의 그리스어본인 '칠십인역'을 읽을 수 있게 된다. 또한 68세에는 부처의 말에 관심을 가지기 시작하여 이를 완전히 이해하고자 산스크리트어를 공부하기도 했다.

그는 물구나무를 설 수 있을 정도로 요가에도 능숙했는데 지중해 모래 위에서 수영복을 입은 채로 물구나무를 서고 있는 그의 사진은 풍자적인 논평을 유발하기도 했다. 그러나 벤구리온을 '하자켄'—노인네라는 뜻이다—이라는 애칭으로 부르던 그의 지인들은 물구나무 선 벤구리온이 똑바로 선 적들보다 훨씬 더 정확하게 정세를 파악하고 있다며 옹호했다.

그러나 벤구리온 또한 지나친 장기 집권자들이 맞이하게 되는 씁쓸한 운명을 맞이하게 된다. 그에게 점점 식상함을 느낀 사람들은 그를 정치 변방으로 밀어냈고, 1970년까지 남아있었던 크네셋에서 벤구리온의 마지막 자리는 라피당 분파의 일개 멤버였다.

말년에 벤구리온은 급격한 노화를 겪었다. 그의 흰 머리카락은 점점 숱이 줄어가는 듯했고, 정신이 깜박깜박하는 일도 종종 있었다. 그는 스데 보케르에 있는 어수선한 서재에서 책과 과거의 시간에 둘러싸여 대부분의 시간을 보냈다. 서재에는 그의 부인이 그려진 커다란 초상화와 이스라엘 지도, 사막 장미가 꽂혀 있는 꽃병, 상패와 각종 기념물 등이 있었다. 그리고 벤구리온의 책상에는 언제나처럼 성경과 사과 주스 한 병이 놓여 있었다.

장제스

1887 10월 31일~1975년 4월 5일

대만, 타이베이, 4월 6일 일요일—중화민국 총통이자 제2차 세계대전 당시 연합군 측에서 활약한 4명의 거물 지도자들 중 마지막 생존자였던 장제스가 어젯밤 심장마비로 사망했다. 그의 나이는 87세였다.

올던 휘트먼 기자

1927년, 유혈 쿠데타를 통해 공산주의자들을 몰아내고 22년간 중국의 지도자로 군림하던 장제스는 1949년, 공산당 혁명으로 실각하여 5억여 명의 사람들과 고대 문화를 뒤흔든 격변 속에서 동(東)중국해의 작은 섬으로 밀려나 긴 여생을 보내게 된다. 바로 그가 2백만 명의 국민당 망명군과 약 1,100만 명의 주민들을 엄격하게 이끌어 온 대만 정권이 시작되었던 것이다.

처음에 장제스는 무력으로 본토에 다시 입성할 것을 적극적으로 주장했다. 그러나 그럴 가능성이 점점 희미해지면서 그는 공산 정권이 무너지기를, 그리고 중국인들이 자신의 복귀를 반기게 되기를 기다렸다.

하지만 그런 일은 일어나지 않았다. 점점 힘을 키운 중화 인민 공화국은 1971년 유엔에서 장제스 정권을 쫓아냄으로써, 미국을 제외한 모든 주요 국가들로부터 외교적인 승인을 받았다. 심지어 미국조차도 닉슨 대통령이 1972년 베이징을 방문함으로써 외교적으로 장제스를 실추시켰다.

장제스가 재임하는 동안 중국 본토는 끊임없는 내분과 일본의 침략에 시달렸다. 정치적·사회적·경제적 혼란과 일본의 침탈이 너무 빈번히 일어났기 때문에, 당시 중국은 20년 동안 하나의 국가로 유지되어왔음에도 국가적 단결은 현실이 아닌 꿈같은 이야기였다.

그럼에도 불구하고 장제스는 중국을 상징하는 인물이자 제2차 세계대전 당시 중국의 최고사령관으로서 프랭클린 D. 루스벨트, 윈스턴 처칠, 이오시프 스탈린과 함께 연합군 빅 포(Big Four)의 일원이었다. 또한 비록 성공하지는 못했으나 내부 결속을 목표로 했던 국내 정책들의 주요 설계자이기도 했다.

1928년 11월, 난징에 있던 그의 국민당 정부가 서방 세력들의 인정을 받게 되면서 장제스는 아주 어려운 임무들에 직면했다. 그는 근본적인 사회적·경제적 문제를 타개하지 않고 군대의 힘으로 정치적인 통일을 추구하려 했다. 이후 엄청난 압박을 받고나서야 그는 일본의 요구들을 거부하는 쪽으로 정책의 방향을 돌렸다.

결과적으로 이 선택은 현명하지 못했다. 장제스가 지역 태수(太守)들을 동반하여 군사 작전 및 전투를 전개하는 틈을 노려 공산주의자들이 소작농과 힘을 합치기 시작했던 것이다. 이들은 1911년부터 모여들었던 사회 혁명세력들과 더불어 항일전쟁 중에 궁극적으로 초기 민족주의 노선을 택하게 된다.

1920년대의 중국이 지정학적 존재감 이상의 위치를 가지고 있었다면 장제스는 중국에 성공 가능한 정부를 세울 수 있었을지도 모른다. 그러나 사회제도가 제대로 갖춰지지 못했다는 약점으로 인해 그의 체제는 부패와 사기로 물들었다.

그럼에도 많은 미국인들에게 장제스는 영웅적이고 투쟁적인 인물이었으며, 정치적·문화적으로 20세기에 적응하고자 고군분투하는 '새로운' 중국의 상징으로 비쳤다. 또한 그는 아시아 내 공산주의에 대항하는 불굴의 투쟁자이자 수호자의 이미지로 널리 알려지게 된다.

1940년대부터 장제스를 후원하던 미국의 주요 인사들은 총칭 '차이나로비'로 알려지기 시작했다. 이들은 플라잉타이거(중일 전쟁 때 조직된 미국 민간인 부대) 사령관의 미망인 클레어 첸노트와 뉴햄프셔의 출판인 윌리엄 노엡, '타임'과 '라이프 앤 포춘'의 발행인 헨리 R. 루스 등으로 구성되었고, 특히 루스는 장제스를 칭송하는 기사들과 더불어 중국 내 상황에 대한 낙관적 평가를 담은 정기 간행물을 출판했다.

1945년부터 1949년까지 차이나로비는 미 의회와 행정부를 압박하여 장제스에 대한 군사적·경제적 원조를 이끌어냈는데, 이런 원조금 중 대부분은 장제스 휘하에 있던 장군들이 착복했다고 전해진다. 그러나 차이나로비는 오랫동안 장제스의 치명적인 단점들을 지적해 온 외무부 관리들을 맹렬히 비판했다.

많은 사람들에게 장제스의 대만 정권이 가졌던 국제적인 영향력은 간과되고 있으나, 사실 대만은 1971년까지만 해도 유엔의 회원국이었을 뿐만 아니라 안전보장이사회의 상임 이사국이기도 했다. 특히 미국은 중화인민공화국의 유엔 가입에 계속 반대표를 던졌는데, 이는 장제스를 내치는 것은 오래된 동맹에 대한 배신이라고 생각한 많은 미국인들의 의견이 반영된 것이었다.

장제스는 또 다른 면모로 많은 미국인들에게 어필했는데 바로 개신교로의 개종이었다. 그는 1931년 감리교 세례를 받으면서 신약의 이상에 헌신하겠다고 서약했으며 영어로 'Firm Rock(介石; 견고한 돌)' 정도로 번역될 수 있는 이름에 걸맞게, 측근들과는 달리 엄숙하고도 검소한 삶을 살았다.

그러나 피지배자는 통치자를(군신유의), 아들은 아버지를(부자유친), 젊은이는 더 나이든 사람을(장유유서) 존중해야 한다는 전통적인 윤리를 고수했던 장제스는 자신의 비판자들에게 불충성스럽다는 오명을 덮어씌우기 일쑤였고, 결국 그는 아주 소수의 조언자들에게만 의존하게 된다.

장제스는 청나라 왕조가 기울던 1887년 10월 31일, 상하이로부터 남쪽으로 약 161km 떨어진 저장성(浙江省)의 펑화(奉化)에서 태어났다. 가난한 소금상과 그의 '2번째 부인', 즉 첩 사이에서 태어난 장제스는 9살 때 부친을 여의고 암울한 어린 시절을 보냈다.

하지만 어쩌다보니 그는 바오딩(保定) 육군사관학교에 입학했고 우등생이 되어 1907년부터 2년간 일본에서 고등교육을 받게 된다. 여기서 그는 중국 혁명가들과 친분을 맺었는데, 그중에는 현대 중국의 아버지 쑨원도 있었다고 전해진다.

당시 장제스는 중국 국민당의 시초가 되는 비밀 조직에 가입하게 되는데 훗날(1925년 3월) 쑨원의 사망 이후 장제스가 이 조직을 장악하게 된다. 1911년 10월, 중국에서 봉기가 일어나자 그는 일본군 장교직에서 사임하고 본토로 돌아와 만주군에 맞서 싸웠다.

어느 시점부터 쑨원과 눈에 띄게 사이가 틀어졌던 장제스는 상하이에서 개인사업을 하기도 했으나 1921년에서

1922년 즈음, 광저우를 기반으로 한 쑨원 정부의 참모총장이 되면서 국방 및 정치 세계로 돌아왔다. 이후 군벌 및 베이징의 명목뿐인 공식 정부와 잦은 충돌을 일으켰던 장제스는 결국 새롭게 수립된 소련에 군사적, 정치적 원조를 요구하게 된다.

이런 목적으로 모스크바로 파견된 장제스는 수십 명의 소련 고문단을 중국으로 불러들여 국민당에 영향력을 행사하게 만들었다. 이 임무의 또 다른 성과는 국민당 군대의 장교를 훈련시키기 위한 육군 사관학교를 설립하게 된 것이었다.

그러나 쑨원이 사망하자 공산주의자들과 그보다 좀 더 보수적이었던 장제스 세력 간의 연대(국공합작)는 와해되고 만다. 서로가 서로에게 음모를 꾸미는 비극 속에서 장제스는 광저우와 상하이에 있는 수천 명의 공산주의자 및 노동자들을 학살했으며, 1927~28년에 걸쳐 난징에 그의 독자적인 정부를 조직했다.

일부 중국 전문가들에 따르면 장제스는 상하이 투자 관계자들과 지주들로부터 물질적인 원조를 받았고 그 대가로 새로운 국민당 혁명 정부에서 좌익분자 및 공산주의자들을 배제시켰다고 한다. 이런 거래는 장제스가 미국에서 교육 받은 쑹메이링과 결혼하면서 더욱 공고해졌는데, 그는 강력한 금융 가문이었던 처가의 인사들을 정부 및 당의 주요 관직에 임명시키기도 했다.

장제스가 쿠데타로 권력을 잡게 되자 중국 공산당은 산산조각이 났으며 공산당 간부들과 일부 당원들은 해안 도시를 떠나 산속에서 숨어 지냈다. 이후 수년간 장제스는 나치 장교들의 충고에 따라 공산주의자들을 제거하고자 했다. 그러나 공산주의자들은 자신들을 잡아들이려는 시도들을 피해서 북서쪽의 안전한 지방을 찾아 길고 험한 대장정을 떠났다.

당시 국민당 정권은 장제스에게 개인적인 충성을 맹세한 군벌들의 다소 느슨한 연합체로 구성되어갔고 일본 침략에 맞서는 것과는 무관한 듯했던 장제스의 정책들에 의구심을 품고 있던 북부의 군벌들은 일본군이 남부를 공격할 기미가 보이자 1936년 반란을 일으켰다.

이론상 이 군벌들은 장쉐량(張學良) 장군을 중심으로 산시성(陝西省)에서 공산주의자들과 싸우고 있어야 했다. 그러나 사실 전투는 거의 일어나지 않았다. 장제스는 이를 조사하기 위해 1936년 12월, 장쉐량의 본거지인 시안(西安)에 도착했으나, 오히려 장쉐량의 명령에 따라 체포되었다.

장쉐량은 명목상 상관이었던 장제스에게 일련의 요구사항들을 내놓았는데, 그중에는 공산당과의 내전을 당장 중단하고 일본과 싸우라는 요구도 있었다. 일부 저항 세력은 장제스를 사형시키길 원했으나 공산당 지도자인 저우언라이(周恩來)의 중재로 사형을 면한 장제스는 항복 의사를 밝히고 석방되었다.

1937~38년 일본군은 베이징을 시작으로 중국 남부로 진군하기 시작했다. 일본군의 흉포한 맹습으로 인해 제각각이었던 군대들이 한동안 단결하기는 했으나, 결국 중국군은 주요 해안 도시에서 패퇴해 난징이 아닌 더 작은 내륙 도시 충칭(重慶)으로 정부를 옮길 수밖에 없는 처지가 됐다.

1941년 후반에 미국이 제2차 세계대전에 참전하게 되면서 미국의 전략가들은 중국을 잠재적으로 일본에 대항할 효과적인 전선으로 생각했다. 그러나 장제스와 미국과의 관계는 결코 순탄하지 못했고, 특히 장제스는 1942년 참모총장 자격으로 충칭에 파견된 조셉 W. 스틸웰 장군과 사이가 좋지 않았다.

중국을 사랑하고 중국어를 할 줄 알았던 스틸웰 장군은 루스벨트 대통령에 의해 중미연합군의 지휘관으로 발탁되었다. 그러나 거침없는 성격으로 인해 '식초 같은 조'라는 별명을 얻은 그는 장제스와 사사건건 부딪쳤다. 미 육군성에 보내는 보고서에서 스틸웰 장군은 장제스에 대해 중국을 "통일하고 이끌려하기보다는 지배하려고 한다"고 묘사했다. (스틸웰 장군은 사석에서 장제스를 "땅콩"이라고 불렀다.)

1944년, 공산주의자들이 장악한 지역들 외에 중국 전지역의 군사적 상황이 혼란스러운 상태에서 루스벨트 대통령은 장제스에게 전보를 보내 스틸웰 장군에게 국민당 군대의 지휘권을 이양할 것을 촉구하며 이렇게 말했다. "더 지체하면 군사적 재앙을 피할 수 없게 되어버릴 것이오."

그러나 바바라 터크먼의 저서 '스틸웰, 그리고 중국에서 있었던 미국의 경험'에 따르면 장제스는 "중국 동부지역이 얼마나 손실되든 간에, 먼저 연합군이 일본군을 물리치고 자신이 우세한 입장에서 시작할 수 있을 때까지" 전쟁에서 한 발 물러나 있고자 했다.

장제스는 여기에 여러 가지 조건들을 덧붙였는데, 그중에는 미국의 무기대여법(Lend-Lease)에 따른 대규모 보급품들이 공산주의자들의 손에 넘어가지 않게 하기 위한 통제권도 포함되었다. 스틸웰 장군은 일본군에 대항하기 위해 공산주의자들의 효율적인 군사조직을 이용하고자 했던 바 있었다. 터크먼에 따르면, 공산주의자들은 장제스의 지휘가 아닌 스틸웰 장군의 지휘하에서는 기꺼이 싸우고자 했다.

장제스는 미국이 자신에게 실질적인 전략전술 통제권이 있다는 걸 인정해주기 바랐다. 터크만에 따르면, 장제스는 미국 정부가 스틸웰에게 자신을 넘어선 권한을 부여하게 된다면 "공산주의자들 문제에 있어서도 마찬가지 조치를 취할지 모른다"며 우려했다. 장제스는 스틸웰 장군에 대한 본국 소환을 요구했고, 장제스의 계속된 요구에 시달리던 루스벨트 대통령은 결국 이에 응했다.

그리고 마침내 일본이 항복함으로써 장제스는 국민당 정권을 연장할 수 있게 된다. 1945년 12월, 트루먼 대통령은 중국을 통합하고 혼란한 상황을 수습하게 위해 조지 C. 마셜 장군을 파견했으며 1946년 1월 10일에는 휴전협정을 체결하였으나 이 협정은 얼마 지나지 않아 깨져버렸다. 이후 발생한 내전에서 마오쩌둥의 1백만 혁명군에 3백만 정규군으로 맞선 장제스가 초반 우위를 점했으나 1947년 봄이 되자 어느 쪽에 주도권이 있는지는 명확해졌다.

공산주의 세력이 중국 전역을 장악하게 되면서 미 국무부는 국민당 정부가 실패했다고 판단하는 1,054페이지에 달하는 백서를 발행했다. "중국군을 지탱하는 군용 물자의 대부분은 미국이 제공했으며… 이는 국민당 지도자들의 군사적 기량 부족과 변절, 항복, 투쟁의지 부재로 인해 중국 공산주의자들의 손에 들어갔다." 당시 미 국무부 장관이었던 딘 애치슨은 백서에 이렇게 기록했다.

1949년 1월 1일 장제스는 중국 본토에 대한 모든 권한을 빼앗긴 채, 대만으로 후퇴하여 군대와 경찰을 동원한 강력한 통제 체제를 수립한다. 이후 1950년 3월 1일에는 중국의 통수권을 되찾겠다고 호언장담하는가 하면, 1966년 4번째 총통 임기를 시작할 때에도 장제스는 언젠가 본토로 돌아갈 것이라며 다음과 같이 맹세했다. "폐허가 된 본토에 새로운 화합과 자유의 나라를 건설할 것입니다."

프란시스코 프랑코

1892년 12월 4일~1975년 11월 20일

마드리드—36년 동안 스페인의 독재자로 군림했던 프란시스코 프랑코 총통이 오늘 새벽 82세의 나이로 사망했다.

1939년 종식된 스페인 내전에서 우익 군대를 승리로 이끌었던 이 스페인의 국가원수에게 죽음이 찾아온 것은 오늘 오전 4시 30분 라파스 병원에서였다. 그는 지난 11월 7일 내출혈을 막기 위해 파르도 궁전에서 이 병원으로 급히 옮겨져 수술을 받았었다.

후임으로 지명되어 있던 37세의 후안 카를로스 데 보르봉 왕자는 48시간 이내에 스페인 왕좌에 오르게 될 것이다.

대부분의 스페인 사람들이 자고 있는 동안 사망한 탓에 이후 수 시간이 지나도록 프랑코 장군의 사망소식을 들은 사람들은 거의 없었다. 사망 원인은 복막염에 의한 독성 쇼크였다.

헨리 기니거 기자

올던 휘트먼 기자

프란시스코 파울리노 에르메네힐도 테오둘로 프랑코 이 바아몬데는 가장 영악하고 노련하며 오랫동안 집권한 현대의 독재자 중 한 명이었다. 그는 군사적 모의와 약간의 행운, 외국 기업들의 도움, 로마 가톨릭 고위층의 영향력, 그리고 히틀러와 무솔리니의 결정적인 군사 원조를 통해 스페인의 주인으로 군림했다.

길고 가혹한 그의 독재 정권이 끝났을 때, 프랑코는 민주주의의 기본권을 억압하는 정책을 통해 지탱되던 36년간의 강요된 안정을 되돌아 볼 수 있었다. 그러나 스페인의 생활수준 향상, 산업 성장, 미국과의 중요한 동맹 체결 또한 바로 그 안정성 덕분이었다.

시작부터 지극히 가혹했던 프랑코 정권은 1950년대 중반부터는 상대적으로 차분한 상태로 유지되었다. 이는 프랑코의 반대 세력들조차도 다시는 겪고 싶지 않은 스페인 내전의 기억 때문이었다.

프랑코에 대항하는 시위들이 발생하기도 했지만 그때마다 곧 진압되었으며 가장 최근 발생했던 1975년 9월 사태에서 유죄 판결을 받은 바스크 출신 테러리스트 5명 또한 서유럽의 항의와 교황 바오로 6세의 관용 호소에도 불구하고 처형되었다.

스페인을 황폐화시킨 내전의 대가로 권력을 잡게 된 프랑코는 체계적인 공포정치를 통해 가난하고 후진적인 국가였던 스페인을 장악했다. 그런 다음 영리한 외교를 통해 친파시스트 권력을 표명하면서도 제2차 세계대전 동안 스페인을 비(非)교전국으로 지켜냈다. 전쟁 후 수년 동안 국제적인 외면을 견뎌낸 프랑코는, 1950년 미국이 소련과의 냉전에 대비해 스페인에 군사기지를 확충하기로 결정을 내림으로써 이런 외면에서 벗어날 수 있었다.

이제 서방 세계의 존중을 받게 된 프랑코의 스페인은 1955년에 유엔 회원국이 되었는데 1946년까지만 유엔은 결의안을 통해 '기원, 성향, 구조, 전반적 행태의 측면에서 프랑코의 정권은 파시스트 체제이다'라고 단언하면서 스페인의 유엔 가입을 받아들이지 않았었다.

이런 외교적 부활 후 프랑코는 독재의 엄격함을 완화하기 시작했다. 스페인 내 외국인의 투자가 장려되었고, 관광 진흥이 이루어졌으며, 임금 수준이 향상되어 3천 3백만 스페인 국민의 1인당 소득은 1962년에 연간 300달러에 달했고, 1972년에는 4배로 증가했다.

그러나 대부분의 독재적인 제한 조치들은 여전히 존재했다. 언론의 자유는 없었고 노동조합 설립도 허용되지 않았다. 또한 단 하나의 정당만이 허용되었고, 어디에나 군인들이 버티고 있었다.

프랑코의 통치기술은 경쟁자 파벌들—대기업과 그 기술 관료들, 지주, 교회, 그가 속했던 팔랑헤당, 군대—사이에 권력을 분산시키고 그들 각자의 이익과 손실을 교묘히 통제하는 것이었다. 이런 방식으로 프랑코는 모든 주요 결정들에서 필수적인 중재자 역할을 했다.

프랑코는 19세기 스페인의 산물인 동시에 군 장교의 아들은 부친의 직업을 따라야 한다는 전통의 산물이기도 했다. 그는 1892년 12월 4일, 갈라시아 해안에 있는 엘 페롤에서 해군 장교 니콜라스 프랑코와 그의 부인 필라 바아몬데 프랑코의 아들로 태어났다. 공식적으로는 언급되지 않았으나, 그의 조상 중에는 세파르디 유대인이 있었던 것으로 널리 알려져 있다.

1910년 육군 소위로 임관한(당시 해군 사관학교는 폐쇄된 상태였다) 프랑코는 최연소 대위에서, 소령, 대령, 장군으로 빠른 진급을 거쳤고, 스페인의 무능한 군주제가 1931년 우파 공화당 정부에 의해 대체된 이후로도 그의 계급을 나타내는 별의 수는 계속 늘어갔다.

1936년 2월, 스페인은 선거를 통해 온건파와 사회주의자들이 장악한 인민전선 정부를 출범시켰다. 선거 결과가 발표되자마자 이 공화국에 대한 한 장군의 음모가 구체화되었다. 조금 망설이던 프랑코는 이내 이 음모에 합류했다.

그해 7월, 영국 민간 항공기에 몸을 싣고 카나리아 제도에서 스페인령 모로코의 세우타로 건너간 프랑코는 무어인들과 스페인인들로 구성된 부대의 지휘를 맡았다.

공화당의 해상 봉쇄에도 불구하고 프랑코는 이 부대를 스페인 본토로 보내기 위해 히틀러와 당시 공군사령관 헤르만 괴링이 승인한 독일의 제안을 받아들여 20대의 대형 수송기를 공급받았으며 나치는 이런 방식으로 스페인 내전 내내 군수품과 인력을 지원하였다. 더불어 민족주의 반란군들은 이탈리아 독재자 베니토 무솔리니와 일부 미국 기업으로부터도 중요한 지원을 받았다.

그러나 시간이 지나면서 자신들의 음모가 실패할지도 모른다는 위기감이 점점 커졌고 주요 지도자들 3명이 사망하자—두 명은 비행기 추락 사고로 사망했고, 나머지 한 명은 정부에 체포되어 처형당했다—드디어 프랑코는 민족주의 반란군의 지도자로 전면에 나섰다.

양측에서 아주 격렬한 전투가 계속되었다. 그리고 1937년 4월 26일, 바스크의 작은 마을 게르니카에 장이 서던 날 발생한 사건은 역사상 가장 잘 알려진 계획된 테러 실험이었다. 민족주의자들의 지휘에 따라 나치 콘도르 군단의 비행기들이 마을 주민을 향해 폭탄을 투하하고 기관총을 쏴댔다. 당시 총 1,654명이 사망하고 889명이 부상당했다.

1939년, 드디어 내전이 끝나자 프랑코는 포로로 잡은 공화당 장교들을 대부분 총살했으며 수감된 자들 중에 포함된 수천 명의 소위 '적색군'도 역시 대부분 처형되었다.

그리고 같은 해 가을에 시작된 제2차 세계대전으로 인해 프랑코는 또다시 어려운 위치에 놓이게 된다. 그는 히틀러나 무솔리니와 뜻을 같이 했지만, 당시 스페인은 전쟁에 참여하기에는 너무 황폐했다. 1941년 2월 이탈리아에서 무솔리니를 만난 프랑코는 스페인과 이탈리아의 '의견 일치'를 확인했으며 그 달 말에는 히틀러에게 다음과 같은 편지를 보냈다.

"당신이 생각하는 것과 마찬가지로 나는 역사라는 운명이 당신과 나를, 또 무솔리니를 영원히 깨지지 않을 동맹으로 맺어주었다고 생각합니다."

또 한편으로는 1942년 11월 북아프리카에 미군 부대가 상륙한 직후, 프랭클린 D. 루스벨트 대통령이 연합군은 스페인을 공격할 의도가 없다는 뜻을 전했을 때 프랑코는 "양국 국민들을 하나로 단합시키는 우정의 관계는 유지되어야 한다"라는 말로 화답했다.

그럼에도 불구하고 전쟁이 끝나자 연합군은 프랑코를 용인할 수 없는 사람으로 취급했고, 미국과 다른 많은 국가들이 스페인 마드리드에서 자국의 대사, 혹은 장관들을 철수시켰다.

프랑코 체제하의 스페인에 대한 이런 외교적 보이콧은 1950년 11월, 미국과 소련 사이의 냉전 속에서 스페인이 지리적으로 중요한 장소가 되면서 사실상 완전히 사라지게 된다.

보이콧이 해제되기 몇 개월 전, 미 의회는 스페인에 대한 6,250만 달러 차관을 승인했고 1951년에는 마드리드 주재 대사를 다시 임명했다. 1952년 프랑코는 "과거에 우리의 반공산주의 협력 제안을 비웃었던 이들이 이제는 서로 앞다투어 스페인을 원하는 있다"고 일갈했다.

이듬해 스페인은 미국이 '서유럽과 지중해 방위를 위해 다수의 스페인 공군 및 해군 기지'를 사용할 수 있도록 허용했으며 미국은 이후 10년간 스페인에 15억 달러 이상의 경제적 지원과 5억 달러 이상의 군사적 지원을 했다.

이처럼 막강한 권력을 장악하고 있었음에도 프랑코—'하느님의 은총을 받은' 독재자, 평생 동안 육·해·공군의 총사령관이자 국가 원수—는 현대 통치자들 중 가장 위엄 없는 이미지를 가지고 있었다.

키가 159cm였던 프랑코는 장군 휘장과 붉은 실크 장식 띠가 달린 짙은 올리브색 제복을 입고 있어도 변덕스런 아이처럼 보일 뿐이었다. 히틀러나 무솔리니와는 다르게 그는 대중들에게 장광설을 늘어놓거나 선동해서 흥분시키지도 않았다. 프랑코는 1년에 서너 번 정도만 공개연설을 했는데, 그때마다 높은 톤의 목소리에 약간 혀짤배기소리를 냈으며 콧수염이 난 그의 둥근 얼굴은 거의 움직이지 않았고, 갈색 눈동자는 잠잠히 주변을 살폈다.

공개 행사에서 프랑코는 다소 소심해 보이기까지 하는 태도로 뻣뻣하게 손을 흔들었다. 가끔 억지웃음을 지어 보이기도 했지만 그와 대중 간에는 그 어떤 유대감도 느껴지지 않는 듯했다. 대중들은 그를 사람이라기보다는 하나의 제도처럼 여겼다.

프랑코가 거주하며 집무를 봤던, 마드리드 외곽의 왕실 사냥을 위한 산장 엘 파르도에는 오르몰루로 장식된 책상과 그 옆에 보고서와 양해 각서가 잔뜩 쌓인 탁자가 하나 더 있었다. 프랑코는 이 수많은 문서들을 사실상 거의 읽지 않았으며 후안 카를로스 왕자에게 "쌓인 게 너무 많아지면 바닥에서부터 전부 꺼내서 태워버린다"고 말하기도 했다.

프랑코는 속을 알 수 없는 인물로 유명했다. "그의 최측근조차도 그가 무슨 생각을 하는지 모른다." 한 관계자는 이렇게 증언했다. 그를 알현한 부하, 심지어는 장관조차도 자신이 좋은 인상을 남겼다고 확신하고 나온 바로 그 다음 날 아침 "지금까지 잘해주었으나 이제는 다른 사람으로 교체되었다"는 것을 알리는 프랑코의 편지를 받는 일이 허다했다.

프랑코는 신문, 라디오, 그리고 텔레비전 방송을 통제하며 우쭐해지는 것을 즐겼다. 실제로 스페인 언론에서는 그를 아우구스투스, 샤를 5세, 나폴레옹보다 높게 평가하곤 했으며, 그의 이런 성향을 파악한 50여 개의 마을에서는 프랑코의 이름을 마을 이름에 덧붙이기도 했다.

또한 프랑코는 파라오의 것과 같은 무덤을 만들어 후에 그곳에 묻히기를 원했다. 그는 마드리드 근처 에스코리알에 내전의 전사자들을 기리는 '전몰자의 계곡' 건립을 추진했는데, 자연석을 깎아 만든 세계 최대 규모의 이 무덤은 내부가 바실리카풍으로 되어 있으며, 위에는 약 152m 높이의 십자가가 놓여 있었다. 15년의 시간과 수백만 달러에 달하는 공사비용이 들어간 이 무덤 건설에 대해 프랑코는 세부 사항까지 직접 챙겼다. 일부 스페인 사람들은 그 무덤을 '프랑코의 어리석음'이라고 불렀지만, 이곳은 결국 주요 관광 명소가 되었다.

열렬한 스포츠맨이었던 프랑코는 산양과 사슴, 토끼, 자고새 등을 사냥하는 것도 즐겼으며 하루 동안 잡은 사냥감이 300마리에 이를 때도 있었다.

프랑코는 백부장(centurion)처럼 잔혹했고, 비인간적이면서, 효율적이었다. 스페인 외인부대에서 대령으로 복무하던 시절의 이야기는 이런 성향을 잘 보여준다. 그가 부대 검열을 하는 와중에 한 용병이 음식의 질이 나쁘다며 항의의 표시로 음식을 프랑코의 얼굴에 던졌다. 음식이 프랑코의 군복에 튀었지만 그의 표정은 변하지 않았고, 한 마디의 말도 없었다. 그저 손수건을 꺼내 음식을 닦아내고 검열을 계속할 뿐이었다. 집무실로 돌아온 그는 조용히 장교 한 명을 불러 아까 그 부대원이 누군지 가리키며 명령했다.

"저 병사를 데리고 가서 처형하라."

프랑코의 가정생활은 단순했다. 그는 가능한 한 자주 가족들과 식사를 했고, 허리 둘레를 일정 치수 이하로 유지하기 위해 식단을 관리했다. 술은 거의 입에 대지 않다시피 해서, 식사할 때 와인이나 맥주 한 잔 정도만 곁들이는 수준이었다. 프랑코의 사생활에서는 추문 비슷한 것조차 찾아볼 수 없었다. 그는 1923년 아스투리아스 명문가의 젊은 여인 카르멘 폴로 이 마르티네즈 발데스와 결혼한 바 있다.

만약 프랑코가 비판에 대해 어떠한 반응을 느꼈거나 스스로 회의감을 가졌다 해도 사람들은 그것을 눈치 챌 수 없었을 것이다. 실제로 그는 모로코에서 치명적인 총상을 당했을 때부터 회교도처럼 일종의 운명론인 '마크툽('그렇게 쓰여 있다'라는 뜻)'을 믿게 된다. 프랑코는 타고 있던 말이 총알에 맞거나 마시고 있던 수통에 탄환이 스치는 경험을 했으며, 1916년 전투를 지휘하던 중 복부에 총을 맞았을 때도 언제 그랬냐는 듯이 완전히 회복됐었다.

지난 9월, 바스크 출신 테러리스트 5명이 사형되었을 때처럼 긴장감이 고조된 상황에서도 그에게는 이와 비슷한 운명론, 혹은 태연함이 감도는 듯했다. 바티칸과 대부분의 서유럽 국가들이 반대 시위를 하거나 사면을 요청했음에도 그는 사형을 집행했다.

사형 집형 후에는 유엔에서 비난 성명이 쏟아졌고 유럽 시장 공동체에 의한 경제적 제재 위협도 이어졌다. 그럼에도 프랑코 정권은 흔들리는 모습을 전혀 보이지 않았다.

마오쩌둥

1893년 12월 26일~1976년 9월 9일

베이징—중국 공산당 혁명의 핵심 인물이자 1949년 이래로 중국을 통치해왔던 마오쩌둥이 사망했다. 향년 82세.

오랜 투병 끝에 오늘 오전 12시 10분에 숨을 거둔 그의 후계자는 아직 정해지지 않은 상태다. 지명된 상속인도 없으며, 그의 부하들 중에서 마오쩌둥만큼 8억 명의 중국인들로부터 경외와 숭배를 받을 만한 인물도 마땅히 찾을 수 없다.

오늘 베이징 라디오를 통해 발표된 사망 소식에 뒤이어 장송곡이 흘러나왔고, 2천여 명의 사람들이 드넓은 천안문 광장에 모여들었다. 많은 이들이 검은색 완장을 차고 있었고, 흐느끼는 사람들도 있었다. 건물들에는 조기가 게양되었다.

공식적인 발표에서는 마오쩌둥이 수개월 동안 대중들 앞에 나올 수 없었던 원인인 질병에 대해서 구체적으로 밝히지 않았지만, 사람들은 그가 파킨슨병을 앓았을 것이라고 추측하고 있다.

—로이터 통신

폭스 버터필드 기자

평범한 농민으로 출발한 마오쩌둥은 역사적으로 위대한 혁명가 중 한 명으로 생을 마감했다.

끔찍한 빈곤과 선진화된 외세의 침략으로 중국이 사회적 갈등에 시달리고 있던 시기에 태어난 마오쩌둥은, 중국을 위대한 국가라는 예전의 위치로 되돌려 놓겠다는 어린 시절 자신의 꿈을 실현했다.

그는 놀라운 인내심과 고도의 전략으로 농민들의 불만과 민족주의 세력을 교묘하게 활용해 소규모의 소작농 무리를 수백만 명의 군대로 만들었다. 그는 20년 동안의 투쟁 끝에 1949년, 중국 전역에서 승리를 거두었다. 그동안 마오쩌둥의 군대는 스탈린그라드만큼 큰 전투도 벌였으며, 알렉산더의 군대만큼 길고 영웅적인 행군도 했다.

그렇게 중화인민공화국을 세운 후 마오쩌둥은 대대적이며 때로는 충동적인 일련의 활동들을 펼쳤다. 세계 인구의 5분의 1을 차지하는 국민 대부분이 문맹이며 주로 농업에 의존하던 반(半) 봉건적 국가를 산업화된 현대 사회주의 국가로 바꾸기 위해서였다. 그의 사망 시점인 지금 중국은 자체 핵폭탄과 유도미사일을 제조할 능력을 지녔고, 주요 석유 생산국이 되었다.

또한 중국의 부활과 함께 마오쩌둥은 외교 부문의 새로운 방향을 제시하면서 서구 세계가 부과한 '불평등 조약' 아래 지냈던 지난 한 세기를 종식시켰다. 1972년, 마침내 베이징을 방문한 리처드 닉슨 대통령이 미소를 띤 마오쩌둥의 환대를 받게 되면서 미국조차도 20년 동안 유지했던 완강한 적대감을 내

려놓았다. 동시에 마오쩌둥은 자신의 통제에 반대하는 것을 용납하지 않았다. 1950년대 초에 그가 자신의 새로운 집권기를 강화하기 위해 개시한 정책은 수십만 명의 처형으로 이어졌다. 1950대 후반에는 다른 정당 지도자들의 비판에도 불구하고 대약진 정책을 실행했고, 결국에는 광범위한 혼란과 식량 부족을 초래했다. 정권을 유지하는 기간 내내 자신에게 반대하는 정치 세력을 하나씩 쓰러뜨려 왔던 그는 특히 1960년대, 중국을 대혼란에 빠뜨릴 위험을 무릅쓰고 문화 혁명을 일으키기도 했다.

마오쩌둥 체제하에서 중국은 엄청난 경제적 진보를 이룩했지만 일부 정치 비평가들은 그의 끊임없는 정치 운동과 순응에 대한 강조로 인해 결국 중국인들의 사기가 저하되고 그저 가장 최근의 정치적 추세만을 따르려 하는 불안한 집단이 되었다고 평가했다.

20세기의 핵심 인물 중 하나였던 마오쩌둥은 아주 복잡한 사람이었다. 날카로우며 현실적이었고, 동시에 참을성이 없고 낭만적인 몽상가였으며, 개인주의자였지만 엄격한 규율을 지켰다. 그의 동기(動機)는 인도주의와 전체주의의가 한데 뒤섞인 듯했다. 마오쩌둥은 자신을 "일부는 원숭이요, 일부는 호랑이"라고 언급한 적이 있는데, 어쩌면 그는 자신을 둘러싼 세계에서 찾아낸 것과 같은 모순들을 결국 자신 안에도 간직한 채 혼란스러워 하고 있었는지도 모르겠다. 애국자이자 전투적인 혁명가, 열정적인 전도자, 마르크스주의 이론가, 군인, 정치가, 시인이기도 했던 마오쩌둥은 무엇보다도 공자 이래의 다른 중국인들처럼 인간의 선량함이 단순한 경제적 발전보다 우선시되어야 한다고 믿었던 도덕주의자였다. 제국주의의 모욕에 분노했던 그는 중국을 해체해 더욱 강력하게 재건하고자 했으며 더불어 대중의 열정에서 원동력을 얻는 평등하고 혁명적인 유토피아가 중국에서 실현되기를 꿈꿨다.

"나는 사람들이 만들어내는 엄청난 에너지를 목격해왔습니다." 마오쩌둥은 1958년 대약진 정책이 한창일 때 이렇게 적었다. "이런 에너지를 토대로 하면 어떤 일이든 성취해 쌓아 올릴 수 있습니다." 이 두 문장은 그의 생각을 가장 잘 요약해 주고 있다.

다른 강력한 지도자들과 달리 마오쩌둥은 일상적인 사안에 대한 절대적인 지배권을 원하지도, 행사하지도 않았다. 그럼에도 후난성(湖南省)의 작은 마을에서 미천한 신분으로 태어난 그는 사실상 중국의 최고 통치자가 되어 중국인들에게 신과도 같은 존재가 되었다. 그가 하는 말은 곧 국가의 교리였고, '마오쩌둥 주석의 말씀'이라는 빨갛게 제본된 소책자로 수백만 권이 발행되어 마치 무적의 마법 같은 힘을 지닌 것으로 간주되었다.

마오쩌둥은 단단히 결속되고 잘 통솔된 정당의 필요성을 강조한 헌신적인 레닌주의자였지만, 결국에는 스스로를 자신의 정당보다 더 높은 위치에 두고 정당이 그를 저지할 때는 개인적인 숭배의 분위기로 반발을 무마시키고자 했다.

엄청난 권력과 위신에도 불구하고 마오쩌둥은 아마도 1960년경부터 시작된 그의 말년 동안 중국 혁명이 옛 중국 황실의 엘리트주의와 관료주의의 길로 되돌아갈 위험이 있다는 걱정에 사로잡혀 있는 듯했다.

그렇게 1966년, 중국에 다시 활기를 불어넣고, 당을 정화하며, 그가 없더라도 혁명이 계속 유지될 수 있도록 만들기 위해 프롤레타리아 문화 대혁명이 시작된다. 그러나 후에 스스로도 인정했듯이 이 혁명은 마오쩌둥이 미처 예견하지 못한 결과를 초래했다.

수십만 명의 젊은이들이 홍위병으로 동원되었다. 이들은 툭하면 제멋대로 굴며 자기들끼리도 싸워대기 일쑤였고 "본진들을 폭격하라"는 마오쩌둥의 언급이 있은 후에는 온 중국을 돌아다니며 당내 반대세력들에게 모욕을 주고 태형을 가했다.

2년 동안 혼란과 경제 붕괴, 심지어 유혈 사태까지 발생한 후, 마침내 질서가 다시 회복되었다. 그러나 마오쩌둥은 1930년대의 대장정—중국 남부의 장시성(江西省)에서부터 산, 강, 황무지를 넘어 북서부의 산시성(陝西省)까지 약 9,660km에 달하는 행군—기간 동안 형성된 중요하고 지속적인 공산당의 결속을 크게 약화시켰다.

문화 대혁명에서 숙청된 사람들 중에는 '주자파(走資派)'로 분류되던 당시 주석 류사오치(劉少奇), 그리고 중국 공산당 총서기였던 덩 샤오핑(鄧小平)도 있었다. 마오쩌둥의 "가까운 전우이자 후계자"였던 국방부장 린뱌오(林彪)는 1971년 몽골에서 비행기 추락 사고로 사망했는데, 후에 그가 마오쩌둥을 죽이려는 음모를 꾸미고 있었다는 혐의가 제기되기도 했다.

마오쩌둥은 1971년 이래로 대중들 앞에 모습을 드러내지 않았다. 이후 공개된 사진들에서 그는 환자 같은 모습을 하고 있을 때가 많았으며 손과 얼굴의 움직임을 제어하지 못하고 분명치 않은 발음을 하게 되자 그가 뇌졸중이나 파킨슨병을 앓고 있다는 추측이 나돌았다.

최근 몇 년간 마오쩌둥은 전후 세계의 핵심 개발국들 중 하나가 된 소련과 중국 사이에 벌어진 심각한 분쟁에 사로잡혀 있었다.

이런 분쟁은 1960년대 초반에 수면 위로 올라오기 전까지 외부자들은 거의 인식하지 못했지만, 이제는 중국 공산주의자들과 러시아인들이 처음 접촉하기 시작했던 1920년대부터 근본적인 문제가 있었음이 분명해졌다. 당시는 마오쩌둥과 새롭게 조직된 중국 공산당의 구성원들이 권력 쟁취를 모색하던 시기였는데, 스탈린은 저 멀리 모스크바에서 명령을 내리면서 이들을 계속 재앙으로만 이끌고 있었다.

1930년대 초 소련의 직접적인 내정간섭으로 인해 관직과 권력을 잃었던 마오쩌둥은 1934년 대장정으로 내몰리고 더 많은 전략적 실수들을 범한 뒤에야, 변방에서 농민 게릴라군을 조직하고 이를 탁월한 리더십으로 이끌면서 드디어 혁명의 본 궤도에 오르게 된다.

마오쩌둥은 중공업에 초점을 둔 소련의 경제발전 모델을 도입하려 했지만 1950년대 중반경 이에 대한 의구심을 가지게 된다. 결국 예전처럼 소련과의 불안한 관계가 이어지면서 신랄한 논쟁과 함께 무력 충돌까지 발생했는데 마오쩌둥은 국가 수뇌부들을 방문할 때마다 소련 팽창주의를 '패권주의'라 칭하며 그 위험성에 대해 몇 시간이고 강의를 늘어놓았다. 반면 소련의 '사회주의적 제국주의'가 평화에 가장 큰 위협이 된다는 믿음으로 인해 그는 미국에 대해서는 보다 긍정적인 시각을 가지게 된다.

마오쩌둥은 무소불위의 권력을 행사했지만 권위의 함정에 빠지지는 않았다. 아마도 그는 경외심과 신비감을 유지할 목적으로 대중 앞에 거의 모습을 드러내지 않았으며, 게릴라 투쟁 기간 동안 마련한 단순한 기준에 따라 화려한 복장이나 훈장을 삼갔다. 어떤 행사에서든 간에 그는 목까지 단추가 달린 회색 튜닉과 바지를 입었다. 이 복장은 서구 세계에 '마오 슈트'라고 불리며 1970년대 들어서 유행하는 패션이 되기도 했다.

마오쩌둥의 헌신, 강인함, 그리고 신중함은 그가 권력을 잡는 과정에서 겪은 쓰라린 개인적 경험들의 산물이었을 수도 있다. 그의 누이와 두 번째 아내는 1930년 국민당 지도자였던 장제스에 의해 처형되었으며, 동생은 대장정 중 사망했다. 또 다른 동생은 1943년 신장(新绛)에서 처형되었고, 마오쩌둥의 장남은 한국전쟁에서 사망했다. (마오쩌둥은 4번 결혼했는데, 38년을 같이한 4번째 부인 장칭(江靑)이 미망인으로 남았다. 장칭은 말하는 데 거침이 없고 때로는 독설을 내뱉는 성품으로, 자신이 마오쩌둥의 가장 충실한 신봉자임을 자처한다고 알려져 있다.)

전기 작가 스튜어트 슈램의 말을 빌리자면 마오쩌둥은 "필요하다고 판단될 경우 언제든지 폭력을 사용하는 데에 주저함이 전혀 없었다." 또한 1920년대 후반 그가 주도한 농민 봉기에 관해서 남긴 가장 유명한 구절 중 하나는 다음과 같았다.

"혁명은 사람들을 저녁 식사에 초대하거나, 글을 쓰거나, 그림을 그리거나 자수를 놓는 것과는 다르다 … 혁명은 폭동이며, 한 계급이 다른 계급의 권위를 전복시키는 폭력적인 행위이다. 직설적으로 말하자면 모든 지방에 일시적인 공포정치를 실시하는 것이 필요하다."

마오쩌둥은 1893년 12월 26일, 중국 중부의 후난성에 있는 사오산(韶山) 마을의 논밭과 낮은 언덕으로 둘러싸인 기와집에서 태어났다. 그의 부친 마오이창(毛贻昌)은 키가 크고 튼튼한 체구에 근면하고 검소했지만 독재적이고 고압적인 인물이었다. 마오쩌둥은 아버지에 대해 열심히 일해 저축을 하고 작은 장사를 통해 땅이 없는 퇴역군인에서 "부유한 소작농"이 되었던 사람이라고 묘사한 적이 있다. 모친 원커메이(文素勤)는 집안일과 밭일을 도맡아 하던 강건한 여인이었다. 불교신자였던 그녀는 남편의 가부장적인 엄격함과는 달리 자녀들에게 따뜻한 마음으로 애정을 베풀었으며 기근 동안에는 남편이 보고 있지 않을 때를 틈타 구걸하러 온 가난한 사람들에게 음식을 나눠주고는 했다.

마오쩌둥이 태어났을 당시 중국은 마침내 제국이 해체되는 혼란한 시기였다. 베이징에서 황제를 대신하여 군림하던 관료들은 국력의 쇠퇴와 외세의 침입을 막지 못하고 속수무책인 듯했다. 중국에는 이렇다 할 산업이 없었고, 인구의 85%에 달하는 소작농들은 가난과 무지에 빠져있었으며, 굶주림과 지주의 터무니없는 요구에 끊임없이 시달렸다.

마오쩌둥의 부친은 겨우 6살이었던 마오쩌둥에게 논농사 일을 시켰고 그와 두 남동생을 자주 때렸으며, 고기나 달걀은 절대 주지 않고 최소한의 빈약한 음식만 먹였다. 그러나 16살이 되자 마오쩌둥은 부친의 반대를 무릅쓰고 장이 서는 분주한 마을에 있는 현대식 학교에 등록하여 실제적인 지식들을 배우고 정치 의식을 싹 틔우기 시작했다. 더불어 신문을 통해 19세기 후반의 민족주의 개혁가들에 대해 알게 되었으며 '세계의 위대한 영웅들'이라는 책에서는 워싱턴과 나폴레옹에 대해 읽었다.

1918년 24세의 나이로 베이징으로 향한 마오쩌둥은 중국 현대사의 결정적인 순간과 함께하게 된다. 1911년 마침내 청(淸) 왕조가 붕괴된 후, 지식인들은 조국을 부흥시키기 위해 가장 최신이면서도 강력한 묘책을 찾아 서구적 '주의'들을 하나씩 탐구해보고 있었다. 그가 후에 기록으로도 남겼듯이 마오쩌둥이 베이징에 당도했던 순간은 러시아 '10월 혁명의 구세주들'이 마르크스주의를 중국으로 가져오고 있던 바로 그 시기였던 것이다.

그 후 몇 년 동안 마오쩌둥은 급진적인 학생 단체를 구성하고 두 종류의 대중신문을 발행하는 일에 뛰어들었는데 결국 지방 군부에 의해 폐간되었으며, 1921년에는 마오쩌둥과 더불어 각 지역의 대표단 11명이 중국 공산당을 결성하기 위해 상하이에 모였다. 그렇게 새로운 열정으로 충만하여 후난성으로 돌아온 마오쩌둥은 정통 마르크스주의적 방식으로 노동조합과 파업을 이끌기 시작한다. 드디어 혁명가라는 자신의 천직을 발견한 것이었다.

처음에 공산주의자들은 집권 국민당과 동맹을 맺었지만, 1927년 장제스가 국공합작을 깨며 공산주의자들을 공격하기 시작했고 결과적으로 수천 명의 사람들이 학살당했다.

그해 가을 마오쩌둥은 소규모 지원군을 이끌고 징강산(井岡山)으로 향했다. 그곳은 마치 이야기책에나 나올 법한 모습으로 험준한 산자락에 있는 몇 개의 자그마한 마을들에는 산적 무리들이 머물고 있었다. 마오쩌둥은 이 산적들과 동맹을 맺은 뒤, 소작료를 깎아주는 대가로 소작농들을 자신의 세력으로 끌어들였다. 그 결과 1천여 명에 불과하던 병사들이 1934년경엔 10만 명의 군대로 탈바꿈했다.

1934년 10월 15일, 수적으로 훨씬 우세했던 공산군은 국민당 군대의 포위망을 돌파하며 대장정을 시작했다. 1년여 동안 약 9,660km에 달하는 거리를 행군한 끝에 2만 명 정도만이 중국 북서부 산시성에 있는 새로운 기지에 도착할 수 있었다. 온갖 고난에도 불구하고 이 대장정은 공산주의자들을 구원하고 오히려 더 돈독히 결속시키는 계기가 된다. 즉 그들은 대장정을 통해 무적의 전설, 게릴라 정신, 확고한 규율과 단합, 그리고 새로운 지도자 마오쩌둥을 얻게 되었던 것이다.

민족주의자가 아닌 공산주의자를, 1931년 중국을 침략한 일본에 대한 저항세력의 화신(化身)으로 인식시킨 마오쩌둥의 전략은 결정적이었다. 마오쩌둥은 일본군에 대항하는 척하면서 공산당 세력의 영토를 중국 북부 전체로 확장할 수 있었던 것이다. 1945년, 전쟁이 끝날 무렵 공산주의자들의 부대는 1억 명의 인구가 살고 있는 지역에 걸쳐 1백만여 명에 이르는 강력한 집단으로 커져 있었다.

1946년에 발발한 공산당과 국민당 간의 내전에서 장제스는 승리를 과신했다. 그에겐 미국이라는 지원군이 있었고, 마오쩌둥의 승리를 바라지 않던 스탈린은 의도적으로 중립을 유지했으며, 무엇보다도 수적으로 4배의 우위를 차지하고 있었기 때문이다. 그러나 장제스의 군대는 부정부패와 살인적인 인플레이션, 그리고 무능한 장교단으로 의해 처참히 패배했다.

1947년 중반경 국민당군의 수적 우위는 4배에서 2배 정도로 줄어들었고, 1948년 중반에는 거의 대등해졌다. 이에 국민당 장군들은 무더기로 항복하기 시작하면서 1년 이내에 승패는 판가름났다.

최고의 순간은 1949년 10월 1일, 공물을 바치던 자들이 황제를 알현하기 위해 바닥에 엎드리던 천안문의 높이 솟은 발코니에 55세의 마오쩌둥이 올라서서 중화인민공화국을 선포한 순간이었다.

사람들의 행렬이 황동으로 장식된 주홍색 문 앞을 가득 채웠다. 고비에서 불어오는 바람으로 공기는 차가웠다. 마오쩌둥은 장식이 없는 납작한 모자를 쓰고 회색 튜닉과 바지를 입은 채 동료 저우언라이(周恩來),그리고 주더(朱德)와 함께 서 있었다. 그 아래에서 군중들은 엄청난 함성으로 이렇게 외치고 있었다. "마오쩌둥께서 1만 년을 사시기를(만세)!"

그러나 마오쩌둥은 생의 마지막 순간, 자신이 떠난 후에 어떤 상황이 펼쳐질지 확신할 수 없었다. 1965년 그가 미국 언론인 에드거 스노에게 말했듯이 1천 년 내로 마르크스와 레닌 또한 "터무니없는 사람으로 여겨질지도" 모르는 것이었다. 작년, 죽음만을 기다리고 있던 저우언라이에게 보내는 시에서 마오쩌둥은 이를 더욱 비통한 마음으로 표현했다.

> 이제 나라는 붉은색으로 물들었는데,
> 누가 이 나라를 지킨단 말인가?
> 끝나지 않은 우리의 사명은
> 천 년이 걸릴지도 모르는데.
> 투쟁은 우리를 지치게 만들었고,
> 이제 우리의 머리는 희끗희끗해졌다.

이 시는 이렇게 마무리된다. "당신과 나, 오랜 친구들, 우리는 우리의 노력이 물거품이 되어 사라지는 것을 지켜볼 수밖에 없는 것인가."

안와르 엘 사다트

1918년 12월 25일~1981년 10월 6일

카이로—이집트의 안와르 엘 사다트 대통령이 오늘 총격으로 피살됐다. 대 이스라엘 항전(1973년)을 기념하는 열병식을 지켜보던 그에게 군복을 입은 한 무리의 괴한들이 수류탄을 던지고 소총을 발사한 것이다.

외교 문제에 대한 과감한 결정들, 특히 1977년 평화협정을 위해 적진 이스라엘을 전격 방문하는 결정으로 명성을 얻은 사다트 대통령의 삶은 암살자들의 총알로 인해 그렇게 막을 내렸다.

1970년 가말 압델 나세르의 사망 후 임시 통치자로서 처음 권력을 잡았었던 62세의 사다트는 이내 자신만의 정권을 수립하고 단독으로 이집트를 통치하기 시작했으며 가난한 이집트를 20세기 후반의 시대에 동참시키는 데에 열중했다. 또한 이를 추진하기 위해 소련과의 동맹을 포기하고 서방 세력을 포용하는 정책을 펼쳤다.

그러나 그의 통치는 오늘 갑작스럽고 폭력적으로 끝나버렸다. 제트 전투기가 머리 위로 날아오르던 순간, 살인범들은 수천 명의 사람들이 경악하는 가운데 사열대(査閱臺)를 향해 총을 난사했다.

윌리엄 E. 패럴 기자

에릭 페이스 기자

"사다트! 사다트!" 수만 명의 카이로 시민들은 무개 리무진 위에서 웃고 있는 사람을 향해 소리쳤다. "사다트! 평화의 남자!" 1977년 11월 21일 밤이었다. 안와르 엘 사다트 대통령은 예루살렘을 향한 기념비적인 여정에서 막 돌아온 참이었다. 이집트 국민들은 그 여정을 통한 성취, 즉 1979년 평화협정을 위한 국면을 마련한 이집트-이스라엘 간의 해빙기 도래에 열광적으로 환호했다.

사다트가 중동 역사에서 이런 촉매 역할을 할 수 있었던 것은 평범해 보이는 아랍 장교였던 그를 강력한 통치자로 만들어 준 용기와 유연성 덕분이었다. 다른 아랍 지도자들과는 달리 그는 번뇌로 가득 찬 아랍 정계에서는 생각할 수도 없었던 일들에 착수하면서 적국인 이스라엘에게까지 평화의 손길을 내밀었으며, 이스라엘을 주권 국가로서 받아들이겠다는 의지를 표명할 만큼 대담했다. 또한 미국의 카터 대통령과 레이건 대통령, 그리고 이스라엘의 메나헴 베긴 신임 총리와 함께 화해 관계를 유지하는 데에도 성공했다.

그러나 사다트가 이스라엘에 대한 투쟁의 연대를 배신한 것으로 생각한 팔레스타인과 다른 아랍 국가들은 그를 향해 엄청난 분노를 표출했다. 게다가 그는 자신의 가난하고 혼란스러운 조국의 반체제 인사들도 잠재우지 못했다.

예루살렘을 방문하기 11일 전, 사다트는 카이로에서 발표한 성명서를 통해 평화를 위해서라면 "세상의 끝"까지 갈 준비가 되어있다고 천명했다. 이에 이스라엘 정부는 사다트가 예루살렘에 오는 것을 환영한다고 알렸고, 여전히 전쟁 중이었던 두 나라 사이에 복잡한 협상이 오고가야 했지만 결국 사다트는 예루살렘으로 향했다. 수 시간 후 그는 침묵을 지키고 있는 이스라엘 의회에 이렇게 말했다. "여러분이 이 지역에서 우리와 함께 공존하고 싶다면, 진정으로 말하건대 우리는 모든 안전을 보장하며 여러분들을 환영할 것입니다."

훗날 사다트는 자신의 유연한 사고방식은 1947년과 1948년 정치범으로 카이로 중앙 교도소 독방에 갇힌 경험에서 비롯되었다고 말했으며 자신의 회고록 '정체성을 찾아서'에도 다음과 같은 구절을 남겼다. "그 외딴 곳에서 나는 삶과 인간의 본성에 대해 깊이 생각해보았고, 결국 스스로 생각의 구조 자체를 바꿀 수 없는 사람은 현실을 바꿀 수 없으며, 따라서 아무런 발전도 이룰 수 없다는 깨달음을 얻었다." 이러한 변화를 만들고자 하는 의지의 힘으로 사다트는 1979년 3월 26일 백악관에서 이스라엘의 베긴 총리와 함께 평화조약에 서명하기에 이르렀던 것이다. 합의에 도달하기 전, 양국의 대표는 긴 협상 과정을 거치는 와중에 1978년 노벨 평화상의 공동 수상자가 되기도 했었다.

이 조약은 이스라엘이 1967년 전쟁을 통해 점령한 시나이 반도 전체를 단계적으로 이집트에게 돌려줄 것을 조건으로 했으며 요르단강 서안지구에 대한 이스라엘의 통치권은 유지하되, 앞으로 팔레스타인계 아랍인들에게 자치권을 허용하는 방안을 모색해야 한다는 단서도 붙었다. 협상 과정에서 이집트와 이스라엘 정부는 각각 미국의 닉슨 및 카터 행정부의 도움을 받았는데, 사다트와 여러 차례 회의를 가졌던 헨리 A. 키신저는 그에 대해 이렇게 평가했다. "이 이집트의 리더는 위대한 정치가로서 통찰력과 용기를 겸비한 인물이다. 그는 모두가 회의적으로 생각하던 전쟁에 뛰어드는 과감함을 지녔고, 이후 즉각적인 평화 수립을 위해 온건한 태도를 보였으며, 수십 년 동안 굳어진 태도를 바꿀 수 있는 지혜를 가졌다."

사다트는 이스라엘과 미국을 상대하

면서 서로가 서로의 의견에 반대하는 것이 어렵게 느껴지도록 유화적인 분위기를 조성하려 애썼다. 그가 이런 기술을 가장 대담하게 발휘한 것은 바로 예루살렘을 방문했을 때였다.

그러나 그의 유화적인 태도와 평화 조약에 대해 많은 아랍 지도자들은 증오와 욕설을 퍼부었다. 특히 이 조약에는 팔레스타인을 독립적인 국가로 인정받게 해줄 완전한 자치권 부여에 대한 기한을 설정하지 않았기 때문에 그들을 더욱 분개하게 만들었다.

원래 이 자치권은 최소한의 요구 조건이었으나 협상 중에 어쩔 수 없이 양보하게 되면서 사다트는 사실상 아랍 세계에서 고립되고 만다. 사우디아라비아의 지도자들은 이집트에 대한 원조를 삭감했고, 이로 인해 이집트는 그 어느 때보다도 미국의 원조에 의존하게 되었다. 사다트는 미국 정부로부터 정신적·정치적 지원과 더불어 대규모의 경제적·군사적 지원 또한 받았고, 1975년에는 이집트 대통령 중 처음으로 미국을 공식 방문했다.

이스라엘과 4차례의 고통스럽고 치열한 전쟁을 겪었던 4천만 명의 이집트인 대다수는 평화협정을 열렬히 반겼으며, 타결 당시 이를 지지하는 거대한 인파가 피켓을 흔들고 장미 꽃잎을 뿌리며 축하했다. 이 조약에 따라 이스라엘의 민간인들과 군대는 시나이 반도에서 3년으로 명시된 철수 과정을 밟고 있으며, 3분의 2는 공식 비준 문서 교환 후 9개월 뒤에 이미 반환된 상태다. 이런 이스라엘의 철수에 대한 대가로, 사다트는 평화를 수립하는 데 동의했던 것이다. 9개월간의 조기 철수가 끝난 후 두 정부는 '정상적이고 우호적인 관계'를 취하고 있었으며 마지막 단계는 내년 4월로 예정되어 있다. 사다트는 서명식에서 "이것은 정말로 내 인생에서 가장 행복한 순간 중 하나"라며 감격하는 모습을 보였다.

정책 분야에서 그가 이루어낸 또 다른 변화는 1972년 7월, 이집트에 있는 2만 5천 명의 소련 군사 전문가 및 자문단의 철수를 명하면서 오래 전부터 친소련 입장을 고수했던 나세르의 그림자에서 탈피한 것이었다.

사다트는 이스라엘이 미국으로부터 전면적인 지원을 받는 동안 아랍인들이 계속해서 소련과 긴밀한 관계를 유지하는 한, 이스라엘과의 대결에서 결코 만족스러운 결과를 얻지 못할 것이라는 결론을 내린 뒤에 워싱턴과 모스크바에 대한 외교 전략에 변화를 주고자 했다.

사다트가 이처럼 재빠른 정책 변화를 꾀할 수 있었던 것은 그의 대통령 재임기 거의 내내 국내에 이렇다 할 도전 세력이 없었기 때문이기도 했다. 직업 장교이자 나세르와 오랜 시간 절친한 친구 사이였던 사다트는 1969년 부통령으로 지명되었고, 이후에는 유일한 합법 정치 조직인 아랍 사회주의 연합 소속 의원들의 거수기 투표로 대통령에 당선되었다. 그는 1971년 봄부터 쿠데타를 미연에 방지하고 자신의 반대 세력들을 체포함으로써 권력을 강화하고 확대하기 시작했다.

사다트는 그에게 신비한 유대감을 느낀 이집트 국민들에게 인기가 높았다. 그는 자랑스럽게 스스로를 "나일 강 강둑에서 나고 자란 농부"라고 불렀다. 대통령 임기 초기에 전임자 나세르가 1952년 군주제를 무너뜨린 장교들의 봉기 후 수년 동안 권력을 유지하기 위해 의존했던 수많은 경찰국가적 제도들을 폐지한 사다트는 1973년에는 이집트군에게 수에즈 운하를 건너도록 명령함으로써 국가적 자긍심을 높이기도 했다. 당시 이집트군은 요르단강 동안지구에 위치한 이스라엘 요새를 빠르게 장악했으며 이스라엘군의 반격에도 불구하고 이런 자신감은 계속 이어져 서안지구에도 대규모의 탱크 부대를 주둔시키는 성과를 올렸다.

모하메드 안와르 엘 사다트는 1918년 12월 25일, 카이로와 알렉산드리아 사이의 진흙 벽돌집 마을인 미트 아불콤에서 태어났다. 그는 하급 공무원이었던 부친 모하메드 엘 사다트의 13명의 자녀 중 하나였으며, 모친의 조상 중에는 수단인이 있었는데, 그 유전자가 아들의 피부로 나타나 사다트의 피부는 보통 이집트사람들보다 더 어두운 색이었다. 어린 사다트의 첫 학교 교육은 이슬람교 성직자에게 맡겨졌고, 이 성직자는 그의 마음에 깊은 이슬람 신앙을 심어주었다.

그 세대의 다른 이상주의적인 이집트인들과 마찬가지로 사다트는 19세기 후반부터 이집트에 군대를 주둔시킨 영국의 통제로부터 조국이 해방되기를 바랐다. 장교가 되기로 결심한 그는 왕립 육군 사관학교에 입학했으며, 1938년 졸업 후에 배치된 수도 인근의 부대에서 뜻있는 장교들을 중심으로 영국에 대항하는 무장반란 조직을 구성하는 데 적극적으로 참여하기 시작했다.

제2차 세계대전이 발발하자 사다트 대위는 카이로에 있는 나치 요원들과 접촉했는데, 나중에 그들이 체포되었을 때 사다트와의 접촉을 암시한 탓에 감옥에 투옥되고 만다. 이후 탈옥을 감행하고 일정 시일이 흐른 1950년, 다시 군으로 복귀하게 된 사다트는 오랜 친구였던 나세르 중령을 중심으로 규모와 힘을 키운 반체제 장교들의 은밀한 네트워크로부터 도움을 받아 곧 소령으로 진급된다.

당시 나세르는 오랫동안 기다려온 파루크 국왕을 향한 봉기가 마침내 곧 일어날 것이라고 말하며 사다트에게 1952년 7월 22일 카이로에서 만나자는 전갈을 보낸다. 나세르는 그 장소에 나타나지 않았지만, 그날 저녁 사다트 소령은 작전이 밤에 시작될 것이며 혁명가들과 합류하라는 지시가 담긴 나세르의 메모를 발견했다. "가슴이 뛰었다." 사다트는 이렇게 회상했다. "입고 있던 민간인 복장을 찢어버리고 군복을 급히 걸친 나는 5분 만에 운전대를 잡고 있었다." 이

읔고 육군본부를 점령한 나세르는 사다트에게 그날 새벽 카이로 라디오를 장악하고 쿠데타 성공을 발표하라고 명령했다. 이 혁명은 파루크 국왕의 추방, 이집트 내 영국군 철수, 그리고 나세르 대통령의 등장으로 이어졌다.

당시 부통령으로 임명되었던 사다트는 나세르가 심장마비로 사망하자 자동적으로 대통령 권한대행이 된다. 처음에는 특유의 미소와 화려한 의상, 그리고 공허하게 들리는 이스라엘과의 전쟁공약 남발로 강하고 결단력 있는 지도자로 보이지는 않았으나 사다트는 국민들이 원하는 것을 직관적으로 알아채는 능력을 보여주면서 인기를 높였다. 그는 사람들이 두려워 하던 비밀경찰의 권력을 대폭 줄이고 소련 군사 전문가들을 축출했으며, 1973년 초에는 이스라엘의 전쟁을 선포했다.

모스크바가 시나이에 대한 이집트의 제한적 침공을 승인하고 소련제 무기가 확충되자 사다트는 10월 6일 공격 명령을 내렸다. 이집트군은 운하를 건너 진격했고, 시리아군 역시 함께 이스라엘을 공격했다. 뒤이어 벌어진 전투에서 시리아군이 물러서자 이스라엘군은 수에즈 운하를 에워싸고 운하 서쪽에 교두보를 확보하면서 더욱 맹렬히 반격했다.

이 전쟁으로 인해 미국 정부는 중동 내 긴장 완화를 위해 더욱 노력해야만 했다. 키신저가 방문했을 때 사다트는 다음과 같은 소감을 남겼다. "우리는 '평화협상 절차'라고 부르기 시작한 것을 발전시키고 결실을 보기 위한 상호 이해의 관계를 시작했다." 당시 키신저는 이집트와 이스라엘 간의 철수협정을 마련했으며, 이를 통해 이집트는 시나이 반도의 일부분을 되찾을 수 있었다.

1974년 1월 서명된 이 협정 후, 1975년 9월 이집트-이스라엘 간 두 번째 제한적 합의가 뒤따랐다.

이후 새로운 접근법이 필요하다고 생각한 사다트는 예루살렘을 방문을 전격 실행한다. 비록 이스라엘이 아랍 점령지에서 철수해야 하고 팔레스타인의 권리를 인정해야 한다고 계속 주장하기는 했으나, 이스라엘 의회에서 "여러분을 환영하고자 하는" 이집트의 마음이 "결정적인 역사적 전환기"에 이르렀다고 천명하면서 최초의 이집트-이스라엘 고위급 평화협상을 이끌어냈다.

협상의 교착 상태가 계속되던 중, 사다트는 1978년 9월 카터 대통령이 중재한 캠프 데이비드 회의에서 베긴 총리와 만났다. 2주간의 회담 끝에 "평화를 위한 뼈대"라는 개념에 대한 합의가 이루어졌다.

1979년 3월 13일, 카터는 예루살렘에 이어 카이로를 연달아 방문해 또 다른 교착상태를 깨기 위한 타협안을 제시했다. 그달 말 사다트와 베긴은 조약에 서명하면서 30년에 걸친 이집트-이스라엘 적대 관계를 종식시켰다. 사다트는 예언자 이사야의 말을 인용해 "칼을 쟁기로 만들고, 창이 가지를 치는 낫이 되는 날이 올 때까지 함께 일합시다"

라고 말했다. 그러나 이에 대한 항의의 표시로 아랍 17개국은 사다트 정부에 대해 정치적·경제적 제재를 가하기 시작했다.

사다트의 인기는 1967년 전쟁에서 이집트가 처참히 패배한 이후 재앙의 문턱에 있는 듯했던 경제상황을 호전시킨 덕분이기도 했다.

사다트 대통령과 미국, 이스라엘과의 관계는 평화조약 서명 후 수개월 동안 상대적으로 조화롭게 유지되었다. 베긴 총리가 933평방 킬로미터에 해당하는 시나이 반도를 일정보다 앞당겨 이집트에 반환한다면 그 선의는 결실을 맺을 것이었다. 그러나 수개월 동안 계속된 이집트-이스라엘 협상에도 요르단강 서안지구와 가자지구 내 팔레스타인인들의 자치권에 대한 실질적인 진전은 이뤄지지 않았다.

1980년 초 사다트와 베긴 간의 몇 차례 추가 회담은 결말 없이 끝나기는 했지만 이스라엘군은 약속대로 시나이 반도의 3분의 2지역에서 철수했고, 이스라엘-이집트 국경개방 선언 등 긍정적인 신호도 이어졌다.

새로운 10년이 지나가는 동안 사다트 대통령은 그의 정책에 확신을 가진 듯했다. 그러나 카이로가 아랍 세계에서 고립된 것은 괴로운 일이었고, 워싱턴이 주는 식량, 자금, 그리고 무기에 거의 전적으로 의존하게 된 점 또한 불안감의 근원이었다. 인플레이션은 연간 30%의 비율로 높아지고 있었고, 주변국의 탄압은 점점 심화되는 기미를 보였으며, 요르단강 서안 점령지에 정착촌을 늘리려는 이스라엘의 정책으로 비관론이 심화되었다.

사다트는 이혼한 첫 번째 부인과 3명의 딸을, 그리고 두 번째 부인 지한과 4명의 자녀를 두었다. 생의 마지막 몇 달간 그의 통치에 대한 내부의 반대가 계속 표출됐다. 지난 6월에는 사다트 체제를 전복하려는 음모에 대한 검찰의 보고가 돌기도 했다. 8월 3일 이집트와 이스라엘은 평화 협정을 감시하는 국제 평화 유지군을 시나이 반도에 주둔시키는 합의서에 서명했다. 8월 25일과 26일, 다시 회동을 가진 사다트와 베긴은 관계 정상화를 지연시킨 문제들을 해결하고자 했다. 이후 사다트는 국내 문제로 관심을 돌렸다. 그는 엄중한 단속을 통해 대부분 무슬림 과격분자였던 총 1천 6백 명의 반대파 인사들을 구금하며 이제 이집트 내의 모든 무질서가 종식됐다고 단언하기도 했다.

그러나 사다트를 오랜 기간 관찰한 이스라엘의 전문가들은 이미 사다트의 집권이 곧 끝날 수도 있다는 가능성을 제기했었다. 특히 이스라엘군 참모총장 라파엘 아이탄 중장은 "이집트에는 여러 문제가 있으며, 사다트 대통령이 떠나고 모든 것이 끝나버릴 가능성이 있다"는 암울한 전망을 내놓았었다.

히로히토

1901년 4월 29일~1989년 1월 7일

수잔 키이라 기자

도쿄—제2차 세계대전 당시 지도자들 중 마지막 생존자이자 일본에서 가장 오랜 기간 재위한 황제 히로히토(쇼와)가 오늘 황궁에서 사망했다. 향년 87세.

62년의 통치기간 동안 히로히토는 일본 근현대사에서 가장 격동적인 시대를 주재했다. 물론 그 이전의 황제 123명 대부분과 마찬가지로 그는 행동을 취하기보다는 주로 지켜보는 쪽을 더 많이 택하긴 했지만 말이다. 그의 통치기간 동안 일본은 군국주의를 받아들였고, 아시아의 여러 지역들을 정복하며 연합군과 전쟁을 벌였다. 또한 세계 최초로 원자폭탄이 일본에 투하된 뒤 고통스러운 재건을 거쳐 불과 40년 만에 세계에서 가장 활발한 경제 강대국이 되었다.

히로히토는 사망하기 1년여 전부터 건강이 악화되어왔으며 지난 3개월이 넘는 기간 동안은 침대에만 누워있어야 했다. 황제의 자리가 잠시라도 비어있으면 안 된다는 일본의 전통적인 법령에 따라, 히로히토의 아들인 55세의 황태자 아키히토가 즉시 일본의 125대 황제 자리에 올랐다.

일본 궁내청의 최고 간사(幹事) 쇼이치 후지모리가 오전 7시 55분 일왕의 죽음을 발표했고, 그가 십이지장 암과 소장 암을 앓고 있었다고 밝혔다. 일왕의 수석 주치의 타카기 아키라는 오늘 오전 기자들에게, 1987년 9월 췌장 수술을 통해 히로히토의 암을 처음 발견했다고 밝혔는데, 당시 그 수술은 역사상 일본 황제에게 시행된 최초의 수술이었다. 그러나 의사들은 히로히토가 이를 알지 못하도록 거짓말을 했다고 아키라는 덧붙였다. 일본에서는 일반적으로 암 환자에게 발병 사실을 알리지 않는다.

히로히토의 사망 소식이 전해지면서 도쿄 전역의 많은 일본인들은 집이나 사무실 건물에 국기를 내걸었으며 한 노년의 여성은 초밥집 밖에 조기(弔旗)를 게양했다. 라디오 방송에서는 클래식 음악이 흘러나왔고, 사람들은 황궁 근처로 모여들었다. 경찰은 혹시 모를 반(反)황실 시위나 열렬한 일왕 추종자들의 자살을 막기 위해 대규모의 폭동 진압 요원들을 곳곳에 배치시켰다.

일본 공영 방송 네트워크 NHK에 따르면, 쇼와 일왕의 장례식은 그의 부친인 다이쇼 일왕 때와는 달리 신도(神道) 의식을 따르지 않을 것이라고 한다. 다이쇼 일왕 이래 일본은 새로운 민주 헌법을 도입했기 때문에, 일본 정부는 쇼와 일왕의 사망과 아키히토의 승계에 대한 모든 의식이나 행사들을 과거 신도 국교 시절과 다르게 실시할 것을 원하고 있다는 전언이다.

그러나 여전히 많은 전통들이 이행되고 있었다. 오늘 오전 황궁에서는 다케시타 노보루 총리와 내각 관료들, 입법부 대표들과 기타 관계자들이 예복을 입을 채 간결하고 전통적인 황제 승계 의식을 지켜보았다. 이 의식에서 새로운 일왕은 일본의 신성한 2가지 물품—칼 한 자루와 보석—과 더불어 제국 인장과 국새를 건네받았다.

이제 일본인들은 사망한 일왕에게 부여되었던 이름인 쇼와(Enlightened Peace; 밝은 평화) 시대의 종식을 기리고 있다. 쇼와는 1926년 12월 25일, 히로히토가 25세의 나이로 부친 다이쇼 일왕을 승계했을 때 정해진 연호였다.

쇼와 일왕이 왕위에 올랐을 때, 일본 국민들은 그를 일본 열도를 만든 태양의 여신 아마테라스의 자손으로 숭배했다. 일본 신화에 따르면 아마테라스의 창에서 떨어진 물방울로 일본 열도가 창조되었다고 한다. 이런 신화에 기반한 군국주의 선전에 고취된 2백만 명이 넘는 군인들이 쇼와라는 이름 아래 사망했다. 그러나 1945년 8월 15일, 일본인들이 라디오를 통해 처음으로 황제의 목소리를 듣게 되면서 이런 신화들은 산산조각이 났다. 일본의 항복을 선언한 히로히토는 자국민들에게 "견딜 수 없는 상황이겠지만 그래도 견뎌 달라"고 읍소했다. 이로부터 5개월 뒤 그는 2번째 방송을 통해 일본의 주권은 국민들에게 있으며 황제는 신성한 존재가 아니라고 말하며 이른바 '인간선언'을 했다.

이에 따라 히로히토의 뒤를 이은 아키히토는 제2차 세계대전이 끝나고 미국의 점령 아래, 입헌 민주주의 국가로 탈바꿈한 일본에 즉위한 최초의 황제이자 증조부인 메이지 일왕 치하에 신문물을 받아들이고, 낡은 봉건제를 버리면서 산업 발전을 시작한 120년 전 이래 4번째로 즉위한 황제가 되었다.

히로히토가 투병 중이라는 사실이 알려지면서 일본은 이미 그의 죽음에 대비하고 있었지만 2년 전까지만 해도 그는 해양 생물학을 연구하거나 정원을 산책하면서 활기찬 생활을 했으며 일년에 몇 번은 황궁 발코니에 모습을 드러내 대중들에게 손을 흔들기도 했다.

그러나 1987년 9월 췌장 수술을 받은 후 건강을 회복하는 듯하던 히토히토는 작년부터 점점 야위어 갔고, 몇 차례의 공개 행사를 취소해야 했다. 작년 9월 19일 밤에 그가 피를 토하자 일본 전역에 그에 대한 극진한 간호가 생중계되기 시작했으며 기자들은 황궁 밖에 진을 치고 황제가 사망하기 직전까지 그의 체온, 혈압, 맥박, 호흡수를 보도했다.

히로히토의 상태가 점점 악화됨에 따라 공무원들은 해외출장을 취소했고, 유명 인사들은 결혼식이나 여타 축하 행사들을 연기했다. 또한 전국의 도시들에서 예정되어 있던 가을 축제들도 취소됐다. 한동안 일본 전역의 시간이 멈춘 듯했다. 이제 대부분의 일본인들은 자신들이 알고 있었던 개념 속의 유일한 '천황'이 없는 삶을 생각하는 시간을 가져야만 한다.

모부투 세세 세코

1930년 10월 14일~1997년 9월 7일

하워드 W. 프렌치 기자

자이르의 오랜 독재자이자 공산주의 세력을 견제하는 방어벽을 구축하며 막대한 부를 축적한, 냉전시대의 마지막 통치자 모부투 세세 세코가 어제 전립선 암과의 긴 사투 끝에 망명지인 모로코의 라바트에서 사망했다. 향년 66세.

모부투는 평생의 숙적이던 로랑 데지레 카빌라가 주도한 7개월간의 반란 끝에 지난 5월 권력에서 밀려났다. 통치 기간 내내 자신은 전임 대통령이 되느니 차라리 사망한 현직 대통령이 되겠다고 맹세했던 모부투는 자이르라는 나라는 자기 이전에는 존재하지도 않았고 자기 없이는 존속될 수도 없다고 주장하곤 했다.

카빌라의 군대는 모부투의 첫 번째 맹세는 거짓말로 만들었으나, 아이러니하게도 두 번째 주장은 사실로 만들어 준 셈이 됐다. 왜냐하면 모부투 대통령이 도주하고 수 시간 후에 자신이 대통령이 되었다고 선언한 반군 지도자 카빌라는 첫 공식 업무에서 1971년 모부투가 자이르라고 바꿨던 국가 명칭을 콩고 공화국으로 다시 되돌렸기 때문이다. 콩고는 모부투 이전에 벨기에 식민지 개척자들이 붙인 이름이었다.

프랑스는 모부투 대통령과 끝까지 긴밀한 관계를 유지했지만 그의 망명은 거부했다. 마찬가지로, 오랫동안 냐싱베 에야데마의 독재하에 있는 서아프리카 국가 토고 또한 모부투가 그곳에 도착한 지 며칠 만에 그와 측근들에게 떠날 것을 요청했다.

결국 모부투를 받아들인 곳은 모로코였다. 그의 사망 직전 아내 보비 라다와와 아들 콩글루 모부투가 모로코를 방문해 임종을 지켰다고 전해졌으며, 이 밖에도 몇 명의 또 다른 자녀들이 그의 유족으로 남았다.

1965년 쿠데타로 권력을 장악한 후 아프리카 대륙의 전형적인 일당독재 국가를 만들었던 모부투는 폭력과 교활함, 그리고 국가 자금을 이용한 적대세력 매수 등을 통해 정치적 장수를 누렸다. 모부투의 힘을 상징하는 트레이드마크는 표범 가죽 모자와 손잡이 부분에 독수리가 조각된 나무 지팡이였다. 국고와 주요 산업에 대한 그의 체계적인 약탈 행위로 인해 '도둑정치(kleptocracy)'라는 용어가 생겨나기도 했다.

모부투가 무명의 군인에서 대통령에 이를 수 있었던 데에는 그를 중앙아프리카의 불안정과 공산주의 침탈에 맞서는 귀중한 동맹으로 인식한 미국 및 다른 서방 세력들의 도움이 컸다. 이러한 전략적 카드를 사용해 모부투는 자신의 광대한 조국이 서방의 의존국들과 반공 게릴라 운동에 대한 강대국들의 지원이 이뤄지는 활동 무대로 사용되도록 했다.

그 대가로 모부투는 서방 동맹국들에게 반란 진압을 요청할 수 있었으며, 아프리카에서 소련의 영향력을 봉쇄시키는 데 일조한 점과 엄청난 광물 자원 보유국이라는 자국의 지위를 통해 드와이트 D. 아이젠하워에서 조지 H. W. 부시에 이르는 미국 대통령들과 직접 접촉할 수 있었다.

그러나 1990년대에 이르러 아프리카를 비롯한 세계 각지에서 민주주의 정치라는 새로운 정신이 물결치게 되자, 모부투의 서방 후원자들은 그를 처치 곤란한 공룡쯤으로 여기기 시작했다. 결국 미국은 그를 멀리하면서 미국 방문 비자 발급을 거부했고, 자유 총선을 실시하라고 압박했다.

긴 공직생활 동안 식민지 경찰 정보원, 신문기자, 육군상사를 거쳐 참모총장, 군사 독재자, 그리고 최종적으로는 대통령의 자리까지 올랐던 모부투는 자신의 이름을 조제프 데지레 모부투에서 모부투 세세 세코 쿠쿠 그벤두 와 자 방가로 개명했는데, 이는 '인내와 승리에 대한 단호한 결의를 가지고 정복한 길 뒤에 불꽃을 남기는 전능한 전사' 정도로 번역된다는 것이 통설이다. ('모든 암탉을 감시하는 수탉'이라는 의미로 번역한 경우도 있다.)

더불어 그는 콩고라는 국가명도 자이르로 변경했었다. 자이르는 콩고에서 가장 큰 강의 원래 이름을 옛 포르투갈어 형태로 변형한 것이었으며 이 밖에도 유럽에서 유래된 지역명들이 모부투의 지시로 아프리카식 이름으로 대체되었는데 수도의 이름이 레오폴드빌에서 킨샤사로 변경된 것이 대표적인 사례였다.

또한 모부투가 추진한 "정통성" 운동은 자이르 사람들은 더 이상 기독교 이름을 사용하거나 피부를 하얗게 하거나 머리카락을 곧게 펼 수 없고, 라디오에서 거의 모든 장르의 외국 음악을 들을 수 없다는 것을 의미했다.

한편 집권 초기 모부투의 이데올로기는 경제적 민족주의 요소를 강하게 담고 있었기에 1973년, 자이르 정부는 외국 소유의 산업 시설과 대규모 농장을 국유화하기 시작했다. 이렇게 확보된 자산은 대통령의 최측근 동맹 세력들에게 나누어지면서 벼락부자 계층이 생겨났지만, 이로 인해 2년도 채 지나지 않아 한때 번영을 누렸던 국가 경제가 사실상 거의 붕괴되는 결과를 낳았다.

모부투에게 있어 정치 이데올로기 의 가장 중요한 측면은 아프리카의 전통적인 가치를 끌어들여 그의 전제 통치를 합법화하는 것이었다. 그의 말에 따르면 아프리카 조상들의 문화는 서구식 민주주의와는 양립할 수 없는 것이었다.

모부투가 서구의 강대국들로부터 환대를 받고 자이르의 방대한 자원인 구리, 코발트, 다이아몬드의 공급가격이 계속 높게 유지되면서 그의 전략은 성공하는 듯했다. 모부투는 50억 달러에 달하는 재산을 축적했고 세계 곳곳에 저택을 구입해 장기 휴가를 보내거나 쇼핑여행을 다녔다.

모부투는 1930년 10월 14일, 벨기에령 콩고의 리살라 북부에 위치한 한 마을에서 태어났다. 그바카 부족의 족장과 마마 마리 마들렌 예모와의 혼외 자식으로 태어난 그는 그 지역 벨기에 선교사들의 요리사였던 알베릭 베마니에게 아주 어릴 때 입양되었다. 어머니가 그 요리사와 결혼을 했던 것이다.

선교사들은 어린 모부투에게 프랑스어와 여타 과목들을 가르쳤고 학교에 진학하는 것을 도와주었다. 20세가 되었을 때 포스 피블리크라고 알려진 식민 군대에 기자로 합류한 모부투는 이후 상사로 진급된다.

그리고 1956년 전역한 뒤 레오폴드빌에서 발행되는 신문 '라브니르'의 칼럼니스트로 일하다가 1959년 식민지 행정부에 의해 브뤼셀로 파견된 모부투는 콩고 독립에 관한 브뤼셀 원탁회의에 참여할 수 있었고, 이때 은밀한 거래를 통해 벨기에 정보기관 측에 모종의 정보를 제공한 것으로 알려져 있다.

이후 모부투는 콩고의 수도를 휩쓸고 벨기에의 권력 이양 일정을 가속화한 독립 운동에 때맞춰 모부투는 레오폴드빌로 돌아왔으며, 1960년 콩고가 독립했을 때 새로운 총리 파트리스 루뭄바에 의해 육군 참모총장으로 지명된다. 좌익 성향의 열정적인 아프리카 민족주의자였던 루뭄바는, 독립기념일 연설에서 유럽인들로 인해 아프리카인들이 겪어야 했던 잔인함과 굴욕을 거침없이 비판해 벨기에 대표단을 놀라게 하기도 했다.

그러나 이 연설에서 가장 놀라웠던 부분은 2만 5천 명 규모의 포스 피블리크 부대를 지휘하던 벨기에 장교단을 해체하겠다는 루뭄바의 발표였다. 그때까지 이 부대에는 아프리카인 장교가 단 한 번도 존재한 적이 없었다. 이 조치로 인해 콩고는 분리 독립 시도들이 난무하는 격변의 시기를 겪게 된다.

특유의 정치적 수완을 보였던 모부투는 한동안 육군 참모총장이라는 직무에 적합한 인물인 듯했지만 결국 자신을 참모총장으로 지명했던 사람을 배신하고 만다.

1960년 9월 14일, 당시 대령이었던 모부투는 풍부한 구리 자원을 가진 카탕가—현재는 샤바라고 불린다—지역이 분리 독립을 위해 내전을 벌이고, 총리 루뭄바와 조제프 카사부부 대통령은 권력 투쟁에 묶여 있던 상황 속에서 콩고의 모든 정치 제도들을 '중지'시키며 전면에 나섰다.

다그 함마르셸드 유엔 사무총장은 1961년, 이 위기를 타개하기 위해 카탕가로 가던 도중 원인을 알 수 없는 비행기 추락 사고로 사망했는데, 이때 모부투 대령이 미 중앙정보국(CIA)의 지령을 통해 미국 정부로부터 강력한 지지를 받았던 것은 널리 알려진 풍문이다. 이후 모부투 대령이 권력을 잡자 미 정부는 그의 병사들에게 지급할 현금과 더불어 그가 콩고 전역을 돌아다닐 수 있도록 미국인 조종사가 딸린 제트기까지 제공했다.

실각한 루뭄바는 유엔의 레오폴드빌 감시단을 통해 피난처를 찾고자 했는데, 당시 레오폴드빌은 2개월이 넘게 모부투 대령의 병사들에게 포위당한 상태였다. 1960년 11월 27일, 수도에서 탈출한 루뭄바는 그의 충직한 지지자들과 다시 합류하고자 했으나, 모부투 대령의 요원들에게 붙잡혀 고문을 당했다. 그리고 카탕가로 이송되어 분리주의 지도자이자 그의 숙적인 모이스 촘베의 손에 넘겨진 루뭄바는 이후 알 수 없는 정황에서 사망했고, 시신 역시 발견되지 않았다.

1961년, 민간정부에게 공식적으로 권력을 이양한 모부투는 미 중앙정보부와 공조해 지역 내란을 진압하는 일을 맡았으나 카사부부 대통령과 촘베 총리 간의 다툼이 다시 한번 쿠데타에 대한 구실이 되어 1965년 11월 24일, 당시 중장으로 진급되어 있던 모부투는 다시 권력을 장악하게 된다. 루뭄바와 마찬가지로 촘베는 쿠데타 이후 추방되었고, 자세한 정황은 알려지지 않았으나 이후 사망한 것으로 전해진다.

쿠데타 이후 1년이 지난 시점에 모부투는 민중혁명당을 창설했다. 모든 자이르 사람들은 이에 가입해야 할 의무가 있었다. 모부투가 첫 번째 총선을 실시한 1971년까지 이 당은 사실상 정부 내의 정부가 되었으며 그는 아무 경쟁자 없이 단독으로 대통령 선거에 출마했다.

모부투는 국가 원수라는 직함을 채택하고 자이르를 경제 강국으로 변화시키고자 대규모 공공사업에 착수했다. 그는 다시금 서방 세력의 자본과 그들의 건설 회사, 은행들로부터 지원을 받았다. 그러나 높은 차입비용과 구리 가격 붕괴로 인한 부채 위기에 직면하면서 모부투 정권은 흔들리기 시작한다.

그는 CIA와 협력해 1975년 앙골라의 수도 루안다를 공습하면서 미 정부와의 연결 고리를 다시금 굳건히 하려했다. 자이르군의 급습은 친서구 게릴라 세력인 앙골라 '민족' 해방 전선을 도와 앙골라가 포르투갈로부터 해방되었던 독립기념일 전야에 수도를 점령하기 위한 것이었다. 그러나 쿠바의 개입으로 상황은 완전히 뒤집혔다. 쿠바가 라이벌 세력인 앙골라 '인민' 해방 전선을 도와 모부투 군대의 진격을 막고 궤멸시켜버린 것이다.

이후 모부투는 국가 자원 약탈로 스스로 초래한 경제적 문제들과 씨름하는 데 1980년대의 대부분을 보냈다. 그리고 1980년대 말 세계 대부분의 지역에서 공산주의가 붕괴되고 이에 따라 서방세계에서 모부투의 전략적 중요성이 사라진 데 이어 1990년 민주화 운동이 아프리카 전역을 휩쓸자 그는 대학생들을 학살하는 것으로 대응했다.

학살 이후 가장 큰 원조국이었던 벨기에는 자이르에 대한 지원을 중단하며 민주주의 개혁을 요구했다. 곧이어 미국과 프랑스가 이에 합류했다. 1990년 4월, 모부투는 다수 정당 정치 국가의 도래를 발표하면서 그의 권력을 제한하려는 '국가 회의'의 출범을 용인했다. 결국 야당에서는 에티엔 치세케디 와 물룸바를 총리로 내세웠고, 총선의 필요성이 제기되었다.

자이르강에 정박한 요트에 거주하던 모부투는 이후 수도를 떠나 북쪽으로 약 1,610km 떨어진 그바돌리트로 본거지를 옮겼다. 그리고 1991년 9월, 수도에서 폭동이 발생하자 그는 오랜 반대세력인 치세케디를 총리로 임명하려는 야당의 요구에 응할 수밖에 없었다.

그러나 총리가 된 치세케디가 중앙은행을 장악하려 하자 모부투는 불과 12일 만에 그를 해임시켰다. 1993년 1월에 다시 폭동이 일어났는데, 이는 모부투가 세 자릿수 인플레이션에 대처하기 위해 새로운 화폐를 발행함에 따라 군인들의 분노를 산 것에 기인했다. 다시 시작된 폭력 사태에서 자이르 주재 프랑스 대사가 대사관에서 사망했고, 이 사건을 계기로 모부투에게 개혁을 촉구하는 국제적인 압력이 가중되었다.

그러던 1996년 10월, 르완다와 우간다, 그리고 앙골라를 비롯한 여러 국가들의 후원으로 콩고 해방 민주세력 동맹이 조직되어 자이르 동부의 여러 도시들에서 정부군을 궤멸시켰다. 당시 모부투는 스위스에서 항암치료를 받고 있었다.

뒤늦게 위기에 처한 자국으로 돌아온 모부투는 자신이 이웃 국가들에게 "뒤통수를 맞았다"고 불평했다. 그러나 평생을 킹메이커 놀이를 하는 데에만 관심이 있었던 그에게 상황이 유리하게 돌아갈 리 없었다.

요한 바오로 2세

1920년 5월 18일~2005년 4월 2일

바티칸 시티—교황 요한 바오로 2세가 오랜 기간에 걸친 고통스럽고 공개적인 투병 생활 끝에 토요일 밤 선종했다. 이로써 교황의 지위를 재정의한, 특별하고 때로 극단적이기도 했던 그의 26년 동안의 치세가 끝을 맺었다.

교황은 성 베드로 광장에 모인 수만 명의 신도들이 불 켜진 그의 창문을 지켜보는 가운데 3층 거처에서 밤 9시 37분에 숨을 거두었다. 그의 사망 소식이 광장을 가로질러 확산되면서 사람들은 흐느끼며 자갈길에 무릎을 꿇었고, 수많은 청·장년층 가톨릭 신자들이 기억하는 유일한 교황이자 오랫동안 겸손하게 교황직을 수행해 온 그를 고개 숙여 기렸다. 교황의 사망 소식이 발표된 후 얼마 지나지 않아 군중들은 그를 기리는 뜻으로 10분이 넘는 시간 동안 그저 갈채를 보냈다.

10년간 파킨슨병에 시달려온 84세의 교황은 그의 대변인이 언젠가 말했듯이 "영혼으로 간신히 버티는 육체"가 될 정도로 건강이 악화되었던 바 있다.

지난 수요일 창가에서 군중들에게 마지막으로 모습을 드러냈을 때, 그는 여위고 수척한 모습이었고 군중들에게 축복의 말을 건넬 수도 없었다. 기관 절개술을 받아 거의 말을 할 수 없었던 그는 소통가로서의 위대한 능력마저 잃고 있었던 것이다.

이안 피셔 기자

로버트 D. 맥패든 기자

1978년 10월 16일 밤, 시스티나 성당 꼭대기에 있는 굴뚝에서 새로운 교황이 선출되었음을 알리는 하얀 연기가 피어오르자 성 베드로 광장의 조명 아래에서 초조하게 기다리고 있던 수많은 사람들은 열렬히 환호했다.

몇 분 후 페리클레 펠리치 추기경은 1523년 이래 이탈리아인이 아닌 첫 번째 교황으로서 폴란드의 카롤 보이티와 추기경이 교황이 되었음을 선언했다. 그러나 펠리치 추기경조차 그 이름을 발음하는 데 어려움을 겪었다. 아무도 그가 누구인지 모르는 것 같았다. 소개가 끝나자 약간 굽은 어깨와 각진 얼굴에 은은한 미소를 띤 건장한 체격의 한 남자가 성 베드로 대성당의 중앙 발코니로 걸어 나왔다. 사람들의 환호 소리는 이내 침묵으로 바뀌었고 가만히 그의 말을 기다렸다.

발코니 난간에 서서 앞을 내다보던 이 낯선 폴란드인은 교황을 상징하는 흰색 가운을 입고 있었다. 이내 그가 입을 떼는 순간 그의 눈가에는 눈물이 맺혀 있었다.

"내가 왔습니다." 그는 약간 어색한 억양이 섞인 이탈리아어로 말했다. "멀리 있는, 아주 멀리 있는 그러나 믿음이라는 마음으로는 항상 가까이 존재하던 곳에서 내가 왔습니다."

여기저기서 작은 환호소리가 났고, 그가 계속 말을 이어갈수록 환호는 더욱 커져 갔다.

"여러분들의, 우리들의 말인 이탈리아어로 나를 잘 설명할 수 있을지 모르겠습니다." 그는 잠깐 말을 멈추었다.

군중들은 환영의 뜻으로 소리를 질렀고, 환호하는 군중들 사이로 웃음소리가 퍼졌다.

"내가 실수를 하면," 그는 갑자기 활짝 웃으며 말했다. "여러분들이 나를 가르쳐주면 됩니다."

순간 엄청난 환호가 터졌다.

환호성은 멈출 줄을 몰랐고, 사람들이 일제히 리듬에 맞추어 외치기 시작한 소리가 대성당 정면에 부딪혀 광장 전체로 퍼져나갔다.

"교황님 만세!"(Viva il Papa!)

"교황님 만세!"

"교황님 만세!"

세계 곳곳의 광범위한 정치적 변화를 목격했던 26년이라는 시간은 20세기의 가장 길고, 가장 빛나는 교황의 치세이자 교회 역사상 2번째로 긴 재임기였다. 그리고 요한 바오로 2세는 이전의 교황들과는 달리 복합적인 면모를 지녔었다. 대립 속에서 스스로를 단련하는 모습을 보였으며, 신학적으로는 비타협적이었지만 정치적으로는 수완이 좋았고, 재치와 용기, 에너지로 가득 차 적극적으로 자애를 표현했다.

그는 단순히 외향적인 것을 넘어 따뜻한 포옹으로 모두를 아우르는 사람이었으며, 산을 오르고, 연극 공연을 하고, 책을 쓰고, 전쟁을 목격한 영웅적인 활동가였다.

요한 바오로 2세는 스스로를 지리적·이념적 경계를 초월한 영적 인물이라고 생각했다. 그리고 가톨릭 사상을 명확하게 전달하고 신앙의 힘과 좋은 뜻을 가진 국가들의 실질적인 노력을 통해 평화와 인간의 존엄성을 굳건하게 만드는 것이 자신의 사명이라고 생각했다.

또한 그는 21세기의 시작이자 교황으로서의 황혼기에 지난 2천년 동안 교회와 개별적인 가톨릭 신자들이 저지른 실수들, 즉 유대인, 여성, 토착민, 이주민 및 가난한 사람들에 대해 행해진 역사적 불의를 포함한 일련의 죄악들에 대해 전례 없는 대담한 사과를 하는 것이 자신의 의무라고 여겼다.

교회의 양심을 정화하고자 했던 요한 바오로 2세의 각별한 노력은 해외순방, 인권 침해에 대한 저항, 자본주의의 경제적 불평등에 대한 비판으로 표현됐다. 한편 피임, 사제들의 금욕, 여성 성직자 서임(敍任) 등과 관련된 교리 변화에 확고하게 저항한 것은 교황의 직책이 가진 근본적인 특징들을 내비치는 태도였다.

하지만 이것이 다는 아니었다. 요한 바오로 2세는 공산주의의 붕괴에 큰 역할을 함으로써 반공주의자들에게 자신감을 불어넣었다. 그가 당선되었다는 사실 그 자체로 동유럽 신자들의 정신이 고취되기도 했다. 1978년 10월 22일, 교황 즉위 미사 설교에서 교황이 "두려워하지 마시오!"라고 3번 반복해 말한 것은 그들에게 특별한 의미로 다가왔다.

1979년 교황 요한 바오로 2세가 처음으로 폴란드를 방문했을 때, 그는 사람들을 "단순한 생산수단"으로 취급하는 무신론적 공산주의 정부를 꾸짖었다. 돌이켜 보면, 이 방문은 폴란드 공산주의 정부에 맞선 노동 연대 운동의 기폭제가 되었다. 또한 궁극적으로는 그로부터 10년 후 소련과 동유럽을 휩쓴 변화를 유도했다고도 할 수 있다.

또한 아일랜드로 가서 아일랜드 공화국 군대의 열성분자들과 그들의 적인 개신교도들을 마주하며 "무릎을 꿇고 빌건대, 부디 폭력의 길에서 돌아나와 평화의 길로 가십시오"라고 말했던 교황은 아우슈비츠 수용소에서는 "잔인함의 끝은 어디입니까?"라고 물었으며, 뉴욕의 유엔 본부에서는 세계 지도자들에게 "이 지구상에 살고 있는 모든 남성과 여성"을 위한 평화에 대해 역설했다.

사실 1978년 그가 제264대 로마의 주교(교황을 일컬음)로 선출되었을 때만 해도 교회 조직과 고향 폴란드 외에는 그를 아는 사람이 거의 없었으며 더구나 슬라브계가 교황의 자리에 오른 사례는 전무했다. 그의 전임자 요한 바오로 1세가 즉위 한 달 만에 사망한 것에 충격을 받은 추기경단에게 보이티와 추기경은 매력적인 교황 후보였다. 신학적으로는 정통파에 속했지만 활력이 넘쳤고, 동유럽과 제3 세계에 닿을 수 있는 정치적인 능력이 증명된 인물이었기 때문이다. 또한 당시 58세였던 그는 교황으로서 긴 임기를 채울 수 있는 조건도 갖추고 있었다. 그럼에도 콘클라베의 8번째 투표에서 그가 당선된 것은 거의 경이로운 사건이었다.

이 새로운 교황은 평생 동안 축구, 배낭여행, 야영, 보트타기, 장거리 달리기를 즐겨온 운동선수이자 모험가였으며 탄탄한 몸매에는 활기가 넘쳤고, 어린 시절 막일과 공장노동자로 일했음을 입증하는 두꺼운 목과 튼튼하면서도 약간 굽은 어깨를 가지고 있었다. 또한 그의 발걸음은 신중하고도 자신감이 있었다.

177cm의 키에 체중은 79kg이었던 그의 짙고 깊은 눈동자에는 풍부한 감정이 담겨 있었는데, 때로는 웃음과 함께 눈이 커지거나 집중할 때는 가늘어지기도 했다. 더불어 크고 주름이 많이 잡힌 노동자의 손을 온화한 몸짓으로 흔들거나 기도하기 위해 가지런히 모으는 모습은 무척 인상적이었다.

이 밖에도 교황이 좋아했던 것은 식사와 함께 곁들이는 와인 한 잔, 손으로 직접 연설문 쓰기, 대화하고 농담하기, 즐거울 때는 마음껏 웃기, 수영하기 등이었으며, 특히 수영을 즐기기 위해 여름 별장 카스텔 간돌포에 수영장을 만들기도 했다.

요한 바오로가 교황이 되었을 때는 많은 가톨릭 지도자들과 교회가 어려움을 겪던 시기로 1960년대 초에 열린 제2차 바티칸 공의회의 개혁 조치들만으로는 교회의 심장부인 서유럽의 세속화 물결을 막는 데 역부족이었다.

1960년대 후반의 문화적 혼란은 혁명적 마르크스주의와 성(性) 혁명 등 가톨릭 전통에 도전하는 이념들을 더욱 매력적으로 느껴지게 만들었다. 때문에 많은 신학자들은 요한 바오로 2세의 전임인 바오로 6세의 1963년부터 1978년까지의 재임기를 표류와 불확실성의 시기로 평가하기도 했다.

요한 바오로 2세는 교회의 많은 부분들이 혼란에 빠져 있다는 것에 동의했고, 동시에 교회를 통일하고 활력을 불어 넣을 수 있다고 확신했다. 스스로 "복원"이라고 칭한 것을 시행하기 위해 요한 바오로 2세는 수정된 가톨릭 법과 새로운 '전 세계 교리 문답서'를 승인했다. 이로써 그는 애매모호한 교리들과 더불어 제2차 바티칸 공의회에서 의결한 자유화 확대에 제한을 두었다.

또한 그는 보수적인 교회 교리를 전반적으로 강화한 14개의 회칙, 즉 교황령을 발표함으로써 낙태권과 피임, 그리고 페미니스트들과 인구 전문가들이 승인한 다른 조치들에 반대하는 캠페인을 불러일으켰으며, 그는 여성들이 제사장으로 선출될 수 없다는 교리를 재확인했고, 이 문제에 대해서는 논쟁의 여지가 없다고 말했다.

한편 그는 '해방 신학'에 대한 반대로 교회 내외에서 비판을 받았다. 해방 신학은 마르크스 경제학과 성서적 주제를 혼합한 이론으로, 가톨릭 성직자가 라틴 아메리카와 다른 제3 세계 지역의 가난한 사람들을 위한 정치 투쟁에 개입하는 것을 정당화하는 용도로 사용되었다.

그 누구도 요한 바오로 2세가 내는 목소리의 힘이나 그가 불러일으키는 감정의 깊이를 의심하지는 않았다. 그러나 많은 가톨릭 신자들—특히 미국과 서유럽의—은 위기 상황에서조차 변화에 완강히 반대하는 그의 모습에 낙담했다. 더구나 미국에서 소아성애자 성직자 스캔들이 발생하자 이런 실망감은 더욱 깊어졌다.

수천 건의 학대사건에 연루된 성직자 수백 명의 스캔들이 계속 이어지자, 2002년 4월 교황은 심각성을 인정하고 유감을 표하는 발표를 했다. 이런 학대가 범죄이자 "하느님의 눈에조차 끔찍한 죄"라고 칭한 그는 "전 세계에 있는 피해자들과 그 가족들에게 깊은 공감과 염려의 마음을 표한다"고 말했다.

그러나 그는 한편으로는 미국 주교들이 미성년자를 성적으로 학대한 적이 있는 모든 성직자들의 추방을 권고하는 것은 너무 과한 것이 아니냐는 식의 모순된 신호를 보내기도 했다.

성 추문을 제외하더라도, 많은 미국 가톨릭 신도들은 교황과 교회가 세상과 너무 단절되어 있다고 말했다. 여성, 흑인, 히스패닉, 동성애자, 심지어는 일부 사제와 수녀도 자신들의 필요에 보다 더 귀기울여 줄 것을 교황에게 촉구했다. 교황은 대개 동조를 표명하면서도 이런 탄원자들에게 교회의 가르침에 더 충실할 것을 요구했다.

요한 바오로 2세와 유대인과의 관계는 순탄치 않으면서도 혁신적이었다. 그는 유대교 회당에서 기도를 한 최초의 교황이었으며, 가톨릭 신자들이 홀로코스트에 대항하지 않았다는 사실을 최초로 인정한 교황이었다. 또한 반유대주의를 "신과 인간에 반하는" 죄악이라고 부른 최초의 교황이자, 성지를 공식적으로 방문한 최초의 교황이기도 했다.

교황은 1989년, 홀로코스트에 대한 기독교인의 슬픔을 환기시키는 사도 서간문을 작성했으며, 1998년—그가 약속한지 10년 후—에는 비오 12세의 재임기간 동안 가톨릭교회가 유대인들을 보호하지 못한 것에 대해 사과하는 역사적인 문서를 발표했다.

교황청은 이 문서를 획기적인 것으로 생각한 반면, 많은 유대인들은 이 문서가 비오 12세의 "조용한 외교"를 칭찬하고 있으며, 또한 그가 홀로코스트 당시 분명하게 반대하지 않았음을 명시하지 않았다는 이유로 거부했다. 교황의 측근들은 이런 비판이 기독교-유대교 공동 성서 유산에 대한 언급을 자주 했던 교황의 마음을 찌르는 것이라고 지적했다.

2000년 3월에 성지를 향한 교황의 6일간의 여정은 그의 개인적인 승리이자 재임기의 정점으로 평가받는다. 유대교, 이슬람교, 기독교, 이렇게 모든 아브라함의 신앙이 존경받는 땅에서 신성하면서도 자연스러운 그의 의사 표시들이 아련하게 조화를 이루며 울려 퍼졌다.

텔아비브에 도착한 교황은 이스라엘 역사상 가장 중요한 방문객 중 한 명으로 환영받았으며, 이후 그의 예루살렘 방문에 대해 이스라엘 지도자들은 그야말로 이 땅에 대한 유대인의 권리를 기독교가 확인해 준 것과 다름이 없다고 환영했다.

아이러니하게도 요한 바오로 2세의 방문은 팔레스타인 지도자들에게도 상징적인 승리를 의미했다. 교황이 베들레헴에 있는 야세르 아라파트의 집과 누추한 팔레스타인 난민 캠프를 방문했을 때, 아라파트는 그의 방문이 팔레스타인 독립의 염원에 대한 강력한 지지의 표현이라고 말했다.

1979년 6월, 교황으로서는 처음으로 폴란드를 방문한 여정 또한 그에게 가장 중요한 순간이었다. 그가 폴란드 땅에 무릎을 꿇고 입을 맞춘 순간부터 9일 후 눈물을 흘리며 떠날 때까지, 그의 귀향은 엄청난 환희의 순간들이 이어졌다.

바르샤바에서 아우슈비츠를 지나 크라코프까지 36차례나 대중 앞에 모습을 드러낸 그는 오랜 친구들을 장난스럽게 껴안고 사람들과 함께 찬송가와 폴란드 민요를 불렀으며, 언덕을 가로질러 늘어선 군중들을 위해 미사를 집전했다. 또한 정부를 직접적으로 비판하지는 않았으나 반복적으로 그 권위에 대항했다. 그는 바르샤바에 모인 엄청난 수의 군중들을 향해 이렇게 일갈했다. "인간의 역사에서 예수님을 제외하는 것은 인간에 대한 죄악일 따름입니다." 당시 석탄 광부, 주부, 대학생, 청바지를 입은 젊은이 등등 남녀노소를 막론하고 1천 3백만 명의 인파가 교황을 보기 위해 모여들었다.

그리고 나치에 의해 약 100만 명(대부분이 유대인)의 사람들이 살해당한 아우슈비츠 수용소에 도착한 교황은 그곳이 "광적인 이데올로기라는 명목아래 인간에 대한 증오와 경멸로 지어졌다"며 애도의 뜻을 표했다.

수개월 후, 아일랜드와 미국으로 이어진 순방을 통해 도덕적 지도자로서 교황의 역할은 한층 더 강화되었다. 더블린에서 실시된 한 야외 미사에는 120만 명의 사람들이 참여했으며, 그 후 뉴욕에서 보낸 정신없이 바쁜 이틀 동안 그는 유엔에서 연설을 했고, 뉴욕 양키스 경기장에서 미사를 집전했으며, 매디슨 스퀘어 가든에 모여 있는 젊은이들과 장난스럽게 대화를 나누었다. 그는 자신을 환영하는 엄청난 인파 속을 헤치고 지나가며 사람들 껴안거나 입을 맞추었다. 또한 할렘에 있는 교회를 방문한 뒤에는 비가 내려 흠뻑 젖은 와중에도 브로드웨이의 색종이 퍼레이드에 참가했고, 배터리 파크와 시스타디움에서 수천 명을 상대로 연설을 하기도 했다.

비가 쏟아지는 배터리 파크에서 요한 바오로 2세는 말했다. "너무 영광스럽게도 여기 나와 주신 유대인 공동체 지도자분들께 특별한 말을 전하고자 합니다. 샬롬! 평화가 당신과 함께하길."

이렇게 여행하며 가르침을 전파하던 원기 왕성한 교황의 삶은 1981년 5월 13일 완전히 바뀌게 된 듯했다. 23세의 터키인 메흐메트 알리 아자가 성 베드로 광장에 모인 1만여 명의 군중 앞에서 카퍼레이드를 하던 교황을 향해 총을 발사한 것이다. 복부와 오른팔, 그리고 왼손에 부상을 당한 그는 5시간에 걸쳐 수술을 받았고 장기의 일부를 제거해야 했다.

메흐메트 알리 아자의 과거 행적을 조사한 수사관들은 그가 1979년 터키 교도소를 탈출한 살인자이며, 신나치주의 단체 '회색 늑대들'과 연계를 맺고 있다는 것을 알아냈다. 후에 그는 자신이 일으킨 총격 사건이 불가리아와 터키의 요원들이 관련된 소련의 음모라고 주장했으나 어떠한 음모도 실제로 밝혀진 바는 없다.

교황은 이내 건강을 회복했고, 놀라울 정도로 건강한 상태를 유지하다가 1992년 7월 위장 문제로 병원에 입원했다. 이때 그의 대장에서 오렌지만한 크기의 종양이 발견되어 이를 제거하는 수술을 받기도 했다.

1990년대 동안 교황은 점점 쇠약해졌고, 지팡이를 써도 걷기 어려울 정도가 되었다. 바티칸 관료들 사이에서는 교황이 파킨슨병과 심한 관절염을 앓고 있다는 이야기가 은밀하게 퍼져 나왔다. 2002년이 되자 그는 손 떨림이 너무 심해져서 연설을 계속 할 수가 없었고, 발음도 불분명해졌다. 바티칸의 일부 성직자들은 건강 때문에라도 교황이 여행을 줄이고 교회 운영에 더 많이 관여하길 바란다는 개인적인 의견을 피력하기도 했다. 그러나 요한 바오로 2세는 자신의 바쁜 삶을 계속 이어나가기로 결심한다.

카롤 유제프 보이티와(요한 바오로 2세의 본명)는 그가 태어난 땅에서 영적으로 결코 멀어진 적이 없었다. 그는 1920년 5월 18일 크라쿠프에서 남서쪽으로 약 48km 떨어진 바도비체에서 두 형제 중 막내로 태어났다. 리투아니아 출신이었던 모친 에밀리아 카초로브스카 보이티와는 그가 9살 때 사망했으며 부친 카롤 보이티와는 폴란드군의 하사관이었다.

보이티와는 초등학교와 중학교에서 우등생이자 학교 축구팀 골키퍼로 활약했다. 그가 18살이 되었을 때 쥐꼬리만한 연금을 받고 은퇴한 그의 부친은 가족과 함께 바도비체에서 크라코프로 이사했다. (보이티와의 형 에드먼드는 의사였으며 제2차 세계대전 발발 전 사망했다.)

고등학교를 졸업한 보이티와는 크라쿠프에 있는 야기엘론스키 대학에 등록했으나 1939년 폴란드를 침략한 나치 세력이 대학을 폐쇄하고 만다. 이후 그는 채석장에서 일하며 병든 부친을 돌보는 삶을 살았다. (부친은 1941년에 사망했다.)

보이티와는 일하는 시간 외에는 다른 젊은 지식인들과 함께 지하 연극단체 '랩소디 극장'의 운영을 도왔다. 풍부한 바리톤의 목소리를 지닌 그는 파티에서 기타를 치며 유행가를 부르는 것을 좋아했다. 또한 희곡과 시를 쓰기도 했다.

이후 나치 점령하의 크라쿠푸에서 비밀리에 사제 교육을 받기 시작한 보이티와는 은밀하게 운영되던 야기엘론스키 대학 강의를 수강했고 크라코프 대주교였던 아담 슈테판 사피에하가 지도하는 신학 대학 강의에도 참석했다. 사피에하 대주교는 후에 그의 후원자가 되었고, 나머지 전쟁 기간 동안 그가 마치 요새 같은 대주교 궁전의 지하에서 지내도록 배려해 주었다.

1946년 11월 1일 사제 서품을 받고 드디어 신부가 된 보이티와는 전후 공산주의자들이 권력을 장악한 폴란드를 떠나 대학원 과정을 계속 밟으라는 사피에하 대주교의 권유에 따라 로마에서 도미니크 수도회가 운영하는 종합대학, 즉 안게리쿰에 등록하게 된다.

2년 뒤 철학 박사 학위를 받고 고향으로 돌아온 보이티와 신부는 폴란드 남부의 니에고비츠에 있는 마을 교구에 배정되었다가 크라코프로 다시 돌아오게 된다. 1953년에는 도덕 신학으로 두 번째 박사학위를 받은 그는 1년 후 루블린에 있는 가톨릭 대학교에서 사회 윤리학 교수직을 맡았고, 교황이 될 때까지 그 자리를 지켰다.

직위가 빠르게 높아지면서 교계에서 그의 명성도 날로 높아져 갔다. 1964년 1월 13일 교황 바오로 6세에 의해 크라쿠프 대주교로 임명된 그는 제2차 바티칸 공의회 동안 로마에 있는 신부들에게 8차례 강론을 펼쳤으며, 이후 1967년 6월 26일에는 추기경단으로 승격된다.

당시 폴란드의 공산당 정부는 그를 중도적이고 유연한 인물로 생각했으나 그는 수년에 걸쳐 강건하고 웅변적인 반정부 세력이 되었고, 마르크스주의에 대한 대안으로서 기독교 신앙을 설파했다.

보이티와 추기경이 처음 미국을 방문한 것은 1969년으로 당시 15개 도시에 있는 폴란드계 미국인 공동체를 방문했으며, 1976년 다시 한번 미국을 방문했을 때에는 매사추세츠 케임브리지를 포함해 16개 도시를 들렀다. 케임브리지의 하버드 여름학교 책임자였던 토마스 E. 크룩스는 당시를 이렇게 회상했다. "(추기경의) 존재 그 자체만으로도 어안이 벙벙해 질 정도였습니다. 그에게서는 권위와 포용이 어우러진 분위기가 흘러 넘쳤고 인상적인 미소를 띠고 있었던 그의 눈은 '당신은 훌륭한 사람이고 나 역시 멋진 사람입니다'라고 말하는 것 같았습니다. 이후 우리는 저녁 식사를 함께 했고, 그날 밤 나는 '이 사람이 교황이 되어야 한다'고 혼자 되뇌었어요."

요한 바오로 2세의 문학적 성취 또한 놀라웠다. 그는 회칙 말고도 7권이 넘는 책을 썼으며, 300편 이상의 논문과 수필을 저술한 바 있다. 올해 출판된 그의 마지막 저서 '기억과 정체성'에서는 자유, 애국심, 유럽 통합에 관해 다루었다. 더불어 그는 수많은 시를 썼는데, 이를 모아 2권의 책으로 펴내기도 했다.

그는 고국 폴란드에 자신의 신앙과 인내를 나타내는 중요한 기념비를 남겼다. 즉 크라쿠프 동부의 노바후타에 완전히 현대적인 모습의 성모 마리아 성당을 세운 것이다. 공산당 정부는 오랫동안 이 프로젝트에 반대했지만, 그러는 동안에도 폴란드인들은 자발적인 기부금과 함께 부족한 건축자재를 여기저기서 끌어모았으며, 확실한 경로는 알 수 없으나 어쨌든 건축 허가가 난 뒤에는 수많은 자원 봉사자들이 교대로 건축 현장에 힘을 보탰다.

10년이 넘게 걸린 이 프로젝트는 1977년에 완성되었으며, 당시 미래의 교황은 설교를 통해 인간에게는 직업과 생활임금 이상의 권리가 있다고 선언했다.

"인간에게는 침해받아서는 안 될 심오한 영적 권리가 있습니다. 바로 정신의 자유, 양심의 자유, 신앙과 종교의 자유입니다."

사담 후세인

1937년 4월 28일~2006년 12월 30일

바그다드—30년 동안 잔인함과 전쟁, 겉만 번드르르한 말들로 이라크를 통치한 독재자 사담 후세인이 토요일 동이 트기 전, 기도시간을 알리는 종소리가 울리는 가운데 교수형에 처해졌다. 그는 이라크 수도에서부터 미군에게 추격당한 끝에 자신의 고향 인근에 있는 더러운 구덩이에서 체포되었던 바 있다.

69세로 사망한 후세인의 마지막 순간은 아주 급작스럽게 들이닥쳤다. 1982년 두자일 마을 북부에서 148명의 성인 남자 및 아이들을 학살한 혐의로 사형선고를 받았고 이에 대한 항소심에서 패배한 이후, 불과 5일 만에 형이 집행된 것이다. 이보다 앞서 이라크의 독재자로 무소불위의 권력을 휘두른 혐의에 대해 심판하기 위해 구성된 특별법원은 후세인에게 2개월도 안 되는 형을 내렸었다.

오전 6시 10분에 집행된 그의 사형은 이라크 국영 텔레비전 방송을 통해 공식적으로 발표되었다. 목격자들은 바그다드 북부의 옛 군사 정보국 건물—현재는 미군 기지의 일부—에서 집행된 교수형에 이라크 당국자 14명이 참석했다고 전했다. 사형 집행 당시 방에 있던 사람들이 말하길, 후세인은 전신에 검은색 옷을 입고 코란을 들고 있었으며 밧줄을 목에 걸 때 순순히 따랐다고 한다.

또 다른 증인에 따르면 후세인은 밧줄이 목에 둘러지기 전에 두렵냐는 질문에 "아니다. 이 길을 택한 사람이라면 두려워해서는 안 된다"고 감정이 느껴지지 않는 목소리로 말했다고 한다.

스콧 스탄젤 백악관 대변인은 현재 텍사스 크로퍼드의 목장에 있는 조지 W. 부시 대통령이 후세인의 사형 집행 전에 잠자리에 들었고 특별히 그 순간을 위해 일어나지 않았다고 말했다. 왜 소식을 듣기 전에 잠자리에 들었냐는 질문에 대해 대변인은 "대통령은 어차피 사형이 집행될 것을 알고 있었다"고 대답했다.

미리 작성된 성명서에서 부시 대통령은 후세인이 "그의 잔인한 체제하에 희생된 사람들이 받지 못한 공정한 재판을 통해 처형되었다"고 일갈했다.

마크 샌토라·제임스 글랜츠·사브리나 태버니스 기자

네일 맥파쿠하 기자

바그다드—사담 후세인의 교수형은 현대 역사상 가장 잔인한 폭군의 최후를 의미한다. 사담으로 불리던 이 폭군은 30년이 넘는 세월 동안 이라크를 억압하고 파괴적인 지역 분쟁을 일으킴으로써 석유 부국인 이라크를 폐소공포증 같은 경찰국가로 전락시켰다.

수십 년간 이어진 후세인의 이라크 장악은, 특히 1991년 이란과 쿠웨이트에 맞선 재앙적인 군사작전에서 미국 주도의 연합군에 의해 그의 군대가 궤멸되었음에도 끈질기게 계속되는 듯했다.

후세인은 신에 의해 자신이 이라크를 영원히 통치할 운명을 지녔다고 너무도 확신한 나머지, 2003년 4월 미군 탱크 부대가 바그다드를 침투했을 때도 그의 정권이 전복될 것이라는 사실을 받아들이지 않았다. 한편 이 전쟁으로 인한 미국의 이라크 점령은 이후 심한 논쟁거리가 되었다.

후세인의 사회주의적 웅변과 코란 구절 인용, 맞춤 양복, 그리고 이라크의 찬란한 역사를 위한 기도의 밑바탕에는 독재자가 모든 것이라고 믿는 마을 농부와도 같은 고집스러운 정신세계가 있었다. 그가 권력을 쥐고 있는 동안 이라크의 모든 마을에 그의 동상이 세워졌고, 모든 관공서에 그의 초상화가 걸렸으며, 모든 가정의 소리가 그의 귀에 들어갔다.

또한 통치 기간 내내 후세인은 피의 숙청으로 바스당 당원들을 불안에 떨게 만들었으며, 감옥은 언제나 정치범들로 가득했다. 그의 가장 잔인한 행위 중 하나는 쿠르드족의 할랍자 마을에 독가스를 퍼부어 불충하다고 의심하던 5천여 명을 몰살시키고 1만 명 이상에게 부상을 입힌 사건일 것이다.

비밀경찰 외에도 그는 정부의 고위 관직들을 자신의 일족에 속한 사람들로 채워 권력을 유지했다. 그들 사이의 불화는 피비린내 나는 연속극과도 같았다. 후세인은 첫째 아들 우다이가 파티에 초대된 수많은 손님들 앞에서 자신의 시식 시종을 때려죽이자 아들에게 사형 선고를 내린 적도 있었다. 이후 사형 명령을 철회하기는 했지만 말이다. 한편 망명을 떠났던 후세인의 사위 2명은 알 수 없는 경로를 통해 이라크로 송환된 얼마 후에 살해당했다.

계속되는 전쟁으로 인해 이라크의 국가 경제는 무너졌고, 수많은 국민들이 목숨을 잃었다. 특히 이웃국 이란에 수립된 새로운 이슬람 정부를 전복하고자 시작됐던 1980년 전쟁은 1988년 교착상태에 이를 때까지 20만 명이 넘게 사망하고 수십만 명이 부상당하는 재앙을 초래했다. 이란 또한 비슷한 규모의 피해를 입었다.

또한 걸프전을 촉발한 1990년 쿠웨이트 침공은 미국이 이끄는 연합군에 의해 7개월 만에 막을 내렸고, 이후 10년이 넘는 기간 동안 자신의 무기 개발 프로그램을 의심하는 서방 국가들과 대치하던 후세인은 결국 몰락을 맞이하게 된다.

사담 후세인은 1937년 4월 28일, 바그다드 북서쪽 마을 티크리트 근처의 진흙 오두막에서 태어났다. 부친은 그가 태어나기 전에 어머니를 버리고 도망간 것으로 전해지며, 그는 소작농이었던 친척들 밑에서 자랐다.

후세인의 공식 전기 작가 아미르 이스칸데르는 이렇게 적었다. "그의 탄생은 전혀 기쁜 일이 아니었고, 그의 요람은 장미나 다른 향기로운 풀들로 장식되지도 않았다."

후세인이 험악한 이라크 정계에 발을 들여 놓은 것은 1959년이었다. 당시 바스당은 22세였던 후세인을 포함한 몇몇 이들에게 독재자 압둘 카림 카심 장군을 암살하라는 지시를 내렸다. 부친 없이 가난한 마을에서 자란 후세인에게 폭력은 다른 사람을 제칠 수 있는 신속한 방법이었으며 그런 유혈사태는 평생 동안 그의 삶의 가장 큰 부분으로 점철된다.

1963년 사촌과 결혼한 후세인은 5명의 자녀를 낳았으며 현재 남은 유족은 아내와 딸 3명, 손주 12명이다. 그의 아들 우다이와 쿠사이, 그리고 쿠사이의 아들인 무스타바는 2003년 7월 모술의 별장에서 일어난 미군과의 총격전으로 인해 사망했다.

1958년 국왕 파이살 2세의 피살, 1968년 7월 바스당에게 권력을 안겨준 쿠데타 성공 등, 사담 후세인의 결혼 전후로 이라크에는 정치적 혼란이 계속 이어졌는데, 30대 초반경 후세인의 주요 역할은 악명 높은 공안기관의 시초가 된 정당 민병대를 조직하는 것이었다. 그리고 1969년 11월, 내각 역할을 하던 혁명 평의회의 부의장이자 부통령으로 선출된 후세인은 정보기관 및 국내 치안 기관의 책임자직까지 계속 겸직하면서 사실상 이라크를 통제하는 위치에 서게 된다.

아랍 바스 사회주의당은 1930년대에 조직된 정당으로, 아랍 통합을 이루기 위한 이상적인 수단으로 세속적이고 사회주의적인 신념을 추구했으나 그런 교리는 사실 모든 잠재적 경쟁자를 투옥이나 추방, 처형시키기 위한 핑계였음이 드러났다. 더불어 모든 국가 기관을 자기 마음대로 주물렀던 후세인은 다른 어떤 아랍계 독재자보다도 잔인한 만행을 일삼았다.

후세인 독재의 서막은 1969년 1월, 바그다드 광장에서 소위 '이스라엘의 스파이'라고 명명된 17명의 목을 매다는 것으로 시작됐다. 그 후에도 수백 명에 대한 체포와 사형이 이어졌고, 바스당의 민간 통치는 이라크 군부를 누를 정도로 막강해졌다.

1979년 이슬람 혁명 이후 이란이 혼란에 휩싸인 상황에서 후세인은 이 지역을 장악할 첫 번째 기회를 포착했다. 1980년 9월, 그는 이란을 침략함으로써 페르시아 통치자들에 대한 아랍계 이란인들의 반란을 불러일으킬 수 있을 거라고 믿었다. 그러나 이런 믿음과는 달리 그는 격렬한 저항에 부딪혔고, 전쟁에서 열세에 몰리게 된다.

그럼에도 불구하고, 사우디아라비아에 버금가는 석유 매장량을 보유한 이라크로 이슬람 혁명이 퍼질지도 모른다는 우려가 생겨나면서 미국과 그 동맹국들은 무기와 기술력을 제공하며 바그다드를 지원했다.

이 전쟁은 1988년 7월, 이란이 휴전 협정을 받아들일 때까지 8년 동안 서로의 주요 도시들에 폭격을 가하며 시민들을 공포에 떨게 만들었다. 그러나 무엇보다도 가장 끔찍한 사건은 1988년 3월 이라크 할랍자 마을이 다름 아닌 자국 이라크 정부에 의해 독가스 공격을 당했던 일이었다.

후세인은 약 1백만 명의 무장 병력을 동원하여 이란-이라크 전쟁을 종식시켰으며, 그때부터 이라크는 자국 내에서 핵무기, 화학 및 생물학 무기를 개발하고 확보하는 작업에 착수했다.

그의 다음 목표는 또 다른 인접국 쿠웨이트였다. 1990년 8월 2일, 후세인의 군대는 작지만 매우 부유한 토후국 쿠웨이트를 순식간에 점령하고 괴뢰 정부를 설립하며 국제 위기를 야기했다.

이에 유엔은 이라크에 대한 통상 금지 조치와 경제 제재를 의결했고 미국을 비롯한 33개국은 해당 지역에 병력을 배치한 뒤 후세인에게 철수하지 않으면 전면전이 시작될 것이라고 경고했다.

조지 H. W. 부시 대통령은 전쟁이 끝나기도 전에 이라크 국민들에게 후세인 정권을 타도하라고 독려했으며 이런 자신감을 증명하듯 이라크에 대한 지상 공격은 100시간 만에 끝났다.

이후 10년 동안 후세인은 이라크의 비재래식 무기를 분류하고 파괴하기 위한 유엔 무기 사찰단의 접근을 거부했으며, 이에 유엔은 식료품과 의약품을 살 수 있도록 일정량의 석유수출을 허가한 1996년까지 이라크에 대한 경제 제재를 줄곧 유지했다. 한때 이라크는 경제 제재에서 벗어나기 위해 최소 다섯 차례 '완전하고 최종적이며 완성된' 무기 공개를 제안했으나, 유엔은 불완전한 제안이라며 단칼에 거절했다.

1995년 8월, 후세인의 두 딸과 사위들이 요르단으로 탈출한 후, 이라크 정부는 후세인의 사위이자 무기 개발을 책임지고 있던 후세인 카멜 알 마지드 장관이 그가 아는 모든 것을 공개할까봐 우려했다. 6개월 후 마지드와 그의 형은 후세인의 사면을 받아들이고 이라크로 돌아가겠다고 선언했다. 그러나 이들은 며칠 후 총격전에서 사망했다.

당시 자신의 대외적 이미지와 신변안전을 지키는 데 골몰했던 후세인은 머리카락을 검게 염색했으며 자신의 행방을 속이기 위해 마치 그가 20개의 궁전 모두에 거주하고 있는 것처럼 각각의 궁전에 평상시대로 직원들을 배치시키고 식사를 준비하게 했다. 또한 후세인은 세균에 극도의 공포심을 느꼈기 때문에, 그를 만나러 소환된 최고위급 장군들은 속옷까지 벗고 엑스레이 촬영을 받아야할 때도 많았다.

후세인 정권하에서는 아주 조금이라도 정치적인 일에 관여한 사람들에 대한 투옥과 고문, 신체 훼손, 처형이 빈번하게 일어났다. 표현의 자유나 여행의 자유도 없었으며, 외국인들과의 접촉도 금지되었다.

이라크 내부의 증거에 따르면 유엔 무기 사찰단이 예상했던 사실, 즉 1991년 패배 이후 후세인은 핵무기와 생화학 무기 개발을 포기한 것이 분명했다.

반면 미 국방부는 이라크가 여전히 비재래식 무기를 개발하고 있는가에 대한 논란에 대해, 후세인이 이해관계가 다른 국가들에게 각각 다른 주장을 했던 것이 그 부분적인 원인이라고 결론을 내렸다. 즉 후세인은 자신이 무기 개발 프로그램을 중단했다는 것을 서방세계가 믿어주길 바라는 한편, 이스라엘 같은 적국에게는 무기 보유를 암시하며 위협의 카드로 활용했다는 것이다.

일부 비평가들은 조지 W. 부시 행정부가 품었던 비재래식 무기에 대한 혐의는 미 정부 강경론자들이 후세인을 실각시키고 이라크에 대한 미국의 영향력을 다시 공고히 하고자 내세운 연막일 뿐이었다고 주장했다. 미 대통령 세 명의 국가 안전 보좌관이었던 리처드 클락은 2004년 그의 저서 '모든 적들에 맞서'에서 2001년 9월 11일, 미국에 대한 공격 후 부시 대통령과 다른 고위 관료들이 오사마 빈 라덴의 알 카에다와 후세인을 직접적으로 연관지으려 했던 백악관의 모습을 묘사했다. 그러나 실제로는 둘 사이의 관계에 대한 그 어떤 증거도 발견되지 않았다.

2003년 이라크군은 제재 조치와 지휘 체계의 변화로 인해 세력이 약해져 있었다. 그러나 후세인은 정권 교체에 대한 위협을 심각하게 받아들이지 않았다. 그는 1차 걸프전의 성공으로 인한 자신의 명성을 과신한 나머지 이를 2차 걸프전에 대한 청사진으로 사용하기도 했다. 그러나 정권이 급속하게 붕괴되면서 후세인은 더 이상 존재하지 않는 부대에 여전히 명령을 내리는 꼴이 된다.

지난 4월 9일, 군중들 속에서 목격된 이후 후세인은 30군데에 달하는 은신처와 그에게 여전히 충성을 바치는 부족 세력들의 도움으로 체포를 피해 다녔다.

그러던 2003년 12월, 미군이 바그다드의 한 주택을 급습했을 때 붙잡힌 한 친족에 의해 후세인의 위치가 탄로났다. 11시간이 채 지나지 않아 탱크, 대포, 공격용 아파치 헬기의 지원을 받은 특수작전 부대와 일반 병사 600명이 티크리트 남동쪽에 있는 아드와의 두 농가를 포위했다. 후세인은 약 2.4m 깊이의 구덩이 바닥에 누워 있는 채로 발견되었다.

후세인은 이 지역에서 발생한 최초 문명국가 메소포타미아의 전설적인 지도자들과 자기 자신의 공통점을 찾으려 노력하곤 했으며 예전 수도였던 바빌론의 오래된 벽들을 새로 구운 수십만 개의 벽돌들로 재건하기도 했다. 한번은 어떤 고고학자가 그에게 기원전 605년 네부카드네자르 2세의 이름이 새겨진 벽돌을 보여주었다. 이에 영감을 받았는지 후세인은 재건 이후 수천 개의 벽돌들에 작은 아랍 문자로 이렇게 적도록 했다.

"승리한 통치자이자 공화국의 대통령인 사담 후세인의 통치 기간 동안 창조주께서 그를 지켜주시길! 위대한 이라크의 수호자이자 이라크 르네상스 시대의 개척자, 위대한 문명의 건설가인 그에 의해 이 거대한 도시 바빌론은 다시 세워졌도다."

마가렛 대처

1925년 10월 13일~2013년 4월 8일

조셉 R. 그레고리 기자

영국 정계의 '철의 여인' 마가렛 대처가 월요일 런던에서 사망했다. 향년 87세. 그녀는 영국을 우익 성향의 경제 체제로 이끌었고, 포클랜드 전쟁을 승리로 이끌었으며, 미국과 소련 사이에서 냉전체제의 힘겨웠던 마지막 몇 년간을 이끌었던 지도자였다.

대처 여사의 대변인 팀 벨은 그녀가 리츠 호텔에서 뇌졸중으로 숨을 거두었다고 전했다. 엘리자베스 2세 여왕은 런던 세인트 폴 대성당에서 국장보다 한 단계 아래인 군장으로 그녀의 장례식을 치루는 것을 승인했다.

대처 여사는 영국의 총리가 된 최초의 여성이었으며, 영국은 현대의 주요 서구 국가들 중 여성을 최고 지도자로 둔 최초의 국가였다. 넘치는 에너지와 빈틈없는 성격을 가졌던 그녀는 선거에서 3번 연속 보수당을 승리로 이끌었으며, 1979년 5월부터 1990년 11월까지 11년간 정권을 유지했다. 이는 20세기의 다른 어떤 영국 정치가보다 오랜 집권 기간이었다.

인플레이션, 재정 적자, 그리고 산업 불안정에 시달리던 영국에 강력한 경제적 조치를 처방한 대처 여사의 지지도는 늘 오르락내리락 널을 뛰었고, 말년에는 내각 관료들의 저항과 더불어 하원 의사당에서 유럽과의 통합 강화에 대해 "아니오! 아니오! 아니오!"라고 외치면서 자신의 정치 경력에서 가장 인상적인 장면을 남겼다.

그러나 그녀가 퇴임할 즈음에는 경제적 자유와 개인의 자유는 상호의존적이라는 것, 개개인의 책임감과 근면이 국가 번영을 위한 유일한 길이라는 것, 그리고 자유시장 민주주의는 외부의 공격에 대비해 단단히 자리 잡아야만 한다는 원칙, 즉 '대처리즘'을 신봉하는 사람들이 많아졌으며, 그녀의 가장 심한 비판자들조차도 이 부분에 대해서는 마지못해 존경심을 표현했다.

대처 여사의 정치적 성공은 영국 사회에 결정적인 변화들을 일으켰다. 그녀는 강성했던 노동조합의 힘을 무너뜨렸고, 노동당으로 하여금 국유화 산업에 대한 집착을 버리고 복지국가의 역할을 재정의하고 자유시장의 중요성을 인정하게 만들었던 것이다.

또한 외교적으로는 제2차 세계대전에서 엄청난 희생을 치르며 승리를 쟁취한 후 쇠퇴의 길에 있었던 영국을 다시 존중받는 국가로 이끈 그녀였지만 취임 초기에는 같은 토리당원들조차 그녀의 당선이 끔찍한 실수가 될지도 모른다고 우려했었다.

실제로 그녀가 임기를 시작한 지 17개월이 지난 1980년 10월, 대처 여사는 커다란 위기에 직면했었다. 당시 대공황 이후 어느 때보다 더 많은 사업체가 무너졌으며 수많은 사람들이 직장을 잃었고 인종 차별과 계급 간 긴장감까지 고조되었다. 그녀와 긴밀한 자문관들조차도 그녀가 인플레이션을 멈추기 위해 취했던 국영 산업 매각 강행과 경제 규제 철폐가 빈곤층의 고통을 가중시키고 중산층의 기반을 약화시켜 혼돈을 초래했다고 우려했다.

같은 달 보수당 회의에서 온건파들은 거리의 삶과 현실정치의 긴급 상황을 전혀 고려하지 못하는 자유 시장 이데올로기에 자신들이 끌려가고 있다고 불평했다. 또한 얼마 남지 않은 선거에서의 패배가 분명해 보이는 상황에서 내각 각료들은 이제는 타협해야 할 시간이라고 경고했다.

그러나 불안해 하는 당원들을 향한

연설에서 대처 여사는 자신의 정책을 고수할 것을 주장하면서 크리스토퍼 프라이의 유명한 연극 제목인 '여인은 화형당하지 않는다(The Lady's Not for Burning)'에 빗대어 이렇게 외쳤다. "원한다면 돌아서십시오. 그러나 이 여인은 돌아서지 않습니다(The lady's not for turning)."

그녀의 의지는 효과가 있었다. 당내 저항은 사그라들었고 회의론자들의 입지는 줄어들었던 것이다. 이후로도 대처 여사는 계속해서 굵직한 승리들을 쟁취했다. 그녀는 오랫동안 현상유지에만 관심을 가졌던 보수당을 개혁적인 당으로 바꾸어 놓았으며 영국 경제는 그녀가 고수했던 정책들이 마침내 효과를 발휘하며 다시 활성화되어, 산업 성장이 촉진되고 중산층이 늘어났다.

한편 대처의 3번째 임기는 좌절로 가득했다. 통화 정책과 세금 문제, 게다가 유럽 공동체 내 영국의 입지에 관한 불화가 커져가면서 그녀의 정부는 인플레이션과 실업률 부문에서 힘겹게 얻어낸 성과들을 포기해야 했다. 토리당의 반란—이번에는 유럽연합 내 영국의 역할 확장에 대한 대처의 반대 때문이었다—으로 대처가 다시 한번 권력에서 물러나게 되었을 당시, 영국 경제는 다시 침체기였고 그녀의 명성도 퇴색되었다.

해롤드 윌슨 내각의 데니스 힐리 재무장관이 말했듯이, 정적들에게 있어 대처는 "권력을 가진 라 파시오나리아(La Pasionaria of Privilege)"였다. 즉

빈곤이 미치는 악영향에 대해서는 목소리를 높이지만, 정작 가진 것 없는 사람들이 겪는 곤경에 대해서는 냉담하고 동정심이 없는 여성이라는 평가였다.

또한 소련을 향한 대처의 끊임없는 적대심, 그리고 영국이 보유한 핵무기의 현대화를 끈질기게 촉구하는 그녀의 모습은 같은 당에 속한 온건파들조차 우려할 정도로 핵전쟁에 대한 두려움을 촉발시켰다. 그러나 새로운 소련 지도자 미하일 S. 고르바초프와의 긍정적인 관계와 더불어 로널드 레이건 대통령과의 우정으로 인해 대처는 1980년대 군비 경쟁 중단을 위한 긴박한 협상 과정에서 백악관과 크렘린 사이를 이어주는 핵심적인 연결고리 역할을 하게 된다.

대처 여사가 서구 세계에서 주요 정

당을 대표한 최초의 여성이기는 했으나, 그녀는 많은 페미니스트들의 심기를 불편하게 했다. 언젠가 그녀가 다음과 같은 의견을 피력했기 때문이다. "여성의 권리를 위한 투쟁은 대부분 이미 승리를 거뒀다. 나는 일부 여성 해방 운동가들에게서 들려오는 그 공격적인 어조가 싫다." 더불어 대처 여사는 무분별해지는 것을 두려워하지 않고 오히려 즐겼다. 그녀는 "군중을 따라서는 안 된다. 자기 스스로 결정을 해야 한다"고 말하곤 했다.

마가렛 힐다 로버츠는 1925년 10월 13일, 런던에서 북쪽으로 약 160km 떨어진 링컨셔의 그랜섬에서 태어났다. 그녀의 가족은 감리교 전도사이자 지역 정치인이었던 부친 알프레드가 소유한 식료품 가게 위층의 온수설비가 안 된 아파트에서 살았다. 대처의 부모는 그녀에게 개인적인 책임감, 근면, 전통적인 도덕 가치라는 감리교의 교리를 따르도록 가르쳤다.

대처는 1943년 옥스퍼드 대학의 서머빌 칼리지에 입학했으며 화학 석사학위를 받은 이후 연구원으로 일하면서 법학에 빠져들었고 이내 보수당 정치에 뛰어들었다.

1951년 부유한 사업가이자 전직 포병 장교 데니스 대처와 결혼한 그녀는 1953년 8월 쌍둥이 남매 마크와 캐롤을 낳았는데, 이제 이 쌍둥이 자녀와 이후 태어난 손주들이 유족으로 남았다. (남편 데니스 경은 2003년 사망했다.)

토리당(보수당의 옛이름)은 1951년부터 13년간 집권당으로서 국정을 운영했는데, 당시 외교 문제에 협력했던 노동조합들에게 그 대가로 시장에서 정부의 역할을 확대하는 안을 통과시키는 호의를 보여주었으며 이 '합의에 의한 정책'은 성공적이었다. 한편 1959년 재선에 도전한 해롤드 맥밀란은 같은 해 대처가 하원의원으로 선출된 것에 대해 "그 정도로 운이 좋기도 드물다"고 말한 것으로 전해진다.

1964년에 당을 둘러싼 추문과 경제 악화, 당내 분열 등에 시달리던 토리당은 해롤드 윌슨의 노동당에 패하며 집권당 자리를 내주었으나 1970년 다시 집권당이 되었고, 에드워드 히스 보수당 총수는 대처를 교육부 장관으로 임명했다. 그녀는 대학교육 지원예산 삭감에 반대했고, 빈민 지역의 학교를 재건하려는 열의를 보였다.

그러나 그녀가 전국적으로 알려지게 된 계기는 학생들을 위한 무료 우유 제공 프로그램을 제한하려던 시도 때문이었다. 당시 빈곤층 자녀들에 대한 우유 제공은 계속 유지한다는 단서가 붙었고 이전 노동당 정부도 무료 급식 우유를 줄인 적이 있었지만, 야당은 이를 기회로 대처를 공격하고 나섰다. 대처는 의회에서 이러한 감축이 더 가치 있는 프로그램을 지원하는 데 도움이 될 것이라고 주장했으나 오히려 비웃음만 샀다. 타블로이드 신문들은 그녀에게 '우유 도둑 대처'라는 별명을 붙이기도 했다.

이런 무료 급식 우유 문제에 대해 확고한 입장을 취하던 당시 히스 정부는 경제가 악화되자 한 걸음 물러서서 물가 급등과 파업 발생에 대처하기 위한 임금 및 물가 통제 정책을 채택했다. 그러나 이러한 태세 전환은 당내 극우파들의 분노를 샀고 혼란 속에서 보수당은 1947년 겨울, 노동당의 해롤드 윌슨에게 다시 권력을 내주고 만다.

이후 12월에 대처가 보수당 총수 선거에 출마하겠다고 선언하자 많은 사람들은 이를 정치적 분노의 표출 정도로 생각했으나 1975년 2월 11월, 그녀는 실제로 보수당 총수의 자리에 오른다.

노동당이 국정을 운영하는 동안 대처는 자신이 이끌게 된 당을 다시 일으키고자 분투했다. 대처와 그 동지들은 그동안 토리당이 내놓은 타협적인 정책들이 영국을 좌경화시킨 원인이라고 주장하면서 인플레이션에 대한 전면적인 대응, 기초 산업의 민영화, 노조의 권한 억제를 약속하고 나섰다.

1970년대 중반까지 영국은 유럽의 병자(sick man)였다. 1978년 후반과 79년 초에는 파업으로 국가가 마비될 지경이었다. '불만의 겨울'이 계속되면서 노동당 소속 제임스 캘러헌 총리는 불신임 투표에서 살아남지 못했고 5월 3일 조기총선을 공표했다.

선거일에 토리당은 43.9%의 지지율로 압승했으며 노동당은 37%, 자유당은 13.8%의 지지를 얻었는데, 이는 전후 역사상 가장 큰 폭으로 우파로의 전향이 이뤄진 것이었다.

대처 집권의 시작은 그녀와 영국에게 모두 고통스러운 과정이었다. 소득세 감면을 위해 석유 관세 및 판매세를 인상함으로써 균형을 맞추었는데, 이로 인해 인플레이션이 촉발되었다. 또한 그녀가 불안정한 산업들에 대한 보조금을 삭감하면서 실업률이 크게 올랐다. 이밖에도 긴축금융 정책으로 인해 금리가 무려 22% 상승하고 파운드 강세가 나타나면서 국내 투자가 위축되고 해외에서의 경쟁력이 떨어졌다. 당시 파산한 기업 수만 무려 1만여 개에 이르렀다.

그러나 영국이 사회주의로 초래된 혼란에서 벗어나는 데는 수년이 걸릴 것이라고 말하면서 대처 여사는 "더욱 악화된 뒤에야 비로소 상황이 나아질 것이다"라고 경고했다.

1981년 여름에는 그동안 쌓여온 불만이 영국 각지에서 수일 동안 폭동으로 표출되면서 영국이 휘청거렸다. 폭력사태에 대한 전국적인 망신 속에서 대처는 한 발 물러날 수밖에 없었다.

후에 대처 여사는 1981년이 자신의 정치 인생에서 최악의 한 해였다고 말했다. 그러나 1982년 봄이 되자 상황이 나아지기 시작했다. 물가 상승률이 하락하고 파운드의 가치도 떨어지면서 수출이 증가했으며 여기에 세금 감면이 어우러져 경제 성장이 촉진되었던 것이다.

외교 문제에서도 몇 가지 작은 성과들을 거두었다. 대처는 유럽 공동체에 맞서면서 영국이 유럽 공동체에서 얻는 이익보다 많은 돈을 치렀다고 주장한 결과 영국의 분담금을 크게 줄였다. 당시 그녀의 웅변술과 행동 방식에 세계의 이목이 집중되긴 했지만 아직 그녀가 세계적인 지도자의 반열에 오른 것은 아니었다.

1982년, 대처 여사는 영국 해군함대를 남대서양에 있는 포클랜드 제도에 배치했다. 1920년대부터 영국 정착민들이 살던 이곳을 4월 2일 아르헨티나군이 침공했던 것이다. 10주간의 전쟁 끝에 영국은 다시 제도를 점령했다. 이 승리로 인해 믿음직한 지도자로서 대처의 명성은 굳건해지게 된다.

한편 반대세력들의 내분으로 대처 여사의 정치적 자산이 더욱 커져가는 가운데 경제적 불만과 소련과의 긴장이 고조되면서 노동당 내에서는 극좌익 파벌과 투쟁적인 노조 지도자들이 세력을 키워나갔다.

1980년, 대처 여사와 지미 카터 대통령은 소련의 동유럽 지역 병력 증강에 대한 대응으로 영국에 미국 중거리 순항 미사일을 배치하기로 합의했다. 그 다음 해에는 레이건 대통령이 대처 여사의 지원을 받아 다른 유럽 연합국들에게 미사일 배치를 설득했다. 이런 움직임에 따라 서유럽 전역에서 군비 증강 반대 시위가 일어났다.

대처 여사가 1983년 6월 공표한 선거에서 보수당은 의회 650석 중 397석을 얻었다. 이는 1945년 처칠에 대항해 노동당이 압도적인 승리를 거둔 이후 가장 큰 변화였다. 노동 계급이 보수당에 막대한 표를 던졌던 것이다.

교황이나 전국 광부 노조와 다투는 것은 영국 정계에서 금기시되다시피 한 일이었다. 하지만 대처 여사는 이에 상관하지 않았다. 1984년 대처 정부가 다수의 석탄 광산들을 폐쇄하고 2만 개의 업체에서 18만 개의 일자리를 삭감하겠다는 계획을 발표하자 마르크스주의자였던 전국 광부 노조 의장 아서 스카길은 1984년 3월 6일 파업을 선언하며 맞섰다. 폭력적이었던 이 파업은 결국 362일 후인 1985년 3월 합의점을 찾지 못한 채로 끝이 났다.

대처 여사는 자신이 생각한 '대중 자본주의'를 실현하기 위해 더욱 강하게 밀어붙였다. 그 결과 국영 기업의 매각을 통해 일자리 90만 여개가 민간 부문으로 옮겨졌으며 공공 주택 1백만 채 이상이 각각의 입주민들에게 매도되었다.

당시 대서양 건너 레이건 대통령은 이런 영국의 변화에 지지를 보냈고, 대처의 전기 작가 휴고 영의 표현에 따르면 레이건-대처 연합은 "1980년대를 통틀어 서구 세계에서 가장 지속적인 개인적 동맹"이 된다.

대처 또한 미국이 추진하던 테러와의 전쟁을 강력하게 지지했다. 1986년 4월 테러범들이 서유럽을 피로 물들이자, 미국은 리비아를 공격하기 위해 영국 기지에서 미군 전투기를 띄울 수 있는 허가를 받고자 했다. 대처 여사는 이를 승인했고, 미군의 폭격은 리비아 지도자 무아마르 알 카다피의 거처를 파괴했다.

미국의 이런 군사작전을 지원한 대처 여사에 대해 많은 영국인들이 분노를 표했으나 그녀는 테러에 대해서는 단합된 대응이 필요하다고 항변했다.

1980년대 소련에서는 정치적 환멸과 경제적 혼란이 넘쳐났고, 레이건 정권은 첨단 무기개발 추진을 통해 압박을 가중시키려 했다. 이런 무기개발 계획에는 이론상 미국을 향해 발사된 핵미사일을 중간에 요격할 수 있는 우주 기반 방어체제, 즉 '스타워즈'라고 알려진 방위 전략 구상이 포함되어 있었다.

고르바초프 소련 대통령은 많은 서방 국가들과 마찬가지로 스타워즈 계획에 줄곧 반대했으나 대처 여사는 양면적인 입장을 취했다. 그러던 1984년 12월, 그녀는 미국이 '스타워즈'에 대한 입장 초안을 작성하는 것을 도왔고 레이건 대통령은 이를 채택한다. '스타워즈'를 통해 핵 억지력이 약화되는 것이 아니라 오히려 강화될 것이며, 군축 회담에 방해가 되지도 않을 것이라는 점을 소련 측에 보장하는 내용이었다.

그럼에도 스타워즈 프로그램은 결국 군축 회담을 방해했고, 협상은 무산되었다. 당시 레이건 대통령의 비판자들은 그가 취한 입장에 분노했으나 북대서양 조약 기구(NATO) 및 미 국방부 관계자들은 내심 안심했다. 대처 여사는 연설을 통해 "지난 40년 동안 유럽에서 핵전쟁뿐만 아니라 재래식 전쟁까지 저지할 수 있었던 것은 다름 아닌 핵무기를 보유하고 있었기 때문이다"라고 주장하기도 했다.

한편 대처 여사가 추진하던 수도 산업 및 국민 건강보험 민영화, 대학 학비 보조금의 학생 대출 프로그램화, 연금 삭감, 사회보장 제도 개편 등은 대중들의 엄청난 반대에 직면하며 철회될 수밖에 없었다. 그나마 호의적인 경제 상황으로 1987년 6월 선거에서 토리당은 다시 권력을 잡게 되었으나 그해 10월, 미국 월가가 붕괴되며 또다시 위기가 닥쳐온다. 이후 수개월 동안 토리당 내부에서 유럽 공동체 속 영국의 미래에 대한 의견 차이가 이어졌으며 일련의 다른 사건들로 인해 대처 여사는 힘겹게 얻은 성과들을 포기해야만 하는 상황이 된다.

특히 세금 지출에 대한 지방 당국의 책임을 확대시키기 위해 재산세를 해당 지역에 거주하는 모든 성인에 대한 '인두세'로 대체하는 정책이 문제가 되었다. 이 세금은 단지 부동산 소유자뿐만이 아니라 모든 사람들에게 지역 정부의 서비스에 대한 비용을 지불하도록 하는 것이었는데, 실제로 이 조치는 명백히 불공정한 것이었으므로 지지를 받기 어려웠다. 1990년 3월, 이에 대한 항의 시위는 폭동으로 변했다.

더불어 당내에서는 더 이상 '철의 여인'을 감내할 수 없다는 분위기가 감돌았고 당시 새롭게 부상하고 있던 존 메이저 재무부 장관이 그녀를 대신하고 있다는 인상이 강해졌다. 결국 대처는 1990년 11월 28일에 사임했다.

그러나 총리직 사퇴 후에도 그녀는 계속 자신의 의견을 개진했다. 특히 침략에 대해 확고한 자세로 대처할 것을 촉구하며 이라크 지도자 사담 후세인을 축출하기 위한 전쟁을 지지했다.

그즈음에 대처는 치매의 징조를 보이기 시작했는데, 2011년 메릴 스트립 주연의 영화 '철의 여인'은 이 부분에만 집중해 많은 비판을 받기도 했다.

1997년, 존 메이저에 대한 토니 블레어의 승리는 아이러니하게도 대처 여사의 정책적 성공을 다시 상기시키는 계기가 되었다. 당시 블레어 총리는 기업들에 대한 정부의 규제 완화, 투자심리를 위축시키는 세금 철폐, 그리고 미국에 대한 의존도 축소를 약속했었다.

휴고 영은 1999년 한 인터뷰에서 이렇게 말했다. "대처 여사의 유산은 대부분의 측면에서 블레어 정부의 정책 기조와 대립되지 않는다. 오히려 블레어 정부는 그녀가 한때 주장했던 '노동당이 자본주의 정당인 보수당과 같은 길을 걷게 될 때까지 나의 과제는 끝난 것이 아니다'라는 점을 더 구체화할 것이다."

넬슨 만델라

1918년 7월 18일~2013년 12월 5일

빌 켈러 기자

백인 소수 통치에서 남아공을 해방시키고 남아공의 첫 흑인 대통령으로 취임하며 존엄성과 관용의 국제적 상징이 된 넬슨 만델라가 목요일, 95세의 나이로 자택에서 사망했다.

그의 사망 소식은 현 남아공 대통령 제이콥 주마에 의해 공식 발표됐다.

자유를 추구했던 만델라의 여정은 부족장의 법정에서부터 지하 해방 전선, 교소도의 채석장을 거쳐 결국 아프리카 대륙에서 가장 부유한 나라의 대통령자리에까지 이르렀었다. 그가 대통령 임기를 마치고 새로 선출된 후임자에게 기꺼이 권력을 넘겼을 당시에도 남아공은 여전히 범죄, 가난, 부패로 고통받고 있었지만 민주주의 정신만큼은 놀랍도록 평화롭게 지켜졌다.

만델라에 대해 사람들이 가장 궁금해 하는 것은, 백인들이 그의 민족을 모욕하고 그의 친구들을 고문하거나 살해했으며 27년간 그를 감옥에 가두었음에도, 어떻게 그가 앙심을 품지 않을 수 있었는가였다.

그가 마침내 기회를 얻어 조직한 정부에는 이전에 그를 억압했던 많은 사람들을 포함해 비현실적일 만큼 다양한 인종과 신념이 섞여 있었다. 만델라는 개인적인 불신을 극복하고, 자신의 권력과 노벨 평화상까지도 백인이자 전임 대통령인 F. W. 데 클레르크와 나누었다. 또한 1994년부터 1999년까지 대통령으로 재임하면서 흑인 유권자들의 비통함을 달래고 복수를 두려워하는 백인들을 안심시키기 위해 많은 노력을 기울였다.

만델라가 증오심을 갖지 않았던 것은, 그가 혁명가들 사이에서도 진귀한 인물이었다는 점으로 부분적이나마 설명할 수 있을 것이다. 그는 유능한 정치인이었으며, 타협을 좋아한 반면, 독단적인 신념에 대해서는 강한 거부감을 느꼈다.

본 부고를 위한 2007년 인터뷰에서 만델라에게 "그렇게나 야만적인 고문을 겪고 나서 어떻게 증오심을 억누를 수 있었습니까?"라고 물었을 때 그는 거의 질문에 답할 필요조차 없다는 태도로 말했다. "증오는 마음을 흐리게 합니다. 지도자들은 증오할 여력이 없습니다." 만델라와 함께 일했던 몇몇 사람들의 말에 따르면, 만델라는 자신을 박해하는 사람들보다 항상 자신이 우월하다고 생각했기 때문에 그러한 관대함을 가지는 것이 전혀 어렵지 않았다.

그럼에도 대통령으로 재임한 5년 동안 만델라는 국내에서 인기를 다소 잃었다. 분열된 국민들을 한데 모으고 통제가 어려운 해방 운동을 신뢰할 만한 정부로 바꾸는 데 어려움을 겪었기 때문이다.

그의 전(前)부인 위니 마디키젤라 만델라를 포함한 일부 흑인들은 만델라의 행보가 다수의 빈곤층 흑인과 부유한 소수의 백인 간의 엄청난 격차를 좁히기에는 너무 더디다고 불평했다. 일부 백인들은 그가 범죄, 부패, 정실 인사를 통제하지 못했다고 말했다. 만델라는 매일 수행하는 책무들을 1999년 그의 후계자가 될 타보 음베키에게 넘기면서 정무의 세세한 부분에 점점 신경을 덜 쓰게 된 상태였음은 분명했다.

그러나 그의 국민 대부분은 만델라의 지도력과 정치적 민첩성이 없었다면 불완전하나마 민주주의 국가가 되기도 전에 남아프리카는 내전으로 얼룩지게 되었을 것이라고 생각했다.

종신형을 살던 중 만델라는 자신이 아파르트헤이트에 반대하는 전 세계적인 흐름의 상징이 되었음을 알아챘다. 아프리칸스어로 '예외성'을 의미하는 아파르트헤이트는 흑인들의 시민권을 박탈하고 흑인들을 일종의 보호 구역과 같은 '본토'나 흑인 거주구로 쫓아내는 인종 분리 정책이었다. 1980년경 가장 큰 규모의 반아파르트헤이트 운동 조직이었던 아프리카 민족 회의의 망명 지도자들은 언변 좋은 변호사 만델라를 눈여겨봤다. 이들은 만델라가 국민의 80%가 조국의 국정에 목소리를 낼 수 없는 남아공 체제에 대한 반대 운동을 평화롭게 이끌 수 있는 적임자라고 생각했다. 당시 "넬슨 만델라를 석방하라"는 문구는 이미 남아공 해방 운동의 구호가 되어 있었고, 영국에서는 인기 차트에 오른 노래의 가사가 되기도 했다.

만델라는 1994년 출간된 자서전 '자유를 향한 머나먼 길'에서, 아프리카 민족 회의 지도자들이 그의 정체를 정확히 모르는 상태에서 그를 세계에서 가장 유명한 정치범으로 만들었다고 적었다. 그러나 남아공 국민들과 더불어 남아공에서 일어나는 일을 관심 있게 지켜보던 이들에게 있어 넬슨 만델라라는 이름은 당시에도 이미 상당한 파급력을 가지고 있었다.

롤리랄라 만델라는 1918년 7월 18일, 소와 옥수수 밭, 진흙 오두막이 있는 트란스케이의 언덕 마을 무베조에서 태어났다. 트란스케이는 예전에 영국 보호령이었던 지역이다. 만델라는 그의 이름 롤리랄라가 '말썽꾸러기'를 뜻한다는 사실을 즐겁게 이야기하곤 했다. 한편 '넬슨'이라는 좀 더 친숙한 영어식 이름은 그가 7세 때 학교에 다니기 시작하면서 한 선생님이 지어준 것이었다.

그의 부친 가들라 만델라는 호사족의 한 분파인 템부족 지역 족장이었으나 넬슨이 젖먹이였을 때 족장에서 물러나 9년 뒤에 사망했다. 이후 어린 넬슨은 템부족 최고 지도자의 집에서 살게 된다.

만델라의 가까운 친구들은 그가 왕족 같은 자신감을 가졌던 것은 실제로 족장의 집안에서 자랐기 때문일 수 있다고 생각했다. 또한 대부분의 남아프리카 흑인들과 달리 만델라는 자신이 다른 어떤 사람들과도 동등하다는 확신을 가지고 있었다. "만델라에 대해 기억해야 할 첫 번째 사실은 그가 족장 가문 출신이라는 것이다. 그것이 언제나 그에게 힘이 되었다." 만델라의 최측근 중의 한 명인 아메드 카트라다는 이렇게 말했다.

만델라는 감리교 선교학교에 이어 포트 하레 대학교에 입학하면서 세계관을 넓히기 시작했다. 포트 하레 대학교는 당시 흑인들이 갈 수 있는 유일한 기숙 대학이었다. 그는 대학에서 법을 공부하면서 후에 해방 운동의 또 다른 지도자가 될 올리버 탐보를 알게 된다. 둘은 1940년 학생 시위에 참여했다는 이유로 정학을 당했다.

이후 요하네스버그 근처 금광에서 일하기 위해 떠난 다른 젊은 흑인들을 따라 흑인 거주 지역인 소웨토로 도망쳤던 만델라는 아프리카 민족 회의의 주역인 월터 시술루를 만나게 되고 그곳에서 의심을 품는 사람들을 설득하는 특유의 능력으로 해방 운동가들에게 깊은 인상을 남겼다. "만델라는 항상 '무슨 일이 있어도 저 사람을 설득할 것이다'라는 자세로 시작했다. 그것이 그의 재능이었다. 어디에 있는 누구에게든 만델라는 그러한 자신감을 가지고 접근할 것이다." 시술루는 만델라에 대해 이렇게 평한 바 있다.

한편 탐보와 함께 남아프리카 최초의 흑인 법률 사무소를 열었던 만델라는 아프리카 민족 회의에 있는 선배들의 무기력한 모습에 지친 나머지 탐보, 시술루, 그리고 다른 무장 세력들과 함께 아프리카 민족 회의 청년 동맹을 새롭게 조직했으며 5년 뒤, 이 젊은 반란군들은 아프리카 민족 회의 전체를 장악한 세대가 된다.

소웨토에서 지낸 수년 동안 만델라는 간호사였던 에블린 은토코 마세와 결혼하여 4명의 자녀를 두었지만 이 결혼생활은 돌연 이혼으로 마무리된다. 그리고 얼마 뒤 만델라는 매력적이고 강한 의지를 지닌 젊은 사회 복지가 놈자모 위니프레드 마디키젤라를 만나 1958년, 그녀와 재혼했다.

1961년 아프리카 민족 회의를 무장 봉기라는 새로운 길로 이끈 만델라는 움콘트 웨 시즈웨—국가의 창(槍)이라는 뜻—라는 거창한 이름을 붙인, 하지만 조악했던 해방군의 첫 지휘관이 된다. 당시 아프리카 민족 회의의 무장 활동은 주로 민간인들을 대상으로 한 간헐적 테러 행위에 한정되어 있었다.

남아프리카 정부의 대대적인 테러 진압 작전이 벌어지던 1956년, 만델라는 다수의 반체제주의자들과 함께 반역 혐의로 체포되었으나 무죄 선고를 받은 후 지하세계를 전전했고 곧 다시 체포되고 만다. 이번에는 파업을 선동하고 여권 없이 해외로 떠나려 했다는 혐의였다. 이 재판에서 그는 3년 형을 선고받았지만, 이는 시작에 지나지 않았다.

이후 만델라와 다른 8명의 아프리카 민족 회의 지도자들은 사보타주와 국가 전복 음모 혐의로 추가 기소되었고 그렇게 시작된 재판에는 '리보니아' 재판이라는 이름이 붙여졌다. 리보니아는 만델라와 그 동료들이 정권을 무너뜨리기 위해 폭력 시위를 계획한 문서들—대부분 만델라의 필체였다—이 발견된 농장의 이름이었다. 만델라의 제안에 따라 피고인들은 이 재판에 잔 세계 여론을 끌어들여 그들의 오명을 씻을 하나의 도덕적 드라마로 바꾸었다. 그들은 자신들이 사보타주에 가담했었음을 인정하는 대신 이런 행동에 대한 정치적 정당성을 세우고자 했다. 당시 피고측 변론을 위한 4시간 동안의 연설은 만델라의 가장 유려한 연설 중 하나로 손꼽힌다. 그의 전기 작가 앤서니 샘슨은 이 연설이 그를 아프리카 민족 회의와 국제적인 반아파르트헤이트 운동의 지도자로 각인시켰다고 평가했다.

이 법정에서 만델라는 흑인 민족주의라는 유혹에서 다민족 평등주의로 진화한 자신의 신념에 대해 설명했으며 '움콘트 웨 시즈웨'의 지휘관이었다는 사실을 스스로 인정했으나, 비폭력적 저항이 불가능한 경우에만 폭력적인 방법을 시도했다고 항변했다. 또한 자신과 공산주의자들의 동맹을 히틀러에 대항하는 처칠과 스탈린의 동맹에 비유한 만델라는 자신의 신념들을 나열하며 변론을 끝맺었고, 이는 남아공 역사상 가장 웅변적인 순간으로 남았다.

더불어 그는 재판장에게 다음과 같이 호소했다. "나는 백인 지배에 맞서 싸웠고, 흑인 지배에도 맞서 싸웠습니다. 나는 모든 사람들이 동등한 기회를 얻고 조화롭게 사는 민주적이고 자유로운 사회의 이상을 간직하며 살아왔습니다. 이것이 내가 살아갈 이유이자 실현되기를 희망하는 이상입니다. 하지만 재판장님, 필요하다면 나는 죽음도 각오하고 있습니다."

그러나 피고인들을 구제하기 위해 남아공 국내외 자유주의자들이 상당한 압력을 가하는 가운데, 판사는 한 사람에게만 무죄를, 만델라를 비롯한 다른 피고인들에게는 종신형을 선고했다.

족쇄를 차고 배에 실려 로벤섬 교도소로 끌려갔을 때 만델라는 44세였다. 그리고 석방될 때 나이는 71세가 된다.

로벤섬의 일상은 고립감, 지루함, 사소한 굴욕의 나날이었다. 죄수들이 줄지어 석회암 채석장으로 향하는 날에는 작업 중 생기는 미세먼지에 눈물샘이 막혀버렸다.

그러나 만델라와 다른 이들에게 로벤섬은 하나의 대학이었다. 한 감방에서 다른 감방으로 전해지는 속삭이는 대화와 논쟁을 통해 죄수들은 마르크스주의부터 할례에 이르는 모든 주제에 대해 토론했다.

또한 그곳에서 만델라는 백인 지배자들의 언어인 아프리칸스어를 익혔다고 리더, 협상가, 전향 전문가(proselytizer)로서의 기술을 연마했다. 당시 수감자 무리들뿐만 아니라 일부 백인 교도관들조차도 그의 매력과 강인함에 이끌렸으며, 만델라 스스로도 훗날 자신을 대통령으로 만들어 준 전술과 전략을 배울 수 있었던 것은 이때의 수감 생활 덕분이라고 생각했다. 만델라는 교도소에 도착한 날부터 일종의 지휘관 역할을 맡았던 것이다.

더불어 만델라는 당시 수감 생활이 자신의 비(非)인종적 견해를 싹 틔운 가장 중요한 요소였으며, 신문과 추가 음식을 몰래 전해주던 인정 있는 백인 경비원들, 그리고 자신과 대화를 하기 위해 접근한 국민당 정부의 온건주의자들을 보면서 오히려 복수심을 누그러뜨리게 되었다고 밝혔다.

무엇보다도 그는 수감 생활 동안 협상의 대가로 거듭났다. 백인 정부와 협상을 시작하겠다는 만델라의 결정은 그의 인생 중 가장 기념비적인 순간이기도 했다. 1986년 코비 쿳시 법무부 장관 과의 첫 만남과 P. W. 보타 대통령 방문을 통해 만델라는 옥중에서 남아

공의 미래에 대한, 수년간 이어질 협상을 시작했다.

수감 생활의 마지막 몇 달 동안 만델라는 정부 인사들과 좀 더 편하게 만날 수 있는 케이프타운 외곽의 빅토르 베르스테르 교도소로 이감되어 교도소장의 방갈로에서 생활하면서 수영장을 이용하고 주방장에게 음식을 대접받을 수 있었다.

이런 '회담'들에 대해 알게 된 아프리카 민족 회의 소속 동료들은 만델라를 의심하기 시작했다. 정부가 그들에게도 만델라와의 면담을 허가했을 때도 그 의심은 사그라지지 않았지만 만델라는 동료들에게 적들이 도덕적으로나 정치적으로나 이미 패배했으며 통치능력조차 상실한 상태라는 자신의 견해를 차근차근 설명했으며 자신의 전략이 백인 통치자들에게 질서 정연하게 물러날 수 있는 충분한 기회를 주는 것이라고 말했다. 그러는 한편 만델라는 보타의 뒤를 이어 대통령이 된, 데 클레르크와의 만남을 준비하고 있었다.

1990년 2월, 드디어 자유의 몸이 된 만델라는 아는 것이 거의 없을 만큼 변한 세상을 보게 된다. 아프리카 민족 회의는 갖가지 파벌로 분열되어 있었고, 백인 정부도 사정은 마찬가지였다.

이후 4년 동안 만델라는 백인 정부 및 자신의 분열된 동맹들과의 힘든 협상 과정을 거쳤다. 한편 만델라가 교도소에 있는 동안 그 누구보다 적극적으로 시민 불복종 운동에 참여했던 그의 부인 위니 만델라는 남편처럼 투옥된 이후 자녀들과 함께 도심에서 멀리 떨어진 흑인 거주 지역으로 추방되어 있었다. 그런데 1984년 유배지에서 풀려난 그녀는 젊은 불량배들을 거느리고 다니며 불복종 운동에 적대적이라고 생각되는 흑인들을 때리고, 납치하며, 죽이기까지 했다. 결국 이 일이 갈등의 원인이 되어 만델라는 1995년에 이르러 이혼 소송을 제기했다.

만델라는 이후 인도주의 활동가 그라사 마셸과 사랑에 빠져 둘은 만델라의 80번째 생일에 결혼했다. 이제 미망인이 된 그녀 외에도 만델라의 유족으로는 위니 만델라가 낳은 두 딸, 그리고 첫 번째 부인이 낳은 딸 하나가 있다.

만델라가 석방된 지 2년 후, 흑인 지도자들과 백인 지도자들은 백인 통치의 종식으로 이어질 협상을 시작했다. 더불어 평화로운 권력 이양에 착수한 만델라와 백인 대통령 데 클레르크는 협상 2년 만에 노벨 평화상을 공동 수상했다. 그러나 만델라가 대통령이 되고, 데 클레르크가 부통령이 된 1년 후, 만델라는 여전히 데 클레르크가 경찰과 군대를 동원해 수많은 흑인들을 살해한 사건에 가담했다는 의심이 든다고 말하기도 했다.

그럼에도 불구하고 결국 만델라와 그 협상 팀은 야당과의 권력 공유와 더불어 백인들에게 보복하지 않겠다는 약속을 천명하며 자유선거 실시를 보장받는 대타협을 이뤄낸다.

마침내 실시된 1994년 4월 총선에서 62%의 지지를 얻은 아프리카 민족회의의 대표 만델라는 드디어 공식적으로 대통령의 직함을 얻게 된다. 5월 10일 대통령 취임식에서 만델라는 애국심을 고취하는 연설을 통해 모든 남아공 국민들이 조국 땅에서 누리는 기쁨과 함께 세계의 반감에서 벗어났다는 안도감을 느끼게 만들었다. 그는 연설에서 이렇게 선언했다. "결코 다시는 이 아름다운 땅이 서로에 대한 억압을 겪게 해서는 안 됩니다. 결코 다시는 세계의 골칫거리가 되는 모욕으로 고통받게 하지 않아야 할 것입니다. 결코 다시는."

국가 통합을 위한 타협의 장에서도 만델라의 재능은 여실히 드러났다. 1995년, 진실화해 위원회가 구성되어 남아프리카의 역사를 고려한 정의와 용서의 균형을 맞추기가 시작되었다. 위원회 구성원들은 아파르트헤이트 기간 동안 저지른 범죄에 대해 빠짐없이 증언한 사람들은 사면해주었으며, 이 과정은 대체적으로 성공적으로 이어졌다. 그러나 한계 또한 명백했다. 만델라가 백인의 특권과 흑인의 궁핍 사이에 존재하는 엄청난 격차를 얼마나 가릴 수 있을지는 여전히 미지수였고, 남아공 경제에 꼭 필요하다고 보았던 투자자들과의 관계에서도 만델라는 미숙함을 드러냈다. 결과적으로 남아공에는 부패와 정실 인사가 피어나기 시작했다.

남아공 출신 기자 마크 게비서는 만델라의 후임자 타보 음베키 대통령의 전기에서 이렇게 적었다. "1994년부터 1999년까지 만델라 대통령이 달성한 무엇보다도 중요한 유산은 견고한 권리장전을 기반으로 법치주의가 확립되어 있고, 인종적·민족적 갈등이라는 불길한 예견들이 통하지 않는 나라를 만든 것이었다. 이런 업적들만으로도 만델라의 덕망은 충분했다. 그러나 그는 현실적인 정치가라기보다는 해방가이자 건국자라는 칭호가 더 어울린다."

man of the Leislerian party; John Roosevelt, Cornelius C. Roosevelt, and James Roosevelt also served as Aldermen, and James J. Roosevelt was in turn Alderman, Assemblyman, Congressman and Supreme Court Justice.

But although his name is Dutch, in his veins were mingled Irish, Scotch and Huguenot blood; and his mother was a Southerner. She was Martha Bulloch, daughter of James Stevens Bulloch, a major in Chatham's battalion, and a granddaughter of General Daniel Stewart of Revolutionary fame. His father, Theodore Roosevelt, Sr., organized a number of New York regiments in the civil war and was one of the leaders in organizing the Sanitary Commission and other work for the soldiers. He was a practical philanthropist and the works he accomplished for the poor were legion. When he died in 1878 flags flew at half mast all over the city and rich and poor followed him to the grave.

The second Theodore Roosevelt was born in this city Oct. 27, 1858. He was graduated from Harvard in 1880, and after a year spent in travel and study in Europe he plunged at once into that field of activity which he never afterward forsook—politics. He was an officeholder almost continuously from 1882 until he retired from the Presidency in 1909. The only intermission came during his life as a rancher after he retired from the Legislature.

As a boy he was puny and sickly; but with that indomitable determination which characterized him in every act of his life, he entered upon the task of transforming his feeble body not merely into a strong one, but into one of the strongest. How well he succeeded everybody knows. This physical feebleness bred in him nervousness and self-distrust, and in the same indomitable way he set himself to change his character as he changed his body and to make himself a man of self-confidence and courage. He has told the story himself in his autobiography:

"When a boy I read a passage in one of Marryat's books which always impressed me. In this passage the captain of some small British man-of-war is explaining to the hero how to acquire the quality of fearlessness. He says that at the outset almost every man is frightened when he goes into action, but that the course to follow is for the man to keep such a grip on himself that he can act just as if he was not frightened. After this is kept up long enough it changes from pretense to reality, and the man does in very fact become fearless by sheer dint of practicing fearlessness when he does not feel it. (I am using my own language, not Marryat's.)

honeycombed with petty jealousies and favoritism and blackmail, that the board could never ascertain the truth about what the men were doing. Roosevelt smiled and said: "Well, we will see about that," and see about it he did literally, for he personally sought the patrolmen on their beats at unexpected hours of the night, interviewed them as to their duties, and whenever one was found derelict he was promptly reprimanded or dismissed. The plan had a sudden and wholesome effect, for no roundsman, no sergeant, or police captain knew at what hour the Commissioner might turn up and catch him napping.

When he went into the Police Board and insisted on enforcing the excise laws literally, Chief Byrnes said, "It will break him. He will have to yield in time. He is only human."

At the height of his unpopularity a monster parade was organized to show New York's disgust with his policy. It paraded with such signs as "Send the Police Czar to Russia." A perfunctory invitation, or, perhaps, a sarcastic one, had been sent to him, and to everybody's astonishment he arrived early and took his seat on the reviewing stand.

Among the foremost of the paraders was a German, who looked back with pride on the great host behind him. Waving his hand, he shouted in a stentorian voice:

"Nun, wo ist der Roosevelt?" ("Where is Roosevelt now?")

A beaming face with a bulldog grin looked down from the stand.

"Hier bin ich. Was willst du, kamarad?" ("Here I am. What do you want, comrade?")

The German stopped, paralyzed with astonishment. Then an answering grin overspread his own face.

"Hurrah for Roosevelt!" he shouted. His followers took up the cry, and those who came to scoff remained to cheer.

In April, 1897, through the influence of his old friend, Senator Lodge, he was appointed Assistant Secretary of the Navy. He became convinced that war with Spain was inevitable and promptly proceeded to make provision for it. For command of the Asiatic Fleet certain politicians were pushing an officer of the respectable, commonplace type. Roosevelt determined to get the appointment for Commodore Dewey, who was this officer's junior, and who had no political backing, but whose career Roosevelt had been watching. He enlisted the services of Senator Redfield Proctor, whom he knew to be close to the President, checkmated the politicians and secured the appointment which resulted in so much glory for the American Navy.

Mr. Roosevelt also set about at once to secure a better equipment for the navy, and to him belongs credit for the drill of officers and men in target practice, the results of which were soon after made manifest. Soon after he became Assistant Secretary he asked for the sum of $800,000 for "practical target" shooting. That was considered a pretty large sum, and only a few months later he asked for $600,000 more. He was asked what had become of the first appropriation and replied that it had all been shot away, adding that

THE DEATH OF KARL MARX.

CAREER AND WRITINGS OF THE FOUNDER OF THE INTERNATIONAL ASSOCIATION.

LONDON, March 16.—Dr. Friederich Engel, an intimate friend of Karl Marx, says Herr Marx died in London, near Regent's Park. Dr. Engel was present at the time of his death, which was caused by bronchitis, abscess of the lungs, and internal bleeding. He died without pain. In respect to the wishes of Herr Marx, who always avoided a demonstration, his family have decided that the funeral shall be private. About 18 persons will be present, including a few friends who are coming from the Continent. The place of interment has not been announced. Dr. Engel will probably speak at the grave. There will be no religious ceremony. At the time of his death the third edition of Herr Marx's book, "Das Kapital," first published in 1864, was in preparation for the press.

PARIS, March 16.—*La Justice*, of which M. Longuet, son-in-law of Karl Marx, is one of the staff, says Herr Marx spent part of last Summer at Argenteuil, but returned to London in October.

Karl Marx, the German Socialist and founder of the International Association, was born in Cologne in 1818, and after studying philosophy and the law at the Universities of Bonn and Berlin became the editor of the *Rhenish Gazette*, in 1842. The opinions which he published were of so radical a character that the paper was suppressed the following year. He then went to France, where he devoted himself to the study of political economy and social questions, and published in the *Franco-German Year Book*, in 1844, "A Critical Review of Hegel's Phi-

THINKERS

사상·철학·심리·비평

사유의 모험가들

알렉시 드 토크빌

1805년 7월 29일~1859년 4월 16일

런던 타임스가 '미국의 민주주의'를 쓴 유명 저자의 죽음을 전해왔다. 이전에 이미 건강이 급격히 악화된 사실이 알려져 있던 터라 예상됐던 죽음이었다.

그의 작품을 읽은 수많은 독자들에게는 슬픈 소식이 될 것이며, 25년 이상 세월이 흐른 토크빌의 미국 방문 당시 그를 만나 즐거운 시간을 가졌던 이들에게는 개인적인 애석함이 될 것이다.

충실하고 현명했던 말셰르브의 증손자, 알렉시 클레렐 드 토크빌은 1805년 7월 29일, 베르뇌유에서 태어났다. 그는 파리에서 법학 공부를 마친 뒤 1826년에는 베르사유에서 지도 판사로, 1830년에는 대체 판사로 임명되었으며, 이듬해에는 미국 일부 주의 교도소 체계를 보고할 목적으로 구성된 미국 방문단에 친구 E. G. 드 보몽과 함께 선발된다.

이 여행의 최고 수확은 1835년에 발간된 저서 '미국의 민주주의'였다. 독자들로부터 굉장한 반응을 얻었을 뿐만 아니라 루아예콜라드가 "몽테스키외의 연장선"이라고 평가하기까지 한 이 책은 수도 없이 재쇄가 이어졌고, 유럽의 거의 모든 언어로 번역됐으며, 1836년에는 토크빌에게 몽티옹 상을 안겨줬다. 더불어 토크빌은 그 다음 해에 과학 아카데미의 일원으로 선출된 데 이어 1841년에는 프랑스 아카데미에 자리를 잡았으며, 미국 여행을 계기로 자신의 사법계 경력을 마무리 짓게 된다.

이후 1839년, 발로뉴 선거구에서 망슈 주 하원의원으로 당선된 토크빌은 1848년까지 의석을 지키며 루이 필리프의 행정부에 지속적으로 반대를 표명했다. 그러던 1848년 1월, 혁명이 다가오고 있음을 예견한 토크빌은 한 달 후 실제로 발생한 혁명의 물결 속에 망슈 주 대표로서 제헌의회에 참석하여 사회주의에 대한 강한 반감을 보이며 두각을 나타낸다. 그러나 사회주의에 대한 반감을 제외하고는 대체로 공화정을 지지하는 모습을 보였다.

토크빌은 하원의원으로 활동하는 동안 행정부를 잠시 장악하고 있던 루이 외젠 카베냐크 장군에 의해 이탈리아 문제에 대한 브뤼셀 회담에 프랑스 대표로 참석한 바 있으며, 회담을 마치고 돌아와 재선에 성공한 뒤 1810년 6월 3일에는 루이 나폴레옹 대통령에 의해 외무부 장관으로 임명됐다.

당시 토크빌은 외무부 장관으로서 자신이 가진 영향력을 총동원하여 로마 점령을 옹호하였으나 그해 10월 31일, 이 문제에 관한 대통령의 다소 기이한 교서에 반발하며 사임한 몇몇 온건파 인사들 중 한 명이 된다. 이후 전(前) 장관 신분으로 돌아온 의회에서도 그는 줄곧 대통령을 향해 반대 입장을 표명했다.

또한 1851년 12월 2일, 쿠데타에 항의하기 위한 하원의원 연대에 가담한 토크빌은 동료들과 함께 구금되었다가 이내 풀려났지만, 결국은 공직에서 물러났다.

토크빌의 최근작으로는 1856년에 출간된 '구체제와 대혁명'이 있다. 그는 말년을 프랑스 남부에서 보냈고, 주로 브로엄 경의 여름 별장이 있는 칸에 머물렀다.

존 스튜어트 밀

1806년 5월 20일~1873년 5월 8일

런던—존 스튜어트 밀이 세상을 떠났다. 프랑스 아비뇽에서 그가 숨을 거뒀다는 소식은 오늘 오후 3시, 이곳에 당도했다.

위대한 사상가는 한 세기에 두세 명밖에 나타나지 않기 때문에, 단 한 명의 죽음도 세계사적으로 매우 중요한 사건이 된다. 그리고 이틀 전, 그 사건이 일어났다. 존 스튜어트 밀이 아비뇽에서 세상을 떠난 것이다.

이 놀라운 인물은 자신의 천재성을 발전시키기 매우 좋은 환경에서 태어났고, 유전적으로 타고난 재능이란 어떤 것인지 보여주는 명백한 예시였다. 밀의 부친 제임스 밀은 철학계에서 두각을 나타낸 수많은 스코틀랜드인들 중 한 명이었으며, 에딘버러 대학교에서 수학하며 탁월한 성적을 거둔 인물이었다.

제임스 밀은 1798년에 설교 자격을 얻게 되지만, 이내 교회 연단에 등을 돌리고 영국 대도시들 속 수많은 문학 지망생들 중 한 명이 되어 문학 저널의 편집자로 활동하는가 하면 당시 막 세상에 이름을 알리기 시작했던 '에딘버러 리뷰'에 기고를 하기도 했다.

제임스 밀이 인도의 역사를 저술하기 시작하던 1806년, 아들 존 스튜어트 밀이 태어났다. 존 스튜어트 밀이라는 이름은 할아버지와 절친한 사이였던 스코틀랜드 준남작의 이름에서 따온 것이었다. 영국령 인도에 대한 제임스 밀의 책과 그의 아들 존 스튜어트 밀의 운명에는 상당한 관계가 있었다. 그 책 안에 담긴 기량과 지식 덕에 존 스튜어드 밀이 동인도 회사의 일원으로 지명될 수 있었기 때문이다.

그렇게 부친의 책 덕택에 동인도회사에 들어간 존 스튜어트 밀이 동인도 회사의 본부, 즉 인디아 하우스에서 사무원으로서 업무를 시작한 나이는 고작 17세였다.

이 일이 주목할 만한 이유는 똑같은 상황에서 비범한 사람과 평범한 사람이 어떤 능력의 차이를 보여주는지 확인할 수 있는 사례이기 때문이다. 수백

명, 아니 수천 명의 젊은이가 인디아 하우스에 입성했고 그 이후에는 이름 없는 인물이 되어 사라져갔지만 밀은 '인간 미이라'—정부 사무실 직원—라고 불리던 생활을 하면서도 자신의 이름을 알렸고, 그 이름은 말 그대로 미이라처럼 오랫동안 세상에 남게 된 것이다.

1820년, 프랑스로 간 존 스튜어트 밀은 3년 만에 프랑어는 물론 프랑스의 역사, 정치, 그리고 문학에 통달하였으며, 1823년 인디아 오피스로 돌어온 뒤에는 구 동인도회사가 사라질 때(1858년)까지 그곳에서 줄곧 일했다. 이후 왕권강화를 바탕으로 한 내각의 재구성을 위해 소집된 새 의회에 들어오라는 제안을 받기도 했지만, 밀은 거절하고 공직에서 물러났다.

은퇴 후, 밀은 부친의 집에서 당대 가장 야망 있는 무리들과 어울리며 열정적인 사상으로 가득 차 있었고, 사람들은 그런 밀이 조만간 여러 사안들에 대해 자신의 견해를 피력할 것이라고 기대했다. 1830년, 선거법 개정안과 관련된 일련의 소란들은 밀이 정기 간행물 업계에 입성하는 계기가 된다. 그는 다양한 신문과 비평지에 기고하기 시작했으며 그가 진보주의적인 입장을 취했다는 것은 두 말할 필요도 없었다.

이때 쯤 밀은 자신보다 몇 살 아래의 한 젊은이를 만나게 된다. 밀은 그에게 큰 영향을 주었고, 이 청년을 통해 밀의 영향력은 더 많은 이들에게 퍼져나갔다. 이 청년은 바로 부유한 명문가의 준남작, 윌리엄 몰즈워스 경이었다. 1835년, 윌리엄 경은 '웨스트민스터 리뷰'를 사들여 밀과 함께 공동 편집자로서 당대의 대중들에게 피력하고자 했던 다양한 견해들을 전달했다.

한편 1843년 출간된 밀의 '논리학 체계'는 곧 하나의 기준이 되었으며 이 밖에도 다른 수많은 저서들 중에서, '해결되지 못한 몇 가지 정치경제학적 문제에 관한 일련의 에세이들'(1844년)과 1848년의 '정치경제학 원리'는 철학 사상가로서 밀의 명성을 지속시키는 데 일조한 주요 작품들로 손꼽을 수 있다.

1865년, 밀은 완벽하던 그의 인생에 유일한 오점이라 평가되는 의회 입성을 하게 된다. 거들먹거리는 말로 스스로를 과시하는 힘에서만큼은 자신들이 밀보다 우월하거나 동등하다는 것을 발견한, 밀보다 50배는 못 미치는 족속들이 밀을 헐뜯기 시작했으며 그 와중에 밀에게 "고작 반바지를 입은 책"이라는 별명이 붙기도 했다. 그가 그 자리에 어울리는 사람이 아니라는 세간의 평을 밀 자신도 부인할 수 없었다.

그렇게 밀은 1868년 정계를 은퇴했다. 곧이어 그의 아내가 세상을 떠났고, 그는 아내의 죽음을 극복해내지 못했다. 밀은 말년의 대부분을 아비뇽의 매력적인 구시가지에서 보냈는데, 그곳은 그와 아내가 가장 행복했던 시절을 보낸 곳이었다.

동시대 사람들에게 밀의 사상이 끼친 영향이 어느 정도였는지를 추정하는 것은 불가능에 가깝다. 즉각적인 영향력은 연못에 던져진 돌이 만든 작은 파문일 뿐이지만 각각의 원들이 또 다른 원들로 퍼져나감으로써 그 효과는 점점 거대해지기 때문이다. 밀의 사상적 가치는 무엇보다도 그의 비범한 제안들에 있겠지만, 그것이 더욱 빛을 발하는 이유는 무언가를 제안하는 밀의 동기가 절대적으로 순수했다는 점에 있다.

영국의 철학자 토마스 홉스를 향해 누군가가 바친 다음과 같은 찬사는 분명 밀에게도 똑같이 적용될 수 있을 것이다. "그에게서 배운 가치, 그리고 자유로운 탐구정신과 교감하게 만드는 비범한 자극, 이 두 가지로 그의 위대한 이름은 철학계에 길이 남을 것입니다."

랄프 왈도 에머슨

1803년 5월 25일~1882년 4월 27일

콩코드—랄프 왈도 에머슨이 오늘 저녁 8시 50분에 별세했다. 그의 죽음은 다소 갑작스러웠다. 고비를 거의 넘기고 차도를 보이리라 예상되던 순간, 그에게 죽음이 찾아왔기 때문이다. 오늘 오전 중에는 그에게 어떤 통증도 없었으며 가벼운 미열만 보였다. 하지만 시간이 지날수록 그의 상태는 점점 위급해져 정오쯤에는 호흡에 무리가 생겼고 이내 통증이 재발했으며, 이 증세는 빠르게 진행돼 에테르를 투여하기에 이르렀다. 그렇게 에머슨은 더 이상 고통도 주변 상황도 인식하지 못하는 상태로 빠져들었다.

9시 30분, 유니테리언 교회에서는 에머슨의 나이—79세—만큼 종을 치며 지역주민들에게 그의 죽음을 알렸다. 콩코드 주민들에게 이 소식은 마치 자신의 일인 것처럼 개인적인 상실로 다가왔다. 풍부한 지성으로 존경받았던 에머슨은 대서양을 마주한 두 대륙의 사상가 및 문인들 사이에서 높은 위상을 차지하고 있었을 뿐만 아니라 다정한 성격과 한결같은 친절함으로 주변 사람들에게도 사랑받았다.

에머슨의 사인은 급성 폐렴인 것으로 발표되었다.

1803년 5월 25일 보스턴에서 태어

난 랄프 왈도 에머슨은 뉴잉글랜드 출신 중 단연코 최고의 인물이었다. 그의 부친 윌리엄 에머슨은 보스턴 최초의 유니테리언 교회 목사였는데 에머슨이 고작 8세 때 사망했고 에머슨은 평생 아버지의 죽음을 슬퍼했다. 에머슨이 시를 쓰기 시작한 것은 공립 중등학교를 거쳐 라틴어 학교에 입학했을 때였다. 아이답지 않은 시였다. 비록 습작이었지만 그의 시는 인생의 목적, 인간의 숙명, 그리고 아름다운 사명을 노래하고 있었고, 이는 성인이 된 에머슨이 써내려간 수많은 시와 다를 바 없이 반은 몽환적이고 반은 신비스러운, 관습에 얽매이지 않는 시풍을 이미 보여주고 있었다.

이렇게 재능은 물론 독특함을 지닌 에머슨의 습작품들은 그의 밝은 미래를 예견케 했고 실제로 이 예견은 사실이 된다. 14세에 하버드에 입학해 18세에 졸업한 에머슨에 대해 당시 한 지인은 이렇게 묘사했다. "마르고 연약했던 그는 동급생들 중 가장 어렸을 뿐만 아니라 가장 섬세했으며 나서지 않는 성격이었다." 강의실에서 에머슨은 그리스어와 라틴어에는 재능을 보였으나 철학에서는 실력을 뽐내지 못했고, 수학은 '좌절 그 자체'였다고 전해진다.

대학 졸업한 후 별다른 수입이 없었던 에머슨은 뉴잉글랜드 청년답게 5년 동안 학교에서 학생들을 가르친 뒤 23세에 교회 연단에 설 수 있는 자격을 얻었고, 29세에는 제2 유니테리언 교회에서 헨리 웨어 주니어의 사목을 도왔으나 3년이 채 지나지 않아 신앙에 대한 회의를 품고 교회를 떠나게 된다. 당시 에머슨은 교리와 권위의 전통을 모두 털어내고 자기 자신만의 생각에 귀 기울여 줄 사람들을 찾아 자유롭고 더 넓은 세상으로 발돋움하고자 했다.

이때부터 현 세대와 과거 세대가 모두 기억하는 랄프 왈도 에머슨의 자유로운 삶이 펼쳐진다. 에머슨은 작가로서 굉장히 늦게 주목받았는데 그처럼 오랫동안 인정을 못 받는다면 누구라도 주눅이 들었을 것이다. 하지만 그는 자신을 굳게 믿었고, 누구도 그 믿음을 깰 수 없었다. 그렇게 에머슨과 그의 독자들은 서로가 서로를 발견할 때까지 참을성 있게 기다렸다.

책을 출판하는 데 있어 에머슨만큼 까다로운 사람은 미국에도 유럽에도 없었다. 그는 모든 책은 존재할 만한 충분한 가치를 지니고 있어야 한다고 믿었기에 사소하거나 한시적인, 혹은 임시적인 내용을 책에 담아서는 안 된다고 생각했다. 더불어 그는 새로운 생각을 제시하여 상식을 확장시키는 것만이 책의 유일한 목적이라고 봤다. 에머슨이 이런 높은 기준을 조금만 양보했더라면, 그는 스스로 더 높은 긍지를 느끼며 자신의 명성을 더 편안하게 즐길 수 있었을 것이다. 그러나 그는 보편적이고 지속적인 내용이라는 기준을 지키면서, 최대한 간결한 문체로 책을 써내려가는 일을 멈추지 않았다. 모든 작가가 그를

본보기로 따랐다면 도서관이 얼마나 작아졌을지!

미국의 플라톤이라 일컬어지던 에머슨의 강의는 곧 보스턴에서 찬사를 받았으며 새로운 사상을 지닌 이 젊은 초월론자를 찬미하는 것이 교양인들 사이에서 유행이 되었다. 그의 강의를 들은 대부분의 사람들은 그의 사상에 감화되었고 또 일부는 진실한 열정을 지닌 제자가 되었지만, 트집 잡기를 즐기던 천박한 재담가들은 에머슨의 신비주의와 모호성을 조롱하면서 그를 향한 대중의 칭송조차 빤히 보이는 가식이라 폄하했다. 또한 게중에는 그를 제대로 이해하지 못하는 이들도 없지 않았다.

당대 뉴잉글랜드 최고의 변호사로 손꼽히던 제레미아 메이슨도 주변의 권유에 못 이겨 에머슨의 강연에 참석한 적이 있었다. 강연이 어땠냐는 질문에 메이슨은 이렇게 말했다. "제게는 아무 의미도 없는 내용이었지만 15살, 17살 먹은 제 딸들은 제대로 이해하는 것 같더군요." 이 말은 농담처럼 널리 퍼졌지만 진실을 담고 있었다. 순전히 법적 논리로만 사고하던 메이슨의 머리는 에머슨의 사색적이고 이상적인 사상을 이해할 수 없었던 데 반해, 상상력이 풍부하고 직관적이며 시적이었던 두 딸은 아버지가 이해할 수 없었던 내용을 바로 이해할 수 있었던 것이다.

에머슨의 첫 작품은 1836년에 출간된 '자연'이라는 제목의 얇은 책이었다. '효용,' '아름다움,' '언어,' '훈련,' '이상주의,' '정신,' '전망' 등, 총 8개의 챕터로 구성된 이 책은 사실상 소논문에 가까운, 이전에는 없었던 형식의 출판물이었다. 새로운 목소리와 새로운 힘이 응축된 이 책의 서론은 다음과 같았다.

"우리 시대는 회고적이다. 바위와 비석으로 조상의 무덤을 짓는다. 그리고 그 비석 위에 그가 살아온 일대기와 그가 이룬 역사, 그리고 그에 대한 비평을 적는다. 앞서 언급한 과거 세대는 신과 자연을 직접 마주하고 바라보았다. 우리는 그들의 눈을 통해 신과 자연을 바라본다. 우리도 우주와 직접 교감하는 즐거움을 누려야 하는 것이 아닐까? … 그 우주에도 새로운 땅, 새로운 사람, 새로운 생각이 있는 법이다. 그러니 우리만의 업적, 법칙, 숭배를 요청해야 하지 않겠는가!"

함께 할 공간이 필요했던 초월론자들을 위해 1840년 마가렛 풀러가 창간한 계간지 '다이얼'에 참여한 에머슨은 굉장히 기발하고 탁월한 방식으로 초월론을 전파했지만 일상적인 삶과는 너무 동떨어진 주제들을 현실 세계에 적용하기에는 상당 부분 한계가 있었다. 누군가가 말했듯, 페가수스 같은 성스러운 동물에게 빵 배달 마차를 끌게 할 수는 없는 노릇이었다. 결국 이 계간지는 4년 후 폐간되고 만다.

한편 시인이자 철학자였던 에머슨이 자립, 보상, 사랑, 우정, 분별력, 영웅주의, 예술, 기질, 지성, 경험과 같은 주제를 참신하고 유창하며 지적으로 전개한 1841년 작 '에세이들' 제1편은 보스턴 비콘 가(街)의 신학적 편견과 어긋나는 내용을 담고 있었음에도 독자들의 호응을 이끌어 낸다. 더불어 이 책의 대담한 역설과 우상 파괴적 비판들은 규율에 사로잡힌 보수주의 진영을 놀라게 하기도 했다.

이후 1876년에 펴낸 십여 편의 에세이 모음집 '문학과 사회적 목적'이 사실상 에머슨의 마지막 작품이었다. 이 모음집의 마지막 에세이였던 '불멸'에는 다음과 같은 문단이 포함되어 있다. "60년 전 … 우리 모두는 인간이란 죽기 위해 태어난 존재라고 배웠다. 이에 대해 신학은 야만적인 관념으로 공포를 주입했고, 이것은 죽음에 대한 우울감에 크게 일조했다. 하지만 큰 변화가 일어났다. 이제 죽음은 자연스러운 사건으로 간주되며 확고부동하게 받아들여지고 있다. 우리 시대의 현자는 묘비에 이런 말을 새긴다. '삶을 생각하라!' 이런 글귀는 사상의 진보를 나타내고 있다. 경험을 앞당기려 재촉하지 말라! 오늘은 오늘의 일만으로 충분하다. 의심과 두려움으로 인생을 낭비하지 말라! 당장 앞에 놓인 일에 열중하라. 지금 이 시간의 일을 올바르게 수행하는 것이 미래를 준비하는 최고의 방책이 될 것이다. '삶을 아는 이에게 죽음이라는 이름은 결코 두렵지 않다.' "

에머슨의 책장을 넘기는 이라면 누구라도 그의 어휘력, 특히 그가 영문학에 선사한 다양한 표현 양식들에 감탄할 수밖에 없을 것이다. 그의 영향력은 수많은 교양인들의 말과 글 속에 뚜렷하게 남아 있다. 또한 그가 글로 남긴 격언들은 아주 절묘하게, 그리고 굉장히 다양한 주제들과 함께 인용되고 있으며 사람들의 뇌리에 박힌 그 표현들은 마치 인용이 아닌 본래 자신의 생각인 듯 전해지고 있다. 다음의 표현들을 우리는 얼마나 끊임없이 들어왔는가?

일관성이란 편협한 사고를 지닌 도깨비와 같다. (Consistency is the hobgoblin of little minds.)

모든 인간은 그의 조상으로부터 나온 인용구다. (Every man is a quotation from all his ancestors.)

악마는 멍청이. (The devil is an ass.)

원래부터 위대한 사람이란 존재하지 않는다. (No great men are original.)

위대하다는 것은 인정받지 못한다는 것이다. (To be great is to be misunderstood.)

에머슨은 철학자라는 존재에 대한 스스로의 정의에 맞는 삶을 살았다. 그는 우주의 섭리에 대한 자신만의 관점을 가지고 있었으며, 모든 것을 침착하게 바라보고, 조사하고, 검토했다. 또한 단순히 사색하는 것만으로 그치지 않고 마음 속에 무언가 속에서 떠오르면 그것이 안으로부터 나온 것이든 밖으로부터 나온 것이든, 어쨌든 글로 적어내렸다. 길 위에서나 책상에서나, 자정이든 아침이든, 에머슨은 언제나 이런 자세를 유지했다. 언젠가 잠을 이루지 못하는 에머슨에게 그의 아내는 "어디 아픈가요, 왈도?"라고 물었고 에머슨은 담담한 말투로 이렇게 답했다고 한다. "아프지 않아요. 그저 생각이 떠올랐을 뿐이에요."

에머슨은 두 번 결혼을 했다. 27살 때 부인으로 맞이한 보스턴 출신의 엘렌 L. 터커는 결혼 후 몇 개월 지나지 않아 세상을 떠났고, 그 3년 뒤에 부부의 연을 맺은 매사추세츠 주 플리머스 출신의 리디안 잭슨과는 슬하에 아들 한 명과 딸 두 명을 두었으며, 세 자녀 모두 똑똑하고 유능한 인재로 성장했다. "소나무 숲 속에 자리한 소박하고 네모난 목조주택"이라고 불리던 에머슨의 콩코드 자택은 특별하게도 1775년 4월 19일(미국 독립전쟁 개시일) 영국군이 행군했던 길과 마주하고 있었다.

초월주의에 심취했던 에머슨은 무슨 일이든 지성과 근검으로 이겨냈으며, '바가바드 기타'의 신비주의에 빠져들면서도 가족들에게 시간을 투자하는 것을 잊지 않았다. 물론 재산이 많지는 않았지만 가진 것만으로 충만했으며 빚을 지지 않는 삶을 철칙으로 삼았다. 또한 그는 학문에 몰두할 때도 지하실에 석탄이 얼마나 남아있는지 확인하는 일을 게을리 하지 않았으며, 학자로서뿐만 아니라 성실한 가장의 모습으로 많은 사람들의 귀감이 됐다. 역사상 위대한 사상가는 흔치 않지만 그보다 더 희귀한 존재는 자신의 사상만큼 고매한 삶을 사는 천재이기 때문이다.

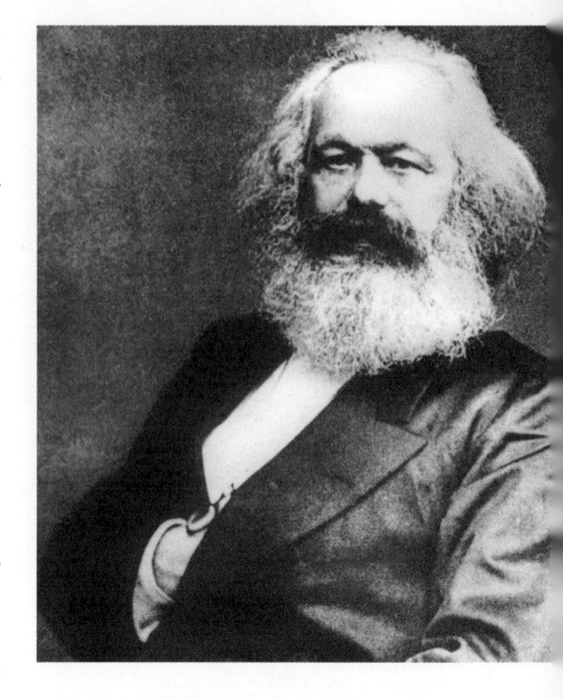

칼 마르크스

1818년 5월 5일~1883년 3월 14일

런던—칼 마르크스의 절친한 벗, 프리드리히 엥겔스 박사가 런던 리젠트 공원 근처에서 마르크스가 별세했다는 소식을 전해왔다. 엥겔스 박사는 마르크스의 임종을 지켰으며, 사인은 기관지염과 폐종양, 그리고 내출혈이었다. 그는 고통 없이 눈을 감았다고 한다.

유가족은 언제나 대중 앞에 서는 것을 기피했던 마르크스의 바람에 따라 장례식을 비공개로 진행하기로 결정했다. 대륙에서 건너올 몇몇 친구들을 포함해 약 18명의 인원이 고인의 마지막 길을 지킬 것으로 보인다. 매장 장소는 발표되지 않았다. 엥겔스 박사가 장지에서 애도 연설을 할 것으로 예상되는 가운데 종교적 의식은 없을 것이라고 알려졌다. 마르크스는 임종 직전까지 1864년에 처음 출간된 그의 저서 '자본론' 제3판을 준비를 하고 있었다.

국제 노동자 협회의 창립자인 독일의 사회주의자 칼 마르크스는 1818년 쾰른에서 태어났다. 본 대학교와 베를린 대학교에서 철학과 법학을 공부한 뒤 1842년 '라인 가제트'의 편집자가 된 그는 너무 급진적인 견해의 기사들을 쏟아냈고 결국 이듬해 해당 신문은 발행이 금지된다.

이후 마르크스는 프랑스로 건너가 정치, 경제, 사회적 문제를 연구하는 데 몰두했다. 1844년에는 '프랑스-독일 연보'에 '헤겔 철학에 대한 비판적 논평'과 독일 이상주의에 대한 풍자가 담긴 '브루노 및 그의 동료들과 맞선 성(聖)가족'을 발표했다.

그러나 프로이센 정부의 요구로 프랑스에서 벨기에로 쫓겨났던 마르크스는

1847년, 런던의 노동자 대회에 참여하여 '공산당 선언'의 저자 중 한 명으로 이름을 올렸다. 1848년 2월 혁명 때에는 파리에 있었으며, 이후 쾰른으로 돌아가 '신(新) 라인 가제트'를 창간한 마르크스는 프로이센 의회가 해체될 당시 민중의 집결과 조세 저항을 권고했다는 이유로 또 한 번 신문 발행을 금지당한다. 그럼에도 마르크스는 멈추지 않았다. 그는 몇 번이나 체포되었고 재판에서는 늘 무죄를 선고받았으나 결국 독일에서 추방당하고 만다. 이후 파리로 귀환한 마르크스는 6월 노동자 봉기의 폭풍 같은 현장에 참여했다. 이 일로 또다시 구금됐으나 가까스로 런던으로 탈출한 뒤로 그는 계속 런던에 본거지를 두게 된다.

1864년, 마르크스는 드디어 국제 노동자 협회를 창립하며 역사의 전면에 나서게 된다. 이후 '인터내셔널'이라는 이름으로 알려지게 되는 이 협회의 첫 번째 중앙 위원회를 이끌었던 마르크스의 사상은 1866년 제네바 대회에서 채택된 강령들의 기틀이 되었으며, 마르크스는 독일 및 러시아의 지부장을 거쳐 인터내셔널의 실질적인 의장이 된다.

그러나 1871년이 되자 '인터내셔널'의 영국 지부는 마르크스가 노동자 계급의 지도자가 되기에는 부적격한 인물이라며 비난하기 시작했고, 1872년 헤이그에서 열린 회의에서 이런 분열은 더욱 확산되어 결국 마르크스는 그동안 해왔던 협회의 중심축 역할을 모두 부정당하며 내몰릴 수밖에 없었다. 이후 '인터내셔널'은 마르크스를 수장으로 하여 런던에 중앙 위원회 본부를 둔 중앙주의자와, 마르크스를 쫓아낸 연방주의자, 이 두 분파로 나뉘게 된다.

일련의 사건들을 겪으며 마르크스는 생의 마지막 순간까지 줄곧 런던에서 생활했으며, 수년간 한 뉴욕 신문의 런던 특파원으로 일하기도 했다. 그가 남긴 저작물로는 '자유 교역에 관한 논문', 프루동의 '빈곤의 철학'에 대한 대답이었던 '철학의 빈곤', 그리고 그의 사상을 완전히 보여준 '자본론: 정치경제학 비평' 등이 있다.

프리드리히 니체

1844년 10월 15일~1900년 8월 25일

독일, 바이마르—철학자 프리드리히 빌헬름 니체 교수가 오늘 이곳에서 뇌일혈로 타계했다.

니체 교수는 현대 독일 철학자 중 가장 저명한 인사였으며, 극단적인 근대 합리주의의 사도이자 사회주의 학파의 창시자로 알려져 있다. 그가 이끈 사회주의 사상은 인간의 정치·사회적 삶을 조명하며 문명사회 전반에 걸쳐 심오한 영향을 미쳤다.

니체는 아서 쇼펜하우어의 비관론에 큰 영향을 받았으나, 혁신적 견해로 가득 차 있던 그의 저작물들은 동시대에 가장 거친 이상을 품고 있던 자유주의 사상조차 훌쩍 뛰어넘는 담대한 우상파괴주의로 불타올랐다. 니체의 신조는 고매한 염원으로부터 영감을 받은 것이었으며, 그의 글 속에 담긴 명석한 사고와 어휘, 그리고 풍자적인 힘은 그를 노리던 수많은 적들에게조차 존경받았다.

슬라브 혈통을 이어받은 니체는 1844년, 역사적인 뤼첸 전투가 벌어졌던 뢰켄에서 태어났다. 일찍이 부모를 여의었지만 포르타에 소재한 라틴어 학교에서 수준 높은 교육을 받았으며 본, 그리고 레이프직 등지에서 학업을 마쳤다. 당시 그는 성직자 교육을 받았음에도 불구하고 얼마 지나지 않아 기독교의 교리가 자유로운 삶의 확장을 방해한다는 이유로 신앙을 버렸다. 이후 동양어 공부에 전념했던 니체는 1869년, 스위스 바젤 대학의 교수로 임용된다.

1876년까지 이 대학의 교수로 재직하면서 니체는 과로로 인해 뇌와 눈에 문제가 생겼고 결국 요양을 할 수밖에 없었는데, 그가 남긴 대부분의 작품들은 이렇게 병으로 고생하던 시절과 같이 고난이 닥친 상황들 속에서 집필됐다.

1889년부터 니체는 회복이 불가능할 정도로 정신이상에 시달리며 바이마르에 있던 여동생 엘리자베스 포스터 니체의 집에서 지내게 된다. 니체의 작품들을 편집한 것은 바로 그녀였다. 니체는 오랜 기간 동안 작곡가 리하르트 바그너와 가까운 친구로 지내기도 했다. 니체의 주요 저서들로는 '구 신앙과 신신앙,' '초인,' '서광,' '우상의 황혼,' 그리고 가장 주목할 만한 작품이라고 할 수 있는 '차라투스트라는 이렇게 말했다'가 있다.

지그문트 프로이트

1856년 5월 6일~1939년 9월 23일

런던—정신분석이론의 창시자 지그문트 프로이트 박사가 오늘밤 자정 직전 햄스테드에 있는 아들의 집에서 타계했다. 향년 83세.

독일의 오스트리아 침공이 있었던 작년, 프로이트 박사는 오스트리아에서 이곳 런던으로 건너와 아들 언스트 프로이트 박사와 함께 지내기 시작했다. 이후 1년 넘게 건강상태가 좋지 않았던 그는 어제 혼수상태에 빠진 뒤 그대로 깨어나지 못했다.

오늘날 가장 널리 거론되는 과학자이자 심리학계에 혁신적인 기법들을 도입

한 지그문트 프로이드 박사는 결코 타협하는 성격이 아니었지만 학문의 개선을 위해서는 자신의 의견을 수정할 줄 아는 학자였다. 길고 긴 폭풍 같았던 학계 생활 동안 박사는 전 세계가 정신분석으로 떠들썩하게 만들었다. 정신분석이란, 억압이 인간에게 미치는 구속력을 극적으로 보여주는 기법으로서 프로이트 박사가 창안한 개념이다.

"정신은 빙하와 같습니다. 오직 7분의 1만이 물 위에 떠있죠." 인간의 삶에서 잠재의식적 요소가 훨씬 크다는 사실을 박사는 이렇게 비유한 바 있다. 또 다른 비유로 다음과 같은 말을 하기도 했다. "의식적 사고는 태양 아래 물을 뿜는 분수와 비교할 수 있습니다. 즉 의식적 사고는 그것이 처음 뿜어져 나왔던 잠재의식이라는 지하의 웅덩이로 다시 떨어지게 마련입니다."

프로이트 박사는 과거의 심리학으로부터 가장 급진적으로 탈피한 학자였다. 박사가 말하는 정신분석학의 과학적 접근은 인간이 생각하는 동물이 아니라 의지의 동물이라는 것을 토대로 한 것이었다. 프로이트 박사 이전의 심리학은 인간의 정신세계가 이미지, 인식, 생각 등 '지성적'인 요소들에 기초하고 있다고 보았다. 하지만 프로이트 박사는 의지, 또는 욕망이라는 요소에 방점을 두면서 지성은 뒤로 보내버렸다.

프로이트 박사는 자신이 발견한 새로운 체계로 오랫동안 삶의 '수수께끼'로 여겨졌던 수많은 문제들을 설명할 수 있었다. 특히 광인(狂人)의 사고에서 나타나는 환영과 망상에 대한 설명이 가능해졌을 뿐만 아니라 꿈의 중요성까지도 알아낼 수 있었다. 또한 욕망이라는 근거를 통해 섹스가 정신체계의 중심을 차지하는 것이 당연하다는 것을 설명할 수 있었으며, 이런 '프로이드 학설'로 인해 새로운 어휘들도 생겨났다. 이를테면 '콤플렉스, 억제, 신경증, 심리작용, 억압, 저항, 전이' 같은 단어들 말이다.

프로이트 이론의 초기 비평가들은 광포한 편견과 도덕적 분개를 표출하며 프로이트 박사의 시스템을 모두 갈기갈기 찢어버리려 했다. 반면 후기 비평가들은 그의 이론의 가치를 대부분 인정했고, 이론을 파괴하려 하기보다는 완벽하게 만들기 위해 그의 이론을 비판적으로 연구했다. 프로이트 박사 스스로는 그의 이론이 과도한 인기로 오히려 피해를 입었다고 생각했으며, 이로 인해 자신의 이론이 제멋대로 활용되었을 뿐만 아니라 과장되어 버렸다고 생각했다.

빈 출신이라고 알려져 있는 프로이트는 실은 모라비아 태생이다. 정확히는 1856년 5월 6일, 옛 오스트리아-헝가리 지방 프라이버그에서 태어났다. 프로이트의 부모는 그가 어렸을 때 빈으로 이사했고, 프로이트는 1881년에 그곳에 있는 대학에서 의학박사 학위를 받았다. 졸업 후 빈에 있는 한 생리학 기관의 교대 연구원, 종합병원의 보조 의사, 그리고 신경질환에 대한 강연 등을 하면서 정신의학에 강한 흥미를 느끼게 된 프로이트는 1885년, 파리로 건너가 그 유명한 장 마르틴 샤르코와 피에르 자네의 학교에서 공부하기 시작했다. 샤르코와 자네는 현대 이상 심리학의 창시자로 알려져 있다. 당시 프로이트는 신경증성 장애에 대한 완전히 새로운 연구에 뛰어들어 혁신적인 분석법들을 개발했지만 너무 혁신적이었던 나머지 스승과 직업상 최악의 적이 되어버리고 만다. 마치 훗날 C. G. 융과 알프레드 아들러를 포함한 프로이트의 제자들이 차례차례 그에게서 등을 돌렸던 것처럼 당시 프로이트도 자신의 스승과 갈라지게 되었던 것이다.

정신분석에 대한 이론을 구상할 때 프로이트 박사는 독립적이며 비타협적인 태도로 연구를 진행했다. 이로 인해 동료 연구자들을 완전히 소외시키거나 마치 제자처럼 다루기도 했다.

1년 동안의 파리 생활을 정리하고 빈으로 돌아온 프로이트는 1902년부터 한 대학 신경학과의 원외 교수로 재직하면서 동시에 베르가세에 있는 아파트를 진료소로 꾸려 매일 다양한 종류의 정신질환을 앓고 있는 수많은 환자를 만나게 된다. 말년에는 고령의 나이와 병환으로 환자 수를 줄여야 했지만, 이론을 발전시키고 주제를 선택해 논문을 쓰는 활동만은 게을리 하지 않았다.

한편 러시아의 공산주의 실험은 정신분석가인 그에게 굉장히 매력적으로 느껴졌던 데 반해 미국은 그에게 그다지 흥미로운 대상이 아니었다. 1909년 미국을 방문했을 때 클라크 대학교에서 명예학위를 수여받았던 인연이 있었음에도 불구하고 말이다. 아마 프로이트가 존경한 유일한 미국인은 윌리엄 제임스일 것이다. 프로이트는 그에 대해 "만나본 사람 중 가장 매력적인 인물"이라 말한 적도 있다. 하지만 프로이트에게 제임스 교수는 "생각 없는 낙관론과 얄팍한 실용주의 철학"만을 생산해내는 나라의 유일한 예외 사항일 뿐이었다.

미국 또한 프로이트에 대해 관대했던 건 아니다. 그의 이론에 대한 미국인들의 과장되거나 풍자적인 글들을 보면 이러한 점을 알 수 있다. 아마도 미국 내 프로이트 학설 비평 중 대다수는 인간의 행동과 반응에 대한 그의 해석에서 성(性)이라는 요소가 과도한 비중을 차지하고 있다는 점에 대한 것이었다.

프로이트 박사를 옹호하는 이들도 이따금씩 박사가 너무 멀리 갔음을 인정했다. 그가 논란의 여지가 있거나 아예 연관이 없는 부분에서도 성을 찾는다는 점을 부인할 수 없었던 것이다.

프로이트는 다작하는 집필가였다. 그가 책의 형태로 세상에 내놓은 수많은 생각들은 세계대전 이전의 보수주의적 사고에 놀라움과 충격을 안겨줬다. 그 중에서 가장 널리 알려진 것은 아마도 히스테리와 꿈의 해석에 관한 작품들일 것이다. 프로이트의 견해에 따르면 히스테리는 매우 감정적이고 성적인 충격의 결과로 나타나는 것이며, 이와 관련된 생각이 더 이상 나지 않을 때까지 인간의 정신을 억제하거나 억압한다. 따라서 정신분석 기법을 통해 환자의 자유의지적 협조가 이뤄진다면, 앞서 언급된 히스테리와 '관련된 생각'은 다시 되돌릴 수 있으며, 이로써 히스테리의 원인은 제거되는 것이다.

또한 프로이트의 뛰어난 업적 중 하나로 손꼽히는 '전쟁과 죽음에 대한 고찰'은 사실 부록에 가까웠던 글이었다. 세계대전이 마무리될 즈음에 발표된 이 책에서 프로이트는 다음과 같은 견해를 피력했다.

"본질적으로 세계의 역사는 연쇄적인 인종 살해의 역사입니다. 사람들은 자신에게도 죽음이 올 것이라는 사실은 믿으려 하지 않지만 타인과 적의 죽음을 인지하고, 그들의 죽음을 선고할 때는 주저하지 않습니다. 마치 원시인이 그랬던 것처럼 말이지요."

1936년 5월 6일, 그의 80번째 생일이 오기 전까지 프로이트 박사는 암과 노환에도 굴하지 않고 활발하게 활동했다. 하지만 80세 이후에는 인터뷰 요청을 거절하며 이런 글을 남겼다. "제가 세상에 해야 할 말은 이미 다 했습니다. 이제 저는 마침표를 찍으려 합니다."

프로이트 박사의 정신분석 이론에 가장 쓰라린 비평을 남겼던 많은 이들조차 그의 80번째 생일에는 빈에 모여 그에게 존경심을 표했다. 프로이트 박사는 그곳에 없었지만 그의 아내와 가족들이 참석했다. 빈 정신과 의사 협회의 회장 율리우스 바그너야우레크가 모임의 시작을 알리는 연설을 하는 동안 박사의 가족들 눈물을 흘렸다.

"빈의 정신과 의사들은 프로이트가 전 세계적으로 명성과 위용을 떨치며 개척한 길을 따라갔습니다. 우리는 빈 의과대학의 위인들 중 한 분인 프로이트 박사의 생일을 축하하게 되어 자랑스럽고 기쁩니다."

프로이트는 1930년 이후에도 환자들을 대면했지만 진료의 대부분은 자신의 후계자이기도 했던 딸 안나가 맡았으며, 하얀 턱수염에 구부정한 어깨를 한 프로이트는 이따금씩 고개를 끄덕거리며 동의를 표시할 뿐이었다. 프로이트는 평생 극소수의 친구들과 교류했는데, 이들은 수요일 밤에는 토론을, 금요일 밤에는 카드게임을 즐겼다.

프로이트는 말년에 유대인에 대한 집단 학살 정책으로 고난을 겪기도 했다. 나치가 그의 책을 비롯하여 하이네의 작품 등 아리아인이 아닌 작가들의 책을 불태웠을 때, 그는 이렇게 말했다. "뭐, 적어도 훌륭한 작가들과 함께 불탔군."

학계에서 프로이트는 자기 말만 하는 괴짜로 인식되었지만— 그는 자신이 태어났을 때 한 소작농 여성이 그의 모친에게 훌륭한 인물을 낳으셨다는 말을 했다는 이야기를 자주 하곤 했다—그의 가족과 친구들은 그가 온화하고 사려 깊은 사람이며, '일' 얘기를 하지 않을 때에는 함께 있기 좋은 친구였다고 입을 모았다.

81번째 생일이 지나고 얼마 지나지 않아 암 발병에 이어 고통스러운 심장병까지 앓게 된 프로이트는 절망하며 이렇게 말했다. "인간이 육체보다 오래 살게 되면 그것은 비극일 따름입니다." 또한 프로이트는 은퇴 후 자신에게 허락된 얼마 남지 않은 시간을 종교의 본질에 대한 선구적인 연구에 바치고 있었으나, 오스트리아 합병이라는 세계 정세가 그에게 점차 위협적으로 다가왔다. 친구들은 그에게 해외로 도피하라고 설득했지만 그는 나치가 자신의 서재에 난입한다면 자살할 준비가 되어 있다며 떠나기를 거부했다.

나치 독일이 오스트리아를 침공하여 프로이트의 고향을 삼켜버렸을 때, 82세의 그는 1년 전에 비해 많이 노쇠해져 있었다. 박사는 방이 다섯 개 딸린 아파트에 은둔하며 지냈는데, 그의 친구들은 당시를 이렇게 회상했다. "그는 모습을 드러내면 모욕을 당할까봐 두려워했습니다. 유대인이었으니까요." 네덜란드의 프로이트 추종자들이 빈을 방문해 그에게 네덜란드 망명을 환영한다는 뜻을 전했지만 오스트리아 당국은 이를 허락하지 않았다. 그에게 여권을 내주지 않은 것이다. 곧 그 이유가 드러났다. 나치에서 프로이트의 몸값을 요구하고 있었던 것이다.

미국의 프로이트 추종자들도 조용히 기금을 마련하기 시작했다. 프로이트와 그의 가족들에게 생활비를 지원하기 위해서였는데, 안타깝게도 필요한 만큼 모이지는 않았다. 이때, 그리스의 요르요스 왕자와 결혼한 마리 보나파르트 공주가 나섰다. 공주는 결혼 전 프로이트 박사에게 가르침을 받은 바 있었다. 결국 공주가 나치 당국을 설득했고, 나치는 25만 오스트리아 실링을 받고 프로이트에게 여권을 내주기로 결정한다.

1938년 6월, 프로이트는 가족들과 함께 자신의 책 몇 권과 문서 몇 장을 들고 빈을 떠나 처음에는 파리로, 이후에는 런던으로 향했다. 나치 언론에서는 프로이트 학파를 "음란한 유대인의 전문분야"라 칭하며 조롱으로 작별인사를 고했다.

런던에 정착하면서 프로이트는 모세 전설이 유대교 및 기독교의 발전에 미친 영향을 다룬 '모세와 유일신교'의 집필을 마쳤다. 자신의 정신분석 체계를 이용해 종교단체의 기원을 설명하려 한 첫 시도였던 이 책은 굉장한 논란을 불러일으켰다. 하지만 토마스 만은 이 책을 통해 프로이트 이론이 "가능한 모든 배움과 학문의 분야를 아우르는 세계적 운동"이 되었다는 것을 알 수 있으며, 미래 세대에게 "더 자유롭고 현명한 삶의 터전"을 남겨주기 위한 중요한 초석이 될 것이라고 묘사했다.

프로이트는 런던 리젠트 공원에서 북쪽으로 몇 백 미터 떨어진 집에서 안락한 한 해를 보냈다. 심리 이론 연구는 딸 안나와 제자들에게 넘긴 채, 구약 성경에 대한 기념비적인 연구에 전념했던 그는 자신이 이 연구를 완성하려면 5년은 족히 걸릴 거라 생각했다.

그는 이 작품의 주제를 공개한 바 있었다. 25년 전 '토템과 터부'에서 다뤘던 것처럼 모든 종교는 그저 인간의 가장 깊은 본성인 소망과 두려움을 반영할 뿐이며, 이제 그 이론을 뒷받침할 증거를 제시하겠다는 것이었다. 박사는 이 작품이 세계 종교사에 엄청난 영향을 미치리라고 확신했으나, 이제 미완으로 남고 말았다.

존 메이너드 케인스

1883년 6월 5일~1946년 4월 21일

런던—존 메이너드 케인스 경이 오늘 서섹스의 펄에 위치한 자택에서 심장마비로 별세했다. 향년 63세. 그는 두 번에 걸친 전쟁으로 산산조각 난 세계경제구조 회복에 지대한 영향을 끼친 걸출한 경제학자였다.

2주 전, 미국 조지아 주 사바나에서 열린 국제금융회의의 중압감으로 녹초가 된 케인스 경은 영국으로 돌아온 후 줄곧 몸 상태가 좋지 않았고, 결국 그의 부인이 지켜보는 가운데 생을 마감했다.

케인스 경은 전문가와 일반 대중 모두에게 영향을 끼친 정치·사회 경제학자로 주목받았으며, 그의 이름은 애덤 스미스와 늘 연결고리를 가지고 있었다. 또한 그는 재정 정책의 최우선 과제는 완전고용이라는 이론의 주창자이기도 했다.

이 밖에도 케인즈 경의 천재성은 다양한 분야에서 빛을 발했다. 그는 최고의 의회 연설가였고 음악, 연극, 그리고 발레 역사가이자 애호가였으며, 성공한 농업가였고, 목초 사육 개발의 전문가였다. 더불어 책 수집가이기도 했는데, 그의 장서 목록 중 주목할 만한 작품으로는 연금술에 대한 뉴턴의 미출판 원고가 있다.

한때 케인스 경은 '블룸스버리'라는 문학 모임의 중심이었으며, 이 모임의 일원에는 리튼 스트레이치, 버지니아 울프 등 가까운 친우 여럿이 있었다.

그가 처음으로 대중의 관심을 받게 된 것은 파리 강화회의에 파견되는 영국 재무부 사절단에서 물러나면서부터였다. 그는 독일을 견제 및 통제하려는 베르사유 조약이 독일보다는 다른 국가들에게 해가 될 것이라고 주장했고, 1919년에 출간된 저서 '평화의 경제적 결과'에서 이에 대한 근거를 제시했다. 이런 주장에는 독일에게 부과된 배상금 조항이 과하다는 전제가 깔려있었다.

이 책은 큰 논란을 불러일으켰지만, 수요가 많아 출간 첫 해에 5쇄를 찍었으며, 11개 언어로 번역되었다. 케인스 경이 예견했던 대부분이 현실화된 1940년 봄까지, 그는 어떤 자격으로도 다시 영국 정부와 엮이지 않으려 했지만 1942년, 국왕 탄신일 서작 발표로 틸튼 남작이라는 작위를 받으면서 경제 금융계에서의 위상을 공식적으로 인정받았다. 또한 브레튼 우즈 협정 아래 사바나에서 처음 열린 세계은행 이사 회의에서 부회장으로 선출되기도 했다.

케인스 경은 1883년 6월 5일, 영국 케임브리지에서 태어났다. 23세의 나이로 공직생활을 시작했지만, 일생 동안 케임브리지 대학교와 친밀한 관계를 유지하며 대학 재판소의 판사직을 맡기도 했다. 부친 존 네빌 케인스 또한 케임브리지 대학의 명예 기록관이었으며, 모친은 케임브리지의 시장으로 재임한 바 있다.

케인스 경의 첫 직책은 인도 지부 세무국의 하급 관리였고, 그곳에서 2년 동안 근무한 뒤 케임브리지로 돌아와서는 학생들을 가르치기 시작했다. 1912년에는 '이코노믹 저널'의 편집자가 되었는데 그는 이 직함을 평생 유지했다.

또한 그는 재무부에 입성(1915년)하기 전인 1913~1914년 사이에 왕립 인도 재정·통화 위원회의 일원으로 일했으며, 파리 강화회의 당시 사임했던 공식 직함은 '재무부 협상대표', 그리고 '최고 경제회의 재무 차관'이었다.

그의 책 '평화의 경제적 결과'로 일어난 파장은 대체로 케인스 경의 명쾌한 문체와 파리 강화회의에서 있었던 비화에 대한 폭로에서 비롯되었다.

영국의 간행물 '뉴 스테이츠맨 앤드 네이션'의 편집자 킹슬리 마틴은 케인스 경의 책에 대해 이렇게 썼다. "알아봤자 언론이 써놓은 인용구 정도로만 상황을 이해하는, 즉 경제학에 대해 아무것도 모르는 사람들조차도 케인즈 경의 뛰어난 관점을 통해 클레망소, 로이드 조지, 그리고 윌슨 대통령이 있는 베르사유에서 무엇이 일어나고 있는지 훤히 들여다 볼 수 있을 정도였다. ... 그 조약의 여타 장단점이 무엇이건 간에, 유럽을 하나의 경제 공동체로서 다루지 못했다는 점과, 일반 서민의 이익을 최우선으로 하여 유럽 재건을 진행하지 못했다는 점이 해당 조약의 최대 결함이라는 것을, 우리는 모두 이 책으로 납득했다." 마틴은 이어 말했다. "그 조약은 전략과 국가적 탐욕으로 이루어진 결과물이었다. 명목상 그럴 듯하게 국제연맹을 개입시켜 포장했을 뿐."

케인스 경이 주장했던 바대로 이 조약이 실패할 수밖에 없었던 이유는 회의에 참석한 주요 인사들에 대한 그의 묘사에서도 대부분 드러난다.

그는 클레망소를 "단연 네 명의 정상 중 가장 탁월한 인사"라 소개했고 "자신이 원하는 것, 즉 독일을 불구로 만드는 것"이 무엇인지 아는 유일한 인물이라고 표현했다. 한편 윌슨 대통령에 대해서는, 협상 테이블에서 거래를 할 때 클레망소나 로이드 조지와 겨룰 만한 지적능력이 없다고 혹평했다.

이 밖에도 각 정상에 대한 케인스 경의 묘사는 다음과 같이 요약할 수 있다.

"클레망소는 미학적으로 가장 고귀하며, 윌슨 대통령은 도덕적으로 가장 훌륭하고, 로이드 조지는 지능적으로 가장 영리하다. 그런데 그 조약은 이들 사이의 격차와 약점들로부터 탄생했다. 마치 각각의 부모로부터 가치 있는 유전자는 쏙 빼고 나쁜 것만 물려받은 어린아이의 모습과도 같았다. 고귀함도, 도덕성도, 지성도 없었다."

어떤 면에서 '평화의 경제적 결과'는 케인스 경에게 터닝 포인트를 마련해 준 셈이었다. 이 책이 출간된 뒤 그는 평범한 경제학자에서 예언가 겸 평론가로, 그리고 기자 겸 베스트셀러 작가로 다시 태어났기 때문이다.

한편 케인스 경은 윌슨 대통령을 경

멸했던 것과는 달리 프랭클린 D. 루즈벨트 대통령에 대해서는 칭송을 아끼지 않았다. 케인스 경은 루즈벨트 대통령이 미국에서 구축한 정책과 흡사한 지출 정책을 영국 정부에서도 진행하려 했지만 성공하지는 못했다. 그가 요청했던 것은 핵심 경제 인구 50만 명을 부양하기 위한 연간 5억 달러의 고용기금과 5억 달러의 주택 정책, 그리고 5억 달러의 공공사업 기금 조성이었다.

영국에서는 곤란한 재정문제를 마주할 때마다 상당부분 케인스의 조언에 의존했다.

1944년 7월 뉴햄프셔 주 브레튼 우즈에서 채택된 경제정책도 그보다 1년 앞서 케인스 경이 저술하고 영국 정부에서 발행한 백서에 바탕을 두고 있었다. 이 백서에는 여러 국가들 사이의 국제은행 시스템을 한 국가 안의 은행 시스템과 유사하게 구축하려는 계획의 윤곽이 그려져 있었다.

또한 브레튼 우즈에서 있었던 통화 회의에서 케인스 경은 세계은행을 위한 구체적인 안건들을 제안하고 국제통화 안정을 확립하는 데 주요한 역할을 하기도 했다.

칼 융

1875년 7월 26일~1961년 6월 6일

취리히—분석 심리학의 창립자 중 한 명인 칼 구스타프 융 교수가 루체른 호 근처 퀴스나흐트에 소재한 자택에서 오늘 별세했다. 저명한 심리학자였던 융의 나이는 85세였으며, 심장과 순환계에 문제가 있었다. —연합통신사

융 박사는 인간 심리의 가려진 한계선을 밀어내려 한 현대의 위대한 승부

사였다. 위대한 선구자 지그문트 프로이트 박사가 나타나기 전에, 세상은 인간의 잠재의식을 살펴 평안과 안정의 열쇠를 얻는다는 관념에 익숙하지 않았다. 또한 프로이트와 융 이전의 서구 세계는 인간의 행위를 원죄의 관점에서 생각하려는 경향이 강했으나 융 박사는 이러한 설명은 충분하지 않다고 주장함으로써 20세기 인류의 사고방식에 엄청난 변화를 끼친 인물로 우뚝 서게 된다.

잠재의식을 정의하기 위해 융 박사는 특수 용어들을 창조해냈고, 이 용어들은 곧 지식인들이 사용하는 어휘의 일부가 되었다. 특히 '외향'과 '내향' 같은 융의 학설 용어는 식탁 위에 흔히 오르내리는 주제가 되었다.

초기 견습기를 마친 뒤, 융 박사는 가혹한 프로이트의 심리학파와 결별했다. 프로이트는 거의 모든 인간심리 문제가 유아기의 성적 갈등의 결과라고 주장했으며, 존속살인과 근친상간—오이디푸스 콤플렉스와 엘렉트라 콤플렉스—에 대한 욕구는 유아기 때 가장 강력하다고 봤다.

융은 이 욕구를 인정하면서 종교에 대한 인간 본능 또한 성적 본능만큼 강할 것이라고 생각한 반면, 프로이트는 외부 세계 앞에 놓인 아이의 무력함과 생존을 위해 나타나는 부모를 향한 집착욕구에서 종교의 근원을 볼 수 있다고 주장했다.

프로이트 학설의 세계는 우울한 정글과 같았다. 그 안에서 인간은 억눌린 감정 경험에 부딪혀 영원히 넘어지는 것을 반복할 뿐이었다. 프로이트와 프로이트 학파의 핵심을 구축한 이들은 인간을 넘어뜨리는 이 감정 경험이라는 방해물을 찾아내 제거하는 것만이 인간이 가진 딜레마를 치유할 수 있는 유일한 방법이라고 믿었다.

반면 융 박사는, 인간이 제어할 수 없는 트라우마에 의해서 무조건 흔들리는 것만은 아니라고 주장했다. 더불어 융 학파는 신이란 인간이 아버지를 바라보는 관점으로 만들어낸 존재일 뿐이며, 선행과 진보에 대한 욕구는 더 원시적인 욕구를 잊기 위한 도구에 불과하다는 프로이트식 이론에 대해 코웃음을 쳤다.

많은 이들이 프로이트의 세계 속에서 절망만을 발견했고 융 박사의 세계 또한 안락한 것은 아니었지만, 융은 적어도 굴복하지 않는 인간의 정신이 이 세상을 더 나은 곳으로 바꿀 수 있다고 믿었다. 이것이 가능한 이유는 인간에게는 잠재의식을 구성하는 개인의 경험 외에도, 또 다른 종류의 경험이 있기 때문이며, 이 두 번째 경험이란 잠재의식 속에 기록된 인간의 공통적 경험이자, 인간의 멈추지 않는 종교 욕구라는 것이 융의 설명이었다.

이 시대의 심리학을 이끈 3대 학자는 누가 뭐래도 프로이트, 융, 그리고 알프레드 아들러였다. 이들은 1859년 '종의 기원' 이후 서구인의 사고방식에 가장 큰 영향을 끼친 인물들이었다. 아들러 역시 가혹한 프로이트 이론과 결별했고, 1937년에 세상을 떠났다. 그로부터 2년 후 프로이트 또한 세상을 떠났다.

융 박사는 1875년 7월 26일, 스위스 케스빌에서 복음주의 목사였던 아버지 폴 융과 어머니 에밀 프라이스베르크 융의 아들로 태어났다. 이후 융 가족은 바젤로 이사했고 1900년, 그곳에서 의학 학위를 받은 융은 취리히 대학교에서 정신의학 강의를 시작하는 한편, 오이겐 블로일러 박사와 함께 심층 심리학을 다루는 '취리히 학파'를 창립했다. 이 학파는 프로이트 박사가 세운 '빈 학파'와 반대되는 것으로 여겨졌지만, 융과 프로이트는 현대 심리학의 기본 원리에 대해 대부분 같은 의견을 갖고 있었다. 특히 융 박사가 인간의 정신 속에서 비의식적 요인들의 협조를 얻는 방식은 프로이트가 사용한 방식과 흡사했다.

1909년, 매사추세츠 주 우스터에 소재한 클라크 대학에서 미국 심리학계의 가장 훌륭한 업적으로 기록된 연구 결과들이 발표되자, 바로 그해 융 박사와 프로이트 박사를 포함한 정신의학계의 세계적 권위자들이 강연과 회의를 목적으로 클라크로 몰려들었다. 융 박사는 이곳에서 처음으로 그의 '연상법'에 대한 폭넓은 강해를 펼쳤는데, 그것은 예전에는 그 누구도 시도해본 적 없는 잠재의식에 대한 탐구 기법이었다.

1911년에 융 박사를 비롯한 심리학계의 권위자들은 국제 정신분석 협회를 창립했고 융 박사는 이 협회를 통해 꿈과 환상과 관련된 그의 새로운 발견들을 발전시켜나갔다.

물론 융 박사에 대한 비판적인 견해도 있었다. 그의 이론이 신비주의와 마술 같은 비과학적인 내용에 과도한 관심을 드러내고 있다는 것이 비판의 주된 이유였다. 프로이트 학파에서는 그가 순수과학 연구를 배반하고 불교와 기독교로 탈선해버렸다고 주장했다. 이 시기에 융 박사는 요가와 연금술, 민속학 및 부족 종교의식의 세계를 탐구하고 있었고, 그의 적들에게 이는 과학법칙에 대한 배신으로 보일 뿐이었다.

하지만 융 박사는 그동안의 인류는 이와 같은 사상에 상당 부분 몰두해왔고, 분명 이런 사상이 인류의 의식의 한 부분을 형성했을 거라고 주장했다.

한편 히틀러 지배하의 독일에서는 나치에 의해, 인류의 의식에 대한 융 박사의 이론이 차용됐는데, 이에 대해 융 박사는 자신의 이론을 나치식으로 해석하는 것은 매우 잘못된 것이며, 히틀러 추종자들이 자신의 주장을 왜곡해 진짜 의미를 흐리고 있다고 항변했다.

이후 1948년에는 심리학자들에게 분석심리학 고등연구를 위한 장소를 제공하자는 취지로 취리히에 C. G. 융 연구소가 세워지기도 했다. 이런 응용 심리학의 기본원칙에 대한 프로이트와 융의 견해는 크게 갈렸지만, 둘의 친분은 계속 유지됐으며 12시간 동안 쉬지 않고 이야기를 나눌 때도 있었다. 두 박사는 서로 자신의 꿈에 대해 이야기했고, 서로가 찾아낸 새로운 요소들에 대한 해석을 나누기도 했다.

두 위대한 정신의 탐구자들은 자료를 얻는 방식에서도 차이가 났다. 프로이트 박사는 피험자를 소파에 앉히고 방해하지 않겠다는 인상을 주기 위해 슬쩍 뒤로 물러나는, 현재 일반적으로 통용되는 방식을 구축했다. 반면, 융 박사는 보통 피험자를 자신의 맞은편에 있는 의자에 앉히고 자신이 피험자의 경험을 함께 나누겠다는 느낌을 받게 했다.

1903년, 융 박사는 스위스 시계 가문의 상속자였던 엠마 라우센부쉬와 결혼했다. 그녀는 1955년 먼저 세상을 떠났으며 융 박사의 유족으로는 아들 하나와 딸이 있다.

큰 키에, 뼈대가 굵었던 융 박사는 말년에 하얀 콧수염을 듬성듬성 길렀고, 흰 머리는 점차 가늘어졌다. 얼굴은 혈색이 좋았으며, 잔주름이 많은 매력적인 미소를 갖고 있었다.

퀴스나흐트에 있는 자택의 문 위에는 다음과 같은 라틴어 문장이 새겨져 있었다. "부르짖건 부르짖지 않건, 신은 계신다(Vocatus atqua non vocatus deus aderit)."

칼 바르트

1886년 5월 10일~1968년 12월 10일

에드워드 B. 피스크 기자

개신교 신학자 칼 바르트가 월요일 밤 스위스 바젤에 위치한 자택에서 잠든 채 더 이상 깨어나지 못했다. 그의 사망 소식은 어제 바르트 가족의 대변인이 공식 발표했다 향년 82세.

1919년 한 무명의 스위스 시골 목사가 가식 없는 울림을 주는 '로마서(로마인들에게 보낸 편지)'라는 제목의 책을 세상에 선보였다. 이 목사는 출판사를 찾는 데 어려움을 겪었지만, 이후 한 동료 신학자가 말했듯 "이 책은 신학자들의 세상에 마치 폭탄처럼 내려앉았다."

그 젊은 목사의 이름은 칼 바르트였고, 로마서에 대한 그의 해설은 신학과 같은 학문에서는 드물게 일어나는 사건 중 하나가 되었다. 혁신적인 생각이 그것을 발언할 용기가 있을 뿐만 아니라, 그것의 운명을 좌우할 힘까지 가진 거인의 손에 놓였을 때 일어나는 사건이 발생한 것이다.

이 경우, 그 생각이란 신의 근본적인 초월성에 대한 것이었다. 당시의 신학자들은 신을 격하시킴으로써 신을 인간이 가진 최고의 충동이 투영된 존재로밖에 보지 않았던 반면, 바르트는 신과 인간을 하나의 역사나 철학으로만 논하는 모든 학문들을 거부했다. 그에게 신이란, 선택의 날에 스스로 인간의 역사에 들어와, 신을 자기 상상대로 창조하려는 인간의 시도를 심판하는 "완전히 다른 존재"였다.

40년 후, 바르트('heart'와 운율이 맞는 이름이다!)는 신과 인간 사이의 이 근본적 차이점에 '수정사항'을 적용하기도 했는데, 그러던 중에 20세기 학계의 기념비적인 작품 '교회 교의학'을 세상에 내놓는다. 이로써 그는 장 칼뱅 이후 가장 중요한 개신교 신학자로 널리 인정받게 됐으며, 아우구스티누스, 안셀모, 마틴 루터와 비교되는 일도 잦았다.

바르트는 때때로 급진적인 결론을 내렸지만 전통적인 어휘를 사용했고, 교회의 전통 교리를 통해 상상력을 자극받았다. 그의 최고 관심사는 기독교 신앙의 장엄한 삼위일체론을 크고 진한 글자로 강조해 설명하는 것이었다.

이 때문에 그는 동시대 개신교 사상가들에게 만큼이나 로마 가톨릭 사회에도 큰 영향을 미치게 되었다.

그를 신학계의 주요 인물로 만들어준 책을 세상에 내놓은 지 몇 년 후, 바르트는 자신의 업적을 다음과 같은 비유적인 표현으로 설명했다. "교회 탑의 어두운 계단을 오르며 흔들리지 않으려 난간에 손을 뻗었지만 난간 대신 종의 줄을 잡게 된 사람이 있습니다. 놀란 그는 이내 그 거대한 종이 그에게 어떤 소리를 내는지 들어야 했습니다. 그리고 그 종소리는 그 한 사람에게만 울렸던 것은 아니었습니다."

19세기의 자유주의 신학은 고루한 교조주의와 성서의 직역에 대항하는 항거의 일환으로부터 시작되었다. 그 두 가지는 종교개혁 이후 몇 세기 동안 줄곧 퇴화된 개신교 사상을 대변하는 것들이었다.

공의의 신 앞에 선 인간의 죄와 무력함에 집중했던 루터와 달리, 자유주의 신학자들은 이성과 과학적 방법, 그리고 땅 위에 세운 신의 왕국을 강조했다. 하지만 20세기가 되면서 이런 생각은 힘을 잃었다.

루드비히 포이어바흐는 신학을 인류학으로 축소시켰고, 이로써 '학문의 여왕'이라고 불리던 신학은 스스로의 기준이 아닌 철학, 자연과학, 역사의 기준으로 평가받게 되었다. 예수는 이제 유럽 신사의 모든 속성들을 집약시킨 모양새로 언급되기 시작했던 것이다.

새로운 신학의 시대를 연 이는 스위스 토박이 출신이었다. 바르트는 키가 굉장히 컸고, 높은 솟은 이마와 광대, 그리고 뚜렷한 눈썹과 옅은 푸른색 눈을 갖고 있었다. 말년에는 제멋대로인 부스스한 회색 머리에, 코끝에 뿔테 안경을 걸친 전형적인 독일 교수의 모습을 하고 있었으며 젊은 시절부터 꾸준히 해왔던 승마와 등산 덕에 다부진 체격을 그래도 유지했다.

'로마인에게 보낸 편지'를 집필해야겠다는 발상이 떠오른 것은 그가 스위스 중북부의 작은 마을 자펜빌에서 10년 동안 목사로 사역하고 있던 시기였다. 바르트는 이웃마을 목사였던 절친한 친구 에두아르트 트루나이젠과 함께, 그가 사로잡혀 있었던 전통성에 의심을 품기 시작했다. 결정적인 순간은 1914년에 있었다. 그해, 지상 위에 신의 왕국을 건설하겠다는 소망은 행진하는 군대의 발에 밟혀 유럽의 진흙탕에 처박혀 버렸다.

이후 바르트가 "암흑의 날"이라 칭한 8월의 어떤 날, 그는 최악의 충격에 휩싸이게 된다. 93명의 독일 지식인이 카이저 빌헬름 2세의 전쟁 정책을 지지한다는 입장을 표명했는데, 그에게 신학을 가르쳤던 이들이 대부분 포함되어 있었던 것이다. 그렇게 1919년 처음 쓰여지고 3년 후 전면 개정돼 나온 제2판 '로마인에게 보낸 편지'에서 바르트는 스스로 "(신학의) 키를 180도 돌리기" 시작했다.

당시 그의 책상 위에 걸려있던 그림, 마티아스 그뤼네발트의 '예수 수난상'은 그가 어떤 지표를 바라보며 목표를 세웠는지 말해주고 있다. 어두운 배경을 점령하고 있는 것은 십자가에 달린 예수의 고통스러운 모습이다. 관람자의 시선을 계속해서 중앙으로 끌어당기는 그뤼네발트의 구성처럼, 바르트의 신학도 예수 그리스도 안에 있는 신의 현현을 중심으로 세워졌다.

바르트에게 성경은 "신에 대한 인간의 생각이 아닌, 인간에 대한 신의 생각"이 담긴 책이었으며, 이런 관점의 전환을 통해 전 세계 기독교 국가들 사이에 분열을 초래한 교리적 오류를 없앨 수 있다고 봤다.

또한 신의 말씀인 성경에 충실했던 바르트는, 어떤 인간의 경우 신이 영원한 구원이나 영원한 지옥을 미리 예정해준다는 칼뱅의 생각을 거부하게 된다. 바르트는 이런 말을 한 적이 있다. "칼뱅은 지금 천국에 있을 것이고, 어떤 생각이 잘못됐는지 생각할 시간을 가졌을 테죠. 제가 그의 사상을 바로잡아준 것에 대해 분명 기뻐하고 있을 겁니다."

하지만 이런 바르트의 견해들은 논란의 중심에 서게 된다. 근본주의자들은 그가 성경을 강조함에도 불구하고 신앙의 절대적 권위를 성경에서 그리스도로 바꾸고 있다며 비난했다. 또한 그는 너무 융통성이 없고 엄격하다는 평을 받았으며, 악을 마주한 인간의 무력함에 대한 강조가 너무 비관적이라고 비판받았다.

바르트는 혁명가였지만, 그의 사고방식은 프로테스탄티즘의 한 분파인 개신교, 혹은 칼뱅파의 전통에도 깊이 뿌리박고 있었다. 더불어 바르트의 부친 프리츠를 포함한 바르트 가의 수많은 조상들 또한 대대로 스위스의 개신교 목사들이기도 했다.

바르트는 1886년 5월 10일, 부친의 교회가 있던 바젤에서 태어났다. 3살이었을 때 그의 가족은 신약 및 교회사 교수로 임용된 부친을 따라 베른으로 이사했는데, 다섯 형제 중 장남이었던 바르트가 성장하고 교육받았던 곳도, 독일 언어순화주의자조차도 몸서리치게 만든 스위스 방언식 독일어를 배운 곳도 바로 베른이었다.

바르트가 아버지 밑에서 신학을 공부하기 시작한 것은 1904년, 방년 18세였을 때의 일이었다. 그는 1908년에 성직자 자격을 얻었고, 한 자유주의 신학 매체의 편집 보조로 1년간 일한 뒤에 제네바에서 처음으로 목회를 맡게 된다. 그리고 2년 뒤에 자펜빌로 거처를 옮긴 그는 정치 토론에 흥미를 느끼기 시작했는데, 나중에 이것 때문에 제3제국과 갈등을 빚게 되며, 공산주의를 대한 그의 태도가 국제적인 논란거리가 되기도 했다.

이후 종교적 사회주의자가 되어 1915년, 사회민주당에 가입한 바르트는 '로마인에게 보낸 편지'를 출간한 뒤인 1921년 9월, 괴팅겐 대학교로부터 개신교 신학 교수 자리를 제안받아 이를 수락했다. 그리고 1927년경 그의 신학적 사고는 '신의 말씀의 교리: 기독교 교의학 서문'을 출간할 수 있을 만큼 견고해졌지만 그는 곧 이 작품이 실패한 실험이라 생각하게 됐고, 작품을 폐기했다.

바르트가 본에서 조직신학 교수로 일하기 시작한 것은 1932년부터였으며 '교회 교의학'의 첫 권을 출간한 곳도 바로 그곳이었다, 그의 신학적 사상을 설명한 이 작품은 결국 12권, 7천 페이지, 6백만 단어 이상의 방대한 양으로 늘어나게 된다. 1962년 은퇴하면서 중단된 이 프로젝트는 여전히 몇 권이 덜 나온 상태로 남아있다. 바르트는 종종 자신의 생각을 기꺼이 번복했고, 이 '교회 교의학'마저도 잠정적인 것이며, 학생들에게 수정받고 개선받기 위해 쓴 것이라고 말하곤 했다.

한편, 제3제국과의 대립은 1933년 여름에 시작되었다. 당시 히틀러는 "독일 기독교" 교회를 세우고, 교회 내에서 국가 사회주의 사상에 독단적인 지위를 부여하고 있었다. 그러나 바르트는 히틀러가 공작자들에게 요구한 충성선서를 거부했고, 총통을 향한 경례로 강의를 시작하라는 명도 거부했다. 또한 1934년에는 독일 개신교 지도자 약 200명이 바르멘 선언에 서명하며 교회는 세속적 권력으로부터 자유로워야 함을 천명했는데, 이 선언의 수석 입안자가 바로 바르트였다.

이런 활동들로 이내 나치 법정에 선 바르트는 학생들의 "정신을 유혹"한다는 혐의로 유죄판결을 받으며 교직도 박탈당했으며 1935년 10월에는 바젤에 있는 스위스 국경으로 압송되어 독일 땅에서 추방되고 만다. 그런데 나치를 거침없이 비판하던 바르트가 종전 후 에는 독일 국민의 옹호자가 되면서 논란거리가 된다. 하지만 바르트는 개의치 않고 1945년에 독일을 방문했으며, 그 다음 해 다시 본으로 돌아가 학생들을 가르치며 두 학기를 보냈다.

1948년 헝가리를 방문한 이후로는 나치에 저항했던 것과 같은 열과 성으로 공산주의를 공격하지 않는다며 쓰디

쓴 비판을 받았던 바르트는 공산주의 역시 우상숭배라고 생각했지만, 인간이 지닌 몇몇 문제들을 간과한 서구 문명의 실패가 낳은 '자연스러운 결과'라고 보았다.

1962년 72세의 나이로 은퇴한 바르트는 미국을 전격 방문하면서 많은 이들을 놀라게 했다. 바르트는 그의 아들 마르쿠스가 신약을 가르치던 시카고 대학교를 비롯한 여러 곳에서 수많은 강연을 했지만, 그의 미국 방문 하이라이트는 단연 남북전쟁 당시 치열한 전투가 벌어졌던 게티즈버그와 리치몬드 땅을 밟은 것이었다. 어린 시절부터 전사(戰史)에 남다른 관심이 있었던 그의 머릿속은 나폴레옹을 비롯한 수많은 전쟁들을 이끈 장군들과 격전지의 이름들로 가득했다. 그런 그가 말년에 미국 남북전쟁 마니아가 된 건 어쩌면 당연한 일이었다.

수년간 금욕적인 생활을 했던 그의 하루는 정기적인 아침 7시 강의로 시작해서 자정을 넘기는 집필과 연구로 끝났다. 하지만 아들들과 즐기던 야외 병정놀이를 위한 시간은 언제나 비워뒀다. "아버지는 수백 명의 병사를 모아두셨습니다." 마르쿠스는 말했다. "그러고는 언제나 나폴레옹 역을 맡겠다고 하셨죠. 그러니 늘 이기실 수밖에요."

바르트는 아들 두 명이 자신의 길을 따라 신학의 길을 걷게 된 것을 자랑스럽게 생각했다. 장남 마르쿠스는 현재 피츠버그 신학대학에서 학생들을 가르치고 있으며, 크리스토프는 서독 마인츠에서 구약 성서 교수로 재직 중이다. 딸 프란치스카는 바젤에서 한 사업가와 결혼했으며, 셋째 아들 한스는 바젤에서 조경사로 일하고 있다. 넷째 아들은 등산 사고로 세상을 떠났다.

이들의 어머니이자 1913년 바르트 박사와 결혼한 넬 호프만(결혼 전 이름)은 바이올린을 배우던 학생이었다.

라인홀트 니부어

1892년 6월 21일~1971년 6월 1일

올던 휘트먼 기자

종교계와 정치계에 널리 영향을 끼친 개신교 신학자 라인홀트 니부어 목사가 어젯밤 매사추세츠 주 스톡브릿지의 여름 별장에서 숙환으로 사망했다. 향년 78세.

니부어는 장터에서 설교하던 신학자였으며, 믿음을 일상의 도덕적 범주에 적용한 도덕 철학자였고, 완고한 실용주의를 주창한 정치적 자유주의자였다.

이 모든 능력을 갖춘 그는 인간은 신과 이웃을 사랑해야 한다는 성서 속 교훈을 기반으로 할 뿐만 아니라, 인간이 실수할 가능성과 인간이 지닌 가식의 불합리를 기반으로 하는 복합 철학의 설계자였다.

니부어가 일생 동안 발전시킨 개신교 신학은 '신정통주의'라 불렸다. 이 사상은 원죄를 강조했는데, 니부어는 이 원죄를 오만이라 정의했다. 또한 신정통주의에서는 "이상주의자든 현실주의자든, 자애롭든 아니든 간에, 누구의 동기에나 있는 자존감의 보편성"을 강조했다.

더불어 신정통주의는 "커져가는 이성과 교육, 그리고 자연에 대한 기술적 정복이 도덕적 진보를 향한다는 믿음과 역사적 발전 또한 도덕적 진보를 의미한다는 믿음"인 공상적 이상주의를 거부했다.

라인홀트 니부어는 1950년대와 1960년대 미국 민주당의 고문이었던 아서 슐레징거 주니어를 포함한 많은 이들의 멘토였다. 외교관이자 소비에트 정책에 대한 대통령 자문을 맡았던 조지 F. 케넌은 국가 정책을 입안하는 데 있어 여러 지식인들을 고무시켰던 니부어의 역할을 인정하며 그를 "우리 모두의 아버지"라 칭하기도 했다.

니부어는 이런 글을 남긴 적이 있다. "정의를 달성하는 일은 완벽한 형제애를 꿈꾸는 공상적 이상주의자에 의해서도, 세계 각국의 사리사욕을 극복할 수 없다고 믿는 냉소가에 의해서도 성취될 수 있는 일이 아닙니다. 정의를 달성하는 일은 국가가 이기적이라는 것을 이해하며, 역사가 끝날 때까지 이기적일 것이라는 사실을 알지만, 얼마나 이기적이건 간에 이기적이기만은 할 수 없다는 것을 이해하는 현실주의자에 의해 이루어져야 합니다."

정치적인 문제에 적극적으로 직접 나섰던 니부어는 미국 사회당의 발기인이었으며, 한때 자유당 뉴욕 지부 부회장을 맡기도 했다. 또한 그는 민주행동을 위한 미국인 협회의 관리였고, 특정 사회·경제·정치적 사안을 다루기 위해 설립된 무수한 위원회에서 활발히 활동했다. 미국이 제2차 세계대전에 참전하기 전까지는 이렇게 완고한 간섭주의자로 몇 년 동안 활동하던 니부어는 전쟁 후, 공산주의적 목표에 반대했지만, 공산주의자들에 대한 미국의 탄압에도 반대 의사를 표명했다.

니부어는 다양한 주제에 대해 글을 썼다. 글의 주제는 정치의 도덕적 근간부터 인종 간 관계, 평화주의, 노동조합, 외교까지 아울렀으며 니부어의 정치적 영향력은 바로 이런 글들에서 나왔다.

1928년부터 유니언 신학교, 브로드웨이, 그리고 121번가와 연을 맺은 니부어는 수백 명의 신학생들 앞에서, 수천 명의 평신도들 앞에서, 수많은 대학교 무수한 교회에서, 또 셀 수 없이 많은 공개 연단에서 강연을 펼쳤다.

니부어는 깊은 목소리와 크고 푸른 눈으로, 마치 오케스트라 지휘를 하듯 팔을 움직이며 열정적으로 이야기했다. 그는 자신의 박학다식함을 자랑하지 않았으며, 평범한 말투로 일상적인 얘기를 하듯이 강연을 했다. 한 청강생은 그가 설교할 때의 모습을 이렇게 기억했다. "그분은 언제나 작은 마을의 교구목사처럼 보였어요."

신학대학 7층에 있는 작은 사무실에 있으면 그의 몸집은 과하게 커보였다. 사무실 벽은 수많은 사회·경제학 서적으로 가득 차 고작 그림 하나를 걸 자리밖에 없었는데 니부어는 그 자리에 고래 뱃속에 갇힌 요나의 모습이 그려진 목판화를 걸었다. 그의 책상 위 여러 문서 틈바구니에는 아내 우르술라와 아들과 딸의 사진이 담긴 액자가 있었다. 그는 이들을 남기고 생을 마감했다.

학생이 사무실에 찾아오면, 니부어는 회전의자 뒤로 기대 앉아 다리를 꼬고 머리 위에 깍지 낀 두 손을 감찬 채 이야기 나누는 것을 좋아했다. 니부어는 친구와 지인에게는 '라이니'라는 이름으로 불렸다. 그가 취득한 학위 중 가장 높은 학위는 1915년에 예일에서 따낸 문학석사 학위였고, 나머지는 옥스퍼드에서 받은 명예 신학박사 학위를 포함한 18개의 명예박사 학위였다.

1930년대에 그는 사회당 기관지였던 '월드 투모로우'에서 몇 년 동안 편집 및 기고를 했고, 1940년대부터는 종교적 주제를 다루는 격주간지 '크리스채너티 앤드 크라이시스'에서도 같은 일을 했다. 또한 기독교적인 정신세계에 입각해, 로마 가톨릭 잡지 '커먼윌'과 개신교 간행물 '어드밴스 앤드 크리스찬 센추리', 그리고 유대교 간행물 '코멘터리'에도 글을 기고했다.

니부어는 자신의 정치적 견지를 뒷받침하기 위해 성경을 인용하지 않았기 때문에 일부 동료들은 그의 신앙의 깊이에 대해 회의감을 갖고 있었다.

"라이니가 종교 사업을 진지하게 생각하고 있다는 말은 하지 마." 정치 쪽 동료는 이렇게 말한 적도 있었다.

이 이야기가 니부어의 귀에까지 들려왔을 때 그는 웃으며 말했다. "저도 압니다. 제 친구 몇 명은 제가 기독교 윤리를 가르치는 게 그저 정치적 신념을 인정받기 위한 위장이라 생각해요."

고난에 빠진 불가지론자와 가톨릭 신도들, 그리고 개신교 신도와 유대인들이 종종 정신적 가르침을 받기 위해 그를 찾아왔다. 한 유대인은 반 농담 식으로 이렇게 고백했다. "라이니는 제 랍비죠."

니부어의 추종자들 중에는 대법관 펠릭스 프랭크퍼터도 있었다. 지금은 세상을 떠나고 없지만 니부어의 설교를 한 번 들은 뒤, 그는 이렇게 말했다. "믿음을 가진 불신자로서 말하는데, 당신 설교가 마음에 들었습니다, 라이니."

그러자 니부어는 다음과 같이 답했다. "마음에 드셨다니 기쁘네요. 믿음이 없는 신자로서 말하는 겁니다."

신학자로서 이미 칭송받고 있던 니부어였지만, 그가 스스로의 견해를 가장 면밀히 체계화한 것은 2편으로 이루어진 1943년 출판작, '인간의 본성과 운명'에서였다. 또한 그는 1956년 발행된

'지성의 전기'에서는 다음과 같은 말로 글을 시작하고 있다.

"저는 스스로를 신학자라 표방할 수도 없고, 표방하지도 않습니다. 저는 한 세기의 반에 반을 기독교 사회윤리를 가르치며 보냈고, 변증론의 부수적 내용을 다루기도 했습니다. 이외의 남는 시간에는 대학에서 일종의 순회목사로 활동했는데, 이로 인해 세속의 시대 속 기독교 신앙의 방어와 정당화에 또 다른 관심이 생기게 되었습니다. … 전 순수 신학의 훌륭한 주장들에 능통했던 적이 한 번도 없었습니다. 또한 고백하건대 그런 재능을 얻기 위해 충분히 관심을 쏟아본 적도 없습니다."

관심을 쏟아본 적도 없다는 그의 고백에도 불구하고, 니부어 교리라는 것이 등장했다. 이 교리는 본질적으로 신을 수용했으며 그리스도를 통해, 혹은 니부어가 언급했던 "그리스도 사건"을 통해 인간이 신을 알게 된다는 뜻을 담고 있었다. 또한 여기서 더 발전된 형태의 니부어 교리는 인간은 선천적으로 악하고 죄가 있으며, 주로 오만이나 이기심에 끊어낼 수 없는 원죄가 있다고 주장했다.

그는 인간이 자기 자신을 속이는 존재라고 강조했다. 예를 들어, 자신의 관용을 자랑하는 사람은 숨겨진 편견과 편협함으로 가득 차 있을 가능성이 높다는 것이다. 니부어는 언젠가 이렇게 말했다.

"기독교 신앙은 우리의 행동이 유전, 환경, 그리고 타인의 행동으로부터 영향을 받을 수 있다는 사실을 부정할 수 없습니다. … 하지만 우리의 행위를 타인의 탓으로 돌릴 수밖에 없었던 충분한 이유가 있었다 하더라도, 타인의 탓을 함으로써 우리의 행위를 용서받을 수 있는 건 결코 아닙니다. 아담이 '저 여자가 제게 선악과를 줬습니다'라고 변명한 이후부터 이런 양상이 짙어졌지만요."

또한 니부어는 "성경에서 말하는 신의 형상으로 만들어진 인간이란 창조물임과 동시에 자유 영혼이라는 것을 의미하며 하나의 영혼으로서, 인간은 결국 신의 책임 아래 있다는 것을 의미한다"고 주장했다.

니부어가 반대했던 신학자 중에는 복음주의자 빌리 그레이엄과 '긍정적 사고의 힘'의 해설자인 목사 노먼 빈센트 필 박사도 있었다. 니부어의 표현을 빌리자면, 이들의 "죄에 대한 완전히 개인주의적인 관념"은 핵무기 시대의 집단적인 문제에는 "거의 완전히 적절하지 않았다."

또한 니부어는 종교적 전향을 통해 인종적 편견이나 경제적 부조리, 또는 정치적 위선을 해결할 수 있다는 생각에 반대했다. 그는 이런 문제를 해결하기 위해서는 기독교적 현실주의에 입각한 사회적 변화가 필요하다고 봤다.

라인홀트 니부어는 1892년 6월 21일, 미주리 주 라이트시티에서 구스타프 니부어와 리디아 니부어 부부의 아들로 태어났다. 부친은 독일 출신의 루터교도로 그 지역 농민들을 위한 복음주의 교회의 목사였다. 니부어는 10살 무렵에 성직자가 되겠다는 결심을 했다. 니부어가 부친에게 한 말에 따르면, 그 이유는 "아버지가 마을에서 가장 재밌어 보이는 사람"이었기 때문이다. 이때부터 니부어의 부친은 그에게 그리스어를 가르치기 시작했다.

니부어는 형제 리하르트와 고등학교, 일리노이에 있는 작은 종파 학교였던 엘름허스트 대학교, 또 4년 뒤에는 세인트루이스 근처에 있는 에덴 신학교를 함께 다녔다. 1913년 부친이 사망한 뒤, 니부어는 일리노이 주 링컨의 교회 연단에 서달라는 제안을 받았지만 예일 신학교에 장학생으로 입학하기 위해 이를 고사했다. 1914년에 신학 학사 학위, 그리고 1년 후에 문학 석사 학위를 받은 니부어는 이후 미국 문화예술 아카데미의 일원이자 대통령 자유 메달을 수상(1964년)하는 인물로 성장하게 된다.

북미 복음주의 종파에서 성직자 서품을 받은 니부어가 처음 부임한 곳은 디트로이트의 베델 복음주의 교회였다. 처음이자 유일한 목회지였던 그곳에서 니부어는 13년 동안 20명의 신도를 650명까지 늘렸다. 또한 그는 이 시기에 노동계를 지지하면서 주목받기 시작했으며, 이후에는 반전을 위한 평화주의를 옹호하면서 또다시 논란의 중심에 서게 된다.

"포드와 싸우면서 많은 경험을 했습니다." 니부어는 말했다. 당시 헨리 포드는 하루 5달러의 높은 임금정책과 낮은 자동차 가격으로 칭송받고 있었지만, 니부어만큼은 포드가 조립라인을 이용해서 노동자들을 괴롭히며, 능률촉진이라는 명분과 주기적인 일시해고, 그리고 중년 노동자 해고를 통해 노동자들을 유린한다며 비난하고 있었다.

"다소 미숙했던 제 사회적 상상 속 포드는 미국 자본주의의 폐해를 대표하는 인물이었습니다." 수년 뒤 니부어는 또 한 번 말했다. "그 때문에 저는 사회주의자가 됐습니다. 사회당에 들어가기 오래 전부터, 아니 칼 마르크스가 쓴 글을 보기 전부터, 저는 이미 이론상 사회주의자였습니다."

니부어는 자유방임 산업주의의 남용에 대한 비판이었던 '사회적 복음'을 수년간 설파했고, 1930년에는 사회주의 기독교 협회를 창립했다.

"자본주의는 죽어가고 있으며, 응당 사라져야 합니다." 1933년, 사회당에 대한 지지를 호소하며 니부어는 말했다. 하지만 그때에도 니부어는 자신의 생각을 재검토하고 있었다. 그는 한 번도 완전한 마르크스주의자—계급투쟁과 혁명의 주창자—였던 적이 없었고, 사회주의와는 종교적·윤리적 측면에서, 그리고 현실주의적 측면에서 맞지 않았다. 또한 인간이 지상에 신의 왕국을 지을 수 있다는 주장은 그에게 우상숭배에 지나지 않았다.

장 폴 사르트르

1905년 6월 21일~1980년 4월 15일

올던 휘트먼 기자

실존주의 철학으로 두 세대에 걸쳐 전 세계 작가들과 사상가들에게 큰 영향을 미친 장 폴 사르트르가 어제 파리에서 폐부종으로 별세했다. 향년 74세.

오랫동안 프랑스 최고의 지식인으로 평가받아 온 사르트르는 그를 책상 앞에서 떠나 거리로 나서게 했던 좌파적 정치 신념을 통해 제2차 세계대전 이후 세대의 사회의식에 심오한 기여를 했다. 그는 사실상 당시 발생했던 모든 사건들에 대해 말하고자 하는 바가 있었으며, 그 견해들을 소설, 희곡, 전기, 에세이, 논문 등을 통해 발전시켰다.

하지만 1970년대에 들어서 정치적으로 극좌파의 독단적인 아웃사이더가 되어버린 사르트르의 견해에 귀 기울이는 사람은 별로 없었다. 대신 사실상 사르트르의 마지막 작품이라고 할 수 있는 19세기 프랑스 소설가 귀스타브 플로베르에 관한 전기는 주목할 만했다.

한때 공산당과 가까이 지내며 연합한 적도 있지만, 지난 15년간 사르트르는 독립적인 혁명가로 활약했다. 그의 사상은 소비에트 공산주의보다는 마오쩌둥의 사상에 가까웠으며 지식인이자 공인으로서 쌓은 자신의 명성을 극좌파 집단이 주장하는 표현의 권리를 옹호하는 데 활용했다. 또한 1973년, 파리의 급진적 일간지 '리베라시옹'의 명목상 편집장이 되어 그리스, 칠레, 스페인 등지에서 억압당하는 좌익 단체들을 지지하는 여러 성명서와 공개 항의서에 힘을 보태기도 했던 사르트르는 수천 가지의 대의를 품은 반역자이자, 현대판 돈키호테였다.

그러나 25년 전 알베르 까뮈 외 여러 인사들과 함께 다재다능한 능력을 뽐내는 지적 지도자였던 그의 위상은 최근에 들어 먼 조상의 모습처럼 힘을 잃고 말았다.

한편, 사르트르의 작품들 중 길이 남을 작품은 주로 희곡이 될 것이라고 평하는 사람들이 많았다. 즉 그의 에세이와 소설은 오래 가지 못할 거라는 의미였다. 더불어 철학자로서 사르트르는 무질서한 접근법으로 인해 점점 더 많은 비판을 받고 있었다. 그럼에도 불구하고 자신의 사상을 고수하려는 지속적인 시도는 존경심을 자아냈고, 이는 부정하기 힘든 사실이었다. 종종 조롱의 대가가 따르긴 했지만 말이다.

"저는 제 자신을 걸고 일을 벌였습니다." 몇 년 전 사르트르는 이렇게 말했다. 드골파 체제에 대한 저항 활동과 베트남에 대한 미국의 개입에 반대하며 벌인 외로운 시위를 떠올리며 한 말이었다.

자유분방한 좌파로 활동하기 훨씬 이전, 나치가 프랑스를 점령했던 기간 동안 사르트르는 "반(反)파시스트였던 모든 레지스탕스가 그랬듯 공산주의와 협력"했다. 공산주의에 대한 사르트르의 이런 협력과 지지는 1956년에 발생한 헝가리 혁명에 러시아군이 개입할 때까지 계속되었다. 당시 그는 이렇게 말했다. "프랑스 공산당은 헝가리 침공을 지지했습니다. 그래서 저는 그들과 결별했습니다." 그럼에도 사르트르는 프랑스에 저항하던 알제리 독립주의 단체를 지원한 뒤로 점점 더 좌파적인 사상에 물들어갔고, 1968년 프랑스 전역을 뒤덮은 시위와 시가전 속에서 적극적인 투사의 모습, 그 자체였다.

그는 극좌파 활동 혐의로 체포되기도 했는데 오히려 이로 인해 그의 주장은 더 공격적으로 변하게 된다. "지식인의 과제는 어느 곳에서 전투를 할지 결정하는 것이 아니라, 민중이 전투를 벌이는 곳이라면 어느 곳이든 언제든 참여해야 한다는 것입니다." 그는 말했다. "헌신이란, 말이 아니라 행동입니다."

이런 헌신에 대한 인식 탓에 사르트르는 존경의 표시도 한사코 거부했다. 1964년에는 노벨 문학상을 거부했는데, "제도의 일부로 변질되고 싶지 않다"는 이유에서였다.

사르트르의 철학적 관점은 점차 발전되었으며 변화를 거듭했다. 1960년대 중반에 출간된 자신의 젊은 시절 이야기 '말'에서 그는 자신의 성장 배경이 되었던 사회적·철학적·문학적 사상을 비판했다. 또한 자전적 소설 '구토'와, 철학 작품 '존재와 무'를 자평하면서 두 작품에는 더 이상 자신이 견지하지 않는 귀족적 이상주의라는 태도가 깔려있다고 말했다. 하지만 자신이 주창했던 실존주의의 핵심만은 이런 자아비판적인 태도에서 비껴갔다. 약술하자면 이 핵심이란, '부조리한 세상'에서 존재의 '우연성'에도 불구하고 '인간은 자기 자신을 만든다'는 것이었다.

제2차 세계대전의 여파로 혁명적인 변화들이 터져 나오는 가운데, 사르트르의 실존주의는 마치 고정관념에 대한 환멸을 표현하는 것 같았다. 이 실존주의로부터 반(反)소설, 반(反)영웅, 그리고 인간의 분노의식에 대한 관념 등 다양한 개념이 파생되었으며, 사르트르의 실존주의에 내재된 또 다른 개념인 행동에 대한 촉구 속에서 인간은 자신의 운명을 어느 정도 제어할 수 있는 존재로 인식되었다.

이는 그가 태어났을 때 만연해 있던 가치와는 전혀 다른 것이었다. 장 폴 사르트르는 1905년 6월 21일, 파리에서 태어났다. 해군 장교였던 부친 장 밥티스트는 사르트르가 태어난 지 얼마 되지 않아 세상을 떠났으며, 모친 안네 마리 슈바이처는 알베르트 슈바이처의 사촌이었다.

사르트르는 어린 시절 또래 친구가 없었다. 그의 말에 따르면, 당시 그는 못생긴 "두꺼비" 같았다고 한다. 네 살이 되기 전, 사르트르는 책을 읽는 척하다가 실제로 읽는 법을 배웠고, 남의 글을 베껴 쓰면서 소설 쓰는 법을 배웠다. 이 과정에서 그는 삶에 집중하기보다는 글에 급히 빠져들게 되었고, 그에게 글은 그것이 의미하는 대상 이상의 실질적인 어떤 것이 되었다.

매우 훌륭한 학생이었던 사르트르는 20살에 최고 엘리트들만이 입학할 수 있는 파리 고등사범학교에서 시몬 드 보부아르와 처음 만나게 된다. 이후 평생 함께한 벗이 된 사르트르와 보부아르는 필요할 때 서로에게 충성하기로 맹세하는 계약을 맺었고, "혹 있을지 모르는 사랑"도 허용했다.

학위를 딴 후, 사르트르는 최고의 영향력을 자랑하던 유럽의 두 철학자, 에드문트 후설과 마르틴 하이데거의 가르침을 받기 위해 1933년, 독일로 향했다. 당시 그는 존재의 본질, 실재, 그리고 자각과 관련된 수수께끼에 관심이 있었다.

미국 작가 프랭크 카플러는 사르트르의 유명한 공식—'존재가 본질에 앞선다'—을 인용한 뒤 사르트르의 사상을 이렇게 요약했다.

"인간은 완전히 모호하고 획일적이며 무의미한 우주에서 나왔다. 사르트르가 우연이라 칭한 이해하기 힘든 의식의 힘으로, 인간은 우주를 살 만한 세상으로 만들었다. 이 세상이 어떤 의미와 가치를 갖든지 간에, 그 의미와 가치는 그의 실존적 선택에서 나온 것이다. 이런 선택들은 서로 다르다. ... 각각의 생명은 자기 자신만의 세계에 산다. 혹은 사르트르가 말했듯, 각각은 자기 자신만의 상황을 창조한다. 이런 실존적 선택은 의식의 낮은 곳에 묻혀 있는 경우가 많다. 하지만 진정 살아있기 위해서는, 스스로를 '나'—즉, 홀로 자기 자신만의 상황에 책임을 져야 하는 진정한 실존적 주체—로 인식해야 한다."

사르트르는 이런 곤경 속에서 인간은 "진짜가 아닌 존재"를 선택하거나, 단호한 자유선택 행위를 통해 인류를 위한 긍정적인 역할에 전념할 수 있다고 주장했다. 이런 사고방식 대부분은 사르트르가 나치의 프랑스 점령기에 쓴 '존재와 무'에 자세히 설명되어 있다.

한편, 1938년 출간된 소설 '구토'의 주인공 앙투안 로캉탱은 공원에서 명상하던 중 실존주의의 공포에 사로잡힌다. 이 작품은 주인공이 '자신이 할 수 있는 일이 무언가를 (아마 소설) 창조하는 일밖에 없다면, 그 창조성이란 결국 참여를 의미할지도 모른다'고 판단하면서 끝이 나는데, 주인공 로캉댕은 거의 분명 작가 본인을 의미하는 것이었다.

제2차 세계대전이 끝날 때쯤, 여러 저작물들과 레지스탕스 활동으로 유명해져 있던 사르트르의 철학은 동시대 젊은 학생들의 마음을 사로잡기에 충분했다. 그들은 "새로운" 프랑스 문화에 전념함으로써 실존주의 안에서 구원의 기회를 발견했던 것이다.

처음에 사르트르와 그의 제자들은 파리 센강 왼편에 있는 카페 드 플로르에서 만났었는데, 모임의 규모가 점점 커지면서 카페 퐁 로얄로 자리를 옮겨 교류를 지속했다.

전쟁기간 동안 '출구 없음'을 포함한 희곡 두 작품을 집필하며 연극에 빠져들었던 사르트르는 이후에도 수많은 주제의 극작품들을 창작하며 극단 생활로 바쁜 나날을 보내기도 했다. 또한 당시 그는 19세기 시인 보들레르, 그리고 오랜 전과기록을 보유한 작가 장 주네의 전기를 쓰고 있었다. 위에 언급된 작품 일부와 그 외의 여타 작품들은 1945년에 창간된 사르트르의 월간 평론지 '레탕모데른'을 통해 발행되었다.

작은 키에 외사시가 있었던 사르트르는 언제나 창작열로 가득 차 있었고, 책 외에는 별다른 소유물 없이 센강 왼편의 작은 아파트에서 검소하게 살았다. 상냥한 면도 있었지만, 그는 끝까지 분노한 인간으로 남았다.

"이제 프랑스 정치 상황에서 내가 할 수 있는 일은 별로 없다." 사르트르는 이런 글을 남겼다. "현재 프랑스에서 벌어지고 있는 일은 너무도 끔찍하다! 당장의 미래에는 희망도 없다. 어떤 정당에서도 희망이 보이지 않기 때문이다."

수전 손택

1933년 1월 16일~2004년 12월 28일

마갈릿 폭스 기자

소설가이자 수필가, 또한 비평가였던 수전 손택이 어제 아침 맨해튼에서 71세를 일기로 사망했다. 아방가르드에 대한 열렬한 지지와 이에 못지 않은 열띤 정치적 발언은 그녀를 20세기 문학계에서 가장 유명하고, 호불호가 극명하게 갈리는 명사 중 한 명으로 만들었다.

손택의 아들 데이빗 리프는 그녀의 사인이 백혈병 합병증이었다고 밝혔다. 손택은 지난 30년 동안 간헐적인 암 발병으로 고통받았다. 그러나 이 병으로 인해 그녀의 가장 유명한 작품이자 비평적 고찰이 담긴 '은유로서의 질병'이 세상에 나올 수 있었다.

1960년대 중반부터 공인으로서 그 존재가 두드러지게 나타났던 손택은 네 편의 소설과 수십 편의 수필, 그리고 한 권의 단편집을 남겼다. 이 밖에도 그녀는 종종 영화를 제작했고, 극본을 썼으며, 연극 연출을 하기도 했다. 지난 40년 동안 그녀의 이런 작품들은 동시대의 표준이 되어, 대학원 세미나에서 대중 잡지에 이르기까지 어디에서나 그녀의 이름이 거론되었다.

또한 손택은 고급문화와 대중문화의 경계를 무너뜨렸다. 문화연구에 대한 미학적 접근법을 지지하면서 내용보다는 스타일을 옹호했던 그녀는 특히 '센세이션'—감각과 화제라는 두 가지 의미에서 모두—이란 단어와 관계가 깊은 인물이었다.

"손택의 글 전반에 흐르고 있는 주제는 윤리와 미학 사이에서 적절한 균형을 맞추려는 평생에 걸친 분투에 관한 것입니다." '뉴욕 리퍼블릭'의 문학 담당 편집자이자 손택의 오랜 친구였던 리온 위즐티어는 이렇게 말했다. "그녀의 글에는 굉장히 생동감 넘치는 요소들이 있었습니다. 그래서 그 내용에는 동의하지 않더라도—제가 자주 그랬던 것처럼—굉장히 흥미로워 하는 이들이 많았죠."

40년 동안 손택에 대한 대중의 반응은 크게 엇갈렸다. 그녀를 묘사하는 표현은 굉장히 다양했는데, 세상이 본 그녀는 독창적이었고, 모방적이었으며, 접근이 쉬웠고, 고고했으며, 오만했고, 대중 영합적이었으며, 금욕적이었고, 방탕했고, 신실했고, 가식적이었고, 엄격했으며, 쾌락적이었고, 우파이자, 좌파였고, 심오하며, 피상적이었고, 열정적이며, 냉혹했고, 독단적이면서, 양면적이었으며, 명료하면서, 수수께끼 같았고, 본능적이면서, 이성적이었으며, 침착하면서, 야단스러웠고, 재미있으면서, 지루했고, 진지한 얼굴이었다가, 괴팍한 인물이었다. 그러나 그 누구도 그녀를 우둔하다 하지는 않았다.

손택의 가장 유명한 작품들로는 소설의 경우 '화산의 연인'과 '미국에서'가

있고, 에세이집에는 '해석에 반대한다'와 '급진적 의지의 스타일', '우울한 열정'이 있으며, 비평집으로는 '사진에 관하여'와 '은유로서의 에이즈', 그리고 단편집 '나, 그리고 그 밖의 것들'이 있다. 또한 1964년 출간되어 아직도 널리 읽히고 있는 에세이 '캠프에 대한 단상'도 빼놓을 수 없다.

대부분의 진지한 지식인들과 달리 손택은 유명인사이기도 했다. 반은 화면이 잘 받는 그녀의 외모 때문이었고, 반은 그녀의 거침없는 발언 때문이었다. 동시대 작가들 중 주요 문학상(미국 도서 비평가 협회상, 전미 도서상 등)을 수상하고, 우디 앨런과 앤디 워홀의 영화에 출연하며, 사진작가 애니 레보비츠의 앱솔루트 보드카 광고사진 모델이 될 수 있었던 인물이 손택 말고 또 누가 있었겠는가!

시간이 흐르면서 그녀의 모습—또렷한 이목구비에 큰 입, 강렬한 눈빛과 중년이 되면서 흰 새치가 넓게 퍼진 검은 머리카락—은 누구나 바로 알아볼 수 있을 만한 20세기 대중문화의 산물이 되었다.

손택은 광범위하고 난해하며 규정하기 힘든 주제들을 다루었다. 그 주제들에는 예술의 본질, 의식의 본질, 무엇보다도 현대사회의 본질이 포함되어 있었다. 그녀 이전의 미국 비평가들은 과거만 파고들려고 했던 반면, 그녀는 주변에 펼쳐진 문화에 집중함으로써 과거가 아닌 새로운 것의 전도사가 되었다.

손택에게 문화란 광활한 분야를 아

우르는 것이었다. 그녀는 초기 비평가들이 무시했던 영화와 같은 대중적인 예술형식을 진지하게 연구했고, 실험적인 소설을 썼으며, 사진, 무용, 질병, 정치, 그리고 가장 유명한, 캠프에 관한 치열한 비평을 통해 걸출한 작품들을 세상에 내놓았다. 대중문화 연구가 이제 그럴듯한 학문적 지향점을 갖게 된 것은 바로 이런 그녀의 작업들에 기댄 바가 크다 할 수 있다.

손택의 작품을 아우르는 하나의 정신은, 현대의 감성을 형성하고 있는 힘의 정체를 밝혀내고자 했던 그녀의 샘솟는 욕망에 있었다. 이 과정에서 그녀는 20세기 말에 인간으로 산다는 것이 어떤 의미인지 설명하려 했다.

많은 비평가들은 그녀의 작품이 대담하며 짜릿하다고 평했다. 멕시코 작가 카를로스 푸엔테스는 손택을 르네상스 인본주의자 에라스무스에 비한 바 있다. "에라스무스는 여행을 다닐 때, 배울 가치가 있는 모든 지식이 담긴 책을 32권이나 가지고 다녔습니다." 푸엔테스는 말했다. "수전 손택은 그 모든 것을 머릿속에 넣고 다니죠! 저는 그녀만큼 명석하면서도 유대·연결·공감 능력을 지닌 지식인을 본 적이 없습니다."

하지만 그녀에게 사로잡히지 않은 이들도 많았다. 혹자는 손택을 독창성이 없는 사상가로 분류했으며, 대중의 소비를 위해 진지한 작가들을 격하시키는 '대중화의 화신(pupularizer)'이라고 칭하기도 했다. 또 어떤 이들은 대중예술 형식에 대한 그녀의 학문적 접근을 가식적이라고 봤다. (손택은 그녀가 니체의 작품을 읽었기 때문에 가수 패티 스미스의 진가를 알아볼 수 있었다고 말한 바 있다.)

개인적으로 만날 경우 손택은 신랄할 때도 있었고, 따뜻하고 소녀스러울 때도 있었다. 말하는 목소리는 충만하고 나지막해서 신뢰감이 느껴졌다. 그리고 그녀를 사로잡은 무언가에 대해 열정적으로 논의할 때에는 어두운 눈동자에 눈물이 차오르는 일이 잦았다.

손택은 문제에 휘말리는 재주가 있었다. 1965년 출간된 에세이에서 나치 시대의 영화제작자 레니 리펜슈탈을 옹호한 것처럼—그녀는 나중에 이때의 입장을 정정했다—그녀는 도발과 선동 사이를 아슬아슬하게 넘나들었다. 2001년 9월 11일에 있었던 테러사건 후, 손택은 '뉴요커'에 이런 글을 남겼다. "화요일에 있었던 대량학살 사건의 가해자에 대해 어떤 말이 오가든 간에, 분명한 것은 이들이 겁쟁이는 아니었다는 것입니다."

손택은 1933년 1월 16일 맨해튼에서 수전 로젠블랫이라는 이름으로 태어났다. 부친은 중국과 모피 무역을 하던 잭 로젠블랫이었고, 모친의 이름은 밀드레드 로젠블랫이었다. 손택이 다섯 살이었을 때 부친은 세상을 떠났고, 모친과 가족은 애리조나 주로 거처를 옮겼다. 이곳에서 그녀의 모친은 제2차 세계대전 참전용사 네이슨 손택 대위와 재혼했다.

16번째 생일 전에 고등학교를 졸업한 손택에게 미국 문화의 속물성은 고문과도 같았고, 그녀는 일찌감치 거기에서 벗어나기로 맹세했다. 이후 손택은 이런 글을 남겼다. "당시 내가 품은 가장 원대했던 꿈은 커서 뉴욕으로 간 다음, '파티잔 리뷰'에 글을 써서 5천 명의 독자가 나의 글을 읽게 만드는 것이었습니다."

그녀는 이후 그 소망을 이뤘지만—손택은 '파티잔 리뷰'에서 발표된 '캠프에 대한 단상'으로 출판업계에 등장한다—그전에 세 개의 학위를 따고, 결혼 후 아이를 하나 낳고, 그 다음에 이혼하는 우여곡절을 겪으며 26세의 나이가 될 때까지 기다려야 했다.

1951년 시카고 대학에서 학사 학위를 받은 손택은 재학 시절, 당시 28세의 강사였던 사회학자 필립 리프의 강의를 들었고, 둘은 만난지 10일 만에 결혼했다. 손택의 나이 17세의 일이었다.

남편과 보스턴으로 거처를 옮긴 손택은 하버드에서 두 개의 석사 학위—영문학과 철학—를 받았다. 1952년에 태어난 아들 데이빗 리프는 이제 기자로 성장했으며 '파라, 슈트라우스&지루'에서 수년간 어머니 손택의 편집자로 일하기도 했다. 손택의 유족으로는 이 아들과 여동생 한 명이 있다.

1958년, 리프 박사와 이혼한 손택은 이듬해 "70달러와 짐 가방 두 개, 7살짜리 아이"를 안고 뉴욕에 도착했다. 이후 손택은 '코멘터리'의 편집자, 그리고 이곳저곳에서 강의를 맡는 중에 틈틈이 써내려간 에세이 몇 편과 첫 소설 '은인'을 출간했다.

손택에게 국제적인 명성을 안겨준 에세이 '캠프에 대한 단상'은 라이오넬 트릴링과 다이아나 트릴링, 알프레드 케이진과 어빙 하우 같은 명사들을 포함한 뉴욕 평단의 주류파들에게 화살을 한 방 맞은 것과 같은 충격을 안겨주었다. 이 에세이는 주로 게이 문화의 한 분야를 이루어왔던 특정한 현대 감성에 관해 조명하고 있는데, 특히 기교, 과장, 스타일 숭상에 초점을 두고 있었다.

"캠프의 경험은 고급문화의 감성에만 세련됨이 있는 것이 아니라는 위대한 발견을 기반으로 하고 있습니다." 손택은 이렇게 썼다. "고급스럽고 진지한 오락만을 즐기려는 사람은 사실 자기 자신으로부터 즐거움을 빼앗는 행위를 하는 것입니다. 그는 자신이 즐길 수 있는 것에 계속 한계를 둡니다. 그가 소위 말하는 '고상한 취향'을 지속할수록, 그는 결국 소위 말하는 '시장성'을 잃게 될 것입니다. 이때 대담하고 재치 있는 쾌락주의로서 캠프 취향이 그의 훌륭한 취향을 대신하게 됩니다. 이로 인해 훌륭한 취향을 갖고 있던 그 사람은 이전에는 만성적 좌절의 위험을 각오하던 부분에서 생기를 얻게 됩니다."

또한 손택은 1966년 출간된 첫 에세이집 '해석에 반대한다'의 표제작에서 예술이란 이성적으로 경험하는 것이 아니라 본능적으로 경험해야 하는 것이라고 주장했다. 이 에세이를 통해 손택은 내용이 아닌 스타일의 주창자로서 자신의 명성을 견고히 할 수 있었다.

손택은 극단으로 치닫기도 했다. 같은 책에 실려 있는 '스타일에 대하여'에서 그녀는 레니 리펜슈탈의 영화 내용은 거의 고려하지 않은 채로, 그녀의 영화를 미학적 형태의 걸작이라 칭하며 옹호함으로써 많은 독자들의 분노를 샀다. 손택은 이후 집필한 에세이에서 이에 대한 견지를 재고했다.

손택은 스스로를 소설가라 생각했지만, 그녀의 이름을 세상에 알린 것은 어디까지나 에세이를 통해서였다.

1978년 미국 도서 비평가 협회상을 받은 6편의 에세이 모음집 '사진에 관하여'는 동시대 문화 속에서 사진을 찍는 행위와 사진 이미지의 역할을 탐구한 작품이었다. 이 책에서 손택은 사진의 내용이 아닌 사진 자체에 빠져버림으로써 고통의 묘사에 무뎌지는 과정을 설명하기도 했다.

1970년대 중반, 손택은 자신이 유방암에 걸렸다는 사실을 알게 된다. 당시 의사는 그녀에게 앞으로 2년 정도, 그마저도 생존 가능성은 10%뿐이라고 말했다. 이후 손택은 유방절제술과 2년 반 동안의 방사선 치료를 받았으며 이 경험을 통해 '은유로서의 질병'이 세상에 나오게 된다. 이 작품은 질병을 신화화하는 문화적 행위를 다뤘고, 질병을 다룰 때 흔히 쓰는 군국주의적 어휘(병마와 '싸우다', 암과의 '전쟁')에 대해 비판했다. 손택은 이런 행위가 환자를 소외시킨다고 생각했고, 또 환자에게 병에 걸린 상태에 대한 책임을 전가하는 것이라 여겼다.

이어서 손택은 '에이즈와 그 은유'를 통해 에이즈에 대한 사회적 암시에 대해 논했으며, 암과 같은 질병을 현대적인 낙인으로 대체해버리는 "문화적 전염병"이 에이즈에도 그대로 적용된다고 보았다. 더불어 평단의 찬사를 받은 단편소설 '지금 우리가 사는 방식' 또한 에이즈에 대한 손택의 이런 주제의식이 반영되어 있다.

베트남 전쟁 당시만 해도 손택을 좌파라고 칭하는 데 어려움이 없었지만, 말년에 가까워질수록 그녀의 정치성향은 점점 분류하기 어려워졌다. 1982년 맨해튼 타운홀 연설에서 손택은 유럽의 공산주의를 "인간의 얼굴을 한 파시즘"이라 비난하며 진보주의자들에게 한 방을 먹였다.

1992년 출간된 소설 '화산의 연인'은 18세기 나폴리 궁정에 파견된 영국 특사 윌리엄 해밀턴 경과 그의 아내 엠마, 그리고 엠마의 연인이자 해군들의 영웅인 넬슨 경의 이야기를 다루고 있었으며, 그녀의 마지막 소설 '미국에서'는 유토피아적인 사회를 세우기 위해 캘리포니아로 이주한 19세기 폴란드 배우 헬레나 모제스카의 삶을 기반으로 한 작품이었다. 손택은 '미국에서'로 전미 도서상을 받았으나, 이후 표절 의혹이 수면 위로 떠올랐다.

하지만 손택은 자신의 방식을 옹호했다. “역사 속에 존재하는 실제 인물을 다루는 이라면 모두 본래 분야에 있는 원본 자료를 옮겨 사용합니다.” 손택은 말했다. “저도 이런 자료들을 사용했고, 그 자료들을 완전히 변형시켜서 사용했습니다.”

1992년에 있었던 인터뷰에서 손택은 ‘화산의 연인’에 생명을 불어넣은 창조의 힘에 대해 말하면서 그녀의 다른 작품들 모두에 영향을 미친 감성에 대해서 설명했다. “저는 소외를 표현하고 싶지 않습니다. 제가 느끼는 감정이 아니니까요. 저는 다양한 종류의 열정적인 참여에 관심이 많습니다. 제 작품은 모두 이렇게 말합니다. 진지해져라, 열정을 다하라, 깨어나라.”

---

nost naive, man, and it was in th
uality of logical directness perhap
hat his chief genius lay. To a pecu
iar degree he was the embodiment o
America in the era of industrial revo
ution. Starting as a Midwestern farn
oy, he became a mechanic, went int
usiness for himself, and was finall
ne of the wealthiest men. It was th
American success story. The worl
vas horse-drawn when he entered i
When he departed it was a world o
owered wheels. He was a man o
nany contradictions. He was a pacifis
nd yet it was the tremendous impac
f his pioneering and development o
he mass-production technique tha
vhen multiplied by the hundredfol
hroughout the country, made us su
reme over the enemy in war. Fo
vithout that conveyor belt we coul
never have become the arsenal of de
nocracy, in guns, planes, ships and
ther vehicles of war that spelled vic
ory. And without that same assem
ly-line, labor, which often denounced

TITANS OF BUSINESS

재계의 거물들

코넬리우스 밴더빌트

1794년 5월 27일~1877년 1월 4일

밴더빌트 제독이 어제 오전 워싱턴 플레이스가(街) 10번지 자택에서 별세했다. 최근 8개월 동안 그는 방에만 붙박여 지냈는데, 직접적인 사인은 오랫동안 앓아온 질환과 관련된 합병증으로 인한 탈진이었다.

가족들은 날이 밝자마자 밴더빌트가 누워있는 침대 곁으로 모여 그에게 작별인사를 건넸다. 몸이 너무 쇠약해져 많은 말을 할 수는 없었지만, 밴더빌트는 자신을 위해 한 자리에 모여 준 가족들에게 감사를 표했다. 가족과 함께 얼마간의 시간을 보낸 뒤, 밴더빌트는 자신이 가장 좋아하는 찬송가를 같이 부를 것을 청했다. 이후 기도가 시작되었다. 밴더빌트도 함께 기도하려 했지만 그의 목소리는 점차 약해졌고, 결국 죽음을 이기지 못한 채 조용히 눈을 감았다. 그의 사망 소식에 도시 전체가 술렁였지만, 재계에서는 그의 죽음을 꽤 오래 전부터 예상하고 있었기 때문에 주식시장은 어떤 영향도 받지 않았다.

코모도르 밴더빌트가 남긴 재산은 주로 뉴욕 센트럴, 허드슨 리버 로드, 그리고 철도회사 주식 등으로 이루어져 있으며, 대략 1억 달러의 가치를 가진 것으로 추정된다. 밴더빌트가 유언을 남겼다는 사실이 전해지고 있기는 하지만, 이 재산을 어떻게 처분할지에 대한 내용은 아직 알려지지 않았다. 장례식은 일요일 오전 10시 30분, 이방인 교회에서 있을 예정이며, 그의 유품은 장례식 이후 스태튼 섬으로 옮겨져 뉴돌프 근처의 모라비아 묘지에 있는 가족 납골당에 안치될 예정이다.

코넬리우스 밴더빌트는 1794년 5월 27일, 스태튼 섬에 있는 한 농장에서 태어났다. 밴더빌트의 부친은 부유한 영농가였다. 농장의 수확물은 매일 작은 배에 실려 뉴욕의 여러 시장으로 보내졌는데, 어린 코넬리우스는 이 작은 배를 운전하는 것을 특히 좋아했다. 하지만 안타깝게도 그가 몰곤 했던 이 작은 배는 이제 더 이상 볼 수 없다. 밴더빌트는 농장에서 일하며 겨울에는 공부라는 걸 하기도 했지만, 사실 그의 관심사는 온통 바다에 쏠려 있었다. 그는 아주 어렸을 때부터 근처 바닷가에서 가장 용감한 선원이자, 안정적인 조타수로 인정받았다. 그의 모든 생각과 본능은 바다를 향해 있었다. 어린 그가 꿈꾸던 단 한 가지는 자기 소유의 배로 스태튼 섬과 뉴욕 사이를 항해하는 것이었다. 1810년, 밴더빌트는 결국 모친을 설득해 받은 100달러로 배 한 척을 샀다. 그렇게 배의 키를 굳게 움켜쥔 그는 이후 반세기 동안 바다의 진정한 제왕으로 군림하게 된다.

당시 밴더빌트는 고작 16세였지만, 배에 태울 여행객을 끌어 모으는 것은 그에게 일도 아니었다. 젊은 시절 밴더빌트는 키도 크고 활달했으며, 넓은 어깨와 빛나는 눈, 어떤 미인이라도 부러워할 만한 혈색을 지니고 있었다. 고되고 바쁜 일상 속의 그 어떤 걱정거리도 그의 따뜻하고 매력적인 미소를 지우지는 못했다. 사업에 유리하게 작용한 것은 그의 외모뿐만이 아니었다. 시간 또한 밴더빌트의 편이었다. 나폴레옹 전쟁에 연루된 영국은 당시 중립국임에도 불구하고 프랑스의 나폴레옹 황제에게 유리한 움직임을 보이는 미국의 행보에 분노를 표하고 있었으며, 이로 인해 중립국 선박의 화물 보호 권한에 대한 분쟁으로 또 다른 전쟁이 발발할 것이 분명해 보였다. 뉴욕 만과 스태튼 섬 이곳저곳에 요새가 건설되는 과정에서 밴더빌트는 자재 운송을 담당하며 공명정대하다는 평판을 쌓았고 이를 발판으로 더 큰 사업을 구상하기 시작한다.

'젊은 코넬', 모든 사람들은 밴더빌트를 이렇게 불렀다. 이제 코넬은 위험하거나 어려운 일이 있을 때 제일 먼저 떠오르는 이름이 되었던 것이다. 바람이 휘몰아치고, 진눈깨비와 눈발이 시야를 가리며, 파도는 성난 늑대처럼 넘실대는 날, 요새에서 도시의 본부까지 중요한 소식을 전달할 일이 생기면, 어김 없이 '젊은 코넬'이 나섰다.

이런 운송 사업은 밴더빌트에게 큰 성공을 안겨줬고 이내 가정을 꾸려야겠다고 결심한 그는 1813년 12월, 스태튼섬 포트 리치몬드 출신의 소피아 존슨과 결혼했다. 밴더빌트는 젊고 사랑스러운 아내의 모습으로 나타난 이 운명의 여신에게 모든 것을 맡기기라도 한 것처럼 용감하게 사업을 확장하기 시작했다. 조선업과 선박구매를 하던 23세 6개월의 밴더빌트는 1817년 12월 31일, 장부를 정리하다 자기 수중에 9천 달러의 현금이 있다는 것을 알게 된다.

코넬리우스 밴더빌트가 평범한 사고방식을 가진 사람이었다면, 항해, 조선업, 선박임대업만으로 큰돈을 모았을 것이다. 하지만 그는 결코 평범한 인물이 아니었다. 건함 사업의 성공에 취해 있던 와중에도 그의 머리에서 떠나지 않는 어떤 것이 있었다. 바로 '증기'였다.

당시 풀턴은 첫 증기선을 허드슨 강에 띄우고 있었다. 그의 발명품에 대해 환호하는 이도 있었지만 비웃는 이들도 있었다. 해운업계도 마찬가지였다. 그들은 이 발명품이 절대 화물운송에 쓰일 수 없을 거라고 비아냥거렸다. 거추장스러운 기계와 엄청난 양의 연료가 필요했기 때문이다. 당시로서는 그게 사실이었다.

하지만 젊은 밴더빌트는 증기선이 곧 미래라는 결론을 내리게 된다. 그는 연안 무역 사업을 접고 선박들의 지분을 팔았다. 그러고 나서 대량으로 증기선을 건조하기 시작했는데, 이 때문에 대중들로부터 '코모도어(해군제독)'라는 별칭을 얻게 된다. 나폴레옹 1세가 병사들로부터 '꼬마 하사'라는 별명을 얻게 된 것과 같은 이치였다. 하지만 그가 건조한 배는 이전의 배들보다 빠르고 훌륭했으며, 여객들에게 더 큰 편안함, 그리고 당시의 어떤 배보다 넓은 화물용 공간을 제공했다.

노예 소유주 반란군과의 전쟁이 일어나자 대통령은 조언자로 코모도어를 선택했다. 당시 북부연합 함대는 남부연맹의 철갑선 메리맥호로 인해 엄청난 피해를 입고 있었고, 충성스러운 북군의 병사들은 좌절을 면치 못했다. 타결책을 모색하던 북부연합이 내린 결론은 바로 코넬리우스 밴더빌트였다. 오직 코넬리우스 밴더빌트만이 철갑선과 맞서 싸워 이길 수 있다는 의견에 이의를 제기하는 사람은 단 한 명도 없었던 것이다.

그렇게 워싱턴으로 와달라는 전보가 밴더빌트에게 도착했고 그는 육군 장관의 집에 초대되어 엄청난 환대를 받았다. 스탠튼 장관이 물었다. "대통령을 만나 보시겠습니까?" "물론입니다." 밴더빌트가 대답했다. 둘은 대통령이 있는 곳으로 갔다. 링컨 대통령은 말했다. "자, 반군의 철갑선을 막을 수 있겠습니까? 얼마를 주면 작업을 시작하겠습니까?"

코모도어는 대답했다. "철갑선은 막을 수 있다고 생각합니다, 대통령님. 하지만 돈을 받고 이런 일을 하는 건 싫습니다. 저는 나라의 부름에 흥정이나 하는 불한당이 되고 싶지도 않고, 국가가 피해를 입은 상황에서 피 같은 돈을 받아가는 악질이 되고 싶지도 않습니다."

순간, 코모도어가 남부연맹의 동조자라고 판단한 것이 분명해 보였던 링컨 대통령은 고개를 저으며 이렇게 답했다. "계속 대화를 할 필요가 뭐가 있겠소! 아무것도 해주지 않겠다는 것 잘 알겠소."

밴더빌트가 말했다. "대통령님이 저를 어떻게 생각하고 계신지는 모르겠지만, 대통령님께 제 자신과 제 모든 자산을 바치겠다는 말이었습니다." 링컨 대통령은 밴더빌트의 애국심 넘치는 제안을 기쁘게 받아들였다. 36시간 후, 밴더빌트호는 코모도어의 지휘 아래 햄튼로즈 기지에 도착했다.

그가 실력 있는 항해사라는 것은 모두가 아는 사실이었기 때문에 그의 말을 신용하지 않는 이는 없었다. 사냥개가 늑대에게 달려들 듯 메리맥호를 치겠다고 말했을 때도, 메리맥호의 선체 중앙부를 쳐서 배를 가라앉히겠다고 말했을 때도 모두 코모도어라면 할 수 있을 것이라고 믿었다. 모두가 밴더빌트의 거대한 증기선을 바라보며 감탄했다. 물 위에 비치는 검은 선체의 그림자는 마치 거대한 구름이 물에 반사되는 모습 같았다.

"저희는 무엇을 하면 됩니까?" 일등항해사가 물었다. "내가 그놈을 사냥할 때 방해만 하지 않으면 된다." 밴더빌트의 재치 있는 대답에 모두가 웃음을 터뜨렸다. 하지만 두 배의 맞대결은 성사되지 않았다. 한때 밴더빌트 밑에서 일했던 메리맥호의 선장은 자신의 상대가 누군지 아주 잘 알고 있었다. 그는 은신처에 숨어 나올 생각을 하지 않았다. 결국 남부연맹은 로즈 기지에 메리맥호를 감히 보낼 수 없었다.

전쟁이 발발하기 훨씬 전부터 코모도르는 미국의 해운업이 몰락할 수밖에 없다는 생각을 끊임없이 하고 있었으며, 이후 가장 성장 가능성이 높은 사업은 무엇인지 찾기 위해 분주하게 움직였다. 전쟁이 끝났을 때 그의 나이는 71세에 육박했지만, 열정만큼은 20세 젊은이처럼 팔팔했다. 세상은 그가 역대 최고의 증기선 업자라는 사실에는 고개를 끄덕였지만, 어떤 분야에서든 탁월하다는 것은 미처 알지 못했으며, 보통의 규칙이나 일반적인 정신측정 기술로는 그를 제대로 판단할 수 없었다.

결국 철도업계로 관심을 돌린 밴더빌트는 지체 없이 뉴욕의 허드슨 리버 노선과 할렘 노선을 사들였는데, 이 과정에서 무능하고 부정직한 직원들을 해임하는 등 사업체를 재정비하기도 했다.

이후 그가 사들인 두 노선은 믿을 수 없는 속도로 성장했다. 막대한 투자수익을 얻은 코모도어에게 1867년, 경쟁 업체였던 뉴욕 센트럴의 주요 주주들이 "자격이 있다고 생각되는 이사회를 선출해 달라"고 호소할 정도였다.

이때부터 뉴욕 시의 철도 시스템을 대대적으로 개선하는 사업들이 연달아 시작되었다. 밴더빌트는 허드슨 리버와 센트럴을 합병했고, 할렘의 장거리 노선은 타 업체에 임대했다. 이는 신호탄에 불과했다. 그는 42번가에 역사(驛舍)를 짓기 시작했고, 선로를 순차적으로 강철로 교체했으며, 노선 끝에서 끝까지 복선을 놓았다. 또한 사고를 막기 위해 도시 구간 선로를 아치형으로 설계하는 놀라운 기술적 업적을 이루었으며, 협소했던 4번가 구역을 개선하기도 했다. 기차의 속도 역시 놀라운 발전을 이뤘다. 뉴욕에서 올버니까지 약 241km 거리를 가는 데 4시간 정도 밖에 걸리지 않게 된 것이다.

사생활 측면에서 코모도르는 남들보다 늘 세 가지가 뛰어났다. 가족과 친구에 대한 넘치는 애정, 과시 혐오, 그리고 여유를 즐기는 품성이 그것이었다. 그는 오랫동안 워싱턴 플레이스에 있는 벽돌집에서 살았다. 이 벽돌집은 2세대 연립주택이었고, 멋지게 꾸며놓긴 했지만 허례허식은 조금도 찾아볼 수 없었다.

1868년 초, 밴더빌트의 첫 번째 부인이 세상을 떠났다. 당시 열 명의 자녀가 모두 성장해 결혼을 한데다가 손주까지 본 자녀도 있었기 때문에 코모도르는 꼼짝없이 그 큰 집에 홀로 남겨지게 된다. 결국 1869년 가을, 워싱턴 플레이스의 집에는 앨라배마 주 모빌 출신의 아름답고 교양 있는 남부 여성이며, 한때 미스 크로포드였던 새로운 안주인이 들어오게 된다. 밴더빌트는 평생을 친구들에게 둘러싸여 살았다. 이들은 밴더빌트가 쏟아 붓는 애정을 받기만 한 것이 아니라, 벤 존슨이 셰익스피어에 대해 말했듯 "우상숭배 수준의" 사랑으로 되갚아주었다. 일할 때의 밴더빌트는 강철 같았지만, 사적으로는 애정이 넘치는 삶을 살았고, 나이가 들어서도 어린 시절의 아름다운 미소를 잃지 않았다.

밴더빌트의 장남 윌리엄 H. 밴더빌트가 부친의 뒤를 이어 철도 사업가가 될 것으로 예상되고 있다. 그는 모든 부서의 일을 각 부서의 장만큼이나 잘 알고 있으며, 근면성실함이 미덕인 철도 업계의 본보기가 되는 인물이다. 그만큼 다양한 철도 경영 기술을 보유한 이도 없으며, 자신의 아들들에게도 철도 업계 경영을 가르치고 있다고 한다.

앞으로도 밴더빌트 노선은 밴더빌트의 후손들이 관리하게 될 것으로 보인다. 밴더필트 가문의 모두에게 가장 좋은 방향이 아닐 수 없다. 후손들이 계속해서 노선을 운영한다면, 코넬리우스 밴더빌트가 세상을 떠났다고 해서 노선 사업에 차질이 생기지는 않을 것이며, 그가 만들어낸 시스템 또한 사라지지 않을 것이기 때문이다. 그는 갔지만, 그의 초월적 천재성을 보여주는 증거가 또 하나 남아있다. 바로 그의 에너지다. 그가 밴더빌트 노선에 불어 넣은 활력과 에너지는 앞으로 50년은 더 남아있을 것이기 때문이다.

J. 피어폰트 모건

1837년 4월 17일~1913년 3월 31일

로마—J. 피어폰트 모건이 오늘 오후 12시 5분, 이곳 그랜드 호텔에서 별세했다. 모건은 눈을 감기 전, 사위 허버트 새틀리에게 한 마디 말을 남겼고, 그것이 곧 그의 마지막 말이 되고 말았다. "곧 털고 일어날 걸세."

J. 피어몬트 모건은 현 세대의 모든 이가 그를 기억할 만큼 오랫동안 미국 재계를 이끌었고, 세계 금융계에서 단 하나의 가장 중요한 요인이라 일컬어지는 거물이기도 했다. 그가 살아온 인생은 이 나라의 철도, 산업 조직, 금융업의 힘이 성장한 시기와 밀접하게 연관되어 있다.

1907년 공황기에 그의 권력은 정점을 찍었다. 당시 모건은 70세가 넘은 고령의 노신사였다. 재정적 난관을 겪고 있는 나라를 구하기 위해 권력자들이 소집되었을 때, 이들의 리더로 추대된 사람이 바로 모건이었다. 존 D. 록펠러와 E. H. 해리먼 같은 이들이 모건의 손에 자신의 모든 것을 맡겼다. 흔들리는 재무구조 지원을 위한 정부기금을 마련하기 위해 뉴욕을 방문했던 재무장관 조지 B. 코텔류는 모건의 리더십을 알아보고 작은 내용 하나까지도 그의 조언을 따랐다.

1837년 4월 17일, 하트포드에서 태어난 모건은 가난이 사업의 원동력이 되었던 미국의 다른 부호들과 달리 그러한 경험을 하지 못했다. 5백만 달러에서 1천만 달러 정도였을 것으로 추정되는 유산의 상속자였기 때문이다.

1880년부터 1890년까지 미국 철도업계에서는 엄청난 규모의 파괴적인 경쟁이 벌어지고 있었다. 이 시기에 J. P. 모건은 철도 문제에 대한 정책을 구축했고, 이후로도 이 정책을 고수했다. 1885년에는 뉴욕 센트럴과 웨스트 쇼어 철도 간의 유례없는 싸움을 종결시킨 웨스트 쇼어 협정이 체결되었는데, 이 협정에서 모건의 정책이 큰 역할을 했음은 물론이다.

새로운 세기가 시작될 무렵 모건은 세계 제일은 아니더라도 나름 알아주는 재계 인물이 되어 있었다. 주변에 유명 인사들을 끌어 모으기도 했는데, 그 중 퍼스트 내셔널 뱅크의 사장, 조지 F. 베이커는 다른 어떤 기관들보다 J. P. 모건과 더 친밀한 관계를 형성했다.

1901년에는 많은 일들이 있었는데, 그 중심에 선 거물급 인사는 단연 J. P. 모건이었다. 그해 1월, 모건이 저지 센트럴 철도회사를 인수하여, 가치가 상당한 석탄 자산과 함께 이 회사의 사업을 리딩 사(社)에 맡겼다는 사실이 발표되었다. 곧이어 모건이 펜실베이니아 석탄 회사와 힐사이드 석탄 회사 등을 추가적으로 사들여 이번에는 에리 사(社)에 사업을 맡겼다는 소식도 들려왔다. 이로써 모건은 실질적으로 무연탄 수송권까지 손에 넣게 된다.

그때 앤드류 카네기가 '머천트 파이프(merchant pipe)'를 생산하기 위해 오하이오 주 코노 시에 제강소를 차렸다는 소식이 들려왔다. 이는 모건의 페더럴 스틸 사와 존 W. 게이츠의 아메리칸 스틸 앤드 와이어 사와 경쟁하겠다는 선전포고와 다름이 없는 것이었다.

이와 같은 카네기의 행보는 모건이 20년간 철도 업계에서 일하면서 지켜왔던 사업 신조를 위반하는 일이었다. 결국 모건은 2월에 스틸 코퍼레이션 사를 세워 카네기 스틸, 페더럴 스틸, 아메리칸 스틸 앤드 와이어, 아메리칸 틴 플레이트, 아메리칸 스틸 후프, 아메리칸 시트 스틸에 대한 합병에 나섰다.

모건이 설립한 유나이티드 스테이츠 스틸의 사업 형태는 그가 자신의 삶에서 보여주었던 낙관주의를 단적으로 보여주는 유명한 본보기였다. 미국 역사상 가장 번창한 회계연도의 수익상태가 영원히 지속되리란 기대로 출자한 사업이었기 때문이다. 1903년, 공황기가 시작되고 철강 주식이 떨어지자, 한 은행가가 모건에게 이에 대해 어떻게 생각하는지 물었다.

"철강 주식시장 상태에는 관심이 없습니다." 모건은 무뚝뚝하게 대답했다. "하지만 철강사업의 가능성은 이전과 변함없이 엄청나다고 말씀드릴 수 있습니다."

1907년 10월, 대공황이 발생할 것이라는 예견으로 들썩거리기 시작하던 시점에 모건은 이미 사회생활을 끝마치고 노후를 즐기던 상황이었다. J. P. 모건 주니어와 다른 동업자들이 사업을 맡고 있는 동안, 70세가 된 모건의 일상은 대체로 집이나 외곽 도서관에서 시간을 보내는 것이었다.

"모건은 은퇴했다는 것"이 월가의 중론이었다. "모건은 늙고 지쳤으며, 그의 평판도 예전 같지 않다. 리더십이 필요하다면 다른 사람을 찾아야 한다."

몇 주 지나지 않아 이 생각이 완전히 틀렸다는 것이 드러났다. 1907년 봄, 월가의 금융 전문가들은 몇 날 밤을 지새우며 이 고비를 얼마나 더 버틸 수 있을지 걱정하고 있었고, 모건은 유럽에서 고가의 예술품들을 사들이고 있었다.

주식시장에 드리운 대공황의 조짐은 3월에 처음 모습을 드러냈다. 뉴욕 증권거래소의 경악스러운 파탄에 뒤이어 세계적인 금융 혼란이 찾아왔다. 3월 14일 엄청난 폭락사태가 발생하기 전까지 증시는 이미 하락세를 이어오고 있었다. 결국 F. 아우구스투스 하인츠의 유나이티드 카퍼 사(社) 주식이 폭락하면서 10월 공황이 닥쳤다.

모건은 조용히 상황을 파악했다. 거의 매일 책상에 앉아 보고를 들었지만 아무 말도 하지 않았다. 공황이 터졌을 때에도 여전히 상황을 읽고 있었다.

모건의 주요 거래 은행 중 하나였던 미국 상업은행은 10월 22일 부로 니커보커 신탁회사의 수표는 결제하지 않겠다고 통보했다. 10월 21일 밤, 모건의 집에 주요 은행가 여럿이 모여 회의를 열었다. 이 회의에서 모건은 파산 위기를 맞은 신탁회사들에 대한 지원을 확대하지 않겠다는 의사를 표시했다고 한다.

다음날 니커보커 신탁회사는 예금주들에게 8백만 달러를 지불한 후, 문을 닫았다. 그날 밤, 미국 신탁회사 문제로 또 다른 회의가 열렸고, 다음날 아침 예금인출사태가 벌어졌다.

은행권 상황을 진정시키기 위해 코텔류 재무장관이 뉴욕에 파견되었다. 10월 23일, 모건과 다른 은행가들이 맨해튼 호텔에서 코텔류 재무장관을 만났고, 장관은 정부 예치금에 2천 5백만 달러를 추가하기로 합의했다.

정부자금은 신탁은행이 아닌 국립 은행에만 예치될 수 있었기 때문에, 상황을 해결할 수 있는 지도자는 모건뿐이었다. 코텔류 장관은 어떤 경우에도 개인은행을 도울 수는 없으며, 전체적으로 지금의 상황을 다뤄야 한다고 설명했다. 전 분야를 지휘할 수 있는 한 사람, 그가 바로 모건이었다.

다음날 아침, 사무실에 출근한 모건은 무소불위의 권력자가 되어 있었다. 모건은 은행, 신탁회사, 그리고 재무부를 연결하는 인물이었고, 누가 돈을 빌릴 수 있고 없는지를 결정하는 권한도 그에게 있었다. 증권투기의 시대는 그의 지휘 아래 그렇게 막을 내리게 된다. 며칠 후 존 D. 록펠러가 찾아와, 피해은행 구제를 위한 정부 예치금에 보태달라며 1천만 달러 가치의 채권을 주고 갔다. 모건의 사무실에는 수중에 현금 7천 5백만 달러를 보유한 스틸 코퍼레이션의 사장 E. H. 게리나, 막대한 재산을 자랑하는 스탠다드 오일의 대표 제임스 스틸먼 같은 사람들로 넘쳐났다.

첫날, 실권을 쥔 모건은 해밀턴 은행과 제12구역 은행을 닫았다. 미국 신탁회사 예금인출사태는 계속되고 있었고, 금융가에는 광기 어린 인파가 몰려들어 있었다. 그날 모건은 하루 종일 책상에 앉아 밀려드는 보고에 간결하고 사무적인 메모를 남기며 업무에 집중했다.

다음날인 10월 24일, 링컨 신탁회사에서도 예금인출사태가 시작되었다. 모건은 자신의 입장을 고수하기로 결정했다. 돈이 급한 이들은 은행기관 문 앞에 늘어섰으며 이들의 수요에 맞추기 위해 은행기관들은 주식재산을 매각해야 했다. 이렇게 주식을 매각하려는 은행기관들과 겁먹은 투자자들로 증권 거래소는 아수라장이 됐고, 증시 또한 휩쓸리게 되면서 거래소 콜머니는 껑충 뛰었다. 결국 어떤 대가로도 돈을 건질 수 없는 상황으로 치달았다.

그날 오후, 증권 거래소 회장 R. H. 토마스가 내셔널 시티 은행장 스틸먼을 찾아가, 증권 거래소 문을 닫지 않으려면 2천 5백만 달러가 필요하다고 말했다. 토마스는 당시 상황을 이렇게 묘사했다.

"스틸먼 씨가 대답했습니다. '모건 사장님께 이러한 상황에 대해 말하십시오.' 저는 곧장 J. P. 모건 앤드 컴퍼니 사무실로 갔습니다. 거기엔 흥분한 인파가 몰려들어 있었습니다. 얼마 후에 모건 사장님이 개인 사무실에서 나왔고, 저에게 이렇게 말했습니다. '2천 5백만 달러를 드리겠습니다. 증권 거래소로 가서 발표하십시오.'"

다음날 몇몇 소규모 은행들이 문을 닫았고, 두 신탁회사의 예금인출사태는 여전히 이어지는 가운데, 모건의 사무실에는 1천만 달러의 자금이 추가되어 그 주가 끝날 쯤에는 대략 3천 2백만 달러의 정부 예치금이 확보된다.

11월 3일 일요일, 모건의 자택과 월도프에서 연달아 회의가 열렸다. 어떤 회의는 새벽 5시까지 진행되기도 했다. 드디어 링컨 신탁회사와 미국 신탁회사를 구제하기 위한 계획이 마련되자 상황은 즉각 종료되었고, 대공황은 역사로 남게 된다.

J. P. 모건은 두 번 결혼했다. 첫 번째 아내 아멜리아 스터지스는 1862년에 세상을 떠났으며, 1865년 재혼한 아내 프랜시스 루이스 트레이시와 둘 사이에 낳은 4명의 자녀들이 모건의 유족들이다.

매디슨 애비뉴 36번가에 있는 J. P. 모건의 타운하우스와 37번가에 있는 J. P. 모건 주니어의 자택 사이에는 아름답기로 유명한 정원이 있는데, 모건의 개인 서재와 소장품들이 있는 모건 빌딩을 포함하여 이 주택들은 도심에 있는 가장 아름다운 건물들로 손꼽힌다.

모건이 가장 좋아했던 여름 별장은 뉴욕 하이랜드 폴스에 있는 크랙스턴이었다. 모건 부부가 항해를 나갈 때마다 그 지역에서 생산되는 물품들이 한가득 배로 보내졌다. 모건은 '커세어(해적선)'라는 이름의 요트를 갖고 있었는데, 이곳에서 크랙스턴으로 가는 여정에는 대체로 이 요트를 탔다.

한편, 모건의 막내 딸 앤 T. 모건은 브루클린 해군 공창에서 일하는 노동자들에게 맛있고 비교적 저렴한 음식을 제공하기 위한 레스토랑 설립에 힘을 쏟았다. 앤 T. 모건이 결혼을 한다는 기사가 자꾸 터지자 그녀는 친구에게 이렇게 말했다. "J. 피어폰트 모건의 딸로 남는 것보다 이 사람의 아내가 되고 싶다는 생각이 들게 하는 남자를 아직 만나지 못했어."

앤드류 카네기

1835년 11월 25일~1919년 8월 11일

매사추세츠 주, 레녹스—앤드류 카네기가 오늘 아침 7시 10분 쉐도우 브룩에서 기관지 폐렴으로 별세했다.

지난 금요일 아침, 카네기는 아내와 딸 로스웰 밀러와 함께 자신의 사유지에 있었다. 평소와 다름없는 상태였다. 금요일 저녁, 그는 숨쉬기가 조금 힘들다고 말했지만 감기 이외에 별다른 문제는 없는 것처럼 보였다. 토요일 아침에는 훨씬 나아져 집 주변을 돌아다녔는데, 낮이 되면서 점차 상태가 나빠지는 듯했다. 일요일, 카네기는 급속도로 쇠약해졌다. 그의 나이 84세였다.

꽃을 사랑했던 카네기는 최근 휠체어를 타고 정원을 둘러보는 시간이 많았다. 그는 늘 소박한 신사복을 입었고, 양복의 단추 구멍에는 자신이 가장 좋아하는 식물인 스위트 버베나 가지를 꽂아두곤 했다.

앤드류 카네기는 1835년 11월 23일 스코틀랜드 파이프셔에 있는 작은 공업도시, 던펌린에서 태어났다. 당시 그곳은 방직산업으로 유명했던 곳으로 카네기의 부친과 그의 먼 조상들은 모두 방직공들이었고, 카네기가 태어났을 때 그의 집안은 서너 개의 베틀을 갖고 있었다. 그중 하나는 아버지의 손때가 묻은 베틀이었으며 카네기 역시 방직공이 될 운명이었지만, 당시 새로 발명된 기계 때문에 산업 전체가 곧 사장되었다. 카네기의 부친 윌리엄 카네기는 방직공장에 남은 마지막 방직공이었다.

어린 카네기는 번스의 장편 시 '사람은 슬피 울 운명'을 쉬지 않고 낭송하는 것으로 첫 돈벌이를 하게 된다. 한 번은 주일학교에서 성경 구절을 낭송해달라는 부탁을 받았는데, 다음과 같은 구절을 선택해서 모두를 놀라게 했다고 전해진다. "푼돈을 아끼면 목돈은 알아서 생긴다."

어제까지 결산된 카네기의 재산은 대략 5억 달러 가량인 것으로 추정된다. 그는 1901년에 은퇴하면서 3억 345만 달러 가치의 카네기 스틸 컴퍼니 주식을 채권 형식으로 미국 스틸 코퍼레이션 사에 매각했고, 이에 더해 막대한 이자까지 챙겼었다. 1901년부터 거액의 돈을 기부하기 시작한 카네기는 지난 몇 년 동안 평화 선전을 위한 도서관 기증 및 다양한 자선 활동에 사재를 출연했다.

1901년에 3억 345만 달러 가치의 채권 중 5%만이라도 이자가 쌓이고 재투자되었다면, 그 가치는 현재 10억 달러 정도는 되었을 것이다. 하지만 카네기는 수많은 기부 활동에 그의 재산을 쏟아부었기 때문에 그러한 수치까지는 다다르지 못했다. 그럼에도 금융 당국에 따르면, 재산 없이 죽고자 했던 철강왕의 꿈은 이뤄지지 않았다. 카네기가 기부한 엄청난 액수의 기부금에도 불구하고, 사망 시점에서 그의 재산은 전과 크게 다르지 않았다고 한다.

그가 12세였을 때, 방직 장인이었던 부친의 증기 직조기 사업이 망하고 가난에 시달리던 가족은 미국으로 이민을 떠나게 된다. 카네기의 부모님과 형제 토마스까지 총 네 명이 함께였다. 1848년, 카네기 가족은 강 너머 피츠버그와 마주하고 있는 펜실베이니아 주 앨러게니 시티에 정착했다. 부친과 카네기는 면직 공장에서 일을 하기 시작했고, 카네기는 실패를 감는 역할을 맡았다. 카네기는 첫 직장이었던 이곳에서 주급 1.2달러를 받았다. 얼마 지나지 않아 기술 보조로 진급한 그는 하루 꼬박 12시간 동안 보일러와 공장 지하에 있는 엔진 가동을 담당하게 된다.

그가 나중에 회고하길, 바로 이 시기에 도서관 기부에 대한 영감을 받았다고 한다. 당시 대략 400권의 책이 있는 서재를 보유하고 있던 신사, 앤더슨 대령이 매주 주말마다 이 서재를 소년들에게 개방했고, 어떤 책이든 대여를 허락했다. “저처럼 토요일이 오길 목이 빠져라 기다렸던 아이들만이 앤더슨 대령이 저를 포함한 앨러게니 소년들에게 베푼 은혜가 어떤 것이었는지 이해할 수 있을 겁니다. 그래서 나중에 돈에 여유가 생기면 제 후원자가 했던 것처럼 나도 하리라 결심했던 것이죠. 뭐 그리 대단한 이유는 아니었어요.”

이후 14살이 된 카네기는 전보 전달원이 되면서 전신에 대해 배우기 시작했는데, 이는 그에게 한 단계 나아갈 수 있는 첫 발판이 된다. “전신국에 들어간 것은 어둠 속에서 빛으로 가는 길과 같았습니다. 어둡고 지저분한 창고에서 작은 엔진을 작동시키다가, 밝은 창이 있고 문학적 분위기를 띠는 깨끗한 사무실에서 책과 신문, 펜, 연필에 둘러싸여 있게 된 겁니다. 그때 저는 세상에서 가장 행복한 소년이었죠.”

곧 교환원이 된 카네기는 펜실베이니아 철도가 직접 사내 전신선을 설치하자 토마스 A. 스콧 부서장 밑에서 일하게 된다. 당시만 해도 전보는 여전히 새로운 시스템이었고, 모스 부호는 소리가 아닌 테이프에 새겨진 표식으로 뜻을 파악하는 것이 대부분이었는데, 카네기는 회사에서 소리만으로 메시지를 읽을 줄 아는 유일한 교환원이었다. 당시 미국에 그런 능력을 가진 사람은 카네기를 포함해 세 명밖에 없었다. 스콧은 사장에게 이렇게 말했다. "저희 사무실에는 기회만 온다면 철도 전체를 운영할 수 있을 만큼 능력이 출중한 스코틀랜드 꼬마 악마가 있습니다."

스콧 대령은 1858년에는 펜실베이니아 철도의 총괄 관리자로, 1860년에는 부사장으로 승진했는데 그때마다 카네기를 같이 데려갔다. 그러던 1861년 5월, 남북전쟁이 발발했다. 스콧은 육군차관보로 임명받아 군용 철도와 전신을 담당하게 됐으며, 이때도 카네기와 함께했다. 당시 카네기는 서부 지역 철도의 부서장으로 일하고 있었기에, 워싱턴으로 가고 싶지 않았지만 스콧이 그를 애써 설득했다.

이후 카네기는 정부의 전신 통신을 담당하면서 남부연맹이 막아왔던 아나폴리스의 통신을 개통시켰으며, 아나폴리스에서 워싱턴으로 달리는 기관차의 첫 운행을 함께했다. 당시 엘브리지 교차로를 지나던 중, 적이 전선을 고정시켜 놓은 것을 알아 챈 카네기는 엔진을 멈추고 전선 쪽으로 뛰어내려 선을 잘라냈는데, 순간 선 중 하나가 튕겨 나와 그의 볼에 상처를 냈다. 이 흉터는 평생 카네기의 얼굴에 남았다.

카네기는 곧 엄청난 부를 획득할 기반을 다지게 된다. 기차에 처음으로 침대칸을 도입한 작은 회사의 지분을 얻어 20만 달러 가량의 이득을 봤던 것이다. 또한 그는 아직 파보지 않은 유전 지역 개발을 추진하던 한 회사에 4만 달러를 투자했고, 이 회사가 결국 유맥을 찾아냈을 때 카네기에게 돌아온 몫의 가치는 25만 달러나 되었다.

그리고 1863년 제철소에 투자한 2년 후 유니언 아이언 밀스라는 조합의 일원이 된 카네기에게 최적의 시기가 찾아온다. 남북 전쟁이 이제 막 끝나고 대성장의 시대가 열렸던 것이다. 무언가 새로울수록 큰 이익이 되는 시류 속에서 카네기 또한 더 큰 모험을 찾아나섰다. 당시 철도 건설과 서부 개발 붐 속에서 철강 레일은 톤 당 80달러 내지 100달러 정도의 가격이 되었고, 이 시기에 카네기는 마치 나폴레옹 같은 리더라는 평판을 얻기 시작한다. 새로운 성공을 손에 쥘 때마다 더 먼 곳을 향해 나아갔기 때문이었다. 그는 영국에서 성공한 베세머 제강법을 자신의 공장에 도입했으며 카네기, 핍스 앤드 컴퍼니와 카네기 브라더스 앤드 컴퍼니의 총수로서 홈스테드, 에드거 톰슨 제철소 외 여러 대형 공장들의 대주주가 되며 승승장구하게 된다. 이후 모든 지분을 통합한 카네기 스틸 컴퍼니(1899년)는 1901년, 카네기가 사업에서 은퇴할 때 미국 스틸 코퍼레이션 사에 합병된다.

1888년, 20살 연하의 루이스 화이트필드와 결혼한 카네기는 1897년 외동딸 마가렛을 얻는다. 카네기 부부는 아일 오브 와이트로 신혼여행을 갔었는데 이후 스코틀랜드의 성 하나를 임대해 10년 동안 생활하다가 마가렛이 태어난 1897년에는 아예 스코틀랜드에 있는 스키보 성을 사들여 가족의 여름 별장으로 삼았다. 이 성은 5월에서 10월 중에는 온전히 그들의 공간이었다. 그리고 박애주의적인 품성을 지닌 카네기 부인은 성 주변에 거주하는 약 1천명 가량의 소작인들과 함께 일하는 것을 제일 중요한 사명으로 생각했다.

카네기가 노동자들과 부딪친 건 딱 한 번밖에 없었다. 바로 1892년에 일어났던 홈스테드 파업사건이었는데, 당시 유럽에 있었던 카네기는 미국으로 돌아와 이 문제를 해결할 조치를 취하지 않는다는 비판을 받았다.

한편 4억 2천만 달러를 받고 스틸 코퍼레이션에 사업을 넘겼던 카네기는 1912년 스탠리 위원회 앞에서 증언할 때 이 거래에 대해 언급하며 이렇게 외치기도 했다. "바보 같았죠! 그 이후에 내부관계자에게 들은 바로는 우리 쪽 자산 가치를 제대로 매겼다면 모건 사장에게 1억 달러는 더 받을 수 있었을 거라고 하더군요."

그러나 카네기는 1898년 '노스 아메리칸 리뷰'의 기사에서 "수치스러운 죽음"에 대한 다음과 명언을 남기기도 했다.

"수백만 달러의 재산을 처분할 자유가 있는 사람이 죽음을 목전에 둔 것을 알고도 자신 뒤에 재물을 남겨두고 떠난다면, 가져갈 수 없는 그 쓰레기를 어디에 쓰려고 했던 간에, 그는 '그를 위해 눈물 흘리는 자 없이, 그를 존경하는 이 없이, 그를 찬양하는 이 없이' 죽음을 맞이할 것입니다. 이런 걸 두고 대중은 이렇게 말하겠죠. '부유한 채 죽는 이는 수치스럽게 죽는 것이다.'"

1907년 피츠버그에 있는 카네기 대학의 주요 후원자로서 6백만 달러를 아낌없이 지원했던 카네기는 같은 해 발간된 '오늘날의 문제'라는 책에서 백만장자에게는 흔치 않은 부에 대한 견해를 드러냈다. 그는 재정적인 면에서 보면, 사회주의가 가장 공정한 제도일 수 있다는 주장을 펴면서 이렇게 썼다. "어떤 이가 사망했을 때, 그의 재산에 높은 누진세를 부과하는 건 바람직한 일이며, 절대적으로 올바른 일입니다."

그러나 카네기는 무조건적인 자선 활동은 옳지 않다고 생각했다. 누군가를 돕되, 그 사람이 스스로 일어설 수 있도록 도와야 한다고 생각했던 그는 언젠가 한 교회에 오르간을 기증할 때 이렇게 말하기도 했다. "이제 오르간 가격의 반을 드리겠습니다. 나머지 반은 교회 신도들이 내시는 겁니다." 더불어 카네기는 걸인에게는 무관심한 것을 자랑스럽게 생각했다. "저는 걸인에게 1센트도 준 적이 없고, 어떤 사람인지 잘 알지도 못하는 사람에게 도움을 준 일도 없습니다. 이것은 제가 행한 최고의 선행 중 하나입니다."

또한 지출을 관리하기 위한 회사를 만들어야겠다는 독창적인 아이디어를 낸 그는 순전히 자신의 출납 사무소로 활용하기 위해 뉴욕에 본사를 둔 홈 트러스트 컴퍼니를 설립하기도 했다.

카네기가 가장 마지막으로 쓴 글이라고 알려진 편지가 있다. 국제연맹 설립이 제안된 것에 대한 기쁨을 표현한 이 편지는 어제 수신인이었던 중개인 찰스 C. 제임스에 의해 세상에 공개됐다.

"지금까지 살아있길 잘했습니다. 이 순간을 맞이하게 되다니 무척 행복합니다." 카네기의 편지는 이렇게 이어졌다. "시인 번스가 '그럼에도 불구하고 세상 사람 모두가 형제가 되리라'라고 표현했던 바로 그 순간이지 않습니까. 국제연맹 덕에 이 행복이 이어지리라 믿으며, 문명사회는 이제 발전을 저해하는 큰 전쟁 없이 계속 전진하리라 믿습니다."

존 D. 록펠러

1839년 7월 8일~1937년 5월 23일

폴 크로웰 기자

오르몬드 비치—1939년 7월 9일까지 살아서 인생의 한 세기를 채우고자 했던 존 D. 록펠러 시니어가 오늘 새벽 4시 5분, 겨울 별장 케이스먼트에서 그 목표를 2년 남짓 남겨두고 세상을 떠났다.

거대한 제국이 된 스탠다드 오일 사의 창립자 록펠러에게 죽음은 갑작스레 찾아왔다. 록펠러의 아들 존 D. 록펠러 주니어가 아버지의 상태에 관해 걱정할 것이 전혀 없다고 장담한 지 24시간이 채 지나기도 전에, 나이든 자선사업가 록펠러는 수면 중 세상을 떠났다.

존 데이빗슨 록펠러는 그의 경력이 한창이었을 때를 기준으로, 세계에서 가장 돈이 많은 사람이었다. 정규교육도 자금도 없이, 작은 사무실의 가난한 사업가로 시작했지만, 록펠러는 결국 효율적인 경영조직과 현대적 기업의 개척자가 되었다. 또한 그는 당대 최고의 권력을 지닌 자본가였으며, 고등교육과 과학연구, 공중보건 분야에서 가장 위대한 자선가이자 후원가로 자리매김하기도 했다.

록펠러가 사업에서 은퇴한 뒤, 스탠다드 오일의 신탁금과 여타 다른 투자로 올린 소득은 15억 달러 가까이 되는 것으로 추산되었다. 이는 한 개인이 자신의 노력으로 벌어들인 재산으로는 최고치의 금액이었다.

1918년 록펠러의 소득세 신고에 따르면 당시 그의 과세 소득은 3천 3백만 달러였고, 총 재산은 8억 달러 이상이었을 것으로 보인다.

석유 자원을 개발하던 시절, 미국에서 가장 많이 돈을 '모은 사람'으로 통하던 록펠러는 은퇴 후 세상에서 가장 많이 '베푼 사람'이 되었다. 3억 5천만 달러를 기부한 앤드류 카네기보다 더 많은 금액을 사회에 환원했던 것이다.

록펠러가 세상을 떠난 후에야 그가 1855년부터 1934년까지 여러 자선 단체와 교육기관에 총 5억 3,085만 3,632달러의 재산을 기부했다는 사실이 새롭게 알려졌다.

그중 1억 8,285만 1,480달러는 록펠러 재단으로 갔고, 1억 2,920만 9,167달러는 일반교육 위원회에 전해졌으며, 7,398만 5,313달러는 뉴욕 시에 있는 로라 스펠만 록펠러 기념관에, 그리고 5,993만 1,891달러는 록펠러 의학연구소에 지원되었다.

록펠러는 아무것도 없이 밑바닥에서 시작해 엄청난 재산을 모았고, 또 엄청난 재산을 환원했다. 그런 그의 인생 이야기는 미국 재계 신화의 훌륭한 본보기가 아닐 수 없다.

1839년 7월 8일, 록펠러는 뉴욕 주 오스웨고 근처 티오가 카운티의 한 마을, 리치포드에서 태어났다. 부친 윌리엄 에이버리 록펠러는 시골 의사이자 농부였고, 모친의 이름은 엘리자 데이비슨이었다. 록펠러에게는 두 명의 형제가 있었다.

록펠러의 첫 사업 경험에 대한 이야기는 그가 출간한 유일한 책 '사람과 사건에 대한 무작위적 회상'에 나온다.

"일곱 살인가 여덟 살쯤, 어머니의 도움으로 처음 사업이라는 걸 시작하게 됐습니다. 당시 저는 칠면조 몇 마리를 갖고 있었는데, 어머니가 칠면조에게 먹일 우유 덩어리를 주셨어요. 저는 그 칠면조들을 혼자 돌봤고, 좋은 값에 팔기도 했습니다. 중간 경비가 없었으니 제가 받는 돈이 전부 수익이 됐고, 전 그 돈을 제 딴에는 아주 신중히 관리했습니다."

록펠러가 자선단체에 보낸 엄청난 기증품들, 그리고 교회 발전을 위한 적극적인 관심은 어린 시절 그가 받은 가르침에서 시작된 것이었다. 그의 부모는 그가 아주 어렸을 때부터 교회와 가난한 이들에게 작은 보탬이라도 되어야 한다고 가르쳤다.

또한 록펠러는 유년시절부터 받은 돈, 쓴 돈, 기부한 돈을 모두 장부에 기록해두었다. 이후 그가 가장 첫 번째로 썼던 장부는 "장부 A"라 불리며 유명해졌는데, 그 안에는 일요일마다 주일학교에 헌금한 1센트, 어떤 달에는 해외 선교에 10센트, 뉴욕의 파이브 포인트 사절단에 12센트, 주일학교 선생님께 선물로 35센트를 냈다는 내용 등등 금전과 관련된 모든 것이 기록돼 있었다.

록펠러는 14세에 돈이 자신을 따라오게 만드는 방법을 알아냈다. 그는 칠면조 장사와 여타 심부름 등으로 모은 50달러를 연 7%의 이자로 빌려주고 연말에 원금과 이자를 돌려받았다. 그리고 3일 동안 이웃 농장에서 허리가 빠지도록 감자를 캐서 1.12달러를 받은 적도 있는데, 이후 장부에 남겨진 두 가지 입금 기록을 비교해 본 그는 노동에 대한 대가가 50달러 연 이자의 3분의 1도 되지 않는다는 사실을 알아차렸으며 이때부터 가능한 한 많은 돈을 굴려야겠다고 결심하게 된다.

1853년에 록펠러 가족은 클리블랜드 근처의 농장으로 이사를 갔다. 록펠러는 1년 반 동안 클리블랜드 고등학교를 다녔고, 그곳에서 미래의 결혼 상대로라 셀레스티나 스펠만을 만났다. 이후에는 잠깐 동안 경영대학을 다니며 부기와 상거래의 기초를 배웠다.

록펠러는 15세에 에리가(街) 침례교회를 다니기 시작했다. 이 교회는 2천 달러의 대출금을 갚지 못해 담보를 잃을 위기에 처해 있었는데, 어린 록펠러는 이 빚을 갚을 수 있을 만큼 돈을 모을 때까지 일요일마다 교회 문 앞에서 기부금을 요청하는 활동을 했다. 2년 후 록펠러는 이 교회의 신탁 관리자가 되어 30년 동안 주일학교 담당자로 일했다.

그가 첫 직업을 갖게 된 것은 1855년 9월 26일, 그의 나이 16세 때의 일이었다. 그의 첫 고용주는 호숫가에 도매품 수수료 창고를 둔 휴잇&터틀이었으며 점원 겸 경리보조로 약 3개월 이상 일했던 록펠러는 "장부 A"에 따르면, 임금 50달러로 집값과 세탁비를 지불한 것으로 기록되어 있다.

이후 1858년, 록펠러는 영국인 모리스 B. 클라크와 각자 2천 달러씩을 투자하는 동업 계약을 맺고 중개업계에 뛰어들어 투자자 겸 직원으로 일하기 시작했는데, 훗날 그는 한 성경수업에서 당시를 이렇게 회상했다.

"처음부터 사업이 잘됐습니다. 첫 해에만 45만 달러 규모의 사업을 진행했으니까요. 수익은 그렇게 크지 않았지만, 4천 4백 달러 정도는 됐던 것 같습니다."

스스로를 "돈을 잘 빌리는 사람"이라고 칭했던 록펠러는 사업을 확장시키고, 돈을 빌리고, 늘 흥정하고, 검소한 생활로 돈을 모으고, 이 돈을 다시 사업에 투자하면서 기회가 오기를 기다렸다. 그리고 1859년 펜실베이니아에서 석유가 발견되면서 드디어 기회가 찾아왔다.

록펠러가 석유사업에 뛰어든 것은 1862년의 일이었다. 그는 동업자 클라크와 함께, 원유정제 방법을 섭렵한 새뮤얼 앤드류스의 정유소에 투자했고, 이렇게 앤드류스, 클라크 앤드 컴퍼니라는 새로운 회사가 설립된다. 이후 세계에서 제일가는 석유왕이 된 록펠러였지만, 당시로서는 회사 이름에 자신의 이름을 포함시키지도 못할 정도로 무명의 투자자일 뿐이었다.

1863년, 앤드류스, 클라크 앤드 컴퍼니는 클리블랜드 근처에 있는 킹스배리 런 제방에 작은 정유공장을 세웠다. 1865년, 록펠러와 클라크의 동업관계가 파기되자 공장은 경매에 붙여졌고, 록펠러가 이를 7만 2천 5백 달러에 사들여 록펠러 앤드 앤드류스라는 새로운 회사를 차렸다. 이 회사는 1867년에 윌리엄 록펠러가 세운 정유공장을 흡수했고, 록펠러는 윌리엄 록펠러와 헨리 F. 플래글러를 동업자로 받아들였다.

이것이 바로 스탠다드 오일 트러스트의 시초가 되는 기업의 기나긴 재편과 합병 과정이었다. 1870년, 31세의 록펠러는 윌리엄 록펠러, 앤드류스, 플래글러, 그리고 스티븐 V. 하크니스와 함께 스탠다드 오일 사를 설립하고 회장의 자리에 앉는다.

1872년쯤에는 클리블랜드에 있는 거의 모든 정유사가 스탠다드 오일에 합류했으며, 곧 회사는 하루 원유 정제량 2만 9천 배럴, 하루 배럴통 생산량 9천 개에 이르는 규모로 성장하여 수십만 배럴 용량의 탱크 설비와 창고까지 보유하게 된다.

초창기 석유 업계는 그리 안정적이지 않았기 때문에 당시 많은 회사가 시장 상황 급변으로 무너져 내리는 가운데 록펠러는 지역 경쟁사들에게 사업 보호를 위한 공동체가 없다면 모두 공멸하고 말 것이라는 주장을 펼치면서 스탠다드 오일에 합류할 것을 청했다. 그렇게 2년 후, 클리블랜드에서 록펠러와 경쟁하던 이들도 거의 모두 스탠다드 오일의 일원이 된다.

이후 피츠버그 정유사 역시 스탠다드 오일 조합에 합병된 데 이어 필라델피아, 뉴욕, 뉴저지, 뉴잉글랜드, 펜실베이니아, 그리고 웨스트버지니아의 정유사들까지 차례차례 스탠다드 오일에 합병되면서 록펠러는 1882년, 스탠다드 오일 트러스트를 설립하기에 이른다. 스탠다드 오일 트러스트는 스탠다드 오일뿐만 아니라 합병된 모든 회사의 주식을 보유한 지주사로 록펠러가 나날이 부유해지고, 세력을 키울 수 있는 기반이 된다.

또한 록펠러는 스탠다드 오일 트러스트를 통해 현대 산업의 독점체제 시대를 연 새로운 형태의 영리기업을 창조해냈다. 전 세계 각지에 퍼진 파이프라인 회사와 석유제품을 수집, 유통, 마케팅하는 회사들은 모두 스탠다드 오일 트러스트에게 수익을 가져다주는 체계

속에 포함되었으며, 이후 록펠러는 사업비용을 대폭 절감시키기 위한 조치들까지 차근차근 진행시켰다. 즉 스탠다드 오일은 직접 파이프라인을 구축하고, 석유를 수송을 위한 회사 전용 유조차를 구입했으며, 회사 단독으로 쓸 수 있는 차고와 창고를 건설한 데 이어 직접 배럴통을 생산하기 위해 막대한 양의 목재를 사들였다.

그렇게 록펠러의 이름은 전 세계로 퍼져나갔다. 미국 내 석유 생산과 유통을 좌지우지하게 된 스탠다드 오일의 직원들과 석유화물을 실은 증기선은 어느 항구에서나 눈에 띄었고 철강, 증기선, 철도 등 다른 업계에도 투자하기 시작한 록펠러는 33개의 석유회사뿐만 아니라 여타 수백 개의 회사에도 간접적인 영향력을 행사하게 된다.

또한 5천 5백만 달러의 자산을 보유한 스탠다드 오일을 비롯해 그가 연관된 모든 회사의 총 자본액을 합치면 그 가치가 수십억에 달하게 되자 사람들은 록펠러를 위험한 인물로 간주하기 시작했다. 스탠다드 오일을 "문어"로 칭하면서 반(反)트러스트 운동이 시작되었고 록펠러와 스탠다드 오일에 대한 폭로도 이어졌다.

특히 아이다 M. 타벨은 '스탠다드 오일의 역사'라는 책에서, 록펠러가 스탠다드 오일 트러스트를 설립할 때 경쟁 구조를 무너뜨리고, 철도를 통한 리베이트(뇌물)로 부를 획득했으며, 사람을 매수해 경쟁사에 스파이를 심어놓았고, 기밀 담합을 한데다, 라이벌 회사를 강제로 스탠다드 오일에 합병시켰다고 비난을 퍼부었다.

이에 록펠러는 스탠다드 오일은 정직한 사업체이며, 자신 또한 떳떳하고 정직하게 돈을 벌어왔다고 항변했다.

"종종 저희 회사에 대해 잔인한 말이 오가는데, 이는 제게 굉장히 상처가 됩니다." 언젠가 록펠러는 이렇게 말했다. "하지만 전 비관론자가 아닙니다. 저는 절대 좌절하지 않습니다. 저는 사람과 사람 사이의 인류애를 믿으며, 모든 것이 결국 모두에게 좋은 방향으로 진행될 거라 확신합니다."

록펠러 부부에게는 5명의 자녀가 있었지만, 현재 생존해 있는 사람은 알타 록펠러와 존 D. 록펠러 주니어뿐이다.

한때 록펠러는 집을 다섯 채 가진 적도 있었다. 그가 도심에 둔 저택은 웨스트 45번가 4번지에 있었으며, 가장 좋아했던 거주지는 포칸티코 힐스의 키퀴트라 불리는 3천 에이커의 사유지였다. 몇 년 전에는 플로리다의 오르몬드 비치에 있는 땅을 사기도 했다.

말년의 록펠러는 사람들에게 더 상냥한 모습을 보였다. 길에서 놀고 있는 아이들, 그리고 태리타운과 나이액을 오가는 페리선 위에서 노래하는 가수들에게 반짝거리는 새 동전을 선물로 나눠주면서 말이다.

헨리 포드

1863년 7월 30일~1947년 4월 7일

디트로이트—자동차 산업의 개척자로 잘 알려진 헨리 포드가 오늘 밤 11시 40분, 83세를 일기로 사망했다. 그는 1903년 설립한 자신의 거대 산업 제국을 통솔해오다 지금으로부터 약 1년 반 전에 은퇴해 자리에서 내려왔었다.

포드는 자신이 태어난 곳에서 그리 멀지 않은 곳에 위치한 디어본 교외의 사유지에서 눈을 감았다. 매해 겨울마다 방문했던 조지아의 사유지에서 돌아온 일주일 전만해도, 그의 건강상태는 매우 좋았던 것으로 알려졌다.

포드가 회사 경영을 접은 이유는 가족들의 요청 때문이었다는 보도가 많이 있었다. 특히 외동아들 에드셀 B. 포드의 미망인이 회사 업무 방침에 대해 불만이 많았다고 한다. 1945년 말에 회장 자리에서 사임한 뒤, 포드는 포드 공학 연구소에서 시간을 보냈다.

포드는 1887년 클라라 브라이언트(결혼 전 이름)와 결혼했다. 이제 미망인이 된 그녀와 포드의 사임 후 회사를 책임지고 있는 손자 헨리 2세, 그리고 또 다른 손자 벤슨가 그의 유족들이다.

—연합통신사

헨리 포드는 일괄 작업과 컨베이어 벨트 시스템을 기반으로 한 현대 미국 산업의 대량 생산법을 창시한 사람이었다. 이런 산업 시스템은 이오시프 스탈린 못지 않은 권력자가 되어 제2차 세계대전에서 연합군의 승리를 이끈 기반이 되었다. 포드는 미국인의 사고방식에 지대한 영향을 미친 고임금 단시간 노동경제 철학 또한 주창했다.

그는 포드 모터 컴퍼니가 2천 9백만 대 이상의 자동차를 생산하던 전성기를 함께 했고, 이후 전쟁으로 이 거대 회사가 어쩔 수 없이 생산종목을 전환하는 과정도 지켜보아야 했다. 전시에 그는 4개의 엔진이 달린 폭격기를 8,000대 이상 생산했고, 탱크와 탱크 공격차, 지프 및 수륙양용 지프, 그리고 수송 글라이더, 트럭, 엔진 등 수많은 장비들을 공급했다.

1943년 5월 26일, 80번째 생일을 앞두고 있던 포드는 외동아들 에드셀을 잃었다. 하지만 당시 회사는 전시 생산의 절정을 달리는 와중이었고, 포드는 그 절정의 중추적인 역할에 집중할 수밖에 없었다.

1863년 7월 30일, 포드는 디트로이

트에서 서쪽으로 약 14km 정도 떨어진 한 농장에서 6명의 형제자매 중 장남으로 태어났다. 그의 모친은 포드가 12세였을 때 세상을 떠났다. 포드는 방과 후마다, 그리고 방학마다 농장에서 일을 하다가 15세에 아예 학교를 그만두었다.

포드는 어릴 때부터 기계를 다루는 데 소질을 보였다. 13세 때부터 고장 난 손목시계를 분해하고 다시 조립하곤 했는데, 기계에 대한 그의 꿈을 단념시키려 했던 부친 때문에 집안일을 모두 끝낸 뒤 밤에 몰래 시계를 고쳐야 했다. 그러던 1879년, 16세의 나이로 가출한 포드는 디트로이트까지 거의 무일푼으로 걸어가 한 기계 공장에서 견습생으로 일하기도 했다.

그러나 결국 부친의 농장으로 다시 돌아온 포드는 이후 몇 년 동안 남는 시간을 쪼개가며 경작용 트랙터를 만드는 데 몰두하기 시작했다. 기존의 것보다 작고 비용도 상대적으로 적게 드는 실용적인 트랙터를 목표로 한 끝에 1기통 증기 엔진을 만드는 데 성공했지만, 트랙터를 작동시킬 수 있을 만큼 가벼운 보일러를 고안하는 데는 실패했다.

경차에 증기기관은 적합하지 않다는 확신을 갖게 된 포드는 영국 과학 학술지에서 읽은 적이 있는 내연기관으로 관심을 돌렸다. 당시 자동차 개발 전문가들과 마찬가지로 "말 없는 마차"를 가동시키기 위한 대안으로 내연기관에 희망을 가지게 되었던 것이다.

1890년, 포드는 디트로이트 에디슨 컴퍼니에서 월급 45달러를 받으며 엔지니어 겸 기계공으로 일하게 된다. 그렇게 디트로이트로 거취를 옮긴 그는 집 뒷마당에 작업장을 만들어 퇴근 후에 자신만의 실험을 이어났다.

포드가 자신의 첫 "가솔린 마차"를 완성한 것은 1892년이었다. 4마력 정도의 힘을 가진 2기통 엔진으로 약 1,610km를 운행했던 이 마차는 디트로이트 최초의 자동차였으며, 오랫동안 디트로이트의 유일한 자동차로 남았지만 포드를 만족시키기에는 아직 너무 무거웠다. 1896년, 더 가벼운 차를 만들기 위한 실험자금을 마련하기 위해 200달러를 받고 자신의 첫 작품을 팔았던 포드는 이후 1백 달러에 다시 사들이기도 했다. 성공을 이룬 후 기념품으로 간직하기 위해서였다.

그러는 동안, 포드는 다니던 전기회사의 수석 엔지니어가 됐고, 월급은 125달러로 올랐다. 회사 경영진에서는 총괄 관리자 자리를 제안했지만, 조건이 있었다. 가솔린을 포기하고 전기에만 온전히 집중하라는 것이었다. 1899년 8월 15일, 포드는 이 직장을 그만뒀다.

결국 포드는 자신만의 차를 생산하기 위해 여러 명을 설득해 디트로이트 오토모빌 컴퍼니를 설립했으며, 자신이 고안한 모델로 몇 종의 차를 생산·판매하기 시작했다. 그러나 2년 후 포드는 근본적인 문제로 동료들과 관계를 끊게 된다. 가능한 한 많은 대중에게 자동차를 판매하기 위해 대량생산을 구상하고 있었던 포드와는 달리, 후원자 쪽에서는 자동차를 소량으로 생산되어야만 하는 사치품으로 생각했던 것이다.

이후 포드는 디트로이트의 1층짜리 벽돌 헛간을 빌려 2기통 엔진과 4기통 엔진을 실험하며 1902년 한 해를 보냈다. 그 결과로 80마력을 내는 4기통 엔진이 장착된 경주용 자동차 두 대를 만들어냈는데, 그중 한 대가 그 유명한 레이서 바니 올드필드의 소유가 되어 참여하는 모든 경주마다 승리를 거머쥐게 된다. 이 유명세의 도움으로 포드는 다시 포드 모터 컴퍼니를 설립했는데 10만 달러로 출자된 이 회자는 실제로는 단지 2만 8천 달러의 주식만이 청약돼 있었고, 훗날 포드와 포드의 아들은 소수주주권을 7천만 달러에 모두 사들여 회사의 단독 소유주가 된다.

1903년, 포드 모터 컴퍼니는 8마력의 2기통 엔진 자동차를 1,708대나 판매했다. 하지만 얼마 지나지 않아 정부승인을 받은 자동차 제조사 협회에서 포드의 회사를 상대로 특허권 침해 소송을 제기했고, 그의 사업은 위협을 받게 된다. 당시 자동차 제조사 협회는 1895년 뉴욕 로체스터 출신의 조지 B. 셀든이 획득한 특허에 대한 권리를 보유하고 있었는데, 가솔린 엔진과 도로 기관차의 결합에 대한 이 특허권의 효력이 미 대법원에서 인정되지 않음으로써 포드는 소송에서 이기게 된다.

한편 충분히 가벼우면서도 견고한 철

강이 부족했던 탓에 몇 년 동안 장애물에 가로막혀 있던 포드는 어느 날 팜비치에서 부서진 프랑스제 경주 자동차의 잔해를 줍다가 우연히 바나듐 스틸을 발견하게 된다. 그리고 그때까지 미국에서 생산된 적이 없었던 이 물질로 포드는 드디어 대량생산의 시대를 열었다. 당시 그는 단일 차체에 집중하면서 선보인 그 유명한 '모델 T'에 대해서 이렇게 소개하기도 했다. "어떤 고객이든 원하는 색의 차를 가질 수 있습니다. 그 색이 검정색 계열이라면 말입니다." 1925년 즈음에 모델 T의 연간 생산량은 2백만 대에 육박하게 된다.

1914년 1월, 포드는 하루 8시간의 노동에 최저임금 5달러를 제시했다. 그때까지 업계 평균 임금은 하루 9시간의 노동에 2.40달러였다. 또한 포드는 원자재 거래에서 발생하는 중간 수수료를 없애고 운송비용을 줄이기 위해 탄광과 철광, 숲, 철도, 호수 증기선 및 바다 증기선을 사들였다. 이러한 포드의 전략은 눈부신 성공을 가져다주었고, 그는 엄청난 재산뿐만 아니라 세계적인 명성까지 얻게 된다.

1915년에서 1916년으로 넘어가던 겨울, 포드는 어떤 평화주의 단체의 영향을 받아 유럽의 여러 교전국들이 평화를 맞이할 준비가 됐으며, 어떠한 극적인 계기가 생기면 전쟁이 마무리될 것이라는 확신에 차게 된다. 이에 포드는 원양 여객선 한 대를 전세 내어 "크리스마스까지는 참호에서 나오자"라는 목표로 여러 단체들과 함께 1915년 12월 4일 뉴욕에서 유럽을 향해 출항했다. 비록 임무는 실패했지만 얻은 바는 있었다. "성공보다 실패에서 많은 것을 배우는 법입니다." 그는 말했다. 그리고 1917년 4월, 미국이 독일에 대한 전쟁을 선포하자, 그동안 교전국들의 주문을 거부한 이력이 있었던 포드도 이때만큼은 기꺼이 미국 정부에 자신의 산업 시설을 온전히 맡겼다.

1918년, 활발하게 활동하던 포드는 55세의 나이로 포드 모터 컴퍼니의 총수 자리에서 내려와 에드셀에게 회장직을 넘겼다. 그는 경작용 트랙터 개발과 '디어본 인디펜던트'라는 주간지를 발행하는 데 집중하고자 한다는 의사를 발표했다.

1919년에는 포드가 '시카고 트리뷴'을 명예훼손으로 고소하는 사건이 있었다. '시카고 트리뷴'이 한 사설을 통해 전쟁 기간 중 포드가 독일 편을 들었다는 의혹을 제기했기 때문이다. 피고측 변호인이 포드를 무자비하게 몰아붙이 끝에 밝혀진 것은 그가 자기 분야 외의 주제에는 아는 바가 거의 없다는 사실뿐이었다. 이에 판사는 '시카고 트리뷴'에게 고작 6센트의 배상금을 지급하라는 판결을 내렸다. (편파적으로 말할 것도 없는 것이, 포드는 엄청난 재산과 함께 산업분야의 전문지식을 보유하고 있었지만 몇몇 방면에서는 일반 사람들과 다를 바가 없었던 것이 사실이다. 그는 그저 근면성실과 실용교육이 정도(正

道)라고 믿는 사람이었으며, 흡연과 음주에는 거부감이 있었고 종종 옛날 춤과 바이올린 연주로 젊은 세대의 흥미를 끌려는 헛된 노력을 하기도 했다.)

포드는 '디어본 인디펜던트'의 발행인으로 활동하면서 또 다른 명예훼손 소송에 휘말리게 된다. 이 주간지의 일부 기사가 반유대주의적인 내용을 담고 있다는 비판을 받게 된 것이다. 시카고의 변호사 아론 사피로는, 유대인들이 미국 농업계를 장악하려는 음모를 꾸미고 있다고 단언한 '디어본 인디펜던트'의 기사 때문에 농민 협동 마케팅 조합의 창립자인 자신의 평판이 훼손되었다며 소송을 제기했다.

증인석에 앉게 된 포드는 자신이 유대인에 대한 반감을 품고 있지 않음을 호소했다. 당시 문제가 되었던 칼럼은 포드가 쓴 글이라고 거의 확실시되고 있었지만, 포드는 자신이 그 칼럼을 쓴 적도, 읽어본 적도 없다고 주장했다. 그러나 이후 그는 합의 내용을 공개하지 않고 소송을 정리했으며, '디어본 인디펜던트'를 폐간하고 공개적으로 사과했다.

한편, 1921년 대공황의 여파는 포드마저 재정 위기로 휘청거리게 만들었다. 투자은행에서는 포드가 "공손하게 모자를 손에 들고" 찾아올 것이라 확신했으며, 뉴욕 소재의 한 대형 은행 관계자는 포드가 있는 디트로이트까지 찾아가 자신을 회계 담당으로 임명해준다면 대출을 허락해주겠다는 제안을 하기도 했다. 당시 포드는 조용히 그에게 쓰고 온 모자를 건네며 나가달라고 말했다.

포드는 위기를 타개하기 위해 전국에 있는 모든 포드 자동차 딜러들에게 그들이 감당할 수 있는 수량의 자동차만 할당했고, 그 값은 오직 현금으로만 결제를 받았다. 또한 철도를 자기 소유로 매입하는 등 여러 경제수단을 동원하여 원재료와 완제품 수송에 드는 시간을 3분의 1이나 줄여냈다.

더불어 포드는 자유채권 매매와 파생상품, 그리고 해외 각지에 있는 포드 대리점을 통해 더 많은 현금을 융통할 수 있다는 것을 깨달았다. 4월 1일, 포드는 기어코 부채 해결에 필요했던 금액보다 더 많은 금액을 끌어 모아 위기를 극복해냈다. 이후 포드는 막대한 자금이 예치된 예금을 제외하고는 은행과의 거래를 모두 끊었으며, 금융권에서는 그가 돈을 예치할 때마다 늘 가차 없는 흥정을 시도한다는 소문이 돌기 시작했다. 자신을 위해 특별한 이자율을 제시하라는 요구가 잦아졌다는 것이다.

1924년, 포드의 회사는 미국 전체 자동차 생산량의 약 3분의 2를 차지하는 기업이 되었지만 1926년, 쉐보레를 히트 시킨 제너럴 모터스가 엄청난 경쟁사로 급부상하면서, 변화를 꾀하기 시작했다. 1926년 말, 포드는 6기통 모델에 대한 연구를 진행하면서 기존 생산시설을 폐쇄했고, 그 다음 해에는 모델 T를 버리고 모델 A를 내놓았다. 다행히 새 모델이 인기를 얻으며 포드 모터 컴퍼니는 계속해서 사업을 확장할 수 있었으며, 1928년에는 브리티쉬 포드 컴퍼니를 시작으로 유럽시장 공략에 나서기도 했다. 또한 오랫동안 소련이 잠재력 있는 시장이라고 생각했던 포드는 러시아 니즈니-노브고로드 주의 자동차 공장 설립과 소련 자동차 산업발전을 위한 기술 지원에 합의함으로써, 3천만 달러 규모의 생산품을 소련에 판매한 적도 있었다.

1929년 10월에 벌어진 주식시장 붕괴 이후, 포드는 후버 대통령의 부름으로 다른 기업 및 산업 지도자들과 함께 백악관에 소집되었다. 임금 축소에 찬성한 일부 기업가들과는 달리, 포드는 소비력을 유지시키는 것이 무엇보다 중요하다고 주장하면서 회사가 어려운 가운데도 임금 정책을 바꾸지 않았다. 1932년 가을, "최고위급 임원부터 평사원까지" 임금을 하향 조정한다고 발표할 때까지는 말이다. 포드마저도 임금 정책에 변화를 줄 수밖에 없는 최악의 상황이었던 것이다. 하지만 대공황이 진정되자 포드는 다시 고임금 정책으로 회귀했고, 1935년에는 하루 6달러의 최저임금 정책을 확립했다.

포드는 뉴딜 정책에 반대했으며, 피고용인의 단결권이 명시되어 있었던 전미 부흥청의 자동차 관련 규정에도 서명하지 않았다. 1936년 대선에서 알프 M. 랜든 주지사를 지지했던 포드는 루즈벨트 대통령이 재선에 성공한 후에도 노조에 반대하는 입장을 고수했다.

이에 전미 자동차 노동조합은 포드 사에 노조를 설립하려는 운동을 시작했다. 캔자스시티에 소재한 포드 공장에서 벌어진 연좌 농성으로 시작된 이 운동은 해당 공장 관리자가 노조와 만나겠다는 약속을 함으로써 마무리되었는데, 이런 합의는 포드 사 역사상 처음 있는 일이었다. 당시 포드는 국제금융 세력이 노조를 장악했다고 비난하고 나섰다.

그러던 1937년 5월 26일, 전미 자동차 노동조합 창립위원 몇 명이 리버 루즈에 소재한 포드 공장 바깥에서 노조에 관한 인쇄물을 나눠주던 중 습격을 당해 심하게 다치는 사건이 일어났다. 노조는 이 폭력사태의 주범은 사내 경찰이라고 비난했지만, 포드 사는 이를 부인했다.

이후 미국 노동관계 위원회에서 부당 노동 행위에 대한 포드 사의 유죄를 인정하면서 1941년 4월, 전미 자동차 노동조합이 이끄는 파업이 시작되었고, 이 파업의 정당성을 확인하기 위한 노동관계 위원회의 표결도 함께 진행됐다. 투표 집계 결과, 전미 자동차 노동조합이 약 70%의 표를 받아 승리했으며, 포드는 노동조합이 요구해 온 모든 것들을 수용할 수밖에 없었다.

포드는 미국의 제2차 세계대전 참전에도 반대했었다. 영국에 비행기 엔진을 공급하라는 요구를 거절하기도 했었던 포드는 압박이 거세지자 어쩔 수 없이 미군에 납품되는 비행기 제작에 나서게 된다. 1941년 4월 18일, 윌로우 런에 비행기 제조공장 건설의 첫 삽이 떠졌고 1년 남짓 지났을 때, 드디어 최초의 30톤급 B-24-E 폭격기가 생산되기 시작했다. 800m가 훌쩍 넘는 길이의 이 공장은 결국 한 시간에 한 대씩 폭격기를 생산하는 조립 라인을 갖추게 된다.

포드는 노조에 반대하기는 했지만, 1944년 9월에 있었던 인터뷰에서 자신의 회사가 자동차 업계에서 가장 임금을 많이 주는 회사가 되길 원한다고 말한 적도 있었다. "저희 공장 직원이 하루치 봉급만큼 하루치의 일을 충실히 해준다면, 그에 합당한 대우를 해주지 않을 이유가 없습니다. 모든 이가 자기 집과 약간의 땅, 그리고 차를 가질 수 있을 만큼은 돈을 벌 수 있어야 합니다."

하워드 휴스

1905년 12월 24일~1976년 4월 5일

제임스 P. 스터바 기자

휴스턴—기이한 인생을 살았던 하워드 R. 휴스가 오늘 그의 인생만큼 기이한 죽음을 맞았다.

은둔자였던 이 70세의 억만장자는 응급처치를 받기 위해 멕시코의 아카풀코에서 전세기에 몸을 싣고 병원으로 향하던 중 텍사스 남부 상공에서 동행했던 의사에 의해 사망이 선고되었다. 사망시각은 오후 1시 27분이었다.

휴스의 대변인은 그의 사인이 "뇌혈관 장애"였다고 밝혔는데, 일종의 뇌졸중 증상이었던 것으로 파악되고 있다.

2년 전, 하워드 R. 휴스와 연루된 수많은 소송들 중 한 건으로 그의 변호사 한 명이 로스앤젤레스의 연방 법원 앞에 나타났다.

휴스가 법정에 나타나지 않은 이유를 묻는 사람들에게 변호사 노버트 슐라이는 이렇게 말했다. "그는 당신이나 저 같은 사람에게 적용되는 기준을 적용할 수 있는 사람이 아닙니다."

판사도 배심원단도 그에게 일반적인 기준을 적용할 수 없다는 데 이의를 제기하지 않았지만, 이 소송으로 휴스는 그의 전 보좌관 로버트 A. 마흐에게 명예훼손 보상금으로 282만 3,333달러를 지급해야 했다. 그러나 이것은 휴스가 일생 동안 법정에서 맞닥뜨린 시련의 극히 일부분일 뿐이었다.

1974년, 휴스는 이와는 조금 다른 사건에 관여하기도 했다. 미국 중앙정보부(CIA)와 함께 태평양 바닥에 가라앉아 있던 소비에트 잠수함을 인양하는 작업에 참여했던 것이다. 핵탄두와 암호첩을 싣고 있던 이 잠수함은 하와이에서 북서부로 1,207km 떨어진 곳에 가라앉아 있었는데, CIA의 요청을 받은 휴스는 '글로머 익스플로러'라는 이름의 배와 거대한 바지선 건조하여 인양 작업에 나섰고, 이 프로젝트는 심해 연구라는 명분으로 진행되었다.

[사실, 인양 작업이 절반 가량 진행되었을 때, 탄두와 암호첩이 들어있는 선체 절반이 분리되면서 4.8km 아래 바닥으로 다시 가라앉은 것으로 전해진다.]

그런데 최근에 발생한 그 어떤 사건도 1971년 12월 7일, 맥그로-힐 출판사와 '라이프'가 무명의 미국인 작가 클리포드 어빙을 내세워 휴스의 "자서전"을 발간하겠다고 발표한 이후 벌어졌던 일들 만큼 세간을 경악시키지는 못했다.

어빙은 휴스와의 대화를 녹음하기 위해 100번 넘게 그와 비밀리에 만났다고 주장했으며, 결국 '하워드 휴스의 자서전'이라는 제목으로 23만 단어 분량의 원고를 써냈다. 이에 맥그로-힐 출판사는 어빙에게 75만 달러를 지불했는데 10만 달러는 선인세였고, 'H. R. 휴스'라고 표기된 65만 달러짜리 수표는 "협력"해준 데 대한 보상으로 휴즈에게 전달될 몫이었다. 이후 어빙의 아내 이디스는 헬가 R. 휴스라는 가명으로 이 수표를 스위스 은행에 예입했고, 맥그로-힐은 '라이프'에 인용권을 팔았다.

그러나 얼마 뒤 휴스는 전화 기자회견을 통해 이 책이 날조라며 분통을 터트렸다. 그리고 발간을 중단하라는 소송을 제기하면서 어빙이 사기꾼이라는 사실을 증명해 내겠다고 맹세했다. (또한 휴스는 그의 보좌관 마흐가 "자신을 완전히 벗겨먹었다"며 비난했으며, 이로 인해 앞서 언급한 명예훼손 소송을 치르게 된다.)

결국 이디스 어빙이 스위스 은행에 등장했던 '헬가 R. 휴스'라는 사실이 밝혀졌고, 다른 작가들의 기출간 및 미출간 원고의 내용과 어빙의 원고가 매우 흡사하다는 증거도 속출했다. 1972년 2월 중순, '라이프'와 맥그로-힐 출판사는 이 자서전이 날조된 것이 맞다고 인정하면서 책 발간을 취소했고, 어빙과 그의 아내는 유죄를 인정하며 사기죄에 대한 징역형을 받았다.

어빙 사건 기자회견으로 대중들은 비교적 공개적인 무대에서 하워드 휴스의 목소리를 들을 수 있었는데, 이는 최근 몇십 년 사이에 일어난 일들 중 가장 희귀한 사건이었다. 보통, 하워드 휴스는 24시간 수행원들이나 (휴스는 수행원으로 남성 몰몬 교도들을 선호했는데, 이는 그들이 담배를 피우거나 술을 마시지 않았기 때문이다.) 1957년 결혼한 그의 아내이자 영화배우 진 피터스에게만 모습을 드러냈기 때문이다. 이 부부는 오랫동안 별거를 이어오다 지난 1971년 이혼했다.

휴스가 항상 은둔만 했던 것은 아니다. 1930년대의 휴즈는 비행속도 기록에 도전하는 파일럿이었으며, 제인 러셀, 라나 터너, 에이바 가드너 등 당대의 미녀 배우들과 함께 포즈를 취하며 웃고 있는 호리호리한 모습으로 신문을 가득 채우곤 했던 할리우드의 개성 넘치는 프로듀서였다.

특히 휴즈는 비행속도 기록을 몇 번이나 갈아치운 데 이어 1938년에는 91시간 연속 전 세계 하늘을 비행한 위업을 이루며 명예 훈장 수훈자가 되기도 했다. 그러나 그는 귀찮다는 이유로 수상식에 가지 않았고 몇 년 후, 백악관 책상에서 훈장을 발견한 해리 S. 트루먼 대통령은 그 훈장을 휴스에게 우편으로 보내버린 일도 있었다.

많은 이들이 휴스가 은둔하게 된 이유를 분석하려 했다. 그에게 청각 장애가 있었다는 점, 수줍음이 많았다는 점, 냉장고, 잡지, 신문 등을 아내와 따로 사용했으며 심지어 악수조차 하지 않을 정도로 세균에 대한 공포가 심했다는 점이 그 이유로 꼽혔다.

그러나 25년 전, 한 인터뷰에서 휴스는 자신이 이상한 사람이 아니라며 다음과 같이 말하기도 했다. "저는 기인이 아닙니다. 저에 대한 소문이 그리스 신화처럼 부풀려지고 있을 뿐입니다. ... 전 비싼 옷에 관심이 없습니다. 옷은 입는 것일 뿐이고, 자동차는 교통수단일 뿐이죠. 제 몸을 가려주고, 어떤 장소로 보내주기만 하면 그걸로 족합니다."

한편 1966년 네바다에 정착했던 휴스가 카지노와 부동산에 1억 2천 5백만 달러 이상의 재산을 투자하자, 폴 랙살트 주지사는 그와 대화를 나누고 싶다는 의사를 알렸다. 휴스는—혹은 휴스의 목소리로 확인되는 어떤 사람이—곧바로 주지사에게 전화를 걸었다. 랙살트의 말에 따르면 휴스는 그렇게 종종 전화를 걸어왔고, 어떤 때는 한 시간 동안 대화를 나누기도 했다고 한다.

또한 휴스는 라스베이거스에 도착한 지 얼마 지나지 않아 1천 3백 25만 달러에 데저트 인 호텔의 운영권을 사들였고 이후 호텔 자체를 인수했는데, 풍문에 따르면 그가 이 호텔을 사들인 이유는 1박에 250달러하는 스위트룸에서 지내던 그에게 호텔 소유주가 다음 예약 손님이 있으니 방에서 나가달라고 했기 때문이었다. 또 다른 설로, 다른 주들과 달리 소득세나 상속세가 없는 네바다에서 휴즈가 이 거래로 세금 혜택을 누리며 수백만 달러의 이득을 봤다는 이야기 또한 전해지고 있다.

세 번째 설은 보완적인 설명으로 보인다. 휴스가 거대한 지역 공항을 만들어 라스베이거스를 남서부 지역과 캘리포니아를 잇는 터미널로 개발하려는 구상을 하고 있었다는 것이다.

1969년, 휴즈는 계속해서 약 1억 5천만 달러를 라스베이거스 부동산에 투자했으며, 서부의 8개 주와 캐나다, 그리고 멕시코에 걸쳐 14,484평방km의 땅을 소유하고 있던 에어 웨스트 항공사를 1억 5천만 달러에 사들이기도 했다. 트랜스 월드 항공사와 노스이스트 항공사에 가지고 있던 지분을 팔고 항공여행 업계를 떠난 바 있었던 휴스는 이렇게 에어 웨스트를 인수함으로써 업계로 다시 돌아올 수 있었다.

휴스는 건장한 체격의 전 FBI 요원 마흐를 비롯한 수많은 부하직원들을 통해 일을 진행시켰다. 그러나 그들 대부분은 휴스를 직접 본 적은 없었다. 휴스의 재산은 착암기와 석유 채굴기를 생산하고 임대하는 휴스 툴 컴퍼니에 기반을 두고 있었으며, 그 외에도 휴스가 소유한 캘리포니아 소재의 휴스 에어크래프트 컴퍼니는 정부 계약을 많이 진행하는 항공기 및 전자기기 생산업체였다.

하워드 로바드 휴스 주니어는 1905년 크리스마스 이브에 휴스턴에서 태어났다. 어린 시절 그는 부끄럼 많고 진지했으며, 기계에 대한 소질을 일찍 드러냈다. 사립학교 두 곳을 다니던 휴즈는 이후 휴스턴에 있는 라이스 대학과 캘리포니아 공과대학에서 수업을 듣기도 했지만 학위를 딴 적은 없다.

휴스의 부친은 유전을 확보하기 위한 착암 기술(rotary bit)을 최초로 성공한 광산 기술자였다. 1922년 모친이 세상을 떠났을 때 휴스는 아버지 회사의 지분 50%를 물려받았고 1924년, 부친마저 숨을 거두자 지분 25%를 추가적으로 물려받았다. 이후 18세에 회사를 책임지게 된 휴즈는 2년 후 가족들에게 남아 있던 지분을 모두 매입했으며, 19세에는 라이스 대학 설립자 가문 출신 엘라 라이스와 결혼하여 가정을 꾸린다. (이 결혼은 4년 6개월 뒤에 파경을 맞는다.)

그러는 동안 휴스는 할리우드로 관심을 돌렸다. 할리우드에서 자신만의 특유한, 외톨이 늑대 스타일로 영화를 제작하겠다고 마음 먹은 휴스의 첫 작품은 '스웰 호건'이라는 제목의 영화였는데, 너무 재미가 없어 개봉조차 하지 못했다. 하지만 휴스의 다음 작품은 진 할로우가 출연한 대작 '지옥의 천사들'이었다. 1930년에 촬영된 이 영화의 제작비는 4백만 달러로 그때까지 만들어진 영화들 중 최고액이었다. 그렇게 많은 제작비가 든 이유는 사운드에 맞춰 영상을 재작업했기 때문인데, 이런 방식은 영화가 반 정도 완성됐을 때부터 이미 다른 제작자들 사이에서 유행하기 시작했다. 휴스는 영화의 각본, 제작, 감독을 모두 맡았으며, 이 영화는 8백만 달러의 수익을 올렸다.

1920년대 말과 1930년대 초에 걸쳐

12편 가량의 영화를 제작한 휴즈가 항공산업에 흥미를 갖게 된 것도 그즈음이었다. 그는 '지옥의 천사들'을 촬영하는 동안 직접 비행기 조종법을 배웠는데, 제1차 세계대전 때 사용되던 빈티지 비행기를 타다가 심각한 부상을 입기도 했다. 이후로도 부상은 이어졌다. 1943년에는 엔진이 2개 장착된 실험용 비행정을 조종하던 중 미드 호수에 빠지기도 했고, 1946년에는 고속 장거리 비행기 XF-11의 처녀 비행 중 추락 사고로 가슴과 왼쪽 폐가 으스러지고, 두개골과 갈비뼈 9개가 골절되는 중상을 입었다. 이 부상에서 회복하는 도중 휴스는 새로운 종류의 병원 침대를 설계하기도 했다.

'휴스 플라잉 보트'라는 유명한 실패작 탓에, 한동안 휴스의 항공관련 업적이 빛을 잃은 적도 있었다. 이 비행정은 엔진이 8개 달린 수상 비행기로, 철이 부족했던 제2차 세계대전 동안 대안재인 합판으로 제작된 기종이었다. 언론에 의해 "전나무 거위"라고 명명된 이 비행기는 군 수송기로 활용할 목적으로 만들었기에 날개의 폭은 약 98미터, 선체는 3층 높이, 꼬리모두개는 8층 높이나 됐다.

미 정부는 1천 8백만 달러를 이 비행기에 쏟아부었으며, 휴스는 자신 또한 2천 3백만 달러를 투자했다고 언급했다. 그러나 이 비행기의 운행은 단 한 번에 그쳤다. 1947년 11월 2일, 조종석에 착석한 휴즈는 물 위로 약 21m 떠올라, 약 1,609m 정도밖에 비행하지 못했기 때문이다.

전쟁이 끝나기 전에 휴스는 독립 영화 제작업계로 되돌아갔다. 휴스의 작품들 중 가장 논란이 된 영화 '무법자'를 찍기 위해서였다. 이 영화의 주연은 휴스가 개인적으로 발굴한 제인 러셀이 맡았는데, 1941년부터 1942년까지 촬영된 이 서부극에 대해 미국 영화협회는 러셀의 노출 수위가 관례보다 심하다며 심의를 거부했으며 1943년, 샌프란시스코에서 공개되었을 때도 거센 항의와 검열에 휩싸이며 일시적으로 상영이 중단되기도 했다. 결국 1946년에 정식 배급된 이후에야 '무법자'는 제대로 된 평가를 받으며 휴스에게 수익과 주목을 동시에 안겨줬다.

2년 후, 휴스는 882만 5천 달러에 라디오-키스-오피움(RKO)의 지분을 사들였다. 그러나 휴스 휘하의 RKO는 적자를 면치 못했고, 많은 주주들과 잇단 소송에 휘말려야 했다. 그중 한 소송에서 휴스는 스튜디오를 "변덕, 짜증, 그리고 충동"으로 경영한다는 비난을 들어야 했다. 그럼에도 휴즈는 1954년 RKO의 유통주식을 모두 사들였지만, 1955년 중반경에는 스스로 영화에 질려버렸는지 스튜디오의 지분을 매각해 버렸다.

말년에도 휴스는 트랜스 월드 항공사를 두고 길고 긴 다툼을 벌이게 된다. 1961년에는 제트기 구매 자금을 대던 채권자들에게 경영권을 빼앗기기까지 했다. 새로운 경영진과 휴스는 서로를 고소했지만 휴스는 법정 출두를 거부했다. 그러던 1966년 4월 9일, 휴스가 자신의 트랜스 월드 항공사 지분 78%를 5억 4천 6백만 달러에 매각한다는 놀라운 소식이 들려왔다.

휴스답게도, 그는 어떤 말도 하지 않았다.

레이 크록

1902년 10월 5일~1984년 1월 14일

에릭 페이스 기자

맥도날드 햄버거 제국의 건립자이자 작은 소고기 패티 수십억 개 분량의 공급망을 교묘하고 조화롭게 구축하여 미국식 비즈니스와 식습관을 변화시킨 레이 A. 크록이 어제 샌디에이고에서 사망했다. 향년 81세. 그는 캘리포니아주 라호야에 살고 있었다.

샌디에이고 파드레스 야구팀의 구단주이기도 했던 크록은 샌디에이고에 있는 스크립스 기념 병원에서 치료 중이었으며 사인은 심장 질환이었다. 숨을 거두던 순간까지 크록은 맥도날드의 최고 회장직을 유지하고 있었다.

한때 피아노 연주자이자, 종이컵과 밀크셰이크 기계를 파는 판매원이었던 크록은 이후 햄버거와 패스트푸드 상품에 특화된 맥도날드의 드라이브인 시스템과 레스토랑 체인을 지칠 줄 모르는 열정과 탁월한 경영력으로 성장시켜, 5억 달러 이상의 가산을 벌어들였다.

크록은 치열한 패스트푸드 업계의 경쟁 속에서도, 영업의 자동화와 표준화를 일구어낸 선구자였다. 그는 빠르게 성장하는 교외 지역에 집중했으며, 이런 지역에서는 가족과 함께 맥도날드를 방문하는 것이 통과의례가 되었다.

크록이 시카고 외곽에 첫 맥도날드 매장을 연 것은 1955년이었고, 현재 맥도날드는 미국과 그 외 31개국에 7천 5백 개의 매장을 갖고 있다. 1983년에는 80억 달러 이상의 매출을 기록하기도 했으며, 매장의 4분의 3이 가맹점 영업권 소유자에 의해 운영되는 맥도날드는 매출과 매장 수로 봤을 때, 이제 명실상부 미국 최대의 요식업체로 성장한 것이다.

크록이 큰 성공을 이룰 수 있었던 것은 그가 패스트푸드 소매업에 다양한 개선점을 도입했기 때문이었다. 그는 맥도날드 가맹점 영업권을 줄 때 신중을 기했고, 대인 관계 기술이 좋은 관리자를 찾아다녔다. 또한 품질을 집요하게 강조했으며, 콩 같은 충전 재료를 햄버거에 넣지 못하도록 엄격히 금지했다.

더불어 크록은 10대 아르바이트생 인력을 혁신적으로 활용했으며, 맥도날드의 가격대를 가능한 한 낮게 유지하기 위한 부수비용 경감에 주력하는 한편, 프로 미식축구팀을 연상시키는 복합적인 팀워크를 음식 조리 과정에 적용했다.

맥도날드 운영을 통해 비즈니스계의 주요 인사가 된 크록은 1974년, 1천만 달러에 샌디에이고 파드레스 구단을 사들이면서 스포츠계에서도 영향력을 행사하게 된다. 이 열정적인 새 구단주는 거리낌이 없었다. 유명한 일화로, 1974년 시즌 중 팀이 어떤 경기를 망치자 크록은 장내 마이크를 직접 들고 구단 팬들에게 이렇게 말했다. "저도 공감합니다. 일평생 이렇게 바보 같은 경기는 본 적이 없군요."

미국의 영향력 있는 사업가들 사이에서 크록은 특이한 사례 중 하나였다. 엄청나게 성공은 했지만, 그 기회가 굉장히 늦게 찾아왔었기 때문이다. 1955년, 크록이 맥도날드의 사장이 되어 햄버거 사업에 뛰어들었을 때, 그의 나이는 50대였다. 이후 회장의 자리에 오른 것은 1968년이었으며, 최고 회장이라는 직함을 얻게 된 1977년에 이르러서 맥도날드는 37억 달러가 넘는 가치의 패스트푸드 음식을 공급하고 있었는데, 이는 필스버리 소유의 최대 경쟁사 버거킹보다 4배 정도 많은 매출이었다.

또한 1970년대 초반 월가에서 가장 각광받았던 금융상품은 단연 맥도날드의 주식이었으며, 1960년대 중반에 처음 맥도날드 주식을 매수한 투자자들의 수익률은 1973년 1월 당시 기준으로 무려 60배 이상이었다.

이후 수년 동안 크록은 계속해서 구설수에 올랐다. 1976년에 출간된 '빅맥: 맥도날드에 대한 공인되지 않은 이야기'에서 맥스 보아스와 스티브 체인은 맥도날드가 직원들에게 강제로 거짓말 탐지기 테스트를 한 바 있으며, 직원들의 팁까지 착복하고 있다고 비난했다. 맥도날드 매장의 이러한 착취 구조와 더불어 맥도날드 음식의 영양 성분도 자주 비판의 대상이 되었다. 하지만 영양학자 진 메이어는 이렇게 말한 적이 있다. "전 맥도날드의 음식에 대해 극단적으로 반응하지 않습니다. 주말 별미로 깔끔하고 빠르게 먹기에는 그만이니까요."

또한 크록은 닉슨 대통령의 재선 선거운동에 20만 달러를 제공했는데, 이에 대해 뉴저지 주 민주당 상원의원 해리슨 A. 윌리엄스 주니어는 1972년, 이 돈이 지닌 의미는 닉슨의 재선 선거운동 자금 이상이며, 그것은 맥도날드 측에 제일 중요한 사안인 10대 아르바이트생의 임금 제한에 대한 닉슨 행정부의 태도와 연관되어 있다고 주장했다.

크록은 위엄을 풍기는 인물이었다. 그의 가느다란 머리카락은 뒤로 곧게 빗어 넘겨져 있었고, 주문제작한 블레이저 상의는 흠잡을 데가 없었으며, 눈은 언제나 매장의 청결상태를 살폈다. 그가 원했던 이상적인 부하직원의 모습은 자신처럼 끝없는 창조욕구와 남들보다 뛰어나고자 하는 욕망을 가진 인물이었다.

"사업에 완전히 빠질 사람을 원합니다." 언젠가 크록이 이렇게 말했다. "만약 그의 야망이 고작 일주일에 네 번 골프를 치는 것이라거나, 진 러미(카드게임)를 할 때 판돈을 점당 0.1센트가 아닌 1센트로 올리는 것밖에 안 되는 인물이라면, 맥도날드에서는 그를 환영할 수 없습니다."

당연히도, 많은 맥도날드 임원들은 크록이 제일 좋아했던, 다음과 같은 고무적인 격언이 새겨진 두루마리를 사무실에 걸어 두어야 했다.

세상 어떤 것도 끈기를 대신할 수는 없다. 재능도 끈기를 대신할 수 없다. 재능을 갖고도 성공하지 못한 사람이 얼마나 허다한가. 천재성도 끈기를 대신할 수 없다. '보상받지 못한 천재성'이란 말은 거의 속담에 가까울 정도로 흔하다. 교육도 끈기를 대신할 수 없다. 세상은 교육받은 부랑자로 가득하다. 오직 끈기와 투지만이 전능하다.

크록은 오크 브룩에 맥도날드 본사를 두었는데 거기서 몇 킬로미터 떨어진 시카고 근교의 오크 파크라는 지역이 바로 1902년 10월 5일, 크록이 태어난 곳이었다. 무능한 부동산업자였던 그의 부친은 지금은 체코슬로바키아가 된 보헤미아 지역 출신이었다.

고등학교를 채 마치지 못한 레이 알버트 크록은 또 다른 오크 파크 출신 인물이었던 작가 어니스트 헤밍웨이처럼 제1차 세계대전에 참전하여 응급차 운전병으로 복무했다. 이후 재즈 밴드에서 피아노를 연주하는 등 여러 직업을 전전하던 크록은 릴리 튤립 컴퍼니에서는 17년 동안 자리를 잡고 일했다. 일전에 그는 1941년까지의 인생을 되돌아보며 이렇게 말했다. "저는 당시 제가 완전히 혼자라고 느꼈습니다." 이후 크록은 한 번에 5개의 밀크셰이크를 만들 수 있는 기계를 파는 독점 판매 대리인으로 일하기도 했다.

그러던 1954년, 크록은 캘리포니아주 샌버나디노에서 패스트푸드점을 운영하는 리차드 맥도날드와 모리스 맥도날드에 대한 이야기를 듣게 된다. 이들은 크록이 파는 믹서를 사용하고 있었는데, 밀크셰이크 전문가였던 크록은 "도대체 어떻게 하기에 한 번에 밀크셰이크를 40개씩 만드는지 봐야 했습니다"라고 당시를 회상했다.

"저는 맥도날드 매장으로 갔습니다." 크록은 뉴욕 타임스의 회고 인터뷰에서 이렇게 말을 이으며, 수년 동안 종이컵 및 밀크셰이크 기기 사업을 하면서 얻은 통찰력이 샘솟았다고 설명했다.

"그게 뭐였는지 아는 척은 못하겠습니다. 확실한 것은 신을 보거나 한 것은 아니었다는 겁니다." 사업구상이 떠오르던 순간을 크록은 이렇게 묘사했다. "아마 제 배경과 경험, 본능, 그리고 꿈이 합쳐지는 순간이었을 겁니다. 그게 뭐였건 간에 저는 그것을 맥도날드 매장에서 봤고, 그 순간 저는 기업가가 되었다고 생각합니다. 저는 그때 제 전부를 걸겠다고 결심했어요."

크록은 맥도날드 형제에게 그들의 매장을 본뜬 프랜차이즈 매장을 열자고 제안했다. 당시 맥도날드 햄버거의 가격은 15센트였고, 감자튀김은 10센트, 밀크셰이크는 20센트에 팔리고 있었다.

이후 사업 수익에서 단 몇 퍼센트만을 맥도날드 형제에게 지급하기로 명시한 거래를 성사시킨 크록은 1955년, 시카고 교외의 데스 플레인즈에 자신의 첫 맥도날드 매장을 개장한 지 5년 만에 매장수를 228개로 늘렸고, 1961년에는 맥도날드 형제의 주식을 모두 사들이면서 맥도날드 제국의 완벽한 주인이 된다.

1971년, 크록은 가맹점주를 선정하는 기준에 대해 다음과 같이 설명한 적이 있다. "우리는 사람 다루는 기술을 가진 사람을 찾고 있습니다. 즉, 회계사나 요리사에게 영업권을 주느니 차라리 세일즈맨에게 주겠습니다."

가맹점주 중에는 버지니아 출신의 하원의원도 있었으며, 약사와 프로 골퍼, 치과의사, 변호사, 심지어 전 노동부 차관도 있었다. 또한 맥도날드는 광고에 수억 달러를 쏟아부었다. 1978년, 동종 패스트푸드 업계의 어떤 대표는 이렇게 말했다. "맥도날드의 광고 공세로 인해 소비자들은 설령 고기 패티를 빼도 햄버거는 무조건 맛있을 거라는 인식이 생겼을 정도입니다."

말년의 크록은 일리노이 주 엘크 그로브에 설립한 '햄버거 유니버시티'에서 가맹점주들을 교육하는 데 매진했다. 이곳에서 그릴 청소 방법, 햄버거 뒤집는 방법, 패티가 다 익었는지 확인하는 방법 등을 배우면 '햄버거학 학사 및 감자튀김학 부전공' 학위를 받을 수 있었다. 강의실 곳곳에서는 다음과 같은 열띤 강연 소리가 들려오곤 했다. "가장자리가 갈색으로 변하기 시작합니다."

1956년, 크록은 한 레스토랑에서 조앤을 처음 만났다. 당시 두 사람 모두는 각자 배우자가 있는 상태였다. 크록과 조앤은 1968년에 부부가 됐고, 조앤은 결혼 후 알콜 중독자 가정을 돕는 국가 계획의 일환인 오퍼레이션 코르크의 대표로 일했다.

1979년 12월, 크록은 뇌졸중을 앓은 적도 있었다. 그의 유족에는 아내를 비롯해 남동생, 여동생, 의붓딸, 그리고 네 명의 손녀들이 있다.

스티브 잡스

1955년 2월 24일~2011년 10월 5일

존 마코프 기자

스티븐 P. 잡스가 수요일, 56세의 나이로 사망했다. 애플 사의 공동 창립자였던 그는 뛰어난 선견지명으로 개인용 컴퓨터의 시대를 열었고 음악, 영화, 그

리고 이동통신 분야에서 디지털 시대를 앞당기며 문화혁신을 주도했었다.

비보는 애플 사를 통해 공식 발표되었다. 애플 사는 잡스와 그의 고등학교 친구 스티븐 워즈니악이 1976년 캘리포니아 교외의 한 차고에서 시작한 회사였다. 잡스 가족의 한 측근은 잡스의 사인이 췌장암 합병증이었다고 밝혔다.

잡스가 이 병을 앓고 있다는 사실은 오래 전부터 대중에게 널리 알려져 있었다. 그는 치료 중에도 애플의 대표로서 업무를 계속했으며, 점점 마르고 쇠약해지면서도 트레이드마크인 청바지를 입고 나와 세계 시장에 신제품을 소개했다. 하지만 지난 8월, 그는 결국 무대에서 내려왔다.

디지털 기술을 섭렵하고 직관적인 마케팅 감각을 현실로 옮겼던 잡스는 개인용 컴퓨터 산업의 전반을 정의한 인물이자 인터넷 중심의 엔터테인먼트 사업과 디지털 소비자를 세상에 등장시킨 선구자였다. 또한 이런 뛰어난 능력으로 엄청난 재산을 모았으며, 그 가치는 83억 달러에 달한다.

잡스가 매킨토시 컴퓨터 설계 팀을 이끈 것은 애플 창립 8년 후의 일이었다. 매킨토시는 개인용 컴퓨터를 대중화시키며 사업의 돌파구가 되었으나, 당시 애플의 최고 경영자였던 존 스컬리와 사이가 틀어진 잡스는 12년 동안 회사를 떠나있게 된다. 그가 다시 복귀한 것은 1997년이었다. 이때부터 아이팟, 아이폰, 그리고 아이패드 등 혁신적인 디지털 기기를 세상에 내놓기 시작한 잡스는 뮤직 플레이어와 휴대폰 같은 상품 카테고리 뿐만 아니라, 음악 산업과 이동통신 같은 전체 산업 카테고리에서도 혁신을 불러일으켰다.

한편 애플을 떠나있었던 시기에 잡스는 조지 루카스 감독으로부터 소규모 컴퓨터 그래픽 업체를 사들여 컴퓨터 과학자, 아티스트, 애니메이터로 구성된 팀을 이끌었으며, 그렇게 픽사 애니메이션 스튜디오가 탄생했다. 픽사는 장편 컴퓨터 그래픽 애니메이션 영화를 전 세계 어린이들과 어른들이 즐길 수 있는 주류 예술 형식으로 발전시켰다.

잡스는 하드웨어 엔지니어도 소프트웨어 프로그래머도 아니었다. 스스로를 관리자라 여기지도 않았다. 그는 스스로를 "테크놀로지 리더"라 여겼고, 테크놀로지 리더가 하는 일은 가능한 최고의 인재를 발탁하고, 이들을 격려하고 자극하며, 상품 디자인을 최종 승인하는 것이었다.

이런 잡스만의 경영 방식은 처음부터 완성된 것이 아니라 점차 진화되어 무르익은 것이었다. 애플 초기의 잡스는 심한 간섭으로 동료들을 미치게 만들 지경이었고 신랄하다 못해 모욕적인 비판도 서슴지 않았다. 그런데 한편으론 이런 스타일이 점차 대단한 충성심을 이끌어내는 측면도 있었다.

잡스는 테크놀로지에 대한 이해를 통해 대중문화에 몰두했다. 실리콘 밸리의 기계공에게 입양되어 샌프란시스코 만 지역에서 유년시절을 보냈던 잡스의 세계관은 60년대의 반문화 체제를 통해 형성되었다. 1972년, 쿠퍼티노의 한 고등학교를 졸업한 잡스는 이 시기에 대해 이렇게 말한 바 있다. "그곳은 1960년대의 짙은 향취가 여전히 남아있었습니다."

1972년, 자유주의 사상의 본거지였던 오리건 주 포틀랜드의 리드 대학교를 중퇴한 뒤로 스스로 반문화 생활방식을 고수했던 잡스는 어떤 기자에게 당시 마약의 일종인 LSD(강력한 환각제)를 했던 것이 자기 인생에 있었던 가장 중요한 두세 가지 사건 중 하나였다고 말한 적도 있다.

애플이란 이름은 그의 비관습적인 자유로움을 잘 반영하고 있다. 당시 엔지니어나 그 일에 취미를 붙인 사람들은 자신이 만든 기계를 모델번호로 부르는 경향이 있었다. 하지만 잡스는 과일 이름을 선택했다. 일각에서는 그의 식습관에서 나온 명칭이라는 설도 있다.

컴퓨터가 연구소와 기업의 벽을 넘어 일반인들에게도 알려지기 시작한 1970년대에 잡스는 컴퓨터가 점점 더 개인화될 것이라고 생각했고, 수치 계산이나 과학문제, 그리고 사업 문제를 해결하는 것 이상의 일까지도 하게 되리라고 확신했다. 더불어 컴퓨터가 사회·경제적 변화를 불러일으킬 힘을 가졌다고 생각한 잡스는 금속 재료로 네모 반듯한 나무상자처럼 만들어 놓은 컴퓨터만 있었던 시절, 매끈한 플라스틱 재질의 소형 컴퓨터 애플 II를 설계하여 개인 서재와 주방에서도 사용할 수 있는 제품을 선보였다. 그가 제공하고자 했던 것은 단순한 제품이 아니라 디지털 생활양식이었던 것이다.

잡스는 "취향(taste)"이란 개념을 굉장히 신뢰했으며, 그 단어를 자주 사용하기도 했다. 잡스가 말하기를 훌륭한 상품이란 취향의 승리이며, 그 취향이란 "인간이 만들어낸 최고의 것에 스스로를 노출시키려고 할 뿐만 아니라, 그 최고의 것을 자신이 하고 있는 일 속으로 가져오려는 시도"였다.

1970년대 말에 '애플'이라는 브랜드 구축에 일조한 마케팅 이사 레지스 맥케나는 잡스의 천재성은 "비즈니스의 과잉 단계들을 벗겨내고 오직 단순하고 우아한 실체만 남을 때까지 디자인, 그리고 혁신을 계속해나가는" 능력에서 비롯된다고 말한 바 있다.

스티븐 폴 잡스는 1955년 2월 24일, 샌프란시스코에서 태어났다. 잡스의 생물학적 부모, 조앤 캐롤 쉬블과 시리아 출신의 대학원생이었던 압둘파타 잔달리는 폴과 클라라 잡스 부부에게 그를 입양 보냈다. 이후 잡스 가족은 1960년대에 샌프란시스코 반도에서 마운틴뷰로, 또 마운틴뷰에서 로스앨터스로 이사했다.

잡스는 어릴 때부터 전자공학에 흥미를 보였다. 그는 쿠퍼티노 근처에 있는 홈스테드 고등학교를 다니던 중, 워즈니악을 만났다.

둘의 관계는 1971년 '에스콰이어' 10월호에 실린 한 기사로 인해 더 가까워졌는데, 론 로젠바움이 쓴 '소형 블루 박스의 비밀'이라는 제목의 기사는 일명 폰 프리크(전화망 해커)라고 불리며 미국 전화 시스템을 불법으로 침입하는 젊은 세대들의 언더그라운드 취미 문화를 자세히 다루고 있었다.

워즈니악과 잡스는 이에 영감을 받았고, 함께 블루 박스를 만들어 팔았다. 블루 박스란, 불법으로 무료 통화를 하는 데 널리 사용되던 기기였다. 둘은 그렇게 6천 달러를 벌었다.

1972년 리드 대학교에 입학한 잡스는 한 학기를 다니고 그만두었지만 포틀랜드에 그대로 머물며 18개월 동안 청강을 했다.

학교라는 굴레를 벗어나면서 잡스는 호기심이 이끄는 대로 자신의 관심사를 좇아다니기 시작했다. 2005년 스탠포드 졸업식 연설에서 그는 이렇게 말했다. "기숙사 방이 없었기 때문에 친구

방에 들어가 바닥에서 자기도 했고, 콜라병을 회수해 5센트씩을 받으며 먹을 음식을 샀습니다. 일주일에 한 번, 매주 일요일 밤에만 제대로 된 식사를 했습니다. 그마저도 마을을 가로질러 하레 크리슈나교 신전까지 약 11km를 걸어가야 했죠. 그래도 좋았습니다. 당시 호기심과 직관에 따라 여기저기 떠돌아다니며 우연히 겪게 된 경험들이 나중에는 값진 재산이 됐습니다."

1974년, 잡스는 비디오 게임 제조사 아타리의 기술자로 취직했는데 몇 달 후 그만두고 돌연 인도로 여행을 떠났다가 그해 가을 다시 아타리로 복귀하기도 했다. 그러던 1975년, 휴렛 패커드에서 엔지니어로 일하고 있던 워즈니악과 잡스는 홈브루 컴퓨터 클럽 회의에 나가기 시작했다. 홈브루 컴퓨터 클럽은 캘리포니아 멘로파크에 있는 스탠포드 선형 가속기 센터에서 모임을 갖던 취미 동호회였다. 개인용 컴퓨터 사용은 이 스탠포드 근처 연구소에서 처음 시도됐고, 점차 바깥 세상으로 퍼져나갔다.

"그가 얼마나 열정적이었는지 또렷하게 기억납니다." 홈브루 컴퓨터 클럽의 일원이었던 컴퓨터 디자이너 리 펠센스타인은 이렇게 말했다. "그는 어디에서나 나타났고, 다른 사람들이 하는 말을 모조리 들으려는 것 같았습니다."

워즈니악은 단순히 홈브루 컴퓨터 클럽의 친구들에게 자랑하고자 오리지널 애플 I 컴퓨터를 설계했다. 하지만 그 컴퓨터가 판매용 상품이 될 수 있겠다는 영감을 받은 것은 바로 잡스였다.

1976년 초반, 잡스와 워즈니악은 자비를 모아 첫 투자금 1천 3백 달러로 애플 사를 차렸다. 이후 인텔의 전 임원 A. C. 마쿨라로부터 25만 달러를 지원받은 그들은 1977년 4월, 샌프란시스코에서 열리는 미 서부해안 컴퓨터 전시회에 애플 II를 선보였다. 반응은 즉각적이었다. 그들이 내놓은, 개별 프로그램들을 위한 맞춤화 작업이 가능한 컴퓨터가 기업 및 소비자 시장을 모두 사로잡았던 것이다.

1981년, 애플의 매출은 6억 달러로 치솟았으며 같은 해 주식 시장에 상장된 데 이어, 1983년에는 '포춘' 선정 500대 기업 목록에 오른다. 그 어떤 기업도 이렇게 빨리 500대 기업으로 선정된 적은 없었다.

그러나 1980년 5월에 공개된 애플 III는 많은 기술적 결함을 갖고 있었고, 잡스는 사무실 워크스테이션 컴퓨터인 코드명 '리사'로 초점을 옮겼다.

많은 이야깃거리를 남긴 잡스의 1979년 팔로알토 제록스 연구센터 방문이 이때쯤 있었다. 그곳에서 잡스는 현재의 데스크탑 컴퓨터 사용법의 시초가 되는 알토라는 이름의 실험적인 개인용 컴퓨터 시스템을 보게 된다. 마우스 포인트 기기로 작동되던 알토는 마치 실제 사무실 책상을 연상시키는 문서와 프로그램들을 화면상에 구현하는 그래픽 비디오 디스플레이를 채택한 최초의 컴퓨터들 중 하나였다.

"천지가 개벽하는 듯했던 순간이었습니다." 1995년에 스미스소니언 협회에서 있었던 구술사(oral history) 인터뷰에서, 잡스는 팔로알토 방문에 대해 이렇게 말했다. "알토의 그래픽 유저 인터페이스를 10분 동안 보고나서, 언젠가 모든 컴퓨터가 이렇게 작동하리란 것을 단박에 알아차렸던 기억이 납니다."

1981년, 잡스는 애플 엔지니어들이 만든 작은 사내 모임에 합류했다. '매킨토시'라는 이름의 저비용 시스템을 만들기 위한 개별 프로젝트를 진행하는 모임이었다. 이 시스템은 1984년 1월에 발표된 후, 슈퍼볼 TV 중계방송의 60초 광고를 통해 대대적으로 홍보되기 시작했는데, 리들리 스콧이 감독한 이 광고는 당시 PC 생산업계를 주도하던 IBM을 조지 오웰의 소설 속 빅 브라더로 묘사하고 있었다.

광고를 내보내기 1년 전, 잡스는 펩시콜라의 최고 경영자였던 스컬리를 설득해 애플의 C.E.O.로 영입했다. 이후 스컬리는 잡스를 도와 업그레이드 된 애플 II와 리사, 그리고 매킨토시 데스크탑 등 다수의 신제품들을 선보였으며, 이런 과정 속에서 잡스는 마우스 포인팅 기기를 기반으로 하는 그래픽 유저 인터페이스를 대중화하여 결국 컴퓨터 제어방식의 표준으로 만든다.

하지만 리사가 상업적으로 실패하고 매킨토시의 초기 모델들이 예상보다 부진한 판매실적을 보이자, 스컬리와 잡스의 사이는 멀어졌다. 권력 싸움도 뒤따랐다. 그리고 1985년, 애플은 떠난 것은 잡스였다.

그해 9월, 잡스는 넥스트 사를 세우며 새로운 모험을 선언했다. 목표는 고등 교육 시장을 대상으로 한 워크스테이션 컴퓨터를 만드는 것이었다. 넥스트는 비록 컴퓨터 업계의 핵심 주자가 되지는 못했지만, 굉장히 의미심장한 영향을 남기게 된다. 1990년, 젊은 프로그래머 팀 버너스-리가 넥스트의 기기를 사용해 월드 와이드 웹의 최초 버전을 개발했던 것이다.

한편 잡스는 1986년, 영화제작자 조지 루카스의 그래픽 슈퍼컴퓨터 회사, 픽사를 1천만 달러에 인수한다. 잡스가 픽사를 얻기 전, 이 회사는 여러 모로 고전하던 상황이었다.

당시에는 컴퓨터 애니메이션 영화시장이 거의 형성되어 있지 않았다. 하지만 1995년, 픽사와 월트 디즈니 픽처스가 '토이 스토리'를 개봉하면서 상황은 뒤바뀌었다. '토이 스토리'의 최종 흥행수익은 3억 6천 2백만 달러에 다다랐으며, 픽사의 주식이 기록적인 공모가에 상장됐을 때, 잡스는 억만장자가 된다. 또한 2006년, 월트 디즈니 사는 74억 달러에 픽사를 매입하기로 합의했는데, 잡스는 이 거래로 디즈니의 지분 약 7%를 받으며 최대 단일 주주가 된다.

잡스의 유가족으로는 그의 아내 로렌 파웰과 소설가인 여동생 모나 심슨이 있고, 아내가 낳은 두 딸과 아들 하나, 크리산 브레넌과의 관계에서 생긴 또 다른 딸 한 명, 그리고 또 다른 여동생이 있다.

1996년, 길버트 아멜리오의 지휘 아래 다음 세대 운영 체제를 개발하고 있던 애플은 연달아 실패를 맛보고 있었다. 결국 4억 3천만 달러에 넥스트 사를 인수한 애플은 이듬해 고문 자격으로 잡스의 복귀를 맞이하게 된다. 그리고 2000년, 최고 경영자 자리에 오르며 다시 애플을 지배하게 된 잡스는 가전산업을 재편하기 위한 작업에 착수한다. 그는 우선 디지털 음악 사업 진출을 선언하며 아이튠즈와 아이팟 MP3 플레이어를 세상에 공개했으며, 이후 빠르게 성장한 디지털 음악 사업은 2008년 6월에 이르러 회사 전체 수익의 거의 50%를 차지하게 된다.

또한 2005년부로 IBM과 모토로라와의 사업관계를 끝낸 잡스는 인텔 마이크로프로세서를 기반으로 한 매킨토시 컴퓨터를 제작하겠다고 발표했으며, 2007년 6월부터는 아이폰을 판매하기 시작했다. 아이폰은 2008년에는 1,160만 대, 2010년 말까지는 거의 9천만 대가 팔려나갔다.

잡스의 병이 심각하다는 사실이 알려지면서 새삼 그의 천재성이 회자되는 일이 많아졌다. 그에게 좌우명이 있었다면, 1960년대의 대항문화를 대변하던 '지구 백과(The Whole Earth Catalog)'라는 잡지의 표어였을 것이다. 잡스는 이 잡지가 젊은 시절 자신에게 깊은 영향을 끼쳤다고 말한 바 있다. 또한 그는 2005년 스탠포드 졸업식 연설에서도 이 잡지의 말미에 나오는 문구를 언급했다. "계속 갈망하라, 늘 우직하게." 그리고 잡스는 이렇게 덧붙였다. "저는 제가 그럴 수 있기를 늘 바라왔습니다."

≪스티브 로어가 이 부고에 도움을 줬음을 밝힌다.≫

man of the Leislerian party; John Roosevelt, Cornelius C. Roosevelt, and James Roosevelt also served as Aldermen, and James J. Roosevelt was in turn Alderman, Assemblyman, Congressman and Supreme Court Justice.

But although his name is Dutch, in his veins were mingled Irish, Scotch and Huguenot blood; and his mother was a Southerner. She was Martha Bulloch, daughter of James Stevens Bulloch, a major in Chatham's battalion, and a granddaughter of General Daniel Stewart of Revolutionary fame. His father, Theodore Roosevelt, Sr., organized a number of New York regiments in the civil war and was one of the leaders in organizing the Sanitary Commission and other work for the soldiers. He was a practical philanthropist and the works he accomplished for the poor were legion. When he died in 1878 flags flew at half mast all over the city and rich and poor followed him to the grave.

The second Theodore Roosevelt was born in this city Oct. 27, 1858. He was graduated from Harvard in 1880, and after a year spent in travel and study in Europe he plunged at once into that field of activity which he never afterward forsook—politics. He was an officeholder almost continuously from 1882 until he retired from the Presidency in 1909. The only intermission came during his life as a rancher after he retired from the Legislature.

As a boy he was puny and sickly; but with that indomitable determination which characterized him in every act of his life, he entered upon the task of transforming his feeble body not merely into a strong one, but into one of the strongest. How well he succeeded everybody knows. This physical feebleness bred in him nervousness and self-distrust, and in the same indomitable way he set himself to change his character as he changed his body and to make himself a man of self-confidence and courage. He has told the story himself in his autobiography:

"When a boy I read a passage in one of Marryat's books which always impressed me. In this passage the captain of some small British man-of-war is explaining to the hero how to acquire the quality of fearlessness. He says that at the outset almost every man is frightened when he goes into action, but that the course to follow is for the man to keep such a grip on himself that he can act just as if he was not frightened. After this is kept up long enough it changes from pretense to reality, and the man does in very fact become fearless by sheer dint of practicing fearlessness when he does not feel it. (I am using my own language, not Marryat's.)

honeycombed with petty jealousies and favoritism and blackmail, that the board could never ascertain the truth about what the men were doing. Roosevelt smiled and said: "Well, we will see about that," and see about it he did literally, for he personally sought the patrolmen on their beats at unexpected hours of the night, interviewed them as to their duties, and whenever one was found derelict he was promptly reprimanded or dismissed. The plan had a sudden and wholesome effect, for no roundsman, no sergeant, or police captain knew at what hour the Commissioner might turn up and catch him napping.

When he went into the Police Board and insisted on enforcing the excise laws literally, Chief Byrnes said, "It will break him. He will have to yield in time. He is only human."

At the height of his unpopularity a monster parade was organized to show New York's disgust with his policy. It paraded with such signs as "Send the Police Czar to Russia." A perfunctory invitation, or, perhaps, a sarcastic one, had been sent to him, and to everybody's astonishment he arrived early and took his seat on the reviewing stand.

Among the foremost of the paraders was a German, who looked back with pride on the great host behind him. Waving his hand, he shouted in a stentorian voice:

"Nun, wo ist der Roosevelt?" ("Where is Roosevelt now?")

A beaming face with a bulldog grin looked down from the stand.

"Hier bin ich. Was willst du, kamarad?" ("Here I am. What do you want, comrade?")

The German stopped, paralyzed with astonishment. Then an answering grin overspread his own face.

"Hurrah for Roosevelt!" he shouted. His followers took up the cry, and those who came to scoff remained to cheer.

In April, 1897, through the influence of his old friend, Senator Lodge, he was appointed Assistant Secretary of the Navy. He became convinced that war with Spain was inevitable and promptly proceeded to make provision for it. For command of the Asiatic Fleet certain politicans were pushing an officer of the respectable, commonplace type. Roosevelt determined to get the appointment for Commodore Dewey, who was this officer's junior, and who had no political backing, but whose career Roosevelt had been watching. He enlisted the services of Senator Redfield Proctor, whom he knew to be close to the President, checkmated the politicians and secured the appointment which resulted in so much glory for the American Navy.

Mr. Roosevelt also set about at once to secure a better equipment for the navy, and to him belongs credit for the drill of officers and men in target practice, the results of which were soon after made manifest. Soon after he became Assistant Secretary he asked for the sum of $800,000 for "practical target" shooting. That was considered a pretty large sum, and only a few months later he asked for $800,000 more. He was asked what had become of the first appropriation and replied that it

eroplane builder, died of typhoid fever at :15 A. M. to-day. Wright had been lingerng for many days and though his condiion from time to time gave some hopes o members of his family, the attending hysicians, Drs. D. B. Conklin and Levi Spitler, maintained throughout the latter art of his sickness that he could not ecover.

When the patient succumbed to the ourning fever that had been racking his ody for days and nights, he was surounded by the members of his family, which included his aged father, Bishop Milton Wright, Miss Catherine Wright, Drville, the co-inventor of the aeroplane; Reuchlin Wright and Lorin Wright. All of the family reside in this city, except Reuchlin, who lives in Kansas.

The most alarming symptoms in Wright's sickness developed yesterday, shortly before noon, when his fever suddenly mounted from 104 up to 106 and then quickly subsided to its former stage. At this juncture of the crisis, the patient was seized with chills and the attending physicians were baffled by the turn of events.

The condition of the aviator remained unchanged throughout the rest of the day, and there was no improvement until last midnight. Then Wright began to show an improvement and the watchers at his bedside were reassured, but soon after midnight the patient suddenly became worse and Dr. D. B. Conklin was called. The doctor arrived at 3:25 and learned that Wright had breathed his last a few minutes before.

Wilbur Wright was seized with typhoid on May 4 while on a business trip in the East. On that day he returned to Dayton from Boston and consulted Dr. Conklin, the family physician. He took to his bed almost immediately, and it was sev-

country
In 19
Wrights
a deaf
Governm
their e
sion, r
syndica
gate th
machine
were b
end of

K

Kathe
her sav
nished
aeropla
men, w
first m
and ask
patent
ises as
make t
Meant
France
meant
Fair, t
Among
the W
showed
that a
describe
which
in the
were w
The le
pose, b
trous t
to cont
to a te
the offi
they w
greates
thers o
men ha

GROUNDBREAKERS

과학·의학·발명·탐험

새로운 경지를 연 사람들

토마스 갤러데트

1787년 12월 10일~1851년 9월 10일

매스컴들은 이미 전국 각지의 여러 저명한 신사들의 부고를 발표했다. 명예로운 레비 우드버리와 신학박사 스티븐 올린 목사에 관한 추가 소식도 이미 전해졌다. 그러나 적절한 부고기사가 아직 작성되지 않은 한두 명의 고인들이 있다.

그중 한 명은 미국 청각장애인 교육의 선구자로 잘 알려진 법학박사 토마스 H. 갤러데트 목사일 것이다. 그는 이달 10일, 수요일에 하트포드의 자택에서 64세를 일기로 사망했다.

갤러데트는 젊은 시절부터 청각장애의 원인에 대해 관심을 갖게 되었는데, 그런 관심은 자신의 미래 계획을 결정하게 만든 우연한 계기로 시작되었다. 1807년 가을, 당시 하트포드 시에 거주하던 메이슨 F. 콕스웰의 자녀들 중 한 명이 고열로 인해 청각장애를 갖게 되었다. 재능, 학력, 그리고 박애정신을 겸비한 젊은이였던 갤러데트는 이 안타까운 아이의 사건에 관심을 갖고, 호전시키고자하는 열망으로 아이와 대화를 나누며 교습을 시도했다.

그의 노력은 일부 성공을 거두었고, 콕스웰 박사의 독려로 갤러데트는 유럽행을 결심하게 된다. 청각장애인 교육자 자격을 얻기 위해서였다. 당시 하트포드에 거주하는 7명의 신사가 비용부담을 위한 기금을 마련했으며 1815년 5월 25일, 갤러데트는 드디어 유럽으로 항해를 시작한다.

그러는 동안 이 프로젝트의 후원자들은 코네티컷 의회로부터 법인 설립안을 승인받기 위한 작업에 나섰고 1816년 5월, 마침내 법안이 통과된다. 그리고 1819년 5월, 코네티컷 의회는 미국에 세워진 이 최초의 청각장애인 시설을 '미국 청각장애인 교육·지도를 위한 하트포드 자선학교'라고 명명했다.

아베 시샤르 등 유명한 선생님들 밑에서 수개월간 성실하게 공부한 갤러데트는 1816년 8월 미국으로 돌아왔다. 파리 학교의 청각장애 교수이자 유럽에서 아베의 수제자로 잘 알려진 로랑 끌레르와 함께였다. 끌레르는 현재 하트포드 자선학교에서 여전히 교육자로 재직하면서 노익장을 발휘하고 있다.

하트포드 자선학교는 1817년 4월 15일 처음 문을 열었으며, 개교 첫 주에 7명의 학생을 받기 시작하여 이제는 연평균 220명의 학생이 수학하고 있다. 갤러데트는 이 학교의 초대 교장이 되어, 1830년 4월 사임할 때까지 교장직을 역임했으며 이후에는 하트포드의 정신병동에서 목사로 일했다.

갤러데트가 불러일으킨 청각장애인 교육에 대한 관심은 수그러들지 않았으며, 우리의 안타까운 이웃들과 수많은 헌신적인 지지자들이 그에 대한 기억을 따뜻하게 간직할 것이다. 갤러데트의 지휘 아래 심어지고, 그의 돌봄으로 길러진 나무는 좋은 결실을 맺고 있다.

*이 공식 부고는 '더 타임스'에서 처음 발행되었다.

새뮤얼 F. B. 모스

1791년 4월 27일~1872년 4월 2일

전날 새벽부터 건강상태가 급격하게 악화되었던 새뮤얼 모스 교수가 어제 저녁 8시, 마지막 숨을 거두었다. 향년 80세. 예상된 바였으나, 그의 명성을 익히 들은 수많은 사람들은 이 특별한 인사의 죽음을 안타깝게 받아들일 것이다.

우리가 부고 기사를 작성한 인물들 중에서 모스 교수만큼 모든 산업분야가 큰 빚을 지고 있는 인물은 없었다. 그가 인류에게 가져온 혜택은 매우 보편적이었으므로 그의 명예는 국가적 혹은 지역적 편견도 없으며, 그의 사망을 애도하는 마음 또한 전 세계가 한결같을 것이다,

모스 교수는 1791년 4월 27일, 매사추세츠 주 찰스타운에서 태어났다. 부친 제디다이어 I. 모스 박사는 저명한 조합교회 목사였다. 어린 나이에 예일대학에서 수학한 새뮤얼은 1810년 학교를 졸업한 뒤, 예술을 향한 자신의 열정을 좇아 화가가 되기로 결심한다. 이듬해, 당대 유럽의 선도적 아티스트였던 벤자민 웨스트의 제자가 되기 위해 워싱턴 앨스턴과 함께 잉글랜드로 향한 그는 유학 2년 만에 많은 진전을 이루었고 '죽어가는 헤라클레스'라는 제목의 동상 작품으로 아델파이 협회가 수여하는 금메달을 수상하기도 했다.

1815년 미국으로 돌아와 화가로 살아가던 모스는 몇 점의 초상화를 그리기 위해 찾아간 뉴햄프셔 콩코드에서 루크리셔 워커를 알게 되었고 곧 그녀와 결혼했다.

1825년, 그는 콩코드의 여러 예술가들과 함께 예술협회를 조직했는데 그로부터 1년 후, 이 협회는 전미 예술아카데미로 재편되어 아직까지도 그 명성을 잇고 있다. 그러던 1829년, 그림 공부를 더 하고자 다시 유럽으로 향한 모스는 3년 동안 기교적인 측면에서 상당한 수준으로 실력을 향상시켰다.

이 유럽 체류 기간 중 뉴욕시립대학의 디자인예술학부 교수로 임용된 모스는 귀국길에 올랐고, 바로 그때 그의 명성을 드높이게 될 어떤 발상이 떠오르게 된다. 모스는 대학시절부터 화학 공부에 많은 시간을 보냈으며, 이후에도 전기와 전자기적 현상에 대한 관심을 놓치 않았었다. 낡은 정기선 설리호를 타고 아브르에서 뉴욕으로 오는 여정 동안, 우연히 대화의 주제가 당시 프

랑스에서 발표된 전기와 자성의 상관관계에 대한 연구로 넘어갔으며, 다른 승객들과 얘기를 나누던 모스는 어느 날 이 화학적 관계가 실제로 유용하게 쓰일 수도 있겠다는 생각이 들었다. 이 위대한 발명가에게도 그러한 목적 달성을 위한 적절한 방법이 어떻게 떠올랐는지 말로 표현하는 것은 불가능했을 것이다. 당시 그가 전신기의 아이디어뿐만 아니라 전자기 및 화학적 기록 전신기를 오늘날 존재하는 형태로 생각해낸 것은, 쉽게 짐작할 수 있듯이 거의 초인적인 것이었다.

고향으로 돌아온 후, 모스는 이 주제에 대한 실험을 하는 데 많은 시간을 할애했다. 처음에는 적절한 기기들을 얻는 데 큰 어려움을 겪었으나, 1835년 그는 드디어 약 80m 떨어진 회로의 한쪽 단말기에서 신호를 보낼 수 있는 장치를 만들어내는 데 성공한다. 안타깝게도 이 장치의 다른 쪽 단말기는 제대로 응답 기능을 하지 못했지만, 2년 동안의 지속적인 연구는 이러한 어려움을 극복하기에 충분했으며, 모스는 곧 이 발명품을 세상에 선보일 준비에 들어갔다.

전시는 1837년 가을에 열렸다. 와이어가 워싱턴 광장 건너편의 대학 건물 지붕에 설치되었고 현장을 방문한 수백 명의 사람들 모두가 아낌없는 놀라움을 표현했다.

그해 겨울, 모스 교수는 자신의 발명을 지속해 나가기 위한 재정적 지원의 필요성을 의회에 촉구하기 위해 워싱턴으로 갔다. 그러나 의원들의 눈에는 모스의 발명품이 너무 비현실적으로 보였으며, 호의적인 보고서를 작성해달라는 모스의 설득에도 의회 위원회는 별 반응을 보이지 않았다. 결국 그는 아무런 성과도 없이 뉴욕으로 돌아와야 했다.

1838년 봄, 그는 국내보다는 외국에서 더 인정받을 수 있기를 희망하며 유럽으로 향한다. 그러나 이는 실수였다. 4년 동안 체류하면서 프랑스에서 발명 특허를 얻은 것 외에, 다른 국가들로부터는 아무런 지원이나 보증을 받지 못한 채 또 다시 뉴욕으로 돌아와야만 했기 때문이다.

열정이 덜한 사람이었다면 그렇게 많은 퇴짜에 포기했을 테지만, 전신기의 가늠할 수 없는 가치를 굳게 믿었던 모스 교수는 워싱턴에서 또 다른 시도를 멈추지 않았다. 그러던 어느 날, 의회 회기 마지막 날까지 의회의 인정을 받을 가능성이 희박해지자 완전히 지치고 싫증이 난 채로 잠자리에 들어버렸던 모스는 다음날 아침, 관련 법안이 자정이 되기 몇 분 전에 상정되어 심의되었으며 볼티모어와 워싱턴 간의 실험을 위해 3만 달러를 지원받게 되었다는 소식을 듣게 된다.

이듬해 모스의 실험은 완결되었고, 결과는 완벽한 성공이었다. 그때부터 지금까지 전신의 수요는 계속해서 증가하고 있으며, 전 세계 문명국으로 확산되어 사회의 안녕을 위한 필수적인 요소가 되었다.

모스 교수는 두 번 결혼했으며, 그의 사생활은 매우 행복했다. 그는 퍼킵시의 허드슨강 기슭에 있는 쾌적한 시골집에서 위안을 주고 취향을 충족시키는 것들에 둘러싸여 여름을 보냈고, 겨울에는 보통 뉴욕에서 지냈다. 한편, 관련 질문을 검토해 본 일부 언론보도에 따르면 유럽으로 이어지는 해저 케이블에 대한 아이디어는 모스 교수의 머리에서 처음 나왔다고 한다. 이 아이디어가 전신기와 아예 관련이 없다면 모를까 모스 교수의 저작권은 부정할 수 없을 것이다.

찰스 다윈

1809년 2월 12일~1882년 4월 19일

지난 수요일, 찰스 로버트 다윈이 오핑턴 근처의 자택 다운 하우스에서 사망했다. 이 저명한 동식물학자가 정립하고 가르친 물리적 이론을 아예 들어본 적도 없는 사람은 거의 없을 것이기에, 그의 연구에 대한 지식수준과 상관없이 누구나 그의 부고를 그냥 지나칠 수는 없을 것이다.

다윈의 저서는 많이 읽히기도 했지만, 대중들 사이에서 유난히 많이 회자되기도 했다. 1859년 '종의 기원'의 출간 이후, 특히 '인간의 유래'가 세상에 나온 이후 11년 동안, 다윈은 세계에서 가장 널리 알려진 사상가로 인식되어 왔다. 그가 세웠던 이론들은 철학자들이나 식자들만의 전유물로 오래 남아있을 성격의 것이 아니었다. 다윈의 이론은 발표된 즉시 대중에게 읽히고 사고에 영향을 주었으며 마침내 약간의 암시만으로도 누구나 지체없이 '다위니즘'임을 알아챌 수 있는 정도가 되었다.

이는 모든 국가의 성직자들이 진화론에 정통하게 됐다거나, 서로에게 원숭이 혈통이라고 놀리는 어린 여학생들이 종의 분류에 관한 다윈의 복잡한 이론을 따르게 됐다는 것을 의미하지는 않는다. 목사들은 진화론이 끔찍한 이단이라는 것을 알고 있었고, 학생들은 인류가 유인원에서 진화되었다면, 자신들이 아담의 자손일 수 없다는 것을 직관적으로 이해하고 있었다. 이전에는 그러한 생각을 할 수조차 없었던 이 세상이 다윈의 새로운 아이디어로 인해 크게 한방 얻어맞았던 것이다.

회의론자, 무신론자, 그리고 자연신교도 등은 이전에도 존재했었으나, 소위 과학적 불신이라고 불리는 태도는 바로 찰스 다윈의 연구에서 비롯되었으며, 그의 학문적 뼈대 또한 다른 과학자들에 의해 점점 확장되고 탄탄해졌으므로, 다윈에게 신기원을 이룩한 사람이라는 평가를 내리는 것이 마땅할 것이다.

다윈의 자질과 타고난 명석함은 집안 내력이었다. 부친과 조부 모두 동식물학자였으며, 특히 조부 에라스무스 다윈이 그의 아들 R. W. 다윈 박사보다 훨씬 유명하고 생산적인 사람이었다. 대신 저명한 식물학자였던 다윈의 부친은 '식물원'이라는 주목할 만한 시의 지자로 가장 잘 알려져 있으며, 이 시는 시적 감성은 결여되어 있지만 저자가 린네의 식물 분류법에 정통하다는 것을 잘 보여주고 있다.

찰스 로버트 다윈은 1809년 2월 12일, 잉글랜드의 쉬루즈버리에서 태어났다. 그는 16세에 에딘버러 대학에 입학해 2년 동안 수학했으며 1831년, 캠브리지의 크라이스트 대학에서 학사 학위를 받았다. 그리고 같은 해 12월, 비글호 과학 탐험대의 일원이 된 다윈은 이후 5년간 전 세계 각지를 다니며 연구조사에 몰두하게 된다.

다윈은 특히 남아메리카에서 이뤄진 연구를 통해, 이후 자신의 이론을 발전시키는 데 필요한 자료와 방법론에서 실질적인 성과를 거두었으며 1836년, 원정에서 돌아온 후에는 그동안 방문했던 국가들의 지질학과 자연사에 관한 '연구저널'을 준비하기 시작했다. 1844년에서 1859년까지 다윈의 공식적인 활동은 대부분 짤막한 논문을 학술지에 기고하거나 학회에서 발표하는 것에 그쳤지만, 이 긴 기간 동안 다윈이 진짜 열정적으로 몰두했던 일은 체계적인 연구 패턴을 통해 동·식물 및 광물의 형태와 특성을 조사하면서 진화론에 적용될 방대한 분량의 사실과 현상 기록을 축적하는 것이었다.

1859년 발간된 다윈의 저서 '자연도태법에 의한 종의 기원에 관해서, 혹은 생존경쟁에 유리한 종의 보존'은 마침내 그가 가설의 바다를 건너 확고한 과학적 주장의 육지에 도달했음을 동료들에게 알리고, 생물학적 주제에 관한 세상의 관점이 개정되거나 더 공고해져야 한다는 점을 선언한 것이었다. 1871년에는 그의 저서 중 가장 잘 알려진 '인간의 유래와 성도태'가 2권으로 발간되었으며, 이후 수년 동안 6권의 책들이 더 발간되었다. 이 책들은 저자의 이름을 딴 이론의 발전에 있어서 모두 빠짐없이 중요한 위치를 차지하지만 다윈의 명성은 주로 '종의 기원'과 '인간의 유래'에 기반하고 있다.

다윈은 그의 위대한 업적을 매우 겸손하게 활용했다. 우주의 이론을 구축하지도, 진화 전체를 다루지도 않았던 다윈은, 다만 다른 이들이 생물의 원형을 찾아 수렁 속을 헤매게 만들고, 진화의 법칙을 사회·정치적 현상으로 확대하도록 하는 데 만족했다. 그러나 고등유기체가 어떻게 하등의 유기체로부터 진화했는지 스스로 밝혀내고자 했던 다윈은 현존하는 생물부터 시작해 최고 단계인 인간으로 이어지는 유기체를 추적하는 연구는 멈추지 않았다. 한편, 허버트 스펜서는 반대파들이 도그마라고 비난하고 있는 다윈의 '자연도태' 이

론을 '생존경쟁'으로부터 불가피하게 도출되는 '적자생존'이라고 칭했으며, 열성과 우성의 존재는 필연적인 법칙이자 자연의 실상이므로, 우성이 승리와 열성의 곤경을 받아들여야 한다고 주장했다.

이 법칙은 파멸을 수반하지만, 실상은 보존과 다름없다. 만일 모든 식물과 동물이 유사하고 동등하게 우호적인 조건에서 자유롭게 생식하게 된다면, 만일 모두가 동일하게 강하고 필요한 물질을 얻기 위해 잘 준비된 채로 세상에 나온다면, 지구는 곧 하나의 종을 수용하기 위한 공간도 부족할 것이다. 물질적 제약과 생식력은 갈등이 발생하는 경계이다. 이 경쟁에서 다수가 죽고 소수만이 살아남는다. 그러나 생존자들은 우연에 기대지 않는다. 생존자들은 환경에 적응함으로써 좀 더 불우한 조건을 가진 존재들을 덮친 운명으로부터 빠져나갔다. 예를 들어, 먹이를 찾아 먼 들판을 쏘다니고, 적을 피하기 위해 더 기민하고 민첩하게 움직이며, 겨울에 먹을 견과를 저장하는 습성을 갖는 다람쥐의 다양성이 이러한 자질을 갖추지 못한 종보다 자연스럽게 더 나은 생존 확률을 갖게 되는 것이다.

그러나 다윈은 주어진 상황과 환경 속에서 '자연도태'가 특별한 적합성을 창조하기도 한다는 것 또한 발견했다. 즉 다윈은 기후, 토양, 식량공급 등의 조건들이 종의 다양화를 이끄는 과정을 추적했는데, 이를테면 표면의 작은 털을 생산하는 데 필요한 영양분이 풍부한 흙에서 자란 특정한 엉겅퀴의 씨앗은 다른 엉겅퀴의 씨앗보다 더 긴 솜털 날개로 생육하기 좋은 더 먼 장소로 퍼져나가고, 결과적으로 그곳에서 생식을 통해 그들이 존재할 수 있게 해준 변화를 더욱 두드러지게 한다. 또한 알맹이를 보호하기 위해 두꺼운 보호막을 발달시키는 씨앗, 혹은 견과는 이로 인해 새나 여타 동물들로부터 보호받으며, 싹을 틔워 다시 단단한 껍질을 가진 씨앗을 생산하는 과정이 계속된다.

더불어 주변 환경에 고도로 특화된 적응력을 발전시키지 못한 개체들은 원래 종에서 떨어져 나오게 된다. 이후 기능, 혹은 구조의 극소한 변이가 많은 세대에 거쳐 반복되고, 보다 뚜렷해지면서 결국 하나의 품종, 혹은 부모 개체와 완전 다른 변종이 생산되는 결과가 나타나는 것이다.

다윈은 결코 진화론의 발견자가 아니었다. 진화론은 적어도 아리스토텔레스만큼이나 오래된 것이었다. 아리스토텔레스는 개체들의 재생산이 단지 여러 가지 유형의 기관들로 성체를 복제하는 동시발생적인 창조가 아니라, 후천적으로 점차 분화되는 것이라고 추정했다. 이는 생성과 성장의 연속적 활동을 통해 원시 생물체나 세포가 추가적인 부산물을 얻을 수 있다는 것을 이미 알고 있었음을 의미하며, 다른 철학자들 또한 이 이론을 어느 정도 수용하거나 차용했다. 그러나 다윈의 연구 전까지 이 이론이 탄탄한 사실에 기반하거나 과학적인 차원에서 적용된 적은 없었다.

다윈이 설정한 한계 안에서 그의 명예에 버금가는 다른 경쟁자는 없었으며, 온 과학계가 그를 추종했다. 사망 특보에 따르면, 다윈은 심장병을 앓으면서도 마지막 순간까지 연구를 계속했다고 한다. 다윈은 가슴 통증과 현기증 및 구토 증상으로 지난 화요일 밤 병원에 입원했었다. 구토는 수요일까지도 계속되었고 결국 그는 오후에 사망했다. 다윈은 사망하기 15분 전까지도 의식이 온전했다.

루이 파스퇴르

1822년 12월 27일~1895년 9월 28일

파리—저명한 화학자이자 광견병 치료를 위한 일명 파스퇴르 예방접종을 개발한 루이 파스퇴르 교수가 사망했다.

루이 파스퇴르는 그가 활약했던 당시뿐만 아니라 현재 이 순간까지도 탁월한 인재로 기억되고 있다. 그와 그의 제자가 되었던 젊은 의사들의 이름은 과학적 진보와 동의어라고 할 수 있을 만큼 큰 의미를 갖고 있다. 하물며 이를 받아들이지 않으려는 극히 보수적인 의료인들조차도, 그들의 끊임없는 연구와 노력에 대해서는 찬사를 보낸다.

파스퇴르는 과학을 절대적으로 신뢰했으며, 우리에게 더 나은 미래를 선사할 수 있다고 믿었던 것들에 대한 연구를 멈추지 않았다. 인생의 황혼기에 그를 극도로 고통스럽게 했던 비평이 멈췄을 때에도, 그를 존중하는 사람들로부터 각별한 대우를 받을 때도, 그리고 부분적인 마비로 인해 한쪽 몸을 쓸 수 없게 되었을 때에도 파스퇴르는 매일 실험실을 지켰다. 또한 잘 익은 밀 한 다발처럼 고개가 굽었던 그는 통증으로 발을 끌며 걸었지만 언제나 점호에 답하는 훈련병과 같이 정확하게 시간을 지켰다.

근대적인 모든 비수술 원칙들을 발견한 세균학의 권위자로서 그의 이름은 미생물학 연구의 모든 단계에서 분리될 수 없다. 하지만 그가 미친 영향력은 이보다 더 심오했다.

파스퇴르는 병의 예방 및 치료에서 더 나은 방법들과 생명과학의 막대한 경제성을 세상에 보여줬으며, 매력적이긴 하지만 잘못된 학문적 양상으로 귀결되던 가설들을 반증하고, 무수한 유기체들의 숨겨진 기능들을 밝혀냈으며, 진화를 뒷받침하는 증거의 연결고리 또한 제공했다.

카펜터 박사는 1881년에 열린 런던 의학 학술대회를 언급하며 파스퇴르에 관해 다음과 같이 말했다. "위대한 의사도, 수술의도 아니며, 심지어 생리학자도 아니지만, 화학자로서 당대의 어느 석학보다도 의학에 많은 업적을 남긴 이 조용한 프랑스인보다 더 널리, 또는 더 따뜻하게 환영받는 사람은 없었습니다."

파스퇴르의 연구 업적을 몇 가지 들어보자면 우선 그는 발효를 공기가 필요 없는 생명체라고 주장했던 선배 석학들에 반발하며, 순수한 포도즙을 추출한 후 불순한 공기와 접촉시키지 않으면 발효가 되지 않는다는 사실, 그리고 포도의 효모가 포도의 겉면과 포도나무 가지에 붙어있는 사카로미세스 입자의 발아를 위한 것임을 증명했다.

또한 1885년 1억 3천만 프랑의 수익을 냈던 프랑스의 양잠산업이 12년 후 누에에 생긴 이름 모를 병으로 인해 수익이 8백만 프랑까지 떨어지자, 화학자 뒤마는 한 번도 누에를 다뤄보지 않았던 파스퇴르에게 연구를 의뢰했고, 파스퇴르는 누에역병을 일으키는 독립적인 미립자가 누에의 모든 변이 단계에서 존재한다는 것을 발견했다. 즉, 이 미립자들이 알에 존재하는 경우, 이 벌레의 일생 동안 모든 주기적 변태 단계에서 다시 나타난다는 것을 증명했던 것이다. 하지만 이 미립자들은 나방이 된 상태에서만 쉽게 발견되었으므로 파스퇴르는 양잠업계에 건강한 나방 선별법을 제안했다. 이후 다른 연구자들과 함께 실험을 이어나간 파스퇴르는 자신의 제안을 증명했고, 결과를 예측했으며, 결국 양잠산업을 회복시켰다.

한편, 파스퇴르의 연구에 영감을 받은 리스터는 락트산 발효 속에서 파스퇴르가 말한 공기의 영향을 확인한 뒤, 자신이 연구하고 있던 분야에서 발효와 부패 모두에 작용하는 다른 원인들까지 입증했다. 이런 리스터의 연구는 실제로 상처의 완벽한 살균드레싱을 위해 적용되고 있다.

이렇게 누에의 미립자병을 억제하고, 포도농장의 포도나무를 보존했으며, 성공적으로 우두(소) 예방접종을 하고, 리스터에게 새로운 수술 시스템을 제공한 파스퇴르는 이후 광견병, 혹은 공수병 예방 백신 바이러스도 발견하게 된다.

미국에서는 공수병이 흔하지 않았지만 유럽에서는, 특히 러시아에서는 치명적인 병원이었다. 파스퇴르는 광견병에 걸린 동물의 뇌물질과 골수를 실험체의 피하에 주사하면 광견병이 유발된다는 것과, 이 실험의 잠복기가 광견병에 걸린 개에게 직접 물렸을 때의 잠복기와 유사하다는 것을 증명한 뒤, 이 병의 잠복기를 일정 시간 안으로 줄일 수 있다는 가설을 세우고 이에 대한 모든 반대 의견에 답을 하고 나서야, 드디어 대대적인 광견병 치료에 나서기 시작했다.

파스퇴르의 완벽주의에 관해 한 저자는 이렇게 말했다.

"실험을 수행할 때나 실험에 기초한 추론을 할 때, 파스퇴르의 조심성은 가혹한 질문들로 좋은 실험인지 나쁜 실험인지 판단하려 드는 사람들이 봤을 때도 완벽했다. 그는 공기를 차단시키기 위해 사용된 수은에서 균을 발견한 적도 있을 정도로 실험용 도구나 자기 자신에게 균이 붙어 있지 않다고 확신하는 법이 없었다. 그래서 메르드글라스 지역에서 밀폐된 플라스크들을 열었을 때 그는 길쭉한 병목을 분리시켜 놓기 위해 사용했던 파일에서 눈을 떼지 않았다. 그리고 각각의 플라스크들을 열 때마다 바람의 반대 방향으로 서도록 주의했다. 이러한 예방책을 통해, 그는 20번의 실험 중 19번의 케이스에서 빙하의 공기가 생명체를 발생시키지 못한다는 점을 밝혀낼 수 있었다. 저지대의 식생환경에서 유사한 플라스크 열었을 때는 그 안이 곧 유기체로 가득 찼었기 때문이다."

파스퇴르는 1822년 12월 27일, (프랑스 동부) 쥐라 주의 돌에서 태어났다. 18살이 되던 해 브장송 대학 석사과정에 정원 외로 입학했던 그는 21살에는 사범학교(에꼴 노르말 쉬페리외르)에 입학하여 1846년 9월, 자연과학 학위를 받았다. 그러나 화학 전공 조교로 2년 더 학교에 머무르며 박사학위를 취득한 파스퇴르는 디종의 고등학교에서 물리학 교사로 일하기 시작하면서 오랫동안 빈곤하게 살았던 시절에서 벗어나게 된다.

이후 1849년 스트라스부르 과학대학 화학과 조교수가 된 데 이어 1852년 이 대학의 학과장에 오른 그는 1854년 말릴에 자연과학부를 신설했으며, 1857년에는 사범학교의 과학부장으로 파리에 돌아와 10년 동안 이 보직에 머무르게 된다. 그러는 동안 1863년부터 지루하고 고달픈 에꼴데보자르의 지질, 물리, 화학 교수직을 추가로 맡기도 했던 파스퇴르는 1867년부터 1875년까지는 소르본 대학의 교수로 재직했다.

파스퇴르는 자신의 역할을 재창조하기보다는 그 성격을 변화시킴으로서 다양화했다. 그는 가르치지 않을 때는 실험을 했으며, 둘 다 하지 않을 때는 저술을 했다. 그는 레지옹 도뇌르 그랑 오피시에 훈장을 비롯한 수많은 영예와 파리에 건립된 웅장한 파스퇴르 연구소를 수여받았다. 이 연구소는 대중의 기부와 러시아 황제의 통 큰 지원으로 지어진 것이었다.

파스퇴르는 조교 및 학생들에게 친절했으며, 이들 또한 파스퇴르에게 매우 헌신적이었다. 파스퇴르의 업적은 그의 죽음으로 끝나지 않을 것이며, 과학을 사랑하는 사람들이 있는 곳이라면 어디든, 이 매우 순수하고 밝은 빛이 꺼진 데 대한 경건한 애도의 말이 오고 갈 것이다.

윌버 라이트

1867년 4월 16일~1912년 5월 30일

오하이오, 데이튼—비행기 조종사이자 개발자였던 윌버 라이트의 상태는 자정이 지나자 급격히 악화되었으며, 결국 금일 오전 8시 15분 숨을 거두었다. 사인은 장티푸스. 이 45세의 환자가 며칠 밤낮으로 자신의 몸을 망가뜨려왔던 타는 듯한 열에 굴복하던 순간, 부친 비숍 밀튼 라이트와 비행기를 공동 개발한 동생 오빌을 비롯한 가족들이 그를 둘러싸고 있었다.

윌버는 1867년 4월 16일, 인디애나주의 던 파크 타운 근처에서 태어났다. 그리고 4년 후, 가족이 오하이오 데이튼으로 이주하고 나서 동생 오빌이 태어났다. 자신의 업적에 관해 윌버는 언제나 "라이트 형제"가 이루어 낸 것이라고 말했다.

오빌 라이트

1871년 8월 19일~1948년 1월 30일

오하이오, 데이튼—친형 고(故) 윌버 라이트와 함께 비행기를 발명한 오빌 라이트가 이곳 마이애미 밸리 병원에서 금일 밤 10시 40분 사망했다. 향년 76세. 사인은 폐 폐색과 관상동맥이었다.

1900년 초가을, 대서양과 앨버말 사운드 사이에 위치한 노스캐롤라이나 키티호크 해안의 외롭고 황량한 장소에 있던 어부들과 해안 경비대들은 새로운 오락거리를 발견했다. 그들은 깊은 모래와 해안가 풀을 헤치고 킬 데빌 힐스라고 알려진 해안 둔덕으로 가서 오하이오에서 온 두 명의 젊은이들이 스스로 목을 부러뜨리려고 하는 것을 구경했다.

이 젊은이들은 둔덕의 가파른 쪽에서 큰 박스로 만든 연의 아래쪽 패널에 납작 엎드린 채로 몸을 내던지려 하고 있었다. 한쪽 날개에는 그의 동료가, 다른 쪽에는 자원 봉사자가 연을 공중으로 띄우려고 애쓰고 있었다. 이 남자가 새처럼 균형을 맞추기 위해 몸을 이리저리 뒤집는 동안 연이 서서히 떠오르는 듯했다.

이 구경거리에서 진짜 재밌는 부분은 연이 앞으로 기울어져 모래에 처박히고, 조종사가 몸을 둥글게 만 채 앞으로 튀어나와 모래 속을 구른 뒤, 언덕 옆에 서서 먼지를 털어낼 때였다.

당시 그 광경을 쳐다봤던 사람들은 자신도 모르는 사이에 항공술의 탄생을 목격한 것이었으며, 그 오락거리를 제공했던 두 사람은 오빌과 윌버 라이트였다.

오빌은 1871년 8월 19일 데이튼에서, 형 윌버와 네 살 터울로 태어났다. 그리스도 형제 연합 교회의 목사이자 홍보 담당이었던 부친 비숍 밀턴 라이트에게는 7명의 자녀들이 있었지만, 이 두 형제와 로린, 그리고 캐서린만이 특히 비행에 관심이 있었다.

1891년 초, 오빌과 윌버는 오토 릴리엔탈과 다른 글라이더 선구자들의 실험에 관해 읽은 적이 있었으나, 본격적으로 비행에 관심을 갖게 된 것은 1896년, 릴리엔탈이 글라이더 사고로 목숨을 잃었던 시점부터였다. 당시 오빌은 장티푸스를 앓고 난 뒤 회복 중이었고, 윌버는 동생에게 비행 실험에 관한 자료들을 큰소리로 읽어주었다. 이후 라이트 형제는 릴리엔탈에서 새뮤얼 랭글리의 실험으로 옮겨갔으며, 동물 메커니즘에 관한 마레의 연구, 그리고 1899년경에는 옥타브 샤누트의 기록과 스미소니언 연구소를 통해 얻은 연구 자료들까지 섭렵했다.

릴리엔탈과 샤누트가 그들에게 글라이딩을 향한 열정을 심어준 이래로, 라이트 형제는 랭글리와 릴리엔탈의 연구 자료들을 찾아다녔고 하이럼 맥심 경의 실험이 진행되는 것도 지켜봤다. 당시 랭글리와 맥심은 과학적 연구를, 샤누트와 릴리엔탈은 실제 날개 시험을 대표하는 사람들이었고 라이트 형제에게 그들은 수학자나 물리학자들보다 훨씬 더 매력적인 존재였다.

그러나 릴리엔탈과 랭글리의 연구 자료를 바탕으로 자신들이 직접 제작했던 글라이더들이 제대로 기능을 하지 못하자 라이트 형제는 선행자들의 연구 자료에 변형을 가하기 시작했으며, 마침내 그들의 자료에 문제가 있다고 결론 내렸다. 무엇보다 중요한 발견은 랭글리와 릴리엔탈의 이론과는 달리 오목한 날개의 표면은 공기가 지나갈 때 합력을 발생시킨다는 점이었다.

1900년 이전에는 평평한 오하이오 지역의 바람에 만족했던 라이트 형제는 최선의 결과를 얻기 위해서는 완만한 언덕 위로 불어 오르는 안정적이고 고른 바람을 찾아야 한다는 것을 깨닫고 기상국의 도움을 받아 키티 호크를 찾아냈다.

처음 키티 호크를 방문한 형제들은 '기계를 띄우려는' 수백 번의 시도를 했으나, 통틀어 겨우 수 분 동안 날았을 뿐이었다. 그들은 연구를 보강하기 위해 집으로 돌아갔고 1901년 여름, 다시 찾은 키티 호크로 가져온 두 번째 글라이더는 첫 번째보다는 나았으나, 만족할 만한 것은 아니었다. 그들은 다시 데이튼으로 돌아갔다. 그러던 1902년 가을, 라이트 형제는 조정 가능한 날개 뒷전과 수평 승강기, 그리고 수직 방향키를 가진 복엽기와 더불어 이 모든 것들을 한꺼번에 통제할 수 있는 최초의 컨트롤 세트를 개발해 낸다.

그러나 이번에는 날씨가 변수였다. 1903년 9월 말부터 12월까지 키티 호크에는 비행기와 그 외 모든 것을 날려버릴 만한 허리케인이 연달아 발생했다. 시험 비행 준비를 다 마치고 나면 강한 바람이 부는 악천후가 며칠 동안 이어지는 일이 다반사였다.

이 불가항력적인 지연시간 동안, 라이트 형제는 비행속도계와 공기의 움직임과 관련된 거리를 측정하는 장치를 고안해서 제작까지 마치는 성과를 거두기도 했다. 그리고 마침내 적당한 날이 찾아왔다. 두 형제는 동전을 던져 누가 먼저 할 것인가를 정했고, 윌버가 이겼다. 엔진이 점화되었고 비행기는 활주를 위해 만든 트랙을 달리다 상승했다.

그러나 이내 한쪽 날개가 기울어지면서 기체가 공중에 멈춰 섰고 그렇게 3초 뒤에 다시 땅으로 떨어졌다. 이전보다는 만족스러운 결과였으나, 두 형제는 이를 비행이라고 부르지는 않았다. 활주부가 부서졌고, 이를 고치는 데만 이틀이 걸렸다. 12월 16일 저녁, 다시 모든 준비를 마친 형제는 다음 날 아침으로 계획된 재시험을 앞두고 잠이 들었다.

이번에는 오빌의 차례였다. 비행기가 시속 43km의 바람을 마주하며 자리를 잡았다. 그리고 오빌이 비행기와 트랙을 연결하고 있던 와이어를 풀자 비행기가 천천히 움직이기 시작했다. 윌버는 이 장치가 안정적으로 나아갈 수 있도록 한쪽 날개에 붙어 페이스를 맞추고 있었다. 아래쪽 날개에 납작하게 엎드려 있던 오빌은 엔진을 활짝 열었다. 비행기가 속도를 내더니 깔끔하게 상승했다.

이어서 비행기는 갑자기 3m를 솟구쳐 올랐다가 땅에 곤두박질쳤다. 출발점에서 약 37m를 날아간 지점에서 갑작스럽게 추락하기는 했지만 그것은 공기보다 무거운 동력기기를 이용한 인류의 첫 비행이 성공했음을 뜻했다. 비행은 12초간 지속되었으며, 바람을 감안하면 비행 속도는 시속 53km 이상이었다. 이날 세 번의 비행이 더 이루어졌는데 두 번은 윌버가 한 번은 오빌이 시도했다. 4번째 시도에서 윌버는 260m 거리를 59초 동안 비행함으로써 하루 동안 약 805m가 넘는 항공운항을 기록한 셈이 됐다.

1909년 7월, 시속 68km까지 비행 속도를 올린 오빌은 미 정부와 항공기 제작 계약을 성사시켰다. 이 계약에서 미 정부는 시속 64km 정도의 속도를 낼 수 있는 비행기를 요구했으며 그 이상의 속도에 대해서는 보너스를 제안했다. 이후 라이트 형제가 데이튼에서 비행기 제작에 몰두하는 동안 일련의 특허 분쟁이 벌어지기도 했다. 독자적인 비행 시험을 시작했던 글렌 커티스가 자신의 개발권을 주장했지만 법원은 결국 라이트 형제의 재산권을 인정하는 판결을 내렸다.

1912년 윌버가 사망한 후, 오빌은 데이튼에서 조용히 연구를 이어나갔다. 방문객에게 친절했던 그는 만나기 어려운 사람은 아니었지만, 스포트라이트는 피했다. 윌버의 죽음이 오빌을 매우 외롭게 만들었던 것이다.

알렉산더 그레이엄 벨

1847년 3월 3일~1922년 8월 2일

노바스코샤, 시드니—전화기를 발명한 알렉산더 그레이엄 벨 박사가 베인 브레흐의 베덱 타운 근처에 위치한 자택에서 금일 새벽 2시에 별세했다.

76세였던 이 발명가는 지난 수개월 동안 건강이 악화되고 있었지만 임종은 갑작스러운 것이었다. 어제 오후, 그가 앓던 점진적 빈혈증으로 몸 상태가 심각해졌고, 벨의 저택에 머물고 있던 워싱턴 출신의 커 박사(부인의 사촌이자 시드니에서 일하는 의사)가 그의 곁에 있었다.

부인, 그리고 딸 마리온 허버드 페어차일드와 사위가 함께 임종을 지켰다. 벨의 다른 자녀로는 엘리스 그로스버너 부인이 있다.

벨의 시신은 이번 주 금요일 해가 질 무렵, 그가 직접 선택한 베인 브레흐 산 기슭에 안장될 것이다. 전 세계 유명 인사들이 보낸 수많은 조의가 그의 위대한 업적을 보여주고 있다. 이 존경받는 과학자가 묻힐 장지에 대해서 좀 더 설명하자면, 케이프 브레튼의 베덱 시내가 한눈에 내려다보이는 곳으로 벨이 무척 좋아했었던 산 정상에서 내려다본 압도적인 풍경이 브라도호까지 펼쳐져 있다. 그가 언덕에 안장될 해질녘에는 "금맥의 호수"라는 이름처럼 호수가 금빛으로 빛날 것이다.

벨 박사는 인생 후반 35년의 대부분을 보낸 이 시골에 자신을 묻어달라고 했다. 40여 년 전에 케이프 브레튼에 처음 방문했던 벨은 5년 후 베인 브레흐에 자택을 구입했으며, 플라잉 보트를 이용한 마지막 실험 또한 이곳 브라도호에서 이루어졌다.

벨의 상태를 보기 위해 베덱으로 향하는 급행열차에 오르던 미국의 전문의들은 뒤늦게 그의 사망 소식을 듣고 돌아갔다. 그리고 하딩 대통령은 벨의 아내에게 다음과 같은 전보를 보냈다.

"저명한 부군께서 돌아가셨다는 소식은 큰 충격입니다. 다른 국민들과 마찬가지로, 저는 부군을 인류의 가장 위대한 은인이자 모든 세대를 통틀어 가장 탁월한 미국인들 중 한 명으로 생각하며 존경해왔습니다."

AT&T의 사장 세이어는 전국 각지에 위치한 벨 시스템의 모든 건물에 조기를 게양하도록 지시했다.

또한 토마스 에디슨은 동료 발명가 알렉산더 그레이엄 벨에 대해 다음과 같은 조의를 표했다.

"최초의 전화기를 발명한 알렉산더 그레이엄 벨의 사망소식을 듣게 되어 유감입니다. 나는 언제나 그를 존경했으며 특히 그의 겸허함을 높이 평가했습니다."

전화기를 만드는 데 일생을 바친 알렉산더 그레이엄 벨은 1876년 6미터 거리에서 시작하여 대륙 간 통화, 그리고 더 나아가 대양을 가로지르는 워싱턴-호놀룰루 간 무선 통화까지 가능케 했다. 그가 약 50년 전에 특허를 낸 이 전화기는 개발 당시에는 농담거리로 비웃음을 샀으나, 그가 사망한 현시점에서는 전 세계 모든 문명국들에서 약 1,800만 대의 전화기가 사용되고 있다. 벨이 자신의 29세 생일 때 취득했고, 역사적인 법정 싸움을 통해 인정받았던 유명한 기본특허 174,465호는 역사상 가장 가치 높은 특허로 불리고 있다.

한편 벨은 발명가로서 전화기만큼이나 다른 발명품들도 중요하게 생각하고 애정을 기울였으나, 그가 종종 이해할 수 없다고 말했던 비즈니스 세계는 벨을 전화기 발명가로만 역사에 기록되게 만들었다. 사실 벨은 축음기를 발명하기도 했고, 20년 가까이 항공술 연구에 참여하면서 비행기 개발자로 잘 알려진 글렌 커티스 등과 함께 사면체 비행의 활용에 신념을 갖고 있었으나 실용화시키지는 못했다. 이 연구의 부산물로 건축에 관한 의미심장한 법칙이 새롭게 정립되기도 했지만 말이다.

사망 전까지 벨 박사는 항공분야에 깊은 관심을 가졌다. 1909년 유럽 국가들을 방문하고 돌아온 그는 유럽이 항공기술에 있어서 미국보다 훨씬 앞서있다는 것을 알리며 이에 발맞추기 위한 조치들을 촉구했다. 1916년, 세계대전이 공중전에 의해 판가름 날 것이라고 이미 예언했던 벨은 항공기들이 공기가 희박한 고도에서 훨씬 더 빠른 속도를 낼 수 있을 것이라는 이론을 폈으며, 대서양을 건너는 비행이 가능해질 것이라고 말하곤 했는데, 이런 예견은 그의 생전에 실현되었다.

알렉산더는 1847년 3월 3일 에든버러에서 태어났다. 이 전화기 발명가가 태어나기 오랜 전부터 통신기술은 벨 가문의 관심사였다. 조부는 말더듬이 치료를 위한 장치를 발명했으며, 부친은 청각장애인들을 위한 시각 대화체계를 완성시켰다. 15살 때 구타페르카(나무 수지)와 천연고무를 이용해 손풀무로 바람을 넣으면 특이한 소리를 내는 인공해골을 만들기도 했던 알렉산더는 16살이 되자 부친의 뒤를 이어 발성법 교사가 된 데 이어 청각장애인을 위한 교육자 자격도 얻었다.

그리고 22살 무렵 이미 두 형제들을 앗아간 결핵의 위협에 놓였던 벨은 가족과 함께 캐나다의 브랜트포드로 이주했으며, 이후 미국으로 돌아온 지 얼마 되지 않아서 영국인 발명가 찰스 윗슨 경과의 만남을 통해 음성 전보, 혹은 다중 전보를 완성시키고자 하는 야망을 품게 된다. 그의 부친은 어느 날 보스턴에서 있었던 한 연설을 통해 청각장애인들의 교습에 성공한 아들에 대해 언급했고 벨은 새로 개교하는 청각장애인 학교에 그의 시스템을 도입하는 대가로 보스턴 교육위원회로부터 100달러를 받았다. 당시 24살이었던 벨은 이 교습법으로 빠르게 명성을 얻으며 보스턴 대학교 교수로 임용된다.

그러나 학교 생활이 발명을 진행하는 데 방해가 되자 그는 두 명의 제자를 제외하고 모든 것을 포기했다. 그 제자들 가운데 한 명이 부유한 가문 출신의 마벨 허버드였다. 벨은 유아기 때 청각을 잃은 그녀가 다시 들을 수 있도록 하는 데 가장 큰 관심을 기울였으며, 그녀는 나중에 벨의 아내가 된다.

벨은 이후 3년 동안 매사추세츠 주 세일럼의 한 지하실에서 밤마다 연구를 하며 보냈다. 당시 전기적으로 충전된 와이어를 이용한 언어능력의 재생산에 대한 자신의 이론에 몰두하던 벨에게 재정적인 지원을 해준 건 장래에 그의 장인이 되는 가드너 G. 허버드, 그리고 토마스 샌더스였다. 첫 성공은 그가 보스턴의 신시가지에서 어떤 장치를 시험하고 있을 때 찾아왔다. 벨의 조수였던 토마스 왓슨이 와이어 한쪽 단말의 클록 스프링을 쳤고 이 소리가 다른 방에 있던 벨에게 들렸던 것이다. 이후 40주 동안 이 장치의 개발에 몰두한 끝에 1876년 3월 10일, 드디어 왓슨은 다른 방에서 일하고 있던 벨의 목소리가 바로 옆에서 들려오는 것을 느끼며 깜짝 놀라게 된다. "왓슨 군, 이리 오게. 자네가 필요하네."

벨이 이 전화기에 대한 특허를 취득한 것은 29세 생일을 맞이하던 바로 그날이었다. 이후 필라델피아의 센테니얼 박람회에서 처음으로 대중들에게 전화기를 선보일 예정이었으나 벨 자신은 그 박람회에 참가하지 않으려고 했다. 당시 경제적으로 궁핍해진 그는 교수직으로 복귀하려고 계획 중이었기 때문이다. 그러던 6월의 어느 날, 벨은 필라델피아 박람회로 향하는 허버드 양을 배웅하러 기차역으로 갔다. 그가 동행할 것이라고 생각하며 기차에 앉아있던 하버드는 막상 그녀 혼자만 탄 채 기차가 출발하자 울음을 터뜨렸다. 그녀가 우는 것을 보고, 벨은 짐도 표도 없이 그대로 기차에 올라탔다.

벨에게 배정된 시간은 일요일 오후 전시였다. 무척 더운 시간이었으며, 심사위원들은 피곤해 했다. 브라질의 황제 돔 페드로가 나타나 벨과 악수하기 전까지 벨에게는 시연의 기회가 없는 듯했다. 페드로는 이 젊은이의 강연을 들은 적이 있었다. 벨은 시연을 준비했다. 와이어가 방에 걸렸다. 벨이 발신기를 들었고 돔 페드로가 수신기를 그의 귀에 가져다댔다.

"세상에, 이게 말을 하네!" 그는 소리쳤다.

이어 켈빈 경이 수신기를 들었다.

"진짜 말을 하네요!" 그 역시 놀라움을 금치 못했다. "제가 지금까지 미국에서 본 것들 중 이 기계가 가장 신기합니다."

그제야 심사위원들도 몰려들어 차례차례 수신기를 들어보았으며, 이 시연은 밤 10시까지 이어졌다. 이후 남은 전시 기간 내내 벨의 발명품은 과학자들의 집중적인 관심을 받았다. 오늘날 전화기의 상업적 발전은 모두 그날 필라델피아에서 있었던 일로부터 시작된 것이었음은 두 말 할 필요조차 없을 것이다.

알렉산더 그레이엄 벨은 치열한 법적 분쟁 끝에 권리를 인정받은 전화기의 발명가로 가장 먼저 기억되겠지만, 그 외에도 그는 주목할 만한 다수의 발명품들을 남겼다. 예를 들어 섬너 테인터와 함께 만든 축음기, 새로운 평판 인쇄기법, 광선전화, 인덕션 밸런스 등이 있으며, 가필드 대통령을 살해한 총알을 찾아내는 데 쓰인 텔레폰 프로브(telephone probe)를 발명한 것도 바로 벨이었다. 더불어 벨은 비행기의 기초가 될 거라고 믿었던 사면체 연을 시험하는 데 15년의 세월을 보냈으며 투자한 돈만 해도 20만 달러가 넘었다.

국내외에서 수많은 영예를 얻었던 벨이었지만, 그에게 최고의 순간은 1915년 1월, 샌프란시스코와 뉴욕을 잇는 전화기에서 오랜 시간 함께했던 조수 왓슨의 목소리가 들려왔을 때였다. 이후 AT&T사의 엔지니어들이 원격 무선 통신 기기를 통해 대서양 너머로 목소리를 전달하기까지는 약 2년의 시간이 걸렸다.

1915년 벨 박사는 언젠가 인간이 서로 말하지 않아도 와이어만으로 소통할 수 있는 날이 올 것이라며 이렇게 덧붙였다.

"전기 이용의 가능성은 무궁무진합니다. 인류는 전기를 통해 거의 모든 것들을 해낼 수 있으며, 나는 인류가 전선 다발을 이용한 인덕션 통신을 위해 서로 머리를 맞대는 것을 상상해보곤 합니다."

한편 벨은 1916년 4월, 앞으로는 지상 및 해상 군사력이 공군력의 부차적인 요소가 될 것이라고 선언하기도 했다. 그는 비행기가 체펠린 비행선보다 더 유용한 전투기기가 될 것이라는 의견을 피력하면서 강한 항공함대를 구축할 것을 미국에 촉구했다.

토마스 에디슨

1847년 2월 11일~1931년 10월 18일

뉴저지, 웨스트 오렌지—토마스 앨버 에디슨이 웨스트 오렌지 르웰린 공원 구역 내 글렌먼트 자택에서 오늘 새벽 3시 45분에 사망했다. 자신의 천재성으로 일상을 마법처럼 바꿔놓은 이 위대한 발명가는 84세 8개월을 일기로 그렇게 생을 마감했다.

에디슨의 임종은 거의 알아차리기 힘들 정도였다. 수개월 동안 병마의 합병증과 싸워온 터라 심장이 정지하는 순간까지 그의 기력은 아주 서서히 쇠퇴했기 때문이다. 에디슨이 차분하게, 또 기꺼이 자신의 피할 수 없는 운명을 기다리는 동안, 전 세계 사람들은 이 가장 유능한 시민에 대한 애정 어린 염려를 넘치도록 보여줬다. 교황 비오 11세, 후버 대통령, 헨리 포드를 비롯한 많은 인사들이 그의 상태를 궁금해 하면서 매일같이 연락을 취했다.

천재적인 창의력으로 전등, 축음기, 영사기를 비롯하여 다양한 과학 분야에 걸친 수천 개의 발명품들을 세상에 내놓은 에디슨에 대한 대중들의 심려는 지난 8월 1일 그가 자택 거실에서 쓰러진 이후 일상이 되었다.

토마스 앨버 에디슨은 1847년 2월 11일 오하이오 주 밀란에서, 조이데르해를 건너 미국으로 온 정력적이고 독립적인 기상을 지닌 가문의 후손으로 태어났다. 증조부 토마스 에디슨은 독립전쟁 당시 토리당(영국의 보수당) 편에 섰던 유명한 뉴욕의 은행가였다. 열렬한 식민체제 지지자였던 그는 미국이 독립하자 영국의 국기 아래서 살겠다며 캐나다로 이주했다. 그곳에서 태어난 손자 새뮤얼은 국왕에 대한 반기를 들고 1837년 파피뉴 반군의 대위가 되었으며, 지명수배를 받게 되자 미국으로 망명했다.

이후 오하이오의 밀란에 정착한 새뮤얼 에디슨이 낳은 아들이 바로 토마스 에디슨이었다. 에디슨은 자신이 항상 반에서 꼴찌였다고 말하곤 했다. 한 인터뷰에서 에디슨은 그의 선생님이 시골지역에서는 싸움이 될 만한 표현인 '뒤죽박죽(addled)'이라는 단어로 자신을 평가하자 어머니가 분개했다고 회상했다. 한때 교사였던 모친은 그때부터 에디슨을 학교에 보내는 대신 직접 가르치기 시작했다. 9살 무렵, 에디슨은 '펜 백과사전', '흄의 잉글랜드 역사', 그리고 에드워드 기번의 '로마제국 쇠망사'를 읽었다. 아마도 모친의 권유였을 것이다.

그러나 작은 운하 마을에서도 뒤처진 학생을 당대의 위대한 인물로 만들어 준 것은 전기와 화학에 관한 대중서적들이었다. 에디슨과 그의 모친은 서적에 실린 간단한 화학 실험들을 함께 하곤 했었는데, 당시 12살이던 에디슨은 실험을 위한 돈을 마련하기 위해 부모님께 기차 안에서 신문팔이를 할 수 있게 해달라고 졸랐다. 결국 허락을 받은 그는 신문을 팔면서 인쇄기가 있는 화물칸에 자신만의 실험실을 만들었고, 400명이 유료로 구독하는 주간지를 발행하기 시작했다. 그러던 어느 날, 인이 든 병이 선반에서 떨어지면서 화물칸 바닥에 화재가 발생했다. 열차는 겨우 전소를 면했으나, 승무원이 에디슨과 그의 물건들을 기차에서 내동댕이치면서 따귀를 거세게 때리는 바람에 그는 일생 동안 청각장애로 고생해야 했다.

이후 뉴욕으로 건너 온 젊은 에디슨은 전신기사로 일하는 한편, 시황 보고를 주 업무로 하는 회사에서 주식시세 표시기를 수리하기 시작했는데 이 일이 22세 무렵 그에게 행운을 안겨다준다. 일을 하는 동안 떠오른 아이디어로 주식시세 표시기와 전신기를 개량해서 각각 5만 달러씩을 벌어들인 것이다.

거의 독학을 했던 에디슨은 물리학이나 수학, 이론 화학에는 조예가 깊지는 않았으나, 발명가가 되기 위한 자질은 충분했었다. 물리학과 전기를 실질적 이해하기 위해서 다양한 경험, 독서, 그리고 지적 활동에 참여했던 그는 거의 모든 종류의 책들을 다 읽다시피 했다. 이런 잡학다식에 대한 에디슨의 믿음은 1921년 유명해진 '에디슨 설문조사지'에서도 잘 드러난다. 에디슨은 예비 직원들을 대상으로 자신이 어렸을 때 스스로를 테스트했던 문제들을 출제하여 자신과 비슷한 지적 호기심과 일반상식을 가진 사람들을 찾고자 했

뉴욕에서 더 멀리 떨어진 뉴저지의 멘로 파크로 또 한 번 실험실을 옮겼다.

에디슨은 그 이전에 이미 백열전등에 대한 실험을 하고 있었다. 당시 도시의 공공 광장을 밝히고 있던 건 아크등이었다. J. 피어폰트 모건 등이 참여한 30만 달러 규모의 신디케이트를 통해 자금 지원을 받은 에디슨은 실험을 확대했고 1879년, 마침내 백열전등의 성공을 예견케 하는 중요한 사실을 발견한다.

어느 밤 실험실에서 무심코 램프 그을음 조각을 손가락 사이로 굴리던 에디슨은 이 물질로 만든 얇은 필라멘트가 진공에서 연소하면 백열을 발생시키지 않을까 하는 생각이 들었다. 실제로 그러했고, 추가 실험을 통해 연소한 면사로 만든 필라멘트가 보다 더 밝은 백열을 발생시킨다는 것도 입증되었다. 그는 구체 안에 필라멘트를 장착하고 전류 발생기로 이어지는 전선을 연결했다. 그리고 구체에서 공기를 빼낸 뒤 스위치를 켰다.

"짠! 아름다운 빛이 그의 눈에 들어왔다." 뉴욕의 한 신문기사는 이렇게 표현했다. "그는 이 연약한 필라멘트가 이내 녹을 것이라고 예측하면서 더 많은 전류를 흘려보냈으나, 그렇지 않았다. 오히려 빛이 더 밝아졌다. 점점 더 많은 전류를 흘려보내도 이 섬세한 끈은 멀쩡했다. 에디슨은 특유의 성급함으로, 이 작은 필라멘트의 힘이 어디까지인지 궁금하기도 하고 놀라워하기도 하면서

다. 에디슨이 스스로 증명한 것처럼, 다른 누구보다 위대한 발명품을 내놓을 수 있었던 원동력은 바로 실질적인 과학지식, 독창적이고 날카로운 마인드, 그리고 독보적인 제작자 기질이었기 때문이다.

1873년, 26세의 에디슨은 자신이 고안하는 모든 전신 발명품에 대한 선택 매매권을 웨스턴 유니언 전신회사에 양도하는 계약을 맺었다. 그러고는 뉴저지 주 뉴어크에 있는, 맨해튼 작업실보다 더 큰 작업장으로 이사했다. 이후 워싱턴에서 뉴욕까지 분당 1,000단어를 송신할 수 있는 자동 전신기를 세상에 내놓은 29세의 에디슨은 유명인사가 되었고, 호기심으로 가득한 사람들이 그의 작업실에 모여들었다. 이로 인해 만족스러운 작업을 할 수 없게 되자 그는

발전기 전력을 최대치로 올리고 그 결과를 열심히 관찰했다. 일 분여 남짓 동안 이 작은 끈은 다이아몬드도 녹일 것 같은 열기와 씨름하는 듯 보였다. 마침내 필라멘트가 끊어지고 어두워졌다. 그러나 강력한 전류로 인해 필라멘트가 두 동강 나기 직전, 여러 가지 가스가 분출되면서 내뿜는 빛까지, 에디슨은 어느 것 하나 놓치지 않았다."

1880년 1월 1일, 멘로 파크에 초청된 사람들은 조명 공장이 가동되는 것을 본 최초의 목격자들이었다. 다수의 전기공들은 이 장치에 어떤 속임수가 있지 않을까 의심하기도 했지만, 에디슨의 조명시스템은 조금의 지체도 없이 전 세계로 퍼져 어둠을 밝히게 된다.

한편, 1877년 모스 부호 송신기를 개선하기 위한 작업을 하던 중, 에디슨은 송신기에서 나는 소리가 빠르게 회전하는 실린더에 끼워진 종이에 어떤 자국을 남기는 것을 발견했다. "사람이 말하는 소리와 비슷한 음악적이고 높낮이가 있는 소리가 흐릿하게 들렸습니다." 에디슨은 1887년 '노스 어메리칸 리뷰'에서 당시를 이렇게 회상했다. "말을 하는 동안 목소리가 만들어 내는 진동, 혹은 음파가 실린더 위에 놓인 예민한 물질 위에 기록될 수 있도록 진동판을 끼워 넣었습니다. 또 그렇게 실린더 위에 생긴 자국들을 다시 빨리 돌리면 원래의 진동이 되살아나며 기계 자체가 말을 하는 것처럼 들려왔죠." 바로 축음기가 탄생하는 순간이었다.

또한 에디슨이 영사기를 발명한 것은 1887년이었다. 투명 슬라이드로 스크린에 그림을 차례로 보여줌으로써 움직이는 것과 같은 효과를 내는 조이트로프 같은 기기들은 당시에도 이미 존재했다. 하지만 에디슨은 카메라로 빠르게 연속사진을 찍어 움직임을 합성하는 방식을 고안했다. 이어 그는 요지경 상자처럼 영상을 들여다 볼 수 있는 제품을 출시했는데, 이 장치에 동전을 넣으면 춤, 권투시합, 펜싱경기 등 여러 가지 짤막한 움직임들을 볼 수 있었다.

그러나 미래에 대한 에디슨의 예측력은 이 지점에서 크게 빗나간다. 그는 영화를 스크린에 투영하는 것이 동전을 넣고 보는 핍쇼(peep-show) 사업을 저해할 것을 염려하면서 스크린 상영 방식을 오랫동안 반대했던 것이다. 창의적인 상상력과 포괄적인 천재성에도 불구하고 에디슨에게는 쇼맨십이 부족했던 모양이다.

에디슨은 두 번 결혼했다. 1873년, 메리 스틸웰과 결혼해 세 명의 자녀를 두었고, 1886년에는 미나 밀러와 결혼해 또 다른 세 명의 자녀를 두었다.

에디슨은 여유 있는 노년을 보냈다. 그는 미니어처 고무 농장을 시험했던 플로리다의 포트 마이어스에서 겨울을 보냈다. 청각장애에도 불구하고, 에디슨은 마지막까지 밝고 상냥했다. 에디슨은 모든 분야에서 명예를 얻었다. 에디슨의 인생에 대해 뉴욕 에디슨 컴퍼니의 부회장인 아서 윌리엄스는 다음과 같이 훌륭하게 요약했다.

“오늘 밤 이 건물(애스터 호텔)에 들어서면서 우리는 빛으로 유명해진 특별한 공간, 즉 지구에서 가장 밝은 곳이라고 일컬어지는 타임스퀘어를 지나쳐왔습니다. 그곳에 서서 에디슨과 그의 업적을 생각하면 우리는 런던 세인트폴 대성당에 있는 크리스토퍼 렌 경의 묘비명을 떠올릴 수 있을 것입니다. ‘그의 기념비를 보려거든, 주변을 둘러보라’”

알베르트 아인슈타인

1879년 3월 14일~1955년 4월 18일

뉴저지, 프린스턴—역사상 가장 위대한 석학 중 한 명인 알베르트 아인슈타인 박사가 금일 오전 잠에서 더 이상 깨어나지 못했다.

76세의 대(大)물리학자이자 수학자이며 실천적 인도주의자였던 아인슈타인이 프린스턴 병원에서 오전 1시 15분, 대동맥 파열로 사망한 것이다.

프린스턴고등연구소에 소속된 이 수줍은 성격의 교수는 자신이 뉴저지 빌리지에서 수년 동안 살아왔던 방식대로 조용한 임종을 맞이했다.

그의 시신은 상대성 이론을 연구하고 핵분열 개발을 가능하게 했던 그의 뇌를 비롯한 주요 장기를 과학적 연구의 목적으로 제거한 후, 장례식 없이 오후 4시 20분에 화장되었다.

(드와이트 D.) 아이젠하워 대통령은 “20세기 지성의 광대한 확장에 그만큼 기여한 사람은 없다”고 선언했다. 이 밖에도 아인슈타인이 건국을 옹호했던 이스라엘, 그리고 개인의 자유와 유태인의 삶을 위협한 나치즘을 피해 그가 1932년에 떠나왔던 독일을 포함한 많은 국가들의 저명한 과학자들과 국가원수들이 조의를 표했다.

1904년 스위스 베른의 거리에서는 늦은 오후 주변 교통상황은 신경 쓰지 않은 채 유모차를 밀며 이따금씩 멈추어 자신과 이름이 같은 젖먹이 아들의 유모차에 놓여있던 노트를 들어 수학적 기호들을 써내려가곤 하던 무명의 25세 알베르트 아인슈타인의 모습을 매일같이 목격할 수 있었다.

당시 그가 써내려간 기호들 가운데서 우주의 신비를 헤아리기 위한 인류의 오랜 노력 중 가장 폭발적인 아이디어들이 나왔다. 더불어 아인슈타인이 장기적인 지적·영적 역사의 관점에서, 작은 부산물로 밝혀지길 간절히 희망했던 원자폭탄도 우연히 탄생했다.

이 기호들로 아인슈타인 박사는 상대성 이론을 정립했다. 그의 젖먹이 아들이 있던 유모차 안에서는 절대적인 3차원 공간과 과거, 현재, 미래가 있는 절대적 3차원 시간이 존재하는 전통적인 우주 관념이 단순한 주관적 그림자로 사라져 버린 채, 광활하고 유한하면서도 무한한 아인슈타인만의 4차원 우주가 만들어지고 있었다.

아인슈타인은 600달러가 겨우 넘는 연봉을 받는 베른의 특허 사무소 심사관으로서의 일과를 마치고 나면 이렇게 자신만의 우주를 만들어 나갔다.

수개월 후인 1905년, 그의 노트에 적힌 일부 항목이 4편의 획기적인 논문으로 발간되었다. 첫 번째 논문에서 그는 분자의 규모를 결정하는 방식을 기술했다. 두 번째 논문에서 그는 전자공학의 기초인 광전효과를 설명했고, 이로써 1921년 노벨상을 수상했다. 세 번째 논문에서는 열의 분자운동 이론을 발표했다. 같은 해 '운동하는 물체의 전기역학에 대해'라는 제목이 붙여진 31페이지의 짤막한, 네 번째이자 마지막 논문은 특수 상대성 이론을 최초로 소개했다.

아인슈타인과 그가 살고 있던 세계, 즉 물질적 우주에 대한 인류의 인식은 더 이상 이전과 같지 않았다.

과학계는 그들의 창공에 새로운 일등성이 출현했다는 것을 인지했다. 1920년에 아인슈타인이라는 이름은, 일반적으로 너무 심오해 전 세계에서 12명만이 그 깊이를 이해할 수 있다고 여겨진 상대성 이론과 동일시되었다.

알베르트 아인슈타인은 1879년 3월 14일, 독일 뷔르템베르크의 울름에서 태어났고, 부친의 전기회사가 있던 뮌

헨에서 유년기를 보냈다. 1894년 가족과 함께 이탈리아로 이주한 알베르트는 스위스 아라우의 주립학교를 졸업한 뒤 1901년, 베른 특허 사무소의 특허 심사관으로 일하기 시작했으며, 그곳에서 스위스 시민권을 취득하여 1909년까지 머물렀다.

이후 그는 취리히 대학에서 박사학위를 취득하고, 물리학 주제에 대한 첫 논문들을 발표했는데, 이 논문들이 높은 평가를 받으면서 1909년, 취리히 대학의 이론 물리학 객원교수로 임용된다. 또한 1913년에는 '카이저 빌헬름 물리 연구소 소장'이라는 그를 위한 특별한 직위가 마련된 베를린으로 향했던 아인슈타인은 프러시아 왕립과학원의 회

원으로 위촉되면서 연구에만 전념할 수 있는 충분한 급여를 받게 된다.

아인슈타인 박사는 1901년 스위스에서 동급생이었던 밀레바 마리치와 결혼하여 슬하에 두 명의 아들을 두었으나 결국 이혼했고 1917년, 자신의 사촌이자 두 딸을 키우고 있던 미망인 엘자 아인슈타인과 재혼했다. 그녀는 1936년 프린스턴에서 사망했다.

1932년 프린스턴에 고등연구소가 설립됐을 때, 아인슈타인 박사는 수학 및 이론 물리학 교수직 제안을 수락했다. 그는 반년 정도 그곳에서 살 계획이었다.

하지만 이 계획은 급격하게 수정되었다. 아돌프 히틀러가 집권하고, 독일에서는 아인슈타인과 같은 세계적인 명성을 얻은 유대인들조차 기본적인 자유를 누리는 것이 불가능해졌기 때문이다. 1933년 늦은 봄, 아인슈타인 박사는 수양딸들이 독일로부터 강제 추방당했다는 것을 알게 된다. 그가 독일 표준국 이사회에서 축출되고 얼마 지나지 않은 시점이었다. 또한 카푸트에 위치한 자택은, 아인슈타인 박사가 대량의 무기를 은닉하고 있는 파시스트라고 혐의를 씌운 히틀러의 브라운 셔츠단에 의해 약탈당했다.

프러시아 과학원은 그를 축출했을 뿐만 아니라, 히틀러의 잔학행위에 대한 성명을 내놓았다는 이유로 비난을 퍼부었다. 이에 대해 그는 다음과 같이 답했다.

"나는 법 앞에서 표현과 신념의 자유에 대한 개인의 동등한 권리를 인정하지 않는 국가에 남고 싶지 않다."

1933년 9월, 아인슈타인은 나치가 그의 목숨을 앗아갈 계획을 가지고 있지 않을까 하는 두려운 마음에 잉글랜드의 해안으로 은둔했다. 그 뒤 프린스턴으로 건너가 1940년, 미국의 시민권을 취득하게 된다.

역설적이게도, 아인슈타인이 한 개인으로서 세상에서 점점 더 멀어지고 있을 때, 대중에게는 전설적인 인물로서 점점 더 가까워졌다. 사람들은 그를, 이해하기를 바랄 수도 없는 이론으로 우주를 만들어 낸 사람이 아니라 인간 정신과 인류의 가장 높은 포부를 상징하는 세계시민으로서 인식했다.

'성스러운,' '고결한,' 그리고 '사랑스러운' 같은 단어가 그를 묘사하는 데 쓰였다. 그만큼 아인슈타인은 유머러스하고, 따뜻하며 친절했다. 또한 그는 농담을 좋아했고 늘 웃는 모습이었다.

프린스턴의 주민들은 동네를 걷고 있는 아인슈타인을 익숙한 이방인, 즉 이웃에 살지만 다른 세상에서 온 방문자로 여겼다. 나이가 들어감에 따라 비현실적인 면모가 더 두드러졌음에도 그의 인간적 따스함만은 수그러들지 않았다.

그는 겉모습에 아무런 의미를 두지 않았다. 프린스턴 사람들은 스웨터와 구겨진 바지를 입고 겨울에는 긴 니트 모자를 쓴 장발의 인물에 곧 익숙해졌다.

"사회적 정의와 책임에 대한 나의 열정적 관심은 항상 사람들과 직접적인 관계에 대한 현저한 욕구 부재와 신기하게도 대조되었다." 언젠가 그는 이런 글을 남겼다. "나는 개인적인 사람이지 파트너나 팀을 위한 사람이 아니었다. 결코 진정으로 국가나 지역, 친구들, 심지어 내 가족에게도 속한 적이 없었다."

이러한 독립성 때문에 아인슈타인은 종종 논란의 중심에 서게 된다. 1953년 1월, 그는 해리 트루먼 대통령에게 원자폭탄과 관련한 스파이 혐의로 사형선고를 받은 줄리어스와 에델 로젠버그 부부의 감형을 탄원했다(그러나 선고 5개월 뒤 그들은 처형된다). 그해 하반기에는 관련 증인에게 위스콘신의 공화당 상원위원 조지프 맥카시의 질의에 답하지 말 것을 조언하기도 했다.

그의 정치적 이상향은 민주주의였다. 히틀러가 집권하기 2년 전인 1931년, 그는 이렇게 말했다. "나는 폭력으로 이루어진 모든 독재정권에는 타락이 따른다고 확신합니다. 폭력은 불가피하게 도덕적으로 열등한 사람들을 끌어들이기 때문입니다."

한편, 억압당하는 사람들에 대한 애정으로 시오니즘의 강한 지지자가 된 아인슈타인은 1952년 11월 하임 바이츠만의 죽음 이후, 이스라엘 대통령직을 맡아달라는 요청을 받기도 했다. 그는 그 제안에 깊은 감명을 받았으나 자신은 적합한 인물이 아니라고 대답했다.

1945년 8월 6일, 일본에 원자폭탄이 투하됐다는 소식이 전 세계를 놀라게 했을 때, 수백만의 사람들은 상대성 이론의 중요성을 직감적으로 알게 된다. 또한 그때부터 인류의 운명은 얇은 수학의 실 끝에 매달리게 된다.

뉴욕 타임스 기자로부터 이 소식을 전해 들은 아인슈타인 박사는 "진짜인가요?"라고 물었다. 기자가 "네"라고 답하자, 이 물리학자는 잠시 침묵하고는 고개를 흔들면서 이렇게 말했다.

"아! 세계는 아직 준비가 안 되었습니다."

이후 아인슈타인 박사는 핵전쟁의 잠재적 위험과 원자에너지에 대한 국제적 통제의 필요성을 미국 국민에게 알리기 위한 목적으로 조직된 원자과학자 비상위원회의 의장이 되었다.

아인슈타인은 자택의 다락방 구석에 홀로 서있는 그랜드 피아노를 연주하면서 일로부터 휴식을 찾았다. 또한 그는 여가 시간 대부분을 바이올린 연주에 할애하면서 음악적 교류를 하는 친구들과 3중주, 혹은 4중주를 즐기기도 했다.

정식 교리의 종교를 믿지 않았지만 아인슈타인 박사는 충실한 신비주의자들이 그렇듯 매우 종교적인 성품을 지녔었다.

"우리가 경험할 수 있는 가장 아름답고 심오한 감정은 신비주의적인 것이다." 언젠가 그는 이렇게 썼다. "이는 모든 진정한 예술과 과학의 원천이다. 이러한 감정이 낯설어 놀라움에 멈추고 경외감에 멍하게 서있지 못하는 자는 죽은 것이나 다름없다. 그런 자의 눈은 감겨 있기 위해 존재할 뿐이다."

로버트 오펜하이머

1904년 4월 22일~1967년 2월 18일

뉴저지, 프린스턴—"원자폭탄의 아버지"라고 불리던 핵물리학자 J. 로버트 오펜하이머가 오늘 밤 이곳 프린스턴에서 사망했다. 향년 62세.

가족의 대변인은 오펜하이머 박사가 고등연구소 인근의 자택에서 사망했다고 발표했다. 그는 후두암을 앓고 있었다. 오펜하이머 박사와 부인 캐서린은 슬하에 1남 1녀를 두었다.

로버트 오펜하이머는 산악전시시간대로 1945년 7월 16일 오전 5시 30분 정각, 세계 최초의 인공적 원자폭발이 발생한 이후부터 원자폭탄의 눈부신 섬광과 어두운 그림자 속에서 살아왔다.

이 태양과 같은 섬광은 그를 과학천재로 빛나게 만들어줬으나 1954년에는 위험인물로 지목되는 불명예를 안겨주기도 했다. 1963년에 명예를 회복하기는 했지만 이 복잡한 남자는 자신의 행실에 드리워진 의심들을 완전히 떨쳐내지 못했다.

오펜하이머 박사는 교양 있는 학자이자 휴머니스트, 그리고 8개 국어를 하는 언어학자였으며, 궁극의 영적 가치를 추구하는 음울한 사람이었다. 뉴멕시코의 앨러모고도에서 시험용 폭탄이 터진 순간부터 그는 우주의 근본적인 물리력을 풀어놓는 것이 인류에게 미치는 결과에 대해 사로잡혀 있었다.

그 7월의 아침, 사막에 위치한 통제실 기둥에 기대어 피어오르는 버섯구름을 보았을 때, 그의 머릿속에는 힌두 서사시 '바가바드기타'의 한 구절이 스쳐갔다. "천 개의 태양 빛이 하늘에서 터질 때, 그것은 신의 화려함과 같을 것이다."

그리고 포인트 제로 위로 원자구름이 밀려 올라가자 그에게 같은 경전의 또 다른 문구가 떠올랐다. "나는 죽음이며, 세계의 파괴자다." 2년 후에도 그는 동료 물리학자들에게 말한 바와 같이 여전히 "현대 전쟁의 비인간성과 악함을 가차 없이 극화한" 이 폭탄의 도덕적 결과로 인해 괴로워했다.

인류 최초로 시행된 세 번의 원자폭발과 제2차 세계대전의 승리로 오펜하이머 박사는 41세의 나이에 커리어의 정점에 있었다. 그는 "원자폭탄의 아버지"라고 칭송받으며 미 육군성으로부터 "군사적 목적을 위한 원자에너지 실행을 달성"한 공로를 인정받았다. 또한 1946년에는 폭탄이 개발된 로스앨러모스 실험실을 지휘한 공로로 대통령 표창과 훈장을 받았다.

1945년부터 1952년까지, 오펜하이머 박사는 원자정책에 관한 미 정부의 가장 중요한 자문가들 중 한 명이었다. 그는 원자 에너지의 국제적 통제 계획을 제안한 애치슨-릴리엔탈 보고서(국무장관 딘 애치슨과 원자에너지위원회의 첫 의장인 데이비드 릴리엔탈의 이름을 땀)의 주요 저자였다.

1947년부터 1952년까지, 오펜하이머 박사는 최고의 핵과학자들로 구성된 원자에너지위원회 자문단의 단장을 역임했으며, 이후 2년 동안은 이 위원회의 컨설턴트로 활동했다. 그러나 1953년 12월, 드와이트 D. 아이젠하워 대통령은 청문회가 열릴 때까지 "오펜하이머 박사와 모든 기밀 데이터 간에 보이지 않는 벽을 두라"는 명령을 내리게 된다.

그전까지 오펜하이머 박사의 챙이 넓은 낮은 중절모는 워싱턴과 서유럽 국가들의 수도에서 자주 목격되었다. 사람들은 박사의 매력과 능변, 날카롭고도 미묘한 유머에 사로잡혔고 그의 학식과 예리한 사고방식뿐만 아니라 그가 굼뜨거나 조악한 지식인이라고 생각한 사람들에게 보이는 거만함에도 경탄했다.

오펜하이머는 넘치는 에너지로 파티에서 언제나 주목받는 인사였고, 질 좋고 도수 높은 마티니를 만드는 우아한 파티 호스트였다.

J. 로버트 오펜하이머(J는 의미가 없다)는 1904년 4월 22일 뉴욕에서 줄리어스 오펜하이머와 엘라 프리드먼 오펜하이머의 아들로 태어났다. 부친 줄리어스 오펜하이머는 독일에서 이민 온 부유한 섬유 수입업자였고 볼티모어 출신 아티스트였던 모친은 로버트가 10살이 되던 해 사망했다. (둘째 아들인 프랭크 역시 물리학자가 되었다.)

로버트는 수줍음이 많고 유약한 소년이었다. 다른 아이들과 어울리기보다는 학교 과제와 시, 그리고 건축에 더 많은 관심을 보였던 그는 윤리문화학교를 거쳐 1922년 화학자가 되겠다는 꿈을 안고 하버드 대학교에 입학했다. 그러나 그는 화학뿐만 아니라 물리학과 다른 과학 과목들에서도 특출한 성적을 냈으며, 라틴어와 그리스어를 익히기도 했다. 결국 그는 1925년, 3년 만에 수석으로 대학을 졸업했다.

한편, 하버드 재학 시절 잉글랜드 캠브리지 대학의 저명한 물리학자 루터포드 경 밑에서 원자학을 연구하기도 했던 오펜하이머는 졸업 후 독일 괴팅겐의 게오르그-아우구스트-대학에서 1927년 박사학위를 취득했으며, 이후 1929년 패서디나의 캘리포니아 공과대학과 버클리 캘리포니아 대학 교수진에 합류한다. 당시 매력적이며, 명확하고, 언제나 열린 태도로 수백 명의 젊은 물리학자들을 양성했던 오펜하이머는 훗날 이 시기에 대해 이렇게 회상했다. "경제학이나 정치학에 관해서는 전혀 관심이 없었고, 관련된 글은 읽지도 않았습니다. 국가적인 차원의 동시대적 이슈들과는 완전 동떨어져 있었죠."

그러나 1936년 하반기가 시작될 무렵, 공산주의와 노동조합 및 자유주의적 대의명분에 참여하며 그의 인생은 전환점을 맞게 되었고, 스스로의 증언에 따르면 그러한 헌신과 유대는 1940년 무렵에 끝났다고 한다.

그를 세상에 눈뜨게 한 요인 중 하나는 1936년부터, 지금은 고인이 된 어떤 공산주의자 여성과 연애를 시작한 것이었다. (이 여성의 결혼 전 이름은 캐서린 퓌닝이었고 1940년 오펜하이머와 결혼 하기 전, 스페인 공화당 정부를 위해 투쟁하다 사망한 공산주의자 조셉 달레와의 결혼을 계기로 공산당에 가입한 전력이 있었다.)

오펜하이머 박사의 증언에 따르면, 당시 그는 "유태인에 대한 독일의 처우에 대한 끓어오르는 분노"를 느꼈으며, 대공황에 깊이 실망했었다. 그러나 공산당에 가입했던 것이 아니냐는 의혹에 대해서는 한결같이 부인했다.

1941년, 오펜하이머를 비공식적으로 원자 프로젝트에 참여시켰던 것은 노벨상 수상자 아서 컴프턴 박사였으며, 오펜하이머는 20억 달러짜리 폭탄 프로젝트, 즉 암호명 '맨해튼 엔지니어 디스트릭스'의 책임자였던 레슬리 그로브스 소장에 깊은 인상을 남긴다. 이후 그로브스는 육군 정보부대가 오펜하이머의 과거 행적에 관한 의혹을 제기했음에도 오펜하이머를 책임자로 임명했다.

그로브스 소장과 함께 로스앨러모스를 실험실 부지로 선정한 오펜하이머는 엔리코 페르미 박사와 닐스 보어 박사 같은 세계 최고의 과학자들을 불러모았다. 오펜하이머는 행정적인 측면에서는 물론이고, 예민한 프리마돈나 같은 과학자들을 다루는 데에도 특별한 천재성을 보였다. 그는 스스로를 맹렬한 속도로 몰아붙였고, 한때 몸무게가 52kg까지 줄기도 했다.

그러나 잠재적 안보위협 인물로 여겨졌던 오펜하이머는 군 요원들로부터 감시를 당했다. 전화통화 감청은 물론 우편물도 검열되었다. 그러다 1943년 6월 그가 약혼자—이미 더 이상 공산당원이 아니었던—와 샌프란시스코로 떠난 하룻밤 여행이 특무대를 자극했다.

그해 8월, 이유는 불명확하지만 오펜하이머는 특무대에 러시아인들이 로스앨러모스 프로젝트에 관한 정보를 얻으려고 한다고 자진해서 말했다. 오펜하이머와 일면식이 있던 조지 엘튼턴이라는 영국인이 제3자에게 프로젝트에 참여하고 있는 과학자들과 접촉할 수 있게 해달라고 요청했던 것이다.

세 번의 조사에서 오펜하이머는 이러한 이야기를 털어놓았으나, 제3자의 이름을 대거나 관련 과학자들을 확인하는 것은 거부했다. (그러나 어떤 조사에서 그는 특무대에게 공산당원, 혹은 공산당 동조자들이라고 밝힌 긴 명단을 넘겼고, 로스앨러모스 내에 존재하는 전 공산당원들에 대한 정보를 캐내보자는 제안을 하기도 했다.)

마침내 1943년 12월, 오펜하이머는 그로브스 소장의 명령으로 그 제3자가 버클리의 프랑스어 교수이자 오펜하이머 가족의 오랜 지인인 하콘 슈발리에 교수라고 밝혔다. 그러나 약 10년 뒤 1954년 안보 청문회에서 오펜하이머는 그런 얘기를 꺼낸 자신이 "멍청이"였다고 자책하면서 당시의 스파이 혐의에 대해서 "엉터리 얘기"라고 일축했다.

슈발리에 교수도 엘튼턴도 기소당하

지 않았다. 훗날, 슈발리에 교수는 오펜하이머가 야망 때문에 자신을 배신했다고 주장했다.

오펜하이머에 대한 또 다른 혐의는 수소 폭탄, 즉 핵융합 폭탄과 에드워드 텔러 박사와 복잡하게 얽혀 있었다. 수소폭탄의 열렬한 지지자였던 텔러 박사는 로스앨러모스에서 맡고 있던 중요한 직책, 즉 이론 물리학 부서장 직위를 한스 베테 박사에게 넘기면서까지 핵융합 문제에 몰두했던 인물이다.

전쟁이 끝나고 수소폭탄 연구는 대체적로 중지되었으나 1949년 소련이 첫 번째 핵분열 폭탄을 터뜨리자 미국은 융합장치 연구의 재추진을 고려했고, 이 문제는 오펜하이머가 수장으로 있던 원자에너지 위원회의 고문단으로 넘어오게 된다. 얼마 후, 당시 기준으로 수소폭탄의 제조가 기술적으로 불가능하다는 점을 들어 이 고문단은 만장일치로 원자핵융합연구를 이론적 수준에 국한할 것을 권고했다.

그러나 1950년, 해리 트루먼 대통령은 오펜하이머가 이끄는 고문단의 의견을 기각하고 핵융합 폭탄 연구의 추진을 명령했다. 텔러 박사는 자신만의 실험실을 제공받았으며 수개월 사이에 수소폭탄을 완성시켰다.

1953년 말, 원자에너지에 관한 합동의회 위원회의 전 상임이사였던 윌리엄 보든이 FBI 국장 에드거 후버에게 오펜하이머가 "골수 공산주의자"였으며 아마도 "첩보 요원으로 활동했을 것"이라는 주장을 담은 서신을 보냈다.

이에 아이젠하워 대통령은 오펜하이머가 기밀 문건에 접근하지 못하도록 조치를 취했으며, 당시 원자에너지 위원회 의장이었던 르위스 스트로스는 오펜하이머에게 위원회와의 관계를 단절하든지 청문회를 요청하든지 둘 중 하나를 택하라고 요청했다. 오펜하이머는 청문회를 선택했다.

이후 오펜하이머 박사에 대한 처분은 과학계와 많은 미국인들을 경악하게 했으며, 그는 맥카시즘의 대표적인 희생양으로 인식되기도 했다.

안보 청문회에서 오펜하이머 박사는 수소폭탄 연구를 진행시키는 데 성실하게 임하지 않았고 다른 과학자들에게도 영향을 끼쳤다는 혐의를 받았다. 텔러 박사는 오펜하이머가 과학자들을 모집할 때 명단을 건네주기는커녕 "조금도" 도움을 주지 않았다고 증언했다. 나아가 텔러 박사는 오펜하이머의 기밀 정보 취급 허가를 재승인하는 데도 반대의사를 밝혔다. 그러나 오펜하이머는 수소폭탄에 대한 지원을 지체하거나 태만했다는 점을 완강히 부인했다.

이후 3인으로 구성된 원자에너지 위원회의 인적보안 위원회는 1954년 4월 및 5월, 워싱턴에서 청문회를 개최했다. 이 위원회는 오펜하이머를 "충성스러운 시민"이라고 칭했음에도 불구하고, 2대 1의 투표로 그의 기밀 정보 취급 허가의 재승인을 기각했다.

오펜하이머는 프린스턴으로 돌아와 1962년 4월 존 케네디 대통령이 그를 백악관 만찬에 초대할 때까지 조용히 지냈다. 그리고 1963년 12월, 존슨 대통령은 오펜하이머에게 원자에너지 위원회의 가장 높은 상이자 세금이 면제되는 5만 달러 상당의 상금이 주어지는 페르미 상을 수여했다. 상을 받으면서 오펜하이머 박사는 이렇게 말했다. "오늘 이 상을 받을 수 있었던 것은 대통령의 용기와 박애정신 덕분이라고 생각합니다."

찰스 A. 린드버그

1902년 2월 4일~1974년 8월 26일

하와이, 마우이—논스톱 단독비행으로 대서양을 횡단한 최초의 비행사 찰스 린드버그가 마우이의 단출한 해안가 자택에서 금일 오전 사망했다. 향년 72세.

고인의 오랜 지인 밀튼 하웰 박사에 따르면 사인은 악성림프종이었다.

린드버그는 사망 후 약 3시간 만에 아주 조그만 키파훌루 교회 근처의 공동묘지에 안장되었다. 간단한 작업복이 입혀진 그의 시신은 인근 지역 하나(Hana)의 목장에서 일하는 카우보이들이 제작한 관에 안치되었다. 하웰 박사는 이 조종사가 인생의 마지막 몇 주 동안 장례식을 계획하며 보냈다고 전했다.

금일 저녁, 포드 대통령은 린드버그에 대한 헌사에서, 대서양을 비행했던 그의 용기와 대담함은 결코 빛이 바래지 않을 것이며 이타적이고 진실한 미국 역사의 영웅이자 세계를 변모시킨 항공시대의 위대한 선구자로 기억될 것이라고 말했다.

올던 휘트먼 기자

1927년 5월 21일 오후 10시 22분 파리에서, 한때 미 중부 미네소타의 농장 소년에 불과했던 찰스 어거스터스 린드버그는 국제적인 유명인사가 되어 있었다. 이 25세의 미국인을 둘러싼 환호는 순식간에 그를 무명의 비행사에서 역사적인 인물로 바꾸어 놓았으며 그 명성은 그의 일생 동안 계속되었다.

이는 결과적으로 린드버그를 매우 들뜨게 만들었고, 때로는 깊은 슬픔에 잠기게 했으며, 맹렬한 논란에 휩싸이게도 만들었다. 또한 그는 원통함을 품고 대중을 등지기도 했고, 개인주의적인 성향이 두드러지며 외톨이가 되기도 했다. 하지만 그러는 동안 자신의 중요성에 대한 특별한 인식을 갖게 된 린드버그는 상업비행 및 우주항공 기술의 발전에 큰 역할을 할 수 있게 되었을 뿐만 아니라, 군사적인 문제, 그리고 그가 말년에 주로 관심을 두었던 환경보호 문제에 대해 영향력 있는 목소리를 낼 수 있게 된다.

이 모든 것은 한때 스턴트 비행사이자 항공우편 조종사였던 린드버그가 자신의 작고 연약한 단엽기 '세인트루이스 스피릿'을 롱아일랜드의 루즈벨트 필드에서 이륙시킨 후 33시간 30분 만에 르부르제 공항에 안착하며 시작되었다. 당시 울타리와 수비대를 넘어 밀려든 수천 명의 사람들은 그의 작은 은색 비행기를 둘러싼 채 최초로 미국에서 유럽까지 단독 직항에 성공한 린드버그를 환호로 맞이했다. 이는 42년 후 달 표면에 찍힌 인류의 첫 발자국에 비견될 뿐만 아니라, 양 날개를 달고 마침내 유럽까지 날아온 이카루스가 된 한 남자의 대담한 도전이 불가능한 일을 가능하게 만든 일대 사건이었다.

많은 사람들에게 그의 업적이 더 도드라져 보인 것은 키 크고 잘생긴 젊은이였던 린드버그가 그에 걸맞은 미소와 이마로 흘러내린 금발머리, 그리고 기분 좋은 겸손함과 성실함을 보여줬기 때문이다. 그는 흠결 없는 엘시드, 빛나는 갤러해드, 그리고 살아있는 프랭크 메리웰과 같은 영웅이었다.

파리를 휩쓴 열광은 전 세계로 퍼져나갔다. 그는 어딜 가나 화제의 중심이 되어 추앙받았으며 프랑스, 벨기에, 영국 등지에서 큰 축하를 받았다. 뉴욕에서는 4백만 명의 사람들이 거리로 쏟아져 나왔다. 그리고 그 인파 속을 지나가는 브로드웨이 행진 위로 리본과 색종이가 끊임없이 휘날렸다. 린드버그는 언젠가 "그 영웅 소리를 계속 듣다가는 버럭 소리를 내지를 것만 같았을 정도로 질렸었다"고 당시를 회상하기도 했다.

이런 대혼란 속에서 사람들이 주목하지 못했던 점은 린드버그의 장대한 비행이 2천 시간 이상을 비행한 전문 비행사가 극도로 세세하게 계획한 모험이었다는 것이다. "뉴욕에서 파리까지 날지 못할 이유가 뭐지?" 그는 1926년 9월 스스로에게 물었다. "나는 4년 이

상의 비행 경력이 있다. 그동안 48개 주의 절반 이상을 순회했고 최악의 밤 시간에도 우편물을 실어 날랐다."

린드버그 이전에도 2번의 대서양 횡단 비행이 있었다. 두 건 모두 1919년에 일었던 일이며, 그중 첫 번째는 3대의 해군정찰기 중 1대가 뉴펀들랜드에서 아조레스 제도까지, 두 번째는 존 앨콕과 아서 브라운이 뉴펀들랜드에서 아일랜드까지 비행한 것이다. 그러나 그 누구도 단독으로 대륙에서 대륙까지 비행하지는 못했다.

린드버그는 사회적으로 때가 덜 탄 순박한 젊은이로 인식되었다. 그는 자신의 강한 개인주의 성향을 배려해주는 새로운 친구들과 어울렸다.

이후에 린드버그가 주장했던 보수주의적인 시각, 미국의 제2차 세계대전 참전에 반대하며 했던 유태인에 대한 놀라운 발언들, 소련을 향한 부정적인 의견, 그리고 서구 문명에 대한 믿음은 부유하며 보수적이었던 그의 수많은 친구들의 세계관을 반영한 것이었다. 천재적인 엔지니어이자 비행사인 그였지만 린드버그는 지식인도, 일관된 독서가도 사회분석가도 아니었다.

린드버그는 스스로를 반유태주의자로 생각하지 않았다. 실제로 2년 전 한 기자가 그에게 반유태주의자냐는 질문을 했을 때 그는 충격을 받았다. 그는 "세상에, 아니에요"라고 대답하며, 그가 알고 있거나 함께 일했던 유태인에 대한 호감을 언급했다. 또한 독일의 유태인에 대한 처우를 묵인하는 것도 아니라고 밝혔다. 그러면서도 한편으로 그는 제2차 세계대전에 미국이 참전하도록 부추긴 사람들 가운데 미국의 유태인 그룹들이 있다는 사실을 지적하기도 했다.

린드버그는 1941년 9월 11일, 아이오와 주 디모인에서 있었던 연설에서도 이러한 시각을 드러냈다. 유태인들에 관해 그는 다음과 같이 말했다.

"미국에 대한 유태인의 가장 큰 위협은 그들이 우리의 영화, 미디어, 라디오, 그리고 정부에 대해 광범위한 소유권과 영향력을 손에 쥐고 있다는 점입니다."

이 연설은 전국적인 항의를 촉발했다. 린드버그는 "명백한 사실"을 말한 것뿐이라며 자신의 발언을 철회하지 않았다.

그는 1938년 히틀러의 "지시에 따

라" 나치 대장 헤르만 괴링이 그에게 수여한 독일 독수리십자훈장을 거부하지 않았다. 이 훈장은 일생 동안 그의 명성에 누가 되었다.

린드버그의 인생은 그의 성격과 마찬가지로 많은 그림자와 수수께끼로 가득 차 있다. 그는 1902년 2월 4일 미네소타 주의 번창한 도시 리틀 폴스에서 변호사이자 부동산 투자자였던 C. A. 린드버그와 그의 두 번째 아내인 에반젤린 로지 랜드의 아들로 태어났다. 찰스 어거스터스 린드버그 주니어는 18살이 될 때까지 별 탈 없이 리틀 폴스에서 지냈다.

1908년, 혹은 1909년 어느 날, 린드버그는 하늘에서 윙윙거리는 소리를 듣고 지붕 위에 올라갔다. 그곳에서 작은 복엽기가 구름을 뚫고 지나가는 것을 목격한 그날부터 그는 비행에 관심을 갖기 시작했다.

"나는 풀밭에 누워 구름을 쳐다보면서 저 위를 날면 얼마나 기분이 좋을까 하고 생각했었습니다." 그는 이렇게 회상했다.

1921년, 오토바이를 타고 당시 비행기를 생산하면서 제품홍보를 위해 비행술을 가르치기도 했던 링컨의 네브래스카 항공사로 향한 린드버그는 1922년 4월 9일, 드디어 첫 비행을 경험하게 된다. 이후 중서부를 순회하면서, 그는 자신이 선보였던 스턴트 기술로 인해 "데어데블 린드버그"라고 불리게 된다.

그러나 린드버그가 처음으로 단독 비행을 한 것은 1923년 4월, 첫 비행기 '제니'를 구입하고 난 이후였다. 그는 곧 한 번에 5달러를 받고 다양한 도시의 승객들을 태우기 시작했다. 이후 린드버그는 군 항공학교에 다녔으며 세인트루이스에서 시카고까지 항공우편을 담당하는 일등조종사가 되기 전까지 공중서커스 스턴트 비행사로 활약했다.

1926년 9월 어느 날, 비행 중이던 린드버그는 장거리 여행의 가능성에 대해 숙고해 보기 시작했고 '뉴욕에서 파리까지 한 번에 날아갈 수도 있겠는데'라고 생각하는 스스로에게 "놀랐다"고 한다. 이후 린드버그는 세인트루이스의 기업가들을 설득하여 1만 5천 달러를 모금받았는데, 이 때문에 그의 비행기는 '세인트루이스의 스피릿'이라는 이름을 갖게 되었다.

파리 비행 이후 수년 동안 린드버그는 매스컴의 관심 속에 살았다. 그는 신탁을 내리는 사람처럼 대접받았으며, 사람들은 거의 모든 주제에 대해 그의 견해를 듣고자 했다.

게다가 수많은 여성들과 염문설이 돌았지만 그의 관심은 오직 주멕시코 미국대사 드와이트 모로우의 딸 앤 스펜서 모로우에게 있었다. 그들은 1929년 5월 27일 결혼했다.

린드버그 부부의 첫 아이 찰스 어거스터스 3세는 1930년 6월 24일에 태어났다. 그런데 이 아이는 생후 20개월에 뉴저지 호프웰의 자택에서 납치되고 만다. 1932년 3월 1일의 일이었다. 그리고 5월 12일, 아이의 시신이 자택으로부터 멀지 않은 곳에 가매장된 채 발견되었다.

실종 기간 동안 잘못된 제보와 소동이 들끓었으며, 린드버그는 언론과의 접촉을 자제한 채 이를 견뎌냈다. 그러나 그럴수록 대중들의 시선은 린드버그에게 집중되었고, 1934년 브롱크스의 목수였던 브루노 리차드 홉트먼이 체포된 후에는 동정 여론이 쏟아졌다. 결국 많은 정황적 증거가 얽혀 있던 6주간의 재판 후, 홉트먼에게는 유죄가 선고되었으며 형이 집행되었다.

이후 린드버그는 안전하고 한적한 주택을 찾아 가족들과 함께 잉글랜드로 향했다. 유럽에 머무는 동안 독일제국의 공군과 전투기 공장 시찰단에 초청된 그는 1939년, 독일공군의 전력이 압도적이라는 결론을 내렸고 유럽 국가들(물론 소련은 제외하고)의 지도자들에게 그들이 마주하고 있는 위험에 대해 경고하고자 했다. 또한 제2차 세계대전 직전에 미국으로 돌아온 린드버그는 미국의 참전을 막기 위해 할 수 있는 모든 것을 해야 한다고 생각했다. 원래 그는 평화주의자도 고립주의자도 아닌 비개입주의자였지만 말이다. 린드버그는 몇 년 전, 당시 상황에 대해 이렇게 말했다.

"내가 제2차 세계대전에 반대했던 이유는 그 전쟁이 유럽을 파괴하고 수백만의 사람들을 살해하여 결국 서구 문명의 종말로 귀결될 것이라는 확신이 점점 커졌기 때문입니다."

1941년 4월, 린드버그는 미국의 핵심 반전 단체였던 미국 제1위원회의 전국위원회에 가입했다. 그는 반전이라는 대의명분을 통해 수백만 명을 효율적으로 결집시켰고 이 때문에 루즈벨트 대통령으로부터 주요한 위협 인물로 취급받았다.

이후 일본의 진주만 폭격으로 미국 제1위원회는 와해되었으며, 린드버그는 군에 자원했다. "이제 전쟁이 시작되었으니 나는 국가의 노력에 최선을 다해 기여하고 싶다." 그는 이렇게 기술했다.

그러나 린드버그는 입대를 거절당했고, 이를 자신이 루즈벨트를 개인적으로 비난한 결과라고 생각했다. 전쟁이 끝나 갈 무렵, 통합항공기제작사에서 자문을 맡기 시작한 그는 민간인으로서 50여 차례 임무에 참여했고 비아크 섬의 공중전에서는 거의 죽을 뻔 했었다.

종전 후, 린드버그는 나치의 항공기와 미사일 개발에 대해 연구했는데, 그는 이전에도 미군 미사일 추진 장치에 관한 기본 특허를 소유한 우주비행의 선구자 로버트 고다드 박사에게 중요한 도움을 주기도 했다.

그런데 연합군의 승리 이후 린드버그는 15년 이상 사실상 언론에서 사라진 인물이었다. 미 공군성 장관을 조력하며 전략공군사령부를 재편하는 데 참여하기도 했지만 그런 활동들은 거의 노출되지 않았다.

그러던 1964년, 아프리카에서 새로운 관심사를 찾게 되면서 린드버그는 그런 은둔에서 벗어났다. 그 관심사는 바로 환경보호 운동이었다. 그는 환경보호 단체들에 적극 가담하면서 혹등고래와 흰긴수염고래를 보호하는 데 큰 역할을 했고, 세계 환경을 구하기 위한 정책들의 열렬한 지지자가 되었다.

당시 린드버그가 상대해야 할 사람들은 자신의 파리 비행 성공 한참 뒤에 태어난 세대들이었지만, 그의 인품과 명성은 여전히 실질적인 반응을 불러일으켰다. 이것은 아마도 그의 인생에서 가장 큰 수수께끼였을 것이다. 그의 겉모습 뒤에는 대중들에게 보여준 모습과는 다른, 자신(그리고 아마도 그의 아내)만이 간직하고 있는 어떤 남자가 있었기 때문이다.

조너스 소크

1914년 10월 28일~1995년 6월 23일

헤럴드 M. 쉬멕 주니어 기자

어제 조너스 소크 박사가 샌디에이고 라호야 지역의 그린 병원에서 80세를 일기로 타계했다. 그는 1950년대, 죽거나 마비된 아이들의 이미지로 미국을 공포로 몰아넣었던 전염병 소아마비에 대한 백신을 처음 개발한 인물이었다.

의학 연구를 위해 소크 박사가 직접 설립했던 소크 연구소의 대변인은 그의 사인이 심정지였다고 밝혔다.

1955년, 40세의 열정적인 과학자였던 소크 박사는 사람들의 존경을 한 몸에 받는 의료인으로 우뚝 서게 된다. 자신이 개발한 소아마비 백신이 안전하고 효과적이라는 발표가 있은 직후였다. 그것은 어떤 아이를 '철폐(iron lungs)'라고 불리던 탱크같이 생긴 호흡 보조기기 안에서 평생 살도록 만들고, 감염을 두려워 한 부모들이 자녀들에게 수영을 금지시키도록 만들었던 소아마비와의 전쟁에서 큰 전환점이었다.

또한 소크 백신은 수천 건의 지체 장애를 예방하고, 수천 명의 생명을 구하면서 의료 역사를 바꿔 놓았으며, 미국에서 매년 발생하는 전염병의 위협뿐만 아니라 그에 따른 마비와 사망의 피해를 종식시켰다.

소아마비 백신의 대량 접종이 시작된 1955년 이전의 5년 동안, 미국의 소아마비 발병은 연평균 2만 5천 건에 달했다. 그러나 예방접종이 일반화된 후 수년간 이 평균치는 12건 내외로 떨어졌다. 1969년 전국에서 소아마비로 인한 사망은 단 한 건도 보고되지 않았으며, 이제 이 질병은 전 세계적으로 박멸 직전에 있다.

소아마비 예방의 성공은, 독감 및 홍역과 같은 다른 전염병에 대한 효과적인 예방책을 특징으로 하는 현대 백신 개발 시대의 도래에 있어 매우 중요한 사건이었다.

애초에 미국에서는 소아마비가 인플루엔자나 홍역처럼 널리 퍼지지 않았었지만 1920년대, 30년대, 40년대를 거치면서 그 발병률은 점점 위협적인 수준이 되어 수많은 아이들과 젊은이들이 죽거나, 장애를 입거나, 마비되었다. 그리고 최악의 해로 기록된 1952년에는 미국에서만 거의 5만 8천 건의 소아마비 환자가 보고되었고, 3천 명 이상이 이로 인해 사망했다.

그러던 1955년 4월 12일, 미시건 대학교의 토마스 프랜시스 박사가 44만 명의 미국 어린이들을 대상으로 진행했던 소크 백신 접종 시험이 성공적이었음을 발표하는 순간, 소아마비와의 전쟁은 큰 전환점을 맞게 된다.

선행되었던 소규모 시험 프로젝트에 비추어 보았을 때, 소크의 소아마비 백신은 안전하고 매우 효과적이었다. 총 1백만 명 이상이 참여했던 이 대규모 현장 임상시험은 국가적인 희망이 가치가 있었음을 증명한 일대 사건이었으며, 대중들은 현대의 그 어떤 의학 발전 뉴스보다 소크 백신에 더 큰 관심을 보였다. 더불어 미국의학협회 이사회 의장이었던 드와이트 머레이 박사는 "의료 역사상 가장 큰 사건 중 하나"라고 평가하기도 했다.

그러나 소아마비 백신의 성공적인 개발은 죽은 바이러스를 이용하는 소크 박사의 백신, 그리고 앨버트 세이빈 박사가 살아있는 바이러스를 이용하여 개발한 후속 백신의 상대적 이점에 관한 오랜 과학적 논쟁을 불러일으키기도 했다. 미국에서는 결과적으로 경구용 세이빈 백신이 소크 백신을 대체했으나 두 과학자 간의 첨예한 라이벌 관계는 계속되었다.

성공적인 현장 임상시험으로 소크 박사가 얻게 된 찬사는 수년간의 노력과 당시에는 흔치 않았던 원칙에 대한 헌신의 결과물이었다.

"나의 야망은 의학을 화학적으로 접근하는 것이었습니다." 1980년, 소크 박사는 이렇게 말했다. "바이러스의 화학적 변형, 그리고 화학적 사고방식을 통한 생체의학 연구로 그 백신을 개발할 수 있었던 겁니다."

조너스 에드워드 소크는 1914년 10월 28일 뉴욕 시에서, 대니얼 프레스 소크와 도리스 프레스 소크 부부의 3남 중 첫째로 태어났다. 부친은 뉴욕의 가먼트 지구에서 일하던 패션업 종사자였다.

1934년 시립대학 졸업한 소크는 뉴욕대 의과대학에서 바이러스 실험실 연구원으로 일하게 되면서 자신의 전 생애를 바치게 될 분야에 처음으로 발을 들이게 된다.

그리고 1939년 의학 학위를 취득한 소크는 같은 해, 사회복지사 도나 린제이와 결혼했다. 이 둘은 1968년 이혼했으며 소크는 1970년, 프랑스 출신 화가이자 피카소의 전 연인이었던 프랑수아즈 질로와 재혼했다. 그의 유족으로는 그녀와 더불어 첫 결혼에서 얻은 3명의 아들들이 있다.

1942년, 국제적인 명성의 바이러스 학자 프랜시스 박사와 함께 인플루엔자 바이러스를 연구하기 위해 미시건 대학으로 자리를 옮긴 소크는 상용 독감 백신 개발에 주력했다. 많은 미국인들은 1918년 약 2천만 명이 사망한 끔찍한 독감의 유행을 기억하고 있을 것이다.

그런데 제2차 세계대전 이후 바이러스 연구 프로그램을 확대한 피츠버그 대학 연구진에 합류하여 바이러스 연구소 소장이 된 소크의 과학적 관심사는 인플루엔자에서 소아마비 백신 개발로 급격하게 전환된다. 당시 점차 증가세에 있었던 소아마비에 대한 대처가 긴급해졌기 때문이다.

소아마비 백신(polio vaccine)의 궁극적인 성공을 위한 결정적인 요소는, 실험실에서 동물세포조직에 바이러스를 배양하는 방법에 관한 하버드 대학의 선행 연구였다. 하버드의 존 앤더스 박사는 나중에 이 연구로 노벨상을 수상하기도 했다.

소크 백신 바이러스는 원숭이의 신장 세포에서 배양된 후 포름알데히드로 비활성화, 즉 죽임을 당하는 절차를 거치게 되는데, 일부 저명한 바이러스 학자들은 죽은 바이러스를 이용한 백신이, 동시에 개발 중이었던 살아있는 바이러스를 이용한 백신을 위해 보류되어야 한다고 주장했다. 세이빈 박사에 의해 개발된 살아있는 바이러스를 이용한 백신은 1961년 처음으로 라이선스를 받았다. 이 살아있는 소아마비 바이러스는 면역력은 자극하지만 어떤 피해도 일으키지 않도록 변형되는 과정을 거치게 된다.

한편 소크 백신이 사용된 직후, 제조상의 오류로 인해 한 묶음(one batch)의 백신에 살아있는 바이러스가 포함되는 사고가 발생한 적도 있었다. 이 때문에 여러 건의 소아마비가 발병되었고, 개선 조치가 취해질 때까지 백신 사용은 중지되었다.

그럼에도 대규모 임상시험이 성공한 이후, 소크 박사에 대한 대중들의 지지지는 현대 역사상 가장 존경받는 인물로서 처칠과 간디에 버금가는 수준이었다. 그러나 과학자들 사이에서는 소크 백신과 세이빈 백신의 상대적 이점에 대한 논쟁이 끊이지 않았다.

살아있는 바이러스를 이용한 백신은 평생 예방효과가 있는 반면, 소크 백신은 그렇지 않았다. 하지만 소크 박사는 죽은 바이러스를 이용한 소아마비 백신에 대한 믿음을 버리지 않았다. 그는 살아있는 바이러스를 이용한 백신은 드물게 발병으로 이어지기도 하는 반면, 제대로 만들어진 죽은 바이러스 백신은 그러한 위험이 없다는 점을 지적했다.

1993년 86세를 일기로 사망한 세이빈 박사는 소크 박사의 이름이 거론될 때마다 격분하는 모습을 보였다. 그는 "주방에서나 볼 법한 화학에 불과하다"며 자신의 라이벌의 업적을 폄하했으며, 이렇게 덧붙이곤 했다. "소크는 아무것도 발견하지 않았다."

1963년 소크 박사는, 과학자들과 기타 분야의 전문가들이 인류의 중요한 목표들을 위해 함께 연구할 수 있는 연구소를 설립하고자 했던 오랜 꿈을 이루었다. 샌디에고 시가 기증한 태평양이 내려다보이는 부지 위에 루이스 칸이 설계한 건축학적으로 웅장한 시설들로 이루어진 소크 생물학 연구소가 개관한 것이다.

그곳에서 소크 박사는 생체의학 연구를 계속 이어나갔다. 특히 지난 10년 동안, 그는 에이즈 바이러스 보균자들의 완전 발병을 예방하기 위한 면역조치를 개발하기 위해 노력해 왔다.

벤저민 스포크

1903년 5월 2일~1998년 3월 15일

에릭 페이스 기자

벤저민 스포크 박사가 일요일, 샌디에이고의 자택에서 세상을 떠났다. 향년 94세. 그는 자녀양육에 대한 걱정이 많았던 전후세대 부모들에게 "자신만의 상식"을 믿으라고 부드럽게 조언했다는 이유로 1960년대생들의 방종에 책임이 있다는 비판을 받기도 했던 소아과 의사였다.

지난 반세기 동안, 스포크의 육아 핸드북 '스포크 박사의 유아와 육아'는 역사상 가장 인기 있는 베스트셀러였다. 이 책은 전 세계적으로 42개 국어로 번역되어 약 5천만 부가 판매되었다. 더불어 1960년대에 핵무기 철폐와 반베트남전을 외치며 명성을 떨쳤던 스포크는 "아이들이 산 채로 불타버리게 된다면 양육이 무슨 의미가 있는가"라는 말로 대중들에게 호소했던 반전주의자였다. 그리고 이것이 그가 부모들, 소아과의사들, 그리고 정치인들을 연계하는 방식이었다.

스포크는 자신의 자녀 양육서에서 이미 권위주의와 거리를 둠으로써, 그가 생각하는 20세기의 두 현자, 지그문트 프로이드와 미국의 철학자이며 교육자인 존 듀이가 제시한 이상을 "실질적으로 적용"하고자 했다.

"존 듀이와 프로이드가 말하고자 했던 바는 아이들에게 성년이 되기 위한 훈육은 필요치 않으며, 스스로의 의지에 따라 성년기로 나아갈 수 있다는 점이었습니다." 1972년, 스포크는 이렇게 말했다. 또한 1946년 양장본으로 처음 출간된 '유아와 육아 상식'의 첫 장에서 그는 독자들에게 "주변 이웃들이 하는 말을 너무 심각하게 받아들이지 말라"고 조언하면서 다음과 같은 의견을 피력했다.

"자신만의 상식을 믿는 것을 두려워하지 말라. 좋은 부모가 아이들에게 본능적으로 해주고 싶다고 느끼는 행동들, 그것이 바로 아이들에게도 가장 좋은 것이다."

이런 관대한 조언은 스포크 박사 특유의 실제적이고 걱정을 덜어주는 방식으로 부모들에게 전해졌다. 이는 존 왓슨 박사가 저술한 1928년 작 '영유아의 심리적 양육'에 나와 있는 것 같은 기존의 엄격한 통념과는 크게 다른 것이었다. 왓슨 박사가 강조했었던 것은 "절대, 절대로 아이에게 뽀뽀해주지 마라", "절대로 무릎에 앉히지 마라", "절대 유모차를 흔들어주지 마라" 등이었으니 말이다.

또 다른 유명한 소아과 권위자, 하버드 의대의 T. 베리 브레즐튼 박사는 스포크를 다음과 같이 평가했다.

"스포크 박사 이전에는 부모들에 대한 양육조언이 매우 설교조였습니다. 그가 훨씬 더 자율적인 육아의 장을 열었던 것이죠."

스포크는 수년에 걸쳐, 지속적으로 자신의 저서를 개정했으며, 1985년과 1992년에 각각 출판된 5판과 6판은 워싱턴대 의대 교수 마이클 B. 로텐버그 박사와 공동 저술했다. 1960년대와 1970년대에 걸쳐 그의 책을 신봉했던 부모 밑에서 자란 젊은이들의 자유분방함 때문에 종종 비판을 받곤 했던 자신의 양육관을 계속 점검하고 개선해 나갔던 것이다.

한편 스포크가 징병제, 핵무장, 미국의 베트남 참전에 대해 반대 목소리를 내기 시작한 것은 1960년대였다. 그는 1962년부터 1967년까지 '건전핵정책위원회'의 공동의장을 역임했으며 항의 시위 중에 체포되었던 1968년, 보스턴 법원으로부터 징병 회피 조장을 모의했다는 혐의에 대해 유죄판결을 받았으나, 이 판결은 1년 뒤인 1969년에 뒤집혔다.

이후 1972년에는 좌파단체 연합이었던 국민당의 대선후보로, 1976년에는 부통령 후보로 나섰던 스포크에 대해, '긍정적 사고의 힘'의 저자 노먼 빈센트 필 박사는 이렇게 말했다. "그의 책대로 양육된 아이들과 함께 거리로 나와, 자신들을 무시하지 말라며 어리광을 부리고 있습니다."

이에 대해 스포크는 노먼 빈센트 필 목사 같은 비판자들이 자신의 책을 왜곡하고 있다고 응수했다. "나는 자유방임적인 행위를 부추기고자 한 것이 아니라 경직성이 완화되길 바랐을 뿐입니다." 그러고는 이렇게 덧붙였다. "가끔 누군가 나에게 와서 '동네에 아주 끔찍한 아이가 있는데, 그 아이의 엄마는 당신의 책대로 아이를 키웠다고 하던대요'라며 비아냥거리곤 합니다. 그러나 내 아이들은 예의 바르고 배려심 있는 아이들로 자랐습니다. 사람들은 내 책을 자기들이 원하는 대로 읽는 것 같습니다."

그도 그럴 것이 여성운동가들은 스포크의 저서에 성차별적인 요소가 있다고 비판을 하기도 했다.

벤저민 맥레인 스포크는 1903년 5월 2일, 뉴헤이븐에서 여섯 형제 중 장남으로 태어났다. 부친 벤자민 이브스 스포크는 변호사였으며, 모친의 이름은 밀드레드 루이스 스토튼 스포크였다.

매사추세츠 주 앤도버에 있는 필립스 아카데미를 졸업한 후, 예일대학교에 입학한 그는 1924년 파리 올림픽에서 우승한 예일 조정 경기 팀의 일원이자 193cm의 키에 넓은 어깨를 자랑하는, 실제적으로나 은유적으로나 캠퍼스의 "거인"이었다. 그리고 여름에는 장애아동시설에서 봉사활동을 했었던 스포크는 훗날 이렇게 말했다. "아마도 그 아이들을 생각하면서 소아과 의사가 되었던 것 같습니다."

이후 스포크는 1925년 학부를 졸업하고 예일대 의과대학, 그리고 콜롬비아 내·외과 의대에서 수학한 뒤 1929년, 의학박사 학위를 취득한다. 그렇게 뉴욕아동병원 소아과에서 레지던트 생활을 시작한 스포크 박사는 후에 "레지던트 시절에(1931~1932년) 소아과에 가려는 사람들은 심리학 교육을 받아야 한다는 생각을 했다"고 말했을 정도로 심리학에 관심을 보이면서 뉴욕병원 정신과에서 10개월간 레지던트 생활을 한 뒤에도 1933년부터 1938년까지 뉴욕 정신병원에서 파트타임 트레이닝을 계속 이어나갔다.

그리고 스포크는 1933년 소아과 병원을 개업했는데, 이 병원은 그의 친절함과 생동감에 힘입어 큰 성공을 거두게 된다. "모든 젊은 엄마들이 그 선생님에게 반했어요." 당시 그 병원의 환자였던 한 사람은 이렇게 기억을 떠올렸다. "그는 밝고 매력 있는 남자였으니까요."

스포크의 또 다른 성공 비결은 그가 어린 환자들과 함께 있는 것을 진심으로 기뻐했다는 점이다. 그는 언젠가 "소아과 전문의로서 나의 문제점은 아이들과 너무 많이 논다는 것입니다"라고 말하기도 했다.

스포크는 첫 아들 마이클이 태어난 지 10년 후인 1943년, '유아와 육아 상식'를 집필하기 시작했다. 그는 저녁마다 아내인 고(故) 제인 데이븐포트 체니에게 책의 내용을 구술했고, 그녀가 원고를 타자로 정리했다. 구술로 저술한 덕에 그의 책은 대화체라는 장점을 갖게 되었다.

이 책에서 스포크는, 엄마가 아이에게 엄격한 식사시간을 고수할 필요가 없으며, 보채는 아이가 정해진 식사시간을 지킬 때까지 기다리는 것은 오히려 엄마에게 감정적으로 상처를 준다고 기술했다. 그러면서도 그는 이렇게 덧붙였다. "이것은 합리적 규칙성에 반대하는 것이 아니다. 아이와 엄마가 함께 정해진 스케줄을 따르는 것이 나쁘다고 생각하지 않는다. 엄마는 다른 집안일을 해야만 하고, 아이가 엄마의 시간에 맞출 수 있으면, 모두에게 도움이 될 것이다."

또한 이 책은 아이가 우는 문제에 관해서 다음과 같은 균형 잡힌 관점을 제시하고 있었다. "나는 달랠 수 있는 방법이 있다면 아이를 오랫동안 불쌍하게 울도록 내버려 두는 것이 바람직하다고 생각하지 않는다. 그것이 아이에게 물리적인 위해가 되기 때문이 아니라 아이와 아이 엄마의 정서에 해를 끼칠 수 있기 때문이다. 또 한편으로는 아이가 훌쩍거릴 때마다 달려가 안아줄 필요도 없다. 많은 아이들이 칭얼대다가 다시 잠들기 때문이다."

돌이켜보면, 그의 책이 큰 성공을 거둔 것은, 제2차 세계대전 후 베이비붐이 일고 육아 분야에 변화의 바람이 불었던 시기의 도래와 함께 나타난 필연적인 현상이었던 것으로 보인다. 심지어 냉정한 북부 스타일이었던 스포크의 모친조차 그의 책을 읽고 나서 이렇게 말했다고 한다. "베니야, 이 책은 정말 이치에 맞구나."

1976년, 스포크는 첫 번째 아내와 이혼하고 메리 모건과 재혼했다. 이 메리 모건 부인과 더불어 스포크의 유족으로는 아들 2명, 수양딸 1명, 손주 4명과 증손녀 1명, 그리고 누이 2명이 있다.

1947년 뉴욕의 병원을 접고 교육자로 나선 스포크는 자신의 저서를 계속해서 개정해 나갔다. 특히 1976년 4판은 그가 서문에 기술한 바와 같이 "여아와 여성에 대한 차별을 유발하고 지속시키는 성차별적 방식을 지양하기 위해" 상당 부분 개정되었다. 일례로 이 책에서는 아기, 혹은 아동을 지칭할 때 '그(he)'뿐만 아니라 '그녀(she)'를 병기하고 있다.

달라진 점은 부모의 역할에 대한 기술 방식에도 있었다.

"나는 언제나 엄마가 사회 경력을 원하는 것과는 별개로, 어린 아이들(혹은 가정일)에 대해 더 큰 몫의 책임을 질 것이라고 가정했었다." 스포크는 서문에 이렇게 적었다. "그러나 그와 같은 일반적인 추정이 여성들로 하여금 남성들보다 자녀양육을 위해 그들의 경력을 희생해야만 한다는 압박을 더 크게 느끼도록 한다. 나는 이제 아빠의 책임도 엄마의 희생만큼이나 크다는 것을 깨닫는다."

닐 암스트롱

1930년 8월 5일~2012년 8월 25일

존 노블 윌포드 기자

달 표면에 최초로 발자국을 남겨 "인류의 커다란 도약"를 이루어냈던 닐 암스트롱이 토요일, 82세의 나이로 별세했다.

암스트롱 가족은 그의 사인이 "심혈관 수술 과정에서 야기된 합병증"이라고 밝혔다. 닐 암스트롱은 이번 달에 자택으로부터 멀지 않은 신시내티에서 심장 우회 수술을 받았었다. 회복이 잘 진행되고 있었기에 그의 사망 소식은 아폴로호에 함께 탑승했던 동료 우주비행사들을 비롯한 지인들에게 충격으로 다가왔다.

조용한 성격의 인물로, 진정한 엔지니어이자 균열시험 비행사였던 암스트롱은 1969년 7월 20일, 1960년대 미국과 소련의 우주 경쟁을 종결시켰던 임무를 수행한 아폴로 11호의 지휘관으로서 역사에 남게 되었다. 존 F. 케네디 대통령은 미국이 "10년 내에 인간을 달에 착륙시키고 무사히 지구로 귀환하는 목표를 이룰 것"을 약속했었고, 10년이라고 언급했었던 기한까지 5개월 이상 남은 시점에서 그 목표는 실현되었다.

그날 암스트롱과 "버즈"라고 불렸던 부조종사 에드윈 E. 올드린 주니어 대령은 달착륙선 이글호를 평평하고 암석

이 많은 '고요의 바다' 근처로 이동시키고 있었다. 마지막 1~2분 동안 컴퓨터 경고음이 울렸고 연료가 소진된 상황에서 아슬아슬하게 이루어진 접지착륙이었다. 그러나 결국 그들은 해냈다.

"휴스턴, 여기는 '고요의 기지'다." 암스트롱이 상황실에 무전을 했다. "이글이 착륙했다."

"로저, '고요'." 상황실은 이렇게 응답했다. "착륙을 확인한다. 여기 많은 사람들이 파랗게 질리기 직전이었다. 우리 모두 한숨 돌렸다. 고맙다."

텔레비전으로 이를 지켜본 전 세계 수천만 명의 사람들도 마찬가지였을 것이다.

몇 시간 후, 착륙선 사다리 위에 흰색 우주복과 헬멧을 착용한 암스트롱이 보였다. 달의 표면에 발을 내딛으며, 암스트롱은 "사람에게는 작은 한 걸음이지만, 인류에게는 큰 도약입니다"라고 말했다. (그가 '사람'이라고 말했는지, '한 사람'을 불명확하게 말했는지는 역사상 소소한 논쟁거리가 되었다.)

곧이어 올드린 대령이 암스트롱과 합류하여 지구의 1/6 수준인 달의 중력 안에서 캥거루처럼 뛰는 동안, 마이클 콜린스는 약 97km 상공의 궤도에 남아 그들의 귀환을 기다렸다. 이때부터 1972년 아폴로 17호의 임무에 이르기까지 총 12명의 미국 우주비행사들이 달의 표면을 걷게 된다.

아폴로 11호는 격동적이고 중요했던 10년을 매듭지은 사건이었다. 미국의 1960년대는 넘치는 가능성과 젊은 대통령의 당선, 그리고 상존하는 냉전에 대한 불안감이 혼재된 상태에서 시작됐다. 또한 수년간의 살해와 방화, 그리고 캠퍼스 폭동으로 결국 붕괴되었던 시민권 운동이 다시 최고점으로 들끓던 시기이기도 했다. 그러던 1960년대 말, 인류는 오랫동안 닿을 수 없는 곳을 상징했던 장소에 도달했던 것이다.

달 표면에서의 2시간 19분은 우주비행사들이 고운 먼지투성이의 달 표면을 걷고, 텔레비전 카메라와 과학 장비들을 설치하고, 암석 시료를 채취하는 데 충분한 시간이었다.

"역사책이 존재하는 한, 닐 암스트롱의 이름은 반드시 언급되어 있을 것입니다." 현 나사(NASA) 행정관 찰스 볼든 주니어는 이렇게 말하면서, 암스트롱이 월면보행이 이루어진 지 수년 뒤에도 "모두에게 귀감이 되는 우아하고 겸손한 행보"를 이어갔다는 점을 잊지 않고 덧붙였다. 또한 역사학자 더글러스 브린클리는 암스트롱을 "미국의 가장 수줍은 원탁의 기사"라고 묘사했으며, 암스트롱의 가족들은 그를 "언제나 그가 할 일을 했을 뿐이라고 믿었던 겸손한 영웅"이라고 불렀다.

닐 암스트롱은 1930년 8월 5일 오하이오 주의 작은 도시 와파코네타에서 태어났다. 오하이오 주의 감사관이었던 부친 스티븐 암스트롱을 따라 모친 바이올라 루이스 엔젤(결혼 전 이름)을 비롯한 닐의 가족들은 몇 년에 한 번씩 오하이오 주의 새로운 도시들로 이사를 다녔다. 그러던 6살 무렵 닐은 부친과 함께 '양철 기러기'라고 알려진 포드 3발기를 탔는데, 그가 15살 무렵부터 비행기 조종을 배웠었던 걸 보면 이 경험이 강렬한 인상을 남겼던 것 같다.

그렇게 오하이오 주의 이곳저곳을 떠돌다 와파코네타로 다시 돌아왔을 때, 암스트롱은 이글 스카우트(21개 이상의 공훈 배지를 받은 보이 스카우트 단원)가 되어 있었다. (와파코네타에는 암스트롱이 졸업한 고등학교가 있으며, 이후 그의 이름을 딴 박물관이 세워지기도 했다.) 이후 암스트롱은 해군 장학금을 받으며 퍼듀 대학에서 엔지니어링을 전공했지만 한국전쟁이 발발하자 학업을 중단한 채 해군 전투기 조종사로 참전하여 78회의 전투 비행 임무를 수행했다. 그중 한 번은 비행기의 보조날개가 파손되어 비상탈출을 하기도 했다.

해군 복무 이후 퍼듀 대학로 복학한 암스트롱은 우주항공 엔지니어링에 대해 보다 진지하게 공부하기 시작했고, 좋은 성적을 거두면서 이와 관련된 분야로 자신의 진로를 결정하게 된다.

한편, 같은 시기에 암스트롱은 일리노이 주 에반스턴 출신으로 가정경제를 전공하던 자넷 엘리자베스 셔론을 만났고 이 둘은 1956년 1월, 암스트롱이 졸업하자마자 결혼식을 올렸다.

암스트롱 부부는 슬하에 아들 둘(에릭과 마크)과 딸 한 명을 두었지만, 딸 캐런은 1962년, 수술이 어려운 뇌종양으로 사망했다. 이후 이 부부는 1994년 이혼했으며 암스트롱은 1999년, 15살 연하의 과부 캐롤 나이트와 재혼한 뒤 신시내티 외곽의 인디언 힐에 보금자리를 마련했다. 암스트롱의 유족들로는 부인 캐롤 나이트과 아들 두 명을 비롯하여, 의붓아들 한 명과 의붓딸 한 명, 형제 딘과 누이 준 암스트롱 호프먼, 그리고 10명의 손자들이 있다.

나사의 시험 비행사로서 암스트롱이 처음 조종했던 로켓 항공기는 (음속 장벽을 깬 비행기의 후속모델인) 벨X-1B였다. 이후에도 그는 대부분 새롭게 개발된 혁신적이고 위험한 항공기로 우주의 경계에 도전하면서, 시속 6437km로 치솟는 7차례의 X-15 비행을 감행했다.

오래지 않아 암스트롱은 나사의 우주비행단으로부터 입단 제의를 받게 된다. 훗날 그는 전기 작가에게 이렇게 말했다. "우주비행사가 되는 것의 매력은 달에 가는 것보다는 완전히 새로운 장비로 비행하는 데 있습니다."

이 새로운 우주비행사는 휴스턴에서 3인승 아폴로 호의 전신인 2인승 제미니 호를 위한 훈련을 시작했다. 이어 암스트롱은 제미니 8호의 선장으로서 우주를 비행한 미국의 첫 민간 우주비행사가 되었으며, 1966년 3월에는 부조종사데이비드 스캇와 함께 추후 달 비행 작전을 위한 중요한 시험 비행에서 제미니 호와 무인선 아제나를 우주 공간에서 연결하는 도킹 작업을 처음으로 성공시켰다.

그러던 1968년 후반, 사상 최초로 달 궤도 일주 비행을 했던 아폴로 9호의 예비 선장으로 대기하던 암스트롱은 드디어 아폴로 11호의 선장으로 낙점된다. 나사의 관계자들은 이 프로젝트의 지휘관으로서 달 표면에 첫 발을 내딛을 사람은 바로 암스트롱이 될 것임을 천명했던 것이다.

달에 착륙한 지 약 6시간 30분 뒤에 암스트롱은 4개의 지지대가 있는 달 모듈의 해치를 열고, 천천히 사다리를 타면서 달 표면으로 내려갔다. 텔레비전 카메라는 전 세계가 볼 수 있도록 그의 모든 걸음을 좇았다.

암스트롱과 올드린 대령은 그곳에 다음과 같이 적힌 명판을 남겼다. "지구에서 온 사람들이 여기 달에 첫발을 디뎠다. 서기 1969년 7월. 우리는 모든 인류를 위해 평화를 이루었다."

우주 프로그램을 떠난 후 암스트롱은 자신의 이미지나 성과에 먹칠을 할 행동을 하지 않기 위해 조심했다. 그는 인터뷰를 거의 하지 않았으며, 스포트라이트를 피했다.

암스트롱의 전기, '첫 번째 사람: 닐 암스트롱의 생애'에서 제임스 핸슨은 이렇게 적었다. "사람들은 그가 다른 우주 비행사들과 달리 그의 명성을 이용하려 하지 않았던 점을 높이 평가했다." 이와 관련해 자넷 암스트롱은 다음과 같이 답했다. "맞아요. 그러나 그 사건이 암스트롱의 내면에 미친 영향에 대해서도 살펴봐야 합니다. 그는 수만 명의 사람들이 함께 이룬 업적에 대한 칭송을 혼자서 독차지한 것에 대해 죄책감을 느꼈어요." 그녀는 또한 이렇게 덧붙였다. "암스트롱은 분명 흥미로운 삶을 살았습니다. 그러나 이러한 사실을 너무 진지하게 받아들였죠."

암스트롱은 한동안 나사의 행정부관을 역임했으나 워싱턴에서 이루어지는 업무들을 좋아하지는 않았다. 또한 기업과 학계로부터 쏟아지는 수많은 제의들을 거절한 채, 오하이오 주 신시내티 대학의 항공 엔지니어링 교수로 조용히 복귀하였으며, 오하이오 주 레바논 근처의 농장을 구입하여 소소한 일상을 보냈다.

암스트롱의 사망 소식이 전해지자마자 웹사이트와 소셜 미디어에서는 이 특별한 인물에 대한 대중들의 남다른 찬사를 반영하며 관련 검색어가 폭주했다.

이에 암스트롱의 가족들은 다음과 같은 성명을 발표했다. "우리는 아주 소중한 사람을 잃은 것을 슬퍼하면서 그의 놀라운 생애를 기념합니다. 우리는 그의 삶이 전 세계의 젊은이들에게 귀감이 되어 그들이 꿈을 이루기 위해 열심히 노력하고, 한계를 극복하고자 기꺼이 모험에 나서며, 자신보다는 더 큰 명분을 위해 이타적으로 살아가기를 희망합니다."

---

man of the Leislerian party; John Roosevelt, Cornelius C. Roosevelt, and James Roosevelt also served as Aldermen, and James J. Roosevelt was in turn Alderman, Assemblyman, Congressman and Supreme Court Justice.

But although his name is Dutch, in his veins were mingled Irish, Scotch and Huguenot blood; and his mother was a Southerner. She was Martha Bulloch, daughter of James Stevens Bulloch, a major in Chatham's battalion, and a granddaughter of General Daniel Stewart of Revolutionary fame. His father, Theodore Roosevelt, Sr., organized a number of New York regiments in the civil war and was one of the leaders in organizing the Sanitary Commission and other work for the soldiers. He was a practical philanthropist and the works he accomplished for the poor were legion. When he died in 1878 flags flew at half mast all over the city and rich and poor followed him to the grave.

The second Theodore Roosevelt was born in this city Oct. 27, 1858. He was graduated from Harvard in 1880, and after a year spent in travel and study in Europe he plunged at once into that field of activity which he never afterward forsook—politics. He was an officeholder almost continuously from 1882 until he retired from the Presidency in 1909. The only intermission came during his life as a rancher after he retired from the Legislature.

As a boy he was puny and sickly; but with that indomitable determination which characterized him in every act of his life, he entered upon the task of transforming his feeble body not merely into a strong one, but into one of the strongest. How well he succeeded everybody knows. This physical feebleness bred in him nervousness and self-distrust, and in the same indomitable way he set himself to change his character as he changed his body and to make himself a man of self-confidence and courage. He has told the story himself in his autobiography:

"When a boy I read a passage in one of Marryat's books which always impressed me. In this passage the captain of some small British man-of-war is explaining to the hero how to acquire the quality of fearlessness. He says that at the outset almost every man is frightened when he goes into action, but that the course to follow is for the man to keep such a grip on himself that he can act just as if he was not frightened. After this is kept up long enough it changes from pretense to reality, and the man does in very fact become fearless by sheer dint of practicing fearlessness when he does not feel it. (I am using my own language, not Marryat's.)

honeycombed with petty jealousies and favoritism and blackmail, that the board could never ascertain the truth about what the men were doing. Roosevelt smiled and said: "Well, we will see about that," and see about it he did literally, for he personally sought the patrolmen on their beats at unexpected hours of the night, interviewed them as to their duties, and whenever one was found derelict he was promptly reprimanded or dismissed. The plan had a sudden and wholesome effect, for no roundsman, no sergeant, or police captain knew at what hour the Commissioner might turn up and catch him napping.

When he went into the Police Board and insisted on enforcing the excise laws literally, Chief Byrnes said, "It will break him. He will have to yield in time. He is only human."

At the height of his unpopularity a monster parade was organized to show New York's disgust with his policy. It paraded with such signs as "Send the Police Czar to Russia." A perfunctory invitation, or, perhaps, a sarcastic one, had been sent to him, and to everybody's astonishment he arrived early and took his seat on the reviewing stand.

Among the foremost of the paraders was a German, who looked back with pride on the great host behind him. Waving his hand, he shouted in a stentorian voice:

"Nun, wo ist der Roosevelt?" ("Where is Roosevelt now?")

A beaming face with a bulldog grin looked down from the stand.

"Hier bin ich. Was willst du, kamarad?" ("Here I am. What do you want, comrade?")

The German stopped, paralyzed with astonishment. Then an answering grin overspread his own face.

"Hurrah for Roosevelt!" he shouted. His followers took up the cry, and those who came to scoff remained to cheer.

In April, 1897, through the influence of his old friend, Senator Lodge, he was appointed Assistant Secretary of the Navy. He became convinced that war with Spain was inevitable and promptly proceeded to make provision for it. For command of the Asiatic Fleet certain politicians were pushing an officer of the respectable, commonplace type. Roosevelt determined to get the appointment for Commodore Dewey, who was this officer's junior, and who had no political backing, but whose career Roosevelt had been watching. He enlisted the services of Senator Redfield Proctor, whom he knew to be close to the President, checkmated the politicians and secured the appointment which resulted in so much glory for the American Navy.

Mr. Roosevelt also set about at once to secure a better equipment for the navy, and to him belongs credit for the drill of officers and men in target practice, the results of which were soon after made manifest. Soon after he became Assistant Secretary he asked for the sum of $800,000 for "practical target" shooting. That was considered a pretty large sum, and only a few months later he asked for $800,000 more. He was asked what had become of the first appropriation and replied that it had all been shot away, adding that

that this Booth was a great actor, greater in many parts than his rival, Edmund Kean. But the British public had, after years of neglect, made Kean its idol, and there was no room for Booth. His genius closely resembled Kean's; they were of much the same temperament; they took very nearly the same point of view. Booth, like Kean, could depict blazing passion and thrill the souls of his hearers with fiery eloquence. That, in his early manhood, told against him. There might have been room on the London stage, even when Kean's fame was at the zenith, for another John Kemble, cold, formal, correct, of formidable dignity and irreproachable skill. Macready slowly worked his way to the front in those days of Kean's ascendency. But no place in the public heart could be found for another Kean while Kean lived.

Junius Brutus Booth had some of the faults of Edmund Kean, as well as similar artistic gifts. He was, in his later years, eccentric almost to the verge of insanity. He was given to fits of melancholy. He played fast and loose with the public. He was intemperate. But his nature was of a finer fibre than Kean's; he was a purer and a wiser man. He had a larger actual knowledge of his own art and kindred arts than Kean had. He was affectionate, as Kean was not. As for his acting, it is conceded to-day that it equaled Kean's.

Junius Brutus Booth's second wife, who came to America with him, had been Mary Ann Holmes of Reading, England. They had ten children, namely, Junius Brutus, Rosalie Anne, Henry Byron, Mary, Frederick, Elizabeth, Edwin Thomas, Asia Sydney, John Wilkes, and Joseph Addison. Of these the younger Junius Brutus became an actor, managed theatres in California and in the East, and finally kept a popular Summer hotel in Massachusetts; Asia married John Sleeper Clarke, the comic actor; John Wilkes took to the stage, but, because of his profli-

part man
went to S
Amador,
pathize w
In Januar
Legislatu
That year
Romeo, P
mento Th

He appe
cisco, and
the rising
tle of th
man, who
after-dinn
later at
chair of
afford to
night on t
and liste
greeted t
Booth's
California
newspape
minister
New-York
added to
beth, Pet
with his f

When h
sence of
1876, he
queror.
played, er
ets, and p

HIS

In the W
to the Ea
star actor
Street Th
made a to

STAGE AND SCREEN

공연·영화

꿈의 무대를 만든 사람들

P. T. 바넘

1810년 7월 4일~1891년 4월 7일

코네티컷, 브리지포트—오늘 오후 6시 22분, P. T. 바넘이 오랜 투병 끝에 브리지포드의 자택 마리나에서 조용히 숨을 거두었다. 전날 자정 직후부터 그의 병세는 급격히 악화되었고, 당시 그곳에 머물러있던 닥터 허바드와 닥터 갓프리는 이내 그가 오래 버티지 못할 것임을 알았다. 바넘 여사, 바넘이 다니던 교회의 목사 L. B. 피셔, 바넘의 첫째 딸 D. W. 톰슨, 뉴욕에서 온 둘째 딸 W. H. 부쉬텔, 손자 C. 바넘 실리, 주치의 허바드와 갓프리, 그리고 바넘의 충실한 하인 W. D. 로버츠가 그의 곁을 지켰다. 바넘의 임종은 모두가 눈물을 흘린 애처로운 순간이었다.

브리지포트 시 전체에도 오늘밤 깊은 애도의 물결이 흘렀다. 그제 기준으로 바넘의 나이는 80세 9개월에서 멈췄다.

미국의 위대한 쇼맨이었던 바넘은 40여 년 동안 대중을 즐겁게 하는 데 몰두했으며, 그의 인생은 멋진 모험들로 가득했다.

피니어스 테일러 바넘은 1810년 7월 5일, 코네티컷 주 베델에서 태어났다. 부친 필로 바넘은 재단사이자 농부, 그리고 술집 주인이기도 했다. 바넘은 성공하려면 열심히 일을 해야 한다는 것을 일찌감치 배웠다. 그는 6세 때부터 목초지로 소를 몰고, 집 뒷마당 텃밭에서 잡초를 뽑았고, 더 자라서는 밭갈이 말을 탔으며, 학교는 기회가 될 때마다 나갔다. 특히 산수에 능했던 바넘은 아주 어릴 때부터 돈의 가치를 알게 되어 6세 때 벌써 은화 1달러로 바꿀 만큼의 동전들을 모을 정도였다. 그는 여기서 그치지 않고 집에서 만든 당밀 사탕과 생강 쿠키, 그리고 본인이 직접 담근 체리 럼이라는 술을 팔며 돈을 최대한 "굴려"서 12세가 채 되기도 전에 양 한 마리와 송아지 한 마리를 사기에 충분한 돈을 모았다.

그러나 수년 동안 어린 바넘의 삶은 계속 어려움에 부딪혔다. 그가 15세 때 부친이 사망하면서 바넘은 거의 무일푼 처지가 되었다. 그는 행상꾼에서 브루클린 및 뉴욕의 점원, 선술집 관리인, 구멍가게 주인, 지방 신문사 편집자에 이르기까지 다양한 일을 했다. 이후 하숙집을 운영하게 된 그는 필라델피아로 여행을 떠났고, 젊은 여성 재단사를 만나 결혼을 했다. 그는 결혼 이후 오랫동안 자신의 아내를 "세상 최고의 여성"이라고 말했다.

한편 1835년 바넘은 자신의 소명이라고 느껴지는 일을 찾았다. 바로 '쇼 비즈니스'였다. 그는 이 시기에 대해 후에 이렇게 적었다. "당시 나는 역동적인 쇼 비즈니스의 세계에서 아직 나에게 맞는 자리에 도달하지 못했다고 확신했다. 내가 오락을 추구하는 사람들의 끝없는 욕구를 채워주고, 미국뿐만 아니라 유럽에서까지 큰 반향을 불러일으키고, 흥행가로서 커리어를 시작한 이래 그토록 빠르게 부와 명성을 얻게 될 거라고는 상상하지 못했다. 원숭이 전시에서부터 재능 있는 예술가들에게 왕자도 부러워할 만한 세계적인 명성을 안겨주는 음악과 연극 같은 순수예술에 이르기까지, 쇼 비즈니스에는 다양한 단계의 품격이 존재한다. 그저 존재하는 것만으로 충분하지 않다. 성인에서 어린이에 이르기까지 더욱 즐겁고 가벼운 마음으로 시간을 보낼 수 있는 무언가가 필요하다. 이런 욕구를 채워줄 수 있는 사람은 인간 본성의 창조주가 이룬 영역을 다루는 자라고 생각한다."

바넘의 초기 사업 아이템 중 하나는 조지 워싱턴 장군의 간호사였으며 나이가 161세라고 알려진 놀라운 흑인 여성이었다. 이 기적과 같은 여성은 1835년 7월 15일 '펜실베니아 인콰이어러'에 다음과 같이 소개되었다.

"신기한 세상-필라델피아와 인근 지역 시민들은 마소닉 홀에서 여태까지 본 것들 중에서 가장 놀랍고 진기한 것을 목격할 기회가 생겼다. 161세 흑인 여성인 조이스 헤스는 워싱턴 장군 부친의 시종이기도 했다. 이 여성은 116년 동안 침례교를 다녔고, 많은 찬송가를 과거의 방식대로 부를 수 있다. 버지니아 주 포토맥 강 인근에서 태어난 조이스 헤스는 볼링 가(家)와 함께 켄터키 주 패리스에서 90년, 혹은 100년 동안 살았다." 바넘은 1천 달러에 이 '놀라운 흑인 여성'을 확보했고 이를 통한 사업으로 돈을 벌면서 흥행가로서 커리어를 이어나갔다. 이후 수년 동안 바넘은 미국 전역을 순회했을 뿐만 아니라 전 세계 다른 국가들에도 진출했다.

버넘은 자신의 사업 영역 중 미국 박물관과의 연계, 그리고 제니 린드와 톰 섬을 고용한 것을 가장 중요하게 생각했으며, 1841년 12월 27일에는 뉴욕 브로드웨이와 앤 스트리트가 만나는 모퉁이에 위치한 미국 박물관의 관리 권한을 얻어 한동안 운영하기 시작했다.

이 박물관은 세계에서 가장 유명한 오락 장소가 되었고, '피지 인어'와 '수염 난 여성', 거인과 난쟁이 등을 계속해서 전시했다.

1842년 11월, 바넘은 찰스 S. 스트라튼이라는 난쟁이를 고용해 톰 섬 장군이라는 예명을 지어주었다. 이 둘은 함께 세계 여러 곳을 다니며 많은 수입을 올렸다. 그는 공연을 위해 톰 섬과 함께 영국 빅토리아 여왕을 방문했던 경험에 대해 이렇게 적었다. "우리는 안내에 따라 긴 복도를 지나 넓은 대리석 계단에 도달했고 이어 여왕의 웅장한 화랑으로 들어갔다. ... 톰 섬 장군은 스스럼없이 여왕에게 그녀의 그림들이 '최고 수준'이라고 칭찬했다."

바넘은 또한 제니 린드와의 동업이 자신의 경력에 있어 최고의 기회 중 하나였다고 밝혔다. 그는 1850년부터 시작된 제니 린드와의 계약을 통해 많은 돈을 벌었고, 제니 린드는 95번의 공연을 통해 무려 17만 6,675,09달러를 지급받았다.

제니 린드와의 합작 후 바넘은 어딜 가나 "성공이 보장된 사람"으로 여겨졌다. 그러나 시간이 지나면서 문제들이 생겨났고, 결국 어리석은 투기로 그때까지 번 돈을 모두 잃게 된다. 그럼에도 그는 포기하지 않았다. 지인들의 도움과 그가 소유한 일부 자산 가치 상승, 그리고 그의 최대 장점이라 할 수 있는 엄청난 에너지를 통해 다시 작은 것부터 재기를 모색하기 시작했다. 또한 톰 섬을 데리고 다시 유럽을 순회하면서 잃은 재산을 만회할 수 있었다. 바넘은 후에 다시 미국 박물관을 관리하게 되었고, 이 박물관이 화재로 소실되자 브로드웨이 방향과 더 가까운 위치에 '새로운 박물관'을 설립했다. 이 박물관 또한 화재를 겪게 되면서 그는 많은 돈을 잃었다. 하지만 운 좋게도 곧장 몬스터 서커스 공연의 매니저가 되어 순회공연에 나선 바넘은 또 다시 세계 곳곳에서 큰 성공을 거두었다.

그는 홍보의 중요성을 잘 알고 있었다. 인쇄 홍보물의 가치를 누구보다도 잘 꿰뚫고 있었고, 홍보를 위해서라면 그 어떤 일도 도맡아 할 준비가 되어 있었다.

그의 인생에서 가장 중요한 기회들 중 하나는 코끼리 "점보"와 함께 찾아왔다. 바넘은 런던 동물원에 있는 점보를 자주 눈여겨보곤 했었지만, 자신이 점보를 소유할 수 있을 거라고는 상상조차 하지 못했다. 그러나 그의 에이전트 중 한 명이 동물원의 매니저를 설득해 2천 달러에 점보를 팔도록 주선했고, 바넘은 바로 이 거래를 진행시켰다. 이로 인해 영국에서는 시위가 벌어졌다. 점보의 사진들과 더불어 점보에 대한 이야기와 시, 점보 이미지가 들어간 목걸이와 넥타이, 담배, 부채, 모자 등이 영국 전역에서 팔려나갔다. 심지어 점보를 위한 폴카 춤이 유행하기도 했다.

바넘은 점보가 런던에 남을 수 있도록 점보에 대한 권리를 포기할 가격을 제시하라는 압박도 끈질기게 받았다. 하지만 그는 점보를 미국에 선보이기로 이미 약속이 되어 있고, 이를 위해 대대적인 홍보를 했다는 이유로 10만 달러라는 금액이 제시되었음에도 불구하고 점보를 포기하지 않았다.

점보의 현황이 대중들의 깊은 관심을 받자 신문사들은 이에 대한 갖가지 기사들을 쏟아냈다. 그리고 점보가 예상치 못한 사고로 죽게 되자 미국과 영국은 모두 슬픔에 빠졌다.

바넘은 1883년 발표한 유언장에서 자신의 서커스단 지분을 350만 달러로 책정했으며, 각 시즌에 거둔 수익의 일정 부분을 아동구호협회에 기부한다고 밝혔다. 그리고 그는 이렇게 덧붙였다. "나에게 있어 밝은 눈으로 웃는 행복한 아이들만큼 아름다운 이미지는 없고, 아이들의 청명한 웃음소리만큼 듣기 좋은 음악도 없다. 내가 어린이들에게 순수한 즐거움을 선사함으로써 웃음과 행복감을 줄 수 있었다는 것을 가장 자랑스럽게 생각한다."

에드윈 부스

1833년 11월 13일~1893년 6월 7일

유명 배우 에드윈 부스가 오늘 새벽 1시 17분에 플레이어 클럽에서 타계했다. 최근 수년간 몸이 점점 쇠약해져 온 그는 회복에 대한 희망을 버린 상태였다. 그는 깊이 잠든 상태에서 고통 없이 유명을 달리했다고 전해진다.

부스의 딸 그로스먼은 조용히 그의 곁을 지켰고, 부스는 딸의 품 안에서 숨을 거두었다. 그가 사망한 후 30분이 채 지나지 않아 뉴욕에 있는 모든 클럽들에 이 위대한 비극배우의 비통한 소식이 퍼졌다.

1821년, 미국에 건너온 에드윈 부스의 부친 주니어스 브루투스 부스는 연극계에서 받은 처우에 좌절했다. 그는 분명 훌륭한 배우였으며 당시 라이벌이었던 에드문드 킨과 비교해도 많은 부분들에서 더 뛰어났다. 그러나 대중들은 에드문드 킨이 존재하는 한 또 다른 배우에 눈길을 돌리려 하지 않았다.

브루투스 부스의 두 번째 아내는 영국 레딩 출신인 메리 앤 홈즈였고, 이 둘은 10명의 자녀를 두었다. 이 중 셋째 아들 존 윌크스는 연극계로 진출했지만, 방탕한 생활로 인해 그의 재능을 모두 낭비하고 말았다.

나이가 든 브루투스 부스는 메릴랜드주 볼티모어 인근 마을 벨에어의 농장을 사들였고, 이곳에서 1833년 11월 13일, 에드윈 부스가 탄생했다. 부스는 아주 어릴 때부터 부친의 총애를 받았으나 부친은 그가 배우가 되기를 원하지는 않았다. 부스가 재능이 전혀 없다고 생각한 부친은, 그가 훗날 6천만 인구의 나라에서 최고의 배우로 칭송받고, 당대 영어권 연극계에서 셰익스피어를 가장 현명하고 웅장하게 해석하는 인물이 될 것이라고는 짐작조차 하지 못했다.

부스는 1849년 9월 10일, 보스턴 박물관에서 연극 '리처드 3세'의 트레슬 역으로 처음 무대에 섰다. 1850년 9월 27일에는 오래된 국립극장에서 공연된 '아이언 체스트'에서 부친이 맡은 모티머 역의 상대역 윌포드로 첫 뉴욕 무대에 섰다. 이어 부스와 그의 부친은 1852년 6월, 캘리포니아로 건너갔고, 새크라멘토의 아메리칸 시어터에서 몇몇 연극들에 함께 출연했으나 같은 해 말경에 부친은 사망하고 만다.

1855년, 새크라멘토 극장 주식회사의 멤버가 된 부스는 같은 해 8월 11일, '리처드 3세'에 출연해 "전망 있는 젊은 배우"라는 평을 받았고, 그 다음 주에 처음으로 햄릿 역을 맡는다. 부친은 낙마했었던 역을 맡음으로써 떠오르는 신예로 주목을 받기 시작한 것이다. 당시 미 해군 중위였던 윌리엄 티컴세 셔먼 장군은 35여 년 후 델모니코 식당의 만찬 연설 중에 부스의 옆에 서서 자신이 돈이 없어 극장에 갈 수 없었던 그 시절 어느 밤에 맞은편 호텔 베란다에 앉아 비극배우 부스를 향한 엄청난 박수 소리를 듣곤 했다는 일화를 들려주기도 했다.

정식 계약을 맺은 부스의 첫 뉴욕 공연은 버튼 극장에서 이뤄졌다. 1857년 5월 4일부터 시작된 이 공연기간 동안 젊은 비극배우 부스는 '리처드 3세', '리어왕', '햄릿', '로미오' 역을 맡았다. 그는 이 공연들로는 많은 수익을 거두지 못했지만 1860년 11월 26일, 윈터 가든 극장으로 개명한 동일한 극장에서 또 다른 공연을 시작했을 때부터 상황은 그에게 유리하게 돌아가기 시작한다. 그의 햄릿 연기는 드디어 주목받기 시작했고, 관중들은 엄청난 박수갈채를 통해 자신들이 다른 어떤 햄릿보다도 부스의 햄릿을 선호한다는 것을 표현했다. 1861년, 그는 처음으로 영국 런던으로 건너가 공연을 했고, 같은 해 여배우 메리 데블린과 결혼도 했다. 그러나 1863년 2월 21일, 데블린은 23세가 채 되기도 전에 어린 딸 에드위나를 남기고 세상을 떠났다.

1862년 9월 29일, 윈터 가든 극장에서 열린 재공연 역시 관객들의 열띤 호응을 받았다. 특히 '햄릿'과 '베니스의 상인'이 인기를 끌었는데, 1864년 5월 3일 같은 극장에서 '햄릿'을 재연한 부스와 그의 처남 존 슬리퍼 클라크는 아예 극장을 통째로 대여했다. 윈터 가든 극장의 매니저이자 활기 넘치는 아일랜드 출신 모험가였던 윌리넘 스튜어트는 부스의 공연을 아낌없이 홍보했다. 부스의 이름을 넣은 홍보 포스터들의 규모는 서커스 홍보물 못지 않았다.

부스에 대한 대중들의 반응은 아주 뜨거웠다. "현대 연극계에서 그의 햄릿에 견줄 만한 이가 또 있을 것인지" 자문해 보는 평론가들도 넘쳐났다. 짙게 물결치는 머리카락과 시적인 구슬픔이 묻어나는 잘생긴 얼굴의 부스는 많은 이들에게 깊은 인상을 주었고, 그의 아름다운 목소리도 극찬을 받았다. 전성기가 눈앞에 다가온 것이었다.

1864년 10월 31일, 윈터 가든 극장에서 시작되어 100일 동안 이어진 '햄릿' 연속공연은 각광을 받으며 1865년 3월 24일 보스턴 극장 공연으로까지 이어졌다.

그로부터 3주 후, 부스의 남동생이 에이브러햄 링컨 대통령을 저격해 암살한 사건이 발생했고, 미국은 엄청난 충격에 빠졌다. 부스를 향한 비난은 없었지만 부스는 자신의 가족에 대한 수치심에 빠졌고 이후 워싱턴에 나타나지 않았다.

1866년 1월 3일, 뉴욕 윈터 가든 극장에 '햄릿'으로 복귀한 부스를 관객들은 환호로 맞이했다. 이는 대중의 연민과 더불어 그의 애국심에 대한 신뢰를 의미하기도 했지만, 남동생의 악랄한 범죄 이후 본의 아니게 더욱 강렬한 인상을 내뿜는 부스의 연기를 볼 수 있게 된 관객들의 기쁨을 의미하기도 했다.

당시 부스의 성공은 정점에 달했다. 그해 윈터 가든 극장에서 부스는 그 어느 때보다도 확고부동하고 침착하며 강하면서도 탁월한 세심함으로 셰익스피어의 주인공들을 묘사했다. 1866년 12월에는 오셀로 장군 역을 맡은 유명 독일배우 보거밀 다위슨과 한 무대에 올라 이아고 역을 소화했는데 둘은 각각 자신의 모국어로 연기했고 이는 뉴욕 무대에서 비슷한 공연들의 시초가 되었다.

1867년 1월 22일, 윈터 가든 극장에서 햄릿 공연을 마친 부스는 셰익스피어 작품의 주인공들 중 가장 비극적인 이 덴마크의 왕자를 체현해낸 것에 대한 대중들의 찬사를 의미하는 햄릿 메달을 수여받았다. 황금 뱀 장식으로 둘러싸인 타원형의 메달은 현재 그래머시 공원 내 플레이어 클럽 회관에 보관되어 있다. 이 회관의 중앙에는 햄릿으로 분한 부스의 흉상 또한 있다.

당시 34세였던 부스는 미국에서 가장 유명한 배우가 되었고, 엄청난 부가 눈앞에 다가온 듯했다. 그의 오랜 소망은 자신이 소유한 극장에서 셰익스피어의 작품들을 공연하는 것이었다.

1868년 4월 8일, 6번가 23번지에 부스 극장의 주춧돌이 놓였고, 완공된 극장은 1869년 2월 3일 대중들에게 공개되었다. 석조로 된 외관은 거대하고 웅장했고, 객석은 아름답고 넓었으며, 음향시설도 완벽했다. 이 극장의 초연으로 선보인 '로미오와 줄리엣'에는 엄청난 수의 관객들이 몰려들었다.

'로미오와 줄리엣'은 4월 12일까지 공연되었고 이어서 '오셀로' 또한 성공적으로 공연되었다. 이 공연에서 부스는 오셀로 장군 역을, 애덤스는 이아고 역을 맡았으며, 젊은 여배우 메리 맥비커는 데스데모나 역을 맡았다. 맥비커와 부스는 1869년 6월 2일에 결혼했다.

1870년 1월 5일, 부스는 다시 '햄릿' 공연을 내걸었다. 언제나처럼 우아하고 감동적이며 생생했던 부스의 햄릿에 비해 클라우디우스 역의 테오도르 해밀턴, 레어티스 역의 윌리엄 셰리던, 폴로니우스 역의 D. C. 앤더슨은 그리 강한 인상을 주지 못했다.

한편 부스의 지출은 어느새 수입을 넘어서기 시작했다. 그는 극장 건립을 위해 엄청난 융자를 받은 데다 운영비용을 충당하기 위해 빌린 돈도 상당했다. 그의 자문가 및 조수들은 현명하지도, 실력이 있지도 않았다. 무대 관리는 날로 허술해졌고, 공연의 완성도도 점점 형편 없어졌다. 1873년 6월 21일에 열린 공연을 끝으로 그는 공식적으로 극장 운영에서 물러났다.

또한 1874년 2월, 부스는 자의파산

신청을 하기에 이른다. 그의 자산은 9천 달러로 발표되었고, 부채는 엄청났다. 부시코의 연극 '대만, 혹은 파멸로 가는 철길'을 망쳐놓기도 했던 극장 전문 투기꾼 재럿 앤 팔머는 부스 극장의 임대료를 연간 4만 달러로 책정했다. 부스는 이 극장에 자신의 이름을 계속 사용하는 것에 항의했으나, 이들은 인쇄소 소유주인 또 다른 '부스'를 찾았고 이 사람이 기꺼이 자신의 이름을 극장에 쓰도록 허락함에 따라 극장의 이름은 계속 부스 극장으로 유지되었다. 이 극장은 1874년 12월 3일에 압류 매각되었다.

부스 극장은 많은 우여곡절을 겪었다. 클라라 모리스는 이곳에서 맥베스 부인 역을 맡으려 했으나 실패했고, 사라 베르나르는 이곳에서 첫 미국 공연을 선보이기도 했다. 뉴욕에서 가장 훌륭한 연극들을 배출한 이 비운의 극장은 1883년에 악명 높은 제임스 피시와 페르디난드 워드에게 매각되었고, 이들은 이 극장을 상업용 건물로 재건축했다.

부스는 1891년 3월, 브로드웨이 극장에서 '베니스의 상인'의 샤일록 역을 맡아 바사니오 역의 로렌스 바렛과 공연을 했다. 말년에 이르러 그의 연기가 힘을 잃은 것은 사실이지만, 그 당시 그는 유난히도 무기력한 연기를 했다. 대사는 중간 중간 끊어지고, 목소리는 잘 들리지 않았으며, 걷는 데도 어려움을 겪었다. 몸이 편치 않았던 부스는 연기를 계속할 힘을 잃었던 것이다. 더구나 1891년 3월 20일, 로렌스 바렛이 갑자기 사망하면서 이 시즌은 조기에 막을 내릴 수밖에 없었다.

이후 부스는 브루클린의 뮤직 아카데미에 모습을 드러냈다. 1891년 4월 4일 토요일 오후, 이곳에서 공연된 '햄릿'은 대중들을 향한 그의 '작별 인사'로 간주됐고, 실제로도 그랬다.

한편, 1888년 부스가 여타 관계자들과 힘을 모아 설립한 '플레이어 클럽'은 배우, 극작가, 매니저, 연극계 복지 관계자들의 사교 장소인 동시에 훌륭한 연극 자료들을 한데 모으고 가치 있는 연극계의 기념물 및 예술품들을 보관하기 위한 곳이었다. 당시 부스는 그래머시 공원 16번지에 있는 한 건물을 매입해 건축가 스탠퍼드 화이트의 감독 아래 새로 단장했고, 플레이어 클럽이라는 이름도 직접 붙였었다. 부스가 이 건물 안의 공간을 계속 사용함에 따라 이곳은 그의 자택이 되기도 했다. 플레이어 클럽이 회원 및 그 지인들에게 처음 공개된 것은 1888년 12월 31일이었다.

부스의 이런 엄청난 기여에 대한 답례로, 1889년 3월 30일 델모니코 식당에서는 부스에게 경의를 표하는 만찬이 마련되었다. 그리고 그 다음 주 수요일, 부스는 뉴욕 로체스터의 연극 무대에서 '오셀로'를 연기하던 중 실신을 했다. 당시 담당의들은 부스가 연기하던 일부 극장들의 열악한 환기시설과 불완전한 배관시설이 원인이 되어 그가 말년에 말라리아로 고통받았다고 밝혔다.

사라 베르나르

1844년 10월 22일, 혹은 23일~1923년 3월 26일

파리—사라 베르나르가 사망했다. "위대한 여배우"로 추앙받던 그녀는 오늘 오후 7시 59분, 아들 모리스의 품에서 마지막 숨을 거두었다. 페레르 거리를 향해 열려 있던 창문들이 갑자기 닫히자 밖에서 그녀의 자택을 지켜보던 이들은 베르나르가 사망했다는 사실을 짐작할 수 있었다. 그녀의 손자 M. 그로스는 임종 장소에 가장 먼저 꽃다발을 가져왔다. 연보라색과 흰색의 라일락이었다. 여러 지인들의 꽃다발 행렬이 이어지면서 베르나르의 방은 꽃으로 가득 채워졌고, 그중 가족들과 가장 친한 친구들이 보낸 꽃다발은 침대 위에 놓였다.

아들 모리스와 손녀 리진, 그리고 최고의 벗 루이스 아베마는 베르나르가 누워 있는 침대 곁을 떠나지 않았다.

베르나르는 극심한 병환에 시달려 왔다. 때로 의식이 혼미해지기도 했으며, 혼미한 의식 속에서 자신의 최고 성공작들인 '페드르'와 '새끼 독수리'의 대사들을 외칠 때도 있었다. 그녀의 사망 소식은 파리 전역에 빠르게 전파되었다. 당시 '새끼 독수리'가 공연되고 있던 사라 베르나르 극장에서는 1막 중간에 그녀의 사망을 알리는 방송이 울려 퍼졌다. 연극은 중단되었고, 관객들은 슬픔에 잠겨 극장 밖으로 빠져나왔다.

사람들은 페레르 대로에 있는 베르나르의 자택 밖에 모여 닫힌 유리창을 주시하면서 문학계와 연극계의 유명 인사들이 조문을 위해 타고온 마차와 자동차들을 지켜보았다.

베르나르의 나이는 78세였고 사망 원인은 급성 요독증이었다.

1910년 9월 베르나르는 "나는 위대한 어빙처럼 무대 위에서 죽기를 꿈꾼다"고 말했는데, 이는 그녀의 전 생애를 요약하는 문장이기도 하다. 그녀는 연기를 하면서 끊임없는 에너지를 얻었고, 결코 나태해지거나 멈춰있지 않았다.

사라 베르나르는 1844년 10월 22일, 줄리 베르나르와 암스테르담 상인 사이에서 사생아로 태어났다. 부친은 베르나르가 태어난 직후 사망했다. 8세 때 프랑스 오퇴유의 마담 프레사드 학교에 입학한 그녀는 2년 후 1855년에는 베르사이유에 위치한 한 수녀원 부속학교의 장학생이 된다. 수녀원의 독실한 분위기는 베르나르의 감성적 기반에 강한 영향을 미쳤고, 당시 가톨릭으로 개종한 그녀는 수녀가 되기로 결심했었다. 그리고 당시 그녀는 '토비, 시력을 되찾다'라는 연극에 생애 처음으로 출연했는데, 후에 자신의 '회고록'에 썼듯이 이날 "멋진 파란색 모슬린을 입고 허리에 파란 띠를 둘러 고정시켰으며, 천상의 이미지를 위해 두 개의 종이 날개를 양 어깨에 고정시킨 모습으로" 등장했었다.

모친은 수녀가 되겠다는 베르나르의 선언에 놀랐고, 가족회의가 소집되었다. 이후 베르나르는 매일 밤 극장에 다닐 수 있게 되었지만 수녀원에 들어가겠다는 고집은 꺾지 않았다. 그러던 중 14세가 된 그녀가 프랑스 극장에서 '브리타니퀴스' 공연을 보고 엄청난 감동을 받는 모습을 지켜 본 가족들을 그녀를 배우로 만들기로 결심한다.

그로부터 2년 후, 국립음악원에서 열린 공개 오디션에 참가한 베르나르는 라퐁텐의 우화 '비둘기 형제'를 낭송했다. 탁월한 연기를 펼친 그녀는 만장일치로 즉시 합격증을 받았다.

1862년, 에드몽 티에리의 추천으로 파리 국립극장에 몸담게 된 베르나르는 '이피게테이아'의 단역으로 첫 정식 연극무대에 올랐으며, 이후 4년 동안 고단한 무명 생활이 이어졌다.

그러던 1866년, 베르나르의 잠재적 재능을 알아본 오데온의 듀퀴스넬이 자비로 첫 일 년치 급여를 준다는 조건으로 그녀를 몽타니 극단에 입단시켰으며, 이듬해 '학식을 뽐내는 여인들'의 아르망드 역으로 배우 인생의 진정한 시작점을 찍은 베르나르는 1869년 말경부터 본격적으로 명성을 얻기 시작했다.

그 후 프로이센-프랑스 전쟁이 발발하자 베르나르는 간호사가 되었고, 파리의 한 극장을 개조한 병원에서 1년이 넘는 기간 동안 부상자들을 돌보았다.

전쟁이 끝난 뒤 1872년, 프랑세스 극장의 종신회원 계약서에 사인한 그녀는 연극 '페드르'와 더불어 '로널드의 딸'의 베르트 역과 '롬 뱅퀴'의 포추미아 역으로 큰 성공을 거두었으며, 3년 후에는 프랑세즈 극장의 지분을 보유할 수 있는 자격까지 얻었다. 하지만 프랑세스 극장의 전무였던 페린과의 충돌이 문제였다. 당시 자신의 마음에 들지 않는 역할들을 연달아 배정받았던 베르나르는 어느 날 자신에게 '모험가'의 클로린다 역을 주는 페린에게 거세게 항의하며 그의 사무실을 박차고 나갔다. 결국 그녀는 그 연극에 참여하지 않았다.

이후 다시 프랑세스 극장으로 돌아가기는 했지만 베르나르와 페린과의 관계는 회복되지 않았다. 둘 사이에 있었던 마지막 충돌의 원인이 된 다음과 같은 사건은 베르나르의 기질을 잘 보여주는 에피소드가 될 것이다.

1878년 파리 만국박람회 당시 베르나르는 열기구를 타겠다고 고집을 피웠고, 페린은 베르나르가 당일 예정된 주간 공연 일정을 어길 것이라고 확신했다. 베르나르는 시간에 딱 맞추어 열기구에서 내린 뒤 공연 약속을 지켰지만, 페린은 화를 내며 1천 프랑의 벌금을 내라고 요구했다. 이에 베르나르는 바로 극단의 모든 직책에서 사임했고, 런던으로 건너가 '페드르', 그리고 '레트헝제흐'의 클락슨 부인 역으로 무대에 서면서 처음으로 프랑스 밖에서 공연을 시작했다.

영국 진출 후 그녀는 이렇게 말한 바 있다. "외국 국가들 중 처음으로 저를 극진히 환영해준 영국인들 덕분에 스스로에 대한 믿음이 되살아났습니다."

그녀의 첫 뉴욕 데뷔는 1880년 11월 8일, 부스 극장에서였다. 이 7개월간의 미국 순회공연 동안 그녀는 뉴욕에서 27회, 다른 39개 도시들에서 136회의 공연을 소화했다. 당시 베르나르가 출연한 연극은 '동백꽃 여인'과 '프루 프루' 등 8개 작품이었다.

이후 그녀는 러시아와 덴마크에서도 순회공연을 했으며, 1882년 파리 보드빌 극장에서 새로운 성공작들을 배출한 뒤 1년 만에 세인트-마틴 극장의 소유주가 되어 1886년까지 정기공연을 이어나갔다. 그녀의 두 번째 미국 순회공연은 이 정기공연이 끝난 뒤에 이뤄졌으며, 이어 1888~89년에도 미국을 방문하여 세 번째 순회공연을 가졌다.

또한 1891~93년 동안 미국, 남미, 그리고 유럽의 주요 도시들에서 순회공연을 마치고 파리로 돌아온 베르나르는 파리 르네상스 극장의 운영을 맡게 되었으며, 다섯 번째 미국 순회공연을 마친 1896년 12월에는 500여 명의 예술가, 배우, 작가들이 모인 파리 헌정식에서 연극계의 여왕으로 추앙받는 영광을 얻었기도 했다.

그녀의 여섯 번째 미국 순회공연은 1901~02년 동안 무려 180회나 이어졌으며, 파리에서 다수의 새로운 연극 작품들로 눈부신 성공을 거둔 뒤에 다시 시작된 1905년, 일곱 번째 미국 순회공연은 슈버트 형제와의 계약으로 이뤄진 것이었다.

한편 북미와 남미를 모두 순회했던 그녀에게 캐나다 퀘백 공연은 다소 불쾌한 경험으로 남았다. 베르나르가 프랑스계 캐나다인들에 대한 비판적 언급들을 한 것이 언론에 보도된 후, 공연을 마치고 기차역으로 가는 그녀와 동료들에게 한 무리의 군중들이 계란과 돌, 막대기, 눈덩이 등을 던져댔던 것이다.

그럼에도 순회공연 동안 베르나르는 강당, 무기고, 스케이트장, 교회 등 장소를 가리지 않고 다양한 연기를 펼쳤으며, 특히 텍사스에서는 마땅한 극장이 없었던 관계로 바넘과 베일리의 서커스 텐트에서 공연을 가지는 인상적인 장면을 남겼다.

1910년 프랑스로 복귀한 뒤 그녀가 시작한 '고별 순회공연'은 35주 동안 무려 285회나 펼쳐졌다. 또한 1912년 12월부터는 그녀의 최대 성공작들을 모은 새로운 공연 레퍼토리가 성황리에 이어졌으나, 제1차 세계대전이 발발하자 그녀는 50여 년 전과 마찬가지로 자신의 극장을 병원으로 내주었다.

당시 부상자를 돌보던 베르나르는 1915년 2월, 오른쪽 무릎에 염증이 생겨 수술을 받았는데, 그 결과 오른쪽 다리를 잃고 만다. 그러나 수술을 받은 후 딱 6개월 만에 다시 연기를 재개하며 그녀는 자신만이 할 수 있는 불굴의 의지를 보여준다. 그렇게 같은 해 11월, 그녀가 파리 무대에서 선보인 '대성당'이라는 촌극은 프랑스의 파괴된 대성당들을 의인화하여 배우들이 각 성당의 목소리들을 대변하는 형식이었는데, 스트라스부르 대성당의 목소리를 맡은 베르나르가 마무리 대사인 "흐느껴라, 독일인들이여, 흐느껴라. 프로이센의 독수리들이 라인강으로 피를 흘리며 떨어졌으니"를 낭독할 때 관객들의 가슴은 감동으로 벅차올랐다.

1916년 그녀는 마지막으로 파리를 방문하여 자신의 연기 경력 중 가장 힘든 순회공연에 나섰다. 이 순회공연의 일정은 먼저 정식 극장들에서 공연을 한 후, 키스 보더빌 극단에서 연달아 공연을 한 번 더 하는 강행군이었다. 파리 베르사유 궁전 공연에서 '뒤 떼아트르 오 샴 도뇌르'의 젊은 프랑스 장교 역으로 깊은 인상을 준 그녀는 그동안 그래왔듯 기립박수를 받았다. 이 순회공연은 1918년 10월, 클리블랜드에서 막을 내렸다.

또한 1921년 10월, 자신 소유의 극장에서 프랑스 작가 모리스 로스탕이 그녀를 위해 쓴 연극 '영광'을 공연했던, 이 역사상 최고의 배우로 칭송받는 여성은 조각가, 작가로서도 두각을 나타냈다. 1878년, 그녀의 조각 작품 '폭풍 후'는 살롱에서 찬사를 받았으며, 파리 만국박람회 당시 열기구 탑승 경험을 쓴 그녀의 1878년 저서 '구름 속에서'도 당시 그녀의 '회고록'과 더불어 많은 독자들의 사랑을 받았다.

베르나르는 1882년, 자신의 극단에 소속된 그리스 출신 미남 배우 쟈크 다

말라와 결혼했다가 1년 후 결별했으나, 다말라가 치명적인 폐병에 걸리자 다시 그를 집으로 데려와 끝까지 돌보았다. 베르나르는 페레르 대로에 있는, 그 고풍스런 자택에서 아들과 40여 년간 함께 살았다.

베르나르의 최고작들은 그녀가 강렬한 감성을 표출할 수 있었을 때의 공연들이었다. 평론가들은 감성 연기 면에서 베르나르를 능가한 여배우는 전에도 없었고 앞으로도 없을 것이라고 말하고 있다. 베르나르는 200개 이상의 역할을 연기했고, 그중 대부분은 그녀만의 방식대로 배역을 재창조했다는 평을 받는다.

베르나르는 셀 수 없이 많은 명예상과 더불어 런던과 파리 등 주요 도시들로부터 언제나 환영받는 존재였다. 어느 날 저녁, 오스트리아 빈에서는 '햄릿' 공연을 마친 그녀가 마차에 오르자, 감동의 여운을 즐기던 한 무리의 관객들이 마차에서 말들을 떼어내고 직접 마차를 끌고 거리를 달리며 "베르나르 만세!"를 외쳤다.

—연합통신사

해리 후디니

1874년 3월 24일~1926년 10월 31일

디트로이트—자물쇠와 봉인된 상자 탈출의 명수이자 심령술의 허상을 폭로했던 세계적인 명성의 마술사 해리 후디니가 일주일간의 투병 끝에 오늘 오후 사망했다.

사망 원인은 맹장염 수술 후 발병한 복막염이었다. 지난 금요일, 그의 두 번째 수술이 실시되었지만, 앞서 치료를 위해 처음 사용된 혈청과 마찬가지로 수술도 소용이 없었다. 그의 나이는 52세였다. 죽음의 문턱을 드나드는 연기를 수도 없이 해왔던 그를 실제 죽음으로 이끈 일련의 사고들은 10월 초 뉴욕 알바니에서 시작되었다. 마술쇼 개봉 당일 저녁, '물고문 감옥' 마술에서 사용되었던 도구 하나가 후디니의 발에 떨어졌다. 이로 인해 발에 골절상을 입은 후디니는 마술 순회공연을 중단하라는 권고를 받았지만 이를 거절했다.

10월 19일 화요일, 후디니는 캐나다 몬트리올에서 학생들을 대상으로 심령 마술에 대한 연설을 했다. 연설 후 그는 강한 타격에도 부상 없이 견딜 수 있는 자신의 복근에 대해 언급하고 있었다. 그때, 학생들 중 한 명이 예고 없이 그의 맹장 부분을 주먹으로 두 번 가격했다.

이후 디트로이트행 기차에 오른 후디니는 통증을 호소하기 시작했으며,

디트로이트에 도착한 후 찾은 병원에서 내과의사 레오 크레츠카는 맹장염 증세가 있다고 진단했다. 공연을 마치고 호텔로 돌아간 후디니는 점점 통증이 심해지는 것을 느꼈고, 다음 날 오후에 맹장염 수술을 받았다. 의사들은 후디니가 몬트리올에서 맞은 강타로 인해 맹장이 터진 것이라고 밝혔다.

수많은 마술기법들로 40여 년 동안 전 세계를 현혹시켜 온 후디니는 현대 최고의 쇼맨이라는 평가를 받았다. 그는 거의 모든 마술기법들을 직접 발명했으며, 후디니 자신 말고는 아무도 트릭을 알지 못하는 마술들도 많았다.

후디니는 1874년 3월 24일, 랍비의 아들로 태어났다. 에릭 와이즈라는 본명이 있었지만 그는 오랜 쇼맨 경력을 쌓은 이후에 해리 후디니로 이름을 바꾸게 된다.

후디니가 부엌 찬장에 있는 파이를 먹기 위해 처음으로 자물쇠를 풀었다는 설도 있다. 그는 아주 어릴 때부터 곡예사로서 재능을 보였고, 이런 재능 덕분에 쇼 비즈니스 세계에 진출해 "탈출왕"이라는 명성을 쌓을 수 있었다.

아홉 살 때 서커스단에 합류한 후디니는 곡예와 공중그네 묘기를 선보이며 위스콘신 순회공연을 다녔는데, 당시 공연장 중앙에 서서 아무 관객이나 불러내 자신을 로프로 묶게 한 후 상자 안에서 탈출하는 묘기도 선보였다.

캔자스 주 커피빌의 공연에서는 한 보안관이 후디니를 묶은 후 놀리듯 수갑을 꺼내 보이며 말했다. "이걸 채우면 절대 빠져나오지 못하겠지요."

당시 아직 소년이었던 후디니는 보안관이 수갑을 채우도록 허락했다. 평소보다 오랫동안 상자 안에서 시간을 보내기는 했지만 결국 그는 손에 수갑을 든 채 빠져나왔다. 이를 시작으로 모든 종류의 족쇄에서 탈출하는 묘기를 선보였던 그는 수년 동안 스스로를 "수갑왕"이라 칭하기도 했다.

1885~1900년 동안 미국 전역의 박물관, 뮤직홀, 서커스장, 그리고 의약품 선전 판매장 등에서 묘기를 선보였던 후디니는 이후 6년에 걸친 유럽 순회공연을 시작했으며, 당시 유럽의 유명한 교도소들을 찾아다니며 탈출 시범을 보이기도 했다. 그렇게 미국으로 다시 돌아온 후디니의 명성은 이전보다 훨씬

높아져 있었다. 그가 기존에 받던 보수의 몇 배에 달하는 돈을 제시하는 신설 공연장까지 생겨났다.

그러던 1908년, 후디니는 수갑 묘기 대신 보다 위험하고 극적인 탈출 묘기들을 선보이기 시작했다. 물이 가득 찬 밀폐된 상자를 쇠사슬로 봉인한 후 그 안에서 탈출하는 것도 그런 묘기들 중 하나였다. 또한 물탱크 안에 거꾸로 매달리는 소위 '물고문 감옥'이라는 묘기도 당시 고안해낸 것이었다. 언젠가 구속복을 입은 채로 고층건물 꼭대기에 매달린 후디니가 탈출하는 모습을 보고 건물 아래 거리로 모여든 관중들이 박수갈채를 보내는 장면이 펼쳐지기도 했다. 이 밖에도 익사나 질식사의 위험을 무릅쓰고 손발이 묶인 채로 못 박힌 상자 안에 봉인되어 보트나 다리 위에서 강으로 던져진 후에도, 후디니가 강변까지 무사히 헤엄쳐 나오는 데 필요한 시간은 1분 남짓이었다. 그의 묘기가 대중들에게 깊은 인상을 주었다는 것을 증명하는 한 가지 예로, 현재 표준사전에 수록된 '후디나이즈(houdinize)'라는 동사를 들 수 있을 것이다. 그 의미는 '(구속이나 속박 등으로부터) 이리저리해서 빠져나오다'이다.

1894년 브루클린 출신의 빌헬미나 라너와 결혼한 후, 후디니는 웨스트 113가 278번지에 있는 그의 집에서 33년 동안 심령술의 비밀을 풀기 위해 노력했다. 그는 사람들에게 자신이 심령술을 믿을 준비가 된 이유는 고인이 된 부모님과 여타 지인들과 교신할 수 있기를 간절히 바라기 때문이라고 말하곤 했다. 또한 친구들과 함께 먼저 사망하는 쪽이 심령 세계에서 현실 세계로 교신을 시도하기로 약속하기도 했다. 하지만 후디니가 밝힌 바에 따르면 그 친구들 중 14명이 사망했는데 아무도 신호를 보내지 않았다고 한다.

"부모님과도 이런 약속을 했어요." 언제가 후디니는 이렇게 말했다. "그러나 부모님이 돌아가신 후에도 신호는 오지 않았죠. 한번은 어머니를 보았다고 생각했지만 지금 생각하면 내 상상이었을 뿐입니다."

후디니는 자신의 마술사 경력 30여 년 동안 "네 번의 죽음과 마주했다"고 밝힌 적이 있다. 그중 죽음에 가장 가까이 다다랐던 것은 7년 전 캘리포니아에서였다. 당시 그는 1.8m 깊이의 무덤 안에 수갑이 채워진 채로 묻힌 후 탈출할 수 있다며 사람들과 내기를 벌였다.

"1.8m 아래에 묻혀 있다는 사실은 그때까지 느껴본 적 없는 공포로 다가왔습니다." 후디니는 늘 이렇게 이야기를 시작했다. 그리고 다음과 같이 이어나갔다. "모험을 추구하는 모든 이들은 순간적인 공포로 인해 돌이킬 수 없는 실수를 저지르고 말죠. 나도 마찬가지였어요. 탈출하기 위해 필요한 숨의 양은 한정적인데 그 순간, 그 일부를 잃어버렸던 겁니다. 나는 일단 내 몸 주변의 모래를 느슨하게 만들어서 몸이 잘 빠져나갈 수 있도록 했습니다. 그런데 흙을 파내면서 올라가던 중에 힘이 빠지기 시작했고 그때 또 한 번의 실수를 저질렀어요. 소리를 지른 것이죠. 아니, 소리를 지르려 시도를 했다고 하는 게 맞을 겁니다. 그러자 일말의 침착함조차 사라져 버렸고, 결국 본능적으로 몸부림치기 시작했습니다. 마지막 남은 힘까지 쥐어짜서 땅을 향했지만 콧속에는 공기보다 흙이 더 많이 들어찼습니다. 그래도 기어이 땅 밖으로 나가자 햇빛이 축복처럼 눈부시게 쏟아져 내렸고, 무덤 주변의 친구들은 나만큼이나 창백하고 놀란 눈을 하고 있었죠. 나는 말 그대로 시체가 땅 밖으로 기어 나오는 광경을 선사했던 겁니다."

그는 이 이야기를 이렇게 마무리지었다.

"다음번에 묻힐 때에는 가능하다면 살아있지 않도록 해보겠습니다."

데이비드 그리피스

1875년 1월 22일~1948년 7월 23일

시모어 스턴 기자

캘리포니아, 할리우드—초창기 영화계에 가장 큰 기여를 한 인물들 중 한 명인 데이비드 워크 그리피스가 오늘 아침 템플 병원에서 사망했다. 사인은 뇌출혈, 향년 73세였다. 무성영화 '국가의 탄생'의 제작자이자 클로즈업, 페이드아웃, 플래시백 등 다양한 영화촬영 기법의 선구자인 그는 사망 전 거주하던 할리우드 니커보커 호텔에서 쓰러진 후 입원 중이었다. 두 번째 아내인 에블린 마조리 볼드윈과 이혼한 상태였던 그리피스의 유족은 남자 형제 한 명뿐이다.

최근 수년 동안은 거의 활동을 하지 않았지만, 무성영화 제작 및 감독의 대가였던 그리피스는 "영화의 아버지"이자 "감독들의 왕"으로 불렸다. 그는 총예산 2천 3백만 달러를 들여 영화 500여 편을 제작했고, 8천만 달러의 수익을 냈다. 최대 흥행작 '국가의 탄생'으로 벌어들인 수익금은 무려 4천 8백만 달러를 넘어섰다. 그리피스는 다수의 영화촬영 기법들을 고안해냈으며, 기존의 기법들을 크게 개선시키기도 했다. 특히 1895년 처음 사용되었던 클로즈업 기법을 발전시켜 심리적으로 극적인 효과를 표현할 수 있게 만듦으로써 영화계 전반의 구도를 바꾸어놓았다.

그가 시작한 다양한 고급 촬영기법들로는 원사(遠寫), 비스타, 비네트, 홍채 효과, 카메오 프로파일, 페이드인, 페이드아웃, 소프트 포커스, 역광 조명, 틴팅, 라피드 커팅, 패럴렐 액션, 미스트 포토그래피, 하이 앵글 숏, 로우 앵글 숏, 야간 촬영, 이동 카메라 등이 있다.

그리피스는 당시 표준이었던 1천 피트 영화에서 벗어난 첫 감독이었다. 이로 인해 그는 기존에 함께 일하던 바이오그래프 사를 떠나게 되었고, 첫 포-릴러(four-reeler) 영화인 '베툴리아의 유디트'를 제작해 즉각적인 성공을 거두었다. 그러나 당시 그가 배우의 얼굴을 클로즈업할 것을 요구하자 카메라맨이었던 빌리 비터는 넌더리를 내며 촬영장을 떠났으며, 이런 최초의 클로즈업 기법 시도 후 영화관에서는 "발은 어디로 사라진 거야?"라며 야유와 고함이 오가는 등 한동안 적응기도 필요했다.

한편 그리피스가 영화계에 막대한 영향을 미친 것은 그가 제작한 영화들에 담긴 의미심장한 내용 때문이기도 했다. 미국 남북전쟁과 재건시대에 대한 서사시인 '국가의 탄생'의 경우 그의 가족들이 남부 연합의 패배로 몰락한 탓에 심하게 편향적이긴 했지만, 근사한 울림이 있는 작품이었다. 이 영화 이전에도 그리피스는 스크린을 매개체로 고양된 목표가 담긴 대담한 신념들을 거침없이 실행했었다.

또한 세르게이 에이젠슈타인, 프리츠 랑, 알프레드 히치콕, 프랑크 카프라 등 세계적인 거장들이 등장하기 훨씬 전부터 역사적·이념적 주제와 사회문제, 선견지명 있는 예언 등을 스크린으로 가져오는 역할을 했던 그리피스의 영화들은 감성적이고, 극적이며, 지적이고 미학적이었다. 그의 몇몇 작품들을 살펴보자. 1916년에 제작된 '인톨러런스'는 웅장하게 재현된 고대 세계와 예수 재림의 종말론적 예언을 배경으로 네 가지 병치된 이야기를 담은 영화였다. 그리피스는 이 영화에서 한 장면을 위해 무려 1만 6천 명의 '엑스트라'를 쓰기도 했다. 인종 간 관계에 대한 기독교적 이념의 갱신을 열정적으로 호소한 1919년 작 '흩어진 꽃잎'에서는 서정성과 잔잔한 슬픔을 스크린을 통해 표현했으며, 1920년에 제작된 '동부 저 멀리'는 1890년대 뉴잉글랜드 지역에 대한 멜로드라마로, 자연 경관과 환경을 활용해 스토리의 핵심인 심리적·극적 요소들을 담아냈다. 이후 장엄한 광경과 사회적 주제를 결합한 1922년 작 '풍운의 고아'에서 프랑스 혁명을 발판으로 공산주의와 소비에트 연방을 비판했던 그리피스는 2년 뒤인 1924년에는 미국 독립혁명이라는 또 다른 역사적 주제의 대작 '아메리카'를 제작했다.

그의 마지막 대작은 1925년 제작된 '인생은 아름답지 않은가'로, 제1차 세계대전 이후 독일에 있던 폴란드 피난민들에 대한 암울한 이야기였다.

그리피스는 자신의 위대한 영광의 나날 동안 결코 촬영 대본을 사용하지 않았다. 제작에만 22개월이 소요되고 약 201km의 필름을 사용한 '인톨러런스'의 경우에도 순전히 그의 "정신적 메모"를 통해 촬영되었다. 또한 배우 메리 픽포드와 릴리안 기쉬를 보면 그리피스가 영화라는 매체를 위해 배우들을 선택하고 훈련하는 데 매우 뛰어났다는 것을 알 수 있다. 이 밖에도 더글러스 페어뱅스가 그리피스의 설득으로 연극 무대를 떠나 영화배우로 전향했으며 도로시 기시, 마벨 노맨드, 라이오넬 베리모어, 탈매지 자매 모두 그리피스 덕분에 영화계 경력을 쌓을 수 있었다.

데이비드 그리피스는 1875년 1월 22일, 캔터키 주 라 그랜지에서 제이콥 워크 그리피스 대령과 마가렛 오글스비 그리피스 사이에서 태어났다. 그는 16세 때부터 지역 신문사에서 일을 하기 시작했다. 당시 영화 '로몰라'에서 줄리아 말로우를 보고 배우가 되기로 결심했던 그리피스는 여러 회사들에서 경험을 쌓은 뒤, 처음에는 에디슨 영화사, 그 다음에는 바이오그래프 소속 배우가 되어 영화계에 입성하게 된다. 그가 자신의 첫 영화 '돌리의 모험'을 제작했던 것은 1908년 7월이었으며, 이후 1919년에는 메리 픽포드, 더글러스 페어뱅스, 찰리 채플린과 함께 유나이티드 아티스츠 사를 설립하여, 이 영화사의 이름 아래 뛰어난 영화 작품 몇 편을 선보이게 된다.

그렇다면 그리피스는 23년이라는 영화제작 경력 동안 7만 5천 명 이상을 고용한 뛰어난 감독이자, 모두 열거하자면 "현재와 과거의 할리우드 인명록"이 될 정도로 많은 감독들과 스타들을 발굴하고 훈련시킨 인물에 불과할까? 아니면 단지 영화적 장치와 기술적 기법들의 발명자일 뿐일까?

이 그리피스라는 감독 이야기의 핵심은 그가 검열과 통제 아래 있던 미디어 영역에 표현의 자유를 불러오기 위해 홀로 엄청난 투쟁을 했다는 사실이다. 그는 자본의 독점과 문화적 독재에 홀로 맞서 싸운 창조자였다. 그리피스의 최고 걸작 '국가의 탄생'과 '인톨러런스'는 할리우드 영화계로부터 재정 지원을 거절당했지만, 결국 독립적으로 재정을 마련하여 제작·상영되었다. 이 밖에도 '동부 저 멀리', '풍운의 고아', 그리고 '아메리카'도 할리우드와 관계 없는 경로를 통해 재정을 지원받아 제작되었다.

더구나 마지막 세 편의 영화들은 할리우드가 아닌 뉴욕 주 매머로넥에서 제작되었는데, 그리피스는 소규모지만 강한 영향력을 미친 영화 '인생은 아름답지 않은가'를 제작한 후 1924년부터 매머로넥을 본거지로 삼았었다.

이후 그리피스는 8년 이상 영화를 계속 제작했지만, 그의 후기 작품들에서는 '인톨러런스'에서 황제 벨사살의 연회를 그려낸 탁월함과 독창성, '국가의 탄생'에서 무사들의 질주를 묘사한 상상력, 혹은 '아메리카'에서 폴 레버의 승마 장면을 플래시컷으로 처리한 마법 같은 기법들은 더 이상 찾아보기 어려워졌다.

제임스 딘

1931년 2월 8일~1955년 9월 30일

캘리포니아, 파소 로블—24세의 영화배우 제임스 딘이 이 지역 근방에서 일어난 자동차 사고로 오늘밤 세상을 떠났다.

제임스 딘이 막 촬영을 끝마친 영화 '자이언트'의 제작사 워너 브라더스의 대변인은 제임스 딘이 스포츠카 모임을 위해 살리너스로 가던 중이었다는 것 말고는 그의 사고에 대한 세부사항은 알지 못한다고 밝혔다. 딘은 독일제 소형 스포츠카를 운전하던 중이었다.

딘은 지난 4월에 개봉된 엘리아 카잔 감독의 영화 '에덴의 동쪽'에 출연했다. 이 영화는 존 스타인벡의 소설에 기반한 작품으로 그의 첫 주연작이었다. 그의 또 다른 영화 '이유 없는 반항'은 아직 개봉되지 않았다.

딘은 1954년 브로드웨이가 제작한 '배덕자'에서 젊은 아랍 시종 역으로 평론가들의 주목을 샀다. 이 연기로 그는 도날드슨 상과 페리 상을 수상했다.

험프리 보가트

1899년 12월 25일~1957년 1월 14일

캘리포니아, 할리우드—험프리 보가트가 오늘 아침 홀름비 힐스 자택의 침대에서 영원히 잠들었다. 57세를 일기로 사망한 아카데미상 수상 경력의 이 영화배우는 2년 넘게 식도암으로 투병해 왔다.

보가트의 유족으로는 그가 1945년 네 번째로 결혼한 여배우 로렌 바콜과 아들, 딸, 누이가 각각 한 명씩 있다.

보가트는 최근 할리우드 연대기에서 가장 역설적인 영화배우 중 한 명이었다. 그는 다른 사람들은 높게 띄우려고 애쓰는 자기 홍보라는 풍선을 오히려 계속 쭈그러뜨리면서도 20여 년 동안 할리우드 최고의 인기스타로 군림했기 때문이다.

그는 스크린에서 사납고, 말수가 적으며, 툭하면 총을 쏘아대는 폭력배 역을 자주 맡았다. 그러나 실제로는 다양한 주제에 대해 재치 있는 대화를 나눌 수도, 전문가들 못지않은 멋진 홍보 문구들을 즉흥적으로 만들어낼 수도 있는 다재다능한 사람이었다.

1952년, '아프리카의 여왕'으로 아카데미상 남우주연상을 수상했던 보가트는 자신이 그런 종류의 명성은 중요하게 생각하지 않는다는 점을 분명히 했다. 이에 앞서 그는 어떤 동물이 출연한

영화에 최우수 연기상을 수여하는 가짜 시상식을 만들었고, 이런 풍자적인 제스처로 언론의 관심을 한 몸에 받았다.

한편 이런 가벼운 장난과는 별개로 보가트는 영화배우라는 직업에 굉장히 자부심이 강했다. 언젠가 그는 이렇게 말했다. “나는 전문가입니다. 내 직업에 대한 존경심을 가지고 있고, 그만큼 열심히 노력했습니다.”

자신의 말대로 그는 ‘화석의 숲’(1936년), ‘하이 시에라’(1941년), ‘카사블랑카’(1942년), ‘소유와 무소유’(1944년), ‘키 라르고’(1948년), ‘시에라 마드레의 황금계곡’(1948년), ‘아프리카의 여왕’(1951년), ‘사브리나’(1954년), ‘케인호의 반란’(1954년), ‘필사의 도주’(1955년) 등 다수의 영화들 속에서 대단히 흥미로운 캐릭터 연기들을 선보였다.

그의 마지막 영화는 작년에 개봉된 ‘하더 데이 폴’이었다.

연기에 대한 보가트의 책임의식은 그의 부모가 성공적인 전문직 종사자들이었다는 점에 기인했을 수도 있다. 그의 모친 모드 험프리는 유명한 일러스트레이터이자 예술가였고, 부친 벨몬트 디포레스트 보가트는 외과의사였다. 1899년 크리스마스 당일, 이 둘 사이에서 태어난 보가트는 뉴욕의 상류층 사회에서 자랐다.

성인이 된 후, 한동안 월드 필름스에서 일하던 보가트는 한 연기자 그룹의 무대 매니저가 되었는데 이는 1920년대 초, 비교적 쉽게 첫 배역을 따내게 되는 발판이 된다. 그러나 이후 15년 동안 명성을 쌓는 과정은 쉽지 않았고, 평론가들의 비난도 많이 받았다.

당시 ‘스위프티’에 출연한 데 이어 ‘지옥의 벨소리’, ‘크레이들 스내처스’, ‘현명한 아이’ 등 상류사회를 배경으로 한 다수의 코미디 작품들에서 미숙한 청소년 역이나 낭만적인 조연으로 참여하곤 했던 보가트는 1931년, 폭스 사와 계약을 맺었지만 몇몇 서부 영화들에서 맡은 역할들이 큰 주목을 받지 못하자 이내 브로드웨이로 복귀했고, 자신의 터프한 인상으로는 전형적인 인기 미남 배우가 되기 힘들다는 것을 깨닫게 된다.

그러던 중, 1934년 말경에 이르러 보가트는 드디어 특유의 무뚝뚝한 인상을 통해 새로운 연기 경력을 성공적으로 구축하기 시작한다. 로버드 셔우드 감독의 '화석의 숲'에 폭력배 배역이 있다는 소식을 듣게 된 그는 곧장 셔우드 감독에게 찾아갔다. 이에 며칠 뒤에 다시 와서 대본 리딩을 하라는 요청을 받았고, 보가트는 3일 동안 깎지 않은 턱수염과 허름한 옷을 입고 다시 나타났다. 결국 그는 자신이 브로드웨이에서 맡은 가장 인상 깊은 역할이었던 듀크 맨티 역을 따낸다. 그리고 후에 이 작품이 영화로 제작되었을 때도 같은 역할을 맡아 평론가들로부터 호평을 받았다.

그렇게 '화석의 숲'을 시작으로 50여 편의 영화에 출연했던 보가트의 작품들 중에는 '더럽혀진 얼굴의 천사', '포효하는 20대', '총알이냐 투표냐', '데드 앤드', '샌퀸틴', 그리고 마지막으로 1941년 작 '하이 시에라' 등 일련의 범죄 드라마 영화들이 포함되어 있다.

이후 보가트는 보다 다양한 범위의 역할들을 추구했다. '카사블랑카', '소유와 무소유', '키 라고' 등의 영화들에서는 보가트의 악명 높은 무뚝뚝함이 결국 잠재적인 이상주의와 어우러지는 모습을 보이기도 했다.

'시에라 마드레의 황금계곡'에서는 금을 차지하려는 욕망으로 악행을 일삼는 탐광자의 심리를 입체적으로 연기하며 새로운 팬층을 양산했으며, 캐서린 햅번과 호흡을 맞춘 '아프리카의 여왕'의 주정뱅이 부랑자 역은 보가트의 보다 폭넓은 재능이 표출되면서 '오스카상'을 안겨주었다. 또한 영화 버전 '케인호의 반란'에 등장하는 신경질적인 퀴선장으로 분한 보가트의 명연기도 빼놓을 수 없다. 이 밖에도 그는 '사브리나'에서 오드리 햅번의 매력에 점점 빠져드는 신랄한 비즈니스맨을 연기하며 로맨틱 코미디에 소질을 보여주기도 했으며, 1945년 제작된 '맨발의 콘테사'에도 출연한 바 있다.

보가트는 스스럼없이 나이트클럽을 드나들었고, 요트에 심취하기도 했다. 전성기 때는 영화 한 편에 20만 달러를 받은 적도 있다고 전해지며, 오랫동안 박스오피스 인기배우 10위권을 유지했다.

세실 B. 드밀

1881년 8월 12일~1959년 1월 21일

캘리포니아, 할리우드—세실 드밀이 캘리포니아의 드밀 드라이브 자택에서 오늘 심장병으로 숨을 거두었다. 그의 나이는 77세였다.

딸 세실리아와 사위 조셉 하퍼가 드밀의 임종을 지켰다. 수년 동안 병세에 시달려온 그의 아내(85세)는 늦은 아침에서야 부음을 들었다. 이 둘은 56년 동안 결혼생활을 해왔다.

지난 주 토요일 이래로 자택에만 머

물렀음에도 드밀은 영화 '내 명예를 걸고'의 촬영을 시작할 준비를 하고 있었다. 보이스카웃 운동의 역사와 그 창시자 베이든 파웰 경에 대한 영화였다.

세실 블라운트 드밀은 영화계의 P. T. 바넘이라고 할 만큼 뛰어난 쇼맨이었다.

영화산업의 선구자였던 그는 스크린이라는 새롭고 폭넓은 매체로 성경 이야기, 이집트의 화려함, 로마의 영광 등을 "엄청나고", "방대한" 광경으로 재탄생시켰다. 그는 수백만의 재산, 대리석 기둥, 금으로 된 욕조, 대규모의 드라마를 꿈꾸었고, 막대한 비용을 들여 이런 호화로운 세트들을 제작해 이름을 떨치게 된다.

드밀이 제작한 주요 영화들은 70편이 넘는데, 그의 작품들은 섬세함이나 정교하게 표현된 예술적 기교보다는 무게와 규모로 유명했다.

1953년, 영화 '지상 최대의 쇼'로 첫 아카데미상을 수상했더 드밀은 그 이후로도 프랑스에서는 레지옹 도뇌르 훈장을, 네덜란드에서는 오라녜 나사우 훈장을, 태국에서는 최고 영예인 백코끼리 훈장 등 수많은 명예를 누려왔다.

드밀은 초기 4-릴러 장편 영화인 '스쿼우 맨'을 제작한 후 40년이 지나서야 오스카상을 수상했지만 "영화들이 성공한 것이 내가 받은 상이다"라며 특유의 태도로 대수롭지 않게 넘겼다.

이는 사실이었다. 그의 장대한 작품들은 다양한 관객들에게 모두 어필했다. 아낌없는 비용 지출에도 불구하고 1946년경 그의 개인 재산은 8백만 달러에 달했다.

한편 드밀은 1944~45년, 자신이 멤버로 있던 어떤 노동조합으로부터 자체 정치활동기금 명목으로 1달러를 지불하라는 요구를 받고, 이를 크게 문제 삼아 언론의 주목을 받았다. 당시 그는 10여 년 동안 라디오 출연을 하면서 한 비누 회사를 위한 쇼들을 기획해 주당 5천 달러의 급여를 받았던 것으로 전해진다. 드밀과 조합의 이런 갈등은 법정으로까지 이어졌지만 결국 드밀의 패소로 끝이 났다. 이후 그는 조합들의 정치적 평가행위에 대항해 1인 시위에 나섰으며, 다시 이 조합으로 복귀하기를 원했지만 그 뜻은 실현되지 않았다.

드밀은 그의 부모가 사업상 뉴잉글랜드를 순회하던 중인 1881년 8월 12일, 매사추세츠 주 애쉬필드의 한 시골 교차로에서 태어났다. 지금 그 교차로는 드밀 모퉁이(De Mille Corners)라고 불린다. 부친인 헨리 처칠 드밀은 프랑스-네덜란드 혈통이었고, 모친인 베아트리체 새뮤얼은 영국계였다.

17세 때 처음으로 무대에 오른 드밀은 연극 '하트가 으뜸패이다'에 같이 출연했던 뉴저지 주 판사의 딸, 콘스탄스 애덤스와 1902년 결혼했다.

1908년, 드밀은 야침 찬 제시 래스키, 그리고 연극계의 신인 샘 골드윈과 한때 운명을 같이 하기도 했다. 이 셋은 서로 다른 경로를 거쳤지만 모두 영화계에서 최고의 자리에 올랐다.

이들이 설립한 영화사의 첫 작품은 '스쿼우 맨'이었다. 로스앤젤레스의 버려진 마구간에서 조악한 기구들을 사용해 제작되었지만 이 영화에는 드밀만의 특징이 새겨져 있었다.

드밀은 영화계에 혁신적인 기법들을 다수 도입했다. '스쿼우 맨'에서는 한 배우에게 최초로 실내조명을 사용했으며, 더불어 이 영화는 스크린에서 펼쳐진 최초의 장편 영화이자 출연 배우들의 이름을 '스타'라는 수식어로 전면에 내세운 첫 사례이기도 했다.

래스키-골드윈-드밀 영화사의 대표가 된 첫날 드밀은 무명배우 세 명과 계약을 했다. 5달러 카우보이로 불리던 할 로치, 유전 노동자였던 빌 (호팔롱 캐시디) 보이드, 그리고 가는 코의 10대 소녀 글로리아 스완슨이었다. 이들을 시작으로 드밀은 영화계 스타들로 가득한 자신만의 은하계를 구축하기 시작했다.

드밀은 기존에 인기를 얻었던 영화를 다른 버전으로 다시 제작하여 개봉하는 기획물의 원조였으며, 특정 영화를 시범 관객들에게 미리 공개하는 이른바 '스닉 프리뷰(sneak preview)'도 최초로 시작했다.

1923년, 140만 달러의 제작비가 든 '십계'의 첫 번째 버전이 수익분기점을 넘어서자 그때부터 드밀은 영화 소품과 세트에 더 막대한 돈을 쏟아붓는다.

1956년, 첫 번째 버전에서 상당 부분 변화를 주어 개봉된 두 번째 버전 '십계'은 국내외에서 6천만 달러의 순이익을 기록했다.

한편 자신의 부모를 기념하며 서던 캘리포니아 대학에 극장을 기부하기도 했던 드밀은 그 밖에 다른 기관들에도 아낌없는 지원을 했다.

이를테면 1958년 6월, 이집트 오벨리스크에 적힌 상형 문자들의 번역문을 센트럴 파크에 전시하려는 계획이 자금 부족으로 미뤄지고 있다는 사실을 알게 된 드밀은 '클레오파트라의 바늘'의 밑받침에 4개의 청동판을 세우는 데 드는 비용을 자신이 지불하겠다고 제안했다. 청동판의 내용은 이러했다.

"소년 시절 나는 이 상형 문자들을 마치 아름다운 그림들처럼 바라보곤 했노라."

2주 전 센트럴 파크 관리국은 드밀이 이 프로젝트를 위해 3,760달러를 기부했다고 밝혔다.

클라크 게이블

1901년 2월 1일~1960년 11월 16일

캘리포니아, 할리우드—30여 년 동안 "할리우드의 왕"으로 군림한 클라크 게이블이 심장 질환으로 오늘 저녁 사망했다. 그의 나이는 59세였다.

—연합통신사

세계 최고의 인기 배우 중 한 명이었던 게이블은 오랫동안 박스오피스 톱10의 자리에 머물렀으며, 그가 출연한 작품을 상영하는 극장 간판의 문구는 "이번 주: 클라크 게이블"만으로도 충분했다.

큰 키와 잘생긴 얼굴, 콧수염과 넓은 어깨, 그리고 갈색 머리카락과 회색 눈이 빛나던 그는 수많은 팬들에게 있어 "거칠지만 다정한" 남성미의 상징이었다.

그러나 스스로 자신이 훌륭한 배우가 아니라고 생각했던 게이블은 "나의 감정표현은 개똥같다"고 말하기도 했다. 주당 7천 5백 달러를 벌 당시에도 그는 오레곤에서 하루 3.20달러를 벌기 위해 영화 엑스트라나 목재 쌓는 일을 하던 시절을 되새기기 위한 문구를 분장실에 걸어두었다. 그 문구는 이렇게 시작된다고 전해진다. "혹시라도 잊지 말아라, 게이블"

게이블에 대한 전설들도 많다. 그 중 하나는 영화 '어느 날 밤에 생긴 일(1934년)'에서 게이블이 셔츠 속에 아무것도 입지 않은 채로 셔츠를 벗는 장면 때문에 남성 언더셔츠 산업이 즉각 타격을 받았다는 이야기다.

이에 대해 게이블은 "내가 그런 영향을 미치고 있었는지 몰랐습니다. 학교에 다니기 시작할 때부터 언더셔츠는 입지 않았어요"라고 언급한 적이 있다.

게이블은 배우 경력 초창기에 어떤 유명 영화사로부터 퇴짜를 맞았는데, 당시 한 경영진이 "이 배우는 안 되겠어. 귀가 너무 크잖아"라고 말했던 것을 회상하기도 했다. 하지만 그 경영진은 나중에 결국 그를 고용했다.

윌리엄 클라크 게이블(그는 연극계에 입성한 이후 첫 이름을 빼버렸다)는 1901년 2월 1일, 오하이오 주 카디즈에서 태어났다. 부친은 석유 도급업자였고, 모친은 게이블이 1살이 채 되기 전에 사망했다.

이후 재혼한 부친은 게이블이 15세가 되었을 때 가족을 이끌고 오하이오 주 라베나로 이사했다. 그곳에서 석유 채굴을 그만두고 농장 일을 시작한 부친을 도와 건초 거두기와 돼지치기를 하던 게이블의 꿈은 원래 의사가 되는 것이었다. 그러나 당시 처음으로 본 연극이 그의 꿈을 바꿔놓는다. 바로 배우가 되기로 결심했던 것이다. 얼마 뒤 게이블은 한 극단에 들어가 '톰 아저씨의 오두막집'에서 '그녀의 실수'에 이르기까지 다양한 작품들에서 무슨 역할이든 닥치는 대로 맡기 시작했다. 그러나 그 극단이 몬타나 공연을 끝으로 문을 닫자 화물열차를 타고 오레곤으로 향한 게이블은 목재상회 직원, 넥타이 판매, 전화선 보수 등 여러 가지 일을 전전했다.

그러던 1924년, 포틀랜드에 있는 한 극단에 다시 합류한 게이블은 폴라 네그리가 주연을 맡은 무성영화에 처음으로 출연하게 된다. 이후 로스앤젤레스에 위치한 두 극단을 거쳐 브로드웨이로 진출한 게이블은 3년 동안 주로 악역들을 맡았다. 그리고 로스앤젤레스에 복귀한 뒤에는 '라스트 마일'의 암살자 미어스 역으로 이름이 알려지기 시작하면서 1930년, '페인티드 데저트'의 오디션 기회를 잡게 되는데, 당시 그는 말을 탈 수 있느냐는 질문에 그렇다고 대답하고는 배역이 확정되자마자 곧장 말 타는 법을 배우러 갔다고 한다.

이런 노력들을 통해 메트로-골드윈-메이어(MGM) 영화사와 계약을 맺은 게이블은 '암흑가의 춤'에서 조안 크로포드와 함께 처음으로 주연을 맡은 데 이어, '자유의 혼'의 주연으로 첫 흥행의 기쁨을 맛보게 된다. 게이블이 노마 시어러의 빰을 때리는 장면으로 유명한 이 작품이 개봉된 후 수많은 여성들이 자신들도 그에게 뺨을 맞고 싶다는 편지를 보내기도 했다. 후에 게이블은 당시를 이렇게 회상했다. "2년 동안 사람들에게 총을 겨누거나 여성들의 뺨을 때리는 역들을 맡았죠."

당시 게이블이 출연했던 또 다른 작

품들로는 '태평양 폭격대', '수잔 레녹스', '지옥의 서커스', '이상한 간주곡', '빨간 먼지', '마음의 푸른 하늘', '화이트 시스터', '봄의 불놀이', '야간비행', '댄싱 레이디' 등이 있다. 이 작품들 속에서 그는 그레타 가르보, 진 할로우, 캐롤 롬바드, 헬렌 헤이즈 등의 주연 여배우들과 호흡을 맞췄다.

그리고 1934년에는 콜럼비아 픽처스에 임대되어 '어느 날 밤에 생긴 일'이라는 코미디 영화에 출연했는데, 클로데트 콜베르가 도망쳐 나온 상속녀 역을, 게이블이 버스를 타고 마이애미에서 뉴욕으로 여행하는 신문기자 역을 맡았던 이 영화를 통해 두 배우 모두 같은 해 아카데미상 최우수 연기상을 받았다. 또한 이듬해 게이블이 플레처 크리스천 역을 맡은 '바운티호의 반란'이 아카데미 최우수 작품상을 수상했으며, 이후 7년 동안 그는 '지나해', '샌프란시스코', '사라토가', '테스트 파일럿', '바보의 낙원', '바람과 함께 사라지다', '붐타운', '데이 멧 인 봄베이', '어디선가 당신을 만나리' 등 25여 편의 영화에 출연했다.

그는 모션 픽처 헤럴드의 연간 설문조사에서 1932~1943년까지 10대 흥행배우 중 한 명으로 등재되었으며, 군 복무 기간으로 인한 공백 후에도 1947년, 1948년, 1949년, 그리고 1955년에 각각 다시 10대 흥행배우 자리에 올랐다.

게이블이 출연한 영화들이 벌어들인 수익은 '바람과 함께 사라지다'의 5천만 달러를 포함해, 총 1억 달러가 넘을 것으로 추정된다. 그의 영화 출연작은 총 60여 편이 넘는다.

1942년, 그의 세 번째 아내 롬바드는 제2차 세계대전 중 비행기 사고로 사망했다. 그 후 육군항공대 소속 일병으로 징집된 당시 41세의 게이블은 소령까지 진급했으며, 유럽 폭격 작전과 전시 영화 촬영에 참여한 공로로 특등 항공 십자훈장을 받기도 했다.

종전 후, 그가 할리우드로 복귀하자 "돌아온 게이블, 가슨과 손잡다"라는 MGM의 슬로건이 미국 전역에 퍼져나갔다. 게이블은 그리어 가슨과 함께 주연을 맡은 '모험'을 시작으로 '잡상인들', '모감보', '왕과 네 명의 왕비', '거인', '솔저 오브 포춘', '티쳐스 펫', '런 사일런트 런 딥', '벗낫 포미' 등의 영화에 출연했다.

또한 소피아 로렌과 같이 출연한 코미디 영화 '나폴리의 기적'은 1960년 9월 뉴욕에서 개봉되었으며, 마릴린 먼로와 함께 호흡을 맞추기 시작한 것은 '어울리지 않는 사람들'에서부터였다.

게이블은 다섯 번의 결혼을 했다. 전직 모델이자 배우였던 다섯 번째 아내 카이 윌리엄스 스프렉켈스와는 1955년에 결혼했다. 지난 9월 30일, 그녀가 내년 봄에 아이를 출산할 계획이라는 소식이 전해졌다. 그렇게 게이블은 생애 처음으로 아빠가 될 예정이었다.

게리 쿠퍼

1901년 5월 7일~1961년 5월 13일

캘리포니아, 할리우드—암으로 투병하던 게리 쿠퍼가 오늘 로스앤젤레스 홀름비 힐스 지역에 있는 자택에서 사망했다. 지난 일요일은 그의 60세 생일이었다.

큰 키와 마른 체구로 카우보이 역할을 도맡으며 미국 서부의 용감하고 무뚝뚝한 개척자 이미지로 전 세계에 알려졌던 쿠퍼는 지난 몇 주간 병세가 점점 악화됐었다.

그의 병세가 심각하다는 사실은 지난 4월 17일, 미국 영화예술 과학 아카데미가 예술가 및 기술자들에게 오스카상을 수여하는 자리에서 처음 밝혀졌다. 이 아카데미 시상식에는 오랫동안 영화계에 헌신한 게리 쿠퍼를 위한 특별상이 준비되어 있었다. (그는 앞서 1941년 '요크 상사'와 1953년 '하이 눈'으로 두 번의 오스카 연기상을 수상한 바 있다.) 그러나 쿠퍼는 모습을 드러내지 않았다. 대신 절친한 친구이자 동료 영화배우 제임스 스튜어트가 대리 수상을 하면서 짤막하고 감동적인 헌사를 낭독했다. 쿠퍼가 척추 신경 이상 때문에 시상식에 참여하지 못하게 되었다는 설명을 들은 기자들은 후에 그가 암으로 심각한 상태라는 것을 알게 된다.

수많은 미국인들에게 게리 쿠퍼는 전형적인 미국 사나이를 상징했다.

그는 '평원아'에서는 미국 국경지역의 영웅, '클락 앤 데거'에서는 전략정보국의 영웅, '태스크 포스'에서는 해군 영웅, '천금을 마다한 사나이'에서는 소박한 생활을 하는 백만장자 영웅, '군중'에서는 평범한 시민이자 정치 영웅, '양키스의 자부심'에서는 야구 영웅, '닥터 와셀'에서는 의료계의 영웅, '요크 상사'에서는 국가적인 영웅이었다.

쿠퍼는 황야를 무대로 말투는 느리고, 총은 빠른 인물들을 연기했을 뿐만

아니라 극적인 드라마와 세련된 코미디물에서도 강인하고 말수가 적은 캐릭터들을 선보였다.

어떤 작가는 "볼품없고 문법에 약하며 고민이 많고 말투가 서투른 사람들은 게리 쿠퍼로부터 자기 자신을 다시금 발견하는 동시에 위안을 얻는다"고 언급하기도 했다.

큰 키에 마른 체형, 그리고 넓은 어깨를 가졌던 쿠퍼는 영화 속에서도, 실제 생활에서도 발걸음이 조심스러웠고 눈은 서늘한 푸른빛에, 산탄총과 라이플을 능숙하게 다루는 사람이었다. 또 다른 작가에 의하면 쿠퍼에게는 영화 속 캐릭터와 극명하게 다른 부분이 딱 두 가지 있었다고 한다. 하나는 그가 실제 생활에서는 말을 타고 돌아다니지

않았다는 것이고, 다른 하나는 "그들은 저쪽으로 갔소(They went that-a-way)"라는 식으로 말하지 않았다는 것이다. 전하는 바에 따르면 쿠퍼는 "저짝(Thet way)"이라고 발음했다고 한다.

그가 출연한 영화들을 연출했던 감독들은 쿠퍼가 본능적인 타이밍 감각과 빠른 두뇌 회전, 그리고 배역을 꿰뚫어 보면서 캐릭터의 핵심을 이끌어내는 재치를 지녔다고 입을 모았다.

그러나 쿠퍼는 언젠가 이렇게 말했다. "내게 한계가 있다는 걸 알아요. 예를 들어 셰익스피어의 작품에는 절대 출연하지 못할 겁니다." 그러고는 잠시 말을 멈춘 후 그는 천천히 미소를 지으며 덧붙였다. "내가 쫄바지를 입으면 웃기지 않겠어요?"

더불어 성공의 비결이 무엇이냐는 질문을 받았을 때 그는 이렇게 대답했다. "사실 잘 모르겠지만, 이따금씩 좋은 영화를 발견하거나 감독과 배우들의 조화가 좋을 때의 덕을 본 것 같습니다. 무엇보다도 내가 평범하게 생긴 것 때문이 아닐까 싶어요."

쿠퍼는 1901년 5월 7일 몬태나 주 헬레나에서 태어났고, 프랭크 제임스 쿠퍼라는 세례명을 받았다. 그의 부친 찰스 헨리 쿠퍼는 원래 영국의 변호사였는데, 헬레나로 이주한 뒤 몬태나 출신 여인과 결혼하였으며, 목장 관리와 변호사 활동을 병행하다가 몬태나 주 대법관의 자리까지 오른 인물이었다.

쿠퍼는 9살이 되었을 때 가족들과 영국으로 건너갔다가 4년 후에 다시 몬태나로 돌아온 뒤에는 가족 목장에서 일손을 보태면서 생활했다.

"한겨울 아침 5시에 일어나서 가축 450마리에게 먹이를 주고, 영하 40도의 날씨에 비료를 삽으로 퍼담는 게 낭만적인 일일 수는 없었죠." 쿠퍼는 그 시절을 이렇게 회상한 적이 있다.

이후 아이오와 주 그리넬 대학에서 2년 동안 수학했던 쿠퍼는 1924년, 로스앤젤레스로 향하게 된다. 이곳에서 그가 처음 시작했던 일은 집집마다 다니며 어떤 사진관에 고객들을 끌어오는 호객 행위였다. 그러던 어느 날 헬레나 출신의 두 친구를 만나 폭스 웨스턴 스튜디오에서 배달원을 구하고 있다는 걸 알게 된 쿠퍼는 스튜디오로 찾아가 결국 그 일을 따낸다. 급여는 일당 10달러였다.

그렇게 영화 관계자들 주변을 돌아다니게 된 쿠퍼는 카우보이 배우였던 톰 믹스가 주당 1만 5천 달러를 번다는 사실을 듣게 되었는데, 이것이 그가 영화배우로 성공하기 위해 딱 1년만 노력해보자고 결심한 계기가 된다.

당시 인디애나 주에서 온 한 지인은 그에게 영화계에 이미 프랭크 쿠퍼라는 이름을 가진 이들이 몇 명 있다며 이름을 바꿀 것을 제안했고, 쿠퍼는 항상 시적으로 들린다고 생각했던 도시 이름인 '게리'를 택했다.

주로 단역들을 맡아 오던 쿠퍼에게 드디어 첫 주연급 역할을 할 기회가 된 것은 1926년 영화 '바바라 워스의 승리'였다. 이 영화에서 빌마 뱅키의 상대역을 맡은 쿠퍼는 결국 톰 믹스의 주당 1만 5천 달러에 뒤지지 않는 돈을 벌게 되었는데, 주로 영화 1편당 지급을 받았던 쿠퍼의 수입은 최근 수년 동안 30만 달러에 이르렀던 것으로 전해진다.

1960년 4월 1일, 그는 보스턴에서 전립선 수술을 받았고, 5주 후에는 할리우드에서 장(腸) 질환으로 대수술을 받았다.

회복 후 쿠퍼는 영국으로 건너가 그의 마지막 영화 '6년간의 의혹'을 촬영했다. 데보라 커와 호흡을 맞춘 이 영화에서 쿠퍼는 살인자 연기를 선보였다.

1933년, 쿠퍼는 샌드라 쇼라는 이름으로 영화계에서 잠깐 활동했던 사교계의 유명인사 베로니카 발프와 결혼하여 딸 마리아를 낳았으며, 1959년에는 아내와 딸에 이어 로마 가톨릭 교회의 일원이 되었다.

그의 유족으로는 아내, 딸과 더불어 85세의 모친 앨리스 브라시아 쿠퍼 여사가 있다. 모친은 현재 로스앤젤레스에 살고 있다.

마릴린 먼로

1926년 6월 1일~1962년 8월 5일

캘리포니아, 할리우드—할리우드 역사상 가장 유명한 스타 중 한 명인 마릴린 먼로가 오늘 오전, 로스앤젤레스 브렌트우드 지역의 자택 침실에서 숨진 채 발견되었다. 그녀의 나이는 36세였다.

침대 옆에는 수면제가 담겨 있던 빈 약통이 남아 있었고, 그 외에도 14통의 약병이 침실 탁자에 놓여 있었다.

먼로의 사망은 전 세계적인 충격을 주고 있다. 그녀의 유명세는 배우로서 영화계에 남긴 공헌만으로는 다 설명할 수 없을 정도로 엄청난 하나의 현상이었다. 전 양키스 소속 야구선수 조 디마지오, 그리고 퓰리처상 각본가 아서 밀러와 연이어 결혼과 이혼을 오간 먼로의 전력에 대해 수많은 사람들은 "현대판 비너스"의 특권이라고 여겼다.

'7년만의 외출'과 '뜨거운 것이 좋아'의 대성공에 일조한 먼로의 희극적 재능과 삶에 대한 열정은 먼로의 죽음으로 이어진 사건들과 비극적인 대조를 이루고 있다. 그녀가 남긴 주목할 만한 다른 영화들로는 '신사는 금발을 좋아해', '버스 정류장', '백만장자와 결혼하는 법' 등이 있다.

지난 수년간 먼로는 심각한 침체기를 겪었다. 마지막으로 출연한 두 영화 '사랑을 합시다'와 '어울리지 않는 사람들'

이 흥행에 실패한 것이다. 아서 밀러가 각본을 쓴 '어울리지 않는 사람들'의 촬영을 끝낸 후 먼로는 밀러와 이혼했다.

먼로가 살아있는 것을 마지막으로 본 사람은 같이 살던 가정부 유니스 머레이였다. 그녀는 먼로가 어젯밤 8시경에 침실로 들어갔다고 경찰에 진술했다.

오늘 새벽 3시 25분경, 이 가정부는 먼로의 침실 문 밑으로 새어나오는 불빛을 발견했다. 이에 먼로를 불렀지만 대답이 없었고, 문을 열려고 했지만 잠겨있었다. 가정부는 이내 먼로의 정신과 의사 랄프 그린슨에게 전화를 했다. 먼로의 단층집에 도착한 그린슨은 프랑스식 유리창을 두들겨 판유리 한 장을 깨고나서야 침실에 들어설 수 있었다. 먼로가 사망한 것을 확인한 그는 먼로의 주치의에게 전화를 했고, 주치의가 도착한 후에 경찰에게 이 소식이 전달되었다.

지난 2년간 먼로는 할리우드에서 심각한 논란의 대상이 되었던 바 있다. 사람들은 진지한 여배우가 되려는 그녀의 야심을 비웃었고, 리 스트라스버그 밑에서 연기수업을 하기 위한 그녀의 뉴욕행을 우스꽝스럽게 생각하는 이들도 있었다. 반면 먼로의 지지자들은, 그녀가 성적 매력으로만 관객들에게 어필한다고 생각하는 사람들 때문에 먼로의 재능이 과소평가되어 왔다고 주장했다.

은막의 스타 마릴린 먼로의 삶은 그 시작과 마찬가지로 비참하고 불행하게 끝이 났다. 찬란하게 빛나던 배우 경력도, 원치 않은 사생아로 태어나 시작된 음울한 과거도, 지난 십수 년간 급작스러운 명성으로 빛났던 일련의 사건들도 그녀의 죽음으로 모두 막을 내렸다.

음향 없이 촬영된 스크린 테스트 화면에서 먼로를 처음 봤었던 한 관계자는 이후 거의 모든 남성들이 보인 보편적인 반응들처럼 그녀가 걷다가 앉아서 담배에 불을 붙이는 장면을 다음과 같이 묘사했었다.

"소름이 돋았다. 무성영화 시대 이래 본 적이 없는 무언가를 가진 여성이었다. 그 시절 잘 나갔던 배우들을 연상하게 만든 건 그녀가 처음이었다. 장면 하나 하나에서 성적 매력이 묻어났다."

빌리 와일더 감독은 그 순간을 "육체적 충격"이라고 부르며 이렇게 덧붙였다. "'육체적 충격'의 순간은 드물다. 내가 이런 순간을 느낀 배우는 먼로 이전에 클라라 바우, 진 할로우, 리타 헤이워드뿐이었다. 이런 여성들은 카메라에 생생하게 잡히는 육체를 가지고 있다. 마치 다가가서 만질 수 있을 것 같은 느낌을 준다."

전 세계 팬들은 먼로의 이런 작품들을 보기 위해 총 2억 달러를 지불했다. 당대 프랑스의 섹스 심벌 브리짓 바르도 외에는 먼로의 인기에 대적할 여배우는 없었다. 그리고 최근에 이르러서는 대중들뿐만 아니라 평론가들도 먼로의 연기력을 인정하는 추세였다.

전성기 동안 먼로는 두 번의 결혼과 두 번의 이혼을 했고, 적어도 두 번의 유산을 겪었다. 그럴수록 그녀의 정서 불안은 점점 더 심해졌으며 또 다른 질병들도 그녀를 괴롭히기 시작했다.

1961년, 먼로는 정신과 진료와 휴식을 위해 뉴욕에 있는 병원들에 두 차례 입원했다. 6월 8일, 20세기 폭스 사는 '무언가는 포기해야 해'를 촬영하는 7주 동안 단 5일만 모습을 나타낸 먼로를 해고했다. 먼로가 소속되었던 스튜디오의 책임자는 "더 이상 먼로 스스로 통제할 수 있는 문제가 아니었다. 분명 문제가 있었고, 그녀 자신도 그걸 알았다. 열이 난 적도 있는 것 같았지만, 문제는 심리상태였다"고 털어놓았다.

8월 3일자 '라이프'에 실린 마지막 인터뷰에서 먼로는 "행복에 익숙한 적이 없었기 때문에, 행복한 것을 당연하게 생각한 적도 없었다"고 말했다.

마릴린 먼로는 1926년 6월 1일, 로스앤젤레스에서 태어났다. 그녀의 본명 노마 진 모텐슨은 모친을 버리고 떠난 친부의 성을 따른 것이었다. 그러나 이후 먼로는 모친의 성인 베이커로 개명했다. 먼로의 모친과 외조부모는 모두 정신과 시설에 입원한 전력이 있었다. 그리고 그녀의 삼촌은 자살로 생을 마감했고, 부친은 먼로가 태어난 지 3년 만에 오토바이 사고로 사망했다.

모친이 정신과 시설에 머무는 동안

먼로는 위탁가정 12곳을 전전했다. 그 중에는 인형 대신 빈 위스키 병을 장난감으로 준 가정도 있었다. 그러고도 먼로는 로스앤젤레스 고아원에서 2년을 더 보내야 했다.

어릴 때부터 먼로의 꿈은 영화배우가 되는 것이었다. 그리고 그 꿈에 확신을 가졌던 건 모친과 제일 가까웠던 한 친구였다. 그녀는 매일 어린 먼로에게 이렇게 말했다고 한다. “너는 커서 아름다운 여성이 될 거고, 인기 영화배우가 될 거야. 난 직감적으로 알 수 있어.”

먼로의 신체사이즈는 37-23-37인치로 이상적이지는 않았지만 충분히 육감적이었다. 그리고 부드러운 금발과 근사한 청회색의 큰 눈을 빛내던 그녀는 속삭이는 듯한 아기 목소리로 말하는 사람이었다. 일주일에 5천여 통이 넘게 쏟아지던 팬레터들 중에는 그녀에게 청혼하는 편지들이 꼭 섞여 있었다. 먼로의 두 번째 남편 조 디마지오와 세 번째 남편 아서 밀러는 모두 미국의 우상적인 존재들이었다. 먼로는 16세 때 항공기 기술공으로 일하던 제임스 도허티와 첫 결혼을 했다. 이 둘은 결혼한 지 4년 만인 1946년에 이혼했다. 이후 그녀는 1954년, 조 디마지오와 결혼한 지 불과 9개월 만에 이혼했고, 1960년에는 아서 밀러와 4년 만에 이혼했다.

1950년, 먼로가 처음으로 비중 있는 역할을 맡았던 영화 ‘아스팔트 정글’에서 그녀의 등장은 짧았지만 강렬했다. 그녀가 특유의 걸음걸이로 스크린에 모습을 나타내자 사람들은 “저 금발은 누구지?”라며 궁금해 하기 시작했다.

1952년에는 먼로가 과거 무명시절에 누드사진 달력의 모델로 활동했다는 소문이 퍼졌다. 먼로는 인터뷰를 통해 집세를 낼 돈이 필요했기 때문이었다고 말해 또 한 번 주목을 샀다. 당시 먼로는 앞으로 계속 회자될 유머감각을 보여주기도 했다. “아무 것도 걸치지(anything on) 않았다는 건가요?”라고 묻는 한 여성 기자에게 그녀는 특유의 말투로 “라디오는 켜뒀었죠(rodio on)”라고 맞받아쳤다.

주변 사람들을 짜증나게 했던 먼로의 가장 나쁜 버릇은 시간관념이 없는 것이었다. 전성기 시절에는 약속에 무려 24시간이나 늦은 적도 있었다. 먼로의 소속사 대표 제리 왈드는 이렇게 말했다. “시간을 안 지키기는 하죠. 하지만 어쩔 수 없어요. 매일 새벽 4시에 불러도 그 즉시 완벽한 화장을 하고 나타나는 아름다운 금발 여성들은 얼마든지 구할 수 있지만, 마릴린 먼로는 단 한 명뿐이니까요.”

자신의 경력과 인기에 대해 먼로는 생각에 잠기며 이렇게 말한 적이 있다. “끝나면 좋을 거란 생각도 들어요. 내가 어디까지 왔는지 모르다가 어느새 결승선에 도착한 느낌이랄까... 한숨을 쉬면서 ‘해냈다!’라는 생각을 하게 되지만, 사실 끝난 게 아니고, 다시 처음부터 시작해야 하죠.”

월트 디즈니

1901년 12월 5일~1966년 12월 15일

로스앤젤레스—미키마우스와 도날드 덕, 백설공주와 일곱 난쟁이 등 특유의 만화 세상을 만들어 연간 1억 달러 규모의 엔터테인먼트 왕국으로 발전시킨 월트 디즈니가 오늘 아침 세인트 조셉 병원에서 타계했다. 그의 나이는 65세였다.

그는 폴로 경기 때 생긴 오랜 목 부상 치료를 위해 병원을 방문했다가 폐암 진단을 받고 종양 절제술을 받은 후였다.

입원하기 전까지 그는 플로리다 주의 디즈니랜드 신설과 세쿼이어 국립공원의 스키리조트, 그리고 애너하임의 10년 된 디즈니랜드 보수작업을 총괄하고 있었다. 또한 디즈니 영화사는 새로운 작품 여섯 편과 텔레비전 쇼 몇 편을 제작하고 있던 중이었다.

디즈니는 월트 디즈니 사에서 공식적인 직함을 가지지는 않았지만 여전히 직접 관리를 하고 있었다. 최근 잭 워너스가 자신의 워너 브라더스 사 지분을 매각함에 따라 디즈니는 주요 영화사에 대한 직접적인 통제권을 가진 헐리우드의 마지막 베테랑 제작자가 된 바 있다.

그의 유족으로는 아내 릴리안과 딸 두 명, 그리고 현재 월트 디즈니 사의 회장이자 대표인 남동생 로이가 있다.

풍부한 상상력과 부지런한 창작 활동을 통해 디즈니는 할리우드 최고의 스타들을 탄생시켰고, 역사상 가장 환상적인 엔터테인먼트 왕국 중 하나를 만들어냈다.

세상은 디즈니가 전해준 행복에 대한 보답으로 그에게 부와 명예를 안겨주었다. 아마도 그는 할리우드에서 미국 재향군인회와 소련의 지지를 모두 받은 유일한 인물이었을 것이다. 더불어 할리우드 제작자들이 단 한 번이라도 받기를 갈망하는 아카데미상을 디즈니는 무려 29번이나 수상하며 모든 기록을 갈아치웠다.

엄청난 인기를 누리는 디즈니랜드가 “디즈니의 황금 옥수수밭(Disney's Golden Cornfield)”로 불리는 것을 두고 디즈니는 기자에게 “우리는 옥수수를 판다. 그리고 나는 옥수수를 좋아한다”고 말하기도 했다.

7분 길이의 단편영화 제작부터 시작한 디즈니는 애니메이션과 실사 촬영을 결합한 최초의 인물이자, 장편 애니메이션 제작의 선구자이기도 했다. 그의 실사 영화들은 애니메이션만큼이나 인기를 끌었으며, 나중에는 실제 배우들만으로 구성된 장편영화 제작으로까지 영역을 넓혔다.

작은 차고에서 처음 시작된 디즈니의 사업은 이제 방음 스튜디오 4곳만 해도 206,389m^{2}에 달하는 세계에서 가장 현대적인 영화사 중 하나로 성장했다. 또한 디즈니는 1,699,679m^2 넓이의 목장

을 사들여 영화·텔레비전 프로그램 제작을 위한 야외 촬영소로 사용했다. 제작에서 파생되는 수많은 만화대본들, 그리고 장난감 회사들이 지불하는 엄청난 로열티도 막대한 수입 확보에 한몫을 했다.

디즈니의 부지런한 성격은 미국 내 최고의 관광명소 중 하나인 디즈니랜드의 설립으로도 이어졌다. 1,214,056m^2에 이르는 부지에 다양한 놀이기구들과 구경거리를 보유한 디즈니랜드는 5억 달러 이상을 투입해 만든 미국의 자랑거리이다.

디즈니랜드가 10주년을 맞았던 지난해에는 5천만여 명의 인파가 몰려들었다. 디즈니랜드의 국제적 명성을 잘 보여주는 사건은 1959년, 니키타 흐루시초프 소련 공산당 서기장이 디즈니랜드를 방문할 수 없는 것에 대해 불만을 토로한 것이다. 당시 그의 방문을 위한 보안 체제를 마련할 수 없었던 것이 방문 불가의 이유였다.

디즈니랜드는 이제 가만 두어도 저절로 막대한 수익을 낼 거라고 사람들은 말했지만 디즈니는 생각이 달랐다. 언젠가 그는 이렇게 말했다. "이 세상에 상상력이 존재하는 한 디즈니랜드는 결코 다 완성된 것이 아닙니다."

디즈니는 새로운 아이디어를 내놓을 때마다 회의적인 반응에 직면했다. 그의 왕국의 근간이 된 미키마우스의 경우에도, 대부분의 제작사들이 그저 또 하나의 흔한 만화로 간주했기 때문에 디즈니는 이 작품을 위해 자신의 거의 모든 재산을 저당 잡히거나 팔아야 했다. 그러나 대중들은 고음의 목소리, 빨간 바지, 노란 신발, 하얀 장갑이 특징인 이 고상한 마음씨의 쥐에게 마음을 빼앗겼고, 미키마우스는 결국 가장 사랑받는 할리우드 스타가 되었다.

디즈니가 최초의 장편 애니메이션 '백설공주와 일곱 난쟁이'의 제작을 결심했을 때에도 할리우드의 전문가들은 이렇게 긴 애니메이션을 보려는 사람은 아무도 없을 것이라고 코웃음을 쳤다. 그러나 이 애니메이션은 영화 역사상 가장 큰 수익을 낸 작품들 중 하나가 되었다.

주요 영화제작자들 중 최초로 텔레비전용 영화를 제작했을 때도 디즈니는 바보 취급을 당했지만 비방자들의 예측은 또다시 빗나갔다.

그런데 디즈니는 자신의 극장 개봉 영화들이 텔레비전에서 방영되는 것을 거절한 유일한 영화제작자이기도 했다. 그는 7년을 주기로 매 세대가 자신의 기존 작품들을 보러 극장으로 몰려들 것이라고 주장했고, 실제로도 이를 통해 상당한 수익을 거두었다.

대부분의 사람들은 미키마우스의 성공만으로도 만족했겠지만 디즈니는 그렇지 않았다. 그는 도날드 덕, 플루토, 구피 등 다른 캐릭터들도 탄생시켰으며, 동화책 부문에서는 덤보, 밤비, 피터팬, 아기돼지 삼형제, 황소 페르디난드, 신데렐라, 잠자는 공주, 토끼 형제, 피노키오 등 수많은 작품들을 펴냈다. 또한 영화 '판타지아'에서는 카툰 스토리와 클래식 음악의 조합을 선사했다.

디즈니의 캐릭터들은 서로 아주 다르긴 하지만 두 가지 공통점이 있다. 사랑스럽고 단순하다는 것이다. 가장 유명한 캐릭터들로는 큰 귀와 피리소리 같은 목소리를 가진 미키마우스, 알아들을 수 없게 꽥꽥거리는 다혈질의 도날드 덕, 아주 쾌활하고 덤벙거리는 플루토, 그리고 '백설공주'의 신 스틸러인 일곱 난쟁이들, 즉 멍청이, 심술이, 부끄럼이, 재채기, 행복이, 졸림이, 박사가 있다.

한편 디즈니는 자신의 영화를 예술이라고 부르는 것을 거의 미신 수준으로 꺼렸다. 그의 인기 캐릭터들 일부가 뉴욕 메트로폴리탄 미술관에 전시되기도 했었음에도 그는 "내 작품들이 예술이라고 여긴 적은 없다. 그것들은 (예술이 아닌) 쇼 비즈니스이다"라고 말했다.

고등학교를 졸업하지는 못했지만 다부지고 근면했던 디즈니는 하버드 대학교과 예일 대학교에서 명예 학위를 수여받았다. 그의 커리어가 후반기에 달할 즈음, 디즈니가 그동안 수많은 국가들로부터 받은 상과 표창 700여 개에 대한 목록은 29페이지에 달했고, 이중에는 오스카상이 29개, 에미상이 4개, 그리고 미 대통령 자유 메달이 포함되었다.

디즈니의 캐릭터 장난감들은 수백만 개 단위로 팔려나갔고 '데비 크로켓' 시리즈가 방영될 즈음에는 그 인기가 절정에 달하여, 방송이 시작된 지 몇 달 만에 겨울에도 모자를 잘 쓰지 않던 미국 전역의 젊은이들이 한여름에 '쿤스킨' 모자를 쓰고 다니는 현상이 발생할 정도였다.

어떤 점에서 디즈니는 영화계의 이전 세대 개척자들과 닮은 점이 있었다. 그는 자신에게 스스로 부여한 절대적인 권한으로 부하직원들을 신랄하게 질책했기 때문이다. 디즈니와 오랫동안 같이 일했던 한 관계자는 이렇게 말했다. "우리 보스는 직원들을 주눅 들게 만들 수 있었어요. 오직 그만이 그렇게 할 수 있었고, 그것이 그의 특권이었습니다."

또한 디즈니는 리스크를 두려워하지 않았다. 전 세계가 그의 찬란한 성공에 감탄하던 어느 날 그는 지인에게 말했다. "지금 상황이 아주 좋아. 이제 은행 빚이 8백만 달러밖에 안 되거든."

그러나 말년의 디즈니는 자금을 빌리

는 데 아무 문제가 없었다. 오히려 은행들이 먼저 발 벗고 나섰다. 지난 해 월트 디즈니 사는 총 1억 1천만 달러를 벌어들였으며, 디즈니의 가족은 공개기업인 월트 디즈니 사의 지분 38%와 더불어 디즈니의 라이센스를 관리하는 레트로우 사 전체를 소유하고 있다. 그리고 디즈니는 월트 디즈니 사와의 계약을 통해 연간 기본급 18만 2천 달러와 이연지급의 형태로 주당 2천 5백 달러를 받았고, 자신의 실사 촬영 작품 한 편당 지분의 25%까지 살 수 있는 옵션권을 제공받았다. 디즈니는 1961년부터 이런 옵션권을 행사하기 시작했지만 실제로는 10%까지만 가능했던 것으로 알려졌다. 그러나 이런 지분만으로도 그는 억만장자가 되기에 충분했다.

한편, 디즈니 스튜디오는 예술가 노조와의 협상이 결렬되어 파업이 두 달 동안 계속된 적이 있었는데, 이 분쟁은 결국 정부의 중재를 통해 겨우 해결되었다. 디즈니의 이런 태도는 일부 예술가들이 그를 폄하하는 이유 중 하나였다. 또 하나의 이유는 디즈니가 그의 가장 유명한 카툰들조차도 직접 그린 적이 없다는 사실이었다. 예를 들어 미키마우스는 디즈니와 초창기부터 같이 일했던 어브 이워크스가 그린 것이었다.

그러나 이워크스는 디즈니가 직접 그림을 그릴 수도 있었지만 너무 바빠서 그림만 그리지 않았을 뿐이며, 본인이 직접 미키마우스의 목소리를 연기하는가 하면, 당시 스토리 회의에 한 번도 빠진 적이 없다고 밝힌 바 있다.

엄청난 영향력과 부를 거머쥔 뒤에도 디즈니의 태도는 여전히 중서부에서 돈 꽤나 버는 가게 주인 같았다. 디즈니는 새로운 디즈니랜드 프로젝트나 영화 아이디어가 떠올랐을 때를 제외하면 침착하고 냉정한 쪽이었다. 그리고 콧소리 섞인 말투로, 몸짓도 거의 없이 느릿느릿 자신의 생각을 말하곤 했다.

월트 디즈니는 1901년 12월 5일, 시카고에서 태어났다. 어렸을 때 가족들과 함께 미주리 주 마셀린으로 이사하면서 그는 어린 시절 대부분을 농장에서 보내며 동물들을 그리곤 했다. 후에 다시 시카고로 돌아온 디즈니는 고등학교를 다니며 저녁에는 미술 아카데미에서 만화 그리기를 배웠고, 학교 신문의 삽화를 맡아 그리기도 했다.

미국이 제1차 세계대전에 참전했을 때 그도 군에 지원했지만 너무 어리다는 이유로 육군과 해군으로부터 각각 입대를 거부당했다. 이에 그는 적십자 소속으로 프랑스로 건너가 구급차 운전병으로 활약했고, 자신이 운전하던 구급차의 옆면을 꾸미기 위해 그렸던 카툰이 군사신문 '성조기'에 게재되는 일도 있었다.

제1차 세계대전이 끝나고 디즈니는 한 광고 에이전시의 카투니스트로 일하게 되었는데, 어느 날 극장에서 영화 상영 중간 중간에 나가는 광고 카툰을 담당하게 되면서 그 일이 자신의 미래라는 것을 직감했다. 그러던 1920년, 그는 동화들을 주제로 카툰 시리즈를 만들기 위한 회사를 직접 설립했지만, 당시 그는 음식을 살 돈조차 벌지 못할 때가 많았고, 동업자 이워스크와 함께 사는 처지였다.

1923년, 디즈니는 캔자스시티를 떠나 할리우드로 향한다. 그리고 그곳에서도 작은 회사를 설립하여 애니메이션들을 제작하기 시작했다. 수년 동안 그만두고 다시 시작하는 과정을 반복한 끝에, 디즈니와 그의 아내, 남동생, 이워크스는 쥐를 캐릭터로 새로운 애니메이션 시리즈를 만들기로 결정했다. 디즈니의 아내는 이 쥐의 이름을 '미키'로 지었다.

60세 생일을 앞둔 어느 날 디즈니는 그의 성공을 어떤 법칙으로 요약해 달라는 요청을 받았다. 그의 갈색 눈썹에 진지함과 꿈꾸는 듯한 표정이 교차했고 이내 그는 다음과 같이 말했다. "나는 내가 낙관론자라고 생각합니다. 슬픈 영화를 만들려고 사업을 하는 게 아니죠. 무엇보다 코미디가 너무 좋고 항상 그래왔습니다. 그리고 내가 여전히 세상의 경이로움에 감탄할 준비가 되어 있다는 사실도 한몫하지 않았나 싶습니다."

존 포드

1894년 2월 1일~1973년 8월 31일

앨빈 크렙스 기자

미국 영화계가 배출한 최고의 감독 중 한 명인 존 포드가 어제 캘리포니아 팜 데저트의 자택에서 암 투병 중 사망했다. 향년 78세.

풍부한 상상력과 과감함, 세심함, 용감함, 강인함, 그리고 무엇보다도 끈기가 있었던 포드는 지난 40여 년 동안 130편 이상의 영화를 연출했으며, 그중 4편의 장편영화에서 아카데미상을 수상한 유일한 인물이었다. 또한 그는 제2차 세계대전 중에 연출했던 다큐멘터리 영화로 한 차례 더 아카데미상을 받기도 했다.

유성 영화가 나온 지 10년이 채 되지 않았던 1935년, 포드는 그의 대표작 '밀고자'로 홀홀단신 영화계를 더 높은 단계로 견인했다.

그의 영화는 대부분 훌륭했지만, 그중 특히나 뛰어난 작품들로는 그에게 아카데미 감독상을 안겨준 '밀고자'와 더불어 '분노의 포도'(1940년), '나의 계곡은 푸르렀다'(1941년), '말 없는 사나이'(1952년) 등이 있다. 포드는 또한 뉴욕비평가협회에서 네 번이나 표창을 받은 유일한 감독이었다.

그 외에도 세계 영화사에서 주요 작품들로 손꼽히는 포드의 작품들로는

'역마차', '길을 잃은 정찰대' '젊은 링컨', '도망자', '애로우스미스'를 들 수 있다.

지난 4월 포드는 미국영화연구소에서 제정한 평생 공로상의 첫 수상자가 되는 영광을 누리기도 했다. 비벌리힐스 지역에서 개최된 이 화려한 시상식에는 영화계 동료들과 더불어 포드의 열렬한 팬을 자처하는 리처드 닉슨 대통령도 참석했다.

닉슨 대통령은 포드에게 미국 최고의 시민 명예상인 대통령 자유메달을 수여하기 전부터 "나는 그의 영화 140편을 거의 다 보았다"고 밝힌 적도 있다.

신경이 예민하고 쉽게 불안해 하는 성격으로 손수건을 씹는 버릇까지 있었던 183cm 장신의 포드는 최근 수년 동안 상당히 여위였고 엷은 갈색이었던 머리는 희끗희끗하게 숱이 줄었지만, 그래도 경쾌하게 팔을 휘두르며 걷는 모습은 여전히 그를 나이보다 젊어보이게 만들었다. 일하는 동안에는 항상 커피나 차보다 카페인이 더 강한 음료가 채워진 컵과 시가를 곁에 두곤 했다.

존 포드는 1894년 2월 1일, 메인 주 케이프 엘리자베스에서 션 앨로이시어스 오피어르나라는 이름으로 태어났다. 선원이었던 부친 션과 모친 바바라 커란은 아일랜드 골웨이 출신의 이민자였고, 이웃들이 그들의 성을 발음하는 방식에 맞춰 '오피니'로 개명했다. (이후 션 오피니는 존 포드의 법적 이름으로 계속 유지되었다.)

1914년 아나폴리스 사관학교에 입학하는 데 실패한 포드는 그의 말에 따르면 "형 프랜시스에게 얹혀살려고" 헐리우드로 향했다. 당시 그의 형은 프랜시스 포드라는 예명으로 무성 영화계의 성공적인 감독이자 스타가 되어있었고, 포드(업계에서 그는 곧 잭 포드로 불리게 된다)에게 소품 담당자, 스턴트맨, 보조 카메라맨 등으로 일할 기회를 주었다. 그러는 동안 포드는 영화제작 기법들을 열심히 공부했으며, 스스로 카메라워킹과 편집을 익혀 이후의 영화제작에서 줄곧 활용하기도 했다. 또한 '카메라 안에서' 영화를 편집하는 새로운 연출기법 '커팅'을 마스터하기도 했다.

1917년 개봉된 '토네이토'는 포드가 감독한 최초의 영화였다. 20분 내외의 이 단편영화에서 포드는 각본, 주연, 스턴트까지 도맡았다. 이 영화는 한 카우보이가 무법자들로부터 은행가의 딸을 구출한 후 받은 보상금으로 아일랜드에 살던 나이 든 모친을 미국으로 데려온다는 내용이었다. 이후 1917~1920년 동안 포드는 수십 편의 저예산 영화를 선보였으며, 1924년에 '철마'로 드디어 유명세를 타게 되었는데, 이 영화는 지금까지도 전형적인 미국의 이미지를 반영한 고전 영화로 평가받고 있다.

1930년에는 잠수함에 갇힌 남자 14명이 펼치는 생생한 드라마 '여자 없는 남자'가 개봉되었다. 이때부터 그와 각본가 더들리 니콜스 간의 오랜 기간에 걸친 상호보완 관계가 시작된다.

1935년에 제작되어 지금까지도 전 세

계적인 호평을 받고 있는 '밀고자'는 '역대 최고의 영화들'을 꼽는 주요 리스트들에서 항상 자기 자리를 지키고 있다. 언젠가 포드는 이 영화가 "가장 쉽게 감독했던 영화"라고 밝히면서 이렇게 덧붙였다. "그럴 수밖에 없었죠. 5년 동안 꿈꾸어왔던 작품이었기 때문입니다."

'밀고자'의 촬영 기간은 3주에 불과했고, 제작 예산은 21만 8천 달러였다. 오늘날 30분 길이의 텔레비전 쇼 하나를 만드는 데 필요한 제작비와 비슷한 수준이었던 것이다. 당시 포드가 스튜디오 대표들에게 슬쩍 흘린(포드는 "폭력배들과 경찰 정보원들에 대한 내용이라고 애매하게 말했다"고 밝힌 적이 있다), 소위 "B급" 영화였다고 전해지는 '밀고자'는 뉴욕비평가협회 최우수 영화상을 수상했고, 더들리 니콜스가 받은 각본상을 포함하여 아카데미상 또한 다수 수상했다.

포드와 니콜스의 조합은 대부분의 평론가들이 역대 최고의 서부극이라 부르는 1939년 작 '역마차'로 이어졌다. 1884년을 배경으로 이상한 조합의 캐릭터들이 역마차를 타고 아파치 족이 사는 뉴멕시코 영토를 지나가는 여정을 묘사한 이 영화는 존 웨인과 클레어 트레버, 토마스 미첼이 출연했으며, 탁월한 캐릭터 묘사와 화려한 촬영기법, 박진감 넘치는 액션 장면들로 명성을 떨쳤다.

1940년, 포드는 아카데미상 감독상을 두고 자신의 두 작품이 경쟁하는 상황에 놓였다. 이동 농업 노동자(Okie)의 이주 문제를 자세하게 묘사한 존 스타인벡의 소설을 토대로 사회문제를 신랄하게 다룬 '분노의 포도'와, 유진 오닐의 단막극 4편을 기반으로 한 1940년 작 '머나먼 항해'가 그 작품들이었다. 결국 '분노의 포도'가 포드에게 두 번째 오스카를 안겨주었다.

한편, 제2차 세계대전 동안 해군 다큐멘터리 영화 제작소 담당 중령으로 복무했던 포드는 1942년 6월, 일본군이 주요 해군기지를 공격하던 미드웨이 섬에서 다큐멘터리 촬영 임무를 수행하게 된다. 그리고 전투가 끝난 한 달 뒤에 개봉된 20분 길이의 다큐멘터리 '미드웨이 해전'은 1942년 오스카 단편다큐멘터리 상을 수상했다. 포드는 이 전투에서 공습 장면을 촬영하던 중 왼팔에 기관총을 맞는 부상을 입기도 했다.

포드의 전후 영화들 중에는 미국 기병대를 그린 3부작 '아파치의 요새', '황색 리본을 한 여자', '리오 그란데'가 포함되어 있으며, 또 다른 주요 작품들로는 '웨곤 마스터', '도망자', '모감보', '수색자', '미스터 로버츠', '마지막 함성', '리버티 밸런스를 쏜 사나이' 등이 있다.

포드의 오스카 수상작 목록에는 서부극이 한 편도 없지만, 아마도 포드는 황야를 무대로 한 영화들로 가장 잘 알려진 감독일 것이다. 대규모 촬영의 장인이었던 그는 거대한 자연 환경 속에 놓인 인간집단의 드라마를 묘사하는 데 무서울 만큼 뛰어난 능력을 발휘했다. 그리고 장엄한 장면들이 가득한 그의 영화들 속에서 자연은 단지 보기에 만 좋은 배경이 아닌, 이야기를 전달하는 도구 역할을 했다.

'역마차'의 추격전 같은 포드의 격렬한 액션 장면들은 긴장감을 만들고 유지하는 능력에서 타의 추종을 불허했다. 그런데 이와 대조적으로 포드는 거의 멈춰있는 듯한 장면들로 극의 흐름을 늦춰, 정지와 침묵을 최대한으로 활용하는 능력도 있었다. 예를 들어 '황야의 결투'에 등장하는 어린 소년은 자신의 형들이 말을 타고 총싸움에 나서는 것을 가만히 서서 지켜본다. 그렇게 달리는 말들이 순식간에 카메라와 멀어지면 관객들은 마치 아련한 사진을 보고 있는 듯한 인상을 받게 된다.

한편 인터뷰를 통해 괴팍한 성격을 드러내기도 했던 포드는 인터뷰를 자주 하려고 하지도 않았고 앞서 했던 인터뷰들과 대조적인 이야기를 할 때도 있었다. '분노의 포도'와 '머나먼 항해' 등의 영화들이 너무 심각한 "메시지"를 전달하고 있다는 지적을 받았을 때 포드는 짜증을 내며 대답했다.

"헛소리! 그 영화들은 그저 근사한 스토리를 전달하기 위해 만든 것이다. 나는 철저하게 비(非)정치적이고 비이념적이다. 대통령 선거 때 투표를 한 적조차 없는 것 같다."

사생활에서는 조용하고 가정적인 남자였던 포드는 잘 알지도 못하는 사람들과 나이트클럽이나 파티에 가는 데에는 취미가 없었다. 그는 1920년, 메리 맥브라이드 스미스과 결혼해서 두 명의 자녀를 두었다.

그의 지인들 중 한 명은 포드의 행색이 "혼란 그 자체"였다고 회상했다. "그는 지저분하고 낡은 카키 바지와 발가락 쪽에 구멍이 난 테니스화, 헐렁하고 낡은 캠페인 재킷, 닳아빠진 모자와 더러운 목도리를 두른 채 촬영장에 나타나곤 했습니다."

포드는 평생 시력이 나빴기 때문에 항상 두껍고 색이 들어간 안경을 껴야 했다. 그마저도 25여 년 전 촬영장에서 부상을 입은 왼쪽 눈은 시력이 완전히 상실된 상태였으며, 최근 수년간은 검은색 안대를 하고 다니기도 했다.

그는 자신의 영화들 중 일부가 망작이었음을 스스로 인정한 적은 있어도, 자신의 명성을 내세운 적은 거의 없었다. 그러나 1964년 작 '샤이안'에 출연한 여배우 캐롤 베이커는 어떤 인터뷰에서 포드와 나눴던 다음과 같은 이야기를 들려준 적이 있다. 모뉴먼트 밸리에 있는 촬영장에서 그녀는 포드에게 잉그마르 베르히만의 영화들에 대해 언급했는데 포드는 잘못 알아듣고 "잉그리드 버그만?"이라고 답했다.

그녀가 아니라고 하며 "유명한 스웨덴 감독 잉그마르 베르히만이요"라고 다시 말하자 포드는 이렇게 답했다.

"아, 잉그마르 베르히만 말이군. 그 친구 나를 보고 세계 최고의 감독이라고 말했다더군."

사무엘 골드윈

1879년 8월 17일~1974년 1월 31일

앨빈 크렙스 기자

할리우드 영화계를 개척한 마지막 제작자 중 한 명이었던 사무엘 골드윈이 어제 로스앤젤레스의 자택에서 타계했다. 향년 91세. 그는 1968년부터 건강이 악화된 상태였다.

반세기에 걸친 영화계 경력을 통해 할리우드의 전설이 된 골드윈의 영화들은 장대한 규모를 자랑했으며, 보기 드물게 재미와 작품성을 모두 성취하며 명성을 떨쳤다.

할리우드 최후의 거물이라는 수식어에 걸맞는 외모까지 갖춘 골드윈은 거침없는 완벽주의자였고, 매 작품마다 최고의 각본가와 감독, 카메라맨, 그 밖의 전문가들을 영입하는 데 탁월한 재능이 있었다.

그는 업계 전문가들의 작업과 생활에 대해 칭찬하고, 들볶고, 격려하고, 협박하는 유순한 독재자였으며, 아주 세세한 부분들까지도 챙기는 관리자이기도 했다.

탁월함을 추구하기 위한 그의 이런 유별난 노력은 스탭들의 분노를 살 때도 많았지만, 결국 그의 작품들은 특유의 뛰어난 감각과 높은 퀄리티로 완성되었고, 영화계에서는 이를 가리켜 "골드윈의 손길"이라고 불렀다.

"골드윈의 손길"을 거친 70여 편이 넘는 영화들 중에는 '우리 생애 최고의 해', '폭풍의 언덕', '양키스의 자부심', '애로우스미스', '도즈워스', '스텔라 달라스', '데드앤드', '웨스터너', '작은 여우들', '거리 풍경', '안데르센', '월터의 상상은 현실이 된다', '아가씨와 건달들', '포기와 베스' 등이 있다.

가장 화려하면서도 가장 논쟁적인 제작자였던 골드윈의 트레이드 마크는 언어의 익살스러운 오용, 비유의 혼합, 문법적 실수를 의미하는 소위 '골드위니즘'이라고 할 수 있다. 예를 들어 '나를 제외에 포함시켜줘'와 '두 단어로 말해줄게. 불-가능!' 등 이제는 고전이 된어버린 언어유희들 말이다.

최근 수년 동안 골드윈은 자신이 원조라고 알려진 골드위니즘의 절반은 사실 직접 만든 것이 아니라고 밝히기도 했으나, 골드윈이 원조인지 아닌지와는 별개로 이런 표현들은 모두 전설의 일부가 되었다. 보다 잘 알려진 표현들은 다음과 같다.

"구두 합의는 그것이 쓰인 종이만큼의 가치도 없다."

"정신과 의사를 찾아가는 사람은 정신 검진을 받아볼 필요가 있다."

"이 핵폭탄은 다이너마이트급이다."

또 다른 예로, 어떤 감독이 영화 대본을 '너무 신랄하게(caustic)' 평가하는 골드윈에 대해 불만을 터뜨리자, 골드윈은 이렇게 답했다고 한다. "비용(cost)은 걱정하지 않아도 됩니다. 좋은 영화라면 어쨌든 만들 거니까요."

그는 자기 자신과 작품들의 명성을 높이는 데도 골드위니즘을 사용했다.

"영화가 개봉을 앞두고 있을 때마다 내가 어떤 사안에 대한 논란을 일부러 일으켜 신문에 나오도록 한다고 말하는 사람들이 있습니다. 여기에 대해 내가 진정으로 확실시하고 싶은 점은, 전반적으로 거기에는 단 한 마디의 거짓도 없다는 것입니다."

"대머리" 골드윈을 중심으로 벌어진 논란들 중에는 그가 주도했던 극장 동시상영 반대 캠페인과 할리우드의 제작 편수가 과다하다는 주장도 있었다. 당시 골드윈은 동료 제작자들을 설득하면서 할리우드가 매년 영화 600여 편을 찍어내고 있는데 "지금 할리우드에 있는 인재들만으로는 좋은 영화를 연 200편 찍는 것도 벅차다"고 말한 바 있다.

골드윈은 1882년 8월 27일, 폴란드 바르샤바에서 태어났다. 가족사항에 대해서는 알려진 바가 거의 없고 단지 그가 가난한 부모 밑에서 태어났으며 어릴 때 양친 모두가 사망했다는 정도만 알려져 있다. 11세 때 폴란드를 떠난 그는 영국에서 2년을 보낸 후 뉴욕 주 글로버스빌로 건너와 한 장갑공장에서 바닥 닦는 일을 시작했다. 17세 무렵 그는 부하직원 100명을 관리하는 자리로 승진했고 그로부터 6년 후에는 그 회사의 임원이 된다.

1910년, 골드윈은 공연 제작자 제시의 누이 블랑쉬 래스키와 결혼했는데, 당시 변호사 아서 프렌드의 권유에 따라 영화제작 사업을 염두에 두고 있던 처남 제시는 골드윈을 이 사업에 끌어들이려 하고 있었다. 하지만 골드윈은 뉴욕으로 주거지를 옮긴 상태라 이런 제안에 별 관심이 없었다. 그러던 1913년의 어느 추운 날, 헤럴드 스퀘어 극장에 몸을 녹이러 들어간 골드윈은 브론코 빌리 앤더슨이 출연한 서부 활극을 보게 된다. 그는 이 영화 자체뿐 아니라 영화 관계자들이 벌어들인 상당한 수입에도 깊은 인상을 받았다.

이후 처남 제시의 제안을 받아들인 골드윈은 제시와 함께 각각 1만 달러, 그리고 나머지 26,500달러 상당의 자금은 골드윈의 아내와 제시의 변호사가 충당하기로 하며 드디어 영화사를 설립하게 된다. 당시 대부분의 영화들이 20분 남짓의 투-릴러 단편영화들이었던 데 반해, 골드윈의 영화사는 장편 로맨스 영화들을 제작하기 위한 준비에 나섰고, 그렇게 선보인 파이브-릴러 길이의 첫 영화 '스쿼우 맨'은 할리우드에서 제작된 초기 장편영화들 중 하나였다. 한편, 이 영화의 감독은 이전에 영화 관련 일을 전혀 해보지 않았던 젊은 무대 매니저이자 무명 극작가 세실 드밀이었다.

'스쿼우 맨'의 제작이 절반 정도 진행되었을 무렵 자금이 바닥나자 골드윈은 주변 사람들에게 "종기(abscess: 나락(abyss)의 말장난)의 언저리에 있는 느낌이다"라고 말했고 아마도 이 순간을 최초의 골드위니즘이라고 기록해도 좋을 것이다. 그는 극장 소유주들에게 '스쿼우 맨'과 향후 영화 11편에 대한 전시권을 팔아 추가 자금을 마련할 수 있었다.

영화 '스쿼우 맨'이 엄청난 성공을 거두게 되면서 파트너들로부터 갑작스런 러브콜이 쏟아졌는데 이것은 골드윈이 가장 원치 않았던 상황이었다. 이에 골드윈은 회사가 아돌프 주커의 페이머스 플레이어스 사와 합병되자마자 자신의 지분을 약 1백만 달러에 매각했다.

1917년, 골드윈은 좋은 영화로 각색될 만한 연극들을 많이 선보인 브로드웨이의 제작자 셀린 형제(에드가셀윈, 아치볼드 셀윈)와 합류했다. 당시 그는 여전히 처음 미국에 왔을 때 이민국 직원들이 그의 폴란드 이름과 가장 가깝게 발음한 '골드피시'라는 이름을 사용하고 있었다. 골드윈 영화사라는 이름은 골드피시의 '골드'와 셀윈의 '윈'을 합친 것이었다.

이 이름이 너무나 마음에 들었던 그는 자신의 이름을 아예 골드윈으로 개명했다. 그러나 골드윈 영화사가 파산한 뒤, 메트로 영화사와 합병되어 메트로-골드윈-메이어(MGM)가 탄생하자 골드윈은 상당한 보상금을 받고 회사 지주 자리에서 물러나게 된다.

1922년, 자신이 파트너나 이사회와 같이 일할 수 없는 사람이라고 확신한 골드윈은 독립적인 제작자로 일하기 시작한다. 그리고 1926년, 독립영화 배급을 위한 협동조합 유나이티드 아티스츠의 멤버가 되었지만 1939년, 같은 멤버인 메리 픽포드와 갈등을 빚으며 격렬한 법정 분쟁까지 벌인 끝에 1941년, 50만 달러 가량 손해를 보면서 자신의 지분을 조합에 매각했다.

골드윈은 배우, 작가, 감독들을 애지중지했지만, 이들이 자신의 기대에 미치지 못한다고 생각될 때에는 가차없이 비난했다. 영화 '폭풍의 언덕'의 각색을 맡았던 벤 헥트는 골드윈이 작가를 대하는 태도를 가리켜 "슬롯머신을 흔들며 짜증을 내는 사람"에 비유하기도 했다. 그러나 좋은 영화를 만드는 것은 좋은 스토리라고 굳게 믿었던 골드윈은 모스 하트, 릴리안 헬먼, 로버트 셔우드 등 유명 각본가들을 고용하는 데 비용을 아끼지 않았다.

골드윈은 몇몇 거장 감독들과도 사이가 좋지 않았는데 그중 한 명이 윌리엄 와일러였다. 그럼에도 와일러는 '우리 생애 최고의 해'와 같은 자신의 최고작들을 골드윈의 제작 지휘 아래 생산해 냈다. 더불어 골드윈이 발굴한 스타들로는 탈룰라 뱅크헤드, 로버트 몽고메리, 게리 쿠퍼 등이 있다.

그러나 실패도 있었다. 그중 최악은 골드윈이 "스핑크스의 얼굴" 같은 불가사의한 매력을 가졌다고 믿었던 폴란드 여배우 안나 스텐의 영입이었다. 골드윈은 그녀를 스타로 키우기 위해 엄청난 돈을 투자했지만 돌아온 것은 대중들의 외면뿐이었고, 결국 골드윈은 "스텐이 사소한 부분에서만 엄청났다"고 인정할 수밖에 없었다.

반면, 미인대회 출신이자 브로드웨이에서 명성을 얻기 훨씬 전부터 '서티 어 위크'에 출연한 경력이 있었던 탈룰라 뱅크헤드, 그리고 베티 그레이블이 포함된 이른바 '골드윈 걸스'에 대한 그의 판단은 정확했다. 골드윈은 이 늘씬한 각선미의 코러스 걸들로 자신의 뮤지컬을 화려하게 장식하며 흥행을 이끌었다.

영화를 제작할 때 본인의 자금만을 사용했고, 제작과정의 모든 부분들을 일일이 챙겼던 골드윈은 "나는 제작자다. 문 밑으로 돈만 쑤셔 넣고 집으로 가버리는 투자자가 아니다"라고 말한 바 있으며, 자신의 말을 잘 듣는 사람들에 대해서는 비효율적이더라도 지출을 아끼지 않는 경우가 많았다. 이에 대해 그는 "충성도 100%를 위해서라면 효율성 50%를 감수할 수 있다"고 설명하기도 했다.

골드윈은 방음 스튜디오에서 시간을 보낼 때를 제외하고는 회사 밖에서 영화 홍보에 매진했다. 한번은 "내 영화사를 위한 훌륭한 슬로건을 마련했다. '골드윈 영화사, 지구를 굽다(griddle: 둘러싸다(girdle)의 말장난).'"라고 말해 또 하나의 골드위니즘을 내놓았다.

실제로 골드윈 프로덕션의 영화들은 지구를 둘러싸듯 일주하며 20여 년 동안 2억 명 이상이 관객들을 끌어모았다. 또한 다수의 작품들이 아카데미상 후보 리스트에 올랐고 드디어 1947년, '우리 생애 최고의 해'로 아카데미 작품상을 비롯한 모든 주요 부문의 상들을 휩쓸었다. 당시 골드윈은 영화계에 기여한 공로를 인정받아 어빙 탤버그 기념상도 받았다.

이후에도 골드윈이 제작한 영화들은 감독, 각본, 무대 디자인, 음향, 미술, 연기 등 수많은 부문에서 아카데미상을 거머쥐었다. 특히 세트 디자인상은 각기 다른 작품들로 5회나 수상했는데 그에 걸맞게도 골드윈은 그림으로 칠해진 평평한 배경 대신 현실적인 3차원 세트를 사용한 최초의 제작자였다.

1915년, 골드윈은 딸 루스를 낳았던 블랑쉬 래스키와 이혼했고 1925년, 여배우 프랜시스 하워드와 재혼해 아들 사무엘 주니어를 두었다. 이 아들 또한 현재 영화 제작자로 활동하고 있다.

두 번째 부인 하워드는 결혼 후 골드윈의 영화사에서 점점 비공식적인 '부사령관' 역할을 하기 시작했었다. 또한 그녀는 남편의 개인적인 생활을 정리하는 데도 뛰어났다. 둘이 외출할 때면 하워드가 항상 모든 비용을 지불했는데, 이는 골드윈이 절대 잔돈이나 지갑을 가지고 다니지 않았기 때문이다. 그는 의상에 엄청난 신경을 썼던 나머지, 주머니에 뭔가를 넣으면 자신의 보수적인 맞춤 양복이 울퉁불퉁해 보일 것이라 생각했다.

점차 일을 줄여가던 골드윈은 1959년 그의 마지막 작품이 된 '포기와 베스'를 제작하기 시작했다. 78세의 고령이었지만 그는 183cm의 몸체를 항상 꼿꼿이 세우고 다녔고, 양팔을 제트기처럼 휘두르며 스튜디오로 들어오는 모습 또한 언제나처럼 힘찼다. 다소 밋밋한 얼굴에 비해 깊이 들어간 눈은 여전히 분노로 번쩍였고, 폴리쉬 억양이 섞인 그의 목소리도 예전과 다를 바 없이 깊게 울려 퍼졌다.

최근 수년간 골드윈은 자신의 스튜디오를 독립영화와 텔레비전 프로그램을 만드는 제작사들에게 임대해줬지만, 그들이 만든 작품을 포함하여 요즘 할리우드에서 생산되는 영화들을 마음에 들어하지는 않았다. 그가 보기엔 최근의 작품들은 쓰레기나 다름 없었다.

골드윈은 언젠가 자신의 경력을 요약하며 이렇게 말했다. "나는 반항아이자 외로운 늑대였습니다. 내 영화들은 온전히 나의 것이었죠. 내 돈으로 자금을 댔고, 나 자신에게만 대답했으니까요. 실수도 성공도 모두 내 몫이었습니다. 나의 유일한 규칙은 나 스스로를 만족시키는 것이었습니다. 그러나 그럴 경우 다른 사람들도 대부분 만족하기 마련이었습니다."

폴 로브슨

1898년 4월 9일~1976년 1월 23일

올던 휘트먼 기자

가수이자 배우, 그리고 흑인인권 운동가였던 폴 로브슨이 어제 필라델피아에서 77세를 일기로 사망했다. 그는 작년 12월 28일에 뇌졸중으로 쓰러졌었다.

로브슨은 루트거스 대학 시절 전미 미식축구 스타였고 야구, 농구, 육상 선수로도 활약했을 뿐만 아니라 파이 베타 카파(우등생 클럽)의 일원이기도 했다. 그러나 지난 수십 년 동안 그가 국제적인 명성을 얻을 수 있었던 것은 '올 맨 리버' 같은 노래를 부른 콘서트 아티스트이자 '오셀로' 역으로 대표되는 연극 배우 활동을 통해서였다.

로브슨은 미국 흑인사회로부터 등장한 가장 영향력 있는 연기자이자 정치인이었다. 냉전 기간 동안 반체제 인사, 그리고 소련의 적극적인 지지자로 간주돼 감시를 받았던 로브슨은, 그런 상황으로 인해 대중들에게 가수와 배우로서 지닌 장점만 상대적으로 더욱 각인된 인물이었다.

그러나 로브슨이 75세가 되던 해, 문화사학자 클레이튼 라일리는 로브슨이 "미국에서 가장 위대한 인물들 중 한 명이며, 모두를 위한 정의를 추구하고 전 세계인들에게 깨우침을 준 사람"이라고 그를 높이 평가했다.

로브슨은 자신이 공산당 당원이 아니라고 맹세했지만, "체제 전복적" 성향으로 간주되는 수많은 노조·기관들과 더불어 좌익 성향 간행물들이 선전하는 여러 명분들을 위한 공연 활동에 거리낌없이 나섰던 것을 근거로 공산당과의 연계 의혹을 끊임없이 받아왔다. 이런 활동에 대한 반발로 한번은 뉴욕 주 픽스킬에서 열린 그의 콘서트가 자경단원들의 방해로 중단되는가 하면 전문 콘서트홀에서 그의 공연을 거절하거나 공연 예매율까지 저조해지기도 했다. 결국 로브스의 수입은 1947년의 10만 달러에서 1952년, 6천 달러로 감소했다.

로브슨이 이처럼 자신의 예술 활동과 정치적 색깔을 노골적으로 연결시키자 1950년, 미 국무성은 그가 당시 요구되던 비공산당 선서에 사인하기를 거부했다는 이유로 그의 여권을 취소시켰다. 이에 로브슨은 법적 이의를 제기했고 1958년, 대법원은 그의 "신념과 유대" 때문에 여권을 박탈할 수는 없다며 로브슨의 손을 들어줬다.

다시 여권을 받게 된 로브슨은 유럽과 호주 지역을 순회하며 가수 활동을 재개했고, 1959년에는 셰익스피어의 출생지인 영국 스트래트퍼드 온 에이븐에서 '오셀로'를 공연했다. 이때 연기한 무어 역은 가장 찬사받았던 로브슨의 연기들 중 하나로 기억된다.

1958년 그의 60세 생일에는 수많은 국가들에서 축하 행사가 열렸으며, 같은 날 11년 만에 뉴욕 카네기홀에서 개최한 연주회는 모든 좌석이 매진되었다.

이 행사에 대해 '더 타임스'의 헤럴드 C. 쇤베르크는 이렇게 썼다. "무대에 나타난 로브슨은 긴 기립박수로 환영을 받았으며, 여전히 건장한 모습의 그는 압도적인 위엄을 내뿜었다."

같은 해 말, 런던에서도 콘서트를 가졌던 로브슨은 오스카 해머스타인 2세와 제롬 컨이 만든 '올 맨 리버'를 노래하며 큰 박수갈채를 받았다. 이 노래는 1920년대 말부터 로브슨의 트레이드 마크였다. 또한 그는 자신의 대표곡 '미국인을 위한 발라드', 그리고 살인 혐의로 처형된 한 노동조합 위원에 대한 노래 '조 힐'도 열창했다.

건장하고 위풍당당한 풍채의 로브슨은 한창 때 192cm의 키에 몸무게는 109kg에 달했으며, 아련하게 울려 퍼지는 베이스 바리톤 목소리로 느리고 신중하고 이야기하는 사람이었다.

언젠가, 소련에 그렇게 자주 가는데 아예 그곳에서 사는 게 어떠냐는 도발적인 질문에 대해 로브슨은 이렇게 응수했다. "나는 당신과 마찬가지로 바로 이곳(미국)에 머물면서 그 일부로서 역할을 할 것입니다. 나의 아버지가 이 나라의 노예였고, 나의 동포들이 이 나라를 세우기 위해 희생했기 때문입니다."

로브슨은 1898년 4월 9일, 뉴저지 주 프린스턴에서 윌리엄 D. 로브슨 목사의 막내아들로 태어났다. 그의 아버지는 노스캐롤라이나 농장의 노예였다가 1860년 탈주한 인물이었고, 교사였던 모친은 로브슨이 9세 때 사망했다.

영특한 학생으로 성장한 로브슨은 1915년, 루트거스 대학에 장학생으로 입학했는데, 당시 사립이었던 이 학교에 흑인 학생은 그를 포함해 달랑 세 명뿐이었다. 로브슨은 미식축구뿐만 아니라 야구, 농구, 육상 종목에 모두 뛰어났고 십여 곳에서 대표팀 선수가 되어달라는 제의를 받았다. 그를 전미 대표선수로 두 번 채택했던 당시 대학 미식축구협회 간부 월터 캠프는 로브슨을 가리켜 "이 경기장을 밟은 이들 중 가장 뛰어난 수비수"라고 평가했었다.

졸업 후인 1919년, 그는 컬럼비아대 로스쿨에서 학위를 받았지만 법조계 활동을 하지는 않았다. 왜냐하면 컬럼비아대 화학과의 뛰어난 학생이었던 에슬란다 카르도조 구드가 그를 연극계로 인도했기 때문이다. 1921년, 로브슨와 결혼한 그녀는 1965년, 본인이 사망할 때까지 로브슨의 매니저로 헌신했다.

당시 에슬란다 구드의 설득으로 1920년 기독교청년회(YMCA)의 '구레네 사람 시몬'에서 처음 배역을 맡았던 로브슨은 1921년 라파예트 극장에서도 같은 역으로 무대에 올랐고, 1922년에는 브로드웨이 샘 H. 해리스 극장에서 '타부'의 짐 역을 열연했다. 이후 그리니치 빌리지를 기반으로 활동하는 프로빈스타운 플레이어 극단에 합류한 로브슨은 이 극단의 일원이었던 유진 오닐의 작품 '모든 신의 아이들은 날개가 있다'에서 짐 해리스 역을 맡기도 했다. 또한 '황제 존스'에서 부르투스 존스 역을 맡았던 로브슨에 대해 평론가 조지 진 네이선은 "가장 치밀한 감정 표현을 선보이는 인상적이며 설득력있는 배우 중 한 명"이라고 평했다.

로브슨은 런던에서도 '황제 존스'의 성공가도를 계속 이어갔고, 뉴욕으로 복귀해 '포기'의 크라운을 연기하다가 1928년 다시 런던으로 건너가 '쇼보트'의 조 역을 맡았다. 이후 1939년까지 주로 런던을 포함한 해외에 머물렀던 로브스은 1930년, 런던에서 페기 애쉬크로프트, 시빌 손다이크, 모리스 브라운과 함께한 '오셀로'의 주연으로 엄청난 성공을 거두게 된다.

이 밖에도 로브슨은 연주자로서 유럽의 주요 도시들을 순회하면서 '태양 아래 화초', '털보 원숭이', '투생 루베르튀르', '하역업자', '블랙보이', '존 헨리' 등을 노래했으며, 영화계에도 발을 내밀어 '강의 샌더스', '솔로몬 왕의 보물', '빅 펠라', '프라우드 벨리', '황제 존스', '쇼보트' 등 총 11편의 영화에 출연했다.

1934년, 첫 소련을 방문을 위해 독일을 경유하던 로브슨은 히틀러의 돌격대원들로부터 인종차별적 발언을 듣고 격분한 반면, 모스크바에서는 따뜻한 환대를 받았고, 이에 소련 시민들이 인종적 편견을 가지고 있지 않다는 점에 깊은 인상을 받게 된다. 이후 그는 자신이 "과학적 사회주의의 원리들을 지지하며, 인류 전체에 있어 사회주의 사회가 보다 나은 삶으로 가는 지름길이라고 굳게 믿고 있다"는 점을 공개적으로 자주 언급했다.

또한 1930년대 말 스페인으로 건너간 로브슨은 당시 히틀러와 무솔리니의 지원을 받는 프랑코 장군의 반란에 맞서 싸우던 국제여단 멤버들과 공화군을 위한 공연에 나서기도 했다.

이 시기에 미국 내 여론은 로브슨에게 상당히 유리한 쪽으로 흘러가고 있었다. 1943년 10월 19일, 그는 시어터 길드 제작사의 기획으로 브로드웨이에서는 흑인 최초로 오셀로 역을 맡아 백인 조연들(호세 페레와 우타 하겐)과 함께 열광적인 호평을 받았다.

당시 정치 활동의 강도를 점점 높여가던 로브슨은 진보당의 창립자이자 당수가 되었고 1948년, 전 부통령 헨리 A. 월라스를 당의 대선후보로 지명하기에 이른다.

한편 1949년 파리 세계평화회의에서 언급한 내용 때문에 로브슨은 냉전기간 내내 어려움을 겪기도 했다. 당시 그는 "우리 미국 흑인들이 소련과의 전쟁에 나서는 것은 생각도 할 수 없는 일이다. 그건 수세대 동안 우리를 억압해온 이들을 위해 한 세대 만에 우리에게 완전한 인간 존엄을 가져다준 국가(소련)와 싸우는 일이기 때문이다"라고 말했다.

이 발언은 미국 전역에 그에 대한 부정적인 여론을 들끓게 만들었고 1949년 8월, 뉴욕 주 픽스킬 근처 야외에서 열린 로브슨의 콘서트에 재향군인회원들과 우익 극단주의자들이 난입하여 관객들을 공격하는 사건으로까지 이어진다. 당시 콘서트는 결국 취소되었다.

로브슨은 1948년부터 수차례 미 의회 위원회로 불려나갔다. 주로 공산당원이냐 아니냐는 질문을 받았던 그는 언제나 미국 수정헌법 제5조에 입각한 묵비권을 행사하며 대답을 거부했다.

그의 유족으로는 누이와 아들 한 명이 있다.

찰리 채플린

1889년 4월 16일~1977년 12월 25일

보슬리 크라우더 기자

특유의 우스꽝스러운 걸음걸이와 지팡이를 든 작고 슬픈 부랑자의 모습으로 혈혈단신 영화라는 신생 오락 매체를 예술의 경지로 격상시킨 찰리 채플린이 어제 스위스 자택에서 사망했다. 향년 88세.

아내 우나 오닐과 자녀 7명이 그의 임종을 지켰다. 마드리드에 있던 채플린 딸이자 여배우 제랄딘 채플린도 부고를 듣고 아버지의 자택이 있는 스위스 제네바 호 근처 마을 코시어서-브베로 향했다는 전언이다.

1975년 엘리자베스 여왕으로부터 기사 작위를 받은 채플린 경은 수년 동안 건강이 악화되면서 계속 휠체어 신세를 져야만 했고 말하는 것, 듣는 것, 보는 것 모두 신통치 않았었다.

찰스 스펜서 채플린만큼 전 세계 사람들을 매료시킨 영화배우는 없었다. 런던 출신의 남루한 아이였던 그는 운명에 대한 인간의 희비극적 갈등묘사로 불멸의 예술가가 되었다. 그는 1914~67년 동안 80여 편의 영화들을 통해 예측할 수 없는 인생의 행로 속에서 갈팡질팡하면서도, 앞으로는 상황이 나아질 거라는 희망을 품으며 주눅 들지 않는 작달막한 한 남자의 캐릭터를 묘사하고 정교하게 구축해냈다(채플린은 배우일 뿐만 아니라 작가이자 감독이기도 했다).

그의 트레이드 마크인 '작은 방랑자'는 광대, 낙오자, 철학자의 모습을 조금씩 모두 가지고 있었고, 때로는 발을 헛딛기도 하지만 언제나 품위와 자존심을 유지하는 캐릭터였다.

채플린 유머의 진수는 풍자였는데, '키드'와 '황금광 시대'에서처럼 미묘할 때도 있는가 하면 '위대한 독재자'와 '베르두씨'에서처럼 신랄하기도 했다.

채플린은 인간의 어리석음을 조롱하면서도 인류를 향한 근원적인 애정을 표현했으며, 진지함과 우스꽝스러움을 동시에 담아내는 재능으로 자신의 코미디를 슬랩스틱 영화를 넘어선 예술의 영역으로 끌어올렸다.

이는 인간에 대한 인간의 비인간성이라는 진지한 주제를 다룬 '황금광 시대'에서도 엿볼 수 있다. 영화 속 주인공이 신발을 삶아서 마치 미식가가 뽐내듯이 먹는 장면은 극도로 심각한 상황 속에서 코믹적인 요소가 빛을 발하는 순간이다. 이런 장면들을 통해 드러나는 대조 효과는 채플린 특유의 코미디를 지탱하는 근간이었고, 바로 그 유머감각으로 반세기에 걸쳐 수백만 사람들의 마음을 사로잡을 수 있었다.

헐렁한 바지, 큰 신발, 작은 모자, 다해진 짧은 코트, 그리고 대나무 지팡이까지 말쑥하게 차려입고, 화룡점정으로 검은 칫솔 모양 콧수염이 난 코미디 캐릭터 '작은 방랑자'는 채플린에게 불후

의 명성을 안겨주었을 뿐만 아니라, 평생 그와 동일시되는 하나의 상징이었다.

코미디의 구조에 대해서 꼼꼼히 연구했던 채플린은 언젠가 다음과 같은 글을 남긴 적이 있다.

"나의 모든 영화는 어떤 인물이 궁지에 몰리고 그 와중에도 평범한 작은 신사의 모습을 필사적으로 지키려 한다는 아이디어를 중심으로 전개된다. 그렇기 때문에 내 캐릭터는 아무리 절박한 위기상황에서도 언제나 지팡이를 움켜쥐고, 모자를 고쳐 쓰고, 넥타이를 고쳐 매는 데 열중한다. 고꾸라져 땅에 머리를 찧었더라도 말이다."

할리우드에 입성한 초기 시절의 채플린은 영화 제작에 대한 발언권이 거의 없었지만 예술적 입지를 확보한 뒤부터는 각각의 장면을 완벽하게 만들기 위해 스스로 끝없는 노력을 기울였다. 영화의 마지막을 장식하는 몇 분을 위해 수백 피트 길이의 필름을 소진하는 경우도 허다했다.

장편 및 유성영화 시대가 도래하기 전에 영화계에 입성했던 채플린은 몸짓과 얼굴 표정만으로 감정을 전달해야 하는 상황극과 팬터마임에 의존했는데 그런 바디 랭귀지의 향연은 채플린이 전 세계 사람들에게 언어의 제약 없이 어필할 수 있었던 주된 요인이었다.

채플린이 스크린에 등장한 지 불과 2년 만에 영화 평론가 테오도르 허프는 "영화가 하나의 언어라는 측면에서, 채플린이 현재 영화산업의 가장 높은 자리에 있다는 사실에는 의심의 여지가 없다"라고 평가했다. 채플린의 영화에 대한 대중들의 수요는 경이로운 수준이었다. 이런 극장가에서의 인기 덕분에 그는 18개월에 걸쳐 영화 8편을 촬영하는 조건으로 1917년 당시 1백만 달러라는 엄청난 금액의 계약을 맺었다.

당대의 그 어떤 분야에서도 채플린만큼 대중들의 사랑을 받은 인물은 드물었다. '찰리', '샤를로' 등 그 어떤 나라의 언어로 불리든지 그 이름에는 우상숭배에 가까운 특별한 애정이 담겨있었다.

또한 찰리 채플린의 비범한 성공을 설명하는 또 하나의 원인은 1917년 이후 그가 각본, 주연, 제작, 연출, 편집 등 영화 제작의 전 과정을 완벽하게 지휘할 수 있게 되었다는 점이다.

채플린은 1889년 4월 16일, 런던 남부에서 태어났다. 그의 부친은 희극배우이자 술꾼이었고, 모친은 릴리 할리라는 예명으로 활동하던 뮤직홀 배우였는데, 이 둘은 채플린이 태어나고 얼마 되지 않아 헤어져버리고 만다.

그렇게 홀어머니와 함께 살아가던 어느 날, 무대에 오른 모친의 발성에 이상이 생겼고 그것이 채플린이 5살의 나이로 처음 무대에 서게 된 계기가 된다. 이 순간을 채플린은 다음과 같이 회상했다. "나는 무대 가장자리에 서 있었는데, 갑자기 어머니의 쉰 목소리가 들려왔습니다. 이내 관객들은 웃기 시작했고, 어머니는 무대 위에서 내려와야 했습니다. 어머니가 무대 가장자리로 왔을 때, 무대 매니저가 어머니에게 나를 대신 내보내는 게 어떻겠냐고 제안했습니다."

무대로 나간 어린 채플린은 환호와 박수로 환영을 받았지만, 채플린의 가족은 여전히 빈민구제원들을 전전하며 고달픈 삶을 살았다. 더구나 모친이 한동안 제정신이 아니었기 때문에 채플린은 생계를 위해 닥치는 대로 일을 해야만 했다. "신문팔이, 인쇄공, 장난감 제작공, 의사 심부름꾼 등 가리지 않고 일을 했는데, 그러는 동안에도 나의 궁극적인 목표는 배우가 되는 것임을 절대 잊지 않았습니다." 채플린은 이렇게 회상하며 말을 이었다. "그래서 나는 남는 시간을 쪼개어 구두에 광을 내고, 솔질을 한 옷을 깔끔하게 차려입고는 주기적으로 극단 에이전시에 전화를 걸었습니다."

이후 12세 때 단역 하나를 배정받아 주변 지역을 순회하던 채플린은 런던에서 '셜록 홈즈', 그리고 '캐시의 코트 서커스'의 특허 약 사기꾼 역을 맡았으며, 이런 과정들을 통해 코미디언이 되기로 결심한다. 또한 '말'이란 게 그리 중요하지 않을 수 있다는 것을 배우게 된 채플린에 대해 테오도르 허프는 이렇게 썼다. "채널 제도에서 공연을 하는 동안 채플린은 영어를 거의 모르는 원주민들에게 자신의 유머가 전혀 먹히지 않는다는 것을 깨달았다. 이에 그는 무언극을 중심으로 공연을 재구성했고 결국 관객들의 웃음을 이끌어냈다."

성공적인 공연들이 이어지면서 채플린은 프레드 카르노 사와 일할 기회를 잡게 된다. 그리고 1913년에는 단편 코미디 영화 제작자 맥 세네트와 주급 150달러에 계약을 맺고서 1914년 개봉된 '생활비 벌기'에 출연한다. 원-릴러 길이의 이 작품은 채플린의 영화 데뷔작이기도 했다. 당시 세네트가 제작하는 코미디 영화들에는 시나리오가 따로 없었다. 이에 대해 세네트는 "하나의 아이디어를 중심으로 이야기가 자연스럽게 흘러가도록 내버려 두는 것이 우리가 코미디를 제작하는 방식이다"라고 설명한 바 있다.

반면 채플린은 자신이 창조한 특유의 캐릭터 '작은 방랑자'를 통해 이런 추세를 바꾸었고, 다른 코미디언들과 구분되는 개성을 가지게 된다.

최초의 장편 코미디 영화 '틸리의 구멍 난 로맨스'를 포함하여, 세네트와 일하는 동안 채플린이 참여한 총 35편의 영화들은 세계 각국에서 상영되었으며, 이로 인해 점점 인지도를 쌓은 채플린은 에스앤에이 사로 자리를 옮겨 1915년에만 14편의 영화를 찍었는데, 그의 첫 대표작으로 평가되는 '방랑자(1)'도 그중 하나였다.

이 영화에서 처음 등장한 방랑자 캐릭터는 강도들로부터 농장주의 딸을 구해내고 그 보상으로 농장에서 일할 기회를 얻게 된다. 그리고 또 한 번 강도들을 물리치다가 다리에 총상을 입은 그를 농장주의 딸이 간호한다. 한없이 행복해 하던 이 방랑자는 어느 날 그녀의 애인을 보게 된다. 자신의 운명을 깨달은 방랑자는 작별 인사 메모를 남기고 농장을 떠난다.

페이드아웃 장면에서 채플린은 카메라에 등을 돌린 채, 맥없이 길고 긴 길을 따라 걷기 시작한다. 그러다 잠시 멈춰 서서 어깨를 한번 들썩이고 신발 양 뒷굽을 서로 툭 부딪치고는, 지평선을 향해 쾌활하게 계속 걸어간다.

이후 뮤츄얼 사와 연봉 67만 달러를 받는 조건으로 새로운 계약을 맺은 채플린은 보드빌에서 영화계로 옮겨온 지 3년 만에 세계에서 가장 몸값이 높은 공연자가 된다. 그의 나이 26세 때였다. 당시 뮤츄얼 사에서 채플린이 출연했던 10여 편의 투-릴러 영화들 중에는 '백화점 주인', '소방수', '방랑자(2)', '자립재정' 등이 있다. 채플린은 이어 퍼스트 내셔널 사와 영화 8편에 1백만 달러를 받는 계약을 성사시켰으며, 이때부터 처음으로 자신의 스튜디오에서 직접 제작을 하기 시작한다. '개의 인생', '어깨 총', '키드' 등 채플린의 대표작들이 바로 이 시기에 탄생했다.

한편, 채플린은 '키드'의 제작 기간 동안 결혼 및 혼외(婚外) 관계에 수차례 연루되면서 구설수에 올랐다. 잘생기고 매력적이었던 그는 미모의 여배우들을 포함해 다수의 여성들과 교차하며 연애를 즐겼지만 대부분 큰 문제를 일으키지 않고 조심스럽게 넘어갔으나 몇몇 건은 그렇지 못했다. 1918년, 29세의 채플린은 16세의 밀드리드 해리스와 결혼했고 2년 만에 이혼했다. 그로부터 4년 후 리타 그레이라는 무대명을 가진 16세의 롤리타 맥머리와 재혼했지만 이 역시 1927년 세상을 떠들썩하게 한 이혼 소송 끝에 결별로 마무리된다. 세 번째 결혼도 마찬가지였다. 파울레트 고다드라는 예명의 코러스걸과는 1931년, 그녀가 20살 때 만났고, 1936년 결혼했으며, 1942년에 이혼했다.

이렇게 결혼과 이혼이 반복되는 사이 채플린은 1941년, 21세의 배우 지망생 조안 베리와 외도에 빠지기도 했다. 이후 베리는 자신이 키우던 딸의 친부가 채플린이라고 주장하며 친자 확인 소송을 냈는데, 혈액 검사에서 채플린이 친부가 아닌 것으로 증명되었음에도 배심원단은 채플린에게 아이를 부양하라는 불리한 판결을 내렸다. 마지막으로 1943년, 54세였던 채플린은 극작가 유진 오닐의 18세 딸, 우나 오닐과 결혼했다.

채플린의 후기 영화들은 그가 1919년 메리 픽포드, 더글라스 페어뱅크스, 데이비드 와크 그리피스와 공동으로 설립한 유나이티드 아티스츠 사를 통해 제작되었다. 이 영화사가 내놓은 첫 작품 '파리의 여인'은 채플린이 제작하고 감독했지만 직접 출연은 하지 않은 풍속 코미디물이었다. 영화계 역사상 새로운 스타일을 개척한 이정표로 평가되는 이 영화는 채플린과 잠깐 교제했던 페기 홉킨스 조이스의 실제 삶이 부분적으로 반영된 이야기였다.

채플린이 "나는 이 영화로 기억되고 싶다"라고 언급했던 '황금광 시대'는 1925년에 개봉되었고, 그의 인기를 다시 한 번 확인시켜 주었다.

1928년 '시티 라이트'를 제작할 당시 채플린은 유성영화의 도래에 위기의식을 느끼게 된다. 음성 대화가 '방랑자' 캐릭터의 가치를 떨어뜨릴 것이라고 생각했기 때문이다. 결국 '시티 라이트'는 배경음악이 가미된 무성영화로 제작되었다. 버지니아 체릴을 주연으로, 꽃을 파는 장님소녀에 대한 희비극적인 이야기를 담은 이 영화는 1931년 개봉했으며, 엄청난 흥행 성적뿐만 아니라 수많은 평론가들로부터 "채플린의 명작 리스트에 또 하나의 작품이 추가됐다"는 극찬을 받았다.

이후 채플린은 대량생산을 풍자하는 내용의 '모던 타임즈'를 제작하기 시작했고, 이 영화로 인해 급진주의자라는 평판이 덧씌워지기 시작한다. 또한 채플린이 처음으로 유성영화 세계에 진입한 작품이자, 히틀러와 무솔리니를 신랄하게 조롱한 '위대한 독재자'의 대성공에도 불구하고 1940년대는 채플린에게 힘든 시기였다. 당시 우익 성향의 미시시피 주 의원 존 E. 랜킨은 채플린의 삶이 "미국의 도덕적 위상을 손상시킨다"고 주장하며 그의 국외 추방을 요구하기도 했다.

그러던 1952년, 휴가차 배편으로 영국으로 떠난 채플린에 대해 미 법무상은 그가 자신의 "도덕적 진가"를 증명하지 않고는 미국에 재입국할 수 없다고 선언했다. 결국 채플린은 남은 평생을 유럽에서 보내야 했다.

이후 채플린이 미국을 방문한 것은 1972년, 미국 영화예술과학 아카데미가 준비한 오스카 특별상을 받기 위해서였다. 이때 그는 자신과 자신의 예술을 향한 갈채에 목례와 미소, 그리고 짧은 인사말로 답할 따름이었다.

존 웨인

1907년 5월 26일~1979년 6월 11일

로스앤젤레스—할리우드의 노장 배우 존 웨인이 캘리포니아대학교 로스앤젤레스 캠퍼스(UCLA) 의료 센터에서 태평양 표준시로 오늘 오후 5시 23분 세상을 떠났다. 사망 소식은 병원 대변인이 발표하였으며 사인은 암 합병증으로 알려졌다.

72세였던 그는 두 번째 암 수술을 위해 병원에 온 지난 5월 2일부터 계속 입원 중이었고 소장 일부를 절제하는 수술을 받았다고 전해진다.

—연합통신사

리처드 F. 셰퍼드 기자

50여 년에 걸쳐 출연한 200여 편의 영화들을 통해 웨인은 미국 특유의 장르인 서부 활극(活劇)에서 최고의 배우로 자리매김한 인물이다.

그가 출연한 영화들은 저예산 단편 서부극에서부터 '역마차'와 '붉은 강' 같은 고전작품들까지 다양했으며, 1969년에는 또 다른 서부 활극인 '진정한 용기'로 오스카 남우주연상을 수상했다. 그리고 그가 출연한 최고작들 중 '말 없는 사나이'와 '머나먼 항해' 같은 영화들은 거친 서부와는 전혀 관계가 없는 스토리를 다룬 작품들이었다.

한편 그는 말년에 거침없는 정치적 견해로 누군가에겐 영웅, 또 누군가에겐 악당으로 비치며 사람들의 관심을 집중시키기도 했다. 정치적으로 보수파였던 웨인은 자신만의 방식대로 정치인들을 비웃곤 했지만 리처드 닉슨, 배리 골드워터, 스피로 T. 애그뉴, 로널드 레이건 등 일부 정치인들에 대해서는 미국적 정신과 반공산주의를 위해 투쟁하는 인물들로 평가하며 열렬한 지지를 표명했다.

그러나 수백만의 영화 팬들에게는 그를 보아 온 곳도, 그가 진짜 존재하는 곳도 오로지 커다란 스크린 속이었다. 웨인이 출연한 서부극들은 선과 악, 옳고 그름 간의 갈등을 선명하게 다루지는 않았지만, 그의 캐릭터 이름인 '더 듀크(the Duke)'를 염두에 두지 않고 '서부'라는 단어를 언급하는 것은 불가능한 일이었다.

1960년대 초에는 웨인의 영화 161편이 거둔 총 수익이 3억 5천만 달러에 달했고, 배우 생활 초기에는 주급으로 두세 자리 수 정도에 지나지 않았던 그의 출연료는 영화 한 편당 66만 6천 달러에 이르렀다.

연기에 대해서건 정치에 대해서건 간에 웨인에 대한 일치된 의견을 찾기는 힘들다. 영화 평론가들은 그의 몇몇 배역들에 대해서는 칭찬을 아끼지 않았던 반편, 상대적으로 덜 주목받은 배역들은 무시하다시피 했다.

웨인은 미국의 베트남 참전을 지지하는 내용의 1968년 작 '그린 베레'에서 주연 겸 공동 연출을 맡았다. 이 영화는 정치·인종 등 모든 관점에서 평론가들의 비판을 받았으나, 대중들은 여전히 그에게 열광했다. '그린 베레'는 개봉 6개월 만에 제작비 7백만 달러의 손익분기점을 넘겨 1백만 달러의 수익을 냈다.

확고부동한 에너지, 단순하고 과묵한 성격, 195cm 키에 몸무게 102kg의 건장한 체격, 웨인은 그야말로 남성성의 상징과도 같은 존재였다.

잘생기고 다정한 그의 얼굴에 패인 눈가의 잔주름은 감정을 잘 드러내지 않는 행동가, 그리고 안정된 삶을 견디지 못하는 거친 남성의 인상을 준다. 그가 특유의 걸음걸이로 모습을 드러내면 사람들은 도발되기를 기다리는 듯한 웅크린 박력을 느낄 수 있었다. 그의 이런 존재감은 특히 존 포드 감독과 하워드 호크스 감독의 연출 아래서 더욱 두드러졌다.

웨인의 실제 성향도 영화 속과 크게 다르지 않았다. 그는 모험과 야외 활동을 좋아했고, 세상에 옳고 그름이 있다고 믿었고, 희박한 승산을 극복하고 자기의 자리로 돌아오기도 했다. 1964년, 그는 흉부와 왼쪽 폐에서 악성종양을 제거하는 수술을 받은 지 몇 달이 채 지나기도 전에 촬영 현장으로 복귀했었던 것이다.

웨인이 마지막으로 대중들 앞에 모습을 드러낸 것은 지난 4월 아카데미 시상식에서였다. 작품상을 시상하기 위해 무대로 걸어 나오는 그를 향해 감동적인 기립 박수가 쏟아졌다.

최근 그는 미 의회로부터 라이트 형제 같은 국가적 인물들에게 수여되는 특별 훈장을 받기도 했다.

웨인의 첫 주연작 '빅 트레일'(1930년)에서부터 암으로 죽어가는 유명한 청부살인자의 이야기를 다룬 마지막 작품 '마지막 총잡이'(1976년)에 이르기까지, 웨인의 스타일과 성향은 거의 변하지 않았다. 그는 첫 작품에서 의식적으로 자신의 이미지를 설정한 후 나머지 작품들에서도 이를 줄곧 유지했다.

"연기를 처음 시작했을 때, 나 자신이 아직 배우가 아니라는 것을 잘 알고 있었습니다. 그래서 우선 '웨인만의 것'을 구축하려 노력했죠. 그렇게 의도적으로 만들어낸 이미지가 당신들이 보게 된 바로 그것입니다. 느릿느릿한 말투와 찡

그린 표정, 그리고 몸을 움직이는 방식 등을 통해 말썽을 직접 일으키지는 않지만 말썽이 생기면 언제라도 적의 머리에 술병을 집어던질 준비가 된 나만의 인물을 생각해냈고, 거울 앞에서 수없이 연습했습니다." 웨인은 이렇게 회상했다.

웨인의 영화계 입성은 할리우드의 배드랜드 근처에서 자란 어떤 젊은이에게나 있었을 법한 우연한 계기를 통해서였다. 그러나 그 이전에 웨인의 전설은 할리우드보다 훨씬 동쪽에 위치한 아이오와 주 윈터셋의 작은 마을에서 시작되었다. 1907년 5월 26일 그곳에서 태어난 웨인의 본명은 마리온 마이클 모리슨이었다.

약제사였던 부친 클라이드 L. 모리슨은 웨인이 6살 때 가족들을 이끌고 캘리포니아 남부로 이사했고 어린 웨인은 그곳에 있던 트라이앵글 스튜디오에서 영화가 제작되는 과정을 지켜보곤 했다. 야외 촬영을 주로 하던 그 스튜디오를 오고가면서 웨인은 '듀크'란 별명을 얻었다. 이 별명이 귀족적인 이미지를 표방하려는 시도였다는 일부 언론보도를 부인하면서, 웨인은 당시 그가 키우던 에어데일 테리어종 애완견의 이름이 듀크였고 거기서 별명이 유래됐다고 정정하곤 했다.

웨인은 트럭 운전, 과일 수확, 소다수 판매, 얼음 운반 등 여러 가지 일을 했다. 고등학교에서는 우등생이자 뛰어난 성적의 미식축구팀 멤버이기도 했던 그는 다른 미식축구 선수들과 마찬가지로 폭스 영화사에서 무대장치를 운반하는 아르바이트를 하게 된다. 당시 웨인의 건장한 체격을 눈여겨본 존 포드는 "소도구 담당 보조 4번"으로 그를 고용했다. 그러던 어느 날, 카탈리나 섬 해협에서 잠수함을 주제로 한 영화를 촬영하던 존 포드는 소도구 담당이었던 웨인에게 파도가 거칠다는 이유로 물속에 들어가기를 거부하는 스턴트맨을 대신할 생각이 있는지 물었다. 웨인은 즉시 동의했고 그렇게 포드 제작팀에 정식으로 합류하게 된다.

초기 출연작들에서 웨인은 리퍼블릭 픽처스 영화사가 지어준 '마이클 번', 그리고 또 다른 영화들에서는 '듀크 모리슨'이라는 이름을 썼다. 그러다가 라울 월시 감독이 2백만 달러 예산의 서부극 '빅 트레일'에 웨인을 캐스팅했고 웨인의 이름(마리온)이 서부극 영웅치고는 너무 유약하게 들린다고 생각한 월시 감독은 새로운 이름을 고심하기 시작했다. 그렇게 '존 웨인'이 탄생하게 된다.

그러나 '빅 트레일'은 실패작이었고, 1933년에서 1939년 동안 웨인은 40여 편의 B급, 또는 C급 서부 활극(단기간에 제작된 서부극)에 참여했다. 이후 억압받는 자들을 해방시키는 정의의 사도처럼 존 포드가 웨인 앞에 나타난다. 옛 인연을 잊지 않는 존 포드가 1939년 작 '역마차'에 웨인을 링고 키드 역으로 캐스팅한 것이다. 오스카상을 수상한 이 영화로 인해 서부극 장르는 토요일 오후 어린이 시청용이라는 카테고리에서 벗어나 좀 더 지적인 영화 평론가들의 관심을 끌기 시작한다. 이는 웨인에게 있어서도 하나의 전환점이 되었다.

그런데 웨인의 다음 주연작은 서부영화와는 거리가 먼 작품이었다. 유진 오닐의 연극을 바탕으로 존 포드 감독이 연출한 1940년 작 '머나먼 항해'에서 화물선에 탄 평범한 스웨덴 선원 역을 맡았던 것이다.

이후 그는 '아파치의 요새'와 '황색 리본을 한 여자'에 출연했으며, 1952년에는 포드 감독의 '말 없는 사나이'에서 아일랜드로 돌아간 젊은 아일랜드계 미국인 역으로 호평을 받았다. 그리고 1960년, 웨인은 직접 120만 달러를 투자해 '알라모'를 제작하기 시작한다. 정의의 사도 미국인들과 악당 멕시코인들 간의 싸움을 그린 이 영화에서 데이비 크로켓 역으로 직접 출연까지 했었던 웨인은 흥행 실패를 맛보며 엄청난 실망감을 느꼈으나, 1969년 작 '진정한 용기'에서는 늙고 뚱뚱한 술꾼이자 애꾸눈으로 악명 높은 연방 보안관 루스터 콕번 역으로 거의 모든 이들이 극찬을 이끌어내면서 오스카상까지 거머쥤다.

반공산주의 정서를 가지고 있었던 웨인은 1944년 '미국적인 이상향을 수호하기 위한 영화인 연맹' 설립에 일조했고, 연맹의 대표직도 두 차례 역임했다.

그러나 이 연맹은 미 하원의 반미 활동 조사 위원회에 공산주의자로 의심되는 영화계 인사들의 이름을 제공하면서 비난을 샀고, 결국에는 해체된다. 후에 웨인은 자신이 그런 활동과는 전혀 관련된 적이 없다고 밝혔다.

시민 평등권에 관한 인터뷰에서 그는 이렇게 말한 적이 있다. "나는 흑인들이 교육을 받아 책임감을 가지게 될 때까지는 백인들이 여전히 우월하다고 믿는다. 무책임한 사람들에게 리더십과 판단력이 필요한 지위와 권위를 주다니... 그건 안 될 말이다."

웨인은 캘리포니아 뉴포트 비치에 있는 17만 5천 달러 가치의 저택에서 세 번째 아내 필라 팔레트 웨인과 함께 살고 있었다. 이 저택은 방 11개와 욕실 7개의 규모를 자랑한다. 웨인은 또한 41m 크기의 요트도 소유 중이었다. 그는 이전에 조세핀 사엔즈, 그리고 에스페란조 바우어와 각각 결혼과 이혼을 했으며, 모두 합해 자녀 7명과 손주 15명을 두었다.

알프레드 히치콕

1899년 8월 13일~1980년 4월 29일

피터 B. 플린트 기자

서스펜스의 거장이자 뛰어난 연출력으로 각광받던 영화제작자 알프레드 히치콕이 어제 로스앤젤레스 자택에서 80세를 일기로 타계했다. 관절염과 신부전을 앓았던 그는 지난 1년간 건강이 계속 악화되어 왔다.

히치콕은 특유의 예리한 화법으로 자신의 영화제작 방식을 이렇게 요약한 적이 있다. "어떤 영화들은 삶의 단면을 보여주고, 내 영화들은 케이크의 단면을 보여준다." 반세기에 걸쳐 수많은 심리 스릴러물들을 감독한 그는 위협과 섬뜩함을 자유자재로 조종하는 달인이자, 서스펜스와 충격효과의 대가로 군림해 왔다.

히치콕의 명작들 속에는 위기 및 추적의 공포와 이를 해소하는 예상치 못한 역설, 모순, 변칙 등의 요소들이 치밀하게 배치되어 있다. 또한 이 통통하고 포근한 인상의 감독이 만든 영화들은 한결같이, 얼핏 보기에 평범해 보이는 삶의 사소한 부분에서 시작하여 충격적인 폭로가 이어지며, 일상적 사건과 장면이 증폭되는 불안의 그림자로 물들어가는 우아한 스타일과 구조를 자랑한다.

평범함과 기이함의 미묘한 균형을 추구했던 히치콕은 인간의 감정을 능수능란하게 다루는 최고의 곡예사로서 영화 역사상 가장 오랜 기간 주류 영화계에서 활약한 감독이었다. 시각효과를 적극적으로 사용하는 특유의 스타일로 언제나 대화보다 이미지를 강조했고, 침묵을 통해 불안감을 증폭시키는 방법을 알았던 히치콕의 가장 뛰어난 몽타주들로는 '북북서로 진로를 돌려라'의 황량한 옥수수밭 속 인적 없는 갈림길에서 주인공 캐리 그랜트가 총알이 발사되는 농약살포 비행기로부터 받게 되는 끔찍한 공격, '사이코'의 잔인한 샤워실 살인 장면, 그리고 '새'에서 조용한 마을을 쑥대밭으로 만드는 조류들의 공격 등을 들 수 있다.

지인과 동료들 사이에서 "히치"라고 불렸던 히치콕은 의심의 여지 없이 영화 역사상 가장 많은 관객들을 공포로 몰아넣은 감독이었으며, 오랜 세월 동안 이름만 대면 누구나 다 아는 극소수의 유명 영화인들 중 한 명으로서 그 존재감을 과시해왔다. 그의 트레이드마크 중 하나는 자신의 작품 속에 말 없는 등장인물로 짧게 본인의 모습을 드러내는 것이었다.

1930년대를 대표하는 영국계 감독으로서 고전 스릴러물 '39계단'과 '사라진 여인'을 통해 국제적인 음모 및 스파이 활동을 영화화하는 기준을 제시했던 히치콕은 1939년, 할리우드로 건너온 후로는 '레베카', '해외 특파원', '서스피션', '의혹의 그림자', '구명선', '스펠바운드', '오명', '열차 안의 낯선 자들', '이창', '현기증' 등 긴장감 넘치는 멜로드라마들을 제작했으며, 이에 반해 그의 충격적인 후기 작품들은 악마성이 증폭되는 이 세상과 인간에 대한 점점 커져가는 그의 비관적인 견해를 고스란히 보여주고 있다.

한편 "무질서의 세계"라는 모티프를 반영하기 위해 히치콕은 문명의 요새(각국의 수도들), 자유의 여신상, 유엔 본부, 러시모어 산, 영국 의회 등 질서를 상징하는 배경들 속에 위험에 처한 주인공들을 배치시키기도 했다.

은근하지만 불길한 암시, 참신한 회화적 뉘앙스와 몽타주, 동시에 일어나는 행위를 표현하는 탁월한 평행 편집, 긴장감을 높이는 비스듬한 카메라 앵글, 배우의 시선에서 본 주관적 관점과 객관적 장면들의 흥미로운 대조효과(cross-cutting) 등으로 예측의 리듬을 만들어내는 히치콕의 영화기법들은 평단의 극찬을 받았으나, 일각에서는 히치콕이 그럴듯한 속임수와 비논리적인 스토리 라인, 제멋대로 발생하는 우연에 의존한다고 깎아내렸다. 하지만 실타래 같은 정교한 스토리로 최대한의 긴장감을 만들어내는 것이 목적이었던 히치콕은 타당성에는 크게 신경 쓰지 않았다. 그에게 타당성은 서스펜스를 다각화하는 장치로 사용했던 소위 "맥거핀"보다 중요하지 않았다. 맥거핀은 어떤 비밀이나 문서, 또는 영화 속 악당들이 찾고 있거나 지키려는 대상 등, 그 무엇이 되든 상관없었다.

히치콕이 선호했던 테마들 중 하나는 '잘못 걸린 사람', 즉 의도치 않게 잘못된 신분이나 범죄 정보에 얽혀들어 경찰은 물론 악당들에게까지 쫓기게 되는 캐릭터였다. 또한 히치콕의 영화들에는 특이한 주변 캐릭터들이 양념처럼 등장했고, 이국적인 장소에서 촬영될 때도 많았다. 더불어 그의 영화 속 여주인공들은 대개 '차분한' 고전 미인들로 설정됐다. "그녀들은 성적 매력을 대놓고 흘리지 않아요." 히치콕은 말했다 "대신 당신이 그걸 발견하게 만들죠."

히치콕이 창조한 세상 속 사람들은 보여지는 모습 그대로일 수도 아닐 수도 있었고, 오히려 관객들이 주인공보다 더 많은 것을 보고, 더 많은 정보를 알게되는 경우도 있었다. 이를테면 히치콕은 시한폭탄 같은 급박한 위험 요소를 영화 속 캐릭터들보다 관객들이 먼저 알 수 있도록 보여주거나 악당의 정체를 일찌감치 공개하는 등, 자신의 스릴러가 "감정이 결여된", "일종의 지능 퍼즐"이 되는 것을 피했다.

히치콕의 작품들이 계속해서 대중들의 인기를 얻자 평론가들은 그의 영화를 경시하는 태도를 보이기도 했다. 그러나 젊은 프랑스 영화제작자 그룹과 영화 저널 '카이에 뒤 시네마'와 관련된 평론가들은 1950년대에 들어 히치콕의 작품들을 다시금 극찬하기 시작했다.

프랑스 뉴웨이브 영화의 선두주자 프랑수아 트뤼포 감독은 히치콕을 가리켜 "순수하게 시각적인" 스타일을 추구하는, "불안감을 창조하는 예술가"라고 칭송하며 이렇게 덧붙였다.

"히치콕은 촬영 그 자체로 무언가를 직접 전달할 수 거의 유일무이한 감독입니다. 그는 설명적인 대화에 의존하지 않으면서도 의심, 질투, 욕망, 시기 같은 은밀한 감정들을 표현해 내죠."

한편 히치콕의 영화들에 대해 내용이 부실하고, 도덕적 기회주의를 암시하며, 냉소적이고, 인간 본성에 대한 표면적이고 입에 발린 관점을 제시한다고 지적하는 비판자들이 나타나자, 그의 지지자들은 히치콕이 인간의 본성을 규정하는 대신 있는 그대로 보여주는 흥미로운 스토리텔러이며, 그의 후기 작품 다수에 나타난 심리적 탐구는 비이성적이고 무질서한 세계에 대한 심오한 예견이라며 적극 옹호하고 나섰다.

히치콕의 외모는 여느 집 마당에 서 있는 요정 인형처럼 땅딸막하고 둥그스름한 몸매에, 늘어진 턱과 삐죽 내민 입술은 마치 사냥개 바셋하운드를 연상시켰다. 그는 위트 넘치는 재담가이자 친근하면서도 엽기적인 냉소주의자의 이미지로 대중에게 각인되었는데,

특히 1950년대 말과 1960년대 초 그가 감독 겸 진행을 맡았던 주간 인기 텔레비전 시리즈 '알프레드 히치콕 프레젠츠'와 '알프레드 히치콕 아워'의 광고 방송과 인생에 대한 가시 돋친 발언들로 사람들 사이에서 자주 회자되는 인물이 됐다.

상황판단이 빠른 사업가이기도 했던 히치콕은 백만장자가 되어 다른 어떤 할리우드 감독보다도 광범위한 제작 권한을 가지게 된다. 이런 히치콕의 후기작들도 아낌없는 극찬세례를 받았다. 그는 1967년, 미국 영화예술과학 아카데미에서 주는 어빙 G. 탤버그 기념상을 수상했고, 1940년에는 그의 첫 미국 영화였던 '레베카'로 오스카 작품상을 받았다. 더불어 1944년 '레베카'와 '구명선', 1945년 '스펠바운드', 1954년 '이창', 1960년 '사이코'로 히치콕은 오스카 감독상 후보에 총 다섯 번 지명되는 기록을 남겼다.

알프레드 조셉 히치콕은 1899년 8월 13일, 런던에서 양계 중개인, 청과물상, 과일 수입업자로 일하던 부친과 모친 엠마 웰란 사이에 태어났다.

이후 런던 예수회 소속 세인트 이그나티우스 대학에서 공학을 전공했고, 런던 대학교에서 예술 과정 수업을 들었던 히치콕에게는 평생 동안 경찰과 처벌에 대한 공포심을 가지게 만든 유년 시절의 기억이 있었다. 히치콕의 영화에도 많은 영향을 미친 이 기억은 그가 5세 때, 부친에게 받은 쪽지를 전달하러 지역 경찰서장을 찾아갔을 때로 거슬러 올라간다. 그 경찰서장은 히치콕을 구치소에 5분 동안 가둔 뒤 풀어주면서 이렇게 말했다고 한다. "나쁜 짓을 하면 이렇게 된단다." 히치콕은 당시 "구치소 문이 닫히는 소리와 빗장의 견고함"을 한시도 잊은 적이 없다고 털어놓은 적이 있다.

그에게 처벌에 대한 두려움을 안겨준 또 다른 기억은 세인트 이그나티우스 대학 시절 학칙 위반자에게 가해지던 체벌 의식이었다. 고무로 된 끈으로 내려치는 그 체벌을 받으러 갔었을 때를 떠올리며 히치콕은 이렇게 말했다. "마치 교수대로 끌려가는 기분이었습니다."

십대 시절부터 영화계에 뛰어들기로 결심했던 히치콕은 1920년, 무성영화용 타이틀 카드의 홍보 문구와 일러스트를 담당하는 일을 시작한 이후로 각본가로, 미술감독으로, 조감독으로 빠르게 성장해 갔다.

1925년 드디어 감독이 된 히치콕은 독일 뮌헨에서 '쾌락의 정원'이라는 저예산 멜로드라마를 제작한 후, 토막 살인자 잭을 주제로 한 '하숙인'으로 자신만의 장르를 구축하기 시작했다. 그는 자신이 초기작들이 독일 표현주의와 미국 영화들의 영향을 받았다고 밝힌 바 있다.

1926년, 히치콕은 조감독이었던 알마 레빌과 결혼했다. 레빌은 수많은 히치콕의 영화들에서 작가, 자문가, 총무 등의 역할을 맡았으며, 딸 페트리샤 또한 다수의 히치콕 영화와 텔레비전 스릴러물에 출연했다.

초기 멜로드라마들에서 시도했던 회화적·기술적 혁신들로 점점 호평을 받기 시작한 히치콕은 1929년, 영국에서 대성공을 거둔 최초의 유성영화 '협박'을 감독했고, 이후 1930년대에는 '나는 비밀을 알고 있다', '39계단', '비밀요원', '사보타주'(미국 개봉명은 The Woman Alone), '사라진 여인' 등 선구적인 스파이 스릴러물들로 국제적인 명성을 얻었다.

히치콕을 할리우드로 끌어들인 인물은 미국 영화제작자 데이빗 O. 셀즈닉이었다. 할리우드에 도착한 지 얼마 지나지 않아 히치콕은 "모든 배우는 어린아이에 불과하다. 가축처럼 대우받아야 한다"고 말해 논란을 일으키기도 했다. 이후에도 그는 연기학교 출신 배우들을 특히 무시하는 모습을 보였다. 그러나 히치콕은 영화 세트장에서는 절대 목소리를 높이지 않았다. 히치콕과 함께했던 수많은 스타 배우들은 그에 대해 자신이 어떤 그림을 원하는지 정확하게 알고 있고, 생생한 설득력으로 그것을 달성하고 마는 감독이라고 평하곤 했다.

히치콕은 침착하고 정중한 태도를 지닌 사람이었다. 또한 미식가이자 와인 애호가였던 그는 177cm의 키에 몸무게는 한때 132kg까지 나간 적이 있었는데, 식습관 개선을 통해 체중을 100kg 정도로 유지하려고 노력했다. 그는 운동과 소설을 기피하는 대신, 현대 전기물, 여행 관련 책, 실제 범죄 관련 기록들을 탐독했다. 짓궂은 장난기로 잘 알려진 히치콕이 가장 즐겼던 장난은 엘리베이터 동승객에게 일부러 큰 소리로 귀가 솔깃한 이야기를 듣게 한 다음, 가장 중요한 대목이 이제 막 나오려는 찰나 공손하게 인사를 하고 엘레베이터에서 내려버리는 것이었다. 잔뜩 기대하다가 실망하고 있을 그 동승객을 뒤로 한 채 말이다.

오손 웰스

1915년 5월 6일~1985년 10월 10일

고전의 반열에 오른 영화 '시민 케인'을 창조한 헐리우드의 "신동(boy wonder)" 오손 웰슨이 어제 로스엔젤레스에서 생을 마감했다. 그는 사망 전까지 네바다 주 라이베이거스에 살고 있었으며 사인은 심장마비로 알려졌다. 향년 70세.

오손 웰스는 뉴저지에 화성인이 습격했다는 실제를 방불케 하는 라디오 방송으로 수십만 명의 미국인을 두려움에 떨게 만들기도 했고 대담하고도 새

로운 발상으로 영화계의 판도를 뒤바꿨던 거장이었다.

그의 커리어 대부분이 미완의 가능성일 뿐이라고 평가하는 일각의 시선에도 불구하고, 웰스는 결국 영화계에게 큰 존경을 받는 인물로 남았다. 1975년, 미국 영화 연구소는 그에게 평생 공로상을, 미국 감독조합은 최고 영예를 상징하는 D. W. 그리피스 상을 수여했다.

특이한 배역 선정과 무대 공연으로 고전과 현대물에 새로운 의미를 부여했던 브로드웨이의 이단아 시절(1930년대), 웰스는 파시즘의 광풍에 휩싸여 있던 이탈리아를 배경으로 한 '줄리어스 시저', 흑인 배우들로만 구성된 '맥베스', 마크 블리츠스타인 작 '크레이들 윌 록' 등을 무대에 올렸다. 또한 '머큐리 라디오 극장'으로 라디오 드라마의 새로운 이정표를 세웠으며, 그중 화성인 침공 편은 전국적으로 수많은 사람들을 공포 속에 빠뜨렸다.

더불어 웰스는 딥포커스, 그리고 클로즈업 없는 롱 테이크와 같은 혁신적인 기법들로 영화 예술의 새로운 어법을 창조해 내기도 했다.

24살이 되었을 때, 그는 이미 "한 물 갔다"는 소리를 듣고 있었다. 그러나 영화 역사상 최고의 작품 중 하나로 평가받는 '시민 케인'을 만들고 있던 것도 바로 그즈음이었으며, 또 다른 고전으로 평가받는 그의 두 번째 영화 '훌륭한 앰버슨가'도 마찬가지였다.

한때 웰스는 자신의 꿈을 실현시키지 못한 것에 대해 할리우드의 비평가들과 투자자들을 비난했다. 반대로 사람들은 그가 변덕이 심하고 자기중심적이고 제멋대로이며, 자기 파괴적인 기질을 가졌다고 비난했다. 그럼에도 불구하고 그의 천재성에 대해 부정하는 사람은 거의 없었다.

그는 189cm의 키에 체중은 90kg이 족히 넘었고, 음식과 술에 대해 왕성한 욕구를 자랑하는 폴스타프(Falstaff; 셰익스피어 작품에 등장하는 뚱뚱하고 쾌활한 인물) 같은 사람이었다. 그런 이미지에 걸맞게 그의 성격은 시끄러움, 자신만만함, 쾌활함, 그리고 밉살스러움 사이를 오갔다.

조지 오손 웰스는 1915년 5월 6일, 위스콘신 주 커노샤에서 발명가이자 제조공이었던 아버지 리차드 헤드 웰스와 어머니 베아트리체 아이브스 사이에서 태어났다. 극단 활동을 열심히 하던 어머니의 영향으로 웰스는 두 살 때 오페라 '나비 부인'의 아역으로 데뷔했다고 전해진다.

바바라 리밍이 쓴 공식 전기 '오손 웰스'에 따르면, 웰스의 천재성은 겨우 생후 18개월 만에 주치의에 의해 발견됐다고 한다. 웰스가 신동이라고 확신한 그 주치의는 바이올린, 미술 용품, 마술 도구, 메이크업 도구상자, 오케스트라 지휘봉 등을 선물하기도 했다.

이후 웰스의 부모는 이혼을 했고, 어머니마저 웰스가 6살이 되던 해 세상을 떠나고 만다. 그는 10살 때 일리노이 주 우드스탁에 있는 토드 학교에 입학했는데, 그곳에서 받은 5년간의 교육이 그가 받은 정식교육의 전부였다.

비록 짧은 기간이었지만 어린 웰스는 로저 힐 교장 선생님의 지도 아래 셰익스피어의 여러 작품들에 출연하며 연극에 빠져들 수 있었다. 그리고 졸업 직후 아일랜드로 여행을 떠난 웰스는 자신이 16살에 불과하다는 사실을 숨기기 위해 시가를 피우며 더블린에 있는 게이트 극장으로 찾아가, 자신이 휴가 중인 연극 길드 배우라고 극장 사람들을 깜빡 속였다. 그렇게 그는 '유대인 서스'의 공작 역을 소화했고, 심지어 그 유명한 애비 극장 무대에도 올랐다.

당시 손턴 와일더와 알렉산더 울콧이 웰스에게 캐서린 코넬를 소개해 준 것이 인연이 되어, 이후 그녀가 브로드웨이에서 '로미오와 줄리엣'을 무대에 올렸을 때, 웰스는 19살의 나이(1934년)로 티볼트를 연기하게 된다.

웰스의 연기는 논란의 대상이었다. 비평가들은 그가 과장된 행동으로 관객의 주목을 독차지하려고 한다고 비난했지만, 대부분의 사람들은 열광을 불러일으키는 그의 존재감에 주목했다. 장 코토는 이렇게 말했다. "그는 어린아이의 외모를 가진 거인과 같고, 게으르지만 적극적이며, 미친 것 같지만 지혜롭고, 고독하지만 온 세상을 아우르는 기질을 가지고 있다."

그리고 브로드웨이 경력 초짜 시절, 라디오 배우로 일하며 수입을 보충했던 웰스는 범죄자들을 물리치기 위해 투명인간이 된 마법사 '쉐도우'의 음침한 목소리를 연기하며 수백만 명의 미국인들에게 점차 친숙한 존재가 되어갔다.

한편 당시 루즈벨트 정부는 실업률을 줄이기 위해 공공 산업 진흥국을 설립하면서 그 일환으로 미 연방 극장 프로젝트를 시작하게 된다. 이때 경영자로 선임된 존 하우스먼와 함께 감독직을 맡은 웰스는 검은(모두 흑인 배우로 구성된) '맥베스'와 같은 놀라운 작품들을 탄생시키며 연극계를 흥분시켰다.

그러나 미 연방 극장은 보수파들의 분노를 불러일으키기도 했다. 결정타는 1937년, 하워드 다 실바와 윌 기어가 소속된 극단에서 '더 크래들 윌 록'(마크 블리츠스타인 작)이라는 좌파 성향의 뮤지컬을 미 연방 극장 무대에 올리려고 했던 일이었다.

정부당국은 이 극단의 작품 제작을 금지시키는 한편, 오프닝 당일 밤에 극단을 아예 극장에서 쫓아내버렸다. 이에 출연진의 일원이었던 웰스와 약 2,000명의 관객들은 극단이 임시로 마련한 극장이 있는 6번가 쪽으로 행진을 시작했다. 하지만 그곳에서도 당국의 검열을 피하기 위해 배우들은 객석에서 노래를 불러야 했다.

이후 웰스와 하우스먼은 머큐리 극장 설립을 도모하기 시작했고 드디어 1937년, 이탈리아의 파시즘을 함축하는 현대판 '줄리어스 시저'를 첫 작품으로 무대에 올리며 대성공을 거두게 된다. 또한 머큐리 극장은 정부에 의해 금지되었던 '크래들 윌 록'을 다시 제작하기도 했다.

머큐리 극장은 배우들에게 꾸준한 수입을 제공하기 위해 머큐리 씨어터 온 에어라는 이름으로 CBS 라디오 방송국과 계약했는데, 그들의 연기와 극적인 긴장감, 그리고 음향 효과의 독창성은 라디오 연극계에서 단연 최고였다.

1938년 10월 30일, 머큐리 씨어터 온 에어는 H. G. 웰스의 '우주전쟁'을 각색하여 뉴저지에 화성인이 침략했다는 뉴스 보도 형식의 작품을 제공했다. 당시 방송 시작을 알리는 인삿말 뒤에 이어진 이 가상 뉴스를 들은 수천 명의 청취자들은 그야말로 경악했다. 어떤 사람들은 소장하고 있던 무기를 꺼내 침략자들에 맞설 준비를 했고, 또 어떤 사람들은 소지품을 챙겨 높은 곳으로 도망치기도 했다. 전국의 경찰서에는 문의전화가 빗발쳤다.

웰스는 이미 유명 인사였다. 그는 23세 생일을 맞이하기 몇 주 전 연극계의 '원더 보이'라는 이름으로 타임지 표지를 장식했으며, 누군가에겐 분노의 표적, 또 누군가에겐 존경의 대상이 되면서 순식간에 그 누구나 알 만한 인물로 인지도가 높아졌다.

그럼에도 불구하고 브로드웨이의 머큐리 극장은 재정적인 위기를 극복하지 못하고 1939년 초에 문을 닫게 된다. 계절이 바뀌고, 웰스는 자신에게 완전한 예술적 자유를 보장하기로 약속한 R. K. O.와 계약을 맺고 극단 멤버들과 함께 할리우드로 향했다.

그러나 영화계는 이 색다른 젊은 침입자에게 시큰둥한 반응을 보였다. 1940년 '새터데이 이브닝 포스트'의 프로필 소개란은 당시 분위기를 여과 없이 보여주고 있다. "열 살 무렵부터 신동 소리를 들어왔던 오손은 이제 늙은 군마와도 같다. 이미 8년 동안 어린 천재로서 대중들에게 노출됐던 그는 올해로 24세가 되었고, 누군가에겐 단지 예전에 알고 있었던 2살짜리 아이의 그림자로 보일 뿐이다."

그러나 웰스는 보란 듯이 작품 하나를 내놓는다. 바로 허먼 J. 맨키위즈의 시나리오를 바탕으로 웰스가 감독 겸 주연을 맡은 '시민 케인'이었다. 신문 출판인 윌리엄 랜돌프 허스트를 강하게 연상시키는 인상주의적 일대기 '시민 케인'은 플래시백, 딥 포커스 촬영기법, 독특한 카메라 앵글, 창의적인 사운드와 커팅으로 오늘날 전설적인 영화로 추앙받고 있다.

케네스 타이넌은 "'시민 케인'을 감수성이 예민한 나이에 본 사람이라면 그 누구라도 절대 그 경험을 잊지 못할 것이다. 미국 영화계는 하룻밤 사이에 문맹자를 위한 숙어집 대신 성인용 어휘사전을 갖게 되었다"라고 말했고, 스탠리 카우프만은 "이 나라에서 만들어진 가장 진지한 영화"라고 평했다.

지금의 명성이 있기까지 '시민 케인'은 치열한 논쟁거리가 되어왔다. 1971년, 폴린 케일은 '뉴요커'의 기사에서 '시민 케인'을 "얄팍한 걸작", "만화 같은 비극"이라고 평했고, 웰스가 맨키위즈, 하우스먼, 그리고 카메라맨 그렉 토랜드의 신뢰를 저버렸다고 비난했다. 하지만 그녀의 이러한 주장은 하우스먼과 수많은 웰스의 추종자들에 의해 어느 정도 반박되었다.

그런데 나중에서야 케일의 주장이 부분적으로 사실에 기반한 것이었음이 밝혀졌다. 당시 웰스의 폭력적인 짜증이 하우스먼의 사임으로 이어졌다는 것을 웰스의 옹호자들도 인정할 수밖에 없었던 것이다. 그러면서도 그들은 웰스가 주로 관대한 자세로 자신의 협력자들을 칭찬했었다는 말을 덧붙이기도 했다.

사실 더 심각한 분쟁의 당사자는 허스트 신문 그룹이었다. 이 그룹은 '시민 케인'의 지면 노출을 막고, 오랫동안 웰스와 그의 영화에 대한 언급을 금지했다는 이유로 기소당하기까지 했으니 말이다. 그도 그럴 것이 1941년 처음 공개되었을 때부터 엇갈린 반응을 불러일으켰던 '시민 케인'은 제대로 된 평가를 받기까지 몇 년이라는 시간이 걸렸다. 결국 웰스는 이 작품으로 아카데미 각본상을 수상했으며, 감독상 및 연기상 후보에도 올랐다.

그러는 동안 웰스는 머큐리 극단의 두 번째 영화 '훌륭한 앰버슨가'를 제작하고 있었는데, 조바심을 내던 R.K.O는 이 영화의 최종 편집본을 마음대로 정해버리며, 제작 비용 및 완성 기간에 대해서 웰스를 더 이상 신뢰할 수 없다는 주장을 제기했다. 이에 대해 웰스는 예산은 항상 부족했으며 촬영 일정은 때때로 어이가 없을 정도로 빡빡했다고 반박했다.

1941년, 웰스는 리차드 라이트 작 '흑인의 아들'을 각색한 작품의 연출을 맡으며 브로드웨이로 복귀했다. 그리고 스릴러 영화 '공포의 여정'의 제작 및 출연을 맡은 데 이어 1943년에는 당시 매우 인기가 높았던 연극 '제인 에어'에서 로체스터 역을 맡기도 했다.

또한 웰스는 제2차 세계대전 중에 유럽의 작전지역 극장들을 돌며 마를렌 디트리히의 몸을 절반으로 톱질하는 마술사 연기를 선보였고, 전쟁이 끝난 후에는 '80일간의 세계일주'를 작곡가 콜 포터의 뮤지컬 버전으로 각색한 작품을 무대에 올렸다. 더불어 '상하이에서 온 여인'에서는 제작 및 감독, 그리고 리타 헤이워드와 공동 주연까지 맡았다.

웰스와 헤이워드는 1943년에 결혼해서 1948년 이혼했다. 그 이전 버지니아 니콜슨과의 첫 번째 결혼도 이혼으로 마무리된 바 있었다. 1955년, 웰스는 이탈리아 여배우 파올라 모리와 또 한 번 결혼했다.

그의 연기 재능은 다른 감독들의 작품, 즉 '제3의 사나이', '강박충동', '사계의 남자', 그리고 '캐치-22' 등의 영화에 출연했을 때 오히려 더 빛을 발했다. 이 밖에도 웰스는 '오셀로'와 '맥베스'를 동시에 연출하고 주연까지 맡았는데, 그 중 3주 만에 촬영을 마친 '맥베스'는 평단의 격렬한 비판을 받았다.

또한 웰스는 1955년 제작을 시작한 '돈키호테'(미완성으로 남음), 카프카의 소설을 원작으로 한 '심판'(각본, 감독, 출연을 모두 맡음), 1970년의 주요 프로젝트였던 '바람의 저편'(미완성으로 남음), 그리고 웰스가 감독으로 이름을 올린 마지막 극장 상영작 '불멸의 이야기'(1968년 작, 출연자로도 이름을 올림) 등으로 작품 활동을 이어갔다.

추가적으로, 브로드웨이에서 활동하다가 1958년, 영화 '악의 손길'의 감독을 맡으며 할리우드에 잠시 복귀했던 웰스는 이 영화에서 찰톤 헤스톤과 연기 호흡을 맞추기도 했는데, 웰스의 일부 팬들은 이 작품을 그의 최고작 중 하나라고 평가한다.

한편 '리어왕'에 출연할 당시 발목이 부러지는 불의의 사고로 휠체어 위에서 연기를 해야 했던 웰스는 이 불운한 등장 이후 더 이상 브로드웨이의 무대에 오르는 것을 거부했으며, 월터 커가 여전히 그곳의 비평가로 있는 한 결코 뉴욕 무대로 돌아가지 않을 것이라고 선언했다. 월터 커는 '뉴욕 헤럴드 트리뷴'에 기고한 글에서 웰스를 "국제적 망신"이라고 묘사했던 인물이었다.

웰스의 영화 '팔스타프'는 유럽에서 '심야의 종소리(Chimes at Midnight)'

라는 이름으로 개봉되어 찬사를 받았지만, 1967년 미국에서 처음 개봉되었을 때는 많은 비평가들로부터 혹평을 받았다. 그들 중 한 명은 웰스가 팔스타프를 "일종의 잭키 글리슨(코미디 배우)"으로 만들었다고 표현하기도 했다.

그러나 최근의 분위기는 달라졌다. '타임'의 빈센트 캔비는 이 영화를 "아마도 지금까지 만들어진 가장 위대한 셰익스피어 영화"라고 평한 바 있다.

아내와 세 자녀를 유족으로 남긴 웰스는 사람들로부터 가혹한 비판을 받기도 했지만 1972년, 뉴욕 명예의 전당 행사에서 그의 이름이 가장 먼저 호명되는 것에 반대하는 이는 아무도 없었다.

제임스 카그니

1899년 7월 17일~1986년 3월 30일

피터 B. 플린트 기자

영화 '공공의 적'에서 갱스터 역의 기준을 세웠고 '양키 두들 댄디'의 조지 M. 코헨 역으로 아카데미상을 수상한 바 있는, 자신만만하고 호전적이었던 무비 스타 제임스 카그니가 어제 뉴욕 북부의 더치스 카운티 농장에서 사망했다. 향년 86세.

폭발적인 에너지와 강한 활력으로 할리우드 황금기를 대표하는 위대한 스타로 자리매김했던 그는 연민, 혹은 유머를 불러일으키는 배우였으며, 주로 쉴 새 없이 내뱉는 속어, 경멸적으로 이죽거리는 입술, 자연스러운 유머를 특징으로 하는 강렬하면서도 갈망하는 캐릭터들을 선보였다.

전직 보드빌 배우(통속적인 버라이어티쇼 출연자)이자, 신장 174cm의 두툼한 체구에 붉은 머리카락을 휘날리며 주먹 깨나 쓰는 청년 시절을 보냈던 카그니는 배우가 된 이후로 열렬하고 탄력 있는 테리어(견종)의 이미지를 투영한 몸짓 언어를 구사하며 본능적인 연기를 펼쳤다. 그의 걸음걸이는 언제나 의기양양했으며 태도는 늘 반항적이었다.

그러나 그러한 호전성과 더불어 독창적인 익살과 때로는 유별난 행동들을 선보이기도 했던 카그니는 갱스터 연기 못지 않게 직업적인 댄서 역할도 훌륭하게 소화했으며, 대도시의 활력 넘치는 아일랜드계 미국인을 때로는 야만적으로, 때로는 장난기 가득하게 표현하며 전형적인 캐릭터로 형상화해 내기도 했다.

세상 물정에 밝음을 보여주는 카그니의 독특한 버릇들은 스탠드-업 코미디언들에 의해 자주 희화화되었으나, 이 배우가 가진 본연의 이미지는 본질적으로 노래와 춤에 능한 남자였다.

1931년, 카그니는 영화 '공공의 적'을 통해 스크린 최고의 악당으로 등극한다. 이 영화에는 그의 연기 인생에 하나의 기준점이 되는 장면이 등장하는데, 자신을 의심하는 여자 친구(매 클라크 분)의 얼굴에 자몽 반쪽을 휙 던져버리는 장면을 본 관객들은 처음에는 어안이 벙벙할 정도로 놀랐으나 곧 그의 자신만만한 연기에 흥미를 느꼈고, 그는 즉시 스타덤에 올랐다.

'공공의 적' 이후 카그니는 대중적인 갱스터 영화 시리즈들에 계속 모습을 드러냈고 간간이 뮤지컬에도 출연했다. 이 밖에도 그는 30년이 넘는 세월 동안 62편의 영화들 속에서 폭넓은 연기로 자신의 다재다능함을 증명했으며, 후기 출연작들에서는 주로 법의 테두리 안에서 행동하는 인물들, 특히 군인 역을 많이 맡았다. 개중에는 형편없는 영화들도 있었지만, 그의 연기만큼은 빛이 바래는 법이 없었다. 평론가들이 즐겨 말하는 대로, 카그니가 출연하는 영화는 "전부", 혹은 "본질적으로" 카그니 그 자체가 되어버렸던 것이다.

카그니가 가장 애착을 느꼈던 배역은 '양키 두들 댄디'의 조지 M. 코헨(쇼맨이자 연기자, 그리고 작곡가) 역이었다. 전시에 헌사된 이 애국적인 작품은 그에게 아카데미상 수상의 영예를 안겨주었다. 그로부터 4년 전에는 '더렵혀진 얼굴의 천사'에서 죄를 뉘우치는 살인자 역을 열연하며 뉴욕 영화 비평가 협회의 최고 배우상을 받기도 했다.

윌 로저스는 카그니에 대해 이렇게 말했다. "그가 연기하는 것을 볼 때마다 나는 마치 수많은 폭죽이 한꺼번에 터지는 것 같은 느낌이 듭니다."

또한 카그니에게 "참을 수 없는 매력"이라는 수식어를 붙인 작가 케네스 타이넌는 1952년 다음과 같이 썼다. "손에는 달궈진 기관총이, 발 아래에는 시체가 쌓여있다 할지라도 카그니는 그것이 자신의 잘못이 아니라고 많은 사람들을 설득할 수 있는 사람이다."

1930년대 후반과 1940년대 초반에 걸쳐 카그니는 박스 오피스 흥행 메이커 톱 10에 선정된 바 있으며, 다수의 작품들에 출연하며 혹사당한 것에 비해 충분한 돈을 지불받지 못했다며 워너 브라더스와 일련의 분쟁을 벌인 끝에 1938년, 총 234,000달러를 벌어들이며 이 스튜디오에서 가장 높은 수익을 올린 스타가 된다. 그리고 이듬해에는 가장 많은 급여를 받는 미국인 10명 중 하나로 리스트에 올랐는데, 미 재무부의 발표에 따르면 그의 수입은 한 해 동안 368,333달러에 달했다.

스크린 속의 깡패 카그니와 자연인 카그니는 예리한 대조를 이루었다. 스크린 밖의 카그니는 쾌활하고 겸손했으며 사색적이고 가정적인 남자였다. 그는 담배는 손도 대지 않았고 술은 거의 마시지 않다시피 했다.

동료 배우들은 물론, 감독들부터 무대 담당자에 이르기까지 많은 사람들의 존경을 받았던 카그니는 1974년, 미국 영화 협회의 평생 공로상을 수상한 첫 번째 배우가 된다. 또한 1984년에는 미 정부가 민간인에게 주는 최고의 영예인 자유의 메달도 수상한 바 있다.

카그니는 지인들의 버릇과 특이한 행동들을 연구하며 연기의 폭을 넓혔던 독학가이자 예리한 관찰자였다. 그는 유도 등으로 몸을 단련하여 모든 액션 신을 직접 소화했고, 때로는 어린 시절에 배웠던 이디시어(Yiddish; 유태인의 공용어) 유머를 구사하기도 했다. 또한 그는 자신에게 쏟아지는 과찬에 거만해지지 않았다. 오히려 그는 "스타가 되기를 열망해서는 안 된다. 일을 잘하기를 열망해야 한다"고 믿었다.

한편 카그니는 메소드 연기법(배우가 자신이 연기할 배역의 생활과 감정을 실생활에서도 적용하며 몰입하는 기법)에 대해서는 쓸 데 없다고 여기면서 거부하는 입장을 보였다. "연기를 위해서 스스로 기합을 넣지 말고, 그냥 저질러버려라!", "나는 나 자신을 위해서가 아니라 관객을 위해 연기한다. 그리고 가능한 한 이것저것 재지 않고 즉각적으로 연기한다." 1976년 출간된 자서전 '카그니가 쓰는 카그니'에서 그는 이렇게 자신의 연기론을 펼쳤다. 그리고 이 자서전을 쓴 이유는 자신에게 승인받지 않은 전기들의 오류를 바로잡기 위해서라고 밝히기도 했다.

카그니의 초기작들과 그가 맡았던 캐릭터들에는 '풋라이트 퍼레이드(1933)'에서 극장들을 누비며 배우들을 캐스팅하고 상하이 릴(루비 키엘러 분)과 함께 노래와 탭 댄스를 선보이는 역동적인 보드빌 감독, 셰익스피어 작 '한여름 밤의 꿈'(1935)의 코믹한 바텀, '프리스코 키드'(1935)에서 갱단 두목으로 변신하는 선창의 부랑자, '시티 포 콘퀘스트'(1940)의 눈먼 권투선수, 그리고 '스트로베리 블론드'(1941)'의 순진한 치과의사 등이 있다.

이 밖에도 '블러드 온 더 선'(1945)에서 역스파이로 변신하는 기자, '화이트 히트'(1949)의 어머니에게 집착하는 사이코패스 살인마, '라이언 이즈 인 더 스트리트'(1953)의 정치 선동가, '미스터 로버츠'(1955)의 변덕스러운 해군 대령, 그리고 '천의 얼굴을 가진 사나이'(1957)의 우직한 무성영화 스타 론 채니 등도 카그니의 연기가 돋보였던 배역들이다.

1961년, 카그니는 빌리 와일더의 동-서 관계에 대한 날카로운 풍자극 '원, 투, 쓰리'에 출연한 뒤, 연기 인생의 정점에서 영화계 은퇴를 발표했다.

맨해튼에서 태어나고 자랐지만, 어린 시절 방문했던 브루클린 플랫부시 지역의 목가적인 삶에 매료되었던 카그니는 은퇴 후 아내와 함께 뉴욕 주 더치스 카운티 밀부룩 근처 농장에 터전을 잡고 모건말(마종의 하나)들을 키웠다. 그는 이미 은퇴 전에도 1936년에 사들인 매사추세츠 주 마사 포도 농장에서 영화를 찍는 사이사이, 가능한 많은 시간을 보냈었다.

그 뒤 20년 동안 카그니는 주요 감독들로부터 영화계에 복귀하라는 제안을 수없이 받았지만 일관되게 거절했다. 그러나 1981년, 카그니는 드디어 은퇴를 번복한다. 복귀의 주된 이유는 이런저런 건강상의 문제가 점점 늘어가던 그에게 의사들이 좀 더 활동적인 생활을 권했기 때문이었다.

밀로스 포먼 감독은 카그니에게 E. L. 닥터로의 베스트셀러 소설을 바탕으로 한 영화 '랙타임'에 카메오로 출현해 달라고 설득했다. 이 영화에서 카그니는 세기말적이고 호전적인 뉴욕시 경찰서장 역을 맡았고, '타임스'의 빈센트 캔비는 즉시 카그니의 "스타일과 유머는 아직 죽지 않았다"고 화답했다. 더불어 캔비는 다음과 같이 덧붙였다. "그는 거의 아무것도 하지 않지만 많은 것을 해낸다."

제임스 프란시스 카그니 주니어는 1899년 7월 17일, 맨해튼의 로어 이스트 사이드에서 태어났다. 그의 아버지는 아일랜드 출신의 바텐더였으며, 그의 인생을 짧게 요약하자면 1918년 당시 유행하던 독감으로 사망한 술집 주인이었다. 그리고 노르웨이 혈통의 어머니 캐롤린 넬슨은 남편이 사망한 후 자녀 5명을 홀로 키워낸 여장부였다.

카그니가 유년 시절을 보냈던 요크빌은 거리에서 자주 싸움이 벌어지는 동네였고, 카그니는 그 동네의 대장이었다. 1919년, 그는 요크빌 아마추어 야구팀의 포수로 싱 싱 교도소에서 시합을 한 적이 있는데, 그곳에는 예전 학교 친구들 5명이 복역 중이었다. 그중 한 명은 그로부터 8년 뒤, 전기의자 위에서 죽었다.

카그니는 14살 때부터 곤궁한 집안 살림을 돕기 위해 '뉴욕 선'의 사환, 도서관 책 정리, 레녹스 힐 사회복지관의 잡역부 등 동시에 여러 일을 하며 성장했다. 그리고 일요일에는 허드슨 강 유람선 티켓을 팔기도 했던 그는 스타이브센트 고등학교를 졸업한 뒤, 돈을 벌기 위해 19살의 나이로 보드빌의 댄서가 된다. 처음에는 흉내를 내는 정도였지만 나중에는 전문가들을 연구하고 그들의 스텝을 모방하며 점차 자신만의 스타일을 만들어 갔다. 그런데 뜻밖에도 이 거리의 터프 가이가 처음으로 맡았던 역할은 여장 '코러스 걸'이었다.

그러던 1920년, 카그니는 브로드웨이 뮤지컬 '피터 파터'에서 코러스를 맡아 활약했으며, 이 작품이 끝날 무렵에는 전문 댄서가 되어 있었다. 또한 당시 동료 배우였던 윌러드 버논과 1922년에 결혼한 카그니는 20년 후 제임스 주니어와 캐서린을 입양했으나, 제임스 주니어는 1984년 사망하고 만다.

카그니는 아내와 함께 보드빌 투어 공연을 하며 때때로 브로드웨이 쇼에 단기간 출연하기도 했다. 1920년대 내내 일도, 돈도 부족했던 카그니는 할 수 있는 한 모든 캐스팅에 응했으나, 나중에 그가 회상한 바에 따르면 "자신의 능력을 너무 과장했기 때문에" 해고의 쓴맛도 종종 맛보아야만 했다.

그러던 중 그는 1930년, 조안 브론델과 함께 출연한 멜로드라마 '페니 아케이드'에서 비겁한 살인범 역할을 맡게 된다. 이 연극을 인상 깊게 봤던 워너 브라더스 사는 두 사람을 할리우드로 불러들여 '시너스 홀리데이'라는 제목으로 각색된 영화를 제작했으며, 이후 그들은 추가로 6편의 영화에 함께 출연하는 계약을 따낸다.

세 편의 영화에서 조연을 맡은 끝에 카그니는 드디어 '공공의 적'에서 주조연급 배역을 맡게 되었는데, 예리한 안목을 가졌던 윌리엄 웰먼 감독은 이미 주인공으로 낙점되어 있던 에드워드 우즈와 카그니의 역할을 아예 바꾸어야 한다고 주장했다. 왜냐하면 웰먼 감독이 표현하고자 했던 범죄자의 길로 들어서게 되는 두 친구의 "적나라한 시궁창 인생"을 보여주기에 카그니가 더 적격이었기 때문이다. 결국 이 작품은 현실적인 갱스터 영화 시대를 여는 블록버스터로 자리매김했다.

워너 브라더스와 함께한 카그니의 다른 초기 영화들 중 상당수는 매우 저렴하고 신속하게 제작되어 몇 주 만에 촬영이 종료되기도 했으며, 때로는 하루 18시간씩, 일주일 내내 작업이 이어지기도 했다.

"그곳에서 재능은 길러지기보다는 오히려 소비되었다." 카그니는 말했다. "우리는 맡은 역할을 했다. 하지만 누군가 그것을 예술 행위하고 말한다면, 나는 그런 건 전혀 본 적이 없다고 말하겠다."

그는 자신과 함께했던 수많은 감독들에 대해서는 이렇게 적었다. "그들은 재미 없는 노동자, 혹은 기계와 마찬가지였다. 그들 중 일부는 당신에게 싸구려 정육점으로 가는 길조차 알려주지 못할 작자들이다."

그러나 카그니가 이끌던 젊은 배우들은 딱딱한 대본을 영리한 즉흥 연기로 변화시킬 줄 아는 예술가들이었다. 여배우의 턱에 살짝 주먹을 갖다 대는 카그니의 애정 어린 잽은 그의 아버지가 하곤 했던 행동이었다. 그런데 영화 '세인트루이스 키드'에서는 주먹질 연기에 싫증이 났었는지 박치기 공격을 선보이기도 했다. 또한 '더렵혀진 얼굴의 천사'에서 보여준 바지를 추켜올리고, 목을 좌우로 까딱거리고, 손가락을 튕기고, 양손을 살짝 맞부딪치는 행동들은 요크빌 시절 이웃집 깡패를 흉내 낸 것이었다.

카그니는 정치적으로 오래된 뉴딜 민주당원이었으나 말년에는 도덕적인 혼란이 미국인들의 가치관을 위협하고 있다는 이유로 보수주의자가 된다.

한편 1940년, '반미국적인 활동에 대한 하원 위원회'와 연관된 로스엔젤레스의 어떤 정치인이 카그니를 공산주의 동조 혐의로 기소하는 일이 벌어진다. 위원회에 출석한 카그니는 바로 혐의를 벗을 수 있었으나, 이 일련의 사건들은 파업 중이던 캘리포니아 농장 노동자들을 위한 음식 지원, 스페인 내전 당시 왕당파를 위한 구급차 제공 등, 그가 해

왔던 기부와 기금모금 활동들이 오해를 사며 벌어진 촌극이었다.

은퇴 후, 카그니는 다양한 책을 읽고, 시를 쓰고, 그림을 그리고, 클래식 기타를 연주하고, 항해와 농사에 대한 오랜 열정을 실천하고, 래그타임 음악에 맞춰 한두 곡 춤을 추며 몸을 풀었다. 그는 "자기 자신이 아닌 다른 것들에 몰두하는 것", 그것이 바로 "행복한 삶의 비결"이라고 말했다.

프레드 아스테어

1899년 5월 10일~1987년 6월 22일

리처드 F. 셰퍼드 기자

번쩍이는 발과 경쾌한 다리로 미국에서 가장 유명한 댄서로 등극했으며 여태껏 본 적도 없고, 아무도 넘어서지 못한 코미디 뮤지컬 영화의 새로운 기준을 세웠던 프레드 아스테어가 어제 로스앤젤레스의 센추리 시티 병원에서 폐렴으로 사망했다. 향년 88세.

아스테어는 대공황기와 제2차 세계대전의 전운이 감돌던 시기에 고통받던 미국인들의 가슴 속으로 쾌활하게 춤을 추며 등장했다. 믿을 수 없을 정도로 가벼운 발놀림, 따뜻한 미소, 톱 햇, 지팡이, 매력, 그리고 재능으로 무장한 그로 인해 사람들은 영화관 밖 괴로운 현실을 잊을 수 있었다.

무대, 스크린, 그리고 TV에서 60년 이상 펼쳐진 아스테어의 전설적인 연기 인생은 그가 10살이 채 되기도 전에 시작됐다. 당시 아스테어의 어머니는 그에게 누이 아델과 짝을 맞춰 춤을 추게 했고, 결과는 매우 성공적이었다. 아스테어는 1933년부터 1968년까지 30여 편이 넘는 뮤지컬 영화에 출연했으며 그중 11편의 영화에서 그의 가장 오랜 댄싱 파트너 진저 로저스와 함께했다. 그리고 그들을 춤추게 했던 음악은 주로 콜 포터, 어빙 베를린, 제롬 컨, 거슈인 형제 등 대중 음악계의 거장들이 작곡한 작품들이었다. 물론 다른 유명한 댄서들도 있었지만, '플라잉 다운 투 리오', '게이 디보시', '톱 햇', '스윙 타임', '폴로우 더 플릿', '블루 스카이', '이스터 퍼레이드' 같은 영화에서 아스테어가 선보였던 댄스만큼 정교함과 독창성이 어우러진 춤을 추는 이는 거의 없었다. 또한 화려한 장식과 샴페인이 넘쳐나는 영화들 속에서도 아스테어의 견실하고 친절한 성품은 그 진가를 고스란히 드러냈다. 가장 휘황찬란한 순간조차 전혀 애쓰지 않는 것처럼 보이는 유려한 스텝은 그가 평소 사람들을 대하는 몸가짐과 크게 다르지 않았던 것이다.

그의 댄스들은 중력의 법칙이나 세트의 한계를 넘어서는 듯한 착각을 불러 일으켰다. 그는 웨딩 케이크 꼭대기에서('유 윌 네버 겟 리치'), 롤러스케이트를 탄 채로('쉘 위 댄스?'), 골프스윙을 하면서('케어프리'), 벽과 천장을 오르며('로열 웨딩') 춤을 선보였고, 비행 중에, 항해 중에, 그리고 헤아릴 수 없이 많은 무도회장들에서 춤을 멈추지 않았다.

대중들의 인기와 사랑을 한 몸에 받았던 이 모래빛 머리카락에 호리한 몸매의 댄서는 그 누구도 흉내 낼 수 없는 자연스러운 춤을 위해 카메라가 없을 때, 그리고 무대 뒤에서 치열하게 고민하고 무수히 많은 땀을 흘렸다. 보더빌에서 브로드웨이, 할리우드, 그리고 텔레비전—특히 9개의 에미상을 수상한 1957년 스페셜 쇼 '프레드 아스테어와 함께하는 저녁'—에 이르는 긴 여정 동안 그는 관객들을 결코 실망시키지 않았다.

또한 동료들에게 귀감이 되었던 아스테어에게 뉴욕 발레단의 예술감독 조지 발란신은 "세계에서 가장 위대한 댄서"라며 아낌없는 찬사를 보냈으며, 아스테어의 실크 모자와 연미복을 마치 댄서들의 작업복처럼 만든 뮤지컬 '톱햇'의 제작자 어빙 벌린 역시 "그는 훌륭한 댄서일 뿐만 아니라 훌륭한 가수이기도 하다. 그의 실력은 졸슨, 크로스비, 시나트라에 비견된다"고 극찬했다.

그런데 무대 위에서 스포트라이트를 받는 아스테어와는 달리 실생활 속의 아스테어는 정장을 아주 싫어했다. 그는 여러 인터뷰들에서 모자와 연미복은 일할 때 입는 옷일 뿐이라고 자주 언급하곤 했다.

아스테어의 공연을 감싸던 편안한 분위기는 사실 작품에 대한 그의 진지하고 철처한 노력에서 비롯된 것이었다.

"댄서란 땀을 흘리는 직업이다." 언젠가 그는 이렇게 말했다. "가만히 앉아서는 춤을 출 수 없다. 반드시 발을 딛고 일어서야 한다. 원하는 것을 선택하기 전에 당신은 많은 것들을 시도해봐야만 하고 그 과정에서 아무것도 얻지 못하고 그저 지치기만 할 수도 있다. 그렇다. 원하는 것을 얻기 위한 탐색은 마치 추적당하기 싫어하는 어떤 짐승을 추적하는 일과 같다."

그는 또 이렇게 덧붙였다. "춤을 제대로 추기 위해서는, 즉 기억에 남을 만한 무언가를 만들어내기 위해서는 충분한 연마의 시간이 축적되어야만 한다. '다음에는 뭐지?'라는 생각이 전혀 들지 않을 만큼 항상 동작들을 꿰뚫고 있어야만 한다. 그렇게 모든 것이 딱 맞아떨어지면, 그제야 나는 이 피비린내 나는 바닥을 완전히 통제하고 있음을 느낀다."

아스테어는 70세를 넘긴 1970년에 비로소 전문 댄서로서의 스텝을 멈췄다.

"나는 80살 먹은 전문가는 되고 싶지 않아요." 그는 은퇴한 지 거의 10년이 흐른 뒤에 이렇게 말했다. "나는 뒷방에서 춤추는 작은 노인처럼 보이는 것도 원치 않습니다."

아스테어의 댄스 스토리는 그가 1899

년 5월 10일, 오마하에서 태어난 뒤 그리 오래지 않아 시작됐다. 그의 본명은 아버지의 이름과 같은 프레드릭 오스터리츠였는데, 오스트리아 출신 양조업자였던 그의 아버지가 제1차 세계 대전 중에 성을 영어식으로 바꾸면서 아스테어라는 이름으로 불리게 됐다.

프레드는 어릴 적에 엄마 손을 잡고 18개월 터울의 누나를 데리러 댄싱 스쿨에 가곤 했다. 당시 6살이었던 프레드의 누나는 댄서로서 훌륭한 자질을 보였고, 어머니(앤 가일스 오스터리츠)는 프레드가 4살이 되자 곧 누나와 함께 발레를 배우도록 했다.

몇 년 후 오스터리츠 여사는 뉴욕으로 아이들을 데려가 현대 탭 댄싱의 개척자 네드 웨이번이 운영하는 공연예술학교에 등록시켰으며, 프레드는 7살경 누이와 함께 '청소년 예술가들이 선보이는 새로운 전자음악 토-댄싱 대회'에 참가하기도 했다.

프레드가 10살이 되었을 때, 그와 누나 아델은 전국에서 가장 유명한 댄스팀 중 하나가 되어 있었다. 이 십대 남매가 직업 댄서로서 처음 무대에 올랐던 건 뉴저지 키포트의 보드빌 극장이었으며, 이후 미 중서부로 활동영역을 넓혀 1917년, 슈베르트 브로드웨이의 풍자극 '오버 더 탑'으로 첫 흥행의 기쁨을 맛보게 된다. 그렇게 계속 승승장구하여 그들은 "1918년 올해의 흥행 보증 수표"로 등극하기에 이르렀으며, 비평가들 또한 "이 민첩한 청년은 마치

뼈가 없는 것처럼 느껴진다"며 프레드에게 관심을 보이기 시작했다.

1922년, 아스테어 남매는 거슈인 형제의 곡들이 포함된 '포 굿니스 세이크'를 통해 더 많은 공연에 나서게 되면서 인기도 점점 높아졌다. 뉴욕 프로덕션의 공연 안내서에서 그들의 위치는 6번째 줄이었지만, 무대 위에서 가장 큰 호응을 이끌었던 건 바로 그들이었다.

1920년대 동안 '파리의 연인, '레이디 비 굿!' 등 11편의 뮤지컬에 출연하며 브로드웨이의 영광을 함께 누렸던 아스테어 남매의 마지막 공동 출연작은 1931년 대히트했던 '밴드 웨건'이었다. 아델은 1932년 캐번디시 경과 결혼하며 무대에서 은퇴했고, 1981년 숨을 거두었다.

이후 새로운 파트너 클레어 루스를

찾은 아스테어는 1932년, 콜 포터의 '게이 디볼스'에서 처음으로 그녀와 함께 주연을 맡았다(나중에 '게이 디볼시'로 각색된 영화 속에서 아스테어는 '나이트 앤드 데이'라는 노래를 선보이기도 했다). 그해 스크린 테스트에 참여했던 아스테어는 "큰 귀와 예쁘지 않은 턱선"에도 불구하고 그에게서 엄청난 매력을 발견한 RKO 픽쳐스의 데이비드 오 셀즈닉에 의해 발탁된다. 그의 첫 번째 영화는 존 크로포드, 클라크 게이블과 함께한 '댄싱 레이디(1933)'였다. 그리고 진저 로저스와 함께한 후속작 '플라잉 다운 투 리오'에서 빈센트 유먼스의 곡 '카리오카'에 맞춰 월계관을 쓰고 춤을 추는 장면으로 영화계에서도 큰 인기를 얻기 시작한다.

이 시점부터, 아스테어와 진저 로저는 감히 겨룰 자 없는 영화계의 별들이 된다. 그들이 RKO 픽쳐스와 함께 내놓은 히트작들로는 '탑 햇', '로베르타', '스윙 타임' 등이 있고, 마지막 공동 출연작은 1939년 작 '스토리 오브 버논 앤 아이린 캐슬'이었다.

1940년부터 아스테어는 더 다양한 댄스 파트너들과 호흡을 맞췄다. 이때 출연한 영화들로는 미스 헤이 워스와 함께한 '너무도 아름다운 당신', 주디 갈랜드, 앤 밀러와 함께한 '이스터 퍼레이드', 시드 카리스와 함께한 '밴드 웨건'과 '실크 스타킹', 그리고 오드리 헵번과 함께한 '파리의 연인' 등이 있다.

아스테어의 첫 번째 부인 필리스 리빙스톤 포터는 1954년에 사망했다. 아스테어의 유족들로는 1980년, 81세의 나이로 재혼했던 아내 로빈 스미스와 3명의 자녀들이 있다.

말년의 일상은 아스테어가 항상 지켜왔던 삶의 방식과 거의 다르지 않았다. 그는 새벽 5시에 일어났으며, 삶은 달걀 하나로 아침식사를 대신하면서 약 61kg의 몸무게를 계속 유지했다.

루실 볼

1911년 8월 6일~1989년 4월 26일

피터 B. 플린트 기자

거의 25년 동안 텔레비전을 지배했던 코미디의 여왕 루실 볼이 어제, 로스앤젤레스의 시더스-시나이 병원에서 심장 수술을 받은 지 일주일 만에 사망했다. 향년 77세.

흠 잡을 데 없는 타이밍과 능란한 팬터마임, 그리고 터무니없이 그럴듯한 상황극을 만들어내는 사랑스러운 재능을 가졌던 볼은 그야말로 할리우드의 전설이었다. 그녀는 1930년대와 1940년대에 RKO 소속 연기자로 일하다가 나중에는 그녀의 첫 번째 남편 데시 아나즈와 함께 아예 RKO 스튜디오를 사들이기도 했다.

탄력 있는 표정과 허스키한 목소리로 코믹한 연기를 선보였던 루실 볼은 1951년부터 1974년까지 '루시'라는 캐릭터를 중심으로 만들어진 세 번의 텔레비전 시리즈와 다수의 스페셜 방송을 통해 마치 국가기관과도 같은 존재감을 과시했다. 특히 첫 번째 시리즈 '왈가닥 루시'는 6년 동안 방영되며 가장 성공적인 TV 코미디 시리즈로 기록됐다. CBS에서 방영됐던 이 시리즈는 루시와 쿠바 밴드의 리더 리키 리카르도의 삶을 연대기적으로 보여주었는데, 리키 리카르도 역을 맡은 아나즈는 루시 볼의 실제 남편으로, 또 그녀의 상대 연기자로 20년 가까이 그녀와 함께했다.

1953년 1월 19일, 루시 리카르도가 리틀 리키를 낳는 장면이 방영되던 그날 밤, 루실 볼은 실제로 그녀의 두 번째 아이 데스데리오 알베르토 아나즈 이 데 아카 4세(Desiderio Alberto Arnaz y de Acha)를 낳았고, 이 사건은 전국적인 이슈가 되었다. 당시 이 에피소드의 시청자 수는 4천 4백만 명으로 추산되며, CBS는 그중 1백만 명이 축하 전화, 전보, 편지 또는 선물을 보내왔다고 밝히기도 했다. (볼의 첫 번째 아이 루시 데자레 아나즈는 쇼가 방송되기 3개월 전인 1951년 7월 17일에 태어났다.)

리카르도 내외는 미국에서 가장 잘 알려진, 그리고 최고로 사랑받는 부부

였으며 첫 번째 '루시' 시리즈는 지금까지도 80개국 이상에 배급 중이다.

수완 좋은 회사 경영자이기도 했던 루실 볼은 1962년부터 1967년까지 가장 규모가 크고, 가장 성공적인 TV 프로덕션 회사 중 하나였던 데실루 프로덕션을 이끌었으며, 1968년부터는 그녀의 두 번째 남편이자 전 나이트클럽 코미디언 게리 모튼과 함께 루실 볼 프로덕션을 경영했다.

그녀는 1962년, 3백만 달러의 은행대출을 받아 아나즈의 데실루 프로덕션 지분을 사들였고, 1967년에는 1천 7백만 달러를 받고 이 회사를 걸프 앤 웨스턴 산업에 매각했으나 총 1천만 달러에 이르는 지분은 계속 유지했다.

루실 볼은 TV 브라운관에 등장하기 전부터 50편이 넘는 영화에 출연했

는데, 1933년 에디 캔토르의 뮤지컬 소극 '로마 스캔들'에서 활달한 코러스걸로 출연한 것을 시작으로 '해빙 원더풀 타임(1938)', '룸서비스(1938)', '더 빅 스트리트(1942)', '베스트 풋 포워드(1943), 그리고 주연을 맡았던 '두 배리워즈 어 레이디(1943)', '위드아웃 러브(1945)', '소로우풀 존스(1949)', '팬시 팬츠(1950)' 등의 작품들에서 활약했었다. 또한 1960년에는 브로드웨이 뮤지컬 '와일드캣'에 출연하기도 했다.

그녀의 명성은 1964년 개최된 뉴욕 세계 박람회에서 루시 데이(Lucy Day)가 지정될 정도로 드높았고, 1971년에는 여성 최초로 국제 라디오 및 텔레비전 협회에서 주는 금메달 수상했다. 그녀가 받은 다른 영예들로는 네 번의 에미상, 텔레비전 명예의 전당 입성, 그리고 케네디 공연예술 센터의 평생 공로상 등이 있다.

루실 데지레 볼은 1911년 8월 6일, 뉴욕 주 제임스타운 외곽의 셀로론에서 태어났다. 모친 데지레 헌트는 피아니스트였고, 전화선 수리공이었던 부친 헨리 더넬 볼은 그녀가 3살 때 사망했다. 볼은 어린 시절의 대부분을 외조부모님과 함께 보냈다.

그녀의 쇼 비즈니스 경력이 시작된 것은 15살 때였지만 당시 맨해튼으로 건너가 존 머레이 앤더슨의 연극 학교에 등록했던 그녀는 첫날부터 재능이 없으니 집으로 돌아가라는 말을 들어야 했고, 브로드웨이 코러스단에 입단하려는 네 번의 시도도 모두 실패로 돌아갔다.

이후 그녀는 웨이트리스부터 브로드웨이 드럭스토어의 소다수 판매원까지 다양한 일을 전전하다가, 모자 모델로 광고사진을 찍은 것이 계기가 되어 1933년, '체스터필드 담배 소녀'로 전국적인 관심을 받게 된다. 또한 그녀는 '로마 스캔들'의 골드윈 코러스 걸로 발탁되어 할리우드 땅을 밟게 된다.

할리우드에서 2년 넘게 단역으로 24여 편의 영화에 출연했던 그녀는 레온 에롤, 스리 스투지스와 함께 투-릴(two reel) 길이의 코미디 영화를 제작한 이후로 RKO 라디오 픽쳐스에서 7년이라는 시간을 보내며 수많은 저예산 영화들의 주연을 도맡았다.

이 시기에 그녀가 맡았던 역할들은 틀에 박히고, 대부분 영화 속에서 낭비되는 캐릭터들이었지만 그중에서도 몇 가지 역할은 그녀의 탁월한 재능을 암시하고 있었다. 이를 테면 '스테이지 도어'의 냉소적인 젊은 여배우 역(1937년), '애나벨의 일'의 신경질적인 스타 역(1938년), 멜로드라마 '파이브 캐임 백'의 실연당한 여자 역(1939년), '댄스 걸 댄스'의 돈만 밝히는 스트리퍼 역(1940년), '빅 스트리트(The Big Street)'의 자기중심적인 장애인 역(1942년), 그리고 '다크 코너'의 독설가 비서 역(1946) 등이었다.

당시를 회상하며 그녀는 이렇게 말한 적이 있다. "나는 영화의 흥행에 대해서는 전혀 신경 쓰지 않았어요. 왜냐하면 나를 잘못 캐스팅한 건 바로 제작자들이었기 때문이죠."

볼은 1930년대 후반에서 1940년대까지 라디오 방송국들을 돌며 다수의 코미디 버라이어티 쇼에 고정 출연했고, 1947년부터 1951년까지는 CBS 라디오 코미디극 '마이 패이보릿 허스번드'에서 '루시' 캐릭터의 전신격인 중서부 은행가의 경망스러운 아내 역을 맡았다.

1950년, 루실 볼과 아나즈는 드디어 텔레비젼 쇼 '왈가닥 루시'를 CBS에 판매하기 위해 나섰다. 그러나 방송국 임원들은 빨간 머리 미국인과 억양이 센 쿠바 밴드 리더가 나오는 쇼를 누가 보겠느냐며 계약을 망설였고, 이 부부는 자신들의 가치를 보여주기 위해서 '쿠바 피트-샐리 스위트' 메들리가 포함된 20분짜리 공연을 기획하여 전국 뮤직홀을 돌며 홍보에 나섰다. 더불어 그들이 자비로 5,000달러를 들여 30분 정도 되는 홍보 영화까지 만들자 방송국 임원들은 결국 백기를 들 수밖에 없었다.

'왈가닥 루시'는 1951년 10월 15일에 첫 선을 보였고, 불과 몇 달 만에 수백만 명의 미국인들은 리카르도 부부와 그들의 가장 친한 친구, 프레드와 에델 메르츠(윌리엄 프롤리와 비비안 밴스가 연기함)가 벌이는 익살스러운 소동을 보기 위해 월요일 저녁마다 TV 앞을 지키게 되었다.

'왈가닥 루시'는 생방송이 아닌 사전 녹화를 통해 방영되기 시작한 초창기 텔레비전 쇼들 중 하나였다. 따라서 질이 떨어지는 생방송 키네스코프 녹화본에 비해서 고품질로 각 에피소드를 재방송할 수 있었고, 이러한 변화는 텔레비전 프로덕션을 뉴욕에서 할리우드로 이동시키는 결과를 가져왔다. 또한 '왈가닥 루시'는 방청객들 앞에서 촬영된 최초의 작품이었으며, 5개의 에미상을 비롯하여 200개 이상의 상을 수상하는 성과를 거뒀다.

'뉴욕 타임스'의 잭 굴드는 다음과 같이 평한 바 있다. "'왈가닥 루시'가 보여주는 매력적인 경쾌함과 즐거운 리듬의 바탕에는 놀랍도록 잘 훈련된 연기력과 코미디 장르에 대한 직관적인 이해력이 있다."

아나즈가 '왈가닥 루시' 시리즈의 재방송 권리를 얻게 되면서 이 부부는 엄청난 수익을 올리게 된다. 그리고 나중에 이 권리를 CBS에 매각하는 조건으로 이 부부는 자신들이 직접 운영하고 있던 데실루 프로덕션을 통해 스튜디오 하나를 매입할 수 있는 권리를 얻었는데, 그들이 매입하기를 원했던 스튜디오는 볼에게 형편없는 영화 경력을 만들어준 RKO가 예전에 소유했던, 그리고 1940년 '투매니 걸즈'에 함께 출연하며 둘의 인연이 시작된 추억의 장소였다.

'왈가닥 루시'의 인기는 계속되었지만 바쁜 스케줄의 부담에서 벗어나고 싶었던 부부는 1957년, 179편의 에피소드를 끝으로 시리즈를 마감했다. 이후 3년 동안 이 시리즈는 포맷은 그대로 유지한 채 '루시-데시 코미디 아워'라는 이름의 스페셜 버전으로 전 세계 각국에서 방영되었다. 한편 이 부부의 협력관계는 1960년, 그들의 이혼으로 끝이 났으며, 아나즈는 1986년에 사망했다.

루실 볼은 이혼한 지 2년 만에 '더 루시 쇼'를 통해 '루시'를 되살렸다. 1968년까지 156편의 에피소드가 방영된 이 쇼에서 그녀는 과부 캐릭터로 등장했었다. 그리고 1968년부터 1974년까지는 '히어 이즈 루시'라는 새로운 제목으로 144편의 에피소드를 소화했다.

이후 그녀는 밥 호프와 함께 두 편의 코미디 영화 '팩츠 오브 라이프(1961)', '크리틱스 초이스(1963)'에 출연했고, 1968년에는 다자녀를 키우는 부부의 이야기를 다룬 '유어스 마인 앤 아워스'에서 헨리 폰다와 함께 호흡을 맞췄다. 또한 1974년에는 연극 무대에서 흥행에 성공한 '마미'를 각색한 영화에 출연하기도 했다.

텔레비전 활동도 꾸준히 이어나갔던 그녀는 다수의 스페셜 쇼에 출연했으며 1985년에는 TV 영화 '스톤 필로우'에서는 노숙자 역으로 인상 깊은 연기를 펼쳤다. '더 타임스'의 존 오코너는 그녀의 연기에 대해 "언제나처럼 엉큼하고 유혹적"이라고 평한 바 있지만, 1986년 매주 방송되는 시트콤 시리즈 '라이프 위드 루시'에서 할머니로 돌아온 '루시'는 시청자들로부터 외면받았다.

그녀의 스타일은 이제 시대에 뒤처져 보였다. 그럼에도 CBS의 회장 윌리엄 S. 페일리는 다음과 같이 그녀를 향해 헌사를 바쳤다. "스크린과 우리의 삶을 환하게 밝혔던 루시의 특별한 능력은 앞으로도 영원히 간직될 것입니다."

로렌스 올리비에

1907년 5월 22일~1989년 7월 11일

멜 거쇼 기자

당대 가장 위대한 고전주의 연극 배우로 일컬어지던 로렌스 올리비에가 어제 런던 근처 자택에서 사망했다. 향년 82세. 올리비에의 대변인 로렌스 에반스는 올리비에 경이 잉글랜드 남부의 웨스트 서식스에서 "잠을 자는 도중 평화롭게" 숨을 거뒀다고 전했다. 이로써 작년 올리비에가 카메오로 출연했던, 벤자민 브리튼의 성가극을 원작으로 한 영화 '전쟁 레퀴엠'(1989년)이 그의 마지막 작품이 되었다.

올리비에 경은 놀라운 기교와 대담함을 겸비한 배우였다. 만약 이러한 수식어가 그의 경력을 묘사하기에 충분하지 않다면, 이렇게 덧붙이겠다. 그는 영화계의 가장 빛나는 별이었고, 셰익스피어 작품을 스크린으로 옮기는 데 있어서 타의 추종을 불허하는 영화감독이었으며, 현대극과 고전극 두 영역에 걸쳐 폭넓은 업적을 이룬 연극감독이었다. 또한 그는 영국 국립 극장의 창립자이자 초대 예술 감독이었다.

1947년 기사작위를 받았던 올리비에 경은 1970년에는 일대 귀족 신분으로 격상되었으며 비단 신분뿐만 아니라 예술적인 성취로 자신의 분야에서 고귀한 위치에 오르게 된다. 그의 업적과 영향력은 다양한 분야를 아울렀지만, 그의 본업은 어디까지나 배우였다. 연극계와 영화계에서 60년간 활동한 배우로서, 그는 헨리 5세, 햄릿, 리처드 3세, 오이디푸스, 오셀로 등으로 분(扮)했으며 '더 엔터테이너'의 아치 라이스, '폭풍의 언덕'의 히스클리프, '레베카'의 막심 드 윈터 등을 연기하며 불멸의 예술성을 성취했다.

왕이나 악당, 때로는 고전극에서 가장 도전적인 배역인 광대와 가장 인기 있는 로맨스의 주인공들을 도맡았던 올리비에는 죽기 전 마지막 10년 동안 할리우드의 성격파 배우로서 또 하나의 경력을 쌓기도 했다.

1974년, 그는 지병으로 연극 무대에서는 은퇴했지만 결코 배우의 일을 멈추지는 않았다. 그의 할리우드 명성에 필적하는 텔레비전 출연작들과 역할들로는 '브라이즈헤드 리비지티드'의 마치메인 경, 존 모티머 작 '보야지 라운드 마이 파더'의 법정 변호사, 그리고 '리어 왕'의 주인공 등이 있다. 특히 생애 두 번째로 맡았던 리어 왕의 천둥치는 듯한 연기는 강한 인상을 남겼다.

또한 올리비에 경은 존 길구드 경, 故 랠프 리처드슨 경과 함께 영국 연극계의 가장 걸출한 3인의 기사로 평가받았다. 길구드 경은 시적인 태도와 목소리로, 리처드슨 경은 기발한 캐릭터 묘사로 칭송받았는데, 그 두 사람뿐만 아니라 당대의 그 누구도 대담함과 용감함에 있어서는 올리비에 경의 적수가 되지 못했다.

올리비에 경은 감정적 용기뿐만 아니라 과감한 액션 연기로도 유명했다. 영화 '햄릿'에서 그는 클라우디우스의 양심을 확인하기 위해서 약 4.6미터 높이의 플랫폼에서 뛰어내렸으며, 스트린드베리의 '댄스 오브 데스'에서는 관객들이 실제로 그가 뇌졸중으로 쓰러졌다고 믿을 만큼 사실적으로 바닥에 꼬꾸라졌다.

1982년에 출간된 자서전 '콘페션 오브 언 액터'에서 그는 성공적인 배우가 되기 위해서는 "재능, 행운, 체력, 이 세 가지 자질이 삼위일체가 되어야 한다"고 적었고, 어떤 대담회에서는 세 가지 자질 중 "육체적인 힘"에 해당하는 체력이 가장 중요하다고 강조하기도 했다.

돌이켜 보면 올리비에 경은 타고난 배우였지만, 엄청난 노력으로 위대한 성취를 이뤘다는 사실 또한 간과할 수 없다. 그는 자신의 목소리와 육체를 연기에 활용하는 법, 완벽한 악센트를 구

극단 안에서 여실히 드러난다. 그해 올리비에 경은 '오이디푸스'에서 눈알을 후벼파는 유명한 연기를 선보인 직후, 미스터 퍼프라는 코믹한 역할로 셰리던의 '크리틱'에 특별 출연했는데, 한 석간신문은 이를 두고 '오이디퍼프(Oedipuff)'라는 신조어를 만들어내기도 했다.

로렌스 커 올리비에는 1907년 5월 22일, 잉글랜드 써리 주의 도킨에서 태어났다. 모친 아그네스 크로코덴 올리비에는 그가 12살 때 사망했고, 올리비에와 형제자매들은 성공회 성직자이자 선생님이었던 부친 제라드 올리비에의 엄격한 훈육 속에서 자랐다.

로렌스는 런던의 올 세인츠 성가대학교에서 '줄리어스 시저'의 브루투스 역을 맡으며 연극무대에 데뷔했다. 그의 나이 9살 때였다. 당시 관객들 중에는 시빌 손다이크와 그녀의 남편 루이스 카슨이 있었는데, 시빌 여사는 그때를 다음과 같이 회상했다. "그는 단지 5분 동안 무대 위에 섰을 뿐이에요. 그런데도 나와 남편은 서로 마주보며 이렇게 이야기 할 수밖에 없었죠. '저 아이는 배우, 절대적으로 배우다. 배우가 되기 위해 태어난 것이다.'"

이후 엘시 포거티가 운영하는 '센트럴 스쿨 오브 스피치 트레이닝 앤드 드라마틱 아트'에 등록한 올리비에는 그곳에서 평생 동안 그에게 영향을 미친 연기 수업을 받게 된다. 당시 포거티는 로렌스의 신체적인 약점을 지적하며 손가락으로 그의 이마 아래와 코 윗부분을 가

사하는 법, 그리고 실험적인 메이크업을 꾸준히 학습하면서 자신이 선택한 역할들에 과감한 도전장을 내밀었다.

반면 영화에서는 특별한 노력 없이도 그의 모습 자체가 전형적인 로맨틱 주인공처럼 보였다. 이를 테면 여전히 심장을 빠르게 뛰게 만드는 올리비에 경의 히스클리프 연기는 그의 외모에서 풍기는 분위기만으로도 이미 관객들을 어느 정도 설득시키고 있는 듯하다.

"그가 특별히 잘생긴 사람은 아니죠." 타이론 구스리 경은 언젠가 이렇게 말했다. "그러나 무대 위의 그는 언제나 최고의 외모를 자랑했어요."

그의 코미디 재능 또한 간과해서는 안 된다. 평론가 제임스 아게이트는 올리비에 경을 가리켜 "본능적인 희극배우이자, 기교적인 비극배우"라고 평한 바 있으며, 특히 그의 숭고함과 우스꽝스러움을 오고가는 재능은 1945년, 한

리켰는데, 이때의 경험은 이후 올리비에에게 고개를 똑바로 세워야 한다는 것을 상기시키며 자세를 향상시켰을 뿐만 아니라, 그가 가짜 코를 붙이고 무대에 오르는 계기가 되기도 했다.

"나는 가짜 코를 붙일 때 쓰는 고무풀을 그렇게 많이 사용하는 배우를 본 적이 없습니다." 노엘 카워드는 이렇게 회상했다. 노엘 카워드는 올리비에에게 '프라이빗 라이브스'의 빅터 프린 역을 맡아 달라고 설득하기도 했었는데, 당시 올리비에의 첫 번째 아내 질 에스몬드가 브로드웨이 활동을 위해 이 대열에 합류했었다.

당시 '로미오와 줄리엣' 공연에서는 올리비에와 길구드가 로미오, 그리고 머큐쇼 역을 번갈아 가며 맡았고, 이때 약재상 역을 맡았던 젊은 배우 알렉 기네스는 길구드에게는 존경심을 가지고 있었지만 올리비에에 대해서는 의구심을 품으며 이렇게 말했었다. "그는 좀 싸보여. 극적인 효과에만 매달리잖아."

그러나 이듬해 올드 빅 극장의 '햄릿' 공연에서 올리비에의 대역을 준비하게 된 기네스는 "자신에게 요구되는 곡예 같은 도약 및 낙하 동작들에 경악하며", 그제야 "진정 위대한 배우가 되기 위해 올리비에가 쌓아올린 토대"를 깨달았다고 한다.

올드 빅 극장에서 올리비에는 한 달 동안 햄릿, 토비 벨치 경, 헨리 5세, 맥베스, 그리고 랠프 리처드슨이 연기한 오셀로에 맞서는 이아고 역까지 모두 소화하는 기염을 토했다.

올리비에는 이아고와 오셀로가 사랑에 빠졌다는 프로이트의 해석에 매료된 나머지, 리허설 와중에 아무런 예고도 없이 리차드슨에게 팔을 두르고 키스를 한 적도 있었다. 리차드슨은 그 순간에 대해 이렇게 털어 놓았다. "나는 그를 냉정하게 떼어놓았다. 나는 분노보다는 슬픔에 차 있었다. 그리고 이렇게 중얼거렸다. '진정해. 그만하면 됐어, 이 친구야.'"

올리비에와 비비안 리는 영화 '영광의 결전'(1936)에서 처음으로 함께 호흡을 맞췄다. 당시 비비안 리는 리 홀먼과, 올리비에는 에스몬드와 결혼한 상태였고, 영화계의 스타로 부상하고 있던 두 사람의 로맨스는 국제적인 가십거리가 된다. 이후 1939년은 두 사람 모두에게 인생의 전환점이 된 해였는데 비비안 리는 '바람과 함께 사라지다'의 스칼렛 오하라 역으로 아카데미상을 거머쥐었고, 올리비에는 '폭풍의 언덕'으로 할리우드에 안착하여, 이듬해 '레베카'와 '오만과 편견' 등의 작품으로 명성을 이어 나갈 수 있었다.

올리비에는 1940년 에스몬드와 이혼하고 비비안 리와 결혼했으며, 이 둘의 결혼 생활은 온갖 불화와 비비안 리의 정신질환에도 불구하고 20년간 이어졌다.

이 밖에도 올리비에는 할리우드에서 그리어 가슨과 함께 출연한 '오만과 편견', 그리고 비비안 리의 상대역 넬슨 경역을 맡았던 '해밀턴 부인' 등의 영화에서 인상적인 연기를 펼쳤다.

그러던 1944년, 리처드슨, 그리고 존 버렐과 함께 공동감독 자격으로 런던 올드 빅 극장에 복귀한 올리비에는 리처드 3세 역을 시작으로 영화 '헨리 5세'의 감독 겸 프로듀서 겸 주연, 그리고 런던 제작사가 만든 쏜톤 와일더 작 '위기일발'의 감독 등, 배우로서뿐만 아니라 다양한 타이틀로 성공적인 시즌을 보내게 된다

영화 '헨리 5세'로 시작되어 '햄릿'과 '리처드 3세'로 완성된 올리비에의 셰익스피어 3부작(세 작품 모두 올리비에가 감독 겸 주연을 맡음)은 영화사에 길이 남을 걸작의 반열에 올랐고, 그중 '햄릿'은 최우수 작품상과 남우주연상, 이렇게 총 2개의 아카데미상을 수상했다.

올리비에와 비비안 리는 '안토니우스와 클레오파트라', '시저와 클레오파트라', 그리고 피터 브룩스 제작사의 '타이터스 앤드로니커스'에 함께 출연하며 꾸준히 연기 호흡을 맞췄으며, 특히 '타이터스 앤드로니커스'에서 올리비에의 엄청난 연기력에 자극받은 케네스 타이넌은 "이 작품으로 우리는 장르의 경계를 넘어서 현존하는 가장 위대한 배우와 조우하게 된다"며 극찬하고 나섰다.

이렇게 승승장구하는 와중에도 새로운 돌파구를 찾고 싶다는 충동을 느꼈던 올리비에는 존 오스본의 '더 엔터테이너'에서 새로운 도전에 나섰고, 결과는 성공적이었다. 이 작품의 감독이었던 토니 리차드슨은 다음과 같이 말했다. "올리비에는 별 볼 일 없는 보드빌 코미디언 아치 라이스 역을 통해 1950년대 후반과 1960년대 초반에 나타난 냉소, 초라함, 도덕적 타협을 함축적으로 표현했다."

또한 '더 엔터테이너'는 올리비에의 인생에 찾아온 이별과 새로운 관계의 시작을 의미하기도 했다. 이 작품에 단역으로 출연했던 조안 플로라이트와 인연을 맺게 된 올리비에는 1961년, 비비안 리와 이혼한 직후 플로라이트와 재혼했다. 이후 조안 플로라이트는 영국에서 주연급 여배우로 성장한다.

올드 빅 극장에서 보여준 리더십과, 배우와 매니저로서 올리비에가 꾸준히 맡아온 역할들은 너무나 자연스럽게 그를 영국 국립극장 초대 예술감독의 자리로 이끌었다. 감독으로 부임한 첫 시즌이었던 1963년, 그는 피터 오툴을 햄릿 역에 기용했고, 자신 역시 '바냐 아저씨'의 아스트로프 역을 맡으며 연기의 끈을 놓지 않았다.

이듬해인 1964년, 올리비에는 뜻밖에도 입센의 '마스터 빌더'라는 작품을 통해 무대 공포증을 극복해낸다. 올리비에는 이렇게 회상했다. "5년 동안 나를 괴롭혔던 무대 공포증은 점점 악몽 속의 괴물처럼 변했다. 내가 할 수 있는 일이라고는 그것이 닳아 없어질 때까지 계속 연기하는 것뿐이었다."

그는 1972년 '발자국'을 시작으로 영화계에서도 자신의 영역을 계속 넓혀나

갔다. 그의 후기 영화들로는 '7퍼센트 솔루션', '마라톤 맨', '리틀 로맨스', '인천', 그리고 1985년 작 '지옥의 특전대 2' 등이 있다.

올리비에의 유족으로는 아내, 그리고 아들 둘, 딸 둘이 있다. 80세가 되어서도 여전히 영화와 텔레비전 드라마에 열정적으로 참여했으며, 모든 새로운 가능성들에 기뻐했던 올리비에는 언젠가 이렇게 말했다. "이 자기표현의 비즈니스에서 다른 사람들은 으스대기에 바쁘더라도, 당신만큼은 무모하더라도 기꺼이 새로운 것에 도전해야 합니다."

베티 데이비스

1908년 4월 5일~1989년 10월 6일

앨빈 크렙스 기자

두 번의 아카데미상 수상자이자, 길게 내뿜는 담배연기와 혼은 쏙 빼놓는 독설로 할리우드를 풍미했던 베티 데이비스가 금요일 밤, 프랑스의 누이-쉬르-세느에 있는 아메리칸 병원에서 유방암으로 사망했다. 향년 81세. 그녀는 최근까지 캘리포니아 주 웨스트 할리우드에 거주했었다.

베티 데이비스는 반세기가 넘는 세월 동안 할리우드의 가장 위엄 넘치는 스타로 군림했다. 그녀의 커다랗고 표현력 풍부한 눈, 화려한 몸짓, 그리고 독특한 말투는 관객들의 뇌리에 지울 수 없는 흔적을 남겼다.

10개의 오스카상 후보로 지목된 바 있는 데이비스는 완벽주의자였으며, 훌륭한 각본과 최고의 제작 기술자들을 차지하기 위한 그녀의 격정적인 전투력은 할리우드 중역들을 초토화시킬 만큼 막강했다.

"제가 일으키는 공포는 거의 전설이었죠." 언젠가 그녀는 스스로 이렇게 회고했다. "경력을 쌓는 데 있어서 만큼은 상대방이 참기 힘든 무례도 서슴지 않았습니다. 사교적인 인사 같은 건 건넨 적도 없어요."

엔터테인먼트 업계에서 그녀가 뉴잉 뉴잉글랜드 지방 사람(Yankee) 특유의 전설적인 불멸성을 모두 지녔다는 사실을 부정할 수 있는 사람은 거의 없었다. 그녀는 연극배우로 시작했지만, 엄청난 명성을 얻었던 것은 스크린에 등장하고 난 이후였다.

데이비스는 1935년 '데인저러스'로, 1938년 '제저벨'로 각각 아카데미 여우주연상을 수상했다. 그러나 관객들의 뇌리에 가장 강한 인상을 남긴 그녀의 연기는 '이브의 모든 것'에서 선보인 독설가 연극배우 마고 채닝 역이었으며, 그녀는 이 작품으로도 아카데미 여우주연상 후보에 지명됐었다.

그녀는 거의 100여 편의 영화에 출연했고, 아카데미상 후보로는 총 10번 지명됐는데 이는 여배우들 중에서 가장 많은 횟수였다.

1930년대 중반부터 1950년대 초반까지 영화계에서 절정의 인기를 누렸던 그녀가 여러 세대를 아우르는 스타가 될 수 있었던 것은 아무래도 텔레비전에 자주 모습을 보였기 때문이었다. 그녀가 오래 전에 출연했던 '인간의 굴레', '다크 빅토리', '콘 이즈 그린', '레터', '대단한 거짓말', '스톨렌 라이프', '나우, 보이저', '미스터 스케핑톤', '작은 여우들', '화석의 숲', '제인의 말로' 등의 텔레비전 영화들은 이제 고전의 반열에 올랐다.

그녀의 독특한 버릇들과 또박또박한 말투는 새로운 세대의 엔터테이너들, 특히 여장 남자들이 흉내 내기 좋은 소재였다. 이를 테면 그 성대모사꾼들은 데이비스처럼 담배를 빼끔거리고, 커다란 눈알을 굴리면서 "더럽기 짝이 없군!"이라고 외치거나, 술에 취해 파티장 계단을 오르며 "안전벨트를 매세요. 오늘은 잊지 못할 밤이 될 테니"라고 내뱉던 '이브의 모든 것'의 마고 채닝을 흉내 냈던 것이다.

루스 엘리자베스 데이비스는 1908년 4월 5일, 매사추세츠 주 로웰에서 태어났다. 어머니의 결혼 전 이름은 루스 페이버였고, 아버지 할로우 모렐 데이비스는 변호사였다. 데이비스의 부모는 그녀가 7살 때 이혼했다.

그녀는 1917년쯤부터 '베티(Betty)'라는 이름 대신 좀더 이국적인 발음의 이름을 사용하게 된다. 당시 발자크의 소설 '사촌 베트'를 읽고 있던 어머니의 친구가 이름의 철자를 '베트(Bette)'라고 바꿀 것을 제안하면서 이렇게 말했다고 한다. "얘야, 이 이름이 너를 특별하게 만들어 줄거야."

로체스터에 있는 한 주식회사의 모델로 처음 직업 연기자의 길을 걷게 된 그녀는 1929년, 그리니치 빌리지의 프로빈스타운 플레이하우스에서 버질 게디스 작 '어스 비트윈'으로 뉴욕 데뷔 무대를 가졌다. '뉴욕 타임스' 평론가 브룩스 앳킨슨은 그녀를 "빠져드는 생명체"라고 불렀다.

당시 갓 21살이었던 이 여배우는 자신의 첫 브로드웨이 히트작 '브로큰 디쉬스'에 이어 '솔리드 사우스'에서 앨라배마 폴렌스비라는 묘한 매력의 인물을 연기했는데, 이 역할을 시작으로 그녀는 수많은 남부 출신 미인 역들을 도맡았다.

유성영화의 시대가 시작된 지 불과 몇 년 전이었던 당시는 할리우드가 재능 있는 브로드웨이 배우들을 몰래 데려오던 시절이었으므로, 몇몇 작품들에 출연하며 이제 막 주목받기 시작한 젊은 여배우가 스크린 테스트를 제안받는 것은 너무나 당연한 일이었다.

주급 300달러를 받는 조건으로 유니버설 픽처스와 계약한 데이비스는 1930년, 드디어 로스앤젤레스로 향했다. 그녀의 첫 번째 영화 '배드 시스터'

의 촬영감독 칼 프로인트는 스튜디오 임원들에게 이렇게 말했다고 한다. "데이비스는 정말 사랑스러운 눈을 가졌습니다."

그렇게 첫 13주 동안 할리우드 적응기를 거친 그녀는 이후 여섯 편의 영화에 출연했지만 모두 별 볼 일 없는 흥행 성적에 머물며, 1932년 말경에는 새로운 계약도 맺지 못한 채 뉴욕으로 돌아갈 준비를 하고 있었다. 바로 그때 영국계 배우 조지 알리스가 전화를 걸어 그녀에게 '더 맨 후 플레이드 갓'의 여주인공을 맡아달라고 제안했고, 이 영화는 데이비스에게 돌파구가 된다.

'더 맨 후 플레이드 갓'이 성공을 거두자 제작사였던 워너 브라더스는 데이비스와 첫 계약을 맺었는데, 이는 이후 이어진 애증 관계의 신호탄이었다. 데이비스는 뭔가 성에 차지 않으면 촬영장을 박차고 나가거나, 스스로 시시한 영화라고 판단되면 출연을 거부하는가 하면, 결국에는 워너 브라더스와의 관계를 끊기 위해 법정까지 출두하게 된다. 그러나 그녀는 워너 브라더스에서 일했던 첫 3년 동안 만큼은 14편의 영화를 찍으며 충실하게 자기 역할을 했었다.

데이비스는 처음부터 비호감 캐릭터를 맡는 것에 대해 어떠한 거리낌도 없었다. 오히려 그녀는 워너 브라더스의 임대로 RKO 스튜디오에서 촬영했던 윌리엄 서머셋 모옴의 '인간의 굴레'에서 부정한 웨이트리스 밀드레드 역할을 맡게 된 것에 대해 너무나 기뻐했다. 이 역할은 레슬리 하워드가 연기한 무기력한 주인공 필립과 대조를 이루는 인물이었다.

"스타가 되는 모든 배우들은 보통 하나, 또는 두 가지 역할을 통해 기억되죠." 그녀는 말했다. "'인간의 굴레'의 밀드레드가 저에겐 그런 역할이에요. 사실상 그녀는 영화계에 등장한 첫 악녀 주인공이었어요."

데이비스는 이 작품으로 아카데미 여우주연상 후보에 올랐으나 수상에는 실패했다. 그녀에게 오스카상의 영예를 안겨준 작품은 이듬해 제작된 '데인저러스'였다.

이때부터 워너 브라더스는 레슬리 하워드, 그리고 험프리 보가트와 호흡을 맞춘 '화석의 숲' 같은 영화들에 데이비스를 출연시켰지만 그녀는 이미 스튜디오와의 관계를 "노예계약 제도"라고 부를 만큼 분개심을 품고 있었다.

1936년, 그녀는 워너 브라더스와의 계약을 어기고 어떤 영국 제작사와 두 편의 영화를 만들기로 합의한 후 런던으로 향했다. 몇 년 후, 그녀는 영국으로 떠나기 전에 잭 L. 워너 대표가 자신에게 "영화 역사상 가장 위대한 역할"을 주겠다고 제안했지만 당시에는 그것이 정확히 무슨 의미인지 몰랐다고 털어놨다.

"가지마세요. 당신을 위해 멋진 시나리오를 준비했단 말입니다." 그녀는 당시 잭 L. 워너 대표가 이렇게 말했다고 전했다. "그러나 저는 '퍽이나!'라고 말한 뒤 그의 사무실을 나왔죠." 워너 대표가 말한 역할은 바로 '바람과 함께 사라지다'의 스칼렛 오하라 역이었다.

그럼에도 워너브라더스는 데이비스가 미국으로 돌아왔을 때 이전보다 적은 편수의 영화, 그리고 훨씬 더 높은 출연료를 제시하며 그녀와 새로운 계약을 맺었다. 이후 워너 브라더스와 데이스비스는 1938년 그녀에게 두 번째 오스카상을 안겨주었던 '제저벨' 같은 고예산 영화를 시작으로, 1939년 한 해 동안 4편의 블록버스터, 즉 '다크 빅토리', '후아레스', '노처녀', '엘리자베스의 사생활'을 함께 작업했다.

'제저벨'은 데이비스의 전성기를 알리는 신호탄 같은 작품이었다. "1939년은 나의 연기 경력이 확고하게 자리잡은 해이자, 영원히 지속될 스타덤이 시작된 해였죠." 그녀는 말했다. "그해, 12개월 동안 나는 다섯 편의 영화를 찍었고, 모두 대박이 났어요."

이후 숨가쁘게 이어진 데이비스의 인상적인 연기와 작품들로는 서머셋 모옴 작 '더 레터'에서 흉악한 농장주의 아내(1940년), '대단한 거짓말'(1941년), 그리고 '작은 여우들'의 사악한 레지나 기든스(1941년) 등이 있고, 특히 초라한 노처녀가 자신감이라는 아름다운 꽃을 피우고 결국 폴 헌레이드와 진정한 사랑을 찾게 된다는 이야기를 담은 '나우 보이저'에서 노처녀 샬롯 베일 역을 맡은 데이비스는 또 한 번 대흥행을 이끌며 자신의 진가를 입증한다. 이 영화에서 헌레이드가 두 개의 담배에 모두 불을 붙인 뒤 한 개비를 데이비스에게 주는 장면은 두고 두고 회자되는 명장면이다.

이 밖에도 1940년대에 흥행한 그녀의 출연작들은 '만찬에 온 사나이', '라인의 감시', '미스터 스케핑톤', '콘 이즈 그린', '스톨렌 라이프' 등이 있다. 그러나 데이비스의 행운은 '윈터 미팅'과 '디셉션' 같이 작품성과 흥행에서 모두 참패한 영화들로 서서히 사그라들기 시작했으며 1949년, 워너 브라더스와의 계약도 19년 만에 해지되고 만다. 이때 그녀는 우스꽝스러운 멜로드라마 '비욘드 더 포레스트'를 촬영하던 중이었는데 바로 이 영화에서 성대모사꾼들이 가장 많이 따라하는 그녀의 유명한 대사 "더럽기 짝이 없군!(What a dump!)"이 나왔다.

워너 브라더스 시대의 끝과 함께 데이비스의 세 번째 결혼 생활 역시 끝이 났다. 세 번째 남편이었던 윌리엄 그랜트 셰리와는 딸 하나를 두었다. 밴드 리더였던 첫 번째 남편 하몬 오스카 넬슨 주니어와는 이혼한 바 있고, 사업가였던 두 번째 남편 아서 팬스워스와는 1943년에 사별했다.

1949년, 데이비스는 평생의 역작이 될 작품을 제안받는다. 바로 '이브의 모든 것'이었다. 감독 조셉 L. 맨키위즈가 탄생시킨 브로드웨이의 퇴물 스타 마고 채닝 역은 원래 클로데트 콜베르의 몫이었는데 막판에 데이비스가 대타로 나서게 된 것이었다. 이에 대해 데이비스는 콜베르가 "감사하게도 등을 다쳐서" 일정대로 영화에 참여할 수가 없었다며 당시를 회상하는 것을 좋아했다.

데이비스의 탁월한 연기와 더불어 재치 있는 대본, 맨키위즈의 예리한 연출, 그리고 앤 백스터, 셀레스트 홈, 조지 샌더스, 마릴린 몬로, 델마 리터 등 완벽한 캐스팅에 힘입어 '이브의 모든 것'은 시대를 초월한 걸작 할리우드 영화로 자리매김했다.

또한 이 영화를 촬영하는 도중 데이비스는 남자 주인공 게리 메릴과 연인 관계로 발전했고, 1950년 결혼한 두 사람은 결혼 직후 두 명의 아이들을 입양했다.

이후 데이비스는 1953년에 개봉한 '더 스타'로 또 한 번 오스카상 후보에 올랐지만 영화는 흥행에 실패했고, 그와 동시에 결혼생활도 산산조각 나기 시작하여 결국 1960년, 게리 메릴과 이혼하고 만다.

그러나 캐릭터 연기자로 자리잡은 데이비스는 1961년 작 '주머니에 가득찬 행복'에서 술에 쩔은 "여자 노숙자" 역으로 부활의 신호탄을 쏘았고, 같은 해 테네시 윌리엄스 작 '이구아나의 밤'으로 브로드웨이 무대에 복귀하여 찬사를 받기도 했다. 1962년 4월, 다시 영화계로 돌아온 그녀는 '제인의 말로'로 다시금 박스 오피스 흥행에 성공했는데, 할리우드의 한 저택에서 소름 끼치는 은둔 생활을 하고 있는 왕년의 연예인 자매를 중심으로 전개되는 이 공포영화에서 데이비스가 맡은 광기 어린 베이비 제인 한슨 역은 그녀에게 자신의 모든 연기력을 끌어낼 수 있는 기회를 주었다.

나이가 들어감에도 불구하고 데이비스는 일을 멈추지 않았으며, 말년에는 주로 텔레비전에 모습을 드러냈다. "나를 진정으로 만족시키는 것은 일뿐이에요." 그녀는 말했다. "하루 일과를 잘 끝낸 뒤에 내가 느끼는 달콤한 기쁨을 완벽하게 이해해주는 사람은 아무도 없었어요. 나는 그 외에 다른 모든 것들은 헛된 것이라고 생각하며 살아 온 것 같아요."

여기에는 자신의 개인적인 삶도 포함된다고 그녀는 덧붙였다. "내 모든 결혼생활은 허구에 불과했고, 나도 거기에 똑같이 책임이 있었죠. 하지만 나는 항상 사랑에 빠졌어요. 그것이 나의 원죄였답니다."

1985년, 데이비스의 딸은 자신의 엄마에 관한 추문을 담은 책을 발간한다. B. D. 아이만은 '마이 마더스 키퍼'라는 책에서 데이비스를 학대하는 엄마이자 기괴한 알코올 중독자라고 묘사했다.

2년 후 데이비스는 자신의 베스트셀러 '디스 N 댓'으로 응수했다. 이 책에서 그녀는 스스로를 은혜도 모르는 거짓말쟁이 아이에게 공격당한 피해자로 묘사하고 있다.

"불멸," 언젠가 그녀는 이렇게 말을 시작했다 "이 단어는 누군가 나에 대해서 설명할 때 자주 등장하는 표현이에요. 나는 그것이 내가 모든 것을 극복했다는 것을 의미한다고 생각해요. 극복해야 할 것이 없으면 당신은 아마 지금의 당신이 아니겠지요. 그렇지 않나요?"

짐 헨슨

1936년 9월 24일~1990년 5월 16일

엘레노어 블라우 기자

텔레비전으로 '세서미 스트리트'를 보며 자란 수백만 아이들의 친구이자 선생님이었던 개구리 커밋, 그리고 여타 머펫들에 생명력을 불어넣은 퍼피티어(puppeteer: 인형을 조종하는 사람) 짐 헨슨이 어제 뉴욕 병원에서 사망했다. 향년 53세.

병원 대변인에 따르면 사인은 연쇄상구균 폐렴이었다.

헨슨의 인형들이 처음으로 텔레비전에 등장한 것은 1954년이었으며, 이후 1969년에 시작된 미취학 아동들을 위한 프로그램 '세서미 스트리트'에서 그는 개구리 커밋, 오스카 더 그루흐, 게걸스러운 쿠키 몬스터, 버트와 어니, 천진난만한 빅 버드 등 다양한 머펫들을 선보이며 한 세대의 마음을 사로잡았다.

이 머펫들은 숫자와 알파벳부터 출생과 죽음에 이르기까지 어린이들이 알아야 할 모든 것들을 배울 수 있도록 도왔을 뿐만 아니라 성인들도 함께 즐길 수 있는 재치로 시청자들을 즐겁게 했다.

어린이들의 롤 모델이자 건전한 가치관의 전달자였던 그들은 단순한 TV 친구 그 이상의 의미를 지녔다. 런치 박스와 이불 위를 뛰어다니던 머펫들은 판

매용 장난감으로 재탄생되었고, '세서미 스트리트'가 아이들을 위한 텔레비전 워크숍으로 진화해감에 따라 다루는 주제의 범위와 더불어 머펫들의 종류도 더 다양해졌다.

개구리 커밋과 이기적인 미스 피기를 주연으로 1976년에 시작된 '머펫쇼'는 헨슨을 모든 연령대를 위한 퍼피티어로 자리매김하게 했다. 이 쇼는 매주 100여 개국에서 약 2억 3천 5백만 명의 시청자들을 불러모을 정도로 놀라운 성공을 거뒀고, 5년 동안 3번의 에미상을 수상하기도 했다.

1979년, 헨슨은 극장으로 눈을 돌려 장편 극영화 '머펫 무비'를 대형스크린에 선보였으며, 이후에는 본인의 감독 데뷔작인 '그레이트 머핏 케이퍼'(1981)와 '머펫, 뉴욕을 점령하다'(1984)를 개봉했다. 또한 오랜 동료였던 프랭크 오즈와 공동 연출한 '다크 크리스탈'(1982)과 헨슨이 단독 연출한 '래버린스'(1986), 이 두 편의 판타지 영화에서는 새로운 머펫 캐릭터들을 선보였다.

이후 CBS에서 방영된 애니메이션 시리즈 '머펫 베이비'는 네 개의 에미상을 수상하면서 50개국 이상에서 방영되고 있으며, 그의 라이브 액션 인형극 시리즈 '프래글 락'도 지금까지 케이블 TV TNT를 비롯해 40개국 이상에서 방영되고 있다.

지난 해, 월트 디즈니사는 머펫들의 저작권을 소유한 헨슨 주식회사(Henson Associates Inc.)를 인수한다고 발표했는데, 월 스트리트 애널리스트들이 추정한 인수 합의금은 1억~1억 5천만 달러였다.

현재 80개국 이상에서 볼 수 있는 '세서미 스트리트'의 커밋, 어밋, 게임쇼 호스트 가이 스마일리에는 여전히 창작자이면서 동시에 목소리와 퍼피티어를 맡았던 헨슨의 흔적이 남아있다.

'세서미 스트리트'의 제작사인 칠드런스 텔레비전 워크숍의 회장이자 최고경영자 조앤 간츠 쿠니는 다음과 같이 말했다. "헨슨은 우리 시대의 찰리 채플린, 매이 웨스트, W. C. 필즈, 그리고 마르크스 형제들입니다. 그는 그 모든 선구자들의 모범을 새로운 형식의 예술로 승화해 냈고, 그것으로 전 세계 대중문화에 지대한 영향을 미쳤습니다."

비록 헨슨은 최초의 텔레비전 퍼피티어는 아니었지만, 그가 고대로부터 이어져온 이 예술 형식을 현대적인 매체로 각색한 최초의 예술가였다는 사실에는 이견의 여지가 없다.

사춘기 때 일어난 가장 큰 사건으로 TV세트가 집에 도착한 날을 꼽았던, 큰 키에 턱수염을 기른 부드러운 목소리의 이 퍼피티어는 버 틸스트롬의 '쿠크라, 프랑 앤 올리에'와 빌과 코라 베어드의 '라이프 위드 스나키 파커'가 그에게 얼마나 깊은 인상을 남겼는지 언급한 적이 있다.

'머펫(Muppet)'이라는 단어는 마리오네트(marionette)와 고무 손 인형(form-rubber hand puppet)의 결합을 묘사하기 위해 헨슨이 직접 만든 명칭으로, 머펫은 기본적으로 머리에 손을 넣어 조정하는 인형이었지만 손을 비롯한 다른 신체 부분들은 마리오네트처럼 줄과 막대로 조정할 수 있었다.

제임스 모리 헨슨은 미시시피 주의 그린빌에서 태어났지만, 미 연방정부 소속 농학자였던 그의 아버지가 워싱턴으로 전근을 가게 되면서, 가족들도 메릴랜드 중부의 하이어츠빌로 삶의 터전을 옮기게 된다.

1955년, 메릴랜드 대학교의 연극예술과 신입생 시절, '샘 앤 프렌즈'라는 5분짜리 심야 TV 프로그램을 제작해 볼 기회가 생겼던 헨슨은 동기 제인 네빌에게 인형극을 함께 만들어 보자고 제안했다. 이후 1957년, 이 둘은 법적인 파트너십을 맺은 데 이어, 1959년 결혼해서 슬하에 5명의 아이들을 두었다.

헨슨이 개구리 모양의 손가락 인형을 만들어 '커밋'이라고 이름 붙인 것은 1956년의 일이었다. 그는 커밋에 대해 이렇게 말한 적이 있다. "나는 커밋이 자아를 가지고 있다고 생각해요. 그는 나보다 살짝 더 짜증을 잘 내는데 그게 현명한 것 같아요. 커밋은 내가 차마 말하지 못하고 숨긴 것도 용감하게 말하니까요."

헨슨의 아내는 한 인터뷰에서 남편에 대해 "때때로 발로 차주고 싶을 만큼 평온하고, 믿을 수 없을 만큼 인내심이 강한 사람"이라고 표현했다. 아마도 그런 인내심은 헨슨의 인생에 큰 도움이 되었을 것이다. 머펫이 "모두를 위한 오락"이 될 수 있다고 믿었던 헨슨의 견해가 TV 시리즈로 만들어질 만큼 대중들에게 충분히 받아들여지기까지는 20년이라는 시간이 걸렸기 때문이다.

머펫은 1950년대 후반부터 광고에 등장하기 시작했고, 1960년대에는 '에드 설리반 쇼'에 고정 출연하기도 했다.

그러고 나서 '세서미 스트리트'가 등장했다. 이 프로그램으로 헨슨에게는 "어린이 전문 연예인"이라는 꼬리표가 생기긴 했지만, 아이들에게 문자, 숫자 그리고 다양한 개념들을 기억하게 만드는 머펫의 능력은 헨슨에게 에미상의 영광을 안겨줬다. 그럼에도 방송국들은 "머펫의 사회 풍자적인 말들이 모든 연령대에게 즐거움을 줄 것"이라는 헨슨의 주장에는 여전히 어깨를 으쓱할 뿐이었다. 돌파구는 '머펫쇼'에 있었다.

헨슨은 "머펫이 선보이는 재미의 대부분"이 오즈 덕분이라고 공을 돌린 적이 있으나, 아마도 최고의 코미디는 오즈의 활기와 헨슨의 차분함이 일으키는 상호작용 속에서 탄생되었을 것이다.

어떤 파일럿 프로그램을 위해 만들어진 별 특징 없는 돼지 인형을 슈퍼스타 미스 피기로 재탄생시켰던 오즈는 이렇게 회상했다.

"리허설에서 헨슨은 커밋, 나는 피기가 되어 있었죠. 대본에는 커밋의 뺨을 때리라고 쓰여 있었는데 나는 뺨을 때리는 대신에 우스꽝스러운 가라데 동작으로 커밋을 때렸어요. 그런데 그 순간 피기의 캐릭터가 나에게 선명해진 거예요. 공격성을 숨기고 있는 수줍음, 일에 대한 야망과 사랑 사이의 갈등, 글래머 이미지에 대한 갈망, 굉장히 철저한 자존심 같은 지금 우리가 알고 있는 피기의 모습 그대로 말이죠."

프랭크 카프라

1897년 5월 18일~1991년 9월 3일

피터. B. 플린트 기자

미국 민주주의의 강점과 약점, 그리고 평범한 사람들에 대한 애정 어린 묘사가 가득한 작품들을 선보이며 아카데미상을 수상하기도 했던 영화감독 프랭크 카프라가 어제 자택에서 사망했다. 향년 94세. 그는 캘리포니아 주 팜 스프링스 교외의 라 퀸타에 살고 있었다.

NBC 방송 '투데이'의 책임 프로듀서

로 일하고 있는 그의 아들 톰은 아버지가 수면 중 편안하게 숨을 거두었다고 밝혔다.

글도 깨치지 못한 시칠리아 소작농의 아들로 태어나 6살 때 3등칸 연락선을 타고 미국으로 건너왔던 카프라는 1930~40년대 할리우드를 장악했던 탁월한 감독들 중 한 명으로 성장했을 뿐만 아니라, 영화 홍보 간판과 크레딧 제목 위에 자신의 이름을 표기한 최초의 감독이기도 했다.

그는 '어느 날 밤에 생긴 일'(1934), '천금을 마다한 사나이'(1936), '우리들의 낙원'(1938)으로 세 차례 아카데미 감독상을 수상한 최초의 감독이었으며, 이 중 첫 번째와 세 번째 영화는 그해 최우수 작품상의 영광까지 얻었다.

카프라의 영화는 이상주의적이고 감상적이었으며 애국적이었다. 또한 그의 주요 작품들 속에는 즉흥적이고 들뜬 분위기의 유머를 만들어 내는 그의 재능과 더불어 1930년대를 감싸고 있던 대중적 신념에 대한 그의 응원이 녹아들어 있었다.

'어느 날 밤에 생긴 일'에서 클라크 게이블과 클로뎃 콜버트가 익살맞게 히치하이킹을 하는 장면, '천금을 마다한 사나이'에서 롱펠로우 디즈(게리 쿠퍼 분)가 진지한 청문회장에서 기발한 방법으로 자신을 변호하며 사람들을 박장대소하게 만드는 장면, '스미스씨 워싱턴에 가다'에서 청렴한 상원의원(제임스 스튜어트 분)의 정열적인 필리버스터 장면, '군중'에서 쿠퍼가 국가 위에 군림하려는, 권력에 미친 기업가와 맞서 싸우는 장면, '멋진 인생'에서 스튜어트가 수호천사에게 구원받는 장면 등, 카프라는 당대의 영화 팬들과 텔레비전 시청자들에게 인상적인 순간들을 선사하며 열광하게 만들었다.

그리고 카프라의 후기작들에는 거의 어김없이 악의 세력에 의해 위협받는 평범하지만 정직한 이상주의를 지닌, 전형적인 미국식 영웅이 등장하는데, 이들은 타고난 선함과 재치, 용기, 그리고 똑똑한 여자 친구의 도움으로 결국 승리한다.

무성영화의 시대였던 1922년, 무작정 영화계에 투신한 카프라는 소품 담당자부터 시작해서 개그 작가, 그리고 감독-제작자로 차근차근 성장해갔으며, 영화제작에 대해 무지했던 시절에도 단편영화 한 편을 감독 및 제작하여 흥행에 성공하기도 했다.

당시 소규모 제작사에 불과했던 컬럼비아 픽처스는 폭군 스타일의 해리 콘이 이끌고 있었는데, 카프라는 이곳에서 명성을 쌓기 시작하여 결국 컬럼비아 픽처스가 메이저 스튜디오로 발돋움하는 데 결정적인 역할을 하게 된다.

1933년, 데이몬 러니온의 이야기를 원작으로 한 떠들썩한 코미디 영화 '하루 동안의 숙녀'로 메이져 영화계에서 처음 성공을 맛본 카프라는 바로 이듬해 또 한 편의 코미디 영화 '어느 날 밤에 생긴 일'로 아카데미 작품상, 감독상,

각본상, 남우주연상, 여우주연상을 수상하는 기염을 토한다. 이는 한 영화가 아카데미 주요 부문 5개의 상을 모두 휩쓴 최초의 사례였다.

이 밖에도 그의 대표작 '천금을 마다한 사나이'는 2천만 달러를 상속받은 촌뜨기 주인공이 대공황기의 실직자들을 위해 농가 보조금을 조성한다는 이야기를 담았고, '로스트 호라이즌'은 샹그리-라라고 불리는 티벳의 머나먼 낙원에 대한 이야기였다. 제임스 힐튼의 미스터리 소설을 원작으로 로널드 콜먼이 주연을 맡았던 '로스트 호라이즌'은 카프라가 거액의 제작비를 들이며 모험을 걸었던 작품이었는데 다행히 흥행에 성공하며 그의 필모그래피를 장식하게 된다.

그리고 관습에 얽매이지 않는 가족에 관한 이야기를 담은 '우리들의 낙원'은 조지 S 카우프만과 모스 하트가 쓰고 퓰리처상을 받았던 작품을 원작으로 하고 있으며, 1939년 작 '스미스 씨, 워싱턴에 가다'는 부패한 상원의원과 술에 절은 기자를 묘사했다는 이유로 개봉 당시 미 상원과 워싱턴 기자단의 분노를 불러 일으켰으나 평론가들은 이 영화를 카프라의 가장 탁월한 작품 중 하나로 손꼽고 있다. 더불어 1941년 작 '군중'도 일각에서는 책임 회피처럼 보이는 해피엔딩으로 비판받았던 데 반해 '타임스'의 보슬리 크라우더는 "민주주의를 주제로 한 영화 중 가장 강력하고 예리하다"고 평했다. 이때는 카프라가 아직 영화를 채 완성하지도 않은 상태였다.

하지만 1940년대 후반이 되자 카프라의 낙관주의는 더 이상 시대적인 상황과 맞지 않게 된다. 일부 평론가들은 그의 영화를 순진하고 감상적인 '카프라식 진부함(Capra-corn)'이라고 묘사했는데, 카프라는 자서전 '더 네임 어보브 타이틀'에서 자신의 "열광적인(gee-whiz)" 철학을 이렇게 옹호했다. "무지개를 발견하고, 비를 느끼며, 아이들의 웃음소리를 듣는 자유로운 영혼들이 존재하는 한 세상은 와해되지 않을 것이라고, 나는 항상 그렇게 생각해 왔다."

한편, 카프라는 등장인물들의 대화와 구어체로 된 연설 장면을 교묘히 겹치면서 극의 전개에 속도감을 주는 혁신적인 영화기법을 선보였으며, 진 하로우와 바바라 스탠윅을 발굴하여 스타로 만들기도 했다. 사적인 자리에서는 부드러운 말투를 가진 사람이었지만, 일적으로는 거친 면모가 있었으며, 짧고 강단 있는 몸매와 하얀 치아를 반짝이던, 그리고 플랫캡과 구김살 있는 바지 등 캐주얼한 차림을 즐겼던 카프라는 컬럼비아 픽처스의 폭군 해리 콘은 위트와 독설로 상대했으며, 미 감독 협회 회장의 자격으로 메이저 제작사들에게 협회 보조금을 요구하고 관철시킬 만큼 강한 승부욕을 지니고 있었다.

프랭크 카프라는 1897년 5월 18일 이탈리아 팔레르모에서 태어났다. 그가 가족들과 함께 미국으로 건너와 로스앤젤레스에 정착한 것은 1903년이었다.

어렸을 때부터 독서광이었던 카프라는 캘리포니아 공과대학에 장학생으로 입학했으며, 1918년 졸업한 이후에는 미 육군에서 복무했다. 그리고 제대 후 출세에 목마른 어떤 제작자에게 자신이 이미 감독인 것처럼 인상을 주며 영화계에 슬쩍 발을 들여놓더니, 러디어드 키플링의 시를 각색하여 실제로 자신의 첫 영화를 감독하게 된다. 당시 그 영화의 제작비는 75달러였다.

이후 카프라는 소품 담당부터 시작하여 필름 절단사, 조감독, 타이틀 프레임 작가, 그리고 할 로치의 '아워 갱'과 맥 세네트의 '키스톤' 같은 코미디극들의 개그 작가로 일하며 영화계 경력을 쌓았고, 컬럼비아 픽처스에서 제작한 '댓 썰튼 씽'이라는 코미디 영화로 드디어 장기 계약을 맺게 된다.

그리고 진 할로우 주연의 '플래티넘 블론드', 바바라 스탠윅 주연의 '미라클 우먼'을 잇달아 성공시키며 탄탄대로를 달리던 카프라는 동시대의 사회적 문제로 점점 눈을 돌리기 시작한다. '미국의 광기'(1932)는 담보가 아닌 사람 됨됨이를 보고 돈을 빌려주던 어떤 은행가(월터 휴스톤 분)가 대공황기의 예금 인출 사태로 위기에 빠지지만 그가 신용했던 사람들로 인해 위기를 넘기게 된다는 이야기를 담고 있다. 또한 '옌 장군의 쓰디쓴 차'는 인종차별과 혼혈출산 문제를 대담하게 다루었는데, 스탠윅과 닐스 아스더가 출연한 이 영화는 1933년 라디오 시티 뮤직홀에서 개봉되어 이후 8년 동안 이어진 카프라의 흥행 신화를 알리는 신호탄이 된다.

한편 1941년 12월 7일, 일본군이 진주만을 습격하자 그는 재입대를 결정한다. 브로드웨이의 익살극 '비소와 오래된 레이스'를 캐리 그랜트 주연으로 영화화한 후, 본격적으로 전시 복무를 시작한 카프라 대령은 자유주의와 전체주의를 대조적으로 보여주는 선전 영화 시리즈를 제작하며 찬사를 받았다. 그 중 첫 번째 작품이었던 '전쟁의 서막'은 1942년 아카데미 시상식에서 최우수 다큐멘터리상을 수상하기도 했다.

전쟁이 끝난 후, 카프라는 몇몇 동료들과 함께 독립 제작사 리버티 필름을 설립하여 1946년, '멋진 인생'을 세상에 내놓는다. 카프라가 공동 시나리오 작가 및 감독으로 참여한 이 영화는 친구가 있는 한 그 누구도 실패자가 아니라는 신념이 반영된 '카프라 판타지'의 결정체였다. 작은 마을을 배경으로 자살을 시도하려던 어떤 저소득자(제임스 스튜어트 분)가 수호천사에 의해 구원받는 과정을 담은 이 영화에 대해 일부 평론가들은 지나치게 감상적이라며 트집을 잡기도 했지만, 수많은 팬들의 사랑을 받았던 이 작품은 매년 크리스마스가 되면 텔레비전에서 어김없이 방송되는 고전이 되었다.

이후로도 평단의 찬사를 받는 영화들을 연출하며 활발하게 작품 활동을 이어오던 카프라는 1961년, '하루 동안의 숙녀'라는 예전 작품을 '주머니에 가득 찬 행복'으로 개작하여 개봉했고, 베티 데이비스를 주연으로 내세워 금주법 시대에 대한 풍자라는 다소 구식 소재를 다룬 이 영화가 카프라의 마지막 영화가 된다.

카프라는 결혼한 지 52년 만인 1984년, 아내 루실과 사별했다. 그의 유족에는 두 아들 톰과 프랭크 주니어, 딸 루실, 그리고 10명의 손주들이 있다.

페데리코 펠리니

1920년 1월 20일~1993년 10월 31일

피터 B. 플린트 기자

인간의 조건에 대한 생생하고, 때로는 기이한 묘사로 지극히 사적인 작품 세계를 펼쳤던 페데리코 펠리니가 어제 로마의 움베르토 1세 병원에서 숨을 거뒀다. 향년 73세.

로이터 통신에 따르면 사인은 심장마비였다고 한다.

펠리니 감독은 1956년 '길', 1957년 '카비리아의 밤', 1963년 '8 1/2', 1974년 '아마코드'로 아카데미 최우수 외국어 영화상을 총 네 번 수상했으며, 올해 3월에는 감독이자 시나리오 작가로 쌓아온 업적을 인정받아 아카데미 공로상을 받았다.

그는 자신의 개인적인 사회관을 작품들 속에 담아냈으며 남과 여, 그리고 섹스와 사랑 사이의 관계에 천착하는 한편, 스스로 반교권주의자임을 공언하면서 죄책감과 소외에 대해서도 깊은 관심을 보였다.

펠리니의 영화는 가장 무도회나 서커스적인 요소들, 경악하는 표정, 때로는 로코코적이면서도 이국적인 프리즘으로 화려하게 치장되어 있으나 '뉴욕타임스'의 책임 평론가 빈센트 캔비는 1985년, 다음과 같은 견해를 밝힌 바 있다. "비록 그것이 눈길을 사로잡을지라도 중요한 것은 프리즘이 아니라 그가 우리에게 보여주려는 본질이다. 스튜디오에 세워진 화려하고 웅장한 인공물들은 우리에게 '진짜' 세계로 이어진 내부의 진실을 보게 만든다. 이러한 과정이 펠리니가 선사하는 진정한 서커스이다."

펠리니의 모든 영화들은 자신의 추억, 꿈, 환상, 그리고 욕망을 모두 아우르려는 마음에 그 기원을 두고 있다. 그래서 펠리니의 측근들과 이탈리아 동포들은 그를 '마에스트로(Maestro)'라는 애정 어린 별칭으로 불렀다. 펠리니는 자신의 영화에서 스스로 주인공을 맡는 경우가 많았고, '달콤한 인생', '8 1/2' 그리고 '여성의 도시'의 주인공이었던 마르첼로 마스트로야니가 그의 가장 유명한 페르소나였다.

펠리니는 자신이 감독한 모든 영화들의 시나리오를 직접 썼으며, 최종 편집을 포함하여 창작의 모든 세부 사항들을 직접 챙겼다. 또한 지독한 완벽주의자였던 그는 반복적인 재촬영 작업으로 제작기간이 보통 2년을 넘겼고, 더불어 영화가 완성될 때까지 제작자를 자신의 영화로부터 멀리 떨어트려 놓았다. 그는 이렇게 말한 적이 있다. "나에게 제작자는 필요 없습니다. 오직 훌륭한 제작 매니저가 필요할 뿐이죠. 나에게 돈 줄 사람만 있으면 됩니다."

그는 자신의 작품을 곤경에 처한 세상에 고열이 나고 있음을 알려주는 온도계로 비유하기도 했다. "내가 간절히 원하는 것은 사람들에게 확신을 주는 영화를 만드는 것입니다." 언젠가 그는 이렇게 말했다. "나는 내 영화가 자연만큼 위대해지기를 바랍니다. 한 차례의 소나기로 황폐한 대지가 꽃을 피우고 풀로 뒤덮이는 그런 역할을 맡길 희망합니다. 그러나 우리는 분열과 비관론에 둘러싸여 다른 것들에 대해 소통할 여력이 없는 세상에 살고 있죠."

또한 펠리니는 "과도하게 이상화된 삶의 개념"으로부터 관객들을 해방시키는 것이 자신의 목표라고 밝히며 조금 더 가벼운 분위기로 이렇게 덧붙였다. "나는 이야기를 하기 위해, 거짓말을 하기 위해, 즐거움을 주기 위해 영화를 만듭니다."

펠리니의 영화는 수십 년에 걸쳐 점점 더 독창적이고 주관적으로 변화했고, 그에 따라 논쟁의 여지는 많아지고, 상업성은 떨어졌다. 그의 스타일은 네오-리얼리즘에서 공상 네오-리얼리즘으로, 또 초현실주의로 진화했는데, 초현실주의에 도달한 펠리니는 자유분방한 회상을 위해 서사적인 스토리 라인을 버렸다.

"영화를 만들기 시작할 때..." 그는 이렇게 말을 시작했다. "나는 항상 대본을 미리 준비하지만 매일매일 그것을 수정합니다. 그날 나에게 일어났던 일들과 상상했던 것들을 채워 넣는 것이죠. 당신이 항해를 시작한다고 생각해 보세요. 도착지는 이미 정해져 있지만 중간에 어떤 일이 벌어질지는 아무도 모르는 겁니다. 그렇다면 되도록 놀라운 일들이 생기길 바라게 되겠죠."

영화가 모든 삶의 중심이었던 펠리니는 이렇게 고백한 적도 있다. "영화를 만들고 있지 않을 때는 살아 있는 것 같지도 않아요."

펠리니의 영화들 속에는 관객들의 허를 찌르며 기억 속에 각인되는 장면들이 많이 등장한다. '달콤한 인생'은 로마의 지붕들 위로 팔을 벌린 거대한 예수상이 헬리콥터에 매달려 가는 불가해한 장면으로 시작된다. 돈키호테 같은 영화감독을 주인공으로 한 '8 1/2'은 현실과 환상, 산 자와 죽은 자, 그리고 논쟁을 벌이던 사람들이 한데 모여 주인공의 지휘 아래 유쾌한 화해의 춤을 추며 막을 내린다.

펠리니가 연출한 세 번째 장편 영화이자 그의 자전적인 이야기가 담긴 '비텔로니'는 5명의 시골 청년들이 자신들의 목적 없는 길거리 생활을 장난처럼 마무리 짓는 과정이 희비극적으로 펼쳐진다.

한편 성적인 난잡함, 이색적인 희열에 대한 갈망, 그리고 권태에 사로 잡힌 로마 상류사회의 퇴폐적인 삶을 감각적이고 냉철하게 조망한 '달콤한 인생'은 많은 이탈리아인들에게 충격을 주었고 로마 가톨릭 교회에 의해 상영이 금지되기도 했지만, 결국 이탈리아뿐만 아니라 전 세계적으로 크게 성공한 작품으로 남았다.

'길'은 천박하고 짐승 같은 차력사의 광대이자 요리사, 그리고 첩으로 살아가는 백치 여성의 떠돌이 인생을 시적으로 그려낸 비극이며, '카비리아의 밤'은 로맨스를 꿈꾸고 존중받기를 갈구하는, 감성적인 매춘부를 다룬 작품이다.

펠리니의 가장 자전적인 고백인 '8 1/2'은 병적으로 자기중심적인 영화 감독이 중년이 되면서 맞게 되는 도덕적 위기, 창의력 고갈, 그리고 더 이상 영화를 만들지 못할 수도 있다는 불안에 대한 혁신적이고 낭만적인 풍자 판타지극이다. 펠리니의 일곱 번째 장편영화였던 이 작품에 '8 1/2'라는 제목이 붙은 이유는 자신이 이전에 만든 3편의 단편 영화들을 각각 '1/2'로 산정하여 합산했기 때문이다.

'아마코드'는 1930년대 이탈리아의 작은 마을에서 살았던 날들에 대한 펠리니의 추억과 젊음에 대한 찬가다.

또한 니노 로타의 영화 음악으로 기억되는 펠리니의 또 다른 영화들로는 홀대받는 아내를 중심으로 꿈과 영혼에 사로잡힌 인물들을 그려낸 펠리니 최초의 컬러 영화 '영혼의 줄리에타'(1965), 붕괴되어 가는 고대 로마 사회를 배경으로 한 젊은 동성연애자의 타락과 방황을 그린 서사시 '펠리니의 사티리콘'(1969), 그리고 '광대들'(1970), '펠리니의 로마'(1972) 등이 있다.

이 밖에도 18세기 바람둥이의 유럽 정복기 '카사노바'(1976), 한 오케스트라단을 통해 파편화된 사회를 은유적으로 표현한 '오케스트라 리허설'(1979), 완벽한 여성을 찾는 페미니즘 판타지 '여성의 도시'(1979) 등이 펠리니의 필모그래피를 장식하고 있다.

펠리니의 후기작들로는 예술과 자아도취에 빠진 예술가들에 대한 희극적인 논평이 이어지는 야심작 '그리고 배는 항해한다'(1983), TV 버라이어티 쇼에서 다시 결합하는 이탈리아 댄스 커플을 주인공으로 한 '진저와 프레드'(1986), 그리고 페이크 다큐멘터리 '인터뷰'(1987) 등이 있다. 영화 평론가 캔비는 '인터뷰'에 대해 "기억, 패러디, 회고, 풍자, 자기반성 및 즐거운 판타지의 마법 같은 혼합체"라고 평가하기도 했다.

펠리니는 그의 영화가 자신은 읽어본 적도 없는 작품들에서 영감을 받았다고 떠벌이는 평론가들이나 영화 속 이미지가 무엇을 의미하냐고 질문하는 기자들에게 이렇게 윽박질렀다. "의미, 그놈의 의미!" 그는 코웃음 쳤다. "누군가 '이 장면에서 당신이 의미하는 바가 뭡니까?'라고 묻는다면 그 자체로 그가 지성과 감성이라는 족쇄의 포로임을 보여주는 것입니다. 그런 사람은 의미가 없으면, 견고하지도 못하다고 느끼는 것일 뿐입니다."

반면 펠리니의 추종자들은 그의 영화가 눈부시고 유쾌하며, 점점 깊어지고 강화되는 그의 예술성을 반영한다고 옹호하곤 했다. 또한 그들은 펠리니의 후기작들이 성숙하고 자기 비판적인 통찰력을 보여주고 있다고 믿었다.

1960년대 중반 이후, 그의 영화는 기이함, 화려함, 그리고 그로테스크함이 두드러졌고, 몇몇 장면들에는 찬사를 보냈던 사람들도 그의 영화가 여러 면에서 과도하고 지나치게 단순하며 자아도취적이라고 비판했다. 그럼에도 부인할 수 없는 한 가지 결론은 그가 중요한 이슈들에 대해 용감하고 독창적인 영화로 응답했다는 것이다.

평론가 캔비는 펠리니의 눈부신 독창성과 기술, 그리고 "인간이라는 동물, 특히 자신의 존엄성이나 온전함을 간신히 붙잡고 있는 가장 미약한 사람들에 대한 끝없는 호기심과 애정"에 대해 찬사를 아끼지 않았다. "그는 어떻게든 우리 안에서 최선을 이끌어 낸다. 그의 최고작들을 통해 우리는 더 인간다워지고, 덜 고루해 진다." 이어 캔비는 펠리니의 영화를 "개인의 취향을 고스란히 전달하는 무척 특별한 영화적 경험"이라고 묘사하면서 이렇게 결론 내린다. "펠리니의 가장 위대한 재능 중 하나는 경이로움을 전달할 수 있는 능력이며, 이를 통해 우리는 더 생생한 젊음을 누릴 수 있는 권리를 갖게 되었다."

페데리코 펠리니는 1920년 1월 20일, 이탈리아 아드리아 해의 항구도시 리미니에서 태어났다. 커피와 기타 식료품을 판매하는 상인이었던 아버지 우르바노는 자주 출장을 다녔기 때문에 펠리니와 그의 형제, 누이는 주로 어머니 아이다의 양육 아래 자랐다.

1985년, 펠리니는 뉴욕의 관객들에게 영화를 향한 자신의 열정은 고향 리미니에 있었던 좌석 200개, 입석 500개 규모의 구식 영화관에서 시작됐다고 밝힌 바 있다. 그는 그 영화관에서 봤던 1930년대 미국 영화들에 대해 이렇게 회상했다. "그 영화들을 통해 나는 또 다른 삶의 방식이 존재하고 있다는 것을 발견했습니다. 바빌론과 화성의 중간쯤 되어 보이는 곳에 광활하게 펼쳐진 환상적인 도시들의 나라 말입니다."

17세, 혹은 18세의 나이로 집을 떠난 펠리니는 피렌체에서 짧은 기간 동안 원고 교정과 만화 그리는 일을 한 뒤, 로마대학교 법학과에 입학했지만 수업에는 잘 참석하지 않았다. 대신 그는 학생 신분을 통해 징병을 피하면서, 풍자적인 출판물에 자신의 만화와 단편소설들을 기고했다.

19세가 되자 그는 한 보드빌 극단에 합류하여 이탈리아 전역을 여행하기 시작한다. 극단에서 여러 잡일을 하면서도 개그 대본을 쓰는 데 주력했던 당시를 떠올리며 펠리니는 이렇게 말했다. "그때가 아마도 내 인생에서 가장 중요한 해였을 겁니다."

"나는 이 나라의 다채로운 자연 풍경들뿐만 아니라 다양한 인간 군상들에 압도당했습니다." 그는 이렇게 덧붙였다. "젊은 나이에 자기 나라의 특질을 발견함과 동시에 자신의 정체성도 발견할 수 있는 기회를 얻는 건 흔치 않은 행운이라고 생각합니다."

이후 로마로 돌아온 펠리니는 라디오 각본을 쓰면서, 드디어 영화 시나리오 작업에 참여하기 시작했으며, 1943년에는 4개월의 구애 끝에 여배우 줄리에타 마시나와 결혼했다. 펠리니의 여러 영화들 속에서 주인공으로 활약했을 뿐만 아니라 그의 인생과 작품에 모두 지대한 영향을 주었던 그녀는 이제 그의 유일한 유족으로 남았다.

한편 1944년 연합군이 로마를 해방시켰을 때, 펠리니와 몇몇 친구들은 연합군 군인들이 가족들에게 선물할 수 있도록 캐리커처, 초상화, 사진, 그리고 음성 레코드를 만들어 주는 퍼니 페이스 샵이라는 일종의 오락시설을 열었다. 당시 이 가게를 방문했던 영화감독 로베르토 로셀리니는 펠리니에게 나치 점령 하의 로마에 관한 다큐멘터리를 같이 만들어보자고 제안했고, 그렇게 탄생한 작품이 이탈리아의 전후 영화 르네상스를 촉발시킨 네오-리얼리즘 영화 '무방비 도시'(1945)였다.

'무방비 도시'에서 조감독으로 활약했던 펠리니는 이후에도 로셀리니를 세상에 알린 두 번째 반전 영화 '전화의 저편'(1946)에서 공동 시나리오 작가이자 조감독으로, 그리고 강한 논란을 일으켰던 종교 영화 '사랑'(1948)에서 안나 마냐니와 함께 직접 주연을 맡으며 로셀리니와 협업을 이어나갔다.

펠리니의 감독 데뷔작은 알베르토 라투아다와 공동 연출한 삼류 유랑극단에 대한 코미디 드라마 '청춘군상'이었고, 단독으로 감독을 맡은 첫 영화는 이탈리아 성인만화 산업을 풍자한 '백인 추장'이었다. 1951년에 제작된 이 두 영화는 개봉 당시에는 평단과 관객 모두에게 외면당했지만, 나중에 재개봉되었을 때는 극찬을 받았다.

이후 본격적으로 영화감독의 길을 걷기로 한 펠리니는 후속작 '비텔로니'를 제작하며 재정적 어려움을 겪기도 했지만 이 영화가 이탈리아뿐만 아니라 해외에서도 큰 성공을 거두면서 국제적인 명성을 얻기 시작했고, 이 명성은 다음 작품 '길'로 더욱 확고해졌다.

표정이 풍부한 얼굴, 엉뚱한 매력, 감정을 숨김 없이 드러내는 태도를 지녔던 펠리니는 마치 말을 할 줄 아는 곰처럼 느껴질 정도로 활력이 넘치는 사람이었다. 심지어 그는 자신이 가장 아끼는 자동차를 운전할 때도 핸들을 놓은 채 양손을 휘저으며 말을 할 정도였다.

영화 세트장에서 그는 그만이 만들어낼 수 있는 세계, 즉 펠리니스크(Felliniesque) 서커스의 단장으로서 자신의 영향력을 만끽했다. 또한 즉흥, 재담, 익살을 넘나들며 현장을 지배했던, 이 챙이 넓은 모자를 즐겨 쓰던 감독은 세트장의 정숙을 중요시하던 일부 감독들과는 달리 혼돈과 함께하는 것을 즐겼다.

한 친구가 펠리니에게 언제 휴가를 떠날 거냐고 물었을 때, 그는 이렇게 대답했다고 한다. "나에겐 영화를 만드는 순간이 휴가야. 그 외의 다른 모든 것들은 업무일 뿐이지. 이를테면 시사회 투어, 인터뷰, 사회생활, 나를 이해하지 못하는 제작사와의 끊임없는 언쟁 등등."

지미 스튜어트

1908년 5월 20일~1997년 7월 2일

품위 있고 이상주의적이며 순진한 미국 소도시민의 이미지로 전 국민의 사랑을 받았던 제임스 스튜어트가 어제 캘리포니아 주 비벌리 힐스의 자택에서 사망했다. 향년 89세.

반세기가 넘는 세월 동안 80여 편의 영화에 출연한 스튜어트는 꾸준한 인기와 호평들 속에서 주요 연기상들을 휩쓸었으며, 사실상 유성영화 시대가 시작된 이래 작동하기 시작한 스타 시스템이 남긴 소수의 남성 스타 계보에서 생존해 있던 마지막 인물이었다.

스튜어트와 더불어 스펜서 트레이시, 게리 쿠퍼, 클락 게이블, 캐리 그랜트, 존 웨인, 그리고 헨리 폰다와 같은 배우들을 전설이라고 부를 수 있는 이유는 배우라는 공적인 인격과 사적인 인격이 융합되면서 그 두 부분의 합계보다 더 큰 신화적인 무언가가 탄생되었기 때문이다.

멀쑥한 키와 빳빳한 머리카락, 다소 어색한 걸음걸이, 그리고 천진한 미소와 매력적인 태도를 지녔던 스튜어트는 비음 섞인 목소리로 망설이는 듯 느릿느릿 말수가 적었는데, 이런 그의 말투는 사실상 모든 미국인들이 단번에 알아챌 수 있을 정도로 독특했다. 초기 출연작들 속에 비친 그의 이미지는 혼란스럽고 복잡한 세계에서 살아가는 미 중부 시민의 이상적인 모습을 그대로 대변하고 있었으며, 이는 실제 스튜어트의 삶과도 다르지 않았다.

스튜어트의 이미지를 나타내는 원형적인(그리고 그가 제일 좋아하기도 했던) 역할은 '멋진 인생'에서 연기했던 작은 마을의 은행가 조지 베일리였다. 프랭크 카프라가 감독한 교훈적인 판타지극 '멋진 인생'은 주인공이 자살하려던 순간 수호천사가 나타나 그가 없어지면 마을에서 비참한 삶을 살아갈 사람들이 얼마나 더 많아질지 보여주며 그를 구원한다는 내용이었다. 1946년 크리스마스 시즌을 노리고 개봉된 이 장편영화는 관객들에게 지나치게 감상적이라는 평을 들으며 흥행에 실패했으나 이후 수십 년 동안 차차 인기를 끌면서 휴일에 텔레비전을 켜면 어김없이 방송되고 있을 정도로 가장 대중적인 작품들 중 하나로 자리매김했다.

1930년대 후반과 1940년대에 연기했던 이런 소심하고 순수한 역할들은 스튜어트가 점차 원숙해짐에 따라 좀 더 미묘하고 복잡한 역할들로 바뀌게 된다. 그런데 견고함과 연약함 사이에서 괴로워하는, 불안정하고 불평하는 주인공은 대중들의 뇌리에 박힌 스튜어트의 원래 이미지와 충돌을 일으킨다.

미묘하지만 겉으로 보기에는 전혀 힘을 들이지 않는 듯한 연기를 펼치는 스튜어트에 대해 뉴욕타임스 평론가 빈센트 캔비는 모든 역할을 자신에게 꼭 맞는 틀로 흡수하고 행동이나 목소리, 심지어 지능까지도 자신의 배역과 일치시키는 위대한 배우라고 평가했다.

또한 캔비는 1990년에 쓴 비평문에서 이렇게 덧붙였다. "단순함과 편안함, 이것이 그가 오랫동안 연기해왔던 방식이었다. 그러나 이에 대한 대중들의 첫 반응은 그가 하는 것은 연기가 아니라는 비아냥이었고, 이후에는 연기가 항상 똑같다는 절망적이고 맥 빠지는 비평을 들어야 했다."

스튜어트는 그를 스타덤에 올려놓은 영화 '스미스씨 워싱턴에 가다(1939)'의 순진하고 젊은 상원의원, '필라델피아 스토리(1940)'에서 고집 센 상속인(캐서린 헵번 분)을 도와주는 솔직담백한 기자, 그리고 '살인의 해부(1959)'의 끈질긴 변호사 등의 역할로 대중들에게 각인되었다.

또한 스튜어트가 연기했던 소시민 영웅들로는 '사진(1939)'에서 총소리를 무서워하지만 결국 마을의 질서를 바로잡는 보안관, '스트래톤 스토리'(1949)에서 다리 하나를 잃은 후 마운드로 돌아온 시카고 화이트 삭스의 투수 몬티 스트래톤, '글렌 밀러 스토리(1954)'의 인기 많은 빅 밴드 리더, 그리고 '저것이 파리의 등불이다(1957)'에서 맡았던 1927년 대서양 단독 횡단 비행에 성공한 찰스 A. 린드버그 역 등이 있다.

그의 후기작들은 좀 더 강인하고 세속적인 역할들이 많았는데, 이를테면 앤서니 만의 서부극 '윈체스터 73', '머나먼 대지', '분노의 강', '운명의 박차', 그리고 '라라미에서 온 사나이' 등이 그랬다. 한편 알프레드 히치콕은 '로프', '나는 비밀을 알고 있다'와 같은 작품에서 스튜어트를 비전형적인 인물로 등장시켰고, 특히 '이창'의 관음증이 있는 사진작가, '현기증'에서 이중 정체의 여인(킴 노박 분)에게 매혹된 사립 탐정은 스튜어트의 기존 이미지를 깨는 파격 그 자체였다.

어떤 인터뷰에서 연기 노하우에 대한 질문을 받았을 때, 이 겸손한 배우는 다음과 같이 개성 있는 답변을 남겼다. "저는 연기하지 않아요. 다만 반응할 뿐이죠."

그러나 그의 겸손한 자기평가는 '멋진 인생'에 함께 출연했던 도나 리드의 회상으로 반박될 수 있을 것 같다. "스튜어트는 너무 자연스럽고 너무 사실적이어서 그냥 나에게 말을 걸고 있는 건지, 연기를 하고 있는 건지 구분할 수가 없을 정도였어요."

에른스트 루비치가 감독한 '모퉁이 구멍가게'의 마가렛 설리반, 카프라가 감독한 '미스터 스미스'의 진 아서, 조지 큐커가 감독한 '필라델피아 이야기'의 헵번, 조지 마셜이 감독한 '사진'의 마를렌 디트리히, 히치콕이 감독한 '이창'의 그레이스 켈리 등 기라성 같은 여배우들과 호흡을 맞췄던 스튜어트의 연기에 대해 캔비는 이렇게 말했다. "그는 나이트클럽 성대모사꾼들이 따라하기 좋아할 만한 부끄럼 많은 말더듬쟁이의 모

습이었지만 한편으로는 딱 봐도 어떤 기품이 느껴졌다."

"스튜어트는 위풍당당한 배우다." 캔비는 이렇게 덧붙였다. "그에게서는 프레드 아스테어가 오직 춤을 통해서 표현했던 유머와 민첩성의 향취가 느껴지며, 약 190cm 키의 마른 몸매는 싱글 프레임 속에 전신 샷으로 잡힐 때 가장 빛난다. 그는 온몸으로 연기하는 배우이기 때문이다."

평단으로부터 가장 찬사받았던 스튜어트의 연기 중 하나는 '하비'에서 선보였던 조용하지만 별난 술꾼 엘우드 P. 다우드 역이었는데, 영화 제목이기도 한 하비는 엘우드를 제외한 다른 사람들의 눈에는 보이지 않는 거대한 토끼였다. 그리고 1947년 기발한 코미디극에 출연하며 브로드웨이 무대에 입성했던 스튜어트는 1950년 다시 영화계로 돌아와 활동하다가 1970년, 헬렌 헤이스와 함께 뉴욕과 런던에서 예전 브로드웨이 연극을 재연하며 대성공을 거둔다.

스튜어트는 영화 외에도 브로드웨이 연극 6편에 출연했으며 이따금 TV 드라마에도 출연했는데, 1970년대 초반 출연했던 두 편의 텔레비전 시리즈들 중 전원생활을 그린 시트콤 '지미 스튜어트 쇼'에서는 한 가정의 가장이자 대학교수로 연기를 펼쳤고, 다른 한 편인 '호킨스'에서는 상황 판단이 빠른 시골 변호사 역을 맡았다.

스튜어트는 1980년 미국 영화 협회가 주는 평생 공로상의 여덟 번째 수상자가 됐고, 1983년에는 케네디 센터의 공연예술 명예훈장을 받았다. 이어 1984년에는 "50년간 스크린 안팎에서 높은 이상을 가지고 의미 있는 연기"를 펼친 데 대하여 아카데미상 특별상을 수상했으며, 1985년에는 미 대통령 자유 훈장을, 1990년에는 링컨 센터 필름 소사이어티에서 헌사하는 올해의 예술가상을 받았다.

이 밖에도 1940년, '필라델피아 이야기'로 아카데미상 남우주연상을 수상했던 스튜어트는 '스미스씨 워싱턴에 가다', '멋진 인생', '하비', '살인의 해부'로 네 차례 더 남우주연상 후보에 지명되었으며, 토니상과 1968년 영화배우 조합 상 등 수많은 영예를 누렸다.

브로드웨이에서 처음 연기 경력을 시작했던 스튜어트는 이후 대규모 스튜디오의 시대였던 1930년대 및 40년대의 할리우드에서 연기력을 갈고 닦았다. 제2차 세계대전 당시에는 할리우드 톱스타로는 최초로 군에 입대하여 애국심을 상징하는 인물이 됐는데, 전투 조종사로 복무하기를 희망했던 스튜어트는 우선 자신의 능력을 증명하기 위해 300시간 시험비행 테스트를 완수해야만 했다. 33세라는 그의 나이가 사관생도로 시작하기에는 너무 많아 보였기 때문이다. 또한 큰 키와 마른 몸매의 스튜어트는 입대를 위한 최소 체중 요건을 맞추기 위해 약 4.5kg을 늘려야 했다.

1941년 3월 군복무를 시작한 그는 단시일 내에 조종사 자격을 취득하여 영국 주둔 8공군의 제2 컴뱃 윙에 배치받았으며, 작전장교, 참모장, 비행중대장으로 연이어 진급했다.

그는 브레멘, 프랑크푸르트, 그리고 베를린에서 20회의 독일 폭격 작전을 이끌며 공군 수훈 십자훈장 2개를 포함한 수많은 훈장들을 받았는데, 그중 하나는 독일군의 주요 거점이었던 브런즈윅의 비행기 공장 급습 작전에서 선도기를 타고 임무수행을 주도한 데 대한 포상이었다.

종전 후 대령으로 예편한 스튜어트는 1959년, 미국 상원의 승인으로 준장으로 진급하며 연예인 출신 군인들 중에서 가장 높은 계급에 오르게 된다. 이후 그가 미 공군 예비역에서 퇴역한 것은 1968년의 일이었다.

1949년, 41살의 나이에 전직 모델 글로리아 해트릭 맥린과 결혼한 스튜어트는 글로리아가 이전 결혼으로 낳은 두 명의 아들에 이어 1951년 태어난 쌍둥이 딸들을 키우며 비벌리 힐스에 있는 튜더 왕가 양식의 저택에서 수십 년간 거주했다.

의붓아들 중 한 명인 로널드 W. 맥린 중위는 1969년 베트남에서 전사했으며, 아내 글로리아는 1994년 세상을 떠났다. 스튜어트의 유족으로는 두 딸과 의붓아들 한 명이 있다.

제임스 메이틀랜드 스튜어트는 1908년 5월 20일, 인디애나 주 웨스턴 펜실베이니아 타운에서 알렉산더 스튜어트와 엘리자베스 루스 잭슨의 아들로 태어났다. 스코틀랜드계 아일랜드인 후손이었던 스튜어트 가족은 반세기 동안 철물점을 운영하며 풍족한 삶을 살았으며, 지미와 여동생 두 명은 책임감, 신중함, 그리고 절약정신을 배우며 자랐다. 막대기 같이 마른 체구에 안경을 썼던 어린 지미는 집안일을 돕지 않아도 될 때면 직접 쓴 각본으로 연극 놀이를 하거나 아코디언을 연주하며 시간을 보내곤 했다.

그는 펜실베이니아의 중남부 지역에 있는 사립 고등학교 머서스버그 아카데미에서 풋볼, 육상, 연극, 음악 등 다양한 서클 활동에 참여했으며, 여름 방학에는 건설현장에서 일했다. 이후 프린스턴대학교에 진학한 스튜어트는 트라이앵글 클럽에 가입하여 처음에는 아코디언 연주자로 활동하다 곧 여러 뮤지컬 공연의 주연으로 도약하게 된다.

1932년, 건축학 학사 학위를 받으며 대학을 졸업한 스튜어트는 대공황 시대에 들어서면서 건축가 수요가 급격히 줄어들자 케이프 코드의 대학생 극단에 합류하라는 대학 친구 조슈아 로건의 초청을 받아들였다. 하계 레퍼토리 극단에는 스튜어트와 평생 친구가 될 헨리 폰다도 소속되어 있었다. 스튜어트는 보수적인 공화당원이었고 폰다는 진보적인 민주당 지지자였지만 말이다.

스튜어트는 1934년, 황열병 연구를 주제로 한 시드니 하워드의 드라마 '옐로우 잭'에서 실험대상이 된 용맹한 군인 역을 맡으며 처음으로 브로드웨이 무대의 주역이 된다. 그 후 연극 '디바이디드 바이 쓰리'에서는 어머니(주디스 앤더슨 분)의 간통에 충격을 받은 젊은이를 연기했는데, '타임스'의 브룩스 앳킨슨은 "뜻밖의 걸작"이라며 이 초보 배우의 연기를 극찬했다.

1935년, MGM사와 계약을 맺은 스튜어트는 스펜서 트레이시가 주연한 범죄 멜로드라마 '머더 맨'에서 신참 기자 역을 맡으며 장편영화계에 데뷔했다. 그리고 그 후 5년간 20편이 넘는 영화에서 겉으로는 무심한 듯 보이지만 사실 치밀하게 계산된 영리한 연기들을 선보이며 스타덤에 올랐다.

1945년 말 전장에서 돌아온 스튜어트는 자신의 무훈을 공개하지 말라고 요구했다. 그리고 스튜디오에 소속되는 계약을 거부한 채 프리랜서로 활동하면서 점점 더 높은 출연료를 받았으며, 출연 배우가 영화의 흥행 배당을 받는 계약 방식을 개척하기도 했다. 소문에 따르면 그는 영화 수익의 절반에 달하는 금액을 받았다고 한다. (이 밖에도 영악한 사업가의 면모가 있었던 스튜어트는 엄청난 재산을 축적했고, 다각적인 투자를 통해 어떤 기업의 이사회 임원이 되기도 했다.)

스튜어트는 영화 속에서 시골 소년 같은 이미지를 차차 벗어던져버렸다. 그리고 1950년대와 60년대에는 히치콕, 만, 존 포드와 같은 거장 감독들의 작품에 출연하며 복잡하고 때로는 수수께끼 같은 이미지의 새로운 페르소나를 개척했는데, 예를 들어 만 감독의 '철화의 박차'(1953)에서 냉혈한 현상금 사냥꾼, '결백'(1948)에서 헌신적인 기자, '지상 최대의 공연'(1952)에서 살인 혐의로 지명수배된 광대, 히치콕 감독의 '이창'(1954)에서 점점 형사처럼 변해가는 사진작가, '현기증'의 집착적인 로맨티스트, 그리고 포드 감독의 '마상의 2인'(1961)에서 냉소적인 보안관 역을 맡으며 연기 변신을 꾀했다.

다른 후기작들로는 '브로큰 애로우', '머나먼 서부', '전략 공군 명령', 'F.B.I. 이야기', '서부 개척사', '불사조의 비상' 등이 있으며, 1976년에는 그의 오랜 친구 존 웨인의 고별작 '마지막 총잡이'에 동반 출연했다.

스튜어트는 정치 및 경제 현안에 대해 보수적인 목소리를 내왔으며, 로널드 레이건을 포함해 공화당 정치인들과 친분을 쌓으며 선거운동에 빈번히 나서기도 했다.

1989년, 스튜어트는 '지미 스튜어트와 그의 시'라는 제목으로 32페이지 분량의 시집을 출간했으며 이 책은 베스트셀러가 됐다.

80번째 생일을 얼마 앞두고, 사람들에게 어떻게 기억되기를 바라느냐는 질문을 받은 스튜어트는 이렇게 답했다. "근면함의 가치를 믿었고, 국가와 가족, 그리고 지역사회를 사랑했던 사람으로 기억되고 싶습니다."

쿠로사와 아키라

1910년 3월 23일~1998년 9월 6일

릭 리먼 기자

일본 영화의 전형을 전 세계에 선보이며 영화예술이 배출한 극소수의 거장 감독들 중 한 명으로 자리매김했던 쿠로사와 아키라가 어제 도쿄의 자택에서 사망했다. 향년 88세.

그의 가족은 사인이 뇌졸중이라고 밝혔다.

쿠로사와가 영화 제작에 발을 담그게 된 것은 단지 우연한 계기였을 뿐이지만, 이 독재적인 완벽주의자는 화면 구성을 보는 화가의 눈, 무용수의 운동감각, 그리고 휴머니스트의 감수성으로 세계 영화사의 거물이 되었으며, 다른 수많은 감독들 또한 쿠로사와가 영화예술에 미친 지속적인 영향력에 대해 찬사를 아끼지 않았다.

1951년, 쿠로사와의 '라쇼몽'이 서양 관객들에게 처음 선을 보였던 당시만 해도 일본 영화에 대해 제대로 알고 있는 사람은 거의 없었다. 하지만 '라쇼몽'이 등장하면서 하룻밤 만에 모든 것이 변했다. '라쇼몽'은 일본 중세시대를 배경으로 노상강도, 귀부인, 살해당한 남편의 영혼, 나무꾼이 각자 강간과 살인에 관하여 회상한 네 가지 모순적인 진술로 구성되어 있으며, 모호성과 기만이라는 주제로 관객들의 눈길을 사로잡았다. 쿠로사와는 이 작품 속 등장인물들에 대해 "실제보다 더 좋은 사람처럼 보이기 위해 거짓말을 하지 않고는 살아남을 수 없는 사람들"이라고 설명했다.

쿠로사와는 일본의 전통문화를 서양의 연기 방식 및 스토리텔링 기법과 결합해 두 세계를 잇는 가교를 만들었고, 이를 통해 전후 세계 관객들에게 일본 문화를 다시 소개하는 장을 만들었다. 또한 '7인의 사무라이', '이키루', '요짐보' 등 전 세계적으로 찬사를 받는 걸작들을 선보이면서 놀랍도록 생산적인 필모그래피를 쌓아올렸다.

“내가 만든 영화는 모두 흔한 주제를 다루고 있다고 생각한다.” 쿠로사와는 영화학자 도널드 리치와의 대담에서 이렇게 말한 적이 있다. “그래도 굳이 생각해 보라고 한다면, 내가 가진 유일한 주제는 정말 단 한 가지 질문으로 수렴된다. 왜 사람들은 함께 더 행복해질 수 없는가?”

큰 키에 뼈대 굵은 체구를 지녔던 쿠로사와는 노동자처럼 두툼하고 강인한 손과 가끔은 무척 근엄해 보이는 교수의 얼굴로 촬영장을 호령하는 “황제”로 인식됐는데, 그런 인식에 늘 애정이 담겨있던 것은 아니었다.

완벽주의에 관한 그의 일화는 무궁무진하다. 한 번은 못대가리가 아주 살짝 삐져나온 장면이 찍혔다는 이유로 촬영을 중단한 채, 엄청난 비용이 드는 중세시대 배경의 세트를 다시 짓기도 했으며, ‘맥베스’를 사무라이 버전으로 해석한 1957년 작 ‘거미숲의 성’의 클라이맥스 장면을 촬영할 당시에는 주연 토시로 미후네에게 방탄조끼를 입고 진짜 화살을 맞으며 연기를 해야 한다고 주장하기도 했다.

쿠로사와는 영화의 모든 장면을 꼼꼼하게 리허설했으며, 때로는 리허설에만 몇 주를 소요했다. 그러고 난 후, 전략적인 지점에 배치한 3대의 카메라들로 처음부터 끝까지 모든 장면들을 일사천리로 촬영해나갔다. “A 카메라를 가장 일반적인 위치에 배치하고, B 카메라는 빠르고 결정적인 장면을 찍을 수 있도록 준비했으며, C 카메라는 일종의 게릴라 부대처럼 활용했다.” 쿠로사와는 이렇게 설명했다.

이런 방식은 ‘마스터 숏’으로 시작해 클로즈업과 리버스-앵글 장면을 덧붙여 최종 버전을 편집하는 일반적인 영화 촬영 방법과는 매우 달랐다. 쿠로사와는 자신이 촬영한 각각의 장면들이 하나의 공연처럼 기록되기를 원했다.

“편집 단계는 나에겐 정말 식은 죽 먹기다.” 그는 이렇게 말했다. “러쉬 필름들(rushes)을 매일매일 미리 정리해 두기 때문에, 촬영을 마칠 때쯤이면 소위 초기 가편집이라고 부르는 단계가 이미 완료된 상태이기 때문이다.”

쿠로사와는 기술팀들에게는 엄격했지만 배우들에게는 인내심을 가지고 대했다.

“정말로 이상해 보였어요.” 쿠로사와의 조감독들 중 한 명이었던 시로 미로야는 말했다. “쿠로사와는 촬영장에서 때로는 진짜 악마같이 보이기도 했습니다. 특히 ‘지금 비 내리는 모습은 내가 원하는 게 아냐’라거나 ‘저 망할 바람이 먼지를 정확한 방향으로 보내고 있지 않잖아’라고 소리를 지를 때는 말이죠. 그러다가도 배우들에게는 한없이 부드러운 모습을 보였습니다.”

쿠로사와는 자신의 접근방식을 다음과 같이 설명했다. “당신이 배우라고 해봅시다. 단순히 감독의 시선과 행동만 봐도 그 감독이 무엇을 표현하려고 하는지 짚어낼 수 없다면, 당신은 미세한 포인트들을 놓칠 수밖에 없습니다. 그래서 나는 캐스팅을 할 때나 현장에 있을 때면 항상 배우들과 함께 밥을 먹고, 같은 방에서 잠을 자며, 끊임없이 이야기를 나눕니다. 이것이 내가 영화를 연출하는 방식이죠."

그의 접근법은 실제로 배우들로부터 강한 충성심을 낳았다. '밑바닥(1957)'과 현대 스릴러물 '나쁜 놈일수록 잘 잔다(1960)'에 출연한 배우 쿄코 카가와는 한 인터뷰에서 이렇게 말했다. "내가 여배우로서 성취감을 느꼈던 건 오직 쿠로사와 감독과 일할 때뿐이었습니다. 그러니 그가 내 연기에 만족하는 모습을 봐야만 안도감을 느낄 수 있었죠."

아마도 쿠로사와와 가장 깊은 충성심으로 연결되어 있었던 배우는 최고 스타였던 토시로 미후네였을 것이다. 쿠로사와는 1948년부터 1965년까지 총 17편의 영화를 감독했으며, 미후네는 당시 쿠로사와가 감독한 거의 모든 영화에 출현했다. 그러나 '붉은 수염(1965)'을 촬영한 후 둘 사이는 틀어졌고 다시는 함께 영화를 만들지 않았다.

쿠로사와는 작품 활동을 하지 않을 때면 도쿄 스튜디오 바로 근처에 있는 자택에서 아내 요코 야쿠치와 함께 대부분의 시간을 보냈다. 전직 여배우였던 그녀는 1984년에 세상을 떠났다. 그의 유족으로는 아들과 딸이 있다.

1970년 '도데스카덴'을 개봉한 이후 재정 문제에 직면했던 쿠로사와는 고통스러운 병(이후 담석증으로 진단을 받았다)까지 겹치면서 1971년 자살을 기도하기에 이르렀다. 그리고 얼마 후 병상에서 회복된 그는 이전과는 다른 행보를 보이게 된다. 1946년부터 1965년까지는 총 19편의 영화를 제작했지만 '도데스카덴'을 감독한 이후에는 28년 동안 단 6편의 영화만 제작했던 것이다. 그러나 이런 과작 속에서도 쿠로사와는 자신의 최고작들 중에 포함되는 영화 두 편을 만들어낸다. 하나는 역사 서사시 '카게무샤(1980)'로 일본 봉건시대의 도둑이 사망한 사람의 신분을 도용해 영웅이 된다는 내용을 담고 있고, 또 다른 작품은 '란(1985)'이다.

일본 민족주의에 관한 새롭고도 공격적인 기록을 담은 그의 마지막 영화 '8월의 광시곡(1990)'과 '마다다요(1993)'는 많은 사람들에게 충격을 안겼다. 그럼에도 쿠로사와가 미국의 영화 제작자들에게 미친 영향력은 사그라들지 않았다.

1960년, 존 스터지스 감독은 쿠로사와의 '7인의 사무라이'를 '매그니피센트 7'이라는 제목으로, 1964년에 마틴 리트 감독은 '라쇼몽'을 '아웃레이지'로 리메이크했다. 또한 1964년, 세르지오 레오네 감독은 '요짐보'를 '황야의 무법자'로 리메이크했으며, 이 작품은 1996년 월터 힐 감독의 '라스트 맨 스탠딩'으로 또 한 번 리메이크된다.

한편 조지 루카스 감독은 항상 말다툼을 벌이는 소작농 두 명의 도움을 받아 자유를 찾아 떠나는 어떤 공주의 이야기를 다룬 쿠로사와의 모험극 '숨은 요새의 세 악인'(1958년)에서 '스타워즈' 시리즈의 설정을 일부 차용했다고 인정했다. 루카스는 두 명의 소작농을 말다툼을 하는 두 대의 로봇으로 대신했던 것이다.

쿠로사와 아키라는 1910년 도쿄에서 태어났다. 그의 아버지는 전직 군 장교로 일본 제국군의 토야마 아카데미에서 체육 교관을 지낸 인물이었고, 어머니는 부유한 상인 가문 출신이었다.

또한 쿠로사와 가문은 11세기에 활동한 전설적인 사무라이의 후손이었으나, 쿠로사와가 태어날 당시에는 그런 혈통에 따른 어떠한 재산이나 지위도 누리지 못했다.

어린 쿠로사와는 카리스마를 가지고 학생들을 이끌었던 한 선생님으로부터 그림을 그리는 즐거움을 배웠고, 나중에는 형 헤이고와 함께 예술에 대한 관심사를 공유하며 항상 붙어다녔다.

그렇게 10대 시절의 대부분을 헤이고와 함께 보낸 쿠로사와의 기억 속에 가장 많이 남아있던 추억은 무성영화 변사로 일했던 형과 함께 영화를 보러 다닌 일이었다.

"우리는 영화, 주로 무성영화를 보러 가곤 했으며 돌아와서는 하루 종일 영화에 관한 이야기만 했다." 쿠로사와는 이렇게 기록했다. "나는 독서, 특히 도스토예프스키의 작품을 탐닉하기 시작했다. 그리고 아벨 강스 감독의 '바퀴'를 보러갔을 때가 아직도 기억이 난다. 그 영화는 나를 진정으로 동요하게 만든 첫 영화였으며, 그 영화로 인해 영화감독이 되고 싶다는 생각을 하게 됐다."

쿠로사와는 1927년 도슈샤 서양화 학교에 입학했고 자신의 작품으로 가족의 생계를 충당하려 했지만 충분한 돈을 벌지는 못했다.

그러던 중 1936년 도쿄의 P.C.L. 스튜디오에서 내놓은 구인 광고 하나가 그의 주목을 끌게 된다. 이후 토호 영화제작사의 전신이 된 P.C.L. 스튜디오에서 견습 조감독을 꿈꾸는 예닐곱 명의 젊은 인력을 모집한다는 내용이었다.

500명이 넘는 지원자들이 '일본 영화산업의 기본적인 결점'이라는 주제로 작성한 에세이를 들고 면접에 참석했다. 26세의 쿠로사와는 당시 일본에서 가장 유명한 감독이었던 카지로 야마모토를 대면하게 됐고, 야마모토는 이 젊은 남자의 역량을 알아보고 기용했다.

이후 7년 동안 야마모토 밑에서 조감독으로 일했던 쿠로사와에게 1943년, 드디어 자신만의 영화를 만들 수 있는 기회가 찾아왔다. 유도 모험담을 담은 그의 첫 감독 데뷔작 '스가타 산시로'는 일본 박스오피스를 강타했으며, 이후 그는 일본 여공에 관한 영화 '가장 아름다운 자', 그리고 또 한 번 대히트를 기록한 '스가타 산시로, 파트 2'를 연이어 연출한다.

종전 후, 쿠로사와는 로베르토 로셀리니와 비토리오 데 시카의 작품들에서 본 리얼리즘에 대한 갈망을 응축하여 전통적이며 양식화된 스토리텔링 기법으로 발전시켰으며, 1946년에는 전후 도쿄에서 일본 우익세력이 자행한 박해를 다룬 영화 '우리 청춘 후회 없다'를 발표하면서 이렇게 말했다. "이 영화는 내가 말하려는 것, 그리고 내가 느낀 것이 담긴 첫 작품입니다."

1950년 도쿄에서 처음 개봉된 '라쇼몽'은 베니스 국제 영화제에서 대상을 차지한 데 이어 아카데미 시상식에서 최우수 외국어 영화상까지 받았다. 이로써 일본에서 가장 유명하고, 또 가장 인기 있는 영화 제작자로 확실히 자리 잡게 된 쿠로사와는 다음과 같은 말을 남겼다.

"이 결과는 전쟁에 패하고 자부심을 잃었던 일본인들에게 형언할 수 없는 격려이자 희망을 의미합니다."

그의 차기작은 도스토예프스키의 소설 '백치'를 각색한 1952년 작 '이키루'였다. 일각에서 쿠로사와의 최고 걸작으로 평가되기도 하는 이 영화는 쿠로사와의 국제적인 명성을 공고히 다졌던 이후의 사무라이 서사시들과는 전적으로 달랐다. '살자(to live)'라는 의미를 담고 있는 '이키루'는 현대 도쿄를 배경으로 우울하게 죽어가던 한 공무원이 빈민가 부모의 놀이터 만들기를 돕기로 결심한다는 내용을 담고 있으며, 개봉 즉시 작품성을 인정받았다.

쿠로사와는 1953년, 역사상 최고의 액션 영화로 거론되는 네 시간 분량의 장편서사극 '7인을 사무라이'를 감독했다. 이 영화는 도적떼로부터 작은 마을을 보호하기로 결정하면서 곤경에 빠진 사무라이들의 이야기를 담고 있다.

그는 1974년, 러시아 출신 탐험가와 만주 출신 사냥꾼 사이의 우정을 다룬 소련 현지 제작 영화 '데루스 우잘라'로 또 한 번 국제적인 성공을 거두며 '라쇼몽'에 이어 또 한 번 아카데미 최우수 외국어 영화상(1975년)을 받았다.

쿠로사와는 1980년 뉴욕 영화제에서 '카게무샤'를 최초 개봉했으며, 1985년에는 '란'을 들고 뉴욕 영화제를 다시 찾았다. 빈센트 캔디는 '뉴욕 타임스'에 '란'에 대해서 다음과 같은 평을 남겼다. "이 영화는 거의 예수 공현과 같은 종교적인 체험을 안겨준다. 더불어 자연의 힘을 확고한 존재감으로 보여주는 이 영화는 1985~86년 사이에 개봉된 그 어떤 영화보다 빼어나다."

쿠로사와는 영화 제작에 대한 견해를 밝혀달라는 질문을 받으면 일부러 대화의 주제를 딴 데로 돌리는 경향이 있었지만, 때때로 다음과 같은 취지의 말들로 자신의 예술관을 드러내곤 했다. "예술가가 된다는 것은, 결코 딴 데로 시선을 돌리지 않는다는 의미입니다."

캐서린 헵번

1907년 5월 12일~2003년 6월 29일

카린 제임스 기자

독립적인 삶과 강인한 의지를 상징하는 영화 속 캐릭터들로 수세대 여성들의 롤모델이 되어왔으며, 60년이 넘는 세월 동안 영화 애호가들에게 가장 사랑받는 여주인공이었던 캐서린 헵번이 어제 코네티컷 주 올드 세이브룩의 자택에서 별세했다. 향년 96세. 그녀는 맨해튼에도 자택을 소유하고 있었다.

그녀의 존재감은 특별했다. 사람들은 교육을 잘 받고 자란 뉴잉글랜드 사람 특유의 모음 발음을 하는 그녀의 목소리를 흉내 내곤 했다. 햅번의 높이 솟은 광대뼈는 그녀의 얼굴을 날카롭고도 평면적으로 보이게 만들었으며 젊은 시절의 외모도 고전적인 여주인공의 그것과는 거리가 멀었지만 그녀만의 잘생긴 아름다움을 갖추고 있었다. 나이가 들어서는 적갈색에서 회색으로 점점 변해가는 머리카락을 상투처럼 틀어 올리고, 바지를 즐겨 입는 마치 소년 같은 친숙한 이미지로 유행을 선도했다.

총명하고 세련된 여성을 친숙하게 연기하는 햅번의 모습은 영화 속 역할과 스크린 밖 그녀의 실제 성격 사이에 별다른 차이가 없다는 것을 보여주고 있었다. 로맨틱 코미디 '필라델피아 이야기'와 스크루볼(screwball; 등장인물들이 바보스러운 행동을 하는 코미디극의 일종) 장르의 고전 '베이비 길들이기'에서 헵번이 맡았던 역할들이 그녀의 가장 전형적이면서도 최고의 연기였다고 말할 수 있지만, 그녀는 43편의 영화와 수십 편의 연극, 그리고 텔레비전 쇼들을 통해 자신이 코믹스러운 인물뿐만 아니라 드라마틱한 인물 또한 연기할 수 있다는 것을 입증했다. '작은 아씨들'의 조, '아프리카의 여왕'의 활발한 노처녀 로지, '겨울의 라이언'의 아키텐의 엘레오노르와 같은 역할들을 그 예로 들 수 있을 것이다.

이런 그녀의 삶과 연기 이력은 스펜서 트레이시와의 연애로 점철되어 있다. 그들의 연애사는 당대의 위대한 로맨스 전설이자 한 쌍의 눈부신 영화 파트너가 탄생되었음을 의미했다. 두 사람이 만났을 당시 트레이시는 불행한 결혼 생활을 하고 있었으며, 이미 두 아이의 아버지였다. 그는 부인과 호적상 부부 관계를 마무리 짓지 않은 채, 1967년 세상을 떠날 때까지 27년간 헵번과 동거관계를 유지하며 9편의 영화에 함께 출연했다. 그중 '여성의 해', '아담의 갈비뼈', 그리고 '팻과 마이크'는 밝으면서도 통렬한 주제를 다룬 전형적인 '트레이시-헵번'표 영화였다. 헵번은 심술궂게 느껴질 만큼 똑똑했으며 감정적으로는 연약했다. 반면, 트레이시는 점잖고 현실적인 성격을 가지고 있었다. 트레이시만이 헵번의 자존심을 누를 수 있었고 헵번 또한 이를 대수롭지 않게 받아들였다. 평론가 빈센트 캔비는 '뉴욕 타임스'에 헵번과 트레이시가 "서로를 너무 아름답게 보완해주고 있으며", 그들의 관계는 "결코 복종의 관계처럼 보이지 않는다"고 적은 바 있다. 그리고 그는 이렇게 덧붙였다. "그들은 서로의 영역을 이해하고 인정하고 있다."

트레이시와 헵번은 스크린 밖 로맨스의 피어나는 떨림을 언제나 넌지시 내비쳤지만, 트레이시 생전에는 그 사실을 결코 인정하지 않았다. 사람들은 오직 영화 속에서만 두 사람을 나란히 볼 수 있었으며, 그래서 두 사람이 함께 한 마지막 영화 '초대받지 않은 손님'에서 그들이 결혼한 커플로 출연한 일은 더욱 가슴 아픈 일로 남게 됐다. 트레이시는 이 영화의 촬영을 마친 후 17일 만에 세상을 떠났다.

헵번의 유족으로는 남동생 한 명과 여동생 한 명, 그리고 여러 명의 조카들이 있다. 그녀는 자신의 개인사에 관해 말을 아꼈다. 하지만 트레이시의 부인 루이스가 1983년 사망한 뒤에는 자신의 연애사에 대해 홀가분하게 얘기하기 시작했으며 1991년 출간된 자서전 '나: 내 삶의 이야기들'을 통해 자신의 삶과 경력의 뒷이야기들을 공개적으로 밝히기도 했다.

캐서린 호튼 헵번은 편안한 삶을 누릴 만한 사회적 지위를 가진 가정에서 태어나 관습에 얽매이지 않은 채 자유롭게 의견을 개진하면서 자신감과 독립심을 키우며 자랐다. 아버지 토마스 노벌 헵번 박사는 하트포트의 외과의사이자 성병 치료의 권위자였으며, 어머니 캐서린 호튼은 여성 참정권론자이자 산아 제한의 열렬한 옹호자였다.

헵번은 자서전 '나: 내 삶의 이야기들'에서 마침내 나이를 공개했다. "나는 1907년 5월 12일에 태어났다." 그녀는 이렇게 적었다. "그동안 다르게 말했을지는 몰라도 이게 정확한 내 생년월일이다." 실제로 그녀는 여러 해 동안 자신의 진짜 나이보다 두 살이 더 어린 나이로, 그리고 생일은 11월 8일이라고 말하며 다녔다.

헵번은 1928년 브린 모어 대학을 졸업한 후 여러 레퍼토리 극단들을 돌며 작은 역할들로 연기를 시작했지만 무대에 몇 번 오르지도 못하고 해고를 당하기 일쑤였다. 그러나 그녀의 굉장한 자신감은 꺾이지 않았는데 노년에 들어, 헵번은 웃으면서 자신의 젊은 시절을 이렇게 떠올렸다. "그때 내가 끔찍이 걱정하던 것들은 유명지고 난 뒤에나 할 법한 걱정들이었죠." 이후 그녀는 그리스 신화를 소재로 한 연극 '전사의 남편'에서 안티오페 역할을 맡아 어깨에 수사슴을 들쳐 메고 좁은 계단을 내려오는 인상적인 등장으로 드디어 배우로서 주목받기 시작했다.

헵번은 이 역할을 통해 할리우드 스크린 테스트를 받게 됐고 '이혼 증서(1932)'에서 존 배리모어의 딸 역할을 따내며 처음으로 영화에 출연하게 된다. 이 영화를 감독한 조지 큐커는 이후

헵번과 막역한 친구 사이가 되어 '작은 아씨들'을 포함해 그녀가 출연한 다수의 영화들을 감독했다. 큐커는 헵번이 스크린 테스트를 받던 당시를 이렇게 회상했다. "그때까지 내가 보거나 들었던 사람, 그 누구와도 달랐습니다. 그녀의 연기가 좋았다고는 평가할 수 없었지만, 나는 감동을 받았어요. 그리고 '흥미로운 소녀'라고 생각했죠."

헵번은 데뷔 후 순식간에 영화계의 스타로 떠올랐으며, 1933년 작 '아침의 영광'에서 생존에 관한 혹독한 교훈을 얻게 되는 여배우 지망생 에바 러브레이스를 연기하며 아카데미 여우주연상을 받았다. 겨우 세 번째 영화 출연작만에 이룬 쾌거였다. 그 후 몇 년에 걸쳐 열두 차례나 아카데미상 후보에 올랐던 그녀는 '초대받지 않은 손님', '겨울의 라이언', '황금 연못'으로 세 번 더 아카데미 여우주연상을 수상했다.

84세가 되던 해, 헵번은 젊은 날을 되돌아 보며 특유의 강인한 태도로 이렇게 말했다. "처음 시작할 때조차도 나는 가난하고 불쌍한 아이가 아니었어요. 뉴욕에 가서 웨이트리스나 그 비슷한 일을 얻어야 하면 어쩌지 하는 걱정도 하지 않았습니다. 나는 이미 성공한 것 같았고, 모든 장점을 갖췄기 때문에 당연히 그래야만 하는 사람이었죠."

또한 헵번은 자신이 연기를 시작할

수 있었던 건 남편의 공이 컸다고 말했다. 1928년, 부유한 가문 출신인 러들로 오그던 스미스와 결혼한 헵번은 자신이 케이트 스미스로 알려지길 원치 않았기 때문에 남편의 이름을 S. 오그던 러들로로 개명하게 했다.

두 사람은 1934년 이혼하기 전까지 오랫동안 별거 생활을 했지만, 계속 친분을 유지했다. 또한 헵번은 사망할 때까지, 남편과 함께 구입했던 맨해튼 터틀 베이 구역의 타운 하우스에 거주했으며, 코네티컷 강변에 있는 주택도 가족들과 함께 공유했다.

이른 성공을 거뒀음에도 불구하고 헵번의 연기는 때때로 거칠고 부자연스럽다는 평을 듣곤 했다. 1933년, 그녀는 '호수'라는 작품으로 브로드웨이 무대로 복귀했지만 결과는 참담했다. 도로시 파커는 이 작품을 보고 다음과 같은 유명한 말을 남겼다. "그녀는 감정의 진폭을 선사했다. A에서 B정도까지는."

헵번은 당시를 회고하며 이렇게 말했다. "그 이유는 정확히 알 수 없지만, 사람들은 나에게서 다소 기이한 인상을 받았던 것 같아요. 물론 각진 얼굴과 여윈 몸매도 그랬겠지만, 추측컨대 나의 모난 성격이 사람들에게 그런 느낌을 주었던 것이 아니었나 싶습니다."

그러나 시간이 흐르면서 스크린 속 그녀의 존재감은 점점 부드러워지며 호감을 불러일으켰고, 대중들은 그제야 헵번 특유의 고집 세고 독립적인 스타일에 마음을 열기 시작했다.

그녀의 초기 작품들 다수가 이제는 고전의 반열에 올랐는데 특히 강인하고 단호한 여배우 역을 맡았던 '스테이지 도어(1937)'의 극 중 대사인 "칼라 백합이 다시 만개했네(The calla lilies are in bloom again)"는 헵번을 흉내 내는 사람들이 가장 좋아하는 최고의 소재가 됐다. '라이프 매거진'은 '스테이지 도어'를 통해 햅법이 "스크린 역사상 가장 위대한 여배우가 될 잠재력"을 가졌다는 것이 증명됐다고 평가했다.

이후 헵번은 캐리 그랜트, 그리고 표범 한 마리와 함께 출연했던 '베이비 길들이기(1938)'에서 자유로운 영혼을 가진 상속녀를 연기했다. 오늘날 이 영화는 그 가치를 제대로 평가받고 있지만 개봉 당시에는 매우 저조한 박스 오피스 성적을 냈고, 그때부터 그녀의 연기 경력은 하향세에 접어들어 1938년, 헵번은 영화 제작사가 뽑은 "박스 오피스 기피 대상"이라는 꼬리표를 단 배우 목록에 이름을 올리는 불명예를 안게 된다. 그럼에도 헵번은 '바다제비'라는 영화 출연 제의를 고사하고 R.K.O.와 계약을 체결한 뒤, 그랜트와 함께 고전적인 로맨틱 코미디 '어떤 휴가'에서 또 한 번 활발한 사교계 명사 역을 소화해 내며 꾸준히 연기 활동을 이어갔다.

당시 헵번은 스튜디오 시스템에 과감하게 덤벼들었던 거의 유일한 여성으로서 자기만의 경력을 개척하고 있었는데, 극작가 필립 베리는 그런 헵번을 모델로 하여 트레이시 로드라는 여주인공을 내세운 '필라델피아 스토리'를 집필했다. 헵번 본인이 직접 아름답고 활기차며 부유한 트레이시 로드 역을 맡았던 이 연극은 자신의 두 번째 결혼을 취재하고 있던 기자와 전남편 사이에서 뜻밖의 삼각관계를 겪는 여배우의 이야기를 담고 있었다.

'필라델피아 스토리'가 흥행에 성공한 뒤, 한때 헵번의 연인이었던 하워드 휴즈는 이 연극의 판권을 구입해 헵번에게 선물했고, 그녀는 메트로 골드윈 메이어 스튜디오의 대표 루이스 B. 메이어에게 찾아가 자신이 주연을 맡는 조건으로 다시 판권을 매각했다. 또한 그녀는 자신의 친구 조지 큐커를 감독으로 선택했으며, 공동 주연으로 스펜서 트레이시와 클라크 게이블을 추천했다. 그러나 결국 그녀의 전남편 역에는 캐리 그랜트가, 기자 역에는 제임스 스튜어트가 발탁되어 촬영이 진행되었으며 영화는 공전의 히트를 기록했다. 더불어 이 영화 이후 헵번은 영화계에서 결코 자신의 주도권을 놓치지 않게 된다.

햅번은 곧바로 정치 칼럼리스트와 스포츠 담당 기자 사이의 믿기 힘든 사랑 이야기를 담은 또 다른 시나리오 '여성의 해'를 들고 루이스 B. 메이어를 찾았으며, 당시 일면식도 없었던 트레이시에게 스포츠 기자 역을 맡아달라고 요청했다. 이 영화를 계기로 헵번은 트레이시를 사로잡게 된다.

'여성의 해(1942)'가 성공을 거둔 이후, 두 스타의 스크린 밖 관계는 전작과 유사한 패턴을 따르는 또 다른 '트레이시-헵번'표 영화들 속에서 은밀하게 이어졌다. '아담의 갈비뼈(1949)'에서 두 사람은 각자의 의뢰인을 위해 서로 대립하게 되는 변호사 부부를 연기했고, '팻과 마이크(1952)'에서는 헵번이 챔피언에 오른 운동선수, 그리고 트레이시는 여주인공을 매혹시키는 거친 매니저 역을 맡았다.

트레이시가 헵번에 대해 언급할 때 자주 인용하던 말이 바로 '펫과 마이크'에서 나온 다음과 같은 대사였다. "그녀에게 고기가 많지는 않아요. 하지만 그녀가 가진 건 모두 '최상품'이죠."

트레이시와 함께 출연하지 않은 헵번의 영화들 중 가장 오랫동안 사랑받은 작품은 '아프리카의 여왕(1952)'이었다. 존 휴스턴이 감독한 이 영화에서 그녀는 험프리 보가트의 상대역으로 융통성 없는 로지라는 인물을 연기했다.

1987년 출간된 헵번의 첫 번째 책이 바로 이 영화에 관한 내용이었는데, 제목부터가 그녀의 직설적인 일상 화법을 잘 보여주고 있었다. 제목은 이러했다. '아프리카의 여왕 제작기: 혹은 보가트, 바콜, 휴스톤과 함께 아프리카에 간 방법과 그곳에서 거의 정신을 놓을 뻔했던 이야기'

이후 그녀는 '겨울의 라이언(1968)'이라는 작품에서 12세기 아키텐의 엘리오노르를 열연하며 영화사에 길이 남을 예술적 성취를 이뤘다. 이 밖에도 그녀의 다재다능함은 연기 인생 내내 빛을 발했다. 그녀는 1962년 유진 오닐의 희곡 '밤으로의 긴 여로'를 영화화한 작품에서 약물 중독자 매리 타이론 역을 맡아 열연했고, 존 웨인과 함께 출연했던 서부극 '집행자 루스터(1975)'에서는 존 웨인에게 밀리지 않는 터프함을 선보였으며, '황금 연못(1981)'에서는 헨리 폰다의 상대역으로 기억을 잃어가는 남편을 돌보는 거침없는 노부인을 열연했다.

그녀의 마지막 영화는 1994년 작 '러브 어페어'였다. 이 영화에서 헵번은 워렌 비티의 현명한 숙모로 출연해 그가 사랑했던 여인(아네트 베닝 분)에게 조언을 해주는 연기를 선보였다.

같은 해, 역시 나이가 지긋하고 현명한 숙모 역으로 텔레비전 영화 '어떤 크리스마스'에 출연했던 헵번은 자신이 살아온 인생과 꼭 들어맞는 다음과 같은 대사를 남겼다. "나는 언제나 내가 원했던 그대로의 삶을 살았단다. 단 한 가지도 바꾸려들지 않았어. 하지만 후회는 없단다."

헵번이 출연했던 가장 인상적인 텔레비전 프로그램은 1986년에 방영된 스펜서 트레이시 추모 특집이었다. 이 특집 방송에서 마침내 자신들의 관계를 공개적으로 밝힌 헵번은 트레이시에게 바치는 편지를 낭독했고, 이 편지는 나중에 그녀의 자서전에 수록됐다. 헵번은 병마에 시달리며 잠 못 이루던 트레이시의 옆을 지키며 이야기를 나눴던, 두 사람이 함께한 마지막 몇 해를 회상했다. 그녀는 트레이시가 술을 마셨던 이유를 궁금해 했다.

"무슨 일 때문이었나요? 스펜스." 그녀가 물었다. 이 질문을 던지는 헵번의 모습은 그녀의 공적인, 그리고 사적인 삶이 뒤섞인 한 편의 감동적인 공연이었다.

또한 헵번은 그녀를 위한 텔레비전 회고 특집 '나에 관한 모든 것'을 끝맺으면서 이렇게 말했다. "어떤 면에서 나는 남자의 삶을 살았던 것 같아요. 그렇게 스스로 모든 결정을 내리면서, 나도 그 누구나처럼 두려울 때가 있었죠. 하지만 우리는 계속 나아가야 하잖아요. 꿈을 이루기 위해서 말이죠." 85세가 되었을 때 그녀는 전형적인 캐서린 헵번의 모습 그대로 카메라를 응시하며, 삶의 끝이 얼마 남지 않았음을 조용하게 받아들였다.

"나는 죽음이 두렵지 않아요." 그녀 말했다. "긴 잠에 빠져드는 것처럼 멋진 일일 테죠. 하지만 죽음을 마주하면 삶이 얼마나 소중한지도 깨닫게 될 거예요."

말론 브란도

1924년 4월 3일~2004년 7월 1일

릭 리먼 기자

한 세대를 열광시킨 반항적인 천재이자 연기 예술에 큰 획을 그었지만, 강팍한 성격과 잦은 기행으로 천부적인 재능을 충분히 꽃 피우지 못했던 말론 브란도가 목요일 로스앤젤레스의 한 병원에서 사망했다. 향년 80세.

가족 대변인 제이 캔터에 따르면 사인은 폐섬유증이었다.

브란도가 브로드웨이와 영화계에서 처음 환호를 받은 이후 거의 60년이 흐르는 동안 젊은 관객층은 마치 다리에 번개가 달린 것처럼 미국 대중문화 전반을 휘젓고 다녔던 그의 혁명적인 존재감은 알지 못한 채, 브란도를 그저 타블로이드판 신문에 실리는 괴짜, 혹은 심야 쇼 프로그램의 농담 소재가 되곤 하는 뚱뚱한 인물 정도로 인식하기에 이르렀다.

그러나 미국에서 가장 뛰어난 영화배우로 계속 회자되는 몇 안 되는 인물들 중에서—혹자는 그를 가장 위대한 배우라고 평한다—말론 브란도가 가장 광범위하게 모방되고 있다는 사실에는 의심의 여지가 없다. 사실 최근 반세기 동안 등장한, 폴 뉴먼에서 워렌 비티, 로버트 드 니로, 그리고 숀 펜으로 이어지는 뛰어난 남성 배우들은 대부분 자신의 연기 속에 어느 정도 브란도의 연기 패러다임을 내비치고 있다.

간단히 말해서, 영화 연기는 브란도 이전과 브란도 이후로 나뉜다고 해도 과언이 아니다. 그리고 그 둘은 매우 다른 세계처럼 보인다.

또한 오손 웰즈—마치 만화에나 나올 법한 천부적인 재능으로 할리우드의 예술 영역을 확장시킨 천재 감독—처럼 브란도도 극소수의 작품들만으로 전설이 된 인물이었다.

1947년, 23살의 나이에 테네시 윌리엄스 작 '욕망이라는 이름의 전차'의 브로드웨이 초연 무대 위에서 스탠리 코왈스키라는 인물을 창조해낸 브란도는 1951년 동명의 영화가 제작되었을 때도 혁신적인 연기를 선보였다. 그리고 1952년 '혁명아 자파타!'에서 치명적인 매력을 지닌 멕시코 강도 역을 맡아 열연을 펼친 브란도는 이후 두 편의 결정적인 작품, 즉 '위험한 질주(1953)'와 '워터프론트(1954)'를 만나게 된다. 전자에서는 가죽옷을 입고 오토바이를 몰고 다니는 정서장애 십대들의 선두에 선 조니를, 후자에서는 한때 타이틀전을 꿈꾸었던 실패한 권투선수 테리 멀로이를 연기한 브란도에 대해 사람들은 열광적인 반응을 보였고, 또한 그에게 아카데미상의 영광을 안겨준 테리 멀로이 역을 그의 가장 뛰어난 연기로 기억하고 있다.

이렇게 폭발적인 연기를 펼쳤던 브란도는 1972년 '대부'와 1973년 '파리에서의 마지막 탱고'로 화려하게 복귀하기 전까지, 간헐적으로 주목할 만했지만 대체로 기억할 가치가 없는 역할들—그중 몇몇은 재앙과도 같았다—을 맡으며 수년 동안 엄청난 간극을 보여준다.

이 모든 과정을 거치는 동안, 브란도는 호전적이며 기분 변화가 심한 구습타파주의자로 변모했으며, 대중의 눈길을 피하는 양극적이면서도 수수께끼 같은 인물이 되어갔다.

그는 스스로를 게으른 사람이라고 표현했으며, 대사를 잘 기억하지 못하는 것으로 악명 높았다. 그럼에도 캐릭터에 생명력을 불어넣을 수 있는 디테일을 찾는 데 있어 브란도보다 더 능숙한 배우는 아무도 없었다. 많은 사람들은 아직도 '워터프론트'에서 브란도가 서투르게 환심을 사려고 했던 젊은 여성이 떨어트린 앙증맞은 레이스 장갑을 주워 자신의 손에 끼워보던 그 섬세한 연기를 기억하고 있다. 겉보기에는 무의식적인 몸짓으로 보일 수도 있지만, 그 장면에는 가슴 아픈 아련함이 진하게 배어 있었다.

잭 니콜슨은 그를 가리켜 "자신만의 혁명을 시작하고 끝을 맺은 천재"라고 칭했다. 또한 니콜슨은 어제, 한 인터뷰를 통해 이렇게 말했다. "말론 브란도 같은 사람은 그 이전에도 없었고, 앞으로도 나타나지 않을 겁니다. 그의 천부적인 재능은 피카소만큼 무궁무진했고, 결점이라고는 없었어요."

브란도가 '메소드(Method)'라고 알려진 연기 스타일을 영화에 도입한 최초의 배우는 아니었다. 러시아의 콘스탄틴 스타니슬랍스키가 1920년대부터 전파하기 시작한 내재화된 연기 기법 '메소드'는 1940년대에 이르러 리 스트라스버그, 샌포드 마이즈너, 스텔라 애들러와 같은 전도자들에 의해 뉴욕에 소개되었는데, 그중 스텔라 애들러는 브란도가 가장 존경하는 스승이었으며, 이후 메소드 기법이 얼마나 강력하고 문화 전반을 뒤흔들 수 있는지 명확하게 보여준 최초의 인물은 바로 브란도였다.

1940년대 후반, 미국 관객들에게 처음 모습을 드러낸 브란도를 동시대의 다른 배우들과 비교했을 때 가장 두드러진 특징은 음울한 분위기, 근육질의 몸매, 그리고 강렬한 인상이었다. 그를 폄하하는 사람들은 브란도를 가리켜 게으름뱅이라고 불렀으나, 브란도는 꽉 끼는 청바지와 다 해어진 티셔츠가 땀으로 범벅이 되든 개의치 않았으며, 입을 벌린 다소 멍한 모습과 치명적인 교활함으로 번뜩이는 눈빛 사이를 교차하며 사람들에게 강렬한 인상을 남겼다. 그리고 그가 등장하기 바로 이전의 배우들보다 공공연하게, 그리고 동물적으로 섹시함을 드러냈다. 또한 브란도는 대사를 웅얼거린다고 자주 비난을 받았지만, 그의 초기작들을 본 오늘날의 관객들은 화려함을 거부한 브란도만의 방식이 오히려 완벽했다는 것을 깨닫고 있다.

브란도는 1924년 4월 3일, 오마하에서 태어났다. 그는 1994년 출간된 자서전 '어머니가 가르쳐준 노래들'에서 고통스러웠던 유년시절을 고백했는데, 중산층 사업가이자 폭력적인 알코올 중독자였던 아버지 말론 브란도 시니어는 자신의 외아들에 대해 단 한 번도 좋은 말을 한 적이 없었던 사람으로, 실패한 여배우이자 역시 알코올 중독자였던 어머니 도로시 펜베이커 브란도는 가정을 돌보는 것보다 술을 마시는 것에 더욱 흥미를 보였던 사람으로 묘사했다.

"내 인생은 사랑을 찾아다니는 어떤 이야기가 아닐까 싶습니다." 언젠가 브란도는 이렇게 말했다. "그런데 그것보다도, 나는 우선 어린 시절 받았던 상처를 회복하는 방법, 그리고 스스로와 인류를 위해 내가 해야 할 의무가 있다면, 그것이 무엇인지 정의하는 방법을 여전히 찾고 있는 중입니다."

브란도가 뉴욕에 도착한 것은 1943년이었다. 당시 무릎이 좋지 않아서 병역을 면제받은 뒤 신사회 연구소(NSSR)의 드라마 워크숍에 등록한 브란도는 메소드의 개념을 본능적으로 이해하는 듯했으며, 진실의 순간을 찾기 위해 자신의 기억과 내재화된 감정을 사용하는 방법 또한 스스로 터득해 나갔다. 사실, 그의 동기들 중 몇몇은 브란도에게 연기 기법을 가르치는 것만큼 쓸 데 없는 일도 없을 거라고 입을 모을 정도였다.

"말론이 메소드 기법을 배우기 위해 학교에 가는 것은 호랑이를 정글에 보내는 것과 다름이 없었어요." 일레인 스트리치는 이렇게 회상했다.

이후 엘리아 카잔이라는 젊은 감독이 '욕망이라는 이름의 전차'의 스탠리 코왈스키 역에 브란도를 추천했고 1947년, 드디어 폭발적인 무대가 펼쳐진다.

당시 의상 디자이너였던 루신다 발라드는 브란도의 해어진 티셔츠와 극도로 타이트한 청바지는 극장 근처에서 일하는 건설 노동자들의 복장에서 영감을 얻었다고 밝힌 바 있다. 브란도는 이 무대 의상에 어울리는 몸매를 만들기 위해 근육을 키우는 데 공을 들였고, 특별하게 제작된 청바지의 핏을 살리기 위해 줄곧 속옷을 입지 않았다고 한다.

그리고 3년 동안 할리우드의 캐스팅

제안을 거절한 끝에 브란도가 마침내 수락했던 배역은 장애인이 된 참전용사의 비통한 이야기를 다룬 '맨'이라는 영화의 주인공이었다.

할리우드의 기득권층은 브란도를 어떻게 받아들여야 할지 도통 알 수가 없었고, 이후로도 결코 알아내지 못했다. 1950년대 초반, 영화배우들은 대중 앞에 나설 때 화려하게 보이길 원했다. 그러나 브란도는 티셔츠에 청바지를 입고 스스럼없이 돌아다녔다. 또한 그는 마치 머리를 관통한 것처럼 보이는 가짜 화살을 머리에 단 채, 컨버터블을 타고 선셋 대로를 달리는 모습으로 대중들에게 자주 포착됐다.

'맨' 이후 1951년, 영화로 각색된 '욕망이라는 이름의 전차'에 출연한 브란도는 브로드웨이 무대에서와 마찬가지로 영화 관객들에게 최고의 연기를 선사했지만 할리우드는 그와 거리를 두고 싶어했고, 결국 아카데미상도 그를 외면했다.

브란도는 이후에도 몇 번 더 아카데미상 수상자 명단에서 제외됐다. 그러나 1954년, '워터프론트'의 테리 멀로이 역으로 그는 마침내 첫 번째 아카데미상을 거머쥔다.

'욕망이라는 이름의 전차'와 '워터프론트'를 연출했던 카잔 감독은 브란도의 명연기를 다음과 같은 말로 상기시킨 바 있다. "영화 역사상 인간이 한 연기 중에서 그보다 더 나은 연기가 있었나요? 있었다면 제가 아직 안 본 연기겠네요."

할리우드는 드디어 브란도를 받아들였고, 아카데미 시상식에서 사회자 밥 호프와 농담을 주고받는 모습은 브란도가 앞으로 누리게 될 더 큰 영광의 전조처럼 보였다. 그러나 브란도가 배우로서 누린 가장 화려했던 순간은 그것이 마지막이었다.

시간이 흐를수록 그는 점점 더 분장 뒤로 숨어들었고, 앞으로 나아가는 것을 어려워 했다.

거액의 제작비가 투자된 '바운티 호의 반란' 리메이크작에 참여하게 되었을 때는 그의 행운도 되살아나는 것처럼 보였다. 그러나 제작 예산이 치솟았던 것처럼 브란도의 체중도 77kg에서 95kg으로 부풀었고, 거의 모든 사람들이 영화의 문제점을 브란도의 탓으로 돌렸다. 그렇게 1962년 개봉된 이 영화에서 흥행 참패의 원흉으로 낙인 찍힌 이후 브란도가 대작 영화의 주연으로 다시 출연하는 것은 요원해 보였다.

연기하는 것에 싫증이라도 났다는 듯이 영화계와 점점 멀어지던 브란도는 '바운티 호의 반란'을 촬영하는 동안 알게 된 두 존재, 즉 타히티 섬과 여주인공 타리타 테리피아와 사랑에 빠졌으며, 1966년에는 타히티 섬에서 북쪽으로 약 48km 떨어진, 초록빛 석호를 둘러싼 하얀 모래와 야자수가 어우러진 낫 모양의 작은 산호초 섬, 테리아로아라를 덜컥 사들인다.

브란도는 1958년, 첫 번째 부인이었

던 안나 카시피와 1년 남짓한 결혼 생활을 끝내며 양육권 분쟁을 벌였었는데, 산타 모니카 법정 심리를 마친 카시피가 공개된 장소에서 브란도의 빰을 때리는 장면이 타블로이드판 신문의 전면을 장식하기도 했다.

그리고 1960년, 브란도는 여배우 모비타 카스테나다와 재혼했지만 이 결혼 역시 1962년 파경을 맞았다.

"브란도가 필요한가?" 1969년, '필름 코멘트 매거진'이 던진 이 질문에 대한 할리우드의 답은 "아니오"였다. 그러던 중 한편에서는 프랜시스 포드 코폴라 감독이 마리오 푸조의 소설 '대부'를 각색한 영화에서 비토 콜레오네 역을 맡아 줄 배우를 찾고 있었다. 물론 제작사의 캐스팅 후보 목록에 브란도의 이름은 올라 있지 않았다.

파라마운드 픽처스는 버트 랭카스터, 오손 웰스, 조지 C. 스콧과 더불어 심지어 에드워드 G. 로빈슨을 후보에 올려놓고 고심 중이었다. 코폴라 감독이 브란도를 원한다고 말하자, 스튜디오 임원들은 반대했다. 브란도는 골칫덩이라는 것이 중론이었다.

그러나 결국 코폴라가 이겼다. 1972년 개봉된 '대부'는 바로 명작의 반열에 올랐고, 스크린을 장악하는 브란도의 강력한 존재감이 재확인되었기 때문에 그가 아카데미 남우주연상 후보에 오르는 것에 이의를 제기하는 사람은 아무도 없었다.

당시 브란도는 시상식을 무시하는 발언을 자주 늘어놓았다. 그랬던 그가 아카데미 시상식에 참석했을까? 그는 마지막 순간까지도 참석 여부를 말하지 않았다. 그리고 자신의 대리 수상자로 아메리칸 인디언 여배우 사친 리틀페더를 보냈다.

남우주연상 수상자로 브란도의 이름이 호명됐고, 배우 로저 무어가 오스카 트로피를 리틀페더에게 건네주려고 했으나 그녀는 손을 들어 받지 않겠다는 의사를 표시한 다음, 할리우드가 아메리칸 인디언을 다루는 방식 때문에 "매우 유감스럽게도 이렇게 관대한 상을 받아들일 수 없다"는 브란도의 의사를 대신 전했다.

이후 그는 당시 X등급을 받으며 센세이션을 불러일으켰던 베르나르도 베르톨루치 감독의 '파리에서의 마지막 탱고'에서 또 한 번 최고의 연기를 선보였다. 영화 속에 등장하는 대다수의 독백, 특히 버려지고 모욕받는 것에 관한 이야기는 브란도 자신의 유년시절 경험에서 우러나온 것이었다.

"'파리에서의 마지막 탱고'는 감정적인 팔씨름의 연속이었다." 그는 자서전에 이렇게 기록했다. "이 영화의 촬영을 마쳤을 때, 나는 다시는 영화를 위해 감정적으로 스스로를 망가뜨리지 않겠다고 결심했다."

브란도는 자기만의 세계 속으로 계속 빠져들었다. 그는 베트남전을 초현실적으로 묘사한 코폴라 감독의 '지옥의 묵시록(1979)'에서 그린 베레 출신의 변절자 커츠 대령을 연기하면서 자신이 만든 괴짜 같은 세상의 꼭대기에 다다른 듯했다.

1990년 어느 날, 브란도는 타블로이드판 신문 1면에 실린 자신의 이름을 발견한다. 그의 아들 크리스티안이 유명한 타히티 출신 은행가 겸 정치인의 아들 대그 드롤렛을 살해한 피의자로 지목되었던 것이다. 크리스티안은 드롤렛이 자신의 여자친구 샤이엔 브란도(20세)를 학대했다고 생각하며 앙심을 품고 있었다. 이렇게 브란도는 가족 문제로 불현듯 가십면의 먹잇감이 되기 시작했다.

크리스티안 브란도는 과실치사 혐의를 인정하고 거의 5년 동안 형을 살았다. 그리고 샤이엔 브란도는 타히티에 있는 어머니 집에서 목을 매 자살했다.

브란도에게는 크리스티안 외에도 미코와 사이먼, 그리고 레베카, 페트라, 니나, 이렇게 다섯 명의 자녀가 더 있다고 알려져 있다.

1990년대 중반, CNN의 '래리 킹 라이브'에 출연한 브란도는 매우 묘한 두 가지 장면을 남겼다. 하나는 사회자 래리 킹과 갑자기 키스를 나눈 것이고, 나머지 하나는 사회적 양심이 없는 유대인들이 할리우드를 장악하고 있다며 불만을 터뜨리는 모습이었다.

그러나 브란도는 자신에 관한 진솔한 이야기도 남겼다. 그는 킹에게 자신이 남태평양을 그토록 사랑하는 이유를 다음과 같이 밝혔다.

"가끔 나체로 남태평양 해변에 누워 있을 때면 바람이 내 위를 스쳐가는 것이 느껴져요. 하늘에 별이 떠오르는 것도 볼 수 있죠. 그걸 가만히 응시하고 있으면 내 어휘력의 한계를 벗어난, 매우 깊고 형언할 수 없는 밤에 빠져들게 됩니다. 그리고 생각하죠. '신이시여, 나에게 중요한 것은 아무것도 없습니다. 내가 무엇을 하든 하지 않든, 혹은 누군가가 무슨 일을 벌이든, 지금 내가 누워 있는 모래알이나 베개로 삼은 코코넛 열매보다 중요하지 않습니다.' 그러고 나서는 정말 오랫동안 느끼기만 할 뿐, 아무 생각도 하지 않습니다."

자니 카슨

1925년 10월 23일~2005년 1월 23일

리처드 세베로·빌 카터 기자

30년 동안 '투나잇' 쇼의 진행자로 활약하며 잠을 청하려던 수백만 미국인들의 심야 시간을 장악했던 익살스럽고 장난기 많은 코미디언, 자니 카슨이 어제 로스앤젤레스에서 별세했다. 향년 79세.

그의 가족들은 사인이 폐기종이라고 밝혔다.

카슨은 1962년 10월 1일, 잭 파로부터 '투나잇' 쇼를 넘겨받아 1992년 5월 22일, 제이 레노에게 넘겨주기까지 30년의 세월 동안 미국 텔레비전 업계에서 가장 인기 있는 거물급 스타로 자리매김했다. 이 기간 동안 텔레비전 수상기를 가진 사실상 모든 미국인들이 카슨의 재담을 보았다고 해도 과언이 아니며, 전성기 때는 1,000만에서 1,500만 명의 미국인들이 카슨으로 인해 평일 저녁에 좀 더 즐겁게 단잠에 들 수 있었다.

카슨은 "심야 시간의 제왕"이라고 불릴 만큼 왕권에 가까운 영향력을 행사하면서 텔레비전 방송 운영의 기반을 바꾸는 데 중요한 역할을 했다. 이를테면 1972년, 그가 록펠러 센터에서 진행하던 자신의 쇼를 캘리포니아 주 버뱅크에 위치한 NBC 웨스트 코스트 스튜디오로 옮기는 결단을 내리며 텔레비전 방송의 권력 체제가 뉴욕에서 로스앤젤레스로 이동되는 결과는 가져왔으며, 이는 카슨이라는 한 사람의 행보에 따라 미국 대중문화가 브로드웨이에서 할리우드로 재편되었다는 것을 의미했다. 또한 그가 '투나잇' 쇼를 밤 11시 30분에서 새벽 1시까지 생방송으로 진행하던 방식을 중단하고 저녁 일찍 녹화하는 방식을 도입한 뒤, 녹화방송이 표준적인 제작 방식으로 자리잡게 된다.

카슨은 독백극(monologue)을 통해 일곱 명의 전직 대통령뿐만 아니라 여러 분야의 유력 인사, 민간 부분의 세력가들—비밀리에 오염을 유발하는 기업가, 조세범, 우쭐거리는 변호사, 겉만 번지르르한 회계사, 너무 쉽게 상황을 모면하는 피고인, 지나치게 말이 많은 연예인 등—의 기행을 꼬집었다.

카슨은 이런 모든 자질구레한 이야기들을 예의바르고 악의가 없는 방식으로 다룸으로써, 고루하고 보수적인 공화주의자들도 닉슨-애그뉴에 관한 그의 농담을 듣고 미소를 지었으며, 진보적인 민주주의자들도 린든 B. 존슨과 케네디 일가에 관한 그의 풍자를 즐겼다. 대중들은 자신들이 자니 카슨의 편에 서게 된 것인지, 아니면 카슨이 자신들의 편을 드는 것인지 정확히 말할 수가 없었다. 다만 분명한 사실은 대중들은 카슨을 좋아했고 그를 잘 안다고 느꼈다는 것이다. 그런데 정작 카슨의 부인과 가족, 그리고 '투나잇' 제작 스태프들을 포함한 그의 측근들은 자신이 카슨과 친밀하다고 자신 있게 말하지 못했다.

그들은 카슨이 극도로 개인주의적인 성향의 사람으로, 카메라가 꺼지면 스포트라이트를 피하는 자발적인 외톨이라는 것을 잘 알고 있었다. 그럼에도 말쑥한 미 중서부 스타일을 대변하던 카슨의 존재감은 여전히 너무 매력적이어서 제각각 분열된 국민들의 마음을 하나로 통합해내는 힘을 발휘했다.

"지금으로부터 100년이 흐른 뒤에도 카슨의 쇼를 본 사람이라면 그 누구라도 무엇이 카슨을 그토록 폭넓게 사랑받도록 만들었는지, 또 어떻게 그토록 오랫동안 자리를 유지하는 것이 가능했

는지 아무런 어려움 없이 이해할 수 있을 것이다. 그는 상냥하고, 친근하고, 매력적이고, 즐거웠으며, 그저 재미있기만 한 코미디언이 아니라, 언제든 당신의 집에 반갑게 초대하고 싶은 그런 사람이었다." 1992년, 카슨이 '투나잇' 쇼의 진행자 자리에서 물러났을 때, '워싱턴 포스트'의 텔레비전 방송 비평가 톰 셰일스는 이렇게 말했다.

현직에 몸담는 동안, 가장 영향력 높은 텔레비전 출연자였던 카슨은 바브라 스트라이샌드와 데이비드 레터맨 같은 새로운 인재를 발굴하거나 등용했으며, 돈 리클스나 버디 해킷 같은 쇼 비즈니스 산업의 노병들에게 스포트라이트를 비추는 일도 게을리 하지 않았다. 또한 우디 앨런, 스티브 마틴, 그리고 그의 후임자인 레노 같은 떠오르는 신예들이 나아갈 길을 닦아놓았다.

그러는 동안 카슨과 NBC는 수백만 달러를 벌어들였는데, 한창 때는 NBC의 총 수익 중 17퍼센트를 카슨이 창출했으며, 그의 쇼는 텔레비전 방송 역사상 가장 큰 돈을 벌어들인 단일 프로그램으로 기록되기도 했다.

지난 한 세대를 풍미했던 연예인들 중 '투나잇' 쇼의 그 유명한 소파를 거쳐가지 않은 사람은 없었다. 카슨은 특별히 짜증을 느끼지 않는 한 너그러운 진행자였지만, 그와 사이가 틀어진 출연자들은 경력에 큰 흠집을 입곤 했다. 가장 유명한 일화로 코미디언 조안 리버스는 사전에 어떤 통보도 없이 '투나잇' 쇼의 고정 게스트 자리를 박차고 나가 자신의 이름을 내건 쇼로 카슨의 경쟁자로 나선 뒤 한동안 배신자로 낙인찍힌 채 연예계 활동을 해야만 했다.

'뉴요커'의 유명한 프로필란에서 케네스 타이넌은 카슨을 가리켜 "'예상한 대로'의 예술"을 실행에 옮긴 사람이라고 평했다. 미국인들은 '투나잇' 쇼의 밴드 리더 닥 세버린센이 활기 넘치는 테마곡(폴 앵커와 카슨이 직접 작곡함)을 연주하기 시작하면 안도감을 느꼈다. 그러고 나서 쾌활한 목소리의 아나운서 에드 맥마혼이 "여러분, 자니입니다(Heeeeere's Jonny)"라고 외치면 이 말쑥하게 차려입은 진행자가 어김없이 나타나 심야의 걸작 독백극을 펼치기 시작했던 것이다. 비평가 레스 브라운은 이를 가르켜 "미국의 잠자리 동화(bedtime story)"라고 칭했다.

카슨에 대한 대중들의 신뢰는 절대

적이었기 때문에, 그의 표적이 되면 그 누구도 공직 생활에서 오래 살아남을 수 없다는 것을 의식한 정치인들은 '투나잇' 쇼를 주의깊게 모니터링하기 시작했다. 일례로 카슨이 워커게이트 사건에 관해 던진 주옥같은 농담들은 리처드 닉슨의 정치 행보에 시시각각 영향을 미쳤다.

그의 최고 시청률 기록은 1969년 12월 17일, 팔세토 가수 타이니 팀과 미스 비키라는 애칭으로 불리던 17세의 팬 비키 버딩거가 '투나잇' 쇼를 통해 결혼식을 올리던 순간에 세워졌다. 이때 텔레비전 앞에 모여들었던 시청자는 약 5,800만 명으로 추산된다.

모든 것을 다 아는 예언가 카르낙 더 매그니피센트, 수다스러운 할머니 앤트 블래비 등 다양한 캐릭터들을 연기하며 엄청난 인기를 구가하던 카슨에 대해 NBC는 때때로 고삐를 당기며 길들이기를 시도했다. 1979년, NBC의 회장 프레드 실버만은 카슨이 지나치게 긴 휴식기를 가진다고 비난하기 시작했고, 그러자 카슨은 곧바로 계약이 만료되면 쇼를 그만두겠다는 의사를 발표했다. 겁에 질린 방송국은 카슨에게 업계 최고 금액인 연봉 500만 달러를 제안했는데, 이는 누계 가치가 총 5,000만 달러가 넘는, 당시로서는 전례가 없는 계약 조건이었다.

카슨은 또한 NBC 측에 자신의 쇼 편성 시간을 90분에서 60분으로 줄일 것을 요구했고, 이 결정으로 처음에는 레터맨이, 그 후에는 코난 오브라이언이 주름잡는 새로운 심야 프로그램의 시대가 도래하게 된다.

존 윌리엄 카슨은 1925년 10월 23일, 아이오와 주 코닝에서 전력회사 간부였던 아버지 호머 L. 카슨과 연극적인 재능을 갖춘 주부였던 어머니 루스 후크 카슨 사이에서 태어났다. 1933년, 이 가족은 네브라스카 주 노퍽으로 이사했다.

자니는 12살이 되던 해 '호프만의 마술책'을 읽고 마술장비 세트를 우편으로 주문했으며, 위대한 마술사 해리 후디니에 관한 이야기에 빠져 자신 또한 "위대한 카스니"로 이름을 떨치겠다고 결심했다. 그의 첫 데뷔 무대는 노퍽 로터리 클럽 앞이었고, 당시 14살이던 그가 번 돈은 3달러였다.

1943년 학교를 졸업할 때, 그의 친구 한 명은 졸업 앨범에 이런 글을 남겼다. "존, 언젠가 넌 굉장한 연예인이 될 수 있을 거야. 전쟁에 나가 죽지 않는다면 말이야."

카슨은 해군 복무를 마친 후 네브라스카 대학교에 입학하여 연극부 활동에 적극 참여했고, 초창기 텔레비전 방송의 실험적인 프로그램들에도 출연했지만, 그것을 본 사람은 거의 아무도 없다시피 했다.

1951년, 로스앤젤레스로 거처를 옮긴 카슨은 KNXT-TV를 찾아가 방송 관계자들을 설득한 끝에 '카슨의 셀러'라는 제목의 일요일 오후 시간대 코미디 쇼를 진행할 기회를 얻게 된다. 하루는 생방송 도중 세트 뒤로 어떤 물체가 휙 지나가는 방송 사고가 발생했고, 카슨은 방금 레드 스켈튼이 지나간 것 같다고 너스레를 떨었다.

그런데 우연이 이 방송을 보고 흥미를 느낀 스켈튼은 그 다음 주에 카슨을 찾아와 그의 쇼에 직접 출연하기도 했고, 이후 카슨의 능력을 매우 높게 평가하며 그를 자신이 진행하던 CBS 텔레비전 쇼의 작가로 고용했다.

그리고 1954년 어느 날, 방송 시간 직전에 부상을 당한 스켈튼을 대신할 사람을 분주하게 찾던 프로듀서들의 눈에 카슨이 들어왔다. 카슨은 스켈튼의 공백을 제대로 메웠고, CBS는 그에게 단독 쇼를 제안했다. 그러나 그렇게 시작된 '자니 카슨 쇼'는 한 시즌 만에 폐지되고 만다. 이후, 뉴욕으로 자리를 옮긴 카슨은 여러 텔레비전 쇼에서 게스트로 활약했는데, 그중 하나가 파가 진행하고 있었던 '투나잇' 쇼였고 1962년 3월, '투나잇' 쇼를 떠나기로 결심한 파의 후임으로 카슨이 지목되면서 드디어 30년간 이어진 전설의 막이 오르게 된다.

1969년까지 카슨은 주당 약 2만 달러의 수입을 벌어들였다. 그러나 여러 번의 값비싼 이혼 때문에 카슨의 수중에는 돈이 남아나지 않았다. 1972년부터 1982년까지 자니 카슨의 부인이었던 조안나 홀랜드는 현금으로 2,000만 달러 이상의 위자료를 받았으며, 홀랜드 바로 이전 부인이었던 조앤 코플랜드는 해마다 10만 달러의 "급여"을 받았다. 이에 카슨의 첫 번째 부인이었던 조디 월콧은 자신만 충분한 위자료를 받지 못했다고 항의하기도 했다. 카슨의 유족으로는 네 번째 부인 알렉시스 마스와 두 명의 아들, 그리고 형제와 누이가 각각 한 명씩 있다.

카슨은 자신의 사생활을 철저하게 보호했다. 베티 롤린은 카메라가 꺼진 후의 카슨을 이렇게 묘사한 적이 있다. "짜증을 부리고, 방어적이고, 초조해 하고, 내성적이고, 놀라울 정도로 매사에 서투르며 사람들과 함께 있는 것을 불편해 했다." 그런데 카슨 자신은 스스로에 대해 다음과 같은 말을 남겼다. "누군가 날 도청한다면 아주 지루할 거예요. 나는 사교적인 사람이 아니거든요. 혼자 있는 걸 좋아하는 사람입니다."

1992년, 베트 미들러와 로빈 윌리엄스가 게스트로 초대된 은퇴 직전 방송이 사람들의 뇌리에 더 남아있기는 하지만, 카슨이 마지막으로 '투나잇' 쇼에 등장했던 은퇴 방송 또한 거의 국가적인 이벤트로 마무리됐다. 당시 미들러가 부른 '원 포 마이 베이비'(그리고 '원 모어 포 더 로드')를 들으며 관객들과 카슨 모두 눈물을 흘렸다.

언젠가 누군가가 카슨에게 훗날 자신의 묘비에 어떤 말이 새겨지길 원하는지 물은 적이 있다.

카슨은 잠시 생각에 잠기더니 토크쇼 진행자다운 대사를 내놓았다. "곧 다시 뵙겠습니다."

리차드 프라이어

1940년 12월 1일~2005년 12월 10일

멜 왓킨스 기자

인종의 벽을 초월했으며 신랄하고 성역 없는 유머를 미국인들의 거실, 영화관, 클럽, 그리고 콘서트홀로 끌어들여 구습 타파주의를 상징했던 스탠드업 코미디언 리차드 프라이어가 지난 토요일, 65세를 일기로 세상을 떠났다.

부인 제니퍼 리 프라이어는 CNN과의 인터뷰에서 다발성 경화증을 앓고 있었던 프라이어에게 심장마비가 찾아왔고 결국 로스앤젤레스의 한 병원에서 숨을 거뒀다고 밝혔다.

프라이어의 건강 상태는 지난 수년간에 걸쳐 무너져 내리고 있었다. 주로 약물에 의해 촉발된 자기 파괴적이고, 혼란스러우며, 폭력적인 행동들은 수차례 그의 경력을 위협했으며 그의 삶 또한 위태롭게 만들었다. "나는 어둠 속에서 도망칠 수가 없었어요." 프라이어는 이렇게 인정한 적도 있지만, 무대를 위해서라면 자기 내면의 악마를 마음대로 끄집어 낼 수 있었다.

프라이어의 탁월하고 코믹한 상상력과 거친 길바닥 용어의 창의적인 활용은 대부분의 미국인들에게 다 까발려지는 느낌으로 다가갔다. 그는 단순히 이야기를 전달하는 것이 아니라, 서민적이고 지방색이 풍기는 표현에서부터 선정적이며 도시적인 표현까지 미국 흑인 유머의 전 영역을 드러내면서 이야기에 생명력을 불어넣었다.

1970년대 후반 전성기를 맞이한 프라이어는 잠시도 가만히 있지 못하는 고양이처럼 무대 위를 돌아다녔다. 그는 변덕스러웠지만 연약했으며, 무신경하면서도 예민한 사람이었다. 그리고 세상 물정에 밝아 자만심에 찬 모습을 보이다가도, 왠지 소심하고 불안한 면을 드러내기도 했다.

"프라이어가 그 모든 것의 시작이었습니다." 감독 겸 코미디언 키넌 아이보리 웨이언스는 말했다. "그는 흑인 코미디언이 표현할 수 있는 진보적인 사고방식에 대한 청사진을 제시했고, 불손한 스타일에 대한 금기를 깨부쉈어요."

또한 영화배우 에디 머피는 프라이어에 대해 "한 마디로, 지금껏 마이크를 들었던 그 누구보다 뛰어난 사람"이라고 평했으며, 극작가 닐 사이먼은 "미국에서 가장 탁월한 코미디언"이라고 칭했다.

프라이어는 바디 랭귀지를 통해 미국 사회에서 흑인 남성이 지닌 잠정적인 태도의 양면성—공격적이면서도 방어적인—을 전달했다. 또한 그는 거리에서 흔히 만날 수 있는 수많은 사람들이 중산층 흑인을 대할 때 흔하게 보이는 당혹감, 그리고 고정관념에 불과한 백인들을 향한 태도들도 자신만의 코미디로 풀어냈다. 이렇듯 솔직하고 유쾌한 방식의 코미디로 그는 인종 간의 경계를 초월할 수 있었고, 더불어 수많은 팬들을 사로잡을 수 있었다. 1998년 프라이어는 케네디 센터에서 마크 트웨인 유머상을 받았다.

일부 관객들은 그의 거친 발언과 노골적인 언어 사용에 불쾌감을 느꼈지만, 프라이어는 조금의 왜곡도 없이 여러 캐릭터들을 표현하는 방식을 고수했다. "거짓말은 불경한 것이죠." 그는 이렇게 말한 적이 있다. "예술은 진실, 특히 자기 자신에 관한 진실을 말할 수 있는 능력입니다."

리차드 프라이어는 1940년 12월 1일, 르로이 프라이어와 거트루드 토마스 프라이어 사이의 외동아들로 일리노이 주 페오리아에서 태어났다. 그는 자신이 자랐던 환경에 대해 이렇게 쓴 적이 있다. "다양한 부류의 친척과 이웃, 매춘부, 그리고 술주정뱅이들 틈에서 살았던 나는 그들로부터 평생 쓸 수 있는 코미디 소재들을 얻었다." 그의 부모와 할머니는 여러 개의 술집과 매음굴을 운영하기도 했다.

허약한 아이였던 프라이어는 거리의 폭력배들과 덩치들, 그리고 자신보다 더 공적적인 또래들로부터 존중받기 위해 기민한 재치와 공격적인 유머를 이용하는 법을 배웠다. 그러나 그의 괴상한 행동들은 교실에서는 용인되지 않았고, 결국 8학년 때 퇴학을 당한다. 이후 그는 트럭 운전사, 공사장 인부, 공장 직원을 전전하다 군에 입대했으나, 독일에서 복무하던 중 벌어진 한 싸움에서 어떤 동료를 칼로 찌르는 바람에 군에서도 불명예 제대를 하고 만다.

페오리아로 돌아와 결혼을 하고 아들 리차드 주니어를 낳은 프라이어는 텔레비전에서 레드 폭스와 딕 그레고리의 쇼를 보고 영감을 받아 지역 나이트클럽에서 공연을 하기 시작한다. 그리고 1962년, 한 버라이어티 공연단이 제안한 진행자 자리를 받아들여 이스트 세인트루이스, 클리블랜드, 시카고, 피츠버그, 영스타운의 소규모 흑인 나이트클럽들에서 순회공연을 했는데, 아내와 아들은 집에 남겨둔 채 였다.

이렇게 '치틀린 서킷(흑인이 출연하는 나이트클럽)'에서 재능을 키운 프라이어는 1963년, 뉴욕에서 자리를 잡아보기로 결심한다. 그는 '빅 캣(big cat; 거물)'들과 경쟁할 준비가 됐다고 느끼면서 자신이 가장 존경했던 코미디언 빌 코스비의 성공을 좇기 위해 노력했으며, 얼마 지나지 않아 '카페 화?'와 '비터 엔드' 같은 그리니치 빌리지의 클럽들에 출연할 수 있게 된다.

그리고 드디어 인기 텔레비전 프로그램에 출연할 수 있는 기회가 찾아왔다. 그는 다른 코미디언들의 스타일을 자유롭게 흉내 내는 비공격적인 '하얀 빵(white bread; 전통적인)' 코미디를 선보이며 그의 표현대로 "주류사회로 입성"했다. 하지만 인기를 얻을수록 좌절감 또한 커졌다.

"내 머리 속에는 마약쟁이, 술주정뱅이, 사기꾼, 매춘부, 그리고 소리 지르는 여자들과 가족들의 세계가 들어있었고 그들의 목소리가 계속해서 들려왔다." 그는 자서전 '프라이어의 신념'(1995)에서 이렇게 적었다. "그리고 분노가 터질 때까지 압박감을 느꼈다."

클럽 사장, 스케줄 담당자, 그리고 조언자들의 반대에도 불구하고 프라이어는 머리 속에서 울리는 목소리들로 새로운 코미디 소재를 만들어냈고, 이후 몇 년 동안 미국 사회에서 흑인들이 경험하는 일상다반사를 직접적으로 묘사하기 시작했다. 심지어 길거리 은어인 '깜둥이(nigger)'라는 단어를 쓰는 것도 서슴지 않았다.

로스앤젤레스의 쇼 비즈니스 업계로 돌아왔을 때, 프라이어의 코미디 스타일은 근본적으로 바뀌어 있었다. 그의 달라진 연기를 본 코스비는 이렇게 말했다. "리차드는 자신의 연기 속에서 빌 코스비를 죽였습니다. 사람들은 그런 방식을 싫어할지도 모르지만, 그는 순수한 프라이어로 되돌아가 새로운 연기를 완성했습니다. 이건 내가 지금까지 본 것 중에서 가장 놀라운 변신이에요. 그는 정말 엄청난 예술가입니다."

프라이어가 1974년에 발매한 앨범 '댓 니거스 크레이지(저 깜둥이는 미쳤어)'는 흑인들뿐만 아니라 젊은 백인들에게까지 인기를 끌며 음반업계 실무자들을 놀라게 했다. 이 앨범은 50만 장 이상 팔렸으며, 그래미 어워드에서 올해의 베스트 코미디 앨범으로 선정됐다. 프라이어는 1975년 '새터데이 나이트 라이브'의 인기 호스트로 등장하기도 했으며, 2년 후에는 NBC와 텔레비전 스페셜 시리즈 제작을 위한 계약을 맺었다.

1979년, 아프리카 여행에서 돌아온 프라이어는 공연장에서 다시는 '깜둥이'라는 단어를 사용하지 않을 것이라고 공언했는데, 그의 말에 따르면 해외에 체류하고 있는 동안 정부기관에서 근무하는 흑인, 사업체를 운영하는 흑인들을 보면서 이 세상에 '깜둥이'라고 부를 수 있는 사람은 그 누구도 없음을 깨달았다고 한다.

그는 진행자로서 경력을 쌓아가는 한편, 40여 편의 영화에도 출연했다. 첫 번째 출연작은 1969년 작 '참견하기 좋아하는 사람들'이었고, 마지막 출연작은 자주 호흡을 맞췄던 진 와일더와 공동 주연을 맡은 1992년 작 '또 다른 너'였다. 한편 자기 자신의 격동적인 삶을 반추했던 1979년 작 '리차드 프라이어, 라이브 인 콘서트'는 이후 다른 라이브 코미디 공연 영화를 평가하는 기준이 됐다.

프라이어는 여섯 번 결혼하고 다섯 번 이혼했다. 그의 유족으로는 부인 외에 여섯 명의 자녀들이 있다.

프라이어가 유명세와 재산을 얻기 위해 자신의 불운을 이용했다면, 그의 자기 파괴적인 행동은 자신의 경력과 삶을 자주 위태롭게 만들었다. 1980년, 그는 마치 마라톤이라도 하듯이 연일 약물을 몸 속으로 퍼붓다가 갑작스런 폭발로 인해 치명적인 화상을 입었다. 경찰발표에 따르면 코카인과 함께 사용한 에테르가 점화되면서 일어난 폭발이었다. 당시 출동한 응급구조원들은 로스앤젤레스 외곽에 있는 자택으로부터 약 1.6km 이상 떨어진 곳에서 상반신 전체에 3도 화상을 입은 채 몽롱한 상태로 걷고 있는 프라이어를 발견했다. 그는 거의 두 달 동안 병원에서 수차례 피부이식 수술을 받아야만 했다.

회복 이후, 프라이어는 1980년대 내내 여전히 박스 오피스 흥행을 보장하는 인기를 유지했지만, 약물과 건강상의 문제는 계속 이어졌다. 1986년, 그는 다발성 경화증 진단을 받았으며, 시간이 지날수록 현기증, 떨림, 근력 저하, 만성 피로 등 치명적인 증상으로 고통을 겪어야 했다. 그럼에도 프라이어는 콘서트 투어를 위한 만반의 준비를 마치고 1992년, 로스앤젤레스의 코미디 업계로 복귀했다. 더 이상 선 채로는 공연을 할 수 없었던 그는 안락의자에 앉아서 1인극을 소화했지만 다음 해 초에는 그마저도 할 수 없게 되어 공연을 취소할 수밖에 없었다.

"나는 에너지보다 더 큰 마음이, 힘보다 더 큰 용기가 나에게 있다는 것을 깨달았습니다." 그는 말했다. "그렇게 나의 정신은 여전하지만, 내 두 다리는 나를 마지막 무대로 데려다 줄 수가 없네요."

잉그마르 베르히만

1918년 7월 14일~2007년 7월 30일

머빈 로드스타인 기자

인간의 조건에 대한 잊을 수 없는 탐구를 바탕으로 그 안에 공존하는 적막함과 절망, 희극과 희망을 발견한 영화계의 거장 잉그마르 베르히만이 어제 스웨덴 발틱 해 연안의 파로 섬 자택에서 사망했다. 향년 89세.

세계 영화사에서 가장 위대한 감독들 중 하나로 손꼽히는 베르히만은 20세기 후반기 내내 진행됐던 작가주의 영화의 정점에서 페데리코 펠리니와 쿠로사와 아키라 같은 감독과 어깨를 나란히 했다.

그의 작품세계는 연인들 간의 코믹한 소동을 담아낸 1955년 작 '한여름 밤의 미소'에서 죽음에 휩싸인 채 신을 찾는 십자군의 이야기를 다룬 1957년 작 '제7의 봉인'으로 옮겨갔으며, 1972년 작 '외침과 속삭임'에서는 치명적인 질병의 참혹함을 묘사했다면 그로부터 10년 후에 내놓은 '화니와 알렉산더'에서는 한 가족의 삶을 익살과 공포가 교차하는 사건으로 그려냈다.

베르히만은 고통과 고뇌, 욕망과 종교, 그리고 악의와 사랑 등 양면성을 주로 다뤘으며 그의 세계관 속에서 신은 침묵을 지키고 있거나 악의적인 존재이며, 남자와 여자는 피조물이자 욕망의 노예였다.

수많은 영화광과 비평가들에게 베르히만은 1950년대 영화제작에 새로운 작가주의를 불러일으켰던 여타 감독 그 이상의 의미였다.

"베르히만은 스크린에 처음으로 형이상학—종교, 죽음, 실존주의—을 도입한 인물이다." 프랑스 영화감독 베르트랑 타베르니에는 말했다. "그러나 베르히만의 최대 장점은 여성에 관해, 그리고 남성과 여성 사이의 관계에 대해 말하는 방식에 있다. 그는 순수성을 좇기 위해 땅을 파는 광부와도 같았다."

그의 작품들은 다른 수많은 영화제작자들에게 영향을 미쳤는데, 특히 우디 앨런은 베르히만을 가리켜 "모든 것을 고려해 봤을 때, 영화 카메라가 발명된 이래 아마도 가장 위대한 영화 예술가"라고 칭했다.

베르히만은 40년이 넘는 기간 동안 약 50여 편의 영화를 만들었다. 남과 여, 그리고 인간과 신, 이렇게 관계에 대한 두 가지 커다란 주제에 집중했던 그는 1965년 출간한 에세이에서 "제한적인 지적능력의 통제를 벗어나, 문자 그대로 영혼에서 우러나와 영혼까지 전달되는 감각적인 언어"를 영화 안에서 발견했다고 표현했다. 그는 자신의 영화를 일종의 자서전으로 여겼을 뿐만 아니라 "어느 때나 꿈을 경험과 감정으로 바꿀 수 있는 방법"이라고 생각했다.

스톡홀름 로열 드라마틱 씨어터의 총감독을 맡을 정도로 연극계에서도 상당한 이력을 쌓았던 베르히만은 여러 번 결혼했으며, 주연 여배우들과의 불륜 관계로 구설수에 오르기도 했다.

베르히만은 자신의 상징과도 같은 네 편의 영화—'한여름 밤의 미소', '제7의 봉인', '산딸기', '마술사'—로 1950년대 중반 세계 영화계에 혜성 같이 등장했었다. 이전 10년 동안 스웨덴 밖에서는 거의 알려지지 않은 감독이었던 그는 1956년, '한여름 밤의 미소'로 칸 국제 영화제에서 특별상을 수상한 것을 시작으로 이듬해, 역병으로 공포에 떨고 있는 세계에서 죽음의 체스를 두고 있는 중세 기사(막스 폰 시도우 분)의 행보를 담은 아름답고 웅변적인 서사시 '제7의 봉인'으로 칸에서 또 한 번 특별상을 수상했으며, 1959년에는 베니스 영화제에서 '마술사'로 심사위원 특별상을 받았다.

이후 전 세계 관객들이 베르히만의 영화를 보기 위해 예술 영화관으로 몰려들기 시작했고, 중세 스칸디나비아에서 벌어진 강간 사건과 그 후 벌어지는 미스터리한 일들을 다룬 1960년 작 '처녀의 샘'으로 아카데미 최우수 외국어 영화상을 받기에 이른다. 이렇듯 베르히만이 영화계에서 숭배의 대상이자 박스오피스 흥행 감독이라는 타이틀을 거머쥐기까지는 몇 년이 채 걸리지 않았다.

베르히만은 자신의 창의적인 특성과 사적인 특성 사이의 이중성에 관해 자주 말하곤 했다. "나는 나 자신의 이중적인 면을 너무 잘 알고 있다." 언젠가 그는 이렇게 말했다. "잘 알려진 '나'는 극히 억제되어 있다. 모든 것은 계획되어 있어야 하고, 또한 확실해야만 한다. 반면 잘 알려지지 않은 '나'는 몹시 무례하다. 물론 그러한 측면에 내 모든 창작 작업의 근원이 있기는 하지만, 이 잘 알려지지 않은 '나'는 너무나 아이와 같아서 비합리적이고, 충동적이고, 극도로 감정적이다."

에른스트 잉그마르 베르히만은 1918년 7월 14일, 스웨덴의 웁살라대학교 타운에서 태어났다. 루터교의 일반 성직자로 시작해, 후에 스웨덴 왕실 전속 목사가 된 아버지 에릭은 체벌이나 옷장 감금 등 자식에 대한 엄격한 훈육을 신봉하는 인물이었다. 그리고 어머니 카린은 예측할 수 없을 정도로 기분 변화가 심한 사람이었다.

스톡홀름 근교의 작은 시골 교회들을 돌며 설교를 하던 아버지를 따라다니곤 했던 잉그마르는 자신이 간직한 가장 최초의 기억이 빛과 죽음이라고 말한 적이 있다.

"나는 억지로 교회 의자에 앉아 매우 지루한 설교를 듣고 있었던 것을 기억합니다. 그러나 매우 아름다운 교회였죠. 나는 창문들 사이로 흘러다니는 음악과 빛을 좋아했습니다." 그는 말했다. "장례식이 있을 때면 나는 오르간 옆 높은 단상 자리에 앉아 있곤 했습니다. 그곳에서 보면 관과 검정색 휘장을 배경으로 진행되는 장례 절차들이 근사한 롱-숏으로 눈에 들어왔습니다. 그러고 나서 묘지로 나가 관이 땅 아래로 내려가는 것을 지켜봤습니다. 이런 광경을 두려워한 적은 한 번도 없었어요. 오히려 거기에 매료됐죠."

베르히만은 9살 때, 양철병정 세트를 낡은 환등기와 교환했는데, 이 환등기가 그의 인생 행로를 결정짓게 된다. 그는 1년 동안 이 환등기를 가지고 놀며 자기만의 세계를 구축하는 능력을 발견했던 것이다. 이를테면 그는 무대, 꼭두각시 인형, 그리고 조명을 스스로 제작하고 극작가 '아우구스트' 스트린드베리의 연극에 등장하는 모든 인물들의 목소리를 혼자 연기하면서 꼭두각시 인형극을 선보이기도 했다.

1937년 스톡홀름 대학교에 입학한 베르히만은 얼마 지나지 않아 연극이나 영화와 관련된 경력을 쌓기 위해 학교를 뛰쳐나간다. 이후 처음에는 헬싱보리 시청에서, 그 다음은 말모 시청에서 운영하는 극장과 인연을 맺은 베르히만은 시나리오를 쓰고 직접 영화 연출에 나서기 시작했다.

베르히만의 이름이 처음 스크린 크레딧에 오른 것은 그가 시나리오를 맡았던 1944년 작 '고통'을 통해서였다. 고통스러웠던 학창시절의 마지막 해에 관한 베르히만의 자전적인 이야기가 담긴 이 영화는 칸 영화제에서 대상을 받았고, 어린 학생들로부터는 사랑을 받지만 가학적인 교사의 미행에 시달리는 여점원을 연기했던 주연배우 마이 제털링은 세계적인 스타가 됐다.

그리고 1945년, 베르히만은 드디어 감독 데뷔의 기회를 잡게 된다. 대부분의 평론가들이 그의 필모그래피에서 주목할 만한 첫 번째 작품으로 꼽는 '감옥'은 모든 제작 과정이 베르히만 프로덕션에서 이뤄진 최초의 작품이기도 했다. 자살한 어떤 매춘부의 이야기를 다룬 이 영화의 제작기간은 단 18일이었다

이후 몇 년간 그가 연출한 작품들로는 십대 연인의 비극을 다룬 '여름 막간(1951)', 첫 코미디 성공작 '여자들의 꿈', 순회 서커스단을 소재로 한 '톱밥과 금속조각', 불륜에 대한 재치 넘치는 코미디극 '사랑 수업(1954)', 그리고 베르히만의 영화 인생에 돌파구를 마련해 준 '한여름 밤의 미소'와 '제7의 봉인' 등이 있다.

또한 '제7의 봉인'과 같은 해 발표된 '산딸기'(1957년)는 노년기에 대한 성찰로 평단의 극찬을 이끌어낸다. 78세의 이삭 보르그(빅터 소스트롬 분)가 시골길을 운전해 가다 우연히 유년기에 살았던 옛집에 들르게 되고, 그곳에서 첫사랑의 기억을 떠올리며 감정적인 고립감을 받아들이는 과정을 그린 '산딸기'에 대해 베르히만은 다음과 같이 말한 바 있다.

"겉보기에는 아버지와 닮았지만 결코 나 자신은 아닌, 그런 인물을 철두철미하게 형상화하는 작업이었습니다." 베르히만은 이렇게 설명했다. "당시 37살이었던 나는 인간이 갖는 모든 감정들을 철저히 배제하고 있었죠."

1962년, 베르히만은 신이 자신을 찾아올 것이라고 믿는 정신장애 여성을 주인공으로 한 '창문을 통해 어렴풋이'로 두 번째 아카데미상을 받았다. 그 후 작품세계의 전환점이 되는 '겨울 빛(1962)'은 1960년대 초반에 만든 3부작 중 두 번째 작품이었으며, 이 3부작은 '침묵'으로 끝을 맺는다.

그의 초창기 영화 대부분이 믿음을 향한 고뇌를 형상화한 반면, 믿음이나 사랑도 없는 현대 남성의 외로움과 연약함을 다룬 '겨울 빛'은 믿음을 잃은 한 목사를 통해 지상에서 원하는 답을 찾을 수 있음을 암시하고 있다.

베르히만은 짧은 병원 생활 동안 자신의 철학적 믿음에 변화가 생겼다고 말한 적이 있다. 마취에서 깨어난 그에게 죽음은 더 이상 공포의 대상이 아니었고 여러 비평가들에 따르면, 그때부터 그의 영화는 사랑이 구원을 위한 유일한 희망이라는 일종의 휴머니즘을 전달하기 시작했다.

일부 비평가들은 그의 영화가 모호하고 가식적이라며 비판했지만, 베르히만은 그때마다 새로운 작품으로 평단과 관객들의 지지를 되찾곤 했다. 그 대표적인 예로, 분해된 두 여성의 인격이 융합되는 과정을 그린 '페르소나'와 세 자매에 관한 냉혹한 묘사가 담긴 '외침과 속삭임'과 같은 영화를 들 수 있다.

베르히만은 자신의 영화에 여러 차례 출연한 폰 시도우, 거너 본스트랜드, 잉그리드 서린, 비비 앤더슨, 얼랜드 조셉슨, 리브 울만 등의 배우들로 레퍼토리 극단을 꾸리기도 했는데, 이 중 울만과는 오랫동안 사적인 관계를 가졌고, 둘 사이에 아이도 한 명 두었다. 또한 베르히만은 오랜 세월 동안 늘 똑같은 촬영감독, 즉 스벤 닉비스트와 함께 작업하기를 고집했다.

그는 다양한 방법으로 영화에 관한 아이디어를 떠올렸다. 일부는 소설이나 음악을 통해 나타났고, 그 외 대부분의 아이디어는 외부에서 벌어진 사건이 마치 열쇠처럼, 뿌리 깊이 자리한 기억의 문을 열 때 떠오른다는 것이 그의 지론이었다.

"나는 유년시절로 가는 통로를 간직하고 있습니다." 그는 이렇게 말한 적이 있다. "아마도 많은 예술가들이 저와 같을 겁니다. 때때로 밤에 수면과 각성의 경계에 놓여있을 때, 유년시절로 통하는 문을 열고 들어갈 수 있죠. 그곳에는 불빛, 냄새, 소리, 그리고 사람들이 예전 모습 그대로 있어요. 할머니가 살아계셨던 고요한 거리, 어른들의 세계에 존재하던 갑작스런 공격성, 이방인에 대한 공포, 그리고 아버지와 어머니 사이에 감돌던 긴장으로 인해 느꼈던 두려움, 그 모든 것을 기억합니다."

이렇듯 그는 '결혼의 풍경', '가을 소나타', '마리오네트의 생', '늑대의 시간', '수치', '고독한 여심', 그리고 베르히만 버전의 모차르트 작품 '마술 피리'까지 여러 영화들에서 자신 안의 기억들을 차용했다.

1982년, 베르히만은 자신의 마지막 극장 상영용 영화 '화니와 알렉산더'가 이제 막 완성되었다고 발표했다. 19세기 초반 스웨덴을 배경으로, 한 마을의 상류층을 조명한 이 영화 역시 그의 유년 시절에서 일부 영감을 받은 작품이었다.

"'화니와 알렉산더'와 함께한 시간들은 너무 환상적이어서, 의식적으로라도 멈춰야 할 때를 결정해야만 했죠." 베르히만은 이렇게 말했다. 1984년, '화니와 알렉산더'는 최우수 외국어 영화상을 포함해 네 개의 아카데미 상을 받았다.

베르히만의 다섯 번째 부인 잉그리드 카레보 베르히만은 1995년에 세상을 떠났다. 베르히만의 유족으로는 수차례 결혼과 그 외의 사적인 관계로 생긴 여러 명의 자녀들이 있다.

베르히만의 영화들 중 다수가 죽음에 대한 집착을 드러냈다고 말할 수 있지만, 인생의 후반으로 갈수록 그는 죽음에 대한 관심이 점점 옅어졌다. "어릴 때에는 죽는다는 사실에 극도로 공포감을 느꼈습니다." 베르히만은 이렇게 말했다. "그러나 지금은 죽음이 매우, 매우 현명한 방식이라는 생각이 듭니다. 죽음은 그저 꺼지는 불과 같죠. 죽음에 대해 그토록 소란을 떨 필요가 없다는 뜻입니다."

폴 뉴먼

1925년 1월 26일~2008년 9월 26일

알진 하메츠 기자

20세기 영화계의 마지막 거성이었던 폴 뉴먼이 금요일 코네티컷 주 웨스트포트에 있는 자택에서 타계했다. 향년 83세.

뉴먼의 홍보 담당사 '체이슨 앤 컴퍼니'의 제프 샌더슨은 그의 사인이 암이라고 밝혔다.

말론 브란도와 제임스 딘이 침울한 분위기의 반항적인 미국 남성상을 정의했다면, 폴 뉴먼은 호감이 가는 변절자, 저항할 수 없는 야성적 매력을 지닌 미남자로 자신을 각인시켰다. 그리고 이런 이미지는 '허드', '폭력 탈옥', '내일을 향해 쏴라' 등, 영화에서 맡은 역할이 무엇이든 상관없이 고스란히 드러났다.

또한 뉴먼은 50년이 넘는 연기 인생 동안 65편 이상의 작품에 출연하면서 육체적인 우아함, 잘난 척하지 않는 지성미, 그리고 그 모든 장점들이 자연스럽게 표현되는 쾌활한 분위기로 한 시대를 풍미했다.

그는 야심만만하고 지적인 배우이자 열정적으로 영화를 공부하는 학생이기도 했다. 바로 이러한 점이 그를 단순한 할리우드 스타가 아니라 우락부락해진 노년에 들어서도 카리스마를 발휘하는 한 명의 배우로서 영화 현장에 존재하게 했다. 뉴먼은 자동차 경주를 즐겼고, 아픈 어린이들을 위한 여름 캠프를 주최했으며, 전 세계 슈퍼마켓에서 자신의 사진이 붙어있는 식품들을 판매하는 비영리 사업가이기도 했다.

뉴먼은 1954년, 역사극 '은술잔'으로 할리우드에 데뷔했다. 그리고 제임스 딘 대신 '상처뿐인 영광'의 권투선수 록키 그라지아노 역을 맡으며 데뷔 1년 반 만에 스타덤에 올랐다. 제임스 딘은 시나리오가 완성되기도 전에 자동차 사고로 사망했었다.

뉴먼은 벼락 스타가 되었지만 배우라는 직업을 오랫동안 몸 담아야 할 업으로 생각하며 진지하게 받아들였다. 그러나 다른 한편으로, 그는 자신의 스타 파워, 고전적인 미모, 특히 빛나는 파란 눈이라는 이미지의 틀 안에서 거의 옴짝달싹 못하기도 했다. "내 묘비명을 상상해봤다." 언젠가 그는 자신의 파란 눈에 대한 대중들의 유별난 관심을 두고 이런 농담을 던진 적이 있다. "눈이 갈색으로 변했기 때문에 모든 일이 실패로 돌아간 폴 뉴먼, 여기에 잠들다."

뉴먼의 필모그래피는 수십 년에 걸쳐 결함이 있는 영웅, 그리고 승리한 반영웅 캐릭터들로 채워졌다. 그는 1958년 작 '길고 긴 여름날'에서는 남부 아가씨와 결혼하기로 결심한 떠돌이 사기꾼이었고, 1982년 작 '판결'에서는 배임 사건에 빠진 자신을 스스로 구제하기 위해 동분서주하는 지치고 술에 절은 변호사였다. 그리고 2002년, 77세가 된 뉴먼은 톰 행크스와 함께 출연한 '로드 투 퍼디션'에서 서글서글하면서도 악랄한 갱스터 보스로 분해 연기를 펼쳤다. 이 영화는 그가 출연한 마지막 메이저 영화가 됐다.

할리우드 스타들 중에서 이렇게 불완전한 인물을 여러 번 연기했던 배우는 거의 없었다. 뉴먼이 '허드(1963)'에서 연기한 허드 배넌은 텍사스 목장을 배경으로 자신의 안위를 위해 병에 걸린 소를 파는 비열한 인물이었다. '폭력 탈옥(1967)'에서는 자기 파괴적인 재소자 역을 맡아 잔인한 감옥 체계 속에서도 저항심을 꺾지 않는 반항아 연기를 선보였다. '내일을 향해 쏴라(1969)'에서는 쾌활한 은행털이범 부치 캐시디 역을 맡아 로버트 레드포드와 짝을 이뤄 잊을 수 없는 연기를 펼쳤다. '허슬러(1961)'에서는 삼류 도박꾼 패스트 에디

역을 맡아 열연했는데, 이 역할은 25년 후에 '컬러 오브 머니(1986)'에서 부유한 중년의 주류 도매업자로 재현되기도 했다. 뉴먼은 바로 이 '컬러 오브 머니'로 아카데미 최우수 남우주연상을 받았으며, 그것이 아카데미 최우수 남우주연상 후보에 여덟 번 오른 끝에 받은 유일한 오스카 트로피였다. 이 밖에도 그는 '로드 투 퍼디션'으로 아카데미 남우조연상 후보에 처음으로 지명된 바 있으며, 그가 감독한 '레이첼, 레이첼'이 최우수 영화상 후보에 오른 적도 있었다.

"역할이 잘 맞을 때 그는 비할 데 없는 연기를 펼쳤다." 1977년, 영화 평론가 파울린 카엘은 이렇게 적었다. "뉴먼은 영웅적으로 치장되지 않은 배역 속에서 가장 편안해 보였으며, 악당을 연기할 때조차도 정말 악랄한 사람이 아닌, 영화 '허드'에서처럼 그저 미숙하고 이기적인 사람처럼 느껴졌다. 물론 그도 배우이기 때문에 자기 자신이 아닌 어떤 인물도 연기할 수 있었다. 이를 테면 어리숙한 망나니 같은 역할 말이다. 그러나 그런 비뚤어지거나 악랄한 누군가를 연기할 때는 어색해 보였다. 특히 그가 점점 나이가 들고, 그가 실제로 어떤 사람인지 더 잘 알려질수록 그의 연기도 점점 더 그럴싸해 보이지 않게 되었다."

뉴먼은 연기로만 만족할 수 없었다. 그는 레이스카 드라이버가 되어 '스포츠 카 클럽 오브 아메리카'에서 여러 차례 챔피언을 차지했다. 또한 1982년에는 자신이 창안한 샐러드 드레싱을 팔기로 결심한 뒤, 작가였던 친구 A. E. 호치너와 함께 기업을 차려 '뉴먼스 오운'이라는 브랜드를 출시했다.

이 브랜드는 레모네이드와 팝콘, 스파게티 소스, 기타 제품 등으로 판매 품목을 확대했으며 25년 후, 2억 달러 이상의 모든 수익금을 자선단체에 기부했다고 공식 발표했다.

기부금 중 상당액은 영화 '내일을 향해 쏴라'의 범죄단 이름에서 딴 '홀 인 더 월 갱 캠프'를 세우는 데 사용됐다. 이 캠프는 난치병에 걸린 아이들에게 무료 여름 휴양지를 제공하고 있다.

그 몇 해 전인 1978년 11월 28일, 뉴먼의 여섯 자녀 중 제일 맏이인 스콧 뉴먼이 알코올과 약물 과다복용으로 28세의 나이에 세상을 떠났고, 뉴먼은 아들을 기리기 위해 스콧 뉴먼 센터를 설립하여 약물과 알코올의 위험성을 알리는 일도 하기 시작했다.

뉴먼은 50세에 여배우 조앤 우드워드와 두 번째 결혼을 했고 슬하에 세 딸을 두었다. 뉴먼과 우드워드는 1953년 브로드웨이 연극 '소풍'에 함께 캐스팅된 이후로 1958년 '길고 긴 여름'으로 시작해 '고독한 관계', '해리와 아들', '브리짓 부부' 등 10편의 영화에서 공동 주연을 맡았다. 그중 '해리와 아들'과 '브리짓 부부'는 뉴먼이 감독 및 제작한 작품으로 시나리오 집필에도 일정 부분 참여했다.

1968년, 우드워드가 출연한 '레이첼,

레이첼'을 제작 및 감독한 뉴먼은 '감마선은 금잔화에 어떤 영향을 끼쳤나'와 '글래스 미네저리' 등 다른 우드워드 출연작들에서도 감독을 맡았다. 감독으로서 만든 가장 야심 찬 대작은 '스탬퍼 가의 대결'이었다.

영화계에서 긴 결혼 생활을 유지하는 것은 거의 드문 일이었기에, 뉴먼과 우드워드의 오랜 결혼 생활은 유난히 돋보였다. 그는 '플레이보이' 매거진과의 인터뷰에서 결혼 생활의 신의에 대해 말할 때 자주 인용되는 문구로 자신의 생활을 언급한 적이 있다. "집에서 스테이크를 먹고 있는데, 왜 밖에 나가 햄버거를 먹겠는가?"

폴 레너드 뉴먼은 1925년 1월 26일, 클리블랜드에서 태어났다. 어머니의 결혼 전 이름은 테레사 페처였으며, 아버지 아더가 운영하던 스포츠용품 매장이 번창한 덕분에 이 가족은 오하이오 주의 부촌인 셰이커 하이츠에 정착할 수 있었다.

뉴먼은 고등학교 시절 학교 연극반에서 연기 활동을 시작했으며, 해군 항공대 소속으로 전시 군 복무를 마친 후 오하이오 주 케니언 칼리지에 입학했다. 그리고 1949년 졸업하기 전까지 10편이 넘는 연극에 출연했다.

1950년 아버지가 세상을 떠났을 때, 뉴먼은 아버지를 대신해 스포츠 용품 매장을 운영하기 위해 당시 아내였던 여배우 자클린 위트와 함께 클리블랜드로 돌아왔다. 그러나 18개월 후 그는 동생에게 사업을 맡기고 아내와 아들 스콧을 데리고 예일 대학교로 향했다. 감독 수업에 집중하기 위해서였다.

1952년 예일 대학교를 떠난 직후, 조쉬 로건 감독과 극작가 윌리엄 잉게가 뉴먼에게 '소풍'의 작은 배역 하나를 맡기게 된다. 이후 뉴먼은 곧 조연으로 격상됐으며, 14개월 동안 브로드웨이의 무대에 오르는 동안 랄프 미커의 대역으로 캔자스의 한 마을에서 여성들을 안달나게 만드는 섹시한 나그네를 연기하기도 했다.

당시 뉴먼과 우드워드는 리허설 때부터 서로에게 끌리는 것을 느꼈다. 그러나 뉴먼은 이미 결혼을 한 상태였기 때문에, 우드워드는 몇 년간 서로에게서 멀어지는 것이 좋겠다고 고집했다.

1950년대 초반 뉴먼은 제임스 딘과 말론 브란도, 그리고 결국 우드워드와 함께 뉴욕 액터스 스튜디오에서 연기 수업을 받기 시작했다. 그러던 1954년, 워너 브라더스는 뉴먼에게 '은술잔'의 주연을 맡는 조건으로 주급 1,000달러를 제안했다. 그러나 이 영화는 뉴먼 스스로 지금껏 만들어진 영화들 중 최악이라고 말할 정도로 자괴감을 느끼게 만들었고, 그런 그에게 해독제는 브로드웨이로 서둘러 돌아가는 것이었다. 이후 뉴먼은 조셉 헤이스의 연극 '필사의 시간'에서 어떤 가족을 인질로 삼는 탈옥수를 연기했으며, 연극은 대성공을 거뒀다.

뉴먼은 공연이 없는 밤이면 생방송

텔레비전 쇼에 출연했다. 그러던 중 한 제작사가 어니스트 헤밍웨이의 단편 소설 '싸우는 사람'을 각색한 드라마의 주인공으로 뉴먼을 낙점했다. 본래 주연을 맡기로 했던 제임스 딘이 1955년 9월 30일 사망했던 것이다.

'싸우는 사람'를 감독한 아서 펜은 일그러진 프로 권투선수 역을 잘 소화한 뉴먼의 연기에 확신을 느꼈고 차기작인 '상처뿐인 영광'의 주연도 뉴먼에게 맡겼다. 이 역시 제임스 딘이 맡기로 했던 배역이었다. 이후 아서 펜은 빌리 더 키드를 소재로 한 텔레비전 드라마를 각색한 자신의 할리우드 데뷔작 '왼손잡이 권총'(1958년)의 주연배우로 또 다시 뉴먼을 캐스팅한다.

그가 연기한 거친 느낌의 캐릭터들에도 불구하고 뉴먼은 이후로도 여러 해 동안 "예쁘장한 소년"이라는 가벼운 이미지를 달고 다녔는데 이에 대해 아서 펜은 다음과 같이 말한 적이 있다.

"폴의 잘생긴 외모는 배우로서 오히려 독이 되기도 했습니다. 사람들은 그렇게 잘 생긴 사람이 연기까지 잘할 수 있다는 사실 그 자체를 의심했어요."

1957년 뉴먼와 우드워드는 할리우드에서 조용히 동거를 시작했다. 그리고 1958년 결혼했다.

같은 해 뉴먼은 테네시 윌리엄스의 '뜨거운 양철 지붕 위의 고양이'를 각색한 영화에서 매기 더 캣의 남편 브릭을 연기하며 처음으로 아카데미 남우주연상 후보에 올랐다. 이후 1961년 '허슬러'로 두 번째 아카데미 남우주연상 후보가 된다.

1960년대 초반 뉴먼의 연기가 돋보였던 영화들은 대부분 마틴 리트 감독의 작품이었다. 뉴먼과 리트 감독은 '길고 긴 한여름'을 시작으로 미국을 떠난 음악가들의 이야기를 다룬 '파리 블루스', '헤밍웨이의 젊은이의 모험', 뉴먼이 세 번째로 아카데미상 후보에 오른 '허드', 그리고 뉴먼이 노상강도로 출연한 '아웃레이지'와 인디언의 손에서 자란 백인 역할을 한 '옴브레' 등 여러 편의 영화를 함께했다.

뉴먼이 출연한 또 다른 주요 영화들로는 오토 프레밍거 감독의 '영광의 탈출', 알프레드 히치콕 감독의 두 작품, 즉 '찢어진 커튼'과 뉴먼이 로스 맥도날드의 사설탐정 루 아처 역을 맡은 '하퍼' 등이 있다. 한편, 뉴먼은 1968년 작 '영광이여, 영원히'에서 레이스카 드라이버 역으로 캐스팅된 것을 계기로 레이싱 학교에 처음 발을 디뎠으며 이내 중년의 나이로 레이싱의 세계에 빠져들었다.

50세 이후의 뉴먼은 로버트 알트만 감독의 '버팔로 빌과 인디언들'에서 주연으로, 조지 로이 힐 감독의 '슬랩 샷'에서 부도덕한 하키 코치로, 시드니 루멧 감독의 '판결'에서 파멸해가는 변호사로 열연하며 성격파 배우로서 입지를 굳혔다.

뉴먼이 출연한 대부분의 영화는 상업적으로 성공을 거뒀지만, 그 어떤 영화도 레드포드와 다시 팀을 이뤄 한 쌍의 사기꾼을 연기한 '스팅', 그리고 뉴먼이 건축가로 분한 '타워링'에는 미치지 못했다.

뉴먼은 시드니 폴락의 '선택'에서 언론의 희생양이 되어 신임을 잃은 한 남자의 초상을 연기한 후 다섯 번째로 아카데미 남우주연상 후보에 올랐으며, 일 년 뒤 '판결'로 여섯 번째 후보에 올랐다. 그러나 수상은 언제나 그의 몫이 아니었고 1986년, 영화예술 과학 아카데미는 뉴먼에게 위로의 의미로 명예상을 수여했다.

그리고 이듬해, 뉴먼은 마침내 '컬러 오브 머니'로 아카데미 남우주연상을 수상했으며, 이후에도 '노스바스의 추억'의 건설노동자 역으로 여덟 번째 남우주연상 후보에 올랐다.

뉴먼의 유족으로는 아내 우드워드 외에 다섯 명의 딸, 한 명의 형제, 그리고 두 명의 손주가 있다.

언젠가 뉴먼은 자신의 가장 위대한 유산은 자신이 실천해 온 자선활동이라고 말했다.

"우리는 그토록 삶을 낭비하고 있습니다." 그는 말했다. "우리가 할 수 있는 최소한의 부지런함만으로도 이 세상에서 우리를 기만하는 것들을 그냥 둘 수도, 몰아낼 수도 있는데 말이죠."

엘리자베스 테일러

1932년 2월 27일~2011년 3월 23일

멜 거쇼 기자

감탄스러운 아름다움으로 수 세대의 영화팬들을 황홀하게 만들었고, 이름 자체만으로 할리우드의 화려함을 의미했던 엘리자베스 테일러가 지난 수요일 로스앤젤레스에서 사망했다. 향년 79세.

그녀의 홍보담당자 샐리 모리슨에 따르면 사인은 울혈성 심부전으로 인한 합병증이었다. 테일러는 지난 수년간 여러 가지 건강상 문제를 안고 있었으며, 심장 질환으로 6주 전부터 입원해 있었다.

명멸하는 이미지의 세계에서 엘리자베스 테일러는 불변의 스타였다. 10살 때 처음 스크린에 등장한 이래로 영화계에서 줄곧 성장하며 사춘기를 겪어볼 새도 없었다. 그녀는 '녹원의 천사'부터 '젊은이의 양지'까지, 단 한 번의 도약으로 스타의 자리에 올랐고, 그 다음에는 '클레오파트라'로 변신을 꾀했다. 연약한 아역 배우가 관능적인 영화계의 여왕으로 완전히 탈바꿈했던 것이다.

테일러는 약 70여 년 동안 배우로 활동하면서 50편 이상의 영화를 찍었으며, '버터필드 8(1960)'의 콜걸 역과 '누가 버지니아 울프를 두려워하랴?(1966)'의 신랄한 독설가 마사 역으로 아카데미 여우주연상을 두 차례 수상했다. '누

가 버지니아 울프를 두려워하랴?'의 마이크 니콜스 감독은 그녀를 "가장 위대한 여배우 중 한 명"이라고 칭했다.

1986년, 링컨 센터 필름 소사이어티가 테일러에게 명예상을 수여했을 때, 빈센트 캔비는 '뉴욕 타임스'에 다음과 같이 썼다. "엘리자베스 테일러는 내가 떠올릴 수 있는 그 누구보다 완벽한 영화 현상이다. 즉, 어떤 영화가 예술이며 산업인지, 그리고 어둠 속에서 영화를 보고 자란 우리에게 영화가 의미하는 것은 무엇인지 그녀보다 더 완벽하게 보여준 사람은 없었다."

테일러의 인기는 일생 동안 계속됐지만 비평가들은 때때로 그녀의 연기를 칭찬하는 것에 인색했다. 그런 면에서 그녀는 스스로의 독보적인 아름다움에 가려졌다고도 볼 수 있다. 엘리자베스 테일러처럼 아름다운 사람이 재능까지 겸비할 수 있을까? 대답은 물론 '그렇다'이다.

전문적인 훈련을 거의 받지 않았다는 것을 고려해보면, 그녀의 연기 범위는 놀랍도록 폭넓었다. 테일러는 포악한 암여우도, 상처 입은 희생양도 될 수 있었으며, 반짝이는 배 위의 클레오파트라, 테네시 윌리암스의 매기 더 캣, 지난 여름 갑자기 공포와 마주친 된 캐서린 홀리, 그리고 셰익스피어의 케이트를 넘나들었다.

'지난 여름 갑자기', '클레오파트라'를 감독한 조셉 L. 맨키비츠는 18살의 테일러를 칸에서 처음 만났다. "그녀는 내가 살면서 본 가장 믿어지지 않을 만큼 사랑스러운 광경이었다." 맨키비츠는 말했다. "그리고 그녀는 완전한 순수함, 그 자체였다."

맨키비츠는 그녀의 프로 정신도 높이 샀다. "대본에서 무엇을 요구하고 있든지 그녀는 그대로 연기했다." 그는 말했다. "그 연기의 전체를 관통하는 하나의 맥락은 그녀가 정직한 연기자라는 사실이다. 바로 거기에 그녀의 정체성이 있다."

마릴린 먼로는 관능의 여신, 그레이스 켈리는 얼음 여왕, 오드리 헵번은 영원한 말괄량이였다면, 테일러는 아름다움의 화신이었다. 조지 스티븐 감독은 '젊은이의 양지'에 테일러를 캐스팅한 이유를 다음과 같이 설명했다. "노란색 캐딜락 컨버터블에 앉아 있는 그 소녀는 모든 미국 소년들이 언젠가 결혼하고 싶다는 생각이 들 만큼 아름다워야 했다."

테일러의 연기에는 느낌 그 이상의 것이 있었다. 그 안에 자신의 매력적인 성격을 담았기 때문이다. 다른 한편으로, '버지니아 울프'의 마사 역을 위해 살을 찌우거나 영화 배경에 맞는 정교한 의상을 입는 등, 부분적으로 겉치장을 할 수는 있었지만 그녀는 기본적으로 어떤 캐릭터의 색깔대로 변신하는 카멜레온 같은 배우는 아니었다. 대신에 그녀는 배역에 자신을 동화시키려고 애썼다. 테일러에게 연기는 '순수한 직관' 그 자체였다.

그 어떤 스타 배우도 테일러만큼 공적 영역 안의 존재는 아니었다. 파파라치는 언제나 그녀를 쫓아다녔고, 바티칸은 그녀를 맹렬히 공격했다. 대중들 또한 엘리자베스 테일러라는 이름 뒤에 힐튼, 와일딩, 토드, 피셔, 버튼, 버튼, 워너, 포텐스키라는 성이 붙었다가 사라지는 것을 대리만족의 심정으로 지켜봤다. '시리얼 와이프(serial wife: 세 번 이상 결혼한 경력이 있는 여성)'라고 불리기에 차고 넘치도록 잦은 결혼을 한 이유에 대해 묻자, 그녀는 짐짓 아주 천천히 이렇게 답한 적이 있다. "이봐요, 나도 몰라요. 정말 나조차도 그 이유를 도무지 알 수가 없네요."

그녀는 일생 동안 감정적, 육체적으로 침체되기도 했고, 심각한 병에도 걸렸으며, 여러 번 사고도 겪었지만 그때마다 살아남았다. "나는 일평생 행운아였어요." 환갑을 바로 앞두고 그녀는 이렇게 말한 적이 있다. "모든 것이 나에게 왔죠. 외모, 명성, 부, 명예, 사랑 그 모든 것이요. 나는 무언가를 얻기 위해 싸워본 적이 거의 없었요. 하지만 나에게 닥쳤던 재앙 같은 일들이 그런 행운을 빼앗아 갈 때도 있었어요." 65세 때에는 이렇게도 말했다. "나는 사람들에게 이겨낼 수 있고, 또 생존할 수 있다는 걸 보여주는 살아있는 표본 같은가 봐요. 하지만 나는 그 누구와도 같지 않죠. 나는 나일뿐이에요."

늘어놓으면 수 마일은 될 법한 신문과 잡지 기사, 은하수의 별만큼 많은 사진, 선반 가득 꽂힌 전기, 여러 버전의 초상화 등 그녀의 인생이 수놓아진 방대한 자료들에 단 하나의 합일점이 있다면, 그건 바로 그녀의 아름다움이었다. 카메라맨들은 완벽하게 대칭을 이루는 얼굴, 어떤 각도에서 찍든 모난 데를 찾을 수 없는 미모, 그리고 아주 깊은 보라색을 띤 그녀의 눈빛을 칭찬하기에 바빴다.

그런데 놀랍게도, 테일러의 외모에 관해 유별나게 반대 의견을 펼친 사람은 그녀와 두 번 결혼한 리처드 버튼이었다. "그녀가 세상에서 가장 아름답다는 말은 완전 헛소리다." 버튼은 이렇게 말한 적이 있다. "그녀는 아름다운 눈을 가졌지만, 이중 턱에 지나치게 큰 가슴을 가졌다. 그리고 다리도 짧은 편이다."

스크린 안에서나 밖에서나, 테일러는 천사 같은 순진함과 아찔한 유혹미가 혼재된 도발적인 존재였다. 그러나 생동감 넘치는 관능미의 화신이었던 그녀에게도 화려한 보석에 집착하는 속물적인 내면이 있었다. "내가 저속하다는 것을 나도 알아요." 그녀는 특유의 솔직함으로 팬들에게 얘기했다. "그렇지만 다른 어떤 방법으로 나에게 애정을 표현할 수 있겠어요?"

출연한 영화가 성공을 거두지 못하거나 말년에 활동이 뜸해졌을 때에도 그녀의 명성은 여전했다. '리즈(그녀가 싫어한 별명이었다)'는 유일무이한 단 한 사람이었고, 그녀의 삶이 대중들에게 노출되면 될수록 그녀의 명성은 점점 높아만 갔다. 그러나 언젠가 그녀는 이렇게 말했다. "대중들 속에서 엘리자베스 테일러라는 이름으로 회자되는 한 사람은 터무니없는 거짓말과 하등 쓸데없는 조작질로 오염되어 버렸어요. 나는 조금 역겨워지기까지 한 그녀를 발견하곤 하죠."

테일러는 말년에 접어들자 사회 운동가로 변신했다. 친구 록 허드슨이 세상을 떠난 후, 그녀는 에이즈 연구를 위한 아메리칸 파운데이션의 설립과 이를 위한 기금 마련을 도왔다. 1997년, 그녀는 "이제부터 나는 어떤 대의나 다른 사람들을 돕기 위해 지금까지 쌓아온 명성을 이용할 겁니다"라고 말했다.

테일러는 브로드웨이의 주인공으로도 두 차례 무대에 오른 적이 있다. 1981년에는 릴리안 헬만의 '새끼 여우들' 재 공연작에, 그리고 2년 후에는 노엘 카워드의 '사생활'에 전남편인 버튼과 함께 출연했는데, '새끼 여우들'에서는 평단의 호평을 받은 반면, 두 번째 작품 '사생활' 에서는 버튼과 함께 자기 풍자에 빠졌다는 혹평을 들었다. 사실 그녀에게 연극은 이상적인 무대가 아니었다. 그녀가 자신의 영향력을 제대로 발휘할 수 있는 조건은 아무래도 스크린 속 스타가 될 때였다.

놀라움의 연속이었던 테일러의 삶에서 가장 이상한 사실 중 하나는 그녀가 아기였을 때 못생긴 새끼 오리 취급을 받았다는 것이다. 엘리자베스 로즈몬드 테일러는 1932년 2월 27일, 런던에서 캔자스 태생인 미국인 부모의 둘째 아이로 태어났다. 그녀의 아버지 프랜시스 렌 테일러는 뉴욕에서 런던으로 이주한 미술상이었으며, 어머니는 결혼 전 사라 비올라 웜브로트라는 이름으로 뉴욕 극단에서 활동하던 배우였다. 그녀가 태어나자 어머니는 딸을 바라보며 이렇게 말했다고 한다. "작은 얼굴이 너무 단단히 몰려 있어 절대로 펴지지 않을 것처럼 보이네."

엘리자베스는 유년 시절을 영국에서 보냈다. 그곳에서 3살부터 승마를 배웠는데, 이는 그녀가 첫 주역을 따내는 데 큰 도움이 됐다. 이후, 제2차 세계대전 직전 가족과 함께 미국으로 이주한 그녀는 비벌리 힐스에 정착한다.

엘리자베스는 영화를 좋아했던 어머니의 격려를 받으며 1942년 '귀로'라는 제목의 인상적인 영화로 데뷔했다. 당시 유니버셜의 캐스팅 감독은 그녀에 대해 이렇게 말했다고 한다. "그 아이는 완전히 백지 상태다."

그러나 그녀의 매력은 1944년 작 '녹원의 천사'에서 확연히 드러나기 시작했다. 말의 매력에 빠진 한 소녀가 영국 그랜드 내셔널 스티플체이스에서 우승하기까지의 이야기를 담은 이 영화에서 당시 12살이었던 테일러는 문자 그대로 다 큰 어른들을 펑펑 울게 만드는 연기를 펼쳤다. 가혹한 평론으로 유명했던 '더 네이션'의 제임스 에이지마저 그녀를 "황홀한 미모"라고 칭했을 정도였다.

수십년 후, 테일러는 자신을 스타로 만들어 줬던 이 영화에 대해 "'녹원의 천사'는 여전히 내게 가장 흥분되는 작품"이라고 말하기도 했다. 그러나 문제점도 있었다. '녹원의 천사'에 출연하기 위해 MGM과 장기 계약을 체결해야만 했던 테일러는 그녀 자신의 표현대로 "'클레오파트라'에 출연하기 전까지 그들의 소지품"이 되어버렸던 것이다.

처음에 그녀는 평범한 십대나 순진한 처녀 역할을 주로 맡았다. 그러던 중 1951년 작 '젊은이의 양지'에서 몽고메리 클리프트가 겪는 미국적인 비극의 촉매제가 되는 부유한 젊은 여성을 연기한 후 모든 것이 변하기 시작했다. 그녀의 연기는 회의론자들에게 놀라움을 안겼을 뿐만 아니라 클리프트, 셸리 윈터스와 함께 배우로서 입지를 다질 수 있는 기반이 됐다.

이후 그녀는 '애정이 꽃피는 나무(1957)'에서 미 남북전쟁 시대를 배경으로 인디애나 출신의 노예폐지론자와 결혼한 남부 여성 역을 맡아 아카데미 여우주연상 후보에 올랐고, 이를 시작으로 네 번 연속 아카데미상 후보에 오르게 된다. 결국 테일러는 '버터필드 8'으로 수상의 영예를 안았다.

그 다음 작품이었던 '클레오파트라'에 출연하면서 테일러는 100만 달러의 출연료를 받는 첫 여배우가 되었으며, 시간 외 촬영으로 벌어들인 금액은 그 두 배가 넘었다. '클레오파트라'는 엄청난 제작비(당시 최고 제작비로 기록된 4,000만 달러)는 물론 제작기간도 너무 길었기 때문에 20세기 폭스는 파산 직전 상태에까지 내몰렸었다.

1963년, '클레오파트라'가 마침내 개봉되자 기대는 실망감으로 변했다. 대신 이 영화를 전설로 만든 것은 출연배우들—당시 가수 에디 피셔와 결혼 상태였던 테일러와 실비 윌리엄스와 결혼 상태였던 리차드 버튼—사이의 화면 밖 실제 연애사건이었다.

전 세계에서 가장 유명한 영화 스타였던 테일러, 그리고 당대 최고의 정통 연기파 배우로 평가받던 버튼의 사이의 만남은 어떤 반대되는 것들의 충돌처럼 느껴졌다. 그러나 서로를 향한 두 사람의 열정은 대단했고, 둘 다 충만한 삶을 갈구한다는 공통점이 있었다. 그들의 롤러코스터 같은 로맨스는 전 세계 언론사들에 의해 시시각각 기록됐고, 두 사람을 한꺼번에 언급하는 '디켄리즈(Dickenliz)'라는 호칭까지 생겨났다.

그들의 삶은 모든 것이 과잉이었다. 그들은 여러 나라에 여러 채의 맨션을 소유했고, 호텔의 전 층을 빌려 사용했으며, 자동차와 예술품, 그리고 보석에 거리낌 없이 돈을 썼다. 또한 '클레오파트라' 이후, 일종의 영화 파트너십으로 뭉친 이 커플은 여러 작품들에 동반 출연하며 공공연하게 화려한 연애사를 드러냈는데, 'V.I.P.s', '샌드파이퍼', 그리고 에드워드 앨비의 연극을 각색한 파괴적인 결혼 생활에 대한 드라마 '누가 버지니아 울프를 두려워하랴'가 그런 작품들이었다.

'누가 버지니아 울프를 두려워하랴'에서 테일러는 자신의 실제 나이보다 스무 살이 많은 교수 부인 마사를 연기하기 위해 몸무게를 9kg이나 늘렸고, 촌스러운 외모를 연출하기 위해 많은 노력을 기울였다. 그녀가 이 연기로 두 번째 아카데미상을 받게 되자 마사의 남편 조지를 연기했던 버튼은 비꼬는 듯한 반응을 보였다. "그녀는 이 영화로 아카데미상을 받았지만, 애석하게도 나는 받지 못했네요." 그리고 그는 이렇게 덧붙였다. "아, 그녀가 상을 받은 것도 똑같이 애석한 일이겠네요."

10년간 사치스럽고 격정적인 생활을 한 두 사람은 1974년 이혼을 했다가 16개월 후 재결합했다. 그리고 다음 해 2월, 다시 별거를 시작했고 1976년 결국 완전히 결별했다.

이후 테일러는 버지니아 출신의 정치인 존 W. 워너와 재혼했으며, 워너가 상원의원에 출마하자 적극적으로 선거 운동에 나섰다. 5년간 워싱턴 정치인의 아내였던 그녀는 훗날 자신이 "세상에서 가장 외로운 사람이었다"고 말하기도 했다. 당시 테일러는 우울증을 극복하기 위해 캘리포니아의 베티 포드 센터에 입원했다. 그런데 나중에 그녀가 사실을 인정했듯이 진짜 치료가 필요했던 건 “알코올과 마약” 중독이었다.

1980년대와 90년대에 테일러는 아주 가끔씩 영화에 출연했으며, ‘새끼 여우들’과 ‘사생활’로 브로드웨이 무대에 오르기도 했다. 그리고 1985년에는 텔레비전 프로그램 ‘맬리스 인 원더랜드’에 출연했으며, 1989년에는 테네시 윌리엄스의 작품 ‘애인과 정부’에서 나이 든 여배우 역할을 맡았다. 이후 1994년에는 ‘고인돌 가족 플린스톤’에서 프레드 플린스톤의 장모 역, 그리고 1996년에는 네 편의 CBS 시트콤에 출연했다.

1997년 2월, 에이즈 연구 후원을 위한 자선파티에서 자신의 65세 생일도 함께 기념한 테일러는 이후 뇌종양 수술을 받기 위해 로스앤젤레스의 시더스-시나이 메디컬 센터에 입원했다.

하지만 그녀의 건강 문제는 그걸로 끝이 아니었다. 2009년 그녀는 심장 질환을 해결하기 위한 수술을 받았고 같은 해 척추 수술을 권유받았지만 이미 여섯 번의 수술을 받았던 그녀는 더는 견딜 수 없다며 거절했다. 그리고 지난 2월, 그녀는 울혈성 심부전으로 다시 시더스-시나이 센터에 입원했고, 그것이 마지막이 되었다.

그녀의 유족으로는 2명의 딸과 2명의 아들, 그리고 10명의 손주와 4명의 증손주가 있다.

결혼 생활 중이었든 혼자였든, 아플 때였든 건강할 때였든, 스크린 안과 밖에서 경험에 대한 욕구를 놓지 않았던 테일러는 말년에 수도 없이 들어온 회고록 집필 제의 중 하나를 받아들였다. 그 이전에 제안들을 거절할 때면 그녀는 특유의 위풍당당함으로 이렇게 말했었다. “싫다는 말 못 알아 들어요? 나는 여전히 회고할 것들을 경험하는 중이라고요.”

노라 에프론

1941년 5월 19일~2012년 6월 26일

찰스 맥그래스 기자

도로시 파커 풍(누군가 말하길, 더 영리하고 더 재밌다는 의미에서)의 에세이 및 유머 작가 출신으로 ‘시애틀의 잠 못 이루는 밤’과 ‘해리가 샐리를 만났을 때’와 같은 로맨틱 코미디 영화를 흥행시키며 당대 가장 성공한 시나리오 작가이자 영화 제작자로 활약했던 노라 에프론이 화요일 밤 맨해튼에서 사망했다. 향년 71세. 그녀의 아들 제이콥 번스타인은 사인이 급성 골수성 백혈병에 의한 폐렴이었다고 밝혔다.

에프론은 1996년, 모교인 웨슬리 대학교 졸업식 연설에서 그녀 세대의 여성들은 어떤 일을 해낼 수 있을 것이라는 기대를 받지 못했다고 회상했다. 그러나 그녀 자신은 여러 분야에서 경력을 쌓았으며, 그 모든 분야에서 동시다발적인 성공을 거뒀다.

그녀는 저널리스트, 블로거, 에세이 작가, 소설가, 극작가, 아카데미상 후보에 오른 시나리오 작가, 그리고 영화감독이었으며 이는 감독이라는 지위를 주로 남성이 장악하는 풍토가 이어져 온 영화업계에서 매우 드문 일이었다. 더구나 그녀는 '유브 갓 메일'과 '줄리 앤 줄리아' 등의 작품으로 박스 오피스에서도 당당히 성공을 거뒀다.

인생의 황혼기에 들어서자 그녀는 나이와 모욕에 대해 성찰하는 철학자가 되기도 했다. "사람들은 왜 젊은 것보다 나이든 것이 더 낫다는 내용으로 책을 쓰는가?" 2006년 베스트셀러가 된 에세이집 '내 인생은 로맨틱 코미디'의 한 대목에서 그녀는 이렇게 썼다. "전혀 더 낫지 않다. 나이가 든다는 것은, 아무리 제정신을 차리고 있더라도 그저께 만난 사람의 이름을 기억하기 위해 끊임없이 노력해야 한다는 뜻이다."

노라 에프론은 1941년 5월 19일, 맨해튼의 어퍼 웨스트 사이드에서 네 자매의 맏이로 태어났다. 네 자매는 자라서 모두 작가가 됐다. 그녀의 아버지 헨리와 어머니 피비 윌킨드 또한 '캐러셀', '쇼처럼 즐거운 인생은 없다.' '에브리씽 이즈 카피' 등의 작품을 함께 쓴 할리우드 시나리오 작가였다. 그중 '에브리씽 이즈 카피'라는 제목은 피비 윌킨드가 자주 하던 말이기도 했는데, 후에 '테이크 허 쉬스 마인'이라는 연극(영화화되기도 함)에 당시 대학생 나이였던 딸 노라와 비슷한 캐릭터를 등장시킴으로써 '모든 것이 카피'라는 말을 몸소 증명하기도 했다.

노라 또한 이 교훈을 잊지 않고 거의 모든 것으로부터 번뜩이는 아이디어를 포착해 내는 재능을 발휘했다. 이를 테면, 목 주름 관리, 아파트 생활, 양배추 스트루들 등등.

그녀가 두 번째 남편이자 워터게이트 저널리스트였던 칼 번스타인과 가슴 아픈 이별을 했을 때도 마찬가지였다. 노라는 자신의 고통을 베스트셀러가 된 소설 '제2의 연인'에 담아냈고, 이 소설은 잭 니콜슨과 메릴 스트립을 주연으로 한 영화로도 재탄생되어 큰 성공을 거뒀다.

4살 때 가족과 함께 뉴욕에서 비벌리 힐스로 이사한 노라는 그곳에서 유년기를 보내게 된다. 그리고 웨슬리 대학 시절 신문부에서 본격적으로 글을 쓰기 시작한 그녀는 1961년 여름에는 케네디 행정부의 백악관에서 하계 인턴으로 일하기도 했으며 1962년, 대학을 졸업한 뒤에는 저널리스트가 되겠다는 목표를 품고 자신이 태어났던 뉴욕 땅을 다시 밟게 된다. 그녀가 뉴욕에서 처음으로 했던 일은 '뉴스위크'의 우편물 발송 담당이었다. 그러던 1962년, 파업 중이던 '뉴욕 포스트'는 자사를 패러디하는 글을 공모했는데, 노라의 글이 당선되면서 그녀는 언론사 인턴으로 일할 기회를 잡게 된다. 당시 '뉴욕 포스트'의 발행인 도로시 쉬프는 이렇게 언급했었다고 한다. "포스트를 패러디할 수 있는 사람이라면 포스트를 위한 글도 쓸 수 있습니다. 그들을 고용하세요." 이후 에프론은 5년간 '뉴욕 포스트'에서 근무하며 비틀스, 미국 자연사 박물관의 인도성(星) 훈장 도난 사건, 코니 아일랜드 수족관의 교미를 거부하는 코주머니 물범 한 쌍 등에 대한 기사들을 썼다.

그리고 1960년대 후반부터는 주로 '에스콰이어'와 '뉴욕'과 함께 일하면서 매거진 저널리즘으로 눈을 돌렸던 에프론은 솔직하고 재미있는 개인 에세이—예를 들어, 자신의 작은 가슴에 관한 이야기—그리고 아인 랜드와 헬렌 걸리 브라운 같은 작가들에 대한 자극적이고 날카로운 비평으로 빠르게 유명세를 타게 된다.

유머와 솔직함을 특징으로 한 노라 에프론의 기사들은 탁월한 감각으로 핵심적인 구절을 적재적소에 배치하는 함축성이 돋보였다. (그녀가 쓴 대다수의 기사들은 '파티장의 이방인', '크레이지 샐러드', '낙서, 낙서' 등의 모음집으로 출간되어 있다.)

에프론은 다른 누군가를 웃게 만드는 것 못지않게 스스로에게 재미를 선사하는 과정을 중요시했다. 그녀에게는 좀 더 깊은 진실에 도달한다는 미명 아래 소설에 나올 법한 장치를 사용하는 "뉴 저널리즘의 실무자"라는 꼬리표가 붙었는데, 이에 대해 그녀는 줄곧 부인했다. "뉴 저널리즘이 무엇이든 간에, 나는 뉴 저널리스트가 아니다." 그녀는 이런 글을 남긴 적이 있다. "나는 그저 타이프라이터 앞에 앉아, 예전 방식으로 열심히 일할 뿐이다."

에프론이 영화 산업에 뛰어든 것은 1976년 번스타인과 결혼한 뒤였다. 당시 번스타인과 그의 워터게이트 사건 파트너 밥 우드워드는 공동 집필한 '대통령의 사람들'을 영화화하기 위해 윌리엄 골드먼에게 각색을 맡겼지만 만족스런 결과를 얻지 못해 재집필을 모색하던 중이었다. 이때 번스타인과 에프론이 고쳐 쓴 버전은 영화 제작에 사용되지는 않았지만, 할리우드 관계자들이 에프론에게 관심을 갖는 계기가 된다. 그녀의 첫 번째 영화 시나리오는 친구 앨리스 알렌와 함께 쓴 '실크우드'였다. 마이크 니콜스가 감독을 맡아 1983년에 개봉된 이 작품은 자신이 근무하던 플루토늄 공장의 화학물질 남용 사례를 조사하던 도중 의문의 죽음을 맞이한 카렌 실크우드의 실화를 바탕으로 하고 있었다.

'실크우드' 이후 자신의 소설 '제2의 연인'을 각색하여 다시 한번 마이크 니콜스 감독과 손잡았던 에프론은 1989년, 드디어 대히트작 '해리가 샐리를 만났을 때'를 세상에 선보인다. 롭 라이너가 감독을 맡고 빌리 크리스탈과 맥 라이언이 주연한 이 영화는 로맨틱 코미디 장르에 대한 노라 에프론의 천부적인 재능이 확실히 드러난 작품으로, 서로 천생연분이지만 그 사실을 깨닫지 못하는 한 커플이 만남과 헤어짐을 반복하며 애를 태우다 결국 사랑을 이룬다는 해피엔딩을 담고 있다.

'해리가 샐리를 만났을 때'에서 가장 인상적인 장면은 아마도 로워 이스트 사이드의 샌드위치 매장 카츠 델리카트슨에서 라이언이 크리스탈 맞은편에 앉아 가짜 오르가즘을 느끼는 장면일 것이다. 그때 두 사람 근처에 앉아 있던 한 중년 부인이 웨이터에게 잊을 수 없는 한 마디를 던진다. "저 여자가 먹는 걸로 주세요."

여러 관점에서 봤을 때 에프론의 영화는 외피만 새롭게 바꿨을 뿐 고전 영화의 감성을 그대로 보여준다. 일례로 그녀가 (동생 델리아와 함께) 시나리오를 쓰고 직접 감독한 1998년 히트작 '유브 갓 메일'은 에른스트 루비치의 오래된 영화 '모퉁이 가게'를 일부 리메이크한 영화였다.

그 이전에 에프론이 동생 델리아와 함께 시나리오를 쓰고 처음으로 감독을 맡았던 '행복 찾기(1992)'는 실패작이 되고 말았었다. 이 영화는 스탠드업 코미디언이 되고 싶어 하는 미혼모의 이야기를 다룬 메그 볼리처의 소설을 원작으로 한 작품이었다. 그러나 에프론은 1993년 '시애틀의 잠 못 이루는 밤'으로 자신감을 되찾을 수 있었다. (그녀는 공동 시나리오 작가로 크레딧에 이름을 올렸다). 그리고 이 영화에서 환상적인 호흡을 보여줬던 톰 행크스와 맥 라이언은 이후 '유브 갓 메일'에서도 한 번 더 호흡을 맞추게 된다.

이 밖에도 에프론이 시나리오와 감독을 겸한 작품들로는 '럭키 넘버(2000)', '그녀는 요술쟁이(2005)', 그리고 마지막으로 메릴 스트립이 줄리아 차일드 역을 맡았던 '줄리 앤 줄리아(2009)'가 있다.

에프론은 '실크우드', '시애틀의 잠 못 이루는 밤', '해리가 샐리를 만났을 때'로 아카데미 각본상 후보에 세 차례 노미네이트된 바 있다. 그러나 그녀는 다른 형태의 집필 활동도 포기하지 않았다. 그녀가 쓴 두 권의 에세이집 '내 인생은 로맨틱 코미디'와 '철들면 버려야 할 판타지에 대하여'는 베스트셀러 목록에 올랐으며, 이 밖에도 여성과 그들의 옷장을 다룬 '사랑, 상실, 그리고 내가 입은 옷'(동생과 공동 집필), 릴리안 헬만과 매리 맥카시 사이의 문학적인 교류과 사적인 다툼을 그린 '상상 속의 친구'(단독 집필) 등 희곡 작품들도 남겼다.

노라 에프론의 첫 번째 남편은 작가 댄 그린버그였고, 두 번째 남편은 번스타인이었다. 이후 1987년에는 '와이즈 가이', '카지노'의 작가로 유명했던 니콜라스 필레기와 세 번째 결혼을 했다. (그녀는 이 결혼에 대해 "내 삶의 비결, 이탈리아 남자와의 결혼"이라고 표현하기도 했다.—래리 스미스와 레리첼 퍼실라이저 편저 '계획하던 것과는 전혀 다른: 유명작가 및 무명작가가 남긴 6단어 회고록' 중에서)

작고 여린 체구에, 광대뼈를 한껏 높이며 이가 드러나는 시원한 웃음을 보여주곤 했던 그녀는 실제로 만나보면 자신의 작품들에서 보여줬던, 축약적이지만 위트가 살아있는 스타일이 그대로 드러나는 사람이었다. 프로듀서 스콧 루딘은 그녀가 세상을 떠나기 두 주 전쯤, 병원에 입원해 있던 그녀와 어떤 TV 시리즈 초안에 대해 길게 통화했었던 일을 들려줬다. 당시 에프론은 긴 통화 끝에 루딘에게 이렇게 말했다고 한다. "이곳에서 당장 헤어드레서만 구할 수 있다면, 만나서 회의를 할 수 있을텐데요."

로빈 윌리엄스

1951년 7월 21일~2014년 8월 11일

데이브 이츠코프 기자

놀라울 정도로 미묘한 감정들을 표현해 내는 코미디언이자 거침없는 독창성과 격정적인 에너지로 충만한 연기를 선보여 아카데미상을 수상하기도 했던 로빈 윌리엄스가 지난 월요일 샌프란시스코 북부, 캘리포니아 주 티뷰론에 있는 자택에서 별세했다. 향년 63세.

마린 카운티 치안 담당자는 "자살 기도에 따른 질식으로 사망에 이른 것으로 추정한다"는 내용의 성명서를 발표했다. 현재 이에 대한 수사가 진행 중이다. 윌리엄스의 홍보 담당자는 그가 최근 "심각한 우울증을 앓고 있었다"고 밝혔다.

디트로이트 오토사 경영진의 아들로 남부러울 것 없이 자란 윌리엄스는 통통한 외모를 가진 외로운 아이였다. 그는 어린 시절, 교외 지역에 위치한 맨션의 커다란 방에서 혼자 2,000여 개의 장난감 병정을 가지고 놀았다. 이런 환경에서 자란 소년이라면 아주 똑똑하거나 아주 멍청한 사람, 둘 중 하나로 자라는 것이 전형적이겠지만 윌리엄스는 거기에 딱 들어맞지는 않았다. 왜냐하면 그는 그 둘 모두에 해당됐기 때문이다.

무대 위의 그는 어디로 튈지 모르는 공처럼 정치·사회 이슈나 문화 관련 문제 등을 전방위적으로 다루는 것으로 유명했다. 약물 및 알코올 남용, 남녀 관계에 관한 선정적인 논평 외에도 현장 관객들이 즉석에서 던지는 어떤 주제에 대해서든 그는 번뜩이는 대답을 내놓았다. 그의 공연은 언제나 특정 인물에 대한 부산스럽고 딱 들어맞는 흉내 내기로 가득 찼는데, 그 대상들에는 할리우드 스타, 대통령, 총리, 교황 등이 포함됐다. 그가 구사하는 불손한 언행은 가히 전설적이었고 한계를 몰랐지만, 그렇다고 불쾌하게 느껴지는 일은 결코 없었다.

윌리엄스는 시트콤 '모크와 민디'에서 콜로라도의 건실한 젊은 여성(팸 도버 분)과 친구가 된 오르크 행성 외계인 모크 역을 맡아 처음 '나누, 나누'라고 인사를 한 순간부터 코미디계의 유명인사가 됐다. 1978년 9월, ABC 방송국에서 첫 전파를 탄 '모크와 민디'는 방송을 시작한 지 2주 만에 닐슨 시청률 순위 7위를 차지했다. 그리고 1979년 봄, 윌리엄스가 손가락으로 물을 마시고, 앉으라는 말을 들으면 물구나무를 서고, 자꾸 횡설수설하는 것을 보기 위해 매주 TV 앞에 모여든 시청자수는 6,000만 명에 다다랐다.

'굿모닝 베트남'에서 수다스러운 라디오 디제이, '죽은 시인의 사회'에서 영감을 갈구하는 학생들의 멘토, '피셔 킹'에서 비극적인 삶에 처한 노숙자를 연기하며 수차례 아카데미상 후보에 올랐던 윌리엄스는 드디어 1998년, 맷 데이먼과 함께 출연한 '굿 윌 헌팅'에서 방황하는 천재에게 다가서는 심리치료사 역으로 아카데미상을 받았다.

로빈 맥클로린 윌리엄스는 1951년 7월 21일 시카고에서 태어나, 미시간 주 블룸필드 힐스와 캘리포니아 주 마린 카운티 등지에서 자랐다. 줄리아드 스쿨에서 연기를 전공한 그는 일찌감치 엔터테인먼트 업계에 진출했다. 그는 '모크와 민디'로 스타 반열에 오른 직후 영화계로 뛰어들어 만화 캐릭터를 실사 뮤지컬로 옮긴 로버트 알트만 감독의 1980년 작 '뽀빠이', 그리고 존 어빙의 소설을 각색한 조지 로이 힐 감독의 1982년 작 '가프'에서 각각 주연을 맡았다.

또한 그는 '로빈 윌리엄스: 언 이브닝 앳 더 멧'과 같은 왁자지껄한 스탠드업 코미디 쇼에도 계속 출연하면서 특유의 수다스러움과 물 흐르는 듯한 즉흥 연기를 선보였다.

윌리엄스의 연기 경력은 배리 레빈슨 감독의 1987년 작 '굿모닝 베트남'에서 새로운 정점에 다다랐다. 1960년대 사이공을 배경으로 관습 따위는 따르지 않는 미군 소속 라디오 진행자 역을 맡은 이 영화를 통해 그는 처음으로 아카데미상 후보에 올랐다. 2년 후, 그에게 두 번째 아카데미상 후보의 영광을 안겨준 피터 위어 감독의 1989년 작 '죽은 시인의 사회'에서는 1950년대 기숙학교 학생들을 향해 교과서를 찢어버리고 오늘을 즐기라는 메시지(극 중에서 윌리엄스는 이런 메시지를 라틴어 '카르페 디엠'으로 표현한다)를 던지는 인상적인 영어 선생님 역을 맡았다.

이어 출연한 수십 편의 영화들에서 윌리엄스는 괴짜 같으면서도 따뜻한 면이 있는 역할들을 도맡았다. 가령, 1992년 월트 디즈니 애니메이션 '알라딘'에서는 활력이 넘치는 지니의 목소리 연기를 맡았으며, 1993년 코미디 영화 '미세스 다웃파이어'에서는 영국인 가정부 노릇을 하는 여장 남자 역, 그리고 1990년 올리버 색스의 회고록을 각색한 '사랑의 기적'에서는 잘 알려지지 않은 신경학적 질병을 앓는 환자들을 치료하기 위해 고군분투하는 의사를 연기했다.

윌리엄스의 연기는 관객들을 끊임없이 추측하게 만들었다. 그에게 아카데미상을 안겨준 '굿 윌 헌팅'의 다정하고 유머러스한 심리치료사 역 외에도, 그는 '박물관이 살아있다'의 테디 루스벨트, 그리고 2013년 작 드라마 '버틀러: 대통령의 집사'의 드와이트 D. 아이젠하워 등 다양한 역할들을 소화했다.

한편, 그는 2011년 미국의 이라크 공습 당시를 배경으로 한 '바그다드 동물원의 벵갈 호랑이'로 브로드웨이 연극 무대에 데뷔하기도 했다.

윌리엄스의 유족으로는 아들 두 명과 딸 한 명이 있다. 그는 1970년대와 80년대에 코카인에 중독됐었다는 사실을 인정한 바 있으며, 코미디 연기 중에 자신의 약물복용 습관에 대해 다음과 같이 언급한 적도 있다. "얼마나 멋진 약이란 말인가? 사람을 편집증적이면서도 무력하게 만드는 바로 그것, 나에게 그것을 좀 더 달라."

2006년, 윌리엄스는 알코올 중독을 치료하기 위해 오리건 주 스프링브룩의 하젤덴 센터에 스스로 입원했었다. 그는 나중에 한 인터뷰에서 자신의 알코올 중독은 "어떤 것으로부터 유발된 것이 아니라, 술이 단지 그곳에 있었기 때문에 시작됐다"라고 언급했다. 그러고는 다음과 같이 덧붙였다. "'좋아, 이제 난 괜찮아'라고 생각하고 있는 순간조차 술은 내가 마셔 줄 시간만을 기다리며 그 자리에 놓여 있었다. 그때 깨달아야 했다. '나는 괜찮지 않다'는 것을, '내가 지금 어디에 있는가?'를... 그러나 나는 내가 클리블랜드에 있는 줄도 모르고 있었다."

마이크 니콜스

1931년 11월 6일~2014년 11월 19일

브루스 웨버 기자

오랫 동안 평단과 대중 모두를 만족시키는 변화무쌍한 작품 세계로 브로드웨이와 할리우드 양 무대에서 격찬받았으며, 미국에서 가장 유명한 감독들 중 한 명으로 자리매김했던 마이크 니콜스가 수요일 맨해튼에서 별세했다. 향년 83세.

ABC 뉴스의 회장 제임스 골드스톤이 그의 사망 소식을 공식 발표했으며, 이어 대변인이 심장마비가 사인이라고 밝혔다. 니콜스는 ABC의 방송인 다이앤 소여와 결혼한 바 있다.

냉담한 세련미가 돋보였던 니콜스는 배우들과 자연스럽게 소통하는 능력과 웃음을 유발시키는 예리한 타이밍 감각을 지니고 있었는데, 이는 연예계 경력 초기에 스케치-코미디 팀 '니콜스와 메이'에서부터 갈고 닦은 것이었다. 이민자였던 그는 미국 문화의 정곡을 찌르는 통찰력으로 '졸업', '누가 버지니아 울프를 두려워하랴', '애정과 욕망'과 같은 영화, 코미디물, 그리고 무대 드라마에서 대중적, 예술적 성공을 모두 거머쥔 극히 드문 감독이기도 했다.

또한 경력 내내 상복이 끊이지 않았던 니콜스는 아카데미상, 토니상, 에미상, 그래미상을 모두 휩쓸었으며, 이 모든 상을 모두 수상한 사람은 그를 포함해 십여 명 남짓밖에 되지 않는다.

그의 경력은 영화와 무대 엔터테인먼트 산업 전반을 망라했다. 니콜스는 브로드웨이에서 무려 아홉 개의 토니상을 휩쓸었고, 동시에 네 개의 쇼를 공연한 적도 있었다. 1960년대에 닐 사이먼의 초기 코미디극 '맨발로 공원을'과 '별난 커플'을 감독했던 그는 그로부터 40년 후에는 괴짜 같은 몬티 파이튼 뮤지컬 '스팸어랏'을 연출했으며, 또 그로부터 거의 10년 뒤에는 아서 밀러의 명작 '세일즈맨의 죽음'을 재탄생시켜 격찬을 받았다.

그 밖에도 1968년부터 2000년까지 니콜스가 연출한 작품들은 체호프의

'바냐 아저씨' 같은 고전물들의 재공연작들 ; 국제 정세와 결부된 신랄한 드라마들-베트남 파병을 준비하는 미군들의 이야기를 담은 '스트리머스'(데이비드 레이브 각본)와 과거 정치범이었던 인물의 복수를 다룬 '죽음과 소녀'(아리엘 도르프만 각본) ; 날카로운 사회적 논평을 담은 '더 리얼 씽'(톰 스토파드 각본) 등이 있다. 그리고 코미디물로는 신랄하고(레이브의 '헐리벌리'), 감성적이며(D. L. 코번의 '진 게임'), 어둡고(사이먼의 '2번가의 죄수'), 가벼운(니콜스 자신이 집필한 '손님들') 분위기의 작품들을 차례차례 만들어왔다.

한편 1984년, 프로듀서로 활약하고 있었던 니콜스는 여성 한 명이 단독으로 진행하는 쇼를 브로드웨이 무대에 선보이기 위해 재능 있는 1인극 배우 한 명을 영입한다. 그녀의 이름은 '우피 골드버그'였고 그렇게 브로드웨이에 입성한 그녀는 순식간에 명성을 얻기 시작했다. 니콜스는 자신이 설립한 이카루스 프로덕션을 통해, 아니면 때때로 단독으로 우리에게 친숙한 수많은 쇼들을 제작했는데 그중에는 엄청난 수익을 안겨준 뮤지컬 '애니'도 있었다.

니콜스가 처음 카메라 뒤의 연출자가 된 것은 1966년이었다. 결혼 생활을 외설스럽게 묘사한 에드워드 알비의 희곡을 각색하여 리차드 버튼과 엘리자베스 테일러를 주연으로 캐스팅한 그의 감독 데뷔작 '누가 버지니아 울프를 두려워하랴?'는 그해 감독상을 포함해 아카데미상 13개 부문에 후보로 올랐다. 비록 니콜스는 감독상을 받지 못했지만 이 영화는 5개 부문에서 상을 차지했다.

니콜스에게 아카데미 감독상을 안겨준 작품은 그의 두 번째 영화 '졸업(1967)'이었다. 그는 이 영화를 통해 아이젠하워 시대의 사고방식을 가진 웨스트 코스트의 부유층들을 신랄하게 풍자하며, 1960년대에 성년이 된 세대들이 느끼는 불확실성에 대한 나름대로의 해석을 내놓았다.

또한 '졸업'은 아버지와 절친한 친구의 부인과 잠자리를 하고 그녀의 딸과 사랑에 빠지는 21살의 벤자민 브래독을 연기한, 당시 30세의 무명 배우 더스틴 호프만을 스타덤에 올려놓았다. 그런데 외견상 정해진 길에서 어긋나버린 미국 교외 지역의 전형적인 청년 역에 체구가 작고, 어두운 분위기를 지닌 유대인 연극배우 호프만을 캐스팅한 것은 당시로서는 상당히 이상한 선택이었다.

"내가 알고 있는 한, 20세기에 있었던 모든 캐스팅 가운데, 나를 그 역할에 투입한 것보다 더 용감한 캐스팅은 단 한 건도 없었다." 언젠가 호프만은 이렇게 말했다.

니콜스는 자신의 경력이 마무리될 즈음 브로드웨이 연극 '세일즈맨의 죽음'에 또 다른 호프만—필립 세이무어—을 캐스팅했고, 이 역시 대담한 선택이었다. 당시 44세였던 호프만은 아서 밀러가 창조한 비극 속에서 패배감에 빠진 60대 남성 윌리 로만을 연기했으며,

이 작품으로 니콜스는 토니상 시상식에서 감독상과 베스트 리바이벌상을 받았다.

텔레비전 방송에도 관심을 기울였던 니콜스는 HBO을 통해 유명한 희곡을 각색한 두 편의 작품들을 선보이며 감독 부문에서 에미상을 휩쓸었다. 그 두 작품들 중 하나는 암에 걸려 죽어가는 한 여성의 이야기를 그린 마가렛 에드슨의 '위트'였고, 또 다른 하나는 토니 커쉬너의 에이즈 드라마 '엔젤스 인 아메리카'였다.

당시 수많은 스타들이 니콜스와 작업하기 위해 몰려들었다. 브로드웨이에서는 줄리 크리스틴, 릴리안 기쉬, 조지 C. 스콧, 모건 프리먼 등이 있었고, 브로드웨이 밖에서는 사무엘 베케트의 '고도를 기다리며'에서 스티브 마틴과 로빈 윌리엄스, 센트럴 파크 델라코테 극장의 체호프 작 '갈매기'에서는 메릴 스트립, 케빈 클라인과 함께했다.

니콜스가 로버트 레드포드와 엘리자베스 애쉴리를 '맨발 공원(1963)'의 으르렁거리는 신혼부부 역으로 캐스팅할 때만 해도 두 사람은 거의 무명에 가까웠다. 또한 니콜스가 '누가 버지니아 울프를 두려워하랴'에 버튼과 테일러를 등장시킨 후, 두 사람은 세계 최고의 스타로 발돋움했다.

로맨스가 있는 서술구조는 니콜스의 주특기였다. 결혼생활을 탐구했던 그는 '맨발 공원'에서는 결혼생활의 초기를, '제2의 연인(1986)'에서는 결혼생활의

붕괴를, '버지니아 울프'에서는 결혼생활의 파국을 표현했다.

또한 대학교 룸메이트인 두 남자(아트 가펑클과 잭 니콜슨)의 성교육을 거칠고 코믹하게 풀어낸 '애정과 욕망', 인터넷을 통한 유혹을 다룬 '클로저', 사랑의 의미를 제레미 아이언스와 글렌 클로스의 연기로 선보인 스토파드의 연극 '더 리얼 씽', 제시카 탠디와 흄 크로닌이 노년의 카드 놀이 친구로 등장하는 연극 '진 게임' 등은 니콜스의 구혼의식에 대한 탐구가 담겨있다.

1986년, 니콜스는 "남자와 여자 사이의 관계가 내가 다루는 주제"라고 말한 적이 있다. 그러나 성 정체성을 다룬 코미디 영화 '버드케이지'(1996년)가 예시하고 있듯이 니콜스는 게이 관계에서도

남녀 관계 못지 않은 풍부한 소재들을 발견해냈다.

전쟁에 대한 조세프 헬러의 냉소적인 소극을 각색한 '캐치-22', 플루토늄 공장의 내부 고발자를 다룬 '실크우드', 스태튼 섬 출신 비서(멜라니 그리피스 분)를 통해 노동계급의 복수를 표현한 코미디 '워킹 걸', 클린턴 전 대통령처럼 바람기가 많은 대통령 후보의 이야기를 다룬 '프라이머리 컬러스' 등은 다양한 이야기들을 향한 니콜스의 외도를 보여주는 작품들이다.

니콜스가 한결같이 고수했던, 어떤 행동을 다루는 풍자적이고 실용적인 감수성은 동료 메이와 함께 나이트 클럽과 텔레비전 쇼에서 공연하던 시절부터 시작됐다. 사회적 상호관계 속에서 누군가와 일대일로 맞닥뜨리는 순간을 풍자적으로 묘사한 그들의 프로그램은 브로드웨이 공연으로 이어져, 1960년부터 시작된 '마이크 니콜스와 일레인 메이의 저녁'은 300회가 넘게 관객들의 사랑을 받았다.

영리한 언어 능력이 돋보이는 대본과 자로 잰 듯한 예리한 타이밍의 코믹 연기로 완성된 그들의 즉흥극은 점점 발전되어 남녀 사이의 의사불통, 혹은 사회적 부조리를 다룰 때 사용되는 누구나 알 만한 고전적인 형식으로 자리잡았다. 예를 들어, 과학자 아들이 자신에게 전화를 하지 않는다며 불평을 늘어놓는 어머니, 자동차 앞좌석에서 데이트 중인 십대 커플, 전화 교환원과 공중전화 박스에서 급박한 전화를 걸고 있는 사람 등 미스커뮤니케이션을 통해 웃음을 유발하는 상황 설정은 니콜스의 전매특허였다.

니콜스는 1931년 11월 6일, 베를린에서 미하일 이고르 페쉬코프스키라는 이름을 받고 태어났다. 유태인 의사였던 그의 아버지는 1938년 나치를 피해 러시아에서 미국으로 이주한 뒤 니콜라이예비치라는 이름을 영어식으로 바꿔 폴 니콜스가 됐으며, 마이클과 동생 로버트는 그 다음 해 뉴욕으로 건너와 아버지와 함께 살게 된다.

이후 어머니 브리지트 랜다우어도 1941년 미국으로 건너와 드디어 가족들이 모두 모이게 됐지만, 그 이듬해 아버지 폴 니콜스가 세상을 떠나고 만다. 마이클은 4살 때 백일해 예방접종의 부작용으로 탈모 증상이 생겼는데, 그런 외모적 컴플렉스는 타국에서 이방인으로서 느끼는 감정적 스트레스를 가중시켰다. 결국 그는 평생 가발을 사용해야만 했다.

그러나 니콜스는 시카고 대학교에 입학하면서부터 외롭고 어려웠던 유년시절을 떨쳐버린다. "나는 시카고 대학교에 입학하기 전까지는 이 나라에서 친구를 사귀어 본 적이 없었어요." 그는 언젠가 이렇게 말했다.

마이크가 이디쉬 극단 배우의 딸 메이를 처음 만난 건 1953년 시카고에서였다. 두 사람은 모두 서로에 대한 첫인상은 그다지 좋지 않았다고 회상한 바 있다. 당시 니콜스는 기차역 벤치에 앉아 있던 메이와 우연히 언쟁을 벌이게 되었는데 니콜스는 그때를 다음과 같이 떠올렸다. "내가 그녀 옆에 가서 외국 억양으로 '옆에 앉아도 될까요?'라고 묻자 그녀가 비꼬듯이 '원한다면(If you vish)'이라고 말하더군요. 내 러시아식 억양을 흉내 냈던 거예요. 우리는 마치 스파이 영화의 한 장면을 연기하는 것 같았어요." 니콜스와 메이가 함께한 공연팀은 1955년 탄생했다.

1959년까지 뉴욕의 빌리지 뱅가드 같은 클럽들과 텔레비전 프로그램에 함께 출연했던 니콜스와 메이는 브로드웨이의 공연을 끝으로 파트너 관계를 마무리 짓는다. 파트너를 잃은 니콜스는 한동안 갈팡질팡했다.

"일레인과 결별했던 그해는 나에게 정말 충격적이었어요." 마이크는 한 인터뷰에서 이렇게 밝혔다. "내가 뭘 하는 사람인지조차 헷갈렸어요. 나는 그저 버려진 절반의 쓰레기 같았죠."

프로듀서 아놀드 세인트 슈버가 그 상황을 변화시켰다. 세인트 슈버는 1963년 니콜스를 고용해 당시 부상하고 있던 젊은 극작가 닐 사이먼의 신작 코미디의 연출을 맡겼다. 엘리베이터가 없는 건물 6층에 살고 있는 맨해튼 신혼부부의 이야기를 다룬 이 작품은 '아무도 날 사랑하지 않아'에서 '맨발 공원'으로 제목을 바꿔 무대 위에 올랐고, 평단의 열광적인 반응을 이끌어냈다.

'맨발 공원'은 니콜스에게 첫 토니상을 안겨줬으며, 이후 니콜스는 연애의 고통을 다룬 코미디 '러브'(머리 시스걸 각본, 알란 아킨, 엘리 웰라치, 앤 잭슨 출연)와 서로 어울리지 않는 룸메이트들의 이야기를 다룬 '별난 커플'(사이먼 각본), 이상 두 편의 작품을 1964~65년 시즌에 동시 연출하며 두 번째 토니상을 수상했다. 이중 '별난 커플'는 사이먼의 유명한 희곡을 바탕으로 옷차림이 단정한 펠릭스 역에 아트 카니, 그리고 게으름뱅이 오스카 역에 월터 매튜가 출연했던 오리지널 버전의 리바이벌 작품이었다.

그로부터 40년도 더 넘게 흐른 2008년, 클리포드 오뎃의 '회상 속의 연인'의 리바이벌 작품을 연출했던 니콜스는 이후 자신의 연출 경력을 마무리 짓는 끝에서 두 번째 작품을 브로드웨이에 아로새기게 된다. 바로 평단의 격찬을 이끌었던 '세일즈맨의 죽음'이었다. 그의 마지막 작품은 2013년, 다니엘 크레이크와 레이첼 와이즈가 주연한 불륜 드라마 '배신'(해롤드 핀터 각본)이었다.

맨해튼과 마서즈 빈야드를 오고가며 생활하던 니콜스는 1988년, 네 번째 부인 소여와 결혼했다. 그 이전 세 번의 결혼 생활은 모두 이혼으로 끝이 났다. 니콜스의 유족으로는 부인 소여 외에도 딸 둘과 아들 하나, 그리고 동생 하나와 손주 넷이 있다.

1999년 니콜스가 링컨 센터에서 평생 공로상을 받았을 때, 그의 오랜 파트너 메이는 잊을 수 없는 찬사를 남겼다.

"그는 재치 있다. 그는 멋지다. 그는 논리정연하다. 그는 시간을 잘 지킨다. 그는 준비성이 철저하다. 그리고 그는 글을 잘 쓴다. 하지만 그가 완벽한가? 그는 사람이 완벽하다면 누군가로부터 진정한 사랑을 받을 수 없다는 것을 알고 있다. 당신은 사랑받기에 충분한 딱 그만큼의 결점을 가지고 있어야 한다. 니콜스가 그런 사람이다. 정확하고 완벽한 결점만큼 절대적으로 사랑스러운 것은 없다."

His son, Nicholas, was an Alderman of the Leislerian party; John Roosevelt, Cornelius C. Roosevelt, and James Roosevelt also served as Aldermen, and James J. Roosevelt was in turn Alderman, Assemblyman, Congressman and Supreme Court Justice.

But although his name is Dutch, in his veins were mingled Irish, Scotch and Huguenot blood; and his mother was a Southerner. She was Martha Bulloch, daughter of James Stevens Bulloch, a major in Chatham's battalion, and a granddaughter of General Daniel Stewart of Revolutionary fame. His father, Theodore Roosevelt, Sr., organized a number of New York regiments in the civil war and was one of the leaders in organizing the Sanitary Commission and other work for the soldiers. He was a practical philanthropist and the works he accomplished for the poor were legion. When he died in 1878 flags flew at half mast all over the city and rich and poor followed him to the grave.

The second Theodore Roosevelt was born in this city Oct. 27, 1858. He was graduated from Harvard in 1880, and after a year spent in travel and study in Europe he plunged at once into that field of activity which he never afterward forsook—politics. He was an officeholder almost continuously from 1882 until he retired from the Presidency in 1909. The only intermission came during his life as a rancher after he retired from the Legislature.

As a boy he was puny and sickly; but with that indomitable determination which characterized him in every act of his life, he entered upon the task of transforming his feeble body not merely into a strong one, but into one of the strongest. How well he succeeded everybody knows. This physical feebleness bred in him nervousness and self-distrust, and in the same indomitable way he set himself to change his character as he changed his body and to make himself a man of self-confidence and courage. He has told the story himself in his autobiography:

"When a boy I read a passage in one of Marryat's books which always impressed me. In this passage the captain of some small British man-of-war is explaining to the hero how to acquire the quality of fearlessness. He says that at the outset almost every man is frightened when he goes into action, but that the course to follow is for the man to keep such a grip on himself that he can act just as if he was not frightened. After this is kept up long enough it changes from pretense to reality, and the man does in very fact become fearless by sheer dint of practicing fearlessness when he does not feel it. (I am

honeycombed with petty jealousies and favoritism and blackmail, that the board could never ascertain the truth about what the men were doing. Roosevelt smiled and said: "Well, we will see about that," and see about it he did literally, for he personally sought the patrolmen on their beats at unexpected hours of the night, interviewed them as to their duties, and whenever one was found derelict he was promptly reprimanded or dismissed. The plan had a sudden and wholesome effect, for no roundsman, no sergeant, or police captain knew at what hour the Commissioner might turn up and catch him napping.

When he went into the Police Board and insisted on enforcing the excise laws literally, Chief Byrnes said, "It will break him. He will have to yield in time. He is only human."

At the height of his unpopularity a monster parade was organized to show New York's disgust with his policy. It paraded with such signs as "Send the Police Czar to Russia." A perfunctory invitation, or, perhaps, a sarcastic one, had been sent to him, and to everybody's astonishment he arrived early and took his seat on the reviewing stand.

Among the foremost of the paraders was a German, who looked back with pride on the great host behind him. Waving his hand, he shouted in a stentorian voice:

"Nun, wo ist der Roosevelt?" ("Where is Roosevelt now?")

A beaming face with a bulldog grin looked down from the stand.

"Hier bin ich. Was willst du, kamarad?" ("Here I am. What do you want, comrade?")

The German stopped, paralyzed with astonishment. Then an answering grin overspread his own face.

"Hurrah for Roosevelt!" he shouted. His followers took up the cry, and those who came to scoff remained to cheer.

In April, 1897, through the influence of his old friend, Senator Lodge, he was appointed Assistant Secretary of the Navy. He became convinced that war with Spain was inevitable and promptly proceeded to make provision for it. For command of the Asiatic Fleet certain politicans were pushing an officer of the respectable, commonplace type. Roosevelt determined to get the appointment for Commodore Dewey, who was this officer's junior, and who had no political backing, but whose career Roosevelt had been watching. He enlisted the services of Senator Redfield Proctor, whom he knew to be close to the President, checkmated the politicians and secured the appointment which resulted in so much glory for the American Navy.

Mr. Roosevelt also set about at once to secure a better equipment for the navy, and to him belongs credit for the drill of officers and men in target practice, the results of which were soon after made manifest. Soon after he became Assistant Secretary he asked for the sum of $800,000 for "practical target" shooting. That was considered a pretty large sum, and only a few months later he asked for $800,000 more. He was asked what had become of the first appropriation and replied that it

plain-faced girl, petite without being pretty. They met while both were students at Seward Park High School. She got a job as a stenographer after graduation; he went on to City College but became so engrossed in Communist activities that he "flunked out" in 1937. He resolved to give more attention to his classes, was reinstated at the college and won his degree in electrical engineering in February, 1939. A few months later Julius and Ethel were married.

He bounced from one engineering job to another until he got a civil service appointment as a junior engineer in the Army Signal Corps on Sept. 3, 1940. That was the period of the Hitler-Stalin pact, when the Communists in this country were doing everything they could to obstruct our preparedness program, but there was no testimony that reflected adversely on Julius Rosenberg's performance of his job.

BEGINNING OF THE PLOT

After Pearl Harbor, with the United States and Russia established as wartime allies, Julius began to brood over the reluctance of our Government to entrust all its military secrets to the Soviet Union. He decided that the Russians were entitled to know everything we knew and that it was his responsibility to help them get any information they could not get through established channels of

not to make any notes. She rized David's answers and them back to New York. uary David came home hi a twenty-two day furlough. asked him to turn over eve he knew about the bom might be of value to the Working from memory, made sketches of a high-ex lens, for which he had mad in his New Mexico machin (The lens is a curve-shape explosive used to set off th reaction that detonates the

Greenglass had taken his seriously. He was able to ment his sketches with a m technical material about the and how it worked. He had dered all over the top-secret area" at Los Alamos, lis avidly to everything he coul and questioning people "w their knowing it" to get a c idea of what they were Julius was jubilant when Dav livered his information. He sa sketches were "very good," a got out a portable typewrit Ethel could type up the da the workings of the bomb. It twelve pages to get it all

CONTACT WITH RUSSIANS

What did Julius do with the terial he got from David? cording to the Greenglasse had microfilming equipment

THE NOTORIOUS

악명가들

마타 하리

1876년 8월 7일~1917년 10월 15일

파리—네덜란드 출신의 댄서이자 모험가였던 마타 하리는, 두 달 전 열린 군법회의에서 스파이 혐의로 유죄 판결을 받은 후 금일 새벽 총살형에 처해졌다.

이 41세 사형수의 본명은 마르하레타 헤이르트라위다 젤러로, 형 집행 당일에는 생라자르 감옥에서 뱅센느의 사형 집행장까지 차로 이송되었으며, 자선 수녀회에서 나온 수녀 두 명과 신부 한 명이 그녀와 동행했다.

마타하리는 뛰어난 매력과 연애편력으로 유럽에서 유명세를 떨쳤으며 언론 보도에 따르면, 연합군의 '탱크' 제조 기밀을 독일군에 제공함으로써, 그들이 연합군의 군사작전 저지를 위한 특수 가스를 개발하는 데 일조했다는 혐의로 기소되었었다.

그녀는 지난 봄에 파리를 떠나, 첫 번째 '탱크'가 제조 중이었던 잉글랜드에서 한동안 지냈다고 한다. 그 후 영국과 네덜란드를 오가다 스페인으로 건너가서, 프랑스 비밀정보부가 오랫동안 혐의를 두고 있던 남자와 동행하여 의심을 사게 되었다고 한다. 마타 하리는 파리에서 체포되었으며, 당시 '탱크' 업무와 관련된 젊은 영국인 장교와 함께 목격되었다.

알 카포네

1899년 1월 17일~1947년 1월 25일

플로리다, 마이애미비치—금주령 시대에 시카고 폭력범죄 조직을 이끌었던 알 카포네가 금일 밤 마이애미의 자택에서 사망했다.

알 카포네가 뇌졸중으로 쓰러진 지난 화요일부터 그를 담당해 왔던 주치의 케네스 S. 필립스 박사는 "급작스러운 사망"이었다고 전했다.

"가족들이 그의 임종을 지켰으며, 알 카포네의 미망인 메이는 실신하여 위중한 상태이다."

필립스 박사는 알 카포네의 사인이 심부전이라고 밝혔다. —**연합통신사**

브루클린 출신의 뚱보 소년이었던, 알폰소 카포네(일명 스카페이스—상처 난 얼굴)는 무일푼으로 시작해 지하세계의 거부로 거듭났다. 1925년부터 1931년에 이르는 자신의 전성기 동안, 그는 시카고 일대를 장악했으며, '메마른(dry)' 시대의 방탕함을 대표하던 사내였다.

미국 역사상 가장 잔혹했던 살인자들의 우두머리로서, 알 카포네는 폭력 조직 간의 전쟁에서 칼, 산탄총, 기관총, 그리고 제1차 세계대전 중 사용되었던 수류탄을 개조한 파인애플 수류탄 등으로 300명 이상을 살해했다.

그의 악명은 국제적인 전설이 되었는데, 일례로 프랑스에서는 그를 '흉터가 있는 자'로 칭하며 미국 범죄세계의 상징 같은 인물로 인식되고 있었다.

그러는 동안 카포네는 엄청난 부를 축적했다. 정확히 얼마나 되는지는 누구도 알 수 없었지만, 어마어마한 수치라는 건 누구나 알 만한 상황이었다. 알 카포네는 (경찰로 위장한 그의 조직원들이 시카고의 한 창고에서 주류밀매 조직이었던 '벅스 모란'의 조직원 8명을 살해했던, 1929년 성 발렌타인데이 학살을 포함하여) 무수한 살인혐의에 대한 기소를 피해갔다. 하지만 결국 21만 5,000달러의 소득세 탈세라는 비교적 약소한 혐의로 처벌을 받게 된다.

소득세 탈세 혐의로 알 카포네는 11년의 징역형을 선고받고 애틀랜타, 더록, 그리고 알카트라즈 연방감옥에서 형을 살았으며, 더불어 5만 달러의 벌금 및 2만 달러의 소송비용이 부과되었다. 1939년 1월 중순 그는 감형되었으나, 이미 그때는 성병으로 인해 입도 다물지 못하는 마비환자가 되어 있었다.

카포네는 1899년 1월 17일, 이탈리아 나폴리에서 가난한 이발사의 아들로 태어났다. 이후 그의 가족은 뉴욕으로 이주하여 브룩클린 다리 근처의 멀버리 벤드에 정착했으며, 4학년 때 학교를 중퇴한 알 카포네는 거리를 떠돌다가 조니 토리오를 만났고, 수년 후 시카고에서 그를 잇는 주류밀매 범죄조직의 두목이 된다.

독실했던 카포네의 부모는 당시 사우스 브룩클린으로 이사했었는데 아직 10대였던 알 카포네는 어느 날 이웃 4번가 이발소에서 몸집이 작고 성미가 급한 시칠리아인 이웃 한 명을 괴롭혔고, 이 시칠리아인은 참지 못하고 카포네를 구석으로 몰아세운 뒤 면도칼로 얼굴을 두 번 그어버렸다. 사건 이후 그들은 두 번 다시 마주치지 않았으며, 카포네가 세력을 얻고 나서 옛 동네를 자주 방문했음에도 불구하고 그 시칠리아인을 찾아 제거하려고 하지도 않았다.

한편 1910년, 자신의 능력을 시험하고자 파이브 포인츠와 멀버리 벤드를 떠나 시카고로 향했던 존 토리오는 1920년에 내려진 금주령을 계기로 큰 수익을 거뒀으며, 더 큰 규모로 주류 밀매업에 뛰어들기 위해 터프한 조직원들을 모집하던 중, 바로 뚱보 카포네를 영입하게 된다. 카포네는 주급 75달러를 받기로 하고 토리오 조직에 합류하기 위해 시카고 행 기차에 올랐다. 당시 카포네에게 75달러는 큰돈이었다. 더불어 카포네는 전시 징집을 피하려고 무척 애를 썼는데 폭력의 상징 같은 그에게도 세계전쟁 같은 타입의 폭력은 그다지 마음에 들지 않았던 것 같다. 후에 카포네 자신이 미국 해외 파견부대(AEF)에서 기관총 사수로 복무했다는 이야기를 퍼뜨렸으나 이는 허튼소리에 불과하다.

시카고로 넘어 온 후, 서너 해 동안 토리오를 위해 전문 킬러, 즉 '로드(권총)' 역할을 수행했던 카포네는 조직범죄 및 밀주사업 운영에도 비범한 재능을 보였다.

그러나 탐욕은 더 큰 탐욕을 부르기 마련이었다. '수익'을 독차지 하고 싶었던 토리오는 조직원에게 지급할 몫을 빼돌렸고 이 때문에 조직 내 분열이 일어났다. 잔인했지만 역설적이게도 꽃을 지나치게 사랑했던 디온 오바니온을 중심으로 한 반대파가 형성되었던 것이다.

오바니온의 부하들은 대부분 아일랜드계였던 반면, 토리오의 조직은 대부분 이탈리아계였으며, 이들의 대립은 씁쓸하게도 인종적인 양상을 띠었다. 1924년 11월 10일, 카포네의 조직원 3명이 오바니온이 취미 삼아 운영하던 꽃가게로 걸어 들어가 오바니온에게 총을 난사했다. 그는 장미와 카네이션 사이로 쓰러졌다. 카포네와 토리오는 장례식장으로 수많은 화환을 보내 조의를 표했고, 이를 통해 무죄를 가장했다.

이후 1925년 후반, 한 무리의 조직원들이 토리오를 향해 다섯 발의 총격을 가하는 일이 발생하자 토리오는 조직에서 물러나기로 결정한다. 그렇게 그가 물러나자 드디어 카포네의 세상이었다.

카포네는 즉각 세력 확장에 돌입했다. 그는 동부 해안을 따라 럼주를 처리할 대리점들을 세웠고, 플로리다와 바하마에 조직원들을 배치했으며, 캐나다 국경 근처에도 조직원을 심어두었다. 카포네의 화물 트럭들은 값비싼 밀주들을 싣고 전국을 횡단하며 미 중서부지역의 갈증을 음밀히 해소시켰다.

1925년 말 무렵, 카포네는 승승장구하고 있었다. 그는 프레리 가에 위치한 웅장한 저택에서 아내 메이와 6살짜리 아들 소니와 살았으며, 그의 형 랄프(일명 술독) 카포네 또한 조직원 역할을

수행하고 있었다.

그즈음, 브룩클린 부둣가 조직을 이끌던 '의족' 로너건이 카포네의 오랜 친구들을 괴롭힌다는 소식이 시카고에 전해졌다. 로너건은 몇몇 조직원들과 함께 4번가 근처 20번지에 위치한 '아도니스 소셜 클럽'에서 카포네의 오랜 이웃이었던 이탈리아계 사람들을 수시로 괴롭히고 있었다.

아도니스 클럽은 카포네가 십대 시절 지하창고에서 총으로 맥주병을 쏘며 사격연습을 하곤 했던, 애착을 느끼는 장소였다. 1925년 크리스마스 저녁, 로너건과 조직원들이 클럽에 들이닥쳤을 때, 카포네는 시카고에서 데려온 다섯 명의 부하들과 그곳에 잠복 중이었다.

다음날 새벽 3시, 빗발치는 총소리를 들은 5번가 경찰관들이 클럽으로 출동했다. 로너건은 클럽 입구 근처에 쓰러

져 있었고, 그의 친구였던 애론 함스와 니들리스 페리는 피아노 아래에서 천장과 조명을 장식하고 있는 알록달록한 종이들을 멍한 눈으로 응시하는 모양으로 죽어 있었다. 그리고 로너건의 네 번째 조직원은 심각한 부상을 입은 채 인도로 기어 나와 있었다.

당시 카포네, 그리고 8명의 남자들과 2명의 여자 단골들이 연행되었다. 몸에 치장한 다이아몬드로 온통 번쩍거리는, 이 시카고에서 온 뚱보는 무고한 피해자인 척 가장했다. 그는 크리스마스를 맞아 모친을 찾아뵈려고 바람의 도시 시카고에서 건너왔으며 총격이 시작되었을 때 우연히 클럽에 있었을 뿐이라고 주장했다.

마찬가지로 다른 목격자들도 총격이 시작되는 순간을 전혀 보지 못했다고 주장했기 때문에 경찰은 그와 나머지 사람들을 풀어줄 수밖에 없었다. 카포네는 그렇게 옛 이웃들에게 크리스마스 선물로 3건의 깔끔한 살인을 선사하고 시카고로 돌아갔다.

이후 점점 대담해진 카포네는 1929년, 소위 '파인애플' 경선에서 빅 빌 톰슨을 공개적으로 지원했다. 카포네는 철로 만든 파인애플(수류탄)을 던지는 등 상대 후보들을 대상으로 폭력적인 책략을 썼으며, 더구나 카포네의 조직원들이 쿡 카운티의 지방검사였던 윌리엄 맥스위긴을 쏴 죽였을 때, 그들은 이 사건에서 빠져나갈 수 있다면(실제로 빠져나갔다), 그 뒤로는 얼마든지 더 험악한 짓도 할 수 있다는 기세였다.

파인애플 경선 직전, 카포네는 미국 조직범죄 역사상 가장 잔혹한 살인극을 무대 위로 올렸다. 이 특별한 작업을 위해 그는 세인트루이스를 기반으로 한 조직이었던 '이건의 쥐들'에서 킬러 프레드 버크를 영입했다. 킬러 버크는 1929년 성 발렌타인데이에 부하 3명을 경찰로 위장시킨 뒤, SMC 운송회사 차고에서 7명의 모란(Moran) 조직원들 중 최후의 한 명도 움찔거리지 않을 때까지 톰슨 기관총과 총신을 짧게 한 산탄총을 난사했다.

이런 극도로 폭력적인 전략에도 불구하고 카포네 무리는 파인애플 경선에서 패배했다. 더불어 조직 내부에서도 불길한 알력다툼이 은밀하게 시작됐다. 카포네는 한 호텔 연회장에서 계획이 드러난 줄도 모른 채 내빈으로 참석한 변절자들의 머리를 야구 방망이로 내리쳐 잔인하게 힘을 과시함으로써 분열을 뿌리 뽑고자 했다. 이어서 브룩클린의 조직원 프랭키 유엘이 자신을 배신했다는 첩보가 카포네의 귀에 들어온 지 얼마 지나지 않아, 유엘은 킬러 버크 일당에게 총격을 받고 사망했다.

이후 1929년 5월, 카포네는 고조되는 모란 조직의 총격 위협을 피할 목적으로 필라델피아 경찰에 자수를 하기도 했다. 당시 그의 혐의는 흉기은닉이었다. 그러던 1931년 10월, 소득세 탈세 혐의를 받은 카포네는 조직원 한 명의 경호를 받으며 연방법원에 출석했다. 그런데 법정 참석자 중 한 명이 조직원의 권총견대를 목격했고, 이에 해당 조직원이 법정 모독죄로 즉결심판을 받는 소동이 벌어졌다.

높은 수임료를 받은 카포네의 변호인단은 자신들의 고객이 박해받고 있다고 주장하며 단호한 표정의 배심원들을 설득하고자 했으나 소용 없는 일이었다. 윌커슨 판사가 형을 선고하자, 카포네의 안색이 어두워지며 흉측한 흉터가 하얗게 두드러졌다.

1932년 5월 5일, 카포네는 애틀랜타 교도소에 수감되었고 1934년 8월에는 사슬과 족쇄에 묶인 채 삼엄한 알카트라즈 교도소로 이감됐다. 이로써 그가 자랑스러워했던 '공공의 적 제1호'라는 타이틀의 종말이 시작되었다.

1938년 2월, 카포네는 갑자기 난폭해졌다. 교도소 의료진이 진단한 결과, 위대한 카포네가 '간헐적 정신착란'으로 인해 끝장났다는 소문이 알카트라즈 밖으로 퍼져나갔다.

1939년 11월, 카포네는 석방되어 마비 증세 치료를 목적으로 볼티모어의 유니온 메모리얼 병원에 입원했다. 이후 그는 마이애미 해변에 정착해 살고 있었다.

에델 로젠버그

1915년 9월 28일~1953년 6월 19일

줄리어스 로젠버그

1918년 5월 12일~1953년 6월 19일

윌리엄 R. 콘클린 기자

뉴욕 주, 오시닝—마지막까지 의연한 태도로 입술을 굳게 다물었던 줄리어스와 에델 로젠버그는 전시 중 원자폭탄과 관련하여 소련을 위해 첩보활동을 한 혐의로 오늘밤 싱싱 교도소의 전기의자에서 처형됐다.

첩보활동 혐의로 법정 최고형을 선고받은 건 미국 역사상 로젠버그 부부가 최초였으며, 남편 그리고 아내 순으로 형이 집행됐다. 이들 부부는 목격자들이 놀랄 정도로 차분하게 죽음을 받아들였다.

유태인 안식일을 피하기 위해 두 건의 사형 모두 싱싱 교도소의 일반적 집행 시간인 오후 11시보다 앞당겨 집행되었다. 사형집행이 끝났을 때쯤 붉은 태양의 마지막 빛이 희미하게 허드슨 강 위로 드리워졌다.

A. H. 래스킨 기자

금요일 밤 집행된 줄리어스와 에델 로젠버그의 사형은 25년 전, 사코-반제

티 사건 재판 이후 미국 사법 절차상 전 세계의 이목을 가장 많이 받았던 사건의 종결이었다. 로젠버그 부부는 원자력에 의한 파괴라는 새로운 시대의 화두 속에서, 새로운 유형의 범죄 혐의로 사형 선고를 받았다. 다음은 재판에서 밝혀진 로젠버그 사건을 기술한 것이다.

줄리어스와 에델 로젠버그는 대공황 기간 동안 공산주의에 빠져들었는데, 이를 계기로 서로에게 이끌리게 되었다. 빈곤한 맨해튼 이스트사이드 지역에서 태어난 로젠버그 부부는 수백만의 미국인들이 실업상태에 빠지고 프랭클린 D. 루즈벨트가 망가진 경제를 복구하기 위해 고군분투하던 시절에 그들의 십대를 보내면서 공산주의 운동을 받아들이게 되었던 것이다.

이 부부는 시어드 파크 고등학교에서 처음 만났다. 에델은 졸업 후 속기사로 일했으며, 줄리어스는 시립대학에 진학하여 1939년 2월, 전자공학 학위를 취득했다. 그로부터 몇 달 후 그들은 결혼했다.

1940년 9월 3일, 미 육군 통신부대의 차석 엔지니어로 임관한 줄리어스는 진주만 폭격 후 미국과 러시아가 전시 동맹국이 되었을 때, 미국 정부가 소련과 모든 군사기밀을 공유하는 것에 대해 주저하는 것을 알고 생각에 잠겼다. 그는 러시아인들이 미국 측의 정보를 알 권리가 있다고 생각했다.

줄리어스가 처음으로 러시아에 협조할 수 있는 큰 기회를 얻은 것은 1944년 8월, 미 육군이 원자폭탄 제작을 위해 기술관이었던 줄리어스의 매제 데이비드 그린글래스를 뉴멕시코 주 로스앨러모스로 배치했을 때였다.

1941년 11월, 데이비드의 아내 루스는 남편을 방문한 자리에서 자신이 얼마 전 니커보커 빌리지에 있는 아파트에서 로젠버그 부부와 저녁을 같이 했다는 얘기를 하면서, 로젠버그 부부가 과거 공산당 지하조직에 가입했으며, 그럼에도 집회에 참여하거나 '데일리 워커' 신문을 불매하는 등, 공개적인 활동에 연계되는 것은 꺼려왔다는 사실을 고백했다고 덧붙였다.

이후 줄리어스는 루스에게 뉴멕시코로 가서 러시아에 전달할 원자폭탄에 대한 정보를 빼내올 것을 종용했다. 루스는 처음엔 반대했지만, 결국 마음을 바꿨다. 그녀는 데이비드에게 러시아가 미국과 함께 싸우고 있으나 응당 알아야 할 정보를 제공받지 못하고 있다는 줄리어스의 주장을 전했다. 데이비드는 로스앨러모스의 물리적 배치, 직원 수, 그리고 프로젝트를 감독하고 있는 주요 과학자들의 성명 등 줄리어스가 원하는 정보를 제공하는 데 동의했다.

루스는 데이비드의 답변을 암기해 뉴욕으로 돌아왔다. 이듬해 1월에 휴가를 받고 귀가한 데이비드 또한 기억을 더듬어 뉴멕시코의 기계 공작실에서 자신이 주형(mold)을 제작했던 고성능 렌즈의 스케치를 그려냈다. (렌즈는 폭탄의 연쇄 반응을 일으키는 데 사용되는 굴곡진 모양의 고성능 폭약을 지칭한다.)

데이비드는 이 스케치 위에 폭탄에 관한 기술적인 내용을 더 보충하여 줄리어스에게 전달했으며, 줄리어스는 "매우 훌륭하다"며 기뻐했다. 이때 에델은 곁에서 12페이지에 달하는 분량의 정보를 타이핑했다.

줄리어스는 데이비드로부터 받은 문건으로 무엇을 했을까? 그린글래스 부부에 따르면, 줄리어스는 러시아인들에게 받은 마이크로필름 제작 장치를 콘솔형 테이블 밑 빈 공간에 숨겨두고 있었다. 그리고 넘겨줘야 할 메시지나 마이크로필름이 있을 때마다 한 영화관의 벽감에 그것들을 남겨놓곤 했다. 직접 접선할 필요가 있을 때는, 벽감에 쪽지를 남긴 후 롱아일랜드의 인적이 드문 장소에서 연락책들을 만나곤 했다. 데이비드는 자신이 뉴욕에 갔을 때, 로젠버그가 성명을 알 수 없는 러시아인 한 명을 1번가에서 만나도록 주선했다고 증언했다.

이후 데이비드는 부대에 복귀할 때 루스와 동행했으며, 줄리어스의 러시아 친구들에게 더 많은 정보를 제공하기 위한 계획도 세웠다. 당시 줄리어스는 데이비드에게 불규칙하게 잘려진 젤로(젤리 상품명) 포장지를 건네주며 운반책에게 전달할 정보를 준비하라고 했다. 운반책은 포장지의 나머지 부분을 보여줌으로써 신원을 확인할 예정이었다.

이 운반책은 1935년부터 공산당 첩보망의 일원으로 활동해 온 스위스 태생의 생화학자 해리 골드였다. 골드는 로젠버그와 직접 거래하지 않았으며 그린글래스에게도 신원을 밝히지 않았다. 골드의 연락책은 뉴욕 주재 소련 부영사 아나톨리 야코블레프였다. 1945년 6월, 야코블레프는 골드에게 이중 임무를 부여하며 뉴멕시코로 보냈다.

임무 중 하나는 산타페로 가서 이전에 골드가 중요한 자료들을 얻었던 영국의 고위급 원자핵 과학자 클라우스 푹스 박사로부터 새로운 정보를 얻는 것이었다. 다른 하나는 바로 앨버커키에 있는 데이비드 그린글래스를 만나는 것이었다.

앨버커키에 도착한 골드는 미리 정했던 대로 인식 신호와 표식을 제시했다. 그린글래스는 거실을 지나 아내의 수첩에 있던 나머지 조각을 꺼냈다. 통통한 얼굴의 운반책은 "피츠버그에서 온 데이브"라고 자신을 소개했다.

새로운 스케치와 설명 자료를 받은 골드는 출발하기 전에 그린글래스로에게 500달러가 든 봉투를 건넸다. 이 돈의 출처는 야코블레프였다. 그로부터 이틀 후, 브룩클린에서 야코블레프와 접선한 골드는 푹스와 그린글래스로부터 얻은 정보를 건넸다. 2주 후, 야코블레프는 골드에게 전달받은 자료가 소련에 넘겨졌다는 것과 그린글래스로부터 받은 데이터가 "매우 훌륭하며 상당한 가치가 있는 것"으로 밝혀졌다고 전했다.

로젠버그의 첩보활동은 원자력 정보에 국한되지 않았다. 그는 에머슨 라디오 회사에서 통신부대 프로젝트를 진행할 때, 근접 신관(proximity fuse)을 훔쳐 러시아인들에게 넘겼다고 그린글래스에게 털어놓은 적도 있었다.

1948년, 로젠버그는 시립대학 동문이었던 모튼 소벨을 만났다. 그는 전자공학과 레이더 방면의 전문가로 정부와 기밀 계약을 진행하고 있었다. 로젠버그는 그에게서 기밀 정보가 수록된 35미리 필름 캔을 받았다. 로젠버그 부부와 함께 재판을 받은 소벨은 30년 형을 선고받았다.

1950년 2월, 영국이 클라우스 푹스를 체포했다고 공표하자 로젠버그는 끝이 머지않았음을 직감했다. 그는 데이비드에게 골드가 곧 구금될 것이라고 경고하며 해외도피를 권했다.

5월 23일, FBI가 골드를 투옥하자 로젠버그는 더욱 신속하게 움직였다. 로젠버그는 데이비드에게 1,000달러를 건넸으며, 러시아인들이 데이비드와 그의 아내, 그리고 두 명의 어린 자녀들이 미국을 떠나는 데 필요한 만큼을 추가로 지원해줄 것이라고 약속했다.

데이비드와 루스는 2주 된 젖먹이와 도피한다는 것이 내키지는 않았으나,

그 계획을 받아들이는 척 했다. 로젠버그는 갈색 봉투에 담긴 4천 달러를 그들에게 추가로 건넸다. 로젠버그 부부 또한 미국을 떠날 준비를 했으나 결국 실패하여 1950년 7월 17일 줄리어스가 먼저 체포된 데 이어, 한 달이 채 지나지 않아 에델도 체포된다.

푹스와 골드가 체포된 후 미국을 떠난 사람은 소벨 뿐이었다. 그러나 6월 21일, 가족과 함께 멕시코시티로 향했던 그 역시 멕시코에서 추방당한 뒤 텍사스 국경에서 체포되었다.

로젠버그 부부는 재판 내내 그린글래스와 골드가 확인한 내용을 포함한 모든 스파이 혐의를 부인했다. 부부는 자기부죄(self-incrimination) 가능성을 근거로 공산당 및 청년공산연맹 가입과 관련된 질문에 대한 답변을 거부했고 자신들이 미국에 충성을 다했음을 맹세한다고 주장했다.

피고측은 데이비드 그린글래스가 자기 아내를 보호하기 위해 누나(에델)를 희생시키며 위증을 하고 있다고 주장했다. 또한 줄리어스는, 그린글래스가 개인적으로는 불안정하고 신뢰할 수 없는 인물이며 FBI로부터 코치를 받았을 뿐만 아니라, 전쟁 후 기계공장에서 파트너로 일하던 때에 있었던 사업적 갈등으로 인해 자신에게 앙심을 품고 있다고 주장했다. 루스 그린글래스는 기소되지 않았다.

'냉전' 시대가 계속되는 한 이 사건의 반향은 지속될 것이다. 그리고 배심원단의 평결과 법원의 판결을 이끌어낸 증거들은 정치적으로 만들어진 끊임없는 감정의 암운들 속으로 빠져들어갈 것이다.

아돌프 아이히만

1906년 3월 19일~1962년 6월 1일

로렌스 펠로우스 기자

이스라엘, 람레—제2차 세계대전 당시, 수백만 명의 유태인들을 집결시키고 이들을 나치 수용소로 보내 학살한 데 일조한 죄로 지난밤 자정, 아돌프 아이히만이 교수형에 처해졌다.

이츠하크 벤즈비 이스라엘 대통령은 교수형 집행 직전, 아이히만의 탄원을 기각했다.

아이히만의 시신은 유언장의 요구대로 금일 오전에 화장되었고, 유골은 이스라엘 영해 밖 지중해에 뿌려졌다.

마지막까지도 냉정하고 비타협적이었던 아이히만은 회개하라는 개신교 목사의 호소마저 거부했다. 그가 사형 집행실 안에 있던 소수의 목격자들에게 독일어로 남긴 마지막 말은,

"여러분, 우리는 곧 다시 만나게 될

겁니다. 모든 이의 운명이 그러하듯 나는 신을 믿으며 살아왔고 신을 믿으며 죽습니다."

"독일 만세. 아르헨티나 만세. 오스트리아 만세. 내게 가장 가까웠던 이 세 국가들을 잊지 않을 것입니다."

"아내와 가족, 친구들에게 안부를 전합니다. 나는 전쟁의 규율과 조국의 국기에 순종해야 했습니다. 나는 준비되었습니다."

벤즈비 대통령이 아이히만의 마지막 탄원을 기각한 지 몇 시간 뒤, 음울하고 안개에 둘러싸인 람레 교도소에서, 그렇게 교수형은 집행됐다.

형 집행 당일, 벤즈비 대통령은 하루 종일 관대한 처분을 호소하는 수백 건의 탄원을 받았다. 철학자 마틴 부버를 필두로 한 히브리 대학 교수진 또한 대통령을 설득하여 형 집행을 막기 위해 마지막까지 애를 썼다.

그러나 지난밤 대통령실은 다음과 같이 짧게 공표했다.

"이스라엘 대통령은 아돌프 아이히만 사건과 관련해 범죄자의 사면이나 감형의 특권을 행사하지 않기로 결정했다."

이를 듣고 아이히만을 수행하기 위해 이스라엘 정부가 지정한 캐나다 선교사 윌리엄 헐 목사는 아이히만과 대화를 나누던 감옥으로 돌아갔다.

통역사 역할을 했던 목사의 아내는 화요일 대법원의 상소 기각 후에도 아이히만은 동요 없이, 단지 씁쓸해 하는

것 같다고 했다.

아이히만은 오후 7시에 마지막 식사를 했다. 콩과 빵, 올리브와 차로 구성된 일반적인 교도소 식단이었다. 오후 8시, 아브라함 니르 교도소장은 아이히만에게 대통령이 그의 탄원을 기각했음을 전달했다.

교도소장은 아이히만이 놀라는 낌새는 보지 못했다고 전했다. 수감자의 요청에 따라 쌉싸름한 이스라엘 레드와인이 제공되었다. 그는 와인을 반 병 정도 마셨다. 아이히만의 형제가 보낸 2통의 서신이 전달되었고, 그는 서신들을 읽었다.

자정으로부터 30분 전, 예루살렘 주재 초(超)교파 시온 기독교 선교단체의 수장인 헐 목사가 아이히만에게 보내졌다. 이번에도 헐 목사의 부인이 통역을 맡았다. 이후 목사는 아이히만이 "성경을 논할 준비가 되어 있지 않았으며, 낭비할 시간이 없다는 의사를 표명했다"고 전했다. 그리고 헐 목사 부인은 아이히만이 슬퍼보였으나 죽음을 각오하고 있는 듯했다고 묘사했으며, 헐 목사는 아이히만이 "아내에게 차분히 받아들이라고 말해 달라. 나는 평안하다"라고 했다고 덧붙였다.

목사는 감방에서 형장까지 약 46m의 거리를 앞장 서 걸었다. 손이 뒤로 묶인 아이히만은 몸을 꼿꼿이 세운 채 걸었고, 차분했다. 그는 기침을 한 번 했다.

이스라엘 역사상 처음으로 사용될 교수대는 교도관 거주 구역으로 활용되었던 교도소 3층의 작은 방에 설치되었다.

불그스름한 바지와 목 부분을 잠그지 않은 셔츠를 입은 아이히만은 바닥에 설치된 검고 작은 뚜껑문 쪽으로 안내되었다.

교관들이 그의 발목과 무릎을 묶었다. 아이히만은 교관들에게 똑바로 설 수 있도록 무릎의 매듭을 느슨하게 해 줄 것을 요청했다. 그는 검은 후드를 쓰는 것을 거부했다.

그리고 마지막 말을 남기면서 아이히만은 거의 감은 눈으로 옆과 아래의 발판을 가볍게 응시했다.

그가 말을 마치자, 니르 교도소장이 "무한(Muchan)!"이라고 외쳤다. 히브리어로 '준비'라는 뜻이었다. 밧줄 올가미가 아이히만의 머리 위로 드리워졌다. 교도소장이 또 외쳤다. "무한(준비)!"

사형 집행실 구석의 장막 뒤에서 바스락거리는 소리가 들렸다. 어떤 것이 교수대에 연결되어 있는지 알 수 없게 되어 있는 조정장치 뒤에 3명의 남자가 서 있었다.

발판이 열렸고, 아이히만은 아래로 떨어져 숨이 끊어졌다.

목사는 "오, 주여"하고 외쳤다.

지난 화요일, 5명의 대법관들은 1년 전 아이히만을 심리하고 작년 12월 사형을 선고했던 특별 구성 지방법원의 판결 이유와 결론을 만장일치로 수용했다.

당시 대법원은 다음과 같이 언급했다. "1,100만 명에 달하는 유태인의 '최종적 해결(나치 독일에 의한 계획적 유대인 말살)'을 처리함으로써 스스로 게슈타포 장군 라인하르트 하이드리히에 버금가는 명성을 얻은 이 자는 단순히 다른 이들이 조종하는 기계의 크고 작은 나사 따위가 아니다. 그 자신이 기계를 조종했던 당사자이다."

아이히만은 반박문을 통해 이러한 결정에 이의를 제기했다.

"이스라엘의 법관들은 명령을 내리는 책임자들과 단지 일선에서 명령을 수행하는 사람들을 구분하지 못하는 기본적인 실수를 했다."

그러나 그의 주장은 법원에서 계속 기각됐으며, 대법원은 이렇게 덧붙였다.

"상소인은 만행을 자행하는 동안 어떠한 후회나 유약함, 무력함, 또는 의지의 약화를 보인 적이 없었다. 그는 적임자로서, 자신의 희열과 상관의 만족을 위해 형언할 수 없이 끔찍한 범죄를 기꺼이 열정적으로 수행했다."

오사마 빈 라덴

1957년 3월 10일~2011년 5월 2일

워싱턴—현대 미국의 본토에서 발생한 가장 충격적인 테러의 주동자이며 세계에서 가장 악명 높은 수배자였던 오사마 빈 라덴이 지난 일요일 파키스탄에서 미군과의 총격전 끝에 사살되었다. 오바마 대통령이 직접 발표한 내용이다.

늦은 밤 백악관 이스트룸에 극적으로 등장한 오바마 대통령은 "정의가 실현되었다"고 선언하며, 미군과 CIA요원들이 거의 10년 동안 도주하고 있던 알카에다의 수장 빈 라덴을 마침내 궁지에 몰아넣었음을 밝혔다. 관계자들에 따르면 빈 라덴은 저항 중 머리를 저격당했다고 전해진다. 그의 시신은 수장되었다.

이 뉴스는 미 전역에 보기 드문 감정의 분출을 촉발시켰고, 군중들은 백악관 앞과 타임스퀘어 및 그라운드 제로(9.11 테러로 붕괴된 세계무역센터가 있던 자리) 등지에 모여 성조기를 흔들고 환호하며 "유에스에이(USA), 유에스에이!"를 외쳤다.

빈 라덴의 죽음은 미국이 주도하고 있는 테러와의 전쟁에서 결정적인 순간이며 2001년 9월 11일, 뉴욕과 워싱턴을 공격했던 자들에 대한 가차없는 추격이 계속되고 있음을 확인시켜 주는 상징적인 사건이다.

최후의 순간을 맞을 당시, 빈 라덴은 오랫동안 추정되었던 바와 달리 파키스탄 국경 근처의 외곽 지역이 아니라 파키스탄의 수도 이슬라마바드에서 북쪽으로 약 1시간 거리(차량 기준)에 있는 대규모 주택단지에서 발견되었다. 즉, 파키스탄의 군사기지와 육군사관학교가 위치한 중소도시 아보타바드에 그의

은신처가 있었던 것이다.

좁고 지저분한 도로의 끝에 자리한 그 주택은 근처 다른 주택에 비해 여덟 배나 컸으나 전화도 텔레비전도 연결되어 있지 않았다. 미 행정부 고위급 관계자는 지난 일요일 미 정보국 요원들이 이 저택으로 집결하자 빈 라덴은 "습격대에 저항했으며" 이후 이어진 총격전 중에 사망했다고 언급했다. 그러나 좀 더 세부적인 사항은 월요일 오전까지도 밝혀지지 않고 있다.

케이트 저니크·마이클 T. 코프먼 기자

오사마 빈 라덴은 사우디아라비아의 엘리트가문 출신이었다. 7세기 무슬림 제국의 재건을 표방하는 그의 급진적이고 폭력적인 선전 활동은 21세기 테러리즘의 위협을 재정의했다.

2001년 9월 11일, 빈 라덴은 세계무역센터와 미 국방부(펜타곤)를 공격함으로써, 히틀러와 스탈린 같은 독재자들을 제치고 미국인들에게 새로운 악의 화신으로 부상했다. 그 즉시 빈 라덴은 국가의 적으로 수배명단에 올랐으나, 비디오테이프에 녹화된 빈 라덴은 미국과 서방 문명을 비웃으며 흐뭇해 했다. 그의 나이는 54세로 추정되어 왔다.

빈 라덴 이전의 테러리즘은 보통 특정 국가들의 지원을 받았으나, 그는 역으로 특정 국가를 지원하는 테러리스트였다. 1996년부터 2001년까지, 빈 라덴은 탈레반(아프가니스탄 남부에서 결성된 무장 이슬람 정치단체)을 비롯한 아프가니스탄의 지도자들을 보호했으며, 알카에다—아랍어로 '군 기지'를 의미함—를 테러리즘 수출을 위한 다국적기업으로 만드는 데 자신의 시간과 자유를 할애했다. 스스로 알카에다라고 일컫는, 혹은 알카에다라는 대의명분 아래 활동한다고 주장하는 단체들은 이라크에 주둔하고 있는 미군을 공격하고, 발리의 관광명소를 폭격했으며, 스페인의 여객 열차를 폭파했다.

빈 라덴은 이른바 성전(holy war)에 현대적인 방식을 도입한 인물이었다. 그는 팩스로 파트와(종교적 명령)를 전송했으며, 전 세계 인공위성 통신망을 통한 이메일 전송으로 미국에 선전포고를 했다. 또한 빈 라덴은 스스로를 대의명분을 위해 억만장자의 아들에게 주어진 특권적인 삶을 포기한 무슬림 금욕주의자로 칭하면서 미디어를 능숙하게 활용했고, 자신의 이미지를 매우 의식했다.

그러나 빈 라덴의 새된 목소리는 그가 만들어낸 전사의 이미지, 다시 말해 아프카니스탄 전쟁 중에 러시아 군인을 살해하고 얻은 전리품이라며 자랑하던 칼라슈니코프 소총을 늘 옆에 끼고 있는 남자와는 어울리지 않았다. 빈 라덴은 소련군과의 전투경험을 들어 평판을 쌓았지만, 심지어 그의 지지자들 중 일부조차 그가 실제로 전투에 참가했었는지에 대해 의문을 제기했다.

빈 라덴은 자신이 가장 순수한 형태의 이슬람을 따른다고 주장했지만, 많은 학자들은 그가 무고한 사람들과 민간인에 대한 해악을 금하는 종교적인 칙령을 호도하고 있다고 비난했다. 이에 대해 빈 라덴은 미국이야말로 이중적 잣대를 들이댄 죄가 있다고 주장했다. 그는 1997년 CNN을 통해 이렇게 말했다. "미국은 우리의 국가들을 점령하고, 자원을 갈취하며, 우리를 지배하기 위한 대리인들을 심어놓으려 하면서, 우리가 이 모든 것에 동의하기를 원하고 있다."

빈 라덴은 지하드, 즉 성전을 통해 신실하지 못한 정부들을 전복시키고자 했다. 7세기에 무슬림들을 이끌고 북아프리카에서부터 중동으로 이동하면서 이교도들과 불신자들을 처단했던 선지자 마호메트가 그의 롤 모델이었으며, 마찬가지로 아프가니스탄으로부터 전 세계로 확장될 정치적 제국 칼리파의 왕자, 즉 '에미르'가 되는 것이 그의 비전이었다. 알카에다는 바로 그 비전을 위한 인프라였던 것이다.

빈 라덴 가족의 지인들에 따르면, 오사마 빈 무하마드 빈 아와드 빈 라덴은 1957년에 태어났다. 부친의 50여 명에 달하는 자녀들 중 17째이자 7번째 아들이었다.

1931년, 예멘에서 지금의 사우디아라비아 지역으로 이주했던 빈 라덴의 부친 무하마드 빈 아와드 빈 라덴은 청소부로 시작해 사우디아라비아에서 가장 큰 건설 회사의 소유주가 된 인물이었으며, 모친은 시리아 출신으로 남편의 네 번째 부인이었다.

빈 라덴은 독실한 반서구주의 계통의 금욕주의적 와하브파 교육을 받았다. 대부분의 평가에 따르면, 그는 독실하고 조용한 학생이었다. 그는 네 명의 부인들 중, 첫 번째 부인과 17세에 결혼했는데 둘은 친척 사이였다.

빈 라덴이 호전적 성향을 갖게 된 것은 지다에 위치한 킹압둘아지즈 대학에 다닐 때였다. 그는 1979년 소련의 아프가니스탄 침공 당시, 소련군 점령 2주차에 파키스탄과 아프가니스탄 사이의 국경 지대로 갔다. 이후 빈 라덴은 아프가니스탄에 건설 장비와 인력을 들여오기 시작했고, 1984년에는 아프가니스탄으로 가는 성전의 전사들이 처음으로 머무는 페샤와르에 게스트하우스를 설립하는 것을 지원했으며, 2만 명을 목표로 젊은 지하디스트(성전의 전사들)를 모집하기 위해 전 세계에 지부를 둔 징병 사무소를 개설했다.

이렇듯 아프가니스탄의 시련은 알카에다를 결성할 명분이 되었고 빈 라덴이 아이만 알자와히리와 같은 다른 이슬람 지도자들과 접촉하도록 만들었다. 이집트의 지하드였던 알자와히리의 조직은 후에 알카에다와 통합되었다.

9.11의 측면에서 보면, 아프가니스탄전 당시 미국과 오사마 빈 라덴이 소련에 대항해 같은 편에서 싸웠었다는 사실이 아이러니하다. 마치 미국이 아랍세계에 군대와 자금을 제공함으로써 빈 라덴이라는 괴물을 창조해 낸 모양새다.

빈 라덴 스스로도 자신의 저항세력이 미국으로부터 훈련과 자금을 지원받았었다고 밝힌 바 있다. 그러나 실제로는 미국이 빈 라덴과 직접적으로 거래를 한 것은 아니었으며, 파키스탄 정보국의 중개인을 통해 일이 처리됐었다고 전해진다.

아프가니스탄에서의 승리는 빈 라덴에게 자신감을 불어넣었으며, 그는 영웅 대접을 받으며 사우디아라비아로 금의환향하게 된다. 그러나 그가 정부에 반하는 목소리를 점점 노골적으로 드러내자 사우디의 왕족들은 빈 라덴을 경계하기 시작했다. 특히 빈 라덴은 1990년 이라크의 쿠웨이트 침공 당시, 미국이 왕국의 방어를 맡도록 허가한 사우디 정부의 결정을 결렬하게 비판했다. 그에게 있어서 이는 미국의 오만함이 극에 달했음을 보여주는 사건이었다.

이후 수단으로 향한 빈 라덴은 알카에다에 대한 재정적 지원을 위한 합법적인 사업체를 설립했다. 이 시기가 빈 라덴이 미국에 대항하기로 결심한 때라고 여겨진다.

1992년 12월 29일, 예멘의 아덴에 있는 한 호텔에서 폭탄이 터졌다. 이 호텔은 소말리아로 이동하던 미군이 잠시 주둔했었던 곳으로 폭발 당시 미군은 이미 호텔을 떠난 후였고, 애꿎은 오스트리아 관광객 2명이 사망했다. 미국 정보기관 관계자들은 이 사건을 빈 라덴의 첫 번째 테러 공격이라고 믿게 된다.

1993년 2월 26일에는 세계무역센터에서 폭탄이 터져 6명이 사망하는 사건이 발생했다. 빈 라덴은 이 폭파사건으로 유죄판결을 받은 램지 유세프를 치하한 바 있으며 같은 해, 소말리아에서

18명의 미군 병사가 평화유지 임무 수행 중에 살해당했을 때에도—일부 시신은 길거리에서 끌려 다녔다—빈 라덴은 이 사건이 이슬람 전사들의 인식에 미친 영향에 대해 호들갑을 떨었다.

그는 한 인터뷰에서 "우리의 젊은이들은 미군 병사들의 낮은 사기에 놀랐으며, 미군이 몇 번의 폭발만으로도 패배해 달아나는 종이호랑이에 불과하다는 것을, 그 어느 때보다도 확실히 깨달았다"고 말했다.

1994년까지 수단에 훈련캠프를 설치했던 빈 라덴은 사우디아라비아에서 미국인들을 몰아내기 위한 게릴라 공격을 촉구했으며 결국 1995년 11월, 리야드에서 미국이 운영하는 사우디 국가방위부 교육센터 중 한 곳에 차량폭탄 테러를 가하여 7명을 살해했다.

이듬해 5월, 이 폭탄공격의 피의자들은 참수형에 처해지기 앞서, 빈 라덴과의 관계를 자백하도록 추궁당했으며, 그 한 달 뒤인 1996년 6월, 폭탄을 가득 실은 트럭 한 대가 다란에 위치한 미군 공관 코바르 타워를 폭파시키며 19명의 미군 병사들이 사망하는 일이 벌어진다.

빈 라덴은 그해 여름, 미국과 사우디의 압력을 받은 수단이 그를 추방하자 아프가니스탄으로 도피했으며, 이때부터 탈레반과의 본격적인 동맹이 형성된다. 그리고 1996년 8월, 그는 "두 신성한 모스크가 있는 성지를 점령하고 있는 미국인들에 대해 선전포고문"을 발표한다.

또한 그는 미국과 무슬림 세력 간 힘의 불균형으로 인해 새로운 유형의 전투, 즉 "군대가 아니라 국가의 아들들이 참여하는 게릴라전의 시작"이 요구된다고 천명했으며, 1998년 2월에는 전 세계에 있는 미국인들에 대한 총공격을 촉구하면서 이것이 모든 무슬림들의 "개별적인 의무"라고 선언했다.

1998년 8월 7일, 미국의 걸프 지역 파병 명령이 8주년을 맞이하던 날, 두 개의 폭탄이 케냐 나이로비와 탄자니아 다르에스살람에 위치한 미 대사관에서 동시에 터졌다. 이 폭발로 인해 나이로비에서는 213명이 사망하고 4,500명이 부상당했으며, 다르에스살람에서는 11명이 사망하고 85명이 부상당했다.

미국은 이에 대한 보복으로 테러리스트 양성 캠프로 추정되는 아프가니스탄의 일부 지역과 알카에다의 화학무기가 제조되고 있다고 관료들이 주장한—추후에 잘못된 정보로 판명났다—수단의 제약공장을 공격했다.

이렇듯 빈 라덴은 미국을 긴장의 소용돌이에 빠뜨렸으며, 이에 대한 모든 방어나 보복 조치들은 그가 말한 최초의 공격을 촉발시켰던 폐해를 보여 줄 뿐이었다.

9.11 이후 빈 라덴은 자신을 추적하는 연합군을 피해 처음에는 야심한 밤을 틈타 산속 동굴들을 이동해 다녔다고 한다. 그러나 그는 죽음을 피할 수 없다면 순교자가 되기로 결심했다.

빈 라덴이 지지자들에게 말했던 가장 큰 희망은, 만약 자신이 미국인들의 손에 살해된다면, 무슬림 세계가 다 함께 봉기하여 그를 살해한 국가를 물리쳐주는 것이었다.

---

the news and meaning of her arrival had spread by the grapevine up to the cafes on the Champs-Elysées, where the witnesses of her triumph sat over their drinks excitedly repeating their report of what they had just seen. . . . Somewhere along the development, either then or it might have been a year or so later, as Josephine's career ripened, she appeared with her famous festoon of banana worn like a savage skirt around her hips. She was the established new American star for Europe."

Introduced 'Le Jazz Hot'

Miss Baker brought "le jazz hot" to Paris and was the personification there of black talent and moder black music. She led a long line of black American artists to Europe, mostly to Paris, where they sought, in her word, "freedom."

Asked many decades later if she had indeed found freedom in France, she said, "Yes, more or less, as an artist, as a human being."

Despite her success and love for France — she became a French citizen in 1937 — she never forgot her experiences with discrimination in the United States and never ceased her outspoken criticism.

She once told a Danish radio interviewer:

"I was born in America [June 3, 1906] and grew up in St. Louis. I was very young when I first went to Europe. I was 18 years old. But I had to go

Baker to buy a $100,000 Riv villa at Roquebrune-Cap-Mar

The young Miss Baker rived in New York from Louis in the early ninete twenties and was a chorus in the revue "Shuffle Alon which ran three years at Da on 63d Street. She also peared at the Cotton Club Harlem.

She went to Paris in " Revue Nègre," in which scored her overnight trium The show starred Florence M and Sidney Bechet, the ja soprano saxophonist.

It was in the following ye that Miss Baker became a s herself, heading a revue at Folies Bergère. There, weari her skirt of bananas, she int duced the Charleston to French.

To the French public she w first "La Ba-kair" and th simply "Jasephine." She h difficulty in negotiating h French "R," which lent a char ing lisp to her French. Throu the use of a rhinestone micr phone and with the movemen of her sleek body, she cou hold an audience entranced.

Her onstage charact changed with the years. At th outset of her long French care she represented Jazz Age Ha lem. Then she graduated Creole and later to Tonkines or something vaguely Orienta with pagoda headdresses. B neath them her oval face loo ed like temple sculpture.

In 1930 she first sang a plai

POPULAR MUSIC

노래·연주·작곡
팝뮤직의 스타들

스티븐 포스터

1826년 7월 4일~1864년 1월 13일

작곡가 스티븐 C. 포스터가 이달 13일 이 도시에서 37세의 나이로 별세했다. 그의 장례식은 1월 21일 목요일 피츠버그에서 진행됐다. 스티븐은 1826년 7월 4일 태어났으며, 그의 아버지는 버지니아 출신으로 1796년 피츠버그에 정착한 W. B. 포스터 상원의원이었다. 아주 어릴 때부터 비범한 음악적 재능을 드러낸 스티븐은 7살의 나이에 플래절렛(피리의 일종)을 손에 쥐었으며 단시일 내에 누구의 도움도 받지 않고 운지법과 소리 내는 법을 터득해 몇몇 친숙한 곡조들을 연주하기 시작했다. 또한 피아노나 플루트로 가장 감동적인 음색을 만들어 내어 듣는 이들을 완전히 몰입시키는 능력을 가지고 있었지만, 가수나 악기 연주가로 성공하고 싶다는 생각은 한 번도 해본 적이 없었다.

포스터가 작곡한 곡들 중 제일 처음 발매된 곡은 '창문을 열어다오, 사랑하는 이여'로 1842년 볼티모어의 조지 윌리그가 취입했었고, 그로부터 오래 지나지 않아 신시내티의 W. C. 피터스에 의해 '네드 아저씨'와 '오! 수잔나'도 발매되었다. 그러나 작곡자인 포스터는 단 한 푼의 보수도 받지 않았다. 그 곡들로 음반사들은 막대한 수익을 올렸지만 포스터는 수익에 대한 그 어떤 요구도, 아니 요구를 할 생각 자체를 하지 못했다.

피츠버그로 돌아온 포스터는 '루이지애나의 미인', '넬리는 좋은 아가씨였다', '나의 오래된 켄터키 집', '주인은 차디찬 흙 속에', '넬리 블라이', '소년이여, 나를 멀리 데려가 주오', 그리고 전 세계적으로 널리 알려진 '고향 사람들' 등 명곡들을 잇달아 작곡했다. 또한 에티오피아 악극단의 공연에 적합한 수많은 곡들도 발표했다. 그는 이 당시 모든 계층들에서 흑인풍의 멜로디에 대한 지대한 관심이 일어나고 있음을 간파하고 자신의 작곡 과정에 이를 적극적으로 도입했다.

그러나 최근 10년 동안의 음악 작업은 종교적인 색채를 담은 선율과 가사에 집중하는 모습을 보였다. 이런 곡들 가운데는 '윌리, 우리는 당신을 그리워하네', '엘런 베인', '내 옆의 매기', '내 사랑이 꿈꾸는 곳으로 오라', '어린 엘라', '금발머리의 제니', '용감한 나의 윌리', '잘 가게, 나의 친구 릴리', '전우여, 나를 위해 잔을 들지 말게', '올드 도그 트레이', '몰리, 나를 사랑하오?', '서머 브리드', '타향살이 하는 붉은 장미', '당신의 달콤함 목소리와 함께', '나는 그녀를 여전히 내 꿈 속에서 보네', '내게로 온 고통받는 어린아이들', '엘라는 천사' 외에도 수백여 곡이 있다. 최근에는 포스터의 색깔이 확실한, 아름다운 곡조의 찬송가들을 모은 찬송가집이 뉴욕에서 출간되기도 했다.

앞서 말했던 것처럼, 포스터는 오랫동

안 자신의 작품에 대한 금전적 보상을 바라지 않았으며 자신의 곡들을 저작권사 마음대로 발표하도록 내버려두었다. 그러나 그의 음악에 대한 수요가 폭발적으로 증가하고 아첨하는 말로 수많은 제안이 쏟아지자 그는 다른 모든 것을 포기하고 음악 작곡에만 헌신하는 직업 작곡가의 길을 걸을 수밖에 없었다. 그는 뉴욕에 있는 유명 저작권사 '퍼스, 폰드 앤드 코'와 계약하고 여러 해 동안 작업을 진행했다. 이로 인해 포스터에게는 막대한 수입원이 생겼고, 저작권사도 상당한 수익을 낼 수 있었다. 포스터는 '고향 사람들'로만 1만 5,000달러가 넘는 수수료를 받았다. 그가 발표한 곡들은 거의 모두 손익분기점을 넘는 게 예사였지만 특히 '고향 사람들'은 그동안 미국에서 발표된 그 어떤 노래보다 더 큰 수익에 다다른 곡이었다. 고인이 된 E. P. 크라이스트는 이 곡이 수록된 어떤 앨범에 자신의 이름을 인쇄할 수 있는 영광을 얻으려고 포스터에게 500달러를 지불하기도 했다.

조지 거슈인

1898년 9월 26일~1937년 7월 11일

캘리포니아, 할리우드—작곡가 조지 거슈인이 오늘 오전 10시 35분, 시더스 오브 레바논 병원에서 38세의 나이로 별세했다. 그는 뇌종양 제거 수술 후 끝내 회복되지 못했다.

2주 전, 사뮤엘 골드윈 스튜디오에서 쓰러진 거슈인은 뮤지컬 '골드윈 폴리스'을 위한 음악 작업을 하던 중이었다.

거슈인과 함께 작사 작업을 하고 있었던 형 아이라 거슈인이 그의 임종을 지켰다. 아이라 외의 유족으로는 어머니 로즈 거슈인과 여동생 레오폴드 고도스키 주니어, 또 다른 형제 아더가 있다.

조지 거슈인은 당대의 작곡가였다. 자신이 가장 하고 싶은 일은 미국인의 영혼을 해석하는 것이라고 말한 적이 있는 거슈인은 재즈 템포로 미국적인 삶의 존엄성을 다루는 한편, '랩소디 인 블루'라는 클래식한 곡을 작곡해 음악 천재라는 찬사를 받기도 했다. 그는 형제 아이라, 그리고 부드러운 풍자의 대가 조지 S. 카우프만과 함께 정부가 저지르는 실수들에 대해서 풍자하는 작품들을 선보이기도 했지만, 좀 더 진지한 분위기에서 당대의 위대한 지휘자들이 기꺼이 연주하고 싶어 할 만한 음악들을 작곡했다.

거슈인은 1920년대, 즉 재즈 시대의 아이기도 했다. 종전 후 여러 해 동안, F. 스콧 피츠제랄드가 산문으로 풀어낸 것을 거슈인은 음악으로 풀어냈다. 20년대의 첫 4년간 브로드웨이의 영역을 넘어 폭포수처럼 쏟아져 나오던 거슈인의 랩소디를 폴 화이트맨이 지휘했고, 이를 통해 사람들이 재즈라고 부르고 있는 음악의 시대가 도래했다. 보스톤 심포니 오케스트라의 지휘자 세르게이 쿠세비츠키도 그의 곡을 연주했으며, 유럽의 주요 도시들은 그의 곡을 더욱 더 원했다.

거슈인은 뮤지컬 코미디 무대, 버라이어티 쇼, 그리고 할리우드까지 그의 활동 영역을 넓혔다. 브루클린의 거리에서 자랐고 대중 음악계의 중심인 뉴욕의 틴 팬 앨리에서 견습 생활을 한 거슈인의 음악에는 브로드웨이의 운율이 녹아들어 있었다. 더불어 그는 오페라 '포기와 베스'를 통해 애처로운 흑인 음악을 선사하기도 했다.

혹자는 거슈인이 만든 쾌활한 선율의 댄스곡과 뮤지컬 코미디 곡조가 그의 진정한 업적이라고 주장한다. 그러나 모든 사람들이 동의하는 한 가지는 그의 음악은 쉽게 잊히지 않는다는 사실이다.

거슈인은 1898년 9월 26일, 브루클린에서 태어났다. 그가 12살이던 해, 두 가지 중요한 사건이 발생했다. 첫 번째 일은 그의 어머니가 피아노를 구입한 일이고, 두 번째는 그가 학교에서 열린 바이올리니스트 막스 로젠의 연주회를 관람했다는 사실이다. 이 사건들이 시발점이 되어 어린 조지의 음악적 경력이 시작됐다. 거슈인의 부모는 이웃에 살고 있던 한 여성 선생님에게 피아노 레슨을 부탁했고, 이를 통해 거슈인은 피아노의 매력을 흠뻑 느끼게 된다. 거슈인은 훗날 찰스 햄비처를 만나게 되는데, 햄비처는 거슈인을 '발굴'한 공로가 있는 인물로 평가받는다.

피아노, 바이올린, 첼로 교사이자 다재다능한 오케스트라 단원, 그리고 경음악 작곡가이기도 했던 햄비처는 그의 새로운 학생이 천재라는 것을 금방 알아보고는 그에게 처음으로 화성학의 기초를 알려주고 클래식의 경이로움 또한 일깨워줬다.

그러나 진정한 학습은 경험으로부터 이뤄졌다. 거슈인의 진로는 레믹의 음반사에서부터 시작됐는데, 상업 고등학교에 입학한 지 2년이 지난 16살 소년 시절, 거슈인이 그 음반사에서 주급 15달러를 받고 '프러거'로 일하기 시작했던 것이다. 프러거의 업무는 사람들이 어떤 풍의 음악에 가장 반응을 보이는지 파악하기 위해 틴 팬 앨리를 돌며 피아노를 연주하거나 노래를 부르고 춤을 추는 일이었다. 그가 자신만의 선율을 써보기 시작한 것도 이맘 때쯤이었다.

2년 후 레믹을 떠난 거슈인은 처음으로 극단과 접촉했다. 그리고 빅터 허버트와 제롬 컨의 뮤지컬 '미스 1917'에서 리허설 피아니스트로 일하기 시작했다.

그의 재능은 즉각 빛을 발했다. 공연이 시작된 후 네드 웨이번은 그에게 주급 35달러를 약속하며 계속 붙잡아 두었고 '미스 1917' 공연 도중 일요일마다 열리는 콘서트에서 거슈인이 작곡한 곡들을 선보일 기회도 주었다. 이때 처음으로 관객들에게 선보인 노래가 바로 비비안 세갈이 부른 '당신, 오직 당신만이'와 '키스해 주세요'였다.

그 후 여러 사건들이 연속해서 빠르게 진행됐다. 거슈인은 루이스 드레서의 반주자가 되어 키스 본더빌 서킷 무대에 올랐고, 함스 음반사에 스태프 작곡가로 고용되었고, 노라 바예스의 피아니스트로 순회공연을 했으며, 자신이 작곡한 노래들이 시사 풍자극과 여러 공연들에서 연주되기 시작했다. 스무 살이 되던 해, 그는 처음으로 알렉스 아론스로부터 뮤지컬 코미디 작곡료를 받았다. 그 결과물은 1919년 발표된 '라 라 루실'이었다. 이후 거슈인은 조지 화이트와 연이 닿게 되어 1920년부터 5년 연속 뮤지컬 '스캔들'의 음악 작업을 맡는 기회를 잡게 된다.

그의 유명세는 빠르게 퍼졌다. 다음 10년 동안 거슈인이 흥행시킨 뮤지컬 코미디는 '우리 넬(1922)', '달콤한 작은 악마(1923)', '레이디 비 굿', '프림로즈(1924)', '팁 토즈', '불꽃의 노래(1925)', '오, 케이!(1926)', '스트라이크 업 더 밴드', '퍼니 페이스', '셰이크 유어 핏(1927)', '로잘리', '트레저 걸(1928)', '쇼 걸(1929)', '걸 크레이지(1930)', '내 그대를 찬양하리(1931)', '내 영어를 용서하시오(1932)', '렛 뎀 잇 케이크(1933)' 등이 있다.

특히 1931년 크리스마스 직전 '내 그대를 찬양하리'의 캐릭터들이 보스턴 무대 위를 신나게 뛰어다니며 초연을 시작하던 바로 그 순간, 미국은 드디어 이 작품은 받아들일 수 있는 분위기로 무르익게 된다. 당시 고루하고 답답한 워싱턴을 배경으로 대법원의 늙은이들이 춤을 추고, 무능한 알렉산더가 등장하는 장면은 카우프만과 거슈인이 미국인들의 억압된 심리를 정확히 노리고 있다는 하나의 신호였다.

거슈인의 쉽게 기억되는 멜로디에 그의 형 아이라가 가사를 붙인 곡들은 백악관에서 벌어지는 일들을 풍자하는 데 효과적이었고, 많은 사람들은 드디어 새로운 시대의 길버트와 설리반이 나타났다고 생각했다. 음악, 특히 피날레 곡 '내 그대를 찬양하리-사랑하는 사람이여!'는 원작의 정신을 정확하게 포착해내고 있었다.

거슈인은 다음 작품 '렛 뎀 잇 케이크'에서도 이전 작품의 생동감을 어느 정도 재현하려고 했지만, 브룩스 앳킨슨의 표현에 따르면 정신보다는 스타일이 넘쳐나는 작품에 머무르고 말았다. 그럼에도 '내 그대를 찬양하리'뿐만 아니라 '렛 뎀 잇 케이크'도 가벼운 현대식 오페라 곡의 걸작이라는 찬사를 받기에 충분했다.

더 나아가 거슈인은 피아노와 오케스트라를 위한 곡이었던 '랩소디 인 블루'로 고급 예술을 지향한다고 자부하던 상류층들의 코를 납작하게 만들었다. 폴 화이트맨의 제안으로 쓰게 된 이 곡은 1924년 2월 12일, 에올리안 홀에서 열린 화이트맨 밴드의 재즈 뮤직 콘서트에서 최초로 선을 보였고 거슈인이 직접 솔로 파트를 연주했다.

그 다음을 장식한 거슈인의 대작은 담로슈의 지휘 아래에 필하모니 교향악단이 카네기 홀에서 초연한 '파리의 미국인'이었다. 또한 지휘자 쿠세비츠키와 보스턴 심포니 오케스트라는 거슈인을 독주자로 대동하고 1932년 1월 '두 번째 랩소디'를 선보이기도 했다.

이후 거슈인은 필하모닉 심포니의 르비손 스타디움 콘서트에 독주가, 작곡가, 그리고 지휘자로 종종 참여했으며, 1932년 8월 16일에는 그의 작품으로만 구성된 프로그램으로 청중들을 끌어모아 스타디움의 최다 관객 동원 기록을 세웠다. 그는 미국뿐만 아니라 유럽 여러 나라의 선두적인 오케스트라들과 함께 협연을 펼치기도 했다.

거슈인의 가장 야심 찬 작품은 아마도 뒤보스 헤이워드의 소설을 각색한 오페라 '포기와 베스'일 것이다. 아이라 거슈인과 헤이워드가 공동으로 작사를 맡았으며, "웅장한 오페라와 뮤지컬 코미디 사이"에 있다는 평을 받는 이 작품은 1935년 9월 30일, 보스턴에서 열린 시어터 길드의 월드 프리미어 공연으로 센세이션을 불러일으켰다. 이어서 10월 10일 뉴욕의 앨빈 시어터에 상륙한 '포기와 베스'는 또 한 번 흥행에 성공하며 영광을 재현했다.

행크 윌리엄스

1923년 9월 17일~1953년 1월 1일

웨스트 버지니아, 오크 힐—팬들 사이에서 '힐빌리즈(컨트리 뮤직의 한 장르)의 왕'이라고 불리던 가수 겸 작곡가 행크 윌리엄스가 오늘 본인 소유의 자동차 안에서 숨을 거뒀다. 그는 어떤 약

속을 지키기 위해 테네시 주 녹스빌에서 오하이오 주 매리언으로 향하던 중이었다.

한때 구두닦이 소년이었던 윌리엄스는 '잠발라야'의 작곡가로 유명해졌으며, 올해 29세였다. 그를 오크 힐 병원으로 옮긴 운전기사 찰스 카는 차 뒷좌석에 잠들어 있던 윌리엄스를 깨웠으나 아무런 반응이 없어 깜짝 놀랐다고 당시 상황을 증언했다.

윌리엄스는 6살 때부터 배우기 시작한 기타를 직접 연주하면서 비음 섞인 목소리로 애절한 마운틴 발라드를 부르는 가수였다. 그가 녹음한 '러브식 블루스' 앨범은 1백만 장 이상 팔린 것으로 전해진다. 그리고 그가 작곡한 다른 노래로는 '콜드, 콜드 하트', '웨딩 벨', '맨션 온 더 힐(언덕 위 아름다운 그녀의 집)', 그리고 '무브 잇 오버' 등이 있다.

찰리 파커

1920년 8월 29일~1955년 3월 12일

프로그레시브 재즈, 혹은 비밥의 창시자 가운데 한 명인 찰리 파커가 지난 토요일 밤, 맨해튼에서 별세했다.

'야드버드'라는 별명으로 알려진 이 유명한 뮤지션의 사망 소식은 지난밤, 그를 좀 더 다정하게 '버드'라는 애칭으로 불렀던 틴 팬 앨리의 팬들을 통해 빠르게 퍼졌다. 알토 색소폰의 거장이었던 파커는 카운트 베이시, 듀크 엘링턴 및 다른 뛰어난 흑인 음악가들과 함께 어깨를 나란히 했다.

파커는 카네기 홀 무대에 여러 번 올랐으며, 유럽에서도 공연을 가진 바 있다. 또한 약 5년 전부터 브로드웨이 1678번지에 위치한 재즈 홀은 파커에 대한 예우로 '버드랜드'라는 이름으로 불리고 있다.

파커는 피프스 애비뉴 995번지에 위치한 스탠호프 호텔의 쾨니그바터 남작 부인 아파트에서, 텔레비전을 시청하다 세상을 떠났다. 그는 지난 수요일 약속 때문에 보스턴으로 가던 길에 남작 부인을 방문했었다. 이 남작 부인(40세)의 결혼 전 이름은 캐슬린 애니 파노니카 로스차일드, 즉 세계적인 금융가문 로스차일드 가의 일족으로 런던에서 거주하던 인물이었다. 그녀와 파커는 수년 동안 친분을 유지해 왔다.

사망 전 파커의 안색에 놀란 남작 부인은 호텔 사무실에 있던 의사 로버트 프레이만을 불렀다. 프레이만 박사는 파커에게 보스턴으로 가지 말고 바로 병원에 입원할 것을 권유했다. 파커는 그의 제안을 거절했지만 남작 부인은 회복될 때까지 자신의 객실에 계속 머물라고 그를 설득했다.

토요일 저녁 7시 30분, 프레이만 박사는 파커의 상태가 괜찮다는 것을 확인했다. 그러나 45분 후, 파커는 갑자기 쓰러졌고 다시 의사가 도착했을 때는 이미 숨을 거둔 상태였다.

검시관에게 파커의 상태를 알린 프레이만 박사는 사인을 심장마비와 간경변으로 판단했다. 시신은 일요일 새벽 2시경 벨뷰 병원 영안실에 안치됐으며, 지난밤 검시관장 밀턴 헬펀은 부검 결과, 정확한 사인은 대엽성 폐렴이라고 발표했다.

경찰에 따르면 파커는 35세로 추정된다. 그는 그리니치 빌리지의 배로우 4번가에서 아내 챈과 함께 살고 있었으며, 슬하에 얼마 전 공군에 입대한 첫째 아들, 7살 딸, 그리고 5살 난 둘째 아들을 두고 있었다.

빌리 홀리데이

1915년 4월 7일~1959년 7월 17일

유명한 재즈 가수 빌리 홀리데이가 어제 메트로폴리탄 병원에서 44세의 나이로 별세했다. 사인은 심장 질환으로 인한 폐울혈로 전해졌다.

홀리데이는 웨스트 87가 26번지에 거주했었지만 마약성 약물을 불법 소지한 탓에 지난 6월 12일부터 병원 침대에 연금된 상태였다.

홀리데이는 그녀의 인생 중 가장 알차게 활동한 여러 해 동안, 그 어떤 재즈 가수보다 강력한 영향력을 행사했다. 단지 두 명의 예외가 있다면, 그녀에게 영감을 준 루이 암스트롱과 고인이 된 베시 스미스뿐일 것이다.

홀리데이는 열망보다는 절박함 때문에 가수가 됐다. 볼티모어에서 태어난 그녀의 어릴 적 이름은 일리노어 페이건이었다. 홀리데이가 태어났을 때, 모친 세이디 페이건은 13세, 부친은 15세였으며 이 둘은 3년 뒤 정식으로 결혼했다.

어린 시절 홀리데이는 집 근처 사창가에서 일하는 젊은 여성들의 잔심부름을 하고 그 대가로 암스트롱과 스미스의 음반을 들을 수 있는 특권을 누렸었는데, 이것이 그녀가 노래를 하게 된 첫 번째이자 결정적인 계기가 됐다.

빌리 홀리데이라는 예명은 1920년대

플렛처 핸더슨 밴드의 기타리스트로 일했던 아버지 클래런스 홀리데이와 유년시절 가장 좋아했던 여배우 빌리 도브의 이름을 조합하여 본인이 직접 지은 것이었다.

1928년, 어머니와 함께 뉴욕으로 건너 온 홀리데이는 한동안 어머니의 가정부 일로 간신히 생계를 이어나갈 수 있었다. 그러던 중 대공황의 여파로 어머니의 일자리가 끊기자, 홀리데이도 생업전선에 뛰어들어 마룻바닥 닦이로 벌이를 했고, 그 일마저 없을 때는 다른 허드렛일을 찾아 밤새 할렘 7가를 돌아다녔다.

그러던 중, 제리 프레스톤이 운영하던 나이트클럽 로그 캐빈에서 댄서로 일해 보지 않겠냐는 제안을 받은 홀리데이는 자신이 알고 있던 15개 정도의 코러스 스텝을 선보였지만, 고작 그 정도로는 댄서가 될 수 없다는 말을 들을 뿐이었다. 그런데 힘 없이 돌아서는 그녀를 가엽게 바라보던 한 피아니스트가 홀리데이에게 노래는 할 수 있겠느냐고 물었다. 그녀는 할 수 있다고 황급히 대답했고 '트레블링 올 얼론'과 '바디 앤 소울'을 연달아 부른 뒤 결국 일자리를 얻게 된다. 일당 2달러를 받고 1주일에 6일, 자정부터 다음날 오후 3시까지 일하는 조건이었다.

홀리데이는 재즈 애호가 존 해먼드가 그녀를 베니 굿맨에게 소개시키기 전까지 이런 근무조건으로 1~2년 동안 할렘에서 노래를 불렀다. 굿맨은 당시 잘 알려지지 않은 클라리넷 연주자였지만 때때로 레코딩 세션에서 리더 역할을 맡고 있었다.

1933년 11월, 홀리데이는 굿맨, 잭 티가든, 진 크루파, 조 설리번로 구성된 밴드와 함께 '유어 마더스 선 인 로'라는 곡으로 첫 레코딩을 경험하게 된다. 이 곡에서 그녀는 초조한 분위기의 코러스를 혼자 소화해 냈다.

그로부터 2년 뒤, 홀리데이는 피아니스트 테디 윌슨이 이끄는 그룹들과 함께한 일련의 음반 레코딩을 통해 재즈계에서 명성을 쌓게 된다. 이때 수많은 레코딩에 함께 참여했던 뮤지션들 중에는 홀리데이가 유난히 친밀감을 느꼈던 카운트 베이시의 밴드 멤버들도 있었다. 특히 이 밴드에서 테너 색소포니스트로 활동하던, 지금은 고인이 된 레스터 영과 홀리데이는 각별한 관계였다.

홀리데이가 재즈계에서 점점 이름을 알리고 있을 때 '레이디 데이'라는 애칭을 붙여준 것도 바로 영이었다. 홀리데이 또한 영에게 '프레즈'라는 별명을 선사했으며, 영은 재즈 밴드들 사이에서 이 호칭으로 통하게 된다. 이후 홀리데이는 1937년에 베이시 밴드의 보컬리스트로 잠깐 활동했고, 그 다음 해에는 아티 쇼 밴드와 수개월간의 계약을 맺고 노래를 불렀다.

홀리데이가 뉴욕의 카페 소사이어티에 등장했던 1938년은 그녀가 단독으로 스타 가수가 되는 중요한 한 해였다. 그녀는 이곳에서 폭력에 대한 신랄한 묘사로 잘 알려진 루이스 앨런의 곡 '스트레인지 프룻'을 선보였다.

카페 소사이어티에 출연하는 동안 홀리데이는 머리에 치자꽃 장식을 달고, 리듬에 맞춰 나른하게 손가락을 튕기고, 이따금 경쾌하게 머리를 뒤로 젖히면서 노래를 불렀는데, 이런 동작들은 이후 그녀의 트레이드마크가 된다.

그러나 1947년 홀리데이 인생에 먹구름이 몰려들기 시작했고, 이 먹구름은 그녀의 나머지 경력 내내 어두운 그림자를 드리운다. 그해 마약관리법 위반으로 체포된 그녀는 본인의 요청에 따라 웨스트버지니아 앨더슨에 있는 연방 재활 시설에 꼬박 1년 동안 수감되어 약물 중독에서 벗어나기 위해 노력했다.

홀리데이는 재활 시설에서 방면된 지 열흘 만에 카네기 홀을 가득 메운 관객들 앞에서 콘서트를 열었다. 그 후 때때로 뉴욕의 콘서트 홀들을 돌며 공연을 가졌지만, 뉴욕 나이트클럽 출연 허가는 받지 못했다. 마약 관련 전과로 인해 출연에 필요한 카바레 면허를 받을 수 없었기 때문이다.

1950년대 들어서 홀리데이는 본래의 탄력적인 목소리를 잃기 시작했다. 음반 레코딩을 계속하기는 했지만 때때로 마약 수사관들과 마찰을 겪으며 그녀는 힘든 말년을 보내야 했다.

홀리데이는 1946년 '뉴올리언스'라는 제목의 영화에 출연했으며, 몇 년 후 브로드웨이 시사풍자극에도 잠깐 모습을 드러냈다. 또한 1954년에는 유럽 투어에 나선 바 있고, 1958년에는 전국적인 인기를 누리던 텔레비전 프로그램 '사운드 오브 재즈'에도 출연했다.

홀리데이의 유족은 남편 루이스 맥케이가 유일하다. 이전에 트럼펫 연주자 조 가이와의 결혼 생활은 이혼으로 마무리됐었다.

존 콜트레인

1926년 9월 23일~1967년 7월 17일

지난 10년간 가장 재능 있는 현대 재즈 뮤지션 중 한 명으로 평가받아온 테너 색소포니스트 존 콜트레인이 어제 롱아일랜드 헌팅턴에 있는 헌팅턴 병원에서 사망했다. 올해 마흔 살의 콜트레인은 염증성 간을 치료받기 위해 이 병원에 입원 중이었다.

테너 색소폰뿐만 아니라 소프라노 색소폰 연주에도 능했던 콜트레인은 故 찰리 파커 이후로 가장 논란이 많았던 연주가였다. 그는 1950년대 후반 '쉬츠 오브 사운드(sheets of sound)'라고 불리는 기법으로 자신만의 스타일을 개발했는데, 일부 보수적인 성향의 평론가는 이를 '경적 소리' 혹은 '우는 소리'라고 폄하했다.

그러나 재즈 평론가 존 S. 윌슨은 1961년 '뉴욕 타임스'에 기고한 글에서 콜트레인의 스타일을 다음과 같이 평가했다. "5년 전까지만 해도 콜트레인은 그냥 보통 솜씨의 재즈 연주자가 될 재목처럼 보였다. 하지만 마일스 데이비스 5중악단의 멤버로 활동하는 동안 그는 색소폰이라는 악기의 가능성을 깊이 탐구하기 시작했고, 이 과정을 통해 길고, 엄격하며, 재빠르고, 상승과 하강을 오고가는 연주로 공연장을 가득 채우며 관객들에게 청각적으로 난타당하는 것 같은 충격 효과를 줬다."

1965년, 콜트레인과 그의 색소폰은 재즈계에서 받을 수 있는 공식적인 찬사란 찬사는 다 받았다고 해도 과언이 아니다. 특히 재즈 매거진 '다운 비트'는 그를 올해 최고의 재즈 테너 색소포니스트로 선정한 데 이어, '올해의 재즈 연주자', 그리고 잡지사 주최의 명예의 전당에 그의 이름을 올렸다. 또한 그가 발표한 '어 러브 수프림'은 올해의 음반으로 선정되기도 했다.

콜트레인(친구들은 그를 '트레인'이라고 불렀다)의 긴 여정은 1926년 9월 23일 그가 태어난 노스캐롤라이나 주의 작은 도시 햄릿에서 시작됐다. 그의 아버지 존 윌리엄 콜트레인 시니어는 음악을 사랑하고 여러 가지 악기를 연주할 줄 아는 재단사였다.

고등학교 시절, 존은 밴드부에 들어가 E 플랫 알토 색소폰을 연주하기 시작했다. 당시 그는 클라리넷을 연주하기도 했지만 이내 테너 색소폰으로 전향했다. 처음 몇 년간 주로 옛날식 뉴올리언스 뮤지션처럼 연주하던 그는 자신의 우상이었던 시드니 베쳇의 음악을 소프라노 색소폰으로 따라해 보곤 했다.

여러 해가 지난 후, 몇몇 음반을 녹음하기 위해 다시 소프라노 색소폰을 잡은 콜트레인을 지켜본 한 평론가는 "그가 소프라노 색소폰에 투영한 열정과 서정성은 이 악기에 통달한 유일한 재즈 뮤지션 시드니 베쳇의 연주와 비견될 만하다"고 평가했다.

콜트레인의 연주 스타일은 오랜 시간 최고 수준의 재즈 그룹들과 협연하며 서서히 완성되었다. 그는 1947년과 1948년 에디 (클린 헤드) 빈슨의 리듬 앤 블루스 밴드와 순회공연을 했고, 2년 뒤에는 디지 길레스피 밴드에 합류했으며, 그 밖에도 얼 보스틱, 조니 호지스, 마일스 데이비스 퀸텟과도 순회공연을 함께했다.

델로니어스 몽크의 쿼텟과 협연한 이후에는 아예 본인 이름을 내세운 존 콜트레인 쿼텟을 구성했는데, 당시 피아노 연주자로 참여했던 원년 멤버는 맥코이 타이너였다.

콜트레인의 가장 유명한 음반 가운데 하나인 '올레 콜트레인'은 A면에 단 1곡, B면에 그보다는 짧은 2곡이 수록되어 일부 평론가들로부터 선곡이 너무 길고 지루하다는 불평을 들었다. 그러나 어떤 동료 재즈 뮤지션은 이렇게 말했다. "트레인의 곡은 주의 깊게 들어야만 한다. 그래야 빠져들게 된다."

어떤 친구는 조용한 성품이었던 콜트레인에 대해 "자기성찰적이며 매우 종교적이었다"라고 묘사한 적이 있는데 그도 그럴 것이 콜트레인은 동양 음악과 종교, 특히 인도에 심취했었고, 때때로 그의 음악에서는 동양적인 색채가 뚜렷하게 드러나기도 했다.

콜트레인은 '재즈 매거진'과의 인터뷰에서 음악과 신에 대한 자신의 집착을 다음과 같이 신중하게 설명한 적이 있다. "나는 진정한 선(善)을 위해 헌신하는 힘이 되고자 합니다." 그는 계속 말을 이었다. "다른 말로, 나는 나쁜 힘이 존재한다는 것을 알고 있죠. 나쁜 힘은 다른 사람들을 고통에 빠뜨리고 이 세계에 비극을 몰고 옵니다. 나는 그 반대의 힘이 되기를 원합니다."

콜트레인은 헌팅턴의 딕스 힐스에 위치한 자택에 살고 있었으며, 그의 유족으로는 부인과 어머니, 네 자녀가 있다. 그는 지난 2월, 임펄스 음반사에서 그의 마지막 음반이 된 '익스프레션'을 내놓았다. "그의 음반은 미국에서처럼 프랑스, 영국, 독일, 일본에서도 잘 팔려나갔습니다." 임펄스의 대변인은 말했다. "그건 정말 엄청난 성과였어요."

우디 거스리

1912년 7월 14일~1967년 10월 3일

미국의 포크 가수 겸 작곡가 우디 거스리가 지난 13년 동안의 투병 생활 끝에 어제 퀸즈의 크리드무어 스테이트 병원에서 사망했다. 향년 55세.

미국적인 삶의 영광과 고통을 그린 1,000여 곡 이상의 노래를 작곡한 거슬리는 지난 9년간 신경 계통을 손상시키는 희귀 유전병인 헌팅턴 무도병으로 병석에 누워 지내야만 했다.

거스리의 대리인이자 친구인 해롤드 레벤탈은 마지막 몇 년간은 거스리가 사실상 거동을 할 수 없었고, 말을 하거나, 글을 읽거나, 손을 사용하는 것조차 불가능했다고 전했다.

우드로우 윌슨 거스리에게 노래와 기타, 그리고 휴머니즘은 인생 그 자체였다. 그는 성글고 거친 목소리로 탄압받는 사람들을 위해, 불평등과 가짜에 대항하기 위해, 낡은 기타를 치며 노래를 부르던 음유 시인이었다.

또한 그는 급행 화물열차의 열린 출입구, 또는 대공황 시대의 쇠락한 이주자 캠프와 실업자 수용 판자촌 같은 극한 상황 속에서도 이따금 드러나는 이 땅의 아름다움에 대해서도 노래했다.

더벅머리와 왜소한 체구에 낡은 옷을 걸치고 다니던 거스리는 자신의 노래만큼 단순하고 소박한 사람이었다. 그리고 그의 문법은 대체로 끔찍한 수준이었지만, 미국에 대한 그의 시선은 신록의 토지와 높이 솟은 산, 그리고 근본적인 선량함과 이 땅 위에 사는 사람들의 개성에 관한 이미지들로 터질 듯했다.

몇 년 전 코네티컷에서 열린 한 콘서트에서 포크 가수 오데타는 청중들에게 거스리의 노래 중 하나를 선택해야 한다면 '이 땅은 너의 땅'을 부르겠으며, 또 만약 할 수만 있다면 이 노래를 '국가'로 지정하고 싶다고 말한 적이 있다.

발라드 가수이기도 했던 거스리의 곡들 중 가장 잘 알려진 이 노래는 그의 전성기를 잘 보여주고 있다.

이 땅은 너의 땅이네,
이 땅은 나의 땅이네.
캘리포니아에서 뉴욕 아일랜드까지
레드우드 숲에서 멕시코 만류까지
이 땅은 너와 나를 위해 존재한다네.

그러나 시사 현안과 관련된 거슬리의 노래들은 사회적인 논쟁을 촉발시키기도 했다. 거슬리의 급진주의적인 성향과 성마른 성격이 드러난 이러한 곡들 중에는 사막화 현상(Dust Bowl)과 그로 인해 떠도는 수많은 난민들을 한탄하는 노래, 이주 노동자들을 핍박하는 사람들에 대항한 노래, 노동조합의 미덕을 찬양한 노래 등이 있다. 한편 그는 토킹 블루스와 발라드, 그리고 동요를 작곡하기도 했다.

"나는 사람들이 선하지 않다고 생각하게 만드는 노래를 싫어한다. 나는 사람들이 태어날 때부터 패배했다고 생각하게 만드는 노래를 증오한다." 언젠가 자신의 음악관을 밝히면서 거슬리는 다음과 같이 덧붙였다. "나는 마지막 숨이 붙어있을 때까지, 마지막 한 방울의 피를 흘릴 때까지 그런 종류의 노래에 저항하기 위해 나설 것이다."

우디 거스리는 1912년 7월 14일, 오클라호마 주 오키마의 더스트 볼에서 태어났다. 그의 아버지 찰스 거스리는 전문 기타리스트 겸 여러 단체에서 돈을 걸고 경기를 벌이는 생계형 권투선수였다.

거스리 집안의 다섯 아이들-로이, 클라라, 우디, 조지, 매리 조-은 어머니가 불러주는 옛 노래들과 발라드를 들으며 자랐다. 더불어 아버지는 아이들에게 인디안 스퀘어 댄스를 가르쳐주고 흑인 블루스를 목청껏 불러주곤 했다.

소년 거스리는 신문팔이, 그리고 거리에서 노래와 춤을 선보이는 공연으로 푼돈을 벌었다. 그러다가 갱들과 싸움을 벌이기도 했던 이 소년의 정규 교육은 10학년에서 끝이 났다.

거스리의 가족에게 오키마에서의 삶은 고난의 연속이었다. 찰스 거스리가 운영하던 토지매매 사업은 파산했으며, 가족 소유의 집 두 채는 각각 화재와 태풍으로 모두 붕괴됐다. 또한 거스리의 누나 클라라는 석유 스토브 폭발로 어린 나이에 사망했으며, 설상가상으로 어머니는 헌팅턴 무도병으로 고통받다가 결국 주에서 운영하는 정신병원에서 사망했다.

거스리는 15살 때 휴스턴으로 떠나 잡역부로 일하는 한편, 이발소나 당구장에서 하모니카를 불며 생활하기도 했다. 다시 오키마로 돌아왔을 때는 아버지와 함께 팸퍼의 텍사스 펀핸들 타운에 자리를 잡았는데, 그곳에서 삼촌에게 처음으로 기타를 배우게 된다.

이후 먼지 폭풍과 대공황이 미 남서부 지방을 휩쓸게 되자 거스리는 다시 고향을 떠나 화물 열차에 몸을 싣고 웨스트 코스트로 향했다. 그는 숙식을 해결하기 위해 술집에서 노래를 불렀고 캘리포니아에 도착해서는 한 라디오 프로그램에 고정으로 출연하기도 했다. 이밖에도 거슬리는 노동조합 회관들을 순회하며 노래를 부르는가 하면, 농장 노동자들의 파업을 후원하고, 급진적인 매체 '피플스 월드'에 기고하는 등 다양한 활동을 펼치기 시작한다.

'당신을 알게 돼 좋았어', '하드 트래블링', '노조 아가씨', '패스처 오브 플렌티'와 같은 노래들은 당시 미국의 사회적·경제적 병폐를 경험한 거스리의 소회가 담긴 작품들이었다.

이후 거스리는 뉴욕을 배회하며 해안가 여관이나 빈민가에서, 싸구려 술집이 밀집한 바워리 가에 모여든 정처 없는 사람들 앞에서, 타운 홀의 상류층과 매디슨 스퀘어 가든의 노동자들 앞에서, 자작곡들을 불렀다.

그의 여정은 단 한 번도 쉬지 않고 남부와 서부로 이어졌다. 태평양 연안 북서부에서는 보네빌 호와 그랜드 쿨리 댐 건설 문제에 관해 오리건 주 관리국을 지지하는 26곡의 발라드를 작곡하면서 공권력의 옹호자를 자처하기도 했다.

나중에 거스리는 피트 시거, 리 헤이스, 밀라드 램펠 등으로 구성된 알마넥 싱어스에 합류하여 미국 전역을 돌며 노조 운동원들과 농장 및 공장 노동자들을 위한 공연을 펼쳤으며, 제2차 세계대전 중이었던 1943년에는 가장 가까운 친구이자 포크가수였던 故 시스코 휴스턴과 함께 상선대(merchant marine)에 참여하여 세 번의 침공작전을 수행했고, 그 와중에 두 차례 어뢰 공격을 받는 위기를 경험하기도 했다.

또한 같은 해, 거스리는 자신의 인생 여정을 담은 책 '영광을 향하여'를 출간했는데, '뉴욕 타임스'의 오르빌 프레스콧은 "이 책 안에는 그가 겪었던 수년 간의 경험 그 이상이 담겨있다. 그것은 한 개인의 순수한 인격이 수차례 증류되어 얻어진 결정체다"라며 극찬을 아끼지 않았다.

거스리는 스틴슨, 포크웨이, 빅터 등의 음반사와 계약하여 다수의 음반을 남겼고 이로써 완전히 새로운 세대들도 그의 노래를 들을 수 있는 기회를 얻었다. 그가 미국 포크계에 미친 심오한 영향력은 워싱턴 스퀘어 파크에 모여들었던 셀 수 없이 많은 청년들로 증명된다. 그 청년들 가운데 밥 딜런, 톰 팩스턴, 로건 잉글리시, 잭 엘리엇, 필 옥스가 있었다.

언젠가 자신의 목소리가 "제비꽃 잎에서 떨어지는 아침 이슬"이 아님을 깨달은 거스리는 "새벽의 재떨이 같은, 서로를 향해 악담을 퍼붓는 택시 운전사 같은, 고래고래 소리를 지르는 부두 노동자 같은, 함성을 지르는 목장의 일꾼 같은, 외로운 늑대의 울부짖음 같은 목소리로 노래하기 시작했다"라고 밝힌 적이 있다.

거스리는 1930년대 초반에 메리 이스타 제닝스와, 그리고 1945년에는 마조리 마지아 그린블랫과 결혼했다. 그러나 두 번의 결혼생활은 모두 이혼으로 끝이 났다.

그의 유족으로는 첫 번째 부인이 낳은 두 딸, 그리고 두 번째 부인이 낳은 두 아들과 딸 한 명이 있다. 그중 한 명이 바로 포크 가수 아를로 거스리이다. 이 자녀들 외에도 누이 한 명과 형제 한 명이 유족으로 남았다.

가족 대변인에 따르면 거스리의 시신은 화장을 한 뒤, 그가 한때 살았던 코니 아일랜드의 앞바다에 뿌려질 예정이다.

지미 헨드릭스

1942년 11월 27일~1970년 9월 18일

조지 겐트 기자

런던—열정적이고 강렬한 기타 연주로 수백만의 가슴을 뒤흔들어 놓은 미국의 록스타 지미 핸드릭스가 오늘 여기 런던에서 사망했다. 그의 나이는 27세였다.

지미 핸드릭스는 오늘 아침 한 친구의 집에서 쓰러진 후 켄싱턴에 위치한 세인트 매리 애봇 병원으로 옮겨졌다. 미확인 보도들에 따르면 사인은 약물 과다복용이라고 전해진다.

지난 달 개최된 아일 오브 와이트 페스티벌이 지미 핸드릭스의 마지막 공연으로 남게 됐다.

폭발적인 에너지와 뛰어난 감각을 자랑하던 지미 핸드릭스는 유럽과 미 대륙을 오가며 전 세계 젊은이들을 열광케 하는 한편, 노골적인 성적 표현으로 기성세대들을 충격에 빠트리기도 했다.

무대 위에서 이 기타리스트 겸 가수는 몸에 딱 붙는 검은 바지와 무지갯빛 셔츠, 그리고 검은 가죽조끼를 입었으며, 그의 아프로 헤어스타일은 마치 전자앰프에 플러그가 꽂혀있는 것 같은 모습이었다. 그는 마이크에 대고 "빠져 들어봐, 베이비"라고 속삭인 뒤 '퍼플 헤이즈', '폭시 레이디', '렛 미 스탠드 넥스트 투 유어 파이어', '더 윈드 크라이

스 매리'를 열창했다.

이내 감정이 고조된 지미 헨드릭스는 기타를 다리 사이에 끼우고, 등 뒤로 돌려 엉덩이에 비벼대고, 기타 줄을 치아로 물어뜯으며 연주를 이어나갔다. 그러고는 바닥에 등을 대고 반듯이 드러누워 배 위에 기타를 우뚝 세우고 부드럽게 노래했다. '오, 베이비, 지금 어서 덤벼봐!'

그러던 헨드릭스는 갑자기 맨 앞줄에 있는 젊은 여성 관객에게 시선을 고정하고는 처연한 목소리로 울부짖었다. "난 너를 원해, 너, 너를 원한다고!" 그리고 마침내, 앰프에 기타를 내리쳐 부수는 상징적인 퍼포먼스로 공연을 마무리 지었다.

지미 헨드릭스는 전자 디스토션, 혹은 오직 자신의 손가락만으로 굴곡진 음을 도저히 불가능할 것 같은 긴 시간 동안 울려 퍼지게 만들 줄 아는 연주자였다. 또한 음을 길게 연장시키는 '퍼즈 박스'와 약음기를 댄 호른과 비슷한 소리를 만들어주는 '와우-와우 페달'을 대중화시키는 데 있어 중요한 역할을 했다.

지미 헨드릭스 특유의 현란하고 관능적인 연주와 신음하는 듯한 목소리는 그 어느 뮤지션의 음악과도 닮지 않은 그만의 스타일, 그리고 록 뮤직의 새로운 장을 열었다. 그렇게 그는 무대 위를 누비며 놀라운 연주로 공연장을 가득 채웠다.

제임스 마셜 헨드릭스는 1942년 11월 27일 시애틀에서 태어났다. 16세에 고등학교를 중퇴한 헨드릭스는 음악적으로, 당시 흑인들이 따르기 마련이었던 전형적인 경로들을 거쳤는데, 이를테면 머디 워터스의 음반을 들으며 기타를 배웠고, 내슈빌의 네그로 클럽에서 연주를 했고, 할렘의 무대에 서기 위해 갖은 노력을 했고, 아이슬리 브라더스와 리틀 리처드와 같은 당시 가장 유명했던 뮤지션들의 백업 기타리스트로 투어를 돌았다.

언젠가 지미 헨드릭스는 리틀 리처드와 함께 공연하던 시절을 떠올리며 이렇게 말했다. "나는 항상 나 자신만의 무언가를 원했어요. 기존에 있는 리프를 그대로 연주하기보다는 나만의 음악을 연주하고 싶었죠. 그런데 리틀 리처드와 함께 공연을 하러 다니던 어느 날, 나와 다른 연주자 한 명은 매일 입는 똑같은 유니폼에 질려 좀 화려한 셔츠를 입은 적이 있었어요. 그러자 리처드가 회의를 소집했죠. 그는 '내가 리틀 리처드야, 리틀 리처드. 록과 리듬의 황제, 황제 말이야. 나 말고는 그 누구도 차려입어서는 안 돼. 그 셔츠를 벗어'라고 했어요. 항상 그런 식이었죠. 돈벌이는 안 되고, 삶은 엉망이고, 항상 피곤했어요."

그러던 1966년 10월, '지미헨드릭스 익스피리언스'가 결성됐다. 그들의 첫 싱글이었던 '헤이 조'는 영국 팝 차트 4위까지 올랐다. 그 후 얼마 지나지 않아 지미 헨드릭스는 영국의 팝뮤직 매체 '멜로디 메이커'에서 독자들이 뽑은 세계 최고의 뮤지션으로 소개되기도 했다.

1967년, 미국으로 돌아온 지미 헨드릭스는 연이어 콘서트를 개최했다. 그리고 1년 후, 지미 헨드릭스와 재니스 조플린의 음악을 듣기 위해 1만 8,000명의 인파가 뉴욕 퀸스의 프러싱 메도우 공원을 가득 채웠다.

한편, 1969년 8월에 열린 우드스탁 페스티벌에서 선보인 공연은 지미 헨드릭스가 남긴 최고의 연주 중 하나로 손꼽힌다. 페스티벌의 마지막 날이었던 동트는 이른 아침, 지미 헨드릭스는 전자 앰프를 사용해 특유의 연주 스타일로 '성조기여 영원하라'를 연주했다.

그해 여름, 그는 '짐 헨드릭스 앤드 히스 집시스'라고 이름 붙인 새로운 밴드를 결성했다. 그리고 올해 1월, 매디슨 스퀘어 가든에서 열린 베트남전 반대 콘서트에서 연주를 하던 도중 갑자기 기타를 내려놓고 관객들을 향해 "더 이상은 너무 힘들군요"라는 말을 남기고 무대를 내려왔다.

약 1년 전, 지미 헨드릭스는 토론토에서 불법 약물을 소지했다는 의심을 받으며 체포됐으나 곧 무혐의로 풀려났었다. 그때 한 언론과의 인터뷰에서 지미 헨드릭스는 공연 도중 그가 보여준 돌발행동의 원인이 혼란스러운 정신 상태에 있다는 사실을 암시했다. 그는 다음과 같은 말을 남겼다. "내가 죽으면 장례식을 열지 않았으면 해요. 나는 저승에서 즉흥연주나 한판 거나하게 벌일 거니까요. 그리고 스스로를 잘 아는데, 아마 나는 내 장례식에서조차 체포되지 않을까 싶습니다."

재니스 조플린

1943년 1월 19일~1970년 10월 4일

할리우드—록 가수 재니스 조플린이 오늘밤 할리우드에 위치한 자신의 아파트에서 숨진 채 발견됐다. 그녀의 나이는 27세였다.

정확한 사망 원인은 아직 밝혀지지 않았으나, 경찰은 약물 과다복용을 사인으로 보고 있다고 전해진다. 오후 10시경 시신이 발견되었을 때는 이미 사망한 지 약 2시간이 지난 상태였다고 한다.

이로써 재니스 조플린은 지난 3주 사이 사망한 두 번째 팝 스타가 되었다. 지난 9월 18일에는 런던에서 지미 헨드릭스가 고농도 수면제 9알을 복용한 뒤, 27살의 나이로 목숨을 잃었었다.

—**로이터통신**

재니스 조플린은 관객 앞에 서서 마이크를 손에 쥐고, 긴 빨강 머리를 휘날리며 흑인 컨트리 블루스처럼 변형된 록 선율을 특유의 쇳소리 같은 목소리로 내질렀다. 잔뜩 찡그린 재니스 조플린의 얼굴에서 떨어지는 땀방울들은 무대 앞 조명 속에서

반짝거렸다. 그녀는 온몸으로 노래하는 가수였고 음악에 완전히 빠져버린 사람이었다.

무대 위에서뿐만 아니라, 살아가는 방식도 마찬가지였다. 텍사스 주 포트아서 출신이었던 이 소녀는 락 정신이 분출하던 샌프란시스코에서 활동하며 일약 스타덤에 올랐다. 그녀는 서던 컴포트를 즐겨 마셨고, 술에 취한 느낌을 좋아한다고 솔직히 이야기했다. 자신이 부르던 노래와 같은 자유분방함으로, 재니스 조플린은 사이키델릭한 나비 문양으로 장식해 놓은 날렵한 포르쉐를 타고 샌프란시스코의 언덕을 내달렸다.

그녀는 이렇게 말했다. "겁이 나거나 걱정이 될 때 나는 스스로에게 '재니스, 그냥 이 순간을 즐겨'라고 되뇌곤 해요. 그래서 나는 정말 좋은 건 더 만끽하려고 하죠. 그저 그것만이 내가 할 수 있는 일이니까요."

당시 락 장르가 최고의 인기를 구가하던 분위기 속에서 재니스 조플린 역시 1967년 몬터레이 록 페스티벌과 '러브 이스 라이크 어 볼 앤드 체인' 공연으로 인기가 치솟고 있었다. '러브 이스 라이크 어 볼 앤드 체인'에 대해 한 평론가는 "재니스 조플린의 영혼 깊은 곳에 자리한 텍사스의 어둡고 뒤틀린 경험이 표현된 곡"이라고 평했다.

포트아서에서 그녀는 아웃사이더였다. "나는 책을 읽거나, 그림을 그렸어요. 흑인들을 싫어하지는 않았죠. 세상에, 고향 사람들은 나한테 너무 상처를 많이 줬습니다. 이곳에서 성공해서 그들로부터 떨어져 있다는 사실에 매우 행복해요. 그들은 늘 하던 대로 배관공의 삶을 살겠지만 말이죠." 텍사스에서의 경험을 떠올리며 그녀는 이렇게 말한 적이 있다.

과거 재니스 조플린은 컴퓨터 프로그래머가 되기 위해 대학에 진학하려고 여러 번 도전했었다. 또한 그녀는 레드 벨리와 베시 스미스의 음반을 사 모으기는 했지만, 1966년 6월 이전까지는 단 한 번도 직업가수가 될 생각은 해본 적이 없었다. 그러던 어느 날, 샌프란시스코에서 '빅 브라더 앤드 더 홀딩 컴퍼니'라는 밴드를 결성한 그녀의 오랜 친구 트래비스 리버스가 연락을 보내왔고, 그렇게 조플린은 포트아서를 떠나 샌프란시스코의 해이트 애시버리로 향했다.

그해 6월 재니스 조플린은 아발론 볼룸에서 '빅 브라더 앤드 더 홀딩 컴퍼니'와 함께 공연을 펼쳤다. 그것이 조플린의 첫 공연이었고, 이내 그녀는 흔들거리고, 빙빙 돌고, 분출하는 샌프란시스코의 "젊은 분위기"에 빠져들었다.

"그 리듬과 파워라니, 도저히 믿기 힘든 광경이었어요." 조플린은 언젠가 이렇게 말했다. "나는 분위기에 완전히 취했고, 그것은 마치 세상에서 제일 강한 마약을 흡입한 것 같은 느낌이었습니다. 그토록 감각적이고, 생동감 넘치고, 시끌벅적하고, 미쳐 날뛰는 분위기라니… 도저히 가만히 서 있을 수가 없었죠. 그 이전에는 노래를 하면서 춤을 춘 적이 한 번도 없었지만 그때는 정말 방방 뛰면서 무대 위를 누볐고, 내 목소리가 내 귀에 들리지 않을 정도가 되자 점점 더 크게 소리를 지르기 시작했습니다. 공연이 끝나갈 때쯤에는 완전히 미쳐있었죠."

그렇게 첫 공연을 마친 그들은 보스턴의 사이키델릭 수퍼마켓, 시카고의 키네틱 플레이그라운드, 로스앤젤레스의 위스키 A-고-고, 뉴욕의 필리모어 이스트로 진출했다. 그리고 재니스 조플린이 "내 심장의 또 한 조각을 떼어가, 베이비"라고 절규하는 곡이 수록된 '칩 스릴스' 앨범은 1백만 장 이상 팔려나갔다.

이후 어마어마한 돈을 손에 쥐게 된 재니스 조플린은 록 페스티벌에 계속 참여했으며, 그녀의 노래가 휘몰아치는 속도에 맞춰 그녀의 사생활도 질주하기 시작했다. 컴포트 주류 회사는 재니스 조플린이 콘서트에서 매번 자사의 술을 병째 들이킴으로써 얻은 뜻밖의 홍보 효과에 대한 보답으로 그녀에게 모피 코트를 선물했으며, 로코코 시대의 매음굴 스타일로 장식된 그녀의 샌프란시스코 자택에는 조지라는 이름의 개 한 마리와, 와인 병을 수족관 삼아 키우는 찰리라는 이름의 샴 투어(鬪魚) 한 마리가 그녀와 함께했다.

재니스 조플린의 행실은 파격적이었다. 1969년 11월, 플로리다의 탐파에서 콘서트를 마친 그녀는 관중들 사이에 있던 경찰관에게 음란한 행위를 한 죄로 체포된 적이 있으며, 백업 뮤지션들에게 자신이 하는 만큼 그들도 공연에 전념해야 한다고 요구하면서 괴팍한 성미를 드러내기도 했다. 이후 '홀딩 컴퍼니'에서 탈퇴한 그녀는 '재니스 조플린 풀 틸트 부기 밴드'를 새로이 결성했다.

누군가는 재니스 조플린에게 무대 위에서든 아래서든 지금과 같은 생활을 계속하면 그녀의 목소리와 건강이 남아나질 않을 것이라고 이야기했다. 그러자 재니스 조플린은 이렇게 대답했다고 한다. "어쩌면 나는 다른 가수들만큼 오래 활동하지 못할 수도 있어요. 하지만 당신처럼 내일을 걱정하느라 오늘을 망치는 일은 없을 거예요."

짐 모리슨

1943년 12월 8일~1971년 7월 3일

로스앤젤레스—록 그룹 '도어스'의 리드 보컬 짐 모리슨(27세)이 지난 토요일 파리에서 사망했다. 그의 사망 소식은 오늘 소속사의 발표로 공식화됐으나, 타살이 아니라는 것만 알려졌을 뿐 자세한 사인은 프랑스에 있는 짐 모리슨의 에이전트가 귀국할 때까지 기다려야 하는 상황이다. 장례식은 오늘 파리에서 치러졌다. —유피아이(UPI)

검은 가죽 재킷을 걸치고 딱 붙는 비닐 소재 바지를 입은 짐 모리슨은 마치 록 뮤직을 형상화한 것과 같은 인물이었다. 또한 그는 음울한 분위기의 슈퍼스타이자, 신화에나 등장할 법한 섹시함을 지닌 시인이었다.

1964년 결성된 4인조 그룹 '도어스'는 로스앤젤레스에 있는 캘리포니아 대학교 영화학부 출신들을 기반으로 시작하여 1967년에는 미국에서 가장 인기 있는 그룹으로 거듭났다. 진지한 비평가들은 '도어스'의 음악적 근원과 의미를 논했고, 광란의 콘서트장에서는 흥분한 십대들이 소리를 지르며 '도어스' 멤버들에게 다가서다가 무대 담당자의 손에 끌려나가곤 했다.

도어스의 퍼포먼스는 언제나 공연장에서 직접 볼 만한 가치가 있다는 평가를 받았는데, 이는 도어스가 미 서부 해안에서 전자 앰프로만 울려 퍼지던 록 뮤직을 스튜디오 밖 콘서트홀로 이끄는 데 큰 역할을 했기 때문이었다.

도어스의 음악은 요란하고 독특했지만, 그 가운데서도 가장 큰 관심을 받았던 것은 바로 짐 모리슨이 쓴 가사들이었다. 모리슨이 쓴 가사는 외설적이었고, 주로 삐딱한 의미를 담아 무대 위에서 푸념하고, 냉소하고, 신음하듯 전달되었다.

짐 모리슨은 이렇게 말한 적이 있다. "우리를 에로틱한 정치가라고 생각하라."

그러나 짐 모리슨의 공연이 "선정적이고, 외설적이고, 음탕하고, 불경하다"고 평가한 어떤 평론가의 말이 회자되기도 했다. 실제로 짐 모리슨은 1969년 3월 마이애미에서 열린 록 콘서트에서 지나친 노출로 체포되어 유죄를 선고받았다. 이는 짐 모리슨과 관련된 가장 유명한 일화 중 하나이다.

당시 이 콘서트를 보러 온 일부 십대 팬들조차도 엄청난 충격을 받았고, 공연이 끝나고 얼마 지나지 않아 오렌지 볼에서 열린 "품위를 위한 집회"에 3만 명이 넘는 인파가 참석하는 결과를 가져왔다. 또한 짐 모리슨은 1967년 뉴헤이븐에서 열린 공연에서도 이른바 자기 노출을 시도하여 공연장에서 강제로 끌려 나가기도 했다.

짐 모리슨은 '라이트 마이 파이어'와 '피플 아 스트레인지', 이 2곡이 처음으로 히트하며 유명해지기 시작했다. 그의 가장 중요한 작품 중 하나인 '디 엔드'는 "확장된 팝송"이라고 일컬어지는 11분 30초 길이의 대곡이며, 폭력적인 죽음의 이미지로 곡이 마무리된다.

루이 암스트롱

1901년 8월 4일~1971년 7월 6일

앨빈 크렙스 기자

뛰어난 재즈 트럼펫 연주자이자 가수였던 루이 암스트롱이 어제 아침 퀸스의 코로나 구역에 위치한 자택에서 수면 중 세상을 떠났다.

사인은 심장마비였다. 암스트롱은 심장, 간, 신장 질환으로 베스 이스라엘 메디컬 센터에서 10주간 입원치료를 받고 6월 중순 퇴원한 이후부터 계속 자택에서 머물렀었다.

수많은 유명 뮤지션들이 루이 암스트롱의 사망에 애도를 표하고 있는 가운데, 듀크 엘링턴은 다음과 같이 말했다. "만약 재즈가 사람으로 태어났다면 그 사람은 바로 루이 암스트롱이었을 겁니다. 루이 암스트롱은 재즈의 표본이었고, 영원히 표본으로 남을 겁니다. 나는 그에게 아메리칸 스탠더드, 아메리칸 오리지널이라는 칭호를 붙여주고 싶습니다."

수백만 명의 사람에게 새치모(큰입)라는 별명으로 불리던 마스터 쇼맨 루이 암스트롱은 단순한 신조에 따르는 삶을 살았다. 두 해 전, 그는 자신의 신조를 다음과 같이 표현한 적이 있다.

"나는 무언가를 증명하기 위해서가 아니라, 오직 좋은 공연을 보여주기 위해 노력했습니다. 내 삶이 곧 음악이었고, 음악은 언제나 나에게 있어 영순위였지만 그것을 대중에게 보여줄 수 없다면 내 음악은 아무런 가치도 없습니다. 나는 청중을 위해 살아가며, 내 존재의 목적은 사람들에게 기쁨을 주는 것입니다."

루이 암스트롱은 그 누구도 대적할 수 없는 독보적인 재즈 트럼펫 연주자였으며, 미국 음악사의 발전에 가장 강력한 영향력을 행사한 거장 솔로이스트였다. 그러나 정작 전 세계 수백만의 사람들을 매료시킨 것은 루이 암스트롱의 열정적이고 사포를 긁는 듯한 목소리와 감칠맛 나는 어휘 선택, 그리고 그랜드 피아노의 건반처럼 활짝 펼쳐지는 특유의 미소였다. 루이 암스트롱은 아마도 온전히 미국에서 싹을 틔운 유일한 예술 장르라고 할 수 있는 재즈와 함께 뉴올리언스의 지저분한 빈민가에서 유년기를 보냈다. 도박꾼과 포주, 그리고 매춘부들 사이에서 그가 배운 것은 재즈를 사랑하고 연주하는 법이었다.

순수주의자를 자청하며 루이 암스트롱의 우스꽝스런 쇼맨십을 비판하던 재즈 전문가들조차도 뉴올리언스의 장례행렬이나 선술집에서 울려 퍼지던 거칠고 투박한 흑인 음악을 새로운 예술로 승화시키는 데 가장 큰 역할을 한 인물이 루이 암스트롱이라는 점에 대해서는 이견이 없었다.

오랜 세월에 걸쳐 루이 암스트롱의 인생과 예술은 근본적인 변화를 겪어왔다. 1920년대 초반 뉴올리언스를 떠

나 시카고로 향했던 암스트롱은 여전히 코넷 연주자로 활동했으나 1930년이 시작되기 얼마 전부터는 핫 파이브, 혹은 핫 세븐 밴드와 함께 가장 주목할 만한 음반들을 레코딩하기 시작한다.

루이 암스트롱에게 처음 명성을 가져다준 원동력은 바로 하룻밤을 꼬박 새우며 쉬지 않고 몰아치는 그의 연주력이었다. 관객들이 박자에 맞춰 연신 발을 구르고, 앙코르를 외치게 만드는 음악을 선보여야 한다는 극도로 부담스러운 상황 아래서도, 루이 암스트롱은 주저하지 않고 폭발적인 쇼맨십을 선보였으며, 특유의 유머와 재치, 그리고 무엇보다도 끊임없이 연주 프로그램을 이어나가는 열정으로 결국 관객들을 열광하게 만들었다. 그를 못마땅해 하던 동료 뮤지션들과 재즈 전문가들의 비판조차 잠재웠음은 물론이다.

루이 암스트롱은 그의 연주가 즉흥성이 부족하고, 더 이상 새롭지도 않다는 비판에 크게 신경 쓰지 않았다. 그리고 몇몇 유명한 비평가들이 "진보적인" 재즈라고 표현한 '주지츠 음악(jujitsu music)'에도 관심을 보이지 않았다.

그리고 시간이 지날수록 루이 암스트롱은 뛰어난 연주 실력보다는 트럼펫 솔로를 자신의 목소리로 대체하는 것에 흥미를 느꼈다. 목소리야말로 온전히 자신만이 가진 경이로운 악기였기 때문이다. 그의 목소리는 쇠 줄밥과 비교되거나 "맞부벼질 짝을 찾는 사포 한 장"으로 일컬어지곤 했다.

루이 암스트롱의 연주는 지켜보는 것만으로도 흥겨웠으며 마치 전염성이 강한 즐거움을 뿜어내는 듯했다. 그가 무대 위에서 다부진 몸을 한껏 뒤로 젖힌 채 트럼펫을 하늘 높이 쳐들고 높은 C 음계를 힘차게 뽑아내거나 노래할 때의 모습은 진정한 기쁨으로 벅차오른 사람의 표정은 바로 이러하다는 것을 보여주는 듯했다. 그리고 새치모는 열정적인 연주로 솟아난 땀을 닦아낼 때, 치아를 활짝 드러내며 특유의 미소를 짓곤 했는데, 그 미소가 어찌나 눈부셨던지 온 공연장이 환해지는 것만 같았다.

루이 암스트롱은 극심한 가난과 열악한 환경에 시달리던 뉴올리언스의 어린 시절을 자기 연민에 빠지지 않고, 아니 오히려 쾌활하게 회상하곤 했다.

"나는 남부의 두들 댄디(Doodle Dandy)였습니다." 다니엘 루이 암스트롱은 이렇게 말했다. "어머니의 성함은 매리 앤이었는데 사람들은 엄마를 메이 앤이라고 불렀죠. 어머니가 살던, 방 두 칸짜리 판잣집은 뉴올리언스 백 오 타운의 유색인종 거주 지역이었던 제임스 앨리에 있었어요. 위험한 곳이었죠. 그래비어 가와 페르디도 가 사이에는 칼을 품은 사기꾼과 포주, 그리고 도박꾼들이 서성대고 있었으니까요."

루이 암스트롱의 아버지 윌리 암스트롱은 테레빈유 공장에서 용광로를 관리하는 일을 했는데 루이 암스트롱이 아직 신생아일 때 가족을 버리고 어딘가로 떠나버렸다. 이후 매리 앤은 시어머니에게 암스트롱을 맡기고 매춘부들의 집이 줄지어 있던 페르디도-리버티 가로 향했다.

"어머니가 매춘으로 돈을 버셨는지는 알 수 없어요." 루이 암스트롱은 말했다. "하지만 만약 그러셨다 해도, 내가 모르게 하셨던 것이 분명해요."

어린 시절, 루이 암스트롱을 하마 입이라고 놀리던 친구들은 길거리에서 노래를 부르며 몇 페니씩 벌곤 했다. 루이 암스트롱 또한 매춘굴에 석탄을 배달하거나 호텔 쓰레기장에서 주운 음식을 팔며 푼돈을 벌었다. 그러던 1913년 12월 31일 밤, 루이 암스트롱은 새해를 기념한다는 의미로 38구경 권총을 하늘로 쏘아 올리며 거리를 뛰어다녔고, 이내 체포되어 흑인 부랑자 소년원에 수감됐다.

루이 암스트롱은 그날에 대해 "정말, 그때까지 내게 있었던 일들 중에서 가장 멋진 일이었습니다. 내가 음악과 인연을 맺게 된 곳이 바로 그 소년원이었기 때문이죠"라고 회상했다.

당시 루이 암스트롱은 소년원 지도사였던 피터 데이비스로부터 뷔글과 코넷 연주를 배웠고, 얼마 후 소년원 브라스 밴드에도 합류했다. 18개월간의 수감생활을 마치고 퇴소했을 때 루이 암스트롱은 5학년이었다. 그리고 그것이 그의 마지막 정규교육이었다.

이후 청년이 된 루이 암스트롱은 고물상 잡일, 석탄 판매 등을 하면서 기회가 있을 때마다 홍키통크(선술집) 밴드에서 코넷을 연주했으며, 한번은 위대한 재즈 코넷 연주자 조 킹 올리버를 만나 코넷을 선물받고 개인지도를 받기도 했다.

1969년, 루이 암스트롱은 당시의 기억을 떠올리며 이렇게 이야기했다. "만만치 않은 상황들 속에서 바보짓만 하고 다니던 시절이었습니다. 돈은 얼마 벌지도 못하면서 도박판을 드나들었죠. 그렇게 두 시간이면 주머니가 텅 비었고, 돈이 너무 필요한 나머지 포주 일을 하려고도 해 봤는데, 하필 첫 번째 손님이 질투심에 난리를 피우면서 내 어깨에 칼침을 놓았죠. 정말 힘든 나날이었어요."

1918년, 루이 암스트롱은 데이지 파커라는 21살 먹은 매춘부와 결혼했으나 그의 말에 따르면 "데이지가 일을 그만두지 않아서" 결혼생활은 평탄하지 못했고, 금방 끝이 났다.

결혼식을 올린 그해, 루이 암스트롱은 시카고로 떠난 킹 올리버를 대신해 키드 오리 밴드에 합류했으며, 이후 3년 동안은 파파 셀레스틴의 브라스 밴드에서 연주자로, 그리고 시드니라는 보트에서 선원으로 일하며 보냈다.

그때쯤 뉴올리언스의 뮤지션들 사이에서 루이 암스트롱이란 이름이 회자되기 시작했으며, 당시 새로운 기회를 찾아 뉴올리언스에서 시카고로 터전을 옮긴 수많은 뮤지션들 중 한 명이었던 킹 올리버가 1922년, 루이 암스트롱을 시카고로 불러들여 꽤 명성을 떨치고 있던 자신의 크리올 재즈 밴드 세컨드 코넷 연주자 자리를 맡겼다. 두 명으로 구성된 이 코넷 팀은 그동안 다른 재즈 그룹들이 보여주었던 연주와는 차원이 다른 눈부신 연주를 선보였고, 암스트롱은 1923년 올리버 밴드 소속으로 생애 첫 녹음을 경험하게 된다.

1924년 같은 밴드의 피아니스트 릴리안 하딘과 재혼한 암스트롱은 그해 뉴욕으로 건너가 로즐랜드 볼룸에서 활동하던 플레처 핸더슨 오케스트라에 합류했다.

그때 루이 암스트롱은 처음으로 완전히 다른 부류의 동료 뮤지션들과 함께 활동하게 된다. 이전까지 그가 알던 뮤지션들은 모두 뒷골목 생활을 벗어나기 위해 거친 삶을 살아온 사람들이었던 반면, 뉴욕에서는 대부분 음악학교의 정식 교육을 받은 오케스트라 단원들과 함께 연주하며 여러 음악이론들을 섭렵하게 되었던 것이다.

그리고 1925년 시카고로 돌아온 그는 벤돔 극장에서 활동하던 어스킨 테이트의 '재즈 교향악' 오케스트라의 일원이 된다. 루이 암스트롱이 코넷을 내려놓고 트럼펫을 손에 든 것이 바로 이때였다.

"커튼이 올라가면 핫 코러스를 연주하는 것이 내 역할이었습니다." 루이 암스트롱은 그때의 기억을 떠올리며 말했다. "그들이 비추는 스포트라이트 속에서 나는 한껏 고조된 3옥타브 C음을 내기 시작했고 그러면 모든 것이 미쳐 날뛰었죠. 트럼펫도, 나 자신도 '펑'하면서 완전히 무아지경 속으로 빠져들었던 거예요."

이 시카고 시절에 루이 암스트롱은 처음으로 자신의 이름을 내세운 음반을 준비하기 시작했고, 그 첫 음반이 바로 1925년 11월 12일에 녹음한 '마이 하트'였다. 이후 루이 암스트롱의 핫 파이브(후에 멤버가 추가되어 핫 세븐이 됨)는 피아니스트 얼 '파다' 하인스와 함께 3년에 걸쳐 재즈 클래식 명곡들을 차례차례 녹음하여 발표했고, 이 음반들로 암스트롱은 드디어 세계적인 명성을 얻게 된다. 그렇게 뉴욕으로 돌아온 1929년, 루이 암스트롱은 재즈계의 우상으로 우뚝 서 있었다.

할렘의 코니 인에서 연주하는 동안 루이 암스트롱은 브로드웨이의 흑인 뮤지컬 '핫 초콜릿'에 출연하기도 했는데, 이 뮤지컬을 통해 발표한 패츠 월러의

'애인트 미스비헤이빙'은 암스트롱의 첫 팝 차트 히트곡이 된다.

1932년, 릴 하딘과 이혼한 암스트롱은 당시 음반 판매만으로도 엄청난 인기를 얻고 있던 유럽에서 마침내 투어 공연을 하게 된다. 루이 암스트롱의 새치모라는 별명은 런던 팰러디엄 공연 기간 중 생겼는데, 런던 음악 잡지의 한 에디터가 새칠마우스라는 기존의 별명을 잘못 알아듣고 새치모라고 표기한 뒤 그대로 굳어져버린 것이다.

제2차 세계대전이 발발하기 전, 18개월 동안 유럽 투어 공연을 가진 암스트롱은 이후 몇 년에 걸쳐 중동, 극동, 아프리카, 남아메리카에서도 순회 공연을 했는데, 특히 가나의 아크라에서는 10만 명이 넘는 현지인들이 루이 암스트롱의 트럼펫 연주를 듣고 흥분상태에 빠졌으며, 온몸에 황토와 보라빛 염료를 칠한 레오폴드빌의 부족민들은 루이 암스트롱을 번쩍 들어 올려 시티 스타디움의 캔버스 왕좌에 옹립하기도 했다.

한편 1960년, 모스크바에서는 루이 암스트롱의 아프리카 순회공연에 대해 "자본가들의 광대짓"이라며 맹렬한 비난을 퍼부었는데, 그는 그저 웃음으로 대답할 뿐이었다.

그는 이런 말을 남기기도 했다. "나에게 아프리카는 아주 편안한 장소였습니다. 뼛속까지 아프리카의 후예인 나는 아프리카인들의 삶 속에서 포근함을 느꼈죠. 외할머니와 친할아버지로부터 물려받은 아프리카의 피가 여전히 내 혈관 속으로 흐르고 있으니까요."

전쟁이 터지기 전 루이 암스트롱은 '머스크랫 램블'이나 '웬 더 세인트 고 마칭 인'과 같은 뉴올리언스 스탠더드 음악을 집중적으로 연주하던 가이 롬바르도 오케스트라, 그리고 그 밖의 여러 빅 밴드들과 협연했다. 또한 엘라 피츠제럴드와 함께한 듀엣 활동과 베시 스미스와의 협연도 빼놓을 수 없다.

루이 암스트롱은 스스로도 다 기억하지 못할 만큼 수많은 음반들을 취입했다. 대략 1,500종 이상으로 추정되는 그의 앨범들 중 십여 종은 음반 수집가들이 노리는 희귀 아이템이 되기도 했다.

몇몇 흑인 급진주의자들은 루이 암스트롱의 저속한 어휘 사용과 공연 도중 눈을 굴리거나 치아를 활짝 보이며 미소 짓는 습관에 대해 비난을 퍼부었다. 그들에게는 루이 암스트롱이 무사태평하게 보이는 전형적인 흑인의 이미지를 활용하여 "엉클 톰"을 흉내 내는 것처럼 보였던 것이다. 암스트롱은 이런 시선을 가볍게 무시했다.

하지만 1965년, 알래스카 셀마에서 평화시위를 펼치던 흑인들에게 경찰이 부당한 폭력을 휘두르자 루이 암스트롱은 한 인터뷰에서 다음과 같은 발언을 했다.

"예수님이 흑인이었다면, 그들은 예수님에게도 폭력을 가했을 겁니다. 흑인 인권 운동의 맨 앞줄에 선 사람은 아니지만 나는 기부를 통해 힘을 실어주고 있어요. 음악이 곧 내 삶이니까 그렇게라도 할 수밖에요. 내가 시위에 나선다면 경찰들은 나의 입을 때릴 것이고, 다친 입으로는 트럼펫을 불 수 없잖아요."

루이 암스트롱은 오랜 세월 동안 자신의 고향 뉴올리언스에서는 공연을 하지 않았다. 그곳에 아직 인종 차별정책이 존재한다는 이유로 공연 요청을 거절해왔던 것이다. 그가 비로소 고향으로 향했던 건 미국 민권법이 통과한 이후의 일이었다. 그렇게 1965년, 루이 암스트롱은 뉴올리언스 재즈 박물관에서 통합 밴드와 함께 위풍당당한 공연을 펼쳐보였다.

언젠가 그는 자신의 음악 인생을 되돌아 보면서 이렇게 말했다. "나 새치모는 3대에 걸친 사람들을 목격했어요. 오랜 팬들과 그들의 자녀, 그리고 그들의 자녀들의 자녀들 말이에요. 그들은 여전히 나에게 찾아와 '새치모 영감님 어떻게 지내세요'라고 인사를 건네죠. 나는 그 관객들을 사랑하고, 그들 또한 나를 사랑합니다. 내가 무대에 오를 때마다 우리는 그저 행복한 시간들을 공유하죠. 이는 나에게 크나큰 기쁨입니다."

1942년 루이 암스트롱과 결혼한 루실 윌슨과 양자 클라렌스 해트필드는 뉴욕에 살고 있고, 여동생 베아트리스 콜린스와 배다른 형제 헨리 암스트롱과 윌리엄 암스트롱 등 나머지 유족들은 고향 뉴올리언스에 살고 있다.

듀크 엘링턴

1899년 4월 29일~1974년 5월 24일

존 S. 윌슨 기자

전 세계 평단으로부터 격찬받은 작곡과 연주로 미국 음악사의 영역을 확장시켰으며, 두 세대에 걸쳐 음악과 춤의 세계로 사람들을 이끌었던 듀크 엘링턴이 어제 75세를 일기로 사망했다.

그는 폐암 치료를 위해 지난 3월 말, 콜롬비아 장로교 의료 센터의 하크니스 병동에 입원했으나, 폐렴까지 겹치면서 상태가 위중했었다.

엘링턴은 누군가에게 최고의 찬사를 보낼 때 "영역 저 너머(beyond category)"라는 표현을 사용하곤 했는데, 이 표현은 낡은 코튼 클럽에서 카네기 홀과 웨스터민스터 대성당까지 다양한 장소와 환경 속에서 음악을 선보이고, 또 찬사를 받았던 엘링턴 자신에게도 똑같이 적용되는 표현일 것이다.

워싱턴에서 학교를 다니던 소년 시절부터 이미 타고난 우아함으로 "듀크"라는 별명으로 불리던 그는 큰 키와 당당하고 세련된 외모에 더해 드라마틱하고 역설적인 위트로 주변에 생기를 불어넣을 줄 아는 사람이었다.

1965년, 퓰리처상 음악 부문 심사위원단이 만장일치로 엘링턴을 특별상 수상자로 추천했지만 퓰리처 자문 위원회의 반대로 수상이 불발되는 사건이 있

었다. 이에 대한 항의의 목소리가 커지는 가운데 당시 66세였던 엘링턴은 이렇게 말했다. “운명은 나에게 호의적인 편입니다. 그래서 그 운명은 내가 ‘너무 어릴 때’ 유명해지는 것을 원치 않는 것이겠죠.”

듀크 엘링턴은 일반적으로 ‘재즈’라고 부르는 장르, 그 이상의 결과물을 내놓았다. 사실, 그는 자신의 음악이 ‘재즈’에 국한되는 것을 꺼려했다.

“1920년대에 나는 우리가 하고 있는 음악의 장르를 ‘흑인 음악’이라고 불러야 한다고 플레처 헨더슨을 설득하려 했습니다.” 1965년 듀크 엘링턴이 한 말이다. “하지만 그러한 명칭을 붙이기에는 너무 늦어 버렸어요. 음악이 인종을 초월해버렸으니, 더 이상 피부색으로 음악의 장르를 구분할 수는 없습니다.”

작곡가이자 편곡가였던 듀크 엘링턴은 독특하고, (여러 오케스트라 지휘자들의 표현을 빌리자면) 아무나 흉내 낼 수 없는 스타일을 가지고 있었다. 그는 버버 마일리, 쿠티 윌리엄스, 레이 낸스의 으르렁거리는 듯한 트럼펫, 놀라운 기교를 가진 트리키 샘 낸튼의 트럼본, 바니 비가드의 깊고 풍부한 클라리넷, 조니 호지스의 정교한 알토 색소폰, 웅장하고 견고한 해리 카니의 바리톤 색소폰 등, 탁월한 연주자들의 개별적인 사운드들을 조화롭게 쌓아 올려 하나의 완벽한 작품을 만들어냈다. 1939년부터 1967년 사망할 때까지 엘링턴의 공동 작곡가이자, 공동 편곡가로 일하며 엘링턴의 오른팔 역할을 했던 빌리 스트레이혼은 다음과 같이 말하기도 했다. “엘링턴 본인이 피아노 연주자이기도 했지만, 그가 연주하는 진정한 악기는 바로 밴드 그 자체였습니다.”

엘링턴 음악의 탄탄한 기초는 다른 뮤지션들의 기를 꺾어 놓았다. 엘링턴이 새로운 스타로 막 떠오르기 시작했을 때, 당시 “재즈의 왕”으로 불리던 폴 화이트만과 그의 편곡자 퍼디 그로페는 수차례 코튼 클럽을 찾아 엘링턴의 오케스트라 연주를 들으며 밤을 보내곤 했다. 엘링턴이 선보인 곡이 어찌나 훌륭했던지 그들은 연주를 분석하겠다는 애초의 목적을 잊고 순전히 음악을 감상하다 돌아가기 일쑤였다.

엘링턴의 작품들은 거의 변함없이 블루스와 재즈 뮤지션 특유의 노래하는 듯한 악기 연주를 바탕으로 구성되어 있었지만, 클래식 음악가들은 엘링턴의 작품에서 드뷔시, 딜리어스, 그리고 라

벨의 향취를 느끼기도 했다.

또한 엘링턴은 12마디, 혹은 32마디의 코러스로 이루어진 기존의 재즈 구성을 장시간 연주로 확장시킨 개척자였다. 그가 1934년 작곡한 '레미니싱 인 템포'의 연주 시간은 12분이었으며 4년 후, 화이트만의 의뢰로 '블루 벨스 오브 할렘'을 작곡하기도 했던 엘링턴이 본격적으로 장시간 연주 음악을 위한 작업에 들어가 처음 내놓은 결과물이 바로 1943년, 카네기홀에서 발표한 '블랙, 브라운 앤 베이지'라는 50분짜리 곡이었다.

이외에도 연주 시간이 긴 엘링턴의 작품들에는 '할렘', '나이트 크리처', 존 스타인벡의 소설 '스위트 서스데이'에서 영감을 얻은 '스위트 서스데이', 그리고 셰익스피어 모음곡 중 하나인 '서치 스위트 선더' 등이 있다.

이후 1965년, 엘링턴은 샌프란시스코 그레이스 대성당에서 본인이 작곡한 곡들로 프로그램을 구성한 종교음악 콘서트를 열며 새로운 음악 분야로 진출한다. 이 콘서트는 "태초에 하나님이……"로 시작하는 성경 구절을 인용하며 막이 올라 오케스트라와 합창단 세 팀, 무용수 한 명, 그리고 초청 가수가 여럿 등장하는 엘링톤 특유의 스타일로 진행됐다. 엘링턴은 이 콘서트를 "내가 그동안 한 일들 중에서 가장 중요한 일"이라며 소중하게 생각했다.

그러나 연주 시간이 긴 음악에 몰두하기 이전에 작곡한 '솔리튜드', '소피스티케이티드 레이디', '인 어 센티멘탈 무드', '아이 렛 어 송 고 아웃 오브 마이 하트', '아이 갓 잇 배드'와 같은 곡들도 인기 있는 레퍼토리로 자리잡았으며, '블랙 앤 탠 판타지', '더 무치', '크레올 러브 콜'을 비롯한 그의 짧은 곡들 또한 재즈 공연의 한 축을 담당하며 자주 연주되었다.

듀크 엘링턴은 6,000여 개가 넘는 곡들을 작곡했는데, 오랜 시간 동안 그와 가장 밀접하게 연관된 대표곡으로 여겨졌던 '테이크 디 'A' 트레인'은 정작 엘링턴의 작곡이 아닌 스트레이혼의 작품이었다.

듀크 엘링턴은 1899년 4월 29일, 워싱턴에서 제임스 에드워드 엘링턴과 데이지 케네디의 아들로 태어났다. 그의 부친은 미 해군성에서 청사진을 제작하면서 때때로 집사로 일하기도 했는데 한때는 백악관에 소속된 적도 있었다.

듀크 엘링턴은 방과 후 푸들 도그 카페의 점원으로 일할 당시 자신의 첫 작품인 '소다 파운틴 래그'를 작곡했다. 7살 때 받은 피아노 레슨 외에는 어떤 정식 음악교육도 받은 적이 없는 엘링턴은 당대의 '정열적인(two-fisted) 피아니스트들', 특히 스티키 맥, 독 페리, 제임스 P. 존슨, 윌리 (라이언) 스미스의 음악을 들으며 감각을 익혔다.

그는 20살이 되자 작은 밴드를 결성하여 주급 150달러에 댄스파티나 사교모임을 돌며 이런 저런 연주를 하기 시작했고, 이때 함께한 드러머 소니 그리어는 1950년까지 엘링턴의 곁을 지켰다.

이후 엘링턴과 함께한 수많은 악단원들도 거의 소니와 비슷한 방식으로 엘링턴과 만나고, 또 그의 곁에서 연주했다.

1922년, 뉴욕에서 활동하던 윌버 스위트만의 초청을 받은 소니 그리어를 따라 엘링턴과 나머지 밴드 단원 세 명도 뉴욕으로 향했지만, 뉴욕에서 일자리를 찾기란 하늘의 별 따기와 같았기에 얼마 지나지 않아 모두 워싱턴으로 돌아오게 된다. 그래도 소득이 없었던 것은 아니었다. 당시 엘링턴은 할렘 피아니스트들인 윌리 (라이언) 스미스, 제임스 P. 존슨, 그리고 패츠 월러를 만났었고, 이후 엄청난 영향력을 가진 연주자들로 발전한 그들 중 한 명인 패츠 월러의 권유로 이 밴드는 1923년, 다시 한번 뉴욕을 찾아 할렘의 바론즈에서 공연을 하게 된다. 당시 함께 연주했던 밴드의 명목상 리더는 밴조를 연주하던 엘머 스노우든이었는데, 이후 뉴욕 다운타운 클럽으로 공연장을 옮기며 스노우든이 그룹에서 탈퇴하자 엘링턴이 리더로 활약하기 시작했다.

그렇게 완성된 밴드에서 4년 반 동안 활동하면서 엘링턴은 첫 음반 발매와 첫 라디오 방송 출연을 경험한다. 그리고 1927년 말경, 10인조로 규모가 커진 밴드를 이끌고 있던 엘링턴은 코튼 클럽에서 빠른 시일 내에 오케스트라를 구성하고 싶어 한다는 소식을 접하게 된다.

엘링턴은 계약을 따냈지만, 먼저 필라델피아 극단과 맺은 계약부터 정리해야만 했다. 그런데 코튼 클럽 경영진이 필라델피아 인맥을 통해 극단 매니저에게 다음과 같은 메시지를 전하자 계약은 깔끔하게 정리된다. "살아남으려면 잘 생각하시오."

듀크 엘링턴의 독특한 금관악기 활용은 으르렁거리는 소리('정글' 스타일이라고 일컬어 짐)와 음색의 풍부한 변주를 만들어냈고, 모든 학교의 음악학도들이 엘링턴 밴드의 연주를 듣기 위해 코튼 클럽으로 몰려들었다.

1930년 엘링턴 밴드는 그들의 첫 장편 영화 '체크 앤 더블체크'에 출연했는데, 이 영화는 1933년, 바다 건너 영국과 유럽대륙에서도 상영된 바 있다. 그러던 1930년대 후반, 대중들은 스윙 밴드에 열광하기 시작했고 베니 굿맨, 아티 쇼, 글렌 밀러의 유명세에 듀크 엘링턴의 인기는 한층 꺾이게 된다. 그러나 스윙의 시대가 지나간 1941년과 1942년, 엘링턴 밴드는 다시 절정기를 보냈으며, 1950년대에 빅 밴드의 인기가 땅에 떨어져 수많은 뮤지션들이 음악을 아예 그만두거나, 파트타임 연주자가 되는 와중에도 엘링턴은 그의 밴드를 굳건히 지켰다.

엘링턴의 행운이 다시 상승세를 타기 시작한 건 1956년이었다. 그는 뉴포트 재즈 페스티벌에서 20년 전에 작곡했던 '디미누엔도 앤 크레센도 인 블루'를 코러스 27명과 테너 색소폰 연주자 폴 곤잘베스의 솔로 연주와 함께 선보였다. 폴 곤잘베스는 관객석 통로에서 춤을 추며 흥을 돋우기도 했는데, 이는 보는 이들로 하여금 1930년대 뉴욕 파라마운트 극장을 열광시켰던 베니 굿맨의 공연을 떠올리게 했다.

이후로 15년 동안 엘링턴의 오케스트라는 중동, 극동, 아프리카, 남아메리카, 유럽 등지에서 투어공연을 가졌고, 미 국무부의 지원을 받아 소련까지 진출하기에 이른다. 또한 엘링턴은 '파리 블루스', '살인의 해부', '여왕 공격', '체인지 오브 마인드', 그리고 독일 영화 '야누스'의 배경음악을 작곡하기도 했다.

1970년, 앨빈 에일리와 아메리칸 발레 시어터를 위해 '더 리버'의 음악 작업을 맡았던 엘링턴은 그 이전인 1963년에는 흑인의 역사를 다룬 야외극 '마이 피플'을 시카고에서 발표하는 등 다양한 활동을 지속했다.

그러는 동안 온갖 영광이 듀크 엘링턴에게 쏟아졌다. 1969년, 리처드 M. 닉슨 대통령은 엘링턴의 70번째 생일을 축하하며 백악관에서 미 대통령 자유훈장을 수여했고, 1973년에는 프랑스의 주르주 퐁피두 대통령이 레지옹 도뇌르 훈장을 수여했다. 또한 1971년에는 스웨덴 왕립음악원이 엘링턴을 명예회원으로 추대했고, 차드와 토고에서는 엘링턴의 사진을 실은 우표가 발행됐으며 1972년, 예일대학교는 "아프로-아메리카 음악의 전통을 보존하고 계승한다"는 취지로 듀크 엘링턴 장학기금을 설립했다.

이 모든 영광을 누리면서도, 엘링턴은 작곡과 연주, 그리고 투어공연을 꾸준히 지속하는 행보를 보였다. 그는 어딜 가든 전자피아노와 함께 움직였으며, 하루라도 작곡을 하지 않고 지나치는 경우가 드물었다.

엘링턴은 이렇게 말했다. "항상 이런 식이죠. 당장 침대에 뛰어들겠다는 생각으로 집에 돌아가지만, 침대로 향하는 길목에 피아노가 놓여 있고, 도저히 그냥 지나칠 수가 없는 겁니다. 그 추파에 넘어가 코드 한두 개를 짚어보다 무심코 시계를 보면, 아침 7시가 다 되어 있기 일쑤입니다."

이러하니, 1973년 출판된 그의 자서전에 '음악은 나의 연인'이라는 제목이 붙은 것은 상당히 이치에 맞다.

자서전의 한 대목은 이렇다. "음악은 나의 연인이다. 그리고 그녀는 그 누구에게도 우선 순위를 빼앗기지 않는다."

엘링턴은 1918년 에드나 톰슨과 결혼했으며, 이듬해 아들 머서가 태어났다. 이후 1930년 이혼한 엘링턴은 코튼클럽의 무용수였던 밀드레드 딕슨과 재혼했으나 이 결혼생활 역시 이혼으로 마무리된다.

아들 머서 외의 유족으로는 세 번째 부인 비 '에비' 엘리스, 누이 한 명, 그리고 손주 세 명이 있다.

조세핀 베이커

1906년 6월 3일~1975년 4월 12일

파리—댄서이자 가수로 활동하던 조세핀 베이커가 오늘 아침 살페트리에르 병원에서 사망했다. 향년 68세. 미국인으로서 프랑스 대형 뮤직홀 최고의 스타가 된 그녀는 데뷔 50주년을 기념하며 새로운 공연을 시작한 지 나흘째 되는 날이었던 지난 목요일, 뇌졸중으로 쓰러졌었다.

1925년, 바나나 모양 스커트를 허리에 두르고 파리에 나타난 조세핀 베이커는 국경을 넘어 점차 전 세계를 들썩이게 만들었다.

그해 열광적인 반응을 불러일으킨 그녀의 첫 공연을 관람했던 자넷 플래너는 1972년 출판된 '파리의 지난날'에 다음과 같은 글을 남겼다.

"조세핀 베이커는 분홍색 플라밍고 깃털로 아슬아슬하게 몸을 가리고 샹젤리제 극장에 등장했다. 물구나무 선 채 다리를 활짝 벌리고 있는 그녀를 거대한 몸집의 흑인 무용수가 어깨 위에 올린 상태로 무대 중앙을 향해 성큼성큼 걸었다. 이내 무대 중앙에 멈춰 선 그 거인은 그녀의 잘록한 허리를 긴 손가락으로 감싸더니 측면으로 천천히 재주넘기를 시키며, 마치 짐을 내려놓듯 그녀를 무대 위에 내려놓았다. 우뚝 서 있는 조세핀 베이커는 눈부시게 아름다웠고, 그 순간 극장에는 정적이 감돌았다. 그녀는 마치 흑단으로 만든 여신상 같았다. 조세핀 베이커의 등장을 환영하는 환호가 터져 나왔다."

"이후 이어진 공연은 중요하지 않았다. 그녀가 등장하던 바로 그 순간 앞으로 잊혀지지 않을 명확한 사실 두 가지가 이미 정해져버렸기 때문이다. 첫째, 조세핀 베이커는 그녀의 반짝이는 검은 피부로 프랑스 사람들에게 흑인이 지닌 아름다움을 처음으로 깨닫게 해준 새로운 모델이 되었다는 것. 둘째, 유럽 쾌락주의의 수도인 파리의 백인 사내들은 이제 그녀에게 온통 빠져들 수밖에 없다는 것."

"첫 공연이 끝나고 30분이 채 지나지

않아 샹젤리제 거리의 모든 카페에서는 조세핀 베이커의 이름이 오르내리고 있었다. 그녀의 성공적인 첫 공연을 관람한 사람들은 흥분을 감추지 못한 채 삼삼오오 술자리에 모여들어 자신이 본 광경과 그녀의 등장이 의미하는 바에 대해서 밤새도록 이야기했다. ...... 조세핀 베이커의 인기는 점점 높아만 갔다. 특히 그녀가 그 유명한 바나나 스커트를 엉덩이에 두르고 야생미를 한껏 뽐냈을 때, 그녀의 경력은 1년 남짓 되는 시간 만에 한껏 무르익으며 미국 국적의 아티스트로서 유럽의 샛별로 높이 떠오르게 된다."

파리를 '핫 재즈(le jazz hot)'로 뜨겁게 달구었던 조세핀은 재능 넘치는 흑인 아티스트와 현대 흑인음악의 상징과도 같은 존재였다. 조세핀을 시작으로 미국의 수많은 흑인 예술가들은 유럽, 특히 파리를 향한 진출을 모색하며, 조세핀의 말을 인용하자면 "자유를 찾아" 나섰다.

수십 년이 지난 후, 프랑스에서 자유를 찾았냐는 질문에 조세핀 베이커는 "그렇다. 예술가로서, 또 한 사람의 인간으로서 바라던 바를 거의 찾았다"고 대답했다. 그러나 프랑스에서 거둔 성공과 프랑스를 향한 애정에도 불구하고, 그녀에게 미국에서 겪은 인종차별은 결코 잊혀지지 않는 상처였다.

언젠가 조세핀 베이커는 이렇게 말했다. "나는 미국에서 태어나(1906년 6월 3일) 세인트루이스에서 성장했습니다. 처음 유럽으로 건너왔을 때 나는 겨우 18살이었죠. 그 어린 나이에 고향을 떠야야만 했던 겁니다. 자유를 찾고 싶었으니까요. 세인트루이스에서는 내가 누릴 자유 같은 건 없었어요."

프랑스 사람들은 그녀의 공연에 박수갈채를 보냈다. 그러나 그뿐만이 아니었다. 제2차 세계대전 당시 조세핀 베이커는 응급차 운전사, 정보요원, 그리고 프랑스 공군에 소속된 북아프리카 위문단으로 활동하며 프랑스 국민들로부터 찬사를 받았다.

"프랑스가 있기에 지금의 내가 있습니다." 조세핀 베이커는 이렇게 말했다. "프랑스인들은 나에게 마음을 내어줬어요. 그러니, 나는 그들에게 내 삶을 바칠 겁니다."

한편 조세핀 베이커는 1950년대에 한국, 핀란드, 이스라엘, 베네수엘라, 알제리, 일본, 콜롬비아 등지에서 다양한 피부색과 종교를 가진 고아 12명을 입양했다.

조세핀 베이커는 "무지개 부족"이라고 이름 붙인 이 입양아들과 함께 프랑스 남서부 레 밀란데의 대저택에 살았다. 애초에 조세핀 베이커는 약 37만 평 규모의 부지에 리조트를 세우고 그 주변에 호텔과 레스토랑, 수영장, 그리고 극장을 만들 생각이었다.

하지만 이 프로젝트는 고스란히 빚으로 돌아왔다. 1969년 그녀의 재산과 소유물들은 경매시장에 올랐고, 비가 오던 어느 날 집행관들에 의해 자택에서 쫓겨나기도 했다. 그녀에게 재정적인 도움을 주고 무대에 다시 설 수 있도록 힘을 실어 준 것은 가까운 친구들이었는데, 그중에는 모나코의 그레이스 왕세자비도 있었다. 그렇게 얼마 지나지 않아 조세핀 베이커는 10만 달러에 달하는 리비에라의 빌라를 구입할 수 있었다.

1920년대 초반, 세인트루이스를 떠나 뉴욕에 도착한 어린 조세핀 베이커는 63번가 데일리에서 3년간 상영했던 뮤지컬 '셔플 얼롱'의 코러스 걸로 무대 인생의 첫발을 내딛었다.

이후 '흑인 레뷰'의 파리 공연을 위해 처음 유럽 땅을 밟은 조세핀 베이커는 하룻밤 사이에 성공을 거머쥐었으며, 이듬해 단독 공연 스타로 떠오른 뒤에는 폴리 베르제르에서 바나나 스커트를 입고 찰스턴(1920년 유행한 빠른 동작의 춤)의 진수를 프랑스에 소개했다.

해가 지나면서 무대 위의 조세핀 베이커는 조금씩 다른 캐릭터들을 연기했는데, 프랑스에서 처음 공연할 당시에는 할렘 스타일의 재즈 가수였고, 그 다음에는 크리올(유럽인과 흑인의 혼혈), 이후에는 머리에 탑장식을 쌓아 올린 동양적인 분위기의 캐릭터였다.

1930년, 그녀는 빈센트 스코토가 작곡한 서글픈 느낌의 노래 '재 두 아모르(나에겐 연인이 두 명 있어요)'를 처음 발표했다. 그녀가 자신에게 두 연인은 바로 "미국과 파리"라고 말하면서 열창하곤 했던 이 곡은 그녀의 대표곡이 되었다. 또한 1920년대 후반에서 1930년대까지, 그녀는 매해 폴리 베르제르나 카지노 드 파리에서 뮤지컬 공연을 선보였다. 그 당시 프랑스에서 가장 사랑받는 스타는 누가 뭐래도 조세핀 베이커였을 것이다.

그러던 1936년, 그녀는 '지그필드 폴리스' 공연을 위해 브로드웨이를 방문했으며, 1951년에도 뉴욕을 찾았는데, 당시 미국이 그녀에게 남겨준 건 또 한 번의 상처뿐이었다. 스토크 클럽을 방문했었던 조세핀 베이커는 아주 오랫동안 기다리고 나서야 서비스를 받을 수 있었고, 이는 명백한 인종차별이었다.

그럼에도, 조세핀 베이커는 사망하기 전 두 해 동안 카네기홀과 팰리스 극장에서 '조세핀 베이커와 함께하는 저녁'이라는 제목의 공연을 펼치면 자신의 금의환향을 기념했다.

조세핀 베이커는 1920년대를 함께 보냈던 이탈리아 출신 화가 카운트 헤노 아바티노와 이혼한 뒤, 1935년 프랑스 기업가 장 리옹과 재혼했으나 1940년, 또 한 번의 이혼을 경험했다. 세 번째 결혼 상대는 재즈 오케스트라의 리더였던 조 부이용이었는데, 1957년부터 별거 상태를 이어오고 있었다.

엘비스 프레슬리

1935년 1월 8일~1977년 8월 16일

몰리 이빈스 기자

미국 로큰롤 뮤직의 일인자이자, 가장 위대했던 스타 엘비스 프리슬리가 어제 42세의 나이로 사망했다. 걸걸한 저음과 노골적인 섹스어필로 대중음악의 역사를 새롭게 쓴 엘비스 프레슬리는 어제 오후 2시 30분경 멤피스에 있는 자택 그레이스랜드의 침실에서 의식 불명 상태로 발견됐다.

그는 밥티스트 메모리얼 병원으로 옮겨져 심폐소생술을 받았지만 결국 깨어나지 못했고, 한 시간 후 공식적으로 사망이 선고됐다.

두 시간에 걸쳐 엘비스 프레슬리의 시신을 부검한 셸비 카운티 검시관 제리 프란체스코 박사는 "예비 부검 결과" 엘비스 프레슬리의 사망 원인은 "심장부정맥"으로 의심된다고 말했다. 또한 병원 대변인은 "불규칙적이고 약한 심박"이 주된 원인이었다고 덧붙였으나, 검시관은 좀 더 검사를 진행해 봐야만 정확한 사인을 결론내릴 수 있다는 소견을 밝혔다 .

엘비스 프레슬리의 인기는 십대 소녀들이 그를 보고 흥분해서 소리를 지르다가 쓰러지는 경우까지 발생할 정도로 어마어마했다. 하지만 그는 무대 위에서 지나치게 선정적이라는 비판을 받기도 했다. 목사들은 설교 시간에 엘비스 프리슬리를 향해 독설을 퍼부었고, 부모들은 어린 자녀들이 그의 무대를 접하지 못하도록 텔레비전 시청을 단속했다. 에드 설리번 쇼를 통해 처음으로 텔레비전에 모습을 드러낸 엘비스 프리슬리의 퍼포먼스는 오늘날 엔터테이너들의 그것과 다를 바 없을 만큼 시대를 앞선 것이었다. 당시 그의 공연을 그대로 내보낼 경우 사회적으로 큰 파문을 일으킬 수 있다고 생각한 방송국은 결국 씰룩대는 엘비스의 엉덩이는 제외한 채 허리 윗부분만 방송에 내보냈다.

엘비스 프레슬리의 활동 초기 히트곡들은 1950년대 청춘들에게는 잊을 수 없는 추억이다. '하운드 도그', '하트브레이크 호텔', '블루 스웨이드 슈즈'는 당대 십대들의 주제가였으며, 전 세대를 휩쓴 프랭크 시나트라와 그 후 세대를 열광시킨 비틀즈와 마찬가지로, 엘비스 프레슬리는 단지 한 명의 가수가 아니라 하나의 사회적 현상이었다. 엘비스 프레슬리의 골드레코드 45장은 각각 100만 장 이상의 판매고를 보였음은 물론이다.

엘비스 프레슬리는 채 25세가 되기 전에 쇼비즈니스의 전설로 떠올랐고, 30세에는 역사상 가장 높은 보수를 받는 예술가의 자리에 올랐다. 또한 총 28편의 영화를 찍었는데, 하나같이 시시한 연기를 선보였음에도 불구하고 누적 관객 수는 수백만 명을 넘겼다.

원래 183cm의 키에 79kg의 몸무게를 유지하던 엘비스는 최근 들어 통통하게 살이 오른 모습으로 무대에 올라 사람들을 놀라게 했다. 엘비스 프레슬리의 전직 경호원 세 명은 얼마 전 출간된 '엘비스에게는 도대체 무슨 일이 있었던 걸까?'라는 제목의 책에서 그가 암페타민을 복용했다고 주장했다.

그러나 사망 후 부검 결과에서 약물 오남용의 흔적이 발견되었냐는 반복된 질문에 대해 검시관 프란체스코 박사는 엘비스 프레슬리의 몸에서는 주치의가 처방해 준 고혈압 및 장폐색 관련 약물만 검출됐다고 일축했다. 엘비스 프레슬리는 1975년 실제로 장폐색 때문에 두 번이나 병원 신세를 진 적이 있다.

엘비스 아론 프레슬리는 1935년 1월 8일, 미시시피 주 투펄로의 방 두 칸짜리 집에서 태어났다. 그는 어린 시절 어머니 글래디스 프레슬리, 그리고 아버지 버논 프레슬리와 함께 전도집회나 부활절 등 여러 교회 행사에서 꽤 인기 있는 3중창 그룹으로 활동했다.

엘비스가 13살이 되었을 때 프레스슬리 가족은 멤피스로 이사했고, 그는 L. O. 흄스 고등학교에 다니며 영화관 좌석 안내원으로 일했다. 고등학교 졸업 후에는 주급 35달러를 받으며 트럭 운전을 하던 엘비스는 1953년, 처음으로 음반 녹음을 경험하게 된다. 당시 완성된 음반 한 장 값으로 오히려 4달러를 지불하고 집으로 돌아온 그는 그 음반을 몇 번이고 반복해서 들었다.

그런데 이 초기 음반을 듣고 깊은 인상을 받은, 당시 "대령"이라고 불리던 기민한 음반 기획자 토머스 A. 파커가 엘비스의 커리어를 관리해 주겠다고 나서게 된다. 그렇게 엘비스 프리슬리는 "더 힐 빌리 캣"이라는 별명으로 한적한 시골을 떠돌며 공연을 하기 시작했다. 위대한 쇼맨 P. T. 바넘과 같은 성향을 지녔던 파커 대령은 "설명하려 하지 말고, 그저 팔아라"는 신조에 따랐다. 그는 이런 말을 남기기도 했다. "엘비스 프레슬리를 과세 등급 90퍼센트 안에 유지시키는 것이 나에게는 애국적인 의무나 마찬가지다."

또한 20세기 폭스 사와 엘비스 프레슬리의 스크린 데뷔를 협상할 때의 일화도 유명하다. 당시 영화사 관계자들은 엘비스 프레슬리의 젊은 나이와 경험 부족을 고려해서 출연료를 책정했었다. 이후 간부 한 명이 마침내 "2만 5천 달러면 되겠나?"라고 묻자, 파커 대령은 이렇게 대답했다. "제 몸값으로는 좋네요. 그럼 이제 엘비스의 가격을 부르시겠어요?"

엘비스 프레슬리의 첫 히트곡이었던 '하트브레이크 호텔'은 1956년 1월 RCA를 통해 발매됐다. 사랑과 외로움을 다룬 가사로 피를 끓게 만드는 이 곡은 주크박스를 뜨겁게 달궜고, 200만 장 넘게 팔려나갔다. 또한 이를 시작으로 연이어 히트곡을 내놓은 엘비스 프레슬리 팬클럽의 회원 수는 전 세계적으로 40만 명을 넘겼었다.

한편, 엘비스가 그의 첫 영화 '러브 미 텐더' 촬영을 위해 할리우드를 찾은 것은 1957년이었다. 이 영화는 개봉되자마자 거의 만장일치에 가까운 혹평을 받았지만, 엘비스의 인기에 힘입어 제작비의 5배 내지 6배에 가까운 수익을 올렸다. 이후 개봉한 엘비스의 영화들 역시 비평가들의 혹평에서 벗어나지는 못했다. 한 평론가는 '자일하우스 락'을 보고 엘비스 프레슬리가 "따로 연기할 필요도 없이 본인에게 딱 맞는 게으름뱅이 역을 맡았다"고 비아냥거렸다. 이에 엘비스 프리슬리는 이렇게 응수했다. "인생이 원래 그런 것 아니겠는가."

그리고 1958년 봄, 엘비스가 육군 이등병으로 징집되던 순간은 미국에서 슈퍼볼만큼이나 큰 사회적 반향을 일으켰다. 당시 서독에서 복무했던 엘비스는 "미국의 골반"이라고 불렸으며, 2년 후 군 생활을 마치고 돌아올 때에도 팬들은 여전히 그에게 열렬한 환호를 보냈다. 이후 1967년, 엘비스는 공군 대령의 딸 프리실라 보리우와 결혼식을 올렸고, 1968년 2월 1일에는 딸 리사 마리가 태어났다. 그러나 1972년 2월 별거를 시작한 이 부부는 결국 1973년 캘리포니아 산타모니카에서 이혼했다.

수줍음이 많은 성격으로 알려진 엘비스는 인터뷰에 응하는 경우가 드물었다. 또한 이른 나이부터 엄청난 인지도로 인한 중압감을 받아 온 탓인지, 군 복무를 끝내고 복귀한 그는 이전보다 소극적인 활동을 보여줬다.

1960년대 초반, 엘비스는 더 이상 사람들 앞은 물론, 텔레비전에도 모습을 드러내지 않았으나 음반 판매 수익과 영화 세 편의 출연료로 여전히 한 해 5백만 달러를 벌어들였다. 특히 18일 만에 촬영을 마친 '할렘 홀리데이'라는 영화의 출연료는 1백만 달러였다.

1970년대에는 라스베이거스의 나이트클럽에서 종종 엘비스 프레슬리를 목격할 수 있었다. 살이 붙어 통통한 모습이었지만, 쇼맨십은 여전히 훌륭했고 관객들 또한 변함 없이 그에게 열광했다.

나이트클럽 공연에서, 엘비스는 스스로를 패러디하곤 했다. 그는 한때 자신의 트레이드마크였던, 노래 부르며 씨익 웃는 모습을 재현하며 이렇게 농담을 던졌다. "예전에는 입술이 좀 더 잘 말려 올라갔더랬죠."

다정하고 감상적이었던 엘비스는 어머니가 사망하자 깊은 슬픔에 빠졌었다. 그리고 맴피스의 자택에는 언제나 할머니 미니 프레슬리를 모시기 위한 방이 준비되어 있었다. 1백만 달러를 호가하던 이 엘비스의 저택, 일명 '그레이스랜드'에는 방이 18개나 있었고, 주크박스와 수영장이 설치되어 있었다. 엘비스는 이곳에 "멤피스 마피아"라고 이름 붙인 젊은 남성 수행원 여러 명을 두고 경호원이자 관리인 역할을 맡겼으며, 여행 시에는 짐꾼으로 썼다. 또한 자동차를 좋아했던 그는 특히 애호하던 캐딜락 차종을 여러 대 소유하고 있었다.

더불어 엘비스는 깜짝 놀랄 정도로 자주 사람들에게 캐딜락을 선물하기도 했다. 일례로 그는 자동차 전시장의 창문에 코를 박고 구경하고 있는 사람이 보이면 생전 처음 본 사람인데도 전시장 안으로 데리고 들어가 가장 좋아하는 색깔 하나를 고르라고 하고는 그 자리에서 일시불로 차 값을 지불하곤 했다.

1970년을 마지막으로 엘비스는 더 이상 영화에 출연하지 않았다. 대신 그 해 특별 편성된 텔레비전 프로그램에 출연해 큰 성공을 거뒀고, 평론가들은 엘비스가 전혀 늙지 않았다고 입을 모았다. 가라테 유단자였던 엘비스는 한동안 운동으로 건강한 몸매를 유지했지만, 가라테만으로 자신의 식성을 감당하기는 어려웠다. 피넛버터와 바나나 샌드위치, 그리고 탄산음료를 몹시 좋아했던 그는 결국 건강에 발목을 잡혔다. 엘비스가 대중들에게 드러낸 마지막 모습들 중 하나는 자신의 트레이드마크였던 타이트한 바지가 활짝 열리는 민망한 장면이었다.

어제 그의 죽음이 알려지고, 전국의 라디오 방송국들은 엘비스 프레슬리의 명곡들을 줄곧 내보내고 있다. 그의 죽음으로 20년 세월 동안 자리를 지켜온 미국 음악의 상징 하나가 저물고 말았다. 그는 9살짜리 딸과 아버지, 할머니를 남기고 이 세상을 떠났다. 그가 사망했을 당시 그레이스랜드에는 그의 딸과 아버지가 함께 있었다고 전해진다.

빙 크로스비

1903년 5월 3일~1977년 10월 14일

스페인, 마드리드—부드러운 목소리와 편안한 유머로 지난 50년간 전 세계 수백만 명의 사람들에게 즐거움을 선사한 빙 크로스비가 오늘 마드리드 외곽의 골프장에서 라운드를 마친 후 심장마비로 사망했다. 향년 73세.

열성적인 골퍼였던 빙 크로스비는 라모랄레하 골프 클럽에서 스페인을 대표하는 골프선수 세 명과 함께 게임을 끝낸 뒤 쓰러졌다. 대변인의 말에 따르면 그는 곧장 적십자 병원으로 이송됐으나, 도착했을 때는 이미 숨을 거둔 뒤였다고 한다. 남편이 세상을 떠났다는 소식을 접한 케서린 크로스비는 몇 시간 후 캘리포니아 힐스버러에서 가진 기자회견에서 이렇게 말했다. "직업 가수였지만 골프를 몹시도 좋아하던 사람이었으니 라운드를 끝내고 세상을 떠나는 것보다 더 자연스러운 일이 어디 있겠어요." 그녀는 남편의 생애 마지막 골프를 함께 했던 선수 한 명과 전화통화를 한 사실도 밝히면서 "점수가 아주 훌륭했다고 해요. 그 말을 듣고 싶었어요"라고 말했다. 그렇게 그녀는 미소를 띤 채 눈물을 글썽였다.

—연합통신사

물 흐르는 듯한 바리톤 음성과 상대방을 편안하게 만드는 매너, 그리고 뛰어난 비즈니스 감각으로 수백만 달러를 벌어들인 빙 크로스비(본명은 해리 릴리스 크로스비)는 세계적인 명성의 엔터테이너들 중에서도 최고의 자리를 지켜왔다.

거의 50년 가까이 스타의 삶을 살았던 크로스비는 라디오, 텔레비전, 그리고 영화를 통해 전 세계 수백만 명에게 기쁨을 줬고, 제2차 세계대전 당시에는 전장을 누비며 수많은 군인들을 위로했다. 도합 3억 장이 넘는 음반을 판매했던 그는 말년에 영화 출연을 그만둔 후에도 텔레비전과 캘리포니아 페블 비치에서 개최되는 빙 크로스비배(杯) 프로-아마추어 골프 토너먼트를 통해 모습을 드러내며 여전히 대중들의 큰 관심을 받았다. 밀리언셀러를 기록한 크로스비의 수많은 음반들 중에서도 가장 인기 있었던 음반은 첫 번째가 '고요한 밤', 두 번째가 '화이트 크리스마스'였다. 이 두 곡이 발표된 해에는 전 세계 어디를 가나 라디오, 축음기, 혹은 주크박스를 통해 빙 크로스비의 목소리를 들을 수 있었다.

빙 크로스비는 1903년 5월 2일, 워싱턴 타코마에서 여섯 형제 중 넷째로 태어났다. 그의 아버지 해리 로우 크로스비는 맥주 양조장에서 회계원으로 일하면서 아내 케이트 해리건과 자녀들을 부양했으며, 이 집안의 막내 아들 밥 크로스비 또한 훗날 유명한 가수이자 밴드리더로 성장했다.

크로스비에게 '빙'이라는 별명이 붙은 것은 그가 일곱, 혹은 여덟 살 때였는데, '빙빌 버글(The Bingville Bugle)'이라는 연재 만화를 몹시 좋아했던 그를 처음에는 사람들이 '빙-오(Bing-o)'라고 부르다가 시간이 지나면서 '오'를 빼고 그냥 '빙'으로 부르게 되었다고 한다.

빙 크로스비는 스포캔의 곤자가 대학교에서 법학을 전공하며 현지 로펌의 아르바이트생이 되기도 했지만, 엔터테인먼트의 세계에 마음을 빼앗긴 후로 법학도의 길은 포기하기로 결정한다.

1925년, 빙 크로스비는 한 밴드에서 피아노를 맡고 있던 알 링커와 함께 스포캔을 떠나, 알 링커의 여동생 밀드레드 베일리가 이미 유명한 가수로 활동하고 있던 로스앤젤레스로 향했다. 그렇게 결성된 '투 보이스 앤드 어 피아노'는 서부 해안을 따라 공연을 이어나가다 1927년, 폴 화이트만의 눈에 띄게 되고 폴 화이트만은 그들을 자신의 밴드에 영입한다. 그러나 빙 크로스비의 자유분방함은 폴 화이트만과 잘 맞지 않았고, 결국 진지하지 않다는 이유 때문에 밴드에서 쫓겨나고 만다. 당시 트리오로 활동하던 다른 멤버 하나도 빙 크로스비와 함께 밴드를 그만두었는데 이들은 의기투합하여 로스앤젤레스의 몽마르뜨 카페와 코코넛 그로브에서 음악활동을 이어나갔다.

당시 빙 크로스비는 몽마르뜨 카페에서 "딕시 리"라는 예명으로 활동하던, 떠오르는 영화계의 샛별 윌마 위니프레드 와이어트를 만났다. 1930년 9월 29일 부부의 연을 맺은 빙 크로스비와 윌마 위니프레드 와이어트는 슬하에 아들을 넷 뒀는데, 이들은 후에 모두 전문 엔터테이너로 성장했다.

이로부터 얼마 지나지 않아, 빙 크로스비의 형제 에버렛 크로스비는 빙 크로스비가 부른 '아이 서랜더, 디어'의 녹음본을 당시 CBS 국장이었던 윌리엄 S. 페일리에게 보냈고, 이후 전파를 탄 빙 크로스비의 목소리는 뉴욕을 시작으로 돌풍을 일으킨다.

빙 크로스비가 그토록 빠른 속도로 성공할 수 있었던 것은, 중독성 강한 그의 창법이 1930년대의 십대들뿐만 아니라 그들의 부모세대까지 모두 무아

지경에 빠트렸기 때문이다.

그러나 그의 명성이 움트기 시작한 것은 단지 능수능란한 노래 실력 때문만은 아니었다. 크로스비를 향한 대중들의 관심은 그를 거의 하나의 국가 기관급으로 만들 만큼 대단했다.

몇몇 역사학자들이 주장하는 바에 따르면, 빙 크로스비가 대공황기에 폭넓은 인기를 누릴 수 있었던 것은 그가 "걱정하지 않아도 된다(don't worry)"는 메시지를 담은 노래들을 꾸준히 부른 덕분이었다. 그는 짝사랑의 절절함 같은 감성이 담긴 노래들에 집중하는 대신, 빈곤에 시달리며 당장 내일을 걱정하던 대공황 세대들에게 큰돈 들이지 않고 누릴 수 있는 따사로운 햇살이자, 뜻밖에 찾아온 행운 같은 순간을 선사했다.

1944년, 빙 크로스비는 영화 '나의 길을 가련다'에서 맡은 사제 역으로 오스

카 연기상을 받았다. 이 밖에도 빙 크로스비가 출연한 50여 편의 영화들 중 대중들의 사랑을 가장 많이 받았던 작품은 '로드 인 싱가포르', '로드 인 잔지바르' 등, 밥 호프와 도로시 라무어가 함께 출연한 "로드" 코미디 시리즈들이었다.

빙 크로스비의 연기 스타일은 편안하고, 잔잔한 동시에 무척이나 매력적인 그의 성격을 고스란히 드러내고 있었다. 그가 진중한 역할을 맡는 일은 거의 없었다. 한 인터뷰에서 그는 스크루지 역을 거절한 이유에 대해 이렇게 이야기했다. "내가 연기하는 스크루지는 단 1분도 그럴 듯하게 보이지 않을 겁니다. 내가 성격 좋은 게으름뱅이라는 건 세상이 다 아는 걸요."

태평스럽게 던지는 농담과 터무니없이 커다란 스포츠 셔츠는 빙 크로스비의 트레이드마크였다. 하지만 무대 위에서나 아래서나 느긋했던 이 남자에게도 어려움과 괴로움이 있었다. 그의 부인 딕시 리 크로스비는 결혼한 지 22년째 되는 해였던 1952년에 사망했다. 둘의 결혼생활은 꽤 우여곡절이 많았는데, 빙 크로스비의 권위적이고 엄격한 훈육으로 네 아들들이 다소 거친 사춘기를 보낸 것도 불행의 한 요인이었다.

1957년, 53세였던 빙 크로스비는 당시 23살이었던 텍사스 출신 배우 캐서린 그랜트와 재혼했다. 둘은 슬하에 아들 둘과 딸 하나를 두었고 이 가족은 크리스마스 시즌이면 특별 편성된 방송 및 광고에 종종 모습을 드러내곤 했다.

빙 크로스비는 엔터테인먼트 활동으로 벌어들인 수익금의 대부분을 현명한 투자를 통해 증식시키기도 했다. 이를테면 그가 사들인 경주마들은 속도가 느린 것으로 유명했지만 시나리오 작가들이 그것을 우스꽝스러운 연출의 소재로 사용하면서 오히려 더 큰 수익을 거둬들일 수 있었다.

또한 절친했던 친구 밥 호프와 함께 한 골프 시범경기에서는 장난스럽게 서로를 헐뜯는 모습으로 관중들을 웃게 만들며 수천 달러의 자선 기금을 모금하기도 했다. 말년의 빙 크로스비는 비교적 순탄하게 부유한 삶을 즐겼다. 취미로 골프와 낚시, 그리고 사냥을 즐겼으며 가족들과 아프리카로 사파리 여행을 떠난 적도 있었다. 그리고 작년 11월, 빙 크로스비와 그의 가족들은 CBS 방송국의 '화이트 크리스마스 스페셜'에 출연한 바 있다.

그런데 지난 3월 3일에는 캘리포니아 패서디나의 한 극장에서 특별 프로그램을 촬영하던 빙 크로스비가 무대 위에서 6m 아래의 오케스트라석으로 떨어지며 허리디스크가 파열되는 아찔한 순간도 있었다. 관중들의 열렬한 박수갈채에 답례하던 그가 발을 헛디뎠던 것이다. 이후 한 달 넘게 병원 신세를 지며 힘든 시간을 보내야 했으나 그는 추락사고의 후유증을 무릅쓰고 영국 투어에 나서 콘서트를 성공리에 마치는 열정을 보였었다.

존 레논

1940년 10월 9일~1980년 12월 8일

레스 레드베터 기자

4인조 그룹 비틀즈의 멤버 존 레논이 지난밤 자신이 거주하던 맨해튼 어퍼웨스트사이드의 다코타 아파트 빌딩에 들어가던 중 총에 맞아 숨졌다. 용의자는 현장에서 검거되었다. 경찰은 40세의 레논이 리무진에서 내려 이곳 72번가 1번지에 위치한 다코타 아파트 입구로 들어서는 순간, 등 뒤에서 두 차례 총격을 당했다고 밝혔다. 용의자는 25세의 마크 데이비드 채프먼으로 밝혀졌는데, 하와이 출신인 그는 뉴욕에 약 1주일간 체류 중이었다고 한다. 레논의 부인 요코 오노도 현장에 함께 있었지만, 그녀는 다치지 않았다. 목격자들에 따르면 용의자는 존 레논을 쏜 뒤에도 도망치지 않고 총구를 바닥으로 향한 채 입구 주변을 계속 서성이며 도어맨과 언쟁을 벌였다고 한다. 경찰은 현장에서 38구경 권총 한 정을 입수했다고 밝혔다.

레논이 총에 맞은 직후, 수백 명의 사람들이 현장에 모이기 시작했고, 그중 일부는 울기도 했다. 레논은 루즈벨트 병원으로 옮겨져 사망 선고를 받았으며 군중들은 이내 병원 주변으로 몰려들기 시작했다. 오노 요코를 병원까지 태우고 간 앤서니 팔마 경관은 그녀가 "극심한 히스테리 상태"였으며, "이게 사실이 아니라고 말해주세요"라며 흐느꼈다고 전했다.

레논의 프로듀서 잭 더글라스는 어제 초저녁부터 레논 부부와 함께 미드타운 스튜디오에 있었는데, 밤 10시 30분경 레논이 뭔가 좀 먹고 집에 들어갈 것이라며 스튜디오를 나섰다고 증언했다.

20구역의 존 쉬크 부서장은 총기를 소지한 이 남성이 레논 부부가 자신을 지나쳐 건물 입구 통로에 들어서는 것을 지켜보다가 "레논 씨"라고 부르고는 총을 꺼내 쏘기 시작했다고 말했다. 레논은 마지막 힘을 다해 계단 여섯 칸을 올라 벽감 속으로 몸을 숨겼으나 이내 쓰러지고 말았다.

다코타 아파트의 직원들은 용의자를 닮은 사람이 어제 아침에도 찾아와 레논에게 사인을 받았다고 증언했다.

한 행인은 부상당한 존 레논이 경찰차 뒷좌석에 태워지는 것을 보았다고 했다. 그가 말하길, 용의자는 다른 경찰차로 연행되었고, 떠날 때 히죽거리는 표정이었다고 한다.

레논은 1969년 비틀즈의 마지막 앨범 '애비로드'를 발표했으며 1970년, 비틀즈가 해체된 뒤에도 계속해서 곡을 쓰고 레코딩 작업을 했으나 1975년, 아들 숀, 그리고 아내와 함께 지내고 싶다며 음악계를 떠났었다.

존 레논은 1940년 10월 9일, 영국 북부의 산업 항구도시 리버풀에서 태어났다. 항만 짐꾼이었던 친부는 존이 3살 때 가족을 내팽개치고 떠나버렸다. 훗날 존 레논은 스타덤에 오른 자신 앞에 나타난 친부를 문전박대했고 이에 대해 다음과 같이 말한 적이 있다. "저는 아버지한테 빚이 있다고 생각하지 않아요. 아버지는 저를 도와준 적이 없고, 저는 스스로의 힘으로 여기까지 왔어요."

레논은 리버풀에서 중고등학교를 다녔고, 이후 리버풀 예술대학에 진학하여 동급생이었던 신시아 파월과 결혼했다. 이 부부는 슬하에 줄리안이라는 아들이 두었지만 결국 이혼하고 만다. 그리고 레논은 1969년, 일본계 미국인 예술가 오노 요코와 재혼했는데, 당시 오노는 혼전 임신 중이었다.

비틀즈의 해체 이후, 존 레논과 오노 요코는 뉴욕에서 몇 년 동안 은둔하며 살았다. 이 부부가 다시 신문 1면에 언급된 것은 국외 추방과 관련된 골치 아픈 청문회 때문이었다. 미국 정부는 영국 국적의 존 레논이 1968년 영국에서 받은 약물 관련 유죄선고를 빌미로 그가 미 영주권을 받을 자격이 없다고 주장했고, 이후 공방이 이어졌으나 결국 레논은 미국에 계속 머무를 수 있다는 허가를 받아냈다.

혁명의 시대였던 1960년대에 비틀즈의 음악은 베트남 전쟁만큼이나 중요한 당대의 산물이었다. 사람들은 시위에 나서며 비틀즈의 노래를 불렀고, 비틀즈 멤버들의 스타일을 흉내 낸 장발족들이 생겨났다.

존 록웰 기자

비틀즈는 의심의 여지없이 가장 인기 있고, 가장 영향력 높은 록 그룹이었다. 그중에서도 존 레논은 가장 열정적인, 그리고 아마도 가장 재능 있는 멤버였다.

1964년 비틀즈가 에드 설리번 쇼에 출연하기 위해 처음 미국에 도착했을 때, 어리둥절해진 기성세대들은 비틀즈 멤버들을 구분하는 것조차 어려워했다. 그들의 눈에는 4명의 멤버가 모두 비슷한 회색 정장을 입고 머리에 대걸레를 뒤집어 쓴 마네킹처럼 보였던 것이다. 그러나 기성세대들의 관심을 사로잡은 것은 비틀즈의 노래가 엘비스 프레슬리와 프랭크 시나트라 시대 이후 10대들이 더 이상 호응하지 않았던 방식으로 젊은 날의 사랑을 다시 기념했다는 점이었다. '아이 원 투 홀드 우어 핸드'가 그 전형이었다.

그로부터 얼마 지나지 않아 비틀즈는 당대를 정의하는 상징적인 밴드가 되기 시작했고, 그에 따라 밴드 내에서 존 레논과 폴 맥카트니의 창조적인 음악성이 차지하는 비중도 점점 두드러졌다. 링고 스타는 꼭 껴안고 싶을 만큼 귀여운 사람이었고, 조지 해리슨은 유려하게 리드 기타를 연주하면서 비틀즈의 에너지가 동양의 신비주의로 향하는 데 일조했지만, 역시 핵심은 대부분의 노래들을 작곡하고 리드보컬을 번갈아가며 맡았던 레논과 맥카트니였다.

처음에 두 사람은 가사와 멜로디를 공유하면서 서로 긴밀하게 공동작업을 했지만 나중에는 각자 작곡하는 일이 많아졌다. 그러나 각자 작업한 노래들도 저작권 문제와 서로에 대한 의리를 지킨다는 이유로 여전히 두 사람의 공동작으로 발표되곤 했다.

레논과 맥카트니의 협업은 고전적인 상호보완 방식을 보여준다. 명랑하고 밝은 성격의 맥카트니는 경쾌한 발라드와 쾌활한 사랑 노래를 담당했고, 좀 더 냉정하고 거센 성격이었던 레논은 심오하고 록적인 분노와 잠재적인 영광에 대한 복합적인 감성을 노래로 표현했다. 존 레논이야말로 4명의 비틀즈 멤버들 중 진정한 로커였다고 평가할 만하다.

비틀즈의 성공은 단순히 사회학적인 측면에서만 살펴보아도 팝뮤직 역사상 전무후무한 하나의 현상이었다. 더불어 비틀즈는 거의 단독의 힘으로 순전한 엔터테인먼트였던 록앤롤을 예술적인 자의식을 갖춘 락적인 장르로 탈바꿈시킨 장본인이기도 했다. 특히 사이키델릭한 경험의 영향력을 탐구하려는 열렬한 의지를 가지고 있던 존 레논은 그 어떤 멤버들보다 더 변혁을 추구했다.

그런데 1970년대에 존 레논이 빠졌던 딜레마를 고착화시킨 것은 역설적이게도, 초기 비틀즈의 록앤롤이 뿜어내던 거친 에너지로부터 스스로를 멀어지게 만든 "진화", 그 자체였다. 존 레논은 비틀즈가 1962년 함부르크의 지하 저장고 나이트클럽에서 연주하던 시절 이후로 그보다 더 나은, 그보다 더 강렬한 음악을 만든 적이 없다며 한탄한 적이 있다고 한다. 1970년대 내내 존 레논은 청춘의 힘을 되찾고, 그 힘을 자신의 성년기와 조화시킬 방법을 찾으려고 노력했지만, 거기에는 극심한 어려움이 있었다.

레논의 충동과 맥카트니의 부드러움 사이의 자양분은 1970년 비틀즈 해체 이후 오히려 그 존재감이 점점 강해지는 듯했다. 역설적이게도, 결별한 뒤에야 그동안 두 사람이 서로 어떤 영향을 주고받았는지 명확해졌기 때문이다. 해체 이후 존 레논이 발표한 솔로 앨범들(특히 '이매진')은 때때로 진실한 감동을 안겨주기도 했으나 부인 오노 요코는 존을 자꾸 전위적인 방향으로 부추겼고, 그로 인해 존은 제멋대로 울부짖는 스타일로 너무 빈번하게 퇴보하곤 했다. 맥카트니 또한 존 레논이라는 강력한 구심점을 잃은 채 가볍고 허황된 스타일의 팝 속으로 표류해 갔다.

비틀즈가 결성되기 전부터도, 아니 일생에 걸쳐, 레논은 구원을 찾는 사람처럼 보였다. 그리고 그에게는 록 음악 그 자체가 구원으로 가는 처음이자, 아마도 궁극적인 길이었다. 따라서 존 레논은 그 누구도 보여준 적이 없는 열정과 강렬함으로 록을 마스터하고 전파했으며, 더불어 1960년대에는 그 열정에 기분 좋은 재치를 가미하여 이 장르에 변화를 불러오기도 했다.

그러나 비틀즈가 점점 더 경이로운 존재로 추앙받을수록 구원을 향한 존 레논의 탐구는 점점 더 방해받기 시작했다. 또한 정치, 종교, 그리고 자아로 탐구의 범위를 확장하는 동안 존 레논은 예전만큼 자기만의 음악에 집중하지 못한 채, 공허한 불평만을 쏟아내게 된다. 침대 위의 농성, 누드 앨범 표지, 그리고 세상을 향한 감정폭발 요법 같은 사이키델릭한 모험들로는 록이 한때 채웠던 자신 안의 빈 공간을 대신 채울 수 없었다.

1970년대 중반 이후, 존 레논은 거의 완전히 자기 안으로, 그리고 아들 션을 키우는 데 빠져버렸다. 존과 오노의 공동작업으로 최근 발매한 앨범 '더블 판타지'는 가정적 내향성에서 벗어난 것이 아니라 그 확장에 가까웠다. 이 앨범에 수록된 존의 노래들은 상업적으로 성공하기는 했지만, 청년기의 표현 양식을 지겨울 정도로 재활용한 대표적인 사례였다. 그 노래들은 진실되기는 했지만 지향점이 없었고, 록 음악과 전혀 어울리지 않는 가정적 행복에 지나치게 집착하는 경향이 있었다.

그러나 이 같은 실패 속에서도 존 레논은 동시대를 위한 대변인으로 여전히 남아있었다. 개인적으로 칩거하는 중에도, 그는 기쁨에 찬 자기주장, 그리고 고통스러운 저항을 펼치던 예전과 마찬가지로 변함없이 진실된 사람이었다.

베니 굿맨

1909년 5월 30일~1986년 6월 13일

존 S. 윌슨 기자

클라리넷 연주로 1930년대 음악 팬들을 빅 밴드 시대로 이끌었던 스윙의 제왕 베니 굿맨이 어제 맨해튼 아파트 자택에서 사망했다. 사인은 심장마비로 전해지고 있다. 77세를 일기로 별세한 그는 큰 키에 둥글고 불그스레한 뺨, 그리고 뿔테 안경을 쓴 모습으로 재즈를 카네기홀로 불러들인 장본인이었으며, '스위트 조지아 브라운'과 '스톰핑 앳 더 사보이' 같은 연주곡으로 수백만 명의 마음을 사로잡았던 밴드리더였다.

비브라폰 연주자 라이오넬 햄프턴은 굿맨을 1930년대 주류 음악계 인사로는 최초로 흑인 뮤지션과 백인 뮤지션을 한 무대에 올린 사람으로 기억하면서 다음과 같이 덧붙였다.

"베니 굿맨이 한 가장 중요한 일은, 테디 윌슨과 저를 4중주단에 함께 넣은 거예요. 그건 아주 짧은 순간 이루어진 통합이었죠."

1935년 8월 21일 밤, 할리우드 팔로마 대연회장 공연은 굿맨이 스윙의 제왕으로 등극하는 순간이었다. 그 후 몇 년 동안 굿맨은 나이트클럽으로, 극장으로 구름 관객을 몰고 다녔으며, 전 세계를 투어하면서 해리 제임스, 진 쿠르파, 햄프턴, 그리고 윌슨 같은 밴드리더들이 커나갈 기반이 된 밴드를 구축해 나갔다.

그러나 1935년 여름, 겨우 1년 전에 결성한 14-피스 밴드를 이끌고 팔로마에 도착했을 때는 그 누구도 성공을 장담할 수 없었다. 굿맨은 당시를 이렇게 회상했다. "우리가 캘리포니아에서 할 일을 마치고 뉴욕으로 돌아오는 기차를 는 탈 수만 있어도 다행이다 생각했어요. 나는 그냥 다시 클라리넷 연주자로 살아가면 그만이었죠."

팔로마에서의 그날 밤, 굿맨은 '슈가 풋 스톰프', '블루 스카이스', '썸타임스 아임 해피', '킹 포터 스톰프' 등 플레처 헨더슨의 편곡 중 자신이 가장 선호하는 곡들을 선보였다. 그가 트럼펫에 버니 베리건, 피아노에 제스 스테이시, 그리고 드럼에 쿠르파 같은 재즈 전문가를 영입한 것은 바로 그 순간을 위한 것이었다.

굿맨이 '슈가 풋 스톰프'의 리듬 템포를 연주하기 시작하자, 밴드 전체가 헨더슨의 편곡 속으로 녹아들기 시작했다. 그리고 베리건이 일어나 트럼펫 솔로 파트를 특유의 따닥거리는 톤으로 연주하기 시작했는데, 결과는 대성공이었다. 청중들은 함성을 터뜨렸고 연주대 주변으로 물밀듯이 다가왔다. "그 함성 소리는 제가 살면서 들은 가장 감미로운 소리였어요." 훗날 굿맨은 이렇게 기억했다.

이때 터진 청중들의 함성 소리는 1940년대 중반까지 이어진 스윙 시대 내내, 그리고 이후 1960년대에 자신의 밴드를 이끌고 소련을 투어할 때도 굿맨을 계속 따라다녔다. 특히 1937년 3월, 뉴욕의 파라마운트 극장에서 열린 연주회의 함성은 대단했다. 수많은 십대들이 굿맨의 모닝쇼에 입장하기 위해 극장을 에워싸며 긴 줄을 섰고, 그날 극장 안을 가득 채웠던 인파는 무려 21,000명 이상이었다. 1938년 1월, 새하얀 나비넥타이에 연미복을 입고 케네기홀에 등장한 굿맨이 그의 오케스트라를 이끌었을 때도 같은 함성이 쏟아졌다. 이날의 공연은 카네기홀에서 열린 최초의 재즈 콘서트라는 기록을 남기기도 했다.

굿맨이 자신의 이름을 내건 오케스트라단을 조직하기 전에도 이미 다른 빅 밴드들이 스윙 댄스 음악을 연주하고 있었다. 1920년대 중반 헨더슨이 이끌었던 획기적인 흑인 재즈 밴드의 영향력은 이후 듀크 엘링턴, 얼 하인즈, 그리고 지미 런스퍼드의 등장으로 이어졌는데, 이들은 모두 흑인이었다.

굿맨의 밴드가 등장한 것은 대중들의 귀가 이 초창기 밴드들의 음악에 이미 익숙해진 시점이었고, 재즈와 컨템포러리 팝을 혼합한 굿맨의 음악은 '재즈'와 '팝'을 단번에 동의어로 만들 만큼 대중들의 요구를 성공적으로 만족시켰다. 또한 굿맨의 밴드는 즉흥연주의 자유로움과 전체적인 조화를 위한 절제력이 잘 혼합된 연주를 선보이기도 했는데, 절제력은 멤버들에게뿐만 아니라 굿맨이 스스로에게도 요구했던 규율이었다.

"굿맨과 함께라면 곧 완벽해질 겁니다." 피아니스트 제스 스테이시는 말했다. "베니는 침대 위에서 그 망할 클라리넷과 함께 죽을 거라고 생각해요."

청중들은 더 느슨하고, 재즈의 향취가 한층 더 깊은 헨더슨 밴드의 연주보다, 더 조여지고 템포 감각이 살아있는 굿맨의 공연을 더 흥미진진하게 받아들였다. "베니는 템포에 신경을 많이 썼어요. 한 번은 가이 롬바르도가 연주하고 있던 루즈벨트 그릴에 우연히 들렀던 것이 기억나요. 베니는 저에게 '지금 롬바르도가 어떤 상태인지 당신도 알고 있을 거야'라고 말했죠. 굿맨이 저를 놀린다고 생각했지만, 아니었어요. '당신도 그의 비밀을 알잖아'라고 베니는 말했죠. '지금 그는 단 한 번도 템포를 틀리지 않고 노래 한 곡을 마쳤어.'" 굿맨의 출연계약 담당자였던 윌라드 알렉산더는 이렇게 회상하기도 했다.

굿맨은 1909년 5월 30일, 시카고에

서 이민자 출신 재단사의 12자녀 중 한 명으로 태어났다. 그는 10살 때, 음악수업을 제공하던 지역 유대교 회당에서 클라리넷을 빌려 처음 연주를 배우기 시작했으며, 14살부터는 이웃 동네의 한 밴드에서 주급 48달러를 받으며 일주일에 4일간 야간 연주를 했다. 여전히 반바지 차림의 어린 시절이었던 1920년대, 이제 막 시카고로 흘러 들어온 재즈 선율에 마음을 빼앗긴 10대 재즈 음악가 패거리들 중에 굿맨도 한 자리 차지하고 있었던 것이다.

한편, 뉴올리언스 리듬 킹즈의 클라리넷 주자였던 레온 로폴로는 연주할 때 등을 의자에 너무 깊숙이 기대어서 마치 누워서 연주하는 것처럼 보였는데, 굿맨은 그런 로폴로의 스타일과 자세에 영향을 많이 받았다. 이후 리듬 킹즈의 드러머 벤 폴락이 캘리포니아에서 자신의 이름을 내건 새로운 밴드를 결성하고자 했을 때, 그는 급하게 시카고를 다시 방문할 수밖에 없었다. 바로 "반바지를 입고 로폴로처럼 누워서 연주하는 아이"를 영입하기 위해서였다.

1926년, 16살의 굿맨은 그렇게 캘리포니아 베니스로 건너가 폴락 밴드에 참여했고, 이 밴드에 있던 4년 동안 글렌 밀러, 잭 티가든, 버드 프리먼, 지미 맥파트랜드, 그리고 친형 해리와 함께 활동했다.

1929년 가을, 굿맨은 폴락 밴드를 떠나 라디오 방송국과 음반사에서 프리랜서로 일하기 시작했다. 1933년에는 젊은 재즈 애호가이자 재즈 활동가 존 해먼드를 만났는데, 존의 통찰력과 에너지는 굿맨뿐만 아니라 빌리 홀리데이와 카운트 베이시의 커리어에도 지대한 영향을 끼쳤다. 당시 해먼드는 영국 발매용 재즈 음반들을 제작해달라는 의뢰를 받은 상태였고 굿맨에게 이 프로젝트를 위한 밴드를 이끌어 달라고 요청했다. 이에 굿맨은 몇몇 프리랜서 친구들을 모아 그룹을 결성했고, 이후 해먼드가 쿠르파와 티가든을 영입함으로써 멤버가 보강됐다.

이때 '베니 굿맨과 그의 오케스트라'라는 타이틀로 발매된 음반들은 하나의 씨앗이 되어 1934년, 빌리 로즈가 '뮤직 홀'이라는 새로운 클럽의 문을 열며 밴드 오디션을 벌일 때 굿맨이 활약할 수 있는 기반이 된다. 오디션 소식을 들은 굿맨은 해먼드의 도움으로 모든 멤버가 솔로이스트이기도 한 소규모 실력파 밴드를 꾸렸는데, 여기에는 이 밴드의 초창기 영광을 함께했고 그 이후로도 계속 굿맨 곁에 머문 3명의 뮤지션, 즉 트롬본 연주자 레드 밸러드, 색소폰 연주자 아서 롤리니, 그리고 알토 색소폰 연주자 하이미 셰르처도 있었다.

이 밴드는 해체되기 전까지 라틴 음악을 "달콤한" 음악과 "강렬한" 음악으로 나누어 경합하는 새로운 형식의 라디오 프로그램 오디션에 참가하여 '강렬한' 쪽에서 경합을 벌이기도 했다.

이 프로그램에서 연주하는 26주 동안, 굿맨에게는 매주 8곡의 편곡을 각각 37.5달러에 의뢰할 수 있는 예산이 주어졌는데, 이때 에드거 샘손의 편곡으로 탄생한 '스톰핑 앳 더 사보이'는 이후 굿맨의 고전적인 레퍼토리가 되었고, 고든 젠킨스가 편곡한 '굿바이'는 공연의 마무리 테마곡으로 활용됐다. 더불어 굿맨의 오프닝 시그니처인 '렛츠 댄스'는 조지 베이스맨이 작곡한 '인비테이션 투 더 댄스'를 마리아 폰 베버가 "강렬한" 느낌으로 재편곡한 곡이었다.

그러나 굿맨의 가장 중요한 편곡 콜렉션들은 대부분 헨더슨에게서 나왔다. 1934년, 핸더슨이 11년 동안 이끌어 왔던 빅 밴드를 포기하고 굿맨을 위해 편곡한 '킹 포터 스톰프'와 '빅 존 스페셜'은 이후 '킬러-딜러스(경이적인 사람들)'라고 알려지게 된 모음곡집의 기초가 되었으며, 굿맨 밴드 특유의 선율이 살아있는 스윙 스타일의 팝송들도 역시 핸더슨의 편곡으로 탄생됐다.

"핸더슨 플래처의 아이디어는 당시 다른 어떤 이의 아이디어보다 훨씬 앞서 있었어요." 굿맨은 말했다. "핸더슨이 없었더라도 나는 꽤 괜찮은 밴드를 가질 수 있었을 거예요. 그러나 지금의 밴드와는 상당히 다른 밴드였을 것 같아요."

라디오 프로그램이 종영된 뒤, 굿맨의 밴드는 가이 롬바르도를 대신하여 여름 한철 루즈벨트 그릴에서 공연을 하게 된다. 그러나 이 공연은 2주밖에 이어지지 못했고, 이후 연이은 좌절을 맛보게 된다. 그들이 서부로 눈을 돌려 캘리포니아의 팔로마 대연회장에서 대성공을 거두기 전까지는 말이다.

굿맨은 팔로마에서 두 달 동안 머문 뒤, 시카고로 이동하여 콩그레스 호텔의 조셉 어반 룸에서 최초로 '스윙' 밴드라는 이름을 내건 공연을 선보이기 위해 6개월이라는 시간을 보낸다. 그리고 1935년 12월, 드디어 굿맨의 팬들은 조셉 어반 룸에서 열린, 아마도 최초의 재즈 콘서트를 보기 위해 몰려들었다. 청중들의 반응은 너무도 뜨거웠고, 굿맨은 1936년 부활 주일에 또 한 번의 콘서트를 열기 위해 뉴욕에 있던 피아니스트 윌슨을 시카고로 불러들였다.

그로부터 약 1년 전쯤 굿맨은 칼 벨링거의 드럼 반주에 맞춰 윌슨과 잼 공연을 했었는데, 이는 굿맨이 웨스트코스트로 떠나기 직전 윌슨, 쿠르파와 함께 트리오를 구성하여 몇몇 곡을 레코딩하는 계기가 된다. 시카고 콘서트는 바로 그때 구성된 트리오가 대중 앞에 첫 선을 보인 무대였고, 대성공에 고무된 굿맨은 윌슨의 피아노 독주와 트리오 연주를 콘서트의 정규 프로그램으로 계속 선보일 결심을 한다.

그렇게 윌슨을 공연단의 일원으로 영입함으로써 굿맨은 백인은 백인끼리, 흑인은 흑인끼리 밴드를 구성하던 인종장벽의 관습을 깨버렸다. 또한 몇 개월 뒤, 자신의 첫 번째 영화 '1937년의 빅 브로드캐스트' 촬영을 위해 할리우드에 머물던 굿맨은 햄프턴이 파라다이스 카페에서 밴드를 이끌고 있다는 것을 듣고 햄프턴을 찾아가 그의 비브라폰 연주가 자신의 공연에 꼭 필요하다고 설득하여 트리오를 쿼텟(4중주단)으로 확장했다. 이로써 멤버의 50%가 흑인인 4중주단이 탄생된다.

굿맨이 일으킨 재즈 선풍의 중심지는 누가 뭐래도 그의 밴드가 매년 수개월 동안 머무는 뉴욕의 펜실베니아 호텔이었는데, 이곳에서 처음으로 아들이 이끄는 밴드의 연주를 들은 굿맨의 어머니는 놀라워하며 다음과 같이 물었다고 한다. “그 애가 이렇게 해서 먹고 사는 건가요?”

1941년, 굿맨은 앨리스 덕워스와 결혼했다. 앨리스는 1979년에 사망했으며, 굿맨의 유족으로는 2명의 딸, 4명의 형제, 2명의 누이, 그리고 3명의 의붓딸이 있다.

굿맨이 엘링턴 밴드의 인기 높은 트럼펫 주자 쿠티 윌리엄스를 꾀어내서 밴드를 재구성한 것은 1940년이었다. 이때 굿맨의 곁에는 18세의 탁월한 피아니스트 멜 포웰을 비롯해 찰리 크리스천, 데이브 터프, 빌리 버터필드, 루 마카리티, 그리고 조지 올드 같은 베테랑들이 있었다. 굿맨의 수많은 팬들은 이때의 멤버 구성이 그가 이끈 최고의 밴드였다고 평가한다.

굿맨은 1950년까지 계속 빅 밴드를 이끌었고, 50년대, 60년대, 그리고 70년대에도 상황에 맞게 소규모 그룹, 혹은 빅 밴드들을 구성하여 꾸준히 콘서트와 투어 공연에 나섰다.

어빙 벌린

1888년 5월 11일~1989년 9월 22일

마릴린 버거 기자

‘칙 투 칙’, ‘화이트 크리스마스’와 같은 노래들로 미국 사회에 스며들었던 러시아 태생의 음악가 어빙 벌린이 어제 맨해튼의 자택에서 사망했다. 이 자택은 어빙 벌린이 작곡한 1,500여 곡들 중 초기 작품들을 작곡하던 시절 거주했었던 로어 이스트 사이드에서 얼마 멀지 않은 곳이었다. 향년 101세.

그의 사위 앨턴 E. 피터스는 벌린이 빅맨 플레이스에 있는 타운하우스 자택에서 수면 중 사망했다고 공식 발표했다.

20세기 미국에서 연주된 대부분 노래와 춤곡은 어빙 벌린이 만든 곡의 분위기와 템포를 기준으로 했다고 해도 과언이 아니다. 30세에 이미 전설이 된 그는 19개의 브로드웨이 쇼와 18편의 할리우드 영화를 위한 음악 작업도 도맡았었다.

악보를 읽거나 쓰는 법을 배운 적 없는 이 음악계의 거인이 자신의 첫 대히트곡 ‘알렉산더스 래그타임 밴드’를 작곡한 것은 1911년이었다. “이 한 곡으로 인해 어빙 벌린의 커리어와 미국 음악계는 영원히 엮이게 되었습니다.” 1988년 5월에 있었던 벌린의 100세 생일 축하연에서 아이작 스턴은 이렇게 말했다. 그리고 다음과 같이 덧붙였다. “미국

음악은 그의 피아노에서 태어났습니다."

미국음악저작권협회(ASCAP)가 벌린의 마지막 노래로 공식 기록한 '구식 결혼'은 그가 1966년, 뮤지컬 '애니여, 총을 잡아라'의 재공연을 위해 작곡한 명곡이었다.

그는 55년 동안 '칙 투 칙'과 '화이트 크리스마스' 외에도 '올웨이즈', '리멤버', '블루 스카이스', '최신 유행으로 멋지게 차려입고(푸틴 온 더 리츠)', '예쁜 소녀는 멜로디 같네', '나는 어쩌지?', '바다는 얼마나 깊은가', '이스터 퍼레이드', '하느님이 미국을 축복하시길(갓 블레스 아메리카)', '히트 웨이브', '렛츠 페이스 더 뮤직 앤드 댄스', '디스 이스 더 아미, 미스터 존스', '오, 나는 아침에 일어나는 게 정말 싫어', '나는 그의 품속에서 길을 잃었네', '내가 결혼한 소녀', 그리고 '쇼처럼 즐거운 인생은 없다' 등 수많은 곡들을 쏟아냈다.

어빙 벌린은 세상에 존재하는 선율은 오직 6가지뿐이라고 자주 이야기하곤 했다. 그러나 그는 그 6가지 선율만으로 자신의 작품목록을 장식하는 1,500여 곡의 명곡들을 빚어냈다. 더구나 작곡뿐만 아니라 작사까지 도맡았던 그가 어딘가에 보관해 두었을 미발표곡들이 얼마나 더 있을지 아직 아무도 모른다.

미국음악저작권협회에 따르면 벌린의 노래들 중 25곡이 차트 1위에 올랐다. 그리고 그의 노래들은 프랭크 시나트라, 바브라 스트라이샌드, 로즈마리 클루니, 그리고 다이애나 로스 같은 톱 스타들에 의해 거듭 레코딩되어 끊임없이 히트를 기록하고 있다. '화이트 크리스마스'는 미국음악저작권협회에 등록된 곡들 중에서 최다 공연 작품으로 남아있기도 하다.

작곡가 새미 칸은 벌린의 놀라운 업적에 대해 다음과 같이 말한 적이 있다. "어떤 사람이 50년을 살면서 듣자마자 누구의 곡인지 바로 알 수 있는 노래 6곡을 만들었다면 그는 뭔가를 이룬 것이죠. 그런데 어빙 벌린은 그런 노래를 60곡이나 썼어요. 누군가는 이렇게 말하기도 해요. 벌린에게 저작권료를 지불하지 않고는 휴가를 보낼 수조차 없다고 말이에요."

그의 말은 꽤나 정확한 듯싶다. 벌린의 노래 '화이트 크리스마스'와 '이스터 퍼레이드'는 휴가철의 상징과도 같은 곡이 되었기 때문이다.

어빙 벌린은 호리호리한 몸매에 검은빛 머리카락과 넓고 두드러진 눈썹, 그리고 생기 넘치는 눈으로 씨익 웃음 짓는 사람이었다. 음악에 대해서 배운 거라곤 F샵 키를 누르는 것 뿐이었지만 그가 피아노 앞에 앉으면 자연스럽게 선율이 흘러나왔고 편곡자들이 그가 들려준 선율에 화음을 덧붙이고 멜로디를 악보로 옮겨 적으면 그만이었다. 그렇게 완성된 노래들은 로맨틱하다가도 비극적이고, 거침없다가도 감상적이며, 소박하다가도 세련된 느낌으로 다가왔다.

또한 그의 음악은 자신의 태생지인 러시아의 구슬픈 곡조들('러시아 자장가')과 미국식 래그타임 리듬('알렉산더스 래그타임 밴드')을 떠올리게 하며, '올웨이즈'와 '리멤버'에서는 발라드의 로맨스가, '칙 투 칙'과 '렛츠 페이스 더 뮤직 앤드 댄스'에서는 춤의 로맨스가 들려온다.

벌린은 신생 국가였던 미국의 전쟁과 번영을 기념하는 노래들로 이 나라에 리듬을 싹틔웠고, 대공황기에는 춤으로 시름을 잊으며 고난을 헤쳐나갈 수 있는 힘을 불어넣었다. 1924년이 되자 그는 이미 전기의 주인공이 될 만큼 널리 알려진 사람이 되었는데, '어빙 벌린의 이야기'라는 책을 쓴 알렉산더 울컷은 학교 교육을 받지 않은 벌린의 천재적인 이미지를 "창의적인 무식쟁이"라고 표현하기도 했다.

벌린은 다음과 같이 말한 적이 있다. "저는 정말 악보를 못 읽습니다. 어떤 노래의 멜로디를 손가락 하나로 천천히 짚어내는 정도는 할 수 있지만, 화성법에는 까막눈이죠. 가끔은 이 업계의 매커니즘에 대해 너무 몰라서 스스로 끔찍한 멍청이가 된 것처럼 느껴지기도 합니다." 그는 F#밖에 연주하지 못하는 자신의 무능력을 극복하기 위해 음계를 바꾸는 핸드 클러치가 달린 특별히 제작된 피아노를 사용하기도 했다.

벌린은 1888년 5월 11일, 시베리아 국경 근처에 있는 튜멘의 러시아 마을에서 태어났다. 성가대의 선창자였던 아버지 모세와 어머니 레아 립킨 밸린의 여덟 자녀 중 한 명으로 태어난 그의 러시아식 이름은 이즈라엘 밸린이었다. 1893년, 그의 부친 모세 밸린은 제정 러시아의 집단학살을 피해 가족을 이끌고 뉴욕으로 건너와 로어 이스트 사이드의 체리 가에 정착했으며, 이후 아버지가 돌아가셨을 때 겨우 8살이었던 이즈라엘은 가족의 부양을 돕기 위해 거리에 나섰고 그렇게 그의 정규학교 교육은 끝을 맺었다.

당시 '이지(Izzy)'라고 불리던 그가 처음으로 찾은 안정적인 일자리는 바우워리 거리에서 노래로 구걸을 하던 타령꾼 블라인드 솔을 돕는 것이었다. 그는 블라인드 솔을 술집들 사이로 안내하면서 수입금을 관리하고, 아직 변성기가 지나지 않는 높은 음의 목소리로 감성적인 발라드를 직접 부르기도 했다.

이후 그는 바우워리 거리에 늘어선 술집들에서 노래로 팁을 받고, 유니언 스퀘어에 있는 토니 패스터의 뮤직 홀에서 노래를 홍보하면서 곧 혼자 힘으로 돈벌이를 할 수 있게 된다. 1906년 18살 때는 차이나타운에 있는 펠럼 카페에서 노래하는 웨이터로 일하기도 했는데, 밤에 카페 문을 닫으면 이 젊은이는 뒤편에 있던 피아노에 앉아서 음들을 짚어보곤 했다.

그로부터 1년이 채 지나지 않아, 벌린은 자신의 첫 노래 '마리 프롬 써니 이태리'를 발표했다. 그가 가사를 쓰고 닉 니콜슨이라는 친구가 작곡한 곡이었다. 당시 악보 표지에 있는 작사가의 이름이 인쇄업자의 실수 때문에 'I. 벌린'으로 잘못 표기되었는데, 그는 그 이름을 그냥 계속해서 사용했다.

음악작업을 시작한 초창기에 벌린의 언어 능력은 빈약했지만, 그는 단점을 장점으로 만들 줄 알았다. '나는 항상 당신을 사랑할 거예요 ... 단 한 시간만 / 단 하루만 / 단 1년만이 아니라 / 항상', 그리고 '내가 당신을 얼마나 사랑하냐고요? / 거짓말하지 않을게요 / 바다가 얼마나 깊은가요? / 하늘이 얼마나 높은가요?'와 같이 일상어로 된 그의 가사는 심플하면서도 직접적인 전달력이 있었다.

벌린은 다음과 같이 말한 적이 있다. "내 포부는 보통 사람들의 마음을 울리는 것입니다. 식자층이나 아예 교양이 없는 양극단의 사람들이 아니라, 이 나라의 진짜 영혼을 구성하고 있는 대다수의 중간층 사람들 말입니다. 식자층은 피상적이고 너무 많은 훈련을 받았으며, 지나치게 예민할 가능성이 높습니다. 교양 없는 사람들은 생각이 비뚤어져 있고 저능하죠. 내게 있어 대중이란 진실된 사람들만을 의미합니다."

벌린은 자기 자신의 슬픔을 노래에 담기도 했다. 1912년 그와 결혼한 도로시 고츠는 신혼여행지였던 쿠바 하바나에서 장티푸스에 감염되어 6개월 후 사망하고 만다. 이때의 비통함을 표현한 곡이 그의 첫 발라드곡 '내가 당신을 잃었을 때(웬 아이 로스트 유)'였고 이 노래는 발매 즉시 히트하며 1백만 장 이상 판매되었다.

벌린이 처음으로 전체 음악작업을 도맡았던 작품은 1914년 시사 풍자극 '앞을 조심해(와치 유어 스텝)'였다. 1916년에는 빅터 허버트와 '센츄리 걸'을 함께 작업했는데, 자신의 기술적 한계를 깨달은 벌린은 허버트에게 이제라도 정식으로 작곡을 공부하는 게 좋을지 자문을 구했고, 허버트는 다음과 같이 답했다. "이론을 배우면 조금은 도움이 될지 몰라요. 하지만 당신의 스타일을 방해할 수도 있어요."

한편 허버트는 미국음악저작권협회의 창립을 주도한 인물이었으며, 이에 뜻을 같이 한 벌린도 1914년 그와 함께 창립위원이 되어 작곡가와 작사가들의 저작권 수익금을 보호하는 일에 나섰다.

그러던 1917년, 군에 징집된 벌린은 롱아일랜드 예팽크에 있는 업튼 캠프에 배치되어 모든 군인들을 위한 시사 풍자극을 쓰라는 임무를 부여받는다. 이때 완성된 '옙, 옙, 예팽크'라는 쇼는 벌린이 직접 노래한 '오, 나는 아침에 일어나는 게 정말 싫어'라는 곡으로 가장 잘 기억되고 있으며, 이 곡은 이후 벌린의 제2차 세계대전 시사 풍자극 '디스 이스 더 아미'와 이를 각색하여 제작된 영화에서도 다시 사용되었다.

1920년대에 들어서 벌린은 자신의 발라드 곡보다 더 로맨틱한 사랑에 빠지게 된다. 로어 이스트 사이드에서 온 이민자 출신의 남자가 사회적으로 명망 높은 우편 전신 케이블 회사의 대표 클라렌스 헝거포드 멕케이의 딸과 교제한다는 소문은 좋은 기삿거리가 되어 연일 신문 지면을 크게 장식했다.

이 커플이 처음 만난 것은 1925년이었는데, 둘의 만남을 반대한 멕케이는 딸을 유럽으로 급히 보내버렸다. 그러나 벌린은 자신이 작곡한 '리멤버'와 '올웨이즈'라는 노래로 전파를 통해 엘린 멕케이에게 계속 구애했으며, 그녀가 뉴욕으로 돌아오자마자 결혼식을 올렸다.

그럼에도 멕케이는 딸과 의절하겠다고 계속 협박했었다. 타블로이드 신문에 실린 숨 가쁜 보도들에 의하면 벌린은 멕케이에게 다음과 같이 말했다고 한다. "저는 돈 때문에 따님을 원하는 것이 아닙니다. 만약 엘린에게서 상속권을 박탈하는 게 마땅하다고 생각하신다면, 저는 엘린에게 수백만 달러를 결혼 선물로 줘야겠네요."

결과적으로 벌린은 그보다 더 많은 돈을 그녀에게 주었다. 그녀에게 권리를 위임한 '올웨이즈'와 그 밖의 노래들이 벌어들이는 저작권 수익금이 계속 그녀의 몫이었기 때문이다. 1988년 7월 엘린 벌린이 85세의 나이로 사망할 때까지 갈라놓을 수 없었던 이 커플은 슬하에 4명의 자녀를 두었고, 그중 3명이 생존해 있다.

1920년대 중반, 벌린은 막스 형제가 출연한 조지 S. 코프만의 작품 '코코넛 대소동'에서 음악을 담당했다. 그리고 플로 지그필드의 시사풍자 연작을 위한 음악작업에도 나섰는데 1911년, 1919년, 1920년에 이어 1927년에 발표한 지그필드 폴리즈에서 작곡한 곡이 바로 '블루 스카이스'였다.

1932년 브로드웨이로 돌아온 이후에는 '렛츠 해브 어나더 컵 오브 커피'라는 곡으로 유명한 '페이스 더 뮤직'을 모스 하트와 공동작업했고, 1933년에 다시 하트와의 공동작업으로 '수천 명이 환호하는 가운데'를 제작해 수록곡 '히트 웨이브'와 '이스터 퍼레이드'로 박스오피스 대흥행을 이끌었다.

대공황 기간에는 진저 로저스와 프레드 아스테어가 출연한 '톱 햇', '팔로우 더 플릿', 그리고 '케어프리' 등 당시 유행하던 유쾌한 분위기의 뮤지컬 영화들에서 음악작업을 맡았다.

한편, 1938년 케이트 스미스는 벌린에게 자신이 부를 만한 애국적인 분위기의 노래를 써달라고 요청한다. 벌린은 20년 전 군복무 중에 만들었던 '옙, 옙, 예팽크'의 작업 파일들을 살펴보다가 당시 그 작품에서 제외했던 한 곡을 찾았다. 벌린은 그 곡에 새로운 가사를 붙였고, 케이트 스미스가 그 노래를 라디오 방송에서 첫선을 보인 바로 그 순간부터 '갓 블레스 아메리카'는 미국의 비공식 국가가 되었다.

'화이트 크리스마스'는 1942년 영화 '홀리데이 인'에서 빙 크로스비를 위해 작곡했는데, 이 노래로 벌린은 아카데미 주제가상을 받았다. 또한 이 앨범은 5천만 장 이상, 악보는 4백만 장 이상 판매되어 벌린에게 1백만 달러가 넘는 저작권 수익금을 안겨줬다.

이 밖에도 벌린은 제2차 세계대전 이후 에델 머먼이 출연한 '애니가 당신의 총을 가져갔어요(애니 겟 유어 건)'에서도 음악작업을 맡았다. 애니 오클리에 대한 이 생동감 넘치는 뮤지컬은 1946년 초연된 이후로 1,147회나 공연되었는데, '데이 세이 잇츠 원더풀', '내가 결혼한 소녀', '두잉 왓 컴스 내추럴리', '애니 띵 유 캔 두 아이 캔 두 베러' 등과 같은 수록곡들이 특히 사랑받았다. 미스 머먼이 "모든 일을 훤히 꿰고 있는 여주인" 역을 맡은 1950년 작 '콜 미 마담' 역시 벌린에게 또 한 번 흥행의 기쁨을 맛보게 해주었다.

한동안 '콜 미 마담'이 벌린의 고별작처럼 보였지만, 그는 1962년 '미스터 프레지던트'라는 작품과 함께 브로드웨이로 복귀했다. 당시 그의 나이는 74세였다.

1988년 5월, 벌린의 100번째 생일 축하 콘서트는 카네기홀과 미국음악저작권협회의 공동 행사로 개최되었다. 당시 미국음악저작권협회 회장 모턴 굴드는 기념 행사를 마치며, 사실상 벌린을 기념하는 마음은 결코 끝나지 않을 것이라며 다음과 같이 아쉬운 마음을 표현했다.

"어빙 벌린의 음악은 영원히 계속될 것입니다. 단 한 시간, 단 하루, 단 1년만이 아니라 항상 말입니다."

마일즈 데이비스

1926년 5월 26일~1991년 9월 28일

존 파를리스 기자

잊을 수 없는 음색과 변화무쌍한 스타일로 지난 40년간 재즈계에서 범접할 수 없는 시금석으로 자리매김했던 트럼펫 연주자이자 작곡가 마일즈 데이비스가 어제 캘리포니아 산타 모니카의 세인트존스 병원 건강센터에서 사망했다. 향년 65세.

담당의는 폐렴, 호흡부전, 그리고 뇌졸중이 사인이라고 밝혔다.

색깔이 분명하고, 누군가의 목소리 같으면서도, 비브라토를 거의 쓰지 않는 데이비스의 트럼펫 음색—때로는 아스라이 멀고 구슬프며, 때로는 확신에 찬 어둠 속의 불빛 같던—은 전 세계 연주자들에 의해 모방되어 왔다.

속삭이는 것 같은 발라드 멜로디를 반추하거나 박자에 잽을 날리는 듯한 그의 솔로는 몇 세대에 걸친 재즈 음악가들에게 모델이 되어 왔다. 데이비스는 테크닉 측면에서도 업적이 있지만, 더 빠르고 더 높게 연주하는 데 주력했던 다른 트럼펫 연주자들과는 달리 프레이징(phrasing; 악구 나누기)과 공간감 측면에서 더 큰 영향력을 갖고 있었다. "나는 언제나 내가 생략할 수 있는 것들을 찾기 위해 귀를 기울입니다." 그는 말하곤 했다.

마찬가지로 중요한 것은, 데이비스가 절대 한 가지 스타일에 안주하지 않았다는 것이다. 그는 몇 년 주기로 자신이 이끄는 그룹들을 위한 새로운 라인업과 포맷을 만들어냈고 그때마다 비평가들로부터 맹렬한 비난을 받았다. 그러나 그는 이렇게 응답할 뿐이었다. “나는 변해야만 합니다. 이건 저주 같아요.”

데이비스는 비밥의 시대를 알리며 등장했고, 이후 연이어 등장한 쿨 재즈, 하드 밥, 모달 재즈, 재즈 록, 재즈 펑크와 같은 스타일들도 그를 본보기로 촉발되거나 승인되었다. 데이비드의 음악은 줄곧 블루스에 기반을 두고 있었지만 팝, 플라멩코, 클래식, 록, 그리고 아랍과 인도 음악에 대한 그의 관심이 반영되기도 했으며, 그가 발굴한 뮤지션들이 해당 장르에서 획기적인 변화를 일으키는 일도 많았다.

데이비스는 변덕스러운 성격의 소유자였고, 무대 위에서는 카리스마 있거나 냉담하거나 둘 중 하나였다. 그는 한동안 청중에게 등을 보이며 연주하기도 했는데, 솔로 연주 중이 아닐 때는 아예 무대 밖으로 나가버리도 했다. 그러나 그의 음악만큼은 깊이 있는 협업의 결과물들이었기에 그는 리더로서 각자 본인만의 음색을 찾도록 악단원들을 자극하는 한편 반대로 그 자신이 악단원들로부터 영감을 받기도 했다.

마일즈 듀이 데이비스 3세는 1926년 5월 25일, 일리노이 주 앨턴에서 부유한 치과 의사의 아들로 태어났다. 일

리노이 주 이스트 세인트루이스에서 성장한 그는 13번째 생일 때 트럼펫을 선물받았고, 지역 재즈 뮤지션이었던 엘우드 뷰캐넌로부터 연주 수업을 받기도 했다.

또한 어렸을 때부터 숭배해 온 트럼펫 연주자 클락 테리가 그의 멘토가 된 이후로 데이비드의 명성은 주변 지역으로 빠르게 퍼지기 시작했다. 그러던 1944년, 당시 찰리 파커와 디지 길레스피를 주축으로 비밥이라는 장르를 만들어가고 있던 빌리 엑스타인 밴드가 세인트루이스에 도착했다. 그리고 어느 날, 이 밴드의 트럼펫 연주자가 몸이 아파 연주를 할 수 없는 상황이 되자 데이비스는 2주간 그들과 함께 공연에 참여

했고, 그때의 경험을 통해 비밥 혁명의 중심지였던 뉴욕으로 갈 결심을 하게 된다.

그는 1944년 9월, 줄리아드 음악학교에 등록하여 낮에는 클래식을, 밤에는 52번가와 할렘에 있는 클럽들에서 재즈를 공부했다. 한동안 데이비드와 방을 함께 썼던 파커와 길레스피는 그에게 비밥 뮤지션들의 모임을 소개했고 그곳에서 비밥의 하모니를 구성하는 어휘들을 배운 데이비드는 자신만의 솔로 스타일을 구축하기 시작한다.

그리고 1945년 가을, 줄리아드를 자퇴한 데이비스는 찰리 파커의 5중주단에 합류하여 그해 11월, 그들과 함께 처음으로 비밥 세션을 레코딩하게 된다. 그의 연주는 축소된 중간 음역대 스타일로 진화해갔고, 이는 파커의 공격적인 급습과 대조를 이뤘다. 이후 데이비스는 1947년 8월 14일, 자신이 주도하는 5중주단을 꾸려서 첫 레코딩에 나섰으며, 이때 파커는 테너 색소폰 주자로 참여했다. 또한 그 이듬해부터 데이비스는 새롭고 더 정교한 오케스트라 스타일의 곡들을 실험적으로 연주하기 시작했는데, 이는 후에 '쿨 재즈'로 알려진 장르의 탄생으로 이어진다. 당시 길 에반스, 존 루이스, 그리고 게리 멀리건 같은 편곡자들과 함께 작업하면서 9-피스 밴드를 뉴욕으로 불러들인 데이비스는 하모니의 분산된 구름들 속을 솔로들이 떠다니는 듯한 다채롭고 반추하는 합주곡들을 목표로 했다. 이때 연주했던 그의 음악들은 미국 서부 해안 지역에 이지적인 쿨 재즈의 바람을 일으키는 데 한몫하게 된다 .

데이비스는 1950년대 초 헤로인 중독에 빠졌지만 1954년에 중독을 극복한 뒤, 소규모 그룹을 중심으로 한 최고 수준의 레코딩 작업들을 남기기 시작했다. 비밥의 확장된 화성에서 영향을 받은 호기로운 블루스 곡 '워킹'의 등장은 쿨 재즈에서 돌아선 데이비스가 이제는 하드 밥의 시대가 왔음을 알리는 결정적인 순간이었다.

이듬해 뉴포트 재즈 페스티벌 공연을 성공적으로 마친 데이비스는 존 콜트레인이 테너 색소폰, 레드 갈란드가 피아노, 폴 챔버스가 베이스, 그리고 필리 조 존스가 드럼을 맡는 5중주단을 결성하게 된다.

이후에 만들어진 수많은 데이비스 밴드들과 마찬가지로, 이 5중주단은 갈란드와 챔버스의 온화함과 화성학적인 뉘앙스, 존스의 박력, 콜트레인의 원초적인 에너지 등 공존하기 어려운 요소들이 혼합된 구성이라는 부정적인 견해를 들으며 출발했으나, 결국 데이비스는 이 그룹을 통해 처음으로 일반 대중들로부터 호응을 얻는 성과를 올린다.

1957년, 데이비스는 성대에 난 혹을 제거하는 수술을 받았는데, 수술한 지 이틀째 되던 날, "자신이 원치 않던 계약을 종용하는" 누군가에게 소리를 질렀고, 이 때문에 목소리가 영원히 손상되어버리고 만다. 이후로 그의 목소리는 쇳소리 나는 속삭임처럼 들렸다.

데이비스는 1950년대 후반에 길 에반스의 편곡으로 소그룹 세션들과 함께 오케스트라 앨범을 간간이 선보였다. 1957년 작 '마일스 어헤드', 1958년 작 '포기와 베스', 1960년 작 '스케치스 오브 스페인'이 여기에 포함된다. 또한 프랑스 음악가들과 협업하여 루이 말의 영화 '사형대로 가는 엘리베이터' 사운드 트랙을 녹음하기도 했고, 이후에는 예전의 5중주단과 함께 줄리안 (캐논볼) 애덜리의 알토 색소폰을 추가하여 6중주단을 결성한다. 이때의 영화 사운드 트랙과 6중주단의 첫 앨범 '마일드스톤즈'는 최소한의 코드와 다양한 해석이 가능한 화성으로 음악을 만들기 위해 비밥의 화성 변주를 확연히 줄인 또 다른 변화의 신호탄이었다.

1959년 '카인드 오브 블루'와 함께 그 변화는 완성된다. '카인드 오브 블루'에 수록된 (데이비스와 당시 새로 영입된 피아니스트 빌 에반스가 작곡한) 대부분의 곡들은 코드가 아니라 선접적 음계(modal scales)에 기반을 두고 있었다. 때때로 관능적이고 근엄함이 느껴지는 그 곡들 속에서 가장 중요해진 것은 분위기와 선율의 긴장감이었다.

이 시점부터 데이비스는 정적이고 가장 기본적인 것만 남긴 화성에 기초를 둔 음악으로 자주 회귀했다. 특히 존 콜트레인과 함께한 작업들은 모달 재즈를 1960년대의 최고 스타일 중 하나로 만들었다.

1960년대 초반 데이비스 그룹은 구성원들의 교체가 반복되다가, 1964년 웨인 쇼터가 테너 색소폰, 허비 행콕이 피아노, 론 카터가 베이스, 토니 윌리엄스가 드럼을 맡는 새로운 5중주단이 결성되면서 확실히 자리잡게 된다. 이 5중주단은 1960년대 재즈계의 가장 중요한 앙상블 중 하나로, 음색의 조화를 한계점까지 밀어붙이는 연주들을 선보였다.

또한 'E.S.P.', '마일즈 스마일즈', '마법사', '네페르티티'와 같은 앨범에서는 맹렬한 스윙, 그리고 예상치 못한 공간을 열어놓거나 박자를 추상적인 소리로 녹여내며 1960년대 프리 재즈에 대한 탐험적인 대안을 분명하게 보여줬다.

1968년 발표된 앨범 '마일스 인 더 스카이'와 '킬리만자로의 딸들'에는 반복적인 베이스 라인과 전자 악기를 활용한 데이비스의 록 리듬을 향한 실험정신이 담겨있으며, 더불어 리드미컬한 느낌, 멜로디의 파편이나 베이스 패턴, 그리고 본인 스스로 내린 즉흥적인 지시에 기초한 변화무쌍한 작곡 방식의 시작을 알리는 앨범들이기도 했다.

또한 3명의 전자키보디스트와 전자기타리스트를 충원하여 발표한 '인 어 사일런트 웨이'(1969년)는 정적인 화성과 록의 어두운 감성을 적용하여 섬뜩하고 사색적인 느낌을 주는 동시에 추상적이면서도 정확한 비트에 기반을 두고 있었다. 그리고 같은 해 발표한 '비치스 브루'는 이전 앨범의 속편 격으로,

멤버들을 더 충원하여 공격적이고 으스스한 사운드를 선보였으며, 모든 음역대의 즉흥연주로 듣는 이의 마음을 휘젓고 들끓게 만들었다.

데이비스는 이 두 앨범, 그리고 필모어 이스트와 필모어 웨스트 록 오디토리엄에서 각각 있었던 공연으로 록 음악 청중들에게 다가갔으며, 이는 '비치스 브루'가 베스트셀러 앨범 차트에 오르는 원동력이 됐다. 더불어 1968~70년에 데이비스와 함께 작업했던 음악가들은 이후 마하비시누 오케스트라와 웨더 리포트 같은 선구적인 재즈 록 그룹을 이끌게 된다.

그러는 동안 데이비스는 이미 펑크로 나아가고 있었다. 그는 당시 인터뷰에서 젊은 흑인 청중들에게 다가가는 것에 대해 이야기했다. 1970년대 데이비스의 밴드는 베이시스트 마이클 헨더슨를 중심으로 타악기와 당김음조의 베이스 라인을 전면에 내세웠는데 이때 함께한 뮤지션이 바로 스티비 원더였다. 이런 마이클 헨더슨의 시도는 키보드, 색소폰, 기타, 그리고 데이비스의 트럼펫(당시 전자 트럼펫이 등장했고 와우와우 페달도 자주 활용되었다)이 솔로 파트 연주뿐만 아니라 생생하고 리드미컬한 효과를 더해주며 훌륭하게 조화를 이뤘다.

1972년 발표된 '온 더 코너'는 이런 변화를 충실히 보여주고 있었으며, 더블 라이브 앨범 '다크 메이거스'와 '판게아'는 좀 더 충격적이었다. 리듬과 전자음의 질감이 복잡하게 뒤얽혀 있는 이 앨범들은 1970년대 후반 "노 웨이브" 계열의 소란스러운 로커들과 1980년대에 등장한 새로운 세대의 펑크 실험자들에게 영감이 되었다.

1975년 말경 궤양과 활액낭염 등 커져가는 건강 문제로 데이비스는 5년간 휴식기를 갖게 된다. 이후 1981년, '더 맨 위드 더 혼'이라는 앨범으로 복귀한 데이비스는 뉴욕 쿨 재즈 페스티벌 콘서트에도 참여하여 로버트 어빙 3세가 키보드 연주자이자 공동 프로듀서로 활약하던 밴드와 함께 공연에 나섰다.

복귀 후에도 데이비스의 테크닉은 여전했지만, 그의 음악은 처음으로 상업적인 계산이 포함된 것 같았고, 이전 스타일들을 답습하는 듯했다. 또한 라이브 공연을 통해 다른 뮤지션들과 교감하는 대신 여타 팝 앨범처럼 기존 음악들을 재탕하여 발매하는 레코딩에 집중했다. 그러나 무대 위에서든, 음반에서든, 데이비스가 미국 음악계에 영원히 새긴 유산, 즉 격렬한 아름다움의 순간들은 여전히 남아있었다.

엘라 피츠제럴드

1917년 4월 25일~1996년 6월 15일

스티븐 홀든 기자

달콤하고 낭랑한 목소리와 끝없이 이어지는 독창적인 즉흥 보컬을 통해 당대 가장 명성 높은 재즈 가수로 활약해 온, 일명 "퍼스트 레이디 오브 송" 엘라 피츠제럴드가 어제 캘리포니아 베벌리힐즈 자택에서 사망했다. 향년 79세. 그녀는 오랫동안 당뇨병을 앓고 있었다.

그녀는 자신의 손이 닿는 모든 것들에 음악적 비율과 균형에 대한 클래식한 감각을 덧입혔고, 그런 그녀에게 대부분의 동료들은 전폭적인 존경심을 표했다.

빙 크로스비는 "남녀노소 가릴 것 없이 엘라가 가장 훌륭하다"고 말한 바 있으며, 멜 토메는 그녀를 "그 누구보다 가장 좋은 귀를 가진 가수"라며 감탄했다.

신체적 문제가 그녀의 완벽한 기술에 지장을 주기 시작한 1970년대까지, 피츠제럴드는 다른 모든 것들이 흔들리고 있던 음악계에서 유일하게 불변의 창조력을 지키고 있는 불빛처럼 보였다.

60년이 넘는 세월 동안 피츠제럴드는 자신이 노래했던 대중적인 곡들 속에 담긴 격렬한 감정들에 휩싸이지 않고 그 너머로 초월했다. 이는 그녀와 비견되는 전설적인 동료이자 상처받은 연약함을 전달한 빌리 홀리데이와 스타일적으로 완전 반대되는 성향을 보여준다고 할 수 있다. 피츠제럴드는 슬픈 노래의 가슴 저린 심정을 묘사할 때도 그녀 특유의 무언가를 동경하는 태도, 그리고 다정한 연민의 마음을 담았다.

또한 홀리데이와 프랭크 시나트라는 그들이 노래한 드라마 같은 삶에 스스로도 빠져들었던 반면, 피츠제럴드는 멀리 떨어져 관조하면서 모든 것을 이해하고 용서하는 것처럼 보였다. 인종, 민족성, 계급과 나이를 초월한 분명하고 침착하며 명확한 발음으로, 그녀는 심오한 확신과 희망의 대변자가 되었던 것이다.

빅 밴드, 심포니 오케스트라, 그리고 소규모 재즈 그룹들과 함께 공연했던 그녀의 레퍼토리는 쇼 음악, 재즈 송, 노벨티(1938년에 녹음된 그녀의 첫 메이저 히트곡 'A-티스켓 A-태스켓' 같은), 보사노바, 심지어는 오페라(루이 암스트롱과 녹음한 '포기와 베스' 삽입곡 같은)까지 망라했다.

가장 재즈다웠던 시절 피츠제럴드의 목소리는 변화무쌍하고 열광적인 재즈 보컬의 미래를 보여주는 듯했으며, 그녀의 달콤하고 소녀 같은 감성은 거의 3옥타브 사이를 도약하고, 미끄러지고, 혹은 으르렁거리며 펼쳐졌다. 또한 피츠제럴드는 정교한 발라드 표현과 화려한 스캣 즉흥곡으로도 명성이 높았다.

그녀는 때때로 감정의 깊이와 블루스적인 느낌이 부족하다는 이유로 비판받기도 했으나, 완벽한 억양, 곡예에 가까운 기교, 또렷한 발음, 즉흥적인 멜로디의 끝없는 향연은 보편적인 찬사를 받기에 충분했다. 그리고 그 모든 것을 가능케 한 바탕에는 그녀만의 힘찬 리듬감이 있었다.

피츠제럴드는 듀크 엘링턴, 카운트 베이시, 그리고 루이 암스트롱과 함께 음반을 발표한 바 있으며, 콜 포터, 해럴드 알렌, 거슈윈 형제, 로저스와 하트, 그리고 엘링턴 같은 작곡가들을 기념하는 그녀의 '송북' 앨범 시리즈는 미국 최고 작곡가들의 작품이 그에 걸맞는 위상을 찾는 데 한몫했다.

거슈인 형제는 이렇게 말하기도 했다. "엘라 피츠제럴드가 우리가 작곡한 노래를 부르기 전까지는 그 노래가 얼마나 좋은지 전혀 몰랐어요."

엘라 피츠제럴드는 1917년 4월 25일, 버지니아 주 뉴포트 뉴스에서 태어났다. 내연 관계였던 아버지 윌리엄 피츠제럴드와 어머니 템퍼런스 윌리엄스 피츠제럴드는 엘라가 태어난 지 1년이 채 되지 않아 결별했고, 그녀의 어머니는 포르투갈 이민자였던 조셉 다 실바와 함께 엘라를 데리고 용커즈로 이주했다. 어린 엘라는 노래를 부르기도 했지만 댄서가 되길 꿈꿨고 10대 시절, 남자친구와 함께 개발한 춤 동작을 지역 클럽에서 선보이기도 했다. 그러나 1932년, 어머니의 갑작스런 죽음으로 그녀는 할렘에 있는 이모 집으로 거처를 옮기게 된다.

그러던 1934년 11월 21일, 그녀는 아폴로 극장에서 열린 아마추어 콘테스트에서 '내 애정의 대상'과 '주디'라는 두 곡을 코니 보스웰 스타일로 불러 1등을 차지하면서 무대에 데뷔하게 된다. 당시 엘라는 밴드 리더이자 드럼 연주자였던 칙 웹의 시선을 사로잡았지만, 칙 웹은 그녀의 흐느적거리고 단정치 못한 느낌 때문에 계약하길 주저했다. 그러나 그녀에 대한 청중들의 뜨거운 반응 덕분에 엘라는 일자리를 따냈고, 웹 밴드가 할렘에 있는 사보이 대연회장에 머무는 동안 그녀의 명성도 꽃을 피우기 시작했다.

1935년, 칙 웹과 함께 '러브 앤드 키세스'라는 곡으로 첫 레코딩을 경험한 피츠제럴드는 이후 본인이 작사에 참여한 'A-티스켓 A-태스켓'으로 첫 히트를 쳤다. 훗날 그녀는 이 노래의 가사를 어린 시절 즐겨하던 놀이로부터 따왔다고 밝힌 바 있다. 'A-티스켓 A-태스켓'은 엘라를 명실상부 스타로 만들었으며, 1939년 웹이 사망한 뒤에는 1942년 중반 밴드가 해체할 때까지 그녀가 밴드의 명목상 리더를 맡았다. 이렇듯 음반 레코딩 데뷔를 한 1935년부터 1942년 사이에 엘라는 거의 75개의 음반(150면)을 취입했는데, 장르는 주로 노벨티와 한 번 듣고 금방 잊혀지는 가벼운 팝뮤직이었다.

한편, 이 기간 동안 그녀는 좀도둑 전과가 있던 조선소 노동자 벤자민 코른게이와 결혼했으나 2년 만에 혼인 무효소송으로 결별하게 된다.

이후 디지 길레스피 밴드와 투어를 돌면서 베이시스트 레이 브라운과 사랑에 빠졌을 때, 엘라의 나이는 30세였다. 1947년 12월에 결혼한 그들은 퀸즈의 이스트 엘름허스트에 살림을 차렸고, 엘라의 이복 자매 프랜시스의 아들을 입양했다. 레이 주니어라는 이름의 이 아이는 엘라가 음악활동에 집중하고 있는 동안에는 버지니아 이모가 돌봐주었다. 그럼에도 서로 상충되는 일정들로 인해 이 부부는 점차 소원해졌으며, 서로 일적으로는 얽혀있었지만 1953년 결국 이혼하고 만다. 그래서 엘라의 유족은 양아들 레이 브라운 주니어와 손주 한 명뿐이다.

일찌기 1942~43년부터 찰리 파커와 디지 길레스피 같은 비밥 연주자들의 실험적인 음악에 영향을 받기 시작했던 엘라는 비밥의 리듬과 화음을 자신의 노래에 적용시켰고 1946년, 길레스피 밴드와 투어를 하는 동안 그 음악에 완전히 빠져들었다.

그로부터 1년 전에 그녀는 당대 가장 영향력 있는 보컬 재즈 음반 중 하나가 된 '플라잉 홈'을 녹음했는데, 이 노래의 한 버전에서 엘라는 스캣이라고 알려진 음성 즉흥연주에 탐닉하는 모습을 보여준다. 다른 가수들, 특히 암스트롱도 유사한 즉흥연주를 시도했지만, 그녀처럼 빛나는 독창성으로 스캣을 구사한 사람은 전무했다. 그리고 2년 뒤, 그녀가 데카 레코드에서 환상적인 비밥 버전의 '레이디 비 굿'을 발매했을 때, '다운 비트 매거진'은 "그녀는 스윙의 명수인 것만큼 비밥의 명수"라며 극찬했다.

1935~55년 동안, 데카 레코드와 함께 일했던 엘라는 밀트 게이블러의 프로듀싱으로 보컬 그룹 잉크 스파츠와 팀을 이루어 다수의 히트곡을 발표한다. 그중에는 밀리언셀러인 '아임 메이킹 빌리브'와 '인투 이치 라이프 섬 레인 머스트 폴'도 있었다. 또한 루이스 조던과 듀엣으로 노벨티 장르의 곡들도 불렀는데, 가장 인기 있었던 곡은 '스톤 콜드 데드 인 더 마켓'이었다.

그러나 1955년 이전의 곡들은 주로 그때그때의 유행에 맞춰 녹음한 곡들로 예술적인 관점에서는 잡동사니처럼 느껴졌고, 스윙과 재즈 싱어라는 그녀의 정체성과도 동떨어져 있었다. 그럼에도 데카 레코드 시절에 있었던 가장 예술적인 작업을 꼽자면 1950년, 피아니스트 엘리스 라킨과 함께 녹음한 10인치 L.P(long-playing) 레코드 '엘라가 거슈윈을 노래하네'일 것이다.

필하모닉 시리즈에서 팝 재즈를 담당하고 있었던 노먼 그랜즈가 1949년 잼 세션 투어에 엘라를 초청하면서 그녀의 삶은 전환기를 맞이한다. 노먼 그랜즈는 이후 그녀의 매니저가 되기도 했으며, 엘라의 가장 유명한 노래 중 하나인 '하우 하이 더 문'도 이때 필하모닉 시리즈의 비공식 테마곡이 되었을 정도로 인기를 끌었다.

엘라와 노먼 그랜즈의 관계는 재즈 역사상 가장 생산적인 예술가-매니저 파트너십 중 하나로 빠르게 발전해갔다. 데카 레코드와 계약이 만료되었을 때, 그녀는 그랜즈가 새로 설립한 버브 레이블과 계약한 최초의 아티스트가 되어 기념비적인 '송북' 앨범 시리즈 작업에 착수한다. 그녀는 이 시리즈를 통해 자신의 목소리를 수많은 비(非)재즈 청중들에게도 알릴 수 있었다.

엘라는 당시를 이렇게 회상했다.

"노먼이 나타났고, 그는 제가 이전과는 다른 것을 해야 시작해야 한다고 말했어요. 그래서 그와 함께 '콜 포터 송북'을 제작했죠. 그건 제 인생의 전환점이었어요."

대중들에게 친숙한 노래와 덜 알려졌지만 수준 높은 노래들을 혼합한 '엘라 피츠제럴드 싱즈 더 콜 포터 송북'은 작곡가, 혹은 작곡 팀에 초점을 맞춘 선곡집 시리즈의 원형이 되었다.

1956년부터 1960년대 중반까지 엘라는 성공가도를 달렸다. 1957년에는 할리우드볼에서 단독 콘서트를 진행했으며, 1958년 4월에는 네 장의 디스크를 세트로 모은 '엘라 피츠제럴드 싱즈 더 듀크 엘링턴 송북'의 발매를 기념하여 카네기홀에서 듀크 엘링턴과 콘서트를 개최했다.

연간 40~45주 동안 투어를 강행했던 그녀는 1965년, 뮌헨의 한 콘서트 무대에서 거의 쓰러질 뻔하면서 피로증후군의 첫 징조를 보였다. 그로부터 5년 전, 그랜즈는 버브 레코드를 MGM에 매각했는데, 1966년 엘라와의 재계약 시점이 다가오자 그는 재계약보다는 엘라를 케피톨 사로 옮기는 선택을 한다. 당시 캐피톨 사의 프로듀서 데이브 덱스터는 그녀에게 "완전히 다른 사운드"를 약속했고, 이때 발매한 종교, 컨트리 뮤직, 크리스마스 컬렉션 등의 앨범들 속에는 새로운 팝 정체성을 모색하는 엘라의 모습이 담겨 있다.

한편 그녀는 리프라이즈 레코드와 단기계약을 맺고 비틀즈, 버트 바카락, 마빈 게이의 노래 같은 당대의 히트곡들을 리바이벌하려고 시도했지만, 록과 소울 음악은 컨트리 음악만큼이나 그녀의 스타일과는 맞지 않는 것으로 판명되었다. 그리고 1973년, 그랜즈가 '파블로'라는 새 레이블을 설립했을 때, 그녀는 재즈로 완전히 돌아왔다. 파블로 사에서 레코딩한 수많은 앨범들 중에는 기타리스트 조 패스와 함께한 4개의 듀엣 앨범과 안토니오 카를로스 조빔의 음악에 바친 또 다른 송북 앨범이 있다. 더불어 그녀는 심포니 오케스트라와 협연을 시작했으며, 1974년에는 프랭크 시나트라, 카운트 베이시와 팀을 이루어 뉴욕에서 진행한 2주간의 합동공연으로 1백만 달러 이상의 수익을 올렸다.

그러는 동안 엘라는 1970년대 초반부터 당뇨병으로 인한 합병증으로 시력에 문제가 생기기 시작했다. 1986년에는 심장 수술까지 받았으나 그녀는 그 이듬해에 콘서트 무대로 복귀하여 1990년대 초반까지 최소 한 달에 한 번은 계속 공연에 나섰다. 그녀의 목소리는 1970년대 초반부터 조금씩 악화되긴 했지만, 커리어 후반기에도 그녀의 노래는 놀랍도록 리드미컬한 예리함을 잃지 않았다.

무대 밖의 엘라는 수줍음이 많고 비판에 예민한 사람이었다. 그녀는 베버리힐즈에 있는 방 13개 규모의 자택에서 조용히 지내면서 카운트 베이시와 듀크 엘링턴 오케스트라 단원들, 그리고 몇몇 가수들을 포함한 소수의 옛 친구들과 교우할 뿐이었다.

"전설"이 되는 느낌이 어떻냐고 묻자 그녀는 다음과 같이 대답했다. "처음에는 그것을 의식하지 못했어요. 노먼 그랜즈와 제가 1950년대 중반에 '송북' 시리즈를 녹음하기 시작했을 때, 그저 더 많은 사람들이 제 노래를 좋아하기 시작하는 것처럼 보였죠. 상을 받는다고 해서 제가 더 중요한 사람처럼 느껴지진 않았어요. 그러나 상을 통해 사람들이 저를 좋아한다는 것을 알아채기는 했죠."

그녀는 예일대학교와 다트머스대학교로부터 명예박사 학위를 받았으며, 국가예술훈장, 그리고 1967년 수상한 그래미 평생 공로상까지 포함하여 총 13개의 그래미 상을 받았다. 또한 1979년에는 평생을 공연예술에 기여한 공로로 케네디 예술센터 상을 수상했다.

예일대학교에서 음악 명예박사 학위를 수여받으면서 엘라는 다음과 같이 말했다. "고등학교 때 음악 과목에서 50점밖에 받지 못했던 사람에게는 나쁘지 않은 결과네요."

프랭크 시나트라

1915년 12월 12일~1998년 5월 14일

스티븐 홀든 기자

특유의 음색으로 대중음악을 예술의 경지로 끌어올린 가수 겸 배우 프랭크 시나트라가 목요일 밤 로스앤젤레스에서 세상을 떠났다. 향년 82세.

그의 홍보 담당자 수잔 레이놀즈에 따르면 사인은 심장마비였다. 또한 레이

놀즈는 프랭크 시나트라의 네 번째 부인 바바라와 그의 아들 프랭크 주니어, 그리고 딸 티나와 낸시가 시더스-사이나이 메디컬 센터에서 그의 임종을 지켰다고 전했다.

미국 팝 역사상 가장 위대한 가수이자 20세기의 가장 성공적인 엔터테이너로 일컬어지는 시나트라는 최초의 모던 팝 슈퍼스타이기도 했다. 그의 첫 솔로 앨범은 훗날 엘비스 프레슬리와 비틀즈로 이어지는 일종의 대중광란을 일으킴으로써, 1940년 초에 이미 슈퍼스타의 역할을 정의했다고 평가받는다.

50년 이상 쇼 비즈니스 업계에 몸담는 동안, 시나트라는 미국적인 정신을 반영하는 독보적인 상징물로 우뚝 섰다. 1940년대 초 이상주의적인 대중가수에서 1950~60년대 세련된 사교가로 진화한 시나트라는 순수성을 상실한 미국 전체를 대변하는 것처럼 보이기도 했다. 제2차 세계대전 동안, 시나트라의 부드럽고 낭만적인 음악은 수백만 명의 여성들과 해외에 파병된 그녀들의 남편, 혹은 애인들을 감미로운 감정으로 연결시키는 고리 역할을 했다. 그러나 1950년대에 들어서자 시나트라는 자기 자신을 재창조하기 시작한다. 터프가이의 면모와 감정의 모든 단계를 담은 듯한 노래들을 통해, 상처 입은 로맨티스트이자 범세계적인 남성으로 스스로의 이미지를 변모시켰던 것이다.

또한 뛰어난 콘셉트의 앨범 시리즈를 통해, 그는 성인 관계의 내밀함을 담은 음악적 어휘를 정립했고, 이에 수많은 사람들이 공감했다. 그의 목소리는 이른 새벽 주크박스에서 들려오는, 끝나버린 사랑에 목멘 소리 같기도 했고, 끝없이 축제가 열리는 이국적인 세계로 사람들을 초대하며 "함께 날아가자(come fly with me)"고 외치는 환희에 찬 목소리 같기도 했다.

시나트라는 58편의 영화에도 출연했으며 그중 '지상에서 영원으로(1953)'에서 맡은, 거침없는 성격의 부적응 병사 마지오 역으로 오스카 남우조연상을 수상했다.

이렇듯 영화배우 시나트라도 가수 시나트라가 보여주었던 감정적인 솔직함, 유약함, 그리고 건방짐이 혼재된 이미지를 대중들에게 전달하며 인기를 끌었지만, 시나트라가 가장 강력한 문화적 영향력을 행사할 수 있었던 영역은 어디까지나 노래를 부르는 무대 위였다. 그는 자신의 우상이자 마이크로폰 활용의 선구자였던 빙 크로스비의 영향을 받아, 에로틱한 의미를 담은 개인적이고도 은밀한 관점의 가사를 노래에 불어넣음으로써 대중가요를 새롭게 탈바꿈시켰다.

깡마른 몸매에 푸른 눈을 빛내던 시나트라는 '목소리(The Voice)'라는 별명에 걸맞게 놀랍도록 부드럽고도 유연한 중저음으로 1940년대 수많은 소녀 팬들을 황홀경에 빠뜨렸다.

그러나 그의 목소리에서 벨벳 같이 부드럽던 젊음이 퇴색한 뒤부터, 시나트라의 음악적 해석은 점점 더 그만의 독특한 스타일로 진화했고, 매 공연마다 자신의 성향이나 순간적인 기분을 직접적으로 표현하기에 이르렀다. 그리고 당시의 팝 정서로 수용할 수 있는 어휘들에서 전반적으로 배제되어 왔던 분노, 무례함, 허세 등의 감정들을 표현함으로써, 시나트라는 이후 락 가수들이 거침없고 공격적인 목소리를 발산할 수 있는 길을 닦았다.

그는 거의 혼자의 힘으로 보컬화된 스윙 음악의 부흥을 이끌어 미국 팝음악에 새로운 수준의 세련미를 선사했으며, LP(Long-Playing) 레코드의 등장과 함께 그의 1950년대 음반들은 팝송의 문학성 정립에 중요한 역할을 했다.

또한 시나트라는 뛰어난 편곡자 넬슨 리들과 함께 비틀즈 이전 시대 팝 레코딩의 사운드, 스타일, 그리고 선곡의 기준을 정의했으며, 원숙기에 이른 시나트라 음악의 자극적인 업템포 스타일은 라스베이거스에 어울리는 간결하고 리드미컬한 벨팅 장르를 탄생시켰는데, 이는 라스베이거스가 엔터테인먼트 산업의 중심으로 대중화되는 데 한몫했다.

1950년대 말에 이르자, 시나트라의 삶과 예술은 당대의 분위기를 고스란히 담아내는 상징이 되었다. 수년간 술을 마셔대고, 파티를 좋아하는 측근들을 거느리고 다니며 여자를 골랐던 시나트라의 행적은 1950년대 말 쾌락주의적인 사교가의 전형, 바로 그것이었다.

더 깊은 차원에서, 시나트라의 커리

어와 대중적 이미지는 미국 문화의 많은 부분들과 닿아 있었다. 수백만 명의 사람들에게 뉴저지 호보켄 출신의 별 볼일 없던 이탈리아계 미국인의 출세는 민족적 성취의 상징이었으며, 1940년대 루스벨트 민주당의 지지자에서 1980년대 레이건 공화당의 지지자로 변모한 그의 행보는 미국 정치의 격변과 그 맥을 함께했다.

수십 년 동안 열애와 불화, 소동, 그리고 폭력배들과의 연루로 가득했던 시나트라의 사생활은 신문 가십난의 좋은 먹잇감이었다. 그러나 그는 신인 가수들을 돕는가 하면, 어려움에 처한 친구들에 대한 지원을 아끼지 않았고, 다양한 자선 단체들에 수억 달러를 기부하는 등, 진심을 다한 선행으로도 평판이 높았다.

시나트라는 1915년 12월 12일, 호보켄에서 외동아들로 태어났다. 아버지 마틴 시나트라는 시칠리아 카타니아 출신의 전직 권투선수이자 보일러

수리공이었고 어머니는 돌리라는 별명으로 불리기도 했던 나탈리 가라반테였다. 시나트라가 가수가 되기로 결심한 것은 1931년, 혹은 1932년에 크로스비의 영화를 보고 난 후이거나, 아니면 그의 콘서트에 다녀온 이후라고 알려져 있다.

1935년, 2년간의 지방 클럽 생활을 끝낸 시나트라는 스스로를 '쓰리 플래쉬'라고 부르던 3명의 호보켄 출신 청년들과 합류했다. 그렇게 4인조가 된 그들은 '호보켄 포'라는 새로운 이름으로 메이저 보우스가 진행하던 라디오 쇼 '오리지널 아마추어 아워' 참가하여 1등을 차지했다. 그렇게 몇 개월간의 그룹 생활 후, 시나트라는 홀로서기로 결심한다. 지역 라디오 출연을 계기로 제임스 밴드의 리더였던 해리 제임스의 주목을 받게 된 그는 1939년 6월, 제임스 밴드와 함께 콘서트 데뷔 무대에 올랐으며, 그 다음 달에는 첫 레코딩도 하게 된다.

그해 초, 시나트라는 그의 오랜 사랑 낸시 바바토와 결혼도 했다. 그들은 슬하에 낸시, 프랭클린 웨인(훗날 프랭크 주니어로 줄여 부름), 그리고 크리스티나(티나), 이렇게 세 명의 자녀를 두었다.

이후 해리 제임스와 계약한 지 6개월 만에 토미 도시로부터 당시 훨씬 더 유명했던 자신의 밴드로 오라는 제안을 받은 시나트라는 1940년 1월부터 1942년 9월까지 토미 도시의 밴드에서 활동했으며, 토미 도시와 결별한 3개월 뒤에는 27세의 나이로 뉴욕 파라마운트 극장에서 첫 솔로 공연을 가지며 새로운 역사를 쓰게 된다. 당시 이 공연은 대중들의 폭발적인 반응을 얻으며 헤드라인을 장식했고, 그로부터 몇 주 지나지 않아 시나트라는 콜롬비아 레코드, R.K.O. 픽처스, 그리고 '유어 히트 퍼레이드'라는 라디오 프로그램과 각각 매우 수익성 높은 계약들을 체결하게 된다.

1944년 10월 12일, 그를 향한 팬들의 열광은 절정에 달했다. 파라마운트의 주관으로 3주간에 걸친 복귀 공연이 시작되던 날, 3만 명의 팬들—그중 대부분은 소녀팬들이었다—이 타임스퀘어에 미친 듯이 몰려들었던 것이다. 또한 1943년, 콜롬비아 레코드는 그가 1939년 해리 제임스와 함께 녹음했던 음반을 재발매했었는데, 첫 발매 당시 8천 장 정도가 팔렸던 '올 오어 낫싱 앳 올'은 재발매 이후, 총 100만 장이 넘게 판매되었다.

그러나 시나트라의 인기는 15개의 싱글이 히트를 기록했던 1946년을 정점으로 하강곡선을 그리기 시작했고, 1952년 바닥을 치게 된다.

1947년, 칼럼니스트 로버트 루악이 시나트나가 추방당한 폭력배 럭키 루치아노와 쿠바에서 함께 어울렸다는 사실을 공개한 후 그에 대한 대중들의 환멸이 조금씩 시작되었다. 그때부터 암흑가와의 연계설은 꼬리표처럼 시나트라를 줄곧 따라다녔고, 그는 그러한 혐의에 대해 신경질적으로 반응했다.

1940년대 후반 그의 커리어가 내리막길을 걷는 동안, 낸시 바바토와의 결혼 생활 또한 흐트러지고 있었다. 1949년, 그는 영화배우 에바 가드너와 불륜을 저질렀고 결국 1951년 11월 7일 그녀와 결혼한다. 열정적이었지만 한때의 폭풍우 같았던 이 결혼은 2년도 채 지속되지 않았다. 그들은 1957년 공식 이혼 절차를 밟았다. (에바는 1990년 사망했다.)

이후 시나트라는 1953년 개봉한 영화 '지상에서 영원으로'와 함께 재기의 시동을 걸기 시작한다. 제2차 세계대전 참전 전날 하와이에 있던 미군들에 관한 이 영화에서 시나트라가 연기한 호전적인 성격의 이탈리아계 미국인 병사 마지오 역은 그에게 오스카를 안겨주었을 뿐만 아니라 대중의 연민까지도 다시 불러 일으켰다.

1953년 4월, 37세였던 시나트라는 캐피틀 레코드와 계약을 체결했는데, 당시 그의 목소리는 젊은 날의 빛을 잃은 뒤였다. 그러나 상황은 운이 좋게 돌아갔다. 계약이 성사되기 바로 5년 전 등장한 LP(Long-Playing) 레코드는 시나트라로 하여금 일관된 감정의 서사를 충분히 긴 시간 동안 발휘할 수 있도록 자극했기 때문이다.

시나트라는 현악기로 빅밴드 라인업을 강화하는 데에 앞장섰던 넬슨 리들과 팀을 이루었다. 그는 시나트라의 도시적이고 세련된 음색을 극대화한 우아한 팝 인상주의의 수장이었다.

두 사람의 협업은 세 장의 앨범에서 최고의 예술적 경지에 다다랐다. 조용하고 우수에 찬 바리톤 목소리로 부르는 클래식 토치송 모음집 '인 더 위 스몰 아워스'는 1955년에 발매되었다. 1년 뒤 발매된 '송스 포 스윙잉 러버스'는 성인으로서 '농익은(swinging)' 시나트라의 면모를 정의했다. 이 앨범에는 많은 사람들이 시나트라 최고의 걸작이라고 여기는 콜 포터의 '내 안에 품은 그대(아이 갓 유 언더 마이 스킨)'가 수록되어 있다. 그리고 1958년 여름에 발매된 '프랭크 시나트라 싱스 포 온리 더 론리'는 재즈풍이기도 하면서 좀 더 오페라적인 느낌을 더해 이전 앨범 '인 더 위 스몰 아워스'보다 애절하고 사색적인 분위기를 한층 더 심화시킨 앨범이었다.

시나트라가 캐피틀 레코드에서 발매한 앨범들은 소위 콘셉트 앨범이라고 불리는 앨범의 시초라고 볼 수 있다. 이 앨범들은 사랑에 대한 성인들의 서로 다른 접근법들을 다루는 동시에, 사랑을 즐기는 쾌락주의자('송스 포 스윙잉 러버스'), 제트족 플레이보이('컴 플라이 위드 미'), 그리고 낭만주의적 외톨이('웨어 아 유?') 등 각각의 앨범마다 한 가수의 다양한 면모들 중 하나를 특징적으로 내세우고 있다.

'지상에서 영원으로' 이후, 시나트라의 연기 경력 또한 전성기를 맞이한다. 그는 1955년 뮤지컬 '아가씨와 건달들'에서 못 말리는 노름꾼 네이선 디트로이트 역을 맡았고, 같은 해 '황금 팔을 가진 사나이'에서는 헤로인 중독자, 1962년 '맨츄리안 캔디데이트'에서는 암살 미수범을 쫓는 군 수사관 역을 맡았다.

평론가 데이비드 톰슨은 시나트라의 연기에 대해 다음과 같이 평한 바 있다. "시나트라는 미국적인 연기 스타일에 지대한 영향을 미쳤다. 그는 운명론을 믿는 아웃사이더를 매력적으로 그려내는가 하면, 분노조차 흥미로워 보이게 만드는 재주가 있었다. 특히 1950년대 후반 그는 암울한 남성 캐릭터의 아이콘으로 자리매김했다."

그리고 성적·사회적 행동에 대한 규제가 점점 느슨해지는 세태 속에서, 사치스러운 생활을 즐기던 시나트라는 주요 대중지들에서 자유로운 성생활의 화신으로 언급되기 시작했다. 또한 그는 1960년대의 전형적인 미국 중년 플레이보이 이미지로 소비됐다.

그는 '랫 팩'이라 불린 애주가 패거리와 어울렸는데, 그들 무리에는 딘 마틴, 피터 로포드, 새미 데이비스 주니어, 그리고 조이 비숍 등이 있었다. 시나트라는 랫 팩이 가장 좋아하는 놀이터 중 하나였던 라스베이거스에 드나들며 1953년, 샌즈 호텔 지분의 2%를 사들인 뒤, 이 호텔 정기공연을 통해 주당 10만 달러를 벌어들이기도 했다.

시나트라의 음반 제작 이력은 1960년, 그가 스스로 '리프라이즈'라는 음반사를 설립하면서 새로운 국면에 접어들었으며 1963년, 이 회사를 워너브라더스에 매각할 때도 그는 자신의 지분율 3분의 1을 계속 유지했다. 시나트라는 이 리프라이즈 음반사에서 20년간 30장 이상의 앨범을 발매했는데, 세월에 따라 그의 목소리는 점점 굳어지고 갈라졌지만 이는 오히려 그의 노래에 리드미컬한 호소력을 더하는 데 일조했다.

1965년, 시나트나의 50번째 생일은 두 장의 기념비적인 앨범 발매와 함께 축하를 받았다. 하나는 '셉템버 오브 마이 이어스'였고 다른 하나는 그가 내레이션과 노래로 자신의 음악 인생을 정리한 선곡집 '어 맨 앤드 히즈 뮤직'이었다. 1969년에는 '마이 웨이'가 엄청난 히트를 기록했는데 이 곡은 1980년 취입한 '뉴욕, 뉴욕'과 함께 그의 후기 대표곡으로 자리잡았다.

시나트라와 그의 음악 스타일이 가장 외면받았던 시기는 1960년대 후반, 반체제 정서가 대중음악을 장악했을 때였다. 시나트라는 한때 로큰롤이 "대부분 멍청한 깡패들에 의해 쓰여지고, 불려지고, 연주되는" 음악이라고 비하하기도 했다.

그러나 1966년, 당시 21세(30세 연하)였던 여배우 미아 패로와의 깜짝 결혼은 젊음과 교감의 끈을 놓지 않으려는 시나트라의 갈망을 보여주는 것이기도 했다. 두 사람은 1968년 이혼했다. 이후 1976년, 바바라 블레이클리 막스와 재혼한 시나트라는 세 명의 자녀와 두 명의 손자를 남겼다.

시나트라의 삶은 1986년 '히스 웨이'이라는 제목의 책이 출간되면서 또 한 번 뒤흔들렸다. 키티 켈리가 써서 베스트셀러가 된 이 비공식 전기는 변덕스러운 시나트라의 성격과 사적인 불화들, 그리고 범죄조직들과의 관계 등에 초점을 맞추고 있었으며, 음악적 아이콘으로서 그가 한 역할은 인정했으나 나머지 부분들에 대해서는 신랄하고 냉혹한 묘사들로 가득 차 있었다.

그의 마지막 콘서트는 1995년 2월 25일, 캘리포니아 주 팜데저트에서 열렸다. 1963년 스스로의 업적을 평하며, 시나트라는 특유의 쓸쓸하면서도 거친 어조로 이렇게 말했다.

"꽤나 조울증을 겪어왔고, 격한 감정적 모순으로 가득한 삶을 살아온 나는 환희뿐만 아니라 슬픔에 대해서도 과하다 싶을 만큼 발달된 수용력을 갖게 되었습니다. 내 개인에 대해서 누가 어떤 말을 하는지는 중요하지 않아요. 노래할 때만큼은 나 자신이 진실하다고 믿습니다."

조니 캐시

1932년 2월 26일~2003년 9월 12일

스티븐 홀든 기자

걸걸한 베이스-바리톤 음색으로 40년 이상 미국 컨트리 음악계의 튼튼한 기반이 되어온 보컬리스트 조니 캐시가 어제 내쉬빌에서 사망했다. 향년 71세. 그는 테네시 주 핸더슨빌 근교에 거주하고 있었다.

캐시의 매니저 루 로빈은 그의 사인이 당뇨 합병증이라고 밝혔다.

컨트리 음악의 수장다운, 치명적 중후함이 묻어나는 목소리와 서부 영화 속 장의사를 연상시키는 특유의 외모 덕분에 "맨 인 블랙"이라고 불렸던 캐시는 유행의 흐름 속에서도 매번 새로운 세대들에 의해 신화적인 존재로 재발견되며 자신의 스타일을 고수한 보기 드물게 생명력이 긴 음악가였다.

1950년대 중반 선 레코드에서 첫 음반을 내었을 당시, 캐시는 노래, 스토리텔링, 그리고 고달픈 삶의 경험들 사이의 경계를 무너뜨리는 듯한 간결한 스타일의 컨트리 포크 뮤직을 구축하며 이 장르에서 가장 강력한 에너지를 발산했다. 아칸소 주의 가난한 가정에서 태어난 그는 컨트리 음악계에서 노동 빈곤층을 대변하는 최전선의 시인이 되어 광부, 소작인, 재소자, 목동, 철도원, 그리고 여타 노동자들의 삶을 노래에 담아냈으며, 그것이 곧 그가 만들어 온 음악의 골자였다.

그러나 그의 영향력은 컨트리 음악계에 국한되지 않았다. 캐시는 엘비스 프레슬리, 제리 리 루이스, 칼 퍼킨스 등 1950년대 선 레코드의 동료들과 함께 로큰롤의 개척자로 평가받고 있는데, 특히 록커들은 밥 딜런의 앨범 '내쉬빌 스카이라인'에서 캐시가 밥 딜런과 듀엣으로 부른 '걸 프롬 노스 컨트리' 이후부터 그를 록의 대부로 완전히 받아들였다.

지난 5월 먼저 세상을 떠난 아내 준 카터 캐시에 대해, 그는 자신이 약에서 멀어질 수 있었던 모두 그녀 덕분이라고 말하곤 했다. 1968년 두 사람의 결혼은 비공식적이긴 했지만 컨트리 음악계에 최고 명문가가 탄생하는 순간이었다.

리치 키엔즐은 '컨트리 뮤직 매거진'에서 캐시에 대해 "포크 음악과 컨트리 음악의 유대를 강화함으로써 서로의 차이점과 공통점을 모두 볼 수 있게 해주었다"고 평가하며 다음과 같이 덧붙였다. "그는 내쉬빌을 해방시키는 데 기여했고 그로 인해 내쉬빌은 파격적이며 논쟁적인 것들도 받아들일 수 있게 되었다. '금지된' 것들을 가능하게 하기 위해서 그 누구보다 최선을 다한 뮤지션, 그가 바로 조니 캐시였다."

캐시의 첫 히트곡 '아이 워크 더 라인'의 베이스 슬랩과 테네시 쓰리와 함께 녹음한 그의 초기 히트곡들의 하드엣지 붐-치가 비트는 로큰롤 사운드의 원초적인 모습을 잘 보여준다. 그리고 그의 거칠게 떨리는 깊은 보컬은 예쁜 목소리만이 서정적인 것은 아니라는 것을 증명하는 예시였다.

악보를 읽을 줄 몰랐던 캐시는 머릿속에서 곡을 쓴 다음 녹음할 수 있을 정도로 만족스러워질 때까지 계속해서 연주를 했다. 또한 한 스케줄을 마치고 다음 스케줄로 이동하는 중에 노래의 가사를 쓰는 일이 많았다. 특히 폭력적인 이단아들에 대한 1954년 곡 '폴섬 프리즌 블루스'는 갱스터 랩의 전신이라고 여겨지는데, 이 노래는 그가 가진 신비주의의 본질적 요소, 즉 교화된 범죄자의 이미지를 그려내고 있다.

기차가 오는 소리가 들리네
모퉁이를 돌아서 오는 소리가
난 햇빛을 보지 못하고 있네
언제부터인지도 몰라
그래, 난 폴섬 교도소에 갇혀 있네
그리고 시간은 흐르지 않아

또한 이 노래에는 곡의 기본 뼈대가 되는 리얼리즘과 함께, 약물 중독과의 긴 싸움 속에서 캐시를 둘러싸고 있던 음울함과 으스스함이 고스란히 담겨있다. 하지만 캐시가 실제로 경험한 수감생활은 처방전이 있었다면 합법이었을 약물을 소지한 혐의로 엘 파소 교도소에서 보낸 단 하루였다.

"내 안에 야수가 있습니다." 그는 1994년 '뉴욕 타임스'와의 인터뷰에서 이렇게 말했다. "나는 그 야수를 우리 속에 잘 가두어야 하죠. 그렇지 않으면 내가 산 채로 잡아먹히고 말 겁니다."

일생 동안 1,500곡이 넘는 노래를 녹음해 온 캐시는 균일하게 이어지는 단단한 음색으로 블루스, 찬송가, 카우보이 송, 아메리칸 인디언 발라드, 레일로드 송, 동요, 서사시, 애국적인 노래, 사랑 노래 등 다양한 장르들을 섭렵했다.

외로움, 죽음, 사랑, 그리고 겸손한 기독교적 신념에 대한 그의 담담한 창법은 그가 자라온 척박한 환경을 반영하는 것이었다. 그는 1932년 2월 26일, 아칸소 주 킹스랜드의 한 판잣집에서 태어났다. 아버지 레이 캐시와 어머니 캐리 리버스 캐시는 아들에게 J. R.이라는 이름을 붙였다. 여기서 존이라는 이름이 어떻게 유래되었는지도 명확하지 않지만, 여전히 미스터리로 남아있는 것은 R의 의미이다. 그에게 조니라는 이름을 준 것은 선 레코드의 프로듀서 샘 필립스였다.

J. R.이 세살 때, 그의 가족은 대공황 시대에 펼쳐진 뉴딜 정책의 도움으로 아칸소 주 북동부 다이스 컬러니의 약

2만 4천 평 부지에 속한 방 다섯 개짜리 집으로 이사하게 된다. 이곳에서 그는 15년간 밭일을 돕고 소작농들의 꾸밈없는 이야기들을 들으며 성장기를 보냈다. 또한 그는 형제 로이, 잭, 토미와 여동생 레바, 조안과 매우 친밀하게 지냈으며, 오순절 교회에 대한 어머니의 헌신으로부터 많은 영향을 받았다.

고등학교 졸업 후, 미 북부로 건너가 미시간 주 폰티악에 있는 한 자동차 생산 공장에 취업한 캐시는 1950년, 취업한 지 한 달이 채 되지 않아 미 공군에 징집된다. 그는 파병지인 독일 란츠베르크에서 '헤이 포터'라는 곡을 썼는데, 이 곡은 훗날 그의 첫 싱글 앨범에 수록된다. 1954년 미국으로 복귀한 뒤에는 비비안 리베르토와 결혼하여 멤피스로 이주했고, 가정용품 방문 판매원으로 일했다. 그러던 어느 날, 당시 차량 정비소에서 일하던 형 레이로부터 기타 연주가 가능한 정비공 먼로 퍼킨스와 마샬 그랜트를 소개받은 캐시는 스틸 기타리스트 A. W. 커노들까지 총 3명과 의기투합하여 밴드를 결성하게 된다. 캐시가 멤버로 참여한 첫 음악 그룹이었던 이 밴드는 교회 행사나 지역 축제에서 공연을 했다.

1954년 후반, 커노들을 제외한 이 밴드 멤버들은 필립스에게 오디션을 받은 후 이듬해 봄, 선 레코드에서 '테네시 쓰리'라는 이름으로 5곡을 녹음하게 된다. 그중 한 곡이 캐시의 발라드 '크라이, 크라이, 크라이'였고, 이 곡은 컨트리 음악으로는 선 레코드 최초의 히트곡이 되었다. 이후 선 레코드와 정식 계약을 맺은 캐시는 미국 및 캐나다 투어 공연에 나섰으며, 곧 라디오와 텔레비전에도 출연했다. 그리고 다음 앨범 '폴섬 프리즌 블루스'도 캐시에게 연이은 성공을 안겨준다. 1956년 5월, 선 레코드는 캐시의 최대 히트곡이자 대표곡 '아이 워크 더 라인'을 발매한다. 정절에 대한 단호한 고백을 담은 이 노래는 2백만 장 이상이 팔려나갔다. 1958년 여름까지 그는 50곡이 넘는 노래를 썼고, 선 레코드를 통해서만 6백만 장 이상의 앨범을 팔았다. 그러나 이 레이블이 가스펠 음반을 내는 것에 대해 망설이자 캐시는 결별을 선언하며 컬럼비아 레코드로 이적했다. 캐시는 이후 28년간 컬럼비아 레코드와 함께 일했다.

사회적, 정치적 문제들을 피하지 않았던 캐시는 저항 정신을 담은 몇몇 노래들도 남겼다. 특히 이오지마 섬에서는 성조기를 높이 세운 영웅이었지만 전쟁 후 차별에 시달리다 알콜 중독으로 타락한 아메리칸 인디언 해군에 관한 노래 '더 발라드 오브 이라 헤이즈'는 의미심장했다.

그러나 고된 투어 일정과 캐시 본인의 우울증 성향은 1960년대 초반 시작된 암페타민과 바르비투르(진정제 및 최면제로 쓰이는 약)에 대한 의존성을 더욱 악화시켰다. 그는 점점 중요한 약속에 모습을 드러내지 않는 일이 많아졌고, 아내는 이혼을 청구하기에 이른다.

1967년에는 조지아 타운의 한 작은

마을에서 약물 과다복용으로 인해 거의 사망 직전에 이른 그를 경찰이 가까스로 발견하는 일도 있었다. 캐시가 준 카터를 만난 것은 그즈음이었다. 카터가(家)의 일원인 마더 메이벨 카터의 딸이었던 그녀는 캐시를 설득해 치료를 받게끔 하고 다시 기독교 신앙을 찾을 수 있도록 도운 인연으로 1968년, 부부의 연을 맺게 된다. 결혼 후, 이들 부부는 가족공연 투어에 나섰는데 종종 마더 메이벨, 칼 퍼킨스, 그리고 스태틀러 브라더스뿐만 아니라 준 카터의 자매 아니타와 헬렌도 함께 참여했다. 하지만 캐시의 약물 복용과 치료는 그 후로도 간헐적으로 반복되었다.

캐시의 커리어는 1960년 후반 급격한 상승세를 탄다. 엄청난 성공을 거둔 두 장의 앨범 '앳 폴섬 프리즌'과 '앳 샌 쿠웬틴'이 이 시기에 발표되었고, 1964년 뉴포트 포크 페스티벌에서 친구가 된 그와 밥 딜런의 유대는 젊은 록 팬들이 캐시의 음악을 재발견하게 되는 계기가 된다. 또한 1969년, 본인 소유의 지상파 텔레비전에서 쇼 프로그램 진행을 맡게 된 캐시는 밥 딜런, 글렌 캠벨, 레이 찰스, 그리고 카터 패밀리 등 다른 스타들과 함께 약 2년 이상 쇼를 이끌었으며 1969년에는 셸 실버스테인 작곡의 '어 보이 네임드 수'라는 노벨티 송이 그해 최고의 히트곡이 되기도 했다.

1980년대에 들어, 캐시와 그의 가족들은 미국 내에서 가장 존경받는 음악 가문이 되었다. 특히 그가 첫 결혼을 통해 낳은 딸 로잔느 캐시와 당시 그녀의 남편이었던 싱어 송 라이터 로드니 크로웰은 신세대 컨트리 음악의 대표 주자였다. 그들은 내쉬빌의 컨트리-팝 공식을 거부하면서 남부 캘리포니아의 포크-록 요소들과 새롭고, 좀 더 소박한 스타일의 정통 컨트리 미학을 결합하려는 시도로 주목받았다.

캐시는 1980년대와 1990년대에 음반 판매량의 감소를 겪었다. 그러나 인기가 시들해졌다고 그의 전설이 퇴색된 것은 아니었다. 그와 동료 컨트리 뮤지션 윌리 넬슨, 웨일런 제닝스, 크리스 크리스토퍼슨은 '하이웨이맨'이라는 팀을 결성해 음반을 발매하고 투어 공연에 나서며 식지 않은 열정을 보여주었다. 또한 캐시는 1990년 그래미 레전드상을 수상했고, 그 2년 뒤에는 로큰롤 명예의 전당에 헌액되었다.

캐시의 유족으로는 로잔느, 타라, 신디, 캐시, 이렇게 네 명의 딸들과 아들 존 카터가 있다. 이들 모두는 아버지와 함께 한 번 이상 공연한 경험이 있다.

'맨 인 블랙' 페르소나가 주는 어두운 분위기에도 불구하고, 캐시는 자신이 그렇게 소름끼치는 사람이 아님을 항변했다. 그는 심장 수술을 받고 6년이 흐른 1994년에 다음과 같이 말한 적이 있다. "나는 죽음에 사로잡혀 있지 않습니다— 나는 삶에 미쳐 있죠. 어둠과의 전쟁, 그리고 옳은 것을 향한 집념이 바로 내 삶의 의미입니다."

레이 찰스

1930년 9월 23일~2004년 6월 10일

존 파를리스·버나드 웨인랍 기자

컨트리, 재즈, 락, 그리고 손길이 닿는 다른 모든 스타일의 음악들에 소울의 정수를 도입하며 반세기동안 미국 음악을 새로이 정립한 블루지 보컬의 피아노맨 레이 찰스가 어제 캘리포니아 비벌리 힐즈의 자택에서 사망했다. 향년 73세. 그의 홍보 담당자 제리 디그니가 밝힌 사인은 간 질환에 의한 합병증이었다.

공연가, 작곡가, 밴드 리더, 그리고 프로듀서로서 영향력을 발휘했던 레이 찰스는 어릴 때 시력을 잃어버렸음에도 초기 재즈의 소란스러운 연주와 정교하게 절제된 스윙이 몸에 배어 있는 뛰어난 피아니스트이기도 했다.

그러나 그의 연주는 블루스적인 소울이 가득한 중저음의 강하고 탁하면서도 근사한, 그리고 예측이 불가능한 그의 목소리에 의해 묻혀버리기 일쑤였다. 그는 블루스 가수처럼 내뱉고, 팝 가수처럼 흥얼거렸으며, 결점이나 갈라지는 목소리를 감정의 역설적 표현에 이용하기도 했다. 심지어 신인 시절에도 그의 목소리는 인류의 온갖 희로애락을 모두 겪은 사람의 것처럼 들렸다.

가성을 넘나드는가 하면, 한 단어를 길게 늘리다가 웃음이나 흐느낌으로 끊어내고, 속삭이는 소리로 시작해서 환호성으로 이어지는 찰스의 노래는 세련되면서도 날것의 느낌을 주었고, 주저하는 듯하면서도 자신만만하고, 기쁘면서도 황량하고, 저속하면서도 독실한 감정을 전달하였다. 또한 그는 필드 홀러의 풍부한 창법과 비밥의 섬세함을 함께 보여주었으며, 단 한 구절만으로도 마법처럼 고양감과 슬픔, 그리고 투지를 모두 담아낼 수 있었다.

1950년대, 레이 찰스는 가스펠의 정열적 감성과 셈여림을 세속적인 주제에 도입함으로써 소울 음악의 설계자가 되었으나 거기에 머무르지 않고, 이내 모든 범주를 뛰어넘는 뮤지션이 된다. 어떤 노래를 부르든—'할렐루야, 아이 러브 허 쏘'부터 '아이 캔트 스톱 러빙 유', '조지아 온 마이 마인드', 그리고 '아메리카 더 뷰티풀'에 이르기까지—결국 레이 찰스만의 음악으로 만들어 버렸던 것이다. 그는 60장 이상의 앨범을 냈으며, 그의 영향력은 록과 소울 가수들을 아우르며 퍼져나갔다.

그는 엘비스 프레슬리, 아레사 프랭클린, 스티비 원더, 밴 모리슨, 빌리 조엘과 같은 다양한 가수들에게 영향을 미쳤으나 레이 찰스 자신은 그와 상당히 달랐던 가수 냇 킹 콜이 자기 음악의 출발점이었다며 다음과 같이 얘기한 적이 있다.

"처음 시작할 때, 나는 냇 콜을 흉내 내려고 했습니다. 그가 너무 좋았기 때문이죠. 하지만 어느 날 잠에서 깨었을 때 '사람들은 늘 내가 냇 콜과 비슷하다고 하는데… 잠깐, 그들은 내 이름조차 모르지 않는가'라는 생각이 들었어요. 그의 영향력에서 벗어나는 것이 두려웠던 만큼—왜냐하면 냇 콜과 비슷하다는 이유로 일을 잡을 수 있었으니까요—점점 더 드는 생각이 '그래, 내가 달라져야 한다. 아무도 내가 누군지 모르니까'라는 것이었습니다. 언젠가 어머니가 나에게 가르쳐 주신 한 가지가 있어요. 바로 '너 자신이 되어라'는 말이었죠. 그리고 나는 그 말을 전제로 살아왔습니다."

레이 찰스 로빈슨은 1930년 9월 23일, 조지아 주 올버니에서 태어나 플로리다 주 그린빌의 작은 마을에서 자랐다. 그는 다섯 살 무렵부터 녹내장으로 시력을 잃기 시작했다고 전해지며, 일곱 살 때는 완전히 앞을 보지 못하게 된다. 하지만 그는 동네에 있던 한 부기우기 피아니스트로부터 피아노를 배우기 시작했으며, 실로 침례교회에서는 가스펠을, 그리고 탐파 레드와 같은 뮤지션들로부터는 시골풍의 블루스를 접했다.

그런데 남부의 인종차별은 다른 여느 흑인들에게 그랬던 것처럼 그에게도 상처를 남겼다. 레이 찰스는 후에 이렇게 말한 적이 있다.

"지금까지도, 바로 오늘 이 순간까지도 이해할 수 없는 것은 어떻게 백인들은 자신들을 위해서 요리하고, 식사 준비를 하는 흑인들에게 같은 테이블에 앉지 말라고 할 수 있었을까 하는 점입니다." 그는 계속 말을 이었다. "어떻게 그토록 혐오하는 사람들에게 자신들이 먹을 음식을 맡길 수가 있죠? 젠장, 내가 만약 누군가를 싫어한다면 나는 그 사람이 내가 먹을 음식을 만들도록 두지 않을 겁니다. 절대로요."

1937년부터 1945년까지, 레이 찰스는 청각·시각 장애인을 위한 세인트 어거스틴 학교에서 라디오 및 자동차 수리법, 정식 피아노 주법, 그리고 브라유 점자로 악보 쓰는 법을 배웠으며 클라리넷, 알토 색소폰, 트럼펫, 오르간 연주와 쇼팽과 아트 테이텀의 음악들까지 섭렵했다. 또한 라디오를 통해 스윙 밴드, 컨트리 앤드 웨스턴, 가스펠 사중주 등을 접했던 그는 나중에 데이비드 리츠와 함께 집필하여 1978년 베스트셀러가 된 자서전 '브라더 레이'에서 "당시 내 귀는 스폰지처럼 모든 것들을 빨

아들였다"고 적었다.

어머니가 돌아가신 후, 15세에 학교를 졸업한 그는 플로리다 주 잭슨빌로 건너가 재즈밴드 단원으로, 또는 솔로로 연주를 하며 생계를 꾸려나갔다. 복싱 선수 슈거 레이 로빈슨과 구분 짓기 위해서 레이 찰스라는 이름을 쓰기 시작한 것도 그즈음이었다.

그로부터 3년 후, 시애틀로 향한 레이 찰스는 맥슨 트리오라는 그룹을 결성하게 되는데, 맥슨(McSon)이라는 이름은 기타리스트 고사디 맥기(McGee)의 이름과 찰스의 원래 성인 로빈슨의 'son'에서 따온 것이었다. 또한 이때부터 17년간 지속된 헤로인 중독이 시작된다.

당시 2년간의 투어를 마친 후 맥슨 트리오와 결별한 레이 찰스는 마침내 애틀랜틱 레코드와 계약을 체결했으며, 피아니스트이자 편곡자로서 기타 슬림과 협업하기 위해 뉴올리언스로 향하게 된다. 레이 찰스가 피아노 연주로 피처링한 기타 슬림의 싱글 '띵스 댓 아이 유즈드 투 두'는 1954년, 1백만 장의 판매고를 기록했고, 이는 그가 기존의 모방적인 스타일에서 벗어나 그만의 자유로운 목소리를 낼 수 있도록 확신을 갖게 해주었다.

그 뒤 댈러스로 건너간 레이 찰스는 텍사스 출신의 색소포니스트 데이빗 '팻헤드' 뉴먼과 함께 새로운 밴드를 결성했으며, 애틀랜틱 레코드에서 스튜디오 밴드와 함께 첫 싱글을 녹음했다. 그리고 자신의 7인조 투어 밴드와 함께 작업할 수 있게 해달라고 레이블을 설득했는데, 그렇게 애틀란타에서 녹음한 '아이브 갓 어 우먼'은 1955년 미국 전역에서 인기를 끌며 찰스의 첫 빅히트곡이 된다.

한편, 1950년대 동안 자신이 이끄는 밴드의 확장을 꾀하던 찰스가 영입한 여성 백업 가수 그룹 라엘렛츠는 찰스와 끝까지 함께하며 그가 선보였던 음악의 빼놓을 수 없는 일부가 되었으며, 이후 로큰롤 세대가 시작되어 어른들의 취향에 맞춰진 찰스의 블루스가 10대들에게 어필하지 못했을 때도 그의 노래들이 팝 차트에 종종 모습은 드러낼 수 있는 원동력이 된다.

그러던 1959년 어느 깊은 밤에 벌어진 즉흥 연주는 '왓 아이 세이'라는 곡으로 거듭나게 된다. 라틴 음악과 유사한 비트의 흥겹고 매력적인 전자 피아노 리프가 가미된 블루스풍의 이 노래는, 가사 없이 넋두리처럼 이어지는 콜 앤드 리스폰스(call-and-response) 연주의 길을 튼 곡이었다. 몇몇 라디오 방송국에서는 금지곡이 됐음에도 불구하고, 이 곡은 1백만 장이 팔리며 차트 탑 10에 올랐다. 그러나 그의 다음 앨범 '더 지니어스 오브 레이 찰스'는 수록곡의 절반은 풍성한 현악 오케스트라로, 나머지 절만은 빅 밴드의 연주로 채우며 이전과는 전혀 다른 방향을 향하고 있었다. 또한 행크 스노우의 '아임 무빙 온'을 자신만의 첫 컨트리 버전으로 내놓은 것도 이때쯤이었다.

1959년, 애틀랜틱 레코드를 떠나 ABC 파라마운트사로 이적한 찰스는 이후 차트 1위에 오른 두 곡, 즉 1960년 레이 찰스 버전의 '조지아 온 마이 마인드(그에게 그래미상을 안겨준 첫 번째 곡)'와 1961년 '힛 더 로드 잭'으로 더 많은 팝 뮤직 팬들에게 다가서기 시작했으며, 그렇게 점점 더 늘어난 로열티와 투어 공연비로 자신의 그룹을 빅 밴드로 확장할 수 있었다.

그러던 1960년대 초, 찰스는 연주자로서 다방면에 걸친 시도를 하기 위해 작곡은 사실상 포기하게 된다. 이후 그는 카운트 베이시 악단, 그리고 자신의 빅밴드에 해먼드 오르간 연주를 가미한 '지니어스+소울=재즈'라는 재즈 연주 앨범을 발표했으며, 1962년에는 '모던 사운즈 인 컨트리 앤드 웨스턴 뮤직'이라는 앨범에 빅밴드 버전으로 부른 컨트리 음악의 고전 '아이 캔트 스톱 러빙 유'를 수록하여 차트 1위에 올랐다. 그리고 얼마 지나지 않아 그는 사무실과 스튜디오를 마련한 로스앤젤레스에 정착하게 된다.

그리고 1965년, 헤로인 소지 혐의로 체포된 찰스는 마약중독 치료를 위해 캘리포니아의 한 요양원에 입원하게 된다. 이 1년간의 시간이 그의 긴 커리어 전체를 통틀어 유일한 휴지 기간이었으며, 그렇게 1년 뒤 복귀와 동시에 다시 투어를 시작한 찰스는 매년 1~2장씩 꾸준하게 앨범을 발매하는가 하면 본인 소유의 레이블 탠저린을 설립했고, 1970년대 중반에는 또 하나의 레이블 크로스오버도 이끌기 시작한다.

팝 차트 내에서의 입지는 점점 줄어들었지만, 레이 찰스는 여전히 널리 존경받는 뮤지션이었다. 1971년에는 아레사 프랭클린의 콘서트에 참여하여 '아레사 라이브 앳 필모어 웨스트'라는 앨범을 발매되기도 했다. 또한 스티비 원더가 원곡자인 '리빙 포 더 시티'를 자신만의 스타일로 재해석한 곡은 1975년 그에게 그래미상을 안겨주었으며, 레이 찰스 버전 '조지아 온 마이 마인드'는 1979년, 조지아 주의 공식 주제가로 선정되기도 했다. 또한 찰스는 1980년 '블루스 브라더스'라는 영화에도 출연했다.

이 밖에도 그는 1986년, 로큰롤 명예의 전당에 오른 최초의 뮤지션들 중 한 명이 되었으며, 1987년에는 그래미 평생 공로상과 더불어 십여 개의 부문에서 우수 음반상을 수상했다. 그리고 1990년에는 다이어트 펩시 텔레비전 광고에 출연하여 이렇게 흥얼거렸다. "옳은 선택을 한 거야, 베이비, 음!(You got the right one, baby, uh-huh!)"

찰스는 두 번 이혼했고 12명의 자녀와 20명의 손자, 그리고 5명의 증손자를 남겼다. 그가 받은 수많은 상들 중에는 1993년 수상한 미 대통령 예술 훈장과 1986년에 받은 캐네디 센터 공연예술 평생 공로상도 포함된다.

올해 있었던 인터뷰에서, 찰스는 나이가 들고는 있지만 여전히 음악이 자기 스스로도 정의할 수 없는 어떤 길로 그를 이끌고 있으며, 그저 음악이 이끄는 대로만 노래할 수 있을 뿐이라고 고백했다. 그리고 다음과 같이 덧붙였다.

"내 생각에 나는 조금 이상한 동물인 것 같아요. 오직 스스로 빠져들 수 있는 음악만 할 수 있기 때문이죠. 노래 자체와는 별 상관이 없습니다. 어떤 훌륭한 노래가 있다고 해도 그 안에 나를 위한 무언가가 없다면 아무런 소용이 없거든요."

제임스 브라운

1933년 5월 3일~2006년 12월 25일

존 파를리스 기자

가수이자 작곡가, 그리고 밴드 리더이자 댄서로서 20세기 음악사에 영원히 남을 변화를 이끌었던 제임스 브라운이 어제 이른 시간 애틀랜타에서 세상을 떠났다. 향년 73세. 그는 조지아주 오거스타에서 서배너 강 건너편으로 보이는 사우스캐롤라이나의 비치 아일랜드에 살고 있었다. 브라운의 대리인 프랭크 콥시다스는 급성 폐렴으로 입원 치료를 받은 후 찾아온 울혈성 심부전증이 사인이라고 밝혔다.

브라운은 반세기 동안 이어온 그의 커리어를 통틀어 수백만 장의 음반을 판매했으며, 1960년대와 70년대에 걸쳐 리듬 앤드 블루스 차트에서 수차례 정상을 차지했다. 비록 전체 팝 차트에서는 한 번도 1위에 오르지 못했지만, 그는 차트 상위권에 올랐던 여타 가수들보다 더 오랫동안 인기를 누렸고, 영향력 또한 더 강력했다. 또한 섬세한 리듬을 선사하는 그의 펑크 음악은 힙합 장르의 근간이 되었을 뿐만 아니라, 오늘날의 팝 음악에 넓은 토대를 마련해주었다.

한편, 대리인 콥시다스가 전하는 바에 따르면, 브라운은 마지막 순간 팬들을 향한 자신의 진심을 전하기 위해 그의 가장 잘 알려진 슬로건 중 하나를 언급했다고 한다. "나는 쇼 비즈니스 업계에서 가장 열심히 일하는 사람이고, 결코 그들을 실망시키지 않을 것이다." 더불어 여러 가지 수식어를 가졌던 브라운은 그중에서도 "소울의 대부", "넘버 원 소울 브라더"로 기억될 것이다.

그의 음악은 축축하고 복합적이면서도 절제되어 있었고, 거칠고 욕망이 넘치면서도 사회적 의식이 있었다. 그의 업적은 수십 개의 히트곡들 그 너머에 닿아 있다. 현재 전 세계 팝 뮤직의 토대가 된 음악적인 관용구 전체가 브라운에 의해 구축되었기 때문이다.

브라운은 자서전에서 이렇게 말하기도 했다. "나는 그들이 알고 있는 모든 것을 가르쳐줬을 뿐, 내가 아는 모든 것을 가르친 것은 아니다."

브라운이 1965년 히트곡 '파파스 갓 어 브랜드 뉴 백'을 통해 대중들에게 소개한 펑크라는 장르는 아프리카 음악에 깊이 뿌리박고 있는 동시에 완전히 미국적인 음악이기도 했다.

또한 '아이 갓 유 (아이 필 굿)', '콜드 스웨트', '겟 업 (아이 필 라이크 빙 어) 섹스 머신', '핫 팬츠' 같은 곡에서는 모든 악기들의 타악기적인 면을 살리고, 날카로운 당김음 패턴을 유동적인 폴리리듬과 맞물리게 함으로써 사람들을 춤추게 만들었다.

브라운의 혁신적인 시도들은 1970년대의 소울과 리듬 앤드 블루스에 굉장한 반향을 불러일으켰고, 이후 30년간 이어진 힙합 장르의 발전에도 큰 영향을 미쳤다. 그리고 스핀, 퀵 셔플, 니 드롭, 스플릿 등 그가 무대에서 보여준 현란한 동작들은, 믹 재거부터 마이클 잭슨에 이르기까지 그의 스테미너를 동경한 아티스트들에 의해 모방의 대상이 되었다.

브라운은 정치적 영향력을 가진 뮤지션이기도 했다. 특히 1960년대에 그랬다. 이를테면 1968년에 발표한 '세이 잇 라우드—아임 블랙 앤 아임 프라우드'는 미국의 인종적 언어를 완전히 바꾸어 놓은 노래로 평가된다. 그는 정치적으로 예측 불가능한 행보를 계속했는데, 1972년에는 리처드 닉슨의 재선을 공개적으로 지지하기도 했다.

파란만장한 삶을 살았던 브라운은 10대 시절에도, 성인이 된 후에도 감옥

신세를 지곤 했다. 그는 밴드 멤버가 음을 놓쳤다거나 구두에 제대로 광을 내지 않았다는 이유로 벌금을 부과하는 감독관이었으며, 1960년대 말에는 본인 소유의 음반사와 세 개의 라디오 방송국, 그리고 리어제트기를 가진 사업가이기도 했다.

브라운은 1933년 5월 3일, 사우스 캐롤라이나 주 반웰의 단칸 오두막에서 태어났다. 그가 태어난 지 4년 만에 부모님이 이혼하자, 브라운은 조지아 주 오거스타에서 윤락업소를 운영하던 허니 고모의 손에 맡겨졌다.

어린 시절, 군인들 앞에서 춤을 추거나 목화 따기, 구두닦이 등으로 푼돈을 벌던 브라운은 1949년, 자동차 털이범

혐의로 수감된 감옥에서 가스펠 그룹의 일원으로 노래를 부르기 시작했으며 1952년, 석방된 후에는 바비 버드가 이끄는 그룹에 참여하게 된다. 이후 브라운이 이 그룹의 새로운 리더로 떠오르면서 그룹명은 '플레임즈'로 변경되었다.

1955년, 플레임즈는 조지아 주 메이컨에서 '플리즈, 플리즈, 플리즈'를 녹음했는데, 지역 라디오 방송에서 흘러나오는 이 노래를 들은 한 스카우터가 플레임즈와 킹 레코드의 레코딩 계약을 주선하여 성사시켰으며, 그렇게 이듬해 새롭게 녹음된 '플리즈, 플리즈, 플리즈'의 두 번째 버전은 1백만 장의 판매고를 올렸다.

이후 아홉 개의 후속 싱글들은 실패작에 머물렀지만 1958년, 가스펠에 뿌리를 둔 발라드곡 '트라이 미'가 드디어 리듬 앤드 블루스 차트 1위를 기록하자 브라운은 더 많은 발라드곡들을 발매하기 시작했으며, 대신 무대 공연에서는 발라드곡들도 장음과 광적인 크레센도를 활용한 버전으로 바꿔 불렀다. 그의 트레이드마크였던 무대 위에 드러눕고, 망토를 뒤집어쓰고, 망토를 펄럭일 때마다 후렴구를 반복하고, 그것을 몇 번이고 다시 또 반복하는 일련의 퍼포먼스는 관객들을 끝없이 소리를 지르게 만들었다.

1963년, 오케스트라 연주를 삽입한 발라드곡 '프리즈너 오브 러브'는 최초로 팝 차트 톱 20위 안에 올랐고, 같은 해 발매한 1962년 할렘 극장 콘서트 실황 앨범 '라이브 앳 더 아폴로'는 리듬 앤드 블루스가 나아가야 할 길을 보여주며, 전미 차트 2위를 기록했다.

1960년대 중반까지 레코딩 작업을 직접 프로듀싱했던 브라운은 1965년 2월, '파파스 갓 어 브랜드 뉴 백'을 통해 밴드의 비트를 원-투-쓰리-포 백 비트에서 원-투-쓰리-포로 바꾸기로 결정했는데, 그는 한참 뒤인 1990년, 이에 대해 다음과 같이 설명한 적이 있다. "업 비트에서 다운 비트로 바꾼 것뿐입니다. 그렇게 간단한 거였어요. 정말로."

사실 그렇게 간단한 일은 아니었다. 드럼, 리듬기타, 호른이 모두 각각 다른 각도에서 비트를 치고 들어와야 했기 때문이다. '파파스 갓 어 브랜드 뉴 백'은 최고의 리듬 앤드 블루스 곡으로 그래미 상을 받았고, 이는 브라운이 찾은 리듬적 돌파구의 시작점에 불과했다. 1960년대와 70년대를 거치며, 그는 하모니를 가장 작은 단위까지 분해하여 점점 더 정교한 형태의 펑크 선율을 만들어냈다.

하지만 그가 그 즉시 발라드를 외면한 것은 아니었다. 1966년 발표한 '잇츠 어 맨스 맨스 맨스 월드'처럼 가슴 아프고 블루스적인 멜로디에 비통한 절규가 어우러진 곡은 여전히 브라운의 발라드 감성을 보여주고 있었다.

1960년대 후반 브라운의 펑크 비트는 팝, R&B, 재즈에서 빠질 수 없는 필수 요소가 되었다. 또한 그의 음악은 아프리카에서도 돌풍을 일으키며 펠라

쿠티의 아프로비트, 킹 서니 에이드의 주주, 유순두의 음바라가 형성되는 데 지대한 영향을 미쳤다.

브라운의 밴드를 떠났던 뮤지션들도 1970년대와 80년대 펑크 음악의 발전에 직접적인 역할을 했다. 예를 들어 색소포니스트 마세오 파커, 트롬보니스트 프레드 웨슬리, 베이시스트 부치 콜린스는 조지 클린턴의 팔러먼트 펑커델릭에 참여했고, 특히 파커는 프린스와도 함께 작업했다.

그렇게 1970년대 초, 브라운의 음악은 무도장을 가득 채웠으며 1969년에 발매된 '기브 잇 업 오어 턴잇 어 루즈'나 '마더 팝콘' 등 자칭 "엄청나게 무거운 펑크"는 그에게 R&B 차트 1위와 팝 차트 톱 20위의 자리를 선사했다.

이후 1970년대 후반 디스코 음악—브라운의 펑크 음악에서 훨씬 단순화된 버전이라고 볼 수 있는—의 등장은 그를 차트 40위권까지 밀어내렸다. 하지만 1980년 '블루스 브라더스'라는 영화에 출연하며 그의 커리어는 되살아나기 시작했으며 1985년, 영화 '록키 4'에 삽입된 '리빙 인 아메리카'로 브라운은 다시 팝 차트 상위권에 등장하게 된다. 또한 그해 브라운은 로큰롤 명예의 전당에 오르며 최초의 헌액자들 중 한 명이 되는 영광을 얻었다.

한편 힙합의 시대가 도래하자, 브라운의 음악을 비트로 사용하는 뮤지션들이 생겨났다. 이를테면 LL 쿨 J, 퍼블릭 에너미, 드 라 소울, 그리고 비스티보이즈는 모두 브라운의 노래 '펑키 드러머'에서 클라이드 스터블필드의 드럼연주를 샘플링으로 활용했다.

브라운은 그의 격동적인 개인사에도 불구하고 거의 쉼 없이 투어 스케줄을 소화했다. 1970년대 동안 그는 미 국세청으로부터 미납 세금 450만 달러를 추징당하기도 했고, 제트기와 라디오 방송국이 매각되기도 했으며, 장남인 테디가 1973년 자동차 사고로 사망하는 일도 있었다.

1988년, 브라운은 PCP에 취한 상태로 본인의 오거스타 사무실 인근에서 진행되고 있던 한 보험 세미나에 난입한 뒤, 사우스캐롤라이나 주 경계선까지 경찰과 자동차 추격전을 벌였다. 당시 그는 공공장소에서 치명적인 무기를 소지한 혐의, 경찰의 명령을 어기고 도주한 혐의, 그리고 약물에 취한 채 운전을 한 혐의로 징역형을 받았고, 1991년이 되어서야 석방된다.

1998년에는 라이플 총을 발포하고 또 한 번의 자동차 추격전을 벌인 혐의로 90일간의 약물 치료 프로그램을 선고받기도 했다. 그는 2003년 사우스캐롤라이나 주로부터 공식적인 사면을 받았지만, 2004년 그의 네 번째 아내이자 전직 백업 가수 토미 레 하이니에 대한 가정폭력으로 다시 체포된다. 당시 그의 진술서에는 이렇게 적혀 있었다고 한다. "절대로 내 아내를 다치게 하는 일은 안 한다. 나는 그녀를 너무나도 사랑한다."

브라운의 유족으로는 아내 토미와 아들 제임스 브라운 2세를 비롯해 최소 다섯 명의 다른 자녀들이 있다.

여러 소란에도 불구하고, "미국의 전형"이라는 브라운의 위상은 오래도록 유지되어 왔다. 그는 1992년 그래미 평생 공로상을 수상했고, 2003년에는 캐네디 센터 공연예술 평생공로상을 수상했다. 2003년은 마이클 잭슨이 BET 어워드 평생공로상 수상자였던 브라운과 한 무대에 올라 직접 헌사를 바친 해이기도 하다. 1990년, '뉴욕 타임스'와 가진 인터뷰에서 브라운은 이렇게 말했다. "나는 언제나 내가 속한 시대보다 25년은 앞서 있었습니다."

마이클 잭슨

1958년 8월 29일~2009년 6월 25일

브룩스 반스 기자

로스앤젤레스—수많은 팬들의 마음속에서 팝 뮤직의 영원한 피터 팬(어른이 되기를 거부하는 소년)이었고, 컴백을 준비하며 또 한 번의 비상을 목적에 두고 있었던 마이클 잭슨이 영원히 우리 곁을 떠났다.

그의 삶은 미국적인 유명 인사 스토리의 전형과도 같다. 음악신동에서 시작하여 세계적인 슈퍼스타가 되었지만, 그의 삶은 연이은 법정소송과 파파라치, 실패한 성형수술로 얼룩졌다. 한 관계자의 말에 따르면 마이클 잭슨은 UCLA 의료센터에 의식불명의 상태로 도착했고 목요일 오후, 사망 선고를 받았다. 50년간의 삶을 살았던 마이클 잭슨은 그 중 40년이란 세월을 그가 사랑한 대중들의 시선 속에서 보냈다.

마이클 잭슨은 정오가 조금 넘은 시간, 홈비 힐스 자택에서 6분가량 떨어진 병원으로 긴급히 호송되었으나 병원 관계자는 심장마비 여부에 대해서는 밝히지 않았다. 그의 정확한 사망시각은 오후 2시 26분로 기록되었다.

엘비스 프레슬리와 비틀즈가 그러했듯이, 마이클 잭슨이 전 세계 음악계에 미친 영향을 정확히 가늠하기란 불가능하다. 그는 명실상부한 세계 최고의 스타였고 총 7억 5천만 장의 앨범을 판매한 것으로 알려져 있다. 그의 사망소식을 접한 전국의 라디오 방송국들은 종일 그의 음악을 틀었다. 그리고 기존의 틀을 깨는 마이클 잭슨의 혁신적인 뮤직비디오에 힘입어 성장할 수 있었던 MTV는 초창기 음악 채널 시절로 돌아가 그의 히트작들을 방영하며 추억에 잠겼다.

5명의 형제로 구성된 잭슨 파이브의 막내였던 시절부터 1980년대와 1990년대 초반의 솔로 활동에 이르기까지, 마

이클 잭슨은 '아이 원트 유 백', '아이 윌 비 데어', '돈트 스톱 틸 유 겟 이놉', '빌리진', 그리고 '블랙 오어 화이트' 등 특유의 고음창법과 전염성 있는 에너지, 그리고 귀에 착 감기는 멜로디로 수없이 많은 히트곡들을 제조했다.

솔로 데뷔 후 그는 팝 뮤직을 전 세계에 알린 주역이었으며, 반짝이는 장갑, 하얀 얼굴, 그리고 독특한 문 워크 안무 등 자신만의 고유한 이미지를 문화계의 한 페이지에 아로새기며 가수 그 이상의 존재가 되었다.

그는 미국 음반산업 협회가 2,800만 장 판매고를 인증한 28X 프래티넘 앨범 '스릴러'(1982년)와 솔로 데뷔 이후 형제들과 다시 뭉친 '빅토리'(1984년)의 월드투어를 통해 가수로서 커리어의 정점을 찍게 된다.

그러나 그 이후의 인생은 기이한 방식으로 내리막길을 걷게 되는데, 파국적인 상황은 2003년 마이클 잭슨이 아동 성추행 혐의로 기소되면서 방점을 찍게 된다. 그가 어떤 소아암 환자를 캘리포니아 산타 바바라 인근에 위치한 그의 자택, 네버랜드로 데려가 성추행을 했다는 주장이 제기된 것이다. 마이클 잭슨은 이와 관련된 일련의 사건들에 대해 무혐의 판결을 받았다.

1969년, 잭슨 파이브의 첫 히트곡 '아이 원트 유 백'이 발표된 이래로 그는 언제나 스포트라이트의 중심에 서 있었다. 그가 대중들에게 보여준 이미지는 양극단 사이를 오락가락 했는데, 어떤 때는 롤러코스터를 타고 친구들과 파자마 파티를 즐기며 영원히 소년으로 남고 싶은 천진난만한 모습이었는가 하면, 또 어떤 때는 이해할 수 없는 행동을 의도적으로 노출하며 주도면밀하게 자신의 페르소나를 구축하려는 거물의 모습이기도 했다.

마이클 잭슨의 형제 5명(재키, 티토, 저메인, 말론, 랜디)은 함께하던 그룹 생활을 마친 이후에도 각자의 영역에서 성공가도를 달렸고, 3명의 누이(레비, 라토야, 자넷) 역시 모두 가수로서 성공을 거두었다. 특히 자넷 잭슨은 자기만의 재능으로 지난 20여 년에 걸쳐 세계적인 팝스타로 굳게 자리잡았다. 이상 8명의 형제자매와 양친 조셉 잭슨과 케서린 잭슨, 그리고 세 명의 자녀가 마이클 잭슨의 유족들이다. 마이클 잭슨 주니어와 패리스는 마이클 잭슨의 두 번째 아내 데보라 진 로우가 낳았고, 프린스 마이클 잭슨 2세는 대리모에게서 태어났다. 또한 마이클 잭슨은 엘비스 프레슬리의 딸, 리사 마리 프레슬리와도 짧은 결혼생활을 한 바 있다.

마이클 조셉 잭슨은 1958년 8월 29일, 인디애나 주 개리에서 태어났다. 6형제 중 다섯 째였던 그는 철강 노동자로 일하던 아버지 조가 만든 가족 음악 그룹에서 4명의 형들과 함께, 5살 때부터 노래를 부르기 시작했다. 당시 잭슨 브라더스로 불리던 이 그룹은 1968년 모타운 레코드와 계약을 맺게 된다.

잭슨 파이브는 데뷔 즉시 큰 선풍을 몰고 왔다. 1970년 발표한 4곡의 첫 싱글 '아이 원트 유 백', 'ABC', '더 러브 유 세이브', '아이 윌 비 데어'는 전례 없이 모두 차트 1위에 오르는 기록을 남겼다. 마이클 잭슨은 대부분의 곡에서 리드 보컬을 맡았고, 그가 보여준 탁월한 무대 매너는 그 또래뿐만 아니라 어떤 아티스트에게서도 찾아보기 힘든 전무후무한 것이었다.

마이클 잭슨이 솔로와 그룹 활동을 병행하기 시작한 건 1971년부터였으며, 그의 첫 솔로곡이었던 '벤'은 한 소년과 괴물 쥐의 우정을 그린 동명 영화의 주제곡으로 사용되어 1972년 차트 1위를 차지했다.

당시 모타운 레코드의 창립자이자 대표였던 베리 고디의 사위가 된 저메인을 제외한 나머지 4명의 잭슨 형제는 1975년 모타운 레코드를 떠나 '잭슨스'라는 새 이름으로 CBS 레코드의 자회사 에픽과 계약하게 된다.

1979년, 에픽 사에서 발매된 마이클 잭슨의 첫 솔로 앨범 '오프 더 월'은 수록곡들 중 2곡이 차트 1위에 오르며 700만장 이상 판매되었다. 하지만 이는 그 뒤를 잇는 성공의 전주곡에 불과했다. 1982년 발매된 두 번째 앨범 '스릴러'는 역사상 가장 많이 팔린 앨범이 되었을 뿐만 아니라 뮤직비디오 시대를 여는 신호탄이 되었다. 존 랜디스가 감독한 스릴러의 뮤직비디오는 단편 호러 영화처럼 연출되었는데, 노래 홍보를 위한 영상이라기보다는 한 편의 정교한 단편 영화 같다는 평을 받았다.

'스릴러' 앨범에 수록된 9곡 중 7곡은 싱글로도 발매되었고 이 곡들은 모두 차트 톱 10 안에 올랐다. 또한 이 앨범은 전 세계적으로 1억 장이 넘게 팔렸으며, 8개의 그래미상을 수상하기도 했다.

1987년에 발표된 후속 앨범 '배드'는 800만 장의 판매를 기록했고, 수록곡 중 5곡이 1위에 올랐다. 거장 마틴 스코세지가 감독한 새로운 감각의 뮤직비디오 또한 큰 관심을 받았다. '배드'는 명실상부하게 대성공을 거둔 앨범이었으나 '스릴러'의 선풍적인 인기에 가려진 부분이 없지 않다. 그리고 마이클 잭슨의 사생활이 그의 음악 세계에 걸림돌이 되기 시작한 것도 이즈음이었다.

잇따른 앨범의 성공으로 수백만 달러를 벌어들였음에도 불구하고 독특한 라이프 스타일로 인해 그는 곧 재정적 문제를 떠안게 된다. 1988년, 마이클 잭슨은 LA에서 북동쪽으로 약 200km 떨어진 로스 올리보스에 있는 310만 평 규모의 목장을 약 1,700만 달러에 사들여 놀이기구, 동물원, 50개의 좌석이 갖춰진 극장 등으로 꾸미는 데 약 3,500만 달러의 비용을 들였다고 전해진다. 피터 팬 이야기 속 상상의 섬 '네버랜드', 즉 마이클 잭슨의 성소가 탄생했던 것이다.

하지만 네버랜드를 비롯한 마이클 잭슨의 앞뒤 가리지 않는 소비 습관은 그를 파산으로 몰고 갔다. 네버랜드는 작년에 남은 융자 2,450만 달러에 대한 채무불이행 선언을 하고 나서야 겨우 압류를 피할 수 있었다.

또한 마이클 잭슨은 전 세계가 집중했던 아동 성추문 소송의 굴레에서 끝내 완전히 벗어나지 못했다. 그는 매일 다른 옷을 입고 캘리포니아 주 산타 모니카의 법정에 출석해야 했고, 쏟아져 나오는 자신에 대한 증언, 때로는 사실이라고 믿기 힘든 이야기들을 들어야 했다.

재판은 결국 고소인의 신뢰성에 초점이 맞춰진 채 진행되었는데, 당사자였던 15세의 소아암 환자는 계속해서 마이클 잭슨이 그에게 술을 먹인 후 수차례 추행했다고 주장했으며, 그의 남동생 또한 추행 장면을 두 차례 목격했다는 추가 증언을 했다.

그러나 약 7일간의 심리 기간 후, 배심원단은 마이클 잭슨에게 제기된 14개 혐의에 대해 모두 무죄 평결을 내렸다.

소송으로 이미지가 크게 실추되었음에도 불구하고 매니저, 변호사, 자문가 등으로 시시각각 구성되어 온 마이클 잭슨의 수행원들은 끊임없이 그의 컴백을 계획했으며, 미디어와 팬들 역시 그를 저버리지 않았다. 구급차가 그를 호송하는 중에도 그의 집 앞은 파파라치와 구경꾼들로 가득 차 있었다.

데이비드 보위

1947년 1월 8일~2016년 1월 10일

존 파를리스 기자

한 순간도 같은 자리에 머물지 않고 늘 변화하는 모습을 보여주었으며, 후배 뮤지션들에게 드라마, 이미지, 그리고 페르소나의 강력함을 몸소 보여준, 시대를 훌쩍 앞섰던 싱어 송 라이터 데이비드 보위가 지난 일요일 세상을 떠났다. 사망하기 이틀 전은 그의 69번째 생일이었다.

구체적인 정황은 밝히지 않은 채 그의 홍보담당자가 사망을 공식 확인했다. 대신 그의 SNS 계정을 통해 밝혀진 바에 의하면 데이비드 보위는 지난 18개월 동안 암 투병을 한 것으로 보인다.

데이비드 보위는 무엇보다 아웃사이더의 관점에서 노래를 썼다. 그는 때로 외계인이었고 사회 부적응자였으며, 독특한 성적 취향을 가진 사람이자 우주 저 먼 곳을 떠도는 비행사이기도 했다. 보위의 음악은 한 장르에 국한되지 않고 록, 카바레, 재즈, 그리고 그의 표현에 따르면 "가짜 소울(plastic soul)"이 혼합되어 있었으나 그 결과물은 진정한 소울로 넘실거렸다. 더불어 보위는 실험적인 음악뿐만 아니라 팝 차트 1위에 오른 '렛츠 댄스'와 같이 일상생활의 갈망과 드라마를 포착하는 데도 뛰어났다.

그가 콘서트와 뮤직비디오에서 선보인 의상과 이미지들은 독일의 표현주의에서부터 이탈리아의 즉흥 희극(commedia dell'arte), 일본의 가부키, 우주복에 이르기까지 시대와 스타일, 그리고 국경을 뛰어넘는 것이었다. 그렇게 보위는 모든 공연예술 분야에 지극히 중요한 선례를 남겼고, 지대한 영향을 끼쳤다.

그리고 록, 발라드, 펑크, 힙합 등 다양한 장르의 팝 뮤지션들뿐만 아니라 클래식 음악계에서도 보위를 향한 존경과 모방이 이어졌다. 예를 들어 클래식 작곡가 필립 글라스는 데이비드 보위의 두 앨범, '로우'와 '히어로즈'에서 영감을 받아 교향곡을 작곡하기도 했다.

그가 시도한 변화무쌍한 페르소나는 마돈나와 레이디 가가와 같은 아티스트들에게 하나의 시금석이 되었으며, 동시대와 함께 호흡하려는 보위의 굳건한 자세는 필라델피아 펑크, 일본 패션, 독일 일렉트로니카, 드럼 앤 베이스 댄스 뮤직의 세계로 팬들을 이끌었다.

그러나 늘 변화하는 모습 속에서도 보위는 자신만의 고유한 색을 잃지는 않았다. 그의 모든 음악에서 나타나는 메시지는 "서로에 대한 공감은 언제나 분열과 갈등을 이길 수 있다"는 것이었다. 더불어 그의 음악 인생 전반을 아우르는 주제는 불안과 세상의 종말, 미디어와 피해망상, 외로움과 그리움이었으며, 도덕과 관습에 대한 끊임없는 도전과 컬트적인 비주류 문화를 주류 문화에 진입시키기 위한 분투가 그의 정체성이었다.

보위는 끊임없는 자기 재창조의 상징과도 같은 인물이었다. 1960년대 말 그의 등장으로 대중들은 처음으로 카바레 가수의 섬세함과 뮤지컬 무대의 역동성을 동시에 선보이는 록 보컬을 만나게 되었다.

1969년에 발매되어 그의 성공을 알리는 신호탄이 된 히트곡 '스페이스 오디티'에서 그는 우주를 헤매는 우주비행사 톰 소령이었고, 1972년에 발표된 앨범 '더 라이즈 앤드 폴 오브 지기 스타더스트 앤드 더 스파이더스 프롬 마스'에서는 별세계의 팝스타 지기 스타더스트였다. 또한 1970년대 베를린에서 녹음된 베를린 3부작에서 그는 자기 파괴적인 '씬 화이트 듀크'라는 페르소나를 연기하며 미니멀하면서 동시에 폭발적인 감정을 보여주었다.

낸시 얼릭은 '더 타임스'에 "언젠가 공항, 식당, 그리고 모든 엘리베이터와 호텔 로비에서 데이비드 보위가 만든 멜로디의 변주를 듣는 날이 올 것이다"라고 기고한 바 있다.

1980년대 MTV 시대의 도래는 데이비드 보위의 연극적인 공연과 패션 감각을 한층 더 돋보이게 만들었다. 그리고 '스페이스 오디티'의 후속곡인 '애쉬 투 애쉬'와 '위 노우 메이저 톰 이스 어 정키', 그리고 "빨간 구두를 신고 블루스를 춰봐요(put on your red shoes and dance the blues)"라는 가사가 인상적인 '렛츠 댄스'와 같은 곡들은 그에게 전 세계적인 인기를 안겨줬다.

또한 데이비드 보위는 록과 연극의

접목이라는 시도에 대한 표준을 제시했다고 해도 과언이 아니다. 다소 인위적이고 과장되게 느껴졌던 이런 시도의 저변에 깔린 그의 순수함만큼은 어떠한 자연주의도 흉내 낼 수 없는 것이었으며, 바리톤과 팔세토를 넘나드는 목소리와 함께 복합적이고 중성적인 매력을 지녔던 보위는 계량할 수 없는 인간의 충동을 가장 잘 그려낸 예술가였다.

한편 그는 '패션'과 '페임'이라는 제목의 곡을 발표하며 패션과 유명세가 내포하는 한계를 뛰어넘고자 했고, 더불어 팝 뮤직의 가능성과 제약에 대해서도 깊이 고찰했다.

1947년 1월 8일, 데이비드 로버트 존스라는 이름으로 런던에서 태어난 그는 어린 시절부터 로큰롤에 흠뻑 빠진 채, 색소폰을 배우는가 하면, 1960년대부터는 십대들로 구성된 블루스 밴드를 이끌기도 했다. 그리고 그즈음에 친구들과 싸우다 왼쪽 눈을 한 대 얻어맞았는데, 그 이후로 보위의 왼쪽 눈은 영구적으로 동공이 확대된 채 굳어졌다.

그러던 1960년대 말, 댄서이자 배우, 그리고 팬터마임 전문가였던 린지 캠프를 만나 동작의 아름다움과 인위적인 것에 내포된 미적 가치를 깨닫게 된 보위의 음악은 로큰롤과 블루스에서 포크 록과 사이키델릭 아트로 방향이 전환되었으며, 1969년 아폴로 11호가 달 착륙에 성공하기 직전 발표된 '스페이스 오디티'를 통해 영국에서 입지를 굳히기 된다. 또한 1973년 미국에서 같은 앨범이 발표된 후에는 미국에서도 견고한 팬 층을 확보할 수 있었다.

이후 '헝키 도리', '더 라이즈 앤드 폴 오브 지기 스타더스트 앤드 더 스파이더스 프롬 마스', '알라딘 세인'과 같은 앨범들은 보위가 영국에서 글램록의 선구자이자 슈퍼 스타로 확실히 자리매김하게 만들었으나, 그의 중성적이고 과장된 무대 위의 페르소나와 일상생활 사이의 괴리는 그를 약물중독, 특히 코카인 중독으로 몰아넣었다. 1973년 그는 갑작스러운 은퇴를 발표했는데 이는 '지기 스타더스트'라는 페르소나의 은퇴였을 뿐, 데이비드 보위 자신의 은퇴를 의미한 것은 아니었다.

1974년, 미국으로 이주한 보위는 히트곡 '레블 레블(Rebel Rebel)'이 수록된 앨범 '다이아몬드 도그스'를 발표했다. 그리고 1975년에 발표한 앨범 '영 아메리칸스'에서는 펑크 음악으로 눈을 돌렸는데, 필라델피아에서 녹음된 이 앨범에 참여한 몇몇 아티스트들 중에는 젊은 시절의 루터 밴드로스, 그리고 히트곡 '페임'의 작곡 및 보컬에 참여한 존 레논이 있었다. 이어 1976년에 발표한 앨범 '스테이션 투 스테이션'은 더 많은 히트곡들을 남겼지만 심각해진 약물 중독으로 인해 보위는 점점 더 불안정한 모습을 보이게 된다. 일례로 그는 한 인터뷰에서 파시즘을 옹호하는 발언을 했다가 취소하는 해프닝을 벌이기도 했다.

1976년, 보위는 완전히 새로운 생활

환경 속에서 약물 중독을 극복하기 위해 스위스로 이주했다. 그리고 이후 새로운 생활 터전으로 선택한 서 베를린에서 이기팝과 아파트 한 채를 나누어 쓰면서 이기팝의 두 앨범, '디 이디엇'와 '러스트 포 라이프'를 함께 작업하기도 했다. 또한 보위는 이 시기에 브라이언 이노, 그리고 수십년간 음악적 동반자였던 프로듀서 토니 비스콘티와 함께 베를린 3부작이라고 불리는 세 앨범 '로우', '히어로즈', 그리고 '로저'를 작업했다. 이 3부작 앨범은 생소한 음악 기기들을 활용한 실험적인 전자음악을 담고 있었지만 '히어로즈'와 같은 곡은 전체적으로 암울한 톤과 대조되는 로맨틱한 멜로디를 선사하기도 했다.

1980년대에 들어서며 보위는 공연에 심취하기 시작했다. 이 시기에 그는 브로드웨이를 비롯한 세계 여러 도시들을 순회하며 상당히 고된 역할이었던 '엘리펀트 맨'의 주인공 역을 소화했으며, 1983년에 발표된 앨범 '렛츠 댄스'로 세계 최고의 팝스타 반열에 올라섰다.

그러나 그는 안주하지 않았다. 1989년, 그는 또 한 번 변신을 시도하면서 자신의 이름을 내세우지 않은 채 록밴드 '틴 머신'의 일원으로 앨범을 발표했으며, 1990년대에도 실험정신을 이어나간 끝에 1995년, 브라이언 이노와 함께 '1. 아웃사이드'를 발표하기에 이른다. SF와 필름 누아르에 영향을 받은 이 앨범의 투어 공연은 나인 인치 네일스와 함께 했는데, 공연 당시 두 밴드가 어느 순간 융합되어버리는 순간은 혁신 그 자체였다. 또한 1997년에 발표한 앨범 '어스링'에서는 당시 유행하던 전자 댄스 음악을 시도하기도 했다.

보위는 1996년 로큰롤 명예의 전당에 이름을 올렸으며, 2000년대에도 후배들로부터 존경받는 뮤지션으로서 자리를 굳건히 지켰다. 그리고 2001년 9.11 테러 후에는 뉴욕 시 추모 콘서트에서 '히어로즈'를 부르며 여전히 건재한 모습을 보였다 .

그의 후기 앨범들은 과거에 대한 회상과 새로운 시도를 모두 보여준다. 2013년 발표한 '더 넥스트 데이'는 보위 자신이 1970년대에 시도했던 기타 밴드의 글램록 사운드를 재현하는 동시에 인간의 유한성에 대한 씁쓸한 고찰이 함께 담겨있었다. 사망 이틀 전에 발표된 '블랙스타'는 증발할 듯한 분위기의 재즈 4중주를 바탕으로 명성과 영성, 욕망과 죽음, 그리고 그의 영원한 주제였던 놀라운 변신에 대한 고찰이 담겨 있는 곡이다.

프린스

1958년 6월 7일~2016년 4월 21일

존 파를리스 기자

싱어 송 라이터이자 프로듀서, 1인 스튜디오 밴드, 그리고 완벽한 쇼맨이었던 프린스가 지난 목요일 미네소타 주 챈허슨의 페이즐리 파크 자택에서 세상을 떠났다. 그의 나이는 57세였다.

카버 카운티의 보안관 짐 올슨은 그의 부서원들이 긴급구조 전화를 받고 프린스의 자택에 도착했을 때 "승강기에서 의식이 없는 성인 남성을 발견"했으며 회생하기에는 이미 늦은 상태였다고 밝혔다. 정확한 사인을 밝히기 위해 조만간 부검이 이루어질 예정이다.

프린스는 폭발적인 에너지의 뮤지션이었다. 미친 듯이 다작하는 송라이터였고 기타와 키보드, 드럼 연주의 거장이었으며 펑크, 록, R&B와 팝뿐만 아니라 정의될 수 없는 장르에서도 뛰어난 작곡 능력을 자랑했다. 1970년대 말부터 시작되어 가장 최근 투어인 '피아노 & 마이크로폰'까지 이어진 음악 인생에서 그는 섹스 심벌이었고 음악천재였으며 때로 음악업계의 관례와 싸우며 독자적인 길을 개척한 아티스트였다.

2004년, 로큰롤 명예의 전당에 입성하며 그는 이렇게 말했다. "음악을 시작하며 나는 자유에 대해 가장 많은 고민을 했습니다. 제작의 자유, 내 앨범에 필요한 모든 악기를 연주할 자유, 그리고 내가 하고 싶은 말을 할 자유 말입니다."

일곱 번이나 그래미상을 수상한 프린스는 '리틀 레드 코르벳', '웬 도브스 크라이', '렛츠고 크레이지', '키스', '더 모스트 뷰티플 걸 인 더 월드'와 같은 톱 10 히트곡들과 '더티 마인드', '1999', '사인 O' 더 타임스' 등의 정규 앨범들을 발표했다. 그가 다른 이들을 위해 써준 곡들 또한 크게 히트했는데, 시네이드 오코너가 부른 '낫씽 콤페어 2 U', 뱅글스가 부른 '매닉 먼데이', 그리고 샤카 칸에게 선물한 '아이 필 포유' 등이 그 대표적인 예이다. 그리고 앨범이자 영화였던 1984년 작 '퍼플레인'을 통해 혼혈 태생에 타고난 재능을 가진 야망가였던 자신의 자전적 이야기를 털어놓았던 프린스는 이 앨범으로 아카데미 음악상을 수상했으며, 미국에서만 1,300만 장 이상의 판매고를 기록했다.

프린스는 노래뿐만 아니라 스스로 모든 악기를 연주했으며, 거의 모든 곡들을 자신의 스튜디오에서 레코딩했다. 또한 그는 무대 위에서 밴드리더인 동시에 흡사 제임스 브라운을 떠올리게 하는 역동적이고 세련되며 독특한 무대 매너를 보여주었다. 이렇듯 눈을 뗄 수 없을 만큼 파격적이면서도 치밀하게 계산된 무대를 선보였던 그는 그래미 시상식 오프닝과 슈퍼볼 하프타임 공연을 화려하게 장식한 바 있다. 또한 이러한 대규모 공연 후에는 작은 심야 클럽쇼에 출연하는 것으로도 유명했다.

그는 특히 섹스와 유혹이라는 주제에 대해 열정적이고, 다정다감하고, 흥겹게 노래했다. 끈적이는 눈빛과 다 알고 있다는 듯한 미소로 대변되는 프린스는 팝 음악계 최고의 카사노바였다. 그러나 그가 구축한 섹스심벌은 상대를 향해 권력을 휘두르거나 남자다움을 과시하는 것이 아니라 로맨스와 향락을 추구하는 이미지가 더 강했다. 더불어 그의 작품 목록에는 사회문제, 신비주의, 공상과학에 대해 다루고 있는 노래들도 존재한다. '콘트로버시'라는 노래를 시작으로 프린스는 커리어 전반에 걸쳐 인종적, 성적, 음악적, 문화적으로 상반되는 많은 요소들을 아울렀다.

대중들의 눈에 띄고 싶은 가수들에게, 댄스음악을 하는 프로듀서들에게, 스튜디오와 무대에서 실험을 멈추지 않는 예술인들에게, 그의 음악은 끊임없이 영감을 주었다. 프린스는 충만한 소울과 록, 그리고 블루스적인 발라드와 팔세토 창법을 자유롭게 넘나드는 보컬 스타일을 구사했는데, 많은 이들이 모방했던 그의 대표적인 연주 스타일은 키보드와 리듬 섹션을 활용한 스타카토 기법이었다. 하지만 이 외에도 하드록, 사이키델릭과 전자 음악 등에서 영감을 받은 여러 연주 기법을 활용하고 조합했던 그의 음악은 마치 번뜩이는 아이디어로 가득 찬 만화경 같았다.

프린스 로저슨 넬슨은 1958년 6월 7일, 미니애폴리스에서 태어났다. 그의 아버지 존 L. 넬슨은 '프린스 로저스'라는 예명으로 활동하던 뮤지션이었고, 어머니 매티 델라 쇼우는 남편의 밴드에서 노래하던 재즈싱어였다. 이 둘은 1965년 이혼했고, 프린스의 어머니는 1967년 재혼했다. 양측 부모 집을 오고 가며 생활했던 프린스는 음악에 점점 깊이 빠져들면서 독학으로 악기 연주를 습득했으며, 이후 미니애폴리스 출신 밴드 94이스트와 함께 레코딩 작업을 하면서 자신의 솔로 앨범도 준비하기 시작한다. 워너브라더스 레코드와 계약했을 당시 아직 십대였던 그는 음악 창작에 대한 완전한 결정권을 보장받는 조건을 내걸었었다. 1978년 발표된 그의 첫 앨범 '포 유'는 큰 관심을 받지 못했으나 1979년 발표된 두 번째 앨범 '프린스'에 수록된 '아이 워너 비 유어 러버'는 R&B부문 차트 1위, 팝 차트 11위에 오르며 큰 성공을 거두었다. 이후 1980년대에 발표된 그의 앨범들은 거의 모두 차트 10위권 안에 오르며 100만장이 넘는 판매고를 기록했다.

인지도가 높아짐에 따라 그의 음악에 반대하는 이들도 생겨났다. 당시 미 상원의원이었던 앨 고어의 아내 티퍼 고어는 자신의 딸이 빠져있던 노래를 듣고 충격에 빠진다. 그 노래는 프린스의 자위에 관한 노래 '달링 니키'였다. 이후 티퍼 고어는 학부모 음악조사 센터(PMRC) 설립에 앞장섰고, 이 단체는 음반회사들을 압박하여 청소년에게 유해하다고 판단되는 콘텐츠가 담긴 음반에 '노골적인 내용(explicit content)'이라는 문구의 스티커 부착을 의무화했다. 한편 프린스는 종교적인 깨달음을 얻는 과정에서, 더 이상 공연 중에 신성모독적인 행위를 하지 않겠다고 선언하기도 했다. 하지만 그는 노래를 통해 육체적 기쁨을 표현하는 것은 멈추지 않았다.

1990년대에 들어 앨범의 규모와 발표 곡수에 관한 의견 차이로 워너브라더스와 프린스 사이의 불화가 점점 깊어지기 시작했다. 90년대 중반이 되자 둘 사이의 갈등은 공공연한 사실이 되었고 프린스는 계약을 종료하기 위해 급하게 앨범을 제작하기 시작했다. 물론 이 앨범들은 질이 떨어졌고 판매량 또한 저조했다. 프린스는 소속사에 대한 반발로 얼굴에 "노예"라는 단어를 쓰고 나타난 적도 있으며, 1993년에는 자신의 이름을 발음할 수 없는 기호로 바꾸기도 했다.

그는 1996년 소속사와의 계약이 끝난 후에야 프린스라는 이름으로 복귀했다.

그 후 20년간 프린스는 마치 눈사태처럼 끊임없이 음악을 쏟아냈다. 그러나 힙합 장르가 R&B를 대체하면서 라디오에서 그의 음악이 흘러나오는 일은 현저히 줄어들었고, 1994년 발표된 '더 모스트 뷰티플 걸 인 더 월드'은 10위권 내에 오른 그의 마지막 히트곡이 되었다. 그럼에도 프린스의 라이브 공연은 언제나 성황을 이루었다. 그리고 이것이 그가 커리어를 유지할 수 있었던 원동력이었다.

프린스의 레코딩 곡들 중 여전히 많은 수가 미발표 상태이며, 그중에는 우리가 아직까지 경험해 보지 못한 명곡들이 있으리라 기대된다.

Hiram Ulysses Grant, the eldest of the six children of Jesse R. and Hannah Simpson Grant. His great grandfather, Noah Grant, and Noah's brother Solomon, of Connecticut, commissioned officers in the French and Indian war, were killed in 1756. His grandfather, Noah Grant, served all through the Revolutionary War. His father and also his mother's father were born in Pennsylvania. The father of Ulysses was a tanner by trade, and removed, the year after his son's birth, to Georgetown, in the neighboring county, where the lad's boyhood was passed. At the age of 17 he received a cadetship in the Military Academy through the Congressman of his district, who erroneously registered him as Ulysses S. Grant, and so his name remains in history.

Graduated from West Point in 1843, No. 21 in a class of 39 members, young Grant was attached as Brevet Second Lieutenant to the Fourth Infantry, which, after various garrison service, two years later joined Gen. Zachary Taylor's army, assembling in Texas. War with Mexico broke out in the Spring of 1846, and Grant, then a full Second Lieutenant, took part with his regiment in many of Taylor's operations and in Scott's campaign from the siege of Vera Cruz to the capture of the city of Mexico, being present at the battles of Palo Alto, Resaca de la Palma, Monterey, Cerro Gordo, Churubusco, Molino del Rey, and Chapultepec. For gallantry at Molino del Rey he was brevetted First Lieutenant, and for gallantry at Chapultepec Captain, while his brigade commander, Col. Garland, said of him:

its ...
first action f
on the field,
was near put
the outset. W
or three hors
afterward s
other officers
men, yet Gra
soldier pre
found that,
transports,
to supervise.
alone, in ord
glancing at
covered a C
50 yards of
Turning hi
back to t
ing down t
and trotting
the gangplan
to receive hi

FORTS H

The Tenn
emptying int
and 35 miles
advantages f
naval advanc
such an adva
on the right
Fort Donelso
left bank of t
between Ken
these forts, a
and Bowling
defensive ch
and other m
break the lin
everywhere.
ported to Gr
pedition that
was easy and
short work o
January 28

WARRIORS

전쟁의 지휘자들

로버트 E. 리

1807년 1월 19일~1870년 10월 12일

로버트 E. 리 장군이 버지니아 주 렉싱턴에서 사망했다는 소식이 어제 저녁 전해졌다. 그는 지난 끔찍했던 내란 동안 남부동맹 편에서 복무한 장교들 중 가장 유명한 인사였다.

며칠 전에는 리 장군이 마비로 고통받고 있다는 보도가 있었으나, 이 보도는 곧 부인되어 그의 지인들은 장군의 빠른 회복에 대한 희망을 품었었다.

그러나 리의 증상은 지난 며칠 사이에 급격히 악화되었으며, 결국 어제 오전 9시 뇌혈류 파열로 인해 63년 8개월 23일간의 생을 마감했다.

로버트 에드먼드 리는 워싱턴 장군의 동지이자, 버지니아에서 가장 부유하고 존경받는 대표적 가문의 일원이었던 헨리 리 장군의 아들로 태어났다.

1807년 1월생인 리는 공화주의 체제 아래, 가문의 부와 명성을 통해 얻을 수 있는 모든 편의를 누리며 성장했으며, 고향 버지니아 주의 최고 교육기관들에서 교육을 받았다.

군사학에 대한 집안의 관심을 물려받은 리는 1825년 웨스트포인트 미 육군사관학교에 입학하여 1829년 해당 기수의 차석으로 졸업했다. 그리고 졸업 직후, 미 공병부대의 소위로 임관한 그는 1835년, 미시건과 오하이오 주의 경계를 설정하는 군사작전에서 천문부관으로 활약했으며, 이듬해 중위로 진급된 데 이어, 멕시코와의 전쟁이 발발하자 울 장군 휘하에서 대위 계급인 공병대장의 임무를 수행했다.

또한 1847년 4월 세로 고르도 전투에서 무용을 세운 이후, 소령으로 진급한 그는 콘트레라스, 체루부스코, 차풀테펙에도 참전하였으며, 그중 마지막 전투에서 심각한 부상을 당했다. 그러나 이런 난관들을 통해 입증된 그의 탁월한 능력은 진급으로 연결되어 1852년부터 1855년까지는 웨스트포인트 사관학교의 감독관으로 후배들을 양성하였으며, 감독관 퇴임 후에는 제2기병대의 중령, 그리고 1861년 3월 16일에는 제1기병대의 대령이 된다.

이때까지 리 대령은 명예롭고 전도유망한 경력을 쌓아나갔다. 모든 임무를 효율적이고 신속하며 성실하게 수행했던 그는 매번 능력을 인정받아 진급으로 보상받았으며, 상관들은 그를 미 육군 역사상 가장 뛰어나고 유망한 인재 중 한 명으로 평가했다.

리가 인격적으로 청렴했다는 사실은 잘 알려져 있으며, 그의 충성심과 애국심은 의심할 여지가 없었다. 그러나 그는 최우선적으로 충성을 바쳐야 하는 대상이 그가 출생한 주여야 한다는 위험한 독트린에 물들었던 것으로 보인다.

버지니아가 연방 탈퇴운동이라는 잘못된 운명으로 들어섰을 때, 리는 친지와 아이들, 그리고 고향을 등지는 것은 자신의 신념에 반하는 것이라며 북부 연방군에서의 임무를 즉시 내던지고 새로 결성된 남부연방에 합류했다.

윈필드 스캇 장군에게 보낸 고별서신에서 그는 이러한 결정이 자신에게 주는 괴로움을 토로했으며, 그의 아내는 그가 "이 끔찍한 전쟁에 대해 피눈물을 흘렸다"고 전했다.

아마도 그의 진정성을 의심하는 사람은 거의 없을 것이다. 하지만 많은 사람들은 리와 같은 인재가 주 정부에 대한 잘못된 충성심으로 인해 배신자들과 운명을 같이하고, 자신의 놀라운 재능으로 국가를 분열시키려는 사악한 계획에 헌신하겠다고 결정한, 판단의 오류를 안타까워했다.

1861년 4월 25일 리는 연방정부가 부여한 모든 직위에서 사퇴한 후, 즉시 리치몬드로 건너가 렛쳐 주지사의 큰 환영을 받으며 버지니아군을 통솔하게 된다. 이어 5월 10일에는 버지니아군 지휘관 임무에 더해 남부연방군의 소장으로 진급한 그는 곧 정규군을 지휘하는 장군의 자리에 오른다.

그는 우선 서부 버지니아 산악지대 방어에 나섰지만 1861년 10월 3일, 그린브리어에서 J. J. 레이놀즈 장군에게 패배하였으며, 이후 대서양 해안 남부 지휘관으로 파견되었으나, 곧 버지니아로 다시 소환되어 수도방위군의 대장이 된다.

당시 리는 한때 옛 전우였던 맥클레런 장군이 지휘하는 포토맥군과 교전하여 라파하녹으로 퇴각시킨 데 이어 1862년 8월, 폽 장군 휘하의 버지니아 부대를 공격하여 워싱턴으로 몰아내었으며, 이후 포토맥 건너 메릴랜드로 진격한 리는 주민들에게 자신의 휘하에 들어올 것을 촉구하는 포고령을 내린다.

그러는 동안 맥클레런은 자신의 패잔병들을 재정비하여 해거스타운에서 리와 마주했고, 이틀간의 전투 끝에 리의 부대를 격퇴시켰다. 그 얼마 뒤, "스톤월(석벽)"이라고 불리던 잭슨의 지원으로 전열을 가다듬은 리는 9월 16일 전투를 재개했으나, 샤프스버그와 앤티탬에서 이틀간의 치열한 교전 끝에 결국 메릴랜드 교두보를 잃게 된다.

그러나 라파하녹 너머로 퇴각하면서, 프레데릭스버그에 진지를 구축한 리는 12월 13일, 번사이드 장군의 공격에 잔혹한 학살로 대응하며 반격에 성공했다.

1863년 5월, 챈슬러빌에서 후커에게 공격당했을 때도 리의 부대는 유사한 작전으로 승리를 거두었으며 이에 고무된 리는 그해 여름, 북부 진영으로 과감하게 진격하기로 결정한다. 1863년 7월 1일, 리는 드디어 펜실베니아 주 게티스버그에서 미어드 장군과 마주쳤고, 그렇게 현대 역사상 가장 잔혹한 전투가 펼쳐진다.

리는 이 전투 직후 버지니아 전장에 새롭게 등장한 그랜트 장군의 맹공격으로부터 남부 연방의 수도를 방위하고자 군을 소집했으나, 불굴의 그랜트는 1864년 봄과 여름, 조여드는 강철 벨트처럼 점진적으로 리치몬드 시를 고립시켰으며, 남부군들이 공격을 감행할 때마다 무참히 격퇴시켰다.

이러한 급박한 상황 속에서 남부 연방의 요새를 간신히 지켜내고 있던 리는 남부의 희망과 운명을 짊어진 남부군의 최고통수권자가 되어 1865년 봄까지 남부연방의 패잔병들을 모으고 점차 좁혀 들어오는 이 끔찍한 전선을 타개하기 위해 헛되이 애쓰며 저항했다.

그러나 벅스빌에서의 절망적인 노력을 마지막으로 1865년 4월 9일, 리는 패배를 인정할 수밖에 없었으며, 그랜트 장군이 제시한 너그러운 항복 제의를 받아들였다.

리는 가석방 된 후 웰든으로 물러났으며, 곧 연방 정부에 정식으로 항복했다. 이후 그는 세계사에서 유례를 찾아볼 수 없는 전격적인 사면을 통해, 미국 연방을 해체하고 정부를 파괴하려던 남부연방의 정신 나간 시도에 일조한 행위를 공식적으로 용서받았다.

항복한 후 얼마 되지 않아, 리는 버지니아 렉싱턴에 있는 워싱턴 대학의 초청을 받아 1865년 10월 2일, 총장으로 추대되었다. 그때부터 그는 이 대학의 발전를 위해 헌신하는 삶을 살았으며, 과거에 반역세력에 합류했던 그의 이력을 통렬히 비판하던 사람들조차 그의 겸손한 미덕과 청렴한 삶에 존경을 표했다.

조지 커스터

1839년 12월 5일~1876년 6월 25일

솔트레이크시티—'헬레나 (몬태나) 헤럴드'의 특파원은 몬태나 스틸워터에서 7월 2일자로 다음과 같은 기사를 작성했다.

"기번 장군의 척후병 머긴스 테일러는 리틀 혼 강을 출발하여 지난밤 이곳에 도착하였으며, (조지 암스트롱) 커스터 장군이 리틀 혼의 캠프에서 2,000여 개의 인디언 막사를 발견하고 즉시 공격을 감행했다고 전했다. 커스터 장군이 5개 기병중대를 이끌고 캠프의 중심부를 공격한 것은 분명하나, 이 파견대가 정확히 어떤 작전을 구사했는지는 알려진 바가 없다. 다만 시신들의 위치로 이동 경로를 추측해 볼 따름이다.

레노 소령이 또 다른 7개 기병중대를 이끌고 캠프의 후미를 공격하자, 인디언들 역시 사방에서 결사적으로 대항했다. 이 전투에서 커스터 장군을 비롯해 그의 두 형제, 조카, 처남이 모두 사망했고, 그의 기병대는 단 한 명도 도망치지 못했다. 300명으로 추정되는 사망자들 중 207명이 한 곳에 집단 매장되었으며, 살아남은 부상자는 총 31명이었다.

이렇듯 제7중대는 호랑이처럼 용맹하게 싸웠음에도 불구하고 야만인 무리에 압도당하고 말았다. 인디언 측의 손실은 측정할 수 없다. 인디언들은 살해당한 군인들의 무기를 모두 약탈했으며 임무수행 중이던 17명의 장교를 처형했다. 그렇게 커스터 가문 전체가 종대의 선두에서 사망하고 말았다. 이따금 시신들을 말에서 끌어내리는 인디언들의 모습이 포착되고 있다는 전언이다.

이 기사는 전투가 끝난 전장을 확인한 테일러의 증언에 근거하여 작성되었다. 그리고 커스터가 마주한 공포스러운 재앙에 대해 기술한 기타 서신들로 위 내용들이 재확인되었다."

조지 암스트롱 커스터 소장은 시팅불 족장이 이끄는 수 부족 캠프에 대한

공격을 총지휘하던 중 전사했다. 그는 미 육군에서 가장 용감하고 명망 높은 장교들 중 한 명이었으며, 지난 15년 동안 조국과 그의 동료들은 그를 어떤 위험도 두려워하지 않는 진정한 군인으로 평가해왔다. 그는 지나칠 정도로 대담했지만 한편으로는 그 누구보다도 관대한 사람이었다. 그런 그를 많은 사람들이 오래도록 기억할 것이다.

1839년 12월 5일, 오하이오 주 해리슨 카운티의 뉴럼리에서 태어난 커스터는 공립 중고등학교를 졸업한 뒤 한동안 사범대에 머물다가 1857년 6월, 미 육군 사관학교에 입학했다. 그리고 1861년 6월 24일, 사관학교 역사상 가장 우수했던 기수 가운데 34등의 성적으로 졸업한 그는 웨스트포인트를 떠나자마자 예전에 로버트 E. 리가 지휘하던 미국 제2기병연대 G중대에 소위로 임관하게 된다.

당시 커스터가 스캇 중장에게 전입 신고를 한 7월 20일은 불런 전투를 하루 앞두고 있던 상황이었으며, 중대에 남거나, 전장으로 나아가 맥도웰 장군 휘하의 연대에 합류하거나, 둘 중 하나를 선택하라는 지시를 받은 커스터는 후자를 선택했으며, 호의적이라고는 할 수 없는 사람들로 가득한 시골길을 밤새 달려서 21일 새벽, 맥도웰 장군의 사령부에 도착했다.

커스터가 도착했을 때, 전투 준비는 이미 시작된 후였기에 그는 스캇 장군의 전언을 전달한 뒤 커피 한 모금과 단한 빵 한 조각으로 서둘러 식사를 마치고 연대에 합류했다. 그 후 벌어진 전투의 재앙에 대해 여기서 이야기할 필요는 없을 듯하다. 다만 커스터가 전장에 남은 마지막 패잔병들 중 한 명이었다는 점을 언급하는 것만으로도 충분할 것이다.

그러나 이 젊은 장교는 계속해서 이 연대에 남아 워싱턴 방어를 위해 자원한 신병들을 훈련시키는 일을 담당했다. 그런데 이 무렵 육군 준장으로 진급한 필 키어니가 커스터를 여단으로 불러들였고, 커스터는 자신의 중대를 이끌고 포토맥 부대 일부와 함께 남부군들이 물러나 텅 비어 있던 머내서스로 진군하기 시작했다.

그런데 주력부대가 채 도착하기도 전에, 이 북부군 기병대는 캐틀릿 역 근처에서 남부의 기병들과 처음 맞닥뜨리게 된다. 이에 지휘관이 적진의 선두를 공격할 자원자를 모집하자 커스터가 앞으로 나섰다. 그렇게 자신의 중대를 이끌고 첫 공격을 감행한 커스터는 남부군들을 머디 크릭 너머로 몰아내면서 다수의 적들에게 부상을 입혔으며, 그러는 동안 그의 중대가 입은 피해는 단 한 명의 부상병뿐이었다.

이후 예정대로 포토맥 부대와 함께 머내서스 반도에 당도한 커스터는 요크타운 전방에 주력부대가 자리잡을 때까지 기병중대에 남아있었으며, 이후에는 공병부관이 되어 적 전선의 최근방에서 진지공사를 진행하는 과감한 작전을 펼쳤고, 결국 완성해냈다. 또한 요크타운에서 적들을 추격하던 핸콕 장군의 선발부대에 동참한 커스터는 얼마 지나지 않아 포토맥 부대를 상징하는 선두깃발을 잡게 된다.

이때부터 커스터는 거의 언제나 모든 일에 선두로 나섰다. 포토맥 부대가 치카호미니에 도착했을 때도 그가 제일 먼저 강을 건넜으며 적군 초계병의 사격에 직면했을 때에도 마찬가지였다. 때로는 겨드랑이까지 차는 물을 건너야만 했다.

이런 그의 용감함에 탄복한 맥클레런 장군은 그를 대위로 진급시키며 자신의 보좌관으로 등용했다. 이후 머내서스 반도 출정 기간 동안 거의 모든 전투에 참가했던 커티스는 게이네스 밀스 전투에서 남부군 점령 고지를 표시하는 임무를 수행한 데 이어, 사우스 마운틴 전투, 앤티탬 전투, 챈슬러스빌 전투에도 참여했으며, 챈슬러스빌 전투 직후에는 당시 기병대 사단을 지휘하던 플래슨턴 장군의 보좌관이 되어 가장 저돌적인, 혹은 일각의 평가에 따르면 가장 무모한 현역 장교로 이름을 알리게 된다.

한편 소장으로 정식 진급한 플래슨턴은 자신의 휘하에서 4개 부대를 이끌 장교 보직을 신설해달라고 요청했는데, 이때 젊은 커스터가 파격적으로 중용되어 제1, 5, 6, 그리고 7 미시건 기병대의 지휘관이 된다.

커스터는 그 유명한 게티스버그 전투에서도 오른쪽 전열을 맡아 햄튼의 기병사단과 마주했으며, 치열한 전투 끝에 남부군을 궤멸했다. 당시 커스터가 타던 말 두 마리가 총에 맞는 아찔한 순간도 있었다. 이후 포토맥으로 진격해오는 적에 대항하기 위해 또 다시 최전선에 선 커스터는 전투의 결말을 낙관하기 어려운 상태에서 400대 이상의 마차를 파괴했다.

또한 메릴랜드의 헤이거스타운에서도 타고 있던 말이 총에 맞아 쓰러지는 위기 속에서, 커스터는 소규모 여단을 이끌고 폴링 워터스의 남부군 후방부대 전체를 공격했다. 당시 커스터의 공격으로 남부 연방의 지휘관 페티그루 장군이 사망했으며, 그의 관할 부대는 완패하여 1,300명이 포로로 잡혔다.

그러던 1864년, 윌더니스 전투을 마무리 지은 커스터는 같은 해 5월 9일, 셰리던 장군의 지휘 아래 그 유명한 습격작전을 감행하기 위해 리치몬드로 향했다. 당시 커스터의 여단은 비버 댐을 포로로 잡았으며, 남부군의 보급품을 실어 나르던 열차와 역들을 불태우고, 400여 명의 북부군 포로들을 해방시키는 전과를 올렸다. 이후 커티스는 남부 연맹의 리 장군이 항복하기 전까지 일개 사단을 지휘하게 된다.

한편, 남부군들이 애퍼매톡스로 퇴각했을 때, 셰리던이 이끄는 선발대에서 활약했던 커티스의 모습은 '마지막 작전 중인 셰리던과 함께'라는 흥미로운 서적에 잘 묘사되어 있다.

"해가 서쪽으로 저물기까지 한 시간쯤 남았을 때, 활력이 넘치는 커스터는 먼저 보급창고와 보급식량이 실린 대형 열차 4대를 염탐했다. 이후 커스터는 선발대에게 숲을 거쳐 왼쪽으로 우회하라고 명령했고, 이 선발대가 역을 넘어 철도로 접근하자마자 나머지 여단을 이끌고 도로로 돌진하여 눈 깜짝할 사이에 기차를 에워쌌다."

이렇게 시작된 묘사는 다음과 이어진다. "기병대의 선두에는 금빛 머리카락에, 굳은 표정의 그을린 얼굴 위로 넓은 솜브레로 모자를 젖히고, 어깨 위로 붉은 크라바트(남성용 스카프의 일종)를 날리며, 금박으로 빛나는 외투 소매에, 쨍그랑대는 박차가 달린 부츠 안에 권총을 넣은 채 육중한 클레이모어 검을 휘두르며 말을 타고 있는 커티스가 있었다. 그 거칠고도 무모한 군인 말이다."

그렇게 내전의 최전선에서 맹활약하던 커티스가 국경 수비를 위해 제7 미 기병대의 중령으로 부임한 것은 1866년 7월 28일의 일이었다.

율리시스 S. 그랜트

1822년 4월 27일~1885년 7월 23일

뉴욕 주, 마운트 맥그레거—금일 오전 8시 6분, 율리시스 S. 그랜트 장군이 가족들이 지켜보는 가운데, 별다른 고통의 징후 없이 서거했다. 갑작스러운 사건들이 으레 그렇듯 그의 임종은 예고 없이 찾아왔다. 가족들은 밤새도록 그가 누워있는 방과 현관 근처에 머물며 교대로 그의 곁을 지켰다.

새벽 3시가 지난 후 그랜트는 속삭임조차 없었다. 곧 각성제가 듣지 않는 상황이 되었다. 그렇게 죽음은 서서히 다가오기 시작했다. 침대에 누워있는 장군의 창백한 얼굴에는 아직 희미한 온기가 남아 있었고 눈은 감겨 있었다. 가족이나 의사 등 현장에 있던 누군가가 그에게 말을 걸면 가끔 눈을 떴다. 그 외에는 할 수 있는 것이 없었지만 눈만은 분명하게 뜰 수 있는 기력을 붙잡고 있었고, 폐와 맥박이 느려지는 상황에서도 정신만은 흐려지지 않았다.

아침 햇살이 소박한 시골집 입구를 넘어 임종을 기다리는 가족들 위에 머물렀다. 주치의는 가족들에게 어떤 변화라도 있으면 즉시 알리겠다고 했다. (7시 45분경) 변화가 왔다. 주치의 쉬래디 박사가 가족들을 불렀다. 침대는 방 한가운데 놓여 있었다. 더글러스 박사는 장군의 머리맡으로 의자를 당겼다.

그랜트 부인이 들어와 반대편에 앉았다. 그녀는 자신의 하얀 손을 가볍게 마주 쥐었다.

아들 그랜트 대령이 들어오자, 더글라스 박사는 자리를 양보했다. 대령은 찾아올 때마다 하던 대로 아버지의 이마를 가볍게 쓰다듬었다. 앉아있는 사람은 대령과 그랜트 부인뿐이었다. 새토리스 부인은 모친 곁에 서 있었고, 쉬래디 박사는 조금 더 물러나 있었다. 제시 그랜트는 침대 머리판에 기대어 장군에게 부채질을 하고 있었다. 율리시스 주니어는 발치에 서 있었다. 더글라스 박사는 대령의 뒤에 그대로 있었다. 세 명의 며느리들은 그의 발치 근처에 모여 있었다. 해리슨은 출입구 쪽에 서 있었고, 간호사 헨리는 멀찍이 구석에 있었다. 그리고 창가에는 샌즈 박사가 있었으며, 장군의 어린 두 손자 율리시스 그랜트 주니어와 넬리는 위층 아이 방에서 잠을 자고 있었다.

모든 눈이 장군을 향해 있었다. 그의 호흡이 빠르게 얕아지고 있었다. 그랜트의 얼굴에 파리한 그림자가 서서히, 그러나 눈에 띄게 드리워졌다. 드러난 그의 목이 잦아진 숨으로 떨리고 있었다. 가볍게 움직이는 바깥공기가 동쪽 창의 커튼을 펄럭이게 했고 그 틈으로 하얀 햇살이 드리워졌다. 햇살은 막대처럼 방안으로 길게 들어와 임종을 맞이하는 침대 위에 걸린 링컨의 초상화를 비추었다. 햇살은 그 옆에 걸린 장군의 초상화까지는 닿지 않았다. 그늘진 방에 모여 지켜보는 사람들, 떨리는 빛 한줄기, 그렇게 모두의 시선이 침상 위의 베개에 고개를 누인 한 사람에게로 향해 있었으며, 모두가 마지막이 다가오고 있음을 알았지만 고통의 신호가 없음에 감사하고 있었다. 이것이 당시의 소박한 장면이었다.

장군은 움직임이 없었다. 단지 그가 입은 환자복만큼이나 하얀 목의 떨림만이 생명이 남아있음을 보여주었다. 얼굴은 평온했다. 고통의 징후는 없었다. 시간은 고요하게 흘렀다. 링컨 초상화에 드리워진 빛이 서서히 가라앉았다. 순간 장군이 눈을 떠 주위 모두의 얼굴을 바라보았다. 그는 부인의 그윽한 눈빛과 마주하자 시선을 멈췄다. 갑작스러운 목의 움직임, 몇 번의 조용한 들숨과 날숨, 그리고 부드러운 잠에 빠진 모습이 이어졌다. 애정 어린 시선들이 여전히 그에게 머물렀다. 그는 미동도 없이 누워있다. 그 순간 창문의 커튼이 다시 제자리로 잦아들며 햇빛을 가렸다.

"결국..." 쉬래디 박사가 속삭였다.

"운명하셨습니다." 더글라스 박사가 탄식하듯 말했다.

대령이 현실을 깨닫고 부친의 손을 부여잡은 채 침대 옆에 무릎을 꿇을 때까지도 그랜트 부인은 실감하지 못했다. 그녀는 손수건에 얼굴을 묻었다. 방안에는 아무 소리도 나지 않았다. 슬픔을 주체하지 못하고 흐느끼는 일도 없었다. 조용하게 떠난 고인을 따라 그 순간에는 슬픔이 억제되었다. 의사들은 물러났다. 임종의 순간에 도착했던 뉴먼 박사만이 남아 고통 너머의 고요한 얼굴을 들여다보고는 고개를 숙였다. 잠시 정적이 있었다. 이어 그는 그랜트 부인을 거실로 인도했으며, 다른 가족들은 각자의 방으로 갔다.

장군이 사망한 지 2분도 채 안 되어 미국 전역에 속보가 전해졌다. 그 속도가 얼마나 빨랐던지 이곳 호텔에 머물던 손님들이 사망 소식을 접하기도 전에 뉴욕 시민들은 그의 죽음을 애도하고 있었다. 그리고 장군의 가족들이 각자의 방으로 돌아가던 바로 그 순간, 장의사 홈즈가 새라토가를 출발해서 장군의 집으로 향하고 있었다. 밤새 그를 기다린 특약 열차가 사망 소식 즉시 엔진을 가동시켰기 때문이다. 조각가 고하르트에게는 고인의 데드마스크를 만들어도 좋다는 소식이 전해졌다. 장군의 시신은 그가 마지막으로 입고 있던 흰 플란넬 가운과 가벼운 옷차림 그대로 여전히 침대에 안치되어 있었다. 고인의 얼굴은 약간 부풀어 올라, 그의 초상화에 담긴 익숙했던 예전 모습과 비슷해 보였다.

이른 시간부터 가족들에게 조의 전보와 함께 도움의 제의가 쏟아지기 시작했다. 특히 워싱턴의 솔저스 홈 국립묘지 관계자들은 묘지 내에서 도시가 내려다보이는 언덕의 매장지를 신중하게 골라 제안했다.

아들 그랜트 대령은 시신 안치와 관련한 문제에 대해서, 장군이 이미 자신의 유지를 담은 노트를 남겼다고 밝혔다. 장군은 이달 내로 자신이 죽을 것임을 예상하고 있었다. 그랜트는 자신의 죽음으로 인해 가족들이 무더운 날씨에 도시로 향하는 것이 마음에 걸린다며, 도시로 돌아가기에 불편하지 않고, 혹시 있을지 모를 국가 장례 절차를 원활하게 할 수 있을 만큼 서늘해질 때까지 자신의 시신을 방부처리하여 이곳 언덕에 임시로 안치하는 것을 제안했다. 이런 뜻을 밝히면서 장군은 자신이 뉴욕에 안장될 것이라고 추정했다. 워싱턴은 언급되지 않은 장소였다.

그러나 그랜트는 생전에 가족들이 워싱턴의 매장지와 관련해 셰리던 장군과 서신을 주고받았던 것이나, 셰리던이 솔저스 홈 국립묘지에 자리를 선정한 것에 대해 알지 못했다. 금일 오전에는, 아마도 장군이 워싱턴을 선호했음에도 겸손한 성품으로 인해 차마 언급하지 못한 것이라는 주장도 나왔다. 그럼에도 가족들은 그의 유지를 따르고자 했다.

[그의 노트는 6월 24일 작성되었다.] 당시 이른 저녁, 아들의 사무실에 들어선 그랜트 장군은 대체로 다음과 같은 내용이 담긴 노트를 아들에게 건넸다.

"내가 희망하는 세 군데의 장지가 있다."

"웨스트포인트. 나는 아내가 내 옆에 묻힐 수 없다는 사실만 아니었으면 다른 곳보다는 이곳을 선호했을 것이다."

"갈레나, 혹은 일리노이의 다른 장소. 처음 장군으로 부임한 곳이기 때문이다."

"뉴욕. 내가 어려움에 처했을 때, 이곳의 사람들이 친구가 되어주었기 때문이다."

이후 병실로 돌아갔던 그랜트는 몇 분 뒤에 다시 아들의 사무실 앞에서 서성였으며, 그런 아버지에게 아들은 이렇게 말했다.

"저는 싫습니다, 아버지." 아들이 노트를 내밀며 말했다.

"거기서 네가 싫은 곳은 어디냐?" 장군은 쉰 목소리로 속삭이듯 물었다.

"전부 다요. 이런 얘기는 할 필요가 없어요."

그렇게 노트를 되돌려 받은 장군은 더 이상 내용을 알아볼 수 없을 때까지 갈기갈기 찢어서 쓰레기통에 던져버린 다음 말 없이 병실로 돌아갔다.

이때가 장군이 처음으로 자신의 장례에 관해 언급했던 순간이었다. 그러나 가족들은 그의 몸 상태가 눈에 띄게 쇠약해지고 있던 4월부터 이미 장례준비를 하기 시작했었다. 물론 희망은 버리지 않고 있었으나, 그의 가족들은 막상 일이 닥치면 경황이 없어 이 문제를 제대로 결정할 수 없을 거라고 염려하면서 워싱턴에 위치한 솔저스 홈 국립

묘지가 적합할 것이라고 생각하고 있던 셰리던 장군과 연락을 하기 시작했다. 그 외에 다른 많은 사람들도 그랜트가 구해냈던 도시, 워싱턴을 그의 마지막 인식처로 염두에 두고 있었으며, 그의 시신을 워싱턴으로 운구하기 위한 계획도 세워졌다.

그러나 결국 그랜트 장군의 희망대로 시신은 뉴욕에 안장될 것이 확실하다. 센트럴 파크든 아니든, 가족들은 올봄에 논의되었던 대로 추후 그랜트 부인과 합장한다는 조건하에서 묘지를 선정할 예정이다.

[생전 마지막 몇 주 동안 그랜트는 부인에게 매우 감정적이었으나, 그녀는 희망을 잃지 않았었다.]

그랜트가 가족들과 함께 거실에서 시간을 보내고 있던 어느 날 저녁, 그의 아들은 장군의 회고록 출간을 담당하고 있던 웹스터&코 출판사가 책의 예약판매 부수로 봤을 때, 장군에게 30만 달러의 인세가 보장된다는 서신을 보낸 사실을 언급했다. 이에 장군은 편지지를 들어 무언가를 적은 다음 부인에게 건넸다.

"인세는 모두 당신 것이오, 줄리아."

그녀는 울기 시작했고 한동안 진정하지 못했다. 그날 저녁 그랜트 부인은 기도를 하며 용기를 얻었고, 다음날엔 여느 때처럼 그랜트의 회복을 낙관했다.

"나는 이전에도 위기에 처한 남편을 보았어요." 그녀는 종종 이렇게 얘기했다. "전쟁 중에 남편에 관해서 비관적인 의견을 갖고 있는 사람은 내 주변을 포함해서 얼마든지 있었어요. 신문이나 지인들은 그가 빅스버그를 탈환할 거라고 믿지 않았고, 버지니아에서 뭘 할 수 있을지에 관해 회의적이었어요. 그렇지만 나만큼 그를 잘 아는 이는 없었기에 나는 언제나 그가 성공할 것이라고 자신했죠. 그런 오랜 믿음이 날 지탱해주고 있어요. 그러니 나는 그가 이번 위기에서도 예전처럼 빠져나올 수 있으리라 확신하고 있습니다."

[이 부고 기사에는 40,000단어 이상의 전기적 묘사가 첨부되어 있었다.]

조지 패튼

1885년 11월 11일~1945년 12월 21일

독일, 프랑크푸르트 암 마인—조지 스미트 패튼 주니어 장군이 2주 전에 있었던 교통사고로 인한 흉부 마비와 폐 폐색증으로 오늘 오후 5시 50분(미 동부 기준시로 오전 11시 50분)에 사망했다. 그는 제2차 세계대전 당시 가장 강렬한 인상을 남긴 연합군 전투 지휘관이었다.

또한 미국 제3군의 지휘관이었던 패튼은 하이델베르크 육군 병원에서 잠든 채로 임종을 맞이했다. 그의 나이는 60세였다. [패튼은 룩셈부르크에 있는 미군 공동묘지에 제3군의 다른 전사자들 곁에 안장될 예정이다.]

—캐슬린 맥라플린 기자

대범하고, 독특하며, 의욕을 고취시켰던 조지 스미스 패튼 주니어 장군은 북아프리카, 시칠리아, 그리고 서부전선에서 위대한 승리를 이끌었다. 독일 나치의 장군들도 그를 미군 야전 사령관들 중에서 가장 두려워해야 할 인물로 지목했을 정도였다.

패튼은 손잡이가 자개로 장식된 리볼버 두 자루를 허리에 차고 전투에 나섰다. 그는 거친 언사로 악명 높았지만 미 육군의 전통으로 계속 회자될 어록 또한 남겼다. 일례로, 패튼은 북아프리카 상륙작전을 앞두고 부대원들에게 그동안 연승을 이끌었던 자신의 신조를 이렇게 요약했다. "우리는 완전히 지칠 때까지 계속 공격할 것이고, 그 이후에도 다시 공격할 것이다!"

1943년 3월, 엘 구에타르에서 벌어진 나치군과의 주요 전투에서 미군의 첫 승리를 이끌었던 패튼은 그해 7월, 상륙선에서 훌쩍 뛰어내려 바다를 헤치며 나아가 시칠리아 젤라의 해안 교두보에 올라섰다. 그리고 38일 후, 패튼이 지휘하는 미국 제7군과 버나드 몽고메리 장군 휘하의 영국 제8군이 시칠리아 전체를 점령하게 된다.

그러나 패튼 장군이 자신의 위대함을

가장 명확히 보여준 곳은 그가 친애하던 제3군과 함께 활약한 서부전선이었다. 시칠리아 점령 이후 10개월 동안, 패튼의 기갑부대와 보병부대는 프랑스, 벨기에, 룩셈부르크, 독일, 체코슬로바키아, 오스트리아, 이상 6개국 전선을 호령하며 진격했다. 당시 그들은 센, 루아르, 모젤, 자르, 라인, 다뉴브 등 수많은 강들을 가로지르며 75만 명의 나치군을 무장해제시켰고, 여타 50만 명의 적을 죽이거나 불구로 만들었다. 때때로 미군 최고사령부가 위치를 파악하지 못할 정도로 전선을 휘젓고 다녔던 패튼의 선

봉대는 공중 투하 방식으로 가솔린과 지도를 보급받아야 할 때도 있었다.

패튼의 가장 잘 알려진 별명 "올드 블러드 앤드 것츠(Old Blood and Guts ; 유혈 낭자한 무용담)"는 패튼 본인은 싫어했지만 부하들은 즐겨 사용했으며, 그의 휘하에 있다가 상이용사가 된 병사들은 "패튼의 배짱과 나의 유혈"이라고 말하곤 했다. 그의 다혈질적인 노여움과 거친 언행은 전설적이었다.

그러나 패튼 장군에게도 두 권의 시집을 저술할 정도로 부드러운 면이 있었다. 자신이 죽기 전에는 이를 출판하지 말라는 조건이 붙기는 했지만 말이다. 종교적으로도 독실하여 교회에서 찬송가 부르는 것을 즐겼으며, 성공회식 아침기도문을 외우기도 했다.

그러나 패튼은 논란의 중심이 될 운명을 타고난 듯했다. 명성과 인기가 절정에 있었을 때도, 그는 거듭되는 실언과 분별없는 행동으로 소란을 불러일으켰다. 그 가운데 가장 잘 알려진 에피소드는 전쟁 피로증으로 고통받고 있던 어떤 병사를 꾀병이라며 폭행한 사건이었다.

이 사건으로 그를 지휘관에서 해임해야 한다는 많은 탄원이 있었고, 미 상원은 패튼의 소장 진급을 1년 가까이 확정하지 않았다. (드와이트 D.) 아이젠하워 장군 또한 그를 매섭게 힐책했으나 다른 한편으로는 패튼이 자격요건과 충성심, 그리고 강인함을 갖춘 귀중한 인재라고 옹호하기도 했다.

이 논란은 패튼이 런던 주재 미군 클럽 오프닝 연설에서 또 다른 분란을 일으킬 때까지 가라앉지 않았다. 이 연설에서 패튼이 영국인과 미국인은 세계를 지배할 운명이라고 말했다는 소문이 떠돌자 비판이 쏟아졌고, 육군 공보관들은 실제로는 그가 "영국 및 미국, 그리고 물론 러시아가" 세계를 지배 할 운명이라고 말했다고 변명해야만 했다.

전쟁 후에도 패튼은 독일에 주재하던 미국 특파원과의 인터뷰로 공분을 일으켰다. 당시 그는 미 군정이 주둔해 있던 독일 바이에른 주에서 비(非)나치화에 대한 너무 많은 논란이 벌어지고 있다고 설명하면서 나치당을 민주당과 공화당 간의 선거 경쟁에서 패배한 인사들에 비유했다.

아이젠하워 장군은 즉시 그를 질책했다. 이에 패튼은 나치즘의 완전하고 무자비한 제거를 규정하고 있는 포츠담 조약에 충실할 것을 약속했으나 결국 1945년 10월 2일, 제3군의 지휘권을 내려놓게 된다. 이후 그는 세계대전에서 배운 전략적 교훈을 연구하는 명목상의 조직이었던 제5군의 지휘를 맡았다.

패튼은 조지 스미스 패튼 주니어(2세)로 서명했지만, 실제로는 3세였다. 조부 조지 스미스 패튼 1세는 버지니아 사관학교 졸업생으로 남부군의 대령이 되어 시더 크리크 전투에서 전사한 인물이었다.

패튼의 부친은 버지니아 사관학교를 거쳐 법학을 전공한 인물로, 미 서부로 이주한 후 로스앤젤레스의 초대 시장 벤자민 윌슨의 딸과 결혼했으며, 그렇게 1885년 11월 11일, 캘리포니아 샌가브리엘의 가족 목장에서 패튼이 태어나게 된다.

어린 시절부터 뛰어난 기수였던 패튼은 18세에 동부의 버지니아 사관학교에 입학하였으나, 1년 후 웨스트포인트 사관학교로 학적을 옮기며 1909년 졸업기수가 된다. 패튼은 성적이 그다지 좋지 않았던(일생동안 그는 철자법에 약했다) 대신 뛰어난 운동선수였다. 육상부에서는 뛰어난 단거리 선수였으며, 펜싱, 수영, 승마 및 사격에도 능했던 그는 사관생도 중 두 번째로 높은 직위인 생도 부관의 자리에 오르기도 했다. 이후 1910년 5월 26일, 패튼은 보스턴 출신의 베아트리스 아이어와 결혼했으며, 1남 2녀를 두었다. 또한 1912년, 그는 스톡홀름 올림픽에서 미국 국가대표로 근대 5종 경기에 출전하여 30여 명의 출전 선수들 가운데 5위의 성적을 거두었다.

패튼의 첫 부임지는 일리노이 주의 셰리던 요새였으나 1911년 12월, 새로운 기병대를 조직하라는 임무를 받고 버지니아의 마이어 요새로 파견된다. 이후 1913년에는 프랑스로 건너가 프랑스식 기병체계를 공부했으며, 미국으로 복귀한 뒤에는 캔자스 주 라일리 요새에 위치한 마운티드 훈련학교에서 검술사범직을 맡았다.

그리고 1916년, 판초 비야가 일으킨 반란을 진압하기 위해 멕시코로 파병된 토벌대를 지휘하던 존 J. 퍼싱 사령관의 부관이 되어, 이듬해 이 장군과 함께 다시 프랑스로 건너간 패튼은 프랑스 기갑부대 훈련소에 합류하는가 하면, 영국이 처음으로 대규모 기갑부대를 투입했던 캉브레 전투에도 참전했다.

또한 랑그르에서는 미군 탱크 센터를 조직하고 감독하라는 임무를 부여받아 이를 훌륭하게 완수한 공로로 무공훈장을 받았던 패튼은 1918년 9월, 상 미엘 작전에서 제304 전차여단을 이끌며 뛰어난 리더십을 발휘했다.

더불어 그해 늦가을 뫼즈 아르곤 공격 작전에서 왼쪽 다리에 심각한 부상을 입는 등, 제1차 세계대전에서 맹활약했던 패튼은 미국으로 복귀한 뒤로 다수의 기갑부대와 기병연대를 거치며 점점 더 노련한 지휘관이 되어갔다.

그러던 1940년 여름, 미국이 재무장을 시작하던 바로 그 시기에 패튼은 대령이 되어 있었다. 당시 그는 조지아 주 포트 베닝에 파견되어 이제 막 구성된 제2기갑여단을 지휘했으며, 1941년 4월에는 사단장으로, 곧이어 군단장으로 진급하면서 캘리포니아 사막훈련센터를 담당하게 된다.

그리고 북아프리카 공격이 계획되었을 때, 패튼 장군은 모로코 상륙을 담당하기로 예정되어 있었다. 그러나 그해 2월, 미군이 카세린 협곡에서 고전을 면치 못하자 그는 제2군단의 지휘를 맡아 몽고메리 장군 휘하의 영국 제8군이 추격했었던 나치군을 산과 바다 사이의 회랑 지대까지 퇴각시켰다.

그런데 4월 16일, 제2군단의 지휘권이 패튼 장군에서 오마르 브래들리 장군으로 넘어갔으며 이에 패튼 장군이 밉보였다는 소문이 돌았다. 그러나 실제로는 아이젠하워 장군이 7월의 시칠리아 상륙 작전에 대비하여 제7군을 준비시키기 위해 그를 전선에서 철수시킨 것이었다. 이 상륙 작전은 매우 성공적이었으며, 패튼 장군의 부대는 시칠리아 북부의 팔레르모까지 가로지른 후, 북부 해안을 따라 메시나까지 차례차례 점령해 나갔다.

부하들에게 만큼이나 스스로를 다그쳤던 패튼 장군은 당시 누적된 피로로 전선 근처의 군병원에 들르게 되었는데, 그곳에서 겉으로는 부상의 징후가 없었으나 전쟁 피로증을 진단받은 두 명의 병사와 마주치게 된다. 이에 패튼은 그들에게 "겁쟁이들(yellow bellies)", 혹은 언급할 수 없을 정도로 모멸적인 저주를 퍼부었고, 그들 중 한 명을 헬멧 라이너가 날아가도록 심하게 구타했다.

비난 여론이 들끓자, 아이젠하워 장군은 패튼 장군을 호되게 질책했으나 공식적인 징계는 없었다. 이후 패튼 장군은 당시 현장에 있었던 모든 사람들에게 개인적으로 사과했으며, 제7군의 각 사단에도 공식적인 사과문을 전달했다.

그런데 얼마 후, 패튼이 이탈리아 본토 군사작전에서 제외되자 일각에서는 그가 좌천된 것이 아니냐는 얘기가 돌았다. 그러나 이번에도 아이젠하워가 배후에 있었다. 그는 패튼에게 앞으로 예정된 대규모 침공작전의 핵심 역할을 맡기기로 결정했으며, 이에 패튼은 잉글랜드에서 준비 작업을 하고 있었던 것이다.

1944년 6월 6일(노르망디 상륙작전일) 이후 거의 두 달 동안, 패튼 장군의 행적은 미스터리로 남아있다. 당시 그가 잉글랜드에 있다는 정보는 노출되어 있었지만, 정확한 위치를 파악할 수 없었던 나치 정보부는 그가 새로운 상륙작전을 펼칠 것을 우려해, 최고사령부로 하여금 노르망디 해안에서 멀리 떨어진 파드칼레에 독일 제15군을 주둔토록 했다.

그러나 미 제3군은 이미 극비리에 노르망디 해안 교두보에 상륙해 제1군의 후방에 숨어 있었다. 7월 25일, 제1군이 생로 시와 바다 사이의 독일군 전선을 무너뜨리자, 제3군이 이 틈을 타 해변으로 쏟아져 들어갔다. 그렇게 패튼 장군의 기갑부대와 기동대는 연료보급 부족으로 추격을 중단할 때까지 항공으로 보급품을 공수받으며 프랑스를 가로질러 모젤까지 적들을 격파하며 나아갔다.

혹독했던 그 가을, 패튼 장군의 부하들은 느리지만 꾸준히 전진했다. 그리고 10월 3일부터 11월 22일까지 패튼의 부대는 1,500년 역사상 단 한 번도 공격받은 적이 없었던 메츠 시에서 피비린내 나는 전투를 감행했다. 그들은 요새 하나하나, 거리 하나하나를 집요하게 공격한 끝에, 마침내 도시 전체를 점령하는 데 성공한다.

이후 12월 초, 제3군은 자르 유역을 공격하기 시작했으나, 독일군 장군 폰 룬트슈테트이 이끄는 습격대가 미 제1군의 북부 전선에 치명타를 가하자 상황은 급격히 전환된다. 당시 "벌지(bulge; 독일군 최후의 대반격을 일컬음)"로 인해 남부에 고립되어 있던 아군을 구출하라는 명령을 받은 패튼은 놀라운 속도로 부대를 재배치했으며, 그렇게 제3군은 단 3일 만에 나치의 남부 진영을 공격하기 시작했다. 당시 일부 사단은 오픈 트럭으로 장장 241km를 이동하기도 했다. 그러던 12월 28일, 드디어 바스토뉴 고지까지 진격한 패튼은 이후 한 달 동안 더 이상 적의 총성이 울리지 않을 때까지 집요하게 공격을 이어나갔다.

그리고 이듬해 2월, 제3군은 지크프리트 전선을 뚫고 자르-팔츠 지역의 나치군을 격파하며 모젤 강을 건넜다. 이후 제3군은 3월 17일 코블렌츠를 포위한 뒤, 4월 18일에는 체코슬로바키아 국경을 넘었으며, 9일 후에는 오스트리아로 진격했다. 모든 총격이 멈췄을 당시, 제3군 선발대는 린츠 근처에 주둔하고 있었다.

더글러스 맥아더

1880년 1월 26일~1964년 4월 5일

워싱턴—미 육군의 더글러스 맥아더 장군이 생을 위한 결연한 사투 끝에 오늘 타계했다. 향년 84세.

제2차 세계대전 당시 일본과의 전쟁에서 연합군을 승리로 이끌었고, 한국전쟁에서 UN군을 지휘했던 장군은 지난 3월 2일부터 입원해 있던 월터 리드 육군병원에서 오늘 오후 2시 39분 사망했다. 사인은 급성 신장병 및 간부전이었다.

부인 진 여사와 26세의 아들 아서가 임종을 지켰다. —잭 레이먼드 기자

역사에서 자신의 역할에 대한 맥아더 장군 스스로의 평가는 아마도 그를 오랫동안 알고 지냈던 신문기자와 가진 1950년의 긴 대담에서 가장 간결하면서도 특징적으로 언급되었을 것이다. 자신의 성공에 대해 설명해줄 수 있냐는 질문에 그는 옥수숫대 파이프 담배를 한 모금 천천히 피우면서 "운명이었다고 믿는다"라고 답했다.

더글러스 맥아더는 1880년 1월 26일, 아칸소 주 리틀 락의 포트다지에서 아서 맥아더 대위와 버지니아 출신이었던 그의 아내 메리 핑크니 하디(결혼 전 이름)의 세 아들 중 막내로 태어났다.

맥아더 장군의 큰형 아서는 1876년생으로 1896년 미 해군사관학교를 졸

업하고 우수한 경력을 쌓았다. 둘째 형 말콤은 5살에 사망했다.

그의 부친은 캠벨 가문 맥아테어 분파의 후손이었던 아서 맥아더의 아들이었다. 맥아더 장군의 조부는 홀로된 모친과 함께 1825년에 미국으로 건너와 매사추세츠의 치코피 폴즈에 정착하여 변호사가 된 인물이었으며, 맥아더 장군의 부친은 웨스트포인트 사관학교에 입학할 예정이었으나 1862년 8월, 남북전쟁 발발 후 1년이 조금 지난 시점에 제24 위스콘신 보병대에 자원한 인물이었다. 이후 그의 부친은 진급을 거듭해 1863년 11월, 미셔너리 리지 전투에서 명예 훈장을 받았으며, “소년 대령”으로 명성을 떨쳤다.

또한 1898년, 필리핀으로 파병된 맥아더의 부친은 스페인과 항복조약을 맺은 이후, 필리핀군을 이끌고 에밀리오 아기날도의 혁명군과 싸우면서 소장으로 진급했고, 이후 중장으로 퇴역했다.

당시 모친과 함께 미국에 남아있었던 더글러스는 1898년, 미 육군사관학교 입학시험을 우수한 성적으로 통과하여 1899년 6월, 드디어 웨스트포인트에 입성했다. 더글러스는 학교 근처에 거처를 마련한 모친을 매일같이 방문하면서 1903년, 웨스트포인트를 수석으로 졸업했으며 공병대의 신임 소위로 필리핀에 배치되어 모로족 반체제자들과의 전투가 잦았던 현지 섬들을 조사하는 임무를 수행했다. 그는 당시 모자에 총을 맞기도 했다.

그리고 제1차 세계대전이 발발하자, 그는 제42(레인보우)사단을 조직하는 임무에 참여했으며, 프랑스에서는 임시 여단장으로서 러시아의 세계제패 전략을 저지하는 군사작전을 지휘했다. 또한 프랑스군이 주도하던 스당 포위작전 중, 프랑스군과 이 도시에 먼저 입성하기 위한 경쟁을 벌인 적도 있다.

1870년 프랑스가 독일에 항복한 장소였던 스당은 프랑스군에게 특별한 의미가 있었다. 당시 미군측의 작전 명령은 원정부대의 작전참모 조지 마샬 대령에 의해 계획되었으며 맥아더는 이 작전 명령을 나름대로 해석하면서 전투에 임했다. 역사는 어떤 부대가 스당에 먼저 들어갔는지에 관해 상반된 기록을 하고 있으나, 공식적으로는 프랑스군이 먼저 입성한 것으로 되어 있다. 이후 미군 원정부대의 사령관 존 퍼싱 장군은 맥아더에게 “제군, 나는 자네의 태도가 맘에 들지 않네”라고 말하면서도 이 대담한 젊은 장교에게 무공십자 훈장과 메달을 수여했다.

종전 후 1919년, 웨스트포인트 사관학교 교장으로 부임한 맥아더는 생도 교육 커리큘럼을 확장시키기 위해 노력했다. 특히 생도 시절 미식축구와 야구 대표선수였던 맥아더는 교내 체육활동을 적극 권장했으며, 웨스트포인트 체육관 내벽 청동판에 새겨진 “우호적인 경쟁의 장에 심어진 씨앗은 언젠가 다른 전장에서 승리의 열매를 맺는다”는 모토를 작성한 장본인이기도 했다.

1930년 허버트 후버 대통령 재임 시, 맥아더는 4번째 별을 달고 육군참모총장으로 임명된다. 그리고 1932년 여름, 다수의 제1차 세계대전 퇴역군인을 포함한 수천 명의 실업자들이 전쟁 상여금의 즉각적인 지불을 요구하기 위해 워싱턴에 모였다. 자신들의 안타까운 처지에 대한 폭넓은 동정여론을 바탕으로 이들은 워싱턴의 애너코스티어 지구에 진을 쳐 후버 정부를 무척 당혹스럽게 했다. 그러던 7월 29일, 후버 대통령은 맥아더 참모총장에게 이 진영을 정리하고 해산시킬 것을 명령했다. 당시 소장이었던 드와이트 아이젠하워와 함께 이 작전을 지휘한 맥아더에 대해 일부 신문들은 배고픈 참전용사들에게 총대를 들이대는, 그리고 훈장으로 멋이나 부릴 줄 아는 군인으로 묘사했다.

프랭클린 루즈벨트가 후버 대통령의 뒤를 이은 뒤에도 맥아더는 육군 참모총장에 유임되었으나 민간 정치인들을 신뢰하지 않았던 맥아더와 대통령 사이에 친밀한 유대 관계가 형성될 리가 없었다. 결국 1935년 10월 3일, 루즈벨트 대통령은 맥아더를 참모총장에서 해임했다. 이후 상임 보직으로 복귀한 맥아더는 필리핀으로 파견되어 2년 동안 미 정부의 협조 아래 필리핀 방어군을 창설하는 임무를 수행했다. 그러던 1937년 8월 6일, 국내의 임무를 위해 즉시 귀국하라는 통지를 받은 맥아더는 필리핀에서 해야 할 일이 완수되지 않았다는 이유로 미 육군에서 퇴역해버린다. 이에 필리핀 연방 대통령 마누엘 케손은 맥아더를 필리핀군 최고사령관에 임명했으며, 맥아더가 선글라스 및 파이프 담배와 함께 자신의 트레이드마크가 된 금박 약모를 고안한 것도 그 당시였다.

그러나 전쟁의 가능성이 고조되자, 필리핀군은 미군과 합병되었으며 1941년 7월 27일, 맥아더는 중장으로 미군에 복귀했다. 그리고 그해 12월, 일본군의 진주만 공격 후 11일 만에 그는 다시 대장의 자리에 오른다.

진주만 공격 이후 일본군은 필리핀에 주둔하고 있던 미군 기지를 공격하기 시작했다. 당시 강화되고 잘 무장된 일본군이 루손에 상륙해 바탄 반도 요새를 공격해 들어오자, 맥아더 장군은 1만 2천 명의 필리핀 정찰병과 1만 9천 명의 미군 병력을 지휘하며 맞섰다. 더불어 부분적으로 무장한 10만 명의 필리핀인들도 이에 합세했다. 그러나 일본군은 바탄 반도 구석으로 미군 부대를 몰아넣었고, 맥아더는 14개월 동안 버틸 수 있기를 희망하는 처지가 된다.

당시 맥아더는 워싱턴에서 그 어떤 확답도 받지 못했지만 부대원들에게 원조가 곧 도착할 것이라고 확언했다. 하지만 맥아더의 공언을 전해들은 루즈벨트 대통령은 격노한 것으로 전해진다.

한편, 일본군은 바탄의 포위망을 옥죄었다. 맥아더가 코레히도르의 지하요새 미로에서 방어를 지휘하고 있던 2월 22일, 그에게 조나단 웨인라이트 중장에게 지휘권을 넘기고 호주로 이동하라는 명령이 전달되었다. PT보트에 오르기 전 군사들에게 작별인사를 하면서 맥아더는 그의 또 다른 트레이드마크가 된 다음과 같은 어록을 남겼다. "나는 돌아올 것이다(I shall return)."

멜버른에 도착한 맥아더는 유럽 전황이 우선순위에 있다는 것을 이해하지 못하는 것처럼 더 많은 병력과 장비를 요구하며 워싱턴을 들쑤시기 시작했다. 그리고 1942년 5월 5일, 조나단 웨인라이트 장군이 일본에게 굴욕적으로 항복하던 바로 순간까지도 그는 코레히도르의 재탈환을 꿈꿨으며, 이후 태평양 전선의 주도권이 미국으로 넘어오자 자신의 맹세를 이행할 기회를 잡게 된다.

1944년 10월 30일, 드디어 맥아더는 레이테 섬 해변에 올라서며 이렇게 선언했다. "내가 돌아왔다. 위대한 신의 은총으로, 우리 군이 다시 필리핀 땅 위에 섰다!"

1944년 12월 18일, 새롭게 마련된 육군원수라는 계급장을 단 맥아더는 마닐라로 진격하여 1945년 2월 25일 완전 탈환한 데 이어, 7월에는 오키나와 함락, 그리고 그 다음 달에는 나가사키와 히로시마에 원자폭탄이 투하되면서 일본의 패망이 마무리된다.

1945년 9월 2일, 일본 대표부가 무조건 항복 의사를 밝히기 위해 도쿄 만에 정박해 있던 U.S.S. 미주리 전함에 승선했다. 모닝코트에 실크 모자를 쓴 일왕 히로히토의 대리인은 서명 테이블을 향해 다가섰다. 그는 서명하기 전에 항복 문서를 읽어보려는 듯했다. 그러나 맥아더는 수석참모 리차드 서덜랜드 중장에게 이렇게 명령했다. "그에게 어디에 서명하면 되는지만 알려주게."

몇 차례의 서명으로 점령군은 이 오랜 계급사회의 근간을 흔들 개혁들을 단행했다. 모든 선례가 무너졌으며 일본의 전통주의자들은 신성하게 여겨졌던 그들의 황제가 일개 미국인 장교에게 경의를 표하는 것에 경악했다.

점령기간 동안, 맥아더 장군은 관찰자로서 다음과 같은 말을 남겼다.

"20세기를 기록한 역사책에 미국의 공헌이라는 항목이 있다면, 우리가 싸워왔던 그 수많은 전투들은 가볍게 언급하며 지나갈 수도 있을 것이다. 그러나 지금 일본에서 일어나고 있는 영적쇄신을 필연적으로 따르게 될 아시아 전체 지역들에 미국이 미친 영구적인 영향에 대해서는 기록하지 않을 수 없을 것이다."

그러나 아시아의 표면적 고요는 1950년 6월 25일, 소련의 지원으로 무장한 북한군이, 소규모 미 군사자문팀에게 훈련받던, 준비되지 않은 남한군을 순식간에 격파하며 한반도 38선을 넘는 순간 산산조각 났다.

그 즉시, 트루먼 대통령은 맥아더 장군에게 남한에 있는 미국인들을 피난시키기 위한 모든 조치를 강구하라고 명령했다. 이에 민간인들은 해상 및 항공 루트를 통해 안전지대로 대피했으며, 미군 자문부대만이 한국군과 잔류하게 된다. 그러나 50만 명의 고도로 훈련된 북한 공산군이 10만 명이 조금 넘는 열악한 한국군을 일방적으로 몰아부치자 곧 극동지역에 흩어져 있던 미군 기지들의 병력이 급박하게 집결하기 시작했다. 더불어 미국은 국제연합(UN)에 도움을 호소했다. 이에 유엔은 남한 및 미국을 포함한 국제 연합군 결성을 의결했는데, 당시 소련이 여타 다른 이유들로 안전보장이사회를 보이콧하고 상황에서 그들의 거부권 행사가 무력화되었기에 가능한 결정이었다.

그러던 1950년 9월 12일, 맥아더 장군은 서해안을 통해 인천에 상륙한 뒤 북한군의 후방 및 측면을 대담하게 공격했으며, 이에 방어선이 무너진 북한군은 뿔뿔이 흩어져 38선 너머로 도망쳤다. 맥아더 장군은 이로써 전쟁은 실질적으로 종료되었으나, 중공과 북한 사이의 국경 지대를 흐르는 압록강까지 적들을 추격할 필요가 있다는 뜻을 밝혔다.

부대 지휘관들 또한 지체 없이 북쪽으로 적들을 추격하고자 했다. 그러나 연합군의 목적이 그저 침략자들을 격퇴하는 것인지, 아니면 한반도 전체에서 공산군을 제거하는 것인지에 대한 의견들이 충돌하며 유엔본부가 당혹스러워 하고 있다는 설이 나오자 이 명령의 이행은 중지되었다.

그리고 10월 10일, 맥아더의 독자적인 행동을 우려했던 트루먼 대통령은 웨이크 섬으로 날아가 회의를 열었다. 당시 맥아더 장군은 중공군이나 소련이 연합군의 북한 진격에 대응할 가능성은 "매우 낮다"고 말했다.

이후 맥아더는 도쿄로 돌아가 한국전쟁 "마무리 절차"를 구상하기 시작했으며, 그해 10월 말쯤 미군 낙하산부대가 북한의 수도 평양 북부의 두 거점으로 낙하해 북한군의 퇴로를 차단시킨데 이어 유엔 보병대가 38선을 가로질러 압록강으로 내달려 올라갔다.

한편, 맥아더 장군의 정보장교들은 38선 이남에 잠입한 중공군 부대를 일부 확인하였으나 이들의 존재를 의미심장하게 보고할 필요는 없다고 판단했던 것 같다. 결국, 10월 중순 중공군이 압록강 너머로 물밀듯이 들이닥쳤다.

그렇게 11월 두 번째 주, 다시 전면전이 시작되었으며 유엔군은 점차 남쪽으로 뒷걸음질 쳤다. 당시 맥아더 장군은 전쟁 확산을 방지한다는 명목으로, 한반도 외부 공격 작전을 철회한 윗선의 지시에 불만을 표시했다. 1951년 4월, 결국 맥아더는 해리 트루먼 대통령에 의해 직위해제되었다.

그해 4월 17일, 아내와 아들과 함께 샌프란시스코에 도착한 맥아더는 미국 전역에서 정복의 영웅으로 환영받았다. 그리고 4월 19일 의회 연설에서, 맥아더는 오래된 군가를 인용해 자신의 연설을 이렇게 갈무리했다.

"노병은 죽지 않는다—다만 사라질 뿐이다."

---

man of the Leislerian party; John Roosevelt, Cornelius C. Roosevelt, and James Roosevelt also served as Aldermen, and James J. Roosevelt was in turn Alderman, Assemblyman, Congressman and Supreme Court Justice.

But although his name is Dutch, in his veins were mingled Irish, Scotch and Huguenot blood; and his mother was a Southerner. She was Martha Bulloch, daughter of James Stevens Bulloch, a major in Chatham's battalion, and a granddaughter of General Daniel Stewart of Revolutionary fame. His father, Theodore Roosevelt, Sr., organized a number of New York regiments in the civil war and was one of the leaders in organizing the Sanitary Commission and other work for the soldiers. He was a practical philanthropist and the works he accomplished for the poor were legion. When he died in 1878 flags flew at half mast all over the city and rich and poor followed him to the grave.

The second Theodore Roosevelt was born in this city Oct. 27, 1858. He was graduated from Harvard in 1880, and after a year spent in travel and study in Europe he plunged at once into that field of activity which he never afterward forsook—politics. He was an officeholder almost continuously from 1882 until he retired from the Presidency in 1909. The only intermission came during his life as a rancher after he retired from the Legislature.

As a boy he was puny and sickly; but with that indomitable determination which characterized him in every act of his life, he entered upon the task of transforming his feeble body not merely into a strong one, but into one of the strongest. How well he succeeded everybody knows. This physical feebleness bred in him nervousness and self-distrust, and in the same indomitable way he set himself to change his character as he changed his body and to make himself a man of self-confidence and courage. He has told the story himself in his autobiography:

"When a boy I read a passage in one of Marryat's books which always impressed me. In this passage the captain of some small British man-of-war is explaining to the hero how to acquire the quality of fearlessness. He says that at the outset almost every man is frightened when he goes into action, but that the course to follow is for the man to keep such a grip on himself that he can act just as if he was not frightened. After this is kept up long enough it changes from pretense to reality, and the man does in very fact become fearless by sheer dint of practicing fearlessness when he does not feel it. (I am using my own language, not Marryat's.)

honeycombed with petty jealousies and favoritism and blackmail, that the board could never ascertain the truth about what the men were doing. Roosevelt smiled and said: "Well, we will see about that," and see about it he did literally, for he personally sought the patrolmen on their beats at unexpected hours of the night, interviewed them as to their duties, and whenever one was found derelict he was promptly reprimanded or dismissed. The plan had a sudden and wholesome effect, for no roundsman, no sergeant, or police captain knew at what hour the Commissioner might turn up and catch him napping.

When he went into the Police Board and insisted on enforcing the excise laws literally, Chief Byrnes said, "It will break him. He will have to yield in time. He is only human."

At the height of his unpopularity a monster parade was organized to show New York's disgust with his policy. It paraded with such signs as "Send the Police Czar to Russia." A perfunctory invitation, or, perhaps, a sarcastic one, had been sent to him, and to everybody's astonishment he arrived early and took his seat on the reviewing stand.

Among the foremost of the paraders was a German, who looked back with pride on the great host behind him. Waving his hand, he shouted in a stentorian voice:

"Nun, wo ist der Roosevelt?" ("Where is Roosevelt now?")

A beaming face with a bulldog grin looked down from the stand.

"Hier bin ich. Was willst du, kamarad?" ("Here I am. What do you want, comrade?")

The German stopped, paralyzed with astonishment. Then an answering grin overspread his own face.

"Hurrah for Roosevelt!" he shouted. His followers took up the cry, and those who came to scoff remained to cheer.

In April, 1897, through the influence of his old friend, Senator Lodge, he was appointed Assistant Secretary of the Navy. He became convinced that war with Spain was inevitable and promptly proceeded to make provision for it. For command of the Asiatic Fleet certain politicans were pushing an officer of the respectable, commonplace type. Roosevelt determined to get the appointment for Commodore Dewey, who was this officer's junior, and who had no political backing, but whose career Roosevelt had been watching. He enlisted the services of Senator Redfield Proctor, whom he knew to be close to the President, checkmated the politicians and secured the appointment which resulted in so much glory for the American Navy.

Mr. Roosevelt also set about at once to secure a better equipment for the navy, and to him belongs credit for the drill of officers and men in target practice, the results of which were soon after made manifest. Soon after he became Assistant Secretary he asked for the sum of $800,000 for "practical target" shooting. That was considered a pretty large sum, and only a few months later he asked for $800,000 more. He was asked what had become of the first appropriation and replied that it

thetic nihilism to its logical conclusion. His exit was final, and the perfect complement to his output as an artist. Thus his life, as well as his much shorter career, was looked upon as esthetically significant (or insignificant, for some critics regarded the withdrawal of the Grand Dada as an escape from his own inadequacies as an artist).

But for the most part Duchamp maintained an aristocratic detachment and reserve from such speculations, politely nodding in acquiescence to the legend that he gave up art to play chess; or, with a thin smile crossing his sharply featured, ascetically gaunt face, describing his occupation of later years as that of "respirateur." He was, in the words of Lawrence Alloway, former curator of the Guggenhein Museum, "the Duke of Windsor of modern art." And even in his abdication he commanded the esteem of the avant-garde.

'Posterity Has to Decide'

"It is disastrous for an artist to declare—to defend his art," he said to a reporter late last year. "Posterity has to decide—and even if it is wrong all over the place it has the advantage of coming into being. I wish I could live another hundred years." "But," he added with a pensive smile and a moment's pause, "perhaps it would be better to be dead. You see, I find it perfectly acceptable to contradict myself."

Contradiction formed an important part of the ideological and artistic universe that Du-

Show. At the center of p ridicule, heaped primaril the cubist section of the bition, Duchamp's "Nude scending a Staircase" stoo the symbol of the insanit which modern art progressed.

The Association of Ame Painters and Sculptors, o izers of the show, not only ticipated the clamor America's first exposure Europe's new, nonrepres tional painting would gene they also helped to crea circus atmosphere for its spection. Press releases del the newspapers, which sponded enthusiastically satirical cartoons and der commentary. The "Nude" came an "explosion in a shi factory" and "a collectio saddlebags." Big crowds into the 69th Regiment mory, at Lexington Avenue 25th Street, and guards ha restrain outraged art lo from damaging the painting

It was neither the nude the staircase, apparently, had provoked them, but title, painted onto the can which seemed to have littl do with either—and the of a nude descending instea traditionally reclining or sta ing.

'Time and Space'

Duchamp carefully explai the painting:

"It is an organization kinetic elements, an express of time and space through abstract presentation of tion."

THE

VISUAL ARTS

미술·사진·건축·패션 시각예술의 대가들

프레데릭 로 옴스테드

1822년 4월 26일~1903년 8월 28일

보스턴—저명한 조경 건축가 프레데릭 로 옴스테드가 오늘 매사추세츠 주 웨이벌리에서 사망했다. 향년 81세. 사인은 노환으로 인한 쇠약으로 알려졌다. 그의 유족으로는 아내와 두 아들, 그리고 딸 한 명이 있다.

그는 지난 25년간 보스턴 근교의 브루클라인에 살면서 교외 지역 공원 개발에 힘써왔으며, 그중 맨해튼의 센트럴파크 작업은 옴스테드를 조경 건축가로서 최고의 위치에 오르게 만들었다. 이후 수많은 지방 정부들과 일반 개인들이 그와 함께 일하고자 찾아들었고, 그는 이 커리어의 가장 중요한 시기를 주로 뉴욕에서 보냈지만, 도시 행정가들의 간섭이 적고 호응도는 좀 더 좋았던 뉴잉글랜드 지역을 더 선호했다.

1822년 코네티컷 주 하트포드에서 태어난 옴스테드는 필립스 아카데미를 수료한 후 뉴욕의 한 수입상에서 일했으며, 당시 모험심 있는 여느 젊은이들처럼 선원이 되어 중국과 동인도를 접하기도 했다. 항해에서 돌아온 후에는 예일대학교에서 잠시 공학을 공부하다가 결국 농부가 되기로 결심한 옴스테드는 코네티컷의 한 농장에서 경험을 쌓은 후, 세이브룩에 자신이 직접 경영하는 농장을 가지게 된다. 그리고 얼마 뒤 뉴욕 스태튼 아일랜드 남부로 농장을 옮겼는데, 이곳은 허드슨 강 상류와 더불어 당시 뉴욕의 부유한 상인들이 땅을 사고 집을 짓기 시작했던 곳이었다. 옴스테드 역시 이 지역의 아름다운 언덕과 숲, 그리고 리치몬드 카운티의 경관에 매료되었으며, 그가 미국에서는 보기 드문 수준의 조경을 목격한 것도 바로 이곳에서였다.

그러던 1850년, 옴스테드는 형제 한 명, 그리고 고(故) 찰스 로링 브레이스와 함께 대서양을 건너 영국과 유럽을 아우르는 도보여행을 떠났다. 이 과정에서 영국의 멋진 사유 공원들을 비롯해 고풍스런 풍경을 자아내는 네덜란드, 영국, 프랑스 건축가들의 작품을 본 옴스테드는 1852년, 이 여행을 정리한

'미국 농부가 영국에서 걷고, 또 이야기한 것들'이라는 수기를 출간하기도 했다. 이 책은 미국과 영국에서 호평을 받았으나 옴스테드에게 유명세나 부를 가져다주지는 못했다.

그리고 1855년, 옴스테드는 건강 회복을 위해 말을 타고 미국 남부의 여러 주들을 여행하기 시작한다. 이 오랜 여행 기간 중 그가 '뉴욕 타임스' 편집자 헨리 J. 레이몬드에게 보낸 일련의 편지들은 매력적인 글 솜씨와 당시 남부에서 일어나고 있던 흑인 문제에 대한 생생한 증언으로, 이 문제에 관심이 많던 북부인들의 주목을 받았다.

옴스테드는 급진적인 노예제도 폐지론자는 아니었으며 이러한 사실은 경제적인 측면에서 노예제도를 비판한 그의 관점에 더 큰 힘을 실어줄 수 있었다. 그렇게 1856년 뉴욕에서 발간된 그의 또 다른 저서 '노예 제도가 살아 있는 곳으로의 여행, 그리고 그곳의 경제'는 미국과 영국에서 큰 반향을 일으켰다.

이듬해, 옴스테드는 '텍사스, 혹은 남서부 국경지대 기마 여행기'를 출간하는 한편, T. H. 글래드스톤의 '캔사스의 영국인'을 편집하며 '퍼트넘 매거진' 편집부 일원으로 활동하기도 했으며, 몇 년 후에는 남북전쟁의 발발과 맞물려 출간된 '뒤쳐진 곳으로의 여행', 그리고 1861년에는 두 권으로 출간된 '목화 왕국 여행과 탐험' 등 다양한 출판물들을 남겼다.

그가 저널리스트로 성공할 수 있었던 것은 내전이라는 당시의 특수한 상황 덕도 있지만, 그의 책은 지금 읽어도 공감되는 내용들이 많다. 이렇듯 농부에서 출판 작가로 성공적인 커리어의 전향을 이뤘지만, 마치 이 모든 것이 준비 과정인 것처럼 그의 일생의 업적은 아직 그를 기다리고 있었다.

1856년, 뉴욕 시는 내전 후 북부를 향한 남부민들의 급작스런 이주에 대비하기 위해 대규모 공원을 건설하기로 결정했다. 위원회가 발족되었고, 옴스테드는 한 해수욕장에서 이 위원회의 위원 한 명과 우연히 만나게 되면서 기회를 잡게 된다. 그는 친구 캘버트 벅스와 함께 센트럴파크에 대한 제안서를 제출했으며 이는 1877년, 32개의 제안들 중 최종안으로 채택되었다. 현재 뉴욕의 허파 역할을 하고 있으며 해가 갈수록 더 아름다워지고 있는 약 98만 평 규모의 센트럴파크는 옴스테드와 벅스가 없었다면 존재할 수 없었을 것이다. 한편, 5번가부터 8번가까지의 좁은 부지는 센트럴파크를 설계할 때 가장 어려운 점들 중 하나였다. 또 다른 난관은 공원의 미관과 고요함을 해치지 않으면서 공원을 가로지르는 길을 만들어야 한다는 것이었다.

센트럴파크의 성공으로 옴스테드는 뒤이어 브루클린의 프로스펙트 파크와 워싱턴 파크, 그리고 몬트리올, 버팔로, 시카고, 세인트루이스, 밀워키, 트렌턴, 디트로이트, 브리지워터 등지에서도 자신의 능력을 발휘했다. 더불어 보스턴을 에워싸는 공원들, 그리고 테라스와 계단, 여러 진입로들이 의사당 건물까지 이어진 워싱턴의 캐피톨 파크 역시 옴스테드가 초기에 참여했던 작품들이다.

많은 젊은이들이 조경 정원사나 조경 공학가보다 선호하는 조경 건축가(landscape gardener)라는 단어도 그가 만들어낸 것이다. 그는 전통적인 의미의 원예가 최고라고 믿는 사람들과 자연은 있는 그대로 있을 때 가장 아름답다고 믿는 사람들 간의 치열한 논쟁 속으로 뛰어들 생각이 전혀 없었다.

남북전쟁 중 옴스테드는 주로 워싱턴에 머물며 "연방군 생활환경의 위생성 조사를 위한 위원회"를 이끌었다. 후에 그는 남부 빈곤 퇴치 위원회와 뉴욕 주 자선단체 협회를 이끌기도 했다.

그는 예일, 하버드, 애머스트 대학으로부터 석사학위를 받았고, 20년 후에는 하버드와 예일로부터 법학박사 학위를 받았다. 뉴욕의 메트로폴리탄 미술관과 센트럴파크의 미국 자연사 박물관도 그의 손길이 닿은 건축물들이다.

더 이상 일을 할 수 없게 된 말년에도 옴스테드의 인간적인 매력은 오랫동안 많은 이들에게 영감을 주었다. 그는 아주 우아한 매너를 가진 사람이었고, 평생을 여행가이자 대자연 앞에서 겸손할 줄 아는 학생으로 살았다. 언젠가 맨해튼의 시민들이 센트럴파크 안, 또는 근처에 옴스테드를 기리는 동상을 세우려고 한다면 그의 풍채 좋고 잘 생긴 모습은 조각가들에게 좋은 소재가 될 것이 분명하다.

스탠포드 화이트

1853년 11월 9일~1906년 6월 25일

건축가 스탠포드 화이트가 어젯밤 11시 5분, 전직 여배우 겸 모델 플로렌스 에블린 네스빗의 남편이자 피츠버그의 부호, 해리 켄달 쏘가 쏜 총에 맞아 사망했다. 매디슨 스퀘어 가든의 루프탑에서 공연 중인 코미디 뮤지컬 '맘젤 샴페인'의 초연이 거의 마무리될 쯤이었다.

명문가 출신의 쏘우는 무대와 가까웠던 자신의 관람석에서 일어나 배우들과 관객들이 모두 보는 앞에서 화이트의 머리를 쐈다. 쏘의 아내 네스빗을 배우로 만든 장본인이었던 화이트는 자신이 설계한 건물 옥상에서 사망한 셈이 되었다.

연미복 차림의 쏘는 화이트가 10시 55분 공연장에 입장해 무대 앞 다섯 번째 줄 테이블에 앉는 것을 줄곧 지켜보면서 기다린 것이 분명했다.

쏘는 자신의 코트 아래 숨겨두었던 총을 꺼내 화이트의 머리에 대고 세 차례 방아쇠를 당겼다. 총에 맞은 화이트의 몸은 의자에서 바닥으로 꼬꾸라졌다.

무대 위의 배우는 '난 백만 명의 여자들을 사랑할 수 있다네'를 부르고 있었고 눈앞에서 벌어진 일에 그대로 얼어붙어버렸다.

그리고 코미디가 비극으로 끝나버렸음을 깨달은 한 여성 관람객이 비명을 지르자 곧 비명이 여기저기로 번졌고,

극장 안은 금세 혼돈으로 가득 찼다.

승강기를 기다리던 쏘는 텐더로인 경찰서의 뎁스 경관에게 체포되었다.

체포되면서 쏘는 이렇게 말했다. "그가 자초한 일이오. 내가 증명할 수 있소. 그는 내 삶을 망가뜨렸고 어린 소녀를 버렸소." 당시 상황을 지켜보던 다른 한 사람은 그가 '삶(life)' 아니라 '아내(wife)'라고 말했다고 전하기도 했다.

이스트 21번가 121번지에 위치한 화이트의 저택에서 가정부로 일하는 리지 헨론은 이렇게 말했다. "화이트씨는 얼마 전부터 집에서 혼자 지냈습니다. 화이트 부인은 3주, 아니면 한 달 동안 서부에 가 계셨고 지금은 롱 아일랜드 세인트 제임스에 있는 별장에 계시거든요."

스탠포드 화이트는 1853년 11월 9일, 뉴욕 시에서 태어났다. 그의 아버지 리처드 그랜트 화이트는 잘 알려진 비평가이자 저널리스트, 그리고 에세이 작가였으며 20년이 넘도록 미 해군 세관청의 뉴욕지부 국장을 지낸 인물이었다. 어머니 알렉시나 B. 미즈는 찰스 브루통 미즈의 딸이었다. (미국으로 처음 이민한 화이트의 선조, 존 화이트는 1632년 영국에서 미국으로 건너와 매사추세츠 주 캠브리지에 정착했었다.)

스탠포드 화이트는 뉴욕의 사립학교와 가정교사로부터 교육받았으며 1883년 뉴욕칼리지 건축학과를 졸업했다.

찰스 T. 개브릴과 헨리 H. 리차드슨의 사무실에서 건축 실무를 공부한 뒤 1878년부터 1881년까지 유럽으로 유학을 떠났던 그는 미국으로 돌아와 찰스 F. 맥킴, 그리고 윌리엄 R. 미드와 함께 '맥킴, 미드 앤드 화이트'라는 이름의 건축사무소를 열었다.

이 건축사무소의 이름 아래 화이트는 미국에서 가장 주목받는 건축물들을 설계해냈는데, 현재는 화이트로우 리드 소유인 매디슨 애비뉴의 빌라드 하우스, 매디슨 스퀘어 가든, 센튜리 클럽과 메트로폴리탄 클럽 건물, 워싱턴 스퀘어의 워싱턴 아치, 뉴욕 대학교, 버지니아 대학교를 비롯하여 미국 전역에 존재하는 많은 사립 건물들이 화이트의 작품이다.

이 밖에도 그의 가장 뛰어난 작품으로는 어거스터스 세인트-고든스의 조각 설치대, 매디슨 스퀘어의 패러것 동상 받침대, 워싱턴 DC의 링컨과 로건 대통령 조각상 받침대, 그리고 애덤스 대통령의 묘지 등이 있다. 더불어 그는 인테리어 디자인으로도 많은 찬사를 받았다. 그가 내부 설계를 맡은 플레이어스와 메트로폴리탄 클럽하우스, 빌라드 레지던스, 세인트 폴 사도성당과 승천 교회는 모두 뉴욕에 있는 건축물들이다.

하지만 그의 천재성이 가장 돋보인다는 평가를 받고 있으며 그의 이름과 동일시되는 작품은 단연 그가 윌리엄 K. 밴더빌트 부인을 위해 설계한 뉴포트의 대리석 저택이다. 그의 전성기에 지어진 이 건축물은 재료부터 인테리어까지 그가 모든 것을 총괄했다. 이 건축물 내부에는 그의 흉상이 세워져 있기도 하다.

그는 또한 메트로폴리탄 클럽하우스의 인테리어 디자인도 맡았는데, 이를 본 유니버시티 클럽 설립 위원회는 자신들의 클럽도 맡아달라고 의뢰하면서 메트로폴리탄과는 차별성을 줄 것을 주문했다. 두 건축물 시공 사이에 긴 시간이 흐르지 않았음에도 화이트는 어떤 부분이 개선될 수 있는지를 빠르게 간파했다. 그 덕분에 유니버시티 클럽하우스는 지금까지도 세계에서 가장 멋진 클럽하우스로 평가되고 있다.

1884년, 화이트는 뉴욕 주 판사 J. 로렌스 스미스의 딸 베시와 결혼하여 슬하에 아들 로렌스 그랜트 화이트를 두었다. 그러나 화이트 부부는 근래에 함께 살고 있지 않았으며, 화이트는 그래머시 파크에 위치한 자택을 명목상 유지했으나 거의 거주하지 않았다.

그가 직접 설계하고 죽음을 맞이한 매디슨 스퀘어 가든은 그에게 "환락의 장소"였다. 가든의 공사가 거의 끝날 때즈음 그는 최상층에 자신의 스위트룸을 마련하기로 결정했다.

멋진 작품을 완성하기 위해 고되고 분주한 작업들이 이어지는 가운데도, 그는 친구들과 향락을 즐기는 데 많은 에너지를 쏟는 사람이었다. 그는 수많은 배우, 가수, 변호사, 의사, 그리고 사교계 명사들과 친분을 쌓았으며, 친구들 사이에서 "스탠"으로 불렸다.

그는 매디슨 스퀘어 가든 내의 스위트룸에서 가장 행복했었다. 그러나 공교롭게도 그 스위트룸 바로 위에서, 그는 최후를 맞았다.

화이트는 연극, 혹은 마술 쇼(horse show)가 끝나면 유명인사들이 모여서 만찬을 즐기던 그 스위트룸의 주인이자 유흥의 기획자였다. 그곳에서 일어나는 행사에 초대받는 것은 늘 영광스러운 일이었음은 물론이다.

오귀스트 로댕

1840년 11월 12일~1917년 11월 17일

파리—유명한 조각가 오귀스트 로댕이 지난 며칠 간의 투병 끝에 파리 근교 뫼동 지역의 자택에서 사망했다.

화가 폴 로랑스는 로댕에 대해 이렇게 말했다. "그는 홀로 행진하는, 그런 유형의 사람이었습니다."

그는 실제로 77년의 인생 대부분을 홀로 걷는 위대한 조각가의 삶을 살았다. 초창기에는 끔찍한 가난과 날선 비판에 맞서 홀로 싸워야 했고, 나중에는 전 세계적으로 열렬한 숭배자들의 찬사를 독차지했으니까 말이다.

로댕이 자신의 초기작들 중 하나를 미술 아카데미에 선보였을 때 들었던 말은 "그 어떤 재능도 발견할 수 없다"

였으나 50년이 지난 후, 그는 페이디아스와 프락시텔레스 이후 (물론 미켈란젤로는 제외하고), 가장 뛰어난 조각가로 칭송받게 되었다. 또한 젊은 시절 조각품을 하나도 팔지 못해 빈곤과 싸워야 했던 그는 1916년 10월, 프랑스 국민회의에 40만 달러에 달하는 소장품을 기부함으로써 파리의 비롱 맨션을 평생 쓸 수 있는 권한을 부여받기도 했다. 후에 이 저택은 로댕 박물관이 되었다.

프랑소아즈 오귀스트 로댕은 1840년 11월 12일, 파리의 지독하게 가난한 부모 밑에서 태어났다. 14살때부터 라틴구(區)에 위치한 무료 미술학교에서 미술을 배웠던 그는 파리 미술아카데미에 입학하기 위해 친구를 모델로 만든 찰흙 작품을 제출했지만 입학 허가를 받지 못했고, 그 후로도 두 번 더 지원했으나 결과는 절망적이었다. 그럼에도 그는 포기하지 않고 모든 공립학교에 작품을 제출한 끝에 동물화가이자 조각가인 바리의 눈에 띄게 되었으며, 바리는 그때부터 로댕이 혼자 설 수 있을 때까지 지도해 주었다.

23살에 결혼한 로댕은 작업에 더욱 매진하여, 일 년도 채 되지 않아 자신의 첫 걸작 '코뼈가 부러진 남자'를 완성했다. 1864년 살롱 심사 당시 매몰차게 거절당했던 이 작품을 로댕은 집에 소중히 보관하였고, 나중에 그의 재능이 세상에 알려지자 브론즈로 새로 제작해 1881년, 영국 해협을 건너 런던 그로스브너 화랑에서 전시하는 성취를 맛보게 된다.

프로이센-프랑스 전쟁이 끝난 후, 로댕은 브뤼셀에 자리를 잡고 작품제작에 몰두했다. 당시 파리의 살롱에 보낸 흉상 작품 두 점이 마침내 인정을 받아 1875년에 전시되었으며 그로부터 2년 후, 최초의 인류를 표현한 작품 '청동시대'를 통해 그의 재능은 더욱 알려지게 된다. '청동시대', 혹은 '태고의 인간'으로 불리는 이 작품은 신체적으로는 완벽하지만 인지적으로 발달의 초기에 있는 인간의 모습을 잘 드러낸 작품이었다. 이 '청동시대'는 파리의 살롱에서도 극찬을 받았는데 어떤 비평가들은 이 조각품이 너무나도 생생한 나머지 실제 살아 있는 모델로 본을 떴을 거라는 의견을 넌지시 비치기도 했다.

그러나 로댕은 여전히 조롱 섞인 비판들로부터 벗어나지는 못했다. 조각의 정통성을 주장하는 사람들은 음악의 정통성을 주장했던 사람들이 바그너에게 그러했듯, 로댕에게도 적대적이었다. 로댕은 형상을 미화하기보다 있는 그대로 표현하고자 했으며 자연스러움에서 영감을 얻었다. 그는 노인들의 구부정한 목와 뒤틀어진 사지가 아폴로나 비너스의 완벽함만큼이나 예술적 가치가 있다고 믿었던 것이다.

유명해진 후에도 그는 가끔 조롱의 대상이었다. 예를 들어 그가 제작한 발자크의 동상이 그랬다. 위대한 소설가를 탁월하고 색다른 기법으로 표현한 작품이었음에도 불구하고 파리의 대중은 이 작품을 둘러싸고 뜨거운 찬반논쟁을 이어갔다. 당시 발자크상에 대한 논란은 드레퓌스 재판 사건을 잠잠하게 만들 만큼 뜨거웠다.

이 작품은 커다란 잠옷을 입은 발자크의 얼굴과 몸이 디테일은 생략된 채 마치 스케치처럼 표현되어 있는데, 비평가들은 이에 대해 "거대한 돌고래가 목욕타월을 둘러쓰고 서있는 것 같이 보이는" 그로테스크하고 경솔한 시도라고 비판했다. 그러나 "위대한 작가의 영혼이 드러나 있는 작품" 이라며 호평한 사람들도 있었다. 작품을 의뢰했던 협회 측에서는 조롱을 살 정도는 아니더라도 이해할 수 없는 작품이라며 팔기에르라는 다른 조각가에게 다시 일을 맡겼다. 이듬해 완성된 팔기에르의 작품은 물론 좀 더 보편적인 양식이었다.

반면 로댕의 빅토르 위고 동상은 대부분의 사람들에게 찬사를 받으며 그의 걸작들 중 하나로 남았다.

지칠 줄 모르는 조각가였던 로댕은 작품의 질만큼 다작으로도 사람들을 놀라게 했다. 그가 가장 다작한 1889년 한 해 동안 제작된 약 31개의 조각품들은 조르쥬 쁘띠 갤러리에서 처음 선보였으며, 당시 전시되었던 작품들 중에는 '우골리노', '다나이드', '생각하는 사람', '바스띠앙 르빠쥬'와 '칼레의 시민들' 등 로댕의 주요 작품들이 다수 포함되어 있었다.

또한 로댕은 발자크상 소동 이후 몇 년 동안 약 6m 높이의 거대 장식 조각상에 몰두하였는데, 이 작품이 바로 파리 장식미술관의 의뢰를 받아 구상한 '지옥의 문'이었다. '지옥의 문'은 주로 단테의 서사시 '신곡'의 지옥 편에서 영감을 받은 것으로, 꼭대기에 앉아 있는 단테의 발 아래에는 몸부림치는 욕망과 절망의 신음들이 표현되어 있다.

'지옥의 문'을 위해 만들어진 형상들 중 하나인 '생각하는 사람'은 청동 주조되어 뉴욕의 메트로폴리탄 미술관에 전시된 바 있다. 메트로폴리탄은 로댕의 스튜디오 다음으로 그의 작품을 가장 많이 소장하고 있는 곳으로 현재 약 40여 개의 작품들을 보유하고 있는 것으로 알려져 있다.

자신의 작품 전체와 소장하고 있던 예술품들을 프랑스 정부에 기증했던 로댕은 위대한 조각가였던 만큼 뛰어난 화가였으며 그가 그린 142점의 그림을 모은 앨범이 구필 가문에 의해 출판되기도 했다.

최근 그는 친구들을 위한 삽화를 많이 그렸는데, 베르게라의 '엥네랑드', 옥타브 미라보의 '고문의 뜰', 보들레르의 '악의 꽃' 복간본 등에서 그의 그림을 찾아 볼 수 있다.

메리 카사트

1844년 5월 22일~1926년 6월 14일

필라델피아—국제적인 명성의 화가이자 작고한 펜실베이니아 철도 회장 A. J. 카사트의 누이인 메리 카사트가 어제 파리 근교 우아즈에서 사망했다. 그녀는 오랜 시간 해외에 거주 중이었다.

카사트의 그림들은 대부분 여성과 어린이들을 주제로 하고 있으며 잘 알려진 작품들로는 '목욕', '침대 위의 아침식사', '어머니의 손길', '고양이와 놀고 있는 아이들', '정원에서', 그리고 '모성애' 등이 있다.

그녀의 작품은 뉴욕 메트로폴리탄 미술관과 워싱턴 코코란 미술관에서 볼 수 있다.

—연합통신사

프랑스 비평가들은 메리 카사트에 대해 휘슬러는 논외로 하고, "사실상 미국에서 배출한 유일하게 고상하고 매력적이며 뛰어난 예술가"라고 평했다. 30년 전에 나온 이 평가는 우리가 외국의 예술가를 평할 때 저지르는 매우 한탄스러운 무지의 예이다.

그러나 동시에 높은 예술적 기준에 익숙한 프랑스의 대중들이 카사트의 작품에 얼마나 큰 감명을 받았는지 보여주는 평가이기도 하다. 카사트 역시 프랑스 미술로부터 깊은 영향을 받았는데, 그녀가 이렇게 프랑스에 애착을 가진 데에는 그녀의 몸속에 프랑스인의 피가 섞여 있었다는 것도 여러 가지 이유들 중 하나일 것이다.

비평가 아킬레 세가드와의 인터뷰에서 그녀는 자신의 고조부가 1662년 프랑스로부터 네덜란드로 이민한 코사트라는 성을 가진 프랑스인의 손자였다고 밝히면서 자신의 혈통이 프랑스계임을 확인해 준 바 있다. 또한 자신의 모친은 스코틀랜드계 뿌리를 가졌음에도 성장 환경은 프랑스 문화와 가까웠으며, 그녀를 가르친 미국인 가정교사 또한 주로 프랑스 귀족가의 소녀들이 다니던 학교 선생님 출신이었기에, 일생에 걸쳐 프랑스어를 할 줄 아는 지인들과 교류하며 지냈다고 덧붙였다.

카사트가 처음 파리를 방문한 것은 대여섯 살 때쯤이었으며, 파리에 5년 정도 머무르다 미국으로 돌아온 뒤에는 필라델피아에서 학업을 이어나갔다. 그러던 1868년, 화가가 되기로 결심한 그녀는 이후 몇 년간 유럽의 여러 도시들을 돌며 박물관에 전시된 거장들의 작품들을 공부하기 시작했다.

당시 이탈리아에서 코레지오의 작품과 기법들을 공부하는 데 많은 시간을 할애했던 그녀는 코레지오의 그림을 본 순간 "굉장한 대가다!"라고 소리쳤었다고 한다. 카사트의 그림 곳곳에서 코레지오의 영향을 엿볼 수 있는 것은 이런 연유에서이다. 또한 그녀는 프라도에서 루벤스를 보고 너무나도 빠져든 나머지 더 많은 루벤스의 그림을 보기 위해 황급히 마드리드에서 앤트워프로 갔다고 한다. 그곳에서 여름 한 철을 통째로 루벤스를 공부하는 데 바친 그녀 앞에 어느 날, 판화가 조셉 투르니가 나타났고 이후 그의 소개로 드가 또한 만나게 된다.

1874년 거주 목적으로 파리로 다시 가기 전, 카사트는 살롱에서 자신의 작품들을 받아들였다는 소식을 듣게 된다. 그러나 1877년, 드가는 카사트에게 더 이상 살롱 출품을 하지 말고 자신과 같은 인상주의 화가들과 전시회에 참여할 것을 권고했으며, 카사트는 기쁜 마음으로 그 제안을 받아들였다. 그녀는 M. 세가드와의 인터뷰에서 당시를 이렇게 회상했다. "드디어 완벽하게 독립적으로 작업할 수 있게 되었던 겁니다. 더 이상 심사위원들이 어떻게 생각할지 걱정하지 않아도 된다니 기쁠 따름이었죠. 저는 이미 어떤 대가들의 뒤를 따라야 할지 알고 있었어요. 저는 마네, 쿠르베, 그리고 드가를 존경했습니다. 관습적인 예술이 정말 싫어졌죠. 제 인생은 그때부터 시작됐다고 할 수 있습니다."

'관람석에서(Dans la Loge)', '발코니에서'와 같은 그녀의 초기 작품들은 마네와 드가의 흔적이 여전히 느껴지기는 했지만, 앤트워프에서 보낸 그 여름에 그녀를 휩쓸었던 르느와르와 루벤스의 영향도, 코레지오나 다른 고대 거장들의 영향도 더 이상 느껴지지 않았다. 당시 뛰어난 기술적 역량으로 무장했던 카사트는 혁명적인 예술 세계로 뛰어들었다. 그녀의 선은 확고하고 직접적이었고, 면들은 제대로 배치되었으며, 명암의 조화는 조금의 진부함도 없었다. 더불어 그녀의 작품은 에너지와 자신감으로 넘실거렸다.

초기의 어두운 작품들은 특히나 강렬한 인상을 남기며, 젊은 시절의 그림이라는 것이 여실히 드러난다. 생소한 요소를 차용한 작품임에도 불구하고 그녀의 초기 작품들은 외부인이라는 어색함 없이 능숙하게 프랑스적인 특성을 보여주고 있었다.

인상주의자들과 작품 활동을 함께 한 지 서너 해 만에 그녀는 점점 자신만의 이미지를 찾기 시작했다. 평생 천착했던 여성과 아이라는 주제를 집중적으로 그리기 시작한 것도 바로 이때부터였다. 또한 색채와 공기가 작품 속에 그대로 스며들게 내버려두면서 점묘법과는 점점 멀어졌고, 색감은 피부를 벽돌색처럼 표현할 정도로 강렬해졌으며, 자유로운 붓터치와 미묘함보다는 형태의 견고함과 정확한 신체의 표현이 더 강조되고 선호되었다.

그 후 다시 서너 해에 걸쳐 그녀의 스타일은 완숙해졌고 이후에도 같은 방향으로 확장되어 그녀의 후기 작품들 또한 여전히 뚜렷한 카사트식 화풍을 보여준다. 그녀는 어떤 매력을 살리기 위해, 명확하고 정확한 시선이나 사실적인 표현법을 희생시키는 화가가 아니었으나, 자연스럽게 우러나오는 매력이 오히려 그녀의 예술가적 자질을 더 돋보이게 했다.

그리고 건강한 아름다움 향한 그녀의 본능은 고대 그리스의 이상적인 미의 세계로 그녀를 이끌었다. 그녀의 그림 속 젊은 어머니들은 아름다운 이목구비보다는 자연스러운 광채를 띤 건강미가 더 돋보이며, 균형 잡힌 비율의 자연스러운 포즈는 침착하고 편안한 느낌을 준다. 또한 차분하고 고요하게 표현된 아이들 역시 그들의 산뜻하고 강하면서도 온화한 성격을 보여주는 듯하다. 카사트는 이러한 어머니와 자녀라는 주제에 심취하여 자신의 기술적 역량을 십분 발휘해 왔다.

그녀처럼 과학적인 분석에 입각하여 다양한 감정을 표현하는 화가는 현시대에 매우 드문 존재들이지만, 미술에 조예가 없는 사람이라도 그녀의 후기 작품에서 보이는 온기와 우아함은 쉽게 느낄 수 있을 것이다.

한편, 화가 카사트는 거의 데뷔하자마자 명성을 얻었지만, 판화가 카사트에 대해서 아는 이는 지금까지도 그리 많지 않다. 그러나 카사트는 160여 점이 넘는, 간과할 수 없는 수량의 판화 작품들을 남겼다. 특히 동판에 직접 새기는 드라이포인트 기법으로 제작된 그녀의 판화 속 인물들은 대부분 머리와 어깨까지만 두드러지게 표현되고 나머지 부분들은 윤곽선으로 처리되어 대상의 성격을 매우 효과적으로 드러내고 있다. 외모적 특징도 두드러지지 않고 표정도 거의 없는 대상이 이런 방식을 통해 놀라운 개성을 보이게 되는 과정은, 그녀의 작품이 선사하는 실로 경이로운 체험이며, 지극한 평범함과 엄청난 비범함을 한 장의 그림으로 표현하는 것이야말로 카사트 초상화의 승리라 할 수 있을 것이다. 또한 이제 막 유아기에서 벗어난 어린이들을 담은 판화 작품들 중, 여린 목으로 지탱하기에는 무거워 보이는 작은 머리를 의자 뒤로 기댄 아이를 담은 작품은 특히나 풍부한 표현력의 절정을 보여준다.

더불어 일본의 원색판화에 심취한 카사트는 현대적인 배경을 담은 일본풍의 원색판화를 꽤 많이 남기기도 했지만, 이러한 판화작품들이 아무리 훌륭하고 활기차며 섬세하다고 하더라도 그녀의 천재성이 확연히 드러나는 순간은 아이들의 머리를 빠르게 그려낸 판화 스케치와 두꺼운 바니시로 마무리한 아쿠아틴트 작품을 마주할 때일 것이다. 그녀의 아쿠아틴트 작품들 중 창문에 등을 기대어 앉은 여성의 모습을 담은 그림은 여성의 얼굴, 어깨, 무릎, 그리고 배경에 있는 책장의 유리문까지 비추는 빛 그 자체가 진정한 주인공이며, 카사트는 이 빛을 남성적인 과감한 붓터치로 표현해 냈다.

그녀가 이룬 업적을 평가하기에는 아직 너무 이르다. 지금 이 순간 카사트에 대해 이야기 할 수 있는 것은, 그녀가 풍부하고 세련되고 커다란 비전으로 우리에게 모든 감정과 이론을 아우르는 작품을 선물한 예술가였다는 것이다.

프리다 칼로

1907년 7월 6일~1954년 7월 13일

멕시코시티—저명한 화가 디에고 리베라의 아내 프리다 칼로가 오늘 자택에서 숨진 채 발견되었다. 47세로 생을 마감한 그녀는 지난 몇 년간 암으로 고통받고 있었다.

남편과 마찬가지로 화가이자 좌익 성향의 예술가였던 그녀가 마지막으로 공식 석상에 모습을 드러낸 것은 이곳 멕시코시티에서였으며, 당시 그녀는 공산주의자들의 지지를 받다가 권좌에서 밀려난 과테말라의 하코보 아르벤스 구스만 대통령을 지지하기 위한 모임에 휠체어를 탄 채 참석했었다.

—연합통신사

프리다 칼로는 1926년, 버스 사고로 침대에 틀어박혀 지내는 동안 처음 그림을 그리기 시작했다. 그녀는 곧 자신의 작품을 디에고 리베라에게 보여주었고, 그는 칼로에게 계속 그림을 그리라고 조언했다. 둘은 1929년 결혼했으나 1939년부터 별거를 시작하였고, 1941년 다시 결합했다.

초현실주의 화가로 분류되는 칼로는 자신이 그림을 그리는 방식에 대해 특별히 설명한 적이 없었다. 단지 "난 내 머릿속에 떠오르는 것을 캔버스로 옮길 뿐입니다"라고 말한 것이 전부였다. 멕시코시티와 뉴욕을 비롯한 세계 각지에서 그녀의 개인전이 열렸고, 칼로는 루브르에 그림을 판매한 첫 여성 화가이기도 했다.

그녀의 어떤 작품들은 보는 사람으로 하여금 경악스러운 느낌을 가지게 한다. 이를테면 손이 잘린 채 서 있는 자신의 모습을 중심으로 근처 바닥에는 피를 흘리고 있는 거대한 심장이 떨어져 있고, 양쪽에는 텅 빈 드레스가 줄에 매달려 있는 그림 말이다. 이 작품은 남편이 홀로 여행을 떠났을 때 칼로의 심경을 드러낸 작품이라고 한다. 다른 자화상에서 칼로는 자신을 9개의 화살이 꽂혀 있는 사슴으로 표현하기도 했다.

10분 이상 서 있는 것이 힘들어진 1년 전쯤, 칼로는 매일 이젤 앞에 앉아 이렇게 외쳤다. "나는 살아 있는 매순간이 행복하다. 그림을 그릴 수만 있다면!"

앙리 마티스

1869년 12월 31일~1954년 11월 3일

파리—프랑스가 낳은 최고의 화가 중 한 명인 앙리 마티스가 어제 니스의 자택에서 심장마비로 세상을 떠났다. 향년 84세. 전 세계 미술계가 그의 죽음을 애도하는 메시지들을 전하고 있다.

1940년에 수술을 받은 이후로 거동을 거의 할 수 없었던 이 예술가에게 죽음은 급작스럽게 찾아왔다. 그의 임종을 지킨 사람은 딸 마가리트 두티트였다.

파리 현대미술관 관장 장 카수는 마

티스가 수술 후 거의 모든 시간을 침대에서 보냈음에도 자신의 방에서 작품 활동을 멈추지는 않았다고 회고하며 이렇게 덧붙였다.

"앙리 마티스는 프랑스인의 천재성을 대변하는 마지막 예술가 중 한 명이다. 거장이라는 수식어를 누군가에게 붙일 수 있다면 그것은 마티스일 것이다. 후에도 거장의 타이틀을 수여받는 모든 이들은 스스로를 그의 제자라고 생각해도 좋다. 그는 우리 시대를 밝힌 예술가였다."

프랑스 교육부 장관 앙드레 베르토앙은 그의 사망 후 발표한 성명에서 "그는 실로 프랑스적인 화가였다. 지성, 이성, 그리고 감수성을 모두 겸비하고 있었으며, 단순화된 기하학적 표현으로 자신의 모든 그림에 부정할 수 없는 프랑스적 가치를 담아냈다"고 밝혔다. 마티스의 두 아들, 장과 피에르는 장례에 참석하기 위해 오늘밤 니스에 도착한 것으로 전해진다.

시대에 반항하는 예술가 집단을 이끌었던 앙리 마티스는 약 50년 전 파리에 현대미술의 기초를 세운 장본인이었다. 또한 그는 능수능란한 색채의 달인이었으며 상대적으로 한정적인 주제를 변화무쌍하게 표현했던 최고의 창작자였다.

학교에서 미술 교육을 받으며 시작된 마티스의 장대한 예술 이력은 1905년 그가 루오, 드랭, 뒤피, 블라맹크 등과 함께 파리의 살롱 도톤에 작품들을 선보이면서 눈부신 혁명의 길로 들어섰었다. 혁명이란 것이 늘 그렇듯이 그들의 현란하고 반항적인 캔버스 작품들은 처음에 야수적이라는 혹평을 받았는데 이것이 곧 야수파(fauves)라는 그들의 이름이 되었다.

1951년 6월 25일, 수천 명의 사람들이 프랑스 남부 방스 지방의 작은 예배당으로 몰려들었다. 추기경이 마티스가 4년에 걸쳐 완성한 걸작에 축성을 하는 것을 보기 위해서였다.

몸이 불편해 작업기간 대부분을 침대에서 보내야 했던 마티스는 먼저 침실 벽에 목탄으로 스케치를 하고 이를 타일에 옮겨 그린 다음, 최종적으로 스테인 글라스를 제작하는 아주 침착한 방식으로 예배당을 꾸며나갔다. 이는 그의 유작이었으며 그도 예감했는지 다음과 같은 말을 남겼다. "이제 떠날 준비가 되었다."

마티스는 현대미술을 새로운 유행이라고 여기는 이들을 이해하지 못했다. 그는 모든 예술은 그것이 만들어진 시대를 대변하는 것이며, 과거에도 있었던 것들이 순서대로, 그리고 합리적으로 전개되는 것뿐이라고 말한 바 있다.

마티스는 1869년 12월 31일, 피카르디 주 르카토에서 곡물 상인의 아들로 태어났다. 그는 원래 법률가가 되기를 꿈꾸었으나 예술을 동경하게 되면서 부모님을 설득하여 미술 공부를 하기 시작했다.

파리에서 구스타브 모로에게 사사받

은 마티스는 1893년부터 1896년까지는 샤르댕과 코로의 영향을 받은 정물화를 많이 그렸고 루브르에서 거장들의 작품을 따라 그리기도 했다. 훗날 그는 이때의 경험에 대해 다음과 같이 회상했다. "외줄타기를 하기 위해, 먼저 땅에서 똑바로 걷는 법부터 배워야 했습니다."

1893년, 아밀리 모엘리 파라이레와 결혼한 마티스는 자신의 정물화를 미술 중개상에게 작품당 400프랑에 팔면서 생계를 꾸려나갔다.

마티스는 후에 이렇게 말했다. "이제 막 어떤 그림을 완성시키던 날이었습니다. 그 그림은 이전에 그린 것들과 마찬가지로 꽤 좋은 작품이었고 저도 만족했습니다. 그리고 이것으로 정말 필요한 돈을 마련할 수 있겠다고 생각했지요. 그리고 그림을 다시 보았습니다. 갑자기 그 그림에는 내가 표현하고 싶은 것도, 내가 느끼는 것도 담겨있지 않다는 것을 깨달았습니다. 그건 전혀 내 것이 아니었어요."

그렇게 마티스는 그 자리에서 그림을 찢어버렸고, 그날부터 스스로를 해방시키기로 마음먹었다.

마티스가 명망 있는 예술가로 두각을 나타낸 뒤에도 미술계 일각에선 그의 작품에 대해 "예술이라고 할 수 없는, 위험하고 전염성이 강한 질병에 불과하다"고 혹평을 서슴지 않았다. 1908년 뉴욕 스티글리츠 갤러리에서 '마티스전'이 개최된 뒤에도 격렬한 논평들이 쏟아졌으며, 1913년 그 유명한 아머리 쇼(미국 최초의 국제 근대 미술전) 또한 마티스를 뜨거운 찬반논쟁의 중심에 올려놓았다.

시간이 지남에 따라 마티스의 평판은 점점 높아졌지만 그는 만족하지 않고 예술적 탐구를 계속해 나갔다. 나이가 들수록 그의 색채는 바래지기는커녕 더욱 과감해졌고, 번뜩임과 유쾌함까지 더해졌다. 마티스 작품에 정통한 비평가들, 그리고 선경지명이 있던 미술감정가들은 그를 당대 최고의 화가로 손꼽는 데 주저하지 않았다.

마티스가 니스에 영구히 정착한 것은 1917년이었다. 이후 제2차 세계대전이 발발했을 때에도 그는 택시와 열차를 번갈아 타며 기어이 파리에서 니스로 돌아왔다.

1941년, 마티스의 아들 피에르는 아버지가 큰 수술을 받았다는 사실을 언론에 알렸다. 그 후 마티스의 지인들은 그에게 프랑스를 떠나라고 권유했으나 이 나이 지긋한 예술가는 이렇게 말했다. "재능 있는 사람들이 모두 프랑스를 떠난다면, 이 나라는 훨씬 더 가난해 질 것입니다. 나는 가난한 예술가로 시작했기에 다시 가난해지는 게 두렵지 않지만 ... 예술은 그만한 가치가 있습니다. 예술이란 진실을 찾는 작업이며 오직 그 진실만이 중요합니다."

83세 생일 즈음에 마티스는 국제연합 교육과학문화기구(UNESCO)에 기고한 글에서 자신의 예술 이론에 대해 다음과 같은 의견을 피력했다.

"예술가는 어린 아이처럼 편견 없이 삶을 바라보아야만 한다. 이 능력이 사라진다면 그는 더 이상 그만의 방식으로, 즉 독창적인 방법으로 자신을 표현할 수 없다."

이에 대한 예시로 그는 진정 창의적인 화가에게 장미 한 송이를 그리는 것만큼 어려운 일은 없다면서 이렇게 덧붙였다.

"그 이유는 진정한 예술가라면, 장미를 그리기 전에 세상에 존재하는 모든 장미 그림들을 잊어야 하기 때문이다."

잭슨 폴락

1912년 1월 28일~1956년 8월 11일

롱아일랜드, 사우스햄튼—오늘 저녁 이 지역 근방에서 일어난 두 건의 자동차 사고로 인해 여덟 명의 사망자와 최소 네 명의 부상자가 발생했다.

사망자 중 한 명은 추상화가 잭슨 폴락으로 확인되었다. 그는 44세였다.

오늘밤 10시 43분경 사우스햄튼 빌리지로부터 서쪽으로 약 6.4km 떨어진 몬탁 하이웨이에서 발생한 정면충돌 사고로 여섯 명이 사망하고 세 명이 부상을 당했다.

사고는 동쪽으로 주행하던 차량과 반대편 차량이 사우스햄튼 타운의 쉬네칵 힐즈 근방 2차선 도로 커브길에서 부딪치면서 발생했다.

한편, 다른 한 건의 사고는 잭슨 폴락의 사망으로 이어졌다. 목격자에 따르면 이스트 햄튼에서 북쪽으로 약 4.8km 떨어진 곳에서 폴락의 컨버터블이 전복되었다고 한다. 사고는 파이어플레이스 로드에서 10시가 조금 지난 시점에 발생했다.

당시 그의 차에 탑승하고 있던 여성 한 명 또한 사망했으며, 루스 클리그만이라는 다른 여성 탑승자는 부상을 입어 사우스햄튼 병원에 입원 중이다. 경찰당국은 아직 정확한 사고원인을 파악하지 못했으나, 차량이 제방을 들이받은 것으로 보고 있다.

사고의 영향으로 27번 고속도로는 양방향 모두 800m 이상 정체가 이어졌으며, 1시간 반이 지난 후에야 평상시 속도를 회복했다.

폴락은 바닥에 캔버스를 놓고 물감을 흩뿌리는 독특한 페이팅 기법으로 알려지기 시작했다. "이 시대 가장 독창적인 예술가"라며 그를 호평하는 비평가도 있었지만 또 다른 이들은 "무작위적인 에너지의 무질서한 폭발일 뿐"이라며 그의 작품을 폄하했다.

폴락은 한때 토머스 하트 벤턴의 학생

이었으나 스승의 "미국 풍경" 사실주의에 환멸을 느끼고 자신만의 추상기법을 고안하기 시작했으며, 1943년 첫 개인전을 개최한 이후 11년 동안 뉴욕에서 10차례 개인전을 열었고, 추상 표현주의의 선구자로 유럽에서도 명성을 얻었다.

폴락의 아내 리 크래스너 역시 유명한 화가이며, 폴락의 지인들은 현재 크래스너가 유럽 체류 중이라고 확인했다. 폴락 부부는 지난 10년 동안, 이스트햄튼 근처에 살았으며, 폴락은 자택 인근에 있던 헛간을 스튜디오로 개조하여 사용해 왔다.

잭슨 폴락은 1912년, 와이오밍 주 코디 근교에 있었던 아버지의 농장에서 태어났다. 이후 와이오밍, 애리조나, 캘리포니아 등지에서 성장한 그는 일찍이 그림에 두각을 나타냈으며, 17살 때 로스앤젤레스 고등학교 중퇴하고 뉴욕으로 건너가 아트 스튜던트 리그에서 2년간 수학했다.

폴락은 이곳에서 벤튼에게 받은 레슨이 그가 받은 "공식적인 교육"의 전부였다고 말한 바 있다.

40년대 초반 그는 이전의 자연주의 회화법에서 탈피해 반(半)추상적이고 표현주의적인 기법을 도입하기 시작했다. 이런 전환은 1947년, 드디어 그의 작품세계를 대표하는 드리핑 기법으로 진화된다.

1955년 11월, 그의 작품 인생 18년을 기념하는 회고전이 열린 시드니 재니스 갤러리에는 폴락이 거쳐 간 여러 스타일을 대표하는 작품 16점이 전시되었다.

당시 '뉴욕 타임스'의 한 비평가는 전시회에 대해 이렇게 평했다. "관습을 타파하기 위해 그가 택한 무자비한 방식은 이전의 예술계에서는 본 적이 없는 것이었다. 그의 작품은 날것 그대로고, 벌거벗었으며, 회화의 가장 기본적인 부분까지 파고든다. 그리고 이는 그가 타고난 창의적인 본성이 무의식적으로 발화된 것에 기인한다."

크리스티앙 디오르

1905년 1월21일~1957년 10월 23일

이탈리아, 몬테카티니—오랜 시간 패션계를 이끌어왔던 크리스티앙 디오르가 오늘 아침 심장마비로 세상을 떠났다. 그의 나이는 52세였다.

이곳 호텔 라 플레이스에서 사망한 디오르는 스스로는 보수적인 슈트와 타이를 즐겨 입던 디자이너였다. 그는 지난 주 내내 이탈리아 북부에서 휴가를 보낸 것으로 전해졌다.

디오르가 전 세계적으로 널리 알려지게 된 결정적인 계기는 1947년 그가 발표한 "뉴 룩"이었다. 이로 인해 프랑스는 전후 미국에게 그 위치를 빼앗길 뻔했던 패션 종주국이라는 타이틀을 다시 움켜쥘 수 있었고, 디오르는 그 공로로 프랑스 정부로부터 명예 훈장을 수여받기도 했다. 그러나 그는 자신이 패션 돌풍을 일으키는 주역이라는 사실을 늘 부정했다. 디오르는 "변화는 그냥 일어나는 것이고, 사람들이 받아들일 준비가 되어 있어야만 변화가 그 힘을 발휘하는 것이다"라고 말하곤 했다.

또한 디오르는 자신의 한 저서에서 스타일은 돌고 도는 것으로써 7년마다 유행은 돌아온다고 서술했으며, 종전 후인 1947년에는 이제 사람들이 정신적으로 여성스러움을 다시 받아들일 준비가 된 시기가 도래했다고 언급하기도 했다.

"우아한 여성을 더 아름답게, 아름다운 여성을 더 우아하게" 이것이 바로 그의 패션 철학이었다. 더불어 디오르는 자신의 디자인이 여성들로부터 큰 인기를 누릴 수 있었던 이유는 다음의 신조 덕분이라고 말한 바 있다. "여성들에게 자신의 남자를 즐겁게 할 수 있는 능력을 부여함으로써 여성들을 즐겁게 만들어라." —연합통신사

가까운 지인들에게 "크리-크리"라는 애칭으로 불렸던 디오르는 영향력과 스타일, 양면 모두에서 패션계의 일인자였다. 그는 이전의 어떤 디자이너보다도 빠르고, 폭넓게 자신의 브랜드를 확장시켰다. 사망 시점에서 디오르의 재산 목록에는 거울과 샹들리에로 우아하게 꾸며진 파리 몽테뉴 애비뉴의 메종 디오르 본사뿐만 아니라 전 세계 24개국에 개장한 1

천 5백만 달러 규모의 다국적 기업 디오르 엔터프라이즈도 포함되어 있다.

1947년 그가 만들어낸 "뉴 룩", 즉 긴 치맛단과 풀 스커트는 전 세계적으로 큰 논란을 일으키기도 했지만, 이로 인해 파리가 다시 패션 도시의 왕좌를 되찾은 것만은 확실했다.

디오르 엔터프라이즈의 막대한 사업 확장의 배후에는 언제나 통통하고 볼이 빨갛던 거장, 디오르가 있었다. 디오르는 매년 두 번 혼자만의 시간을 가지며 새로운 디자인에 몰두했다고 한다. 그는 대부분의 시간을 욕조에서 보내며 새로운 디자인이 떠오르면 눈에 보이는 종이 조각에 바로 스케치를 했다.

디오르가 만들어낸 또 다른 혁신들로는 쇄골이 깊이 드러나는 "지그재그", 가슴부분을 강조하고 다리로 우아함과 길이를 표현한 "버티컬", 그리고 높은 가슴선이 강조된 "튤립" 등이 있다.

패션을 단순히 천을 자르고 붙이는 작업으로 생각하지 않았던 디오르는 다음과 같은 말을 남겼다. "현대의 기계 중심 사회에서 옷을 만드는 것은 마지막 피난처, 즉 가장 개인적이고 인간적이며 아무나 흉내 낼 수 없는 독창적인 활동 중 하나이다. 요즘과 같은 침울한 시대에 우리는 한 땀 한 땀 럭셔리의 가치를 지켜내야 한다."

디오르는 어릴 적부터 패션 디자이너가 되겠다는 꿈을 꾸지는 않았다. 1905년 1월 21일, 프랑스 그랑빌의 부유한 화학 비료 제조업자의 아들로 태어난 디오르는 원래 외교관을 꿈꾸는 소년이었다.

그러나 친구의 영향으로 많은 예술가들과 친분을 쌓았던 디오르는 23세에 미술품 거래상이 된다. 그의 갤러리는 초현실주의 작품 전시회를 최초로 개최한 곳으로 알려졌으며, 살바도르 달리, 크리스티앙 베라르, 장 콕토 등의 작품을 전시하고 그들과 교류했다.

그러나 1934년, 디오르는 건강상의 문제로 갤러리 운영을 그만두었으며 요양 후 다시 파리로 돌아온 후에는 '피가로 일러스트레이티드'의 오뜨 꾸뛰르 일러스트레이터로 고용된다. 당시 그가 디자인한 모자는 순식간에 파리 여성들의 마음을 사로잡기도 했다.

전쟁이 발발하자 그는 공병으로 프랑스군에 소집되었으며, 이후 1941년 루시앙 르롱의 디자이너로 시작해 1946년에는 자신만의 살롱을 가지게 된다.

그의 사업은 패션계에서는 드물게 처음부터 큰 규모를 자랑했다. 또한 디오르의 브랜드들은 일반 통계조사, 그리고 모조품을 막는 프로그램으로 프랑스와 다른 해외 지점에서 판매되는 디올 브랜드를 즉각 식별 가능하게 만들었다.

디오르의 패션쇼는 언제나 패션계의 뜨거운 뉴스였지만, 쇼 오프닝에 대해 디오르는 이렇게 묘사한 적이 있다. "대중들에게는 아름다운 꽃다발처럼 보이겠지만, 무대 뒤는 지옥과 같은 풍경이 펼쳐지죠."

프랭크 로이드 라이트

1867년 6월 8일~1959년 4월 9일

피닉스—많은 이들로부터 20세기 최고의 건축가로 평가받아온 프랭크 로이드 라이트가 오늘 오전 세인트 조셉 병원에서 사망했다. 향년 91세.

스스로도 자신을 "현존하는 최고의 건축가"라고 칭했던 라이트는 월요일 저녁 장폐색 때문에 긴급 수술을 받았으며, 주치의는 "수술 후 경과가 좋았으나 갑자기 사망했다"고 밝혔다.

피닉스 북동부에 위치한 자신의 겨울용 별장, 탈리에신 웨스트에서 구상한 라이트의 애리조나 주 의회 의사당 신축안부터 이야기를 시작하는 것이 좋겠다. "사막 속의 오아시스, 모래와 바위로 둘러싸인 풍경과 대비를 이루는 분수대와 녹지"를 골자로 한 이 설계안은 큰 논란을 일으키며 거부되었었다.

다른 건축사무소에서 제출한 마천루 스타일의 설계안을 보고 라이트는 "꼭대기에 중산모자를 올려놓은 우스꽝스러운 굴뚝"이라며 "뉴욕의 UN빌딩이라는 안타까운 원본을 베낀 안타까운 모조품"이라고 혹평했다.

자신이 설계한 건축물만큼이나 독설로도 유명했던 프랭크 로이드 라이트는 위와 같은 말들을 서슴지 않고 하는 사람이었다. 이를테면 60세 정년퇴직에 대해서는 "살인마 같은 관습"이라고 비판하면서 미국의 "추함을 향한 욕망"을 고치기 위해서는 자신에게 시간이 더 필요하다고 일갈하기도 했다.

그러나 라이트의 명성, 행운, 그리고 태도에 점진적으로 변화가 생겼다는 걸 보여주는 사례도 있었다. 1953년 5월 28일, 미국 예술가 협회에서 주는 골드 메달 어워드 수상 소감을 밝히며 그는 이렇게 말했다. "그림자가 드리워지는 것이 느껴집니다. 겸손함이라는 이상한 질병에 저도 감염된 것 같습니다."

라이트의 일생은 미국 건축계의 급진파를 대표하다가 현대 건축의 번성을 이끈 선구자로 인정받는 과정이기도 했다.

이러한 평가의 변화는 그가 평생 믿었던, 건축물의 형태는 기능을 따른다는 이론에서 조금이라도 타협했기 때문이 아니라, 전통에서 탈피하려는 그의 스타일과 신조에 대중들이 서서히 마음을 열었기 때문에 가능했다.

라이트는 경력 초기부터 미국 건축의 창시자로 유럽에서는 환영받았으나, 정작 마천루 스타일만 각광받던 미국에서는 쉽게 사랑받지 못했다. 마천루의 아버지로 불리는 루이스 설리번 아래에서 배웠음에도 라이트는 이 미국식 현상을 강력히 비판했다.

그는 탑처럼 솟은 뉴욕의 건물들을 혐오했고 철근과 돌들로만 이루어진 다른 도시들도 그의 비판을 피해갈 수 없었다. 또한 미국 전역의 상자와 같은 집들에 대해서는 "인간의 정신을 가두는 관이나 다름없다"라고 말하기도 했다.

그의 건축 철학은 "대초원 양식"이라고 불리는 지형에 순응하는 집들과 콘크리트 판, 유리 블록, 배관 같은 자재들을 활용한 적당한 높이의 기능적인 오피스 빌딩들에서 분명하게 드러난다. 1923년에 있었던 대지진을 이겨낸 도쿄의 임페리얼 호텔이 그 기념비적인 예라고 할 수 있을 것이다.

라이트는 1867년 6월 8일, 위스콘신 주 리치랜드 센터에서 윌리엄 캐리 라이트와 애나 로이드-존스(결혼 전 이름)의 아들로 태어났다. 목사였던 그의 아버지는 어린 프랭크에게 종교 교육을 시켰던 반면, 프랭크가 건축가의 꿈을 키우기 시작한 것은 학교 선생님이었던 어머니의 영향 때문이었다고 전해진다. 이런 가정 환경 속에서 키워진 매우 강한 개성과 반항적인 기질은 라이트 자신은 물론 그가 만든 작품들의 특징으로도 나타나게 된다.

위스콘신 공립학교를 졸업한 라이트는 위스콘신 주립대학에 입학하여 토목공학을 전공했으나 건축가가 되겠다는 결심이 서자, 마지막 학년에 이 학교를 자퇴했으며 누구나 원하는 파리의 에콜 데 보자르가 아닌 시카고로 향했다. 그의 전형적인 개성이 드러나는 행보였다. 그렇게 그는 시카고에서 프랑스-아일랜드계이자 보스턴 출신 건축가 루이스 설리번의 제도 사무실에서 일하기 시작했다. 설리반은 전통적 건축에서 일탈한 양식을 보여준 건축가였는데 결과적으로 라이트와 설리반의 사이는 틀어졌지만, 둘은 전통적인 형태를 거부한다는 점에서 상당한 공통점이 있었다.

당시 설리번은 젊은 견습생 라이트에게 건축의 기초를 가르쳤으며 급진적인 디자인에 대한 생각의 단초를 심어주었다. 4년 후, 둘 사이는 멀어졌고 라이트는 자신의 사무실을 열며 독립했지만, 라이트는 일생에 걸쳐 1927년 사망한 설리번을 언급할 때는 항상 "데어 마이스터(거장)"라고 칭했다.

본능적으로 반항적인 디자인에 이끌렸던 라이트는 가장 초창기 작품인 "생활을 위해 디자인된" 방갈로부터 이미 이전에 존재하던 어떤 건축물과도 다른 양식을 보여주었다. 이 첫 번째 방갈로의 주인은 다른 누구도 아닌 바로 자신과 그의 아내 캐서린 토빈이었다.

당시 21세의 라이트는 19세의 토빈(결혼 전 이름)을 교회 모임에서 만나 결혼했다. 이 라이트 부부는 교회가 많기로 유명한 시카고 근교의 오크파크에서 신혼생활을 시작했으며 그곳에서 6명의 자녀들이 태어났다. 그중 로이드와 존은 아버지처럼 건축가로 성장했고, 나머지 네 명의 이름은 캐서린, 데이빗, 프란시스, 르웰린이다.

라이트가 오크파크에 지은 첫 방갈로 작품이자 신혼집은 나지막한 높이에 이렇다 할 목재장식도 없이 지붕창이 나있고, 모퉁이에는 굴뚝이 높이 솟아있는 모습이었는데 그 넓고 평평한 구조는 흡사 "땅과 포옹하는 것" 같았다.

건축가들 사이에서 이 방갈로 시리즈는 큰 화제가 되었으며, 라이트의 디자인은 미국의 평야와 아늑하게 조화를 이룬다는 면에서 "대초원 양식"이라는 이름을 얻었다. 그러나 그의 디자인은 유럽에서는 크게 환영받은 반면, 미국인들은 여전히 라이트라는 건축가와 그의 작품에게 기회를 주지 않고 있었다.

한편 미국에서 라이트의 유명세가 처음 형성된 건 그가 이미 상당한 수준으로 이룩했던 건축적인 업적들이 아니라 스캔들과 비극을 통해서였다. 1909년 그는 자신의 작품들을 기록한 포트폴리오와 건축에 대한 짧은 에세이들을 출간하기 위해 독일을 방문할 때, 오크파크의 이웃이자 자신이 집을 설계해 준 인연이 있던 E. H. 체니 부인과 동행했다.

이후 독일에서 돌아온 라이트는 위스콘신 주 스프링 그린에 아마도 자신의 가장 유명한 작품이 된 탈리에신을 짓기 시작한다. 위스콘신 강이 내려다보이는 높은 부지에 터를 잡은 "탈리에신"은 라이트의 뿌리인 웨일스 지방의 언어로 "빛나는 산등성이"라는 뜻이었고, 당시 남편과 이혼한 체니 부인을 위한 "피난처" 역할을 할 곳이었다.

그러던 1914년 8월 15일, 탈리에신에 비극적인 일이 닥쳤다. 정신이상을 앓고 있던 어떤 하인이 체니 부인과 두 자녀, 그리고 또 다른 네 명의 사람들을 살해한 후 건물을 잿더미로 만든 것이다. 라이트는 후에 "이곳의 상처를 모두 지우겠다"며 탈리에신 재건에 나서게 된다.

한편, 라이트가 독일에서 출간한 책을 읽은 일본의 황제는 1915년 가을에 사절단과 함께 일본 건축가들을 라이트에게 보냈다. 도쿄에 건설 계획 중인 450만 달러 규모의 호텔 설계안을 제출해달라고 요청하기 위해서였다. 몇 장의 스케치로 표현된 라이트의 디자인은 곧 수락되었고, 그는 건설 현장을 감독하기 위해 일본으로 날아갔다.

라이트가 직면했던 가장 큰 문제는 주기적으로 찾아와 수많은 생명과 재산을 앗아가는 일본의 대규모 지진이었다. 이에 대비하기 위해 임페리얼 호텔은 벽면과 바닥에 탄성 구조물을 최초로 도입하였고 배관 파이프는 단절되지 않도록 설계되었으며, 전선 또한 지진 발생 시 합선되거나 고압으로 터지는 일이 없게끔 배선되었다.

이 호텔은 1922년 완공되었고, 이듬해 강력한 지진이 도쿄와 요코하마를 뒤흔들었다. 거의 십만 명에 가까운 사람들이 무너지는 건물 벽과 떨어지는 지붕 밑에 깔려 죽거나 뒤이은 대형 화재 속에서 불타 죽었다. 수일 후 도쿄와 외부세계를 연결하는 통신망이 다시 연결되자 그 참사를 견뎌낸 대형 구조물은 임페리얼 호텔뿐이라는 소식이 알려지기 시작했다.

그 후로 몇 년간 라이트는 연이은 가정사로 구설수에 오르게 된다. 별거 중이던 첫 번째 아내와는 도쿄에서 돌아온 뒤 합의 이혼했고, 1923년부터 시작된 조각가 미리암 노엘과의 두 번째 결혼 생활 역시 1927년으로 짧게 마무되었으며, 이듬해 올가 라조비치와 또 한 번 결혼하여 이오반나라는 딸을 낳았던 것이다.

그러나 여러 논란과 비판 속에서도 라이트는 꾸준히 명성을 쌓아나갔다. 비평가들은 라이트가 그의 시대를 앞선 것뿐만 아니라 모든 시대를 앞섰다고 평하기 시작했고 라이트의 제자들과 추종자들은 그의 작품을 아낌없이 찬양했다.

이렇듯 인기를 얻으면서 그에게 쏟아졌던 주요 의뢰작들을 몇 가지 추려보자면, 시카고의 미드웨이 가든, 버팔로의 라킨 빌딩, 위스콘신 주 라신의 S. C. 존슨 빌딩, 애드가 J. 커프만의 의뢰로 펜실베이니아 주 베어런의 폭포 위에 지은 '낙수장', 그리고 오클라호마 주 바틀스빌의 프라이스 타워 등이 있다.

뉴욕 주 플레전트빌 인근, 우소니아 하우스로 알려진 협동조합 부지 내의 프리드만 하우스(원형 구조) 역시 그의 걸작 중 하나이다. '유소니아(Usonia)'는 라이트가 미국의 이상적인 건축 스타일을 표현하기 위해 자주 쓰던 용어이다.

많은 상과 영예를 얻었고 미국 예술가 협회 회원으로도 선출되었지만, 흰 머리의 개성 강한 이 80대 노인은 여전히 많은 논란들을 만들어냈다.

요세미티 국립공원의 신축 건물 설계안이 거절당하자 그는 "정치적인 이유" 때문이라며 코웃음을 쳤고, 베니치아의 대운하에 유리와 대리석으로 궁전을 짓겠다는 계획도 무산되자 그는 "관광객들의 승리"라고 답했다.

젊을 때와 마찬가지로, 작업에 몰두하고 동료들과 토론하며 말년을 보냈던 라이트는 89세의 나이에도 불구하고 탈리에신에서 65명의 건축 학도들을 가르쳤다. 그렇게 매일 일에 매진했지만, 가끔 백발에 중절모를 쓰고 매끈한 넥타이를 맨 차림으로 공식 석상에 모습을 드러낼 때면 어김없이 특유의 독설을 쏟아냈다.

아내, 자녀들과 더불어 그에게는 한

명의 여동생과 아홉 명의 손주, 그리고 여덟 명의 증손주들이 있다. 그의 딸 프랜시스는 지난 2월 세상을 떠났다. 그의 손주들 중 한 명은 바로 영화배우 앤 백스터 양이다.

라이트는 뉴욕의 정글 같은 마천루를 즐겨 공격했다. 그러던 1945년, 그는 처음으로 뉴욕 시로부터 의뢰를 받게 되었는데, 바로 88번가 5번지에 솔로몬 R. 구겐하임 박물관의 새로운 전시시설을 짓는 일이었다.

"사상 처음으로, 마치 개방된 창문을 통해 미술품을 보는 듯한 경험을 하게 될 것이다. 다른 곳도 아닌 바로 뉴욕에서 말이다." 라이트는 이렇게 구상안을 밝히며 한 마디 덧붙였다. "그건 나부터 놀라 자빠질 일이다."

그의 디자인이 공개되자 조롱과 찬사가 동시에 쏟아졌다. 그의 팬들은 "작은 성지"라고 표현한 반면, 비판자들은 "세탁기", "십자 무늬 빵", "마시멜로우" 등 다양한 이름으로 비난했다. 사실 그의 충실한 추종자들 중에서도 뉴욕의 오래된 아파트 건물들 사이에 원통형으로 세워지게 될 박물관을 상상하며 "몸서리"를 치기도 했으나 라이트는 확고했다.

플렉시글래스 돔과 유리문과 같은 세부사항들에 있어서도 라이트는 뜻을 굽히지 않았다. 몇 차례 미뤄진 후 1956년 마침내 그의 설계안대로 공사가 시작되었으며, 앞으로 한두 달 내에 완공될 예정이다.

그랜마 모제스

1860년 9월 7일~1961년 12월 13일

뉴욕, 후식 폴스—70대 후반의 나이에 미국에서 가장 유명한 화가가 되어 불굴의 노익장을 과시했던 "진정한 본연의 미국인" 그랜마 모제스가 오늘 101세의 나이로 우리 곁을 떠났다.

그녀는 8월부터 입원해 있던 후식 폴스 병원에서 생을 마감했다. 주치의 클레이튼 E. 쇼 박사는 "모든 기력을 다한 것"이 그녀의 사인을 가장 잘 설명하는 방법이라고 말했다.

모제스는 포근한 농장 생활과 시골의 전원 풍경을 간결한 사실주의 기법과 밝은 색감으로 표현함으로써 향수를 자아내며 많은 사랑을 받았다. 그녀는 첫눈의 설렘, 추수감사절의 들뜬 분위기, 초봄에 피어나는 싱그러운 풀잎 등을 생동감 있게 그려냈다.

또한 화사한 색감과 동작 표현, 그리고 유머감각을 통해 비누와 양초 만들기, 건초 쌓기, 열매 따기, 메이플 시럽과 사과 잼 만들기와 같은 소박한 농촌의 일상을 고스란히 담아내기도 했다.

작은 체구와 활발한 성격, 장난기 가득한 회색빛 눈동자를 가졌던 모제스는 탁월한 유머감각의 소유자였지만 제멋대로인 손주들 앞에서는 근엄하고 무서운 할머니이기도 했다. 지난 9월 7일 맞았던 마지막 생일까지 그녀는 하루도 빠지지 않고 그림을 그렸다.

그녀의 유족들로는 며느리 도로시 모제스와 아홉 명의 손주, 그리고 30명이 넘는 증손주들이 있다.

미국, 빈, 파리를 비롯하여 전 세계 아홉 개의 박물관에 자신의 그림을 전시하고 있는 모제스는 76세 때 처음으로 붓을 들었다. 그녀가 그림을 그리기 시작한 이유는 꽤 단순했다. 관절염으로 손이 굳어서 더 이상 자수를 놓을 수 없었기 때문이었다.

그녀가 그림을 시작하고 2년이 흐른 어느 날, 공학자이자 미술작품 수집가 루이스 J. 칼도가 우연히 후식 폴스 약국에 걸려있는 모제스의 그림을 보게 된다. 그림들은 각각 3달러, 5달러였다. 그녀는 두 점을 모두 사고 이글브릿지 인근에 위치한 모제스의 집을 방문해 10점을 더 구매했다.

그리고 이듬해인 1939년, 뉴욕 현대미술관의 한 전시회에서 그랜마 모제스의 작품이 처음 소개되었으며, 1940년에는 뉴욕에서 개인전이 열린 데 이어, 해외에서도 여러 차례 개인전이 열리기 시작했다. 또한 그녀의 그림들은 미국과 해외에서 크리스마스카드, 타일과 직물 등에 프린트되어 팔려나갔다. 한편, 1949년 트루먼 대통령 내외는 그녀를 다과회에 초청하였으며, 그 자리에서 대통령이 그녀를 위해 직접 피아노를 연주하기도 했다.

뉴욕 주지사 넬슨 록펠러는 모제스의 100세와 101세 생일을 "그랜마 모제스의 날"로 지정한 데 이어, 올해에는 이렇게 공언했다. "현재 미국에서 모제스보다 더 뛰어난 예술가는 없다!"

그러나 모제스의 인기와 명성은 미국을 훨씬 뛰어넘었다. 유럽의 여러 평론가들은 "사랑스럽다", "신선하다", "매력있다", "어린아이의 천진난만함이 느껴진다"며 그녀의 작품을 찬양했다. 독일의 한 팬은 모제스의 인기 요인에 대해 이렇게 설명했다.

"그녀의 그림에서는 경쾌한 낙관주의를 느낄 수 있어요. 그녀가 우리에게 보여주는 세상은 한없이 아름답고 선하죠. 그 작품들을 보고 있자면 집에 온 것 같은 편안함과 공감대가 형성됩니다. 요즘처럼 불안정하고 불확실한 사회 속에서 우리는 그랜마 모제스가 표현하는 단순하고 낙관적인 세상에 끌릴 수밖에 없는 거예요."

"원초적"으로 그림을 독학했던 모제스는 어릴 적 포도즙과 레몬즙을 물감으로 사용하여 스스로 "양의 화단"이라고 불렀던 그림을 그렸다고 한다. 그녀는 종종 독학으로 그림을 배운 프랑스의 위대한 화가 앙리 루소나 브뢰겔과 비교되기도 한다.

그랜마 모제스는 모든 그림을 추억에 의존해 그렸다. 언제가 그녀는 자신이 조용히 앉아 생각하고, 기억하고, 상상하면서 그림을 그린다고 밝히면서 다음과 같이 덧붙였다. "그러다가 영감이 떠오르면 그림을 그리기 시작하죠. 기억이 난 상황을 되새기며 그림을 보는 사람들도 그때를 이해할 수 있도록 다른 모든 것은 잊어버리고 그림을 그립니다."

그녀는 낡은 회전의자에 두 개의 베개를 올리고 그 위에 앉아 그림을 그렸다. 오래된 부엌 탁자 위에는 캔버스가 놓여 있었고 이젤은 없었다. 그녀의 스튜디오에는 세탁기와 건조기가 있을 뿐이었다.

모제스는 보통 하루에 대여섯 시간씩 그림을 그렸는데, 그녀의 말에 따르면 손이 아직 생생하고 덜 뻑뻑한 작업 초반부를 더 즐겼다고 한다. 그렇게 저녁식사를 마친 후에는 액션이나 줄거리 때문이 아니라 말들을 보기 위해 텔레비전에서 방영하는 웨스턴 영화를 시청하는 것이 그녀의 일상이었다.

그랜마 모제스는 뉴잉글랜드의 옛 모습을 그리는 것을 좋아했다. "하늘을 먼저, 그 다음 산, 동산, 나무, 집, 그리고 송아지들과 사람들"을 그리며 체구에 비해 훨씬 작았던 그녀의 손은 쉴 새 없이 움직였다.

그녀는 아버지를 따라 산책을 하면서 자연을 감상하는 법을 배웠다고 한다. 아버지는 감리교 신자였지만 교회에 나가지는 않았고, 자녀들도 스스로 종교를 택하도록 허락했다. 교회에 가는 대신 모제스의 가족들은 숲속에서 긴 산책을 즐겼다.

모제스는 일생 동안 1,000여 점이 넘는 작품들을 완성했고, 그중 25점은 그녀의 나이가 100세를 넘긴 이후 완성된 것들이었다. 처음에 3달러와 5달러에 팔리던 그녀의 작품들은 이제 8천 달러에서 큰 작품의 경우 1만 달러까지 그 가치가 치솟았다.

모제스는 1860년, 뉴욕 주 그린위치에서 태어났다. 러셀 킹 로버슨과 마가렛 쉐너핸(결혼 전 이름) 사이에서 태어난 10명의 자녀들 중 한 명이었던 그녀의 결혼 전 이름은 애나 메리 로버슨이었다. 한 칸짜리 작은 교실뿐인 시골 학교에서 수업을 받은 것이 그녀가 받은 교육의 전부였다.

12세가 되던 해, 한 농장에서 가정부로 고용되어 집을 떠난 그녀는 27세에 같은 농장에서 일하던 토마스 살먼 모제스를 만나 결혼했다.

둘은 노스캐롤라이나로 신혼여행을 떠났고 돌아오는 길에 그동안 모아둔 돈 6백 달러로 버지니아 주 스톤턴 근처의 농장을 임대하기로 한다.

그렇게 20년간 이어진 버지니아 시절 동안 그들은 10명의 자녀를 얻었으나 그중 5명은 어렸을 때 사망했다. 이후 모제스 부부는 뉴욕으로 돌아와 이글브릿지에서 농장을 운영하기 시작했으며, 1927년 남편 토마스 모제스가 사망한 뒤로는 모제스가 아들의 도움을 받아 홀로 몇 년간 농장을 운영하다가 손에 관절염이 생겨 그것마저 그만두게 된다.

1951년 출간된 모제스의 자서전 '내 인생의 역사'에서 모제스는 자신의 철학을 이렇게 밝혔다.

"내 인생을 돌아보면 그저 열심히 일한 하룻날을 보낸 것 같다. 나는 내가 해야 할 일을 했고 그것에 만족하며 행복을 느끼고 있다. 더 잘살 수 있었을 것이라는 생각은 하지 않는다. 나는 내가 할 수 있는 최선을 다했고, 주어진 환경에서 누릴 수 있는 모든 것을 누렸다. 인생의 행복이란 우리가 어떻게 사느냐에 달렸다. 언제나 그랬고 앞으로도 늘 그럴 것이다."

르 코르뷔지에

1887년 10월 6일~1965년 8월 27일

프랑스, 로크브륀느 카프-마르탱—건축가 르 코르뷔지에가 오늘 리비에라 리조트에서 수영을 하던 중 심장마비로 사망했다. 그의 나이 77세였다.

그의 유족은 스위스에 살고 있는 형제 한 명뿐이다. 아내는 1957년 이미 사망했고 둘 사이에 자녀는 없었다.

—연합통신사

르 코르뷔지에라는 예명으로 더 잘 알려진 샤를 에두아르 잔레 그리는 그의 건축에 대한 철학이 가진 영향력만큼이나 늘 화제를 몰고 다니는 사람이었다. 그는 자신을 이렇게 표현하기도 했다. "나는 피뢰침과도 같다. 내가 가

는 곳에는 늘 폭풍우가 몰려온다."

40년이 넘는 세월 동안 그와 그의 작품에 대한 논란은 끊이지 않았고 르 코르뷔지에는 늘 괴팍한 반응으로 일관했으며, 특히 말년에는 자신이 관료주의와 정치, 그리고 낮은 평가의 희생양이라는 생각에 휩싸여 있었다.

그럼에도 그의 영향력은 너무나 크고 깊어서 현대 건축과 도시 계획의 영역에서 그가 영향을 미치지 않은 분야는 없다고 해도 무방할 정도다. 뉴욕 현대 미술관의 아서 드렉슬러는 르 코르뷔지에가 루드비히 미스 반 데어 로에, 그리고 작고한 프랭크 로이드 라이트와 함께 현대 건축을 대표하는 3인 중 한 명이라고 평가하기도 했다.

르 코르뷔지에의 작품은 100개 이하로 그리 많은 수는 아니지만, 그의 건축물들은 늘 독특했다. 그의 작품성을 가장 잘 보여주는 예는 매사추세츠 주 캠브리지에 위치한 하버드 대학교의 시각 미술 센터, 프랑스 보쥬의 롱샹 성당, 인도 찬디가르의 펀자브 빌딩, 마르세이유와 베를린의 아파트, 유리벽으로 만들어진 러시아의 10층짜리 오피스 빌딩, 파리의 구세군 센터와 리우 데 자네이루의 교육부 건물 등이 있다. 특히 유리창에 설치된 벌집 형태의 구조물로 햇빛은 막고 바람을 잘 들어오게 설계된 리우 데 자네이루의 교육부 건물은 이후 남미, 특히 브라질리아의 많은 건축들에서 모방되기도 했다.

반면 뉴욕에서는 순수한 르 코르뷔지에의 작품을 찾기란 쉬운 일이 아니다. 43번가 이스트강 근처에 위치한 UN사무국 건물의 전체적인 디자인이 그를 통해 이루어지기는 했으나, 시공 과정에서 그의 과감한 디자인은 한 발 물러서야 했다. 이 건물이 완공되자 그는 이렇게 불평을 했다.

"모든 이들이 '르 코르뷔지에 빌딩'이라고 부르는 새로운 고층건물이 뉴욕에 등장했다. 그러나 그들은 시공 과정에서 무자비하고 비양심적인 방법으로 나의 모든 권리를 앗아갔다."

그러나 기둥들 위로 세워진 파크 애비뉴의 레버 빌딩은, 수직 구조물 위에 대규모 빌딩을 세움으로써 건물 아래로 사람들이 지나다닐 수 있는 길을 열어주고, 이를 통해 건물의 거대함을 상쇄시켜야 한다는 코르뷔지에의 근본적인 건축 철학을 잘 보여준다.

뉴욕을 방문하기 전, 아직 경력 초기에 있던 르 코르뷔지에는 미국의 마천루들을 찬양하고 동경했으나, 번잡하게 들어선 뉴욕의 밋밋한 건물들을 실제로 보고난 후에는 이렇게 말했다고 한다.

"당신들의 마천루들은 너무 작다!"

그는 맨해튼이 석조로 가득한 정글 같을 뿐만 아니라 허드슨강과 이스트강은 가려져 있으며, 뉴욕 항구의 아름다움 또한 전혀 보여주지 못하고 있다고 평했다. 그럼에도 그는 미국의 어떤 면에 대해서는 애착을 보이면서 개선점을 제시하기도 했다.

1935년 그는 이렇게 말했다. "뉴욕은

인간의 힘, 용기, 산업이 가장 아름답게 드러나는 곳이다. 그러나 이곳에는 질서와 조화, 그리고 영혼의 쉼터가 없다. 마천루들은 마치 작은 바늘들이 한데 엉켜있는 것처럼 보인다. 뉴욕에는 서로 넓게 떨어진 오벨리스크가 훨씬 더 잘 어울린다. 그래야만 이 도시에 공간과 빛, 그리고 질서가 들어올 여지가 생긴다. 이러한 요소들은 인간에게 음식과 잠잘 곳이 필요하듯, 사는 데 있어서 필수적인 것들이다." 한편 그는 자신에 대한 비판이 많다는 것도 빠르게 인지했다. 작년 4월 그는 "지난 50년 동안 나는 늘 걷어차이면서 살아왔다"라고 말하기도 했다.

그리고 1920년대, 그가 밝힌 건축에 대한 자신의 신조는 이러했다. "건축에서 다양한 스타일이라는 것은 큰 의미가 없다. 건축의 스타일은 여성들이 머리에 꽂는 장식 깃털과도 같다. 보기에는 좋지만 절대로 그 이상은 될 수 없다. 건축은 더 중대한 목표를 가지고 있으며, 형태와 표면이야말로 건축이 스스로를 드러내게 하는 기본 요소들이다."

더 나아가 그는 건축물을 아름답게 만드는 요소로 "구조"를 손꼽았으며, 정육면체, 뿔, 구, 원통, 피라미드와 같은 형태를 "위대한 기본 형태"라고 부르면서 이러한 형태들로 수렴되는 건축물이야말로 좋은 건축이라는 의견을 펼쳤다.

또한 르 코르뷔지에의 이론에서 중요한 위치를 차지하는 또 하나의 개념은 "기계"였다. 이를테면 그는 인쇄기술에 대해 "감정을 기록하는 기계"라고 언급한 데 이어, "집은 생활을 위한 기계"라는 유명한 문구를 창안한 장본인이었다. 이러한 신념은 그의 작품들에서 시도된 상식을 파괴하는 실험적인 접근에서 잘 드러난다. 그러나 몇몇 비평가들은 그의 접근법이 과도하게 금욕적이며 비인간적이라고 평하기도 했다.

하지만 르 코르뷔지에는 늘 자신을 본질적으로 자애로운 건축의 개척자라고 생각했다. 그는 도시 거주자들에게 꼭 필요한 "원자재"로 하늘, 나무, 철, 시멘트(중요한 순서대로)를 꼽았으며, 그들이 마땅히 누려야할 "기본적인 즐거움"으로 태양, 공간, 그리고 녹지를 제시했다.

이러한 신념을 바탕으로 그는 다음과 같은 건축 원칙을 세웠다. 첫째, 건축 부지가 가장 중요하다. 둘째, 건물은 자연광에 노출되어 있어야 한다. 셋째, 철골구조로 쓸모없어진 보조벽은 유리판으로 대체한다. 넷째, 거리에서는 보행자들이 우선시되어야 하고 자동차와 열차는 지하나 고가도로를 이용한다. 다섯째, 건물을 기둥 위에 지어 땅을 자유롭게 한다. 여섯째, 건물에 효율적인 환기시스템을 갖추어 거주자들을 도시의 매연으로부터 보호하고 깨끗한 공기를 마실 수 있도록 한다.

르 코르뷔지에는 이와 같은 원칙들을 기본으로 하여 파리, 앤트워프, 알제, 부에노스아이레스, 몬테비데오, 그리고 인도에서 열정적인 도시계획에 나섰다.

르 코르뷔지에의 걸작들 중 하나를 꼽자면 1951년부터 1957년까지 그가 주도했던, 인도 펀자브 지역의 아무것도 없는 평야에서 첫 삽을 뜬 찬디가르 프로젝트일 것이다. 이 작업을 진행하며 그는 자신의 디자인에서 보이던, 특징적인 딱딱함에서 조금 벗어난 모습을 보여주기도 했다.

찬디가르는 단층 건물들이 넓게 펼쳐진 도시로서 이는 인도 정부 측이 르 코르뷔지에에게 승강기 기술자의 부족으로 고층 빌딩은 시공이 어렵다는 점을 호소했고, 르 코르뷔지에가 이를 받아들인 결과였다.

그가 주로 작업한 건물은 도시 중앙의 정부 청사였는데, 인도의 뜨거운 태양을 이겨내기 위해 수많은 혁신적인 시도가 있었고 경제성을 고려하여 장식성이 배제된 노출 콘크리트 방식으로 건물이 지어졌다.

샤를 에두아르 잔레 그리는 1887년 10월 6일, 스위스의 라쇼드퐁에서 태어났다. 아버지는 시계판에 에나멜을 입히는 작업을 하는 사람이었다.

르 코르뷔지에는 13살부터 18살까지 고향의 미술학교에서 공부했고, 그 뒤에는 빈, 파리, 베를린을 옮겨 다니며 여러 유명한 건축가들의 작업실에서 일을 배웠다.

그리고 1917년, 파리에 정착한 그는 1920년부터 1925년까지 스스로 창간한 '에스프리 누보'라는 잡지에 연재물을 발표하며 자신의 건축 철학을 펼쳤고, 이를 통해 이름이 알려지기 시작했다.

화가 아메데 오장팡과 함께 창간한 '에스프리 누보'는 "순수주의" 이론들을 전파하였는데, 그 이론들은 입체파에서 시작되기는 하였으나 엄격한 조형미를 강조했고, 당시 일각의 입체파에서 점진적으로 두드러졌던 외형적인 장식미에 맞서 싸우고자 했다.

이러한 노력의 가장 중요한 결과는 바로 그가 르 코르뷔지에라는 이름 아래 건축가로서의 정체성을 성립했다는 것이다. 외할머니의 성인 르 코르뷔지에라는 이름을 택하면서 그는 열망하는 화가로서의 정체성에서 분리되어 건축학의 선전가라는 정체성을 유지하고자 했다. 그러나 화가 잔레로서의 면모가 건축가 르 코르뷔지에로 인해 가려진 측면도 있다.

지치지 않는 열정으로 세계 각국을 다녔던 강연가인 동시에 신랄한 작가였던 그는 "디자인은 내면에서 외면으로 나오는 것이다. 외면은 내면의 결과물일 뿐이다"라는 격언을 남겼으며, 뉴욕과 시카고에 대해서는 "폭풍우, 토네이도, 그리고 대재앙과도 같다. 이 도시들에서는 조화를 찾을 수 없다"며 격한 비판을 하기도 했다. 한편, 그의 저서 '주택-궁전'(1928), '빛나는 도시'(1935), '성당이 흰색이었을 때'(1937), '인간의 주택'(1942) 등에는 그의 인본주의적인 모더니즘이 잘 드러나 있다.

제2차 세계대전 후 유럽 곳곳에 재건이 절실했던 시기, 르 코르뷔지 또한 여러 가지 작업들에 나서게 된다. 그러나 역시 우여곡절들이 있었다. 그중 라 로쉘 항구의 라 팔리스 재건 프로젝트의 일환으로 르 코르뷔지에가 제안한 '메종 라디우스'는 시공되기까지 많은 어려움을 겪었다. 마르세이유의 낭트-레제 지역에 있는 이 17층짜리 기둥식 건물은 도시계획 당국과 프랑스 조경 보호 위원회의 반발로 시공이 자꾸만 늦춰졌었던 것이다.

또한 1955년, 르 코르뷔지에가 전쟁으로 폐허가 된 롱샹 성당을 콘크리트만으로 재건하겠다고 했을 때도 거센 반발이 일어났다. 더구나 그의 설계안은 모두 곡선으로 이루어져 있었고 안팎으로 구불거리는 벽에, 지붕은 축 늘어진것 같은 형상을 하고 있어 사람들을 당혹시키기에 충분했다.

1930년, 르 코르뷔지에는 모나코 출생의 이본 갈리스와 결혼했다. 뛰어난 요리사이자 차분한 성격의 소유자였던 그녀는 남편의 불같은 성격을 잠재우는 데 능했으나, 르 코르뷔지에가 파리에 있는 그들의 아파트에 유리벽을 설치했을 때는 달가워하지 않았다고 한다.

"너무 짜증이 나서 머리를 다 쥐어뜯고 싶을 정도예요! 햇빛이 너무 강해서 미쳐버릴 것 같다고요!" 결혼 직후 이렇게 말하면서도 그녀는 남편 곁을 끝까지 지켰다.

도로시아 랭

1895년 5월 26일~1965년 10월 11일

샌프란시스코—1930년대 대공황의 절망과 희망을 담아냈던 보도사진작가 도로시아 랭이 월요일 암으로 사망했다. 향년 70세.

그녀의 유가족으로는 UC버클리 경제학부 학과장이었던 남편 폴 슈스터 테일러 박사, 그리고 작고한 전 남편이자 화가 메이나드 딕슨과 낳은 두 아들, 다니엘 로즈 딕슨과 존 굿니스 딕슨이 있다. —유피아이(UPI)

도로시아 랭은 사진을 통해 약 30년 전 미 중서부와 남서부의 황야를 떠나온 사람들, 즉 '오키(Oakies)'들의 고난과 역경을 널리 알렸다. 그녀의 사진으로 인해 미국은 오랫동안 애써 외면해온 문제와 직면할 수 있었다.

랭이 신문과 잡지, 그리고 책과 전시회를 통해 널리 알려진 후에도, 그녀가 어떻게 오키들의 문제에 관심을 갖게 되었는지는 많은 이들이 궁금해 하는 주제였다. 이에 대해 그녀는 한 인터뷰에서 이렇게 설명한 바 있다.

"사진은 소통의 수단이며, 작가는 사진의 주제를 진심으로 사랑하거나 진심으로 증오해야 합니다. 더 나아가 작가는 사진을 완성한 이후에도 그 사진들을 활용해 무엇을 할 것인지를 정확히 알아야 합니다."

그렇게 랭은 자신의 경험에 대해 이야기하기 시작했다. 평범한 인물사진을 찍으며 스튜디오에서 일하던 그녀는 1930년대 로이 스트라이커가 이주 노동자들의 이야기를 알리기 위해 조직한 농업 안정청 산하 특별팀에 합류하였으며, 당시 오키들과 고된 생활을 함께하며 찍었던 '백의 천사', 그리고 농장에 있는 한 여성과 그녀의 두 아이들을 담은 '무제'의 사진은 이후 여러 전시회들에서 꾸준한 사랑을 받으면서 많은 사람들에게 인상적인 방식으로 그들의 이야기를 전달하는 매개체가 되었다.

또한 테일러 박사와 함께 쓴 포토북, '미국의 인구 대이동'은 당시 더스트 보울(미국의 건조지대)에서 겪었던 랭의 경험을 토대로 집필되었다. 한 평론가는 이 책에 대해 이렇게 평했다.

"이 책은 강하지만 공허하고 불안해하는 미국인들의 얼굴과 농부들의 고된 손, 그들의 먼지 덮인 포장마차, 집단 거주지와 그들이 남기고 간 땅의 풍경을 그대로 보여준다. 이를 통해 드러나는 인간의 침식은 쉽게 잊을 수 없는 깊은 잔상을 남긴다."

어린 나이부터 사진에 관심을 보였던 랭은 50년이 넘는 시간 동안 새로운 촬영기법들을 개발하며 이 분야에 헌신해 왔다. 그녀는 콜롬비아 대학교의 클라렌스 화이트 교수 밑에서 수학한 뒤 샌프란시스코에 개인 스튜디오를 열면서 본격적인 작품 활동을 시작했었다.

그녀가 찍은 '이주노동자 어머니'는 미국 의회도서관에 소장되어 있으며 1960년 미주리 대학이 선정한 지난 50년간 가장 기억에 남는 사진 50선 중 하나로 채택되었다.

그녀는 사진을 배우는 학생들에게 늘 조언을 아끼지 않았다. "하나의 주제를 더 이상 탐구할 것이 없을 때까지 탐구해라. 그러고 나서 다른 주제, 또는 여러 주제를 골라 동시에 탐구해라. 그리고 자유로운 태도로 임해라. 이것이야말로 사진을 찍는다는 행위를 가장 극대화시킬 수 있는 방법이다."

사망하기 전까지 랭은 지난 반세기에 걸쳐 촬영해 온 작품들을 모아 개인전을 준비하고 있었다. 이제 우리들은 그 전시회를 내년 1월 24일부터 뉴욕 현대미술관에서 열리는 그녀의 사후 헌정 사진전으로 만날 수 있게 되었다.

에드워드 호퍼

1882년 7월 22일~1967년 5월 15일

고독을 주제로 미국적 풍경을 화폭에 담아온 유명 화가 에드워드 호퍼가 5월 15일 월요일, 워싱턴 스퀘어 노스 3

번가에 있는 자신의 스튜디오에서 사망했다. 향년 84세.

역시 화가인 아내 조세핀 네비슨이 그의 임종을 지켰다. 아내 외의 유족은 없다.

미국이 배출한 가장 뛰어나고 개성 강한 화가들 중 한 명인 호퍼는 예술가로서의 긴 커리어 동안 현대미술 사조가 여러 번 변화하는 와중에도 사람들의 일상 생활을 직시한다는 자신의 주제 의식을 굳건하게 지켰다.

"내가 그림을 그리는 목적은 자연에서 받은 영감을 되도록 가장 정확하게 전달하는 것이다." 언젠가 그는 이렇게 말했다. "그리고 일반적으로 말해서, 어떤 나라의 예술이 위대해지는 순간은 그 나라 사람들의 삶을 잘 반영한 작품이 등장할 때이다."

심야 식당의 테이블에 둘러앉은 사람들, 텅 빈 방에서 조간신문을 읽는 아파트 주민, 아침 햇살 아래 옷을 갈아입는 평범한 여자들, 영화관의 음울한 한 구석에 붙박여 있는 좌석안내원 등등을 화폭에 담아내며, 호퍼는 대도시의 삶을 살아가는 사람들이 저마다 가지고 있는 은밀한 내면에 대한 존중심을 보여준다.

하나의 주제를 골라 수개월 동안 관찰한 후 기억에 의존해 그림을 완성했던 호퍼는 한 해에 극히 적은 수의 작품만을 제작했다. 워싱턴 스퀘어에 위치한 두 칸짜리 스튜디오(침실과 부엌이 딸린)에서 단순한 삶을 즐겼던 그는 비밀스러운 작업 활동으로도 유명했다. 흰 벽으로 둘러싸인 스튜디오에서 혼자 작업하는 호퍼에게 무슨 그림을 그리느냐고 물으면 그는 "내 그림을 취급하는 미술상으로 가보시오"라고 답하곤 했다.

허세를 싫어하고 간소한 트위드 정장을 즐겨 입었던 호퍼는 아내와 함께 스튜디오 근처 식당에서 간단한 식사를 하거나, 아니면 그냥 통조림으로 끼니를 때우는 일도 많았다.

20세기 초반, 미국 미술계가 보수주의에서 벗어나면서 동시대 화가였던 록웰 켄트나 조지 벨로우즈가 급부상했었던 반면, 유행을 따르기를 거부했던 호퍼는 오랜 시간 동안 무명작가로 활동했다. 그의 그림이 알려지기 시작했을 때 그의 나이는 이미 43세였다.

오랜 무명 생활을 겪으며 그가 느꼈을 고독은 그의 모든 작품에 잘 드러나 있으며, 곧 그를 상징하는 주제가 되었다. 또한 전형적인 미국식 생활 풍경을 포착하기 위해 빅토리아 양식의 건물, 도시의 거리, 노변의 간이식당, 극장의 내부, 그리고 뉴잉글랜드의 오두막집 등을 세심하게 그려냈던 그의 작품들은 현대적인 정신이 깃들어 있었으나, 현대미술의 어떤 사조와도 꼭 들어맞지는 않는 호퍼만의 스타일이 있었다. 즉, 그는 전통이나 혁신에 입각하지 않고 오직 자신의 비전만을 토대로 그림을 그렸던 것이다.

1964년, 휘트니 미술 박물관에서 열린 호퍼의 회고전에서 '뉴욕 타임스'의 미술 비평가 존 캐너데이는 호퍼를 이

렇게 묘사했다. "훤칠하고 건장한 호퍼는 1900년대에 대학교 조정 선수로 활약했을 법한 외모를 가지고 있다. 그의 외모 어디를 봐도 깡마른 장거리 달리기 선수 같아 보이지는 않지만, 에드워드 호퍼는 늘 장거리 달리기 선수의 삶을 살아왔다. 이제 그를 추월할 사람은 아무도 없음에도 불구하고 그는 안정된 페이스로 경주하며 속도를 늦출 기미를 보이지 않는다."

에드워드 호퍼는 1882년 7월 22일, 뉴욕 주 냐크 지역에서 태어났다. 미술을 공부하기 위해 뉴욕 시로 건너온 1900년 이래로, 그는 뉴잉글랜드에서 보내곤 했던 여름휴가와 짧은 해외 방문들을 제외하고는 평생 이곳에서 살았다.

냐크 지역의 사립 통학 학교에서 고등학교까지 마친 호크는 아버지 개럿 헨리 호퍼와 어머니 엘리자베스 그리피스 스미스의 후원 아래 1899년과 1900년 사이 겨울 한 철 동안 뉴욕에서 광고 삽화를 공부였으며, 그 얼마 후에는 벨로우즈, 켄트 등과 함께 뉴욕 미술대학교에 진학하여 5년 동안 케네스 헤이스 밀러와 '애쉬 캔(Ash Can)' 화파의 창시자인 로버트 헨리의 사사 아래 미술을 공부했다. '애쉬 캔'은 목가풍에서 사실주의로 옮겨가는 화법에 경멸적으로 붙여진 별명이었다.

1913년, 호퍼는 여타 비주류 화가들과 함께 혁명적인 '아머리 쇼(Armory Show)'에 참여했으며 이곳에서 그의 작품 '돛단배'가 처음으로 팔렸다. 이후 1915년부터 호퍼가 시도한 동판화 작업 또한 미국 미술계에 지대한 영향을 끼친 것으로 평가되고 있지만, 1924년 뉴욕의 렌 갤러리에서 열렸던 수채화 전시에 대한 뜨거운 반응에 감동한 호퍼는 회화에 다시 집중하기 시작했고 점점 평단의 주목을 받게 되면서 1933년 마침내 뉴욕 현대 미술관에서 개인전을 열 수 있었다.

당시 전시된 호퍼의 작품들 중에서 사전 판매된 작품은 단지 두 점뿐이었는데, 그중 하나는 현대미술에 적대적, 혹은 무관심했던 메트로폴리탄 박물관이 1931년에 이례적으로 사들인 작품이었다.

이후 벌어진 대공황은 추상 화가들로 하여금 다시 미국의 실생활로 눈을 돌리게 만들었다. 널리 퍼진 빈곤과 고난에 울분을 토하며, 그들은 다시 사실적인 묘사에 집중하기 시작했던 것이다. 이런 사실주의의 재발견은 시적인 감수성과 깊은 통찰, 꾸준한 기법 향상을 통해 지금 우리가 사는 바로 이 세계를 표현하는 데 천착해온 호퍼가 새롭게 조명받는 계기가 된다.

약 196cm 장신에 조용히 생각에 잠긴 표정의 호퍼는 뒤늦게 찾아온 성공을 무덤덤하게 받아들였다. 그는 전과 다름없이 워싱턴 스퀘어 노스의 아파트 꼭대기 층, 혹은 여름 한철 머무는 매사추세츠 주 트루로의 별장에서 창작 활동을 이어나갔다.

1950년, 뉴욕의 휘트니 박물관에서 열린 또 다른 회고전에서 평론가 로버트 코츠는 이렇게 말했다. “그는 따뜻하고 심오하며 탐구적인 시각으로 세상을 바라본다. 또한 그는 지극히 단순한 주제를 신비롭고 놀라운 방식으로 재탄생시켜 그 누구도 복제할 수 없게 만들었다.”

한편 1961년, 존 F. 케네디 대통령의 영부인 재클린 여사는 미국의 예술가와 공예가들을 널리 알리기 위한 백악관 전시회에 사용될 작품을 선정하면서 보스톤 미술관에서 10점의 작품을 선택했는데 그중 호퍼의 ‘하우스 오브 스퀘엄 라이트, 케이프 앤’이 포함되기도 했다.

지금으로부터 3년 전인 1964년, 휘트니 박물관에서 열린 호퍼의 마지막 회고전은 그의 55년 예술인생을 아울렀다. 그리고 언젠가 평론가 케너데이는 호퍼의 작품들에 대해 다음과 같은 평을 남겼다.

“자연의 본 모습, 또는 우리에게 남겨진 자연을 표현함에 있어서 호퍼는 언제나 놀라운 서정성을 보여준다. 예를 들면, 소나무 숲 앞에 있는 고속도로 주유소를 그린 작품을 통해 그는 도시화된 사회에서 자연은 상대적인 개념이라는 것을 일깨워주는 듯하다.”

“호퍼는 하늘의 순수한 색깔, 바닷가 근처에서 맞는 아침의 신선함, 사막과 풀밭, 그리고 하얀 물막이 판자에 드리우는 부드러운 빛을 누구보다도 잘 표현하는 화가이다. 하지만 그에게 자연은 멀리에만 존재하는, 형언할 수 없는 것이 아니다. 그는 표현할 수 없을 정도로 아름다운 것에는 관심이 없거나 적어도 그런 것들을 표현하는 것이 회화의 본질이라고 생각하지 않는다.”

“그의 그림들에 등장하는 자연은 인간, 그리고 그들이 만든 오두막과 등대 같은 사물들과 균형을 이루며 축소된다. 또한 그의 그림 속 사람들은 벤치나 창가에 앉아 따뜻한 햇볕과 맑은 공기를 즐길 뿐, 그 어떤 철학적인 사유로도 이끌리지 않는다.”

마르셀 뒤샹

1887년 7월 28일~1968년 10월 2일

알렉산더 케니스 기자

파리—금세기 가장 영향력 있는 예술가 중 한 명이었던 마르셀 뒤샹이 어젯밤 파리 근교 뇌이의 스튜디오에서 사망했다. 아내와 친구들과 함께 저녁을 즐긴 후 찾아온 갑작스러운 죽음이었다고 전해지고 있다.

81세였던 뒤샹은 미국 국적을 취득한 미국 시민이었으며 뉴욕과 파리를 오가며 생활했다.

그가 수염으로 재탄생시켰던 모나리자의 미소처럼 그의 인생도 수수께끼와 같았다.

1913년 아머리 전시회로 단숨에 세계적인 스타가 된 뒤샹은 10년 후, 36세의 나이에 자신의 커리어를 내던졌다. 그러나 미술계를 향한 조롱을 일삼던 이 말썽꾸러기는 반세기도 지나지 않아 팝 문화 세대의 정신적 지주가 되었다.

뒤샹은 이런 말을 남긴 바 있다. "유감이지만, 예술에 있어서 난 불가지론자이다. 예술을 둘러싼 모든 신비로움을 나는 믿지 않는다. 예술이 마약이었다면 꽤 효과가 있었을 것이다. 많은 사람들을 안정시킬 수 있으니까. 그러나 종교로서의 미술은 신의 존재만큼이나 쓸모가 없다."

뒤샹은 다다이즘의 본질을 보여주는 인물이었다. 다른 다다이즘 예술가들이 제1차 세계대전 후에 진중한 예술가의 모습을 보여주었다면 뒤샹은 미학적 허무주의를 진화시켜 논리적인 결론까지 도출해냈다.

평생 동안 자신의 작품에 대해 고고한 듯 무심함을 유지했던 뒤샹은 언젠가 이렇게 말했다.

"예술가가 자신의 작품을 방어하는 것만큼 한심한 일은 없다. 평가는 후대에서 내려질 것이며, 설령 작품의 모든 면이 잘못되었다고 해도 완성되었다는 것에 그 의미가 있다."

뒤샹이 만들어낸 이상적인 예술세계는 모순으로 가득 차 있었다. 그의 세계 속에서 사과는 중력의 법칙을 따르지 않을 권리가 있었으며, 사랑이라는 행위는—20세기 과학에 대한 조롱을 담아—기계들의 4차원적인 의식으로 치부되었다.

그는 이 모든 것을 농담처럼 던졌으나 과학이 전통적인 가치를 파괴하고 인간을 정서적으로 피폐하게 만들었다고 믿는 지성인들은 그에게 열광했으며 이런 열광은 단지 한 세대에만 국한된 것이 아니었다. 만약 뒤샹이 인간의 정서적인 문제에 대한 직접적인 해답을 제공한 것이 아니라면, 적어도 그는 이 문제를 대하는 위트, 부조리에 대한 이해, 그리고 역설의 유머를 제공한 것이라고 할 수 있다.

사실 뒤샹의 작품들은 그를 뒤이은 세대들이 제시했던 좀 더 긍적적인 예

술 개념들 또한 암시하고 있었다. 예를 들면 회화의 가상적 현실을 대체하여 실생활에서 쓰이는 입체 사물을 오브제로 사용하는 기법, 예술가가 자신의 존재를 작품에서 지우는 것, 그리고 자신의 환경과 대치하고 화합하는 오브제의 활용 등은 모두 그가 선구적인 역할을 한 분야들이다.

어떤 측면에서 뒤샹은 많은 비난과 조롱을 받았던 아머리 전시회의 가장 큰 스타였다. 이 전시회에서 주로 입체파 출품작들에게 쏟아지던 조롱은 뒤샹이 출품한 '계단을 내려오는 누드'에서 절정이 이루며 현대 미술이 드디어 정신이상(insanity)의 단계에 접어들었다는 것을 증명한 표본이라는 평을 들었다.

당시 주최 측인 미국 화가 및 조각가 협회는 유럽에서 새로이 등장한 비구상주의 회화에 처음 노출된 미국 대중들이 일으킬 소란을 예상했고, 그 예상대로 각종 매체들은 "누드화가 아니라 널빤지 공장이 폭발한 것 같다"며 풍자만평과 조롱조의 비평을 쏟아냈다. 그리고 렉싱턴 애비뉴 69번가의 레지먼트 아머리 갤러리는 그림을 훼손하려는 "미술 애호가"들로부터 전시 작품들을 지키기 위해 별도의 경비원들을 배치해야 했다.

사실 이들을 분노하게 만든 것은 누드도, 계단도 아니었다. 그들의 화를 돋운 것은 누드도 계단도 표현하지 않았음에도 '계단을 내려오는 누드'라는 제목을 붙였다는 사실과 누워있거나 서 있는 전통적인 누드화의 포즈 대신 계단을 내려오는 발상을 했다는 것이었다.

이에 대해 뒤샹은 차분히 자신의 작품을 설명했다. "나의 그림은 운동 에너지의 구조를 보여줌으로써 시간과 공간을 추상적인 움직임으로 표현한 작품이다."

또한 주어진 시간 내에 특정한 공간 속의 형태를 표현하기 위해서는 "기하학과 수학의 영역으로 들어가는 것이 불가피했다"고 설명하며 그는 이렇게 덧붙였다. "만약 내가 이륙하는 비행기를 보여주고자 한다면, 나는 그것을 정물화처럼 그릴 것이 아니라 그 움직임을 표현하려고 시도할 것이다. '계단을 내려오는 누드'에 대한 영감이 떠올랐을 때 나는 이 작품이 자연주의라는 족쇄를 영원히 깨부술 것이라는 걸 알고 있었다."

그의 누드 작품은 현재 25만 달러 이상의 가치를 가지고 있으며 필라델피아 미술관에 전시되어 있다.

마르셀 뒤샹은 1887년 7월 28일, 루앙 근교의 블랑빌에서 태어났다. 그의 가족은 금세기 예술계에 주목할 만한 공헌을 남겼는데, 셋째 아들이었던 마르셀을 비롯해 맏형 가스통은 (작가명: 자크 비용) 1963년 작고하기 전까지 국제적인 명성의 화가였고, 둘째 형 레몽은 (작가명 뒤샹-비용) 당대의 가장 뛰어난 조각가였으며, 여동생 수잔느 역시 화가의 길을 걸었다.

공증인이었던 아버지 유진 뒤샹과 어머니 루시 니콜 뒤샹의 전폭적인 지지를 등에 업고 마르셀은 17세에 집을 떠나 한 시대가 저물어 가던 파리에서 예술가로서의 첫발을 내딛었다. 뒤샹의 파리 입성 몇 년 후 브라크와 피카소가 입체주의로 전통적인 구상주의 미술의 근간을 뒤흔들었고, 곧이어 미래파가 등장해 아방가르드의 주도권을 두고 입체주의와 경쟁했으며, 다다이즘이 기존의 가치들을 뒤엎으려 하고 있었다.

뒤샹은 어린 나이임에도 이미 세잔과 마티스의 기법을 능숙하게 구사하면서 입체파의 어두운 색채와 기하학적인 요소들로 실험적인 작품 활동을 시작하고 있었다. 동시에 기계적인 형태의 공간 이동을 표현하기 위해 미래파가 사용했던 여러 평면을 중첩시키는 기법도 자신의 작품에 도입했었다.

그러던 1912년, 몇 개의 누드 습작을 완성한 뒤샹은 독립작가 살롱에서 열리던 퓌토 그룹의 전시회에 자신의 작품을 출품했으나 미래파적인 요소들이 회원들의 신경을 거슬리게 만들었고 결국 전시는 거절당했다. 뒤샹은 당시를 이렇게 회상했다. "그날 저는 옆구리에 그림을 끼워 든 채, 택시를 타고 집으로 돌아와야만 했습니다."

세계대전이 시작되기 몇 해 전, 뒤샹은 프란시스 피카비아와 많은 교류를 하기 시작했는데 둘은 모두 특정 장르의 초기 실행자들과 친숙하다는 공통점이 있었다. 이를 테면 영양실조로 세상을 떠나며 마지막으로 이쑤시개를 달라고 했던 극작가 알프레드 자리, 그리고 '배(pear) 모양에 의한 3개의 곡'을 발표하며 형태 없는 음악을 쓰는 작곡가로 비난받았던 에릭 사티 등이 있었다.

당시 자리와 사티의 예술 사조에 영감을 받은 뒤샹은 "장난스러운 물리학"이라는 것을 개발했다. 공통적으로 사용되던 미터법에 만족하지 못한 뒤샹은 스스로 매우 과학적인 새로운 측정 단위를 만들기로 했는데, 이를 위해 그는 실을 정확히 1미터 길이로 잘라 채색되어 있는 캔버스 위 1미터 높이에서 떨어뜨렸다. 그러고 나서 실이 떨어진 그 모양 그대로 광택제를 입혔고 그것을 잘라 나무 자로 만들었다. 후에 그는 이 자를 이용해 투명하고 커다란 유리 위에 선을 그린 후 '그녀의 구혼자들에 의해 발가벗겨지는 신부'라는 제목의 작품을 제작하기 시작했다.

그리고 1913년, 뒤샹은 일상적으로 쓰이는 "기성품"을 이용한 최초의 미술 작품을 세상에 내놓았다. 단지 그것을 선택한 것만으로 어떤 제품을 예술의 범주로 격상시킨 그의 작품들은 후에 많은 팝 아티스트들과 재활용품을 활용한 조각가들의 지향점이 되었다.

1917년, 뒤샹은 6달러의 참가비를 내면 누구나 작품을 전시할 수 있도록 했던 정책을 취소했다는 이유로 독립 미술가 협회에서 탈퇴했다. 당시 논란이 된 작품은 필라델피아 출신의 조각가 R. 머트가 자신의 이름을 서명한 뒤집힌 소변기였고 그 제목은 '샘'이었다. 당연하게도 이 '샘'은 뒤샹이 가명으로 출품한 작품이었고 말이다. 이어 1919년, 다다이즘의 영웅으로 추앙받으며 이 운동이 전성기를 누리고 있던 파리를 방문했던 뒤샹은 뉴욕으로 돌아온 뒤에는 '그녀의 구혼자들에 의해 발가벗겨지는 신부'의 마무리 작업을 시작했다.

뒤샹은 1923년을 기점으로 공식적인 작품 활동을 중단했고, 그 후 체스에 전념했다. 그리고 1954년 알렉시나 새틀러와 결혼하고서는 10번가에 위치한 브라운스톤 주택에서 거주했다.

장수 비결에 대해 묻자 뒤샹은 "술은 줄이는 대신 원하는 모든 여자를 만나는 것"이라고 답했다. 오랫동안 파이프 담배를 피웠던 뒤샹은 최근에는 값싼 필리핀 시가를 즐겨 피웠다고 한다.

그리고 작년에는 더 이상 체스를 두지 않는 이유를 묻자 그는 이렇게 답했다.

"지금은 별로 체스를 즐기지 않아요. 아무리 쉬운 상대를 만나도 이기지를 못하거든요. 일 년에 한두 번쯤 길 건너 마샬 체스 클럽에 가는 게 다입니다. 정말 좋아하던 것을 잊는 건 한 순간이지요. 그게 바로 불교의 '선'이라는 개념 아니겠습니까. 퇴짜를 맞은 '누드'를 팔에 끼고 집으로 돌아오던 날, 저는 처음으로 '선'을 경험했습니다. 굳이 울 필요는 없어요."

미스 반 데어 로에

1886년 3월 27일~1969년 8월 17일

시카고—20세기 건축에 큰 획을 그은 건축가 미스 반 데어 로에가 지난 밤 시카고의 웨슬리 메모리얼 병원에서 83세의 나이로 세상을 떠났다. 그는 2주 전부터 입원해 있었다.

그의 유족으로는 두 명의 딸, 다섯 명의 손주와 여섯 명의 증손주들이 있다.

올던 휘트먼 기자

건축에 대한 그 어떤 정식교육도 반

은 적이 없으나 이 시대 최고의 예술가이자 건축가, 그리고 철학자로 자리매김했던 루드비히 미스 반 데어 로에는 비어있는 형식에 대한 그의 단호한 고집, 작품에 대한 까다로움, 그리고 혁신적인 아이디어로 천재라는 찬사를 받았다.

"미스"라는 애칭으로 불리던 이 독일 출신의 건축가는 프랭크 로이드 라이트, 르 코르뷔지에와 함께 산업화된 20세기 사회의 정신을 표현하는 인상 깊은 작품들을 남겼다.

평소 말수가 적었던 그였지만 건축에 관한 주제에 대해서는 활기를 띠며 "건축은 그 시대의 의지가 공간으로 표현된 것이다"라고 설명하곤 했다. 그리고 다른 건축가들의 모범이 된 기분이 어떻냐는 질문에 그는 멋쩍어 하면서 "기술 중심적인 사회에 맞는 건축물을 만들기 위해 애쓰고 있다"라고만 대답했다.

또한 비애로 가득한 시대에는 성당이 필요하고 후기 산업주의 사회에서는 유리와 철근으로 만들어진 구조물이 필요하다고 역설했던 그는 건축은 "그 시대를 명확하고 진실하게 대변해야 한다"고 믿었다.

이러한 맥락에서 그는 한 시대를 대표한 건축물의 탁월한 예시로 조지 워싱턴 다리를 꼽았다. 이 다리가 가진 훌륭한 비율과 노출된 형태를 무척 좋아했던 그는 건물에서도 철근과 벽돌, 콘크리트 등이 겉치레로 숨겨지는 것보다 드러나는 것을 선호했다.

날렵하고 관능적인 주거 및 사무용 빌딩으로도 명성이 높았지만, 미스가 명망받는 위치로 올라갈 수 있었던 또 다른 이유는 그가 동료 건축가들과 대중들의 취향에 미친 지대한 영향 때문이었다. 제2차 세계대전 이후 그가 설계한 건물의 수는 배로 늘어났고, 그 건물들의 독창적인 아름다움이 알려지기 시작하면서 그의 작품이 전시된 박물관에는 늘 인파가 넘쳐났다. 또한 미스가 지은 건물에서 살거나 일하는 것이 사회적 지위를 나타내는 척도로 자리잡기도 했다.

1937년 미국으로 오기 훨씬 전부터 그는 건축가들 사이에서 널리 알려진 인물이었다. 1919년과 1921년 그가 베를린에서 설계한 바닥부터 천장까지 유리로 둘러싸인 두 개의 철골구조 마천루들은 시공에는 실패했지만 오늘날 유리와 금속으로 지어지는 고층빌딩의 시초로 받아들여지고 있다.

미스는 1922년 독일의 사무용 빌딩을 설계하며 처음으로 리본 창문, 즉 마감이 된 콘크리트 판들 사이에 통유리를 배치하는 기법을 소개했다. 이 기법은 현재까지도 많은 상업용 빌딩의 기본 디자인으로 사용된다.

또한 미스는 1924년, 캘리포니아 랜치 주택의 선구적인 모델로 알려진 콘크리트 주택의 설계안을 만들었다. 그가 선구적인 역할을 한 분야는 이것뿐만이 아니다. 1931년 시공한 전시용 주택을 통해 로마시대에 있었던 내부 파티오(테라스)의 귀환을 예고했고, 벽 대신 가림막이나 캐비닛을 통해 주거 공간을 나누는 방식, 유리 주택, 식물을 활용해 주택 내에 분리된 공간을 만드는 방식 등도 모두 그가 고안해낸 것이다.

미스의 추종자들과 학생들은 그의 건축물들이 가지는 형태의 단순성뿐만 아니라 그가 보여준 장인정신과 세부적인 것들까지 꼼꼼하게 챙기는 섬세함을 존경했다. 이런 측면에서 그의 빌딩들은 까탈스러운 미스 본인을 대변하고 있다고 봐도 무방하다. 그는 늘 보수적인 색상에 손바느질로 완성된 슈트를 입었고, 고급 레스토랑에서 음식에 맞는 와인을, 정확히 매칭된 글라스에 따라 마셨으며, 수제 시가만 즐겨 피웠다.

한편 그는 현대 건축물이나 자신이 직접 설계한 집에서 살지 않고 시카고 북부에 위치한 오래된 아파트의 3층 스위트룸, 즉 높은 천장과 다섯 개의 객실이 구비된 공간에 거처를 마련했다.

이 아파트에는 팔걸이가 없는 의자들, 소파, 안락의자 등 미스 자신이 직접 디자인한 가구들로 채워졌다. 벽면은 순백색이었으나 클레, 브라크, 슈비터스의 작품들이 점점이 걸려있어서 텅 빈 느낌을 주지 않았다. 특히 파울 클레는 미스와 가까운 친구였으며 그가 소장한 클레의 작품들은 개인 컬렉션으로는 매우 높은 수준을 자랑한다.

미스가 디자인한 의자들은 그의 빌딩들만큼이나 유명했고 간결했다. 1926년 그가 디자인한 첫 작품인 MR 의자는 등받이와 좌석 부분이 튜브 모양의 강철 프레임으로 연결되어 있으며, 그

후에 발표한 바르셀로나 의자는 팔걸이가 없고 가죽과 강철로 만들어진 우아한 모습에, 특히 X자 모양의 다리가 눈에 확 들어온다. 투겐타트 의자 역시 팔걸이가 없는 디자인으로 가죽과 강철을 사용하여 전체적으로 각진 S자를 이루고 있으며, 강철 프레임에 가죽 덮개를 한 굴곡진 S자 형태의 의자는 브루노 의자로 불리고 있다.

미스는 50세가 될 때까지는 미국에서 잘 알려지지 않은 인물이었다. 1886년 3월 27일 독일의 아헨에서 태어난 이래로 1937년까지는 계속 독일에 머물렀기 때문이었다. 시카고로 이주한 뒤에도 전후 건설 붐이 일어날 때까지 그의 디자인은 현실로 이루어지지 못했다. 그러나 그가 별세한 지금, 우리는 시

카고, 피츠버그, 디모인, 볼티모어, 디트로이트, 뉴워크, 뉴욕, 휴스턴, 워싱턴, 상파울루, 멕시코시티, 몬트리올, 토론토, 베를린 등지에서 그의 작품의 예시들을 감상할 수 있다. 그가 설계한 건물들은 모두 일관된 기본 원칙 하에 지어졌으나, 그 모습은 서로 닮지 않았다. "기능에서 창의적인 작품으로 가는 긴 여정에는 단 하나의 목표가 있을 뿐이다." 언젠가 그는 이렇게 말했다. "바로 우리 시대의 절망적인 혼돈 속에서 질서를 만들어내는 것이다."

미스의 건축물 중 걸작 중 하나로 손꼽히는 건물은 뉴욕에 위치한 시그램 빌딩이다. 짙은 구릿빛과 분홍빛을 띤 회색이 어우러진 이 38층 빌딩은 필립 C. 존슨과의 합작으로 설계되었고, 뉴욕에서 "가장 평온한 건물"이자 "미국에서 가장 아름다운 외벽을 가진 건물"로 일컬어지고 있다. 그도 그럴 것이 이 건물은 안팎으로 간결한 선, 고급스러운 자재, 정확한 세부 마감을 뽐내고 있으며, 미스 본인이 가장 애착을 가지고 있는 건축물 중 3위로 손꼽을 만큼 그의 가장 유명한 격언 "단순한 것이 아름답다"를 잘 담아내고 있는 작품이기 때문이다.

한편, 미스 본인이 가장 애착을 가지고 있는 건축물 1위는 일리노이 공과대학의 크라운 홀이다. 유리벽으로 된 약 37x37미터 규모의 이 단층건물은 네 개의 거대한 트러스로 연결되어 있으며, 건물 자체가 공간을 에워싸는 것 이상의 어떤 기능도 하지 않는 것처럼 보인다. 이러한 인상은 내부에 설치된 움직이는 칸막이 덕분에 더욱 강하게 다가온다. 미스가 본인의 관점을 설명하기 위해 사용했던 "뼈와 피부로만 이루어진 건축물"이라는 표현에 가장 부합하는 사례가 바로 이 크라운홀인 것이다.

또한 미스의 작품들 중 가장 대규모를 자랑하는 프로젝트는 단층건물과 고층건물이 복합적으로 배치된 시카고 연방정부 센터이다. 그가 두 번째로 아끼는 작품이었던 이 센터의 대칭성은 미스가 평생 추구했던 무질서에 대한 대항을 상징적으로 보여준다고 평가할 수 있을 것이다.

발음하는 소리가 듣기 좋다는 이유로 어머니의 성인 '반 데어 로에'를 루드비히 미스라는 이름 뒤에 덧붙인 이 건축가는 석공이었던 아버지로부터, 그리고 아헨의 중세 성당들을 관찰하면서 스스로 건축의 기초를 익혔다.

"벽돌은 말이죠, 정말 특별합니다." 언젠가 그는 이렇게 말했다. "그것이야말로 종이 위에 존재하는 건축이 아닌, 진짜 건축입니다."

그에게 건축의 시작은 언제나 재료였다. 그는 도끼와 끌을 내려치는 동작 하나하나에서 "한 시대가 지닌 지혜"를 엿볼 수 있다며 원시시대의 건축방식에 대해 즐겨 말하곤 했다.

아헨의 직업학교를 다니면서 어떤 화가의 일을 돕던 미스는 19세 때 베를린으로 건너가 독일의 유명한 가구디자이너 브루노 파울의 견습생이 된다. 그리고 2년 후, 그는 베를린 근교의 언덕에 18세기 양식을 바탕으로 한 목조 주택을 자신의 첫 작품으로 남겼다.

그리고 1909년, 미스는 당시 독일에서 가장 진보적인 건축가이자 르 코르뷔지에와 발터 그로피우스를 가르쳤던 페터 베렌스의 제자가 되었으며, 1913년에는 자신의 첫 사무실을 개업했으나 이듬해 전쟁이 발발하면서 독일군에 징집되어 4년 동안 발칸반도의 교각과 도로 건설을 담당했다.

전쟁이 끝나고 자신의 스타일을 확고히 해 나갈 때쯤, 미스는 현대 미술을 선전하는 모임이었던 '11월 그룹'에서 현대 건축물에 벽돌을 적용하는 당시로서는 진보적인 건축가들 중 한 명이 된다.

그러던 중, 미스는 바르셀로나 박람회의 독일관 건축을 맡으면서 유럽에서 커리어의 정점에 올라선다. 이 건축물은 강철 기둥들로 받쳐진 널찍한 직사각형 모양의 평판 지붕, 그리고 그 아래 로마석, 대리석, 줄 마노, 그리고 형형색색의 유리판들을 독립적으로 설치하여 무한정 뻗어가는 공간의 느낌을 살린 작품이었다.

1930년, 미스는 독일 데시우에 위치한 건축-디자인 실험실, 바우하우스의 감독을 맡았으나, 바우하우스는 3년 뒤 "퇴폐적이고 독일답지 못하다"는 이유로 나치에 의해 폐쇄되었다.

이후 미스는 시카고에 있는 아머 공과대학(현 일리노이 공과대학)의 건축학부 학장직을 제안받고 미국으로 이민했으며, 1958년 학장직에서 물러났다.

미스는 유복한 삶을 살았으나 결코 부유하진 않았다. 매번 총 공사비의 6%를 설계 수수료로 받았지만 지인들에 따르면 그는 재무관리 능력이 탁월한 사람은 아니었다고 한다. 직원들에게 무척 관대한가 하면 실제로 시공될 가망성이 없는 설계에 많은 돈을 투자하기도 했던 것이다.

코코 샤넬

1883년 8월 19일~1971년 1월 10일

에니드 네미 기자

파리—20세기 최고의 디자이너 중 한 명인 가브리엘 (코코) 샤넬이 리츠 호텔 내의 자택에서 오늘 사망했다. 향년 87세.

전 세계 사람들에게 '코코'라는 애칭으로 불리던 그녀의 죽음은 친구들에 의해서 전해졌으며, 사인은 아직 밝혀지지 않았다.

1920년대 파리 패션계를 평정했던 샤넬은 그녀의 커리어가 정점에 있었을 때 패션 하우스, 직물 무역, 향수 연구소, 모조보석 워크샵, 이렇게 4개의 기

업체를 운영했으며 직원만 해도 도합 3,500여 명이었다.

샤넬이라는 이름을 널리 알리게 된 계기는 패션 분야보다는 그녀의 향수 사업의 영향이 컸다. 점성가에게 숫자 5가 그녀에게 행운을 가져다준다는 말을 듣고 '샤넬 넘버 5'이라는 간결한 이름으로 출시한 향수는 그녀를 백만장자로 만들어주었다.

듣는 이들을 하얗게 질리게 할 만큼 타고난 독설가였지만 탁월한 위트를 겸비했고, 겸손함이라고는 찾아볼 수 없었으나 거부할 수 없는 매력의 소유자였던 가브리엘 샤넬은 패션으로 세상과 소통했던 자유로운 영혼이었다. 전 세계 수백만의 사람들은 샤넬이 창조한 파리의 오뜨 꾸뛰르(haute couture)를 매개로 그녀의 메시지를 접했고 그렇게 60년이 넘는 시간 동안 그녀는 패션계의 제왕으로 군림했다.

프랑스 사교계의 스타로서 귀족들을 비롯한 사회 상류층과 교류하고 유명 인사들과 가까운 관계를 유지했던 샤넬은 가식, 구속, 그리고 스스로를 기만하는 태도를 경멸했다. "지루한 단조로움에 할애할 시간 따위는 없다." 언젠가 그녀는 이렇게 말했다. "일할 시간, 그리고 사랑할 시간이 있을 뿐, 다른 소모적인 일들을 위한 시간은 내게 1초도 없다."

샤넬은 20세기 패션을 이끈 선구자였고 그녀의 이름과 동의어가 된, 군더더기 없는 캐주얼한 여성복을 만들어 여성들을 복잡하고 불편한 옷으로부터 해방시킨 인도자(pied piper)였다.

그녀는 진정으로, 자신들을 억압하는 옷으로부터 여성들을 해방시켰다. 단순함과 우아함의 가치에 대한 그녀의 꺾일 줄 모르는 고집과 독립적인 신념은 "우스꽝스럽고 불필요한 장식물들"로부터 여성들을 자유롭게 해주었다.

마른 체격에 검은 머리, 그리고 사람을 꿰뚫어보는 까만 눈을 가졌던 샤넬은 언제나 자신이 옳다고 믿었으며, 많은 경우 그녀는 옳았다. 그녀가 반세기 전에 만들어 냈던 패션은 현재까지도 전혀 시대에 뒤떨어져 보이지 않는 위력을 지니고 있다.

그녀가 만들어낸 수많은 패션 혁신들 중, 그 당시 특히나 혁명적이었던 것들로는 저지 소재로 만든 원피스 및 정장, 트위드 정장과 저지 소재의 블라우스, 나팔 바지, 트렌치코트, 피코트, 터틀넥 스웨터, 세일러 모자, 짧은 단발머리, 모조 보석 장식과 목 칼라와 소매에 흰색의 트리밍이 들어간 작은 블랙 드레스 등이 있다.

목 부분을 칼라 대신 실을 꼬아 만든 트리밍으로 마무리한 샤넬의 카디건 재킷은 어떤 디자이너의 작품보다도 많이 복제되고 있으며, 이제는 다양한 가격대로 샤넬 스타일의 재킷을 만날 수 있다.

또한 부드러운 가죽에 체인 스트랩이 달린 샤넬의 퀼팅 핸드백 역시 널리 모방되어 60년대에 가장 필수적인 액세서리로 자리잡았다.

파리의 뤼 깜봉 31번지에 위치한 샤넬 하우스 6층 건물은 마를리네 디트리히, 프랑수아 사강, 콜레뜨, 주르쥬 퐁피두 부인, 보그의 편집장이었던 디아나 브릴랜드 등의 고객들로 늘 붐볐다.

샤넬은 패션의 격변은 일상적인 삶의 방식과 요구들에 큰 변화가 생겼을 때 발생한다고 믿었다. 1957년, 지난 50년간 가장 강력한 영향력을 발휘한 디자이너에게 주는 상을 수상하기 위해 미국 달라스의 니만 마커스 백화점을 방문했을 때, 그녀는 기자들에게 자신의 철학을 이렇게 설명했다. "1925년, 나는 이제 막 사회에 진입하기 시작한 여성들을 위해, 그들이 자신의 뼈를 조이는 코르셋을 벗고 머리를 짧게 자르도록 이끌었습니다."

또한 그녀는 "어떻게 크리놀린 스커트를 입고 운전을 할 수 있겠나?"라고 물으며 이렇게 덧붙였다. "나에게 가장 큰 과제는 여성들에게 생기를 불어넣고 더 젊어보이게 만드는 것입니다. 여성들의 외모가 바뀌면 삶에 대한 그들의 태도 역시 따라서 바뀝니다. 물론 더 큰 기쁨을 느끼게 되기도 하죠."

샤넬은 현대적인 패션 제국을 건설한 장본인이기도 하다. 1920년대에 그녀의 작업장에는 2,400여 명의 직원들이 있었고 개인자산은 1500만 달러에 달한다는 풍문이 돌았다. 이러한 경제적 성공의 근간은 물론 1922년 출시된 샤넬 No. 5 향수였다. 기존 향수들의 틀을 깨는 조향법으로 제조된 샤넬 No. 5는 순식간에 세상에서 가장 널리 애용되는 향수가 되었다.

그러나 샤넬은 나이가 들면서 점점 더 신경질적이 되었으며, 고집스럽고 때로는 신랄한 독설을 쏟아내기도 했다. 자기 의견을 주장하는 데 주저함이 없었지만 자신을 휘감고 있던 어떤 신비함을 유지하려 했던 그녀는 이런 말을 하기도 했다. "사람들이 나에 대해 어떤 이야기를 하는지에는 관심이 없습니다. 그들은 매년 새로운 이야기를 만들어 내니까요."

그녀의 생년월일은 한 번도 확인된 적이 없지만 일반적으로 그녀가 1883년 8월 19일 프랑스 중남부의 이수아르 근처 오베르뉴에서 태어났다고 알려져 있다. 그녀의 세례명은 가브리엘 보뇌르였는데 보뉘르는 "행복"이란 의미를 담고 있다.

샤넬은 여섯 살 때 결핵으로 어머니를 잃었고, 아버지는 4명의 딸들을 버리고 도망쳤다. 샤넬은 매우 엄격했던 두 명의 숙모와 함께 살게 되었는데, 말을 키웠던 숙모들 덕에 그녀는 어린 나이부터 능숙하게 말을 탈 수 있었다. 또한 그녀는 바느질도 배웠다.

16세가 되기도 전에 샤넬은 이미 매우 강인한 성격의 소유자가 되어 있었다. 비시 지역에서 대장장이로 일하던 할아버지를 방문했을 때, 그녀는 젊은 기병대 장교를 설득하여 숙모들의 집에서 탈출했다. 에티엔 발상이라는 이름의 이 장교는 샤넬을 새로운 세계로 인도한 장본인이었다. 좋은 마구간과 말들을 가진 부유한 기업가 집안의 아들이었던 발상은 샤넬에게 상류층의 취향과 생활 방식을 가르쳐주었다.

1913년, 그녀가 도빌에서 개업한 작은 모자 상점은 샤넬 커리어의 시작점이 되었다. 당시는 매우 현란하고 우스꽝스러운 모자가 인기를 끌고 있었는데 샤넬은 이런 스타일을 혐오했다.

"저런 모자를 쓰고 생각이란 걸 할 수 있을까?" 그녀는 이렇게 의문을 제기하면서 간결한 선으로 이루어진 깔끔한 모자를 만들기 시작했다.

이듬해 파리로 돌아온 샤넬은 뤼 깜봉 31번지에 자신의 상점을 열고 모자, 스웨터, 몇 가지의 옷들을 팔기 시작했다. 그리고 5년이 채 되지 않아 그녀는 패션계의 중심에 우뚝 섰다. 그녀의 독창성이 부유하고 영향력 있는 여성들의 관심을 끌었던 것이다. 샤넬은 최초로 평범한 저지 소재를 옷에 적용한 디자이너였는데, 1917년 '보그' 9월호에서는 샤넬의 브랜드를 "저지 하우스"라 부르기도 했다.

곧이어 샤넬은 "가난한 소녀 패션"을 창시했고, 상류층 여성들은 노동자 계층 스타일을 바탕으로 한 샤넬의 옷을 재밌어 하며 즐겨 입기 시작했다.

제1차 세계대전이 발발한 후에도 그녀는 활발한 사교활동을 벌였다. 당시 샤넬은 에티엔 발상에 이어 "보이"라는 애칭으로 불리던 영국 폴로 선수 아서 카펠과 연인관계가 되었으며, 엄청난 부자였던 카펠이 샤넬에게 선물한 고가의 보석들은 후에 유명해진 샤넬의 보석 컬렉션의 시작이었다.

출처는 불분명하지만, 넘치는 매력을 지닌 귀족이었던 카펠은 샤넬의 가장 유명한 스타일에 영감을 준 인물로도 알려져 있다. 그 스타일은 실용적인 주머니, 넉넉한 핏으로 만들어진 재킷으로, 샤넬이 어느 추운 날의 폴로 경기에서 카펠의 재킷을 빌려 입고 영감을 받아 만들었다고 한다. 지인들에 따르면 "샤넬이 사랑한 유일한 남자"였던 보이 카펠은 자동차 사고로 사망했다.

1920년대 중반 샤넬의 이름은 더욱 빛을 발하고 있었다. 1924년경부터는 대서양 양쪽 대륙의 스타일리시한 여성들 모두가 베이지색의 저지 블라우스, 한 올의 진주 목걸이, 그리고 카디건 재킷과 트위드 정장을 입었다고 해도 과언이 아닐 정도였다.

샤넬이 자신의 일에서 출중한 능력을

보여주고 있던 1920년대 중반부터 30년대 후반 사이 그녀는 유럽에서 가장 부유한 사람 중 한 명이었던 웨스트민스터 공작 휴 리차드 아서 그로스베노와 교류를 나눴다.

둘의 관계는 1934년 끝났으나 샤넬은 영국 신사들의 스타일에 깊은 인상을 받았다. 디자인적 측면에서 샤넬 재킷의 가장 큰 특징은 높고 좁은 진동(armhole)인데, 이는 신사복과 매우 흡사하여 세빌 로(런던의 고급 양복점 거리)에서 만든 남성 정장이라고 해도 믿을 정도였다.

1963년 샤넬의 모델로 활동했던 재키 로저스는 이 재킷에 대해 이렇게 회상했다. "샤넬은 계속해서 진동을 높이기를 원했어요. 6번이나 고쳐야 했죠. 하지만 높은 진동으로 재킷은 훨씬 더 깔끔해졌고 그녀가 원했던 대로 꼭 맞는 핏을 만들어낼 수 있었습니다."

다른 디자이너들과는 달리 샤넬은 스케치도 가봉도 하지 않았다. 손으로 직접 원단을 만지며 옷을 만드는 것이 그녀의 유일한 작업 방식이었다.

샤넬은 생 오노레 포부르에 위치한 고급 저택에서 연회를 즐겼고, 리츠 호텔에도 작은 객실을 두어 옷을 갈아입고 잠을 자는 용도로 사용했다.

샤넬과 관련된 증명되지 않았던 많은 에피소드들 중 확인된 이야기가 하나 있는데, 바로 이 리츠 호텔에서 있었던 일이었다. 그리고 이 일은 샤넬이 단발머리를 유행시킨 계기가 되기도 했다. 어느 날 온수 파이프 중 하나가 폭발하며 샤넬의 긴 머리카락에 그을음을 묻혀버렸다. 그녀는 머리 감는 데 드는 수고를 덜기 위해 긴 머리카락을 잘라버렸고 단발머리를 리본으로 장식했다. 그날 밤, 샤넬은 이 새로운 헤어스타일에 흰 드레스를 입고 오페라 공연장에 나타났으며, 그녀의 짧은 머리는 즉시 유행이 되었다.

1930년대 말, 이탈리아 디자이너 엘자 스키아파렐리가 각광을 받기 시작하면서 샤넬은 패션계에서 점차 밀려났으며, 제2차 세계대전이 발발하자 그녀는 아예 뤼 깜봉 매장의 문을 닫고 리츠에서 휴식기를 가졌다. 그 후 15년 동안 샤넬은 비시와 스위스 등지에서 시간을 보냈으나 이 기간 동안 무슨 일이 있었는지는 알려진 바가 없다.

1954년 2월 5일, 샤넬의 귀환은 패션계에서 하나의 전환점이 되었다. 두 개의 패치 포켓이 달린 네이비 컬러의 두꺼운 저지 재킷과 흰 모슬린 블라우스, 그리고 세일러 모자를 매칭한 스타일에 대해 비평가들은 혹평했지만 그녀의 옷을 사려는 여성들을 막지는 못했다. 이 초기 스타일은 후에 점차 발전되면서 더 큰 성공을 누리게 된다.

커리어의 정점이었던 1980년대, 샤넬의 살롱은 궁전과도 같았다.

1963년 '레이디스 홈 저널' 10월호에서 앤 샴버린은 이렇게 회고했다. "새 컬렉션이 공개되기 몇 주 전 파리의 모습은 프랑스 혁명 기념일의 불꽃놀이에 버금가는 흥분의 도가니이다. 그리고 새 컬렉션은 극히 소수에게만 공개된다.”

“그 숙녀는 널찍한 쇼룸의 금빛 의자에 자리를 잡는다. 목에 두른 줄 끝에는 가위 한 자루가 매달려 있고 시침핀 상자는 옆 의자에 올려져 있다. (‘여기 있는 핀들을 전부 치워버리고 다시 가져와. 하나같이 너무 짧잖아!’ 이런 불호령이 있은 후에) 그녀가 첫 번째 의상을 보여 달라고 청하면, 그렇게 유희가 시작된다.”

“류머티즘과 관절염으로 고통받고 있음에도, 샤넬은 모든 피팅작업에서 문자 그대로 진격해 나간다. 그녀는 원단 길이를 줄이기도 늘이기도 하고, 여기저기에 핀을 꽂고, 이음새를 뜯어내기도 하면서 모든 옷들을 직접 수정한다. 그녀의 불같은 꾸짖음에 재봉사들은 울면서 방을 뛰쳐나가고, 이들은 모델들의 몸을 바늘로 찌르며 애꿎은 복수를 하기도 한다.”

샤넬은 그녀의 지인들보다도 오래 살았다. 그녀는 한 번도 결혼을 하지 않았는데, 그 이유는 그녀가 고독을 즐겼기 때문이 아니었다. 샤넬은 이렇게 말한 적이 있다고 전해진다. “남자에게 작은 새 이상의 무게는 결코 되고 싶지 않아요.”

파블로 피카소

1881년 10월 25일~1973년 4월 8일

프랑스, 무쟁—20세기 미술계의 거목 파블로 피카소가 노트르담 드 비의 언덕에 위치한 그의 저택에서 오늘 아침 별세했다. 향년 91세.

35개의 객실을 갖춘 대저택에 왕진을 왔던 주치의 장 클로드 랑세는 이 스페인 출신 예술가의 사인을 폐부종이라고 밝혔다.

피카소와 1961년에 결혼한 두 번째 부인, 47세의 쟈클린 로크가 그의 임종을 지켰다. 지난 몇 년 동안 피카소는 2만여 평에 달하는 그의 저택을 거의 떠나지 않았다고 한다. 또한 3년에 걸친 내전 끝에 프란시스코 프랑코 장군이 공화당 정부를 무너뜨린 1939년 이후로 피카소는 조국 스페인 땅을 밟지 못했다.

그의 유족으로는 아내 외에도 사망한 첫 번째 부인, 무용가 올가 코클로바가 낳은 아들, 정부였던 마리-테레즈 월터가 낳은 딸, 그리고 또 다른 정부인 프랑소아즈 길로가 낳은 아들과 딸, 이렇게 4명의 자녀들이 있다.

올던 휘트먼 기자

피카소는 참으로 여러 모습을 가진 사람이었다. 그는 입체파이자 초현실주의자, 모더니스트이면서 도예가, 석판화가이자 조각가, 그리고 최고의 스케치

아티스트였으며 활기가 넘치면서도 성질이 고약했고, 사랑하는 사람에게 충실하면서도 바람둥이였으며, 돈 계산에 음흉했고 대중의 관심에 늘 목말라하는 뜨거운 열정의 스페인 남자였다.

의심의 여지없이 파블로 피카소는 금세기 초중반 미술계에서 가장 독창적이고 변화무쌍하며 압도적인 존재감을 뽐냈던 예술가이다. 번뜩이는 천재성으로 미술계 전반을 완전히 바꿔놓았던 피카소는 여러 양식을 두루 섭렵했으며 일생에 걸쳐 늘 변화를 추구했다.

"나에게 그림이란 어떤 목적도, 어떤 성취도 아니다. 그저 우연의 결과이며 예술적인 경험일 뿐이다." 언젠가 그는 이렇게 말했다. "나는 내가 추구하는 무언가를 그리는 것이 아니라, 내가 발견해낸 무언가를 그린다. 나는 추구하지 않는다. 단지 발견할 뿐이다."

풍부한 상상력을 가졌던 피카소는 자신의 기분, 또는 아이디어를 엄청나게 빠른 속도로 그려낼 수 있었다. 앙드레 말로의 묘사에 따르면 피카소는 회화 작품만 6,000여 점이 훌쩍 넘는 "현대미술의 대마법사"였다.

1969년 한 해 동안, 88세의 피카소는 총 165점의 채색화와 45점의 스케치를 완성했고, 이 작품들은 프랑스 아비뇽의 교황청에 전시되었다. 전시회를 본 비평가 에밀리 게나우어는 이렇게 말했다. "피카소의 새로운 그림들은 마치 천국의 불꽃 같다."

피카소는 아름다움과 추함 사이의 관습적인 경계를 허물어버린 장본인으로 널리 알려져 있고, 이로 인해 비인간적이라는 비판도 감내해야 했다. 자신이 보이는 것과 보이지 않는 세계에 대해 새로운 시각을 제공했다고 믿었던 피카소는 이러한 비판에 괴로워했다.

"예술이란 무엇입니까?"라고 묻는 한 방문객에게 그는 "예술이 아닌 것은 무엇입니까?"라고 되물었다고 한다. 이러한 자신의 예술관을 입증하기 위해 그는 자전거의 안장과 핸들을 이어 붙여 '황소의 머리'라는 제목으로 발표하기도 했다.

"특정한 감정에 영감을 받아 작품을 만들 때, 나는 작품에게 형상을 부여함으로써 현실 세계와 연결고리를 갖게 되기를 바랍니다. 이로 인해 현실 세계가 혼란스러워 지더라도 말이지요." 그는 자신의 연인이기도 했던 화가 프랑수와즈 질로에게 이렇게 설명한 바 있다. "그렇지 않으면 그림은 자신이 집어넣은 것만을 꺼내는 낡은 주머니 가방과 다를 바 없습니다. 난 내 그림들이 마치 칼날들로 무장한 것처럼 스스로를 방어하고 침략자들에게 맞서 싸울 수 있기를 바랍니다. 손을 베이지 않고서는 그 누구도 내 그림에 가닿을 수 없도록 말이죠."

전통주의를 뒤집기 위한 긴 여정 속에서 피카소는 스스로 현대미술의 역사가 되었다. 그는 유화, 수채화, 파스텔, 구아슈, 연필과 잉크, 아쿠아 틴트를 두루 활용하고, 에칭과 석판화, 조각, 도예, 모자이크, 그리고 벽화에 이르기까지, 실로 다양한 분야를 섭렵했다.

그의 걸작 중의 하나는 1937년 완성된 '게르니카'이다. 3.4m 높이에 7.8m 너비의 이 유화작품은 현대 전쟁의 파괴성을 적나라하게 보여준다. 그런데 대조적으로, 또 다른 걸작 '비둘기'는 하얀 비둘기를 단순하고도 완벽하게 그려내 이 새를 평화의 상징으로 널리 전파시킨 작품이기도 하다.

파카소의 전시회는 특히 그의 말년에 많은 이들의 뜨거운 관심을 받았다. 서구세계의 가정들은 자신의 문화적 소양을 증명하기 위한 용도로 그의 모작을 벽에 걸었으며, 원작들은 세계 곳곳의 박물관과 값비싼 그림을 소장할 능력이 있는 부유한 개인 수집가들의 손으로 들어갔다. 그렇게 피카소 작품의 가격은 가파르게 상승해서 1965년 런던 테이트 갤러리는 1925년 작 '세 명의 무용수'를 16만 8천 달러에 사들이기도 했다.

그의 명성이 높아짐에 따라 수입도 급증했다. 피카소는 돈에 약삭빨랐으나 스페인 내전 당시 공화당 정부를 위해 큰돈을 기부했고 전쟁 후에는 프랑스로 피신한 망명자들을 돕기도 했다.

깐느에 위치한 방 18개의 라 캘리포니를 포함한 그의 모든 작업실과 저택은 늘 조약돌, 암석, 유리조각, 속이 텅 빈 코끼리 발, 아프리카 드럼, 나무 악어, 오래된 신문과 깨진 그릇들, 투우 포스터와 낡은 모자 등등 잡동사니로 가득 차 있었다. 말년에 라 캘리포니는 주말에만 생활하는 공간이었고, 무쟁 근처의 노트르담 드 비가 그의 주된 생활공간이 되었다.

주변은 늘 어수선했지만 피카소는 매우 규칙적인 사람이었다. 그는 느지막이 일어나 몇 시간 동안 친구들과 이야기하고 업무와 관련된 편지들을 쓴 다음 점심을 먹고 3시나 4시쯤부터는 어김없이 작업실의 완벽한 적막 속에서 —저녁 식사시간만 제외하고—12시간씩 작업을 했다. 그렇게 피카소는 새벽 두세 시까지 깨어있는 일이 많았다.

피카소의 젊은 시절 사진을 보면 칠흑같이 검은 머리카락을 지닌 미소년의 모습인데, 그가 처음으로 오래 관계를 유지한 정부였던 페르난드 올리비에가 당시의 그를 묘사한 다음과 같은 글을 보면, 머리가 빠진 것 말고는 말년의 피카소도 크게 다른 모습은 아니었다.

"작고, 까맣고, 몸집은 떡 벌어졌고, 불안정하고, 말이 없고, 깊게 패인 검은 눈동자는 찌를 듯이, 그리고 불편할 정도로 거의 한 곳에 고정되어 있었다. 행동은 어색했고, 여성스러운 손을 하고 있었지만 아무렇게나 옷을 걸쳐 입고 주변은 전혀 신경 쓰지 않았다. 그리고 이지적이지만 완강해 보이는 그의 이마 위로 숱이 많은 까맣고 빛나는 머리카락이 드리워져 있었다."

피카소를 가장 집요하게 사로잡았던 주제들 중 한 가지는 바로 여성이었다. 그에게 예술적으로, 인간적으로 영향을 준 일곱 명의 여성들 중 둘은 그의 아내가 되었고, 나머지 다섯 명은 세간에 잘 알려진 바대로 그의 정부들이었다.

젊은 피카소가 파리의 몽마르트에 자리잡고 있었던 시절, 젊은 화가이자 교사였던 올리비에도 그곳에 있었다.

"내가 피카소를 만난 건 비가 아주 많이 오는 밤, 집으로 돌아가는 길이었어요. 그는 작은 고양이 한 마리 껴안고 있었는데 웃음을 지으며 길을 가로막더니 저에게 고양이를 건네더군요."

그들의 관계는 피카소가 한 조각가 친구의 애인이었던 마르셀 험버트와 바람이 난 1912년까지 이어졌다. 피카소와 험버트는 함께 도주했고, 피카소의 행복을 대변하듯 그는 이 시기에 다수의 훌륭한 작품들을 쏟아냈다. 험버트는 1914년 사망했다.

1917년, 피카소는 세르게이 디아길레프의 발레뤼스 소속 무용수였던 코클로바를 만나 이듬해 결혼했고, 둘의 관계는 1935년 이혼으로 마무리되었으며, 코클로바는 그 후 20년 뒤에 사망한다. 이혼 당시 피카소는 금발의 모델 월터와 만나고 있었다.

피카소의 다음 연인은 유고슬라비아 출신의 젊은 사진작가, 도라 마르였다. 둘의 관계는 1944년까지 이어졌고, 같은 해 62세의 피카소는 또 다른 연인 질로를 만나 11년간의 관계를 시작한다.

그의 마지막 사랑은 1955년부터 관계를 맺어 61년 그의 아내가 된 자클린 로크였다. 결혼 당시 로크는 35세, 피카소는 79세였다.

피카소는 자신이 태어난 조국에 큰 애착을 가지고 있었고 이는 그의 그림에도 잘 나타난다. 특히 1936년에 발발한 스페인 내전은 그가 정치에 관심을 가지게 된 계기가 된다. 조국에 대한 그의 감정은 낭만적이었고 열정적이었다. 프랑코 정부가 들어선 후에도 그가 스페인 시민권을 유지한 사실은 조국에 대한 그의 사랑을 잘 보여준다.

애국심에서 비롯된 두 가지의 중요한 결과물이 있는데, 그중 하나는 '게르니카'이고, 다른 하나는 1944년 그가 프랑스 공산당에 가입했다는 사실이다.

"스페인 내전 전까지 피카소는 정치에 관심이 없었습니다. 내전이 모든 것을 바꿔놓은 거죠." 피카소의 대리인 다니엘-헨리 칸와일러는 이렇게 회상했다.

내전 당시 피카소는 공화당 정부의 편에 섰는데, 1937년 4월 26일 바스크 지방의 소도시 게르니카-루노에 폭격이 쏟아졌고 전 세계를 경악케 한 그 대학살은 피카소가 자신의 천재성을 최고조로 끌어올리게 만들었다.

스페인 왕당파의 요청으로 파리 박람회 스페인관에 벽화를 그리기로 되어 있었던 피카소는 게르니카를 주제로 약 한 달간의 결렬한 작업 끝에 이 위대하고 놀라운 작품을 완성했다.

극명한 흑백의 대조, 그리고 회색으로만 이루어진 '게르니카'는 스페인이 다시 공화국이 되면 기증하기로 되어 있었다.

피카소의 공산당 입당을 두고는 많은 사람들이 이 역시 그의 변덕 중 하나라고 생각했다. 이에 대해 그는 이렇게 답했다.

"예술가가 뭐라고 생각하는가? 화가는 눈만 있고 음악가는 귀만 있다고 생각하는가? 전혀 아니다. 예술가는 정치적인 인간이며 세상에서 일어나는 감동스러운 일들과 끔찍한 일들 모두에 언제나 귀 기울이고 영향받는 존재이다."

"어떻게 상아탑에만 갇혀 다른 사람들의 인생에 무관심하게 살 수 있는가?"

"그림은 결코 집을 꾸미기 위해 존재하지 않는다. 적과 전쟁하고, 적을 공격하고, 적을 방어하기 위한 수단이다."

1949년 어느 날, 마티스는 흰 비둘기 한 마리를 가지고 피카소를 찾아왔다 피카소의 집에 있던 동물 우리에서 키우라는 의미였다. 피카소는 이 새 식구를 모델로 자연주의적인 기법의 석판화 작품을 만들었고, 얼마 후 이 작품을 본 공산주의자 시인이자 소설가 루이스 아라곤은 그 작품의 가치를 단번에 간파했다. 이후 '비둘기'라는 제목의 이 작품은 피카소의 사인과 함께 세계 평화회의의 포스터로 쓰였고, 계속해서 다양한 크기와 여러 매체로 제작되어 평화의 상징으로 널리 퍼지게 된다.

피카소는 1881년 10월 25일 밤, 스페인 남부 해안가에 위치한 말라가에서 태어났다. 그의 아버지는 지방 미술학교에서 학생들을 가르치던 호세 루이즈였고, 어머니의 이름은 마리아 피카소였다. 파블로는 연필을 쥐기 시작한 순간부터 그림을 그렸다고 한다.

어린 피카소는 종종 아버지와 함께 투우를 관람했고 이는 그에게 깊은 인상을 남겨 평생 동안 작품의 중요한 주제로 활용되었다.

1895년, 피카소 가족은 바르셀로나로 이주했다. 이때쯤 피카소의 재능은 모차르트의 천재성과 견줘도 좋을 만큼 눈에 띄었고, 이를 본 아버지는 그에게 팔레트와 붓을 사주었다. 피카소에 대한 아버지의 믿음은 그가 15세에 미술학교에 합격하면서 다시 한번 확인되었다. 이곳에서 1년 동안 공부한 피카소는 마드리드로 건너가 공부를 계속했다.

젊은 피카소는 1898년, 그때까지 사

용하던 'P. 루이즈 피카소'에서 아버지의 성을 빼고 피카소라는 성만 사용하기 시작했고 1904년부터는 파리에 정착했다.

이 시기, 피카소의 '청색' 연작은 그를 개성 있는 화가로 부각시켰다. 그는 청색을 사용해 죽어가는 광대의 비애와 곡예사들의 고뇌를 묘사했는데, 이때 완성된 작품들 중 가장 널리 알려진 것이 바로 '광대의 죽음'이다.

몽마르트로 옮겨간 후, 피카소의 작업실은 후에 유명한 화가와 작가가 된 예술가들의 중요한 회합 장소가 되었다. 그의 평생 습관 중 하나인 밤에 작업하는 습관은 바로 이 시기에 형성되었는데 낮에는 늘 방문객으로 작업실이 붐볐기 때문이다. 1904년부터 1906년까지 2년 동안 피카소는 장밋빛을 띤 그림을 많이 그렸기에 이 시기는 "장밋빛 시대"라고도 불린다.

장밋빛 시대가 끝나갈 때쯤, 피카소는 파리에 거주하던 한 미국인 부부와 인연을 맺게 된다. 레오와 거트루드 스타인 부부는 피카소를 발견했다기보다는 그를 대중에게 널리 알린 장본인들이라고 보는 것이 맞다. 이에 대한 보답으로 피카소는 거트루드와 전혀 닮지 않은 초상화를 선물했는데, 이를 본 거트루드가 자신은 이렇게 생기지 않았다고 항변하자 피카소는 다음과 같이 답했다고 한다. "곧 그렇게 될 거요."

1907년은 입체파의 탄생을 알리며 피카소의 예술세계에서 중요한 이정표가 된 해였다. 바로 왜곡된 5명의 누드가 등장하는 '아비뇽의 처녀들'이 발표된 것이다. 브라크와 함께 입체파를 이끈 피카소는 명암과 원근법을 거부했고, 그가 본 것을 그리는 것이 아니라 분석을 통해 얻은 결과를 그렸다.

"이런 식으로 그림을 그리기 시작했을 때, 우리는 이게 입체주의라고 생각하지 않았습니다. 그저 내면이 표현하는 바를 그린 것뿐이지요."

"입체주의는 새로운 것을 만들어내는 씨앗도, 태아도 아닙니다. 우리는 형태를 만들고자 했고, 형태가 만들어진 후에는 스스로의 힘으로 존재할 뿐입니다."

피카소는 또한 1911년과 1912년, 정물화 위에 모조 의자를 붙여 넣는 콜라주 기법을 창안하여 입체주의에 새로운 측면을 제공하기도 했다.

1929년, 피카소는 잠시 조각에 매진했으나, 곧 이젤 앞으로 돌아와 초현실주의풍의 독특한 그림들을 그리기 시작했다. 이로 인해 피카소의 명성과 부는 또 다른 전성기를 맞게 된다.

1940년 파리가 점령되었지만 피카소는 제2차 세계대전 내내 파리에 머무르며 개인적인 고난들에도 불구하고 꾸준히 작품들을 쏟아냈다.

전쟁 후, 그는 아내를 모델로 다양한 포즈의 초상화를 그리기 시작했는데, 이 작품들을 보면 끊임없는 창조의 경지에 있는 피카소의 무한한 에너지가 고스란히 느껴진다. 이를 확인시켜주기라도 하듯이 피카소는 그의 왕성한 창작력을 칭송하는 한 방문객에게 이렇게 답했다고 전해진다.

"화가의 일은 결코 끝나지 않습니다. '아, 열심히 일했군. 내일은 일요일이니까 쉬어야지'라고 말하는 화가는 없다는 말이지요. 일을 멈추는 순간은 다시 작품을 시작하려 하는 순간뿐입니다. 작업하던 그림을 옆으로 치워두고 다시는 손대지 않을 거라고 말할 수는 있겠지요. 하지만 '끝'이라는 순간은 결코 오지 않습니다."

노먼 록웰

1894년 2월 3일~1978년 11월 8일

에드윈 맥도웰 기자

미국적인 소도시에 대한 향수를 불러일으키는 그림들로 수백 번 이상 '세터데이 이브닝 포스트'의 표지를 장식했던 화가, 노먼 록웰이 수요일 밤, 매사추세츠 주 스톡브리지의 자택에서 84세의 나이로 사망했다. 그는 지난 몇 년간 건강이 계속 악화되어 왔었다.

뉴잉글랜드의 매력에 심취했던 록웰은 뉴잉글랜드 내의 작은 마을 스톡브리지의 한 차고를 스튜디오 삼아 그림을 그렸다.

"내 최대의 적은 세상을 뒤흔들 만한 아이디어입니다. 내가 오리라는 사실을 잊고 백조인 것처럼 목을 길게 빼고 싶지는 않아요." 이런 자평은 록웰의 겸손함을 단적으로 보여주는 예이지만, 그는 자신이 매우 큰 호수의 매우 중요한 오리였다는 사실을 간과한 듯하다.

록웰이 그린 잡지 표지, 보이스카우트 달력, 그리고 여타 광고들을 보고 향수에 빠지지 않은 미국인은 아마 없을 것이다. "그는 지난 반세기 동안 미국에서 가장 대중적인 예술가였습니다." 1970년, 브루클린 박물관 관장 토마스 S. 부에츠너는 이렇게 평했다. "그의 주요 작품들은 미켈란젤로, 램브란트, 피카소를 합친 것보다 더 많이 카피되었으니까요."

록웰은 1916년부터 1963년까지, 총 317점의 '새터데이 이브닝 포스트' 표지화를 그리면서 유명해졌다. 이 잡지의 전 편집장에 따르면 1950년대부터 60년대 초반 사이에는 록웰의 그림 덕에 가판대 판매부수가 약 5만 부 내지 7만 5천 부 정도 늘었다고 한다.

이는 분명히 록웰의 그림이 보는 이들의 감수성을 매우 강하게 자극했기 때문이다. 추수감사절 저녁식사를 위해 식탁에 모여 앉은 가족들, 다 해어진 멜빵바지를 입고 대충 만든 낚싯대를 멘 맨발의 소년들, 예방접종을 하기 위해 아이의 엉덩이를 살피는 친절한 의사, 식당에 앉아 자상한 경찰에게 하소연하는 가출한 소년, 의사에게 진찰받기 위해 기다리는 멍든 눈의 말괄량이 등이 록웰의 전형적인 작품들이다.

그리고 그의 화폭에는 언제나 보이스카우트가 있었다. 미국 보이스카우트 연맹이 1913년 '보이즈 라이프'를 인수하며 록웰을 표지 및 삽화 작가로 고용한 이래, 그는 늘 보이 스카우트에 큰 관심을 보였다.

록웰은 자신의 작품 속에서 반짝이는 미덕들이 늘 실생활을 반영하지는 않는다는 것을 부정하지 않았다. 1960년, 그는 이렇게 말했다. "성장하면서 세상이 내 생각처럼 완벽하지 않다는 사실을 알게 되었죠. 하지만 이상적인 세상이 존재해야 한다고 믿었던 저는 무의식적으로 이상적 세상만을 그리게 되었습니다. 제 그림에서는 술에 취한 아버지도, 이기적인 어머니도 없습니다. 아이들과 야구를 하는 할아버지, 통나무에 앉아 낚시를 하거나 뒤뜰에서 장난을 치는 소년들만 있을 뿐이지요. 설령 문제가 있다고 하더라도, 제 그림 속의 문제는 즐거운 문제들뿐입니다."

그가 선보인 이런 낭만적인 비전은 수백만의 미국인들로부터 큰 호응을 받았으나, 모두가 그를 좋아한 것은 아니었다. 흑인을 비롯한 소수인종이 한 명도 없는 미국, 어린아이들의 짓궂은 장난 외에는 심각한 일이 전혀 없는 평화로운 미국에 대해, 비평가들은 그의 머릿속에만 존재하는 세상이라며 록웰을 비판했다.

그러던 1963년, 세련된 탐사보도를 표방하며 옛날 이미지를 버리고자 했던 '포스트'가 록웰과의 계약을 끝낸 후, 그는 '룩'에서 새롭게 일하기 시작했다. 당시 미국을 휩쓸던 사회적 문제들에 뒤늦게라도 참여하기 위해, 록웰은 연방집행관들의 보호 속에 아칸소 주 리틀 록의 백인학교에 첫 등교를 하는 흑인 소녀의 모습을 담은 표지를 그리기도 했다.

그러나 비평가들은 여전히 록웰을 예술가가 아닌 단순한 삽화가로 대했으며, 그의 작품에는 세심함, 뉘앙스, 그리고 깊이가 부재하다고 비판했다.

록웰이 드디어 인정을 받기 시작한 계기는 1968년 그가 그린 50여 점의 유화작품이 뉴욕의 매디슨 애비뉴 갤러리에서 전시되면서부터였다. 4년 후 브루클린 박물관에서 열린 그의 회고전 역시 많은 인파가 몰렸다.

그에게 가장 신랄했던 비평가들도 록웰의 치열한 장인정신과 디테일한 시선에 대해서는 공격하지 못했다. 한 예로 '톰 소여'와 '허클베리 핀' 특별판 삽화를 준비하기 위해 미주리 주의 한니발에 머물던 중, 록웰은 자신이 입고 있던 바지에 4달러까지 더 보태어 밭을 매던 한 농부의 낡은 바지를 사기도 했다. 비바람에 서서히 해어진 그 바지야말로 삽화에 참고가 될 만한 진짜배기 소품이었기 때문이다.

때로 록웰은 그리고자 하는 주제의 사진을 찍어 이에 기반을 두고 그림을 그리기도 했다. 그러나 첫 25년 동안은 친구들과 이웃 등, 오로지 실제 사람들만 관찰하여 그림을 그렸다. 록웰은 1940년에는 버몬트 주 알링턴으로, 그리고 1953년에는 마치 록웰의 그림처럼 아름다운 버크셔 카운티의 스톡브리지로 스튜디오를 옮겼는데, 록웰은 그 이유에 대해 순박한 뉴잉글랜드인들이 그에게 최고의 모델이기 때문이라고 답했다.

몇몇 이웃들은 그의 그림에 자주 등장하는 단골손님이 되었으며, 이 호리호리하고 유명한 화가의 모델이 되는 일은 알링턴과 스톡브리지와 같은 시골마을에서 가장 신나는 일이 되었다. 록웰의 삽화 속에서 기초군사 훈련을 받고 인도로 파병된다는 스토리를 가진 가상의 군인, 윌리스 길리스는 실제로 버몬트의 제재소에서 일하던 노동자가 모델이었다.

처음에는 '포스트' 표지로, 그리고 이후에는 수백만 장의 전시공보처 홍보물로 사용된 '네 가지의 자유'에도 그의 이웃들과 친구들이 등장한다. 제2차 세계대전 당시 유명했던 록웰의 또 다른 표지 작품은 '리벳공, 로지'였다. 군수공장에서 일하는 건장한 여성이 등장하는 이 그림은 1943년 5월 '포스트'의 표지를 장식했고, 곧이어 부녀자들의 호국활동을 상징하는 그림이 되었다.

록웰은 1894년 2월 3일, 뉴욕에서 두 형제 중 첫째로 태어났다. 그의 아버지 J. 워링 록웰은 필라델피아 직물회사의 뉴욕 지부 관리자였고, 록웰의 가족은 그가 10살이 되던 해에 뉴욕 주의 마마로넥으로 이사했다.

록웰은 17살부터 콘데나스트 사에서 나오는 여러 출간물들의 삽화를 그렸으며, 4년 후에는 드디어 처음으로 '새터데이 이브닝 포스트' 표지를 맡았다. 첫 표지의 소재는 야구복을 입은 친구들의 놀림을 받으며 유모차를 밀고가는 심통난 표정의 소년이었다.

조지아 오키프

1887년 11월 15일~1986년 3월 6일

에디스 에반스 애즈버리 기자

조지아 오키프는 이론의 여지가 없는 미국의 대표적인 모더니즘 화가이다. 그녀는 남편 알프레드 스티글리츠와 함께 미국 모더니즘의 발전을 이끌었을 뿐만 아니라 이를 널리 전파하는 데 중요한 역할을 해 왔다. 그런 그녀가 어제 뉴멕시코 주 산타페에 있는 세인트 빈센트 병원에서 별세했다.

98세의 나이로 생을 마감한 조지아 오키프는 오랫동안 살던 뉴멕시코 주 애비퀴우의 주택과 스튜디오를 떠난 1984년 이후로 산타페에 거주해 왔다.

그녀는 은둔가형 예술가들이 그러하듯이 조용한 삶을 즐겼지만, 앞에 나서야 할 때는 다른 사람들을 휘어잡는 성품으로 오랜 시간 동안 남성들이 지배했던 미술계에서 독보적인 여성 화가로 자리매김했으며, 이를 통해 어떤 분야에서든 여성도 남성과 동등하게 활약할 수 있다는 인식의 전환을 이루어 20세기 미국을 대표하는 주요 인사가 되었다.

오키프는 자연의 형태를 탐구했던 해석가이자 조작자였으며, 여러 가지 색채에 자신의 개성을 담아 인상적으로 표현한 컬러리스트였다. 또한 그녀는 자신이 사랑했던 뉴멕시코의 풍경을 마치 서정 시인처럼 화폭에 담아 미국 예술의 역사에 큰 발자취를 남겼다. 그녀의 이런 활동들은 다른 여성 화가들에게 새로운 형태의 상징주의를 추구하고 틀에 박히지 않은 이미지를 탐구할 수 있다는 가능성을 제시하기도 했다.

그녀는 의지가 강하고 부지런한 사람이었다. 더구나 기발하기까지 했다. 그녀는 일출을 화폭에 담긴 위해 어둡고 추운 한밤중에 담요를 뒤집어쓰고 벌벌 떨면서 날이 새기를 기다리는가 하면, 별을 본다며 사다리를 타고 지붕 위로 올라가거나 그림이 마르기 전에 마지막 터치 효과를 노리면서 엄청난 크기의 캔버스 위를 스타킹을 신은 채 깡충깡충 뛰어다니기도 했다.

1916년, 오키프는 알프레드 스티글리츠의 '291' 갤러리에 그녀의 작품들이 여성 작가 단독 전시회 명목으로 소개되면서 예술계에 혜성처럼 등장했다.

스티글리츠는 사진 기법의 개척자로 명성을 떨친 세계적인 작가였으며, 당시 새롭게 떠오르던 모던 아트 분야를 후원하고 있었다.

전시회 이후, 그녀는 어떤 주제를 표현하는 하나의 대담한 방식을 또 다른 방식으로 전이하는 그녀만의 독특함으로 주목받기 시작했다. 그녀가 사용한 색채는 눈부시면서도 성적인 암시를 풍겼으며, 그림에 담아낸 주제 또한 충격적이었다.

이를테면 그녀는 눈구멍에 밝은 분홍빛의 멕시코풍 조화가 꽂힌 말의 두개골을 그렸으며, 일반적인 원근법의 개념을 대수롭지 않게 무시한 눈부신 하늘, 광활한 계곡, 그리고 인상적인 산봉우리를 배경으로 동물의 두개골, 뿔, 골반과 다리뼈 등을 그려 넣고 반짝이는 흰색으로 채색했다. 뉴욕의 마천루들과 캐나다의 농가, 그리고 커다란 꽃들 또한 그녀가 화폭에 담는 주제들이었다.

그림 그리기는 그녀에게 하나의 유희였다. 그리고 자신이 좋아했던 작품은 그만큼 훌륭한 가격으로 판매했다. 당시 스티글리츠를 중심으로 한 현대 미국 예술가들의 아방가르드 모임에 합류했었던 오키프는 1924년 스티글리츠와 결혼했으며, 스티글리츠는 오키프의 모습을 담은 500여 장의 사진을 남겼다. 그중 일부는 사진 역사상 가장 위대한 한 편의 연애 시라는 평가를 받기도 했다.

그녀의 아름다움도 햇볕에 거칠어지면서 점점 나이가 들어갔다. 가죽 같은 피부는 광대뼈 위와 꾹 다물어 단호해 보이는 입 주위에서 주름지기 시작했다. 1946년 스티글리츠가 세상을 떠나고, 그 한참 뒤에 드디어 그가 없는 뉴욕을 벗어나 뉴멕시코의 산과 사막들을 찾아나섰던 그녀는 그곳에서 자신이 탁월한 개성, 힘, 그리고 역사에 남을 만한 의미가 지닌, 선구자적인 예술가라는 것을 다시 한번 각인시키게 된다.

단 한 번도 그림 그리는 일을 중단한 적이 없었던 오키프에게 비평가들은 끊임없는 찬사를 보냈었지만, 지나치게 다양성과 독특함을 추구하던 그녀의 작품들은 당대의 트렌드나 유파들과 점점 관련성을 찾을 수 없게 되면서 뉴욕 비평가들의 애정 어린 관심을 지속시키지는 못했다.

하지만 1970년, 83세가 된 오키프의 휘트니 미술관 회고전은 뉴욕의 비평가들과 수집가, 그리고 그녀보다 훨씬 나이가 어린 새로운 세대의 예술가 및 학생들에게 놀라운 경험을 선사했다. 언제나처럼 스스로 즐거워지기 위해 작품 활동을 했던 그녀는 그만큼 모든 사람들보다 한 발짝 앞서 있었다.

"오키프의 휘트니 회고전을 다녀온 사람이라면 그녀가 1950년대와 1960년대에 성공을 거뒀던 자신만의 다양한 스타일들과 정밀한 거리를 두고 있다는 것을 알 수 있을 것이다. 더구나 그 거리두기는 깔끔하기 이를 데 없다." '뉴욕 타임스'의 미술 비평가 존 캐너데이는 그녀의 회고전을 이렇게 평했다.

그러나 성공에 안주할 생각이 없었던 이 불굴의 80대 작가는 계속해서 작업을 진행했다. 그녀는 새로운 그림들뿐만 아니라 자신의 작품을 설명하는 자서전을 집필해 권당 75달러에 팔았으며(이 책은 순식간에 완판됐다), 한 영화사와 함께 자신의 삶과 작품에 관한 영화를 제작하여 호평을 받기도 했다.

오키프의 작품과 다른 현대 미국 예술가들 사이에 흐르는 친밀감에도 불구하고, 그녀의 작품에서는 당시 여타 미국 작가들의 그림에서 흔히 볼 수 있었던 유럽 화풍의 흔적을 찾아볼 수 없었다. 힐튼 크레이머는 1976년 '더 타임스'에서 오키프가 집필한 책의 서평을 통해 "오키프는 미국인으로 살아온 경험을 바탕으로 자신만의 예술가적 비전을 세움으로써 유럽식 모델에 사로잡히는 운명에서 벗어났다"고 평가했다.

오키프의 예술 세계는 스티글리츠가 그녀의 작품을 전시하며 뉴욕 전체를 충격에 빠뜨린 금세기 초부터 사람들이 결국 이를 미국 문화의 일부로 받아들일 때까지, 사실상 현대 미술의 전체 역사를 아우른다고 볼 수 있다. 또한 번 클레이머의 말을 인용하자면 89세에 자서전을 출간한 이 예술가는 "주목할 만한 독창성과 힘을 가진 화가이자 미국 모더니즘 1세대와의 소중한 연결고리"였다.

조지아 오키프는 1887년 11월 15일, 위스콘신 주 선 프레리 근처의 밀 농장에서 태어났다. 오키프의 아버지 프랜시스 캘릭스터스 오키프는 아일랜드인이었으며, 어머니의 결혼 전 이름은 아이다 토토였다. '조지아'라는 이름은 이탈리아에서 헝가리로, 그리고 다시 미국으로 건너온 이민자였던 외할아버지의 이름, 조지오 토토에서 따온 것이었다.

오키프가 14세가 되던 해, 가족들은 버지니아 주 윌리엄스버그로 이주했다. 그리고 3년 후 버지니아 주에 있는 채텀 개신교학교를 졸업한 그녀는 곧바로 시카고로 건너가 시카고 아트 인스티튜트에 입학했다.

오키프는 유년기를 보낸 선 프레리에서 예술가가 되기로 결심했지만 자서전을 통해 밝힌 바에 따르면 "그때 봤던 풍경들을 그대로 그리고 싶은 생각은 없었다"고 한다. 졸업 후 그녀는 광고 에이전시에서 상업미술을 경험하는가 하면, 학생들을 가르치며 자기 자신을 격려해야만 하는 낙담의 시간을 거의 10여 년간 보내야 했다. 이 10년 동안 그녀는 뉴욕 아트 스튜던츠 리그 및 버지니아 대학교 섬머 스쿨, 그리고 컬럼비아 대학교 사범대 등지에서 강의를 맡았으며, 1912년부터 1916년까지는 텍사스 주 아마릴로 공립학교에서 미술교사를, 그 후 웨스트 텍사스 노멀 대학에서는 예술학과 학장을 역임했다.

오키프의 초기 작품들은 다른 화가들을 모방했다는 평가를 받았지만, 그녀는 점점 거칠고도 개성 넘치는 기법들로 자신만의 화풍을 만들어 나가기 시작했다. 그 결과, 그녀의 1900년대 초반 작품들은 대중적인 취향과 당시의 일반적인 화풍에서 벗어나 있었으나 그럴수록 그녀는 자신만의 과감한 아이디어로 자신의 목소리가 담긴 작품에 집중하려고 분투했다.

"'내가 원하는 곳에서 살고 있지 않잖아. 하고 싶은 말도 못하고.' 어느 날, 이렇게 자문자답하고 있는 내 모습을 발견했습니다." 오키프는 당시를 이렇게 회상했다. "나는 스스로를 원하는 그림조차 그리지 못하는 매우 어리석은 바보라고 생각했어요."

그러던 1916년, 오키프의 친구 아니타 폴리처는 오키프의 데생과 수채화 작품 몇 점을 스티글리츠에게 보여줬다. 폴리처는 오키프의 컬럼비아 대학교 시절 친구였으며, 여성 평등권을 위한 투쟁에 투신하여 이후 전미 여성당 의장까지 된 인물이다.

"마침내 진짜가 나타났다!" 스티글리츠는 오키프의 작품을 보자마자 이렇게 외쳤다. 그는 자신의 갤러리에 그녀의 작품을 걸었고 이로써 무명의 오키프는 예술계에 파문을 일으키며 등장했다.

"마블 닷지 루한은 갤러리에 정신과 의사 여러 명을 데려와 그녀의 작품을 보이곤 했다." 스티글리츠는 이렇게 회상했다. "비평가들도 찾아왔으며, 그녀의 작품을 놓고 토론이 끊이지 않았다." 그런 토론 중에는 성적인 상징주의에 관한 내용도 심심치 않게 흘러나왔다.

오키프는 텍사스에서 한달음에 달려와 자신의 동의 없이 작품을 공개한 스티글리츠에게 강하게 항의했다. 스티글리츠는 오키프에게 텍사스에서 하고 있던 강의를 그만두고 자신만의 작품에 전념할 수 있도록 뉴욕으로 이사할 것을 권유했다. 이후 스티글리츠는 그가 세상을 떠난 1946년까지 거의 해마다 그녀의 단독 전시회를 개최했다. 그리고 스티글리츠와 오키프는 21년간 평화로운 결혼 생활을 유지했다.

오키프는 뉴욕으로 이사한 후, 뉴욕시와 레이크 조지(뉴욕 주에 있는 호수 지역)를 오가는 생활을 지속했다. 그리고 1929년 이후부터는 뉴멕시코에서 상당한 시간을 보냈고, 남편이 사망한 후에는 애비퀴우로 거주지를 옮겨 여생을 보냈다.

모든 일을 빈틈없고 영리하게 처리했던 스티글리츠의 도움으로 명예와 부를 둘 다 움켜쥐게 된 그녀는 자신에게 즐거움을 주는 옷만 골라 입었다. 자신이 원하는 그림만을 그릴 수 있게 되었음은 물론이다. 마른 체형에 피부는 까무잡잡했던 그녀는 짙은 빛을 띤 머리카락을 등 뒤로 길게 늘어뜨리거나 위로 땋아 올려 쪽을 진 헤어스타일을 고수했다. 어떤 화장도 그녀의 높이 솟은 광대를 부드럽게 보이게 할 수는 없었으며 그녀는 검정색의 평퍼짐하고 편안해 보이는 옷을 주로 입었다.

그녀의 작품은 뉴욕의 메트로폴리탄과 휘트니 미술관, 뉴욕 현대 미술관을 포함해 미국 전역의 미술관에 걸렸고, 대부분 개인 소장품이 되었다.

그리고 미 국립예술원과 문예아카데미 및 예술과학아카데미의 회원으로 선출됐던 오키프는 애비퀴우에서 젊은 제자이자 도예가인 후안 해밀턴의 도움을 받으며 생활했다. 해밀턴은 오키프의 자서전 출간을 담당했으며, 그녀를 소재로 한 영화 제작에도 관여하는 등 어디를 가든 오키프와 동행하며 그녀의 개인 업무를 관리했다. 그들의 동료애는 지나치다 싶을 만큼 너무 끈끈해 결혼과 관련한 소문이 돌기도 했다.

그러던 1978년, 당시 33세였던 해밀턴은 두 가지 업무를 위해 뉴욕에 왔다. 한 가지는 스티글리츠가 찍은 오키프의 사진들을 전시하고 있던 메트로폴리탄 사진전을 마무리하는 것이었다. 또 다른 한 가지는 오키프로부터 예술적인 자극을 받았던 해밀턴 본인의 도기 조각품 전시회를 개최하는 것이었다. 그러나 이 전시회의 개막 행사는 영장 송달인의 예상치 못한 방문으로 인해 중단된다. 영장 송달인이 들고 온 문서는 도리스 브라이가 제기한 고소장이었고, 그 내용은 브라이와 오키프의 사업 관계에 해밀턴이 "악의적으로 개입했다'는 것이었다. 오래 전부터 오키프의 뉴욕 대리인이었던 브라이는 해밀턴의 등장이 자신의 해고로 이어지자, 해밀턴을 상대로 1,325만 달러에 달하는 피해 보상 소송을 제기했던 것이다. 이 소송은 재판까지 가지 않고 합의로 종결됐다.

오키프의 유족으로는 여동생 캐서린 클레너트가 있다. 오키프는 시력이 나빠지고 건강이 쇠약해져 최근까지 주로 집에서 지냈으며, 가끔 친구를 만나고 전시회를 둘러보기 위해 뉴욕을 오가는 생활을 해온 것으로 알려졌다.

앤디 워홀

1928년 8월 6일~1987년 2월 22일

더글라스 C. 맥길 기자

팝 아트의 창시자 앤디 워홀이 어제 사망했다. 워홀은 대통령, 영화배우, 수프 캔 등 미국의 다양한 아이콘들을 소재로 그림을 그리고 인쇄물을 제작한, 전 세계에서 가장 유명한 예술가 중 한 명이었다. 그의 나이는 58세로 알려져 있다.

앤디 워홀은 지난 토요일 맨해튼에 위치한 뉴욕 종합병원 코넬 메디컬센터에서 담낭 수술을 받은 후 결국 사망에 이르렀다. 병원 대변인은 수술 후 상태는 안정적이었지만 수면 중 심장마비가 왔다고 그의 사인을 설명했다.

워홀은 실크 스크린 기법으로 제작한 캠벨수프 캔 이미지, 그리고 브릴로(비누세제) 박스처럼 색칠한 나무 조각 등 그의 초기 작품들로 가장 잘 알려져 있지만 사진, 영화제작, 저술, 잡지창간 등의 분야에서도 성공적인 경력을 쌓았다.

그는 1969년 '인터뷰'라는 타이틀의 잡지를 창간했으며 최근 여러 해 동안 잡지 표지와 신문 사교란에 직접 등장하거나 컴퓨터, 자동차, 카메라, 주류 등의 텔레비전 광고에 자신의 작품을 노출시키며 일반 대중들에게도 점점 인지도를 높이고 있었다.

워홀은 매혹적인 광고를 만들기 위해 자신의 예리한 재능을 총동원하는 노력을 기울였고, 결국 계속 되뇌이게 되는 문구와 가장 충격적이고 사람들의 뇌리에 오래 남을 수 있는 단 하나의 시각 이미지를 찾아낼 수 있었다. 또한 대중들의 관심을 지속적으로 이끄는 그의 작품들은 워홀을 당대 가장 영향력 있고 광범위하게 모방되는 예술가들과 나란한 위치로 올려놓았다.

워홀은 수줍음을 많이 타고 조용한 성격이었지만 그의 주위에는 언제나 요란스럽고 떠들썩한 수십 명의 추종자 무리들이 들끓었다. 그리고 워홀 자신의 천재성과 추종자들이 발산하는 에너지가 결합하면서 그가 활동하던 시기 전반에 걸쳐 수십 가지의 악명 높은 사건들을 만들어냈다. 일례로 1960년대 중반, 그는 자신이 가기로 되어 있던 강연회에 때때로 자신과 닮은 사람을 대신 보내 강의를 하게 하곤 했다. 맨해튼에 위치한, '팩토리'라고 불리는 그의 스튜디오는 수많은 예술가들과 추종자들을 위한 전설적인 은신처였다.

그러나 워홀은 1968년 '팩토리'에서 자칭 추종자라는 사람이 쏜 총에 맞아 치명상을 입었다. 이후 그는 1년 이상 요양 기간을 보내고 본업으로 돌아와 폴라로이드 사진과 대형 실크 스크린 기법을 통해 정치 및 엔터테인먼트계의 유명 인사들을 기록하는 데 몰두했다. 그리고 잡지를 출간하는가 하면 패션업계에서 터줏대감 노릇을 했으며, 부유층 인사들과 함께 제트기를 타고 전 세계 이곳저곳을 돌아다니기도 했다.

워홀은 한동안 비교적 조용한 시기를 보냈다. 그러나 1980년대에 들어서자 키스 헤링, 케니 샤프, 장 미셸 바스키아와 같은 젊은 예술가들을 위한 멘토이자 친구로서 현대미술계에 불쑥 돌아왔다. 워홀은 다른 예술가들과 협업을 하며 여러 작품들을 완성했는데, 이 작품들에는 1960년대 이후부터 계속 사용해왔던 기술적 재생산 기법을 적용하지 않았고, 처음으로 작품마다 개별 캔버스를 사용했다.

그는 자신이 예술을 하나의 비즈니스로 간주하며 명성을 얻는 데 집착한다는 평가를 결코 부정하지 않았다. 대신에 자신만의 철학적 신조를 가지고 작품을 선보였다.

그는 "비즈니스에 능숙해지는 것은 예술의 가장 매혹적인 부분이다"라고 말한 적이 있다. 또 한 번은 "예술? 그건 사람의 이름이다"라고 표현하기도 했다. 하지만 작품과 스스로의 이미지로 유명세를 떨친 워홀 그 자체가 일종의 암호와 같은 존재였다.

그의 출생과 유년 시절에 관한 정보는 모두 불명확하다. 워홀 인생의 세 가지 버전에 따르면 그는 1928년, 또는 1929년, 1930년 중 어느 해에 펜실베이니아의 어딘가에서 태어났다. (가장 대중적으로 통용되는 날짜는 1928년 8월 6일이다.) 워홀은 체코슬로바키아에서 이주해 온 이민자 부모의 아들로 태어났으며, 그의 아버지는 '워홀라'라는 성을 쓰는 광부였다. 워홀은 카네기 공과대학 (현재 카네기멜론 대학교)에 입학해 1949년 회화 디자인 학위를 받으며 졸업했다.

졸업한 후 바로 뉴욕으로 건너온 그는 이름을 워홀로 바꾸고 '티파니', '본위트 텔러', '보그', '글래머', '뉴욕 타임스', 그리고 여타 출판사와 백화점 등에서 일러스트레이터 겸 상업미술가로 경력을 쌓기 시작했다.

1950년대 후반 상업미술 분야에서 크게 성공을 거둔 그는 뉴욕 중심가의 타운 하우스로 이사할 만큼 충분한 돈을 벌었다. 워홀이 점점 자신만의 작품을 만들고 싶다고 생각하기 시작한 것을 바로 그즈음이었다. 그러던 1960년, 그는 '슈퍼맨'과 '딕 트레이시' 같은 연재만화와 코카콜라 병을 소재로 한 일련의 그림들을 완성했다.

그러나 성공은 바로 찾아오지 않았다. 당시 재스퍼 존스와 로버트 라우센버그를 발굴한 저명한 미술상 레오 카스텔리가 워홀의 작품을 검토했지만 이

미 자신의 갤러리에서 연재만화를 소재로 한 로이 리히텐슈타인의 작품을 전시하기 있었기 때문에, 워홀의 작품을 거절할 수밖에 없었다. 이후 신인 작가 스카우터 이반 카프가 워홀을 뉴욕 갤러리에 진출시키려 했지만 별다른 성과는 내지 못했다.

그러나 예술적 범람의 해라고 할 만한 1962년이 오고야 말았다. 그해, 로스앤젤레스에 있는 페루스 갤러리에서는 캠벨수프 캔을 소재로 한 워홀의 첫 전시회가 열렸고, 뉴욕의 시드니 재니스 갤러리에서도 그의 또 다른 작품들이 전시되었으며, 그와 동시에 리히텐슈타

인, 제임스 로젠퀴스트, 톰 웨슬만을 포함한 다른 팝 아티스트도 이름을 날리기 시작했다. 팝 아트 운동이 태동했던 것이다.

워홀의 초기 팝 아트 작품들 중 일부에는 화가의 손길이 닿았다는 걸 증명하는 전형적인 자국들이 남아있었다. 그러나 1963년경, 워홀은 붓 사용을 완전히 배제하기로 결정한다. 대신에 실크 스크린 기법을 매개로 한, 윤곽이 분명한 그림으로 비인격화된 이미지를 만들어냈다. 이는 곧 워홀의 트레이드마크가 됐다.

"수프 캔을 그리는 것 자체가 급진적인 행위는 아니다." 1971년, 비평가 로버트 휴는 이렇게 말했다. "워홀의 작품이 급진적인 이유는 수프 캔이 제작되는 대량생산 방식을, 그것을 그리는 데에도 적용했기 때문이다. 이로써 그의 그림 역시 대량생산이 가능한 존재가 되었으며, 단지 지켜보는 것을 넘어서 과정을 흉내 내는 예술 소비가 생겨나게 되었다."

1964년, 워홀은 드디어 카스텔리의 갤러리에 작품을 전시할 수 있게 됐으며, 카스텔리는 워홀이 사망할 때까지 그의 판매상으로 남았다. 반체제 영화에 대한 워홀의 실험이 시작된 것도 그즈음이었다. 박스 오피스에서 찬사는커녕 대대적인 악평을 피할 수 없었던 그런 도전이었다.

'먹어(Eat)'라는 제목의 45분짜리 영화는 예술가 로버트 인디애나가 버섯을 먹고 있는 모습만 줄곧 나오며, '헤어컷'은 33분 동안 워홀의 팬 한 명이 이발하는 모습을 촬영한 작품이며, '불쌍한 어린 상속녀'는 뉴욕 사교계의 명사가 된 워홀의 추종자 에디 세즈윅이 자전적인 이야기를 하는 모습을 담았다.

1970년대에 들어서 워홀은 자신의 사회적인 명성은 유지하면서도, 일관성을 가지고 창작활동에 몰두해 결과물을 쌓아갔다. 주로 실크 스크린 방식으로 이뤄진 그의 작품들은 마오쩌둥, 라이자 미넬리, 지미 카터와 같은 정치계 및 할리우드 유명 인사들을 소재로 삼고 있었다.

그리고 1975년에는 예술에 관한 자신의 삐딱한 시선을 설명하는 어록과 경구를 모은 '앤디 워홀의 철학(A부터 B까지 그리고 다시 처음으로)'이 출간됐다. 이 책에서 워홀은 그만의 번뜩임과 생략법으로 예술부터 돈, 섹스에 이르는 다양한 주제들에 대해서 썼는데, 주로 "수표는 돈이 아니다", "판타지 사랑이 실제 사랑보다 훨씬 낫다. 사랑하지 않는 것은 매우 자극적이다"와 같은 짧은 경구들을 담겨 있었다.

그의 사망 소식이 어제 발표된 이후, 그와 알고 지내던 예술가, 연예인, 정치인들은 워홀이 문화계와 자신들의 삶에 미친 영향에 관해 앞다투어 한 마디씩 언급하고 있다.

카스텔리는 워홀이 지난 20년 동안 활동했던 그 어떤 예술가보다 지금의 신진 예술가들에게 더 지속적이고 더 강력한 영향력을 미치고 있는 것으로 보인다고 평가했다. 그러면서 워홀을 "진정한 스승"이라고 표현했다.

워홀의 유족으로는 두 명의 형제가 있다.

워홀은 자신의 저서 '앤디 워홀의 철학' 중 '죽음'이라는 제목의 장을 다음과 같은 짧은 문단만으로 채웠다. "죽음에 관해 듣게 되어 유감이다. 하지만 그것은 마술과 같고, 결코 일어나지 않을 일이라고 생각한다."

윌렘 드 쿠닝

1904년 4월 24일~1997년 3월 19일

마이클 키믈만 기자

윌렘 드 쿠닝이 어제 롱아일랜드 이스트 햄튼의 자택에서 사망했다. 향년 92세. 네덜란드 로테르담에서 태어나 뉴욕으로 건너왔던 그는 제2차 세계대전 이후 미국 미술계의 판도를 근본적으로 변화시킨 인물이었다.

드 쿠닝의 작품 활동이 본보기가 되어 추상적 표현주의 운동이 전 세계적으로 명성을 떨치던 1950년대, 그는 미국 미술계의 전성기를 상징하는 인물이자 거의 신화에 가까운 존재로 자리매김했었다. 그러나 그는 뉴욕 예술계에 등장해 카리스마적인 존재감을 선보이기 전부터 유명 예술가들의 집합소였던 그리니치 빌리지의 오래된 시더 바에서 소년 성가대원 같은 곱상한 외모와 상냥한 목소리, 그리고 그런 겉모습과는 대조되는 폭음으로 이미 전설적인 유명세를 떨치고 있었다.

걸쭉한 네덜란드 억양과 푸른 눈에 백발을 휘날리던 노년에도 그는 반은 네덜란드 선원처럼, 나머지 반은 헐렁한 바지를 입은 찰리 채플린처럼 자유롭고 인상적인 삶을 살았다. 그러나 변덕스러운 결혼 생활을 함께 이어오던 아내 일레인 드 쿠닝(그녀 역시 화가였다)과 1989년 사별한 이후로 드 쿠닝의 건강도 악화됐다.

드 쿠닝은 무엇보다 '여인' 연작으로 유명세를 얻었다. 여인의 형상은 드 쿠닝에게 그의 오랜 경력 동안 캔버스 앞으로 계속 돌아오게 만드는 원동력이었다. 또한 이런 여인의 형상을 향한 집착은 그의 가장 논쟁적인 작품들의 탄생으로 이어졌다. 드 쿠닝은 1940년대 후반부터 50년대, 그리고 60년대에 이르기까지, 이를 드러내며 웃고 있는 단정치 못한 여성의 이미지를 담은 한결 같은 작품들을 통해 도발적이면서도 외설적인, 다정하면서도 우스꽝스러운, 또는 이 모든 것을 동시에 담고 있는 이미지를 펼쳐냈다. 그의 작품 속 여인들은 야한 옷, 하이힐, 한껏 오므린 입술, 주홍색 손톱, 그리고 툭 튀어 나온 눈과 가슴이 공격적인 열정으로 채색된 모습이었다.

"그 형상들은 격정적이면서도 흉포하게 보이죠. 나는 그것이 우상과 신탁에 대한 아이디어, 그리고 무엇보다도 유쾌함과 연결된다고 생각합니다." 언젠가 드 쿠닝은 이렇게 말했다. "내가 삶을 그런 방식으로 바라보지 않았다면 그렇게 계속 전념할 수 있는 다른 방법은 찾지 못했을 겁니다."

또한 현대 미술계의 아이콘이었던 드 쿠닝은 미국적인 의식의 핵심부에서 예민한 곳들을 지속적으로 자극했다. 앤디 워홀이 실크 스크린 기법으로 마릴린 먼로를 담으려는 구상을 하기 훨씬 이전부터, 드 쿠닝은 담배 광고나 여성 잡지 속 패션 기사 같은 순수 예술과는 아주 동떨어진 곳에서 소재를 끌어모았다. 그는 "나는 언제나 상스러운 멜로드라마에 빠져있는 것 같았다"고 말한 바 있다.

드 쿠닝은 1980년대 후반부터 알츠하이머를 앓기 시작했다. 이전에도 그의 예술적 근원에 대한 상당한 논쟁이 있어 온 데다가 그의 투병이 알려지면서 1980년대에 나온 작품 대부분은 알츠하이머의 영향을 받았을 것이라는 평가까지 나왔으나 그는 순회 전시회를 통해 즉흥적이며 삽화적이었던 이전 작품과 최근 작품의 화풍이 거의 비슷하다는 것을 입증했다.

비평가들은 1950년대 초부터 드 쿠닝의 쇠퇴기가 시작됐다고 여러 해 동안 줄기차게 주장했다. 1960년대에 들어서면서 드 쿠닝은 변화를 요구하는 수많은 젊은 예술가들의 공공의 적 1호가 되어버렸다. 로버트 라우센버그처럼 부분적으로 추상적 표현주의에 대한 반대급부로 명성을 쌓았던 화가들은 여전히 드 쿠닝이라는 본보기에 상당히 의지하려는 경향을 보였지만 말이다.

드 쿠닝을 향한 그런 의존은 피하기 어려운 일이었고 수많은 모방자들이 생겨났지만 위트와 성적 에너지를 순수 예술 창작과 능숙하게 조화시킨 드 쿠닝의 능력을 흉내 낼 수는 없었다. 또한 모방자들은 비평가 해롤드 로젠버그가 드 쿠닝과 불가분하게 연결되어 있다고 명명한 '액션 페인팅'의 가치를 손상시키기도 했다. ('액션 페인팅'은 예술가가 현실에서 표출하는 행위 자체에 가치를 두는 것이다.)

1940년대 후반부터 1950년대 초반까지 드 쿠닝의 작품들은 20세기 미국 예술계의 시금석이 됐다는 것이 중론이지만, 그 후로 이어진 그의 작품세계는 거의 매 단계마다 발전과 쇠퇴가 교차되었다고 평가할 수 있다.

1930년대, 남성의 형상을 흑백으로만 표현한 작품들로 처음 원숙한 경지를 선보였던 드 쿠닝은 이후 '여인' 시리즈, 그리고 1950년대에 발표한 추상적인 도시 경관 작품들에서는 정교함과 더불어 점진적으로 색채를 이용하기 시작했다. 한편, 절제된 감정으로 조심스럽고 고른 이미지들을 담아냈던 1930년대 작품들에는 지속적인 수정 작업으로 인해 최종 캔버스 결과물에도 주름살 같이 보이는 선들이 남아있었는데, 이것이 점차 하나의 스타일이 되어 얽혀있는 선과 산란한 형태들로 소용돌이 치는 '다락' (1949), '발굴'(1950)과 같은 걸작들의 탄생으로 이어지게 된다. 그리고 드 쿠닝은 고도의 예술적 기교가 가미된 '고담 뉴스'(1955)와 '토요일 밤'(1956)과 같은 작품들에서 거칠고 불안해 보이는 에너지가 뒤섞여 곧 터질 듯한 화산 같은 이미지를 선보이기도 했다.

1960년대 초에 들어서자 그의 예술혼은 고갈된 것처럼 보였으나, 1963년 맨해튼은 떠나 이스트 햄프턴에 정착한 드 쿠닝은 커다란 붓으로 대형 캔버스 위를 십자로 오고가는 터치를 통해, 이스트 햄프턴의 감자밭과 해변의 탁 트인 공간을 소재로 한 신작들을 발표하면서 심기일전하게 된다.

한편, 1960년대 초반 작품들에서는 새로운 이미지를 만들어내는 드 쿠닝의 흠잡을 데 없는 능력이 또 한 번 빛을 발했으나 이 과정은 1970년대에 들어서자 난잡함의 극단까지 이르렀다. 이를테면 70년대 작품 속에 표현된 바다는 색과 형태가 서로 엉켜 흘러내리는 것처럼 보였으며 사람의 형태도 마찬가지였다. 하지만 결코 인물화나 풍경화에서 그의 기량이 떨어진 것은 아니었다. 당시 순수 추상파를 옹호하던 미술 비평가 클레멘트 그린버그가 "오늘날 미술에서 어떤 얼굴을 그리는 것은 불가능해졌다"고 주장하자 드 쿠닝은 이에 대해 "옳다. 하지만 얼굴을 그리지 않는 것 또한 불가능하다"라고 반응한 일은 미술계에서 두고두고 회자되는 이야기로 남았다.

80년대에는 유화물감을 두껍게 칠하여 질감 효과를 내는 임파스토(impasto)보다는 캔버스 표면에 모래를 뿌리고 긁어내는 기법을 택한 드 쿠닝은 황량해 보이는 배경에 빨간색, 주황색, 그리고 파란색 띠를 엮어 무지갯빛 같은 색채를 선사했으며, 때로는 어떤 영역을 흰색 그 자체로 비워둠으로써 이전 단계의 세부 표현들 중 일부만이 깨끗한 표면에서 불쑥 튀어 나와 보이는 효과를 주기도 했다. 80년대 초반에 나온 이런 주요 작품들은 서정적이며 슬픈 애조를 띠고 있다. 그러나 일부 다른 작품에서는 드 쿠닝의 정신이 쇠약해지고 있었다는 사실과 따로 떨어뜨려 생각하기 어려운, 차가운 침묵이 감돌았다.

윌렘 드 쿠닝은 1904년 4월 24일, 로테르담에서 린데르트 드 쿠닝과 코넬리아 노벨 사이에서 태어났다. 부친은 와인, 맥주, 청량음료 등을 취급하는 유통업자였으며 모친은 바를 운영했다. 이들은 윌렘이 어렸을 때 이혼했으며, 그의 어머니는 윌렘이 12세가 되자, 상업미술 및 장식 관련 업무를 하는 어떤 회사의 견습생으로 들여보냈다.

이후 이 회사의 추천으로 로테르담

미술전문 아카데미에서 수업을 듣게 된 그는 피카소와 여러 모더니즘 화가들에 관해 배웠으며, 1924년 한 해 동안 브뤼셀의 예술학교에 머문 뒤 이듬해 로테르담으로 돌아와 학위를 마쳤다.

소년 시절부터 월트 휘트먼, 프랭크 로이드 라이트, 그리고 와일드 웨스트의 책을 읽으며 미국에 대한 로맨틱한 환상을 키워왔던 그가 미국으로 건너온 것은 1926년의 일이었다. 당시 밀입국자 신분이었던 그는 이 새로운 터전에서 상업미술가로 자리를 잡을 수 있게 되기를 희망하고 있었다.

"어렸을 땐 회화의 본성을 도무지 이해할 수 없었습니다." 몇 년 후 그는 이렇게 회상했다. "순수 미술보다는 진심으로 응용 미술을 하고 싶었어요. 디자이너나 상업미술가가 되는 것이 더 합리적으로 보였으니까요. 화가가 될 생각은 전혀 없었습니다. 그건 나중의 일이라고 생각했어요."

1927년, 드 쿠닝은 웨스트 44번가에 스튜디오를 마련했으나 그 후 8년 동안 임시직을 전전하면서 주말에만 그림을 그릴 수 있었다. 그러던 1935년, 드 쿠닝은 미 공공산업진흥국이 시행한 연방 예술 프로젝트의 벽화 부문에 합류하게 되었는데, 당시 브루클린에서 윌리엄스버그 연방 주택 프로젝트 벽화 작업을 하고 있던 드 쿠닝의 조수로 들어온 사람이 바로 해롤드 로젠버그였다. 그는 나중에 비평가이자 드 쿠닝의 든든한 지원군 중 한 명이 됐다. 드 쿠닝은 벽화 작업을 완성하지는 못했지만 프로젝트를 진행하면서 모든 시간을 그림 그리는 일에만 전념할 수 있었다.

"전업 작가가 되기로 결심한 것은 그 프로젝트 이후였습니다. 여타 일들은 생계를 위한 부업으로 생각하기로 했죠." 그는 당시에 대해 이렇게 설명했다. "상황은 전과 같았지만 마음가짐이 달라졌던 겁니다."

1948년, 44세의 드 쿠닝은 드디어 이건 갤러리로부터 첫 번째 단독 전시회를 제안받았다. 그러나 전시회가 열리는 동안 그의 작품은 단 한 점도 판매되지 않았으며, 당시 드 쿠닝의 빈곤한 생활은 그의 아내 일레인이 자주 언급했었던 대로, 부족한 돈에서 겨우 몇 센트를 꿰맞춰 담배와 먹을거리 중 어느 것을 살지 결정해야 하는 나날의 연속이었다.

아이러니하게도 이건 전시회가 끝나고 나서야 그의 작품들에 대한 평단의 관심이 점점 높아졌다. 클레멘트 그린버그가 "드 쿠닝은 미국에서 가장 중요한 화가 네 명, 혹은 다섯 명 안에 든다"고 극찬했던 것도 이즈음이었다. 그리고 1950년 베니스 비엔날레는 국제적인 예술 전망에 관한 조사 프로젝트로 쿠닝을 조명하기도 했다.

1956년 잭슨 폴락이 사망하자, 발군의 뉴욕학파 화가는 누구인가를 두고 폴락을 지지하는 사람들과 드 쿠닝을 지지하는 사람들로 여론이 갈렸다. [폴락의 장례식에서 드 쿠닝이 추상적 표현주의를 "시작한 사람(broke the ice)"은 폴락이었다고 흔쾌히 인정했던 것은 지금까지도 회자되는 유명한 일화다.]

1938년, 드 쿠닝은 당시 미술을 배우는 학생이었던 아내 일레인을 만났다. 그들은 한동안 22번가의 다락방에서 살면서 쓰레기로 버려진 요리용 철판이나 의자 등을 가져다 사용했다. 그 후 온수 설비는 안 되어 있지만 그나마 번듯한 그리니치 빌리지의 낡은 아파트로 이사한 것은 1944년이었다. 그들의 관계는 격정적이었으며 기존 관습에 얽매이지 않았다. 1955년, 일레인과 헤어진 드 쿠닝은 바로 다음 해 조안 워드(그녀 역시 화가였다)와의 사이에서 딸 리사를 얻었다. 그렇게 1960년대와 70년대에는 여러 명의 여성들이 그의 삶에 등장했다가 또 사라졌다.

당시는 그에게 유독 힘든 시절이었다. 드 쿠닝은 점점 더 술에 빠졌고 일시적인 기억상실로 고생했다. 그러던 1970년대 후반, 그의 곁으로 다시 돌아온 일레인은 드 쿠닝이 술을 끊을 수 있도록 도왔으며 그녀 자신이 68세의 나이로 세상을 떠날 때까지 드 쿠닝의 옆자리를 지켰다.

명성을 얻을수록 이와 함께 끝없이 나타나는 여러 가지 간섭들을 피하기 위해 드 쿠닝은 이스트 햄프턴에 거대한 유리벽과 흰색의 테라초 바닥으로 구성된 자신만의 스튜디오를 직접 설계했다. 이 스튜디오는 붓, 스크래퍼, 주걱, 칼, 그리고 유화물감과 석유와 같은 재료를 섞을 수 있는 샐러드 볼 등이 가지런히 정렬되어 실내를 가득 채우고 있었으며, 그 모습은 마치 화학자의 연구실과 요리사의 대형 주방을 연상시켰다

1950년대 이후 드 쿠닝은 구겐하임 미술관, 휘트니 미술관, 워싱턴 국립미술관, 런던 테이트 갤러리, 뉴욕 메트로폴리탄 미술관 등 미국을 비롯한 전 세계 각지에서 전시회를 열었다. 그리고 1980년대 경기 호황 당시 그의 작품 가격은 빠르게 치솟아 1955년 작 '인터체인지'는 1989년 소더비 경매에서 2,070만 달러에 낙찰되기도 했다. 그의 유족으로는 부인과 세 딸이 있다.

노년까지 활동을 이어 온 드 쿠닝은 언젠가, 90세에 가까운 나이에도 열정적으로 작품 활동을 벌였던 티치아노에 대해서 언급한 적이 있다. 티치아노는 관절염을 심하게 앓았는데 조수가 그의 손에 붓을 묶어야 할 정도였다. "하지만 티치아노는 마치 조금 전에 성모 마리아를 알게 된 사람처럼 몰두한 상태에서 눈부신 색채로 계속 그림을 그려 나갔습니다." 드 쿠닝은 이렇게 말했다. "티치아노와 그의 조수는 그림을 그리기 전에 이미 성모 마리아와 하느님을 어떻게 그릴지 계획하고, 사용할 기법까지 모든 준비를 마친 상태였죠. 그럼에도 계속해서 무엇인가를 갈구하는 것처럼 그리고 또 그렸습니다. 정말 미스터리한 일이 아닐 수 없어요."

앙리 카르티에 브레송

1908년 8월 22일~2004년 8월 3일

마이클 키믈만 기자

앙리 카르티에 브레송이 지난 화요일 프랑스 남서 지방에 있는 자택에서 95세의 나이로 타계했다. 그는 생전에 스페인 내전에서부터 독일의 프랑스 점령, 인도 분할, 중국 사회주의 혁명, 1968년 프랑스 학생 봉기까지 20세기의 핵심 사건들을 자신의 소형 35mm 라이카 카메라에 담은 인간적인 시선의 목격자였다.

카르티에 브레송은 지난 세기 중반을 관통하며 당시 발생한 주요 사건들과 관련된 모든 사람들, 그리고 모든 내용들을 관찰한 것처럼 보였다. 그는 사진을 거의 포기하다시피 한 노년에도 자신의 삶에 대한 자세가 불교로 인해 형성됐다고 말하기를 즐기는 왕성한 활동가로 여생을 보냈다. 그의 아내이자 사진작가 마르틴 프랑크는 브레송을 "격동기의 불교도"로서 달라이 라마에 빗대어 표현하기도 했다.

그는 저명인사 수십 명의 사진을 찍기도 했는데, 제2차 세계대전 당시 요양 중이던 마티스, 파리의 한 거리를 서성거리는 사르트르, 그리고 살해되기 몇 분 전 마하트마 간디의 모습을 담은 사진들은 '인물 사진기법(photographic portraiture)'의 상징이 되었다. 또한 브레송은 전쟁 직후 사진 저널리즘이 급부상하던 시기에 '순회 사진기자(itinerant photojournalist)'의 전형이기도 했다. 당시는 여전히 수백만 명의 사람들이 '라이프'나 '패리스 매치' 같은 잡지에 실린 사진들을 통해 세상의 사건들을 접하던 시기였다.

로버트 카파, 조지 로저, '침(Chim)'이라는 별명으로 더욱 유명한 데이비드 세이무어와 더불어 카르티에 브레송의 명성은 1947년 설립한 세계에서 가장 권위 있는 사진 에이전시 '매그넘 포토스'와 함께 이어졌다. 그는 '매그넘'의 후원을 받으며 중국, 인도, 인도네시아, 이집트, 쿠바, 그리고 소비에트 연방을 순회했다.

브레송은 유능한 사진기자 그 이상이었다. 섹스와 인체를 풍자적으로 다루는 라블레풍의 욕구를 세상을 보는 명확한 비전, 그리고 지적인 엄격성과 결합한 그의 작품들은 프랑스의 고전주의 화가 푸생과 맞닿아 있다. 그리고 그는 재치, 서정성, 스쳐가는 이미지에서 기하학을 발견하는 능력, 더불어 그것을 단숨에 포착해내는 능숙한 기교로 사진기법의 새로운 기준을 탄생시켰으며, 그런 그가 남긴 최고의 사진들은 20세기 예술 걸작들과 어깨를 나란히 하고 있다.

1932년, 브레송은 파리 생 라자르 기차역 근처의 담장 위 널빤지들 사이에 카메라를 세워놓고 있었다. 기차역 뒤편 쓰레기가 흩뿌려져 있는 습지를 정확한 순간에 담기 위해서였다. 한 남성이 물가에 놓인 사다리에서 폴짝 뛰어 앞으로 나아가는 순간 그는 셔터를 눌렀다.

당시 물웅덩이를 뛰어넘는 사람을 찍는 것은 진부한 소재였지만, 카르티에 브레송은 그 이미지에 선명하면서도 기묘한 디테일들을 중첩시켜 표현했다. 그렇게 중첩된 이미지들은 다음과 같다: 뒤편의 벽에 나란히 붙여진 포스터들 속에서 도약하고 있는 댄서의 이미지와 물에 반사된 그 형상, 그리고 폴짝 뛰는 남자와 역시 물에 반사된 그 형상. 사다리 주변 물에 생긴 둥근 파문과 그 옆에 버려진 철제 구조물의 둥근 형태. 브레일로프스키라는 공연가를 홍보하는 또 다른 포스터의 문구와 철도역의 말장난 같은 결합(Brailowsky와 railway). 거기에 철로와 비슷한 모양을 가진 사다리의 형태.

다른 사진가들은 이 사진이 우연하게 찍어졌다는 것은 물론이고 그의 재능은 더더욱 믿지 못했다. 브레송하며 바로 떠오르게 되는 '결정적 순간(the decisive moment)'이라는 용어는 1952년 출간된 그의 사진집 'Images à la Sauvette' ('이동하는 이미지'가 더욱 정확한 번역일 수도 있다)의 영어 제목에서 유래된 것이다. 이 책에서 브레송은 "어떤 사건의 의미를 순식간에 포착해내는 동시에 형상들의 정확한 구성을 인식한다면 그 사건을 더 적절하게 담아낼 수 있을 것이다"라고 설명한 바 있다.

'결정적 순간'이 출간되자 워커 에반스는 이렇게 평했다. "한 아이가 달표면처럼 섬뜩한 형태로 녹이 슨 벽 옆에서 뛰어다니면서 무아지경의 상태로 들어가는 순간을 포착한 그의 사진을 보라. 정확한 타이밍에 셔터를 누르는 카르티에 브레송의 능력은 신뢰할 만하다." 에반스가 언급한 사진은 1933년 스페인 발렌시아에서 촬영한 것으로, 위로 들려진 소년의 얼굴은 무아지경 상태에 빠져있는 사람의 비현실적인 모습을 보여주고 있다. 그러나 사실 그 소년은 공중으로 던진 공을 잡으려던 중이었다.

공이 사진에 보이지 않을 때 아이의 표정이 갖게 되는 새로운 의미를 찰나의 순간에 포착하는 것, 그것이 바로 카르티에 브레송의 천재성이었다.

작곡가 겸 작가 니콜라스 나보코프는 카르티에 브레송을 "금발의 머리카락과 핑크색 얼굴로 온화하지만 냉소적인 미소를 짓는 사람"으로 묘사했다. 또한 나보코프는 브레송의 눈에 대해서는 "날카로우면서도 명민하고 투명한 파란 눈동자가 한없이 기민하게 움직인다"고 표현했다.

브레송은 사진을 찍기 전에 피사체가 속해 있는 문화와 뒤섞이며 현장의 분위기를 습득해 스스로 촬영장소에 몰두하려고 노력했다. 작업 중인 브레송을 지켜본 다른 사진가들과 여타 사람들은 아무에게도 들키지 않고 사진을 찍는 그의 재빠르고 영리한 능력에 대해 수군거리곤 했다. 또한 어떤 압박감 속에서도 유지되는 그의 침착성도 감탄을 자아냈는데, 영화 감독 루이 말은 이렇게 회상했다. "1968년 5월, 파리의 학생 저항운동이 절정으로 치닫는 소용돌이의 현장 속에서도 브레송은 단지 1시간에 4번 정도의 비율로 셔터를 누를 뿐이었습니다."

한편 카르티에 브레송은 원이미지의 훼손이라며 자신의 작품에 크롭(crop) 작업을 하지 않았으며 그 외에도 사진의 기술적인 측면을 무시하는 태도로 일관했다. 그가 사용하기 원했던 것은 라이카뿐이었고, 자기 자신만의 사진기술을 개발하는 것에는 관심을 두지 않았다.

앙리 카르티에 브레송은 1908년 8월 22일, 파리 근교 샹틀루의 부유한 집안에서 5남매 중 장남으로 태어났다. 그의 아버지는 직물 제조업자였고 모친 쪽 가문 사람들은 노르망디의 면직물 무역상과 지주들이었다.

파리에서 교육을 받은 브레송은 프루스트, 도스토예프스키, 니체의 작품들을 섭렵했으며, 특히 쇼펜하우어의 저서를 읽고 로맹 롤랑과 동양 철학에 빠지게 되었다고 한다.

또한 브레송은 10대 시절 마틴 문카치의 사진을 접하면서 처음 사진에 사로잡히게 됐다고 밝힌 적이 있다. "그 사진들을 봤을 때 나는 이렇게 중얼거렸어요. '그 사람은 어떻게 이 일을 할 수 있었을까?' 거기에는 인공미와 생기가 결합되어 있었습니다. 이어 이런 생각이 들었죠. '이제 할 일이 생겼다.'"

그러나 그의 첫사랑은 데생과 회화였다. 1927년, 큐비즘의 초기 주창자였던 앙드레 로트에게서 그림을 배우기 시작했던 브레송은 언젠가 "사진기법에 대해 알고 있는 모든 것"은 로트에게서 배웠다며 그에게 공을 돌리기도 했다.

그 후 케임브리지 대학교에서 영문학과 예술을 공부한 브레송은 1930년, 프랑스군에 입대했으며, 군 제대 후에는 아프리카로 떠나 야생 돼지와 영양 사냥을 즐겼다. 이때의 경험은 그의 사진에 관한 저술들에서 아주 친숙한 은유로 등장하게 된다. 카르티에 브레송 본인 역시 자주 사용했던, 사진과 관련된 사냥의 은유들로는 "대상이 정물(stil life)일지라도 발끝으로 조심스럽게, 다정하고 부드럽게 접근해야 한다.", "우리가 가져야 할 모든 것은 벨벳과 같은 부드러운 손과 매처럼 날카로운 눈이다.", "사냥꾼이 되어야 한다. 하지만 일부 사냥꾼은 채식주의자다. 나와 사진과의 관계가 그렇다." 등이 있다.

또한 브레송은 당시 선물로 받은 브라우니 카메라로 아프리카의 풍경을 담기도 했지만 결과는 엉망진창이었다. 흑수열에 감염되어 거의 죽을 뻔했기 때문이다.

브레송이 자신의 첫 라이카를 가지게 된 것은 마르세유에서 회복기를 보내고 있었던 1931년이었다. "나는 몹시 흥분한 상태로 하루 종일 거리를 돌아다니며 피사체를 덮칠 준비를 하고 있었다. 그리고 생명체를 '사로잡아' 살아있는 그 자체로 보존하기로 결정했다.” 그는 당시를 이렇게 회상했다. “그 무엇보다도, 내 눈앞에서 펼쳐진 상황 전체의 본질을 한 장의 사진 안에 담기를 열망했다.”

그 후 10년 동안 브레송이 찍은 사진들은 그야말로 획기적이었으며, 1933년 마드리드에서 열린 첫 전시회를 시작으로 1934년에는 멕시코시티, 그리고 1935년에는 뉴욕의 줄리앙 레비 갤러리에서 잇달아 전시회가 개최됐다.

한편, 브레송은 뉴욕에서 사진가 폴 스트랜드를 만났는데, 당시 영화를 제작하고 있었던 스트랜드는 브레송에게 자신과 같은 일을 해볼 것을 권유했다. 이후 프랑스로 돌아온 브레송은 장 르누아르 감독의 조감독이 되어 ‘시골에서의 하루’와 ‘게임의 규칙’을 함께 작업했으며, 스페인 내전 당시 체제 지지자들이 받은 의료지원에 관한 다큐멘터리 ‘삶의 승리’로 감독 데뷔를 했다.

브레송은 1937년, 자바 출신 무용수 라트나 모히니와 결혼했으며, 이들은 30년간의 결혼 생활 끝에 이혼했다. 이후 브레송은 1970년 프랑크와 재혼했다. 그의 유족으로는 아내 프랑크와 둘 사이에서 태어난 딸 한 명이 있다.

독일이 프랑스를 침공했을 당시, 브레송은 군 소속 영화-사진 부대의 상병으로 근무하고 있었다. 그러던 중 1940년 보주 산맥 근처의 생 디에에서 독일군에서 생포되어 포로수용소에서 35개월을 보냈다.

그는 두 번이나 탈출을 시도했지만 두 번 다 붙잡혔고, 세 번째 시도 만에 탈출에 성공해 프랑스로 넘어갈 수 있는 위조문서를 구했다. 바로 이 시기에 그는 출판업자 피에르 브라운의 부탁을 받아 마티스, 보나르, 브라크의 사진을 찍었으며, 이후 그는 레지스탕스의 일원이 되어 사진을 전담하는 부대를 설립하기도 했다.

종전 후, 그는 뉴욕 현대미술관에서 열린 회고전 참석 차 뉴욕을 방문했었는데, 사실 이 전시회는 그가 독일인들에게 살해당했다는 소문을 사실로 믿은 주최측이 사후 헌사 형식으로 준비했던 행사였다.

그리고 얼마 뒤, 브루클린 다리를 찍어달라는 하퍼스 바자의 의뢰를 받고 다시 뉴욕을 방문한 브레송은 당시 칼럼니스트 도로시 노만과의 인터뷰에서 다음과 같이 말했다. “전쟁 동안, ‘추상적’인 접근법이라고 부를 수 있는 방법들을 사진에 접목하는 것에 대한 관심이 점점 식어버렸습니다.” 그리고 이렇게 덧붙었다. “어떤 양식이든지 그 안에는 사람의 눈과 마음의 관계가 들어있어야 합니다. 또한 세계와 사람을 반영하기 위한 사색의 시간도 필요하죠. 특히 사람이 피사체인 경우 사진은 그들의 내면을 드러내 보여야만 합니다.”

1948년, 브레송은 마하트마 간디의 사진을 찍기 위해 인도의 델리에 체류하고 있었다. 그런데 간디와 헤어지고 나서 15분 뒤 브레송은 간디가 살해당했다는 소식을 듣게 된다. 그렇게 '라이프'에 실리게 된 간디의 사망을 다룬 브레송의 포토 에세이에는 장례식에 참석한 엄청난 조문객들의 행렬이 담겼고, 이는 엄격하게 현장을 제한한 일종의 멜로드라마처럼 보였다.

비평가들은 때때로 브레송 같은 사진기자들이 저지르는 방해 행위에 대해 비난했다. 1946년 브레송과 함께 미국 횡단 여행을 한 존 맬컴 브리닌은 한참 후에 브레송을 "사람에 대해 무관심한 인도주의자"라고 평가했다.

이런 비평을 들은 브레송은 다음과 같이 답했다. "사람을 촬영하는 것은 간담을 서늘하게 만드는 무언가를 내포하고 있다. 그건 분명히 일종의 폭력이다. 감수성이 결여되어 있다면 미개인이 될 수밖에 없다." 그는 1966년 '매그넘'을 탈퇴했다.

브레송은 언제나 작은 스케치용 노트를 들고 다니며 눈에 띄는 사람을 발견하면 그 모습을 열정적으로 스케치했다. 여전히 사진도 찍기는 했지만 이제 그건 드문 일이었다.

그는 몇 해 전 마티스의 초상화를 보면서 스케치를 연습하기 위해 파리의 퐁피두 센터를 찾은 적이 있다. 브레송은 자신의 사진을 찍는 주변 관람객들에게는 전혀 아랑곳하지 않고, 그가 가장 좋아하는 의자 겸용 사냥 지팡이를 펼쳐 놓고 앉아 그림에 몰두했다. 사실 관람객들은 그가 누구인지 알아챈 것이 아니라 그저 열정적으로 그림을 그리고 있는 노인의 모습에 매력을 느꼈던 것이다.

브레송은 자리를 뜨면서 벤치에 나란히 앉아 있는 한 커플과 그 옆에서 남자의 어깨에 몸을 기대고 있는 한 아이를 바라봤다. 그는 "여자만 떼어내면 완벽한 구성"이라고 말하며 여자를 화면에서 잘라내는 몸짓을 취했다. 당황한 듯 보이는 그 여성은 신경 쓰지 않은 채, 브레송은 스스로에게 물었다. "왜 카메라를 가져오지 않았을까?" 그는 셔터를 누르는 듯한 동작을 취하고 나서 자리를 떠났다.

고든 파크스

1912년 11월 30일~2006년 3월 7일

앤디 그룬버그 기자

사진작가, 영화감독, 저술가, 그리고 작곡가였던 고든 파크스가 어제 맨해튼의 자택에서 별세했다. 향년 93세. 파크스는 대부분 독학으로 쌓은 감탄스러운 재능으로 아프리카계 미국인들의 연대기를 자전적인 역사로 변주해냈다.

고든 파크스는 '라이프'에서 스태프 사진가로 고용된 최초의 아프리카계 미국인이었으며, 메이저 할리우드 영화를 제작, 감독한 첫 흑인 예술가였다. 그 영화는 바로 1969년 작 '더 러닝 트리'이다.

그는 20년 이상 '라이프'의 사진작가로 일하며 많은 팬들을 얻었고, 50세에는 종전 후 가장 영향력 있는 광고인 중 한 명으로 손꼽혔다. 그리고 1960년대 이후로 회고록, 소설, 시, 극본 창작부터 시작해 영화 제작까지 활동 범위를 넓혀온 그는 '더 러닝 트리' 이외에도 흑인 영웅이 등장하는 블랙스플로이테이션(blaxploitation) 영화의 원형이 된 액션 영화 '샤프트'(1971)와 '샤프트 빅 스코어!' (1972)를 감독했다.

파크스는 자신이 선택한 매체가 무엇이든 개의치 않고 고정관념에 도전했으며, 그러는 가운데서도 관객들과 소통하는 것을 잊지 않았다. 또한 그는 전문적인 훈련을 제대로 받은 적이 없음에도 불구하고 일찌감치 사진작가로서 인정받았으며, 자신이 노력하고 몰두하는 일은 무엇이든 성취할 수 있다는 확신 아래 실제로 다양한 분야에서 놀라운 성취를 이루며 스스로를 증명해냈다.

고든 파크스는 어린 시절부터 가난과 편견, 그리고 어머니의 이른 죽음을 겪으면서 역경을 극복하는 능력을 키웠다. 한때 빈곤과 범죄에 거의 매몰될 뻔한 순간들도 있었지만 언제나 탈출구를 열어준 건 그에게 내재되어 있던 재능이었다.

또한 그를 사진가로 성공할 수 있도록 만든 주요한 요인은 피사체를 좇는 고집과 설득력이었으며, 그건 피사체가 사교계의 명사든 브라질 빈민가에 살고 있는 아이든 마찬가지로 적용되는 원칙이었다.

파크스는 1948년부터 1972년까지, 당시 가장 높은 판매부수를 기록하고 있던 사진 잡지 '라이프'의 필진으로 활약하며 기품 있는 안목을 가진 인도주의적 사진기자 겸 예술가로서 명성을 공고히 다졌다. 그는 인종주의, 빈곤, 그리고 흑인의 도시생활과 관련된 주제들을 전문으로 다뤘지만 파리 패션, 연예

인, 그리고 정치인들의 사진 또한 다른 기자들의 모범이 될 만한 솜씨를 보여주었다.

"나는 여전히 내가 정확하게 누구인지 모른다." 그는 1979년 출간한 회고록 '가을의 미소'에서 이렇게 적었다. "나는 다른 어떤 곳이 아닌 내 안으로 사라진다. 나조차도 알 수 없는 서로 다른 수 수많은 경로들을 통해서 말이다."

파크스는 상당한 문학적 에너지를 이런 회고록들에 쏟았다. 이야기를 생생하게 전달하는 그의 재능은 자신의 유년 시절과 비슷한 한 젊은 흑인의 성인식에 관한 이야기를 담은 '더 러닝 트리'에서도 여실히 발휘되는데, 원래 소설이었던 이 작품은 이후 파크스 본인이 직접 각색, 제작, 감독, 사운드트랙 작곡, 촬영까지 모두 맡은 영화로 제작된다.

"영화계에서 고든 파크스의 존재감은 흑인 최초로 메이저리그(MLB)에 진출한 재키 로빈슨과 같다." 뉴욕 주 작가협회의 도널드 포크너 회장은 이렇게 회고했다. "그는 스파이크 리나 존 싱글턴 같은 수많은 흑인 예술가들을 위한 터를 닦아 놓았던 것이다."

파크스의 사진들은 다큐멘터리적 현실주의와 자신의 느낌들을 자명하게 만드는 기법이 결합되어 있는데, 그가 선호했던 이런 스타일은 1942년 대공황 시대에 농업안정국이 실시한 사진 프로젝트에 참여했던 경험에서 얻어진 것이다.

이 시기에 찍은, 아마도 고든 파크스의 가장 잘 알려진 사진 '아메리칸 고딕'은 성조기 앞에서 뻣뻣하게 서 있는 한 흑인 여성 청소부가 한 손에는 대걸레를, 다른 손에는 빗자루를 들고 있는 모습은 담고 있는데, 파크스는 이 사진을 통해 미국의 수도 워싱턴 D.C. 내에서 벌어지고 있는 심각한 인종 간 편견과 불평등이 전달되기를 원했다.

파크스가 남긴 주요 작품들의 기저에는 이렇게 사회적 불평등에 대한 분노가 깔려있었다. 대표적인 예로 리우데자네이루의 빈민가에서 살아가는 중병에 걸린 한 소년을 다뤘던 '라이프' 게재 사진 에세이를 들 수 있다. 파크스는 자신이 이런 사진 이미지의 힘을 처음 인식하게 된 것은 도로시아 랭과 벤 샨 같은 농업안정국의 전임자들 덕분이었다며 공을 돌린 바 있다. 당시 열차 객실에서 웨이터로 일하고 있던 고든은 이주 노동자들을 찍은 그들의 잡지 사진들을 우연히 보게 되었다. "그때 카메라가 빈곤, 인종주의, 그리고 모든 종류의 사회적 문제에 대항하는 무기가 될 수 있다는 것을 알게 됐습니다." 그는 그 순간을 이렇게 기억했다. "그것이 내가 카메라를 가져야 했던 이유였습니다."

이후 자신의 에세이에 '아메리칸 고딕'과 같은 이미지를 실으면서 주목을 받기 시작했던 고든은 특히 말콤 X, 무하마드 알리, 엘드리지 클리버, 캐슬린 클리버 등의 모습을 담은 인물사진들을 통해 시민권 운동부터 무력투쟁까지, 격동의 시기에 부상했던 흑인 지도자들의 유형과 그들의 역량을 다뤘다.

그러나 파크스는 사교계의 명사 글로리아 밴더빌트, 여배우 잉그리드 버그만, 그리고 감독 로베르토 로셀리니가 그들의 악명 높은 연애사를 시작했을 때 관련 사진들을 '라이프'에 게재하는 등, 비정치적인 인물들을 소재로 사진을 찍기도 했다.

한편, 자신의 자전적인 이야기가 인종주의, 빈곤, 부족한 정규교육을 극복하는 교훈적인 은유로 읽히기를 원했던 파크스의 열망은 자서전 집필로 이어졌다. 그 첫 번째 버전은 '무기의 선택'이었고 그 뒤에 '가을의 미소', '거울의 목소리: 자서전', '가을의 절반쯤에서'가 연달아 출간됐다.

고든 로저 알렉산더 뷰캐넌 파크스는 1912년 11월 30일, 캔자스 주 포트 스콧에서 소작농이었던 부친 앤드류 잭슨 파크스와 모친 사라 로스(결혼 전 이름)가 낳은 열다섯 명의 아이 중 막내로 태어났다. 파크스의 가족은 빈곤, 차별주의, 폭력의 위협 속에서도 위엄과 성실함만 가지고 있으면 극심한 편견도 극복해 낼 수 있다는 어머니의 신념으로 강하게 결속되어 었지만, 그런 어머니가 일찍 사망한 뒤 어린 고든의 안전은 위태로워지고 만다. 당시 누나의 식구들과 함께 살기 위해 미네소타 주 세인트 폴로 이주한 고든은 몇 주 후 일어 집안 싸움 도중 매형에 의해 집에서 쫓겨나버린다. 그렇게 파크스는 일찌감치 거리에서 생존하는 법을 배워야 했다. 그는 정식 레슨이라고는 받은 적이 없었지만 타고난 음악적 재능으로 사창가에서 피아노 연주자로 일하는가 하면 나중에는 어떤 밴드의 보컬로 활약하기도 했다. 그러나 열악한 생활은 나아질 줄 몰랐고, 그가 고등 교육을 받을 수 있는 기회는 그렇게 영영 멀어져 버리고 만다.

그러던 1933년, 샐리 알비스와 결혼하여 고든 주니어를 낳은 그는 대공황의 한복판에서 민간자원보존단(C.C.C) 소속 세미프로 농구단 선수, 식당차 웨이터, 빈 그릇을 치우는 버스 보이 등 여러 가지 일들을 전전했다.

파크스가 처음으로 카메라를 가지게 된 것은 1938년 시애틀의 한 전당포에서였다. 그리고 몇 달이 채 지나지 않아, 그가 찍은 사진은 미니애폴리스에 있던 이스트먼 코닥 매장의 진열장에 걸리게 된다. 그 후 그는 아프리카계 미국 여성의 인물사진을 전문적으로 다루기 시작했으며, 시카고로 이사한 뒤에는 사우스 사이드 빈민가를 주제로 기록 사진을 찍었다. 이런 그의 각고의 노력은 줄리어스 로젠왈드 장학금으로 보상받았으며, 워싱턴 농업안정국이 시행한 사진 프로젝트에 견습생으로 참여할 수 있는 기회로도 이어진다.

그러던 1943년, 이 프로젝트가 전시정보국(O.W.I.)으로 이관되자 파크스는 전시정보국의 특파원으로서 디트로이트 인근에 주둔하고 있던 흑인들로만 구성된 332부대의 일과를 카메라에 담기도 했다.

1944년 '보그'의 미술 감독 알렉산더 리버만은 파크스에게 여성 패션 사진을 담당해달라고 요청했다. 그 후 5년간 그의 사진은 '보그'에 정기적으로 실렸다.

또한 '라이프'는 파크스에게 흑인 무슬림 운동과 흑표범단 사건 같이 백인 사진기자가 다루기 어렵거나 다룰 수 없는 주제들을 맡겼다. 그러나 파크스는 바브라 스트라이샌드, 알베르토 자코메티, 알렉산더 칼더 같은 명사들의 모습을 최고의 이미지로 담아내는 인물 사진 작업 또한 즐겁게 받아들였다.

그러던 1962년, 파크스는 캔자스 주에서 보낸 유년 시절의 기억을 소재로 글을 쓰기 시작했고, 그렇게 '더 러닝 트리'라는 제목으로 완성된 소설의 성공에 힘입어, 첫 회고록 '무기의 선택'과 사진과 시를 결합한 '시와 카메라'를 연달아 출간하게 된다. 또한 전술한 바와 같이 '더 러닝 트리'를 직접 각색해 영화감독으로도 데뷔했다.

한편, 그의 두 번째 영화 '샤프트'는 또 다른 방향에서 성공을 거둔 작품이었다. 폭력적인 도시범죄 드라마에서 흑인이 주인공이 되는 영화들의 유행을 이끌었던 '샤프트'는 상업적인 블록버스터이자 인종문제의 돌파구 역할을 했다. 이 영화 속 주인공 존 샤프트는 조직범죄와 법의 간극 사이에서 조정자 역할을 하며 성공을 거두는 사립탐정이자 영웅으로 묘사되어 있다.

샐리 알비스, 엘리자베스 캠벨, 그리고 주느비에브 영과 함께했던 파크스의 결혼생활들은 모두 이혼으로 마무리됐다. 그의 유족으로는 두 딸과 아들 한 명이 있다.

"어떤 의미에서, 뭐랄까 나는 아주 유별난 사람이긴 합니다." 1997년, 파크스는 스스로에 대해 이렇게 말한 적이 있다. "엄청난 호기심을 가지고 있었고, 누구보다 성공하길 원했고, 스스로 흑인인 사실조차 잊어버리고 일자리를 찾아 다녔고, 하고 싶은 일을 하기 위해 부단히도 노력하며 살아왔으니까요."

리즈 클레이본

1929년 3월 31일~2007년 6월 26일

에릭 윌슨 기자

리즈 클레이본이 지난 화요일 맨해튼에서 사망했다. 향년 78세. 그녀는 1970년대 초부터 노동인구로 대거 유입되기 시작한 전문직 여성들을 위한 직장복을 지칠 줄 모르는 열정으로 만들어온 디자이너였다. 그녀의 남편 아더 오텐버그에 따르면, 뉴욕 장로병원에서 숨을 거둔 그녀의 사인은 암 합병증이었다.

클레이본은 미국에서 가장 성공한 여성 의류 디자이너가 되기 전까지, 약

20년 동안 활동복을 만드는 '영 길드'와 '주니어라이트' 같은 세븐스 에비뉴 스포츠웨어 하우스의 골방에서 일했었다.

강한 의지의 디자이너이자 날카로운 사업 감각을 지녔던 클레이본은 1976년, 직물회사 임원 오텐버그와 함께 자신이 직접 '리즈 클레이본'을 설립하면서 남성 주도적이었던 패션산업에 도전장을 던졌다. 이 회사는 그 설립 취지에 맞게 역할 분배도 다른 회사들과는 완전히 뒤바뀌어 있었는데, 그녀가 오텐버그에게 비서 직함을 맡긴 것이 그 대표적인 사례였다.

클레이본은 직장 여성이 남성과 대등한 관계에서 경쟁하며 입을 수 있는, 알맞은 가격대의 전문가다운 인상을 주는 의류 시장이 필요하다는 것을 정확하게 예측했다. 그렇게 그녀는 조직 내에서 여성의 승진을 가로막고 있는, 보이지 않는 유리천장을 돌파하려는 자신과 같은 여성들에게 롤 모델이자 자극을 주는 상징이 됐다.

클레이본은 1990년, '리즈 클레이본'의 경영에서 물러났는데, 당시 '리즈 클레이본'은 14억 달러 규모의 매출을 올리는 미국 최대 규모의 여성 의류 브랜드로 성장해 있었다. 이후에도 '리즈 클레이본'은 2005년 기준 48억 5,000만 달러의 수익을 내는 패션업계 최대 기업 중 하나가 되었으며, 하위 브랜드 포트폴리오로 '다나 부흐만', '쥬시 꾸뛰르', '엘렌 트레이시', '럭키 브랜드 진'을 거느리게 된다.

이 밖에도 클레이본의 회사는 1986년 여성이 설립한 회사로는 최초로 '포춘 500대 기업'에 진입했으며, 또한 이 목록에서 여성 최고경영자를 둔 몇 안 되는 기업 중 하나였다.

한 사람의 디자이너로서, 클레이본은 무대에서의 화려함을 내세우거나 디자인 가격을 높여 권위를 내세우는 것보다 실용적인 측면에 관심을 가졌다. 그녀가 패션 브랜드 업계에 처음 진출했을 때, 미국 사회는 수많은 여성들이 일시에 사회로 진출하면서 커다란 변화를 예고하고 있었으며, 이에 클레이본은 현대 직업여성들을 위한 새로운 기반의 의류들을 제시하게 된다. 이를테면 그녀는 창의적인 표현력을 통해 다채로운 색의 재킷과 슬랙스로 구성된 테일러드 세퍼레이츠를 개발했고, 이를 통해 다른 옷과 섞어 입으면 여러 벌의 옷을 가진 효과를 낼 수 있게 만들었다. 또한 미국 여성들이 본격적으로 기업에 채용되기 시작하자 클레이본은 지성, 힘, 그리고 여성성을 혼합해 사무실 친화적인 스포츠웨어 제작 분야로 사업을 확장했다.

"허둥지둥 옷을 입어 보지만 완벽해 보이지 않는, 나처럼 바쁘고 활동적인 여성이 내가 만든 옷을 입기를 원했습니다." 1989년, 클레이본은 한 인터뷰에서 이렇게 말했다. "하지만 나는 옷을 사랑하는 사람으로서, 비실용적인 관점에서도 옷이 특별한 역할을 할 수 있다는 것도 알고 있습니다."

선뜻 구매하기에는 가격대가 비싼 옷에 대한 대안을 제공하는 것이 그녀의 전략이었다. 클레이본은 자신의 디자인에 대해 "사무적이지만 지나치게 정장 분위기를 띠지 않는 평상복에 가깝고, 창의적이면서도 보수적으로 보이지 않는다"고 자평한 바 있다.

이런 그녀의 전략은 즉시 성공으로 이어졌다. 저축해 둔 5만 달러와 친구들에게서 빌린 20만 달러를 초기 투자금으로 해서 첫해에만 260만 달러의 수익을 거둔 리즈 클레이본은, 1981년에는 매출 1억 1,700만 달러에 순이익 1,000만 달러의 실적을 올리며 주식 상장에도 성공한다. 회사 창립 10주년에는 매출액이 5억 6,000만 달러를 넘어섰으며 총 직원 수는 2,200명에 달했다. 그 외에도 브로드웨이 1441에는 쇼룸들을, 뉴저지 주 시코커스에는 의류 창고들을 세운 데 이어 1990년에는 3,500만 개가 넘는 아이템들을 유통하기 시작하는 등 성공가도가 이어진다.

아주 짧게 자른 머리에 알이 큰 안경을 낀 클레이본은 직원들에게 인상적인 상관이었다. 특히 디자인 회의를 주관하면서 의견을 정리할 필요가 있다고 느낄 때마다 손에 들고 흔들던 유리 종은 그녀의 트레이드마크나 다름 없었다.

은퇴한 후, 그녀는 오텐버그와 함께 전 세계 오지들을 여행했다. 그들은 환경 보호 프로젝트를 위한 자선재단을 설립하기도 했는데, 프로젝트 내용 중에는 북동 티베트의 야생동물 보호, 미얀마의 코끼리 구조, 루마니아 카르파티아 산의 유럽 갈색곰 구조 등이 있었다.

앤 엘리자베스 제인 클레이본은 1929년 3월 31일, 브뤼셀에서 은행가였던 부친 오메르 빌레어와 어머니 루이스 캐롤 페너 클레이본 사이에서 태어났다. 클레이본은 10대 시절 부모와 함께 유럽 전역을 돌았다.

브뤼셀과 니스에서 그림을 배우고 있던 19살의 클레이본은 고등학교 학업을 채 마무리짓지 못했다. '하퍼스 바자' 매거진에서 광고한 디자인 콘테스트에 응모해 상을 받은 이후로 패션계에 입문하기로 결심했었기 때문이다. 그러나 그녀의 부모는 허락하지 않으려 했다. 당시의 상황은 아이린 다리아가 1990년 출간한 '패션 주기'에 잘 묘사되어 있다. 이 책에 따르면 2년 후 클레이본 가족이 차를 타고 맨해튼을 지나치던 도중, 클레이본이 갑자기 "이곳에서 머무르겠다"는 선언을 했다고 한다. 이에 그녀의 아버지는 그녀를 차에서 내려주고 손에 50달러를 쥐어주면서 이렇게 말했다. "행운을 빈다."

이후 클레이본은 할머니와 지내면서 일자리를 찾았다. 마침내 티나 레서가 그녀를 고용했고, 클레이본은 의상실에서 디자인 스케치를 하면서 피팅 모델로도 일했다.

클레이본은 몇 군데 다른 의류 회사들에서도 일했는데, 그 중 하나인 레아 제작회사에서 그녀의 두 번째 남편이 된 오텐버그를 만난 것 1954년의 일이었다. 당시 클레이본은 벤 슐츠와 결혼한 상태였고 오텐버그도 유부남이긴 마찬가지였다. 그럼에도 클레이본과 오텐버그는 곧 사랑에 빠졌으며, 오텐버그의 회상에 따르면 그 이유로 다니던 회사를 떠나게 되었다고 한다. 그들은 각자 배우자들과 이혼한 뒤, 1957년 결혼했다.

이후 조나단 로건이 운영하던 대형 의류제조업체에서 청소년복 디자이너로 16년 동안 근무했던 클레이본은 이 회사가 사업을 접자 드디어 '리즈 클레이본 Inc.'를 설립하게 된다.

남편 오텐버그 외에 그녀의 유족으로는 첫 번째 남편과 낳은 아들 알렉산더 G. 슐츠, 그리고 오텐버그가 전부인과 낳은 닐 오텐버그, 낸시 오텐버그가 있다.

이브 생 로랑

1936년 8월 1일~2008년 6월 1일

앤-마리 시키로 기자

20세기 후반 가장 유명하고 영향력 있는 디자이너 중 한 명이었던 이브 생 로랑이 지난 일요일, 파리에 있는 자신의 아파트에서 71세의 나이로 세상을 떠났다. 그는 1958년 크리스티앙 디올의 천재 후계자로 패션계에 등장했었다.

'피에르 베르제-이브 생 로랑' 재단의 대변인 도미니크 드로체가 그의 사망을 공식 발표했다.

1957년부터 2002년까지의 활동 기간 동안, 생 로랑은 현대 여성들의 옷 입는 방식에 커다란 변화를 가져온 장본인이었다. 그는 여성들이 낮이나 밤이나 팬츠를 입게 만들었고, 피코트, 사파리 재킷, '르 스모킹'(남성용 턱시도 재킷의 프랑스어), 호피 프린트, 트렌치코트도 여성복에 적용했다. 1970년대에 한때 유행했던 호화로운 옷감의 목가풍 의상도 그로부터 비롯된 것이다.

생 로랑은 거리를 다니며 자주 영감을 얻곤 했다. 이를테면 파리지앵들의 비트닉 스타일을 패션 런웨이에 올리는가 하면, 뉴욕의 군복 전문점(Army-Navy store)에서 발견한 선원의 피코트를 전 세계 여성들의 옷장에 한 벌씩은 걸려 있는 필수 아이템으로 만들기도 했다. 또한 피카소, 미로, 마티스와 같은 예술가들에게 영감을 받아 아플리케와 구슬 세공으로 장식된 화려한 이브닝 드레스를 만들기도 했으며, 무엇보다도 그는 한 벌의 옷에 녹색, 파란색, 장미색, 노란색을 혼합해 예술적이면서도 결코 천박하지 않은 효과를 낼 수 있는 색의 장인이었다. 까뜨린느 드뇌브, 팔로마 피카소, 난 켐프너, 로렌 바콜, 마렐라 아넬리, 마리-헬렌 드 로스차일드 등 쟁쟁한 인사들이 그의 옷을 입었음은 물론이다.

생 로랑은 자신의 스승이었던 크리스티앙 디올이 사망한 이후, 1958년 21살의 나이로 '크리스티앙 디올' 브랜드의 트래피즈 드레스 컬렉션을 처음 선보이며 순식간에 유명세를 탔다. 그러나 대다수의 반짝 스타와는 달리 생 로랑은 격식을 차린 주문제작 방식의 오트 쿠튀르에서부터 캐주얼 스포츠웨어까지, 쉼 없이 변화하는 패션계에서 언제나 최고의 자리를 유지해 왔다.

특히 패션 디자이너들이 6개월마다 의상의 실루엣과 길이에 극적인 변화를 주는 일이 일상이던 1960년대와 70년대에 그의 영향력은 정점에 있었다.

그의 가장 성공적인 작품들 중에는 네덜란드 화가 몬드리안이 그린 격자무늬 그림을 소재로 삼아 1965년 공개한 '몬드리안' 컬렉션, 그리고 1976년 파리 쇼에서 열렬한 관심을 불러일으킨 '부농(rich peasant)' 컬렉션이 있다. 특히 부농 컬렉션은 미국 팬들을 위해 뉴욕에서도 재현되었는데, 당시 쇼를 마친 생 로랑은 "옷에는 소설, 오페라, 그림 속에 등장하는 모든 여주인공들에 대한 나의 꿈이 들어있다. 이번 컬렉션에서 쏟아 부은 것은 내가 사랑한 모든 것, 나의 심장이었다"고 말했다.

본래 강한 개성으로 자주 논란을 불러일으켰던 생 로랑이었지만(대표적으로 1968년, 여성들도 평상복으로 바지를 입어야 한다는 생 로랑의 제안은 당시로서는 무척 파격적이었다), 그는 보수적인 디자이너로 변모해나갔고, 혁신보다는 진화를 추구했다. 그는 유행에 민감해질 필요가 있는 모든 여성들에게 필요한 것은 한 벌의 바지와 스웨터, 그리고 레인코트뿐이라고 말하곤 했다.

"디자이너로서 내 역할은 시대를 반영하는 옷을 만드는 것이다." 언젠가 그는 이렇게 말했다. "나는 이제 여성들이 바지를 입고 싶어 한다고 확신한다."

1983년, 생 로랑이 47세가 되던 해에 패션학자들은 여성의복 역사에서 그의 작품이 차지하는 근본적인 중요성을 인정했고, 메트로폴리탄 박물관의 의상연구소는 사상 최초로 생존 디자이너를 기리는 생 로랑 회고전을 개최하기도 했다.

이 전시회는 생 로랑 커리어의 절정이라고 할 만한데, 그 이후의 생 로랑은 더 이상의 발전보다는 자신의 초기 성공작들을 고전적 양식으로 재해석하는 데 안주했기 때문이다. 천재 소년은 어느새 노년의 정치인처럼 변해 있었던 것이다.

하지만 그의 초기 디자인들 중 상당 부분이 이미 대중문화 영역(그리고 다른 디자이너들의 컬렉션)에 깊이 스며들어 있었기 때문에 2002년 은퇴할 때까지 그는 변함없이 패션계 최고의 자리를 유지할 수 있었다.

이브 앙리 도나 마티유 생 로랑은 1936년 8월 1일, 알제리 오랑에서 태어났다. 그의 아버지 찰리 앙드레 마티유 생 로랑은 변호사 겸 보험중개인이었고, 어머니 뤼시엔은 강한 개성으로 자신을 치장할 줄 아는 스타일리시한 여성이었다.

그는 두 여동생 미셸과 브리지트와 함께 지중해 인근의 저택에서 성장했다. 현재 파리에 거주 중인 그의 어머니와 누이들이 이브 생 로랑의 유족들이다.

어린 이브는 패션과 연극을 사랑하는, 조용하고 내성적인(성인이 되어서도 그의 성격은 같은 방식으로 묘사되곤 했다) 소년이었다. 그는 십대 시절부터 어머니를 위해 여러 벌의 옷을 디자인하기 시작했는데, 그의 어머니는 실제로 현지 재봉사들에게 부탁해서 아들의 디자인을 바탕으로 옷을 지어 입었다. (로랑의 가장 열정적인 팬이었던 모친은 그가 주최하는 모든 패션쇼에서 언제나 맨 앞줄에 앉아 있었으며, 다른 디자이너들의 옷은 입지 않았다.)

17세에 파리로 건너가 연극과 패션디자인 분야에서 자신의 운을 시험해 보던 로랑은 국제 양모사무국이 개최한 디자인 대회에서 칵테일 드레스를 그린 스케치로 1등상을 받게 된다. 이 사건은 디올과의 만남으로도 이어졌는데, 당시 생 로랑의 스케치와 자신이 작업 중이던 디자인 사이에서 묘한 유사성을 발견한 디올은 그 자리에서 바로 생 로랑을 조수로 고용했다.

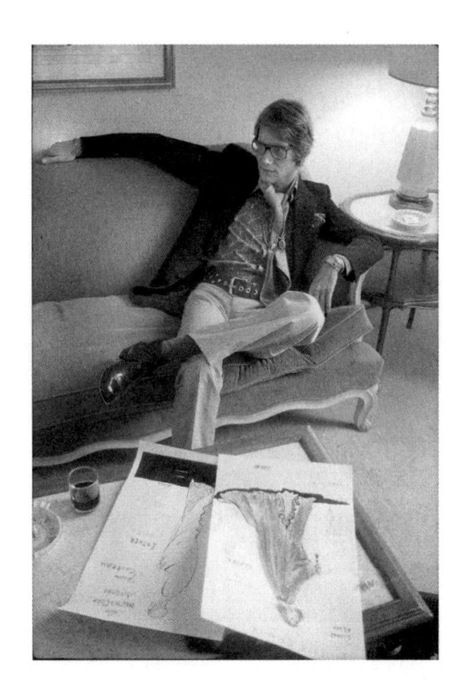

이후 3년 동안 생 로랑은 자신을 "나의 황태자"라고 불렀던 디올과 함께 긴밀한 협업을 이어나갔으며, 1957년 디올이 돌연 사망하자 '하우스 오브 디올'의 수석 디자이너로 임명되면서 21세의 나이에 연간 2,000만 달러를 벌어들이는 패션 제국의 수장의 자리에 오르게 된다.

1958년 1월 30일, 생 로랑은 수석 디자이너로서 처음 개최한 컬렉션에서 좁은 어깨와 높이 올린 허리선으로부터 부드럽게 펼쳐지는 넓은 치맛단으로 앳된 실루엣을 표현한 트래피즈 드레스를 선보였다. 이 컬렉션은 열렬하게 환영을 받았으며 이브 생 로랑은 곧 모든 사람들이 아는 이름이 됐다.

이 컬렉션 이후 프랑스 패션의 부활이자 오트 쿠튀르 세계에서 프랑스의 우월한 입지를 공고히 다졌다는 평가를 받았던 이 천재 소년은 몽테뉴 거리에 있는 '하우스 오브 디올' 건물의 발코니에 올라 아래에 모인 인파를 향해 손을 흔들며 파리 시민에게 대성공을 알렸다. 황태자는 그렇게 왕좌에 올랐다.

그러던 1960년 9월, 생 로랑은 알제리에서 발발한 전쟁에 참전하라는 27개월간의 강제징집 영장을 받았다. 그러나 입소식을 치른 3주 뒤, 그는 신경쇠약으로 병원에 입원하게 된다. 그해 10월 '하우스 오브 디올'은 생 로랑의 자리를 그의 전임 조수였던 마크 보한에게 넘겼다.

그리고 같은 해 11월, 군에서 소집해제되어 파리 근교의 한 사설 병원에 입원한 생 로랑은 군 정신병원으로부터 처방받았던 약물 때문에 한동안 우울증과 알코올 및 약물 의존증으로 고통받았으며, 이 증상을 거의 극복한 뒤에도 패션쇼의 피날레 워킹을 할 때면 걸음걸이가 불안정해지는 것을 숨길 수는 없었다.

한편, 1961년 1월 보한이 개최한 '디올 컬렉션'은 엄청난 성공을 거뒀으며, 생 로랑은 군에서 소집해제된 이후 자신의 복직을 거부한 디올을 상대로 소송을 제기했다. 결과적으로 법원은 디올이 생 로랑에게 68만 프랑을 지불해야 한다는 판결을 내렸다. 이를 당시 환율로 계산하면 약 14만 달러에 상당하는 금액이다.

그러던 1961년 9월, 생 로랑은 연인 관계였던 피에르 베르게와 파트너십을 체결하고 자신만의 오트 쿠튀르 하우스를 열 계획을 발표했다. 1980년대 초 그들의 연인 관계는 깨졌지만 베르게는 생 로랑의 평생 사업파트너로서 회사의 재정 분야를 계속 책임졌다.

이브 생 로랑의 첫 컬렉션은 1962년 1월 19일에 공개되었으며, 이는 새로운 성공의 시작이었다. 그는 세계 각지에 자신의 '리브 고슈 부티크'를 열어 기성복 브랜드를 판매하기 시작했고, 스카프와 보석류, 모피, 구두, 남성복, 화장품, 향수, 심지어 담배까지 수백 개의 라이선스를 취득했다. 또한 1985년에 수상한 프랑스 레지옹 훈장을 포함해 다수의 상을 받기도 했다.

'하우스 오브 생 로랑'은 여러 해 동안 여러 사람의 손을 거치게 된다. 특히 2000년, 베르게와 생 로랑은 오트 쿠튀르 사업만 계속 유지한 채, 기성복 라인과 향수 사업 부문을 구찌 그룹에게 매각했으며, 이후 구찌의 관리를 받아야 했던 생 로랑은 여러 번 불만을 표출했지만, 미국 패션계의 스타 톰 포드가 이브 생 로랑 기성복 라인을 주무르는 것을 지켜봐야만 했다.

"그 불쌍한 녀석은 자신이 할 수 있는 최선을 다하고 있다." 당시 생 로랑은 자신의 후임자를 이렇게 평가하기도 했다.

그리고 2002년 1월, 생 로랑이 은퇴를 선언하자, 여러 패션에디터들과 그를 안타깝게 여겼던 친구들은 그에게 누군가 사임하라는 압력을 넣지 않았겠냐며 수군거렸다. 그러나 생 로랑과 베르게는 이를 부인했다.

커리어 내내 수많은 논란과 함께 했던 이 디자이너의 행보는 자신의 이름을 딴 향수 사업 분야에서도 예외가 아니었다. 1971년, 그는 남성용 향수 YSL 광고에 나체로 출연했으며, 1977년에는 어떤 여성용 향수에 'Opium(아편)'이라는 이름을 붙여 약물 사용을 미화한다는 비난을 받았다.

반면 생 로랑의 일상은 우아함 그 자체였다. 세간에 잘 알려진 프랑스 도빌과 모로코 마라케슈에 있는 저택들을 포함해 그가 소유했던 여러 채의 집들에는 언제나 '무지크'라는 똑같은 이름을 붙인 프렌치 불독들이 있었으며 골동품 및 피카소, 콕토, 브라크 등의 작품들로 호화롭게 꾸며져 있었다.

생 로랑은 은퇴식에서 "모든 사람은 존재하기 위해 미적인 환상을 필요로 한다"고 말했다. 그리고 이렇게 덧붙였다. "나는 고독의 두려움과 공포를 알고 있다. 그리고 좋을 때만 친구 같은 신경안정제와 마약도 경험했다. 우울증이라는 감옥과 병원의 구속도 알고 있다. 그러나 어느 날 나는 이 모든 것으로부터 회복될 수 있었다. 황홀하게, 그렇지만 냉철하게."

tside world that he had been suspicious of Marshal Lin as early as 1966 nd had used him only to help get d of Mr. Liu.

For several years after Marshal Lin's ath, the redoubtable Mr. Chou, a aster administrator and conciliator, lped the visibly aging Mao lead the untry and embark on what seemed sustained period of economic growth. t Mr. Chou's death from cancer in nuary 1976 left the daily leadership the hands of Mr. Teng, the former rty Secretary General, whom Mr. hou resurrected in 1973, evidently ith Mao's approval, and installed as nior Deputy Prime Minister and like- successor.

An Even Quicker Fall

Mr. Teng then fell victim to Mao's spicions even more quickly than had r. Liu and Marshal Lin. Only three onths after Mr. Chou's demise, Mr. eng was stripped of his posts, castiated once again as a "capitalist-roader ithin the party" and accused by Mao misinterpreting his personal direcves by overstressing economic develoment.

In these later years there were some ho thought that Mao appeared as an ging autocrat, given more and more whim. His invitation last winter to r. Nixon to revisit Peking, the scene

base in northwest China a

period when Mao and others in t newly organized Chinese party we groping for a way to power, and Stal from the distance of Moscow ga them orders that repeatedly led the into disaster.

Stalin and his representatives fro the Communist International w served as advisers in China—M dubbed them "imperial envoys"—fir directed the Communists to ally wi Chiang Kai-shek's Nationalists. The after Generalissimo Chiang turned the Communists in 1927, massacri thousands, Stalin ordered the party anticipate a "revolutionary upsurge" the cities by the (largely nonexisten proletariat.

Mao was shorn of his posts a power in the early 1930's as a resu of direct Soviet interference. It w only after the Communists were forc to begin the Long March in 1934, aft more errors in strategy, that Mao w command because of his genius for o ganizing and leading peasant guerrill in a revolution in the countryside.

His First Journey Abroad

When Mao traveled triumphantly Moscow—it was his first journe

Some Quotations From Chairman Mao

A man's head is not like a scallion, which will grow again if you cut it off; if you cut it off wrongly, then even if you want to correct your error, there is no way of doing it. (1956)

•

Our nation will never again be an insulted nation. We have stood up. (1949)

•

The Red Army is like a furnace in which all captured soldiers are melted down and transformed the moment they come over. In China not only the masses of workers and peasants need democracy, but the army needs it even more urgently. (1928)

•

The popular masses are like water, and the army is like a fish. How then can it be said that when there is water, a fish will have difficulty in preserving its existence? An army which fails to maintain good discipline gets into opposition with the popular masses, and thus

THE

KOREAN PENINSULA

한반도의 운명을 쥐었던 사람들

이승만

1875년 3월 26일~1965년 7월 19일

자유를 위해 투쟁했던 이승만, 망명 중 별세
하야했던 이 전 대통령의 시신은 서울로 옮겨져 안치될 예정

—뉴욕 타임스 특보

7월 19일, 호놀룰루—대한민국의 초대 대통령 이승만이 오늘 이곳 호놀룰루에서 별세했다. 향년 90세. 하와이로 망명한 후 건강이 악화되어 병상에 누운 지 3년 하고 4개월이 지나던 참이었다. 뇌졸중은 결국 마우날라니 요양원에 입원 중이던 '한국 호랑이'를 쓰러뜨리고 말았다. 고향에서 생의 마지막을 맞이하고 싶다던 이승만 전 대통령의 꿈은 그렇게 사라졌다.

사망 당시, 오스트리아 출신 아내 프란체스카(65세)와 양자 이인수가 그의 곁을 지켰다. 이 전 대통령은 하와이 한인단체의 도움을 받아 의료비를 지불해온 것으로 알려졌다.

1960년 4월 한국 학생들의 주도로 혁명이 일어난 한 달 후, 이승만 일가는 이곳 하와이로 망명해 왔다. 현지 재미 교포들이 비용을 지불한 전세기를 이용해 하와이에 도착했을 때는 커다란 짐 가방 네 개와 작은 여행용 가방 두 개만을 챙긴 채였다. 이후 1962년 초에 들어 이승만 일가는 한국으로 돌아가 조용한 삶을 보내고자 했으나, 한국 정부에서는 이들의 체류를 허가하지 않겠다고 통보했다.

그 시기부터 이 전 대통령의 건강이 악화되기 시작했다. 1962년 3월, 뇌졸중으로 하와이의 트리플러 육군 병원으로 호송된 이후 그는 뇌출혈이 동반되었고, 첫 뇌졸중이 발생한 지 12일 후에는 마우날라니 요양원으로 옮겨져 병원 부지에 세워진 작은 별채에서 생활해 왔다.

그렇게 대부분의 시간을 병상에서 보내던 1963년 11월, 대한민국 정부에서 마침내 이승만 전 대통령의 입국을 허가했으나 주치의 토마스 민 박사가 건강상의 이유로 이를 만류하며 귀환의 꿈은 물거품이 되고 말았다.

이승만 전 대통령은 자신이 사망하면 호놀룰루 한인 교회에서 장례식을 치른 후 한국으로 시신을 호송해 국립묘지에 안치해 달라고 이야기하곤 했다.

역사상 최초의 자유 정부 수립

이승만 박사는 4천 년의 민족 역사를 통틀어 최초로 한반도에 자유 투표 정부를 수립한 인물이었다. 그는 자신의 조국이 일제 통치로부터 독립을 이룩하는 과정을 목격한 산 증인이었으며, 독립 이후에는 러시아를 등에 업은 공산주의 세력의 침공에 대항하여 연합군의 도움이 닿기 전까지 남한이 주저앉지 않도록 버텨냈었다.

이승만 전 대통령은 중태에 이르러서야 고국의 정치 블랙리스트에서 제외될 수 있었다. 한국 정부는 이승만 전 대통령이 오랜 시간 대한민국의 독립을 위해 투쟁해 왔다는 점을 높이 샀으며, 현존하는 한국의 모든 제도가 이 전 대통령 집권 초기 자유 정부 시절에 수립된 제도를 바탕으로 한다는 점을 근거로 이와 같은 결정을 내렸다.

이승만 전 대통령은 국외 세력의 영향력으로부터 벗어난 최초의 남한 지도자로 알려져 있다. 1905년부터 1941년까지, 그는 열악한 환경에도 불구하고 아시아를 집어삼키려는 일본의 야욕을 서방세계에 알리고자 투쟁했었으며 이후 1948년 8월, 드디어 공식적으로 대한민국 대통령의 자리에 올랐다.

이승만 전 대통령은 단호한 태도를 고수했고, 가끔씩은 지나치리만큼 강경한 입장으로 유엔 동맹군들의 반감을 사기도 했다. 한반도를 휩쓴 3년간의 전쟁을 끝내기 위한 정전회담이 진행되는 동안, 그리고 회담이 끝난 이후까지 이 전 대통령은 국제연합군에게 북한을 상대로 공격을 재개해주기를 요구했었던 것이다.

공산주의 세력 견제

이승만 전 대통령의 노력은 1954년 국빈 자격으로 미국을 방문하는 중에도 계속됐다. 그는 공산주의를 제창하는 중국 세력을 견제하기 위해서는 미국이 아시아 비공산권 국가들을 지원할 필요성이 있다며 미 양원 합동 회의에서 조언을 건네기도 했다.

이승만은 1875년 3월 26일, 황해도에서 출생했다. 아버지는 이경선, 어머니는 김해 김 씨라고만 알려져 있다. 그의 아버지는 1392년부터 1910년까지 한반도를 통치한 조선 이씨 왕조의 후손이었으므로 이승만 역시 조선 왕조의 핏줄을 이어받았다고 할 수 있다.

전통적인 교육을 통해 고위 공직자의 자리에 오를 준비를 철저히 하길 원했던 부친의 뜻에 따라 이승만은 당대 가장 뛰어나다고 평가받던 인물로부터 한문을 배우며 철학과 서예에 깊은 조예를 보였다.

이와 같은 철저한 준비 끝에 이승만은 매년 한양에서 시행되던 과거시험에서 장원급제를 하였으나(잘못된 정보로 작성된 기사임. 실제로 이승만은 과거 시험에서 낙방한 것으로 기록되어 있음-역주) 기독교 선교사들과의 만남을 계기로 영어 학습의 필요성을 깨닫고 배재학당에 입학하였으며, 바로 이곳에서 처음으로 '민주주의(국민의 선택으로 이루어지는 정부)'라는 단어를 접하게 된다.

민주주의 단체에 가입

그의 아버지가 추구했던 교육 방식이 무색하게, 이승만은 왕정의 민주개혁과 정치의 자유화를 추구하는 청년 조직이었던 독립협회에 가입했으며, 일본 제국주의가 날로 그 세력을 키우던 상황에서 한국의 첫 사설 일간지이자, 순수하게 한글로만 쓰여진 '독립신문'을 창간한 것 역시 그즈음이었다. 그러던 1895년, 학생들로 이루어진 독립운동 단체의 한 지도자가 한반도를 떠나자 이승만이 그 자리를 대신하기 시작했으며, 그는 대중들에게 자유화 운동의 중요성을 알린다는 목표를 가지고 서울에서 대규모 시위를 주도했다. 그렇게 그의 투옥 생활이 시작됐다.

왕권의 정통성을 거부하고 이를 비판했다는 죄목으로 7개월 동안 모진 고문에 시달린 끝에 종신형을 선고받았던 이승만은 형무소를 옮겨 수감 생활을 하면서 기독교로 개종하여 예배를 직접 주관하며 신앙을 쌓게 된다. 또한 그는 같은 재소자들을 상대로 경제학, 영어, 종교를 가르쳤으며 한국의 고전문학을 영어로 번역하고 '독립정신'을 저술하는 등 다양한 활동을 멈추지 않았다.

1904년 미국 체류의 시작

위태롭던 대한제국 정부는 1904년 정치범들에 대한 특별사면을 발표했다. 이승만도 이 시기에 출소하여 그의 아버지와 친분이 있던 외국인들의 도움을 받아 미국 유학길에 오른다.

이후 6년 동안 그는 조지워싱턴 대학교에서 학사 학위를, 하버드 대학교에서 석사 학위를, 그리고 1910년 프린스턴 대학교에서 국제법 박사 학위를 취득했다. 박사 학위 논문의 제목은 '미국의 영향을 받은 국제법상 중립'이었다.

한편 프린스턴 재학 시절, 이승만은 우드로 윌슨으로부터 지대한 영향을 받았다. 이 영향력이 얼마나 대단했었는지, 그는 남은 평생을 윌슨이 이야기하던 사회적 목표, 즉 국제 정의를 추구하게 된다.

이후 1911년, 한국으로 돌아와 기독교청년회(Y.M.C.A.)의 간사로 활동을 시작했던 이승만은 서울에서 학생들을 모집해 기독교 운동을 주도하는가 하면, 감리교 선교회의 교사로 일하기도 했으나, 1905년부터 세력을 키워오던 일제가 1910년 마침내 한반도를 완전히 흡수합병하자 이에 격렬히 저항했으며, 곧 서울에 파견되어 있던 일본 영사에게 발각되어 한반도를 떠나야만 했다. 당시 하와이로 건너왔던 그는 이곳에 한인감리교회와 한인기독교학교를 설립하게 된다.

한반도 독립운동의 선구자 중 한 명으로서, 당시 '만세운동'을 펼치던 한국의 독립운동 세력들과 꾸준히 연락을 이어가던 이승만은 소극적 독립운동이 이루어지던 이 시기에 나라 밖에서 그들의 목소리를 대변하는 역할을 했다. 그러던 1919년 3월 1일, 서울에서 펼쳐진 독립운동을 계기로 민족대표 19명이 비밀 회동을 열었고 이를 통해 임시정부의 대통령으로 선출된 이승만은 1920년 상하이로 거처를 옮겨 이미 중국에 자리를 잡고 있던 다른 독립열사들과 함께 일본을 상대로 게릴라 작전을 펼치는 데 전력을 다한다. 이러한 움직임은 1945년 8월 15일, 일본이 패망하고 한반도 지배가 종식될 때까지 계속되었다.

이 밖에도 국제사회에 임시정부의 입장을 표명하기 위해 숱한 노력을 기울였던 이승만은 비록 실패로 돌아갔지만, 베르사유 강화회의에서 한반도의 사정을 공론화하려는 시도를 했었고, 제1차 세계대전이 끝나고 제2차 세계대전이 발발하기 전까지의 짧은 평화기간 동안 국제연맹과 다양한 국제회의를 통해 서구 민주사회에 한반도의 독립운동을 옹호해 달라고 호소했다. 또한 전 세계인들을 한반도에 주목하게 만들겠다는 사명을 가지고 일본의 선전 공작에 맞서 싸웠던 이승만은 1941년, 당시 중국에서 활동하던 김구에게 임시정부 대표직을 넘기고 워싱턴에 자리한 구미외교위원부 위원장에 취임하기도 했다.

군사원조 요청 결렬

미국과 일본이 격렬하게 대립하고 있던 당시, 이승만은 미국에게 군사원조를 요청했으나 그의 노력은 수포로 돌아가고 만다. 이후 1945년 9월, 일본이 패망하고 미군과 소련군이 점령하고 있던 고향 땅으로 이승만이 다시 돌아온 것은 같은 해 10월이었다. 그렇게 한반도의 자유를 추구하던 그의 활동은 새로운 국면에 접어들게 된다. 당시 이승만은 한반도의 북쪽을 점령한 소련을 향해 통제권을 포기하라고 요구했으며, 한반도에 단독정부를 수립하기 위해 최대한 빠른 시일 내에 선거를 치러야 한다고 주장했다.

미국과 소련이 다가올 한반도의 운명을 놓고 성과 없는 협상을 지루하게 이어나가는 와중에도 이승만 전 대통령은 한국이 스스로 미래를 결정하는 데 필요한 환경을 만들기 위해 끊임없이 노력했다. 그러던 중 미국과 소련의 협상이 결렬되고 한반도 문제가 유엔으로 이관되자 그는 미국의 입장을 지지하고 나섰다.

정치적 혼란기

독립 이후 분단까지의 3년은 정치적 혼란기였다. 이 시기에 이승만, 그리고 그의 라이벌이라고 할 수 있는 김구와 김규식은 정치적 우위를 선점하기 위해 화합과 분열을 반복했다.

이후 이승만 정부의 계획을 전복시키려던 김구는 암살당했으며, 프린스턴 대학교에서 학위를 취득했던 김규식은 정부가 수립되기 직전 후보에서 제외됐다. 모두 해방 이후 미군정이 통치하던 시기에 임시정부와 관련된 사건에 휘말리면서 일어난 일들이었다. 한편 김규식은 1950년 6월 북한 공산군에 의해 납북되어 자취를 감추었으며, 북한에서 살해된 것으로 추정된다.

이 기간 동안 이승만 전 대통령과 미 육군의 중장이자 점령군 사령관이었던 존 R. 하지 장군 사이에는 불화가 잇달았다. 종종 모순적이고 일관성이 부족했던 미 정부의 지시에 따라 임무를 수행하던 하지 장군은 대한민국 국민들이 선거를 통해 스스로 결정을 내릴 때까지 각각 막강한 영향력을 지닌 이 세 지도자들 사이에서 균형을 찾으려고 노력했었던 것이다.

이승만 전 대통령의 전략

이 전 대통령은 서구사회에 대한 방대한 지식을 가지고 있었으며, 서구 정치인들과 오랫동안 친분을 유지해왔다. 이런 강점을 앞세워 그는 존 하지 장군과 트루먼 대통령뿐만 아니라 평범한 서방의 시민들에게까지 직접 자신의 입장을 표명하곤 했다. 그렇게 유엔이 주시하는 가운데, 미국의 영향력 아래 있던 남한에서 선거가 치러졌으며 1948년, 이승만은 국회의장을 거쳐 4년 임기의 대통령으로 선출된다.

대통령이 된 이승만은 외부의 위협과 내부의 음모에도 불구하고 실용주의적 민주주의를 실현하기 위해 힘썼다.

1949년 초 미국이 점령군 철수를 준비하는 도중, 38선 부근에서 러시아산 총기로 무장한 북한 공산군이 산발적인 도발을 일으키기 시작했으며, 제주도에서는 공산당 게릴라들에 의해 1만 5천 명에 이르는 한국인이 목숨을 잃고, 민가 1만여 채가 파괴되기도 했다.

이 전 대통령은 미국으로부터 무기와 탄약을 지원받아 남한군을 무장시키고자 했지만 그의 시도는 썩 성공적이지 못했다. 그리고 1949년 5월 6일에도 전쟁이 발발할 시 병력을 투입해 줄 것을 미국 정부에 요구했던 이 전 대통령은 부정적인 답변이 예상되자, 중화민국과 필리핀을 언급하며 태평양안전보장조약을 강조하기도 했다.

애치슨 장관에 실망감을 표명

그러나 당시 미국의 국무장관이었던 딘 애치슨은 이승만 전 대통령의 발언이 "시기적으로 부적절"하다는 반응을 보였으며, 이에 이 전 대통령은 미국이 지금과 같은 태도를 고수한다면 아시아의 민주주의 정부들은 공산주의에 의해 조금씩 몰락하고 말 것이라고 강력히 응수했다.

사실 이승만은 필요하다면 무력을 사용해서라도 한반도 통일을 이루어내길 바랐으나 1949년 10월 5일, 유엔과 미국으로부터 공산주의 독재 타도라는 명분에 힘을 실어 주려다가 제3차 세계대전이 일어날 수도 있다는 경고를 받았으며, 그렇게 그는 민족통일이라는 꿈을 포기했다.

그러던 1950년 5월, 이 전 대통령은

북한에서 공산주의의 붉은 물결이 점차 거세지고 있음을 강조하며 무시무시한 사건이 터질 것을 예견했다. "남한군의 방어 능력은 충분하지 않다." 이는 이승만의 솔직한 견해였다. 훗날 밝혀지길, 당시 6월 10일에 발행된 소련 정부 기관지 '이즈베스티야'에는 한반도 전체를 공산화하여 정치적으로 점령한다는 계획이 시간순으로 실려 있었다고 한다. 그로부터 7일 후, 당시 미국 국무성의 법률고문으로 활동하던 존 포스터 덜레스와 이 전 대통령은 이를 논하기 위해 서울에서 만남을 가졌다.

그러나 결국 1950년 6월 25일, 러시아를 등에 업은 북한 공산당이 대한민국을 침공했다. 이에 이승만 전 대통령은 일본점령군 최고사령관이었던 더글러스 맥아더 장군에게 도움을 요청했고, 유엔에서는 북한의 침략을 비난하는 결의안이 발표되었으며, 미 공군과 해군이 투입된 데 이어 7월 1일에는 미 육군이 한반도에 상륙했다. 더불어 유엔 가입국들이 속속 남한 방어를 지지하기 위한 대열에 합류했다.

당시 공산군이 서울을 점령하자 이승만 전 대통령과 그의 정부는 진해로 퇴각할 수밖에 없었다. 그러나 9월 말, 맥아더 장군이 공산군을 몰아내며 서울을 되찾자 1950년 5월 총선거에서 입지가 흔들렸었던 이승만 지지 세력은 다시 결집하기 시작했으며, 1950년 11월 6일 중공군의 한국전 개입을 계기로 그의 지지 세력은 더욱 공고해졌다.

하지만 전황은 부침이 거듭되면서 1951년 1월, 이승만 정부는 끔찍한 피해를 입은 서울을 재차 떠나 부산으로 수도를 옮기게 된다. 이후 정전회담이 시작되자 이승만 전 대통령은 중공군의 철수와 북한군의 무장해제를 휴전 조건으로 내세우며 이를 관철시키기 위해 갖은 애를 썼다.

그렇게 1953년 여름, 교착상태에 빠진 한국전쟁을 종식시키기 위한 휴전협정이 진행됐다. 이 전 대통령은 한반도의 분단을 고착화할 것이 분명한 종전에 여전히 철저하게 반대하는 입장이었으며, 한편으로는 북한군 포로 8천여 명의 석방을 지시하면서 이 반공포로들의 신분이 확인되었으며 이들은 서울 시민으로 살아가길 바라고 있다고 천명했다.

이러한 이승만 전 대통령은 결단은 유엔 지휘관들을 충격에 빠뜨렸으며, 분노에 휩싸인 중국과 북한의 휴전 교섭자들로 하여금 판문점에서 진행되던 협정을 중단하겠다는 의견을 표명하게 만들었지만, 결국 휴전협정의 체결을 막을 수는 없었다.

이 휴전 협정으로 38선을 사이에 둔 남한과 북한의 군사력 경쟁이 시작되었으며, 이 전 대통령은 지난 8년 동안 그래왔듯 "북으로 진격"이라는 말을 웅얼거리며 무력통일을 포기하지 않는 모습을 보여줬다. 그러나 남한의 군사 작전권은 유엔의 영향력 아래 있었으며, 노쇠해져 가는 이승만 전 대통령은 45만에 이르는 한국군을 무력통일의 꿈으로 이끌 장악력을 결코 발휘하지 못했다.

1956년, 세 번째 연임에 성공한 이승만과 그의 주위를 둘러싼 인물들의 권력이 막강해지면서 이 전 대통령의 통찰력도 점차 빛을 잃게 된다. 출세를 욕망하는 정치인들이 그의 곁에서 정신을 흐려놓았고 부패는 점점 더 많은 부패를 낳으며 이 전 대통령의 현실감각을 마비시켰다.

이후 1960년 대통령 선거로 이승만은 네 번째 연임에까지 성공했으나 수많은 한국 국민들은 점점 불만이 쌓여갔고, 이 전 대통령과 우호적인 관계를 유지하던 서구 사회에서도 그의 행보에 충격을 감추지 못했다. 더구나 부정선거 의혹이 대대적으로 제기된 데 이어 이승만 정부가 정치적 반대세력들을 투옥시키자, 서울에서 수천 명의 학생들이 반정부 시위에 나서게 된다. 결국 이 사건이 방아쇠가 되어 이승만 정부는 무너졌다. 그해 4월 내내, 그리고 5월까지 혼란이 지속되자 혼이 빠진 이승만은 하야를 발표하고 하와이 망명길에 오를 수밖에 없었다.

망명생활

이승만 전 대통령은 오아후 섬에 자리한 한적한 카네오헤 마을에 거처를 마련했다. 해변에 세워진 작은 집은 하와이에서 조경 사업으로 상당한 성공을 거둔 교민 윌버트 최가 제공한 것이었다. 이 전 대통령은 그곳에서 아내 프란체스카 도너와 함께 생활했다. 빈 출신 상인의 딸이었던 도너 여사와 이 전 대통령은 1932년 제네바에서 처음 만나 결혼했었다.

이승만 전 대통령에게 때때로 비공식 사면을 제안하며 고향 땅에서 여생을 보내기를 권했었던 대한민국 정부는 1962년, 태도를 바꿨다. 한 해 전까지만 해도 귀국을 권유하던 그들은 "아직 때가 되지 않았다"며 이 전 대통령의 입국을 금지했던 것이다.

그러던 1963년, 대한민국 정부는 또다시 이승만 전 대통령이 원한다면 돌아와도 좋다는 의견을 표명하며 "대한민국 독립에 (이승만 전 대통령이) 미친 지대한 공헌을 인정"한다는 화환을 전달하기도 했다.

한편, 수많은 한국 국민들과 마찬가지로, 오랫동안 한반도를 식민 지배한 일본에 대해 깊은 적개심을 품었던 이승만 전 대통령의 정책들은 독립 이후에도 양국의 관계개선에 악영향을 끼쳤다. 따라서 약 한 달 전인 지난 6월 22일에 한일협정이 체결된 것은 그의 죽음과 함께 의미심장한 일로 받아들여지고 있다.

박정희

1917년 11월 14일~1979년 10월 26일

박정희 대통령 중앙정보부 부장에게 살해당하다.
국무총리가 권한을 이어받다.
미군 비상상태 돌입. 계엄령 선포.
정부에서는 총 6명의 사망자가 발생한 이번 총기사건을 '우발적' 범죄로 파악

—뉴욕 타임스 특보

10월 27일 토요일, 대한민국 서울—18년이 넘는 세월 동안 대한민국의 최고 통치자 자리를 지켜오던 박정희 대통령이 어제 저녁 청와대 근처에서 만찬을 즐기던 도중 중앙정보부 부장이 쏜 총에 맞아 사망했다. 이른 아침 발표된 대한민국 정부의 발표에 따르면 이는 박정희 대통령의 경호실장과 중앙정보부 부장 사이의 '우발적 언쟁'으로부터 비롯된 사고라고 한다.

박 대통령과 오랜 시간 친분을 유지해 온 절친한 친구이자 만찬을 주최한 장본인이었던 김재규 정보부장은 감정을 주체하지 못하고 '분노를 터뜨리던' 중에 권총을 뽑아 방아쇠를 당긴 것으로 전해진다. 갈등이 빚어진 원인이 무엇이었는지는 분명히 밝혀지지 않았다. 총알 한 발이 올해 62세의 박 대통령 가슴에 박혔고, 이 외에도 대동한 경호실장을 비롯해 또 다른 네 명이 이 사고로 목숨을 잃었다. 이 피해자 네 명의 신분이 밝혀지는 데는 다소 시간이 걸릴 전망이다.

박 대통령이 사망하고 3시간이 더 지나서야 열린 긴급 내각 회의에서 실질적 권력과는 거리가 먼 국무총리 최규하가 대통령 권한 대행으로 임명되었다.

북한에 경고

제주도를 제외한 전국에 비상계엄령이 선포됐고, 공항은 모두 폐쇄됐다.

미국 정부는 남한에 주둔하는 미군 병력 3만 8천 명에게 비상 대기 명령을 내렸으며 이는 남한에 대한 그 어떠한 군사행위도 용납하지 않을 것이라는, 미국이 북한에게 보내는 일종의 신호였다.

비상 내각에 의해 계엄사령관으로 임명된 육군참모총장 정승화 장군은 밤 10시부터 새벽 4시까지 통행금지령을 내렸으며, 1972년 이후 최초로 언론 검열 강화를 포고한 데 이어 전국의 대학교에 휴교령을 내리고 집회 및 옥외 시위를 일절 금지시켰다. 또한 용의자 김재규는 심문을 위해 구금되어 있으며, 박정희 대통령의 서거를 추모하는 국장이 열릴 것이라는 발표가 있었다.

1961년 5월 16일 군사 쿠데타로 권력을 잡은 박정희 대통령은 이미 두 번의 암살 시도를 겪은 바 있다. 1974년, 박 대통령과 육영수 여사는 1945년 일제로부터 해방된 날을 기념하는 서울 국립극장 광복절 행사에서 일본을 통해 입국한 암살범에 의해 총격을 받아 영부인만 살해되는 사건이 있었다.

그리고 그 이전인 1968년 1월에는 박 대통령 암살 임무를 부여받은 북한 공작원 31명이 청와대 근처까지 접근했으나 실패한 적도 있었다.

박정희 대통령이 살해당하기 전까지 한국에서는 독재체제에 반대하는 정치 시위가 잇따라 발생하고 있었다. 대한민국 남쪽의 항구도시 부산에서는 수만 명에 이르는 국민들이 시위를 일으켰으며, 부산 인근에 자리한 공업도시 마산에서도 유사한 움직임이 일어났다. 시위에 참여했던 시민 수백여 명이 체포되었으나 이번 시위의 여파는 이승만 대통령을 국가원수 자리에서 끌어내리고 박정희 정권의 시작을 가져왔던 1960년 학생시위에는 미치지 못했었다.

야당 총재 제명

10월 9일, 민주공화당이 주도권을 잡고 있던 국회가 투표를 통해 박정희 대통령과 정치적 대립을 이루고 있던 신민당 총재 김영삼을 국회의원직에서 제명하자 이에 반발한 국회의원 69명이 국회의원직에서 사퇴했으며, 이것이 김영삼의 고향 지역인 부산에서 일어난 이번 시위의 계기가 됐다.

자신의 권력을 강화하기 위한 헌법 개정에 나설 만큼 막강한 권력을 손에 쥐고 있던 박 대통령의 급작스런 죽음으로, 4천여 만 명의 한국 국민들은 정치적으로 혼란을 느끼고 있다. 이 시점에서 한국군이 1972년 헌법 개정으로 강력한 비난을 받고 있는 현 정부에 계속해서 힘을 실어줄 것인가에 관한 문제가 제기된다.

아직까지 박정희 대통령과 친분을 유지하던 장군들에게 권력이 이양될 조짐은 보이지 않고 있다.

지난밤 대통령 사망 이후 국가 행정에 어떠한 변화가 일어날 것인지에 관해 첫 공식 발표가 있었다. 방송에서는 불가피한 사정이 발생하여, 헌법에 따라 국무총리가 대통령 권한대행으로서 업무를 수행하게 되었다는 소식을 전했다. 서울에는 박정희 대통령이 암살당했다는 소문이 걷잡을 수 없이 퍼져 나갔다. 그리고 오늘 오전 8시 35분(뉴욕 시간 저녁 7시 35분) 공보부 장관 김성진이 이를 공식적으로 발표하며 박 대통령의 사망이 공식화됐다.

중앙정보부 안전가옥에서 사건 발생

정부의 발표에 따르면 박정희 대통령은 엊저녁 청와대 인근 궁정동에 자리한 중앙정보부 안가에서 총에 맞았다고 한다. 박 대통령은 급히 국군수도병원으로 이송되었으나, 저녁 7시 50분 사망 선고가 내려졌다(뉴욕 시간 오전 6시 50분). 소문에 의하면 비서실장 김계원이 총격을 받은 박정희 대통령을 병원으로 옮겼다고 한다.

밤 11시, 내각은 긴급회의를 열어 국무총리이자 외무부 장관인 최규하가 박 대통령의 자리를 대신할 것이라는 발표를 내놓았다.

서울은 적막에 싸여 있었다. 공공건물 주변에서는 군인들이 목격됐고, 청와대 근처에는 탱크 두 대가 배치됐다. 그러나 이런 철저한 대비가 필요했을까 싶을 정도로 어떠한 형태의 폭동과 반정부 시위도 발생하지 않았다.

이날 연회에 참석하기 전에 박정희 대통령은 서울에서 남쪽으로 약 160km 떨어진 대전에서 개최된 댐 준공식에 공식 참석한 뒤 헬리콥터를 타고 서울로 돌아와 있었다.

박정희 대통령의 사망 소식이 발표되자 라디오에서는 장송곡이 흘러나왔으며 관공서에는 조기가 계양됐다. 대부분의 한국인들은 여전히 강한 충격에 휩싸여 있기는 하지만 박 대통령의 사망을 둘러싼 소문이 처음으로 퍼졌던 순간 느껴졌던 일촉즉발의 분위기는 다소 수그러든 상태다. 주변 국가들 또한 60만에 달하는 한국군 병력이 비교적 침착한 대응을 하고 있다는 보도를 전하고 있다. 이런 국가적인 특수 상황에서 권력을 쥐게 된 60세의 최규하 권한대행 또한 국민들에게 침착함과 질서유지를 호소하고 있다.

시위에 관하여

어제 저녁까지, 대한민국 남부에서 일어난 시위가 가지는 중요성에 관해 많은 이야기들이 오고갔다. 누군가는 이 부마항쟁으로 인해 박정희가 해당 지역에 계엄령을 선포하고 반정부 활동을 하던 대학교들에 휴교령을 내릴 명분을 얻었으며 따라서 박 대통령의 권력을 더욱 공고하게 만들었다는 의견을 제시했다. 그러나 일부는 이 시위가 박정희 독재체제를 종식시키고자 하는 국민적인 여론에 힘을 실어 주었다고 평가했다.

어제 오전 정부는 시위가 고조되었던 기간 동안 해당 지역에 투입했던 대규모 병력과 탱크 부대 대부분을 철수시키는 등 남부 지역에서 일어난 상황이 통제하에 있다는 모습을 보여주기도 했다.

올 여름부터 박정희 대통령은 야당에 가하는 압력의 수위를 조절해 왔지만, 실질적으로 아무런 힘도 가지고 있지 않던 야당 지도자들까지 국회에서 제명하고 나서자 미국은 그의 행보를 비난하면서 주한 미국대사 윌리엄 글라이스틴을 워싱턴으로 복귀시키기에 이르렀다. 미국 대사가 한국 대통령의 결정에 항의하는 의미로 귀국하는 사건은 박 대통령 임기를 통틀어 전례가 없는 사건이었다.

일부 미국인들은 박 대통령의 임기가 계속될 것이지 중단될 것인지의 여부는 미국의 태도에 달려 있다고 생각했으나, 이는 어디까지나 어제 저녁 만찬에서 박정희 대통령이 가까운 지인에게 예기치 못하게 살해당하기 전의 이야기이다.

북한의 보도—10월 27일 토요일, 도쿄발 뉴욕 타임스 특보

도쿄에서 관찰한 바에 따르면, 북한 정부의 공식적인 입장을 대변하는 평양 국영 라디오에서는 별도의 추가 언급 없이 서울 라디오 방송국에서 보도한 박정희 대통령의 암살 소식을 그대로 전했다고 한다.

중국 국영 통신사인 신화사 또한 별도의 언급 없이 박정희 대통령 암살 사건을 다룬 두 단락짜리 국제 기사를 그대로 인용했다.

한편, 한국을 발칵 뒤집어놓은 소식을 접한 일본 총리 오히라 마사요시는 외상 소노다 스나오를 호출하였으며 소노다는 외무부 내부 협의를 거쳐, 일본이 박정희 대통령 피살 사건을 쿠데타가 아닌 예상할 수 없었던 단순한 사고로 받아들였다는 점을 명확히 한다는 입장을 표명했다.

"이러한 판단을 뒷받침하는 가장 큰 근거는 총격사건의 발생과 계엄령 선포 사이에 충분한 시차가 있었으며 사건 이후에 어떠한 종류의 반정부 시위도 보이지 않았다는 데 있다." 소노다 외상은 이렇게 덧붙였다.

도쿄의 기업가들은 박정희 대통령의 피살로 인해 한국-일본 간 경제 관계에 변화가 생길 수 있다는 우려를 드러냈다. 그러나 산업전문가와 금융전문가들로 구성된 한일경제협회는 기자회견을 통해 이번 사건이 대일정책에 중대한 변화를 가져오지는 않을 것이라고 발표했다.

김일성

1912년 4월 15일~1994년 7월 8일

지도자의 죽음
수수께끼에 싸인 북한의 '위대한 수령' 김일성,
50년간의 집권을 뒤로 하고 82세의 나이로 사망

—데이비드 E. 생어 기자(1994년 7월 10일)

지난 금요일 김일성이 82세의 나이로 사망했다. 오랜 기간 북한을 호령했던 이 '위대한 수령'을 하나의 이미지로 설명하기는 어렵다. 그는 다음과 같은 3가지 대표적인 모습들을 보여줬다.

44년 전 세상은 김일성을 스탈린주의의 광신도로 바라봤다. 그는 한반도 통일이라는 목표를 위해 수많은 군인들을 이끌고 38선 이남을 침입했으며, 그로부터 40여 년 뒤에는 정권유지를 위한 핵무기 개발로 다시 한 번 세간의 이목을 끌었다. 이렇듯 김일성은 어디로 튈지 모르는 행보를 통해 이웃 국가들을 위협했고, 또 그들의 침묵을 유도했다.

북한 주민들은 김일성을 신적인 존재로 바라봤다. 평양을 비롯한 북한의 주요 도시들에는 3만여 개가 넘는 김일성 동상이 세워져 있다. 북한 주민들은 김일성을 '민족의 태양'이라고 추앙하며 그가 일본과 미국이라는 두 숙적을 단숨에 제압할 것이라는 내용의 노래를 부르면서 그를 신격화했다.

또한, 최근 들어 김일성은 자애로운 미소를 지닌 지도자의 면모를 보여주기도 했다. 이 지도자는 경제적 불구와 마찬가지인 국가의 현실에 고달파하는 국민들이 자신을 향한 존경심만은 잃지 않도록 경계하면서, 3주 전에는 지미 카터와 다정한 포옹을 나누기도 했다. 그는 자신이 처음으로 국가원수의 자리에 오를 당시에는 아직 태어나지도 않았던 클린턴 대통령에게 자신의 의견을 전달하기 위한 수단으로 지미 카터를 이용했던 것이다. 이러한 김일성의 움직임에 클린턴 전 대통령은 '기적'이 일어났다고 이야기했다. 이는 순수한 감탄이었다. 지구상에서 가장 잔혹하다는 평가를 받는 독재자의 말은 논리적이었으며, 진심으로 서구 사회와의 대립을 끝내고 싶어 하는 듯 보였다.

이 모두가 김일성의 일면이었다. 가난한 농부의 아들로 태어나 냉전시대부터 최장기간 집권을 달성한 공산주의 지도자 김일성은 민중을 착취하는 방법에 통달한 인물이었다. 또한 지난 금요일 아침 숨을 거두던 그 순간까지, 한국전쟁 당시의 뉴스 영상에서나 보이던 이 유령 같은 인물은 1990년대를 들썩인 핵무기 돌풍에 뛰어들어 또다시 국제 무대의 이목을 집중시키고 있었다.

세계의 골칫거리

김일성을 실제로 만난 이들은 무자비하고 척박한 나라의 독재자라는 이미지와는 완전히 다른 모습에 놀라곤 했다. 김일성과 두 차례 만남을 가졌던 전(前) 하원의원 스티븐 J. 솔라즈는 며칠 전 다음과 같은 이야기를 들려주었다.

"김일성은 세상에서 가장 무자비하고 압제적인 북한 정권의 현실과는 극명한 대비를 이루는 모습을 보여줬다. 그는 옆집 아저씨 같이 친근한 인상이었으며, 이는 마치 베르히테스가덴에서 아이와 동물과 친근하게 어울리는 히틀러의 모습을 목격하는 느낌이었다. 분명 김일성은 수백만 명의 피를 손에 묻혔고, 조지 오웰의 소설 '1984'에서나 나올 법한 사회를 실체화한 인물이다. 그러니 사람들은 당연히 그가 사담 후세인처럼 험악하고 위협적인 모습을 보여줄 것이라고 예상했지만 그런 예상은 완전히 빗나갔다. 김일성은 항상 웃는 낯으로 부드럽게 대화를 이끄는 사람이었다."

그럼에도 김일성이 통치했던 북한은 조지 오웰이 상상한 가장 끔찍한 형태의 사회와 매우 흡사했다. 밤에는 소등의 의무를 지켜야만 하며, 아시아에서 가장 높은 호텔(실제로 관광객을 받을지는 의문이지만)을 건설한 이 국가의 국민들이 김일성과 그의 후계자 김정일을 숭배하는 모습은 마치 로봇을 보는 듯하다.

또한 김일성의 통치 아래 일생을 살아온 수백만 명의 북한 주민들은 매일 최소 두 시간, 토요일에는 네 시간씩 김일성의 발언을 암기하는 '학습회'를 가져야만 하며, 수십 년 동안 가장 중요한 국경일로 여겨져 온 김일성의 생일이면 북한 청년들은 수령의 탄생을 기념하기 위해 열광적인 '매스 게임'에 나선다.

'위대한 수령님의 살기 좋은 나라'라는 제목의 북한 가극에는 아래와 같은 가사를 담은 노래가 울려퍼진다.

"오, 김일성 장군, 우리의 아버지 수령이시여! 인민의 충성심은 변하지 않는다네! 우리 당은 세계 제일이네! 사회주의는 세계 제일이네! 활짝 펼쳐진 붉은 깃발 아래 사회주의를 수호하자!"

북한에서 김일성은 그야말로 신과 같은 절대적인 존재로 추앙받았다. 쌀부터 의복, 주거공간까지 북한 주민들에게 주어지는 정부 배급품 일체는 '위대한 수령' 김일성, 혹은 '친애하는 지도자 동지' 김정일이 친히 하사한 것이었다. 언젠가 평양에서 위대한 수령의 생일을 맞아 새로 건설된 아파트 5만 채를 주민들에게 선물하는 계획을 추진했었을 때 그 누구도 그 '선물'에 난방 및 전기 시설이 제대로 설치되지 않았다는 사실을 언급할 수 없었다.

이번 주, 도쿄를 방문한 지미 카터는 "북한 가정에서 김일성은 조지 워싱턴, 토머스 제퍼슨, 에이브러햄 링컨 대통령을 합쳐 놓은 인물로 여겨지고 있다"고 증언하기도 했다.

김일성은 그가 '주체사상'이라고 부르는 철학 이념을 항상 국가 운영의 중심에 뒀다. 김일성은 이를 통해 "혁명과 건설을 추동하는 힘은 인민 대중들에게 있으며 대중들은 이 원칙에 따라 주체적으로 행동해야 함"을 알리고자 했다. 또한 그는 "마르크스-레닌주의의 보편적인 진리를 적용"해야만 이를 달성할 수 있다는 내용 또한 덧붙였다.

김일성은 북한의 유일당인 조선노동당 중앙위원회 총비서와 국가수령을 비롯한 나라의 주요 직책 일체를 독점했다. 그렇기에 김일성이 사망한 지금 그의 의중을 정확하게 파악할 수 있는 인물은 그 누구도 없다. 즉, 그가 핵무기를 앞세워 파산 직전의 북한 경제에 대한 국제사회의 원조를 이끌어내려고 했는지, 아니면 그의 정권이 남한에 흡수될 가능성을 없애기 위한 자폭용으로 핵무기를 사용하려고 했는지 알 수 없는 일이다. 김일성과 만남을 가졌던 한 미국의 한 관료는 오늘 이렇게 말했다. "이제 우리는 그가 무슨 생각을 가졌었는지 절대 알 수 없게 되어버렸다."

밑바닥부터 시작한 권력을 향한 가파른 상승

김일성은 1912년 4월 15일, 평양 변두리의 흙을 발라 만든 작고 초라한 집에서 가난한 농부의 아들로 태어났다. 일본이 공식적으로 한반도를 식민화한 지 얼마 되지 않은 시기였다. (이런 김일성의 생가는 오늘날 매일 수천 명의 북한 주민이 방문하는 성지가 된다.)

김일성은 종종 미국 선교사들과 일본인들이 거주하던 지역과 그가 유년기를 보낸 지역을 비교하곤 했다. 그는 "당시 미국인과 일본인들이 모여 살던 '서양 마을'에는 빨간 벽돌집이 들어섰고 날이 갈수록 상점과 교회가 늘어갔다"며 수십 년이 지난 후에도 생생하게 과거를 떠올렸다. 그러고는 "다른 한편에서는 빈민가가 점차 늘어났다"고 덧붙이는 것을 잊지 않았다.

북한에서는 김일성의 젊은 시절에 관한 일화들이 신화처럼 떠돌고 있다. 북한 정부에 의해 검열된 그런 이야기들 속에서 진실과 허구를 분간하기란 거의 불가능하지만, 김일성에 관한 모든 신화들이 동일한 주제를 가지고 있다는 점은 분명하다. 즉, 김일성은 그를 둘러싼 거대한 외부의 힘, 그중에서도 특히 미국과 일본에 맞서기 위해 투쟁했다는 것이다.

김일성은 이 두 나라가 세계의 주도권을 쥐고 있으며, 자신의 일가는 미국과 일본에 맞서 싸울 운명을 타고났다고 생각했다. 2년 전 출간 된 그의 회고록에 따르면 그의 증조부는 1866년 제너럴셔먼호의 선원들이 대동강을 따라 평양으로 올라오는 과정에서 "조선인들의 재산을 약탈하고 아녀자를 겁탈"하는 광경을 목격하고는 "미 제국주의 침략선" 제너럴셔먼호에 불을 지르는 활약을 했다고 한다. 김일성의 전기를 쓴 바 있는 하와이 대학교의 서대숙 교수는 김일성에 관한 일화들은 대부분 "정치적 목적을 위해 날조"되었다고 평가했으나, 더 정확히 말하자면 김일성에 관한 이야기들은 대부분 그 진위 여부를 확인할 길이 없다.

그의 젊은 시절 일화들이 진실이든, 혹은 허구이든, 이제 김일성에 관한 신화는 김일성이라는 인물 그 자체가 되었다. 본인의 주장에 따르면 김일성은 자신이 아직 소학교에 다닐 무렵 처음으로 일제에 반기를 들었다고 한다. 그는 일본 식민 정부가 조선어를 금지하고 일본어를 모국어화하기 위해 편찬한 '국어' 교과서 표지를 주머니칼로 긁어내어 제목을 '일본어'로 고친 다음 "일본어를 학습하는 아이들을 볼 때마다 조선인은 조선어를 써야 한다고 훈계했다"고 한다.

한편, 김일성의 회고록과 공식 전기 모두 그가 만주에서 어린 시절을 보냈다는 사실에는 큰 비중을 두고 있지 않지만, 사실 만주에 거주하던 시절 익힌 중국어는 훗날 그가 공산주의 철학을 받아들이고 중공 게릴리군에 합류하는 데 큰 영향을 미쳤다. 이후 1926년, 김일성은 그의 아버지가 사망하면서 남긴 유산, 즉 민족주의 정신(그리고 권총 두 자루)을 공산주의와 결합해 일본의 지배로부터 한반도를 해방하고자 했다.

감쪽같이 조작된 저항정신

김일성은 북한 국경지대와 만주, 시베리아 등지에서 반일 운동가로 활동했다. 그러나 1940년 자신을 추격하던 일본 특수경찰 부대를 몰살시켰다는 일화를 비롯해 그의 거뒀다는 수많은 전공들이 과연 진실인지는 판별이 불가능하다. 또한 이듬해 소련으로 넘어가 나머지 전쟁 기간 동안 줄곧 머물렀던 김일성은 이 시기에 관해서는 별다른 언급을 하지 않았는데, 어쩌면 이는 1942년 2월 그의 아들이자 '친애하는 지도자 동지' 김정일이 태어난 장소가 소련이라는 사실을 굳이 언급하지 않으려 했기 때문일지도 모른다. (김일성의 아내 김종숙은 1949년 사망했다.)

김일성이 소련 육군 소령 군복을 입고 소련이 점거하고 있던 한반도 이북으로 돌아온 것은 1945년이었다. 그가 입었던 소련군 장교복이 고향 땅으로 향하는 문을 여는 열쇠 역할을 해준 셈이었다. 제2차 세계대전 막바지에 이르러 소련이 38선 이북을, 미국이 38선 이남을 점령한 한반도에서 동맹군들이 천명한 목표는 남북한의 통일이었다. 이에 종전 후 스탈린의 지지를 받아 노동당 위원장 자리에 앉은 김일성은 한반도를 공산주의의 깃발 아래 통일시켜야 한다고 주장하기 시작했다.

물론 공식기록에는 김일성이 권력을

잡기까지의 과정은 많이 생략되어 있다. 20년의 공백 끝에 김일성이 한반도로 돌아왔을 당시 그가 속해 있던 조선공산당은 여타 민족주의 단체들에 비하면 보잘 것 없는 규모였다. 그러나 일본과 미국의 '앞잡이'들을 처단하겠다고 나선 김일성은 첫 숙청 작업에서 6만 명이 넘는 사람들을 제거하면서 위세를 떨치게 된다.

조선민주주의인민공화국(DPRK)은 미국의 영향력 아래 놓인 남한에 최초의 단독 정부가 수립된 지 얼마 지나지 않은 1948년 9월에 출범했으며, 김일성이 군대를 이끌고 남침을 감행했던 것은 1950년 6월이었다. 당시 지금의 모습은 상상할 수도 없을 만큼 서울을 초토화시킨 김일성의 만행에 대해 트루먼 행정부는 아시아 전체를 집어삼켜 공산화한다는 원대한 꿈을 품은 소련과 중국의 지시에 따른 것이라고 판단했었다.

그러나 올해 초 스탠포드 대학교에서는 이와 관련해 놀라운 조사 결과를 발표했다. 김일성이 남침을 계획한 장본인이었다는 것이다. 최근 러시아와 중국에서 보관 중인 문서들을 취합해본 결과 오히려 김일성이 사흘이면 남한을 복속시킬 수 있다며 러시아와 중국을 설득한 것으로 추정된다. 현재 교착상태에 빠진 북한의 핵문제를 떠올리면 이러한 발표는 등골을 서늘하게 만든다.

남침이 시작되고 첫 몇 주 동안 인민군의 행보에는 거침이 없었고, 9월 초에 이르러서는 한미 동맹군을 한반도 최남단 부산까지 몰아붙였다.

이처럼 순식간에 남한을 점령하는가 했던 김일성의 계획은 사실 북한군이 38선을 넘어선 지 5일 만에 삐걱거리기 시작했다. 해리 S. 트루먼 대통령의 신속한 결정으로 미 육군, 해군, 공군이 한반도로 향하기 시작했고, 더불어 유엔의 지원 요청에 응답한 전 세계 15개국이 참전을 결정하는 등 김일성의 계산에 없었던 국면이 전개되고 있었던 것이다. 특히 더글러스 맥아더 장군은 9월 15일 서울로부터 약 32킬로미터 떨어진 항구도시 인천에서 대규모 상륙작전을 펼치며 반격에 나서 인민군을 38선 이북으로 몰아냈으며, 10월 19일에는 마침내 평양을 점령하기에 이른다. 그리고 11월 말, 유엔군의 북진으로 인민군은 중국과 인접한 압록강까지 후퇴해야만 했다.

그러나 김일성은 교활한 책략가였다. 중국 육군과 공군의 '자원병'들과 소련군의 지원을 받아 1951년 1일 서울을 다시 손아귀에 넣은 그는 휴전협상이 체결될 때까지 38선 인근 지역에서 치열한 전투를 계속 이어나갔다.

이에 맥아더 장군은 압록강 너머 중국까지, 한반도에서 공산주의를 완전히 몰아내기 위해 다시 한번 대대적인 북진을 강행하고자 했으나, 트루먼 대통령에 의해 지휘권을 박탈당하면서 그의 바람은 이루어질 수 없는 희망으로 남았다.

끝날 기미를 보이지 않던 휴전 협정

이 1953년 7월 27일 마침내 체결되면서 한반도 전체의 공산화라는 김일성의 야욕은 일단 종결되었으나, 그는 한반도 전체를 자신의 권력 아래 놓겠다는 꿈을 한평생 포기하지 않았다.

남한의 공식 통계에 따르면 한국전쟁으로 대한민국 국군 22만 5,800명과 조선민주주의인민공화국 인민군 29만 4,150명이 목숨을 잃었으며, 이 외에도 중공군 18만 4,000명과 유엔군 5만 7,440명이 사망했다고 한다. 특히 유엔군 사망자 중 미군의 수는 5만 4,000명을 상회한다고 추정된다. 전쟁 동안 목숨을 잃은 민간인은 25만 명에 이른다. 남북한을 막론하고 수백만 명의 사람들이 이 전쟁으로 삶의 터전을 잃었음은 두말할 필요도 없다.

숙적의 제거와 권력의 집중

김일성은 정치적 숙적들을 제거하면서 권력을 키워나갔다. 그렇게 우라늄 광산의 노동 수용소로 보내진 정치범들은 평균 2년 안에 사망했다. (후에 이 우라늄 광산의 어마어마한 가치가 밝혀지게 된다.) 김일성은 맥아더 장군과 트루먼 대통령으로부터 받은 치욕을 결코 잊지 못했다. 핵 미사일 한 방으로 전쟁을 종식시킬 수 있다는 미국의 위협은 그에게 씻을 수 없는 수치를 줬다. 김일성이 핵을 개발하게 된 바탕에는 자신이 미국의 핵공격으로부터 결코 자유롭지 못하다는 두려움이 깔려 있었는지도 모른다.

전쟁이 끝날 무렵까지도 북한이 남한보다 더 큰 발전 가능성이 있다는 시각이 지배적이었다. 풍부한 천연자원에 중국과 소련의 지원까지 갖춘 김일성은 사회재건 사업과 더불어 소련을 본보기로 집단 농장과 중공업 개발 사업을 야심차게 추진했다. 정부의 선전 정책으로 북한 주민들은 빈곤한 자본주의 세상 속에서 그들의 국가가 부유하고 안정된 오아시스가 될 것이라 믿어 의심치 않았다. 그도 그럴 것이 북한 주민들은 정부의 발언 이외에는 어떤 정보도 접할 수 없는 상태였으며, 오늘날까지도 북한에서는 해외방송 청취나 어떠한 형태의 해외언론 활동도 허용되지 않고 있다. 또한 몇 안 되는 외국인 방문객들 역시 엄격한 통제 아래 북한 주민들과의 접촉이 제한되어 있다

그리고 동맹국들과 우호적인 관계를 유지하면서도 한편으로는 자주성 확보를 꾀했던 김일성은 1961년, 1주 만에 중국, 소련과 우호협조 및 상호방위원조 조약을 체결한 데 이어 양국으로부터 모두 경제적 원조를 이끌어 냈다. 그러나 필요할 때만 원조를 받아들인다는 김일성의 계획은 시간이 지날수록 그런 필요가 점점 잦아지게 되면서 자주성이란 말이 무색해질 지경이었다.

더구나 막대한 북한의 국방비는 국가경제에 엄청난 타격을 줬다. 군사분계선을 중심으로 조성된 비무장지대 인근은 지뢰, 대전차 장애물, 그리고 서로를 겨눈 대포로 으스스한 풍경을 조성했

으며 남북한 양측의 군사력 경쟁은 한 치의 양보도 없었다. (실제로 북한군의 포 사거리는 서울까지 닿는다.) 그러는 한편 김일성은 공산주의 동맹국들 또한 경계하는 모습을 보여주기도 했다. 그는 중국 및 소련과 약간의 거리를 두면서 그들과의 충돌을 피하려고 마치 곡예 같은 외교 정책들을 이어나갔다.

1968년 베트남전이 한창일 때 김일성 정부는 미 정보함 푸에블로호를 나포해 미 해군들을 11개월 동안 억류하는 사건으로 다시 한 번 세계의 이목을 집중시켰다. 1972년에는 전쟁 중 생이별한 이산가족 상봉을 위한 적십자회담이 개최되면서 남북한 관계 개선의 가능성을 처음으로 보여주었으나 이후 협상이 결렬되어 18년 동안 재개되지 않고 있다.

1970년대 들어 북한 경제는 고전을 면치 못했던 반면, 북한의 두 배에 달하는 인구를 지니게 된 남한은 제철, 자동차, 컴퓨터 칩 산업과 각종 소비재 산업을 기반으로 경제호황을 맞이하고 있었다. 이후 남한의 경제발전 속도는 북한과 비교할 수 없을 정도로 점점 빨라져, 1990년 남한의 1인당 국민소득은 북한의 약 다섯 배를 넘어서게 된다.

더불어 냉전이 종식되면서 거대한 변화가 북한을 덮쳤다. 러시아의 원조가 끊어지고, 중국의 원조가 감소하면서 손쓸 도리 없이 무너져 내렸던 북한 경제에 대해 남한은 1989년부터 매년 2%에서 3%씩 북한의 GDP가 감소하고 있다는 분석을 내놓기도 했다.

그럼에도 김일성은 수십 년에 걸쳐 평양으로부터 약 100킬로미터 떨어진 영변 지역에 핵시설을 건설하고 있었다. 1980년 즈음에는 25메가와트 규모의 원자로를 만들기 시작했는데, 미 정보부의 주장에 따르면 이 영변의 원자력 발전소는 전력 생산이 아니라 원자폭탄용 플루토늄 생산에 목적을 두고 있다고 한다.

지난 몇 년간 이러한 의혹이 끊임없이 제기됐으나 북한은 이를 거듭 부정해왔다. 그리고 북한의 핵개발 문제를 두고 어떠한 조치를 취해야 할 것인가에 관한 이야기가 오갈 때마다 아시아 동맹국들은 김일성을 도발해서는 안 된다며 초조한 반응을 보였다. 그러던 1993년 3월, 북한은 지속적인 감시와 반복되는 조사 요구에 맞서 핵무기 확산금지조약에서 탈퇴하겠다는 공식 입장을 내놓았다. 이로써 세계는 북핵 문제를 더 이상 모른 척 지나칠 수 없게 되었다. 북한의 탈퇴는 보류됐으나 여전히 사찰은 허가되지 않고 있다.

더구나 올 봄, 북한이 5기의 추가적인 핵무기를 양상할 수 있는 연료봉을 원자로에서 빼내기 시작하자 미국은 유엔에 제재 조치를 촉구하며 나섰고 커져가는 공포감 속에서 일본과 한국에 패트리어트 미사일과 레이저 유도폭탄 등이 추가로 배치되면서 긴장감이 최대로 증폭되었다.

그러던 중 김일성은 자신의 죽음을 코앞에 두고 국제사회에 놀라운 모습을 선보이게 된다. 북한에 대한 제재에 깊은 우려를 나타내던 지미 카터에게 개인 자격으로 북한을 방문할 수 있는 허가를 내어준 것이다. 김일성과 첫 논의를 마친 지미 카터는 방송을 통해 '위대한 수령' 김일성이 합의 의지를 드러냈다는 사실을 발표했다. 김일성은 미국이 경제적, 외교적 특혜를 제공해 국제 사회에서 고립된 북한이 현 상황을 벗어나는 데 도움을 준다면 핵 프로그램을 동결하겠다는 입장을 표명했다. 그러는 사이에, 그동안 접근을 거부했던 국제 사찰단의 핵시설 인근 지역 방문 또한 허용되기 시작했다. 클린턴 행정부는 김일성의 제안에 불신을 드러냈지만 마침내 합의의 장이 열리는 듯했다. 또한 지미 카터는 남북한 정상회담 개최를 위한 중재자 역할도 하고자 했다. 1945년 한반도가 분단된 이후 첫 정상회담이 되었을 이 만남은 틀림없이 한국전쟁 이후 50년간 지속된 위태로운 교착 상태를 뒤로 하고 냉전이 남긴 마지막 흔적인 최후의 분단국가 사이의 긴장을 완화시키는 상징적인 역할을 했을 것이다. 또한 수많은 한국인들 또한 김일성이 오랜 세월 그토록 염원해 온 민족주의에 흠뻑 고취되었을 것이다. 비록 지금은 분단되어 같은 민족임에도 누구보다 먼 관계를 유지하고 있으나, 결국 이들은 냉전의 희생양이었던 것이다.

하지만 김일성은 정상회담 개최 17일을 앞둔 현시점에서 사망하고 말았다.

노무현

1946년 9월 1일~2009년 5월 23일

절망이 부패혐의에 휩싸인
대한민국 전임 대통령을 집어삼키다.

-최상훈(2009년 5월 23일)

대한민국, 서울—토요일, 동이 트기도 전인 이른 새벽, 노무현 전 대통령은 컴퓨터 전원을 켜고 유언을 작성했다. 그 마지막 말에는 노 전 대통령이 부패혐의로 인해 청렴한 지도자라는 마지막 남은 한 조각 자부심에 상처를 입었음이 드러나 있다.

"너무 슬퍼하지 마라." 노 전 대통령이 아내와 두 자녀에게 남긴 유언의 일부다. "삶과 죽음이 모두 자연의 한 조각 아니겠는가? 미안해 하지 마라. 누구도 원망하지 마라. 운명이다."

유언을 작성하고 한 시간 반 뒤, 구름 낀 하늘로 해가 떠올랐다. 노무현 전 대통령은 남해안에 자리한 자신의 고향 봉하마을이 굽어보이는 바위에 올라 절벽 아래로 몸을 던졌다. 그의 나이 62세였다.

사망하기 전 수개월 동안 뇌물 스캔들에 휩싸였던 노무현 전 대통령은 그간의 정치적 공로를 부정당하면서 자신의 업적이 얼룩지는 모습을 지켜봐야만 했다.

노 전 대통령은 2003년부터 2008년

까지의 재임기간 동안 북한과의 관계를 개선하기 위해 부단히 노력했다. 여기에는 엄청난 금액의 대북지원이 포함되어 있었으나 북한의 태도는 누그러지지 않았고, 핵무기 개발로 위협을 느낀 대한민국 국민들은 북한에 대해 강경한 노선을 취하겠다는 보수적 지도자 이명박을 그의 후임 대통령으로 선택했다.

이명박이 대통령직에 오르자 궁지에 몰린 북한은 국제 사회의 만류에도 불구하고 장거리 로켓 발사라는 강수를 통해 핵 시설물 폐기에 동의할 의지가 전혀 없음을 드러냈다. 그동안 남북한 양국은 개성공단에 진출한 남한 기업들이 북한 노동자들을 고용하는 방식으로 교류를 쌓아 왔지만, 남북관계의 상징이 된 이 개성공단을 폐쇄하겠다는 경고도 북한의 의지를 꺾기에는 역부족이었다.

노무현 전 대통령과 친밀한 관계를 유지해 온 인사들은 노 전 대통령이 자신에게 쏟아지던 부패 의혹으로 엄청나게 괴로워했다고 전하면서, 이런 의혹의 배후에 정치적 의도가 있는 것이 아니겠냐는 주장을 제기하기도 했다. 특히, 노 전 대통령은 앞선 대통령들의 전례를 벗어나 '청렴한' 정치인의 길을 택했기에 그 고통이 더욱 컸다고 한다. 실제로 1980년 이후 대한민국 대통령직에 오른 인물들은 단 한 명의 예외도 없이 부패 의혹을 받았으며, 일부는 임기가 끝나고 비자금 조성 혐의로 구속되기도 했다.

얼마 전 노 전 대통령은 재임 시절 자신의 아내와 아들, 그리고 조카사위가 한 후원자로부터 600만 달러가 넘는 금액을 수령했다는 사실을 인정했으나, 이 돈이 뇌물이었다는 혐의는 부인했다. 그는 퇴임 전까지 이러한 자금의 움직임을 전혀 몰랐다고 주장했으며, 그의 배우자가 빚을 갚기 위해 돈을 빌렸을 뿐이라고 이야기했다.

노무현 전 대통령의 사망 소식은 대한민국을 충격에 빠뜨렸다. 일본과 달리, 대한민국에서는 정치적 지도자나 유명인사가 혐의의 사실 유무와 관계없이 그에 책임을 지겠다며 스스로 목숨을 끊는 경우는 극히 드물기 때문이다.

봉하마을 주민들은 노무현 전 대통령의 시신이 담긴 관이 옮겨지는 동안 길 양옆에 늘어서서 눈물을 흘리며 조의를 표했다. 그리고 토요일 저녁 무렵까지 서울 한복판에 설치된 임시 분향소를 찾아 흰 국화를 헌화한 조문객의 수는 수백 명에 달했다.

독학으로 사법시험에 합격해 법조인의 길을 걸었던 노무현 전 대통령은 군사독재에 반발하는 학생들과 노동운동가들의 변론을 맡으며 인권변호사로 이름을 알리기 시작했다. 또한 1980년대 후반 아직 새내기 국회의원이었던 노무현은 당시 군사독재를 펼치던 전두환에게 명판을 던지는 사건으로 유명해졌으며, 대한민국 재계를 쥐락펴락하는 유명인사들의 부패를 공개적으로 비판하는 모습으로 국민들에게 각인되었다. 전 현대건설 임원이었던 이명박의 멘토이자 현대그룹의 창립자인 정주영 회장 역시 노무현의 질책을 피할 수는 없었다.

숭실대학교 정치외교학과 강원택 교수는 노무현 전 대통령을 이렇게 평가했다. "'반미(反美)가 왜 잘못인가?'를 외쳤던 것처럼 노무현은 누구보다도 적극적으로 대한민국 기득권층에 의문을 제기했던 인물이었으며, 금기를 깨려 노력했던 정치인이었다."

한 나라의 대통령으로서 노무현이 보여준 강경한 태도는 분란을 일으키기도 했다. 그는 대한민국이 더 이상 미국에 의존해서는 안 된다며 오랜 시간 이어져 온 외교정책에 반기를 들었고, 많은 국민들은 이러한 정책에 불안감을 드러냈다. 별도의 조건 없이 수백만 달러에 이르는 지원을 제공한 대북정책 또한 예외는 아니었다.

노무현 전 대통령의 직설적인 화법과 타협을 모르는 태도는 보수 세력과의 끊임없는 갈등을 낳았다.

"임기 동안 바람 잘 날이 없었다." 최진 대통령리더십연구소 소장은 이렇게 말했다. "그는 전 생애 동안 언제나 극단적인 결정을 내렸고 흑백논리를 펼쳤다. 그의 자살은 그의 불같은 이력의 마지막 폭발이라고 할 수 있다."

노무현 전 대통령의 보좌관들과 가진 몇몇 인터뷰를 취합해 보면, 퇴임 후 보수적인 언론 매체들이 취재를 목적으로 가족들을 쫓아다니고, 검찰이 그의 일가를 소환해 금품수수 의혹을 제기하는 상황 속에서 노 전 대통령은 자부심에 깊은 상처를 입고 낙담에 빠진 모습으로 그려진다.

김종섭 전 대통령 대변인은 "자신의 명성이 과도한 검찰 수사에 의해 더럽혀지고 자신의 업적 또한 언론에 의해 모두 부정되는 현실을 견디기 힘들었을 것"이라고 이야기했다.

오영진 전 대변인의 말에 따르면 노무현 전 대통령은 2002년 대선승리를 자신의 가장 큰 성취로 평가했다고 한다. 그도 그럴 것이 독재, 부정부패, 그리고 '보스정치'로 물든 대한민국의 현대사 속에서 노무현은 지역적 지지 기반이나 파벌, 대기업과의 강한 유대 없이 대통령의 자리에 올랐던 것이다.

대선 당시 젊은 유권자들 사이에는, 부분적으로 반미의 성격을 띠던 민족주의 정서가 고조되어 있었고, 노무현 전 대통령은 이러한 분위기 속에서 정권을 잡는 데 성공했다. 선거운동 기간 동안 노무현은 자신이 "미국에 굴복하지 않는 대한민국 첫 지도자"가 될 것이라고 선언했다. 그러나 한편으로는 미국과 자유무역협정을 추진하여 노동조합을 비롯한 기존 지지자들의 반발을 사는 결과를 낳기도 했다.

노무현 전 대통령은 재임기 동안 권위주의를 청산하기 위해 부단히 노력했으며, 수직적인 대한민국 사회에 염증을 느끼던 젊고 진보적인 유권자들은 이에 반색했다. 또한 그는 정경유착의 고리를 끊어내고, 보수 성향을 띠는 대규모 신문사들을 개혁하고자 노력했다.

반면에, 보수적인 중장년층 유권자들은 노 전 대통령의 독불장군 스타일에 반감을 드러냈다. 노무현 전 대통령이 아마추어 티를 벗지 못하고 투박한 정책을 펼쳐 미국과의 관계를 악화시켰다고 평가하는 이도 적지 않았다.

그의 지지율이 높았던 당시, 사람들은 가난한 집안에서 태어나 독학으로 사법시험을 통과했던 노무현 전 대통령에 대해 출신 대학이 신분을 결정하는 한국 사회의 구조를 극복해 낸 사례라며 열광했지만, 임기 말에 들어서는 경제 정책이 서투르다는 이유로 비난하기도 했다.

임기가 끝난 후에도 노무현 전 대통령은 관심의 중심에 서 있었다. 그를 향한 보수 신문사들의 신랄한 비판은 멈추지 않았으나, 지지자들은 단체로 노 전 대통령의 고향을 찾으며 대조적인 분위기를 자아냈다. 지금껏 대한민국 전임 대통령의 고향이 관광버스를 대절해서 방문할 정도로 관광 명소화된 전례는 없었다.

그러나 대한민국 헌법이 정한 임기가 끝나고 얼마 지나지 않아 노무현 전 대통령과 그의 가족들에게 부패 의혹이 제기되기 시작했다.

과거 노무현 전 대통령은 정치적 위기에 의연하게 대처하는 모습을 보여준 바 있었다. 특히 2004년, 노 전 대통령은 선거법 위반을 이유로 대한민국 대통령으로서는 최초로 탄핵 심판대에 올랐지만, 헌법재판소의 기각으로 대통령직을 지켜낼 수 있었다. 하지만 이번에는 강원택 교수의 말에 따르면, "노무현 전 대통령에게는 다른 선택지가 없었다."

4월 22일 노무현 전 대통령은 자신의 개인 홈페이지에 "노무현은 여러분이 추구하는 가치의 상징이 될 수가 없습니다"라는 글을 시작으로 지지자들에게 자신을 "버려야" 한다는 메시지를 남겼다. 그리고 4월 30일, 노무현 전 대통령이 검찰의 소환에 응하자 언론사들은 헬리콥터를 투입해 노 전 대통령이 서울로 이동하는 내내 그 모습을 카메라에 담았다. 대한민국에서 전임 대통령의 상경 과정을 생중계하는 경우는 극히 이례적이었으며, 이는 노 대통령을 심각하게 모욕하는 행위였다.

노무현 전 대통령은 유서에 다음과 같은 글을 남겼다. "나로 말미암아 여러 사람이 받은 고통이 너무 크다. 여생도 남에게 짐이 될 일밖에 없다."

김대중

1924년 1월 6일~2009년 8월 18일

김대중 전 한국 대통령 83세로 별세

—최상훈(2009년 8월 18일)

대한민국, 서울—과거 반정부 시위의 배후로 지목되어 사형선고를 받았다가 가까스로 석방되어 목숨을 건졌으며, 군사독재 시절의 암살 시도 또한 이겨냈던 노벨 평화상 수상자 김대중 전 대통령이 오늘(화요일) 세상을 떠났다. 향년 83세.

박창일 연세대학교 의료원장의 공식 발표에 따르면 지난 7월 13일에 폐렴 치료를 위해 입원했던 김 전 대통령의 사인은 '다발성 장기부전에 의한 심정지'였다.

1998년부터 2003년까지 대통령직을 역임한 김대중 전 대통령은 대한민국 최고 지도자 자리에 오른 최초의 야당 대표이기도 했다.

한때 정치적 라이벌들로부터 공산주의자라는 엄청난 비난을 받았던 김 전 대통령은 2000년 평양으로 건너가 북한의 최고 지도자 김정일과 제1차 남북정상회담을 가졌으며, 이는 남북한 사이의 팽팽한 긴장감을 해소하는 데 전례 없이 큰 역할을 했다. 1953년 한국전쟁이 종료될 당시 평화협정은 체결되지 않았고, 그렇기에 엄밀히 따지자면 한반도는 여전히 전시상태라고 할 수 있기 때문이다.

김대중 전 대통령의 '햇볕정책'은 엄청난 변화를 가져왔다. 휴전선을 넘어 도로와 철도가 이어졌고, 양국의 합의 아래 공업단지가 개발되었으며, 남한 국민 200만여 명이 금강산 관광에 나섰다. 또한 전쟁으로 인해 50년이 넘는 세월 동안 생이별을 해야 했던 남북한의 가족들이 서로를 끌어안으며 눈물을 흘리는 이산가족상봉 현장은 전 세계에 중계되며 감동을 자아냈다.

오바마 대통령은 김대중 전 대통령의 서거를 애도하는 성명에서 그를 "민주화와 인권 신장을 위해 노력한 용감한 투사"라고 칭하면서 이렇게 덧붙였다. "김 전 대통령은 대한민국의 역동적 민주주의 체제를 세우는 데 중대한 역할을 한 정치운동을 일으키고 이끄는 데 목숨을 바쳤습니다." 또한 김대중 전 대통령이 "대한민국의 오랜 금기"를 깬 장본인이라고 평한 숭실대학교 정치외교학과 강원택 교수는 김 전 대통령이 "수십 년간 이어져 온 한국의 보수 정치 무대에 진보주의자들을 끌어들였으며, 한국인들에게 북한을 비난하고 맞서 싸워야 할 존재가 아니라 공존할 수 있는 이웃국가라는 인식을 심어놓았다"고 말했다.

그러나 강원택 교수는 김대중 전 대통령이 "보스 정치의 한계를 결코 극복하지 못했다"는 비판적인 평가를 덧붙이기도 했다. 지역주의에 의존적이었고, 정치적인 이득을 위해 수차례 당을 만들고 없애며 "당을 사유화"하는 등 과거 한국의 정치 지도자들의 구태를 답습하는 모습을 보였다는 이유였다.

그리고 말년에 들어 휠체어를 타고 폐렴 치료를 위해 입원과 퇴원을 반복하던 김대중 전 대통령은 자신의 노력이 무산되는 현실을 하릴없이 바라보아야만 했다. 북한에 엄청난 원조를 쏟아부어도 그 결과가 신통치 않자 점차 지쳐가던 대한민국 국민들은 2007년 강경한 대북 정책을 펼치겠다는 공약을 내세운 이명박을 대통령으로 선출하며 보수 세력의 손을 들어줬다. 그렇게 김대중 전 대통령과 노무현 전 대통령의 대북정책은 끝이 나고 말았다.

남북한의 관계가 악화된 배경에는 북한의 핵실험이 있다. 2006년 최초로 핵무기 실험을 실시한 북한은 지난 5월 제2차 핵실험을 강행했고, 이에 미국, 한국, 일본이 국제사회에 북한에 대한 더욱 강력한 제재를 요구하면서 한반도의 분위기는 급속히 냉랭해졌다. 이에 수년에 걸쳐 조심스럽게 개방을 향해 발걸음을 옮기던 북한 정부는 적대감으로 중무장한 채 고립의 길로 돌아섰으며, 이러한 북한의 행보에 김 전 대통령의 대북정책을 비판하던 이들은 과거에 북한이 보여주던 유화적인 모습은 남한으로부터 경제적 지원을 받기 위한 눈속임에 불과했다며 북한의 개방 의지 자체에 회의적인 의견을 제시했다.

김대중 전 대통령은 대한민국의 민주화와 한반도의 화해를 상징하는 인물이었다. 더불어 2000년 노벨위원회는 남북한 통일의 가능성을 연 장본인이자, 민주주의의 신장과 남북정상회담을 통한 한반도의 화해와 평화에 기여한 공로로 김대중 전 대통령에게 노벨 평화상을 수여했다.

비록 대한민국 내부에서는 그의 업적을 놓고 다양한 평가가 존재하나, 서구 사회의 지지자들은 김대중 전 대통령을 '아시아의 넬슨 만델라'라고 부르며 그의 공로를 칭송했다.

김대중 전 대통령은 1924년 1월 6일, 하의도의 한 농가에서 태어났다. 하의도는 대한민국 남서부 지역인 전라도에 자리한 작은 섬으로, 전라도와 경쟁 구도를 이루는 경상도 출신 대통령들은 과거 지역 차별적 정책을 펼쳐 이 전라도 지역에 불이익을 안겨주기도 했다.

상업학교를 졸업한 김 전 대통령은 잠깐이지만 해운회사와 신문사를 운영하기도 했다. 그러던 1961년, 다섯 번의 시도 끝에 국회의원에 당선된 그는 그로부터 일주일 후, 박정희 장군이 군사 쿠데타를 일으키면서 18년간의 철권통치가 시작되는 것을 지켜봐야만 했다.

탄압받는 민중들을 위한 정치적 자유를 외치던 김대중 전 대통령이 야당 대표 자리를 차지하기까지는 많은 시간이 걸리지 않았다. 특히 그는 1971년 대선에 출마해 독재정치를 펼치던 박정희를 상대로 45퍼센트의 득표율을 얻으며 박정희의 강력한 적수로 급부상했다.

훗날 김 전 대통령은 박해받는 반체제 인사로 국제적인 명성을 얻고 있던 1973년, 일본 도쿄의 한 호텔에서 납치를 당해 목숨을 잃을 뻔했다는 사실을 공개했었다. 당시 납치범들이 자신의 몸에 쇳덩이를 매달아 바다에 수장하려고 했으나, 미국의 개입으로 아슬아슬하게 목숨을 구했다는 것이다. 납치 닷새 후 김 전 대통령은 온 몸에 멍이 든 채 서울의 자택 앞에서 발견됐고, 곧장 가택연금에 처해졌다.

박정희 장군이 펼치는 강압정치의 정도가 심해질수록, 김대중 전 대통령의 지지도는 높아져 갔다. 특히 전라도에서 김 전 대통령의 득표율은 95퍼센트에 이르기도 했으며, 이런 전라도 지역의 굳건한 지지 덕분에 김 전 대통령은 대선에 세 번 실패하고도 다시 도전할 수 있었다.

1979년, 정권에 불만을 품은 중앙정보부 부장이 박정희를 피살하는 사건이 일어나자 드디어 김대중에게 기회가 돌아오는 듯했다. 그러나 쿠데타를 일으켜 정권을 탈취한 전두환 장군은 김 전 대통령을 비롯한 반대세력들을 잡아들였다. 특히 전라도 광주 시민들이 군부독재에 반대하며 시위를 벌이자 전두환 군사정권은 시위 현장에 탱크와 낙하산 부대를 투입했다. 이 사건으로 200명이 넘는 시민들이 목숨을 잃었고, 김대중 전 대통령은 폭동을 선동했다는 누명을 쓰고 사형선고를 받았다.

그러나 김 전 대통령은 이번에도 살아남았으며 그 배후에는 역시 미국의 개입이 있었다. 레이건 정부는 김대중의 감형을 조건으로 전두환과 협상을 체결했고, 1982년 미국행 비행기에 올랐던 김대중 전 대통령은 그로부터 3년 뒤 미국 정치인들의 호위를 받으며 귀국했으나, 이내 가택연금을 당하게 된다.

김대중 전 대통령이 1998년 네 번째 시도 끝에 청와대에 입성할 수 있었던 결정적인 계기는 미국과의 우호적인 관계도 아니었고, 전라도 주민들의 무조건적이고 전폭적인 지지도 아니었다. 아시아 금융 위기가 터지고 대한민국 국민들이 한국전쟁 이후 오랜 세월 정권을 잡아 온 부패한 보수 체제를 더 이상 견디지 못하고 반기를 들었기에 가능한 일이었다.

김대중 전 대통령은 부채에 허덕이는 은행 및 대기업들에 대한 구조조정에 나서며 한국 경제를 탈바꿈시켰다. 그러나 임기 동안 그가 가장 큰 공을 들였던 부분은 역시 북한과의 관계 개선이었다. 김 전 대통령은 우선 지속적인 투자와 원조를 통해 남북한의 점진적인 경제통합을 이루어내고, 북한의 개방을 유도해 마침내는 통일을 달성할 수 있을 것이라는 오랜 신념을 실현하기 위해 주력했다.

그러던 2000년 6월, 김대중 전 대통

령의 노력은 방북이라는 결실을 맺게 된다. 김정일은 직접 공항으로 나와 김 전 대통령을 맞이했으며, 차에 동승하여 꽃을 흔들며 남한 대통령의 방문을 환영하는 수십만 명의 주민들이 늘어서 있는 평양 거리를 함께 달렸다.

그러나 김대중 전 대통령의 임기는 암울한 분위기로 마무리됐다. 김정일은 서울을 방문하겠다는 약속을 지키지 않았고, 핵무기 개발을 포기하지도 않았다. 또한 김 전 대통령의 아들 세 명 중 두 명이 부패혐의로 투옥됐으며, 특별검사의 조사로 김대중 정부가 2000년 남북정상회담이 열리기 직전 북한에 5억 달러를 불법 송금하며 모종의 거래를 시도한 사실이 밝혀지기도 했다. 이에 김대중 전 대통령이 노벨평화상을 수상하기 위해 김정일에게 뇌물을 바쳤다는 비난이 쏟아지기도 했다.

김대중 전 대통령의 유족으로는 아내 이희호 여사와 세 아들들이 있다.

김정일

1942년 2월 16일~2011년 12월 17일

북한 독재자 김정일 사망

—최상훈, 데이비드 E. 생어

대한민국, 서울—지난 토요일 북한 국방위원장 김정일이 순시 도중 열차 안에서 심장마비로 사망했다는 북한 중앙방송의 발표가 있었다. 김정일은 굶주리고 고립된 북한을 핵무장하여 더 완벽한 독재정치를 펼치려 했던 김씨 일가의 소망을 실현시킨 장본인이었다.

김정일의 사망 소식은 아시아의 이웃 국가들을 큰 충격에 빠뜨린 것은 물론 전 세계적으로도 엄청난 반향을 불러일으키고 있다. 왜냐하면 온통 베일에 싸여 세상에서 가장 비밀스러운 동시에 가장 억압이 심한 국가의 지도자가 바뀌는 상황이 어떠한 결과를 가져올지 그 누구도 예측할 수 없기 때문이다. 정전협정을 체결한 지 60년에 가까운 세월이 지났지만 엄밀히 말하자면 북한은 여전히 남한, 그리고 미국과 전쟁을 치르고 있으며, 중국을 제외하고는 우호관계를 유지하고 있는 국가를 찾기 힘들 정도로 폐쇄적인 사회의 대명사이기도 하다.

사망 소식을 접한 남한은 즉시 전군 비상사태를 선포했으며, 남한 통신사들 중 하나인 연합뉴스에서는 월요일 오전 북한이 단거리 미사일을 여러 차례 발사했다고 보도했다. 이 보도에 따르면 미사일 발사는 김정일의 사망 발표가 나기 전에 이루어졌다. 남한 국방부는 이와 관련해 별도의 추가 정보는 제공할 수 없다는 입장을 표명했다.

북한 측에서는 김정일의 사망을 대략 이틀 동안 비밀에 부쳤다. 이러한 북한의 대응은 급작스러운 변화로 위태로운 상황에 처한 지도층이 새로운 지도 체제를 수립하기가 쉽지 않았다는 신호로 읽힐 수 있다.

공식 사망 발표가 있은 지 몇 시간 뒤, 조선노동당을 비롯한 북한 국가 기관들은 김정일의 막내아들 김정은이 후계자로서 권력을 승계한다는 공동 성명을 내놓았다.

이 공동성명에서 김정은은 '혁명위업의 위대한 계승자', '군과 인민의 탁월한 영도자'라고 표현되었다. 작년 9월 김정일은 김정은을 조선노동당 중앙군사위원회 부위원장으로 선임한 데 이어 4성 계급장을 하사하며 그를 신임하는 모습을 보인 바 있다. 북한에서 김정은을 '지도자'로 칭한 것은 이번이 처음이다.

조선노동당은 "김정은 동지의 영도 아래 비통함을 역량으로 변화시켜 전진할 것으로 믿는다"는 논평을 내놓았으며, 북한 관영 조선중앙통신은 북한 군대와 인민들이 김정은에게 충성을 맹세했다는 소식을 전했다. 또한 평양에 나가 있는 미국 AP통신의 보도에 따르면 김정일의 사망 소식을 들은 평양 시민들은 거리 곳곳에서 눈물을 터뜨렸다고 한다.

김정은은 20대 후반으로 추정되며, 어린 나이와 부족한 경험 탓에 권력 투쟁에서 다소 어려움을 겪을 것으로 전망된다. 일부 정치 분석가들은 과연 북한 군부가 김정은을 진심으로 지지할지에 대해 의문을 제기하고 있기도 하다.

김정일은 2008년부터 오랜 시간 동안 투병 생활을 해왔으며, 미 정보부는 김정일이 뇌졸중을 앓았을 것으로 추정하고 있다. 또한 북한의 공식 기록에는 김정일이 69세라고 되어 있으나, 일부 학자들은 실제로 그가 한 살 더 많은 70세일 것이라고 보고 있다.

현재 북한 중앙방송에서는 김정일이 특정되지 않은 북한의 한 지역을 '순시' 도중 열차 안에서 사망했다는 소식을 반복적으로 전하고 있으며, "모든 방법을 총동원했으나 위대한 수령 김정일 동지는 서거하시고 말았다"고 발표하는 아나운서의 음성은 울먹임으로 가득 차 있다. 아버지 김일성의 뒤를 이어 피해망상에 시달리는 지구상의 외로운 섬, 북한의 국방위원장 자리에 오른 지 17년 만에 김정일은 그렇게 역사의 뒤안길로 사라지게 된 것이다.

최근 들어 북한은 자신들의 체제가 붕괴되는 것을 막기 위해 거의 몸부림에 가까운 행태들을 보여주고 있었으며, 이를 예의주시하던 미국 정부와 아시아 각국의 정부들은 혹시 모를 북한의 균열에 대비하여 경계 태세에 들어갔다.

전군 비상경계 태세에 돌입한 남한 역시, 이미 전 세계에서 가장 삼엄하게 무장되었다고 해도 과언이 아닌 휴전선 지역에 정찰 병력을 증강해 대북감시태세를 강화하며 북한군이 평소와 다른 동향을 보이지는 않는지 면밀히 감시하고 있다. 그리고 미국과 남한의 정부 관계자들은 북한의 체제가 불안정해지면서 도발 가능성이 높아졌다는 우려를 드러내면서 2010년 북한이 연평도에 포격을 가하고—남한 정보부에 따르면—천안함을 격침한 전례 또한 언급했다. 두 사건으로 한국 국민 50명이 목숨을 잃은 바 있다.

김정일은 핵무기 개발에 성공함으로써 그의 아버지 김일성의 오랜 숙원을 실현시킨 장본인이었다. 2006년에 첫 핵실험을 실시했던 그는 2009년, 오바마가 대통령으로 취임한 지 몇 달이 채 지나지 않아 두 번째 핵실험을 강행했었으며, 이로써(1차 핵실험의 결과는 그리 대단치 않았지만) 김정일을 비롯한 북한군 지도부가 오랜 세월 품고 있던 미국의 공격에 대한 두려움을 조금 덜어낸 셈이었다. 그러나 다른 한편으로, 그들의 핵무기 개발은 국제사회 속에서 북한의 고립을 한층 심화시키는 부정적인 결과를 가져오기도 했다.

2009년, 제2차 핵실험이 실시되자 오바마 내각은 북한과의 관계개선 가능성이 없다는 사실을 분명히 밝혔다. 특히 이 두 번째 실험은 김정일이 전임 대통령 조지 W. 부시 행정부와 체결했던 비핵화 협정을 전면 부정했다는 점에서 큰 반향을 가져왔다. 전 국방장관 로버트 M. 게이츠는 미국에서는 북한이 핵무기를 포기하지 않는 한 원조를 제공하지 않을 것이라며 오바마 행정부가 앞으로 어떠한 대북정책을 펼칠지를 분명히 했다.

"나는 같은 실수를 두 번 반복하고 싶지는 않다." 당시 되풀이되는 상황 속에서 게이츠 국방장관은 이렇게 말하기도 했다. 최근에 들어서야 미국과 북한은 유효한 대화를 나누기 시작했는데, 대부분 식량 원조에 관한 내용이었다.

북한은 현재 최소 핵무기 8개를 개발할 수 있는 양의 연료를 가지고 있는 것으로 추정된다.

김정일의 사망으로 미국은 물론 북한의 마지막 보호국이라고 해도 무방한 중국까지도 중대한 위험과 마주하게 됐다. "세상은 현재 엄청나게 위험한 시기에 접어들고 있다." 최근 몇 달 사이에 북한 외교사절단과 수차례 비공식적인 접촉을 가지며 북한의 권력관계를 파악해 온 MIT 안보학 교수 짐 월시는 이렇게 언급하면서 "어린 나이에 정상의 자리에 오른 북한의 새로운 지도자 김정은은 군부의 신임을 얻는 데 어려움을 겪을 가능성이 있으며, 자신의 능력을 증명해야만 할 것이다"라는 분석을 내놓았다. 또한 "이러한 압박으로 인한 판단능력 저하로 김정은은 예기치 못한 전쟁을 일으킬 수 있다"고 덧붙였다.

미 백악관에서는 "김정일 사망 보도

를 면밀히 주시하고 있다. 대통령에게 사망 소식을 전하고 남한 및 일본과 긴밀한 연락을 취하는 중"이라는 짤막한 성명을 발표했다. 또한 오바마 대통령의 대변인은 "우리는 한반도의 평화를 위해, 그리고 동맹국들의 자유와 안보를 지키는 데에 최선의 노력을 보일 것"이라며 대통령의 입장을 간략히 덧붙였다. 이는 북한의 어떠한 도발 행위도 용납하지 않겠다는 미국의 우회적인 경고로 해석된다.

남한에서 복무했던 전 미군 사령관 한 명은 향후 미국의 대응계획에 관련된 발언이니만큼 익명성을 조건으로 내걸며 "미국은 김정일 사망 이후에 발생 가능한 수많은 상황에 대비해 왔다"고 밝혔다. 또한 그는 "앞으로 어떤 일이 벌어질지 확신하는 이가 있다면 그는 거짓말을 하고 있거나, 누군가에게 속은 것이다"라고 언급했다.

오바마 행정부는 일요일 저녁 한국 정부 관계자들과 긴급회의를 가졌으며, 한국 정부가 밝힌 바에 따르면 이명박 대통령과 오바마 대통령은 전화 통화를 통해 양국의 긴밀한 협력으로 북한의 상황을 면밀히 주시할 것을 합의했다고 한다.

더불어 미 행정부는 김정일 사망에 대비해 치밀한 '모의 전쟁' 훈련을 실시한 바 있다는 사실을 밝히면서도 이 모의 전쟁이 현실이 될 일은 없을 것이라는 말을 덧붙였다.

하지만 평양에서 권력의 이동이 일어나는 동안, 남북한 양국 사이에 갈등이 고조될 가능성은 여전히 존재하며 이 갈등이 심화되어 군사충돌이 일어날 가능성도 배제할 수 없다. 남한은 1994년 김일성 사망 직후 전군 비상경계 태세를 선포한 전례가 있다.

북한 대사와 수차례 접촉해 왔던 미국 정부의 움직임은 북핵 문제를 주제로 한 다자회담 개최의 초석을 마련했다는 평가를 받았으나 현재와 같은 급박한 상황을 논의하기에는 양국의 대화가 충분하지 못했던 것이 사실이다.

한 관계자의 발언에 따르면 현재 미 행정부는 남한과의 심도 깊은 대화에 최우선 순위를 두고 있다고 한다. 또한 다른 업무차 워싱턴을 방문 중인 일본 외무대신 겐바 고이치로는 월요일에 힐러리 로드햄 클린턴 국무장관과 만나 이야기를 나눌 예정인데, 이 회담은 김정일의 사망과 그의 사망이 동북아시아의 안보에 미칠 영향에 대한 논의가 될 것이 분명하다.

김정일의 셋째 아들 김정은에 관해 알려진 정보는 많지 않다(미 정보부의 주장에 따르면 김정일의 첫째, 그리고 둘째 아들은 지나치게 변덕스럽거나, 혹은 권력을 잡기에는 너무 소외된 상태라고 한다). 지금껏 단 한 차례도 세계 정상급 인사들과 교류한 적이 없는 김정일의 막내아들 김정은은 2년 전, 스위스 국제학교 유학 시절 미 중앙정보부에 의해 반바지를 입고 있는 모습으로 촬영된 것이 외부에 노출된 유일한 사례이다.

미 정보부 관계자 일부는 2010년, 북한이 남한에 공격을 가했던 두 차례 사건의 배후에 김정은이 있을 것이라 믿고 있다. 김정은이 인민군을 이끌 능력을 갖췄음을 증명하기 위한 수단으로 그런 사건들을 일으켰다는 주장인 것이다.

김정일과 달리 김정은에게는 2,300만여 명의 인구로 구성된 북한이라는 비정상적인 국가 체제를 이끌 준비 시간이 충분히 주어지지 않았다. 미 행정부 관계자들은 김정은이 북한군 사령관들의 충성을 얻으면서 자리를 잡기까지는 적어도 1년 이상의 시간이 걸릴 것으로 예상하고 있다.

김정일이 자신의 사망 전까지 후계자의 입지를 얼마나 다져놨는지는 알 수 없다. 특히 심각한 식량부족과 핵무기 개발로 인한 경제 제재에 시달리는 이 시점에 과연 김정은이 당과 국민의 충성을 얻는 데 성공할 수 있을지 지금으로서는 예측하기 어렵다.

김정은은 얼마 전 당과 군사위의 요직에 올랐으며, 북한의 최상층 엘리트들은 김정은에 대한 충성을 의미하는 배지를 착용하기 시작했다. 또한 당과 군사위 관계자 232명으로 구성된 국가장의위원회 명단의 가장 첫 줄에 김정은의 이름이 오른 것으로 전해진다. 월요일 발표된 이 명단에 대해 남한 전문가들은 김정일의 장례 준비를 위한 장의위원회에서 김정은이 위원장직을 맡아 현 상황을 주도하고 있다는 것을 의미한다고 분석하고 있다.

일부 외신들은 김정은의 경험 부족을 이유로 군사섭정의 가능성을 염두에 두기도 했으나, 아직까지 이러한 움직임은 보이지 않고 있다.

북한은 김정일에 대한 애도기간을 12월 29일까지로 정했으며, 김정일의 시신은 평양 금수산 기념 궁전 내부, 유리관에 전시되어 있는 김일성의 시신 옆에 나란히 안치될 예정이다. 또한 북한 당국은 화요일부터 일주일간 추모객들의 방문을 허가하겠다고 발표했으나, 외국 대표단의 조의는 받지 않겠다는 뜻을 밝혔다.

조선중앙통신의 보도에 따르면 12월 28일 평양에서 대규모 영결식이 치러질 예정이며, 이튿날 '중앙추도대회'를 열어 북한 주민들은 3분간 묵념의 시간을 가질 것이라고 한다.

영문판 서문

편집자 윌리엄 맥도널드

1865년 4월 17일 뉴욕 타임스 1면 헤드라인은 다음과 같았다.

위대한 인물을 잃은 미국
링컨 대통령 암살
끔찍한 범죄의 내막

링컨 대통령의 암살 소식을 전한 이 기사는 국가적 재난이라는 표현을 사용했지만, 정작 헤드라인은 신문 1면 왼쪽 상단 일부만을 차지해 크게 눈에 띄지 않았다. 기사는 요란하거나 자극적이기보다는 슬픔에 잠긴 어조였고, 긴박한 느낌보다는 따뜻한 위로의 손길로 사람들의 마음을 다독여주는 듯했다. 이후 이어지는 문장들 역시 엄숙하고 차분했다. 또한 세 번째 단락에 이르러 뉴욕 타임스는 워싱턴에 있는 독자들에게 "암살 당일 모든 관공서의 공식 업무는 중단되었다"는 지극히 현실적인 정보를 전달하고 있었다.

링컨 대통령의 사망 소식을 전한 이 기사는 오늘날 우리의 상상력을 자극한다. 물론 링컨이 암살되었다는 충격적인 뉴스를 접한 당시 미국인들의 마음을 정확히 알 수는 없을 것이다. 하지만 같은 기사를 읽으면서 우리는 이 사건에 대한 방대한 정보를 얻을 수 있는 21세기라는 우월한 입장에서 잠시 벗어나, 19세기 중반에 살았던 한 명의 독자가 되어 "끔찍한 범죄"로 묘사된 이 사건에 대해 좀 더 알고자 하는 당시 대중들의 열망을 상상해볼 수 있을 것이다.

이처럼 이 책은 시간을 초월한 경험을 선사한다. 여기 실린 부고들은 역사적인 인물들이 사망한 당일, 혹은 며칠 뒤에 실제로 보도된 내용들이며, 1851년 9월 18일 창간호 이래 뉴욕 타임스에 실렸던 수많은 인물들의 부고를 분야별로 엄선한 것이다.

1851년 9월 18일, 뉴욕 타임스 창간호가 나온 이 날짜를 생각해보자. 뉴욕 타임스 부고란 편집자로서 느끼는 자부심 때문에 내가 다소 편견을 가지고 있는지도 모른다. 하지만 이토록 일찍이, 남북전쟁 시대 정치가이자 법률가 대니얼 웹스터에서 글램 록이란 장르로 시대를 앞서간 가수 데이비드 보위에 이르는 역사적인 인물들에 대한 방대한 기록을 보유한 언론사는 찾기 힘들다. 게다가 뉴욕 타임스만큼 역사 기록 작업에 크게 기여한 언론사도 드물 것이다. 이 책은 뉴욕 타임스의 부고 기사를 통해 남북전쟁 이전부터 현시점까지 세계 역사에 발자취를 남긴 위대한 인물들의 생생한 이야기를 선사한다.

그러나 이 책의 목적은 온라인 아카이브처럼 모든 정보들을 모아서 일률적으로 제공하는 것이 아니다. 19세기 초반 이래 세상을 변화시킨 인물들은 이 책에 실린 인물들의 수를 훨씬 넘어서며, 이들 모두를 다 기록하려면 책 10권은 족히 넘을 것이다. 따라서 이 책은 영웅이든 악당이든 역사적으로 중요한 발자취를 남겼다는 데 반론의 여지가 없는 이들만을 선별하려고 노력한 결과물이다. 이 책에 수록된 이들은 뉴욕 타임스 부고 기사에 실린 소수의 사람들 중에서도 또 한 번 선별된 소수 중의 소수들이다. 업적, 명성, 그리고 사회에 미친 영향을 기준으로 선택된 이 책 속의 인물들은 부고 기사 편집부에서 사용하는 표현대로 말하자면 “역사 속으로 비상(飛上)한 사람들” 임이 분명하다.

이런 인물들이 꼭 우리보다 더 나은 삶을 살았다거나 인간으로서 더 존중받아 마땅하다는 의미는 아니다. 그저 이들은 우리가 사는 세상에 좀 더 큰 영향을 미친 사람들이며 대부분 기삿거리로 좀 더 가치가 있는 사람들이다.

더불어 이 책 속의 인물들은 제대로 된 기록조차 없이 사라진 다른 경쟁자들과는 달리 역사 속에서 살아남았다는 공통점이 있다. 물론 이는 단지 다른 이들보다 조금이라도 더 많은 관심을 받았다는 사실을 의미할 수도 있으며, 현실적으로 어쩔 수 없는 선택의 수혜자라는 것을 의미하기도 한다. 아무리 꼼꼼한 언론사라고 해도 이런 단편 일대기들을 작성하는 데 투자할 수 있는 시간과 인력에는 한계가 있고, 마찬가지로 책 한 권에 담을 수 있는 분량 또한 한계가 있기 때문이다. 따라서 상당한 업적이 있는 인물임에도 신문에 실리지 못한 이들이 많듯이, 역사적으로 중요한 인물임에도 이 책에 실리지 못한 수많은 사람들이 있다는 점에 대해 미리 양해를 구한다. (또한 제작상의 이유로 2016년 6월 1일 이후 사망한 인물들도 제외되었다.)

매일 게재되는 부고 기사와 마찬가지로 이 책은 과거를 비추는 거대한 백미러에 비유할 수 있다. 부고 기사 하나하나는 해당 인물의 인생에 대한 내용이지만, 많은 이들의 인생 이야기를 한데 모아놓은 한 권의 책은 이들이 살던 사회를 전반적으로 반영한다고 할 수 있다.

독자들은 이 책에 나온 대부분의 인물들이 백인이자 남성이라는 사실을 알 수 있을 것이다. 이런 불균형은 신문에서도 발견할 수 있지만, 최근에 들어 이런 현상이 점점 줄어들고 있다는 점은 기쁘게 생각한다. 그렇다 하더라도 역사적으로 이런 편견이나 불균형이 존재해 왔다는 사실은 부인할 수 없으며, 이는 과거 시대에 만연했던 부당함의 흔적으로서 나름대로의 가치가 있다. 역사—적어도 서양 역사—에 지대한 영향을 미친 사람들을 찾기 위해서는 해당 인물이 살았던 시대의 권력 집단을 파악할 필요가 있는데, 우리가 알고 있듯이 이런 집단은 대부분 백인 남성들로 구성되어 있었다.

역사는 무너진 장벽에 대한 이야기이기도 하다. 이 책에는 인종 차별, 성 차별, 반유대주의 등 여러 형태의 편견들에 맞서 싸우며 업적을 남긴 인물들의 이야기가 담겨 있다. 해리엇 터브먼, 마틴 루터 킹, 세자르 차베스 등이 그 예이다. (때로는 링컨처럼 백인 남성임에도 차별을 받는 입장에서 시작하여, 결국 자신의 타고난 재능과 투지만으로 성공을 거둔 이들도 있다.)

부고는 그 의미대로 과거를 환기시키는 하나의 이야기다. 따라서 수십 년 또는 수세기 전에 쓰인 부고들은 당시의 문체, 단어, 그리고 문법과 더불어 때로는 웅장하고, 난해하며, 현란하기도 한 어조 등을 통해 과거의 모습들을 표현하고 있다. 또한 문학 작품에서나 쓰일 법한 표현이 사용될 때도 있다. "아침 햇살이 소박한 시골집 입구를 넘어 임종을 기다리는 가족들 위에 머물렀다." 뉴욕 타임스는 1885년, 율리시즈 S. 그랜트의 사망 당일을 이처럼 문학적인 문장으로 기록했다. 이 책을 통해 경험할 수 있는 즐거움 중 하나는 마치 시간을 뛰어넘은 것처럼 과거의 목소리를 들어볼 수 있다는 것이다.

이 책은 또한 진전과 중단을 통한 부고 저술 방식의 변천 과정을 보여주기도 한다. 초기 뉴욕 타임스의 부고 기사는 게시판 공지 정도의 분량에 지나지 않는 경우가 많았고, 단락 몇 개만으로 고인의 사망 관련 정보를 제공할 뿐 그 인물의 생애를 다루지는 않았다. "런던 타임스가 '미국의 민주주의'를 쓴 유명 저자의 죽음을 전해왔다. 이전에 이미 건강이 급격히 악화된 사실이 알려져 있던 터라 예상됐던 죽음이었다." 1859년 뉴욕 타임스가 1800년대 프랑스의 정치학자이자 역사가 알렉시 드 토크빌의 사망에 대해 보도한 내용이다.

이후의 부고 기사들은 해당 인물의 생애에 대해 간단히 언급하기 시작했고, 은유적인 표현을 사용하기도 했다. 정치적 성향이 엿보이는 경우도 있었다. 그랜트 미국 대통령의 사망 당시에는 열정적인 장문의 기사가 보도된 데다 무려 4만여 단어로 이루어진 일대기가 작성되기도 했다. 그랜트 대통령과 치열한 권력 다툼을 벌였던 로버트 E. 리 장군의 이야기도 그랜트 대통령 생애의 일부로 포함되었는데, 당시 미 북부 연합군에 우호적이었던 뉴욕 타임스는 "아주 유능한" 인물이 "공화국을 무너뜨리려는 사악한 음모"를 가진 "반역자들과 운명을 같이 했다"며 통탄하는 어조로 그랜트 대통령의 사망 소식을 전했다.

부고 기사는 20세기 초반부터 보다 표준화된 형식을 갖추게 되었다. 주요 소식들을 전하는 뉴스 기사의 아래쪽에 익명의 뉴욕 타임스 직원이 미리 작성한 부고 기사가 배치되는 형식이었다. 한편 각각의 부고 기사에 할당되는 분량은 일정하지 않았다. J. P. 모건의 부고 기사는 상당한 지면을 할애하여 작성되었지만, 전설적인 투수 사이 영의 부고 기사는 한 문단이 채 되지 않았다. 그리고 나중에야 기사 작성자의 이름을 공개하기 시작했는데, 특히 유려한 문체의 부고 작성자로 명성을 얻은 올던 휘트먼은 망자의 주변 인물들을 만나기 위해 먼 곳까지 직접 찾아다니기도 했다. 부고 기사의 길이가—적어도 편집자들의 판단하에—해당 인물의 중요도에 대한 척도가 된 것은 보다 후의 일이었다.

역사상 뉴욕 타임스의 부고 기사는 해당 인물에 대한 상세한 정보를 담고 있지는 않은 경우가 많았다. 오스트리아 태생 작곡가이자 지휘자 구스타프 말러의 경우 그의 지휘 경력에만 주로 초점을 맞추었고(헤드라인에 '작곡가로도 알려짐'이라고 언급되었을 뿐이었다), 칼 마르크스의 사망 기사는 1883년 제3면에 600여 단어만으로 보도되었으며, 제임스 딘의 부고는 133단어에 불과했다. 또한 잭슨 폴락의 사망 소식은 1955년 신문 1면에 등장하기는 했지만 한 귀퉁이에 절제된 어조로 다소 밋밋하게 언급되었으며, 심지어 헤드라인은 "롱아일랜드 교통사고로 8명 사망, 사망자 중 잭슨 폴락"이었다.

물론 기사의 분량이 적을 수밖에 없는 합당한 이유가 존재하기도 했다. 제임스 딘은 사망 당시 현재 우리가 생각하는 수준의 전설적인 인물은 아니었다(아무리 그래도 133단어는 너무한 듯하다). 뉴욕 타임스가 당시 "현세대 젊은이들이 그 이름조차 잘 모르는 인물"이라고 언급한 허먼 멜빌도 마찬가지다(그럼에도 뉴욕 타임스는 허먼 멜빌의 부고 기사에 1천 여 단어 분량을 할애했다. 물론 이는 119년 후에 등장한, 문학사적 의미가 상대적으로 더 작다고 할 수 있는 J. D. 샐린저의 부고 기사에 비하면 채 3분의 1도 되지 않지만 말이다).

더 충격적인 것은 사망한 사실이 알려졌음에도 기사가 나가지 않은 경우이다. 이 책에서는 미술사에 커다란 족적을 남긴 빈센트 반 고흐, 폴 고갱, 폴 세잔에 대한 기사를 찾아볼 수 없다. 문학계의 거장들이라 할 수 있는 쇠렌 키르케고르, 프란츠 카프카, 안톤 체호프, 샬롯 브론테, 에밀리 디킨슨, 실비아 플라스에 대한 기사 역시 수록되지 않았다. 이들의 부고 기사가 아예 보도되지 않았기 때문이다. 그들이 사망한 19세기 당시에는 그들의 작품들이 널리 알려지기 전이라는 사실을 떠올려 보자. 에밀리 디킨슨의 시는 그의 생전에 출판조차 되지 않았었고, 키르케고르와 체호프도 20세기 초까지는 그리 유명한 작가들이 아니었다. 그러니 어떻게 기삿거리가 될 수 있었겠는가? 다만, 세계적인 록 스타였던 짐 모리슨이 1971년 27세의 나이로 사망했을 당시 고작 300여 단어의 기사로 보도된 점에 대해서는 이렇다 할 이유를 찾을 수 없다.

하지만 저널리즘을 과학적으로 생각하는 사람은 없을 것이다. 저널리즘의 기술, 규칙과 표준, 그리고 태도와 관점은 언론이 반영하는 시대의 모습과 함께 변화해왔다. 저널리즘은 부고 기사를 포함한 다양한 영역에 걸쳐 계속 진화하고 있다. 요기 베라나 마야 안젤루의 부고 기사에서 분명히 드러나듯, 오늘날의 뉴욕 타임스 부고 기사는 그 어느 때보다도 서술적인 스토리텔링 형식을 취하고 있다. 1950년대에는 한 편의 예술 작품 같은 사망 기사를 작성하던 사람이 올던 휘트먼뿐이었다면, 오늘날에는 그의 뒤를 잇는 이들이 많아졌다. 뉴욕 타임스의 부고 기사 부서는 가장 뛰어난 작가들이 모이는 곳이 되었고, 이들이 작성하는 훌륭한 부고 기사들은 남녀노소 독자들에게 폭넓은 관심을 받고 있으며, 소셜 미디어를 통해 널리 배포되고 있다. 데이비드 보위의 부고 기사 같은 경우 이제 수백만 명이 인터넷으로 찾아보는 글이 되었다.

앞으로 부고 기사는 디지털 멀티미디어나 가상현실의 형태 등으로 해당 인물의 일대기를 입체적으로 전하는 획기적인 방식을 취하게 될 수도 있을 것이다. 하지만 어떤 방식이든 간에 나는 부고 기사가 이 책에서처럼 근본적인 역할을 유지할 것이라고 생각한다. 한 사람의 생애를 돌이켜보고 그 삶의 틀을 만든 시대를 조명하며, 그 인물의 인생이 현재 우리의 일상에 어떤 영향을 미쳤는지를 보여주는 역할 말이다.

감사의 글

50만 자 이상, 300편 이상(1, 2권을 합한 숫자)의 부고 기사를 이처럼 장대한 책 안에 담기 위한 편집 작업은 고된 일이었으며, 많은 편집자들이 전문성을 발휘해야 하는 일이었다. 그들 대부분은 신문 업계에서 오랜 시간 동안 성공적인 경력을 쌓아온, 특히 최근 뉴욕 타임스에서 은퇴한 사람들이었다(사실 그들의 경력을 모두 합하면 뉴욕 타임스가 창간되어 오늘날까지 사업을 유지한 기간을 능가할 것이다. 뉴욕 타임스의 연혁은 165년이며 지금도 계속 운영 중이다). 콘스탄스 로젠블럼, 데이비드 스타우트, 폴 윈필드, 데이비드 코코란, 찰스 스트럼에게 마음으로부터 우러나오는 감사의 말을 전하는 바이다.

수백 장(혹은 수천 장)의 사진을 찾고 선별하는 일 또한 난제였다. 이 작업은 뉴욕 타임스 사진 편집자 에반 스클라, 윌리엄 P. 오도넬, 그리고 '모그'로 알려진 뉴욕 타임스 아카이브의 대표 제프 로스의 노고로 완수됐다. 그들이 만들어 낸 결과물은 이 책 전체에 걸쳐 생생한 현실감을 더해 주었다.

이 출간 프로젝트의 편집장을 맡은 뉴욕 타임스의 알렉스 워드는 한결같은 리더십으로 노력을 기울였으며, 그의 열정과 헌신이 없었다면 이 책은 세상에 나오지 못했을 것이다.

블랙도그&레벤탈의 선임 편집자 리사 테나글리아는 J. P. 레벤탈이 이 책의 출간에 관해 처음 가졌던 계획을 현실화하는 데 인내심을 가지고 창의적인 능력을 보여주었다. 또한 그녀는 다음과 같은 최고의 팀원들을 든든하게 뒷받침했다. 제작의 앵커 고쉬, 편집 관리의 마이크 올리보, 그리고 이 책과 관련된 웹사이트 디자인 및 개발의 닐 드영, 마시 해개그, 루카스 포셋.

더불어 뉴욕 타임스 기술 감독 에반 샌드하우스는 이들이 단일 출판사로서 '뉴욕타임스 부고 모음집'을 제작할 수 있도록 지원을 아끼지 않았다. 마지막으로 이 프로젝트에 참여한 모든 이들은 과거를 향한 폭넓은 조사 작업에 들어가기도 전에 단지 이 책의 컨셉에 반해 열정적으로 참여했음을 밝혀 둔다.

사진 저작권

게티(Getty):
20, 26, 29, 34, 47, 53, 56, 67, 73, 77, 84, 94, 111, 125, 132, 139, 159, 162, 165, 171, 172, 184, 203, 209, 248, 256, 268, 271, 275, 298, 304, 309, 311, 314, 318, 329, 334, 338, 347, 359, 361, 371, 375, 383, 389, 399, 403, 413, 421, 427, 437, 448, 451, 458, 461, 473, 475, 477, 490, 499, 502, 507, 509, 523, 539, 542, 547, 551, 555, 559, 571, 575, 581, 593, 598, 599, 603, 607, 611, 620, 627, 630, 641, 643

미 국회 도서관(Library of Congress):
10, 156, 196, 207, 243, 250, 293, 454, 471, 479, 564, 588

나사(NASA):
279

뉴욕 타임스(The New York Times):
441, 483, 485, 495, 513, 527, 533, 613, 623, 635, 649, 661, 665, 669

알랜 라이딩(Alan Riding): 105
아서 브로워(Arthur Brower): 144
엔리 시스토(Ernie Sisto): 215
조지 테임즈(George Tames): 189, 220, 229, 259, 265
샘 포크(Sam Falk): 342, 366
사라 크룰위치(Sara Krulwich): 410

찾아보기

ㄱ

ㄴ

ㄷ

ㄹ

ㅁ

ㅂ

ㅅ

ㅇ

ㅈ

ㅊ

ㅋ

ㅌ

ㅍ

ㅎ

The New York Times

뉴욕 타임스 부고 모음집 <제2권>에 수록될 인물들

고전 [무용·클래식] 예술

리하르트 바그너, 프란츠 리스트, 제니 린드, 표트르 일리치 차이코프스키, 요하네스 브람스, 주세페 베르디, 구스타프 말러, 엔리코 카루소, 이사도라 던컨, 안나 파블로바, 리하르트 슈트라우스, 바슬라프 니진스키, 이고르 스트라빈스키, 파블로 카잘스, 마리아 칼라스, 조지 발란신, 블라디미르 호로비츠, 레오나드 번스타인, 애런 코플런드, 마사 그레이엄, 루돌프 누레예프, 므스티슬라브 로스트로포비치, 루치아노 파바로티, 조안 서덜랜드

문학계의 거장들

제임스 페니모어 쿠퍼, 나다니엘 호손, 찰스 디킨스, 귀스타브 플로베르, 조지 엘리엇, 허먼 멜빌, 월트 휘트먼, 알프레드 테니슨 남작, 로버트 루이스 스티븐슨, 해리엇 비처 스토, 루이스 캐럴, 스티븐 크레인, 오스카 와일드, 헨릭 입센, 마크 트웨인, 레오 톨스토이, 헨리 제임스, 마르셀 프루스트, 조지프 콘래드, 이디스 워튼, 윌리엄 버틀러 예이츠, F. 스콧 피츠제럴드, 버지니아 울프, 거트루드 스타인, 조지 버나드 쇼, 유진 오닐, 어니스트 헤밍웨이, 윌리엄 포크너, 로버트 프로스트, T. S. 엘리엇, 랭스턴 휴즈, 노엘 코워드, 테네시 윌리엄스, 호르헤 루이스 보르헤스, 제임스 볼드윈, 사무엘 베케트, 테오도르 수스 가이젤, 랠프 엘리슨, 유도라 웰티, 아서 밀러, 솔 벨로, 노먼 메일러, 존 업다이크, 알렉산드르 솔제니친, J. D. 샐린저, 가브리엘 가르시아 마르케스, 마야 안젤루, 하퍼 리

팍스 아메리카나의 리더들

헨리 클레이, 다니엘 웹스터, 에이브러햄 링컨, 시오도어 루스벨트, 우드로 윌슨, 올리버 웬들 홈스, 루이스 브랜다이스, 프랭클린 D. 루스벨트, 조셉 매카시, 엘리너 루스벨트, 존 F. 케네디, 로버트 F. 케네디, 드와이트 D. 아이젠하워, J. 에드거 후버, 해리 S. 트루먼, 린든 B. 존슨, 얼 워런, 서굿 마셜, 리차드 닉슨, 재클린 케네디 오나시스, 로널드 레이건, 안토닌 스칼리아

대의의 수호자들

드레드 스콧, 존 브라운, 브리검 영, 윌리엄 로이드 개리슨, 소저너 트루스, 프레데릭 더글라스, 수전 B. 앤서니, 플로렌스 나이팅게일, 클라라 바튼, 해리엇 터브먼, 마커스 가비, 말콤 엑스, 체 게바라, 마틴 루터 킹 주니어, 헬렌 켈러, 존 L. 루이스, 세자르 차베스, 마더 테레사, 로자 파크스

미 서부개척 시대의 인물들

크레이지 호스, 제시 제임스, 시팅 불, 제로니모, 애니 오클리 , 와이어트 어프

언론계의 거물들

조지프 퓰리처, 아돌프 S. 옥스, 윌리엄 랜돌프 허스트, H. L. 멩켄, 에드워드 머로우, 월터 윈첼, 캐서린 그레이엄, A. M. 로젠탈, 월터 크론카이트, 벤 브래들리

스포츠맨들

올드 탐 모리스, 크누트 로크니, 제임스 네이스미스, 루 게릭, 월터 존슨, 베이브 루스, 짐 도프, 빌 틸던, 사이 영, 베이브 디드릭슨 자하리아스, 타이 코브, 바비 존스, 재키 로빈슨, 제시 오언스, 조 루이스, 사첼 페이지, 잭 뎀프시, 베어 브라이언트, 레드 그레인지, 아서 애시, 윌마 루돌프, 미키 맨틀, 벤 호건, 헬렌 무디, 조 디마지오, 월트 체임벌린, 테드 윌리엄스, 알시아 깁슨, 요기 베라, 무하마드 알리

옮긴이들

윤서연

서울여자대학교 식품미생물학과를 졸업하고, 이화여자대학교 통번역대학원 통역학과(한일) 석사 과정을 졸업했다. 현재 전문 번역가로 활동 중이며, 역서로는 '과학—한 장의 지식' 이 있다.

맹윤경

성균관대학교 정치외교학과를 졸업하고, 서울대학교 국제대학원 국제통상 석사 과정을 졸업했다. 현재 전문 번역가로 활동 중이다.

유세비

고려대학교 신문학과를 졸업하고, 현재 전문 번역가로 활동 중이다.

오예지

고려대학교 영어영문학과를 졸업하고, 현재 전문 번역가로 활동 중이다. 역서로는 '영원한 부의 7가지 비밀' 이 있다.

김민지

고려대학교 영어영문학과를 졸업하고, 영국의 The Royal Central School of Speech and Drama 대학원에서 MA Writing for Stage를 공부 중이다. 현재 전문 번역가로 활동 중이다.

이한아

메릴랜드 대학-볼티모어 카운티(University of Maryland Baltimore County) 연극공연학과를 졸업하고, Monterey Institute of International County 국제대학원 국제회의통역 석사 과정을 졸업했다. 현재 전문 번역가로 활동 중이다.

김한슬

성균관대학교 국제경영학과 졸업하고, 현재 전문 번역가로 활동 중이다. 역서로는 '태평양 이야기' , '철학자들의 식탁' 등이 있다.

뉴욕 타임스 부고 모음집

초판 발행 2019년 7월 3일
2쇄 발행 2019년 8월 29일

지 은 이 뉴욕 타임스
옮 긴 이 윤서연 외 6명
펴 낸 이 이송준
펴 낸 곳 인간희극
등 록 2005년 1월 11일 제319-2005-2호
주 소 서울특별시 금천구 서부샛길 528, 608호
전 화 02-599-0229
팩 스 0505-599-0230
이 메 일 humancomedy@paran.com

ISBN 978-89-93784-63-3 03990